Detlef Mader

Populationsdynamik, Ökologie und Schutz des Hirschkäfers (*Lucanus cervus*) im Raum um Heidelberg und Mannheim

verlag regionalkultur

Titelbilder:	Männchen des Hirschkäfers (*Lucanus cervus*) in verschiedenen Ansichten (Umschlag vorne: Dr. Andreas Pietschmann, Umschlag hinten oben: Ute Esser, Umschlag hinten unten: Georg Wagner)
Titel:	Populationsdynamik, Ökologie und Schutz des Hirschkäfers (*Lucanus cervus*) im Raum um Heidelberg und Mannheim
Herausgeber und Autor:	Dr. Detlef Mader, Hebelstraße 12, 69190 Walldorf, dr.detlef.mader@web.de
Herstellung:	verlag regionalkultur (vr)
Umschlaggestaltung:	Jochen Baumgärtner (vr)

ISBN 978-3-89735-594-1

Bibliographische Information der Deutschen Bibliothek
Die Deutsche Bibliothek verzeichnet diese Publikation in der Deutschen Nationalbibliographie; detaillierte bibliographische Daten sind im Internet über http://dnb.ddb.de abrufbar.

Diese Publikation ist auf alterungsbeständigem und säurefreiem Papier
(TCF nach ISO 9706) gedruckt entsprechend den Frankfurter Forderungen.

Alle Rechte vorbehalten.
© 2009 verlag regionalkultur

verlag regionalkultur
Ubstadt-Weiher • Heidelberg • Basel

Korrespondenzadresse:
Bahnhofstraße 2 • D-76698 Ubstadt-Weiher
Tel. 07251 36703-0 • Fax 07251 36703-29
E-Mail kontakt@verlag-regionalkultur.de • *Internet* www.verlag-regionalkultur.de

Vorwort

Eine der wichtigsten Erfahrungen aus meinen langjährigen geologischen und entomologischen Forschungen in Deutschland, Europa und Nordamerika ist die Erkenntnis, daß die interessantesten und wertvollsten wissenschaftlichen Themen häufig aus dem puren Zufall entstehen oder sprichwörtlich vom Himmel fallen. Meine vorliegende Studie des Hirschkäfers (*Lucanus cervus*) ist ein Musterbeispiel für ein unerwartetes Thema, welches durch glückliche Umstände dadurch geboren wurde, daß ich zur richtigen Zeit am richtigen Ort gewesen bin, und daß der unverhoffte Zufall in mir auch gleich die Begeisterung für dieses Geschenk entfacht hat.

Ich bin Jahrgang 1954 und befasse mich schon seit 1964 mit Insekten, hatte aber Exemplare des Hirschkäfers (*Lucanus cervus*) in der Natur bisher nur 1973 und 1974 gesehen, als mir je ein großes Männchen in Walldorf vorgelegt wurde, und hatte seitdem bis 2007 keine Individuen des Hirschkäfers (*Lucanus cervus*) mehr in der Natur gefunden, obwohl ich im Rahmen meiner langjährigen geologischen Aufnahmen in Buntsandstein und Keuper in zahlreichen Regionen (Mader 1985 a, 1985 b, 1985 c, 1985 d, 1985 e, 1990, 1992 a, 1992 b, 1995 a, 1995 b, 1997, 1999 a) und entomologischen Erkundungen (Mader 1998, 1999 a, 1999 b, 1999 c, 1999 d, 2000 a, 2000 b, 2000 c, 2000 d, 2001 a, 2001 b, 2001 c, 2001 d, 2001 e, 2001 f, 2002 a, 2002 b, 2002 c, 2003) sowie auf meinen zahlreichen wissenschaftlichen und touristischen Reisen und beim Sport mich sehr häufig in Waldgebieten und an Waldrändern aufgehalten habe und die charakteristischen Männchen und Weibchen des Hirschkäfers (*Lucanus cervus*) sicher nicht übersehen hätte, wenn sie dort vorhanden gewesen wären.

Im Rahmen meiner entomologischen Beobachtungen habe ich dann in 2007 drei Vorkommen des Hirschkäfers (*Lucanus cervus*) durch Zufallsfunde einzelner überfahrener Weibchen an den Rändern von asphaltierten Straßen und Wegen in Tairnbach, Nußloch und Walldorf in der Umgebung von Heidelberg entdeckt. Alle drei Standorte habe ich sowohl in 2007 als auch in 2008 häufig aufgesucht, wobei ich dort überwiegend am frühen Nachmittag und untergeordnet auch am späten Vormittag und am späten Nachmittag bis frühen Abend meine entomologischen Beobachtungen durchgeführt habe. Am 01.06.2008 bin ich am frühen Abend am Waldrand von Tairnbach den asphaltierten Weg, auf dem ich bereits in 2007 mehrere überfahrene Weibchen gefunden hatte, entlang gegangen, als plötzlich ein Männchen des Hirschkäfers (*Lucanus cervus*) direkt neben mir gelandet ist. Ich war völlig überrascht und gleichzeitig hocherfreut, daß ich nach so langer Zeit wieder ein Männchen des Hirschkäfers (*Lucanus cervus*) in der Natur entdeckt hatte, welches über die Wiese auf der anderen Seite des Weges angeflogen kam und unmittelbar neben mir am Waldrand wie ein Stein vom Himmel gefallen ist.

Ich bin dann in den nächsten Tagen mehrmals abends den asphaltierten Weg am Waldrand von Tairnbach entlang gegangen und hatte am 05.06.2008 das seltene Glück, Zeuge eines Schwärmabends des Hirschkäfers (*Lucanus cervus*) zu werden, als abends in der Dämmerung ca. 25 - 30 Männchen und Weibchen mit lautem Brummen in unterschiedlicher Höhe entlang der Bäume und um die Bäume herum geflogen sind. Dieser Schwärmabend mit zahlreichen fliegenden Männchen und Weibchen des Hirschkäfers (*Lucanus cervus*), welche in langgezogenen Kurven und weiten Bögen immer wieder um die Baumkronen gekreist sind sowie den Waldrand suchend auf und ab geflogen sind, war ein sehr eindrucksvolles Schauspiel nicht nur wegen des eleganten und majestätischen Fluges der großen Käfer, sondern auch durch das deutlich wahrnehmbare Brummen selbst hochfliegender Individuen. Der außergewöhnliche Schwärmabend des Hirschkäfers (*Lucanus cervus*) am Waldrand von Tairnbach am 05.06.2008 war das bisher eindrücklichste Erlebnis meiner langjährigen entomologischen Forschungen. Ich war von diesem unvergleichlichen Spektakel derart fasziniert, daß ich sofort zu der Erkenntnis gelangt bin, daß solch ein eindrucksvolles Schauspiel eines Schwärmabends des Hirschkäfers (*Lucanus cervus*) mit zahlreichen fliegenden und dabei laut brummenden Männchen und Weibchen jeder Entomologe einmal erlebt haben sollte.

An diesem unvergeßlichen Schwärmabend des Hirschkäfers (*Lucanus cervus*) am 05.06.2008 ist auch spontan meine Entscheidung gefallen, dieses Thema weiterzuverfolgen und wissenschaftlich zu bearbeiten. Ich habe den Wink mit dem Zaunpfahl des Männchens des Hirschkäfers (*Lucanus cervus*), welches am 01.06.2008 nahezu aufdringlich direkt neben mir gelandet ist, als ob es mich auffordern wollte, mich seiner Sache anzunehmen, umgehend verstanden und habe auch sofort begriffen, daß hier ein äußerst interessantes und vielversprechendes Thema buchstäblich vom Himmel gefallen ist.

Mein Entschluß, unverzüglich zuzugreifen, ist auch deshalb umso leichter gefallen, als ich schon einmal in meiner wissenschaftlichen Karriere durch einen ähnlich glücklichen Zufall völlig unerwartet auf ein bedeutendes Thema gestoßen bin. Es war im Frühjahr 1975 am Anfang meiner Geländeaufnahmen zu Diplom-Kartierung und Diplom-Arbeit in der Eifel, als gerade ein neuer Straßenabschnitt gebaut wurde und dazu ein Hang erst seit kurzem frisch aufgeschlossen war, und in dem Abraum des neu freigelegten Profils des Buntsandsteins fanden meine damalige Partnerin und ich zu unserem großen Erstaunen einige versteinerte Blätter von Farnen und fossile Stammstücke von Bärlappen, welche der Auslöser und der Startpunkt für meine spätere monographische Bearbeitung der Paläoökologie der Flora in Buntsandstein und Keuper (Mader 1990) waren. Wenige Wochen später wären damals diese überraschenden Funde nicht mehr möglich gewesen, und ebenso hätte ich am Waldrand von Tairnbach in 2008 wenige Wochen später keine fliegenden Hirschkäfer (*Lucanus cervus*) mehr beobachten können und die vorliegende Studie wäre nicht zustandegekommen.

Nach meiner spontanen Entscheidung, der Einladung des direkt neben mir gelandeten Männchens zu folgen und eine Studie der Populationsdynamik und Ökologie des Hirschkäfers (*Lucanus cervus*) zu beginnen, welche noch während des überragenden Spektakels des Schwärmabends am 05.06.2008 gefallen war, habe ich am nächsten Tag mit regelmäßigen allabendlichen Beobachtungen am Waldrand von Tairnbach begonnen und die Ergebnisse meiner Erkundungen notiert. Nachdem ich an zahlreichen aufeinanderfolgenden Tagen immer wieder einzelne Männchen und Weibchen des Hirschkäfers (*Lucanus cervus*) registrieren konnte, habe ich schon nach wenigen Wochen mit der Dokumentation und Interpretation meiner Resultate begonnen und habe meine Observationen zu einem ersten Manuskriptentwurf zusammengefaßt.

In einem nächsten Schritt habe ich dann mehrere Aufrufe zur Mitteilung von Beobachtungen des Hirschkäfers (*Lucanus cervus*) in regionalen Tageszeitungen veröffentlicht (Rhein-Neckar-Zeitung 2008 a, 2008 b, 2008 c, 2008 d; Schwetzinger Zeitung 2008, Bruchsaler Rundschau 2008), um durch Hinweise aus dem Leserkreis Informationen über weitere Standorte des Hirschkäfers (*Lucanus cervus*) zu erlangen und dadurch schrittweise dessen Verbreitung zu erfassen. Die Resonanz auf meine vorgenannten Appelle zur Mithilfe hat meine Erwartungen bei weitem übertroffen, denn es haben sich über 600 Naturfreunde bei mir gemeldet und mir über ihre Beobachtungen des Hirschkäfers (*Lucanus cervus*) berichtet, welche eine Fülle von Nachweisen des größten und bekanntesten mitteleuropäischen Käfers an insgesamt über 225 im Inhaltsverzeichnis als separate Lokalitäten ausgewiesene örtliche Gruppen von Fundorten umfassen. Der älteste Naturfreund, welcher mir seine Funde des Hirschkäfers (*Lucanus cervus*) berichtet hat, ist fast 95 Jahre alt, wohingegen der jüngste Naturfreund, welcher mir seine Funde übermittelt hat, gerade 8 Jahre alt ist. Besonders zahlreiche Meldungen von Funden des Hirschkäfers (*Lucanus cervus*) haben die zwischen 70 und 75 Jahre alten Naturfreunde abgegeben.

Der Rest war dann aufgrund meiner langjährigen Forschungserfahrung quasi Routine. Ich habe alle Fundmeldungen von Naturfreunden ausgewertet und regional zusammengefaßt, in Bibliothek und Internet die einschlägige Literatur recherchiert, und vor allem meine eigenen Interpretationen der Beobachtungen und Berichte vertieft. In die Dokumentation habe ich auch etliche Fundmeldungen des Hirschkäfers (*Lucanus cervus*) einbezogen, welche als Notizen in regionalen Tageszeitungen veröffentlicht wurden, damit diese wertvollen Beiträge nicht in den unzähligen laufenden Metern der Archive verlorengehen und in Vergessenheit geraten. Als Ergebnis ist der vorliegende Band entstanden, welcher der Absicht des Männchens des Hirschkäfers (*Lucanus cervus*), das mit seiner Landung unmittelbar neben mir am 01.06.2008 mich praktisch gebeten hat, mich seiner Sache anzunehmen, insofern gerecht geworden ist, als ein wesentlicher Teil meiner Schlußfolgerungen die Empfehlung einer Reihe von einfachen Schutzmaßnahmen ist, welche von jedem Naturfreund problemlos in Garten, Streuobstwiese, Waldrand, Wald, Straße, Haus und Umfeld durchgeführt werden können.

Es war wohl das Ziel des Männchens des Hirschkäfers (*Lucanus cervus*), welches so auffällig direkt neben mir gelandet ist, jemanden zu finden, der mit beträchtlichem Engagement für seinen Schutz eintritt, und es hat sich herausgestellt, daß es bei mir wohl genau den Richtigen getroffen hat, denn die Palette der Schutzmaßnahmen, die ich aufgrund meiner Ergebnisse konzipieren und vorschlagen konnte, kann wesentlich zu einer Verbesserung des Verständnisses für den Schutzbedarf und die Schutzwürdigkeit des Hirschkäfers (*Lucanus cervus*) beitragen und kann durch Sensibilisierung zahlreicher Naturfreunde eine signifikante Promotion des Schutzprofils bewirken. Am 15.03.2009 habe ich die Redaktion des Manuskriptes abgeschlossen und meine Studie in Druck gegeben.

Inhaltsverzeichnis

Vorwort III

Inhaltsverzeichnis V

1 Erforschung, Entwicklung, Naturschutz und Vergleich des Hirschkäfers 1
   1.1 Der Hirschkäfer als entomologisches Forschungsobjekt 1
   1.2 Abbildungen des Hirschkäfers in der Literatur 2
   1.3 Abbildungen des Hirschkäfers in der Philatelie 3
   1.4 Stellung der Hirschkäfer in der globalen Käferfauna 4
   1.5 Der Hirschkäfer als Beobachtungserlebnis von Naturfreunden 5
   1.6 Der Hirschkäfer im Volksmund 6
   1.7 Entwicklungszyklus des Hirschkäfers 7
   1.8 Naturschutz des Hirschkäfers 10
   1.9 Zum Vergleich mit dem Hirschkäfer beobachtete andere Käfer 10
   1.10 Zum Vergleich mit dem Hirschkäfer beobachtete Schmetterlinge 11
   1.11 Zum Vergleich mit dem Hirschkäfer beobachtete andere Insekten 11
   1.12 Saisonalität der Insektengenerationen 11
   1.13 Länge des Tages von Sonnenaufgang bis Sonnenuntergang 12

2 Standorte mit eigenen Studien verschiedener Insekten 12
   2.1 Tairnbach 12
   2.2 Nußloch 13
   2.3 Walldorf 13
   2.4 St. Leon 14
   2.5 Rot 14

3 Methoden und Maßnahmen zur Analyse der Verbreitung 14
   3.1 Systematische Beobachtungen am Standort Tairnbach 15
   3.2 Begrenzung der Erfassungsmöglichkeiten der Vorkommen 15
   3.3 Strategie der Untersuchung der Verbreitung 16
   3.4 Netzwerk von Naturfreunden als externe Zuträger von Beobachtungen 17
   3.5 Zufällige Einzelfunde in disperser Verteilung in Raum und Zeit 18
   3.6 Langfristige regelmäßige Beobachtungen über mehrere Jahrzehnte 19
   3.7 Herausragende Beispiele langfristig stabiler Populationen 20
   3.8 Weitere signifikante Beispiele langfristig stabiler Populationen 21

4 Morphologie 24
   4.1 Größe der Männchen des Hirschkäfers am Standort Tairnbach 25
   4.2 Größe der Männchen des Hirschkäfers nach Angaben in der Literatur 26
   4.3 Färbung der Männchen des Hirschkäfers am Standort Tairnbach 27
   4.4 Färbung der Männchen des Hirschkäfers nach Angaben in der Literatur 27
   4.5 Größe der Weibchen des Hirschkäfers am Standort Tairnbach 28
   4.6 Größe der Weibchen des Hirschkäfers nach Angaben in der Literatur 29
   4.7 Färbung der Weibchen des Hirschkäfers am Standort Tairnbach 29
   4.8 Färbung der Weibchen des Hirschkäfers nach Angaben in der Literatur 30
   4.9 Abnormitäten der Mandibelausbildung bei Männchen und Weibchen des Hirschkäfers ... 30
   4.10 Vergleich mit Balkenschröter, Sägebock und Gold-Rosenkäfer 31
   4.11 Vergleich mit dem Schwalbenschwanz 31
   4.12 Vergleich mit anderen Schmetterlingen 33

5 Fortbewegung und Ruheposition 35
   5.1 Fortbewegung der Männchen des Hirschkäfers 36
   5.2 Flughöhen, Flugdauer und Flugstrecken der Männchen des Hirschkäfers 36
   5.3 Fortbewegung der Weibchen des Hirschkäfers 37

5.4 Ruheposition der Männchen und Weibchen des Hirschkäfers	38
5.5 Fortbewegung des Balkenschröters	39
5.6 Vergleich der laufenden Fortbewegung mit anderen Käfern	39
5.7 Vergleich der fliegenden Fortbewegung mit anderen Käfern	39
6 Häufigkeitsverteilung und Schwärmabende	**40**
6.1 Hirschkäfer am Standort Tairnbach	40
6.2 Hirschkäfer in Schriesheim und Umgebung	41
6.3 Hirschkäfer an anderen Lokalitäten in Deutschland	43
6.4 Hirschkäfer an anderen Lokalitäten in Osteuropa	44
6.5 Hirschkäfer an anderen Lokalitäten in Südeuropa	45
6.6 Hirschkäfer an anderen Lokalitäten in Westeuropa	45
6.7 Balkenschröter	46
6.8 Sägebock	46
6.9 Nashornkäfer	47
7 Häufigkeitsverhältnis Männchen : Weibchen	**47**
7.1 Hirschkäfer am Standort Tairnbach	47
7.2 Hirschkäfer in Populationen an anderen Lokalitäten	48
7.3 Hirschkäfer in Ansammlungen von Opfern im Verkehr	48
7.4 Aurorafalter	49
7.5 Zitronenfalter	49
8 Meteorologie und Astronomie	**49**
8.1 Zeitraum vor den fünf Perioden sommerlichen Wetters in Frühling und Sommer 2008	50
8.2 Abfolge der fünf Perioden sommerlichen Wetters in Frühling und Sommer 2008	50
8.3 Zeitraum nach den fünf Perioden sommerlichen Wetters in Frühling und Sommer 2008	52
8.4 Neumond im Frühling zwischen Eisheiligen und Schafskälte	52
8.5 Neumond im Frühling vor den Eisheiligen	54
8.6 Halbmond im Frühling zwischen Eisheiligen und Schafskälte	54
8.7 Neumond und Vollmond in Frühling und Sommer nach der Schafskälte	55
8.8 Neumond im Sommer vor der Julikälte	56
8.9 Neumond in den Hundstagen im Sommer nach der Julikälte	56
8.10 Vollmond am Übergang der Hundstage im Sommer in die Augustkälte	56
8.11 Neumond im Spätsommer	57
8.12 Neumond im Herbst	57
8.13 Temperaturen und Wind zwischen Eisheiligen und Schafskälte	58
8.14 Temperaturen und Wind zwischen Schafskälte und Julikälte	58
8.15 Temperaturen und Wind während der Hundstage nach der Julikälte	59
8.16 Temperaturen und Wind während der Augustkälte nach den Hundstagen	60
8.17 Temperaturen und Wind im Spätsommer nach der Augustkälte	60
8.18 Länge des Tages von Sonnenaufgang bis Sonnenuntergang	60
9 Flugzeiten	**61**
9.1 Hirschkäfer während des Jahres am Standort Tairnbach	61
9.2 Frühe Nachweise des Hirschkäfers während des Jahres an anderen Lokalitäten	62
9.3 Späte Nachweise des Hirschkäfers während des Jahres an anderen Lokalitäten	63
9.4 Hirschkäfer während des Tages	64
9.5 Balkenschröter	65
9.6 Sägebock	65
10 Erbeutung durch Vögel, Säugetiere und andere Räuber	**65**
10.1 Torsi des Hirschkäfers als Reste der Mahlzeiten von räuberischen Vögeln	65
10.2 Konzentrationen von Torsi des Hirschkäfers auf Wegen und unter Bäumen	66
10.3 Räuberische Vögel	67
10.4 Vorübergehendes Überleben von Torsi des Hirschkäfers nach Abdomenabtrennung	69
10.5 Vorübergehendes Überleben von Torsi anderer Käfer nach Abdomenabtrennung	70
10.6 Abbeißen von Beinen und Mandibeln durch Räuber	70
10.7 Abbrechen von Mandibeln im Rivalenkampf	71

10.8 Mitnahme gefundener Hirschkäfer durch Katzen nach Hause	71
10.9 Räuberische Säugetiere	72
10.10 Räuberische Amphibien und Reptilien	73
10.11 Räuberische Insekten	73
10.12 Aasfressende Insekten	74
10.13 Parasitische Insekten	74
10.14 Parasitische Milben	75
10.15 Besiedlung von Hohlräumen	75
10.16 Außergewöhnliche Schlechtwetterperioden	75
10.17 Rolle des Menschen	76
11 Überfahren und Zertreten durch Verkehr auf Straßen und Wegen	**77**
11.1 Überfahren und Zertreten durch Verkehr von Fahrzeugen und Fußgängern	77
11.2 Zentrale und marginale Überrollung	78
11.3 Lauftempo des Hirschkäfers und anderer Käfer	78
11.4 Transitstrategie des Hirschkäfers und des Grünen Heupferds	79
11.5 Überfahren durch Rasenmähen	79
12 Gefährdung durch Verluste im Verkehr	**79**
12.1 Hirschkäfer in Tairnbach	79
12.2 Hirschkäfer in Walldorf und Nußloch	80
12.3 Hirschkäfer an anderen Lokalitäten	80
12.4 Balkenschröter	81
12.5 Sägebock und Goldlaufkäfer	81
13 Schutzmaßnahmen in Garten, Streuobstwiese, Waldrand, Wald, Straße und Haus	**81**
13.1 Verborgene Lebensweise als Selbstschutz des Hirschkäfers	83
13.2 Relativ lange Flugzeit als Selbstschutz des Hirschkäfers	84
13.3 Asynchrone Verteilung der Schwärmabende als Selbstschutz des Hirschkäfers	85
13.4 Überwiegende Aktivität in der Abenddämmerung als Selbstschutz des Hirschkäfers	86
13.5 Abschirmung des Weibchens durch das Männchen als Selbstschutz des Hirschkäfers	86
13.6 Transitservice an Wegen und Straßen am Waldrand	87
13.7 Zeitweise Sperrung von Wegen am Waldrand für den Verkehr	89
13.8 Umdrehen auf dem Rücken liegender Männchen und Weibchen	90
13.9 Anlage von Komposthaufen und Totholzdeponien in Gärten und Streuobstwiesen	91
13.10 Ausreichend lange Lagerzeit von Komposthaufen und Totholzdeponien	94
13.11 Stehenlassen von natürlichen Baumstümpfen in Gärten, Streuobstwiesen und Wäldern	95
13.12 Aufstellen von künstlichen Baumstümpfen in Gärten, Streuobstwiesen und Wäldern	97
13.13 Errichtung von Hirschkäfermeilern oder Hirschkäferwiegen	97
13.14 Installation von Hirschkäferpflastern	98
13.15 Angebot von Saftaustritten an Bäumen in Gärten und Streuobstwiesen	99
13.16 Anpflanzung und Pflege von Kirschbäumen in Gärten und Streuobstwiesen	100
13.17 Abdeckung und Kontrolle von Wasserbehältern in Gärten	101
13.18 Überprüfung von Rasenflächen vor dem Mähen	102
13.19 Ausweisung von Bannwaldflächen	103
13.20 Multiplikation durch Sensibilisierung von weiteren Naturfreunden	103
13.21 Regelmäßige Meldung von Beobachtungen zur zentralen Auswertung	104
13.22 Engagement gegen chemische Maikäferbekämpfungsaktionen	105
13.23 Kurzfristige und langfristige Wirksamkeit der Schutzmaßnahmen	107
13.24 Verbreiterung des horizontalen und vertikalen Substratangebots	108
14 Anflug an künstliche Lichtquellen	**108**
14.1 Beobachtungen am Standort Tairnbach	109
14.2 Beobachtungen an anderen Lokalitäten	109
15 Synanthropie	**110**
15.1 Primärer Lebensraum des Hirschkäfers im natürlichen Habitat im Wald	110
15.2 Sekundäre Kulturfolge des Hirschkäfers in Gärten und Streuobstwiesen	111
15.3 Sekundäre Kulturfolge des Nashornkäfers in Gärten, Sägewerken und Gerbereien	112

15.4 Affinität des Hirschkäfers zum Wein 113
15.5 Vorliebe des Hirschkäfers für vergorene Säfte 114
15.6 Eindringen des Hirschkäfers in Räume im Inneren von Häusern und Wohnungen 115
15.7 Eindringen des Hirschkäfers in Zelte und Schlafsäcke 117
15.8 Landung des Hirschkäfers auf Tellern auf Tischen mitten in Ortschaften 118
15.9 Primärer Lebensraum des Balkenschröters im natürlichen Habitat im Wald 118

16 Fundmeldungen von Naturfreunden in Heidelberg und Umgebung **118**
16.1 Jeder kennt ihn, aber nur wenige haben ihn gelegentlich gesehen 120
16.2 Heidelberg-Handschuhsheim 122
16.3 Heidelberg-Neuenheim 126
16.4 Heidelberg-Ziegelhausen 134
16.5 Heidelberg-Schlierbach 137
16.6 Heidelberg-Altstadt 137
16.7 Heidelberg-Weststadt 137
16.8 Heidelberg-Südstadt 138
16.9 Heidelberg-Rohrbach 138
16.10 Heidelberg-Emmertsgrund 140
16.11 Heidelberg-Boxberg 140
16.12 Heidelberg-Kirchheim 141
16.13 Heidelberg-Bergheim 142
16.14 Heidelberg-Pfaffengrund 142
16.15 Heidelberg-Wieblingen 143
16.16 Eppelheim 144
16.17 Dossenheim 144

17 Fundmeldungen von Naturfreunden in Schriesheim und Umgebung **147**
17.1 Schriesheim 148
17.2 Branich am Nordostrand von Schriesheim 155
17.3 Kanzelbachtal am Ostrand von Schriesheim 159
17.4 Stammberg östlich Schriesheim 160
17.5 Altenbach 160
17.6 Wilhelmsfeld 160
17.7 Leutershausen 161
17.8 Großsachsen 163

18 Fundmeldungen von Naturfreunden in Neckargemünd und Umgebung **164**
18.1 Neckargemünd 164
18.2 Waldhilsbach 165
18.3 Wiesenbach 166
18.4 Schönau 166
18.5 Altneudorf 167
18.6 Dilsberg 167
18.7 Bammental 168
18.8 Mauer 168
18.9 Gauangelloch 169

19 Fundmeldungen von Naturfreunden in Schwetzingen und Umgebung **169**
19.1 Schwetzingen 169
19.2 Oftersheim 171
19.3 Plankstadt 172
19.4 Ketsch 173
19.5 Ketscher Rheininsel nordwestlich Ketsch 178
19.6 Herrenteich südwestlich Ketsch 181
19.7 Brühl 182
19.8 Rohrhof 184
19.9 Kollerinsel südwestlich Brühl 184
19.10 Hirschacker 186
19.11 Schwetzinger Hardt zwischen Walldorf, Sandhausen, Oftersheim und Hockenheim 186

19.12 Hockenheim	192
19.13 Edingen-Neckarhausen	193

20 Fundmeldungen von Naturfreunden in Walldorf, Wiesloch und Umgebung — 194

20.1 Walldorf	194
20.2 Wiesloch	202
20.3 Frauenweiler	204
20.4 Sandhausen	205
20.5 Sandhäuser Höfe südwestlich Sandhausen	208
20.6 Nußloch	208
20.7 Leimen	212
20.8 St. Ilgen	215
20.9 Rot	215
20.10 St. Leon	218
20.11 Reilingen	221
20.12 Rotenberg	224
20.13 Rauenberg	224
20.14 Mühlhausen	224
20.15 Tairnbach	227
20.16 Rettigheim	228
20.17 Malsch	231
20.18 Bahnhof Rot-Malsch zwischen Rot und Malsch	232
20.19 Baiertal	235
20.20 Dielheim	235
20.21 Unterhof und Oberhof	236
20.22 Horrenberg	237
20.23 Balzfeld	238

21 Fundmeldungen von Naturfreunden in Bad Schönborn und Umgebung — 238

21.1 Langenbrücken	238
21.2 Mingolsheim	239
21.3 Kronau	240
21.4 Östringen	241
21.5 Kirrlach	242
21.6 Waghäusel	243
21.7 Wiesental	244
21.8 Philippsburg-Huttenheim	246
21.9 Altlußheim	248
21.10 Neulußheim	248

22 Fundmeldungen von Naturfreunden in Sinsheim und Umgebung — 249

22.1 Sinsheim	249
22.2 Steinsfurt	251
22.3 Reihen	252
22.4 Dühren	253
22.5 Immelhäuser Hof	254
22.6 Weiler	254
22.7 Hilsbach	254
22.8 Waldangelloch	255
22.9 Michelfeld	256
22.10 Eichtersheim	256
22.11 Eschelbach	257
22.12 Kirchardt	257
22.13 Waibstadt	258
22.14 Daisbach	259
22.15 Neidenstein	260
22.16 Eschelbronn	260
22.17 Hoffenheim	260
22.18 Zuzenhausen	262

22.19 Mönchzell ... 263
22.20 Grombach ... 263
22.21 Neckarbischofsheim ... 263
22.22 Daudenzell ... 264

23 Fundmeldungen von Naturfreunden in Mannheim und Umgebung ... 264
23.1 Mannheim-Käfertal ... 264
23.2 Mannheim-Gartenstadt ... 266
23.3 Mannheim-Neckarstadt ... 266
23.4 Mannheim-Mallau ... 267
23.5 Mannheim-Niederfeld ... 267
23.6 Mannheim-Neckarau ... 268
23.7 Mannheim-Neuostheim ... 268

24 Fundmeldungen von Naturfreunden in Weinheim und Umgebung ... 268
24.1 Weinheim ... 269
24.2 Hohensachsen ... 270
24.3 Oberflockenbach ... 271
24.4 Hilsenhain ... 271
24.5 Viernheim ... 271
24.6 Hemsbach ... 272
24.7 Hüttenfeld ... 273
24.8 Lampertheim ... 273
24.9 Bürstadt ... 274
24.10 Riedrode ... 274
24.11 Lorsch ... 275
24.12 Groß-Rohrheim ... 275
24.13 Bensheim ... 275
24.14 Mörlenbach ... 275

25 Fundmeldungen von Naturfreunden in Eberbach und Umgebung ... 276
25.1 Eberbach ... 276
25.2 Neckarwimmersbach ... 278
25.3 Gaimühle ... 278
25.4 Waldkatzenbach ... 278
25.5 Unterdielbach ... 279
25.6 Oberdielbach ... 279
25.7 Schollbrunn ... 279
25.8 Strümpfelbrunn ... 279
25.9 Mülben ... 280
25.10 Sensbachtal ... 280
25.11 Hirschhorn ... 281

26 Fundmeldungen von Naturfreunden in Mudau und Umgebung ... 281
26.1 Mudau ... 281
26.2 Schloßau ... 282
26.3 Waldauerbach ... 282
26.4 Scheidental ... 282
26.5 Hesselbach ... 282
26.6 Buchen ... 283
26.7 Rinschheim ... 284
26.8 Walldürn ... 284
26.9 Rütschdorf ... 285
26.10 Dornberg ... 285
26.11 Sachsenhausen ... 285

27 Fundmeldungen von Naturfreunden in Mosbach und Umgebung ... 285
27.1 Mosbach ... 286
27.2 Mosbach-Waldstadt ... 289

27.3 Mosbach-Masseldorn	292
27.4 Nüstenbach	293
27.5 Neckarelz	293
27.6 Diedesheim	294
27.7 Obrigheim	295
27.8 Asbach	295
27.9 Binau	296
27.10 Neckargerach	296
27.11 Neckarzimmern	297
27.12 Neckarburken	298
27.13 Dallau	298
27.14 Auerbach	298
27.15 Neckarmühlbach	299
27.16 Haßmersheim	299
27.17 Hüffenhardt	300
28 Fundmeldungen von Naturfreunden in Fahrenbach, Limbach und Umgebung	**300**
28.1 Fahrenbach	300
28.2 Robern	301
28.3 Wagenschwend	301
28.4 Sattelbach	301
29 Fundmeldungen von Naturfreunden in Billigheim und Umgebung	**302**
29.1 Billigheim	302
29.2 Sulzbach	302
29.3 Katzental	302
29.4 Allfeld	302
30 Fundmeldungen von Naturfreunden in Adelsheim und Umgebung	**303**
30.1 Adelsheim	303
30.2 Osterburken	307
30.3 Seckach	307
30.4 Sennfeld	308
30.5 Roigheim	309
30.6 Ravenstein	310
30.7 Schöntal und Ailringen	311
30.8 Rossach und Möckmühl	311
30.9 Berlichingen	312
31 Fundmeldungen von Naturfreunden in Bruchsal und Umgebung	**312**
31.1 Bruchsal	312
31.2 Untergrombach	316
31.3 Obergrombach	319
31.4 Büchenau	320
31.5 Karlsdorf-Neuthard	321
31.6 Forst	322
31.7 Hambrücken	323
31.8 Graben	325
31.9 Neudorf	326
31.10 Dettenheim	329
31.11 Insel Elisabethenwörth nordwestlich Dettenheim-Rußheim	329
31.12 Linkenheim-Hochstetten	330
31.13 Eggenstein-Leopoldshafen	330
31.14 Ubstadt	331
31.15 Weiher	332
31.16 Zeutern	332
31.17 Stettfeld	334
31.18 Heidelsheim	334
31.19 Bretten	335

31.20 Ötisheim	335
31.21 Horrheim	336
31.22 Blankenloch	336
31.23 Schloß Stutensee südöstlich Friedrichstal	337

32 Fundmeldungen von Naturfreunden in Kraichtal und Umgebung **338**
- 32.1 Oberöwisheim 338
- 32.2 Oberacker 339
- 32.3 Odenheim 340
- 32.4 Eichelberg 341
- 32.5 Tiefenbach 341
- 32.6 Flehingen 342
- 32.7 Sulzfeld 342
- 32.8 Mühlbach 343
- 32.9 Gochsheim und Bahnbrücken 344

33 Fundmeldungen von Naturfreunden in Speyer und Umgebung **344**
- 33.1 Speyer, Dudenhofen und Otterstadt 345
- 33.2 Römerberg-Mechtersheim 345
- 33.3 Neuhofen, Waldsee, Frankenthal und Bobenheim-Roxheim 346
- 33.4 Zeiskam und Bellheim 346
- 33.5 Neustadt an der Weinstraße 347
- 33.6 Edenkoben 348
- 33.7 Ludwigshafen-Oppau 349
- 33.8 Weitere Fundmeldungen aus der Pfalz 349

34 Beispiele in der neueren Literatur dokumentierter Vorkommen in anderen Gebieten 349
- 34.1 Landkreis Elbe-Elster und andere Vorkommen in Brandenburg 350
- 34.2 Kelsterbacher Wald und andere Wälder um den Flughafen Frankfurt/Main (Hessen) 351
- 34.3 Moseltal zwischen Alf und Bullay sowie weitere Vorkommen in Rheinland-Pfalz 352
- 34.4 Rheintal in Bonn und Umgebung (Nordrhein-Westfalen) 353
- 34.5 Vogelsangbachtal bei Heiligenhaus und Diersfordter Forst bei Wesel (Nordrhein-Westfalen) 353
- 34.6 Umgebung des Starnberger Sees und des Ammersees südwestlich München (Bayern) 353
- 34.7 Elbetal, Saaletal und andere Gebiete (Thüringen und Umgebung) 354
- 34.8 Umgebung von Basel (Nordwestschweiz) 354
- 34.9 Winnweiler und Umgebung im Pfälzer Bergland (Rheinland-Pfalz) 355
- 34.10 Landesweite Erfassung in Hessen 355
- 34.11 Landesweite Erfassung in England 356
- 34.12 Beziehung zwischen Geologie der Landschaft und Verbreitung des Hirschkäfers 356
- 34.13 Landesweite Erfassung in Belgien, Niederlande, Spanien, Portugal und Slowenien 357
- 34.14 Verschiedene Vorkommen in Polen 357

35 Beurteilung des Hirschkäfer-Jahres 2008 .... **357**
- 35.1 Entwicklungszyklus der Populationen 358
- 35.2 Einfluß langfristiger klimatischer Veränderungen 359
- 35.3 Die besonders heißen und trockenen Sommer 1994 und 2003 als Modell für die Zukunft 361
- 35.4 Erholung der Bestände 361
- 35.5 Es besteht aktuell keine akute Gefährdung 362

Danksagung	362
Literaturverzeichnis	366
Nachtrag zum Literaturverzeichnis	411
Tabellen	412
Nachwort	418

1 Erforschung, Entwicklung, Naturschutz und Vergleich des Hirschkäfers

Im Rahmen meiner entomologischen Beobachtungen im Raum um Heidelberg habe ich drei Vorkommen des Hirschkäfers (*Lucanus cervus* Linnaeus 1758; Coleoptera : Lucanidae) durch Funde einzelner überfahrener Weibchen an den Rändern von asphaltierten Straßen und Wegen in Tairnbach, Nußloch und Walldorf in 2007 entdeckt. Nach der Sichtung von fliegenden Männchen des Hirschkäfers (*Lucanus cervus*) habe ich den Standort Tairnbach durch regelmäßige und systematische Beobachtungen an den meisten Abenden vom 01.06.2008 bis 15.08.2008 näher untersucht. Während ich an den meisten Abenden vom 01.06.2008 bis 10.06.2008 und vom 18.06.2008 bis 22.06.2008 jeweils nur einzelne fliegende und laufende Männchen und Weibchen des Hirschkäfers (*Lucanus cervus*) gesehen habe sowie an etlichen Abenden vom 23.06.2008 bis 19.07.2008 und am 25.07.2008 und am 26.07.2008 jeweils nur einzelne laufende Weibchen entdeckt habe, konnte ich kurz nach dem Neumond am 05.06.2008 abends in der Dämmerung zahlreiche schwärmende Männchen und Weibchen bei ihrem Flug mit lautem Brummen in unterschiedlicher Höhe um die Bäume am Waldrand am Standort Tairnbach beobachten. Dieser Schwärmabend mit zahlreichen fliegenden Männchen und Weibchen des Hirschkäfers (*Lucanus cervus*), welche in langgezogenen Kurven und weiten Bögen immer wieder um die Baumkronen gekreist sind sowie den Waldrand suchend auf und ab geflogen sind, war ein sehr eindrucksvolles Schauspiel nicht nur wegen des eleganten und majestätischen Fluges der großen Käfer, sondern auch durch das deutlich wahrnehmbare Brummen selbst hochfliegender Individuen.

Das unvergeßliche und unvergleichliche Erlebnis dieses Schwärmabends des Hirschkäfers (*Lucanus cervus*) veranlaßte mich zu eingehenden und regelmäßigen Beobachtungen am Standort Tairnbach, welche hier zusammengefaßt und in der Auswertung durch Vergleiche mit den Ergebnissen der Untersuchungen anderer Käfer sowie von Schmetterlingen und anderen Insekten ergänzt werden. Die Interpretation der Populationsdynamik und Ökologie des Hirschkäfers (*Lucanus cervus*) wurde wesentlich unterstützt durch Fundmeldungen von zahlreichen Naturfreunden, welche mir ihre Beobachtungserlebnisse berichtet haben. Meine vorliegende Studie der Populationsdynamik, Ökologie und Schutz des Hirschkäfers (*Lucanus cervus*) im Raum um Heidelberg und Mannheim in 2008 stützt sich hauptsächlich auf meine eigenen Beobachtungen und die Fundmeldungen von zahlreichen Naturfreunden, und berücksichtigt die Literatur nur insoweit, wie Mitteilungen im Schrifttum in direktem Zusammenhang mit meinen Ausführungen und Schlußfolgerungen stehen. Eine eingehende Literaturübersicht der Populationsdynamik, Ökologie und Schutz des Hirschkäfers (*Lucanus cervus*) in anderen Gebieten war nicht Ziel meiner vorliegenden Studie und bleibt einer späteren monographischen Abhandlung vorbehalten.

Die einleitenden Bemerkungen über Erforschung, Entwicklung, Naturschutz und Vergleich des Hirschkäfers (*Lucanus cervus*) umfassen den Hirschkäfer als entomologisches Forschungsobjekt, Abbildungen des Hirschkäfers in Literatur und Philatelie, die Stellung der Hirschkäfer in der globalen Käferfauna, den Hirschkäfer als Beobachtungserlebnis von Naturfreunden, den Hirschkäfer im Volksmund, Entwicklungszyklus und Naturschutz des Hirschkäfers; zum Vergleich mit dem Hirschkäfer beobachtete andere Käfer, Schmetterlinge und andere Insekten; Saisonalität der Insektengenerationen und Länge des Tages von Sonnenaufgang bis Sonnenuntergang.

1.1 Der Hirschkäfer als entomologisches Forschungsobjekt

Der Hirschkäfer (*Lucanus cervus*) ist der größte und bekannteste mitteleuropäische Käfer und ist aufgrund der geweihartig verlängerten Mandibeln der Männchen auch ein morphologisch besonders spektakuläres und attraktives Insekt. Der Hirschkäfer (*Lucanus cervus*) ist daher seit seiner wissenschaftlichen Erstbeschreibung in binärer Nomenklatur (Linnaeus 1758) immer wieder zum bevorzugten Objekt wissenschaftlicher Forschung und populärwissenschaftlicher Darstellung in der Käferkunde (Coleopterologie) geworden, wodurch inzwischen eine Fülle von Beobachtungen und Nachweisen an einer Vielzahl von Vorkommen des Hirschkäfers (*Lucanus cervus*) in Deutschland und in anderen Ländern in Europa in der Literatur dokumentiert sind. Beschreibungen und Abbildungen des Hirschkäfers (*Lucanus cervus*) sind seit über 2.000 Jahren in Schrifttum und Kunst enthalten (Überblicke und Beispiele in Bodenheimer 1928, 1929; Taschenberg 1929; Schimitschek 1968, 1977; Klausnitzer 1982, 1995, 2002; Mamonov 1991, Franciscolo 1997, Taroni 1998; Sprecher-Uebersax 2001, 2004, 2008; Brechtel & Kostenbader 2002, Pratt 2003, Sprecher & Taroni 2004, Klausnitzer & Sprecher-Uebersax 2008). Der Gattungsname *Lucanus* des Hirschkäfers wurde ebenfalls bereits vor über 2.000 Jahren erstmals verwendet (Clark 1965 b, Cameron 1980) und leitet sich offenbar von der früheren römischen Provinz Lucania in Italien ab (Mulsant 1842, Schenkling 1917, Taroni 1998; Sprecher-Uebersax 2001, 2008; Sprecher & Taroni 2004, Hennig & Hennig 2008). Weltweit umfaßt die Literatur über die Hirschkäfer (Familie Lucanidae) inzwischen über 2.000 Veröffentlichungen (Taroni 1998), wobei allein das Schrifttum über den mitteleuropäischen Hirschkäfer (*Lucanus cervus*) vermutlich bereits über 1.000 Publikationen beinhaltet.

Neben unzähligen faunistischen Nachweisen und biologischen Notizen in einer Fülle von allgemeineren entomologischen Veröffentlichungen und spezielleren coleopterologischen Publikationen sind als eingehendere Studien des Hirschkäfers (*Lucanus cervus*) besonders die Abhandlungen von Klausnitzer (1982, 1995), Taroni (1998), Sprecher-Uebersax (2001), Brechtel & Kostenbader (2002), Klausnitzer & Wurst (2003), Rink (2007) und Klausnitzer & Sprecher-Uebersax (2008) zu nennen, in denen jeweils auch ausführliche Literaturübersichten enthalten sind. Die Verbreitung des Hirschkäfers (*Lucanus cervus*) in Deutschland in den letzten Jahrzehnten wurde von Köhler & Klausnitzer (1998) zusammengefaßt. Zusammenstellungen von neueren Forschungsprojekten über den Hirschkäfer (*Lucanus cervus*) und laufenden Erfassungsaktionen der Populationen in verschiedenen Regionen finden sich im Internet unter den Adressen http://www.agnu-haan.de/hirschkaefer und http://maria.fremlin.de/stagbeetles. Der Hirschkäfer (*Lucanus cervus*) ist Mitglied der Gilde der xylobionten oder saproxylischen Käfer, welche an und in zersetztem abgestorbenem Holz leben.

Als coleopterologisches Forschungsobjekt ist der Hirschkäfer (*Lucanus cervus*) auch deshalb besonders geeignet, weil er durch seine Körperlänge und Flügelspannweite auch beim Flug in großer Höhe um die Bäume vom Boden aus ohne Fernglas beobachtet werden kann, und fliegende Individuen auch in großer Höhe durch ihr lautes Brummen bereits vor ihrer Sichtung bemerkt werden können. Wegen der steilen Körperneigung im Flug sind dabei selbst bei hochfliegenden Männchen des Hirschkäfers (*Lucanus cervus*) auch die Mandibeln deutlich sichtbar, so daß bei der Beobachtung von fliegenden Individuen nicht nur zwischen Männchen und Weibchen, sondern unter Akzeptanz einer gewissen Unschärfe auch zwischen großen, mittelgroßen und kleinen Männchen unterschieden werden kann. Schließlich ist ein Schwärmabend des Hirschkäfers (*Lucanus cervus*) mit zahlreichen fliegenden und dabei laut brummenden Männchen und Weibchen ein eindrucksvolles Schauspiel, welches jeder Entomologe einmal erlebt haben sollte. Der außergewöhnliche Schwärmabend des Hirschkäfers (*Lucanus cervus*) am Standort Tairnbach am 05.06.2008 war das bisher eindrücklichste Erlebnis meiner langjährigen entomologischen Forschungen.

1.2 Abbildungen des Hirschkäfers in der Literatur

Fotos des Hirschkäfers (*Lucanus cervus*) wurden als Titelbilder für etliche Bestimmungsbücher für Käfer und andere Insekten verwendet (unter anderen Amann 1971, 2003; Schröder 1971, Wootton 1975; Zahradník & Hísek 1976, 1995; Harde & Pfletschinger 1978; Klausnitzer 1982, 1995; Harde & Severa 1984, 1998, 2006; Keil 1986, Zahradník & Severa 1991, Taroni 1998, Brechtel & Kostenbader 2002, Klausnitzer & Sprecher-Uebersax 2008) und finden sich als Illustrationen auf Tafeln und im Text auch in zahlreichen Naturführern und anderen Werken über Käfer und andere Insekten (unter anderen Löns 1911, Zedtwitz 1939, Horion 1949 a, Bardorff 1952; Stanek 1957, 1959, 1962, 1968 a, 1968 b, 1984; Conci 1959, Engel 1961, Möhres 1963, Pfletschinger 1970, Tweedie 1973, Linsenmaier 1974, Sandhall 1974, Chinery 1977, Pozzi 1977, Harde & Pfletschinger 1978, Linssen 1978, Friese 1979, Durin 1980, Dierl 1981, Hieke 1994, Reichholf & Steinbach 1994, Franciscolo 1997, Zahradník & Chvála 1997, Bellmann 1999, Stichmann-Marny 2000, Sprecher-Uebersax 2001, Brechtel & Kostenbader 2002, Klausnitzer & Wurst 2003, Horn & Kögel 2008, Klausnitzer & Sprecher-Uebersax 2008) sowie in diversen Artikeln in populärwissenschaftlichen naturkundlichen Zeitschriften (unter anderen Cürten 1936, Brandt 1937, Ecke 1938, Brüll 1952, Friese 1956, Franz 1959, Hess 1959, Holmberg 1964, Olszewski 1973, Harde 1975, Bechtle 1977, Zucchi & Zucchi 1982, Straube 1999, Hausmann 2001, Wenzel 2001 b, Rummel 2002, Altmüller 2003, Carganico 2003, Hasenfuss 2004, Hicklin 2004; Fremlin 2005, 2007; Smit 2005; Smit, Krekels & Verheggen 2005; Smit & Krekels 2006; Erfmann 2007, Hintermeier 2007, Schrempp 2007, Hofmann 2008). Fotoähnliche Abbildungen des Hirschkäfers (*Lucanus cervus*) auf weißem Hintergrund ohne natürliches Umfeld wurden als Illustrationen auf Tafeln und im Text in diversen Naturführern und anderen Werken über Käfer und andere Insekten abgedruckt (unter anderen Hofmann 1892, Schleyer & Neunzig 1900, Reitter 1909, Rammner 1933, Winkler & Severa 1969, Schröder 1971; Zahradník & Hísek 1976, 1987, 1995; Zahradník & Severa 1976, 2000; Hempel & Schiemenz 1978; Sedlag 1978, 1986; Zahradník 1985, Bilý & Cepická 1990; Erlbeck, Haseder & Stinglwagner 1998; Bunalski 1999, Chinery 2002, Amann 2003, Harde & Severa 2006).

Fotos und Filmaufnahmen des Hirschkäfers (*Lucanus cervus*) wurden wiederholt in Reportagen im Fernsehen gesendet (unter anderen Ihle 1986, Mitteldeutsche Zeitung 2001, Rhein-Zeitung 2006 a) und früher sogar im Kulturprogramm in Kinos vorgeführt (Lottmann 2000, Kölnische Rundschau 2002). Fotos des Hirschkäfers (*Lucanus cervus*) können auch im Internet unter den Adressen http://www.agnu-haan.de/hirschkaefer und http://maria.fremlin.de/stagbeetles eingesehen werden. Eine Übersicht der zahlreichen im Internet zugänglichen Seiten mit Beiträgen über den Hirschkäfer in Wort und Bild liefert eine Recherche unter http://www.google.de mit dem Suchwort *Lucanus cervus*.

Zeichnungen des Hirschkäfers (*Lucanus cervus*) zieren ebenfalls die Titelseiten etlicher klassischer Bestimmungsbücher für Käfer und andere Insekten (unter anderen Roesel von Rosenhof 1749, Calwer 1858, Rye 1866, Jäger 1884, Fleischer 1896, Griffini 1896, Planet 1899 b, Schleyer & Neunzig 1900; Reitter 1908, 1909, 1911, 1912, 1916; Liesche 1909, Ferraris 1934, Frankenberg 1943, Robert 1946, Brandt & Daxwanger 1960, Guggisberg 1960, Pozzi 1972, Chatenet 1986, Cooter 1991; Hannemann, Klausnitzer & Senglaub 1994 a; Cooter & Barclay 2006) und sind auch im Text in zahlreichen Bestimmungsbüchern für Käfer und andere Insekten enthalten (unter anderen Scheuchzer 1731; Sulzer 1761, 1776; Harris 1782, Olivier 1789, Herbst 1790, Donovan 1792-1813, Martyn 1792, Panzer 1793-1809, Shaw 1806, Voet 1806, Pujoulx 1810, Wakefield 1816, Curtis 1823-1840, Guérin-Méneville 1833-1839; Milne Edwards 1834, 1840; Oken 1836, Samouelle 1841, Duncan 1843, Heck 1849, Orbigny 1849, Chenu 1851; Schubert 1851, 1887; Val & Fairmaire 1855-1863, Grandville 1867, Blanchard 1868, Figuier 1869, Snellen van Vollenhoven 1870, Girard 1873, Depuiset 1877, Albert 1880, Bergsøe 1881, Brehm 1882, Habert-Dys 1886, Malfatti 1888, Henry 1892; Taschenberg 1892, 1929; Meyer 1897, Griffini 1898; Fairmaire 1900, 1913; Brehm & Schmidtlein 1902, Lampert 1913, Kirby 1914, Heymons 1915, Joubin & Robin 1923, Didier & Séguy 1953, Paulian 1959, Mergenthaler 1964, Bechyne 1965, Machatschke 1969, Paulian & Baraud 1982; Übersichten von Beispielen aus der älteren Literatur in Mamonov 1991, Taroni 1998, Sprecher & Taroni 2004, Sprecher-Uebersax 2008).

1.3 Abbildungen des Hirschkäfers in der Philatelie

Abbildungen des Hirschkäfers (*Lucanus cervus*) wurden auch wiederholt als Motive für Briefmarken und Wappen (Holmberg 1964, Strojny 1970; Lucht 1987, 1991, 1994; Klausnitzer 1995, 2002; Taroni 1998, Sprecher & Taroni 2004, Klausnitzer & Sprecher-Uebersax 2008, Sprecher-Uebersax 2008) und vereinzelt sogar für Münzen (Taroni 1998, Klausnitzer 2002, Sprecher & Taroni 2004, Klausnitzer & Sprecher-Uebersax 2008, Sprecher-Uebersax 2008) verwendet. Briefmarken mit dem Motiv des mitteleuropäischen Hirschkäfers (*Lucanus cervus*) wurden bisher unter anderen von den Postverwaltungen von (in alphabetischer Reihenfolge) Albanien, Barbuda, Belgien, Bulgarien, Bundesrepublik Deutschland, Deutsche Demokratische Republik, Großbritannien, Italien, Jugoslawien, Litauen, Mazedonien, Paraguay, Polen, Rußland, Tschechoslowakei, Ukraine und Ungarn herausgegeben, und Postwertzeichen mit Motiven exotischer Hirschkäfer (Familie Lucanidae) wurden bisher unter anderen von den Postdiensten von (in alphabetischer Reihenfolge) Äquatorial-Guinea, Burundi, Chile, Fernando Poo, Gabun, Japan, Kongo, Mongolei, Niederländisch Neu-Guinea, Norfolk Island und Syrien emittiert (Holmberg 1964, Strojny 1970; Lucht 1987, 1991, 1994; Klausnitzer 1995, 2002; Taroni 1998, Sprecher & Taroni 2004, Klausnitzer & Sprecher-Uebersax 2008, Sprecher-Uebersax 2008). Eine Münze mit dem Motiv des mitteleuropäischen Hirschkäfers (*Lucanus cervus*) wurde bisher lediglich einmal von der Bank von Polen geprägt (Taroni 1998, Klausnitzer 2002, Sprecher & Taroni 2004, Klausnitzer & Sprecher-Uebersax 2008, Sprecher-Uebersax 2008).

Ebenso wie Abbildungen des Hirschkäfers (*Lucanus cervus*) wurden auch Abbildungen des Nashornkäfers (*Oryctes nasicornis*) wiederholt als philatelistische Motive verwendet. Briefmarken mit dem

Motiv des mitteleuropäischen Nashornkäfers (*Oryctes nasicornis*) wurden bisher unter anderen von den Postverwaltungen von (in alphabetischer Reihenfolge) Bulgarien, Kambodscha, Rumänien und Ungarn herausgegeben, und Postwertzeichen mit Motiven exotischer Nashornkäfer und Herkuleskäfer (Unterfamilie Dynastinae der Familie Scarabaeidae) wurden bisher unter anderen von den Postdiensten von (in alphabetischer Reihenfolge) Barbados, Benin, Bhutan, Brasilien, British Indian Ocean Territory, Dominikanische Republik, Grenada-Grenadines, Japan, Kongo, Kuba, Mongolei, Niederländisch Neu-Guinea, Samoa i Sisifo, Solomon Islands, St. Helena, Tokelau Islands, Tschad, Wallis et Futuna, Vanuatu und Zentralafrikanische Republik emittiert (Lucht 1987, 1991, 1994). Abbildungen des Hirschkäfers (*Lucanus cervus*), des Nashornkäfers (*Oryctes nasicornis*) und weiterer Käfer als Motive auf Briefmarken waren der Anlaß, Studien zur philatelistischen Coleopterologie zu veröffentlichen (Lucht 1987, 1991, 1994).

1.4 Stellung der Hirschkäfer in der globalen Käferfauna

Weltweit zählen die Hirschkäfer (Lucanidae) wegen der geweihartig verlängerten Mandibeln der Männchen, dem ausgeprägten Sexualdimorphismus und der stattlichen Größe der meisten Arten ebenfalls zu den auffälligsten und schönsten Insekten, wobei im globalen Zusammenhang der mitteleuropäische Hirschkäfer (*Lucanus cervus*) zu der Gruppe der größten Vertreter der Familie Lucanidae gehört (Stanek 1968 a, 1984; Winkler & Severa 1969; Klausnitzer 1982, 1995; Taroni 1998, Klausnitzer & Sprecher-Uebersax 2008). Tropische Hirschkäfer zeichnen sich nicht nur durch eine vielgestaltige Morphologie mit verschiedenen und teilweise bizarren Formen der geweihartig verlängerten Mandibeln der Männchen aus, sondern sind oftmals auch mit prachtvollen Farben ausgestattet, welche neben den normalen schwarzen, braunen und roten Pigmentfarben auch gelbe, orange, grüne und blaue Pigmentfarben sowie bei etlichen exotischen Mitgliedern der Familie Lucanidae auch markante grüne, blaue, violette und rote metallisch schillernde Strukturfarben beinhalten.

Beispiele tropischer Hirschkäfer, welche einen Ausschnitt aus dem Spektrum ihrer Morphologie und Färbung wiedergeben, sind unter anderen in Parry (1864), Leuthner (1885), Planet (1895-1901, 1899 b), Heyne & Taschenberg (1908), Oberthür & Houlbert (1913/1914), Luederwaldt (1935), Didier (1937, 1949), Nolte (1937), Arrow (1950), Didier & Séguy (1953), Möhres (1963), Stanek (1968 a, 1984), Grzimek (1969), Winkler & Severa (1969), Weinreich (1971), Emsley & Sandved (1978), Klausnitzer (1982, 1995, 2002), Lacroix (1984), Maes (1992), Mizunuma & Nagai (1994), Taroni (1998), Mizunuma (2000), Krajcik (2001/2003), Maes & Pinratana (2003), Bartolozzi & Werner (2004) und Klausnitzer & Sprecher-Uebersax (2008) abgebildet. Einige Arten exotischer Hirschkäfer mit prächtiger Färbung zählen zu den schönsten Käfern der Welt, und einige Arten tropischer Hirschkäfer gehören zu den größten Käfern der Erde (Klausnitzer 1982, 1995, 2002; Taroni 1998, Brechtel & Kostenbader 2002, Klausnitzer & Sprecher-Uebersax 2008). Die Hirschkäfer zählen auch zu den stärksten Käfern der Welt und können im Experiment fast das 50fache ihres Körpergewichtes als kleinen Wagen ziehen (Ruediger 1936) oder sogar fast das 100fache ihres Körpergewichtes schleppen (Slijper 1967), und ebenso können die Nashornkäfer ein Vielfaches ihres Körpergewichtes tragen (Rost 2006).

In analoger Weise zu den exotischen Hirschkäfern (Familie Lucanidae) stechen tropische Nashornkäfer und Herkuleskäfer (Unterfamilie Dynastinae der Familie Scarabaeidae) durch eine reichhaltige Morphologie und ein breites Farbspektrum mit einer bunten Palette von Pigmentfarben und metallisch schillernden Strukturfarben hervor, und die Hörner einiger Arten exotischer Nashornkäfer und Herkuleskäfer nähern sich dabei in morphologischer Konvergenz den Geweihen einiger Arten tropischer Hirschkäfer an. Beispiele tropischer Nashornkäfer und Herkuleskäfer, welche einen Einblick in die Vielfalt ihrer Morphologie und Färbung geben, sind unter anderen in Malfatti (1888), Griffini (1898), Heyne & Taschenberg (1908), Arrow (1910), Heymons (1915), Floericke (1924), Parry (1928), Taschenberg (1929), Möhres (1963), Stanek (1968 a, 1984), Grzimek (1969), Harde (1975), Endrödi (1976), Eberhard (1980), Dechambre & Lachaume (2001), Klausnitzer (2002) und Chinery (2008) abgebildet. In morphologischer Konvergenz haben auch einzelne exotische Bockkäfer (Familie Cerambycidae) geweihartig verlängerte Mandibeln, welche denen der Hirschkäfer ähneln (einige Beispiele sind in Stanek 1968 a, 1984; Klausnitzer 1982, 1995, 2002 und Klausnitzer & Sprecher-Uebersax 2008 abgebildet), und ebenso haben einzelne tropische Mondhornkäfer (Unterfamilie Coprinae der Familie Scarabaeidae) und Rosenkäfer (Unterfamilie Cetoniinae der Familie Scarabaeidae) geweihartig umgestaltete Hörner, welche im Aussehen den Formen der Mandibeln der Hirschkäfer nahekommen (einige Beispiele sind in Stanek 1968 a, 1984 abgebildet).

1.5 Der Hirschkäfer als Beobachtungserlebnis von Naturfreunden

Der Hirschkäfer (*Lucanus cervus*) ist nicht nur der größte und bekannteste mitteleuropäische Käfer, sondern ist besonders wegen der geweihartig verlängerten Mandibeln der Männchen auch der auffälligste Käfer der einheimischen Insektenfauna und ist aufgrund seiner charakteristischen Morphologie praktisch unverwechselbar. Deshalb ist der Hirschkäfer (*Lucanus cervus*) für die Auswertung der Beobachtungen von Naturfreunden besonders geeignet, weil er infolge seiner herausragenden Merkmale bei Begegnungen in der Natur einfach erkannt wird, ohne daß es einer speziellen Bestimmung bedarf. Fast jeder Naturfreund kennt den Hirschkäfer (*Lucanus cervus*) aus populärwissenschaftlichen Naturführern, wo er häufig bereits auf der Titelseite prangt und darüber hinaus mehrfach im Text oder auf Tafeln in prägnanten Fotos abgebildet ist, oder aus dem Biologieunterricht in der Schule oder aus Ausstellungen in Museen. Die wenigen Verwechslungen des Hirschkäfers (*Lucanus cervus*) mit dem kleineren und schmaleren Balkenschröter (*Dorcus parallelepipedus*) können aufgrund der erheblich unterschiedlichen Länge und Breite sowie der unikalen geweihartig vergrößerten Mandibeln beim Männchen des Hirschkäfers (*Lucanus cervus*) rasch geklärt werden. Die Begegnungen mit dem Hirschkäfer (*Lucanus cervus*) sind für viele Naturfreunde derart eindrückliche Erlebnisse, daß sie noch lange im Gedächtnis haften bleiben und die Beobachter sich an ihre Funde des Hirschkäfers (*Lucanus cervus*) in der Natur auch nach Jahrzehnten noch genau erinnern. Aufgrund der überwiegend verborgenen Lebensweise des Hirschkäfers (*Lucanus cervus*) im Wald und der Erfassung nur eines geringen Teils der Populationen durch vorwiegend zufällige Einzelfunde in disperser Verteilung in Raum und Zeit, wohingegen der größte Teil der Populationen versteckt bleibt und einer Beobachtung nicht zugänglich ist, haben die meisten Naturfreunde in ihrem bisherigen Leben nur wenige Gelegenheiten gehabt, den Hirschkäfer (*Lucanus cervus*) in der Natur anzutreffen, und deswegen sind diese seltenen Begegnungen mit dem Hirschkäfer (*Lucanus cervus*) den meisten Naturfreunden auch nach längerer Zeit noch detailliert gegenwärtig.

Aus diesem Grund ist es möglich, in die Auswertung der Populationsdynamik und Ökologie des Hirschkäfers (*Lucanus cervus*) auch Beobachtungen von zahlreichen Naturfreunden einzubeziehen. Ich habe deshalb mehrere Aufrufe zur Mitteilung von Beobachtungen des Hirschkäfers (*Lucanus cervus*) in regionalen Tageszeitungen veröffentlicht (Rhein-Neckar-Zeitung 2008 a, 2008 b, 2008 c, 2008 d; Schwetzinger Zeitung 2008, Bruchsaler Rundschau 2008), und daraufhin haben sich über 600 Naturfreunde bei mir gemeldet und mir über ihre Beobachtungen des Hirschkäfers (*Lucanus cervus*) berichtet. Die meisten Naturfreunde hatten bisher den Hirschkäfer (*Lucanus cervus*) über längere Zeiträume hinweg nur wenige Male in der Natur gesehen, konnten sich aber trotz der manchmal bereits Jahrzehnte zurückliegenden Beobachtungen noch genau an die Einzelheiten erinnern. Die zahlreichen Fundmeldungen durch Naturfreunde, welche vorwiegend zufällige Einzelfunde in disperser Verteilung in Raum und Zeit umfassen, haben wesentlich zum Verständnis der Populationsdynamik und Ökologie des Hirschkäfers (*Lucanus cervus*) beigetragen und haben es mir ermöglicht, meine Ergebnisse von einem relativ begrenzten Raum in der Umgebung der von mir selbst untersuchten Standorte auf eine größere Fläche, welche die zahlreichen Lokalitäten mit Fundmeldungen durch Naturfreunde beinhaltet, zu extrapolieren.

Die Sonderstellung des Hirschkäfers (*Lucanus cervus*) aufgrund seiner unverwechselbaren Morphologie, seines breiten Bekanntheitsgrades und der Eindrücklichkeit seines Erscheinens bei den meisten Naturfreunden wird von keinem anderen Käfer und auch keinem anderen Insekt in der mitteleuropäischen Fauna erreicht, und deshalb ist der Hirschkäfer fast das einzige Insekt in der einheimischen Fauna, welches für eine großflächige Studie seiner langfristigen Populationsdynamik und Ökologie über Zeiträume von mehreren Jahrzehnten unter Einbeziehung der Beobachtungen von zahlreichen Naturfreunden geeignet ist. Mit erheblichem Abstand und in geringerer Signifikanz gegenüber dem Hirschkäfer (*Lucanus cervus*) ist auch der Nashornkäfer (*Oryctes nasicornis*) für eine Untersuchung seiner Populationsdynamik und Ökologie unter Berücksichtigung der Funde von zahlreichen Naturfreunden geeignet, ist jedoch wesentlich weniger bekannt als der außergewöhnlich exponierte Hirschkäfer und hat ein bedeutend weniger einprägsames Auftreten als der besonders spektakuläre Hirschkäfer. Die besondere Eignung des Hirschkäfers (*Lucanus cervus*) für ein ehrenamtliches Beobachternetz wurde auch von Geske (2007) unterstrichen. Ein weiterer Aufruf zur Meldung von Funden des

Hirschkäfers (*Lucanus cervus*) im Raum um Heidelberg wurde im Programm der NABU-Ortsgruppe Heidelberg (2009) abgedruckt.

1.6 Der Hirschkäfer im Volksmund

Der Hirschkäfer (*Lucanus cervus*) wird im Volksmund auch als Baumschröter, Feuerschröter, Hirschschröter, Hornschröter, Weinschröter und Donnerkäfer oder Donarkäfer bezeichnet (Übersichten unter anderen in Ratzeburg 1839, Reitter 1909, Zimmermann 1920, Rammner 1933, Brockhaus 1954; Klausnitzer 1982, 1995; Franciscolo 1997; Erlbeck, Haseder & Stinglwagner 1998; Taroni 1998, Brechtel & Kostenbader 2002, Sprecher & Taroni 2004, Geske 2007, Hessen-Forst 2007, Klausnitzer & Sprecher-Uebersax 2008, Sprecher-Uebersax 2008). Der Name Schröter stammt von Zerschroten und beinhaltet die Zerkleinerung des Holzes mit den Mandibeln durch die Larven (Engerlinge) des Hirschkäfers (*Lucanus cervus*) im Inneren des Substrates und durch die Weibchen der Imagines an der Oberfläche des Substrates bei der Eröffnung von Saftflüssen und bei der Eiablage, und wird als deutscher Name oder als Synonym für die Familie der Hirschkäfer (Lucanidae) verwendet (Horion 1949 a; Klausnitzer 1982, 1995; Klausnitzer & Sprecher-Uebersax 2008).

Der volkstümliche Name Baumschröter ist in dem häufigen Aufenthalt von Männchen und Weibchen des Hirschkäfers (*Lucanus cervus*) auf Stämmen und Ästen von Bäumen begründet, wo sie besonders an verletzten Stellen der Rinde zu finden sind, an denen Saft austritt, und dort halten sich die Männchen und Weibchen nicht nur zur Nahrungsaufnahme auf, sondern veranstalten dort auch Rivalenkämpfe und Kopulation. Die Weibchen des Hirschkäfers (*Lucanus cervus*) graben sich an den Wurzeln der Bäume zwecks Eiablage in die Erde ein, und die Larven (Engerlinge) entwickeln sich in zersetztem Holz der Wurzelbereiche der Bäume, so daß die meisten Stadien der Metamorphose des Hirschkäfers (*Lucanus cervus*) mit Bäumen verbunden sind. Das Zerschroten des Holzes der Bäume durch den Hirschkäfer (*Lucanus cervus*) umfaßt die Zerkleinerung mit den Mandibeln durch die Larven (Engerlinge) im Inneren des Substrates während ihrer Entwicklung und durch die Weibchen der Imagines an der Oberfläche des Substrates bei der Eröffnung von Saftflüssen und bei der Eiablage. Der Hirschkäfer (*Lucanus cervus*) ist Mitglied der Gilde der xylobionten oder saproxylischen Käfer, welche an und in zersetztem abgestorbenem Holz leben.

Der volkstümliche Name Hornschröter (Memminger 1820, 1823, 1841; Reitter 1909, Schaufuß 1916) nimmt Bezug auf die geweihartig vergrößerten Mandibeln der Männchen des Hirschkäfers (*Lucanus cervus*), welche besonders bei einigen tropischen Arten in Konvergenz mit exotischen Arten des Nashornkäfers und Herkuleskäfers von der für den Hirschkäfer typischen Geweih-, Zangen- oder Scherenform in die für den Nashornkäfer und Herkuleskäfer charakteristische Hornform überleiten. Beispiele der morphologischen Variabilität tropischer Hirschkäfer, Nashornkäfer und Herkuleskäfer wurden vielfach in der Literatur abgebildet (Übersicht im vorhergehenden Abschnitt über die Stellung der Hirschkäfer in der globalen Käferfauna). Eine Abart des volkstümlichen Namens Hornschröter des Hirschkäfers (*Lucanus cervus*) ist Hornschrener (Zimmermann 1920).

Der volkstümliche Name Feuerschröter stammt von Beobachtungen des Hirschkäfers (*Lucanus cervus*) an von Köhlern im Wald angelegten brennenden und glimmenden Holzmeilern und dem daraus abgeleiteten Aberglauben, daß die Männchen des Hirschkäfers (*Lucanus cervus*) von den schwelenden Holzmeilern der Köhler glühende Kohlenstückchen mit ihren geweihartig vergrößerten Mandibeln in Häuser, Hütten und Scheunen und auf deren strohgedeckte Dächer tragen würden und damit zum Feuerteufel oder Brandstifter werden würden (Schulenburg 1880, 1882, 1934; Reitter 1909, Schaufuß 1916, Taschenberg 1929, Uhmann 1938; Horion 1949 a, 1958; Hempel & Schiemenz 1978, Kühnel & Neumann 1981; Radestock 1993 a, 1993 b; Geske 2007, Hessen-Forst 2007). Weitere Abarten und Synonyme des volkstümlichen Namens Feuerschröter des Hirschkäfers (*Lucanus cervus*) sind Börner, Feuerkäfer, Feuerwurm, Feueranzünder und Hausbrenner.

Der volkstümliche Name Weinschröter (Moser in Burgsdorf 1796, Medicus 1802) ist in der unter anderem von Schriesheimer Weinbauern beobachteten Affinität des Hirschkäfers (*Lucanus cervus*) zum Wein aufgrund seines häufigen Erscheinens in Weinkellern und dort oftmals unter Weinfässern begründet (Gerda Reuscher, mündl. Mitt. 2008). Der volkstümliche Name Weinschröter für den Hirschkäfer (*Lucanus cervus*) ist im Raum Heidelberg schon seit etwa 100 Jahren gebräuchlich, und in

Handschuhsheim wurde als Abart davon die Bezeichnung Weinschlierer verwendet (Zimmermann 1920), woraus sich ergibt, daß Exemplare des Hirschkäfers (*Lucanus cervus*) in Weinkellern und an Weinfässern von den Weinbauern im Raum Heidelberg und Umgebung schon seit langer Zeit immer wieder beobachtet wurden.

Der volkstümliche Name Donnerkäfer oder Donarkäfer des Hirschkäfers (*Lucanus cervus*) beruht auf dem früheren Aberglauben, daß die Hirschkäfer (*Lucanus cervus*) als heilige Tiere des germanischen Donnergottes Donar, dessen skandinavischer Name Thor lautet, Blitze anlocken könnten, weshalb sie nicht in Häuser gebracht werden durften (Klausnitzer 1982, 1995; Radestock 1993 a, 1993 b; Taroni 1998, Sprecher-Uebersax 2004, Geske 2007, Klausnitzer & Sprecher-Uebersax 2008). Dieser Aberglaube ist vermutlich deshalb entstanden, weil der Hirschkäfer (*Lucanus cervus*) sich häufig an einzelnen alten Eichen aufhält, welche oftmals das Ziel von Blitzeinschlägen sind (Blitzeichen). In diesem Zusammenhang bestand auch der Aberglaube, daß ein am Hut getragener Kopf des Hirschkäfers (*Lucanus cervus*) vor Blitzeinschlägen schützen würde (Taroni 1998, Sprecher & Taroni 2004). Weitere Abarten des volkstümlichen Namens Donnerkäfer oder Donarkäfer des Hirschkäfers (*Lucanus cervus*) sind Donnergugi (Bruchsaler Rundschau 2008) und Donnerpuppe, und gelegentlich wurde auch der Begriff Blitzkäfer verwendet (Erlbeck, Haseder & Stinglwagner 1998).

Weitere volkstümliche Namen des Hirschkäfers (*Lucanus cervus*) sind Eichochs, fliegender Hirsch, Pferdeklemmer, Roßkäfer, Teufelspferd, Teufelsroß und Waldkäfer (Ratzeburg 1839, Zimmermann 1920) sowie Wuchtbrummer (Westdeutsche Allgemeine Zeitung 2007). Lokal wurden auch die Bezeichnungen Rebbock oder Reweschnier verwendet (Rheinpfalz 2006 b). Übersichten der deutschen und ausländischen trivialen Namen des Hirschkäfers (*Lucanus cervus*) sind auch im Internet unter den Adressen http://www.agnu-haan.de/hirschkaefer und http://maria.fremlin.de/stagbeetles zusammengestellt.

1.7 Entwicklungszyklus des Hirschkäfers

Der Entwicklungszyklus des Hirschkäfers (*Lucanus cervus*) vom Ei über Larve und Puppe zur Imago beträgt meist 5 Jahre (unter anderen Kittel 1878, Hofmann 1892, Fricken 1906, Simpig 1912, Escherich 1923, Floericke 1924, Taschenberg 1929, Ecke 1938; Horion 1949 a, 1958; Bardorff 1952, Klots & Klots 1959, Möhres 1963, Mergenthaler 1964; Stanek 1968 a, 1984; Allenspach 1970, Pfletschinger 1970, Schröder 1971, Sandhall 1974; Zahradník & Hísek 1976, 1987, 1995; Zahradník & Severa 1976, 1991, 2000; Bechtle 1977, Harde & Pfletschinger 1978, Hempel & Schiemenz 1978, Kühnel & Neumann 1981, Paulian & Baraud 1982, Zucchi & Zucchi 1982, Keil 1986, Gjurasin 1987, Hartmann & Sprecher 1990, Reichholf & Steinbach 1994, Zahradník & Chvála 1997; Erlbeck, Haseder & Stinglwagner 1998; Honomichl 1998, Bellmann 1999, Dröscher 1999, Rummel 2002, Amann 2003, Carganico 2003, Hicklin 2004, Malten 2005, Harde & Severa 2006, Bellmann & Honomichl 2007, Hintermeier 2007, Schrempp 2007, Hofmann 2008, Horn & Kögel 2008), kann aber in Einzelfällen auch bis 8 Jahre andauern (die folgende Übersicht ist weitgehend nach Klausnitzer 1982, 1995, 2002; Sedlag 1986, Sprecher-Uebersax 2001, Brechtel & Kostenbader 2002, Klausnitzer & Wurst 2003, Rink 2007, Klausnitzer & Sprecher-Uebersax 2008 und Rink & Sinsch 2008 b zusammengestellt). Der Entwicklungszyklus des Hirschkäfers (*Lucanus cervus*) beginnt mit der Paarung und der anschließenden Eiablage der befruchteten Weibchen. Die Weibchen des Hirschkäfers (*Lucanus cervus*) graben sich nach der Begattung an den Stubben morscher und zersetzter abgestorbener Bäume, deren Holz sich in einem für die Larvenentwicklung günstigen Zustand der Auflösung befindet, sowie an den Wurzeln lebender Bäume, an der Außenseite von Pfählen und Pflöcken, und an Komposthaufen und Totholzdeponien in die Erde ein, legen dort ihre Eier ab und verenden anschließend, wohingegen die Männchen bereits kurz nach der Kopulation sterben. Die Lebensdauer der Imagines des Hirschkäfers (*Lucanus cervus*) nach dem Verlassen der Puppenwiege im Boden und dem Erscheinen an der Erdoberfläche beträgt etwa 4 - 8 Wochen, so daß die einzelnen Männchen und Weibchen nicht die gesamte Spanne der Flugzeit des Hirschkäfers (*Lucanus cervus*) von etwa Anfang bis Mitte Mai bis etwa Mitte bis Ende Juli oder Anfang August überdauern, sondern innerhalb dieser Periode Individuen mit unterschiedlicher Schlupfzeit in versetzter Abfolge aktiv sind. Die ersten Männchen des Hirschkäfers (*Lucanus cervus*) schlüpfen etwa 1 Woche vor den ersten Weibchen, und die letzten Weibchen schlüpfen etwa 1 Woche nach den letzten Männchen, wodurch sich eine zusätzliche Staffelung und Überlappung des Erscheinens der Exemplare ergibt.

Die Lebenszyklusstrategie des Hirschkäfers (*Lucanus cervus*) ist gekennzeichnet durch eine lange Larvalentwicklung, welche sich über mehrere Jahre erstreckt, und eine kurze Imaginalphase, welche nur wenige Wochen umfaßt, wobei das begrenzte Imaginalstadium eine ökologische Schlüsselrolle besitzt, weil sowohl die genetische Durchmischung innerhalb der bestehenden Population als auch die Gründung neuer Populationen durch dispergierende Exemplare an die limitierte Imaginalperiode mit hoher Mobilität gebunden sind (Rink 2007, Rink & Sinsch 2008 b). Die Reproduktionsstrategie der Männchen des Hirschkäfers (*Lucanus cervus*) beinhaltet sowohl die Wartetaktik, bei der die Männchen an ihrer Geburtsbrutstätte verbleiben und dort auf schlüpfende oder ankommende Weibchen warten, als auch die Dispersionstaktik, bei der sich die Männchen von ihrer Geburtsbrutstätte entfernen und andere Brutstätten anfliegen, um sich mit dort schlüpfenden oder eintreffenden Weibchen zu paaren. In beiden Fällen konkurrieren an der jeweiligen Brutstätte des Hirschkäfers (*Lucanus cervus*) lokale Männchen, welche selbst dieser Brutstätte entstammen, und ortsfremde Männchen, welche von anderen Brutstätten herangeflogen sind, sowohl um lokale Weibchen, die an der jeweiligen Brutstätte schlüpfen, als auch um ortsfremde Weibchen, welche die jeweilige Brutstätte nach ihrem Schlüpfen an anderen Orten fliegend oder laufend ansteuern. Bei der Wartetaktik können die Männchen des Hirschkäfers (*Lucanus cervus*), welche an ihrer Geburtsbrutstätte verbleiben, sich nur mit einer begrenzten Anzahl von lokalen und ortsfremden Weibchen paaren, wohingegen bei der Dispersionstaktik den Männchen sowohl an ihrer Geburtsbrutstätte als auch an den angeflogenen anderen Brutstätten jeweils unterschiedliche Gruppen von Weibchen zur Auswahl stehen und sie mit einer insgesamt wesentlich größeren Anzahl von lokalen und ortsfremden Weibchen kopulieren können, wodurch der Fortpflanzungserfolg der Männchen erheblich gesteigert werden kann und vor allem eine genetische Auffrischung der Populationen stattfinden kann. Die Reproduktionsstrategie der Weibchen des Hirschkäfers (*Lucanus cervus*) umfaßt ebenfalls sowohl die Wartetaktik, bei der die Weibchen an ihrer Geburtsbrutstätte verbleiben und dort mit lokalen oder ortsfremden Männchen kopulieren, als auch die Dispersionstaktik, bei der sich die Weibchen von ihrer Geburtsbrutstätte entfernen und andere Brutstätten anfliegen oder anlaufen, um sich dort mit lokalen oder ortsfremden Männchen zu paaren.

Etwa 14 Tage nach der Eiablage schlüpfen die Larven des Hirschkäfers (*Lucanus cervus*), welche in ihrer Entwicklung drei Stadien durchlaufen, die sich in ihrer Durchschnittsgröße sehr stark unterscheiden. Im ausgewachsenen Stadium erreichen die Larven des Hirschkäfers (*Lucanus cervus*) bis etwa 10 cm Länge (unter anderen Kittel 1878, Fricken 1906, Simpig 1912, Escherich 1923, Floericke 1924, Taschenberg 1929, Horion 1949 a, Bardorff 1952, Klots & Klots 1959; Stanek 1968 a, 1984; Pfletschinger 1970, Sandhall 1974; Zahradník & Hísek 1976, 1987, 1995; Zahradník & Severa 1976, 1991, 2000; Bechtle 1977, Kühnel & Neumann 1981, Zucchi & Zucchi 1982, Keil 1986, Gjurasin 1987, Mamonov 1991, Reichholf & Steinbach 1994, Klausnitzer & Krell 1996, Zahradník & Chvála 1997; Erlbeck, Haseder & Stinglwagner 1998; Honomichl 1998, Bellmann 1999, Dröscher 1999, Straube 1999, Carganico 2003, Hicklin 2004, Malten 2005, Bellmann & Honomichl 2007, Hintermeier 2007, Horn & Kögel 2008). Die Larven des Hirschkäfers (*Lucanus cervus*) ernähren sich von mehr oder weniger in Zersetzung befindlichem morschem, feuchtem und verpilztem Holz, welches sie mit der Zeit in Mulm umsetzen und abbauen, und die Larven des Hirschkäfers (*Lucanus cervus*) bewegen sich mit zunehmendem Alter bis in eine Entfernung von etwa 2 m von den Baumstümpfen weg und fressen auch schwächere Triebe in der Peripherie der Wurzelbereiche. Gegen Ende des Sommers des letzten Jahres verlassen die Larven des Hirschkäfers (*Lucanus cervus*) das Brutsubstrat und fertigen im Boden in der Umgebung des Brutsubstrates einen eiförmigen Kokon aus Erde, Mulm und Holzteilchen, und verpuppen sich in der geschützten Kokonhülle während des Herbstes in der Erde. Die Larven des Hirschkäfers (*Lucanus cervus*) bleiben in ihren Puppenwiegen häufig noch einige Zeit liegen, bevor sie sich verpuppen. Die Entwicklungsdauer der Puppen des Hirschkäfers (*Lucanus cervus*) beträgt etwa 6 Wochen, so daß die Imagines noch im Herbst schlüpfen. Die geschlüpfte, zunächst noch weiche und helle Imago des Hirschkäfers (*Lucanus cervus*) bleibt in der Regel bis zum Frühling des nächsten Jahres in der Puppenwiege, deren Wände luftdurchlässig sind, und überwintert in der geschützten Kokonhülle.

Im Frühjahr öffnet die Imago des Hirschkäfers (*Lucanus cervus*) den Kokon mit den Mandibeln und gräbt sich eine nahezu senkrechte Röhre zur Erdoberfläche, verläßt das unterirdische Überwinterungsquartier der leeren Kokonhülle durch dieses Schlupfloch, erkundet laufend und fliegend seine Umgebung, und beginnt mit der Partnersuche, und mit der Paarung endet der alte Entwicklungszyklus und beginnt gleichzeitig der neue Entwicklungszyklus. Die Partnersuche des Hirschkäfers (*Lucanus cervus*) erfolgt entweder durch Aktivität von einzelnen Individuen oder während ausgeprägter Schwärmabende mit der Aktivität von zahlreichen Exemplaren, wobei möglicherweise der Neumond einen wichtigen Einfluß auf das Schwärmverhalten des Hirschkäfers (*Lucanus cervus*) ausübt.

Besonders an Schwärmabenden fliegen die Männchen und Weibchen des Hirschkäfers (*Lucanus cervus*) abends in der Dämmerung suchend entlang der Bäume und um die Baumkronen an Waldrändern. Beliebte Treffpunkte von Männchen und Weibchen des Hirschkäfers (*Lucanus cervus*) sind blutende Bäume, deren Saftflüsse durch Rindenverletzungen, Pilzinfektionen, Insektenlarvenbefall (unter anderen des Heldbocks *Cerambyx cerdo*), Frostrisse, Windbruch, Wasserreiser, Blitzschlag (Möller 1990), Fällschäden, Rückeschäden, Fauläste (Tochtermann 1992) oder auch durch die Beißtätigkeit der Weibchen des Hirschkäfers (*Lucanus cervus*) mit ihren kneifzangenartigen Mandibeln (Brüll 1952) sowie manchmal möglicherweise sogar durch den Mandibelgebrauch der Männchen (Hochgreve 1934) erzeugt werden, und an den Stellen mit austretendem Saft finden oftmals auch Rivalenkämpfe von mehreren Männchen statt, welche häufig gegenüber den Weibchen in der Überzahl sind, wobei die Männchen versuchen, mit ihren geweihartig vergrößerten Mandibeln ihre Gegner abzudrängen. Manche Männchen des Hirschkäfers (*Lucanus cervus*) müssen sogar dann noch Rivalen mit ihren Mandibeln abwehren, wenn sie bereits in Kopulation mit einem Weibchen sind.

Bei der Paarung steht das Männchen des Hirschkäfers (*Lucanus cervus*) über dem Weibchen und sichert dieses durch seine Mandibeln ab, so daß das Weibchen einerseits vor dem Abschluß der Kopulation nicht weglaufen kann und andererseits durch die Abdeckung des Männchens vor der Erbeutung durch räuberische Vögel geschützt ist, welche bevorzugt das exponierte Männchen schnappen, wohingegen das abgeschirmte Weibchen oftmals dadurch den Freßfeinden entkommen kann, daß es sich unter dem Schutzschild des Männchens notfalls vom Baum fallen lassen kann. Das Männchen des Hirschkäfers (*Lucanus cervus*) betreibt also insofern eine aktive Brutfürsorge, als es durch seine Abschirmung des Weibchens mit seinem Körper bei der Kopulation unter Akzeptanz des Risikos, daß es selbst zum Opfer von räuberischen Vögeln wird, das Weibchen während der Paarung vor Freßfeinden schützt, so daß das Weibchen eine größere Chance als das Männchen hat, die Kopulation zu überleben und danach mit der Eiablage den Fortpflanzungsvorgang abzuschließen.

Die Lebensdauer der Imagines des Hirschkäfers (*Lucanus cervus*) nach dem Verlassen der Puppenwiege im Boden und dem Erscheinen an der Erdoberfläche beträgt etwa 4 - 8 Wochen, so daß das spektakuläre Erscheinen der Imagines mit Schwärmen, Rivalenkämpfen und Paarung nur der krönende Schlußpunkt des in der Regel fünfjährigen Entwicklungszyklus ist, der sich bis auf das finale Ausfliegen der Imagines im Verborgenen im Inneren des Brutsubstrates abspielt. Insektenforscher und Naturfreunde können daher nur den finalen Höhepunkt der Metamorphose des Hirschkäfers (*Lucanus cervus*) beobachten, in dem der alte Entwicklungszyklus mit der Kopulation abgeschlossen wird und im gleichen Moment der neue Entwicklungszyklus anfängt, welcher sich erneut über viele Jahre im Verborgenen vollzieht, bis schließlich wiederum der fulminante Schlußakkord der Metamorphose mit dem Erscheinen der Imagines an der Erdoberfläche eingeläutet wird und die Uhr des Lebens des Hirschkäfers (*Lucanus cervus*) unaufhaltsam dem finalen Gongschlag entgegentickt, bis zu dem innerhalb der begrenzten Zeit die Ziele der Existenz der Imagines, welche Partnersuche, Paarung und Eiablage umfassen, erledigt werden müssen, um die Grundlage für die Entwicklung der nächsten Generation zu schaffen und damit den Kreislauf der Metamorphose des Hirschkäfers (*Lucanus cervus*) weiterlaufen zu lassen. Die langfristigen Beobachtungen etlicher Naturfreunde an vielen Lokalitäten, an denen sie das regelmäßige Erscheinen von Exemplaren des Hirschkäfers (*Lucanus cervus*) über Zeiträume von 20 bis 70 Jahren konstatieren konnten, belegen die erfolgreiche Kontinuität des Kreislaufes der Metamorphose an zahlreichen Orten über Perioden von mehreren Jahrzehnten bis fast einem Dreiviertel Jahrhundert, welche durch die berichteten Nachweise erfaßt sind, und unterstreichen die langfristige Stabilität vieler Populationen, die sich vermutlich noch wesentlich über die registrierten Zeiträume hinaus erstreckt und in etlichen Fällen sogar die permanente Existenz der Populationen seit sehr langer Zeit nahelegt.

Bemerkungen zum Entwicklungszyklus des Hirschkäfers (*Lucanus cervus*) sind auch in den meisten der einschlägigen Naturführer und Bestimmungsbücher über Käfer und andere Insekten (unter anderem Möhres 1963; Stanek 1968 a, 1984; Pfletschinger 1970, Sandhall 1974; Zahradník & Hísek 1976, 1987, 1995; Zahradník & Severa 1976, 1991, 2000; Harde & Pfletschinger 1978, Zahradník 1985, Keil 1986, Hieke 1994, Reichholf & Steinbach 1994, Zahradník & Chvála 1997, Bellmann 1999, Amann 2003, Horn & Kögel 2008) und in diversen Artikeln in populärwissenschaftlichen naturkundlichen Zeitschriften (unter anderem Bechtle 1977, Wenzel 2001 b, Carganico 2003, Hicklin 2004, Smit 2005; Smit, Krekels & Verheggen 2005; Smit & Krekels 2006; Hintermeier 2007, Schrempp 2007, Hofmann 2008) enthalten, und finden sich auch im Internet unter den Adressen http://www.agnu-haan.de/hirschkaefer und http://maria.fremlin.de/stagbeetles. Tochtermann (1992) hat in einem seit ca. 200

Jahren unberührten lichten Laubmischwald mit Eichen in einem Naturschutzgebiet in Ungarn ermittelt, daß von ca. 450 Männchen und ca. 150 Weibchen des Hirschkäfers (*Lucanus cervus*) pro km2 lediglich ca. 100 Weibchen mit jeweils ca. 12 - 14 Eiern zur Eiablage kommen, und von diesen insgesamt ca. 1.200 - 1.400 abgelegten Eiern pro km2 erreichen durch weitere Mortalität nur ca. 600 Larven das Imaginalstadium. Der Hirschkäfer (*Lucanus cervus*) ist Mitglied der Gilde der xylobionten oder saproxylischen Käfer, welche an und in zersetztem abgestorbenem Holz leben.

1.8 Naturschutz des Hirschkäfers

Der Hirschkäfer (*Lucanus cervus*) steht in Deutschland schon seit langer Zeit unter Naturschutz (Reichsnaturschutzgesetz 1935, Naturschutzverordnung 1936; Bundesnaturschutzgesetz 1976, 1998; Bundesartenschutzverordnung 1980, 1986, 1999; Council of Europe 1982; Fauna-Flora-Habitat-Richtlinie 1992, 1997; vgl. unter anderen auch Horion 1949 a, Möhres 1963, Stanek 1968 a, Pfletschinger 1970, Schröder 1971; Zahradník & Hísek 1976, 1987, 1995; Zahradník & Severa 1976, Harde & Pfletschinger 1978, Hempel & Schiemenz 1978, Tochtermann 1987; Erlbeck, Haseder & Stinglwagner 1998; Horn & Kögel 2008; Rhein-Neckar-Zeitung 2009). Übersichten und Erläuterungen der verschiedenen Gesetze, Verordnungen und Richtlinien zum Naturschutz, welche auch den Hirschkäfer (*Lucanus cervus*) betreffen, finden sich in Weber & Schoenichen (1936), Gfeller (1975), Klausnitzer (1982, 1995, 2002); Ssymank, Hauke, Rückriem & Schröder (1998); Petersen, Hauke & Ssymank (2000); Fartmann, Gunnemann, Salm & Schröder (2001); Brechtel & Kostenbader (2002), Klausnitzer & Wurst (2003) und Klausnitzer & Sprecher-Uebersax (2008).

Der Hirschkäfer (*Lucanus cervus*) ist eine besonders geschützte Art gemäß Bundesartenschutzverordnung (1980, 1986, 1999). Der Status des Hirschkäfers (*Lucanus cervus*) in der Roten Liste in Deutschland (Blab, Nowak, Trautmann & Sukopp 1984; Bundesamt für Naturschutz 1998; Binot-Hafke, Gruttke, Ludwig & Riecken 2000) schwankt je nach Bundesland und beträgt 0 (ausgestorben oder verschollen) in Schleswig-Holstein, 1 (vom Aussterben bedroht) in Berlin; 2 (stark gefährdet) in Bayern, Brandenburg, Mecklenburg-Vorpommern, Sachsen, Sachsen-Anhalt und Thüringen; und 3 (gefährdet) in Baden-Württemberg (Brechtel & Kostenbader 2002, Klausnitzer & Wurst 2003). Der Hirschkäfer (*Lucanus cervus*) ist auch eine Art des Anhangs II der Fauna-Flora-Habitat (FFH) -Richtlinie der Europäischen Union, welcher Arten von gemeinschaftlichem Interesse enthält, für deren Erhaltung europaweit besondere Schutzgebiete ausgewiesen werden müssen und spezielle Schutzmaßnahmen zu ergreifen sind (Fauna-Flora-Habitat-Richtlinie 1992, 1997; vgl. unter anderen auch Brechtel & Kostenbader 2002, Klausnitzer & Wurst 2003). Der Hirschkäfer (*Lucanus cervus*) wurde auch als Indikatorinsekt für naturgemäßen Eichenwald im Naturschutzprogramm der Europäischen Gemeinschaft eingestuft (Tochtermann 1992).

1.9 Zum Vergleich mit dem Hirschkäfer beobachtete andere Käfer

Zum Vergleich mit den Ergebnissen der Untersuchungen des Hirschkäfers (*Lucanus cervus*; Lucanidae) an den Standorten Tairnbach, Nußloch und Walldorf habe ich von anderen Käfern (Coleoptera) auch Resultate der Beobachtungen des Sägebocks (*Prionus coriarius*; Cerambycidae) am Standort Tairnbach in 2008, des Gold-Rosenkäfers (*Cetonia aurata*; Scarabaeidae) an den Standorten Nußloch und St. Leon in 2008, des Waldmaikäfers (*Melolontha hippocastani*; Scarabaeidae) am Standort St. Leon in 2008; und des Gemeinen Mistkäfers (*Geotrupes stercorarius*; Geotrupidae), des Waldmistkäfers (*Geotrupes stercorosus*; Geotrupidae) und des Großen Pestwurz-Rüsselkäfers (*Liparus glabrirostris*; Curculionidae) an den Standorten Walldorf, Nußloch und Tairnbach in 2007 und 2008 verwendet. Als zweiter Vertreter der Hirschkäfer-Familie Lucanidae kommt an den Standorten Tairnbach, Nußloch und Walldorf auch der Balkenschröter (*Dorcus parallelepipedus*) vor, den ich in 2007 und 2008 dort immer wieder in einzelnen Exemplaren gefunden habe. Einige Bemerkungen des Goldlaufkäfers (*Carabus auratus*; Carabidae) an den Standorten Walldorf und Nußloch in 2007 und 2008 habe ich ebenfalls ausgewertet.

Unter den über 600 Naturfreunden, welche sich aufgrund meiner Aufrufe zur Mitteilung von Beobachtungen des Hirschkäfers (*Lucanus cervus*) in regionalen Tageszeitungen (Rhein-Neckar-Zeitung 2008 a, 2008 b, 2008 c, 2008 d; Schwetzinger Zeitung 2008, Bruchsaler Rundschau 2008) bei mir gemeldet haben, waren auch einige, die mir Funde des Nashornkäfers (*Oryctes nasicornis*; Scarabaeidae) berichtet haben, welche ich im Vergleich mit den Nachweisen des Hirschkäfers (*Lucanus cervus*) in die Analyse einbezogen habe.

1.10 Zum Vergleich mit dem Hirschkäfer beobachtete Schmetterlinge

Zum Vergleich mit den Ergebnissen der Untersuchungen des Hirschkäfers (*Lucanus cervus*; Lucanidae) an den Standorten Tairnbach, Nußloch und Walldorf habe ich von den Schmetterlingen (Lepidoptera) auch Resultate der Beobachtungen des Aurorafalters (*Anthocaris cardamines*; Pieridae) und des Senfweißlings (*Leptidea sinapis*; Pieridae) an den Standorten Nußloch und Tairnbach in 2007 und 2008; des Schwalbenschwanzes (*Papilio machaon*; Papilionidae) an den Standorten Walldorf, St. Leon und Tairnbach in 2007 und 2008; des Postillon-Heufalters (*Colias croceus*; Pieridae) an den Standorten Walldorf und St. Leon in 2008; des Baumweißlings (*Aporia crataegi*; Pieridae), des Kleinen Perlmutterfalters (*Issoria lathonia*; Nymphalidae) und des Pflaumenzipfelfalters (*Satyrium pruni*; Lycaenidae) am Standort Rot in 2008; des Schachbretts (*Melanargia galathea*; Nymphalidae), des Großen Ochsenauges (*Maniola jurtina*; Nymphalidae) und des Schornsteinfegers (*Aphantopus hyperantus*; Nymphalidae) an den Standorten Walldorf, St. Leon und Tairnbach in 2007 und 2008; des C-Vogels (*Polygonia c-album*; Nymphalidae) an den Standorten Nußloch und Tairnbach in 2007 und 2008, des Admirals (*Vanessa atalanta*; Nymphalidae) an den Standorten Nußloch und Tairnbach in 2007 und 2008; des Tagpfauenauges (*Inachis io*; Nymphalidae) an den Standorten Nußloch, St. Leon und Tairnbach in 2007 und 2008; und des Kaisermantels (*Argynnis paphia*; Nymphalidae) und des Großen Schillerfalters (*Apatura iris*; Nymphalidae) an den Standorten Nußloch und Tairnbach in 2008 herangezogen.

1.11 Zum Vergleich mit dem Hirschkäfer beobachtete andere Insekten

Zum Vergleich mit den Ergebnissen der Untersuchungen des Hirschkäfers (*Lucanus cervus*; Lucanidae) an den Standorten Tairnbach, Nußloch und Walldorf habe ich von den Libellen (Odonata) auch Resultate der Beobachtungen der Grünen Mosaikjungfer (*Aeshna viridis*; Aeshnidae) am Standort Nußloch in 2007 und 2008, der Blauflügel-Prachtlibelle (*Calopteryx virgo*; Calopterygidae) am Standort Tairnbach in 2007 und 2008 und der Gebänderten Prachtlibelle (*Calopteryx splendens*; Calopterygidae) am Standort Walldorf in 2007 und 2008; von den Fliegen (Diptera) auch Ergebnisse der Beobachtungen der Riesenschnake (*Tipula maxima*; Tipulidae) am Standort Tairnbach in 2008, und von den Heuschrecken (Ensifera) auch Resultate der Beobachtungen des Grünen Heupferds (*Tettigonia viridissima*; Tettigoniidae) an den Standorten St. Leon und Tairnbach in 2007 und 2008 ausgewertet.

1.12 Saisonalität der Insektengenerationen

Bei der Beschreibung und Interpretation der Saisonalität der Insektengenerationen verwende ich die astronomische und kalendarische Definition der Jahreszeiten, welche von der meteorologischen Festlegung abweicht. Der Frühling beginnt mit dem vernalen Äquinoctium (Frühlings-Tag-und-Nacht-Gleiche) am 21.03. und endet mit dem aestivalen Solstitium (Sommer-Sonnenwende) am 21.06. Der Sommer setzt ein mit dem aestivalen Solstitium (Sommer-Sonnenwende) am 21.06. und schließt ab mit dem automnalen Äquinoctium (Herbst-Tag-und-Nacht-Gleiche) am 21.09. Der Herbst beginnt mit dem automnalen Äquinoctium (Herbst-Tag-und-Nacht-Gleiche) am 21.09. und endet mit dem hibernalen Solstitium (Winter-Sonnenwende) am 21.12. Der Winter setzt ein mit dem hibernalen Solstitium (Winter-Sonnenwende) am 21.12. und schließt ab mit dem vernalen Äquinoctium (Frühlings-Tag-und-Nacht-Gleiche) am 21.03.

Am vernalen Äquinoctium (Frühlings-Tag-und-Nacht-Gleiche) am 21.03. steht die Sonne senkrecht über dem Äquator, am aestivalen Solstitium (Sommer-Sonnenwende) am 21.06. steht die Sonne senkrecht über dem nördlichen Wendekreis, am automnalen Äquinoctium (Herbst-Tag-und-Nacht-Gleiche) am 21.09. steht die Sonne senkrecht über dem Äquator, und am hibernalen Solstitium (Winter-Sonnenwende) am 21.12. steht die Sonne senkrecht über dem südlichen Wendekreis (bezogen auf die nördliche Hemisphere; Malberg 1993).

Diesbezüglich unterscheide ich zwischen vernaler (Frühlings-) Generation, aestivaler (Sommer-) Generation und automnaler (Herbst-) Generation der Insekten. Bei einigen Schmetterlingen fliegen im Frühling noch Individuen der automnalen Generation, welche als Imagines überwintert haben, und diese hibernierenden Individuen sind deshalb nicht der echten vernalen Generation zuzurechnen, welche nicht als Imagines überwintert haben und erst im Frühling schlüpfen.

1.13 Länge des Tages von Sonnenaufgang bis Sonnenuntergang

Die Länge des Tages in Heidelberg wird nachfolgend durch die Angabe der Uhrzeiten des Sonnenaufgangs und des Sonnenuntergangs an den astronomischen und kalendarischen Grenzen der Jahreszeiten skizziert. Am vernalen Äquinoctium (Frühlings-Tag-und-Nacht-Gleiche) am 21.03.2008 war der Sonnenaufgang um 6.27 Uhr mitteleuropäischer Zeit und der Sonnenuntergang um 18.41 Uhr mitteleuropäischer Zeit, und der Tag hatte damit eine Länge von 12 Stunden 14 Minuten. Am aestivalen Solstitium (Sommer-Sonnenwende) am 21.06.2008 war der Sonnenaufgang um 5.21 Uhr mitteleuropäischer Sommerzeit und der Sonnenuntergang um 21.37 Uhr mitteleuropäischer Sommerzeit, und der Tag hatte damit eine Länge von 16 Stunden 16 Minuten. Am automnalen Äquinoctium (Herbst-Tag-und-Nacht-Gleiche) am 21.09.2008 war der Sonnenaufgang um 7.12 Uhr mitteleuropäischer Sommerzeit und der Sonnenuntergang um 19.27 Uhr mitteleuropäischer Sommerzeit, und der Tag hatte damit eine Länge von 12 Stunden 15 Minuten. Am hibernalen Solstitium (Winter-Sonnenwende) am 21.12.2008 war der Sonnenaufgang um 8.19 Uhr mitteleuropäischer Zeit und der Sonnenuntergang um 16.30 Uhr mitteleuropäischer Zeit, und der Tag hatte damit eine Länge von 8 Stunden 11 Minuten.

Die exakt gleiche Länge von Tag und Nacht wurde in Heidelberg um das vernale Äquinoctium (Frühlings-Tag-und-Nacht-Gleiche) am 21.03.2008 schon 4 Tage früher am 17.03.2008 erreicht, denn an diesem Tag war der Sonnenaufgang um 6.35 Uhr mitteleuropäischer Zeit und der Sonnenuntergang um 18.35 Uhr mitteleuropäischer Zeit, und der Tag hatte damit eine Länge von 12 Stunden 00 Minuten. Die exakt gleiche Länge von Tag und Nacht wurde in Heidelberg um das automnale Äquinoctium (Herbst-Tag-und-Nacht-Gleiche) am 21.09.2008 erst vier Tage später am 25.09.2008 erreicht, denn an diesem Tag war der Sonnenaufgang um 7.18 Uhr mitteleuropäischer Sommerzeit und der Sonnenuntergang um 19.18 Uhr mitteleuropäischer Sommerzeit, und der Tag hatte damit eine Länge von 12 Stunden 00 Minuten.

2 Standorte mit eigenen Studien verschiedener Insekten

Im Rahmen meiner entomologischen Beobachtungen im Raum um Heidelberg habe ich selbst Vorkommen des Hirschkäfers (*Lucanus cervus*) an den Standorten Tairnbach, Nußloch und Walldorf analysiert. Zum Vergleich mit den Ergebnissen der Untersuchungen des Hirschkäfers (*Lucanus cervus*) wurden auch Resultate der Beobachtungen anderer Käfer sowie von Schmetterlingen und anderen Insekten an den gleichen Standorten sowie an den Standorten St. Leon und Rot verwendet. Als zweiter Vertreter der Hirschkäfer-Familie Lucanidae kommt an den Standorten Tairnbach, Nußloch und Walldorf auch der Balkenschröter (*Dorcus parallelepipedus*) vor. Die Beschreibung der untersuchten Standorte erfolgt gemäß den Angaben in den Meßtischblättern der Topographischen Karte 1 : 25 000 (TK 25).

Die Fundmeldungen von Naturfreunden, welche aufgrund meiner Aufrufe zur Mitteilung von Beobachtungen des Hirschkäfers (*Lucanus cervus*) in regionalen Tageszeitungen (Rhein-Neckar-Zeitung 2008 a, 2008 b, 2008 c, 2008 d; Schwetzinger Zeitung 2008, Bruchsaler Rundschau 2008) mir ihre Daten zur Auswertung und Veröffentlichung zur Verfügung gestellt haben, sind in separaten Kapiteln zusammengefaßt.

2.1 Tairnbach

Der Standort Tairnbach (TK 25, Blatt 6718 Wiesloch) umfaßt den Waldrand am Westhang des Sternwaldes am Osthang des Tairnbächletales am südwestlichen Ortsausgang von Tairnbach nordöstlich Mühlhausen. Der Standort Tairnbach liegt in ca. 150 - 160 m Höhe über NN. Der Standort Tairnbach wurde entdeckt durch Funde von einzelnen überfahrenen Weibchen des Hirschkäfers (*Lucanus cervus*) in 2007 und 2008, und wurde näher untersucht aufgrund Beobachtungen von fliegenden und laufenden Männchen und Weibchen in 2008. Der Waldrand ist nach Westen exponiert und wird in voller Länge von einem asphaltierten Weg gesäumt. Der anschließende Laub-Nadel-Mischwald, in dem auch Eichen vorkommen, wird weder von asphaltierten noch von unbefestigten Wegen durchzogen und liegt an steil geneigtem Hang, und ist in weiten Teilen nur schwer begehbar oder sogar nahezu unzugänglich, wodurch er auch lediglich sehr eingeschränkt gepflegt wird. Dieser weitgehend naturbelassene Laub-Nadel-Mischwald ist ein idealer Standort für den Fortbestand einer stabilen Population des Hirschkäfers (*Lucanus cervus*).

Am Standort Tairnbach erfolgten auch Beobachtungen des Aurorafalters (*Anthocaris cardamines*), des C-Vogels (*Polygonia c-album*) und des Großen Schillerfalters (*Apatura iris*) entlang des asphaltierten Weges zwischen dem Waldrand und den angrenzenden Wiesen entlang des westlich davon gelegenen Tairnbächles; des Schwalbenschwanzes (*Papilio machaon*) auf den ebenen Wiesen westlich und östlich des Tairnbächles zwischen dem Waldrand im Osten und der Straße K 4271 von Tairnbach nach Mühlhausen im Westen; des Sägebocks (*Prionus coriarius*), des Gemeinen Mistkäfers (*Geotrupes stercorarius*), des Waldmistkäfers (*Geotrupes stercorosus*) und des Feldmaikäfers (*Melolontha melolontha*) entlang des asphaltierten Weges zwischen dem Waldrand und den angrenzenden Wiesen entlang des westlich davon gelegenen Tairnbächles; und der Blauflügel-Prachtlibelle (*Calopteryx virgo*) entlang der Böschungen des Tairnbächles in den Wiesen westlich des Waldrandes.

2.2 Nußloch

Der Standort Nußloch (TK 25, Blatt 6618 Heidelberg-Süd) umfaßt den Waldrand am Westhang des Hirschberges am Osthang des Rheingrabens östlich von Ziegenhof und Schafhof nördlich Nußloch. Der Standort Nußloch liegt in ca. 150 - 160 m Höhe über NN. Der Standort Nußloch wurde entdeckt durch Funde von einzelnen überfahrenen Weibchen des Hirschkäfers (*Lucanus cervus*) in 2007. Keine Beobachtungen von fliegenden und laufenden Männchen und Weibchen. Der Waldrand ist nach Westen exponiert und wird teilweise von einem asphaltierten Weg gesäumt. Der anschließende Laub-Nadel-Mischwald, in dem auch Eichen vorkommen, wird nicht von asphaltierten, sondern nur von unbefestigten Wegen durchzogen und liegt an flachem und steil geneigtem Hang, und ist nur entlang der Wege gut zugänglich und ist ansonsten nur eingeschränkt begehbar, wodurch er lediglich in den gut erreichbaren Teilen von Zeit zu Zeit gepflegt wird.

Am Standort Nußloch erfolgten auch Beobachtungen des Aurorafalters (*Anthocaris cardamines*), des C-Vogels (*Polygonia c-album*) und des Kaisermantels (*Argynnis paphia*) entlang des asphaltierten Weges zwischen dem Waldrand und den angrenzenden Wiesen sowie in den Weinbergen am westwärts abfallenden Hang; des Admirals (*Vanessa atalanta*) in den Weinbergen und auf einigen Wiesen am westwärts abfallenden Hang westlich des Waldrandes; des Gemeinen Mistkäfers (*Geotrupes stercorarius*), des Waldmistkäfers (*Geotrupes stercorosus*) und des Feldmaikäfers (*Melolontha melolontha*) entlang des asphaltierten Weges zwischen dem Waldrand und den angrenzenden Wiesen; und des Gold-Rosenkäfers (*Cetonia aurata*) auf den angrenzenden Wiesen am westwärts abfallenden Hang zwischen dem Waldrand im Osten und der Straße L 594 von Nußloch nach Leimen im Westen.

2.3 Walldorf

Der Standort Walldorf (TK 25, Blatt 6617 Schwetzingen) umfaßt den Südrand des Dannhecker Waldes südlich des Schulzentrums und der Sportanlagen am nordwestlichen Ortsrand sowie die Ränder von Schwetzinger Straße und Nußlocher Straße im Stadtgebiet von Walldorf. Der Standort Walldorf liegt in ca. 100 - 110 m Höhe über NN. Der Standort Walldorf wurde entdeckt durch Funde von einzelnen überfahrenen Weibchen des Hirschkäfers (*Lucanus cervus*) an den Rändern von Schwetzinger Straße und Nußlocher Straße in 2007 und 2008, sowie durch Vorlage zweier großer Männchen in 1973 und 1974, welche am Waldrand südlich des Schulzentrums von Werner Bauer und Wolfgang Schubert gefunden wurden. Keine Beobachtungen von fliegenden und laufenden Männchen und Weibchen. Der Waldrand ist nach Süden exponiert und wird teilweise von einem asphaltierten Weg gesäumt. Der anschließende Laub-Nadel-Mischwald, in dem auch Eichen vorkommen, wird von mehreren asphaltierten und etlichen unbefestigten Wegen durchzogen und liegt ausschließlich in flachem Gelände, und ist durchgehend gut zugänglich, wodurch er in seiner ganzen Erstreckung in regelmäßigen Abständen gepflegt wird.

Am Standort Walldorf erfolgten auch Beobachtungen des Schwalbenschwanzes (*Papilio machaon*), des Schachbretts (*Melanargia galathea*) und des Postillon-Heufalters (*Colias croceus*) auf den ebenen Wiesen am Flugplatz am östlichen Ortsrand sowie auf den ebenen Wiesen zwischen der Straße K 4256 im Norden und der Straße L 723 im Süden am südlichen Ortsrand; des Gemeinen Mistkäfers (*Geotrupes stercorarius*) und des Waldmistkäfers (*Geotrupes stercorosus*) auf Wegen im Wald zwischen dem Hardtbach und der Straße L 598 nordnordöstlich des Ortes, und der Gebänderten Prachtlibelle (*Calopteryx splendens*) entlang der Böschungen des Hardtbaches nördlich der Straße K 4256 von Walldorf nach Nußloch und westlich der Bahnlinie nordöstlich des Ortes. Am Standort Walldorf habe ich in 1972 auch je einmal je ein totes Männchen des Nashornkäfers (*Oryctes nasicornis*) und des Walkers (*Polyphylla fullo*) morgens unter Straßenlaternen am nordwestlichen Ortsrand gefunden.

2.4 St. Leon

Zum Vergleich mit den Ergebnissen der Untersuchungen des Hirschkäfers (*Lucanus cervus*) am Standort Tairnbach wurden Resultate von Beobachtungen zum Schwärmen des Waldmaikäfers (*Melolontha hippocastani*) am Standort St. Leon herangezogen. Der Standort St. Leon liegt in ca. 100 - 110 m Höhe über NN. Der Standort St. Leon (TK 25, Blatt 6717 Waghäusel) umfaßt die Ränder von mehreren Straßen (unter anderen Am Lerchenbühl, Am Breitenweg, Im Talhammer, Albert-Schweitzer-Straße, Erzbergerstraße, Siedlerstraße, Neue-Heimat-Straße, Ketteler Straße und Franz-Antoni-Straße) am nördlichen Ortsrand von St. Leon, wo Anfang Mai 2008 an mehreren aufeinanderfolgenden Tagen massenhaft Individuen des Waldmaikäfers (*Melolontha hippocastani*) gefunden wurden, welche mehrere hintereinanderliegende Schwärmabende dokumentiert haben.

Am Standort St. Leon erfolgten auch Beobachtungen des Schwalbenschwanzes (*Papilio machaon*), des Schachbretts (*Melanargia galathea*) und des Gold-Rosenkäfers (*Cetonia aurata*) auf den Wiesen zwischen den St. Leoner Seen im Nordosten und der Straße L 546 von St. Leon nach Reilingen im Südwesten nordwestlich des Ortes.

2.5 Rot

Zum Vergleich mit den Ergebnissen der Untersuchungen des Hirschkäfers (*Lucanus cervus*) am Standort Tairnbach wurden Resultate von Beobachtungen des Baumweißlings (*Aporia crataegi*), des Kleinen Perlmutterfalters (*Issoria lathonia*) und des Pflaumenzipfelfalters (*Satyrium pruni*) am Standort Rot verwendet. Der Standort Rot liegt in ca. 100 - 110 m Höhe über NN. Der Standort Rot (TK 25, Blatt 6717 Waghäusel) umfaßt die ebenen Wiesen zwischen dem Kehrgraben im Westen und der Straße L 598 im Osten an beiden Seiten entlang der Autobahn A 5 nordöstlich von Rot, wo Ende Mai 2008 an mehreren aufeinanderfolgenden Tagen zahlreiche Individuen des Baumweißlings (*Aporia crataegi*) nachgewiesen wurden, wohingegen davor und danach nur einzelne Exemplare gesichtet wurden. Weitere Beobachtungen erfolgten auf den ebenen Wiesen zwischen der Straße L 546 von Rot nach Malsch im Westen und dem Waldrand vor der Bahnlinie im Osten südöstlich des Ortes.

3 Methoden und Maßnahmen zur Analyse der Verbreitung

Nach der Entdeckung des dortigen Vorkommens des Hirschkäfers (*Lucanus cervus*) durch einen Zufallsfund habe ich den Standort Tairnbach durch regelmäßige und systematische Beobachtungen an zahlreichen Abenden in 2008 näher untersucht. Die weitgehende Konzentration der Aktivität des Hirschkäfers (*Lucanus cervus*) auf die Zeit der Dämmerung am Abend sowie dessen überwiegend verborgene Lebensweise im Wald hat erheblichen Einfluß auf die Strategie der Untersuchung seiner Verbreitung, und weitere Faktoren, welche ebenfalls die Erfassungsmöglichkeiten der Vorkommen des

Hirschkäfers (*Lucanus cervus*) begrenzen, werden ebenfalls skizziert. Das Netzwerk von Naturfreunden als externe Zuträger von Beobachtungen des Hirschkäfers (*Lucanus cervus*), welche meist zufällige Einzelfunde in disperser Verteilung in Raum und Zeit umfassen, hat eine wesentliche Bedeutung für die Zusammensetzung eines mosaikartigen Bildes der horizontalen und vertikalen Verbreitung des Hirschkäfers (*Lucanus cervus*), aus der ein geschlossenes Modell der Populationsdynamik und Ökologie des größten und bekanntesten mitteleuropäischen Käfers entsteht. Etliche Naturfreunde konnten auch langfristige regelmäßige Beobachtungen über mehrere Jahrzehnte an einem Ort vornehmen und dadurch äußerst wertvolle Daten zur langfristigen Populationsdynamik und Ökologie beitragen, welche in der Entomologie einmalig sind. Herausragende Beispiele langfristig stabiler Populationen des Hirschkäfers (*Lucanus cervus*) wurden mir vor allem aus Schriesheim und Umgebung nördlich Heidelberg sowie aus Heidelberg-Neuenheim berichtet, und zahlreiche weitere signifikante Beispiele langfristig stabiler Populationen werden hier ebenfalls kurz referiert.

3.1 Systematische Beobachtungen am Standort Tairnbach

Die Population des Hirschkäfers (*Lucanus cervus*) am Standort Tairnbach habe ich vom 01.06.2008 bis 15.08.2008 durch systematische Beobachtungen in der Zeit der Dämmeung am Abend meist von ca. 20.45 Uhr bis ca. 22.15 Uhr untersucht, welche mit wenigen Ausnahmen täglich durchgeführt wurden. Lediglich an denjenigen Tagen, an denen abends starke Regenfälle oder Gewitter stattfanden, habe ich keine Beobachtungen vorgenommen (dies war am 30.05.2008, 31.05.2008, 02.06.2008, 04.06.2008, 12.06.2008, 15.06.2008, 16.06.2008, 25.06.2008, 03.07.2008, 21.07.2008, 08.08.2008, 11.08.2008 und 12.08.2008). Bei meinen Studien des Hirschkäfers (*Lucanus cervus*) habe ich an jedem Abend eine ca. 500 m lange Strecke des asphaltierten Weges am Waldrand am Standort Tairnbach durch regelmäßiges Auf- und Abgehen untersucht und dabei den Weg, den Waldrand und die angrenzenden Wiesen inspiziert. Dabei habe ich jeweils die Zahl der fliegenden und laufenden Männchen und Weibchen des Hirschkäfers (*Lucanus cervus*) sowie Temperatur und Wind notiert. Vom 01.06.2008 bis 15.08.2008 habe ich an insgesamt 65 Abenden Beobachtungen am Standort Tairnbach vorgenommen, an denen ich insgesamt ca. 64 - 78 Exemplare des Hirschkäfers (*Lucanus cervus*) gesehen habe, von denen ca. 32 - 40 Männchen und ca. 32 - 38 Weibchen waren. Die meisten Individuen des Hirschkäfers (*Lucanus cervus*) waren an dem Schwärmabend am 05.06.2008 aktiv, als ca. 25 - 30 Exemplare, von denen ca. 20 - 25 Männchen und ca. 5 - 10 Weibchen waren, in einer Höhe bis ca. 20 m über dem Boden um die Bäume am Waldrand flogen. Die Ergebnisse meiner Beobachtungen des Hirschkäfers (*Lucanus cervus*) am Standort Tairnbach vom 01.06.2008 bis 15.08.2008 sind in den Tabellen im Anhang zusammengestellt.

Aufgrund der Konzentration der Aktivität des Hirschkäfers (*Lucanus cervus*) auf die Zeit der Dämmerung am Abend kann ein einzelner Insektenforscher systematische Beobachtungen jeweils nur an einem Standort vornehmen, den er möglichst täglich kontrollieren sollte, wodurch seine Kapazität ausschließlich an eine Lokalität gebunden ist. Ich hatte deshalb während meiner systematischen Beobachtungen am Standort Tairnbach in 2008 keine Gelegenheit zur Untersuchung anderer Lokalitäten, an denen Populationen des Hirschkäfers (*Lucanus cervus*) vorkommen. Die regelmäßige allabendliche Überwachung des Standortes Tairnbach über einen längeren Zeitraum während der Flugzeit war mir jedoch für das Verständnis der Populationsdynamik und Ökologie des Hirschkäfers (*Lucanus cervus*) wesentlich wichtiger als die Untersuchung etlicher disperser Standorte an nur wenigen Beobachtungstagen in unregelmäßiger Abfolge. Aus meiner Erfahrung empfehle ich daher jedem Insektenkundler und Naturfreund, der einen Standort des Hirschkäfers (*Lucanus cervus*) kennt, diesen ebenfalls durch systematische tägliche Inspektion über einen längeren Zeitraum während der Flugzeit auszuwerten und die Ergebnisse der Beobachtungen analog dem Muster meiner Auflistungen im Anhang tabellarisch festzuhalten.

3.2 Begrenzung der Erfassungsmöglichkeiten der Vorkommen

Die weitgehende Konzentration der Aktivität des Hirschkäfers (*Lucanus cervus*) auf die Zeit der Dämmerung am Abend während der begrenzten Flugzeit von etwa Anfang bis Mitte Mai bis etwa Mitte bis Ende Juli oder Anfang August bestimmt auch die Strategie der Untersuchung seiner Verbreitung. Im Gegensatz zu der Delta-Lehmwespe *Delta unguiculatum* (Mader 2000 a) und der Seidenbiene *Colle-*

tes daviesanus (Mader 1999 a), deren Mörtelnester auf Gebäudewänden bzw. Grabgangnester in Gebäudewänden und Sandsteinwänden jederzeit während des ganzen Jahres bei jedem Wetter beobachtet werden können und daher eine großflächige Kartierung ihrer Verbreitung unabhängig von Witterung, Tageszeit und Jahreszeit ermöglichen, können fliegende und laufende Individuen des Hirschkäfers (*Lucanus cervus*) nur während der begrenzten Flugzeit von etwa Anfang bis Mitte Mai bis etwa Mitte bis Ende Juli oder Anfang August und dann auch meist lediglich während der Dämmerung am Abend bei trockenem warmem Wetter und bei Windstille oder nur leichtem Wind beobachtet werden. An Abenden mit Regenfällen oder Gewittern sind keine Nachweise möglich, weil bei nassem Wetter keine Individuen des Hirschkäfers (*Lucanus cervus*) erscheinen, und auch an Abenden mit starkem Wind sowie mit niedrigen Temperaturen in Phasen wechselhaften trockenen oder nassen Wetters lassen sich meist keine Exemplare blicken. Tagsüber sind in der Regel nur zufällige Einzelfunde in disperser Verteilung in Raum und Zeit von aktiven oder ruhenden Individuen des Hirschkäfers (*Lucanus cervus*) sowie von überfahrenen Exemplaren an den Grenzen von Wäldern und Ortschaften sowie an den Rändern von Straßen und Wegen in Stadtgebieten und in der Umgebung von Wäldern und Feldern möglich, wohingegen systematische und regelmäßige Untersuchungen des kontinuierlichen Auftretens des Hirschkäfers (*Lucanus cervus*) während der limitierten Flugzeit nur abends in der Dämmerung zu reproduzierbaren und auswertbaren Ergebnissen führen.

Die Erfassung von überfahrenen Individuen des Hirschkäfers (*Lucanus cervus*) wird auch dadurch erschwert, daß tote Insekten relativ rasch von Vögeln und anderen Aasfressern entfernt werden. Ich habe am Standort St. Leon beobachtet, daß viele Individuen des Waldmaikäfers (*Melolontha hippocastani*) nach den Schwärmabenden tagsüber bereits am Vormittag von Vögeln aufgepickt wurden. Am Standort Tairnbach ist mir wiederholt aufgefallen, daß abends auf oder neben dem Weg am Waldrand liegende tote Käfer, Wanzen, Heuschrecken, Schnecken, Regenwürmer, Mäuse, Blindschleichen, Eidechsen, Feuersalamander, Kröten und Vogelküken am nächsten Tag verschwunden waren, weil sie noch in der Nacht oder im Laufe des nächsten Tages von Vögeln und anderen Aasfressern abgeholt wurden. Überfahrene und zertretene Individuen des Hirschkäfers (*Lucanus cervus*) auf Straßen und Wegen hat besonders Hawes (1992, 1998 a, 1999 a, 2000 c, 2002 b, 2003 a, 2003 b, 2003 c, 2004 a, 2004 b, 2005 a, 2005 b, 2006 a, 2007 a, 2008 b, 2008 e) durch regelmäßige Kartierung und Zählung erfaßt und hat dabei festgestellt, daß bei den durch den Verkehr auf Straßen und Wegen in erheblicher Anzahl getöteten Exemplaren des Hirschkäfers (*Lucanus cervus*) das Häufigkeitsverhältnis Männchen : Weibchen meist etwa 1 : 2 bis 1 : 3 oder sogar bis 1 : 3,5 beträgt und in einigen Abschnitten und Perioden sogar überwiegend oder fast ausschließlich Weibchen dem Verkehr zum Opfer fallen, wobei er in letzteren Fällen ein Häufigkeitsverhältnis Männchen : Weibchen von etwa 1 : 7 notiert hat (Hawes 1998 a).

Eine weitere Begrenzung der Erfassung der Vorkommen des Hirschkäfers (*Lucanus cervus*) ist dessen überwiegend verborgene Lebensweise im Wald. An dem untersuchten Abschnitt des Waldrandes am Standort Tairnbach habe ich mit Sicherheit nur einen geringen Teil der Population des Hirschkäfers (*Lucanus cervus*) beobachten können, wohingegen der überwiegende Teil der Population verborgen im Wald lebt und einer Beobachtung nicht zugänglich ist. Diese weitgehend verborgene Lebensweise des Hirschkäfers (*Lucanus cervus*) im Wald ist auch der Grund dafür, daß ich an etlichen Abenden trotz der nachgewiesenen hohen Populationsstärke am Standort Tairnbach keine Individuen entdecken konnte, und deshalb ist es nicht zwangsläufig, daß an anderen Lokalitäten, an denen der Hirschkäfer (*Lucanus cervus*) vorhanden ist, an jedem Abend während der Flugzeit Individuen erscheinen. Aufgrund dieser überwiegend verborgenen Lebensweise des Hirschkäfers (*Lucanus cervus*) im Wald ist die Identifizierung seiner Vorkommen oftmals auf zufällige Einzelfunde in disperser Verteilung in Raum und Zeit angewiesen, und bei einer gezielten rastermäßigen Überprüfung von potentiellen Standorten werden sicher viele Lokalitäten, an denen Populationen existieren, mangels Nachweisen von fliegenden und laufenden Individuen an den ausgewählten Inspektionstagen nicht erfaßt oder bestätigt.

3.3 Strategie der Untersuchung der Verbreitung

Wegen der sowohl während des Tages als auch während des Jahres begrenzten Zeit der Beobachtungsmöglichkeiten von fliegenden und laufenden Individuen des Hirschkäfers (*Lucanus cervus*) sowie aufgrund dessen überwiegend verborgener Lebensweise im Wald ist eine großflächige Kartierung seiner Verbreitung während einer Saison durch einen einzelnen Insektenforscher nicht möglich. Die Untersuchung der Populationsdynamik und Ökologie des Hirschkäfers (*Lucanus cervus*) durch einen einzelnen Insektenforscher muß sich daher auf wenige bekannte Standorte konzentrieren, welche während der eingeschränkten Zeit der Aktivität von fliegenden und laufenden Exemplaren systematisch und regelmäßig studiert werden können. Für den Nachweis von weiteren Fundorten des Hirschkäfers (*Lucanus cervus*) über die wenigen bekannten Standorte hinaus ist die Forschung auf die Mithilfe von anderen Insektenkundlern und Naturfreunden angewiesen, welche an anderen Lokalitäten Beobachtungen gemacht haben, die meist zufällige Einzelfunde in disperser Verteilung in Raum und Zeit umfassen. Aufgrund von Meldungen von Vorkommen des Hirschkäfers (*Lucanus cervus*) durch externe Beobachter können dann weitere Standorte gezielt untersucht werden und in das Spektrum der ausgewerteten Lokalitäten einbezogen werden.

Deshalb habe ich mehrere Aufrufe zur Mitteilung von Beobachtungen des Hirschkäfers (*Lucanus cervus*) in regionalen Tageszeitungen veröffentlicht (Rhein-Neckar-Zeitung 2008 a, 2008 b, 2008 c, 2008 d; Schwetzinger Zeitung 2008, Bruchsaler Rundschau 2008), um durch Hinweise aus dem Leserkreis Informationen über weitere Standorte des Hirschkäfers (*Lucanus cervus*) zu erlangen und dadurch schrittweise dessen Verbreitung zu erfassen. Ein weiterer Aufruf zur Meldung von Funden des Hirschkäfers (*Lucanus cervus*) im Raum um Heidelberg wurde im Programm der NABU-Ortsgruppe Heidelberg (2009) abgedruckt.

Die Resonanz auf meine vorgenannten Appelle zur Mithilfe hat meine Erwartungen bei weitem übertroffen, denn es haben sich über 600 Naturfreunde bei mir gemeldet und mir über ihre Beobachtungen des Hirschkäfers (*Lucanus cervus*) berichtet, welche eine Fülle von Nachweisen des größten und bekanntesten mitteleuropäischen Käfers an insgesamt über 225 im Inhaltsverzeichnis als separate Lokalitäten ausgewiesene örtliche Gruppen von Fundorten umfassen. Dabei beinhalten die meisten Lokalitäten abgeschlossene Ortschaften, in denen die einzelnen Gruppen von Fundorten verschiedene Straßen in mehreren Ortsbereichen darstellen, und schließen auch diskrete außerörtliche Bereiche wie größere zusammenhängende Waldgebiete, von verschiedenen Armen des Rheins umschlossene Inseln, und Ansammlungen von Seen und Teichen in der Umgebung von Wasserläufen ein. Der älteste Naturfreund, welcher mir seine Funde des Hirschkäfers (*Lucanus cervus*) berichtet hat, ist fast 95 Jahre alt, wohingegen der jüngste Naturfreund, welcher mir seine Funde übermittelt hat, gerade 8 Jahre alt ist. Besonders zahlreiche Meldungen von Funden des Hirschkäfers (*Lucanus cervus*) haben die zwischen 70 und 75 Jahre alten Naturfreunde abgegeben.

3.4 Netzwerk von Naturfreunden als externe Zuträger von Beobachtungen

Die Resonanz auf meine Aufrufe zur Mitteilung von Beobachtungen des Hirschkäfers (*Lucanus cervus*) in regionalen Tageszeitungen (Rhein-Neckar-Zeitung 2008 a, 2008 b, 2008 c, 2008 d; Schwetzinger Zeitung 2008, Bruchsaler Rundschau 2008) hat meine Einschätzung bestätigt, daß fast jeder Naturfreund den Hirschkäfer aus Büchern, Schule und Museen kennt, aber nur wenige ihn gelegentlich in der Natur gesehen haben. Fast jeder Naturfreund besitzt mindestens einen populärwissenschaftlichen Naturführer, in dem der Hirschkäfer (*Lucanus cervus*) häufig bereits die Titelseite ziert und darüber hinaus im Text und auf Tafeln mehrfach abgebildet ist, und hat den Hirschkäfer auch bereits im Biologieunterricht in der Schule oder in Ausstellungen in Museen kennengelernt. Aufgrund seiner charakteristischen Morphologie mit den typischen geweihartig vergrößerten Mandibeln der Männchen und der herausragenden Größe ist der Hirschkäfer (*Lucanus cervus*) praktisch unverwechselbar und ist deshalb einer der wenigen Käfer der einheimischen Insektenfauna, der von jedem Naturfreund ohne spezielle Bestimmung problemlos und eindeutig in der Natur erkannt wird. Der Hirschkäfer (*Lucanus cervus*) ist daher der einzige mitteleuropäische Käfer, der für eine großflächige Erfassung seiner Vorkommen durch Fundmeldungen von Naturfreunden geeignet ist, weil infolge seiner unverwechselbaren Kennzeichen die meisten Berichte seines Auftretens unzweifelhaft sind, und die wenigen Verwechslungen des Hirschkäfers (*Lucanus cervus*) mit dem kleineren und schmaleren Balkenschröter (*Dorcus parallelepipedus*) können aufgrund der erheblich unterschiedlichen Länge und Breite sowie der unikalen geweihartig vergrößerten Mandibeln beim Männchen des Hirschkäfers (*Lucanus cervus*) rasch geklärt werden. Aus der Zusammenstellung zahlreicher verstreuter Beobachtungen von meist zufälligen Einzelfunden in disperser Verteilung in Raum und Zeit durch Naturfreunde ist die Kartierung der Verbreitung des Hirschkäfers (*Lucanus cervus*) in größeren Gebieten möglich.

Das Netzwerk von über 600 Naturfreunden als externe Zuträger von Beobachtungen, welche sich aufgrund meiner Aufrufe zur Mitteilung von Beobachtungen des Hirschkäfers (*Lucanus cervus*) in regionalen Tageszeitungen (Rhein-Neckar-Zeitung 2008 a, 2008 b, 2008 c, 2008 d; Schwetzinger Zeitung 2008, Bruchsaler Rundschau 2008) bei mir gemeldet haben und mir über ihre Beobachtungen des Hirschkäfers (*Lucanus cervus*) berichtet haben, ist eine herausragende Basis für die Erweiterung der Interpretation der Populationsdynamik und Ökologie über meine Erkenntnisse an den von mir untersuchten Standorten hinaus auf eine größere Fläche, in denen die Beobachtungspunkte der Naturfreunde rasterartig verteilt sind. Die Fundmeldungen von zahlreichen Naturfreunden sind auch deswegen besonders wertvolle Beiträge zum Verständnis der Populationsdynamik und Ökologie des Hirschkäfers (*Lucanus cervus*), weil aufgrund seiner überwiegend verborgenen Lebensweise die meisten Beobachtungen des Hirschkäfers zufällige Einzelfunde in disperser Verteilung in Raum und Zeit darstellen, und weil die meisten Naturfreunde in ihrem bisherigen Leben nur wenige Gelegenheiten hatten, den Hirschkäfer in der Natur anzutreffen. Infolge seiner exponierten Größe und seiner prägnanten Morphologie mit den unikalen geweihartig vergrößerten Mandibeln der Männchen waren die seltenen Begegnungen mit dem Hirschkäfer (*Lucanus cervus*) für die meisten Naturfreunde derart eindrückliche Erlebnisse, daß sie sich auch nach Jahrzehnten noch genau an die Einzelheiten ihrer Funde erinnern. Die Tatsache, daß die Details der Beobachtungen des Hirschkäfers (*Lucanus cervus*) den meisten Naturfreunden über längere Zeiträume im Gedächtnis haften bleiben und nicht in Vergessenheit geraten, sondern auch nach Jahrzehnten noch mit erstaunlicher Genauigkeit abrufbar sind, ermöglicht auch die Auswertung der früheren Verbreitung und den Vergleich mit der heutigen Erstreckung der Vorkommen des Hirschkäfers (*Lucanus cervus*).

Der Vorteil des Netzwerkes von über 600 Naturfreunden als externe Zuträger von Nachweisen des Hirschkäfers (*Lucanus cervus*) ist die kumulative Abdeckung eines beträchtlichen Umfanges an Raum und Zeit durch viele einzelne Beobachter, welche dadurch in der Summe eine solche Fülle an Informationen zusammengetragen und mir zur Auswertung zur Verfügung gestellt haben, wie sie ein einzelner Insektenforscher ohne eine ähnlich wellenartige Lieferung von Beiträgen von außen unmöglich erreichen kann. Die zahlreichen Naturfreunde, welche in Freizeit, Sport und/oder Beruf viel Zeit in der Natur verbringen und mit offenen Augen durch Wald, Wiesen und Felder streifen, erfassen über lange Strecken und große Flächen in vielen unterschiedlichen Regionen als Masse der Beobachter immer wieder zufällige Einzelfunde des Hirschkäfers (*Lucanus cervus*) in disperser Verteilung in Raum und Zeit, welche oftmals durch glückliche Umstände erfolgen, indem ein Naturfreund gerade dann zur Stelle ist, wenn ein Männchen oder ein Weibchen einen Weg oder eine Straße überquert oder an einem exponierten Punkt sitzt, wohingegen wenige Minuten vorher oder nachher das Exemplar an diesem Ort nicht sichtbar gewesen wäre und dadurch dort keine Registrierung möglich gewesen wäre. Durch die Menge der einzelnen Beobachter, die unabhängig voneinander immer wieder in der Natur unterwegs sind und an unterschiedlichen Lokalitäten ihre Entdeckungen machen, welche sie an mich als zentrale Stelle zur zusammenfassenden Auswertung melden, ergibt sich in der Summe aus den zahlreichen zufälligen Einzelfunden des Hirschkäfers (*Lucanus cervus*) in disperser Verteilung in Raum und Zeit ein mosaikartiges Bild seiner horizontalen und vertikalen Verbreitung, aus der ein geschlossenes Modell der Populationsdynamik und Ökologie des größten und bekanntesten mitteleuropäischen Käfers entsteht. Zu der Synopsis der Populationsdynamik und Ökologie des Hirschkäfers (*Lucanus cervus*) hat jeder Naturfreund mit seiner einzelnen Beobachtung ein elementares Mosaiksteinchen beigetragen, welche alle gemeinsam das zusammenhängende und ineinandergreifende Bild ergeben. Die besondere Eignung des Hirschkäfers (*Lucanus cervus*) für ein ehrenamtliches Beobachternetz wurde auch von Geske (2007) unterstrichen. Kontaktadressen und Anlaufstellen für Naturfreunde als externe Zuträger von Beobachtungen des Hirschkäfers (*Lucanus cervus*) zur zentralen Auswertung in Netzwerken in anderen Gebieten finden sich im Internet unter den Adressen http://www.agnu-haan.de/hirschkaefer und http://maria.fremlin.de/stagbeetles.

3.5 Zufällige Einzelfunde in disperser Verteilung in Raum und Zeit

Die meisten Nachweise an zahlreichen Lokalitäten durch die über 600 Naturfreunde, welche meine Aufrufe zur Mitteilung von Beobachtungen des Hirschkäfers (*Lucanus cervus*) in regionalen Tageszeitungen (Rhein-Neckar-Zeitung 2008 a, 2008 b, 2008 c, 2008 d; Schwetzinger Zeitung 2008, Bruchsaler Rundschau 2008) gelesen haben und mir daraufhin ihre Entdeckungen gemeldet haben, umfassen zufällige Einzelfunde in disperser Verteilung in Raum und Zeit, welche überwiegend tagsüber erfolgten. Die Männchen und Weibchen des Hirschkäfers (*Lucanus cervus*) wurden während des Tages meist laufend auf Wegen und Straßen und gelegentlich auch fliegend an Bäumen, Häusern, Wegen und Straßen angetroffen, und oftmals wurden überwiegend Männchen und untergeordnet Weibchen auch sitzend auf Stämmen, Steinen, Mauern, Zäunen, Treppen und Terrassen bemerkt. Gelegentlich wurden die Beobachtungen auch abends gemacht, wenn Männchen und Weibchen des Hirschkäfers (*Lucanus cervus*) darüber hinaus auch fliegend gesichtet wurden.

Die zufälligen Einzelfunde in disperser Verteilung in Raum und Zeit sind in der Regel nicht reproduzierbar, was auch dadurch bestätigt wird, daß viele Naturfreunde immer wieder die gleichen Wege im Wald und in angrenzenden Wiesen und Feldern abgehen und dabei Individuen des Hirschkäfers (*Lucanus cervus*) in vielen Fällen lediglich ein einziges Mal an einem Punkt und nur untergeordnet auch mehrmals wiederholt an der gleichen Stelle oder an mehreren unterschiedlichen Positionen entdeckt haben, und im Laufe von vielen Jahren nur wenige Male einzelnen Exemplaren begegnet sind. Die Ergebnisse dieser vielen zufälligen Einzelfunde in disperser Verteilung in Raum und Zeit unterstreichen auch die herausragende Bedeutung des Standortes Tairnbach für die systematische Untersuchung, denn ich konnte dort durch regelmäßige Begehungen zu konstanten Zeiten in der Abenddämmerung meine Beobachtungen von fliegenden und laufenden Männchen und Weibchen des Hirschkäfers (*Lucanus cervus*) über einen längeren Zeitraum reproduzieren, in dem ich dort an vielen aufeinanderfolgenden Tagen und nur untergeordnet im jeweiligen Abstand von mehreren Tagen immer wieder fliegende und laufende Männchen und Weibchen registrieren konnte.

3.6 Langfristige regelmäßige Beobachtungen über mehrere Jahrzehnte

Unter den über 600 Naturfreunden, welche mir aufgrund meiner Aufrufe zur Mitteilung von Beobachtungen des Hirschkäfers (*Lucanus cervus*) in regionalen Tageszeitungen (Rhein-Neckar-Zeitung 2008 a, 2008 b, 2008 c, 2008 d; Schwetzinger Zeitung 2008, Bruchsaler Rundschau 2008) ihre Nachweise gemeldet haben, waren auch etliche, welche schon mehrere Jahrzehnte an einem Ort leben und dort häufig sogar seit langem an einer konstanten Adresse wohnen. Eine Reihe dieser Naturfreunde konnte über mehrere Jahrzehnte hinweg das regelmäßige Erscheinen von Männchen und Weibchen des Hirschkäfers (*Lucanus cervus*) registrieren und dadurch äußerst wertvolle Daten zur langfristigen Populationsdynamik und Ökologie beitragen, welche in der Entomologie einmalig sind. Die jahrzehntelangen regelmäßigen Beobachtungen des Auftretens von Männchen und Weibchen des Hirschkäfers (*Lucanus cervus*) erlauben die Interpretation von etlichen Vorkommen als langfristig stabile Populationen mit zwar oftmals schwankender Anzahl der Individuen im Laufe der Zeit, aber trotzdem grundsätzlich konstantem Erscheinen von Exemplaren in der Abfolge der Jahre, wodurch die erfolgreiche Fortpflanzung über einen längeren Zeitraum belegt wird und gleichzeitig unterstrichen wird, daß bei günstigen Bedingungen der Kreislauf der Metamorphose des Hirschkäfers (*Lucanus cervus*) von Generation zu Generation an vielen Orten quasi unendlich weiterlaufen kann und damit praktisch zu einem Perpetuum Mobile werden kann.

Die Unikalität der langfristigen regelmäßigen Beobachtungen über Zeiträume von mehreren Jahrzehnten in der Entomologie ist in erster Linie in der herausragenden Sonderstellung des Hirschkäfers (*Lucanus cervus*) begründet, welcher nicht nur der größte und bekannteste mitteleuropäische Käfer ist, sondern auch eines der spektakulärsten Insekten in der einheimischen Fauna darstellt. Infolge der unverwechselbaren Morphologie der Männchen mit den charakteristischen geweihartig vergrößerten Mandibeln und der stattlichen Größe kennt praktisch jeder Naturfreund den Hirschkäfer (*Lucanus cervus*) aus Büchern, Unterricht und Museen, und die Begegnungen mit diesem ungewöhnlich auffälligen Insekt sind für die meisten Naturfreunde äußerst eindrücklich und derart einprägsam, daß sie sich auch noch nach Jahrzehnten an Einzelheiten der Funde erinnern. Deshalb ist der Hirschkäfer (*Lucanus cervus*) eines der wenigen Insekten der einheimischen Fauna und quasi der einzige Käfer, der sich aufgrund seiner unproblematischen Erkennbarkeit und seines prägnanten Erscheinungsbildes für eine langfristige Beobachtung und Berichterstattung durch Naturfreunde eignet. Die exponierte Größe, das typische Aussehen und das stattliche Erscheinungsbild des Hirschkäfers (*Lucanus cervus*) lösen bei vielen Naturfreunden in gewisser Weise automatisch ein gesteigertes Interesse und eine besondere Aufmerksamkeit bei den Entdeckungen von Männchen und Weibchen in der Natur aus, wodurch die Registrierung und Speicherung der Orte und Umstände der Funde im Gedächtnis erleichtert wird und dadurch die Grundlage für die Abrufbarkeit der Beobachtungen auch noch nach Jahrzehnten geschaffen wird.

Alle diese Faktoren haben dazu beigetragen, daß aus den zahlreichen Beobachtungen etlicher Naturfreunde über Zeiträume von mehreren Jahrzehnten eine einmalige Datensammlung entstanden ist, in der wertvolle Einblicke in die langfristige Populationsdynamik und Ökologie des Hirschkäfers (*Lucanus cervus*) aufgezeichnet sind, welche die Stabilität vieler Populationen über Perioden zwischen 20 und 70 Jahren widerspiegeln. Wegen der entomologischen Einmaligkeit der Dokumentationen der langfristigen Beobachtungen des Hirschkäfers (*Lucanus cervus*) an etlichen Lokalitäten durch eine Reihe von unabhängig voneinander agierenden Naturfreunden, deren Berichte sich gegenseitig ergänzen und bestätigen, werden einige herausragende Beispiele langfristig stabiler Populationen des Hirschkäfers (*Lucanus cervus*) als Ergebnisse der Observationen der ortsansässigen Naturfreunde über Zeiträume zwischen 20 und 70 Jahren nachstehend skizziert.

3.7 Herausragende Beispiele langfristig stabiler Populationen

Herausragende Beispiele langfristig stabiler Populationen des Hirschkäfers (*Lucanus cervus*) sind vor allem die Vorkommen in Schriesheim nördlich Heidelberg, auf dem Branich am Nordostrand von Schriesheim und im Kanzelbachtal am Ostrand von Schriesheim, sowie in Heidelberg-Neuenheim und Heidelberg-Handschuhsheim am Nordrand des Stadtgebietes, welche jeweils von mehreren Naturfreunden unabhängig voneinander über mehrere Jahrzehnte beobachtet wurden, wodurch sich die einzelnen Berichte gegenseitig bestätigen und ergänzen. Dabei ist vor allem die Population des Hirschkäfers (*Lucanus cervus*) auf dem Branich am Nordostrand von Schriesheim hervorzuheben, wo in einem Gebiet mit begrenzter Ausdehnung am Südwesthang des Zinsberges eine überdurchschnittlich große Zahl von Naturfreunden auf engem Raum mit nahe benachbarten Beobachtungspunkten über Zeiträume zwischen 20 und 55 Jahren das regelmäßige Auftreten von Individuen des Hirschkäfers (*Lucanus cervus*) unabhängig voneinander registriert hat, und durch die gegenseitige Bestätigung und Ergänzung der Observationen der verschiedenen Naturfreunde können die einzelnen Berichte miteinander verglichen, zusammenfassend ausgewertet und verallgemeinert interpretiert werden. Die Einzelheiten der langfristigen Beobachtungen des Hirschkäfers (*Lucanus cervus*) durch die nachstehend genannten Naturfreunde sind in den regional gegliederten Abschnitten über die lokalen Fundmeldungen zusammengestellt, wohingegen hier nur kurz die Dauer der jahrzehntelangen Observationen zusammengefaßt wird, welche Zeiträume bis zu 70 Jahren umfassen.

Auf dem Branich am Nordostrand von Schriesheim wurde das regelmäßige Auftreten von Individuen des Hirschkäfers (*Lucanus cervus*) im Fensengrundweg am Südostrand des Branich von Hans Guse (mündl. Mitt. 2008) seit 1952 und damit über einen Zeitraum von über 55 Jahren, im Institutsweg im zentralen Bereich des Branich von Michael Pabst-Neufang (mündl. Mitt. 2008) seit etwa 1962 und damit über einen Zeitraum von über 45 Jahren sowie ergänzt durch Beobachtungen seiner Eltern seit 1955 (Traude Pabst, mündl. Mitt. 2008) und damit über einen Zeitraum von über 50 Jahren, im westlichen Teil des Blütenweges am Westrand des Branich von Christa und Alfred Treiber (mündl. Mitt. 2008) seit 1962 und damit über einen Zeitraum von über 45 Jahren, im Buchenhain im zentralen Bereich des Branich von Gudrun Kluge (mündl. Mitt. 2008) seit 1970 und damit über einen Zeitraum von fast 40 Jahren sowie von Hermann Schwarz (mündl. Mitt. 2008) von etwa 1980 bis 2007 und damit über einen Zeitraum von über 25 Jahren, im Institutsweg im zentralen Bereich des Branich von Dieter Rösch (mündl. Mitt. 2008) seit 1984 und damit über einen Zeitraum von fast 25 Jahren, in der Branichstraße im zentralen Bereich des Branich von Dagmar Zimmermann (mündl. Mitt. 2008) seit 1987 und damit über einen Zeitraum von über 20 Jahren, und im östlichen Teil des Blütenweges im zentralen Bereich des Branich von Christel Seitz (mündl. Mitt. 2008) seit 1990 und damit über einen Zeitraum von fast 20 Jahren registriert. Im Kanzelbachtal am Ostrand von Schriesheim wurde das regelmäßige Erscheinen von Exemplaren des Hirschkäfers (*Lucanus cervus*) im Griethweg an der Mündung des Weiten Tales in das Kanzelbachtal von Heinrich Reinhard (mündl. Mitt. 2008) seit etwa 1950 und damit über einen Zeitraum von fast 60 Jahren, von Hannelore Reinhard (mündl. Mitt. 2008) seit 1976 und damit über einen Zeitraum von über 30 Jahren, und von Gerhard Becker (mündl. Mitt. 2008) seit 1978 und damit über einen Zeitraum von 30 Jahren festgestellt.

In Schriesheim wurde das regelmäßige Vorkommen von Individuen des Hirschkäfers (*Lucanus cervus*) in einem Weinberg am Fohbachtal am Westhang des Martinsberges östlich der Leutershäuser

Straße nördlich des Ortes von Hansjörg Rufer (mündl. Mitt. 2008) seit 1935 und damit über einen Zeitraum von über 70 Jahren, in der Bahnhofstraße im Zentrum von Hartmut Bauer (mündl. Mitt. 2008) von etwa 1950 bis 2005 und damit über einen Zeitraum von etwa 55 Jahren, in der Friedensstraße im südöstlichen Ortsbereich von Gerda Reuscher (mündl. Mitt. 2008) von 1962 bis 1977 und von 1983 bis 2008 und damit über einen Zeitraum von über 45 Jahren, im Kehlweg am östlichen Ortsrand von Elisabeth Löffler seit 1965 und damit über einen Zeitraum von über 40 Jahren, im Schlittweg am südwestlichen Ortsrand von Helga Beyaert (mündl. Mitt. 2008) von 1977 bis 1997 und damit über einen Zeitraum von 20 Jahren, und im Dossenheimer Weg nahe dem südlichen Ortsrand von Gerlinde Goder (mündl. Mitt. 2008) seit 1989 und damit über einen Zeitraum von fast 20 Jahren belegt. In der Umgebung von Schriesheim wurde das regelmäßige Auftreten von Exemplaren des Hirschkäfers (*Lucanus cervus*) auch im Wald um Hirschberg-Leutershausen nördlich Schriesheim von Gebhard Mildenberger (mündl. Mitt. 2008) seit etwa 1945 und damit über einen Zeitraum von über 60 Jahren, am Kornbuckel am Waldrand östlich Leutershausen von Friedrich Schwartz (mündl. Mitt. 2008) seit 1963 und damit über einen Zeitraum von 45 Jahren, und am Westhang des Ölberges südöstlich Schriesheim und nordnordöstlich Dossenheim von Petra und Norbert Lochbühler (mündl. Mitt. 2008) seit etwa 1965 und damit über einen Zeitraum von über 40 Jahren konstatiert.

Weitere außergewöhnliche Fälle langfristig stabiler Populationen des Hirschkäfers (*Lucanus cervus*), welche ähnlich wie bei den herausragenden Vorkommen in und um Schriesheim jeweils von etlichen Naturfreunden unabhängig voneinander über einige Jahrzehnte beobachtet wurden, wodurch sich die einzelnen Berichte gegenseitig bestätigen und ergänzen, stammen aus Heidelberg-Neuenheim und Heidelberg-Handschuhsheim. Am Ostrand von Heidelberg-Neuenheim wurde das regelmäßige Erscheinen von Individuen des Hirschkäfers (*Lucanus cervus*) am Nordende der Hirschgasse von Birgit Rapp (mündl. Mitt. 2008) seit etwa 1950 und damit über einen Zeitraum von fast 60 Jahren, im Schweizerweg oberhalb der Bergstraße am westlichen Anfang des Philosophenweges von Hanna Pfefferle (mündl. Mitt. 2008) seit 1958 und damit über einen Zeitraum von fast 50 Jahren, am westlichen Anfang des Philosophenweges von Godula Hänlein (mündl. Mitt. 2008) seit 1985 und damit über einen Zeitraum von fast 25 Jahren (mit Einbeziehung der Erzählungen von älteren Familienmitgliedern möglicherweise sogar wesentlich länger), in der Scheffelstraße von Klaus-Peter Frank (mündl. Mitt. 2008) seit etwa 1985 und damit über einen Zeitraum von fast 25 Jahren, und in der Ziegelhäuser Landstraße direkt östlich der Alten Brücke von Michael Gußmann (mündl. Mitt. 2008) seit 1998 und damit über einen Zeitraum von 10 Jahren (mit Einbeziehung der Erzählungen von älteren Familienmitgliedern möglicherweise sogar wesentlich länger) nachgewiesen. Am und um den Steinberg nordöstlich Heidelberg-Handschuhsheim wurde das mehr oder weniger regelmäßige Auftreten von Exemplaren des Hirschkäfers (*Lucanus cervus*) von Karl-Friedrich Raqué (mündl. Mitt. 2008) seit etwa 1985 und damit über einen Zeitraum von fast 25 Jahren, von Franz Auer (mündl. Mitt. 2009) von etwa 1990 bis 2007 und damit über einen Zeitraum von über 15 Jahren, und von Karl-Heinz Holl (mündl. Mitt. 2008) seit mindestens etwa 1993 und damit über einen Zeitraum von etwa 15 - 20 Jahren beobachtet. In Heidelberg-Ziegelhausen wurde das regelmäßige Vorhandensein von Individuen des Hirschkäfers (*Lucanus cervus*) von Erich Lehn (mündl. Mitt. 2008) von etwa 1942 bis etwa 1970 und damit über einen Zeitraum von über 25 Jahren verfolgt.

3.8 Weitere signifikante Beispiele langfristig stabiler Populationen

Signifikante Beispiele langfristig stabiler Populationen des Hirschkäfers (*Lucanus cervus*) liegen im Raum um Heidelberg und Mannheim nicht nur aus Schriesheim und Umgebung sowie Heidelberg-Neuenheim und Heidelberg-Handschuhsheim, sondern auch aus etlichen anderen Orten und deren Umgebung vor, welche Brühl, Ketsch, Rot, Malsch, Neulußheim, Reilingen, Nußloch, Leimen, Walldorf, Rettigheim, Mühlhausen, Zeutern, Philippsburg-Huttenheim, Hambrücken, Graben-Neudorf, Waghäusel-Wiesental, Eggenstein-Leopoldshafen, Sinsheim, Eppingen, Eberbach, Sensbachtal-Hebstahl, Limbach-Wagenschwend, Mosbach, Neckarelz, Neckarzimmern, Adelsheim, Untergrombach, Obergrombach, Büchenau, Speyer, Dudenhofen, Römerberg-Mechtersheim, Zeiskam, Bellheim, Knittelsheim, Ottersheim und Vorderweidenthal umfassen. Die Einzelheiten der langfristigen Beobachtungen des Hirschkäfers (*Lucanus cervus*) durch die nachstehend genannten Naturfreunde sind in den regional gegliederten Abschnitten über die lokalen Fundmeldungen zusammengestellt, wohingegen hier nur kurz die Dauer der jahrzehntelangen Observationen zusammengefaßt wird, welche Zeiträume bis zu 70 Jahren umfassen.

In und um Brühl und Ketsch wurde das mehr oder weniger regelmäßige Vorkommen von Exemplaren des Hirschkäfers (*Lucanus cervus*) entweder in jedem Jahr oder in den meisten Jahren, aber nicht in jedem Jahr, in den Feldern und Wiesen um Brühl von Herbert Montag (mündl. Mitt. 2008) von etwa 1948 bis etwa 1998 und damit über einen Zeitraum von etwa 50 Jahren, an verschiedenen Lokalitäten in und um Ketsch von Gabriele und Wolfgang Giersdorf (mündl. Mitt. 2008) seit 1970 und damit über einen Zeitraum von fast 40 Jahren, auf der Ketscher Rheininsel nordwestlich Ketsch von Helga Göck (mündl. Mitt. 2008) von etwa 1950 bis etwa 1970 und damit über einen Zeitraum von etwa 20 Jahren, im Lilienweg nahe des nordöstliches Ortsrandes von Ketsch und auf der Ketscher Rheininsel nordwestlich Ketsch von Bettina Pfister (mündl. Mitt. 2008) seit 1990 und damit über einen Zeitraum von fast 20 Jahren, und am Hohwiesensee südwestlich Ketsch von Udo Hanke (mündl. Mitt. 2008) von 1975 bis 1993 und damit über einen Zeitraum von fast 20 Jahren registriert.

In und um Rot, Malsch, Neulußheim und Reilingen wurde das mehr oder weniger regelmäßige Auftreten von Exemplaren des Hirschkäfers (*Lucanus cervus*) entweder in jedem Jahr oder in den meisten Jahren, aber nicht in jedem Jahr, in Malsch sowie im Roter Wald zwischen Rot und dem Frauenweiler Bruch östlich Rot von Theo Hemberger (mündl. Mitt. 2008) seit 1950 und damit über einen Zeitraum von fast 60 Jahren, im Waldgebiet Untere Lusshardt westnordwestlich St. Leon in Richtung Neulußheim von Walter Brandmeier (mündl. Mitt. 2008) von etwa 1945 bis etwa 1995 und damit über einen Zeitraum von etwa 50 Jahren, im Kahlbachring (früher Bahnhofstraße) im Gewerbegebiet am Bahnhof Rot-Malsch westlich Malsch und südöstlich Rot von Erika Rothermel (mündl. Mitt. 2008) seit 1976 und damit über einen Zeitraum von über 30 Jahren, und im Königsberger Ring am südwestlichen Ortsrand von Reilingen von Gabi und Wolfgang Scheuer (mündl. Mitt. 2008) seit 1978 und damit über einen Zeitraum von 30 Jahren bemerkt.

In und um Nußloch, Leimen und Walldorf wurde das mehr oder weniger regelmäßige Erscheinen von Exemplaren des Hirschkäfers (*Lucanus cervus*) entweder in jedem Jahr oder in den meisten Jahren, aber nicht in jedem Jahr, an verschiedenen Lokalitäten in Nußloch von Heinrich Schmidt (mündl. Mitt. 2008) aufgrund von Eigenenbeobachtungen oder durch Meldungen anderer Naturfreunde seit etwa 1960 und damit über einen Zeitraum von fast 50 Jahren sowie von Ulrich Sohns (mündl. Mitt. 2008) seit etwa 1970 und damit über einen Zeitraum von fast 40 Jahren, in der Odenwaldstraße am östlichen Ortsrand von Nußloch von Ruth und Horst Welker (mündl. Mitt. 2008) seit etwa 1980 bzw. seit 1973 und damit über einen Zeitraum von fast 30 Jahren bzw. von 35 Jahren, an verschiedenen Lokalitäten in Leimen von Ulrike Schofer (mündl. Mitt. 2008) von etwa 1957 bis etwa 1997 und damit über einen Zeitraum von etwa 40 Jahren, und in der Siemensstraße am Südwestrand des Industriegebietes südlich Walldorf von Josef Schäfer (mündl. Mitt. 2008) von 1967 bis 1993 und damit über einen Zeitraum von über 25 Jahren konstatiert.

In und um Rettigheim, Mühlhausen und Zeutern wurde das mehr oder weniger regelmäßige Vorkommen von Exemplaren des Hirschkäfers (*Lucanus cervus*) entweder in jedem Jahr oder in den meisten Jahren, aber nicht in jedem Jahr, an verschiedenen Lokalitäten in und um Rettigheim von Egon Göbel (mündl. Mitt. 2008) seit etwa 1950 und damit über einen Zeitraum von fast 60 Jahren, an verschiedenen Lokalitäten in der Umgebung von Zeutern von Wilhelm Michenfelder (mündl. Mitt. 2008) seit etwa 1960 und damit über einen Zeitraum von fast 50 Jahren sowie von John Göttling seit etwa 1972 und damit über einen Zeitraum von über 35 Jahren, am Hahnenberg am östlichen Ortsrand von Rettigheim von Annemarie Bender (mündl. Mitt. 2008) seit 1977 und damit über einen Zeitraum von etwa 30 Jahren, im Waldgebiet Rodschlag südwestlich Mühlhausen im Bereich um die Rodschlaghütte von Hans Baier (Ludwina Baier, mündl. Mitt. 2008) von etwa 1970 bis etwa 1995 und damit über einen Zeitraum von etwa 25 Jahren, und in der Rotenberger Straße am nördlichen Ortsrand von Rettigheim von Gertrud und Max Zenkner (mündl. Mitt. 2008) seit etwa 1989 und damit über einen Zeitraum von fast 20 Jahren belegt.

In und um Philippsburg-Huttenheim, Hambrücken, Graben-Neudorf, Waghäusel-Wiesental und Eggenstein-Leopoldshafen wurde das mehr oder weniger regelmäßige Auftreten von Exemplaren des Hirschkäfers (*Lucanus cervus*) entweder in jedem Jahr oder in den meisten Jahren, aber nicht in jedem Jahr, an verschiedenen Lokalitäten in Philippsburg-Huttenheim von Werner Dietrich (mündl. Mitt. 2008) seit etwa 1945 und damit über einen Zeitraum von über 60 Jahren sowie von Heinrich und Cecilia Bierlein (mündl. Mitt. 2008) seit etwa 1950 und damit über einen Zeitraum von etwa 60 Jahren, im Wald um Hambrücken von Christa und Robert Erbrecht (mündl. Mitt. 2008) von etwa 1945 bis etwa 1998 und damit über einen Zeitraum von über 50 Jahren, an verschiedenen Lokalitäten in und um

Graben-Neudorf und Philippsburg-Huttenheim von Andreas Weiß (mündl. Mitt. 2008) seit etwa 1975 und damit über einen Zeitraum von über 30 Jahren, in der Brettener Straße im südlichen Bereich des Ortsteils Neudorf in Graben-Neudorf von Renate und Fritz Schaser (mündl. Mitt. 2008) seit 1984 und damit über einen Zeitraum von fast 25 Jahren; an verschiedenen Lokalitäten in und um Eggenstein-Leopoldshafen, Graben-Neudorf und Waghäusel-Wiesental von Franziska Stau (mündl. Mitt. 2008) seit etwa 1985 und damit über einen Zeitraum von fast 25 Jahren; und im Wald um Waghäusel-Wiesental von Stefan Lichtblau (mündl. Mitt. 2008) von etwa 1980 bis etwa 2002 und damit über einen Zeitraum von etwa 20 Jahren notiert.

In und um Sinsheim und Eppingen wurde das mehr oder weniger regelmäßige Erscheinen von Exemplaren des Hirschkäfers (*Lucanus cervus*) entweder in jedem Jahr oder in den meisten Jahren, aber nicht in jedem Jahr, am Immelhäuser Hof südlich Sinsheim von Elfriede und Wilhelm Flach (mündl. Mitt. 2008) seit 1969 bzw. seit etwa 1945 und damit über einen Zeitraum von fast 40 Jahren bzw. von über 60 Jahren, in der Dr. Michael-Fischer-Straße im südwestlichen Ortsbereich von Sinsheim sowie im Waldgebiet Förstel südwestlich Sinsheim von Manfred Schmitt (mündl. Mitt. 2008) seit etwa 1965 und damit über einen Zeitraum von über 40 Jahren, und im Binsbachweg am nordöstlichen Ortsrand von Eppingen-Mühlbach sowie am dahinterliegenden Waldrand und im Wald von Peter Knopp (mündl. Mitt. 2008) seit etwa 1970 und damit über einen Zeitraum von fast 40 Jahren festgestellt.

In und um Eberbach wurde das mehr oder weniger regelmäßige Vorkommen von Exemplaren des Hirschkäfers (*Lucanus cervus*) entweder in jedem Jahr oder in den meisten Jahren, aber nicht in jedem Jahr, im Steinachstegweg in Sensbachtal-Hebstahl von Erika und Karl Schramm (mündl. Mitt. 2008) seit 1973 und damit über einen Zeitraum von 35 Jahren, in der Steigestraße am nordwestlichen Ortsrand von Eberbach von Marion Vesper (mündl. Mitt. 2008) seit etwa 1975 und damit über einen Zeitraum von über 30 Jahren, am Bahnhof am östlichen Ortsrand von Gaimühle ostnordöstlich Eberbach von Wilhelm Goes (mündl. Mitt. 2008) seit 1983 und damit über einen Zeitraum von 25 Jahren, und an verschiedenen Lokalitäten in und um Limbach-Wagenschwend von Ludwig Fuhrmann (mündl. Mitt. 2008) von 1960 bis 1980 und damit über einen Zeitraum von 20 Jahren nachgewiesen.

In und um Mosbach, Neckarelz und Neckarzimmern wurde das mehr oder weniger regelmäßige Auftreten von Exemplaren des Hirschkäfers (*Lucanus cervus*) entweder in jedem Jahr oder in den meisten Jahren, aber nicht in jedem Jahr, in der Schulstraße im nordwestlichen Ortsteil von Neckarzimmern von Hans Kohlmann (mündl. Mitt. 2008) seit 1952 und damit über einen Zeitraum von über 55 Jahren, in der Oberen Milbe am östlichen Ortsrand von Neckarelz sowie im Wald um Neckarelz und Mosbach von Rolf Senk (mündl. Mitt. 2008) von 1956 bis 2006 und damit über einen Zeitraum von 50 Jahren, in der Schlesienstraße am südöstlichen Ortsrand von Mosbach-Masseldorn von Sigrid und Fritz Ott (mündl. Mitt. 2008) seit 1978 und damit über einen Zeitraum von 30 Jahren, im Rehweg am nordwestlichen Ortsrand von Mosbach-Waldstadt von Sigrid Keil (mündl. Mitt. 2008) seit 1979 und damit über einen Zeitraum von fast 30 Jahren, in der Nüstenbacher Straße am nordwestlichen Ortsrand von Mosbach von Helga Mattern (mündl. Mitt. 2008) seit 1980 und damit über einen Zeitraum von fast 30 Jahren, und am Henschelberg am nordwestlichen Ortsrand von Mosbach von Rosemarie Brauch (mündl. Mitt. 2008) seit 1981 und damit über einen Zeitraum von über 25 Jahren beobachtet.

In und um Adelsheim wurde das mehr oder weniger regelmäßige Erscheinen von Exemplaren des Hirschkäfers (*Lucanus cervus*) entweder in jedem Jahr oder in den meisten Jahren, aber nicht in jedem Jahr, in der Siechsteige am westlichen Ortsrand von Adelsheim sowie im Wald um Adelsheim von Hansjörg Götz (mündl. Mitt. 2008) seit etwa 1955 und damit über einen Zeitraum von über 50 Jahren, an verschiedenen Lokalitäten in und um Sennfeld von Gerhard Krämer (mündl. Mitt. 2008) seit etwa 1960 und damit über einen Zeitraum von fast 50 Jahren, und im Kreisehäldeweg am westlichen Ortsrand von Adelsheim von Bertram-Ernst Bernhardt (mündl. Mitt. 2008) seit 1989 und damit über einen Zeitraum von fast 20 Jahren bestätigt.

In und um Untergrombach, Obergrombach und Büchenau wurde das mehr oder weniger regelmäßige Vorkommen von Exemplaren des Hirschkäfers (*Lucanus cervus*) entweder in jedem Jahr oder in den meisten Jahren, aber nicht in jedem Jahr, an verschiedenen Lokalitäten in und um Untergrombach von Karl Schäfer (mündl. Mitt. 2008) seit etwa 1940 und damit über einen Zeitraum von fast 70 Jahren sowie von Maria Kotter (mündl. Mitt. 2008) seit 1980 und damit über einen Zeitraum von fast 30 Jahren, an verschiedenen Lokalitäten in und um Obergrombach von Klaus Müller (mündl. Mitt.

2008) seit etwa 1950 und damit über einen Zeitraum von fast 60 Jahren, in der Theodor-Storm-Straße im zentralen Teil von Bruchsal-Büchenau von Joachim Schäffner (mündl. Mitt. 2008) seit 1962 und damit über einen Zeitraum von über 45 Jahren, an verschiedenen Lokalitäten in und um Büchenau südwestlich Bruchsal von Jürgen Werner (mündl. Mitt. 2008) seit etwa 1965 und damit über einen Zeitraum von über 40 Jahren, und in der Hochstatt am südöstlichen Ortsausgang von Untergrombach von Gerhard Werstein (mündl. Mitt. 2008) seit 1970 und damit über einen Zeitraum von fast 40 Jahren konstatiert.

In und um Speyer, Dudenhofen, Römerberg-Mechtersheim, Zeiskam, Bellheim, Knittelsheim, Ottersheim und Vorderweidenthal wurde das mehr oder weniger regelmäßige Auftreten von Exemplaren des Hirschkäfers (*Lucanus cervus*) entweder in jedem Jahr oder in den meisten Jahren, aber nicht in jedem Jahr, an verschiedenen Lokalitäten in und um Speyer und Dudenhofen von Erich Bettag (mündl. Mitt. 2009) seit 1949 und damit über einen Zeitraum von fast 60 Jahren, am Haus unterhalb der Burgruine Lindelbrunn in Vorderweidenthal südwestlich Bad Dürkheim im Pfälzer Wald sowie im Wald um Vorderweidenthal von Rolf Scholtysek (mündl. Mitt. 2008) seit 1973 und damit über einen Zeitraum von 35 Jahren, an verschiedenen Lokalitäten in und um Römerberg-Mechtersheim von Erwin Sefrin (mündl. Mitt. 2009) seit 1982 und damit über einen Zeitraum von über 25 Jahren, und an verschiedenen Lokalitäten in und um Zeiskam, Bellheim, Knittelsheim und Ottersheim von Joachim Zürker (mündl. Mitt. 2009) seit etwa 1983 und damit über einen Zeitraum von etwa 25 Jahren belegt.

4 Morphologie

Der Hirschkäfer (*Lucanus cervus*) zählt zu den Insekten mit stark ausgeprägtem Sexualdimorphismus, wobei die Männchen durch geweihartig verlängerte Mandibeln hervorstechen, wohingegen die Weibchen nur kurze kneif- oder beißzangenartige Mandibeln besitzen. Weitere Unterschiede bestehen bei den Vorderbeinen, welche bei den Männchen des Hirschkäfers (*Lucanus cervus*) analog den Mittelbeinen und Hinterbeinen ähnlich wie bei den Laufkäfern der Gattung *Carabus* ausschließlich zum Laufen ausgebildet sind, wohingegen bei den Weibchen des Hirschkäfers (*Lucanus cervus*) die Vorderbeine im Mittelabschnitt ähnlich wie bei dem Gemeinen Mistkäfer (*Geotrupes stercorarius*) und dem Waldmistkäfer (*Geotrupes stercorosus*) verbreitert und abgerundet sind und dadurch auch zum Graben geeignet sind. Die beiden verschiedenen Morphotypen der Männchen und Weibchen des Hirschkäfers (*Lucanus cervus*) sind nach Brüll (1952) im Sinne von Uexhüll (1940) kontrapunktisch aufeinander abgestimmt.

Beim Hirschkäfer (*Lucanus cervus*) können in der Population am Standort Tairnbach sowohl bei den Männchen als auch bei den Weibchen drei Größenklassen unterschieden werden, welche in ihrer Häufigkeitsverteilung bei den Männchen und Weibchen in etwa übereinstimmen. Die Gesamtlänge der Männchen und Weibchen des Hirschkäfers (*Lucanus cervus*) habe ich von der vorderen Mandibelspitze bis zur hinteren Elytrenspitze gemessen (analog Rink 2007), wohingegen die Beine für die Ermittlung der Größe nicht berücksichtigt wurden. Einige Bemerkungen zur Morphologie der Männchen und Weibchen des Hirschkäfers (*Lucanus cervus*) umfassen auch die Färbung der Mandibeln und Elytren, wobei keine sexualgebundenen Differenzen festgestellt werden konnten. Zum Vergleich mit den drei Größenklassen des Hirschkäfers (*Lucanus cervus*) werden Beobachtungen zur Variabilität der Gesamtlänge bei mehreren anderen Käfern und der Flügelspannweite bei etlichen Schmetterlingen ausgewertet, wobei auch hier in den meisten Fällen drei Größenklassen unterschieden werden konnten und nur in einigen Fällen lediglich zwei Größenklassen differenziert werden konnten. Meine Ergebnisse zu Größe und Färbung werden durch eine Literaturübersicht zu Größe, Färbung und Abnormitäten der Mandibelausbildung der Männchen und Weibchen des Hirschkäfers (*Lucanus cervus*) ergänzt.

Angaben zur Morphologie des Hirschkäfers (*Lucanus cervus*) sind auch in den meisten der einschlägigen Naturführer und Bestimmungsbücher über Käfer und andere Insekten (unter anderen Bechyne 1965; Stanek 1968 a, 1984; Pfletschinger 1970, Schröder 1971, Sandhall 1974; Zahradník & Hísek 1976, 1987, 1995; Zahradník & Severa 1976, 1991, 2000; Harde & Pfletschinger 1978, Zahradník 1985, Keil 1986, Sedlag 1986, Hieke 1994, Reichholf & Steinbach 1994, Zahradník & Chvála 1997, Bellmann 1999, Amann 2003, Harde & Severa 2006, Horn & Kögel 2008) und in diversen Artikeln in populärwissenschaftlichen naturkundlichen Zeitschriften (unter anderen Bechtle 1977, Wenzel 2001 b, Rummel 2002, Carganico 2003, Hicklin 2004, Erfmann 2007, Hintermeier 2007, Schrempp 2007, Hofmann 2008) enthalten, und finden sich auch im Internet unter den Adressen http://www.agnu-haan.de/hirschkaefer und http://maria.fremlin.de/stagbeetles. Angaben zur Morphologie des Hirschkäfers (*Lucanus cervus*) sind auch in den zusammenfassenden Abhandlungen von Klausnitzer (1982, 1995), Taroni (1998), Sprecher-Uebersax (2001), Brechtel & Kostenbader (2002), Klausnitzer & Wurst (2003), Rink (2007) und Klausnitzer & Sprecher-Uebersax (2008) verzeichnet, in denen jeweils auch ausführliche Literaturübersichten enthalten sind.

4.1 Größe der Männchen des Hirschkäfers am Standort Tairnbach

Die drei Größenklassen des Hirschkäfers (*Lucanus cervus*) in der Population am Standort Tairnbach umfassen beim Männchen große Individuen mit einer Gesamtlänge (inklusive Mandibeln) von ca. 65 - 75 mm oder mehr (davon Mandibeln ca. 18 - 25 mm oder mehr), mittelgroße Individuen mit einer Gesamtlänge (inklusive Mandibeln) von ca. 55 - 60 mm (davon Mandibeln ca. 15 - 18 mm), und kleine Individuen mit einer Gesamtlänge (inklusive Mandibeln) von ca. 45 - 50 mm oder weniger (davon Mandibeln ca. 8 - 12 mm oder weniger). Das kleinste in der Population am Standort Tairnbach beobachtete Männchen des Hirschkäfers (*Lucanus cervus*) hatte eine Gesamtlänge (inklusive Mandibeln) von ca. 35 mm (davon Mandibeln ca. 7 mm), wohingegen das größte in der Population am Standort Tairnbach festgestellte Männchen eine Gesamtlänge (inklusive Mandibeln) von ca. 85 mm (davon Mandibeln ca. 30 mm) hatte. Die kleinsten Zwergformen des Männchens des Hirschkäfers (*Lucanus cervus*) sind sogar kleiner als die größten Weibchen und erreichen etwa die gleiche Größe wie die mittelgroßen Weibchen des Hirschkäfers, und sind auch nur wenig größer als die größten Individuen des Balkenschröters (*Dorcus parallelepipedus*), welcher der zweite Vertreter der Hirschkäfer-Familie Lucanidae an den untersuchten Standorten ist. Die kleinsten Zwergformen des Männchens des Hirschkäfers (*Lucanus cervus*) sind sogar kleiner als die größten Individuen des Sägebocks (*Prionus coriarius*) und sind nur wenig größer als die kleinsten Exemplare des Sägebocks in der Population am Standort Tairnbach. Die kleinsten Zwergformen des Männchens des Hirschkäfers (*Lucanus cervus*) sind nur wenig größer als die größten Individuen des Nashornkäfers (*Oryctes nasicornis*), des Walkers (*Polyphylla fullo*), des Waldmaikäfers (*Melolontha hippocastani*), des Feldmaikäfers (*Melolontha melolontha*) und des Gelbrand-Schwimmkäfers (*Dytiscus marginalis*) sowie die durchschnittlichen Exemplare des Lederlaufkäfers (*Carabus coriaceus*).

Die kleinsten Zwergformen des Männchens des Hirschkäfers (*Lucanus cervus*) (ca. 35 mm Gesamtlänge) erreichen nur ca. 41 % der Gesamtlänge der größten Männchen (ca. 85 mm Gesamtlänge) in der Population am Standort Tairnbach. Die größten Weibchen des Hirschkäfers (*Lucanus cervus*) (ca. 43 mm Gesamtlänge) erreichen nur ca. 51 % der Gesamtlänge der größten Männchen (ca. 85 mm Gesamtlänge) in der Population am Standort Tairnbach. Cürten (1936) hat kleine Männchen des Hirschkäfers (*Lucanus cervus*) abgebildet, welche nur wenig größer sind als die Männchen des Maikäfers (*Melolontha*), und Ecke (1938) hat ebenfalls erwähnt, daß einige kleine Männchen des Hirschkäfers (*Lucanus cervus*) kaum die Größe der Männchen des Maikäfers (*Melolontha*) erreichen. Clark (1964) hat bemerkt, daß die größten Männchen des Hirschkäfers (*Lucanus cervus*) etwa doppelt so groß wie die kleinsten Männchen sind. Balazuc (1948) hat zwischen großen (Riesen, Gigantismus, Makrosomie) und kleinen (Zwergen, Nanismus, Mikrosomie) Männchen des Hirschkäfers (*Lucanus cervus*) und anderer Käfer unterschieden. Drei Größenklassen des Männchens des Hirschkäfers (*Lucanus cervus*) haben auch Sprecher-Uebersax & Durrer (1998 a), Sprecher-Uebersax (2001) und Dunk (2002) abgebildet. Imms (1957) und Clark (1964) haben ebenfalls drei Größenklassen der Männchen des Hirschkäfers (*Lucanus cervus*) aufgrund der Mandibellänge unterschieden.

Mit etwas Erfahrung und Übung sowie unter Inkaufnahme geringfügiger Überschneidungen und Verwechslungen können aufgrund der Sichtbarkeit der Mandibeln große, mittelgroße und kleine Männchen des Hirschkäfers (*Lucanus cervus*) auch im Flug sogar in großer Höhe unterschieden werden. Am Standort Tairnbach flogen an dem Schwärmabend am 05.06.2008 mit dem massenhaftem Auftreten von Individuen des Hirschkäfers (*Lucanus cervus*) sowie an den anderen Abenden mit dem Erscheinen von lediglich einzelnen Exemplaren überwiegend mittelgroße Männchen, und untergeordnet auch große und kleine Männchen. Die Fundmeldungen der über 600 Naturfreunde, welche aufgrund meiner Aufrufe zur Mitteilung von Beobachtungen des Hirschkäfers (*Lucanus cervus*) in regionalen

Tageszeitungen (Rhein-Neckar-Zeitung 2008 a, 2008 b, 2008 c, 2008 d; Schwetzinger Zeitung 2008, Bruchsaler Rundschau 2008) mir ihre Daten zur Auswertung und Veröffentlichung zur Verfügung gestellt haben, umfassen überwiegend große Männchen und untergeordnet auch mittelgroße Männchen sowie Weibchen des Hirschkäfers (*Lucanus cervus*).

4.2 Größe der Männchen des Hirschkäfers nach Angaben in der Literatur

Die Größen der Männchen des Hirschkäfers (*Lucanus cervus*) in der Population am Standort Tairnbach, wo die größten Männchen ca. 85 mm Gesamtlänge und die kleinsten Männchen ca. 35 mm Gesamtlänge erreicht haben, entsprechen den Angaben in der Literatur, wo unter anderen Werte von 40 -70 mm Gesamtlänge (Mélise 1880), ca. 30 - ca. 85 mm Gesamtlänge (Hofmann 1892 : ohne Mandibeln 26 - 62 mm), 30 - 90 mm Gesamtlänge (Planet 1895, Horion 1949 a), 42 - 79 mm Gesamtlänge (Frings 1897), 27 - 70 mm Gesamtlänge (Heyden 1897), ca. 26 - ca. 86 mm Gesamtlänge (Heymons 1915 : ohne Mandibeln 20 - 60 mm), 31 - 53 mm Gesamtlänge (Huxley 1931), ca. 35 - ca. 70 mm Gesamtlänge (Negodi 1931 : ohne Mandibeln 28 - 45 mm), 35 - 80 mm Gesamtlänge (Saulnier 1945, Reichholf & Steinbach 1994, Hasenfuss 2004, Horn & Kögel 2008), 25 - 90 mm Gesamtlänge (Didier & Séguy 1953), 36 - 90 mm Gesamtlänge (Freude 1957), 31 - 62 mm Gesamtlänge (Colas 1962), 33 - 65 mm Gesamtlänge (Clark 1964), 38 - 80 mm Gesamtlänge (Tippmann 1964), 31 - 65 mm Gesamtlänge (Clark 1965 a), 30 - 70 mm Gesamtlänge (Clark 1965 b), 32 - 68 mm Gesamtlänge (Clark 1967), 30 - 85 mm Gesamtlänge (Lacroix 1968, 1969), 28 - 75 mm Gesamtlänge (Winkler & Severa 1969), 37 - 73 mm Gesamtlänge (Allenspach 1970), 31 - 83 mm Gesamtlänge (Strojny 1970), 25 - 65 mm Gesamtlänge (Mal 1972), 30 - 80 mm Gesamtlänge (Sandhall 1974, Dierl 1981, Hieke 1994, Hintermeier 2007), 43 - 85 mm Gesamtlänge (Nadolski 1976), 45 - 75 mm Gesamtlänge (Zahradník & Severa 1976), 25 - 80 mm Gesamtlänge (Bechtle 1977, Hausmann 2001), 30 - 69 mm Gesamtlänge (Clark 1977), 25 - 85 mm Gesamtlänge (Kühnel & Neumann 1981), 34 - 86 mm Gesamtlänge (Klausnitzer 1982, 1995; Klausnitzer & Wurst 2003, Klausnitzer & Sprecher-Uebersax 2008), 32 - 52 mm Gesamtlänge (Bessonnat 1983), 29 - 79 mm Gesamtlänge (Bartolozzi 1986), ca. 30 - ca. 70 mm Gesamtlänge (Cruysbergh 1986), 35 - 83 mm Gesamtlänge (Kalz 1987), 40 - 65 mm Gesamtlänge (Carrière 1989), 40 - 74 mm Gesamtlänge (Mamonov 1991), 35 - 75 mm Gesamtlänge (Zahradník & Severa 1991, 2000; Zahradník & Chvála 1997, Harvey & Gange 2003, Sutton 2003), 34 - 85 mm Gesamtlänge (Ochse 1993), 45 - 74 mm Gesamtlänge (Feldmann 1996), 52 - 79 mm Gesamtlänge (Hoekstra 1997), 31 - 79 mm Gesamtlänge (Sprecher-Uebersax & Durrer 1998 a, Sprecher-Uebersax 2001), 32 - 71 mm Gesamtlänge (Taroni 1998), 34 - 94 mm Gesamtlänge (Klausnitzer 2002), 37 - 68 mm Gesamtlänge (Pratt 2003), 35 - 90 mm Gesamtlänge (Hansen & Sagvolden 2005), 28 - 72 mm Gesamtlänge (Harvey & Gange 2006) und 37 - 72 mm Gesamtlänge (Rink 2007; Rink & Sinsch 2007 b, 2008 a) berichtet wurden.

Die größten Männchen des Hirschkäfers (*Lucanus cervus*) erreichen eine Gesamtlänge von ca. 90 mm (unter anderen Horion 1949 a, Didier & Séguy 1953, Freude 1957, Colas 1962, Clark 1965 b; Klausnitzer 1982, 1995, 2002; Sedlag 1986, Gjurasin 1987, Tochtermann 1992, Martin 1993, Zahradník & Chvála 1997, Honomichl 1998, Straube 1999, Brechtel & Kostenbader 2002, Klausnitzer & Wurst 2003, Lambert & Braun 2005, Bellmann & Honomichl 2007, Heide 2008, Klausnitzer & Sprecher-Uebersax 2008). Der Anteil der sehr großen Exemplare der Männchen des Hirschkäfers (*Lucanus cervus*) an einer Population beträgt vermutlich nur etwa 2 % (Allenspach 1970). Reitter (1909), Schaufuß (1916), Escherich (1923), Bechyne (1965), Machatschke (1969), Schröder (1971), Harde & Pfletschinger (1978), Sedlag (1978); Heinzel, Klausnitzer & Kummer (1989); Hannemann, Klausnitzer & Senglaub (1994 a); Honomichl (1998), Bellmann (1999), Brechtel & Kostenbader (2002), Harde & Severa (2006) und Bellmann & Honomichl (2007) geben als Spanne der Gesamtlänge der Männchen und Weibchen des Hirschkäfers (*Lucanus cervus*) 25 - 75 mm an; Klausnitzer & Wurst (2003) referieren als diesbezüglichen Bereich 25 - 80 mm; Krikken & Pijpers (1982), Paulian & Baraud (1982), Baraud (1993), Hermans (1994) und Radnai (1995) nennen als entsprechendes Intervall 25 - 85 mm; und Brockhaus (1954) und Schäfer (1966) zitieren als entsprechende Spanne 27 - 90 mm. Einige Arten exotischer Hirschkäfer erreichen bis etwa 107 mm Gesamtlänge und zählen zu den größten Käfern der Welt (Klausnitzer 1982, 1995; Klausnitzer & Sprecher-Uebersax 2008). Das Verhältnis Mandibellänge : Gesamtlänge ist bei großen Männchen des Hirschkäfers (*Lucanus cervus*) größer als bei kleinen Männchen (Bateson & Brindley 1892). Die Disharmonie der Gesamtlänge und der Mandibellänge beim Männchen des Hirschkäfers (*Lucanus cervus*) wurde von Teissier (1931) untersucht. Clark (1977) und Harvey & Gange (2006) haben ein Größenverhältnis Männchen : Weibchen von etwa 1,3 - 1,4 als optimal für eine erfolgreiche Kopulation ermittelt, und haben unterstrichen, daß vor allem zu große und manchmal auch zu kleine Männchen oftmals keine geeigneten Weibchen mit passender aufeinanderabgestimmter Größe für eine erfolgreiche Kopulation finden.

Die kleinen Männchen des Hirschkäfers (*Lucanus cervus*) sind die in der Literatur häufig beschriebenen Kümmer-, Hunger-, Liliput- oder Zwergformen, welche als Rehkäfer, forma *capreolus* Fuessly 1775, forma *capra* Olivier 1789 und forma *hircus* Herbst 1790 benannt wurden (unter anderen Burmeister 1847, Reiche 1853, Kraatz 1860, Kittel 1878, Mélise 1880, Reitter 1909, Taschenberg 1929, Rammner 1933, Ecke 1938, Didier & Séguy 1953, Horion 1958, Allenspach 1970, Kühnel & Neumann 1981; Klausnitzer 1982, 1995; Maes 1992, Franciscolo 1997, Brechtel & Kostenbader 2002, Klausnitzer & Wurst 2003, Klausnitzer & Sprecher-Uebersax 2008). Kleine Männchen des Hirschkäfers wurden als Rehkäfer (unter anderen Heymons 1915, Floericke 1924, Cürten 1936, Ecke 1938, Wanner 1954, Horn & Kögel 2008) und forma *capreolus* (unter anderen Roser 1838, Leuthner 1885, Hofmann 1892, Planet 1897 a, Leoni 1910, Ramme 1912, Feige 1920, Cürten 1936, Müller 1937; Schoop 1937, 1950; Horion 1958; Zahradník & Severa 1976, 2000; Krikken & Pijpers 1982, Schaffrath 1994, Sprecher-Uebersax 1995, Bellmann 1999, Harde & Severa 2006) wiederholt im Schrifttum erwähnt. Manfred Persohn (in Brechtel & Kostenbader 2002) hat bei Karlsruhe einmal den seltenen Fall beobachtet, daß ein großes Männchen des Hirschkäfers (*Lucanus cervus*) in Schutzhaltung über einem Weibchen gesessen ist, welches unter der bedeckenden Abschirmung des großen Männchens mit einem Zwergmännchen kopuliert hat.

Das gemeinsame Auftreten von großen und kleinen Männchen des Hirschkäfers (*Lucanus cervus*) mit markantem Größenunterschied entweder getrennt nebeneinander oder miteinander kämpfend wurde wiederholt fotografiert (Abbildungen unter anderen in Hausmann 2001 und Brechtel & Kostenbader 2002). Zwergmännchen des Hirschkäfers (*Lucanus cervus*), des Nashornkäfers (*Oryctes nasicornis*) und des Feldmaikäfers (*Melolontha melolontha*) konnten experimentell durch erhöhte Temperatur während der Endphase der Entwicklung der Larven (Engerlinge) erzeugt werden (Przibram 1932, 1935). Gemäß den Angaben in Klausnitzer (1982, 1995), Klausnitzer & Wurst (2003) und Klausnitzer & Sprecher-Uebersax (2008) erreichen die kleinsten Zwergformen des Männchens des Hirschkäfers (*Lucanus cervus*) (34 mm Gesamtlänge) nur ca. 39,5 % der Gesamtlänge der größten Männchen (86 mm Gesamtlänge), und bei den Extremwerten aus obiger Zusammenstellung der im Schrifttum verzeichneten Daten erreichen die kleinsten Zwergformen des Männchens des Hirschkäfers (*Lucanus cervus*) (25 mm Gesamtlänge) nur ca. 28 % der Gesamtlänge der größten Männchen (90 mm Gesamtlänge). Entsprechend den in der Literatur genannten Extremwerten erreichen die größten Weibchen des Hirschkäfers (*Lucanus cervus*) (50 mm Gesamtlänge) nur ca. 55 % der Gesamtlänge der größten Männchen (90 mm Gesamtlänge).

4.3 Färbung der Männchen des Hirschkäfers am Standort Tairnbach

Bezüglich der Färbung der Mandibeln habe ich bei den Männchen des Hirschkäfers (*Lucanus cervus*) am Standort Tairnbach Individuen mit dunkelbraunen bis schwarzbraunen und mit rotbraunen bis braunroten Mandibeln gesehen. Dabei hatten die großen Männchen meist dunkelbraune bis schwarzbraune Mandibeln und die kleinen Männchen vorwiegend rotbraune bis braunrote Mandibeln, wohingegen ich bei den mittelgroßen Männchen dunkelbraune bis schwarzbraune und rotbraune bis braunrote Mandibeln in etwa gleicher Häufigkeit beobachtet habe. Annemarie Bender (mündl. Mitt. 2008) hat seit 1977 in Rettigheim in den meisten Jahren mehrere Männchen des Hirschkäfers (*Lucanus cervus*) mit dunkelbraunen, dunkelroten oder sogar hellroten Mandibeln registriert. Hinsichtlich der Färbung der Deckflügel habe ich die Männchen des Hirschkäfers (*Lucanus cervus*) am Standort Tairnbach überwiegend mit dunkelbraunen bis schwarzbraunen und untergeordnet mit rotbraunen bis braunroten Elytren gesehen. Ein Zusammenhang zwischen Größe der Männchen und Färbung der Deckflügel konnte nicht festgestellt werden.

4.4 Färbung der Männchen des Hirschkäfers nach Angaben in der Literatur

Auf den in der Literatur enthaltenen Fotos von Männchen des Hirschkäfers (*Lucanus cervus*) sind Exemplare mit dunkelbraunen bis schwarzbraunen Mandibeln (unter anderen Möhres 1963, Winkler & Severa 1969, Pfletschinger 1970, Schröder 1971; Zahradník & Hísek 1976, 1987, 1995; Zahradník & Severa 1976, Bechtle 1977, Zucchi & Zucchi 1982, Harde & Harde 1987, Adlbauer 1993, Martin 1993; Klausnitzer 1995, 2002; Nitsche 1996, Zahradník & Chvála 1997, Taroni 1998, Hausmann 2001, Sprecher-Uebersax 2001, Brechtel & Kostenbader 2002, Rummel 2002, Amann 2003, Huijbregts 2003, Klausnitzer & Wurst 2003, Smith 2003, Malten 2005, Harde & Severa 2006, Paill & Mairhuber 2006, Horn & Kögel 2008, Klausnitzer & Sprecher-Uebersax 2008) und mit rotbraunen bis braunroten Mandibeln (unter anderen Stanek 1968 a, Grzimek 1969, Tweedie 1973, Sandhall 1974, Harde 1975, Bechtle 1977, Harde & Pfletschinger 1978, Dierl 1981, Keil 1986, Kranjcev 1990, Brechtel 1992, Conrad 1993, Martin 1993, Hieke 1994, Reichholf & Steinbach 1994, Viejo Montesinos & Sánchez Cumplido 1994, Radnai 1995, Kretschmer 1998, Bellmann 1999, Straube 1999, Jansen 2000, Hausmann 2001, Sprecher-Uebersax 2001, Wenzel 2001 b, Brechtel & Kostenbader 2002; Krenn, Pernstich, Messner, Hannappel & Paulus 2002; Rummel 2002, Altmüller 2003, Carganico 2003, Huijbregts 2003, Smith 2003, Hasenfuss 2004, Méndez Iglesias 2004; Smit 2004, 2005; Lambert & Braun 2005; Smit, Krekels & Verheggen 2005; Harde & Severa 2006, Smit & Krekels 2006, Erfmann 2007, Fremlin 2007, Geske 2007, Hintermeier 2007; Thomaes, Beck, Crevecoeur, Engelbeen, Cammaerts & Maes 2007; Hawes 2008 a, Horn & Kögel 2008, Klausnitzer & Sprecher-Uebersax 2008; Thomaes, Kervyn, Beck & Cammaerts 2008) abgebildet.

Auf den im Schrifttum enthaltenen Fotos von Männchen des Hirschkäfers (*Lucanus cervus*) sind Individuen mit dunkelbraunen bis schwarzbraunen Elytren (unter anderen Möhres 1963, Stanek 1968 a, Grzimek 1969, Winkler & Severa 1969, Pfletschinger 1970, Schröder 1971, Tweedie 1973, Sandhall 1974, Harde 1975; Zahradník & Hísek 1976, 1987, 1995; Zahradník & Severa 1976, Bechtle 1977, Harde & Pfletschinger 1978, Dierl 1981, Zucchi & Zucchi 1982, Keil 1986, Harde & Harde 1987, Kranjcev 1990, Brechtel 1992, Adlbauer 1993, Martin 1993, Hieke 1994, Reichholf & Steinbach 1994; Klausnitzer 1995, 2002; Radnai 1995, Nitsche 1996, Zahradník & Chvála 1997, Kretschmer 1998, Taroni 1998, Bellmann 1999, Straube 1999, Jansen 2000, Hausmann 2001, Sprecher-Uebersax 2001, Wenzel 2001 b, Brechtel & Kostenbader 2002, Rummel 2002, Altmüller 2003, Amann 2003, Huijbregts 2003, Klausnitzer & Wurst 2003, Smith 2003, Hasenfuss 2004; Méndez Iglesias 2004, 2005; Smit 2004, 2005; Lambert & Braun 2005, Malten 2005; Smit, Krekels & Verheggen 2005; Harde & Severa 2006, Paill & Mairhuber 2006, Smit & Krekels 2006, Erfmann 2007, Fremlin 2007, Geske 2007, Hintermeier 2007; Thomaes, Beck, Crevecoeur, Engelbeen, Cammaerts & Maes 2007; Hawes 2008 a, Horn & Kögel 2008, Klausnitzer & Sprecher-Uebersax 2008; Thomaes, Kervyn, Beck & Cammaerts 2008) und mit rotbraunen bis braunroten Elytren (unter anderen Conrad 1993, Martin 1993, Taroni 1998, Sprecher-Uebersax 2001, Brechtel & Kostenbader 2002, Carganico 2003, Klausnitzer & Sprecher-Uebersax 2008) abgebildet.

Gelegentlich sind die Deckflügel der Männchen des Hirschkäfers (*Lucanus cervus*) auch fast schwarz. Fotos des Hirschkäfers (*Lucanus cervus*) können auch im Internet unter den Adressen http://www.agnu-haan.de/hirschkaefer und http://maria.fremlin.de/stagbeetles eingesehen werden. Eine Übersicht der zahlreichen im Internet zugänglichen Seiten mit Beiträgen über den Hirschkäfer in Wort und Bild liefert eine Recherche unter http://www.google.de mit dem Suchwort *Lucanus cervus*.

4.5 Größe der Weibchen des Hirschkäfers am Standort Tairnbach

Die drei Größenklassen des Hirschkäfers (*Lucanus cervus*) in der Population am Standort Tairnbach umfassen beim Weibchen große Individuen mit einer Gesamtlänge (inklusive Mandibeln) von ca. 40 mm oder mehr, mittelgroße Individuen mit einer Gesamtlänge (inklusive Mandibeln) von ca. 35 mm, und kleine Individuen mit einer Gesamtlänge (inklusive Mandibeln) von ca. 30 mm oder weniger. Das kleinste in der Population am Standort Tairnbach beobachtete Weibchen des Hirschkäfers (*Lucanus cervus*) hatte eine Gesamtlänge (inklusive Mandibeln) von ca. 29 mm, wohingegen das größte in der Population am Standort Tairnbach festgestellte Weibchen eine Gesamtlänge (inklusive Mandibeln) von ca. 43 mm hatte. Die größten Weibchen des Hirschkäfers (*Lucanus cervus*) sind nur wenig größer als die kleinsten Zwergformen des Männchens, und die kleinsten Weibchen des Hirschkäfers (*Lucanus cervus*) sind etwa gleich groß wie die größten Individuen des Balkenschröters (*Dorcus parallelepipedus*), welcher der zweite Vertreter der Hirschkäfer-Familie Lucanidae an den untersuchten Standorten ist. Die größten Weibchen des Hirschkäfers (*Lucanus cervus*) sind etwa gleich groß wie die größten

Exemplare des Sägebocks (*Prionus coriarius*), und die kleinsten Weibchen des Hirschkäfers (*Lucanus cervus*) sind etwa gleich groß wie die kleinsten Individuen des Sägebocks (*Prionus coriarius*) in der Population am Standort Tairnbach. Die kleinsten Weibchen des Hirschkäfers (*Lucanus cervus*) sind sogar noch etwas kleiner als oder nur etwa gleich groß wie die größten Individuen des Nashornkäfers (*Oryctes nasicornis*), des Walkers (*Polyphylla fullo*), des Waldmaikäfers (*Melolontha hippocastani*), des Feldmaikäfers (*Melolontha melolontha*) und des Gelbrand-Schwimmkäfers (*Dytiscus marginalis*) sowie die durchschnittlichen Exemplare des Lederlaufkäfers (*Carabus coriaceus*).

Die kleinsten Weibchen des Hirschkäfers (*Lucanus cervus*) (ca. 29 mm Gesamtlänge) erreichen nur ca. 67 % der Gesamtlänge der größten Weibchen (ca. 43 mm Gesamtlänge) in der Population am Standort Tairnbach. Die größten Weibchen des Hirschkäfers (*Lucanus cervus*) (ca. 43 mm Gesamtlänge) erreichen nur ca. 51 % der Gesamtlänge der größten Männchen (ca. 85 mm Gesamtlänge) in der Population am Standort Tairnbach. Cürten (1971) hat ebenfalls berichtet, daß die Weibchen des Sägebocks (*Prionus coriarius*) oft so groß wie die Weibchen des Hirschkäfers (*Lucanus cervus*) werden. Drei Größenklassen des Weibchens des Hirschkäfers (*Lucanus cervus*) haben auch Sprecher-Uebersax & Durrer (1998 a) und Sprecher-Uebersax (2001) abgebildet.

Eine Unterscheidung der Größenklassen der Weibchen des Hirschkäfers (*Lucanus cervus*) im Flug ist wegen der fehlenden verlängerten Mandibeln nicht möglich. Darüber hinaus habe ich nur untergeordnet fliegende Weibchen beobachtet; die meisten Weibchen des Hirschkäfers (*Lucanus cervus*) habe ich laufend am Boden gesehen, wobei ich dabei überwiegend mittelgroße Weibchen, und untergeordnet auch große und kleine Weibchen gesichtet habe. Die Größenvariabilität ist beim Weibchen des Hirschkäfers (*Lucanus cervus*) wesentlich geringer ausgeprägt als beim Männchen, und es kommen beim Weibchen auch keine derart extremen Zwergformen vor, wie ich sie gelegentlich beim Männchen beobachtet habe und wie sie vom Männchen auch im Schrifttum dokumentiert sind.

4.6 Größe der Weibchen des Hirschkäfers nach Angaben in der Literatur

Die Größen der Weibchen des Hirschkäfers (*Lucanus cervus*) in der Population am Standort Tairnbach, wo die größten Weibchen ca. 43 mm Gesamtlänge und die kleinsten Weibchen ca. 29 mm Gesamtlänge erreicht haben, entsprechen den Angaben in der Literatur, wo unter anderen Werte von 30 - 40 mm Gesamtlänge (Mélise 1880), 26 - 45 mm Gesamtlänge (Hofmann 1892), 25 - 42 mm Gesamtlänge (Frings 1897), 26 - 39 mm Gesamtlänge (Heyden 1897), ca. 35 - ca. 45 mm Gesamtlänge (Negodi 1931 : ohne Mandibeln 28 - 39 mm), 27 - 44 mm Gesamtlänge (Clark 1964), 27 - 43 mm Gesamtlänge (Tippmann 1964), 28 - 45 mm Gesamtlänge (Clark 1965 a, 1967), 25 - 45 mm Gesamtlänge (Clark 1965 b, Friese 1979), 23 - 50 mm Gesamtlänge (Winkler & Severa 1969), 26 - 43 mm Gesamtlänge (Allenspach 1970), 27 - 45 mm Gesamtlänge (Strojny 1970), 25 - 50 mm Gesamtlänge (Sandhall 1974, Reichholf & Steinbach 1994, Hasenfuss 2004), 30 - 45 mm Gesamtlänge (Zahradník & Severa 1976, 1991, 2000; Horn & Kögel 2008), 27 - 47 mm Gesamtlänge (Clark 1977), 24 - 41 mm Gesamtlänge (Bartolozzi 1986), 28 - 37 mm Gesamtlänge (Bessonnat 1983), 26 - 45 mm Gesamtlänge (Klausnitzer 1982, 1995; Klausnitzer & Sprecher-Uebersax 2008), 35 - 45 mm Gesamtlänge (Kalz 1987), 34 - 44 mm Gesamtlänge (Ochse 1993), 35 - 41 mm Gesamtlänge (Feldmann 1996), 30 - 40 mm Gesamtlänge (Zahradník & Chvála 1997), 26 - 44 mm Gesamtlänge (Sprecher-Uebersax & Durrer 1998 a, Sprecher-Uebersax 2001), 30 - 46 mm Gesamtlänge (Taroni 1998), 25 - 48 mm Gesamtlänge (Harvey & Gange 2003, Sutton 2003), 30 - 47 mm Gesamtlänge (Pratt 2003), 30 - 50 mm Gesamtlänge (Lambert & Braun 2005), 26 - 48 mm Gesamtlänge (Harvey & Gange 2006) und 31 - 45 mm Gesamtlänge (Rink 2007, Rink & Sinsch 2007 b) berichtet wurden.

Die größten Weibchen des Hirschkäfers (*Lucanus cervus*) und anderer Vertreter der Familie Lucanidae erreichen nur ca. 45 - 60 % der Gesamtlänge der größten Männchen (Klausnitzer 1982, 1995; Klausnitzer & Sprecher-Uebersax 2008).

4.7 Färbung der Weibchen des Hirschkäfers am Standort Tairnbach

Bezüglich der Färbung der Elytren habe ich die Weibchen des Hirschkäfers (*Lucanus cervus*) am Standort Tairnbach überwiegend mit dunkelbraunen bis schwarzbraunen und untergeordnet mit rotbraunen bis braunroten Deckflügeln beobachtet. Ein Zusammenhang zwischen Größe der Weibchen und Färbung der Elytren konnte nicht festgestellt werden.

4.8 Färbung der Weibchen des Hirschkäfers nach Angaben in der Literatur

Auf den in der Literatur enthaltenen Fotos von Weibchen des Hirschkäfers (*Lucanus cervus*) sind Exemplare mit dunkelbraunen bis schwarzbraunen Deckflügeln (unter anderen Möhres 1963, Stanek 1968 a, Grzimek 1969, Winkler & Severa 1969, Schröder 1971, Sandhall 1974; Zahradník & Hísek 1976, 1987, 1995; Zahradník & Severa 1976, Bechtle 1977, Harde & Pfletschinger 1978, Keil 1986, Harde & Harde 1987, Adlbauer 1993, Reichholf & Steinbach 1994, Zahradník & Chvála 1997, Taroni 1998, Bellmann 1999, Hausmann 2001, Sprecher-Uebersax 2001, Brechtel & Kostenbader 2002, Rummel 2002, Amann 2003, Huijbregts 2003, Klausnitzer & Wurst 2003, Smith 2003; Smit 2004, 2005; Méndez Iglesias 2005; Smit, Krekels & Verheggen 2005; Harde & Severa 2006, Smit & Krekels 2006, Geske 2007, Hintermeier 2007; Thomaes, Beck, Crevecoeur, Engelbeen, Cammaerts & Maes 2007; Horn & Kögel 2008, Klausnitzer & Sprecher-Uebersax 2008; Thomaes, Kervyn, Beck & Cammaerts 2008) und mit rotbraunen bis braunroten Elytren (unter anderen Martin 1993, Sprecher-Uebersax 2001, Klausnitzer & Sprecher-Uebersax 2008) abgebildet.

Gelegentlich sind die Deckflügel der Weibchen des Hirschkäfers (*Lucanus cervus*) auch fast schwarz. Fotos des Hirschkäfers (*Lucanus cervus*) können auch im Internet unter den Adressen http://www.agnu-haan.de/hirschkaefer und http://maria.fremlin.de/ stagbeetles eingesehen werden. Eine Übersicht der zahlreichen im Internet zugänglichen Seiten mit Beiträgen über den Hirschkäfer in Wort und Bild liefert eine Recherche unter http://www.google.de mit dem Suchwort *Lucanus cervus*.

4.9 Abnormitäten der Mandibelausbildung bei Männchen und Weibchen des Hirschkäfers

Die Männchen des Hirschkäfers (*Lucanus cervus*) sind durch ihre geweihartig verlängerten Mandibeln gekennzeichnet, welche bis ca. 30 mm Länge erreichen, wohingegen die Weibchen nur kurze kneif- oder beißzangenartige Mandibeln besitzen. In Einzelfällen wurden in der Literatur Abnormitäten der Mandibelausbildung beim Männchen des Hirschkäfers (*Lucanus cervus*) mit einseitig oder beidseitig monströsen oder mißgestalteten Mandibeln (Doebner 1864, Westwood 1874, Heyden 1881, Kraatz 1881, Smith 1885, Frivaldszky 1886, Planet 1896 b, Rothenburg 1901, Nagel 1928, Gadeau de Kerville 1930, Cürten 1936, Baynes 1946, Didier & Séguy 1953, Tippmann 1954, Franz 1959, Lacroix 1969, Cofais 1972; Klausnitzer 1982, 1995; Sprecher-Uebersax 2001, Klausnitzer & Sprecher-Uebersax 2008) oder mit schaufelartig verbreiterten Mandibelspitzen (forma *scapulodonta*; Hepp 1936; Schoop 1937, 1950; Franz 1959; Weinreich 1959, 1963; Paulus 1969) berichtet, und ebenso wurden in Einzelfällen Weibchen des Hirschkäfers (*Lucanus cervus*) im Schrifttum erwähnt, deren Mandibeln in Größe und Gestalt denen schwach entwickelter Männchen ähneln (forma *armiger* Herbst 1790 und forma *armatus*; Doebner 1864, Heyden 1881; Rossi 1882, 1900; Möllenkamp 1910, Roubal 1931; Franz 1932, 1959; Hepp 1932, 1933, 1939; Cürten 1936, Frings in Müller 1937, Dorn 1958, Gauss 1962, Freude 1968).

Als Besonderheiten wurden gelegentlich auch Halbseitenzwitter oder Sagittalgynandromorphen des Hirschkäfers (*Lucanus cervus*) in der Literatur beschrieben, welche meist links männlich und rechts weiblich sowie selten auch links weiblich und rechts männlich ausgebildet waren (Rudolphi 1825; Klug 1829, 1834; Asmuss 1835, Westwood 1843, Erichson 1848, Hagen 1861 b, Heyden 1881, Kraatz 1883, Strübing 1883, Smith 1885; Bertkau 1889, 1891; Heyden & Kraatz 1889, Dudich 1923, Nagel 1924, Lengerken 1928 a, Roubal 1931, Wigglesworth 1934, Frankenberg 1942, Strojny 1970, Richards & Davies 1977; Klausnitzer 1982, 1995; Sprecher-Uebersax 2001, Klausnitzer & Sprecher-Uebersax 2008). Weitere morphologische Anomalien des Hirschkäfers (*Lucanus cervus*) haben Smith (1885), Planet (1896 b), Arrow (1937) und Sellier & Razet (1947) gemeldet. In analoger Weise sind im Schrifttum Abnormitäten der Kopfhornausbildung beim Männchen des Nashornkäfers (*Oryctes nasicornis*) mitgeteilt worden, welche unter anderen auffallend stark zurückgebogene Hörner (Weber 1895) und gezähnte anstelle von glatten Hörnern (Stichel 1923, Friese 1953) umfassen.

4.10 Vergleich mit Balkenschröter, Sägebock und Gold-Rosenkäfer

Bei dem zweiten Vertreter der Hirschkäfer-Familie Lucanidae an den untersuchten Standorten, dem Balkenschröter (*Dorcus parallelepipedus*), habe ich nur zwei Größenklassen bemerkt, welche große Individuen mit einer Gesamtlänge (inklusive Mandibeln) von ca. 27 - 30 mm und mittelgroße Individuen mit einer Gesamtlänge (inklusive Mandibeln) von ca. 22 - 25 mm umfassen, die offensichtlich nicht sexualgebunden sind. Die größten Individuen des Balkenschröters (*Dorcus parallelepipedus*) sind nur wenig kleiner als die kleinsten Zwergformen des Männchens des Hirschkäfers (*Lucanus cervus*) und sind etwa gleich groß wie die kleinsten Exemplare des Weibchens des Hirschkäfers in der Population am Standort Tairnbach. Die größten Individuen des Balkenschröters (*Dorcus parallelepipedus*) sind nur wenig kleiner als oder erreichen sogar die Gesamtlänge der größten Exemplare des Nashornkäfers (*Oryctes nasicornis*), des Walkers (*Polyphylla fullo*), des Waldmaikäfers (*Melolontha hippocastani*), des Feldmaikäfers (*Melolontha melolontha*) und des Gelbrand-Schwimmkäfers (*Dytiscus marginalis*), wohingegen sie nicht an die Gesamtlänge der durchschnittlichen Individuen des Lederlaufkäfers (*Carabus coriaceus*) herankommen.

Zwei Größenklassen, welche wahrscheinlich nicht sexualkorreliert sind, habe ich auch beim Sägebock (*Prionus coriarius*) bemerkt, bei dem große Individuen mit einer Gesamtlänge (inklusive Mandibeln, ohne Fühler) von ca. 35 - 40 mm oder mehr und kleine Individuen mit einer Gesamtlänge (inklusive Mandibeln, ohne Fühler) von ca. 25 - 30 mm oder weniger vorkommen. Die kleinsten Zwergformen des Männchens des Hirschkäfers (*Lucanus cervus*) sind sogar kleiner als die größten Individuen des Sägebocks (*Prionus coriarius*) und sind nur wenig größer als die kleinsten Exemplare des Sägebocks in der Population am Standort Tairnbach. Die größten Weibchen des Hirschkäfers (*Lucanus cervus*) sind etwa gleich groß wie die größten Individuen des Sägebocks (*Prionus coriarius*), und die kleinsten Weibchen des Hirschkäfers (*Lucanus cervus*) sind etwa gleich groß wie die kleinsten Exemplare des Sägebocks (*Prionus coriarius*) in der Population am Standort Tairnbach. Die größten Individuen des Sägebocks (*Prionus coriarius*) übertreffen die Gesamtlänge der größten Exemplare des Nashornkäfers (*Oryctes nasicornis*), des Walkers (*Polyphylla fullo*), des Waldmaikäfers (*Melolontha hippocastani*), des Feldmaikäfers (*Melolontha melolontha*) und des Gelbrand-Schwimmkäfers (*Dytiscus marginalis*) und erreichen sogar die Gesamtlänge der größten Individuen des Lederlaufkäfers (*Carabus coriaceus*).

Zwei Größenklassen, welche augenscheinlich nicht geschlechtsfixiert sind, habe ich auch beim Gold-Rosenkäfer (*Cetonia aurata*) festgestellt, bei dem große Individuen mit einer Gesamtlänge (inklusive Mandibeln) von ca. 18 - 22 mm und kleine Individuen mit einer Gesamtlänge (inklusive Mandibeln) von ca. 14 - 17 mm auftreten. Bei dem Goldlaufkäfer (*Carabus auratus*), dem Goldleistenlaufkäfer (*Carabus violaceus*), dem Gelbrand-Schwimmkäfer (*Dytiscus marginalis*), dem Gemeinen Mistkäfer (*Geotrupes stercorarius*), dem Waldmistkäfer (*Geotrupes stercorosus*), dem Stierkäfer (*Typhoeus typhoeus*) und dem Gebänderten Pinselkäfer (*Trichius fasciatus*) habe ich dagegen nur geringfügige Variationen der Gesamtlänge festgestellt, welche in ihrer Schwankungsbreite nicht ausreichend sind, um mehrere Größenklassen zu unterscheiden. Das Vorkommen von Exemplaren mit erheblichen Größenunterschieden, unter denen ähnlich wie beim Hirschkäfer (*Lucanus cervus*) auch ausgeprägte Zwergformen ausgebildet sind, haben Neumann & Kühnel (1985) vom Heldbock (*Cerambyx cerdo*) beschrieben.

4.11 Vergleich mit dem Schwalbenschwanz

Ähnlich wie beim Hirschkäfer (*Lucanus cervus*) habe ich drei Größenklassen mit dem gelegentlichen Erscheinen von Kümmer-, Hunger-, Liliput- oder Zwergformen auch beim Schwalbenschwanz (*Papilio machaon*; Papilionidae), welcher der markanteste mitteleuropäische Schmetterling ist, und bei anderen Tagfaltern der Familien Pieridae und Nymphalidae beobachtet, welche das Männchen des Aurorafalters (*Anthocaris cardamines*; Pieridae) sowie den Kleinen Kohlweißling (*Pieris rapae*; Pieridae), den Rapsweißling (*Pieris napi*; Pieridae), den Gemeinen Heufalter (*Colias hyale*; Pieridae), den Admiral (*Vanessa atalanta*; Nymphalidae), den Distelfalter (*Cynthia cardui*; Nymphalidae), das Tagpfauenauge (*Inachis io*; Nymphalidae) und den Kleinen Fuchs (*Aglais urticae*; Nymphalidae) beinhalten. Die festgestellten Variationen der Flügelspannweite bei den verschiedenen Schmetterlingen werden untereinander und mit weiteren Tagfaltern verglichen.

Die drei Größenklassen des Schwalbenschwanzes (*Papilio machaon*) umfassen große Individuen mit einer Flügelspannweite von ca. 75 - 80 mm oder mehr, mittelgroße Individuen mit einer Flügelspannweite von ca. 65 - 70 mm, und kleine Individuen mit einer Flügelspannweite von ca. 55 - 60 mm. Die kleinsten Zwergformen des Schwalbenschwanzes (*Papilio machaon*) sind sogar noch kleiner als die größten Individuen des Großen Kohlweißlings (*Pieris brassicae*), des Baumweißlings (*Aporia crataegi*), des Admirals (*Vanessa atalanta*), des Tagpfauenauges (*Inachis io*) und des Kaisermantels (*Argynnis paphia*), und sind nur wenig größer als die durchschnittlichen Exemplare des Zitronenfalters (*Gonepteryx rhamni*) und des Großen Fuchs (*Nymphalis polychloros*). Die kleinsten Zwergformen des Schwalbenschwanzes (*Papilio machaon*) (ca. 55 mm Flügelspannweite) erreichen nur ca. 69 % der Flügelspannweite der größten Individuen (ca. 80 mm Flügelspannweite) an den von mir untersuchten Standorten. Die größten Exemplare des Schwalbenschwanzes (*Papilio machaon*) erreichen oder überschreiten die Größe der größten Individuen der Monarchfalter (*Danaus chrysippus* und *Danaus plexippus*).

In gleicher Weise wie der Hirschkäfer (*Lucanus cervus*) der größte und bekannteste mitteleuropäische Käfer ist, nimmt der Schwalbenschwanz (*Papilio machaon*) die Position des größten und bekanntesten Tagfalters der einheimischen Insektenfauna ein, und deshalb wurden Fotos und Zeichnungen des Schwalbenschwanzes (*Papilio machaon*) häufig bereits als Titelbilder von Bestimmungsbüchern für Schmetterlinge und andere Insekten verwendet (unter anderen Korb 1893, Spuler 1908/1910, Floericke 1923, Warnecke 1967, Peters 1971, Goodden 1973, Sedlag 1986; Hannemann, Klausnitzer & Senglaub 1994 b; Zahradník & Severa 2000) und finden sich auch als Illustrationen auf Tafeln und im Text in zahlreichen Naturführern und anderen Werken über Schmetterlinge und andere Insekten (unter anderen Rammner 1933, Forster & Wohlfahrt 1955; Stanek 1957, 1968 a; Klots & Klots 1959, Schuler 1961, Mergenthaler 1964, Danesch 1965, Rein & Zech 1967, Grzimek 1969, Parenti 1970, Pfletschinger 1970, Higgins & Riley 1971, Moucha & Vancura 1972, Harz & Zepf 1973, Pleisch & Krebs 1975; Zahradník & Severa 1976, 1991; Goodden 1977, Sedlag 1978, Whalley 1979, Dierl 1981, Ponec 1982, Bezzel 1985, Koch 1991, Hannemann 1994, Reichholf & Steinbach 1994, Bellmann 1999; Settele, Feldmann & Reinhardt 1999; Chinery 2002; Settele, Steiner, Reinhardt & Feldmann 2005; Carter 2006, Marent & Morgan 2007). Noch erheblich größer als der mitteleuropäische Schwalbenschwanz (*Papilio machaon*) ist der ebenfalls leuchtend gelbe nordamerikanische Schwalbenschwanz (*Papilio glaucus*), der bis 16,5 cm Flügelspannweite erreicht und ein ausdauernder Segelflieger ist (Goodden 1973, Tweedie 1973, Carter 2006), wie ich in 1982 auf dem Bright Angel Trail im Grand Canyon nördlich Flagstaff in Arizona beobachten konnte, wo zahlreiche Exemplare an den terrassenförmigen Hängen des gestaffelten Schluchtsystems in etwa 2 - 5 m Höhe entlanggeflogen sind und um die zahlreichen einzeln stehenden Agaven mit ihren mastartigen Blütenstöcken herumgeflogen sind. Ein anderer nordamerikanischer Schwalbenschwanz (*Papilio zelicaon*) ist morphologisch fast identisch mit dem mitteleuropäischen Schwalbenschwanz (*Papilio machaon*; Goodden 1973).

Ebenso wie Abbildungen des Hirschkäfers (*Lucanus cervus*) wurden auch Abbildungen des Schwalbenschwanzes (*Papilio machaon*) wiederholt als philatelistische Motive verwendet. Briefmarken mit dem Motiv des mitteleuropäischen Schwalbenschwanzes (*Papilio machaon*) wurden bisher unter anderen von den Postverwaltungen von (in alphabetischer Reihenfolge) Afghanistan, Albanien, Bulgarien, Bundesrepublik Deutschland, Deutsche Demokratische Republik, Gabun, Gibraltar, Italien, Jugoslawien, Kambodscha, Kirgisistan, Laos, Lettland, Mexiko, Moldawien, Monaco, Mongolei, Polen, Ras al Khaima, Rumänien, Rußland, San Marino, Schweden, Schweiz, S. Tomé e Principe, Tschechoslowakei, Ungarn, Union Island Grenadines of St. Vincent, Vietnam, Westsahara und Yemen herausgegeben, und Postwertzeichen mit Motiven exotischer Schwalbenschwanz-Arten (Familie Papilionidae) wurden bisher unter anderen von den Postdiensten von (in alphabetischer Reihenfolge) Andorra, Äquatorial-Guinea, Argentinien, Armenien, Äthiopien, Australien, Belize, Benin, Bhutan, Botswana, Brasilien, Burundi, China, Ekuador, Ghana, Guinea, Guinea Bissau, Guyana, Indonesien, Iran, Israel, Jamaika, Japan, Kambodscha, Kanada, Kenia, Komoren, Kuba, Liberia, Libyen, Madagaskar, Malawi, Malaysia, Mali, Manama, Mexiko, Mozambik, Nevis, Nicaragua, Nigeria, Nord-Korea, Norfolk Island, Lesotho, Pakistan, Palau, Papua & Neu Guinea, Paraguay, Philippinen, Ruanda, Rumänien, S. Tomé e Principe, Senegal, Singapur, Solomon Islands, Sri Lanka, Süd-Korea, Surinam, Swaziland, Tadschikistan, Tanzania, Thailand, Trinidad & Tobago, Uganda, Umm-al-Qiwain, USA, Vanuatu, Venezuela, Vietnam, Wallis et Futuna und Zentralafrikanische Republik emittiert.

4.12 Vergleich mit anderen Schmetterlingen

Ähnlich wie beim Hirschkäfer (*Lucanus cervus*) und beim Schwalbenschwanz (*Papilio machaon*) habe ich drei Größenklassen mit dem gelegentlichen Erscheinen von Kümmer-, Hunger-, Liliput- oder Zwergformen auch bei anderen Schmetterlingen beobachtet, wobei die ausgewerteten Tagfalter das Männchen des Aurorafalters (*Anthocaris cardamines*; Pieridae) sowie den Kleinen Kohlweißling (*Pieris rapae*; Pieridae), den Rapsweißling (*Pieris napi*; Pieridae), den Gemeinen Heufalter (*Colias hyale*; Pieridae), den Admiral (*Vanessa atalanta*; Nymphalidae), den Distelfalter (*Cynthia cardui*; Nymphalidae), das Tagpfauenauge (*Inachis io*; Nymphalidae) und den Kleinen Fuchs (*Aglais urticae*; Nymphalidae) beinhalten. Die festgestellten Variationen der Flügelspannweite bei den verschiedenen Schmetterlingen werden untereinander und mit weiteren Tagfaltern verglichen.

Die drei Größenklassen des Männchens des Aurorafalters (*Anthocaris cardamines*) umfassen große Individuen mit einer Flügelspannweite von ca. 42 - 45 mm, mittelgroße Individuen mit einer Flügelspannweite von ca. 37 - 40 mm, und kleine Individuen mit einer Flügelspannweite von ca. 28 - 32 mm. Die kleinsten Zwergformen des Männchens des Aurorafalters (*Anthocaris cardamines*) sind nur wenig größer als die größten Individuen des Kleinen Feuerfalters (*Lycaena phlaeas*), und sind sogar noch kleiner als die größten Exemplare des Hauhechelbläulings (*Polyommatus icarus*) und des Dukatenfalters (*Lycaena virgaureae*) sowie die kleinsten Individuen des Senfweißlings (*Leptidea sinapis*). Die kleinsten Zwergformen des Männchens des Aurorafalters (*Anthocaris cardamines*) (ca. 28 mm Flügelspannweite) erreichen nur ca. 62 % der Flügelspannweite der größten Männchen (ca. 45 mm Flügelspannweite) an den von mir untersuchten Standorten. Die größten Männchen des Aurorafalters (*Anthocaris cardamines*) erreichen die Größe der kleinsten Exemplare des Zitronenfalters (*Gonepteryx rhamni*) und des Admirals (*Vanessa atalanta*) sowie der durchschnittlichen Individuen des Schachbretts (*Melanargia galathea*) und des Postillon-Heufalters (*Colias croceus*).

Die drei Größenklassen des Kleinen Kohlweißlings (*Pieris rapae*) umfassen große Individuen mit einer Flügelspannweite von ca. 47 - 50 mm, mittelgroße Individuen mit einer Flügelspannweite von ca. 40 - 45 mm, und kleine Individuen mit einer Flügelspannweite von ca. 32 - 34 mm. Die kleinsten Zwergformen des Kleinen Kohlweißlings (*Pieris rapae*) sind nur wenig größer als die größten Individuen des Kleinen Feuerfalters (*Lycaena phlaeas*), des Hauhechelbläulings (*Polyommatus icarus*) und des Dukatenfalters (*Lycaena virgaureae*), und sind sogar noch kleiner als die kleinsten Exemplare des Schachbretts (*Melanargia galathea*), des Mauerfuchs (*Lasiommata megera*), des Waldbrettspiels (*Pararge aegeria*) und des Schornsteinfegers (*Aphantopus hyperantus*). Die kleinsten Zwergformen des Kleinen Kohlweißlings (*Pieris rapae*) (ca. 32 mm Flügelspannweite) erreichen nur ca. 64 % der Flügelspannweite der größten Individuen (ca. 50 mm Flügelspannweite) an den von mir untersuchten Standorten. Die größten Exemplare des Kleinen Kohlweißlings (*Pieris rapae*) sind nur wenig kleiner als die kleinsten Individuen des Großen Kohlweißlings (*Pieris brassicae*) und erreichen die durchschnittliche Größe der Exemplare des Zitronenfalters (*Gonepteryx rhamni*).

Die drei Größenklassen des Rapsweißlings (*Pieris napi*) umfassen große Individuen mit einer Flügelspannweite von ca. 47 - 50 mm, mittelgroße Individuen mit einer Flügelspannweite von ca. 40 - 45 mm, und kleine Individuen mit einer Flügelspannweite von ca. 33 - 35 mm. Die kleinsten Zwergformen des Rapsweißlings (*Pieris napi*) sind nur wenig größer als die größten Individuen des Kleinen Feuerfalters (*Lycaena phlaeas*), des Hauhechelbläulings (*Polyommatus icarus*) und des Dukatenfalters (*Lycaena virgaureae*), und sind sogar noch kleiner als die kleinsten Individuen des Schachbretts (*Melanargia galathea*), des Mauerfuchs (*Lasiommata megera*), des Waldbrettspiels (*Pararge aegeria*) und des Schornsteinfegers (*Aphantopus hyperantus*). Die kleinsten Zwergformen des Rapsweißlings (*Pieris napi*) (ca. 33 mm Flügelspannweite) erreichen nur ca. 66 % der Flügelspannweite der größten Individuen (ca. 50 mm Flügelspannweite) an den von mir untersuchten Standorten. Die größten Exemplare des Rapsweißlings (*Pieris napi*) sind nur wenig kleiner als die kleinsten Individuen des Großen Kohlweißlings (*Pieris brassicae*) und erreichen die durchschnittliche Größe der Exemplare des Zitronenfalters (*Gonepteryx rhamni*).

Die drei Größenklassen des Gemeinen Heufalters (*Colias hyale*) umfassen große Individuen mit einer Flügelspannweite von ca. 47 - 50 mm, mittelgroße Individuen mit einer Flügelspannweite von ca. 42 - 45 mm, und kleine Individuen mit einer Flügelspannweite von ca. 36 - 40 mm. Die kleinsten Zwergformen des Gemeinen Heufalters (*Colias hyale*) sind nur wenig größer als die kleinsten Individuen des des Senfweißlings (*Leptidea sinapis*), und sind sogar noch kleiner als die durchschnittlichen Exemplare des Schachbretts (*Melanargia galathea*) und des Kleinen Perlmutterfalters (*Issoria lathonia*). Die kleinsten Zwergformen des Gemeinen Heufalters (*Colias hyale*) (ca. 36 mm Flügelspannweite) erreichen nur ca. 72 % der Flügelspannweite der größten Individuen (ca. 50 mm Flügelspannweite) an den von mir untersuchten Standorten. Die größten Exemplare des Gemeinen Heufalters (*Colias hyale*) sind nur wenig kleiner als die kleinsten Individuen des Großen Kohlweißlings (*Pieris brassicae*) und erreichen die durchschnittliche Größe der Exemplare des Zitronenfalters (*Gonepteryx rhamni*).

Die drei Größenklassen des Admirals (*Vanessa atalanta*) umfassen große Individuen mit einer Flügelspannweite von ca. 57 - 60 mm, mittelgroße Individuen mit einer Flügelspannweite von ca. 50 - 55 mm, und kleine Individuen mit einer Flügelspannweite von ca. 45 - 48 mm. Die kleinsten Zwergformen des Admirals (*Vanessa atalanta*) sind nur wenig größer als die größten Individuen des Mauerfuchs (*Lasiommata megera*), des Waldbrettspiels (*Pararge aegeria*) und des Schornsteinfegers (*Aphantopus hyperantus*), und sind sogar noch kleiner als die größten Exemplare des C-Vogels (*Polygonia c-album*) und die durchschnittlichen Individuen des Zitronenfalters (*Gonepteryx rhamni*). Die kleinsten Zwergformen des Admirals (*Vanessa atalanta*) (ca. 45 mm Flügelspannweite) erreichen nur ca. 75 % der Flügelspannweite der größten Individuen (ca. 60 mm Flügelspannweite) an den von mir untersuchten Standorten. Die größten Exemplare des Admirals (*Vanessa atalanta*) sind sogar noch etwas größer als die kleinsten Individuen des Schwalbenschwanzes (*Papilio machaon*) und erreichen die Größe der größten Exemplare des Großen Kohlweißlings (*Pieris brassicae*), des Baumweißlings (*Aporia crataegi*) und des Kaisermantels (*Argynnis paphia*).

Die drei Größenklassen des Distelfalters (*Cynthia cardui*) umfassen große Individuen mit einer Flügelspannweite von ca. 52 - 55 mm, mittelgroße Individuen mit einer Flügelspannweite von ca. 45 - 50 mm, und kleine Individuen mit einer Flügelspannweite von ca. 38 - 40 mm. Die kleinsten Zwergformen des Distelfalters (*Cynthia cardui*) erreichen nur die Größe der kleinsten Individuen des Schachbretts (*Melanargia galathea*), des Mauerfuchs (*Lasiommata megera*), des Waldbrettspiels (*Pararge aegeria*) und des Schornsteinfegers (*Aphantopus hyperantus*), und sind sogar noch kleiner als die durchschnittlichen Exemplare des C-Vogels (*Polygonia c-album*) und des Postillon-Heufalters (*Colias croceus*). Die kleinsten Zwergformen des Distelfalters (*Cynthia cardui*) erreichen nur die Größe der durchschnittlichen Individuen des Männchens des Aurorafalters (*Anthocaris cardamines*) und sind sogar noch kleiner als die durchschnittlichen Exemplare des Kleinen Perlmutterfalters (*Issoria lathonia*). Die kleinsten Zwergformen des Distelfalters (*Cynthia cardui*) (ca. 38 mm Flügelspannweite) erreichen nur ca. 69 % der Flügelspannweite der größten Individuen (ca. 55 mm Flügelspannweite) an den von mir untersuchten Standorten. Die größten Exemplare des Distelfalters (*Cynthia cardui*) erreichen die Größe der größten Individuen des Großen Fuchs (*Nymphalis polychloros*) und der kleinsten Exemplare des Schwalbenschwanzes (*Papilio machaon*).

Die drei Größenklassen des Tagpfauenauges (*Inachis io*) umfassen große Individuen mit einer Flügelspannweite von ca. 57 - 60 mm, mittelgroße Individuen mit einer Flügelspannweite von ca. 48 - 55 mm, und kleine Individuen mit einer Flügelspannweite von ca. 38 - 42 mm. Die kleinsten Zwergformen des Tagpfauenauges (*Inachis io*) erreichen nur die Größe der kleinsten Individuen des Schachbretts (*Melanargia galathea*), des Mauerfuchs (*Lasiommata megera*), des Waldbrettspiels (*Pararge aegeria*) und des Schornsteinfegers (*Aphantopus hyperantus*), und sind sogar noch kleiner als die durchschnittlichen Exemplare des C-Vogels (*Polygonia c-album*) und des Postillon-Heufalters (*Colias croceus*). Die kleinsten Zwergformen des Tagpfauenauges (*Inachis io*) erreichen nur die Größe der durchschnittlichen Individuen des Männchens des Aurorafalters (*Anthocaris cardamines*) und sind sogar noch kleiner als die durchschnittlichen Exemplare des Kleinen Perlmutterfalters (*Issoria lathonia*). Die kleinsten Zwergformen des Tagpfauenauges (*Inachis io*) (ca. 38 mm Flügelspannweite) erreichen nur ca. 63 % der Flügelspannweite der größten Individuen (ca. 60 mm Flügelspannweite) an den von mir untersuchten Standorten. Die größten Exemplare des Tagpfauenauges (*Inachis io*) sind sogar noch etwas größer als die kleinsten Individuen des Schwalbenschwanzes (*Papilio machaon*) und erreichen die Größe der größten Exemplare des Großen Kohlweißlings (*Pieris brassicae*), des Baumweißlings (*Aporia crataegi*) und des Kaisermantels (*Argynnis paphia*). Friese (1979) hat eine Reihe mit drei Größenklassen des Tagpfauenauges (*Inachis io*) abgebildet, und die darin enthaltene Zwergform ist noch wesentlich kleiner als die von mir beobachteten kleinsten Exemplare.

Die drei Größenklassen des Kleinen Fuchs (*Aglais urticae*) umfassen große Individuen mit einer

Flügelspannweite von ca. 47 - 50 mm, mittelgroße Individuen mit einer Flügelspannweite von ca. 42 - 45 mm, und kleine Individuen mit einer Flügelspannweite von ca. 35 - 40 mm. Die kleinsten Zwergformen des Kleinen Fuchs (*Aglais urticae*) erreichen nur die Größe der durchschnittlichen Individuen des Senfweißlings (*Leptidea sinapis*) und des Männchens des Aurorafalters (*Anthocaris cardamines*), und sind sogar noch kleiner als die kleinsten Individuen des Schachbretts (*Melanargia galathea*), des Mauerfuchs (*Lasiommata megera*), des Waldbrettspiels (*Pararge aegeria*) und des Schornsteinfegers (*Aphantopus hyperantus*). Die kleinsten Zwergformen des Kleinen Fuchs (*Aglais urticae*) (ca. 35 mm Flügelspannweite) erreichen nur ca. 70 % der Flügelspannweite der größten Individuen (ca. 50 mm Flügelspannweite) an den von mir untersuchten Standorten. Die größten Exemplare des Kleinen Fuchs (*Aglais urticae*) sind nur wenig kleiner als die kleinsten Individuen des Großen Fuchs (*Nymphalis polychloros*) und erreichen die durchschnittliche Größe der Exemplare des Zitronenfalters (*Gonepteryx rhamni*).

5 Fortbewegung und Ruheposition

Bei der Fortbewegung des Hirschkäfers (*Lucanus cervus*) habe ich am Standort Tairnbach eine Diskrepanz zwischen den Geschlechtern festgestellt. Die Männchen des Hirschkäfers (*Lucanus cervus*) habe ich am Standort Tairnbach überwiegend fliegend und nur untergeordnet laufend beobachtet, wohingegen ich die Weibchen überwiegend laufend und nur untergeordnet fliegend gesehen habe. Aufgrund meiner Aufrufe zur Mitteilung von Beobachtungen des Hirschkäfers (*Lucanus cervus*) in regionalen Tageszeitungen (Rhein-Neckar-Zeitung 2008 a, 2008 b, 2008 c, 2008 d; Schwetzinger Zeitung 2008, Bruchsaler Rundschau 2008) haben mir viele Naturfreunde berichtet, daß sie bei zahlreichen zufälligen Einzelfunden häufig auch die Männchen laufend angetroffen haben. Die nachstehende Übersicht der Lokomotion beinhaltet Fortbewegung der Männchen und Weibchen des Hirschkäfers; Flughöhen, Flugdauer und Flugstrecken der Männchen des Hirschkäfers; Ruheposition der Männchen und Weibchen des Hirschkäfers, Fortbewegung des Balkenschröters, und Vergleich der laufenden und fliegenden Fortbewegung mit anderen Käfern.

Analog meinen Beobachtungen am Standort Tairnbach in 2008 hat Rolf Scholtysek (mündl. Mitt. 2008) von 1973 bis 2008 am Haus unterhalb der Burgruine Lindelbrunn in Vorderweidenthal südwestlich Bad Dürkheim im Pfälzer Wald sowie im Wald um Vorderweidenthal in jedem Jahr insgesamt bis zu 10 Männchen des Hirschkäfers (*Lucanus cervus*) pro Jahr überwiegend fliegend und nur untergeordnet laufend sowie bis zu 10 Weibchen pro Jahr überwiegend laufend und nur untergeordnet fliegend gesehen. Rink (2007) und Rink & Sinsch (2007 b, 2008 b) haben im Moseltal beobachtet, daß die Männchen des Hirschkäfers (*Lucanus cervus*) häufig geflogen sind und nur sehr selten auch laufend größere Ortsveränderungen vorgenommen haben, wohingegen die Weibchen seltener geflogen sind und dafür häufiger über größere Entfernungen auf die Brutstätten zugelaufen sind. Sprecher-Uebersax (2001) und Sprecher-Uebersax & Durrer (2001 b) haben in der Umgebung von Basel festgestellt, daß die Männchen des Hirschkäfers (*Lucanus cervus*) häufig geflogen sind und größere Distanzen zurückgelegt haben, wohingegen die Weibchen nur wenig geflogen sind und nur kurze Strecken zurückgelegt haben. Die überwiegend laufende Fortbewegung der Weibchen des Hirschkäfers (*Lucanus cervus*) im Gegensatz zur hauptsächlich fliegenden Fortbewegung der Männchen hat auch Hawes (1998 a, 2003 a, 2005 a, 2006 a, 2006 b, 2007, 2008 a, 2008 b) registriert.

Angaben zur Fortbewegung des Hirschkäfers (*Lucanus cervus*) sind auch in vielen einschlägigen Naturführern und Bestimmungsbüchern über Käfer und andere Insekten (unter anderen Sandhall 1974; Zahradník & Hísek 1976, 1987, 1995; Zahradník & Severa 1976, 1991, 2000; Harde & Pfletschinger 1978, Zahradník 1985, Keil 1986, Sedlag 1986, Reichholf & Steinbach 1994, Zahradník & Chvála 1997, Horn & Kögel 2008) und in diversen Artikeln in populärwissenschaftlichen naturkundlichen Zeitschriften (unter anderen Bechtle 1977, Zucchi & Zucchi 1982, Hausmann 2001, Wenzel 2001 b, Rummel 2002, Carganico 2003, Hicklin 2004, Hintermeier 2007, Schrempp 2007, Hofmann 2008) enthalten, und finden sich auch im Internet unter den Adressen http://www.agnu-haan.de/hirschkaefer und http://maria.fremlin.de/stagbeetles. Angaben zur Fortbewegung des Hirschkäfers (*Lucanus cervus*) sind auch in den zusammenfassenden Abhandlungen von Klausnitzer (1982, 1995), Taroni (1998), Sprecher-Uebersax (2001), Brechtel & Kostenbader (2002), Klausnitzer & Wurst (2003), Rink (2007) und Klausnitzer & Sprecher-Uebersax (2008) verzeichnet, in denen jeweils auch ausführliche Literaturübersichten enthalten sind, und sind unter anderen auch in den Beiträgen von Chop (1863), Weber (1902), Ammann (1906), Braatz (1914), Zimmermann (1914), Taschenberg (1929), Cürten (1936), Bardorff (1952), Tippmann (1954), Freude (1957), Strojny (1970), Kühnel & Neumann (1981), Cruysbergh (1986), Mamonov (1991), Ochse (1993), Sprecher-Uebersax & Durrer (1998 a, 2001 b), Levermann (2002) und Rink & Sinsch (2006, 2007 a, 2007 b) enthalten. Im vorgenannten Schrifttum sind auch Bemerkungen zum Rivalenkampf der Männchen des Hirschkäfers (*Lucanus cervus*) eingeschlossen, welche als eine spezielle Art der Fortbewegung betrachtet werden kann, zu der ich jedoch nicht über eigene Beobachtungen verfüge und deswegen hier auch nicht darauf eingehe.

5.1 Fortbewegung der Männchen des Hirschkäfers

Die Männchen des Hirschkäfers (*Lucanus cervus*) habe ich am Standort Tairnbach überwiegend fliegend um die Bäume herum oder entlang der Bäume am Waldrand beobachtet, und nur untergeordnet habe ich laufende Männchen am Boden gesehen. Die Männchen des Hirschkäfers (*Lucanus cervus*) flogen meist in einer Höhe von ca. 3 - 10 m über dem Boden um die Bäume herum oder entlang der Bäume am Waldrand, und untergeordnet auch in einer Höhe von 10 - 20 m über dem Boden im Bereich der Baumkronen sowie in einer Höhe von 1 - 3 m über dem Boden unter den tiefsten Ästen der Bäume. Ein Männchen des Hirschkäfers (*Lucanus cervus*) landete neben mir am Boden und klammerte sich an einen Grashalm, der unter dem Gewicht des Männchens sofort kollabierte. Zwei Männchen des Hirschkäfers (*Lucanus cervus*) liefen gemächlich am Boden über den asphaltierten Weg am Waldrand.

Während des Tages haben die über 600 Naturfreunde, welche sich aufgrund meiner Aufrufe zur Mitteilung von Beobachtungen des Hirschkäfers (*Lucanus cervus*) in regionalen Tageszeitungen (Rhein-Neckar-Zeitung 2008 a, 2008 b, 2008 c, 2008 d; Schwetzinger Zeitung 2008, Bruchsaler Rundschau 2008) bei mir gemeldet haben und mir über ihre Beobachtungen des Hirschkäfers (*Lucanus cervus*) berichtet haben, die Männchen und Weibchen des Hirschkäfers (*Lucanus cervus*) meist laufend auf Wegen und Straßen und gelegentlich auch fliegend an Bäumen, Häusern, Wegen und Straßen angetroffen, und oftmals wurden überwiegend Männchen und untergeordnet Weibchen auch sitzend auf Stämmen, Steinen, Mauern, Zäunen, Treppen und Terrassen bemerkt. Gelegentlich wurden die Beobachtungen auch abends gemacht, wenn Männchen und Weibchen des Hirschkäfers (*Lucanus cervus*) darüber hinaus auch fliegend gesichtet wurden.

Eine besondere Art der laufenden Fortbewegung von Männchen und Weibchen des Hirschkäfers (*Lucanus cervus*) hat Anke Gunther-Theil (mündl. Mitt. 2008) in Kamcia südlich Varna in Bulgarien an der Küste des Schwarzen Meeres in 1982 erlebt, wo an einer Reihe von Schwärmabenden mit dem Erscheinen von jeweils mindestens ca. 50 Exemplaren pro Tag über etwa eine Woche hinweg jeweils abends in der Dämmerung zahlreiche Individuen sich am Wegrand gesammelt haben und dann in einem ca. 20 cm breiten ungeordneten Strom über den Weg nahe dem Strand gelaufen sind und teilweise miteinander gekämpft haben, sowie in Kopfhöhe über den Weg geflogen sind und wiederholt bei Spaziergängern auf dem Kopf und auf dem Oberkörper gelandet sind. Die ameisenstraßenähnlichen begrenzten Ströme über den Weg waren schwarz durch die vielen Exemplare des Hirschkäfers (*Lucanus cervus*), welche in einer langgezogenen Schlange kompanieartig den Weg überquert haben.

5.2 Flughöhen, Flugdauer und Flugstrecken der Männchen des Hirschkäfers

Am Standort Tairnbach flogen die Männchen des Hirschkäfers (*Lucanus cervus*) meist in einer Höhe von ca. 3 - 10 m über dem Boden um die Bäume herum oder entlang der Bäume am Waldrand, und untergeordnet auch in einer Höhe von 10 - 20 m über dem Boden im Bereich der Baumkronen sowie in einer Höhe von 1 - 3 m über dem Boden unter den tiefsten Ästen der Bäume. Nüssler (1967) hat beobachtet, daß der Hirschkäfer (*Lucanus cervus*) meist in Bodennähe und seltener in 6 - 8 m Höhe fliegt und nur beim Überqueren von Talmulden in größeren Flughöhen fliegt, und Cürten (1971) hat berichtet, daß der Hirschkäfer sehr hoch steigt, wenn er weit fliegen will, und auch eine beachtliche Fluggeschwindigkeit erreicht. Rammner (1933) hat beim Hirschkäfer (*Lucanus cervus*) auch Flughöhen bis 20 m um die Bäume herum festgestellt. Allenspach (1970) hat ein großes Männchen des Hirschkäfers (*Lucanus cervus*) beobachtet, welches während zwei Wochen täglich um 13 Uhr in etwa

15 m Höhe von Westen nach Osten geflogen ist. Carrière (1989) hat an einem späten Nachmittag Mitte Juli etwa 100 Männchen des Hirschkäfers (*Lucanus cervus*) registriert, welche in etwa 2 - 4 m Höhe von Osten nach Westen geflogen sind. Mélise (1880) hat bemerkt, daß die Männchen des Hirschkäfers (*Lucanus cervus*) meist in etwa 5 - 6 m Höhe den Waldrand entlangfliegen und dann oft auf etwa 1 - 2 m Höhe herunterkommen.

Tochtermann (1992) hat beim Hirschkäfer (*Lucanus cervus*) Flugstrecken von ca. 150 - 1.250 m, Flugdauer von 1 - 5 Minuten, und Fluggeschwindigkeiten von meist 3,5 - 7 km/h und in einem Fall sogar knapp 30 km/h festgestellt. Sprecher-Uebersax (2001) und Sprecher-Uebersax & Durrer (2001 b) haben beim Hirschkäfer (*Lucanus cervus*) Flugstrecken von ca. 150 - 800 m ermittelt, und Brandt (1937) hat eine Flugstrecke von ca. 350 m beobachtet. Rink (2007) und Rink & Sinsch (2007 b, 2008 b) haben als maximale Flugstrecken des Hirschkäfers (*Lucanus cervus*) ca. 1.720 m beim Männchen und ca. 700 m beim Weibchen nachgewiesen, und haben als maximale Ortsdifferenzen bei der telemetrischen Überwachung von mit Mikrosendern ausgerüsteten Exemplaren eine Strecke von 2.065 m beim Männchen und eine Distanz von 763 m beim Weibchen ermittelt. Clark (1964) hat Flugstrecken des Hirschkäfers (*Lucanus cervus*) bis zu einer Meile angegeben. Flugstrecken und Flugrichtungen des Hirschkäfers (*Lucanus cervus*) haben auch Lacroix (1969) und Hilpüsch (2004) untersucht, und Flughöhen hat auch Hawes (2006 b) angegeben. Die Männchen des Hirschkäfers (*Lucanus cervus*) fliegen aus Entfernungen von bis zu 5 km an Saftleckstellen an Eichen an (Tochtermann 1987, Brechtel & Kostenbader 2002, Klausnitzer & Wurst 2003). Hawes (2006 a) und Fremlin (2008, 2009) haben bei ihren Untersuchungen in Stadtgebieten in England aufgrund von Fang-, Markierungs- und Wiederfang-Aktionen Entfernungen zwischen den sukzessiven Fundpunkten der mehrfach kontrollierten Exemplare des Hirschkäfers (*Lucanus cervus*) von etwa 50 - 100 m festgestellt. Fremlin (2007) hat in einem Flugexperiment mit einem an einer Schnur befestigten Männchen des Hirschkäfers (*Lucanus cervus*) eine Flugdauer von ca. 6 1/2 Minuten erzielt, bei der das Männchen an einer ca. 1,6 m langen Schnur insgesamt 60 Umkreisungen um sie herum ausgeführt hat, was einer Flugstrecke von ca. 600 m und einer Fluggeschwindigkeit von ca. 1,5 m/s entspricht.

Anhaltspunkte über erreichte Flughöhen ergeben sich auch aus mehreren Beispielen des Eindringens von einzelnen Exemplaren des Hirschkäfers (*Lucanus cervus*) in Räume im Inneren von Häusern und Wohnungen im 2. Obergeschoß, 3. Obergeschoß und sogar 6. Obergeschoß. Diesbezügliche Fälle wurden mir von einigen der über 600 Naturfreunde berichtet, welche sich aufgrund meiner Aufrufe zur Mitteilung von Beobachtungen des Hirschkäfers (*Lucanus cervus*) in regionalen Tageszeitungen (Rhein-Neckar-Zeitung 2008 a, 2008 b, 2008 c, 2008 d; Schwetzinger Zeitung 2008, Bruchsaler Rundschau 2008) bei mir gemeldet haben und mir ihre Beobachtungen des Hirschkäfers (*Lucanus cervus*) weitergegeben haben. In der Keplerstraße im Zentrum von Heidelberg-Neuenheim hat Dorit Kaufmann (mündl. Mitt. 2008) im 2. Obergeschoß des Hauses, welches das Dachgeschoß ist, in 2007 abends gegen 23 Uhr ein Männchen des Hirschkäfers (*Lucanus cervus*) in ihrem Wohnzimmer auf dem Sofa gefunden, welches durch die offene Balkontür hereingekommen ist. In der St.Rochus-Klinik in der Richard-Wagner-Straße am östlichen Ortsrand von Bad Schönborn-Mingolsheim hat Gabriele Kruckenberg (mündl. Mitt. 2008) auf dem Gang im 6. Obergeschoß des Krankenhauses etwa Mitte Mai 2008 ein Männchen des Hirschkäfers (*Lucanus cervus*) am Boden gesehen.

In der Gartenstraße im zentralen Teil von Hoffenheim hat Michael Hermann (mündl. Mitt. 2008) auf der Dachterrasse im 3. Obergeschoß des Hauses etwa Ende Mai/Anfang Juni 2008 ein Männchen des Hirschkäfers (*Lucanus cervus*) auf dem Rücken liegend gefunden. Im Eichtersheimer Weg im nordwestlichen Ortsteil von Angelbachtal-Michelfeld hat Gerd Weigel (mündl. Mitt. 2008) etwa Anfang Juli 2008 ein Männchen des Hirschkäfers (*Lucanus cervus*) am Boden sitzend auf dem Speicher des Hauses bemerkt, welches vermutlich durch ein geöffnetes Fenster hereingeflogen ist. Rahn (in Schaffrath 1994) hat im Sommer 1985 den Anflug eines Männchens des Hirschkäfers (*Lucanus cervus*) in das 2. Obergeschoß eines Hauses in der Mönchebergstraße in Kassel gemeldet. Marogg (in Biedermann 1978) hat in einer Dachgeschoßwohnung während der Flugzeit regelmäßig Exemplare des Hirschkäfers (*Lucanus cervus*) an den Fenstern beobachtet.

5.3 Fortbewegung der Weibchen des Hirschkäfers

Die Weibchen des Hirschkäfers (*Lucanus cervus*) habe ich am Standort Tairnbach überwiegend laufend am Boden beobachtet, und nur untergeordnet habe ich fliegende Weibchen in einer Höhe von ca. 1 - 3 m oder sogar in einer Höhe von ca. 3 - 10 m über dem Boden gesehen. In einigen Fällen habe ich bemerkt, daß manche Weibchen des Hirschkäfers (*Lucanus cervus*) erst eine Weile entlang der Bäume flogen und dann mit abnehmender Flughöhe über die an den asphaltierten Weg anschließende Wiese flogen und gelegentlich auch darin landeten, und offensichtlich danach durch die Wiese über den asphaltierten Weg zurück in den Wald liefen, wie ihr Auftauchen aus der Wiese heraus auf dem asphaltierten Weg und ihre Orientierung zum Waldrand hin bezeugt. Einige laufende Weibchen des Hirschkäfers (*Lucanus cervus*) hatten bereits den Weg überquert und die Blattstreu zwischen Weg und Waldrand erreicht, auf der sie ebenfalls zum Waldrand hin orientiert waren, wohingegen andere Weibchen auf dem Weg auch zur Wiese hin orientiert waren. In ähnlicher Weise wie beim Weibchen des Hirschkäfers (*Lucanus cervus*) habe ich auch beim Sägebock (*Prionus coriarius*) beobachtet, daß etliche Individuen erst eine Weile entlang der Bäume flogen und dann mit abnehmender Flughöhe über die an den asphaltierten Weg anschließende Wiese flogen und gelegentlich auch darin landeten, sowie anschließend über den Weg liefen, auf dem sie sowohl zum Waldrand als auch zur Wiese hin orientiert waren.

In ähnlicher Weise wie beim Weibchen des Hirschkäfers (*Lucanus cervus*) habe ich auch beim Grünen Heupferd (*Tettigonia viridissima*) festgestellt, daß etliche Individuen besonders in der Dämmerung von der Wiese über den Weg an den Waldrand strebten, wobei das Grüne Heupferd diese Strecke meist fliegend mit oder ohne Zwischenlandung überbrückt hat und deshalb der Gefährdung durch den Verkehr auf dem Weg wesentlich weniger ausgesetzt war als das überwiegend laufende Weibchen des Hirschkäfers (*Lucanus cervus*). Gelegentlich hat jedoch auch das Grüne Heupferd (*Tettigonia viridissima*) den Weg von der Wiese zum Waldrand mit Zwischenlandung oder laufend überquert und wurde dann ebenso wiederholt überfahren wie das Weibchen des Hirschkäfers (*Lucanus cervus*). Unter Hunderten von normalen Individuen des Grünen Heupferds (*Tettigonia viridissima*) mit grasgrüner Farbe von Flügeln und Körper habe ich in 2008 nur je einmal an den Standorten Rot und Tairnbach je ein Exemplar mit gelbbrauner bis beigegrauer Farbe von Flügeln und Körper gesehen, welches mit dieser abweichenden Färbung optimal an der Hintergrund von trockenem Gras und reifem Getreide angepaßt war.

Die laufende Überquerung von Wegen und Straßen an der Grenze von Wald und Wiesen oder Feldern sowie im Wald durch Weibchen und Männchen des Hirschkäfers (*Lucanus cervus*) während des Tages haben mir auch viele Naturfreunde berichtet, welche mir aufgrund meiner Aufrufe zur Mitteilung von Beobachtungen des Hirschkäfers (*Lucanus cervus*) in regionalen Tageszeitungen (Rhein-Neckar-Zeitung 2008 a, 2008 b, 2008 c, 2008 d; Schwetzinger Zeitung 2008, Bruchsaler Rundschau 2008) zahlreiche zufällige Einzelfunde in disperser Verteilung in Raum und Zeit gemeldet haben.

5.4 Ruheposition der Männchen und Weibchen des Hirschkäfers

Von den über 600 Naturfreunden, welche mir nach meinen Appellen zur Mitteilung von Beobachtungen des Hirschkäfers (*Lucanus cervus*) in regionalen Tageszeitungen (Rhein-Neckar-Zeitung 2008 a, 2008 b, 2008 c, 2008 d; Schwetzinger Zeitung 2008, Bruchsaler Rundschau 2008) über ihre Funde berichtet haben, haben etliche die Männchen und Weibchen des Hirschkäfers (*Lucanus cervus*) nicht nur überwiegend laufend auf Wegen und Straßen und manchmal auch fliegend an Bäumen, Häusern, Wegen und Straßen registriert, sondern wiederholt auch meist Männchen und gelegentlich Weibchen sitzend auf Stämmen, Steinen, Mauern, Zäunen, Treppen und Terrassen entdeckt.

Tagsüber verharren dabei besonders die Männchen und manchmal auch die Weibchen des Hirschkäfers (*Lucanus cervus*) häufig über längere Zeit fast regungslos an ihren Ruheplätzen. An der Mauer des Friedhofs am Südende des Mühlweges südlich Brühl hat Armin Ueltzhöffer (mündl. Mitt. 2008) am 03.05.2008 auf rotem Buntsandstein ein großes Männchen des Hirschkäfers (*Lucanus cervus*) in Ruheposition entdeckt und ist daraufhin nach Hause nach Schwetzingen gefahren, um seinen Fotoapparat zu holen, und hat bei seiner Rückkehr ca. 15 - 20 Minuten später das Männchen noch an der genau gleichen Stelle oder maximal etwa 5 cm davon entfernt an der Mauer des Friedhofs in Brühl sitzend angetroffen, so daß er es problemlos fotografieren konnte. In der Dachsbaustraße am westlichen Ortsrand von Mosbach-Waldstadt haben Peter und Holger Braun (mündl. Mitt. 2008) etwa Mitte bis Ende Juni 2008 gegen Mittag am etwa 15 m entfernten Waldrand hinter der Wohnanlage drei Männchen und ein Weibchen des Hirschkäfers (*Lucanus cervus*) vom Balkon aus mit dem Fernglas beobachtet, welche um eine einzelne Eiche herumgeflogen sind, teilweise auch auf Ästen der Eiche gelandet sind und dort bis zu mehreren Stunden an einer Stelle sitzengeblieben sind.

An der Wand der Garage vor dem Haus in der Schlesienstraße am südwestlichen Ortsrand von Mosbach-Masseldorn haben Sigrid und Fritz Ott (mündl. Mitt. 2008) sowie Ines Masterson (mündl. Mitt. 2008) in 2005 tagsüber ein Männchen des Hirschkäfers (*Lucanus cervus*) beobachtet, welches dort etwa 3 Stunden lang an der gleichen Stelle gesessen ist und sich gar nicht oder nur unwesentlich bewegt hat, und danach plötzlich verschwunden ist. Weil das Männchen des Hirschkäfers (*Lucanus cervus*) fast regungslos an der Wand der Garage gesessen ist, konnte Ines Masterson (mündl. Mitt. 2008) in aller Ruhe ihren Fotoapparat holen und hat bei ihrer Rückkehr nach etwa 30 Minuten das Männchen noch unverändert angetroffen, so daß sie es ungestört ablichten konnte. In der Hummelbergstraße am südwestlichen Ortsrand von Mühlhausen haben Karin und Karl-Heinz Treu (mündl. Mitt. 2008) im Garten des Hauses am 24.05.2008 ein Weibchen des Hirschkäfers (*Lucanus cervus*) an einem Ahornbaum vor dem Haus sitzend entdeckt, wo es über längere Zeit (möglicherweise mehrere Stunden) regungslos an einem Zweig gesessen ist, so daß er es in aller Ruhe fotografieren konnte.

Cürten (1971) hat über ein Massenvorkommen von insgesamt 222 Männchen des Hirschkäfers (*Lucanus cervus*) berichtet, welche er an einem sonnigen Tag im Juni mittags um 13 Uhr am Waldrand entlang einer Bahnlinie alle in etwa 1,5 m Höhe an den glatten Stämmen von Buchen in der gleichen Richtung in der grellen Sonne sitzend gesehen hat, und welche alle zwischen 15 und 16 Uhr nach oben in die Kronen der Buchen gelaufen sind. Deventer (1981) hat bei Weißenstein nordwestlich Villach im Drautal in Kärnten in Österreich vom 04.07.1979 bis 18.07.1979 an jedem Tag ein Männchen des Hirschkäfers (*Lucanus cervus*) tagsüber auf einer Hauswand in der Sonne sitzend beobachtet, wohingegen er abends bis zu 10 fliegende Männchen sowie laufende Männchen und Weibchen bemerkt hat.

5.5 Fortbewegung des Balkenschröters

Den zweiten Vertreter der Hirschkäfer-Familie Lucanidae an den untersuchten Standorten, den Balkenschröter (*Dorcus parallelepipedus*), habe ich fast ausschließlich laufend am Boden beobachtet, und nur selten sind mir fliegende Exemplare aufgefallen. In Einzelfällen habe ich den Balkenschröter (*Dorcus parallelepipedus*) auch sitzend an den Wänden von Gebäuden in der Nähe des Waldrandes angetroffen.

5.6 Vergleich der laufenden Fortbewegung mit anderen Käfern

Der Hirschkäfer (*Lucanus cervus*) ist bei der laufenden Fortbewegung sehr langsam und bewegt sich träge und schwerfällig, und benötigt daher wesentlich mehr Zeit für die Überquerung von asphaltierten Straßen und Wegen als die häufig schnell laufenden Laufkäfer der Gattung *Carabus* (hier habe ich besonders zahlreich Individuen des Goldlaufkäfers *Carabus auratus* beobachtet) und der schnell laufende Sägebock (*Prionus coriarius*). Ähnlich langsam und gemächlich wie der Hirschkäfer (*Lucanus cervus*) bewegen sich der Gemeine Mistkäfer (*Geotrupes stercorarius*), der Waldmistkäfer (*Geotrupes stercorosus*), der Stierkäfer (*Typhoeus typhoeus*) und der Große Pestwurz-Rüsselkäfer (*Liparus glabrirostris*) bei der laufenden Fortbewegung, welche ebenfalls erheblich mehr Zeit für den Transit von befestigten Straßen und Wegen brauchen als die vorgenannten schnell laufenden Käfer.

5.7 Vergleich der fliegenden Fortbewegung mit anderen Käfern

Bei der fliegenden Fortbewegung ist der Hirschkäfer (*Lucanus cervus*) in der Regel auch deutlich langsamer als die oftmals wesentlich schneller fliegenden Gold-Rosenkäfer (*Cetonia aurata*), Maikäfer (*Melolontha*), Junikäfer (*Amphimallon solstitiale*) und Mistkäfer (*Geotrupes*). Der Flug des Hirschkäfers (*Lucanus cervus*), welcher suchend entlang der Bäume patrouilliert oder die Bäume umkreist, ist elegant und majestätisch, und ein ähnliches Flugverhalten zeigt der Sägebock (*Prionus coriarius*). Das herrliche Spektakel eines Schwärmabends des Hirschkäfers (*Lucanus cervus*) mit zahlreichen fliegenden Männchen und Weibchen sollte jeder Entomologe einmal erlebt haben.

Der Bemerkung von Klausnitzer (1982, 1995), Brechtel & Kostenbader (2002), Klausnitzer & Wurst (2003) und Klausnitzer & Sprecher-Uebersax (2008), daß der Flug des Hirschkäfers (*Lucanus cervus*) nicht besonders elegant sei, muß ich aufgrund meiner Beobachtungen entschieden widersprechen, denn das faszinierende Schauspiel der zahlreichen elegant und majestätisch entlang der Bäume und vor allem um die Baumkronen herumfliegenden Männchen und Weibchen, welches ich am Standort Tairnbach beobachtet habe, war besonders aufgrund der langgezogenen und weit ausholenden Flugbahnen in größerer Höhe von bestechender Schönheit. Cürten (1936) hat berichtet, daß die Exemplare des Hirschkäfers (*Lucanus cervus*) laut brummend in wundervollen Schleifen um die Bäume herumschwirren, und Hawes (2000 e) hat auch ausgedrückt, daß der Flug des Hirschkäfers (*Lucanus cervus*) bemerkenswert und spektakulär ist. Mélise (1880) hat ebenfalls festgestellt, daß der Hirschkäfer (*Lucanus cervus*) langsamer als der Maikäfer (*Melolontha*) fliegt.

6 Häufigkeitsverteilung und Schwärmabende

Den Hirschkäfer (*Lucanus cervus*) habe ich am Standort Tairnbach an den meisten Abenden lediglich in einzelnen Exemplaren angetroffen, wohingegen ich nur am 05.06.2008 ein spektakuläres Schwärmen von zahlreichen Individuen beobachtet habe, als ca. 25 - 30 Männchen und Weibchen in einer Höhe bis ca. 20 m über dem Boden um die Bäume herum oder entlang der Bäume am Waldrand geflogen sind. Der außergewöhnliche Schwärmabend des Hirschkäfers (*Lucanus cervus*) am Standort Tairnbach am 05.06.2008 war das bisher eindrücklichste Erlebnis meiner langjährigen entomologischen Forschungen und wird nachfolgend dokumentiert. Den Balkenschröter (*Dorcus parallelepipedus*) habe ich ausschließlich in einzelnen Individuen bemerkt. Den Sägebock (*Prionus coriarius*) habe ich am Standort Tairnbach ebenfalls regelmäßig in einzelnen Exemplaren beobachtet, wohingegen ein markantes Schwärmen von Individuen nicht stattgefunden hat.

Die meisten der über 600 Naturfreunde, welche mir aufgrund meiner Aufrufe zur Mitteilung von Beobachtungen des Hirschkäfers (*Lucanus cervus*) in regionalen Tageszeitungen (Rhein-Neckar-Zeitung 2008 a, 2008 b, 2008 c, 2008 d; Schwetzinger Zeitung 2008, Bruchsaler Rundschau 2008) ihre Nachweise gemeldet haben, konnten jeweils nur unikale Exemplare des Hirschkäfers (*Lucanus cervus*) entdecken, welche zufällige Einzelfunde in disperser Verteilung in Raum und Zeit darstellen. Einige Naturfreunde haben jedoch ebenfalls spektakuläre Schwärmabende des Hirschkäfers (*Lucanus cervus*) erlebt, welche hier ebenfalls skizziert werden. Die nachstehende Übersicht der Häufigkeitsverteilung und Schwärmabende des Hirschkäfers (*Lucanus cervus*) umfaßt meine eigenen Beobachtungen am Standort Tairnbach, und die Beobachtungen etlicher Naturfreunde in Schriesheim und Umgebung sowie an anderen Lokalitäten in Deutschland, Osteuropa, Südeuropa und Westeuropa. Die nachfolgende Zusammenstellung beinhaltet auch Bemerkungen zu Häufigkeitsverteilung und Schwärmabenden des Balkenschröters (*Dorcus parallelepipedus*), des Sägebocks (*Prionus coriarius*) und des Nashornkäfers (*Oryctes nasicornis*).

Das meist abendliche Schwärmen zahlreicher Exemplare des Hirschkäfers (*Lucanus cervus*) mit häufig lautem Brummen haben unter anderen auch Cornelius (1867, 1868), Mélise (1880), Schulenburg (1880, 1882, 1934), Jander (1888, 1901), Douglas (1890), Heymons (1915), Schaufuß (1916), Löns (1922), Escherich (1923), Taschenberg (1929), Rammner (1933), Cürten (1936), Müller (1937), Burkill (1941), Flint (1945), Horion (1949 a, 1958), Wilmink (1950), Bardorff (1952), Tippmann (1954), Singer (1955), Palm (1959), Mal (1966), Langton (1967), Koch (1968), Lacroix (1969), Allenspach (1970), Strojny (1970), Balazuc & Demaux (1974), Gibson (1981), Kühnel & Neumann (1981), Klausnitzer (1982, 1995), Bilý & Cepická (1990), Guye (1996), Bowdrey (1997), Hawes (2000 e), Ashley (in Pratt 2003), Bell (in Pratt 2003), Jobe (in Pratt 2003), Klausnitzer & Wurst (2003), Smart (in Pratt 2003), Hilpüsch (2004), Paill & Mairhuber (2006) und Klausnitzer & Sprecher-Uebersax (2008) erwähnt.

6.1 Hirschkäfer am Standort Tairnbach

Am Standort Tairnbach habe ich vom 01.06.2008 bis 10.06.2008 sowie vom 18.06.2008 bis 22.06.2008 an den meisten Abenden jeweils nur einzelne fliegende und laufende Männchen und Weibchen des Hirschkäfers (*Lucanus cervus*) gesehen, wobei die Individuenzahl jeweils ca. 1 - 3 Männchen und Weibchen betragen hat, und habe ich vom 23.06.2008 bis 19.07.2008 sowie am 25.07.2008 und am 26.07.2008 an etlichen Abenden jeweils nur einzelne laufende Weibchen entdeckt. Am 05.06.2008 habe ich ein spektakuläres Schwärmen von zahlreichen Individuen beobachtet, als ca. 25 - 30 Männchen und Weibchen des Hirschkäfers (*Lucanus cervus*) in einer Höhe bis ca. 20 m über dem Boden um die Bäume herum oder entlang der Bäume am Waldrand geflogen sind. Auch in der großen Höhe von ca. 20 m konnte ich aufgrund der steilen Körperneigung der Männchen des Hirschkäfers (*Lucanus cervus*) im Flug die Mandibeln deutlich sehen, und konnte dadurch unter Akzeptanz einer gewissen Unschärfe erkennen, daß überwiegend mittelgroße Männchen und untergeordnet auch große und kleine Männchen geflogen sind. Die Männchen und Weibchen des Hirschkäfers (*Lucanus cervus*) sind längere Zeit um einzelne Bäume herum gekreist oder haben mehrfach eine Strecke von ca. 50 - 100 m entlang mehrerer Bäume auf und ab geflogen. Dieser Schwärmabend mit zahlreichen fliegenden Männchen und Weibchen des Hirschkäfers (*Lucanus cervus*), welche in langgezogenen Kurven und weiten Bögen immer wieder um die Baumkronen gekreist sind sowie den Waldrand suchend auf und ab geflogen sind, war ein sehr eindrucksvolles Schauspiel nicht nur wegen des eleganten und majestätischen Fluges der großen Käfer, sondern auch durch das deutlich wahrnehmbare Brummen selbst hochfliegender Individuen. Der Hirschkäfer (*Lucanus cervus*) brummt beim Flug wesentlich lauter als der ähnlich fliegende Sägebock (*Prionus coriarius*), welcher erheblich leiser brummt. Der außergewöhnliche Schwärmabend des Hirschkäfers (*Lucanus cervus*) am Standort Tairnbach am 05.06.2008 war das bisher eindrücklichste Erlebnis meiner langjährigen entomologischen Forschungen.

Die zweithäufigste Individuenzahl habe ich am zweiten und am dritten Tag nach dem Schwärmabend am 07.06.2008 und am 08.06.2008 notiert, als nochmals jeweils etwa 3 - 6 Männchen und Weibchen des Hirschkäfers (*Lucanus cervus*) um die Bäume herum sowie entlang der Bäume geflogen sind und auf dem Weg gelaufen sind, wohingegen ich an allen anderen Tagen nur jeweils etwa 1 - 3 fliegende und laufende Männchen und Weibchen gesehen habe. Am 03.06.2008, 06.06.2008, 11.06.2008, 13.06.2008, 14.06.2008 und 17.06.2008 habe ich keine fliegenden und laufenden Männchen und Weibchen des Hirschkäfers (*Lucanus cervus*) gesehen. Am 30.05.2008, 31.05.2008, 02.06.2008, 04.06.2008, 12.06.2008, 15.06.2008, 16.06.2008, 25.06.2008, 03.07.2008, 21.07.2008, 08.08.2008, 11.08.2008 und 12.08.2008 fanden abends starke Regenfälle oder Gewitter statt, und deshalb habe ich an diesen Abenden keine Beobachtungen durchgeführt. Vom 23.06.2008 bis 15.08.2008 habe ich nur noch am 24.06.2008, 28.06.2008, 02.07.2008, 07.07.2008, 10.07.2008, 11.07.2008, 25.07.2008 und 26.07.2008 jeweils 1 laufendes Weibchen des Hirschkäfers (*Lucanus cervus*) auf dem asphaltierten Weg entdeckt.

Aus den am 05.06.2008 beim Schwärmen gesehenen ca. 25 - 30 Männchen und Weibchen sowie aus den vom 01.06.2008 bis 15.08.2008 insgesamt beobachteten ca. 64 - 78 Exemplaren in dem untersuchten Abschnitt am Waldrand von Tairnbach schätze ich durch Extrapolation auf den gesamten Wald die Populationsgröße des Hirschkäfers (*Lucanus cervus*) am Standort Tairnbach auf mindestens etwa 100 - 150 Individuen. An dem untersuchten Abschnitt des Waldrandes habe ich mit Sicherheit nur einen geringen Teil der Population des Hirschkäfers (*Lucanus cervus*) am Standort Tairnbach beobachten können, wohingegen der überwiegende Teil der Population verborgen im Wald lebt und einer Beobachtung nicht zugänglich ist. Die Ergebnisse meiner Beobachtungen des Hirschkäfers (*Lucanus cervus*) am Standort Tairnbach vom 01.06.2008 bis 15.08.2008 sind in den Tabellen im Anhang zusammengestellt.

6.2 Hirschkäfer in Schriesheim und Umgebung

Schwärmabende des Hirschkäfers (*Lucanus cervus*) mit dem Erscheinen von jeweils ca. 30 Männchen und Weibchen an ca. 3 Tagen hintereinander hat auch Elisabeth Löffler (mündl. Mitt. 2008) im Kehlweg in der Nähe des Randes der Weinberge unterhalb der Strahlenburg am östlichen Ortsrand von Schriesheim Ende Juni/Anfang Juli 2008 beobachtet, wohingegen sie dort vorher und nachher in 2008 sowie in den zurückliegenden Jahren nur jeweils ca. 1 - 3 Exemplare gesehen hat. Elisabeth Löffler (mündl. Mitt. 2008) wohnt seit 1965 im Kehlweg in Schriesheim und hat seitdem fast in jedem Jahr einzelne Individuen des Hirschkäfers (*Lucanus cervus*) an der Efeuhecke an der Hauswand, im Garten und auf der Kellertreppe bemerkt, wohingegen sie größere Stückzahlen nur an den 3 Schwärmabenden in 2008 festgestellt hat. Elisabeth Löffler (mündl. Mitt. 2008) konnte damit über einen Zeitraum von über 40 Jahren das regelmäßige Auftreten von Individuen des Hirschkäfers (*Lucanus cervus*) beobachten. Es war in 2008 das erste Mal in den über 85 Jahren ihres Lebens, daß Elisabeth Löffler (mündl. Mitt. 2008), welche schon immer in Schriesheim lebt, Schwärmabende des Hirschkäfers (*Lucanus cervus*) mit dem Erscheinen von jeweils ca. 30 Individuen erlebt hat, wohingegen sie ansonsten immer nur einzelne Exemplare entdeckt hat.

Schwärmabende des Hirschkäfers (*Lucanus cervus*) mit der Aktivität von jeweils ca. 20 Männchen und Weibchen über etwa eine Woche hinweg hat auch Norbert Morast (mündl. Mitt. 2008) in der Panoramastraße am östlichen Ortsrand von Schriesheim etwa 2000 erlebt, als im Juni oder Juli an mehreren Abenden hintereinander im Garten des Hauses zahlreiche Exemplare um einen Jasminbusch im Garten herumgeflogen sind und auch an der Fassade des Hauses gesessen sind, wohingegen vor und nach den Schwärmabenden nur etwa 2 - 3 Individuen pro Tag erschienen sind. Norbert Morast (mündl. Mitt. 2008) hat den Garten am Haus in der Panoramastraße, wo er seit 1982 wohnt, in 1995 angelegt und hat dabei auch den Jasminbusch gepflanzt, hat jedoch vor 2000 dort keine Exemplare des Hirschkäfers (*Lucanus cervus*) bemerkt, und hat nach dem Jahr 2000 mit den Schwärmabenden auch von 2001 bis 2004 in jedem Jahr insgesamt etwa 2 - 3 Individuen pro Jahr registriert, welche um den Jasminbusch im Garten herumgeflogen sind und auch an der Fassade des Hauses gesessen sind, wohingegen er seit 2005 dort keine Exemplare mehr festgestellt hat.

Schwärmabende des Hirschkäfers (*Lucanus cervus*) mit dem Erscheinen von jeweils ca. 15 - 20 Männchen und Weibchen über etwa 3 - 4 Wochen hinweg haben auch Gerda und Gerhard Reuscher (mündl. Mitt. 2008) in der Friedensstraße im südöstlichen Ortsbereich von Schriesheim im Juni 2007 erlebt. Von 1983 bis 2008 haben Gerda und Gerhard Reuscher (mündl. Mitt. 2008) dort in jedem Jahr insgesamt etwa 5 - 15 Individuen des Hirschkäfers (*Lucanus cervus*) pro Jahr fliegend um das Haus herum, im Hof und auf der Straße vor dem Haus sowie laufend und sitzend im Hof und am Haus beobachtet, und Gerda Reuscher (mündl. Mitt. 2008) hat dort das jährliche Erscheinen von zahlreichen Exemplaren schon von 1962 bis 1977 registriert. Gerda Reuscher (mündl. Mitt. 2008) konnte damit über einen Zeitraum von über 45 Jahren das regelmäßige Auftreten von Individuen des Hirschkäfers (*Lucanus cervus*) beobachten. Im Juni 2007 haben Gerda und Gerhard Reuscher (mündl. Mitt. 2008) dort eine außergewöhnliche Invasion von überwiegend Männchen und untergeordnet auch Weibchen des Hirschkäfers (*Lucanus cervus*) erlebt, als über etwa 3 - 4 Wochen hinweg jeden Abend bis etwa 15 - 20 Exemplare pro Abend in der Dämmerung angeflogen sind, im Hof gelandet sind und dort herumgelaufen sind; und aus Holzstapeln, Blumenkübeln und Blumenrabatten herausgekommen sind, wohingegen vorher und nachher nur etwa 3 - 5 Individuen pro Abend aufgetreten sind. Im Juni 2008 haben Gerda und Gerhard Reuscher (mündl. Mitt. 2008) dort eine deutlich schwächere Erscheinungsperiode des Hirschkäfers (*Lucanus cervus*) im Vergleich zu der außergewöhnlichen Invasion im Juni 2007 festgestellt, als sie über etwa 2 Wochen hinweg jeden Abend lediglich bis etwa 2 - 4 Exemplare pro Abend bemerkt haben.

Schwärmabende des Hirschkäfers (*Lucanus cervus*) mit der Aktivität von jeweils etwa 20 Exemplaren pro Tag hat auch Peter Findeisen (mündl. Mitt. 2008) in der Passeinstraße nahe dem südlichen Ortsrand von Schriesheim im Garten des Hauses an der Einmündung in die Heidelberger Straße an den beiden Wochenenden am 14./15.06.2008 und 21./22.06.2008 erlebt, als an jedem Tag zahlreiche Individuen abends mit lautem Brummen im Garten herumgeflogen sind, abends mit lautem Knistern an einem Grünschnitthaufen herumgelaufen sind, und teilweise morgens tot im Garten und im Hof gelegen sind. Vor diesen beiden Schwärmwochenenden hat Peter Findeisen (mündl. Mitt. 2008) nur manchmal gelegentlich einzelne Individuen des Hirschkäfers (*Lucanus cervus*) bemerkt, welche durch die Straße geflogen sind, und nach diesen beiden Schwärmwochenenden hat er gar keine Exemplare mehr festgestellt.

Schwärmabende des Hirschkäfers (*Lucanus cervus*) mit der Aktivität von jeweils mindestens ca. 10 - 20 Männchen und Weibchen pro Tag über mindestens eine Woche hinweg hat auch Ruth Schilling (mündl. Mitt. 2008) in einem Garten unterhalb des Friedhofes am nordöstlichen Ortsrand von Schriesheim im Juni 1994 erlebt, als an mehreren Abenden hintereinander zahlreiche Individuen aus dem Wurzelbereich eines teilweise mit Efeu bewachsenen abgesägten Stammes eines alten Kirschbaumes herausgekommen sind. Während an den meisten Abenden ca. 10 - 20 Männchen und Weibchen des Hirschkäfers (*Lucanus cervus*) pro Tag aufgetaucht sind, ist an einem Abend eine Invasion von mindestens 30 Exemplaren erfolgt, wohingegen vor und nach den Schwärmabenden jeweils nur etwa 5 Individuen pro Tag erschienen sind.

Schwärmabende des Hirschkäfers (*Lucanus cervus*) mit dem Erscheinen von jeweils mindestens ca. 10 - 20 Männchen und Weibchen pro Tag über mindestens eine Woche hinweg hat auch Dagmar Zimmermann (mündl. Mitt. 2008) in der Branichstraße im zentralen Bereich des Branich am Nordostrand von Schriesheim in einigen Jahren zwischen 1987 und etwa 2000 festgestellt, wohingegen vor und nach diesen Schwärmphasen nur einzelne Exemplare erschienen sind. Dagmar Zimmermann (mündl. Mitt. 2008) wohnt seit 1987 in der Branichstraße auf dem Branich in Schriesheim, und hat von 1987 bis etwa 2000 pro Jahr insgesamt bis zu 40 - 50 Männchen und Weibchen des Hirschkäfers (*Lucanus cervus*) registriert, wohingegen sie seit etwa 2000 pro Jahr insgesamt nur noch etwa 5 - 10 Männchen und Weibchen festgestellt hat und in 2008 sogar nur 2 Männchen entdeckt hat. In den Jahren von 1987 bis etwa 2000 hat Dagmar Zimmermann (mündl. Mitt. 2008) zeitweise so viele Individuen des Hirschkäfers (*Lucanus cervus*) gesehen, daß sie manchmal fast über die Männchen und Weibchen vor der Haustür gestolpert wäre und die toten Exemplare sogar mit einer Schaufel weggetragen hat.

6.3 Hirschkäfer an anderen Lokalitäten in Deutschland

Schwärmabende des Hirschkäfers (*Lucanus cervus*) mit dem Erscheinen von jeweils mindestens ca. 15 - 20 Männchen und Weibchen pro Tag über mindestens zwei bis vier Tage hinweg hat auch Peter Sandmaier (mündl. Mitt. 2008) in Jochenstein nördlich Engelhartszell ostsüdöstlich Passau im Donautal von 1982 bis 2007 in jedem Jahr erlebt, als im Biergarten des Gasthofes Kornexl an der Donau jeden Abend zahlreiche Exemplare um eine große Linde herumgeflogen sind, wobei er die Schwärmabende in jedem Jahr an Wochenenden über zwei bis vier Tage hintereinander beobachten konnte, wohingegen er in 2008 nicht in Jochenstein gewesen ist. Peter Sandmaier (mündl. Mitt. 2008) konnte damit über einen Zeitraum von 25 Jahren in jedem Jahr Schwärmabende des Hirschkäfers (*Lucanus cervus*) mit der Aktivität von jeweils mindestens ca. 15 - 20 Männchen und Weibchen pro Tag in Jochenstein dokumentieren. Über das Vorkommen des Hirschkäfers (*Lucanus cervus*) in den Donauleiten um Jochenstein hat auch Thym (2005) berichtet.

Einen Schwärmabend des Hirschkäfers (*Lucanus cervus*) hat auch Ulrike Schubach (mündl. Mitt. 2008) zusammen mit Lisa Bender in 2003 oder 2004 in der Nähe der Marienkapelle und des Waldfestplatzes am Waldrand östlich Ubstadt auf dem Weg in Richtung Zeutern erlebt, als mindestens 30 Individuen abends den Waldrand entlang und den Weg auf und ab geflogen sind, wohingegen sie dort etwa Mitte bis Ende Juli 2008 nur einzelne Exemplare am Boden und fliegend am Waldrand beobachtet hat.

Einen Schwärmabend des Hirschkäfers (*Lucanus cervus*) hat auch Horst Marthaler (mündl. Mitt. 2009) etwa 1990 im Viernheimer und Käfertaler Wald westlich Viernheim und nördlich Mannheim-Käfertal erlebt, als an einem Abend etwa 10 - 20 Männchen einen Weg im Wald entlanggeflogen sind.

Einen Schwärmabend des Hirschkäfers (*Lucanus cervus*) hat auch Gerd Pascher (mündl. Mitt. 2008) im Garten am Haus direkt am Waldrand in der Sonnenhalde am nordöstlichen Ortsrand von Mosbach-Diedesheim zwischen Ende Mai und Ende Juni 2007 erlebt, als an einem Abend zwischen 21.30 und 22 Uhr nacheinander über 20 Individuen (vorwiegend bis fast ausschließlich Männchen) einen übermannshohen Buchsbaum angeflogen haben, darin in einem begrenzten Ausschnitt gelandet sind und anschließend am Boden und auf der Terrasse gekrabbelt sind, bevor sie in der Dunkelheit wieder verschwunden sind, wohingegen am nächsten Tag keine Exemplare erschienen sind.

Schwärmabende des Hirschkäfers (*Lucanus cervus*) mit dem Auftreten von jeweils mindestens ca. 5 - 10 Individuen pro Tag hat auch Volker Klock (in Nückel 1999) Anfang bis Mitte Mai 1999 in Karlsruhe-Rüppurr über mehrere Wochen hinweg verfolgt, als er fast täglich etwa 5 - 10 Caput-Thorax-Torsi von Männchen des Hirschkäfers (*Lucanus cervus*) aufgesammelt hat, die ein ausgeprägtes nahezu allabendliches Schwärmen von zahlreichen Exemplaren widerspiegeln, welches fünf Jahre nach dem besonders heißen Sommer 1994 stattgefunden hat.

Schwärmabende des Hirschkäfers (*Lucanus cervus*) mit dem Erscheinen von jeweils mindestens ca. 15 - 30 Exemplaren pro Tag hat auch Frings (1897) in einem Wald südlich Bonn erlebt, wo er am 14.06.1891 insgesamt 28 Individuen (23 Männchen und 5 Weibchen), am 28.06.1892 insgesamt 16

Exemplare, und an jedem schwülen windstillen Abend im Juni 1893 und Juni 1894 insgesamt etwa 15 - 20 Individuen pro Abend beobachtet hat, welche meist in etwa 2 m Höhe herumgeflogen sind.

Über das Schwärmen von etwa 50 Exemplaren des Hirschkäfers (*Lucanus cervus*) an einem Birnbaum bei Freiburg im Juni 1954 hat Kless (1961) berichtet. Zucchi & Zucchi (1982) haben das Schwärmen von etwa 20 Individuen des Hirschkäfers (*Lucanus cervus*) um eine alte Fachwerkscheune an mehreren Abenden hintereinander im Juni in Oberweimar südlich Marburg beobachtet. Cornelius (1867) hat im Haardtbusch bei Wuppertal-Elberfeld vom 20.06.1867 bis 06.07.1867 ein Massenauftreten des Hirschkäfers (*Lucanus cervus*) registriert, wobei an etlichen Tagen zwischen 25 und 150 Exemplare pro Tag überwiegend auf dem Boden in der Umgebung von vermoderten Stümpfen und Wurzeln von Eichen herumgelaufen sind, wohingegen in den anderen Jahren dort deutlich weniger Individuen erschienen sind. Hachtel, Schmidt & Chmela (2006) und Hachtel, Schmidt, Chmela & Böhme (2007) haben die Meldung eines Vorkommens von etwa 100 Exemplaren des Hirschkäfers (*Lucanus cervus*) an einem alten Kirschbaum in Ramersdorf am Südostrand von Bonn in 2005 referiert. Weitzel (2005) hat den Hirschkäfer (*Lucanus cervus*) im Juni 2003 im Mattheiser Wald in Trier mehrfach beim Schwärmen beobachtet.

6.4 Hirschkäfer an anderen Lokalitäten in Osteuropa

Schwärmabende des Hirschkäfers (*Lucanus cervus*) mit der Aktivität von ca. 10 - 20 Individuen pro Tag hat auch Franz Lechner (mündl. Mitt. 2008) in Döbrököz östlich Dombóvár am Rand des Mecsek-Gebirges zwischen Balaton und Pécs in Ungarn festgestellt, wo er von 2003 bis 2007 alljährlich zahlreiche Männchen und Weibchen des Hirschkäfers (*Lucanus cervus*) abends in der Dämmerung an alten Holzlaternen am Straßenrand gesehen hat. An anderen Abenden sind dagegen dort nur ca. 5 - 10 oder noch weniger Individuen des Hirschkäfers (*Lucanus cervus*) erschienen. Die Exemplare des Hirschkäfers (*Lucanus cervus*) flogen dabei an die brennenden Lampen und saßen und liefen auch auf den Pfählen der Holzlaternen und auf dem Boden um die Holzlaternen herum. Nach dem Austausch der Holzpfosten der Straßenlaternen gegen Betonpfähle in 2008 waren deutlich weniger Individuen des Hirschkäfers (*Lucanus cervus*) dort vorhanden.

Schwärmabende des Hirschkäfers (*Lucanus cervus*) mit dem Auftauchen von ca. 20 - 30 Individuen pro Tag hat auch Erich Lehn (mündl. Mitt. 2008) vor etwa 15 Jahren in Balatonalmádi am Nordostende des Balaton in Ungarn erlebt, wo er an etlichen Tagen hintereinander zahlreiche Männchen und Weibchen des Hirschkäfers (*Lucanus cervus*) abends in der Dämmerung beobachtet hat, die in ca. 2 - 3 m Höhe über dem Boden entlang eines beidseits von Bäumen und Büschen gesäumten Weges in den Weinbergen auf halber Höhe am Hang in etwa 1 km Entfernung vom Balaton geflogen sind, und hat dort auch gelegentlich mehrere Männchen beim Rivalenkampf angetroffen.

Schwärmabende des Hirschkäfers (*Lucanus cervus*) hat auch Mamonov (1991) in Kiew in der Ukraine in 1974 und 1976 beobachtet, als während der Flugzeit von Mitte Juni bis Mitte Juli insgesamt mehrere hundert Exemplare in den Straßen des Goncharovka Bezirks, in dem die Pokrov Kathedrale liegt, abends nach Sonnenuntergang entlang und um die zahlreichen Kirschbäume in den Gärten und Straßen geflogen sind. Buettner (1857) hat berichtet, daß ein großer Schwarm von Individuen des Hirschkäfers (*Lucanus cervus*) von der lettischen Küste aus über die Ostsee geflogen ist und bei Liepaja (damals Liebau) am Strand angeschwemmt wurde (vgl. auch Hagen 1861 b, Cornelius 1867, Mamonov 1991). Jander (1901) hat in der Umgebung von Trencín im Váhtal nordöstlich Bratislava in der Slowakei (damals in Ungarn) in einer Streuobstwiese an einem Berghang an einem wilden Birnbaum wahrscheinlich über 50 Exemplare des Hirschkäfers (*Lucanus cervus*) an den Zweigen sitzend gesehen und hat auch in den Obstgärten des Ortes abends zahlreiche Individuen um die Bäume schwärmend bemerkt.

Das Schwärmen von Männchen des Hirschkäfers (*Lucanus cervus*) wird auch durch von Weibchen abgesonderte Duftstoffe stimuliert. Haaber (in Cornelius 1868; vgl. auch Taschenberg 1929, Simpig 1912, Heymons 1915, Escherich 1923, Rammner 1933, Bardorff 1952, Gjurasin 1987, Mamonov 1991) hat bei Prag in Tschechien am 11.07.1862 an einem Eichenstamm ein Weibchen des Hirschkäfers (*Lucanus cervus*) mit einem schwarzen Seidenfaden festgebunden und hat dann im Verlauf von etwa 1,5 Stunden insgesamt etwa 75 anfliegende Männchen registriert, welche um den Baum herumgeschwärmt sind. Das Anlocken von Männchen des Hirschkäfers (*Lucanus cervus*) durch von Weibchen segregierte Duftstoffe wird auch durch Beobachtungen belegt, bei denen Männchen bei Annäherung und Kopulationsversuchen mit toten überfahrenen Weibchen angetroffen wurden (Langton 1967, Clemons 1982, Bowdrey 1997, Rummel 2002, Hawes 2005 a).

6.5 Hirschkäfer an anderen Lokalitäten in Südeuropa

Schwärmabende des Hirschkäfers (*Lucanus cervus*) mit dem Erscheinen von jeweils mindestens ca. 30 Männchen und Weibchen pro Tag an mehreren Tagen hintereinander hat auch Horst Gruhlke (mündl. Mitt. 2008) bei Stresa am Westufer des Lago Maggiore in Nordwestitalien etwa Ende Juni/Anfang Juli 1998 erlebt, wo abends im Dunkeln zahlreiche Individuen innerhalb von jeweils etwa 2 Stunden am Ufer des Sees über das Wasser geflogen sind.

Einen Schwärmtag des Hirschkäfers (*Lucanus cervus*) mit dem Auftauchen von mindestens ca. 30 Männchen und Weibchen hat auch Bernhard Heil (mündl. Mitt. 2008) bei Ranco an der Südspitze des Lago Maggiore in Nordwestitalien vor etwa 20 Jahren erlebt, als an einem Tag mittags zahlreiche Exemplare um große Pappeln in etwa 10 m Entfernung vom Seeufer herumgeflogen sind, wohingegen an den nächsten drei Tagen dort jeweils nur noch einzelne Individuen erschienen sind.

Einen Schwärmtag des Hirschkäfers (*Lucanus cervus*) mit dem Auftauchen von etwa 30 Exemplaren hat auch Horak (1975) in Malinska auf der Insel Krk südlich Rijeka in Kroatien in 1975 erlebt, als nachmittags gegen 14.30 Uhr am Strand zahlreiche Individuen um mehrere Sträucher herumgeflogen sind, die um eine Eiche herumgestanden sind, wohingegen an den anderen Tagen dort deutlich weniger Individuen herumgeflogen sind. Im Vergleich zu anderen Jahren hat Horak (1975) bezogen auf den Standort Malinska auf Krk in Kroatien das Jahr 1975 als ein ausgesprochenes Hirschkäfer-Jahr bezeichnet.

Schwärmabende des Hirschkäfers (*Lucanus cervus*) mit dem Erscheinen von jeweils mindestens ca. 50 Exemplaren pro Tag über etwa eine Woche hinweg hat auch Anke Gunther-Theil (mündl. Mitt. 2008) in Kamcia südlich Varna in Bulgarien an der Küste des Schwarzen Meeres in 1982 erlebt, wo abends in der Dämmerung zahlreiche Individuen sich am Wegrand gesammelt haben und dann in einem ca. 20 cm breiten ungeordneten Strom über den Weg nahe dem Strand gelaufen sind und teilweise miteinander gekämpft haben, sowie in Kopfhöhe über den Weg geflogen sind und wiederholt bei Spaziergängern auf dem Kopf und auf dem Oberkörper gelandet sind. Die ameisenstraßenähnlichen begrenzten Ströme über den Weg waren schwarz durch die vielen Exemplare des Hirschkäfers (*Lucanus cervus*), welche in einer langgezogenen Schlange kompanieartig den Weg überquert haben.

Einen Schwärmabend des Hirschkäfers (*Lucanus cervus*) hat auch Floericke (1924) in Montenegro erlebt, als über Hundert Exemplare auf einer Waldlichtung, auf der ein Lagerfeuer brannte, eine alte knorrige Eiche angeflogen haben und eines davon statt dessen auf seiner verschossenen Lodenjoppe gelandet ist und darauf an ihm heraufgeklettert ist. Bowdrey (1997) hat berichtet, daß einmal ein Schwarm von Exemplaren des Hirschkäfers (*Lucanus cervus*) auf der Strickjacke einer auf der Straße spazierenden Frau gelandet ist und sich darauf derart festgeklammert hat, daß die Individuen von Passanten vorsichtig von der Strickjacke entfernt werden mußten.

6.6 Hirschkäfer an anderen Lokalitäten in Westeuropa

Einen Schwärmabend des Hirschkäfers (*Lucanus cervus*) mit dem Auftreten von etwa 10 - 15 Männchen hat auch Manfred Häuselmann (mündl. Mitt. 2008) bei Colmar auf einer Lichtung im Wald in 1996 erlebt, als abends zahlreiche Exemplare den Waldrand entlanggeflogen sind und auch um den Hochsitz herumgeflogen sind. Einen Schwärmabend des Hirschkäfers (*Lucanus cervus*) mit dem Erscheinen von zahlreichen Individuen, welche aus einer alten Eiche herausgekommen sind, am 30.05.1992 in Meinier in der Umgebung von Genf hat Wüest (1993) gemeldet. Schwärmabende des Hirschkäfers (*Lucanus cervus*) hat auch Bevierre (1984) in Bougival in der Umgebung von Paris beobachtet, wo Anfang Juli 1983 an jedem Abend etwa 50 Exemplare in einer Straße, welche einen Wald aus Eichen und Kastanien durchquert, herumgeflogen sind.

Carrière (1989) hat in der Nähe von Minerve im Languedoc an einem späten Nachmittag Mitte Juli 1988 etwa 100 Männchen des Hirschkäfers (*Lucanus cervus*) registriert, welche in etwa 2 - 4 m Höhe von Osten nach Westen geflogen sind. Bizely (1984) hat von einem Schwärmabend des Hirschkäfers (*Lucanus cervus*) in Leatherhead in England berichtet, wo Hunderte von Exemplaren derart konzentriert über die Gärten geflogen sind, daß die Luft quasi voll von Individuen war und etliche Beobachter sich beim Auflug der Schwärme ducken mußten. Hawes (1998 a) hat einen Schwärmabend des Hirschkäfers (*Lucanus cervus*) in Holbrook in Suffolk in England referiert, wo ein Beobachter bei 50 Exemplaren mit dem Zählen aufgehört hat und geschätzt hat, daß mindestens die doppelte Anzahl an Individuen herumgeflogen ist. Dutreix (1974) hat in Vincennes in der Umgebung von Paris am 17.06.1973 etwa 20 Individuen des Hirschkäfers (*Lucanus cervus*) bemerkt, welche um den Stamm eines Kastanienbaumes herumgelaufen und herumgeflogen sind, und Gonon (1975) hat von Schwärmabenden des Hirschkäfers (*Lucanus cervus*) in der Nähe von Peyraud (Ardèche) berichtet, wo in jedem Jahr zwischen dem 20. Juni und dem 15. Juli über einen Zeitraum von 1 - 2 Wochen an jedem Abend jeweils mehr als 20 Männchen um die Bäume in einem Park herumgeflogen sind. Companyo (1863 : zitiert in Lacroix 1968, Paulian & Baraud 1982) hat eine schwarmartige Migration beobachtet, als bei großer Trockenheit eine Wolke aus Exemplaren des Hirschkäfers (*Lucanus cervus*), welche die (vermutlich bereits tiefstehende) Sonne verdeckt hat, eine weite Ebene durchquert hat. Donisthorpe (1935) hat als Reste eines Schwärmens des Hirschkäfers (*Lucanus cervus*) am 03.07.1935 auf einer Straße außerhalb von Windsor Forest in England Hunderte überfahrener Weibchen auf einer Strecke von etwa 1 Meile gesehen. Smith (1959) hat am 09.06.1959 auf einem kurzen Intervall einer Straße in der Nähe der Tennisplätze in Slough in Buckinghamshire in England insgesamt 23 fliegende und laufende Individuen des Hirschkäfers (*Lucanus cervus*) registriert, von denen 11 Männchen und 12 Weibchen waren, und hat im Sommer 1959 noch mehrmals fliegende Exemplare um die Bäume in der Umgebung der Tennisanlage gesehen.

Sprecher-Uebersax & Durrer (1998 a) und Sprecher-Uebersax (2001) haben berichtet, daß regelmäßige Untersuchungen von fünf Standorten des Hirschkäfers (*Lucanus cervus*) in der Region Basel über zehn Jahre hinweg ergeben haben, daß jedes Jahr ein Abend mit Spitzenfrequenzen zu verzeichnen ist, an welchem weit mehr Exemplare fliegen als an allen anderen Abenden, obwohl auch an anderen Abenden vergleichbare Verhältnisse hinsichtlich Temperatur und Wind vorherrschen, und deshalb konzentriert sich das Ausschwärmen der Individuen hauptsächlich auf einen einzigen milden Abend. Die Hauptflugzeit des Hirschkäfers (*Lucanus cervus*) im Raum Basel beschränkt sich auf wenige Abende im Juni von ca. 21.15 Uhr bis ca. 22 Uhr (Sprecher-Uebersax 1995).

6.7 Balkenschröter

Den zweiten Vertreter der Hirschkäfer-Familie Lucanidae, den Balkenschröter (*Dorcus parallelepipedus*), habe ich an den Standorten Tairnbach, Nußloch und Walldorf in 2007 und 2008 immer wieder in einzelnen Individuen angetroffen, ohne daß ich eine zeitliche Häufung des Auftretens feststellen konnte. Mit dem Balkenschröter (*Dorcus parallelepipedus*) vergesellschaftet ist häufig auch der Große Pestwurz-Rüsselkäfer (*Liparus glabrirostris*), welcher besonders nachmittags und abends auf den asphaltierten Wegen am Waldrand an den Standorten Tairnbach und Nußloch in einzelnen Exemplaren gemeinsam mit dem zweiten Vertreter der Hirschkäfer-Familie Lucanidae zu finden ist.

6.8 Sägebock

Den Sägebock (*Prionus coriarius*) habe ich am Standort Tairnbach mit ersten Exemplaren am 12.07.2008 entdeckt. Der Flug des Sägebocks (*Prionus coriarius*) ist ebenso wie der Flug des Hirschkäfers (*Lucanus cervus*), welche beide jeweils suchend entlang der Bäume patrouillieren oder die Bäume umkreisen, elegant und majestätisch und erfolgt oft in weit ausholenden Bahnen. Aufgrund des ähnlichen Flugverhaltens hätte ich den Sägebock (*Prionus coriarius*) auf den ersten Blick fast mit dem Hirschkäfer (*Lucanus cervus*) verwechselt, von dem ich jedoch zu diesem Zeitpunkt schon lange keine fliegenden Exemplare mehr, sondern nur gelegentlich noch laufende Individuen beobachtet hatte. Vom 12.07.2008 bis 10.08.2008 habe ich an den meisten Abenden jeweils einzelne fliegende und laufende Exemplare des Sägebocks (*Prionus coriarius*) gesehen, wohingegen ein Schwärmabend mit zahlreichen Individuen nicht stattgefunden hat.

Am 13.07.2008, 20.07.2008, 26.07.2008, 29.07.2008, 30.07.2008, 03.08.2008, 04.08.2008, 05.08.2008, 07.08.2008 und 09.08.2008 habe ich dagegen keine fliegenden und laufenden Individuen des Sägebocks (*Prionus coriarius*) bemerkt. Am 21.07.2008, 08.08.2008, 11.08.2008 und 12.08.2008 fanden abends starke Regenfälle oder Gewitter statt, und deshalb habe ich an diesen Abenden keine Beobachtungen durchgeführt. Die letzten Exemplare des Sägebocks (*Prionus coriarius*) habe ich am Standort Tairnbach am 10.08.2008 festgestellt, wohingegen ich vom 12.08.2008 bis 15.08.2008 keine Individuen mehr angetroffen habe. Die Ergebnisse meiner Beobachtungen des Hirschkäfers (*Lucanus cervus*) und des Sägebocks (*Prionus coriarius*) am Standort Tairnbach vom 01.06.2008 bis 15.08.2008 sind in den Tabellen im Anhang zusammengestellt.

Michael Josephy (mündl. Mitt. 2008) hat am Dachsbuckel am Südrand von Heidelberg-Emmertsgrund in 2006 an mehreren aufeinanderfolgenden Tagen Schwärmabende des Sägebocks (*Prionus coriarius*) erlebt, als zahlreiche Individuen am Waldrand um die Bäume geflogen sind, wohingegen er vor und nach den wenigen Schwärmabenden nur einzelne Exemplare beobachtet hat. In 2008 hat Michael Josephy (mündl. Mitt. 2008) dort dagegen nur einzelne Individuen des Sägebocks (*Prionus coriarius*) gesehen und hat keinen Schwärmabend festgestellt. Schwärmabende des Sägebocks (*Prionus coriarius*) haben auch Rammner (1933), Weckwerth (1954) und Kühnel & Neumann (1979) berichtet.

6.9 Nashornkäfer

In der Siechsteige in Adelsheim, wo er schon immer wohnt, hat Hansjörg Götz (mündl. Mitt. 2008) neben dem Hirschkäfer (*Lucanus cervus*) seit etwa 15 Jahren auch Individuen des Nashornkäfers (*Oryctes nasicornis*) festgestellt, seit damals in Komposterde zahlreiche Larven (Engerlinge) des Nashornkäfers gefunden wurden. In den meisten Jahren hat Hansjörg Götz (mündl. Mitt. 2008) nur einzelne Exemplare des Nashornkäfers (*Oryctes nasicornis*) bemerkt, welche meist um das Haus und besonders um den Dachgiebel herumgeflogen sind, wohingegen er etwa Ende Mai/Anfang Juni 2007 an mehreren Tagen hintereinander Schwärmabende mit jeweils etwa 10 - 20 Individuen erlebt hat, wobei vor und nach den etwa 3 Schwärmabenden ebenfalls nur einzelne Exemplare aufgetreten sind.

Das abendliche Schwärmen zahlreicher Exemplare des Nashornkäfers (*Oryctes nasicornis*) haben unter anderen auch Minck (1916), Richter (1936), Busch (1937 a), Wolf (in Busch 1937 b), Bourgin (1949 b), Henschel (1962), Wolf (1963), Strojny (1970), Peschel (1998) und Zahradník & Severa (2000) beschrieben.

7 Häufigkeitsverhältnis Männchen : Weibchen

Beim Hirschkäfer (*Lucanus cervus*) und ebenso beim Aurorafalter (*Anthocaris cardamines*) und beim Zitronenfalter (*Gonepteryx rhamni*) habe ich signifikante Disproportionen im Häufigkeitsverhältnis Männchen : Weibchen mit einer markanten Dominanz der Männchen gegenüber den Weibchen bemerkt. Meine eigenen Ergebnisse werden durch eine Literaturübersicht des Häufigkeitsverhältnisses Männchen : Weibchen des Hirschkäfers (*Lucanus cervus*) in Populationen an anderen Lokalitäten und in Ansammlungen von Opfern im Verkehr ergänzt.

7.1 Hirschkäfer am Standort Tairnbach

Aus meinen Beobachtungen der fliegenden und laufenden Männchen und Weibchen des Hirschkäfers (*Lucanus cervus*) am Standort Tairnbach an dem Schwärmabend am 05.06.2008 sowie am zweiten und am dritten Tag nach dem Schwärmabend am 07.06.2008 und am 08.06.2008 schließe ich auf ein Häufigkeitsverhältnis Männchen : Weibchen von etwa 1,5 : 1 bis 2 : 1 oder sogar bis etwa 2,5 : 1 zumindest in den ersten zehn Tagen des Juni. Die Männchen überwogen besonders im ersten Teil der Flugperiode des Hirschkäfers (*Lucanus cervus*) von etwa Anfang bis Mitte Mai bis etwa Mitte bis Ende Juli oder Anfang August, wohingegen im zweiten Teil der Flugzeit die Überzahl der Männchen sich immer mehr reduzierte, dann die Häufigkeit von Männchen und Weibchen vorübergehend ausgeglichen war, und schließlich die Weibchen dominierten. Gegen Ende der Flugzeit fanden sich dann fast nur noch einzelne Weibchen des Hirschkäfers (*Lucanus cervus*), wohingegen keine Männchen mehr beobachtet werden konnten.

An dem Schwärmabend am 05.06.2008, als am Standort Tairnbach ca. 25 - 30 Männchen und Weibchen des Hirschkäfers (*Lucanus cervus*) in einer Höhe bis ca. 20 m über dem Boden um die Bäume am Waldrand flogen, setzten sich diese zahlreichen schwärmenden Individuen aus ca. 20 - 25 Männchen und ca. 5 - 10 Weibchen zusammen. Insgesamt habe ich am Standort Tairnbach vom 01.06.2008 bis 15.08.2008 ca. 64 - 78 Exemplare des Hirschkäfers (*Lucanus cervus*) beobachtet, von denen ca. 32 - 40 Männchen und ca. 32 - 38 Weibchen waren. Die Ergebnisse meiner Beobachtungen des Hirschkäfers (*Lucanus cervus*) am Standort Tairnbach vom 01.06.2008 bis 15.08.2008 sind in den Tabellen im Anhang zusammengestellt.

7.2 Hirschkäfer in Populationen an anderen Lokalitäten

Ein Häufigkeitsverhältnis Männchen : Weibchen von etwa 2 : 1 hat auch Franz Lechner (mündl. Mitt. 2008) in Döbrököz östlich Dombóvár am Rand des Mecsek-Gebirges zwischen Balaton und Pécs in Ungarn festgestellt, wo er von 2003 bis 2007 alljährlich zahlreiche Männchen und Weibchen des Hirschkäfers (*Lucanus cervus*) abends in der Dämmerung an alten Holzlaternen am Straßenrand gesehen hat. An Schwärmabenden waren dort ca. 10 - 20 Exemplare des Hirschkäfers (*Lucanus cervus*) mit einem Häufigkeitsverhältnis Männchen : Weibchen von etwa 2 : 1 aktiv, wohingegen an anderen Abenden nur ca. 5 - 10 oder noch weniger Individuen erschienen sind. Die Exemplare des Hirschkäfers (*Lucanus cervus*) flogen dabei an die brennenden Lampen und saßen und liefen auch auf den Pfählen der Holzlaternen und auf dem Boden um die Holzlaternen herum. Nach dem Austausch der Holzpfosten der Straßenlaternen gegen Betonpfähle in 2008 waren deutlich weniger Individuen des Hirschkäfers (*Lucanus cervus*) dort vorhanden.

Ein Häufigkeitsverhältnis Männchen : Weibchen von etwa 2 : 1 hat auch Gunter Glasbrenner (mündl. Mitt. 2008) im Hochholz südlich Walldorf, im Dannhecker Wald am nordöstlichen Ortsrand von Walldorf und im Waldgebiet Schwetzinger Hardt am nordwestlichen Ortsrand von Walldorf registriert, wo er von 1993 bis 2008 in fast jedem Jahr insgesamt etwa 5 - 10 Individuen des Hirschkäfers (*Lucanus cervus*), von denen etwa zwei Drittel Männchen und etwa ein Drittel Weibchen waren, pro Jahr überwiegend am Boden und an Bäumen sowie gelegentlich auch fliegend gesehen hat.

In der Literatur wurden als Werte für das Häufigkeitsverhältnis Männchen : Weibchen des Hirschkäfers (*Lucanus cervus*) unter anderen 1,1 : 1 (Hawes 2005 a), 1,25 : 1 (Rink 2007, Rink & Sinsch 2007 a), 3 : 1 (Fremlin 2008, 2009), 4 : 1 (Fricken 1906, Krahmer 1956, Rummel 2002), 4,5 : 1 (Frings 1897, Ochse 1993), 5 : 1 (Mamonov 1991), 6 : 1 (Cornelius 1867, Taschenberg 1929, Hochgreve 1934, Kühnel & Neumann 1981, Mamonov 1991, Franciscolo 1997) und 8 : 1 - 10 : 1 (Sprecher-Uebersax 2001) genannt. Tochtermann (1992) hat eine Veränderung des Häufigkeitsverhältnisses Männchen : Weibchen des Hirschkäfers (*Lucanus cervus*) von 3 : 1 bis 4 : 1 am Anfang der Aktivitätsphase über 1,5 : 1 in der Mitte der Aktivitätsphase zu 0,5 : 1 bis 0,7 : 1 am Ende der Aktivitätsphase der Individuen berichtet und hat dies auf eine höhere Mortalitätsrate der Männchen zurückgeführt, welche in Schutzhaltung über den Weibchen sitzen und deshalb meist als erste von Feinden gefressen werden.

Bowdrey (1997) hat in 1996 eine ähnliche Verschiebung des Häufigkeitsverhältnisses Männchen : Weibchen des Hirschkäfers (*Lucanus cervus*) von 1,75 : 1 im Juni über 0,75 : 1 im Juli zu 0,30 : 1 im August festgestellt, und Hawes (2005 a) hat in 1998 und 2002 eine Änderung des Häufigkeitsverhältnisses Männchen : Weibchen von 1,58 : 1 bzw. 1,79 : 1 in Mai und Juni zu 0,62 : 1 bzw. 0,53 : 1 in Juli und August ermittelt. Mamonov (1991) hat in Kiew in der Ukraine in 1974 und 1976 in der Regel ein Häufigkeitsverhältnis Männchen : Weibchen des Hirschkäfers (*Lucanus cervus*) von 5 : 1 bis 6 : 1 beobachtet, welches sich während der Schwärmphasen auf 10 : 1 bis 15 : 1 gesteigert hat.

7.3 Hirschkäfer in Ansammlungen von Opfern im Verkehr

Hawes (1992, 1998 a, 1999 a, 2000 c, 2002 b, 2003 a, 2003 b, 2003 c, 2004 a, 2004 b, 2005 a, 2005 b,

2006 a, 2007 a, 2008 b, 2008 e) hat Verluste von Individuen des Hirschkäfers (*Lucanus cervus*) aufgrund von Überfahren und Zertreten auf Straßen und Wegen durch den Verkehr von Fahrzeugen und Fußgängern durch regelmäßige Kartierung und Zählung erfaßt und hat dabei festgestellt, daß bei den durch den Verkehr auf Straßen und Wegen in erheblicher Anzahl getöteten Exemplaren des Hirschkäfers (*Lucanus cervus*) das Häufigkeitsverhältnis Männchen : Weibchen meist etwa 1 : 2 bis 1 : 3 oder sogar bis 1 : 3,5 beträgt und in einigen Abschnitten und Perioden sogar überwiegend oder fast ausschließlich Weibchen dem Verkehr zum Opfer fallen, wobei er in letzteren Fällen ein Häufigkeitsverhältnis Männchen : Weibchen von etwa 1 : 7 notiert hat (Hawes 1998 a).

7.4 Aurorafalter

Eine ähnlich markante Disproportion im Häufigkeitsverhältnis Männchen : Weibchen mit einer ausgeprägten Dominanz der Männchen gegenüber den Weibchen wie beim Hirschkäfer (*Lucanus cervus*) habe ich auch beim Aurorafalter (*Anthocaris cardamines*) an den Standorten Nußloch und Tairnbach in 2007 und 2008 festgestellt, wo ich das Häufigkeitsverhältnis Männchen : Weibchen auf etwa 3 : 1 oder sogar bis etwa 4 : 1 schätze.

7.5 Zitronenfalter

Eine ähnlich markante Disproportion im Häufigkeitsverhältnis Männchen : Weibchen mit einer ausgeprägten Dominanz der Männchen gegenüber den Weibchen wie beim Hirschkäfer (*Lucanus cervus*) habe ich auch beim Zitronenfalter (*Gonepteryx rhamni*) am Standort Nußloch in 2008 sowie an diversen Standorten in Odenwald, Schwarzwald und Vogesen in 2007 registriert, wo ich das Häufigkeitsverhältnis Männchen : Weibchen auf etwa 2 : 1 oder sogar bis etwa 3 : 1 schätze.

8 Meteorologie und Astronomie

Meteorologische und astronomische Einflußfaktoren auf die Häufigkeit des Erscheinens von fliegenden und laufenden Männchen und Weibchen des Hirschkäfers (*Lucanus cervus*) am Standort Tairnbach werden anhand von Neumond, Vollmond, Halbmond, Eisheiligen, Schafskälte, Julikälte und Augustkälte dargelegt sowie durch Angaben zu Temperaturen und Wind an den Studienabenden erläutert. Dabei werden auch Resultate der Beobachtungen des Sägebocks (*Prionus coriarius*), des Gold-Rosenkäfers (*Cetonia aurata*) und des Waldmaikäfers (*Melolontha hippocastani*) sowie Ergebnisse der Untersuchungen verschiedener Schmetterlinge und anderer Insekten zu Vergleichszwecken herangezogen. Der meteorologische Hintergrund wird anhand der Abfolge der fünf längeren Perioden sommerlich warmen und sonnigen Wetters in Frühling und Sommer 2008 skizziert, welche von kürzeren Intervallen wechselhaften Wetters mit reduzierten Temperaturen, verstärkter Bewölkung, vermehrten Niederschlägen und phasenweise stärkerem Wind unterbrochen und getrennt wurden, und die Verteilung von Helligkeit und Dämmerung wird durch Angaben zu der Länge des Tages von Sonnenaufgang bis Sonnenuntergang illustriert. Der festgestellte Zusammenhang zwischen dem lunaren Zyklus und den Schwärmzeiten von Hirschkäfer (*Lucanus cervus*), Gold-Rosenkäfer (*Cetonia aurata*) und Waldmaikäfer (*Melolontha hippocastani*) sowie des maximalen Auftretens des Aurorafalters (*Anthocaris cardamines*), des Baumweißlings (*Aporia crataegi*) und anderer Insekten in 2008 soll in den kommenden Jahren durch weitere Beobachtungen untermauert werden, wobei insbesondere der Einfluß des Neumondes auf das Schwärmverhalten verschiedener Insekten durch zusätzliche Beispiele näher erhärtet werden soll.

Die nachstehende Übersicht der meteorologischen und astronomischen Einflußfaktoren auf die Häufigkeit des Erscheinens von fliegenden und laufenden Männchen und Weibchen des Hirschkäfers (*Lucanus cervus*) sowie von anderen Insekten beinhaltet die Zeiträume vor und nach den fünf Perioden sommerlichen Wetters in Frühling und Sommer 2008, die Abfolge der fünf Perioden sommerlichen Wetters in Frühling und Sommer 2008, den Neumond im Frühling zwischen den Eisheiligen und der Schafskälte sowie vor den Eisheiligen, den Halbmond im Frühling zwischen den Eisheiligen und der Schafskälte, Neumond und Vollmond in Frühling und Sommer nach der Schafskälte, den Neumond im

Sommer vor der Julikälte und in den Hundstagen nach der Julikälte, den Vollmond am Übergang der Hundstage im Sommer in die Augustkälte, den Neumond im Spätsommer und im Herbst; Temperaturen und Wind zwischen Eisheiligen und Schafskälte, zwischen Schafskälte und Julikälte, während der Hundstage nach der Julikälte, während der Augustkälte nach den Hundstagen und im Spätsommer nach der Augustkälte; und Länge des Tages von Sonnenaufgang bis Sonnenuntergang.

8.1 Zeitraum vor den fünf Perioden sommerlichen Wetters in Frühling und Sommer 2008

In Frühling und Sommer 2008 wurden fünf längere Perioden sommerlich warmen und sonnigen Wetters mit Tageshöchsttemperaturen von ca. 25 - 28 Grad Celsius und mehr von jeweils kürzeren Intervallen wechselhaften Wetters mit reduzierten Temperaturen, verstärkter Bewölkung, vermehrten Niederschlägen und phasenweise stärkerem Wind unterbrochen und getrennt. Die erste längere Periode sommerlich warmen und sonnigen Wetters dauerte vom 02.05.2008 bis zum 14.05.2008 und erstreckte sich über 13 Tage, und endete mit dem Einsetzen der Eisheiligen, welche das Intervall vom 15.05.2008 bis 18.05.2008 belegt haben. Die zweite längere Periode sommerlich warmen und sonnigen Wetters hielt vom 19.05.2008 bis zum 12.06.2008 an und umfaßte 25 Tage, und lief mit dem Beginn der Schafskälte aus, welche die Etappe vom 13.06.2008 bis 17.06.2008 ausgefüllt hat. Die dritte längere Periode sommerlich warmen und sonnigen Wetters dauerte vom 18.06.2008 bis zum 05.07.2008 und erstreckte sich über 18 Tage, und endete mit dem Einsetzen der Julikälte, welche das Intervall vom 06.07.2008 bis 22.07.2008 belegt hat. Die vierte längere Periode sommerlich warmen und sonnigen Wetters hielt vom 23.07.2008 bis zum 07.08.2008 an und umfaßte 16 Tage, und lief mit dem Einsetzen der Augustkälte aus, welche die Etappe vom 08.08.2008 bis 23.08.2008 ausgefüllt hat. Die fünfte längere Periode sommerlich warmen und sonnigen Wetters dauerte vom 24.08.2008 bis zum 02.09.2008 und erstreckte sich über 10 Tage, und endete mit dem Einsetzen einer Übergangsphase zum Herbst, welche das Intervall vom 03.09.2008 bis 12.09.2008 belegt hat.

Mit dem Beginn des Frühlings zum Vollmond am 21.03.2008 erfolgte ein markanter Einbruch winterlich kalten Wetters mit Schnee bis in das Flachland und einer dicken geschlossenen Schneedecke im Bergland (unter anderen in Teilen von Odenwald, Schwarzwald, Vogesen, Taunus und Hunsrück), welcher bis kurz vor den abnehmenden Halbmond am 29.03.2008 andauerte und dann von dem Beginn einer Periode wechselhaften Wetters mit weitgehend milden Temperaturen beendet wurde, die etwa bis zum zunehmenden Halbmond am 12.04.2008 anhielt. In diesem Osterwinter am Anfang des Frühlings wurden in den genannten Bergländern dickere Schneedecken erreicht als im vorangegangenen Winter. Der Osterwinter in 2008 stand in markantem Gegensatz zum Ostersommer in 2007, als kurz nach dem Neumond am 02.04.2007 wenige Tage vor Ostern eine längere Periode sommerlich warmen und sonnigen Wetters einsetzte, welche über mehrere Wochen anhielt. Nach dem zunehmenden Halbmond am 12.04.2008 fand nochmals ein Intermezzo winterlich kalten Wetters statt, welches jedoch weniger stark ausgeprägt war als der Osterwinter und keinen Schnee mehr in das Flachland brachte.

Erst nach dem Ende dieses zweiten Intervalls winterlich kalten Wetters im Frühling begann nach dem Vollmond am 20.04.2008 nach einer Übergangsphase eine Serie von fünf längeren Perioden sommerlich warmen und sonnigen Wetters. Die Tageshöchsttemperatur von 20 Grad Celsius wurde erstmals am 20.04.2008 erreicht, die Tageshöchsttemperatur von 25 Grad Celsius wurde erstmals am 27.04.2008 erreicht, und die Tageshöchsttemperatur von 30 Grad Celsius wurde erstmals am 27.05.2008 erreicht.

8.2 Abfolge der fünf Perioden sommerlichen Wetters in Frühling und Sommer 2008

Die erste längere Periode sommerlich warmen und sonnigen Wetters war mit 13 Tagen Dauer die zweitkürzeste von allen fünf Schönwetterperioden im Sommer 2008. Die erste längere Periode sommerlich warmen und sonnigen Wetters begann kurz vor dem Neumond am 05.05.2008 und endete mit dem Einsetzen der in diesem Jahr verspäteten und abgeschwächten Eisheiligen vor dem Vollmond am 20.05.2008. Diese erste Schönwetterperiode vom 02.05.2008 bis 14.05.2008 vor den Eisheiligen vom

15.05.2008 bis 18.05.2008 wurde nicht von Gewittern und Regenfällen unterbrochen, und der Zeitraum von wenige Tage vor dem Neumond am 05.05.2008 bis wenige Tage nach dem zunehmenden Halbmond am 12.05.2008 war eine ausgeprägte Phase besonders stabilen sonnigen Wetters ohne Niederschläge, welche sich in dieser Stabilität im ganzen Sommer 2008 nicht wiederholt hat. In das Intermezzo der Eisheiligen mit kühlerem und wechselhaftem Wetter vom 15.05.2008 bis 18.05.2008 waren keine Tage sommerlich warmen und sonnigen Wetters eingeschaltet.

Die zweite längere Periode sommerlich warmen und sonnigen Wetters war mit 25 Tagen Dauer die längste von allen fünf Schönwetterperioden im Sommer 2008. Die zweite längere Periode sommerlich warmen und sonnigen Wetters begann mit dem Auslaufen der Eisheiligen vor dem Vollmond am 20.05.2008 und endete mit dem Einbruch der Schafskälte vor dem Vollmond am 18.06.2008. Diese zweite Schönwetterperiode vom 19.05.2008 bis 12.06.2008 zwischen den Eisheiligen vom 15.05.2008 bis 18.05.2008 und der Schafskälte vom 13.06.2008 bis 17.06.2008 wurde mehrfach von starken Gewittern und Regenfällen unterbrochen (besonders am 30.05.2008, 31.05.2008, 02.06.2008, 04.06.2008 und 12.06.2008), welche in der Phase von wenige Tage nach dem abnehmenden Halbmond am 28.05.2008 bis wenige Tage nach dem Neumond am 03.06.2008 verstärkt aufgetreten sind, und in dieser zweiten Schönwetterperiode wurde am 27.05.2008 erstmals die Tageshöchsttemperatur von 30 Grad Celsius erreicht. Mit dem Einsetzen der nächsten Phase erhöhter Niederschläge wenige Tage nach dem zunehmenden Halbmond am 10.06.2008 begann die Schafskälte, welche am Tag vor dem Vollmond am 18.06.2008 endete. In das Intermezzo der Schafskälte mit kühlerem und wechselhaftem Wetter vom 13.06.2008 bis 17.06.2008 waren keine Tage sommerlich warmen und sonnigen Wetters eingeschaltet.

Die dritte längere Periode sommerlich warmen und sonnigen Wetters war mit 18 Tagen Dauer die zweitlängste von allen fünf Schönwetterperioden im Sommer 2008. Die dritte längere Periode sommerlich warmen und sonnigen Wetters begann nach dem Abschluß der Schafskälte am Tag vor dem Vollmond am 18.06.2008 und endete mit der Einschaltung der Julikälte mit kühlerem und wechselhaftem Wetter nach dem Neumond am 03.07.2008. Diese dritte Schönwetterperiode vom 18.06.2008 bis 05.07.2008 nach der Schafskälte vom 13.06.2008 bis 17.06.2008 wurde nur gelegentlich von Gewittern und Regenfällen unterbrochen (besonders am 25.06.2008 und 03.07.2008). Die Julikälte mit kühlerem und wechselhaftem Wetter vom 06.07.2008 bis 22.07.2008 dauerte über den Vollmond am 18.07.2008 hinaus an und hatte mit zurückgegangenen Temperaturen, verstärkter Bewölkung, vermehrten Niederschlägen und phasenweise stärkerem Wind eher herbstlichen Charakter, und ähnelte in vielen Abschnitten den kühlen und feuchten Phasen der Eisheiligen und der Schafskälte. In das Intervall der Julikälte mit kühlerem und wechselhaftem Wetter vom 06.07.2008 bis 22.07.2008 waren immer wieder einzelne Tage sommerlich warmen und sonnigen Wetters eingeschaltet (besonders am 10.07.2008, 11.07.2008, 14.07.2008, 15.07.2008, 16.07.2008, 19.07.2008 und 20.07.2008).

Die vierte längere Periode sommerlich warmen und sonnigen Wetters war mit 16 Tagen Dauer die drittlängste bzw. die drittkürzeste von allen fünf Schönwetterperioden im Sommer 2008. Die vierte längere Periode sommerlich warmen und sonnigen Wetters umfaßt die Hundstage und begann nach dem Abklingen des Intermezzos der Julikälte mit kühlerem und wechselhaftem Wetter wenige Tage vor dem abnehmenden Halbmond am 25.07.2008 und endete mit der Einschaltung der Augustkälte mit kühlerem und wechselhaftem Wetter am zunehmenden Halbmond am 08.08.2008. Diese vierte Schönwetterperiode der Hundstage vom 23.07.2008 bis 07.08.2008 nach der Julikälte vom 06.07.2008 bis 22.07.2008 wurde mehrfach von Gewittern und Regenfällen unterbrochen (besonders am 26.07.2008, 27.07.2008, 30.07.2008, 01.08.2008, 03.08.2008 und 04.08.2008), und in dieser vierten Schönwetterperiode wurde am 07.08.2008 letztmals die Tageshöchsttemperatur von 30 Grad Celsius erreicht. Die Augustkälte mit kühlerem und wechselhaftem Wetter vom 08.08.2008 bis 23.08.2008 dauerte über den Vollmond am 16.08.2008 hinaus an und hatte mit zurückgegangenen Temperaturen, verstärkter Bewölkung, vermehrten Niederschlägen und phasenweise stärkerem Wind eher herbstlichen Charakter, und ähnelte in vielen Abschnitten den kühlen und feuchten Phasen der Eisheiligen, der Schafskälte und der Julikälte. In das Intervall der Augustkälte mit kühlerem und wechselhaftem Wetter vom 08.08.2008 bis 23.08.2008 waren immer wieder einzelne Tage sommerlich warmen und sonnigen Wetters eingeschaltet (besonders am 14.08.2008, 17.08.2008, 18.08.2008 und 21.08.2008).

Die fünfte und letzte längere Periode sommerlich warmen und sonnigen Wetters war mit 10 Tagen Dauer die kürzeste von allen fünf Schönwetterperioden im Sommer 2008. Die fünfte längere Periode sommerlich warmen und sonnigen Wetters beinhaltet den Spätsommer und begann nach dem Auslaufen des Intermezzos der Augustkälte mit kühlerem und wechselhaftem Wetter wenige Tage nach dem abnehmenden Halbmond am 24.08.2008 und endete mit dem Einsetzen einer Übergangsphase zum Herbst mit kühlerem und wechselhaftem Wetter in etwa zwischen dem Neumond am 30.08.2008 und dem zunehmenden Halbmond am 07.09.2008. Diese fünfte Schönwetterperiode des Spätsommers vom 24.08.2008 bis 02.09.2008 nach der Augustkälte vom 08.08.2008 bis 23.08.2008 wurde nur einmal von einem starken Gewitter am 01.09.2008 unterbrochen, welches der Vorbote für den anschließenden Wechsel zu einer Übergangsphase zum Herbst mit zurückgegangenen Temperaturen, verstärkter Bewölkung, vermehrten Niederschlägen und phasenweise stärkerem Wind war, welche am 03.09.2008 begann und durch häufige Regenfälle gekennzeichnet war (besonders am 03.09.2008, 04.09.2008, 05.09.2008, 06.09.2008, 07.09.2008, 10.09.2008 und 12.09.2008). In die Übergangsphase zum Herbst mit kühlerem und wechselhaftem Wetter vom 03.09.2008 bis 12.09.2008 waren mehrmals einzelne Tage sommerlich warmen und sonnigen Wetters eingeschaltet (besonders am 05.09.2008, 09.09.2008 und 11.09.2008).

8.3 Zeitraum nach den fünf Perioden sommerlichen Wetters in Frühling und Sommer 2008

Der Herbst mit kühlem und wechselnd wolkigem und sonnigem Wetter begann mit dem Ausklingen der Übergangsphase zum Herbst wenige Tage vor dem Vollmond am 15.09.2008, und war mit Tageshöchsttemperaturen von ca. 12 - 19 Grad Celsius deutlich kühler als die vorangegangenen Perioden sommerlich warmen und sonnigen Wetters mit Tageshöchsttemperaturen von ca. 25 - 28 Grad Celsius und mehr. Im Herbst ab 13.09.2008 waren in das wechselnd wolkige und sonnige Wetter immer wieder Regenfälle eingeschaltet (besonders am 13.09.2008, 15.09.2008, 22.09.2008, 23.09.2008, 25.09.2008, 30.09.2008, 01.10.2008, 02.10.2008, 03.10.2008, 04.10.2008, 06.10.2008, 07.10.2008, 15.10.2008, 16.10.2008, 21.10.2008, 22.10.2008, 25.10.2008, 27.10.2008, 28.10.2008, 29.10.2008, 30.10.2008 und 31.10.2008), wohingegen Tage sommerlich warmen und sonnigen Wetters nicht mehr ausgebildet waren.

Die Tageshöchsttemperatur von 30 Grad Celsius wurde letztmals am 07.08.2008 in der vierten Schönwetterperiode erreicht, die Tageshöchsttemperatur von 25 Grad Celsius wurde letztmals am 09.09.2008 in der Übergangsphase zum Herbst erreicht, und die Tageshöchsttemperatur von 20 Grad Celsius wurde letztmals am 12.09.2008 am Ende der Übergangsphase zum Herbst erreicht, wohingegen im Herbst mit kühlem und wechselnd wolkigem und sonnigem Wetter ab 13.09.2008 die Tageshöchsttemperatur nicht mehr 20 Grad Celsius erreicht hat. Wenige Tage nach dem Vollmond am 14.10.2008 leiteten die ersten Nachtfröste am 18.10.2008 und 19.10.2008 ein weiteres Absinken der Tageshöchsttemperaturen auf nur noch ca. 10 - 16 Grad Celsius ein, wenige Tage vor dem Neumond am 29.10.2008 waren verstärkte Regenfälle der Auslöser eines weiteren Absinkens der Tageshöchsttemperaturen auf nur noch ca. 5 - 13 Grad Celsius, und wenige Tage vor dem Neumond am 27.11.2008 wurde das vorgenannte herbstliche Wetter von winterlichem Wetter mit Tageshöchsttemperaturen von ca. 3 - 7 Grad Celsius, wiederholtem Schneefall auch im Flachland, und Nachtfrösten verdrängt. In das winterliche Wetter waren bis zum Jahresende nur noch gelegentlich einzelne etwas mildere Tage mit Tageshöchsttemperaturen von ca. 8 - 11 Grad Celsius eingeschaltet (besonders am 05.12.2008, 06.12.2008, 20.12.2008, 21.12.2008 und 22.12.2008).

Im Gegensatz zu dem frühen wettermäßigen Herbstbeginn in 2008 haben sich die Perioden sommerlich warmen und sonnigen Wetters in 2007 bis in den September und Oktober erstreckt, in denen ein ausgeprägter Goldener Herbst oder Altweibersommer mehrere Schönwetterperioden mit Tageshöchsttemperaturen von ca. 20 - 25 Grad Celsius umfaßt hat. Im Goldenen Herbst oder Altweibersommer 2007 waren die erste Schönwetterperiode vom 06.09.2007 bis 24.09.2007 und nach der Übergangsphase mit kühlerem und wechselhaftem Wetter vom 25.09.2007 bis 29.09.2007 die zweite Schönwetterperiode vom 30.09.2007 bis 05.10.2007 entwickelt, und der Goldene Herbst oder Altweibersommer endete erst mit dem Beginn des Herbstes mit kühlerem und wechselhaftem Wetter ab 06.10.2007.

8.4 Neumond im Frühling zwischen Eisheiligen und Schafskälte

Der Schwärmabend des Hirschkäfers (*Lucanus cervus*) am Standort Tairnbach mit dem Flug von ca.

25 - 30 Männchen und Weibchen am 05.06.2008 lag nur zwei Tage nach dem Neumond am 03.06.2008, und befand sich in der zweiten längeren Periode sommerlich warmen und sonnigen Wetters Ende Mai/Anfang bis Mitte Juni zwischen den Eisheiligen und der Schafskälte, welche mehrfach von starken Gewittern und Regenfällen unterbrochen wurde (besonders an den Abenden des 30.05.2008, 31.05.2008, 02.06.2008, 04.06.2008 und 12.06.2008). Die Schafskälte setzte mit einem deutlichen Temperaturrückgang am 13.06.2008 ein und beendete diese zweite Schönwetterperiode. Der Einbruch der Schafskälte wurde ebenfalls von starken Regenfällen begleitet (besonders an den Abenden des 12.06.2008, 15.06.2008 und 16.06.2008). Die Schafskälte endete kurz vor dem Vollmond am 18.06.2008, und in analoger Weise endeten die in diesem Jahr verspäteten und abgeschwächten Eisheiligen kurz vor dem Vollmond am 20.05.2008. Zusammenhänge zwischen Neumond, Vollmond und Anzahl der beobachteten Exemplare des Hirschkäfers (*Lucanus cervus*) wurden auch von Sprecher-Uebersax & Durrer (1998 a, 2001 b) und Sprecher-Uebersax (2001) untersucht, wobei jedoch keine Korrelation festgestellt werden konnte und lediglich nachgewiesen werden konnte, daß die höchste Aktivität der Individuen kurz nach dem Neumond stattgefunden hat, wohingegen der Vollmond keine höhere Aktivität der Exemplare bewirkt hat. Die Ergebnisse von Sprecher-Uebersax & Durrer (1998 a, 2001 b) und Sprecher-Uebersax (2001) bestätigen damit meine Beobachtung am Standort Tairnbach, wo der Schwärmabend des Hirschkäfers (*Lucanus cervus*) mit dem Flug von ca. 25 - 30 Männchen und Weibchen am 05.06.2008 nur zwei Tage nach dem Neumond am 03.06.2008 ausgeprägt war.

Im Gegensatz zu dem Schwärmabend des Hirschkäfers (*Lucanus cervus*) am Standort Tairnbach mit dem Flug von ca. 25 - 30 Männchen und Weibchen am 05.06.2008 nur zwei Tage nach dem Neumond am 03.06.2008 in der zweiten längeren Periode sommerlich warmen und sonnigen Wetters Ende Mai/Anfang bis Mitte Juni zwischen den Eisheiligen und der Schafskälte hat Elisabeth Löffler (mündl. Mitt. 2008) im Kehlweg in Schriesheim um den Neumond am 03.07.2008 in der dritten längeren Periode sommerlich warmen und sonnigen Wetters Ende Juni/Anfang Juli zwischen der Schafskälte und der Julikälte an ca. 3 Tagen hintereinander abends jeweils ca. 30 Männchen und Weibchen des Hirschkäfers (*Lucanus cervus*) beobachtet, wohingegen sie dort vorher und nachher in 2008 sowie in den zurückliegenden Jahren nur jeweils ca. 1 - 3 Exemplare gesehen hat. Elisabeth Löffler (mündl. Mitt. 2008) wohnt seit 1965 im Kehlweg in Schriesheim und hat seitdem fast in jedem Jahr einzelne Individuen des Hirschkäfers (*Lucanus cervus*) an der Efeuhecke an der Hauswand, im Garten und auf der Kellertreppe bemerkt, wohingegen sie größere Stückzahlen nur an den 3 Schwärmabenden in 2008 festgestellt hat. Elisabeth Löffler (mündl. Mitt. 2008) konnte damit über einen Zeitraum von über 40 Jahren das regelmäßige Auftreten von Individuen des Hirschkäfers (*Lucanus cervus*) beobachten. Es war in 2008 das erste Mal in den über 85 Jahren ihres Lebens, daß Elisabeth Löffler (mündl. Mitt. 2008), welche schon immer in Schriesheim lebt, Schwärmabende des Hirschkäfers (*Lucanus cervus*) mit dem Erscheinen von jeweils ca. 30 Individuen erlebt hat, wohingegen sie ansonsten immer nur einzelne Exemplare entdeckt hat.

Die Schwärmabende des Hirschkäfers (*Lucanus cervus*) mit dem Erscheinen von jeweils ca. 30 Männchen und Weibchen um den Neumond am 03.07.2008 in der dritten längeren Periode sommerlich warmen und sonnigen Wetters Ende Juni/Anfang Juli zwischen der Schafskälte und der Julikälte, welche Elisabeth Löffler (mündl. Mitt. 2008) im Kehlweg in Schriesheim beobachtet hat, liegen daher fast genau einen lunaren Zyklus später als der von mir entdeckte Schwärmabend des Hirschkäfers (*Lucanus cervus*) am Standort Tairnbach mit dem Flug von ca. 25 - 30 Männchen und Weibchen am 05.06.2008 nur zwei Tage nach dem Neumond am 03.06.2008 in der zweiten längeren Periode sommerlich warmen und sonnigen Wetters Ende Mai/Anfang bis Mitte Juni zwischen den Eisheiligen und der Schafskälte. Im gleichen Zeitraum wie Elisabeth Löffler (mündl. Mitt. 2008) im Kehlweg in Schriesheim haben auch Marianne Krieg und Manfred Glaser (mündl. Mitt. 2008) im Burgweg in Schriesheim Ende Juni 2008 an einem warmen Sommerabend in der Dämmerung etwa 5 Männchen und etwa 5 Weibchen des Hirschkäfers (*Lucanus cervus*) beobachtet, welche aus den Büschen und Bäumen im Garten herausgekommen sind, im Garten herumgeflogen sind und anschließend wieder in den Büschen und Bäumen verschwunden sind, wohingegen an den Abenden davor und danach nur einzelne Exemplare erschienen sind.

Die gesamte Flugzeit des Hirschkäfers (*Lucanus cervus*) am Standort Tairnbach begann etwa um den Vollmond am 20.05.2008 zu Beginn der zweiten längeren Periode sommerlich warmen und sonnigen Wetters nach dem Auslaufen der Eisheiligen, und erstreckte sich auch über die dritte längere Periode sommerlich warmen und sonnigen Wetters nach dem Abschluß der Schafskälte mit dem Vollmond am 18.06.2008 sowie über die Einschaltung der Julikälte mit kühlerem und wechselhaftem Wetter nach dem Neumond am 03.07.2008, und endete in der vierten längeren Periode sommerlich warmen und sonnigen Wetters, welche die Hundstage umfassen, nach dem Vollmond am 18.07.2008. Etliche der über 600 Naturfreunde, welche mir aufgrund meiner Aufrufe zur Mitteilung von Beobachtungen des Hirschkäfers (*Lucanus cervus*) in regionalen Tageszeitungen (Rhein-Neckar-Zeitung 2008 a, 2008 b, 2008 c, 2008 d; Schwetzinger Zeitung 2008, Bruchsaler Rundschau 2008) ihre Nachweise gemeldet haben, konnten auch zufällige Einzelfunde des Hirschkäfers (*Lucanus cervus*) in der ersten Maihälfte, in der zweiten Julihälfte und sogar in der ersten Augusthälfte registrieren, und haben daher den Hirschkäfer sowohl schon deutlich früher als auch noch erheblich später an den von ihnen observierten Lokalitäten angetroffen, als ich ihn am Standort Tairnbach bemerkt habe. Diese bereits wesentlich früheren und noch beträchtlich späteren Fundmeldungen des Hirschkäfers (*Lucanus cervus*) im Vergleich zu der von mir am Standort Tairnbach registrierten Spanne des Erscheinens der Individuen sind in dem weiter untenstehenden Abschnitt über die Flugzeiten zusammengestellt.

8.5 Neumond im Frühling vor den Eisheiligen

Der Schwärmabend des Hirschkäfers (*Lucanus cervus*) am Standort Tairnbach am 05.06.2008 zwischen den Eisheiligen und der Schafskälte, welcher nur zwei Tage nach dem Neumond am 03.06.2008 stattfand, lag damit deutlich später als die Schwärmzeiten des Gold-Rosenkäfers (*Cetonia aurata*) und des Waldmaikäfers (*Melolontha hippocastani*), deren maximales Auftreten in 2008 an den Standorten Nußloch und St. Leon bereits in der ersten längeren Periode sommerlich warmen und sonnigen Wetters Ende April/Anfang bis Mitte Mai vor den Eisheiligen erfolgte, während der keine Gewitter und Regenfälle stattfanden. Diese erste Schönwetterperiode wurde durch das Einsetzen der Eisheiligen mit wiederholten Niederschlägen beendet. Die Schwärmzeiten des Gold-Rosenkäfers (*Cetonia aurata*) und des Waldmaikäfers (*Melolontha hippocastani*) an den Standorten Nußloch und St. Leon Ende April/Anfang Mai lagen ebenfalls kurz vor und kurz nach dem Neumond am 05.05.2008. Die Schwärmzeit des Feldmaikäfers (*Melolontha melolontha*) an den Standorten Tairnbach und Nußloch in 2007 fand ebenfalls schon wenige Tage vor und nach dem Neumond am 02.05.2007 statt.

Ebenso habe ich bei den Schmetterlingen das Maximum des Auftretens des Aurorafalters (*Anthocaris cardamines*) an den Standorten Nußloch und Tairnbach Ende April/Anfang Mai in dem Intervall zwischen wenigen Tagen vor und wenigen Tagen nach dem Neumond am 05.05.2008 bemerkt, welcher damit auch sein Hauptvorkommen bereits in der ersten längeren Periode sommerlich warmen und sonnigen Wetters Ende April/Anfang bis Mitte Mai vor den Eisheiligen hatte.

Der festgestellte Zusammenhang zwischen dem lunaren Zyklus und den Schwärmzeiten von Hirschkäfer (*Lucanus cervus*), Gold-Rosenkäfer (*Cetonia aurata*) und Waldmaikäfer (*Melolontha hippocastani*) sowie des maximalen Auftretens des Aurorafalters (*Anthocaris cardamines*), des Baumweißlings (*Aporia crataegi*) und anderer Insekten in 2008 soll in den kommenden Jahren durch weitere Beobachtungen untermauert werden, wobei insbesondere der Einfluß des Neumondes auf das Schwärmverhalten verschiedener Insekten durch zusätzliche Beispiele näher erhärtet werden soll.

Den zweiten Vertreter der Hirschkäfer-Familie Lucanidae, den Balkenschröter (*Dorcus parallelepipedus*), habe ich an den Standorten Tairnbach, Nußloch und Walldorf in 2007 und 2008 immer wieder in einzelnen Individuen angetroffen, ohne daß ich eine zeitliche Häufung des Auftretens oder eine Koppelung des Vorkommens an den lunaren Zyklus oder an Perioden vor und nach den meteorologischen Singularitäten der Eisheiligen und der Schafskälte feststellen konnte.

8.6 Halbmond im Frühling zwischen Eisheiligen und Schafskälte

Im Gegensatz zu dem Höhepunkt des Erscheinens des Hirschkäfers (*Lucanus cervus*) am Standort Tairnbach, des Gold-Rosenkäfers (*Cetonia aurata*) an den Standorten Nußloch und St. Leon, des Waldmaikäfers (*Melolontha hippocastani*) an den Standorten Nußloch und St. Leon, und des Aurorafalters (*Anthocaris cardamines*) an den Standorten Nußloch und Tairnbach in 2008 kurz vor und kurz nach dem Neumond fiel das Maximum des Auftretens des Baumweißlings (*Aporia crataegi*), des Kleinen Perlmutterfalters (*Issoria lathonia*) und des Pflaumenzipfelfalters (*Satyrium pruni*) am Standort Rot sowie der Blauflügel-Prachtlibelle (*Calopteryx virgo*) am Standort Tairnbach fast genau auf den abnehmenden Halbmond am 28.05.2008, wobei das gehäufte Erscheinen des Baumweißlings (*Aporia crataegi*), des Kleinen Perlmutterfalters (*Issoria lathonia*) und des Pflaumenzipfelfalters (*Satyrium pruni*) am Standort Rot sowie der Blauflügel-Prachtlibelle (*Calopteryx virgo*) am Standort Tairnbach in dem Intervall von wenigen Tagen vor und wenigen Tagen nach der vorgenannten Marke des lunaren Zyklus ähnlich wie beim Hirschkäfer (*Lucanus cervus*) in der zweiten längeren Periode sommerlich warmen und sonnigen Wetters Ende Mai/Anfang bis Mitte Juni zwischen den Eisheiligen und der Schafskälte positioniert war.

8.7 Neumond und Vollmond in Frühling und Sommer nach der Schafskälte

Im Gegensatz zu den Höhepunkten des Erscheinens des Hirschkäfers (*Lucanus cervus*) am Standort Tairnbach, des Baumweißlings (*Aporia crataegi*) am Standort Rot und der Blauflügel-Prachtlibelle (*Calopteryx virgo*) am Standort Tairnbach in der zweiten längeren Periode sommerlich warmen und sonnigen Wetters Ende Mai/Anfang bis Mitte Juni 2008 zwischen den Eisheiligen und der Schafskälte habe ich das Maximum des Auftretens des Waldmistkäfers (*Geotrupes stercorosus*) an den Standorten Walldorf und Nußloch in 2007 sowie bei den aestivalen Generationen von Schmetterlingen den Höhepunkt des Erscheinens des Schwalbenschwanzes (*Papilio machaon*), des Schachbrettes (*Melanargia galathea*) und des Gemeinen Heufalters (*Colias hyale*) an den Standorten Walldorf und St. Leon in 2007 und 2008; des C-Vogels (*Polygonia c-album*) an den Standorten Nußloch und Tairnbach in 2007 und 2008; und des Großen Ochsenauges (*Maniola jurtina*) und des Schornsteinfegers (*Aphantopus hyperantus*) an den Standorten Walldorf, St. Leon und Tairnbach in 2007 und 2008 erst nach der Schafskälte im Zeitraum Mitte bis Ende Juni und Anfang Juli beobachtet. Beim Schachbrett (*Melanargia galathea*) flogen an den Standorten Walldorf, Rot und Tairnbach seit Anfang Juni 2008 nur gelegentlich einzelne Exemplare, wohingegen mit dem Vollmond am 18.06.2008 am Beginn der dritten längeren Periode sommerlich warmen und sonnigen Wetters Mitte/Ende Juni und Anfang Juli 2008 nach der Schafskälte fast schlagartig zahlreiche Individuen vorhanden waren. Unter Hunderten von normalen Individuen des Schachbretts (*Melanargia galathea*) mit weißen, gelblichweißen oder fahlgelben hellen Feldern habe ich in 2007 nur einmal am Standort Walldorf ein Exemplar einer schwarzen Variation gesehen, bei dem das Muster aus hellen und dunklen Feldern durchgehend mit einem schwarzen Schleier überzogen war.

Etliche aestivale Generationen von Schmetterlingen erscheinen grundsätzlich erst nach der Schafskälte im Zeitraum Mitte bis Ende Juni oder sogar erst Anfang bis Mitte Juli, wobei hier vor allem das Tagpfauenauge (*Inachis io*), der Admiral (*Vanessa atalanta*), der Kaisermantel (*Argynnis paphia*), der Postillon-Heufalter (*Colias croceus*) und der Zitronenfalter (*Gonepteryx rhamni*) zu nennen sind, wie Beobachtungen an verschiedenen Standorten in der Umgebung von Heidelberg in 2007 und 2008 sowie an diversen Standorten in Odenwald, Schwarzwald und Vogesen in 2007 gezeigt haben. Beim Tagpfauenauge (*Inachis io*) flogen am Standort Nußloch seit Mitte Juni 2008 nur gelegentlich einzelne Exemplare, wohingegen am Tag nach dem abnehmenden Halbmond am 26.06.2008 in der Mitte der dritten längeren Periode sommerlich warmen und sonnigen Wetters Mitte/Ende Juni und Anfang Juli 2008 nach der Schafskälte quasi schlagartig zahlreiche Individuen vorhanden waren. Beim Zitronenfalter (*Gonepteryx rhamni*), beim Kaisermantel (*Argynnis paphia*) und beim C-Vogel (*Polygonia c-album*) flogen an den Standorten Nußloch, Rot und Tairnbach seit Ende Juni 2008 nur gelegentlich einzelne Exemplare, wohingegen kurz nach dem Neumond am 03.07.2008 in der Mitte der dritten längeren Periode sommerlich warmen und sonnigen Wetters Mitte/Ende Juni und Anfang Juli 2008 nach der Schafskälte am Standort Nußloch offenbar plötzlich zahlreiche Individuen vorhanden waren.

Bei den Libellen habe ich das Erscheinen der Gebänderten Prachtlibelle (*Calopteryx splendens*) am Standort Walldorf in 2007 erst nach der Schafskälte im Zeitraum Mitte bis Ende Juni und Anfang bis Mitte Juli beobachtet, als praktisch von einem auf den anderen Tag quasi schlagartig massenhaft Individuen erschienen sind, wohingegen vorher nur gelegentlich einzelne Vorläufer aufgetreten sind. Bei der Blauflügel-Prachtlibelle (*Calopteryx virgo*) am Standort Tairnbach hat sich das gehäufte Vorkommen von der zweiten längeren Periode sommerlich warmen und sonnigen Wetters Ende Mai/Anfang bis Mitte Juni 2008 zwischen den Eisheiligen und der Schafskälte über das Intermezzo der Schafskälte hinaus in die dritte längere Periode sommerlich warmen und sonnigen Wetters Mitte/Ende Juni 2008 nach der Schafskälte fortgesetzt. Ebenso begann bei der Riesenschnake (*Tipula maxima*) am Standort Tairnbach in 2008 das gehäufte Auftreten bereits am Ende der zweiten Schönwetterperiode vor der

Schafskälte und dauerte über das Zwischenspiel der Schafskälte bis in die dritte Schönwetterperiode nach der Schafskälte. Im Gegensatz dazu habe ich beim Großen Schillerfalter (*Apatura iris*) am Standort Tairnbach in 2008 mehrere frische Exemplare bereits vor der Schafskälte beobachtet, wohingegen nach der Schafskälte nur noch abgeflogene und zerschlissene Individuen vorhanden waren, welche dann relativ rasch verschwunden sind.

8.8 Neumond im Sommer vor der Julikälte

Im Kehlweg in Schriesheim hat Elisabeth Löffler (mündl. Mitt. 2008) um den Neumond am 03.07.2008 in der dritten längeren Periode sommerlich warmen und sonnigen Wetters Ende Juni/Anfang Juli zwischen der Schafskälte und der Julikälte an ca. 3 Tagen hintereinander abends jeweils ca. 30 Männchen und Weibchen des Hirschkäfers (*Lucanus cervus*) beobachtet, wohingegen sie dort vorher und nachher in 2008 sowie in den zurückliegenden Jahren nur jeweils ca. 1 - 3 Exemplare gesehen hat. Elisabeth Löffler (mündl. Mitt. 2008) wohnt seit 1965 im Kehlweg in Schriesheim und hat seitdem fast in jedem Jahr einzelne Individuen des Hirschkäfers (*Lucanus cervus*) an der Efeuhecke an der Hauswand, im Garten und auf der Kellertreppe bemerkt, wohingegen sie größere Stückzahlen nur an den 3 Schwärmabenden in 2008 festgestellt hat. Elisabeth Löffler (mündl. Mitt. 2008) konnte damit über einen Zeitraum von über 40 Jahren das regelmäßige Auftreten von Individuen des Hirschkäfers (*Lucanus cervus*) beobachten. Es war in 2008 das erste Mal in den über 85 Jahren ihres Lebens, daß Elisabeth Löffler (mündl. Mitt. 2008), welche schon immer in Schriesheim lebt, Schwärmabende des Hirschkäfers (*Lucanus cervus*) mit dem Erscheinen von jeweils ca. 30 Individuen erlebt hat, wohingegen sie ansonsten immer nur einzelne Exemplare entdeckt hat.

Die Schwärmabende des Hirschkäfers (*Lucanus cervus*) mit dem Erscheinen von jeweils ca. 30 Männchen und Weibchen um den Neumond am 03.07.2008 in der dritten längeren Periode sommerlich warmen und sonnigen Wetters Ende Juni/Anfang Juli zwischen der Schafskälte und der Julikälte, welche Elisabeth Löffler (mündl. Mitt. 2008) im Kehlweg in Schriesheim beobachtet hat, liegen daher fast genau einen lunaren Zyklus später als der von mir entdeckte Schwärmabend des Hirschkäfers (*Lucanus cervus*) am Standort Tairnbach mit dem Flug von ca. 25 - 30 Männchen und Weibchen am 05.06.2008 nur zwei Tage nach dem Neumond am 03.06.2008 in der zweiten längeren Periode sommerlich warmen und sonnigen Wetters Ende Mai/Anfang bis Mitte Juni zwischen den Eisheiligen und der Schafskälte. Im gleichen Zeitraum wie Elisabeth Löffler (mündl. Mitt. 2008) im Kehlweg in Schriesheim haben auch Marianne Krieg und Manfred Glaser (mündl. Mitt. 2008) im Burgweg in Schriesheim Ende Juni 2008 an einem warmen Sommerabend in der Dämmerung etwa 5 Männchen und etwa 5 Weibchen des Hirschkäfers (*Lucanus cervus*) beobachtet, welche aus den Büschen und Bäumen im Garten herausgekommen sind, im Garten herumgeflogen sind und anschließend wieder in den Büschen und Bäumen verschwunden sind, wohingegen an den Abenden davor und danach nur einzelne Exemplare erschienen sind.

8.9 Neumond in den Hundstagen im Sommer nach der Julikälte

In der vierten längeren Periode sommerlich warmen und sonnigen Wetters, welche die Hundstage umfaßt, war um den Neumond am 01.08.2008 am Standort Tairnbach der Mauerfuchs (*Lasiommata megera*) mit zahlreichen Individuen vertreten, wohingegen ich vorher nur einzelne Exemplare beobachtet hatte.

8.10 Vollmond am Übergang der Hundstage im Sommer in die Augustkälte

Am Ende der vierten längeren Periode sommerlich warmen und sonnigen Wetters, welche die Hundstage beinhaltet, waren am Übergang in die Augustkälte um den Vollmond am 16.08.2008 an den Standorten St. Leon und Tairnbach der erste Schub der aestivalen bis automnalen Generation des Schwalbenschwanzes (*Papilio machaon*) sowie am Standort Tairnbach die aestivale Generation des Senfweißlings (*Leptidea sinapis*) mit zahlreichen Individuen vorhanden, wohingegen ich vorher nur einzelne Exemplare angetroffen habe.

8.11 Neumond im Spätsommer

In der fünften längeren Periode sommerlich warmen und sonnigen Wetters, welche nach dem Ausklingen der Augustkälte den Spätsommer einschließt, waren um den Neumond am 30.08.2008 an den Standorten St. Leon und Walldorf der zweite Schub der aestivalen bis automnalen Generation des Schwalbenschwanzes (*Papilio machaon*) und die aestivale bis automnale Generation des Postillon-Heufalters (*Colias croceus*) sowie am Standort Walldorf die aestivale bis automnale Generation des Waldmistkäfers (*Geotrupes stercorosus*) mit zahlreichen Individuen ausgebildet, wohingegen ich vorher nur einzelnen Exemplaren begegnet bin.

8.12 Neumond im Herbst

Beim Admiral (*Vanessa atalanta*) habe ich am Standort Nußloch das Erscheinen der automnalen Generation im Herbst 2007 verfolgt und habe seit Ende August jeweils nur einzelne Individuen gesehen, wohingegen Anfang bis Mitte September um den Neumond am 11.09.2007 plötzlich massenhaft Individuen in den Weinbergen und auf einigen Wiesen in der Nähe von Obstbäumen und Bienenstöcken aufgetreten sind, wobei dieses Maximum lediglich etwa ein bis zwei Wochen angehalten hat und danach die Individuenzahl schrittweise wieder zurückgegangen ist. Das Erscheinen der automnalen Generation des Admirals (*Vanessa atalanta*) am Standort Nußloch in der ersten Schönwetterperiode des Goldenen Herbstes oder Altweibersommers vom 06.09.2007 bis 24.09.2007 war begleitet von einem vermehrten Vorkommen von Individuen der automnalen Generation des C-Vogels (*Polygonia c-album*), wobei hier die Häufigkeitsverteilung nicht so markant ausgeprägt war wie beim Admiral (*Vanessa atalanta*), bei dem das Einsetzen des Höhepunktes nahezu schlagartig von einem Tag auf den anderen erfolgte.

Die zahlreichen Exemplare der automnalen Generation des Admirals (*Vanessa atalanta*) tummelten sich vor allem an den reifen bis überreifen Trauben des dunkelblauen Portugiesers in den Weinbergen, an den heruntergefallenen überreifen Pflaumen in den Streuobstwiesen, und an den Bienenstöcken auf einer Wiese am Waldrand sowie an dem danebenstehenden Holzschuppen, in dem der Imker honig- und wachsgefüllte Wabenkästen aus den Bienenstöcken sowie Honig- und Wachsreste aus der Ernte und Reinigung der Wabenkästen aus den Bienenstöcken aufbewahrt. In den Weinbergen und dort besonders an den reifen bis überreifen Trauben des dunkelblauen Portugiesers waren die massenhaften Individuen des Admirals (*Vanessa atalanta*) auch begleitet von etlichen Exemplaren der Grünen Mosaikjungfer (*Aeshna viridis*). Die Aktivität der automnalen Generation des Admirals (*Vanessa atalanta*) und des C-Vogels (*Polygonia c-album*) sowie der Grünen Mosaikjungfer (*Aeshna viridis*) am Standort Nußloch hat sich mit abnehmender Häufigkeit der Individuen von der ersten Schönwetterperiode des Goldenen Herbstes oder Altweibersommers vom 06.09.2007 bis 24.09.2007 über die Übergangsphase mit kühlerem und wechselhaftem Wetter vom 25.09.2007 bis 29.09.2007 in die zweite Schönwetterperiode des Goldenen Herbstes oder Altweibersommers vom 30.09.2007 bis 05.10.2007 fortgesetzt und ist dann mit dem Beginn des Herbstes mit kühlerem und wechselhaftem Wetter ab 06.10.2007 allmählich ausgeklungen.

In 2008 war das Erscheinen der automnalen Generation des Admirals (*Vanessa atalanta*) zwar auch deutlich mit dem Neumond im Herbst verknüpft, war jedoch nicht so markant ausgeprägt wie in 2007. In der ersten Periode herbstlich kühlen und wechselhaften Wetters waren kurz vor dem Neumond am 29.09.2008 am Standort Nußloch etliche frische Exemplare des Admirals (*Vanessa atalanta*) und des C-Vogels (*Polygonia c-album*) vorhanden, wohingegen ich vorher nur einzelne Individuen angetroffen habe.

Einzelne Nachzügler der automnalen Generation des Admirals (*Vanessa atalanta*) schlüpfen offensichtlich auch noch in milden Schönwetterphasen im Winter, welche an den Goldenen Herbst oder Altweibersommer erinnern. Allmann (1954) hat ein völlig frisches Exemplar des Admirals (*Vanessa atalanta*) ohne die geringste Spur eines Abgeflogenseins am 04.12.1953 zwischen Besenfeld und Urnagold in etwa 815 m Höhe an der Höhenstraße von Freudenstadt nach Wildbad im nördlichen Schwarzwald an einem milden Wintertag im Sonnenschein beobachtet, und Wallner (1954) hat ebenfalls am 04.12.1953 in etwa 280 m Höhe in Pforzheim ein völlig frisches Exemplar des Admirals (*Vanessa atalanta*) festgestellt.

8.13 Temperaturen und Wind zwischen Eisheiligen und Schafskälte

Am Schwärmabend des Hirschkäfers (*Lucanus cervus*) am Standort Tairnbach mit dem Flug von ca. 25 - 30 Männchen und Weibchen am 05.06.2008 in der zweiten Schönwetterperiode betrug die Temperatur zwischen 21 und 22 Uhr ca. 20 - 22 Grad Celsius, es war windstill, und der Himmel war leicht bedeckt und eingetrübt. In den Tagen vor dem Schwärmabend flogen am 01.06.2008 nur einzelne Männchen des Hirschkäfers (*Lucanus cervus*) bei gleichen Wetterbedingungen wie am Schwärmabend. Am Tag nach dem Schwärmabend wehte am 06.06.2008 abends ein merklich kalter Wind bei einer Temperatur zwischen 21 und 22 Uhr von ca. 18 - 19 Grad Celsius und bei stark bedecktem Himmel, und ich habe keine fliegenden und laufenden Männchen und Weibchen des Hirschkäfers (*Lucanus cervus*) beobachtet. Am zweiten Tag nach dem Schwärmabend wehte am 07.06.2008 abends ein leichter warmer Wind bei einer Temperatur zwischen 21 und 22 Uhr von ca. 20 - 22 Grad Celsius und bei leicht bedecktem Himmel, und es flogen nochmals etwa 3 - 6 Männchen und Weibchen des Hirschkäfers (*Lucanus cervus*) um die Bäume herum sowie entlang der Bäume, wohingegen ich nur 1 laufendes Weibchen auf dem asphaltierten Weg gesehen habe, und am dritten Tag nach dem Schwärmabend war es am 08.06.2008 windstill, und es flogen und liefen ebenfalls etwa 3 - 6 Männchen und Weibchen. An den weiteren darauffolgenden Tagen nach dem Schwärmabend habe ich am 09.06.2008 und 10.06.2008 bei Temperaturen zwischen 21 und 22 Uhr von jeweils ca. 20 - 22 Grad Celsius und Windstille sowie leicht bis mäßig bedecktem Himmel jeweils nur einzelne fliegende und laufende Männchen und Weibchen des Hirschkäfers (*Lucanus cervus*) gesehen, wobei die Individuenzahl jeweils ca. 1 - 3 Männchen und Weibchen betragen hat. In den Nächten vom 01.06.2008 bis 10.06.2008 hat sich die Temperatur von ca. 20 - 22 Grad Celsius zwischen 21 und 22 Uhr bis zum frühen Morgen (zwischen 4 und 5 Uhr) weiter bis auf ca. 16 - 19 Grad Celsius abgekühlt.

Mit dem Einsetzen der Schafskälte, welche die zweite Schönwetterperiode beendete, habe ich am 13.06.2008, 14.06.2008 und 17.06.2008 bei Temperaturen zwischen 21 und 22 Uhr von ca. 15 - 17 Grad Celsius, bei leicht bewölktem Himmel und bei Windstille keine fliegenden Männchen und laufenden Weibchen des Hirschkäfers (*Lucanus cervus*) gesichtet, konnte jedoch durch den Fund eines überfahrenen Weibchens am 14.06.2008 nachweisen, daß auch bei den deutlich zurückgegangenen Temperaturen einzelne Individuen aktiv waren. Die Schafskälte erreichte ihren Höhepunkt am 15.06.2008 und 16.06.2008 mit einer Temperatur zwischen 21 und 22 Uhr von ca. 13 - 14 Grad Celsius, welche bis zum frühen Morgen (zwischen 4 und 5 Uhr) weiter bis auf ca. 10 - 12 Grad Celsius zurückgegangen war. Die Schafskälte endete kurz vor dem Vollmond am 18.06.2008, und in analoger Weise endeten die in diesem Jahr verspäteten und abgeschwächten Eisheiligen kurz vor dem Vollmond am 20.05.2008.

8.14 Temperaturen und Wind zwischen Schafskälte und Julikälte

Nach der Schafskälte habe ich während der dritten Schönwetterperiode vom 18.06.2008 bis 22.06.2008 bei Temperaturen zwischen 21 und 22 Uhr von meist ca. 20 - 22 Grad Celsius und ab 21.06.2008 sogar ca. 22 - 26 Grad Celsius, bei leicht bewölktem oder klarem Himmel und bei Windstille oder leichtem warmem Wind jeweils nur einzelne fliegende und laufende Männchen und Weibchen des Hirschkäfers (*Lucanus cervus*) gesehen, wobei die Individuenzahl jeweils ca. 1 - 3 Männchen und Weibchen betragen hat. In den Nächten vom 18.06.2008 bis 22.06.2008 hat sich die Temperatur von meist ca. 20 - 22 Grad Celsius und ab 21.06.2008 sogar ca. 22 - 26 Grad Celsius zwischen 21 und 22 Uhr bis zum frühen Morgen (zwischen 4 und 5 Uhr) weiter bis auf ca. 15 - 19 Grad Celsius und ab 21.06.2008 sogar ca. 19 - 23 Grad Celsius abgekühlt. Vom 23.06.2008 bis 05.07.2008 sowie am 10.07.2008 habe ich bei Temperaturen zwischen 21 und 22 Uhr von meist ca. 22 - 26 Grad Celsius, bei leicht bewölktem oder klarem Himmel und bei Windstille oder leichtem warmem Wind nur noch am 24.06.2008, am 28.06.2008 und am 02.07.2008 sowie am 10.07.2008 jeweils nur 1 laufendes Weibchen des Hirschkäfers (*Lucanus cervus*) auf dem asphaltierten Weg entdeckt, wohingegen ich keine fliegenden Männchen und Weibchen sowie laufenden Männchen mehr bemerkt habe. In den Nächten vom 23.06.2008 bis 05.07.2008 sowie am 10.07.2008 hat sich die Temperatur von meist ca. 22 - 26 Grad Celsius zwischen 21 und 22 Uhr bis zum frühen Morgen (zwischen 4 und 5 Uhr) weiter bis auf ca. 18 - 23 Grad Celsius abgekühlt. Die dritte Schönwetterperiode nach der Schafskälte wurde mit dem Einsetzen der Julikälte nach dem Neumond am 03.07.2008 beendet.

Während der Julikälte vom 06.07.2008 bis 09.07.2008 sowie vom 11.07.2008 bis 22.07.2008 habe ich bei Temperaturen zwischen 21 und 22 Uhr von ca. 19 - 22 Grad Celsius und am 17.07.2008 sowie vom 20.07.2008 bis 22.07.2008 nur ca. 15 - 18 Grad Celsius, bei wechselnd bewölktem Himmel und bei Windstille oder bei leichtem mildem Wind, welcher später phasenweise abflaute, nur noch am 07.07.2008 und am 11.07.2008 jeweils nur 1 laufendes Weibchen des Hirschkäfers (*Lucanus cervus*) auf dem asphaltierten Weg gefunden, wohingegen ich keine fliegenden Männchen und Weibchen sowie laufenden Männchen mehr gesehen habe, und an den anderen Tagen habe ich auch keine laufenden Weibchen mehr entdeckt. In den Nächten vom 06.07.2008 bis 09.07.2008 sowie vom 11.07.2008 bis 19.07.2008 hat sich die Temperatur von ca. 19 - 22 Grad Celsius zwischen 21 und 22 Uhr bis zum frühen Morgen (zwischen 4 und 5 Uhr) weiter bis auf ca. 15 - 19 Grad Celsius abgekühlt, und in den Nächten am 17.07.2008 sowie vom 20.07.2008 bis 22.07.2008 hat sich die Temperatur von ca. 15 - 18 Grad Celsius zwischen 21 und 22 Uhr bis zum frühen Morgen (zwischen 4 und 5 Uhr) weiter bis auf ca. 12 - 16 Grad Celsius abgekühlt. Am 02.07.2008 wehte abends bei einer Temperatur von ca. 20 Grad Celsius ein deutlich frischer Wind, und trotz der zurückgegangenen Temperatur und des aufgelebten Windes waren weiterhin einzelne Individuen des Hirschkäfers (*Lucanus cervus*) aktiv, wie der Nachweis eines laufenden Weibchens belegt hat. Die Julikälte erreichte ihren Höhepunkt am 21.07.2008 und 22.07.2008 mit einer Temperatur zwischen 21 und 22 Uhr von ca. 15 - 17 Grad Celsius, welche bis zum frühen Morgen (zwischen 4 und 5 Uhr) weiter bis auf ca. 12 - 14 Grad Celsius zurückgegangen war.

8.15 Temperaturen und Wind während der Hundstage nach der Julikälte

Nach der Julikälte habe ich während der vierten Schönwetterperiode, welche die Hundstage umfassen, vom 23.07.2008 bis 27.07.2008 bei Temperaturen zwischen 21 und 22 Uhr von ca. 22 - 26 Celsius, bei klarem wolkenlosem Himmel und bei Windstille am 25.07.2008 und 26.07.2008 nach 13 Tagen Unterbrechung seit dem 11.07.2008 wieder ein bis zwei laufende Weibchen des Hirschkäfers (*Lucanus cervus*) auf dem asphaltierten Weg gefunden, wohingegen ich keine fliegenden Männchen und Weibchen sowie laufenden Männchen mehr gesehen habe. In den Nächten vom 23.07.2008 bis 27.07.2008 hat sich die Temperatur von ca. 22 - 26 Grad Celsius zwischen 21 und 22 Uhr bis zum frühen Morgen (zwischen 4 und 5 Uhr) weiter bis auf ca. 18 - 20 Grad Celsius abgekühlt. Dieses Intervall von 13 Tagen ohne Entdeckung eines Exemplares zwischen der letzten Sichtung eines Individuums am 11.07.2008 und der erneuten Feststellung von zwei laufenden Weibchen am 25.07.2008 belegt sehr anschaulich die verborgene Lebensweise des Hirschkäfers (*Lucanus cervus*), welcher die ganze Zeit im Wald vorhanden war, aber in diesem Intervall von 12.07.2008 bis 24.07.2008 nicht auf dem asphaltierten Weg am Waldrand in Erscheinung getreten ist.

Nach dem Fund des vorerst letzten laufenden Weibchens des Hirschkäfers (*Lucanus cervus*) am 11.07.2008 (bis zur erneuten Beobachtung am 25.07.2008) habe ich am nächsten Tag an dessen Stelle erstmals den Sägebock (*Prionus coriarius*) am Standort Tairnbach am 12.07.2008 entdeckt. Aufgrund des ähnlichen Flugverhaltens hätte ich den Sägebock (*Prionus coriarius*) auf den ersten Blick fast mit dem Hirschkäfer (*Lucanus cervus*) verwechselt, von dem ich jedoch zu diesem Zeitpunkt schon lange keine fliegenden Exemplare mehr, sondern nur gelegentlich noch laufende Individuen beobachtet hatte. Vom 12.07.2008 bis 15.08.2008 habe ich an zahlreichen Abenden einzelne fliegende und laufende Exemplare des Sägebocks (*Prionus coriarius*) gesehen. Am 13.07.2008, 20.07.2008, 26.07.2008, 29.07.2008, 30.07.2008, 03.08.2008, 04.08.2008, 05.08.2008, 07.08.2008, 13.08.2008, 14.08.2008 und 15.08.2008 habe ich dagegen keine fliegenden und laufenden Individuen des Sägebocks (*Prionus coriarius*) bemerkt. Am 21.07.2008, 08.08.2008, 11.08.2008 und 12.08.2008 fanden abends starke Regenfälle oder Gewitter statt, und deshalb habe ich an diesen Abenden keine Beobachtungen durchgeführt. Die Verteilung des Sägebocks (*Prionus coriarius*) hat sich damit auf die Julikälte und die Hundstage erstreckt und ist in der Augustkälte ausgeklungen.

Vom 28.07.2008 bis 31.07.2008 habe ich bei Temperaturen zwischen 21 und 22 Uhr von ca. 25 - 28 Grad Celsius, bei klarem wolkenlosem oder wechselnd bewölktem Himmel und bei Windstille keine fliegenden und laufenden Männchen und Weibchen des Hirschkäfers (*Lucanus cervus*) mehr gesehen. In den Nächten vom 28.07.2008 bis 31.07.2008 hat sich die Temperatur von ca. 25 - 28 Grad Celsius zwischen 21 und 22 Uhr bis zum frühen Morgen (zwischen 4 und 5 Uhr) weiter bis auf ca. 20 - 23 Grad Celsius abgekühlt. Vom 01.08.2008 bis 07.08.2008 habe ich bei Temperaturen zwischen 21 und 22 Uhr von ca. 22 - 26 Grad Celsius, bei klarem wolkenlosem oder wechselnd bewölktem Himmel, und bei Windstille oder leichtem mildem Wind ebenfalls keine fliegenden und laufenden Männchen und Weibchen des Hirschkäfers (*Lucanus cervus*) mehr gesehen. In den Nächten vom 01.08.2008 bis 07.08.2008 hat sich die Temperatur von ca. 22 - 26 Grad Celsius zwischen 21 und 22 Uhr bis zum frühen Morgen (zwischen 4 und 5 Uhr) weiter bis auf ca. 17 - 21 Grad Celsius abgekühlt.

8.16 Temperaturen und Wind während der Augustkälte nach den Hundstagen

Während der Augustkälte, welche am 08.08.2008 die Schönwetterperiode der Hundstage beendet hat, habe ich vom 09.08.2008 bis 14.08.2008 bei Temperaturen zwischen 21 und 22 Uhr von ca. 18 - 22 Grad Celsius, bei klarem wolkenlosem oder wechselnd bewölktem Himmel, und bei Windstille oder leichtem mildem Wind ebenfalls keine fliegenden und laufenden Männchen und Weibchen des Hirschkäfers (*Lucanus cervus*) mehr gesehen. In den Nächten vom 09.08.2008 bis 14.08.2008 hat sich die Temperatur von ca. 18 - 22 Grad Celsius zwischen 21 und 22 Uhr bis zum frühen Morgen (zwischen 4 und 5 Uhr) weiter bis auf ca. 16 - 19 Grad Celsius abgekühlt. Am 15.08.2008 habe ich meine systematischen Beobachtungen des Hirschkäfers (*Lucanus cervus*) und des Sägebocks (*Prionus coriarius*) am Standort Tairnbach in der Flugzeit 2008 abgeschlossen. Die Ergebnisse meiner Beobachtungen des Hirschkäfers (*Lucanus cervus*) und des Sägebocks (*Prionus coriarius*) am Standort Tairnbach vom 01.06.2008 bis 15.08.2008 sind in den Tabellen im Anhang zusammengestellt.

Die Augustkälte hat sich vom 15.08.2008 bis 23.08.2008 weiter verschärft mit Temperaturen zwischen 21 und 22 Uhr von ca. 16 - 20 Grad Celsius, welche sich bis zum frühen Morgen (zwischen 4 und 5 Uhr) weiter bis auf ca. 13 - 17 Grad Celsius abgekühlt haben.

8.17 Temperaturen und Wind im Spätsommer nach der Augustkälte

Nach der Augustkälte waren in der fünften Schönwetterperiode, welche den Spätsommer beinhaltet, vom 24.08.2008 bis 02.09.2008 nochmals sommerliche Bedingungen bei Temperaturen zwischen 21 und 22 Uhr von ca. 18 - 22 Grad Celsius, bei klarem wolkenlosem oder wechselnd bewölktem Himmel, und bei Windstille oder leichtem mildem Wind entwickelt. In den Nächten vom 24.08.2008 bis 02.09.2008 hat sich die Temperatur von ca. 18 - 22 Grad Celsius zwischen 21 und 22 Uhr bis zum frühen Morgen (zwischen 4 und 5 Uhr) weiter bis auf ca. 16 - 19 Grad Celsius abgekühlt. Am 03.09.2008 begann eine Übergangsphase zum Herbst mit zurückgegangenen Temperaturen, verstärkter Bewölkung, vermehrten Niederschlägen und phasenweise stärkerem Wind.

8.18 Länge des Tages von Sonnenaufgang bis Sonnenuntergang

Am Anfang meiner systematischen Beobachtungen am Standort Tairnbach am 01.06.2008 war der Sonnenaufgang um 5.27 Uhr mitteleuropäischer Sommerzeit und der Sonnenuntergang um 21.24 Uhr mitteleuropäischer Sommerzeit, und der Tag hatte damit eine Länge von 15 Stunden 57 Minuten. Am Schwärmabend des Hirschkäfers (*Lucanus cervus*) am Standort Tairnbach am 05.06.2008 war der Sonnenaufgang um 5.24 Uhr mitteleuropäischer Sommerzeit und der Sonnenuntergang um 21.28 Uhr mitteleuropäischer Sommerzeit, und der Tag hatte damit eine Länge von 16 Stunden 4 Minuten. Am aestivalen Solstitium (Sommer-Sonnenwende) am 21.06.2008 war der Sonnenaufgang um 5.21 Uhr mitteleuropäischer Sommerzeit und der Sonnenuntergang um 21.37 Uhr mitteleuropäischer Sommerzeit, und der Tag hatte damit eine Länge von 16 Stunden 16 Minuten. Am 01.07.2008 war der Sonnenaufgang um 5.26 Uhr mitteleuropäischer Sommerzeit und der Sonnenuntergang um 21.36 Uhr mitteleuropäischer Sommerzeit, und der Tag hatte damit eine Länge von 16 Stunden 10 Minuten. Am 15.07.2008 war der Sonnenaufgang um 5.39 Uhr mitteleuropäischer Sommerzeit und der Sonnenuntergang um 21.27 Uhr mitteleuropäischer Sommerzeit, und der Tag hatte damit eine Länge von 15 Stunden 48 Minuten. Am 01.08.2008 war der Sonnenaufgang um 5.59 Uhr mitteleuropäischer Sommerzeit und der Sonnenuntergang um 21.07 Uhr mitteleuropäischer Sommerzeit, und der Tag hatte damit eine Länge von 15 Stunden 08 Minuten. Am Ende meiner systematischen Beobachtungen am Standort Tairnbach am 15.08.2008 war der Sonnenaufgang um 6.18 Uhr mitteleuropäischer Sommerzeit und der Sonnenuntergang um 20.43 Uhr mitteleuropäischer Sommerzeit, und der Tag hatte damit eine Länge von 14 Stunden 25 Minuten.

9 Flugzeiten

Die Flugzeit des Hirschkäfers (*Lucanus cervus*) während des Jahres beginnt meist etwa Anfang bis Mitte Mai und endet in der Regel etwa Mitte bis Ende Juli oder Anfang August. Die Flugzeit des Hirschkäfers (*Lucanus cervus*) während des Tages erstreckt sich überwiegend auf die Dämmerung am Abend meist zwischen 21 und 22 Uhr. Die gleiche Verbreitung während des Tages habe ich auch beim Sägebock (*Prionus coriarius*) festgestellt, wohingegen ich dem Balkenschröter (*Dorcus parallelepipedus*) zwar ebenfalls überwiegend abends, aber häufig auch bereits tagsüber begegnet bin. Der Hirschkäfer (*Lucanus cervus*) ist bei zahlreichen zufälligen Einzelfunden häufig auch tagsüber laufend, sitzend oder fliegend angetroffen worden, wie die zahlreichen Meldungen von vielen Naturfreunden aufgrund meiner Aufrufe zur Mitteilung von Beobachtungen des Hirschkäfers (*Lucanus cervus*) in regionalen Tageszeitungen (Rhein-Neckar-Zeitung 2008 a, 2008 b, 2008 c, 2008 d; Schwetzinger Zeitung 2008, Bruchsaler Rundschau 2008) belegen. Die nachstehende Übersicht der Flugzeiten beinhaltet den Hirschkäfer (*Lucanus cervus*) während des Jahres am Standort Tairnbach, frühe und späte Nachweise des Hirschkäfers (*Lucanus cervus*) während des Jahres an anderen Lokalitäten, den Hirschkäfer (*Lucanus cervus*) während des Tages, den Balkenschröter (*Dorcus parallelepipedus*) und den Sägebock (*Prionus coriarius*).

Angaben zur Flugzeit des Hirschkäfers (*Lucanus cervus*) sind auch in den meisten der einschlägigen Naturführer und Bestimmungsbücher über Käfer und andere Insekten (unter anderen Pfletschinger 1970, Sandhall 1974; Zahradník & Hísek 1976, 1987, 1995; Zahradník & Severa 1976, 1991, 2000; Keil 1986, Sedlag 1986, Hieke 1994, Zahradník & Chvála 1997, Amann 2003, Horn & Kögel 2008) und in diversen Artikeln in populärwissenschaftlichen naturkundlichen Zeitschriften (unter anderen Bechtle 1977, Wenzel 2001 b, Rummel 2002, Carganico 2003, Hicklin 2004, Schrempp 2007, Hofmann 2008) enthalten, und finden sich auch im Internet unter den Adressen http://www.agnu-haan.de/hirschkaefer und http://maria.fremlin.de/stagbeetles. Angaben zur Flugzeit des Hirschkäfers (*Lucanus cervus*) sind auch in den zusammenfassenden Abhandlungen von Klausnitzer (1982, 1995), Taroni (1998), Sprecher-Uebersax (2001), Brechtel & Kostenbader (2002), Klausnitzer & Wurst (2003), Rink (2007) und Klausnitzer & Sprecher-Uebersax (2008) verzeichnet, in denen jeweils auch ausführliche Literaturübersichten enthalten sind.

9.1 Hirschkäfer während des Jahres am Standort Tairnbach

Die gesamte Flugzeit des Hirschkäfers (*Lucanus cervus*) am Standort Tairnbach begann etwa um den Vollmond am 20.05.2008 zu Beginn der zweiten längeren Periode sommerlich warmen und sonnigen Wetters nach dem Auslaufen der Eisheiligen, und erstreckte sich auch über die dritte längere Periode sommerlich warmen und sonnigen Wetters nach dem Abschluß der Schafskälte mit dem Vollmond am 18.06.2008 sowie über die Einschaltung der Julikälte mit kühlerem und wechselhaftem Wetter nach dem Neumond am 03.07.2008 hinaus, und endete in der vierten längeren Periode sommerlich warmen und sonnigen Wetters, welche die Hundstage umfassen, nach dem Vollmond am 18.07.2008. Der Höhepunkt der Aktivität des Hirschkäfers (*Lucanus cervus*) am Standort Tairnbach fand am 05.06.2008 mit einem ausgeprägten Schwärmabend mit dem Flug von ca. 25 - 30 Männchen und Weibchen statt, welcher in der zweiten längeren Periode sommerlich warmen und sonnigen Wetters zwischen den Eisheiligen und der Schafskälte nur zwei Tage nach dem Neumond am 03.06.2008 lag.

Etliche der über 600 Naturfreunde, welche mir aufgrund meiner Aufrufe zur Mitteilung von Beobachtungen des Hirschkäfers (*Lucanus cervus*) in regionalen Tageszeitungen (Rhein-Neckar-Zeitung 2008 a, 2008 b, 2008 c, 2008 d; Schwetzinger Zeitung 2008, Bruchsaler Rundschau 2008) ihre Nachweise gemeldet haben, konnten auch zufällige Einzelfunde des Hirschkäfers (*Lucanus cervus*) in der ersten Maihälfte, in der zweiten Julihälfte und sogar in der ersten Augusthälfte registrieren, und haben daher den Hirschkäfer sowohl schon deutlich früher als auch noch erheblich später an den von ihnen observierten Lokalitäten angetroffen, als ich ihn am Standort Tairnbach bemerkt habe. Diese bereits wesentlich früheren und noch beträchtlich späteren Fundmeldungen des Hirschkäfers (*Lucanus cervus*) im Vergleich zu der von mir am Standort Tairnbach registrierten Spanne des Erscheinens der Individuen sind in den nachstehenden Abschnitten zusammengestellt.

9.2 Frühe Nachweise des Hirschkäfers während des Jahres an anderen Lokalitäten

Boris Büche (in Brechtel & Kostenbader 2002) hat im Hardtwald bei Karlsruhe im Februar 1999 ein Männchen des Hirschkäfers (*Lucanus cervus*) in der Puppenwiege im Wurzelballen einer umgestürzten alten Eiche gefunden, und Heyden (1904 b, 1908) hat am 15.02.1892 im Frankfurter Wald ein Männchen angetroffen, welches vermutlich durch Forstarbeiten aus der Puppenwiege befreit wurde und an die Oberfläche gekommen ist. Barclay (1994) hat auf der Straße in Reading am 27.02.1994 ein zertretenes frisches Männchen des Hirschkäfers (*Lucanus cervus*) entdeckt, und Blair (1939) hat am 03.02.1939 in London beim Umgraben im Garten ein Weibchen im Boden freigelegt. Charley (in Hall 1964) hat beim Wegräumen der verrotteten Reste eines alten Buchenstumpfes im Garten etwa Mitte März 1962 darin etwa 20 Männchen und Weibchen des Hirschkäfers (*Lucanus cervus*) freigelegt. Marie (1959) hat Anfang Februar 1951 ein Männchen des Hirschkäfers (*Lucanus cervus*) zusammen mit zahlreichen Exemplaren des Feldmaikäfers (*Melolontha melolontha*) in einem Garten angetroffen. Molesworth (1880) hat in ihrem Tagebuch das Erscheinen eines Männchens des Hirschkäfers (*Lucanus cervus*) am 21.03.1829 und eines Weibchens am 21.03.1830 in Cobham in Surrey notiert (Spooner 1992), und Lewis (in Allen 2001) hat am 22.04.2001 in Welling in Kent zwei Männchen im Garten gefunden. Picker (in Fellenberg 1985) hat etwa Ende April/Anfang Mai 1985 in einer mit Plastikplane abgedeckten Zuckerrübenmiete bei einer Futterkrippe für Rehe auf einer Schneise im Wald bei Lennestadt-Altenhundem ein Männchen des Hirschkäfers (*Lucanus cervus*) entdeckt, und Pfaff (1989) hat im April 1988 in einem Garten in Lollar-Salzböden nördlich Gießen etliche Individuen gesehen. Bernd Schmidt (in Rheinpfalz 2007 k) hat am 30.04.2007 ein Männchen des Hirschkäfers (*Lucanus cervus*) auf dem Weg von Rodenbach zum Einsiedlerhof westnordwestlich Kaiserslautern gefunden.

Ulrich Bense (in Brechtel & Kostenbader 2002) hat am 29.04.1993 bei Schützingen im Stromberg ein Männchen an Eichenästen entdeckt, welches eine der frühesten Meldungen der Aktivität des Hirschkäfers (*Lucanus cervus*) im Freien außerhalb der Puppenwiegen im Boden ist (Brechtel & Kostenbader 2002), und Hawes (1998 a) hat in Suffolk in England ebenfalls am 29. April ein Männchen am Fuß einer frisch gefällten Ulme notiert. Die Angabe in Brechtel & Kostenbader (2002), daß Himmelstoss (in Herder, Medicus, Höpfner, Himmelstoss & Ebitsch 1896) in Homburg am 29.04.1894 ein Exemplar des Hirschkäfers (*Lucanus cervus*) nachgewiesen hat, beruht auf einem Irrtum oder einer Verwechslung, denn das in Herder, Medicus, Höpfner, Himmelstoss & Ebitsch (1896) verzeichnete Funddatum ist der 02.06.1894, und in analoger Weise hat Himmelstoss (1898) in Homburg am 24.05.1896 ein Individuum gefunden. Über Fundmeldungen von Exemplaren des Hirschkäfers (*Lucanus cervus*) bereits im April hat auch Strojny (1970) berichtet, und Whitehead (2007) hat den Fund je eines Männchens im April 2003 in Bredon Hill in Worcestershire in England und am 01.05.2000 in der Serra do Gerês in Portugal genannt.

Morris (1991) hat am 06.05.1990 zwei Männchen des Hirschkäfers (*Lucanus cervus*) auf einem Gehweg in London gesehen, Bowdrey (1991) hat einige Männchen in der ersten Mai-Hälfte 1990 in Colchester bemerkt, Harper (in Hawes 2002 a) hat ein Männchen am 06.05.2001 in Ipswich notiert, und Spooner (1992) hat ein Männchen am 14.05.1989 in Molesey registriert. Volker Müller (mündl. Mitt. 2008) hat schon etwa Mitte Mai 2008 auf der Insel Elisabethenwörth nordwestlich Dettenheim-Rußheim beim Wegräumen von Holzstämmen am Rand des Weges im Wald ein Männchen des Hirschkäfers (*Lucanus cervus*) entdeckt, welches unter den Holzstämmen gesessen ist. Volker Klock (in Nückel 1999) hat Anfang bis Mitte Mai 1999 in Karlsruhe-Rüppurr über mehrere Wochen hinweg fast täglich etwa 5 - 10 Caput-Thorax-Torsi von Männchen des Hirschkäfers (*Lucanus cervus*) aufgesammelt, die ein ausgeprägtes nahezu allabendliches Schwärmen von zahlreichen Exemplaren widerspiegeln, welches fünf Jahre nach dem besonders heißen Sommer 1994 stattgefunden hat.

Ein erheblich verfrühtes Erscheinen einzelner Exemplare weit vor dem Beginn der eigentlichen Flugzeit habe ich gelegentlich beim Waldmistkäfer (*Geotrupes stercorosus*) und beim Stierkäfer (*Typhoeus typhoeus*) festgestellt, bei denen ich in manchen Jahren an warmen Vorfrühlingstagen schon Ende Januar und Anfang Februar einzelne Individuen auf Wegen im Wald um Walldorf gefunden habe, und habe ich auch bei der Holzbiene (*Xylocopa violacea*) registriert, von der in der gleichen Zeit bereits einzelne Exemplare mit lautem Brummen um das Dach an dem nach Süden und Westen exponierten Balkon meiner Wohnung im 2. Obergeschoß in der Hebelstraße im Zentrum von Walldorf herumgeflogen sind.

9.3 Späte Nachweise des Hirschkäfers während des Jahres an anderen Lokalitäten

Thomas Maier (mündl. Mitt. 2008) hat sogar erst etwa Ende August/Anfang September 2007 im Waldgebiet Kammerforst zwischen dem Ortsteil Karlsdorf von Karlsdorf-Neuthard und dem Pferdekoppelgebiet am Ostrand des Ortsteils Neudorf von Graben-Neudorf auf dem Radweg ein überfahrenes Männchen des Hirschkäfers (*Lucanus cervus*) am Boden gesehen. Ilse Cantarel (mündl. Mitt. 2008) hat sogar erst am 02.09.2008 vormittags gegen 10 Uhr im Wald westlich Sandhausen auf dem Postweg zwischen der Autobahn A 5 und dem westlichen Ortsrand von Sandhausen ein Weibchen des Hirschkäfers (*Lucanus cervus*) am Boden entdeckt. Walter Specht (mündl. Mitt. 2008) hat sogar erst etwa Anfang bis Mitte September 2008 in einem Garten im Schauwiesenweg am südlichen Ortsausgang von Nußloch in Richtung Wiesloch ein totes Männchen des Hirschkäfers (*Lucanus cervus*) im Fischteich im Garten bemerkt. Heinrich Schmidt (mündl. Mitt. 2008) hat sogar erst etwa Anfang bis Mitte September 2008 in der Panoramastraße am östlichen Ortsrand von Nußloch ein Weibchen des Hirschkäfers (*Lucanus cervus*) beobachtet, welches auf der Straße gelaufen ist. Gunhild Glowitz (mündl. Mitt. 2008) hat sogar erst am 08.10.2008 vormittags gegen 10 Uhr in einem Garten in den Weinbergen am Hang südwestlich Heidelberg-Boxberg unter einer schwarzen Plastikplane auf dem Komposthaufen ein Männchen des Hirschkäfers (*Lucanus cervus*) sowie eine Blindschleiche (*Anguis fragilis*) entdeckt, und hat auch etwa Ende August/Anfang September 2008 in einem Garten nahe dem Kapellenweg am östlichen Ortsrand von Heidelberg-Handschuhsheim ein Männchen am Boden gesehen. Heike Maier (Klaus Maier, schriftl. Mitt. 2008) hat möglicherweise am 22.09.2008 im Hubwald südöstlich Neulußheim in der Nähe der "Steinernen Brücke" ein Weibchen des Hirschkäfers (*Lucanus cervus*) am Boden bemerkt.

Während der landesweiten Erfassung der Bestände des Hirschkäfers (*Lucanus cervus*) in England in 2002 wurde das erste fliegende Männchen bereits im Februar 2002 entdeckt und die letzte Sichtung eines lebenden Exemplares am 09.09.2002 gemeldet (Smith 2003). Walker (in Hawes 1996, 1998 a, 2002 a) hat am 06.10.1996 ein laufendes Männchen des Hirschkäfers (*Lucanus cervus*) in Holbrook in Suffolk angetroffen, und Grant (in Hawes 2002 a) hat am 05.09.2001 ein Exemplar in Brantham beobachtet. Hawes (1997) hat ein Individuum des Hirschkäfers (*Lucanus cervus*) am 25.09.1994 in Bentley in Suffolk entdeckt. Während einer Erhebung der Verbreitung des Hirschkäfers (*Lucanus cervus*) im Raum Colchester in England wurden das letzte Männchen am 20.08.1996 und das letzte Weibchen am 30.08.1996 gesichtet (Bowdrey 1997). Pratt (2000) hat in Sussex in England sowohl schon Anfang Mai als auch erst Anfang Oktober wiederholt Meldungen einzelner Individuen des Hirschkäfers (*Lucanus cervus*) erhalten, und hat in der Zeitspanne von Anfang Mai bis Anfang Oktober in fast jeder Woche im Laufe der Jahre Nachweise von aktiven Exemplaren bekommen. Ansbert Wagner (mündl. Mitt. 2008) hat sogar erst am 04.12.2008 tagsüber am Boden eines Lichtschachtes an einem Fenster des Hauses in der Weihergartenstraße am nördlichen Ortsrand von Meckesheim-Mönchzell ein Weibchen des Hirschkäfers (*Lucanus cervus*) gefunden, welches dort in einem Eck gesessen ist. Altum (1881) hat berichtet, daß beim Ausgraben eines Buchenstumpfes mit seinen Wurzeln am 22. November bei Bentlage nördlich Rheine im Boden um die Wurzeln etwa 60 - 80 Imagines des Hirschkäfers (*Lucanus cervus*) freigelegt wurden. Schaffrath (1994) hat über einen Zeitraum von 8 Jahren als gesamte Flugzeit des Hirschkäfers (*Lucanus cervus*) das Intervall vom 16.05. bis 27.08. ermittelt, und Roer (1980) hat über einen Zeitraum von 3 Jahren als gesamte Flugzeit das Intervall vom 31.05. bis 08.08. festgestellt. Passerini (1885) hat bemerkt, daß Exemplare des Hirschkäfers (*Lucanus cervus*) bis in den Zeitraum vom 15.08. bis 23.08. gelebt haben. Jansen (2000) hat am 26.08.1999 ein Männchen des Hirschkäfers (*Lucanus cervus*) an einem Eichenstamm im Elmpter Wald bei Roermond südwestlich Venlo angetroffen.

Grützner (1924) hat an vermoderten Eichenstümpfen am 23.09.1923 mehrere lebende Weibchen des Hirschkäfers (*Lucanus cervus*) entdeckt, welche aufgrund ihrer Abnutzungserscheinungen nicht frisch geschlüpft waren, sondern vermutlich bereits am Ende ihrer Lebensspanne waren, und Ligondes (1959) hat am 27.10.1954 ein Männchen in einem Feld ausgegraben. Holmberg (1964) hat gemeldet, daß ein Männchen des Hirschkäfers (*Lucanus cervus*) im November aus einem Sägemehlhaufen herausgekommen ist. Brown (1955) hat mitgeteilt, daß zwischen 21.08.1954 und 28.08.1954 abends gegen 21 Uhr ein Männchen des Hirschkäfers (*Lucanus cervus*) durch das geöffnete Fenster eines fahrenden Autos hereingeflogen ist und auf einer Decke gelandet ist, welche ein schlafendes Baby bedeckt hat, und Wanka (1908) hat ebenfalls etwa Mitte bis Ende August 1906 zwei Weibchen entdeckt. Verdcourt (1988) hat am 05.09.1986 ein Weibchen des Hirschkäfers (*Lucanus cervus*) auf einem alten Baumstumpf im Garten angetroffen, und Allen (in Verdcourt 1988) hat sogar erst im Oktober ein Weibchen entdeckt. Conrad (1994) hat von dem Fund eines Weibchens des Nashornkäfers (*Oryctes nasicornis*) am 19.11.1983 abends unter einem Lichtmast berichtet. Bevierre (1984) hat Anfang Juli 1983 an jedem Abend das Schwärmen von etwa 50 Exemplaren des Hirschkäfers (*Lucanus cervus*) festgestellt, hat dann im August gar keine Individuen mehr angetroffen, und hat dann Ende September noch ein Weibchen registriert.

Besonders lange Zeiten der Existenz von Individuen des Hirschkäfers (*Lucanus cervus*) im Imaginalstadium haben Muzik (1912) und Roubal (1912) mitgeteilt. Muzik (1912) hat im Juni 1911 ein lebendes Exemplar des Hirschkäfers (*Lucanus cervus*) in eine Pappschachtel gelegt und sich erst im Dezember 1911 wieder daran erinnert, und hat das darin noch lebend angetroffene Individuum dann in einem kalten Zimmer aufbewahrt, hat es unter anderem am 27.02.1912 bei einer Demonstration in einer Sitzung die Hand heraufklettern lassen, und hat erst am 20.03.1912 den Tod des Exemplares festgestellt. Roubal (1912) hat im Winter 1910 beim Fällen von Eichen drei mittelgroße Männchen des Hirschkäfers (*Lucanus cervus*) in einem hohlen Stamm entdeckt und hat sie mit nach Hause genommen, wo sie erst Anfang April 1911 verendet sind.

9.4 Hirschkäfer während des Tages

Bei meinen Untersuchungen des Hirschkäfers (*Lucanus cervus*) am Standort Tairnbach habe ich erste fliegende und laufende Männchen und Weibchen an manchen Tagen bereits zwischen 17 und 18 Uhr beobachtet. Die meisten fliegenden und laufenden Männchen und Weibchen des Hirschkäfers (*Lucanus cervus*) habe ich in der Dämmerung zwischen 21 und 22 Uhr gesehen. Bei wolkenbedecktem Himmel setzte der Flug der Männchen und Weibchen des Hirschkäfers (*Lucanus cervus*) früher ein als bei klarem Himmel, weil die Bewölkung eine vorgezogene Dämmerung und einen früheren Einbruch der Nacht vortäuscht als bei wolkenlosem Himmel, welcher eine spätere Dunkelheit und eine zusätzliche Erhellung durch die längere Sichtbarkeit der untergehenden Sonne sowie den in manchen Zeiträumen abends am Himmel stehenden zunehmenden Halbmond oder Vollmond bewirkt. Bei klarem Himmel sind die ersten Individuen des Hirschkäfers (*Lucanus cervus*) manchmal erst gegen 21.30 Uhr oder sogar erst gegen 21.45 Uhr erschienen, wohingegen bei bedeckten Himmel bereits wesentlich früher fliegende und laufende Männchen und Weibchen zu sehen waren, welche ich oft schon zwischen 20.45 Uhr und 21.20 Uhr entdeckt habe. Kurz nach 22 Uhr habe ich wegen des Einbruchs der Nacht meine Beobachtungen beendet.

Der Höhepunkt der Aktivität des Hirschkäfers (*Lucanus cervus*) am Standort Tairnbach fand am 05.06.2008 mit einem ausgeprägten Schwärmabend mit dem Flug von ca. 25 - 30 Männchen und Weibchen statt, welcher in der zweiten längeren Periode sommerlich warmen und sonnigen Wetters zwischen den Eisheiligen und der Schafskälte nur zwei Tage nach dem Neumond am 03.06.2008 lag. Die zusätzliche Erhellung des Himmels während der Dämmerung durch den Mond erfolgte nach diesem Schwärmabend am 05.06.2008 nach dem Neumond am 03.06.2008 besonders in dem Zeitraum zwischen wenige Tage vor dem zunehmenden Halbmond am 10.06.2008 und wenige Tage nach dem Vollmond am 18.06.2008, bevor dann etwa ab dem 21.06.2008 der abnehmende Mond abends erst nach Einbruch der Dunkelheit und damit nach dem Ende der Aktivität des Hirschkäfers (*Lucanus cervus*) mit dem Übergang der Dämmerung in die Nacht am Himmel stand. Die zusätzliche Erhellung des Himmels während der Dämmerung durch den Mond wiederholte sich während der Flugzeit des Hirschkäfers (*Lucanus cervus*) am Standort Tairnbach noch einmal nach dem Neumond am 03.07.2008 und war dann besonders in dem Zeitraum zwischen wenige Tage vor dem zunehmenden Halbmond am 10.07.2008 und wenige Tage nach dem Vollmond am 18.07.2008 ausgebildet, bevor dann etwa ab dem 21.07.2008 der abnehmende Mond abends erst nach dem Ende der Dämmerung in der hereingebrochenen Nacht am Himmel stand. Am 25.07.2008 und 26.07.2008 habe ich letztmals einzelne laufende Weibchen des Hirschkäfers (*Lucanus cervus*) am Standort Tairnbach nachgewiesen.

Am 07.06.2008 war sehr auffällig, daß die Zahl der fliegenden Männchen und Weibchen gegen 22 Uhr mit einsetzender Dunkelheit deutlich abgenommen hat, und als kurz nach 22 Uhr fast keine fliegenden Männchen und Weibchen des Hirschkäfers (*Lucanus cervus*) mehr zu sehen waren, flogen zahlreiche Fledermäuse immer wieder aus dem Wald heraus und zurück in den Wald hinein. An den anderen Abenden vom 01.06.2008 bis 12.07.2008 habe ich dagegen nur gelegentlich einzelne oder sogar überhaupt keine Fledermäuse wahrgenommen. Das regelmäßige Erscheinen von meist einzelnen und gelegentlich auch zahlreichen Fledermäusen an etlichen Abenden gegen 21.45 Uhr habe ich erst wieder ab dem 13.07.2008 bis zum Ende meiner Beobachtungen am 15.08.2008 festgestellt, als ich mit Ausnahme vom 25.07.2008 und 26.07.2008 bereits keine Individuen des Hirschkäfers (*Lucanus cervus*) mehr registrieren konnte und statt dessen an zahlreichen Abenden vom 12.07.2008 bis 10.08.2008 in der Dämmerung zwischen 21 und 22 Uhr einzelne fliegende und laufende Exemplare des Sägebocks (*Prionus coriarius*) bemerkt habe. Mit zunehmend früher einsetzender Dämmerung und Dunkelheit habe ich das Erscheinen der Fledermäuse ab dem 30.07.2008 schon gegen 21.30 Uhr und ab dem 09.08.2008 bereits gegen 21.15 Uhr registriert.

9.5 Balkenschröter

Den zweiten Vertreter der Hirschkäfer-Familie Lucanidae, den Balkenschröter (*Dorcus parallelepipedus*), habe ich an den Standorten Tairnbach, Nußloch und Walldorf in 2007 und 2008 zwar ebenfalls überwiegend abends, aber häufig auch bereits tagsüber gefunden.

9.6 Sägebock

Den Sägebock (*Prionus coriarius*) habe ich am Standort Tairnbach in 2008 ähnlich wie den Hirschkäfer (*Lucanus cervus*) in der Dämmerung am Abend meist zwischen 21 und 22 Uhr angetroffen. Die ersten fliegenden und laufenden Individuen des Sägebocks (*Prionus coriarius*) habe ich am 12.07.2008 entdeckt, wohingegen ich die letzten laufenden Weibchen des Hirschkäfers (*Lucanus cervus*) am 11.07.2008 und danach nur noch am 25.07.2008 und 26.07.2008 registriert habe. Die Flugzeit des Sägebocks (*Prionus coriarius*) begann daher in 2008 quasi unmittelbar nach dem Ende der Flugzeit des Hirschkäfers (*Lucanus cervus*) am Standort Tairnbach (mit Ausnahme des letzten Erscheinens einzelner Weibchen am 25.07.2008 und 26.07.2008).

An den meisten Tagen habe ich fliegende und laufende Individuen des Sägebocks (*Prionus coriarius*) schon zwischen 21 und 21.30 Uhr angetroffen, wohingegen ich sie an anderen Tagen erst zwischen 21.30 und 22 Uhr bemerkt habe. Die letzten fliegenden und laufenden Individuen des Sägebocks (*Prionus coriarius*) habe ich am 10.08.2008 festgestellt.

10 Erbeutung durch Vögel, Säugetiere und andere Räuber

Die nichtnatürlichen Mortalitätsfaktoren beim Hirschkäfer (*Lucanus cervus*) umfassen Räuber, Verkehr und künstliche Lichtquellen. Die nachstehende Übersicht beinhaltet Zusammenstellungen der räuberischen Vögel, Säugetiere, Amphibien, Reptilien und Insekten, welche bisher als Prädatoren des Hirschkäfers (*Lucanus cervus*) und seiner Larven (Engerlinge) bekanntgeworden sind. Der nachfolgende Überblick umfaßt auch Torsi des Hirschkäfers als Reste der Mahlzeiten von räuberischen Vögeln, Konzentrationen von Torsi des Hirschkäfers auf Wegen und unter Bäumen, vorübergehendes Überleben von Torsi des Hirschkäfers und anderer Käfer nach Abdomenabtrennung, Abbeißen von Beinen und Mandibeln durch Räuber, Abbrechen von Mandibeln im Rivalenkampf, Mitnahme gefundener Hirschkäfer durch Katzen nach Hause, aasfressende Insekten, parasitische Insekten, parasitische Milben, Besiedlung von Hohlräumen, außergewöhnliche Schlechtwetterperioden und Rolle des Menschen. Bemerkungen über räuberische Vögel, Säugetiere, Amphibien, Reptilien und Insekten als Feinde des Hirschkäfers (*Lucanus cervus*) und seiner Larven (Engerlinge) finden sich auch im Internet unter den Adressen http://www.agnu-haan.de/hirschkaefer und http://maria.fremlin.de/stagbeetles.

10.1 Torsi des Hirschkäfers als Reste der Mahlzeiten von räuberischen Vögeln

Anstelle von kompletten unbeschädigten Exemplaren des Hirschkäfers (*Lucanus cervus*) werden am Waldrand und im Wald auf Wegen und unter Bäumen häufig Fragmente besonders von Männchen und manchmal auch von Weibchen gefunden, bei denen das Abdomen fehlt und welche deshalb nur noch aus Kopf (einschließlich der geweihartig vergrößerten Mandibeln) und Brust bestehen. Derartige Caput-Thorax-Torsi von Männchen des Hirschkäfers (*Lucanus cervus*) sind die Reste der Mahlzeiten von räuberischen Vögeln, welche sich durch Abbeißen des Hinterleibes mit einer konzentrierten Portion von Protein und Fett versorgt haben und die unverdaulichen Teile des Chitinpanzers, die Kopf (einschließlich der geweihartig vergrößerten Mandibeln), Brust und Deckflügel umfassen, zurückgelassen haben. An den Caput-Thorax-Torsi von Männchen des Hirschkäfers (*Lucanus cervus*) hängen nur manchmal noch ein oder zwei Elytren an, welche jedoch häufig ebenfalls abgerissen sind und isoliert am Boden verstreut sind.

Caput-Thorax-Torsi von Männchen des Hirschkäfers (*Lucanus cervus*) als Reste der Mahlzeiten von räuberischen Vögeln wurden wiederholt in der Literatur beschrieben und abgebildet (unter anderen Cornelius 1867, Schmitt 1927/1928, Taschenberg 1929, Rammner 1933, Horion 1949 a, Tippmann 1954, Pawłowski 1961, Lacroix 1969, Chrostowski in Strojny 1970, Ant 1973, Rusch 1974, Kühnel & Neumann 1981; Klausnitzer 1982, 1995; Bizely 1984, Verdcourt 1990, Sefrin 1993, Nückel 1999, Brechtel & Kostenbader 2002, Rippegather 2004, Malten 2005, Bowdrey 1997, Klausnitzer & Sprecher-Uebersax 2008).

10.2 Konzentrationen von Torsi des Hirschkäfers auf Wegen und unter Bäumen

Caput-Thorax-Torsi von Männchen des Hirschkäfers (*Lucanus cervus*) sind häufig in größerer Anzahl an bestimmten Plätzen und Strecken auf Wegen und unter Bäumen konzentriert, an denen die räuberischen Vögel die Reste ihrer Mahlzeiten entsorgt haben. Die räuberischen Vögel haben die Individuen des Hirschkäfers (*Lucanus cervus*) vermutlich gezielt auf die Wege und Plätze transportiert, um dort auf einer harten ebenen Unterlage mit Schnabelhieben rascher und effektiver die Abdomina abzupicken als dies an der senkrechten Oberfläche von Baumstämmen oder gar im Flug möglich wäre. Dabei sind die Männchen des Hirschkäfers (*Lucanus cervus*) offenbar besonders dann das Ziel der Angriffe von räuberischen Vögeln, wenn sie aufgrund von Sturz, Ausrutscher oder Bruchlandung auf dem Rücken liegen, denn in Dorsallage sind sie relativ wehrlos den Attacken von räuberischen Vögeln durch Schnabelpicken ausgesetzt. Gerhard Becker (mündl. Mitt. 2008) hat in Schriesheim in etlichen Jahren bis zu 10 Exemplare des Hirschkäfers (*Lucanus cervus*) auf dem Rücken liegend gefunden und durch Umdrehen die in Dorsallage hilflosen Individuen vor möglichen Attacken räuberischer Vögel bewahrt. Die Männchen des Hirschkäfers (*Lucanus cervus*) sind ferner dann bevorzugt das Ziel der Angriffe von räuberischen Vögeln, wenn sie sich in Kopulation befinden und als Schutzschild über den Weibchen stehen, und wenn sie an blutenden Eichen und anderen Bäumen vergorenen Saft trinken und vom Alkohol berauscht werden, wodurch sie einerseits abgelenkt sind und andererseits nicht in vollem Maße abwehrbereit zum Einsatz ihrer Mandibeln als Waffen gegen angreifende Freßfeinde sind. Im nüchternen Zustand ohne Konsum von alkoholhaltigem vergorenem Saft an blutenden Eichen und anderen Bäumen sowie im nichterregten Zustand außerhalb der Paarung mit Weibchen sind die Männchen des Hirschkäfers (*Lucanus cervus*) mit dem Einsatz ihrer Mandibeln als Waffen durchaus in der Lage, die Angriffe von nicht zu großen räuberischen Vögeln abzuwehren oder zumindest diese derart zu verwirren, daß diese von ihnen ablassen.

Während in Anhäufungen unter Bäumen und auf Wegen meist ca. 20 - 50 oder ca. 50 - 100 Caput-Thorax-Torsi von Männchen des Hirschkäfers (*Lucanus cervus*) auf kleiner Fläche und kurzer Strecke konzentriert sind, hat Schoop (1950; in Horion 1949 a) berichtet, daß ihm im Sommer 1939 aus dem Soonwald um Kirn nordöstlich Idar-Oberstein im Hunsrück insgesamt 197 Caput-Thorax-Torsi von Männchen gebracht wurden, welche aus einem Vogelnest stammen (Schoop 1950) oder am Fuß alter Eichen herumgelegen sind (Schoop in Horion 1949 a; vgl. auch Bechtle 1977). Gauss (1963) hat in der Fasanerie bei Karlsruhe am 17.06.1956 unter einer einzigen Eiche insgesamt 97 Caput-Thorax-Torsi von Exemplaren des Hirschkäfers (*Lucanus cervus*) gefunden, von denen 81 Männchen und 16 Weibchen waren, und hat dort in der Zeit vom 15.06.1956 bis 22.06.1956 an den zahlreichen Eichen ein Vielfaches der vorgenannten Anzahl von Caput-Thorax-Torsi sowie isolierte Elytren und Beine in unvorstellbarer Menge angetroffen. Karner (1994) hat im Wald in der Umgebung des Flughafens Frankfurt/Main am 24.05.1993 auf einem Weg auf einer Strecke von ca. 50 m insgesamt etwa 100 Caput-Thorax-Torsi von Männchen des Hirschkäfers (*Lucanus cervus*) festgestellt. Hohmuth und Reichhoff (in Kühnel & Neumann 1981) haben bei Reuden in der Umgebung von Dessau nördlich Leipzig im Juli 1964 an einer alten Eiche etwa 200 - 300 Caput-Thorax-Torsi von Männchen und Weibchen des Hirschkäfers (*Lucanus cervus*) registriert. Stieler (in Kühnel & Neumann 1981) hat im Gebiet der Finkenberge bei Raguhn nördlich Wolfen nördlich Leipzig in 1964 an blutenden Eichen auf einer Strecke von etwa 1,5 km Länge insgesamt 126 Caput-Thorax-Torsi von Männchen und Weibchen des Hirschkäfers (*Lucanus cervus*) notiert.

In Reaktion auf meine Aufrufe zur Mitteilung von Beobachtungen des Hirschkäfers (*Lucanus cervus*) in regionalen Tageszeitungen (Rhein-Neckar-Zeitung 2008 a, 2008 b, 2008 c, 2008 d; Schwetzinger Zeitung 2008, Bruchsaler Rundschau 2008) haben mir etliche Naturfreunde gemeldet, daß sie ebenfalls Caput-Thorax-Torsi von Männchen des Hirschkäfers in unterschiedlicher Anzahl auf Wegen und unter Bäumen gefunden haben. Einzelne Caput-Thorax-Torsi von Männchen des Hirschkäfers (*Lucanus cervus*) haben auch Richard Körner (mündl. Mitt. 2008) in Dielheim-Unterhof, Manfred Häuselmann (mündl. Mitt. 2008) in Eichtersheim, Walter Weisskapp (mündl. Mitt. 2008) in Heidelberg-Neuenheim, Ute und Horst Walter (mündl. Mitt. 2008) in Herrenteich südwestlich Ketsch, Jörn Sanden (mündl. Mitt. 2008) in Horrenberg, Monika Langlotz (mündl. Mitt. 2008) auf der Ketscher Rheininsel, Dieter Dumont (mündl. Mitt. 2008) in La Petite Pierre, Marina Wilhelm (mündl. Mitt. 2008) in Leimen, Elfentraud Wabro (mündl. Mitt. 2008) in Mingolsheim, Andrea Blank (mündl. Mitt. 2008) und Sigrid Keil (mündl. Mitt. 2008) in Mosbach, Christine Isinger (mündl. Mitt. 2008) und Angelika Zimmermann (mündl. Mitt. 2008) in Mühlhausen, Hans-Joachim Fischer (mündl. Mitt. 2009) und Gabriele Stubenrauch (mündl. Mitt. 2008) in Rot, Dieter Weick (mündl. Mitt. 2008) am Bahnhof Rot-Malsch, Rainer Stoll (mündl. Mitt. 2008) in Schönau-Altneudorf, Manfred Robens (mündl. Mitt. 2008) in Schwetzingen, Nina Tomič (mündl. Mitt. 2008) in Straßburg; Hans-Joachim Fischer (mündl. Mitt. 2009), Lydia Löhken (mündl. Mitt. 2008) und Dieter Weick (mündl. Mitt. 2008) in Walldorf; und Horst Marthaler (mündl. Mitt. 2009) in Ziegelhausen beobachtet.

Konzentrationen von Caput-Thorax-Torsi von Männchen des Hirschkäfers (*Lucanus cervus*) in größerer Anzahl haben auch Dagmar Kropp (mündl. Mitt. 2008) in Bruchsal, Renate Schaser (mündl. Mitt. 2008) in Graben-Neudorf; Franz Debatin (mündl. Mitt. 2008), Christa und Robert Erbrecht (mündl. Mitt. 2008), Franz Köhler (mündl. Mitt. 2008) und Hannelore Pöltl (mündl. Mitt. 2008) in Hambrücken; Rolf Senk (mündl. Mitt. 2008) in Neckarelz, Klaus Müller (mündl. Mitt. 2008) in Obergrombach, Herbert Montag (mündl. Mitt. 2008) in Otterstadt, Andreas Weiß (mündl. Mitt. 2008) in Philippsburg-Huttenheim, Marianne und Eduard Reiss (mündl. Mitt. 2008) in Rettigheim, Heribert Renninger (mündl. Mitt. 2008) in Stettfeld; Stefan Materna (mündl. Mitt. 2008), Karl Schäfer (mündl. Mitt. 2008) und Peter Zimmermann (mündl. Mitt. 2008) in Untergrombach; Axel Kieselbach (mündl. Mitt. 2008) in Waghäusel, Bernd Steiner (mündl. Mitt. 2008) im Waldgebiet Schwetzinger Hardt, Rita Schweizer (mündl. Mitt. 2008) und Karl-Heinz Willer (mündl. Mitt. 2008) in Walldorf, Simone Kochanek (mündl. Mitt. 2008) in Weiher, Monika Koppenhöfer (mündl. Mitt. 2008) in Wiesloch und Wilhelm Michenfelder (mündl. Mitt. 2008) in Zeutern gefunden.

Im Gegensatz zu dem häufigen Auftreten von Caput-Thorax-Torsi von Männchen des Hirschkäfers (*Lucanus cervus*) kommen Caput-Thorax-Torsi von Weibchen nur gelegentlich vor. Einzelne Caput-Thorax-Torsi von Weibchen des Hirschkäfers (*Lucanus cervus*) haben Renate Schaser (mündl. Mitt. 2008) in Graben-Neudorf, Hannelore Pöltl (mündl. Mitt. 2008) in Hambrücken, Monika Langlotz (mündl. Mitt. 2008) auf der Ketscher Rheininsel, Klaus Müller (mündl. Mitt. 2008) in Obergrombach, Marianne und Eduard Reiss (mündl. Mitt. 2008) in Rettigheim, Manfred Robens (mündl. Mitt. 2008) im Waldgebiet Schwetzinger Hardt, Peter Zimmermann (mündl. Mitt. 2008) in Untergrombach und Simone Kochanek (mündl. Mitt. 2008) in Weiher bemerkt.

10.3 Räuberische Vögel

Die räuberischen Vögel, welche den Männchen des Hirschkäfers (*Lucanus cervus*) die Abdomina amputieren und die Caput-Thorax-Torsi als unverdauliche Reste zurücklassen, und die daher als dessen Feinde in der Literatur berichtet worden sind, umfassen (in alphabetischer Reihenfolge) Baumfalke (*Falco subbuteo*; Schnurre 1961, Hessen-Forst 2007), Blauracke (*Coracias garrulus*; Klausnitzer 1960, 1963; Cassola & Lovari 1979), Dohle (*Corvus monedula*; Schmitt 1928, Freude 1957, Bowdrey 1997, Frith 1999), Drossel (*Turdus*; Bechtle 1977; Hawes 1995, 1998 a; Napier 1999, Fremlin 2009),

Eichelhäher (*Garrulus glandarius*), Elster (*Pica pica*; Schmitt 1928, Lacroix 1969; Verdcourt 1988, 1990, 1995; Baker 1990; Hawes 1992, 1998 a, 1999 a; Bowdrey 1997; Frith 1998 a, 1999; Napier 1999; Percy, Bassford & Keeble 2000; Pratt 2000, 2002; Harvey & Gange 2003, Smith 2003, Bartolozzi & Maggini 2007, Fremlin 2009), Eulen (Strigidae; Schmitt 1928, Napier 1999, Müller 2001), Haushühner (Creutz 1987, Smale in Pratt 2003), Kernbeißer (*Coccothraustes coccothraustes*; Wacquant-Geozelles 1890, Liebe in Naumann 1905, Kühnel & Neumann 1981, Krüger 1982), Mäusebussard (*Buteo buteo*; Uttendörfer 1939), Möwe (*Larus*; Bowdrey 1997; José Manuel Grosso-Silva, schriftl. Mitt. 2009), Nymphensittich (Rolf Scholtysek, mündl. Mitt. 2008), Rabenkrähe und Nebelkrähe (*Corvus corone*; Pawlowski 1961, Lacroix 1969; Frith 1998 a, 1999; Nückel 1999, Smith 2003, Bartolozzi & Maggini 2007), Raubwürger (*Lanius excubitor*; Cürten 1971), Saatkrähe (*Corvus frugilegus*; Pawlowski 1961), Rauhfußkauz (*Aegolius funereus*; Simeonov 1980), Spechte (Picidae; besonders der Buntspecht *Dendrocopos major* und der Schwarzspecht *Dryocopus martius*), Sperber (*Accipiter nisus*; Smith 2003), Sperling (*Passer domesticus*; Wacquant-Geozelles 1890, Bowdrey 1997, Hawes 1998 a, Welch 1998, Pratt 2000, Smith 2003), Star (*Sturnus vulgaris*; Pawlowski 1961), Steinkauz (*Athene noctua*; Wacquant-Geozelles 1890, Schmitt 1928, Uttendörfer 1952; Simeonov 1963 b, 1983; Hawes 1998 a), Turmfalke (*Falco tinnunculus*; Britten in Hall 1969, Gagalik in Schaffrath 1994; Frith 1998 a, 1999), Uhu (*Bubo bubo*; Baumgart, Simeonov, Zimmermann, Bünsche, Baumgart & Kühnast 1973; Baumgart 1975, Simeonov & Boev 1988; Simeonov, Milchev & Boev 1998), Waldkauz (*Strix aluco*; Uttendörfer 1939, 1952; Schnurre 1961; Simeonov 1963 a, 1985; Kletecka & Prisada 1993, Hoekstra 1997; Kuhar, Kalan & Janzekovic 2006; Rheinpfalz 2008 a), Waldohreule (*Asio otus*; Wacquant-Geozelles 1890, Uttendörfer 1939), Ziegenmelker (*Caprimulgus europaeus*; Bessonnat 1983) und Zwergohreule (*Otus scops*; Simeonov 1981) (Übersichten unter anderen in Wacquant-Geozelles 1890, Schmitt 1928, Horion 1949 a, Tippmann 1954, Harde 1975; Klausnitzer 1982, 1995, 2002; Brechtel & Kostenbader 2002, Klausnitzer & Wurst 2003, Klausnitzer & Sprecher-Uebersax 2008).

Gauss (1963) hat berichtet, daß der Eichelhäher (*Garrulus glandarius*) manchmal sogar Exemplare des Hirschkäfers (*Lucanus cervus*) bereits bei ihrem Erscheinen an der Oberfläche von Eichenstümpfen erbeutet, und das gleiche Verhalten haben Purdel (in Schmitt 1928) beim Schwarzspecht (*Dryocopus martius*) und Smith (2003) bei der Elster (*Pica pica*) beobachtet. Wendland (1963) hat den Waldkauz (*Strix aluco*) auch als Räuber des Nashornkäfers (*Oryctes nasicornis*) und des Heldbocks (*Cerambyx cerdo*) identifiziert, und Schnurre (1934, 1940, 1961) und Smeenk (1972) haben auch die Erbeutung des Maikäfers (*Melolontha*) und des Sägebocks (*Prionus coriarius*) sowie etlicher anderer Käfer durch den Waldkauz (*Strix aluco*) gemeldet. Cürten (1971) hat Krähen und Elstern auch als Räuber des Walkers (*Polyphylla fullo*) festgestellt, und Cassola & Lovari (1979) haben nachgewiesen, daß die Blauracke (*Coracias garrulus*) unter anderen auch den Balkenschröter (*Dorcus parallelepipedus*), den Nashornkäfer (*Oryctes nasicornis*) und den Heldbock (*Cerambyx cerdo*) erbeutet. Richter (1936) hat mitgeteilt, daß Larven des Nashornkäfers (*Oryctes nasicornis*) aus Komposthaufen und Misthaufen gerne von Hühnern und Enten gefressen werden, und Jehn (1896) hat mehrmals verhindert, daß in Prellböcken aus alten Eisenbahnschwellen gefundene Larven des Hirschkäfers (*Lucanus cervus*) den Enten und Hühnern vorgeworfen wurden. Schacht (1870) hat berichtet, daß ein Männchen des Hirschkäfers (*Lucanus cervus*), welches in einem Nest eines Hänflings (*Carduelis*) gelandet war, darin einen der Vögel angegriffen hat. Pia Steck (mündl. Mitt. 2008) hat im Näherweg auf dem Weiherberg am südwestlichen Ortsrand von Bruchsal im Garten des Hauses am 29.05.2008 abends gegen 18 Uhr ein Weibchen des Hirschkäfers (*Lucanus cervus*) gesehen, welches brummend über die Hecke in den Garten geflogen ist und dabei von einem Gartenrotschwanz (*Phoenicurus phoenicurus*) mit Schnabelpicken im Flug attackiert wurde, so daß es auf die Terrasse gefallen ist.

Aufgrund meiner Aufrufe zur Meldung von Beobachtungen des Hirschkäfers (*Lucanus cervus*) in regionalen Tageszeitungen (Rhein-Neckar-Zeitung 2008 a, 2008 b, 2008 c, 2008 d; Schwetzinger Zeitung 2008, Bruchsaler Rundschau 2008) haben mir mehrere Naturfreunde mitgeteilt, daß sie mit eigenen Augen Angriffe von räuberischen Vögeln auf Exemplare des Hirschkäfers (*Lucanus cervus*) gesehen haben. Auf dem Weg zwischen Dielheim-Unterhof und Dielheim-Oberhof kurz vor dem Waldrand hat Richard Körner (mündl. Mitt. 2008) etwa Anfang Juni 2008 beobachtet, wie eine schwarze Rabenkrähe auf der Straße saß, ein Männchen des Hirschkäfers (*Lucanus cervus*) mit dem Schnabel attackiert hat, ihm das Abdomen abgebissen hat und dann mit dem abgehackten Hinterleib im Schnabel davongeflogen ist. Der von der Rabenkrähe zurückgelassene Caput-Thorax-Torso des Männchens des Hirschkäfers (*Lucanus cervus*) hat noch fast eine Stunde gezappelt und gezwickt. Im Wald hinter dem Friedhof am westlichen Ortsrand von Sandhausen hat Ilona Zsolnai (mündl. Mitt. 2008) etwa Mitte Juli 2008 ein Männchen des Hirschkäfers (*Lucanus cervus*) neben dem Weg am Boden gesehen, welches von einer Krähe durch Picken attackiert wurde.

In der Sternallee im Wald südlich der Sportplätze am südwestlichen Ortsrand von Schwetzingen hat Manfred Robens (mündl. Mitt. 2008) von 2002 bis 2008 in jedem Jahr immer wieder einzelne tote Caput-Thorax-Torsi von Männchen des Hirschkäfers (*Lucanus cervus*) am Boden gesehen, und hat dort in 2004 auf einer Strecke von etwa 500 m bei mehreren Spaziergängen innerhalb von etwa 6 Wochen insgesamt etwa 15 Caput-Thorax-Torsi von Männchen entdeckt, welche vermutlich das Opfer von Spechten (besonders von Buntspechten) geworden sind, denn die meisten Caput-Thorax-Torsi haben am Fuß von Eichen gelegen, an denen auch Spuren von Schnabelhieben von Spechten waren.

Auf der Ketscher Rheininsel nordwestlich Ketsch hat Rolf Scholtysek (mündl. Mitt. 2008) im nördlichen Teil der Rohrhofer Allee und am Nordrand kurz vor dem Altrhein in 2007 mit über 20 Exemplaren ungewöhnlich viele Caput-Thorax-Torsi von Männchen des Hirschkäfers (*Lucanus cervus*) am Boden auf dem Weg entdeckt, wohingegen er in 2008 dort nur einen Caput-Thorax-Torso eines Männchens sowie ein vollständiges lebendes Männchen und drei Weibchen beobachtet hat. Rolf Scholtysek (mündl. Mitt. 2008) vermutet einen Zusammenhang mit dem Auftreten zahlreicher Nymphensittiche als potentielle Räuber in 2007 und dem gehäuften Vorkommen von Caput-Thorax-Torsi von Männchen des Hirschkäfers (*Lucanus cervus*) in 2007, denn er hat in 2008 dort praktisch keine Nymphensittiche bemerkt.

10.4 Vorübergehendes Überleben von Torsi des Hirschkäfers nach Abdomenabtrennung

Am 22.06.2008 bin ich abends den asphaltierten Weg am Waldrand von Tairnbach auf- und abgegangen. Nachdem ich mich von einer Stelle auf einer einsehbaren Strecke etwa 200 m entfernt hatte, kehrte ich um und fand bei meiner Rückkehr an dieser Stelle einen Torso eines mittelgroßen Männchens des Hirschkäfers (*Lucanus cervus*), welcher nur noch aus Kopf und Brust bestand, wohingegen der Hinterleib fehlte. Der Caput-Thorax-Torso des Männchens des Hirschkäfers (*Lucanus cervus*) lebte noch, lag auf der Dorsalseite und schnappte mit den Mandibeln. Die Mandibelmuskulatur war noch voll funktionsfähig, so daß der Caput-Thorax-Torso mich mit seinen Mandibeln genauso kräftig in den Finger zwicken konnte wie ein vollständiges unbeschädigtes Männchen des Hirschkäfers (*Lucanus cervus*). Offensichtlich hatte ein räuberischer Vogel dem Männchen des Hirschkäfers (*Lucanus cervus*) das Abdomen amputiert und den Rest gerade erst vom Baum fallen gelassen, denn einen Angriff eines entsprechend großen Vogels auf ein laufendes Männchen auf dem asphaltierten Weg hätte ich in Sichtweite bemerken müssen. Das Abdomen war glatt abgetrennt.

Als Resonanz auf meine Aufrufe zur Mitteilung von Beobachtungen des Hirschkäfers (*Lucanus cervus*) in regionalen Tageszeitungen (Rhein-Neckar-Zeitung 2008 a, 2008 b, 2008 c, 2008 d; Schwetzinger Zeitung 2008, Bruchsaler Rundschau 2008) haben mir mehrere Naturfreunde berichtet, daß sie ebenfalls erlebt haben, daß ein Caput-Thorax-Torso nach der Entfernung des Abdomens durch einen räuberischen Vogel noch eine Weile überleben kann und noch ebenso stark mit den Mandibeln kneifen kann wie ein komplettes unverletztes Männchen des Hirschkäfers (*Lucanus cervus*). Rolf Senk (mündl. Mitt. 2008) hat sogar festgestellt, daß ein Caput-Thorax-Torso eines Männchens des Hirschkäfers (*Lucanus cervus*) nach der Entfernung des Abdomens durch einen räuberischen Vogel oftmals noch drei bis vier Tage und in Einzelfällen sogar noch bis zu acht Tage überleben kann, bevor er verendet. Lydia Löhken (mündl. Mitt. 2008) und Bernd Steiner (mündl. Mitt. 2008) haben ebenfalls registriert, daß ein Caput-Thorax-Torso eines Männchens des Hirschkäfers (*Lucanus cervus*) nach der Amputation des Hinterleibes noch bis zu zwei oder drei Tage überleben kann, bevor er tot ist. Volker Klock (in Nückel 1999) hat Anfang bis Mitte Mai 1999 in Karlsruhe-Rüppurr über mehrere Wochen hinweg fast täglich etwa 5 - 10 Caput-Thorax-Torsi von Männchen des Hirschkäfers (*Lucanus cervus*) aufgesammelt, von denen auch etliche noch mit den Mandibeln kneifen konnten.

Cornelius (1867), Mélise (1880), Rostand (1927), Schmitt (1928), Tippmann (1954), Cürten (1971) und Rummel (2002) haben ebenfalls berichtet, daß ein Caput-Thorax-Torso eines Männchens des Hirschkäfers (*Lucanus cervus*) nach der Abtrennung des Abdomens noch bis zu zwei oder mehr Tage überleben kann und während dieser Zeit noch empfindlich mit den Mandibeln zwicken kann. Taschenberg (1929) hat beobachtet, daß einzelne Caput-Thorax-Torsi von Männchen des Hirschkäfers (*Luca-*

nus cervus) nach dem Verlust des Hinterleibes sich auf den langen Beinen noch eine Zeitlang mühsam dahinschleppen können. Das Überleben von Caput-Thorax-Torsi von Männchen des Hirschkäfers (*Lucanus cervus*) nach der Entfernung des Abdomens über mehrere Tage haben auch Heyden (1904 b, 1908) und Harvey & Gange (2003) gemeldet. Hesse (1920) hat berichtet, daß ein Caput-Thorax-Torso eines Männchens des Hirschkäfers (*Lucanus cervus*) nach dem Abbeißen des Abdomens durch ein räuberisches Säugetier gelegentlich sogar noch bis zu elf Tage überleben kann und bis zum Ende noch mit den Mandibeln kneifen kann, und Strojny (1970) hat sogar das Anhalten der Lebensaktivität noch bis zu 19 Tage nach der Abtrennung des Hinterleibes beobachtet.

10.5 Vorübergehendes Überleben von Torsi anderer Käfer nach Abdomenabtrennung

Ähnliche Caput-Thorax-Torsi ohne Abdomen wie beim Männchen des Hirschkäfers (*Lucanus cervus*), welche nach dem Verlust des Hinterleibes noch vorübergehend überlebt haben, die Fühler bewegt haben und mit den Mandibeln noch zwicken und sich festbeißen konnten, hat Lydia Löhken (mündl. Mitt. 2008) auch bei Männchen und Weibchen des Sägebocks (*Prionus coriarius*) am Waldrand am Parkplatz nahe dem Reitplatz am westlichen Ortsrand von Walldorf in 2008 (die Fragmente wurden mir zur Bestimmung vorgelegt) und im Wald im Hochholz am südlichen Ortsrand von Walldorf in 2007 beobachtet.

Ähnliche Caput-Thorax-Torsi ohne Abdomen wie beim Männchen des Hirschkäfers (*Lucanus cervus*) hat Peter Zimmermann (mündl. Mitt. 2008) auch bei Exemplaren des Heldbocks (*Cerambyx cerdo*) am Baggersee in der Flur Metzgerallmend am Südrand des Waldgebietes Büchenauer Hardt am nordwestlichen Ortsrand von Untergrombach in 2004 oder 2005 gefunden. Gauss (1963) hat in der Fasanerie bei Karlsruhe am 17.06.1956 unter einer einzigen Eiche neben 97 Caput-Thorax-Torsi von überwiegend Männchen und untergeordnet Weibchen des Hirschkäfers (*Lucanus cervus*) auch 14 Caput-Thorax-Torsi von Individuen des Heldbocks (*Cerambyx cerdo*) angetroffen, von denen etliche noch die Fühler bewegt haben.

Cürten (1971) hat im Schwanheimer Wald südwestlich Frankfurt/Main an einigen Stellen immer wieder Caput-Thorax-Torsi des Walkers (*Polyphylla fullo*) gefunden, von denen einige sich noch bewegt haben, und Cornelius (1867) hat auch beim Maikäfer (*Melolontha*) registriert, daß isolierte Caput-Thorax-Torsi noch mehrere Tage weiterleben können und sowohl trinken als auch noch sich bewegen können. Heikertinger (1920) hat an einem Caput-Thorax-Torso des Schnellkäfers *Selatosomus latus* beobachtet, daß dieser nach dem Verlust des Abdomens noch mehr als drei Tage lang die Beine bewegt hat. Heyden (1904 b, 1908) hat an einem Caput-Thorax-Torso des Schwarzen Moderkurzflüglers (*Ocypus olens*) festgestellt, daß dieser nach der Amputation des Hinterleibes noch ganz begierig an einer Schnecke gefressen hat.

10.6 Abbeißen von Beinen und Mandibeln durch Räuber

Am 22.06.2008 habe ich nicht nur den lebenden Caput-Thorax-Torso eines mittelgroßen Männchens des Hirschkäfers (*Lucanus cervus*) entdeckt, welcher noch gelebt hat und mit den Mandibeln geschnappt hat, sondern habe auch an einer anderen, ebenfalls kurz vorher kontrollierten Stelle am Rand des asphaltierten Weges am Waldrand von Tairnbach ein lebendes Weibchen des Hirschkäfers (*Lucanus cervus*) gefunden, das ebenfalls kurz vorher dort nicht vorhanden war. Diesem Weibchen des Hirschkäfers (*Lucanus cervus*) hatte ein Räuber einen Teil der Beine abgebissen oder abgepickt, und es lag auf dem Rücken und konnte sich nicht mehr umdrehen. Am 28.06.2008 habe ich auf dem asphaltierten Weg ein laufendes Weibchen des Hirschkäfers (*Lucanus cervus*) bemerkt, bei dem die linke Mandibel und ein Teil des rechten Hinterbeines gefehlt haben, welche offenbar ebenfalls dem Angriff eines Räubers zum Opfer gefallen sind. Die Beine wurden den Weibchen des Hirschkäfers (*Lucanus cervus*) möglicherweise von Spitzmäusen (Soricidae; Rehage 1972) abgebissen. Braatz (1914) hat experimentell nachgewiesen, daß rivalisierende Männchen des Hirschkäfers (*Lucanus cervus*) sich auch gegenseitig einen Teil der Beine abzwicken können. Hein (1990) hat ein Männchen des Hirschkäfers (*Lucanus cervus*) beschrieben, welches an allen Beinen keine Tarsenglieder mehr hatte, wobei die

Beinstümpfe alle verheilt waren.

Ein verletztes Männchen des Hirschkäfers (*Lucanus cervus*), dem ein Bein und die Hälfte des Abdomens gefehlt hat, wurde von Birgit Ullrich (mündl. Mitt. 2008) in Waldnähe auf den Wiesen des Golfplatzes südlich Rot etwa Anfang Juni 2008 gefunden. In der Nähe von Herrenteich südwestlich Ketsch haben Ute und Horst Walter (mündl. Mitt. 2008) am Rheindamm unter der Autobahnbrücke etwa Ende Mai/Anfang Juni 2008 insgesamt drei tote Männchen des Hirschkäfers (*Lucanus cervus*) am Boden gesehen, welche bei ihrer Entdeckung vollständig und unbeschädigt waren, von denen jedoch an den nächsten Tagen Teile gefehlt haben und von denen am Schluß nur die geweihartig verlängerten Mandibeln übriggeblieben sind.

10.7 Abbrechen von Mandibeln im Rivalenkampf

Am 30.06.2008 habe ich auf der Blattstreu neben dem asphaltierten Weg am Waldrand von Tairnbach den ausgehöhlten Panzer eines großen toten Männchens des Hirschkäfers (*Lucanus cervus*) entdeckt, welches an der Grenze zwischen Caput und Thorax in zwei Teile gespalten war, dessen linke Mandibel teilweise abgebrochen war und dessen Hinterbeine teilweise fehlten. Da die beiden Bruchstücke in einem Abstand von ca. 5 cm auf der Blattstreu lagen, wurde das Männchen des Hirschkäfers (*Lucanus cervus*) von einem Räuber offenbar am Boden attackiert, zerteilt und ausgesaugt, so daß nur noch der hohle Panzer übriggeblieben war. Die teilweise abgebrochene linke Mandibel des Männchens des Hirschkäfers (*Lucanus cervus*) ist offenbar eine Verletzung aus der Schlacht mit anderen Männchen, welche im Rivalenkampf mit den geweihartig verlängerten Mandibeln miteinander ringen und dabei versuchen, den Gegner zur Seite zu drücken.

Im Waldgebiet Schwetzinger Hardt hat Fred Köhler (mündl. Mitt. 2008) an der Brücke über den Hardtbach auf dem Weg zur Ostkurve des Hockenheimrings etwa Ende Mai/Anfang Juni 2008 ein totes Männchen des Hirschkäfers (*Lucanus cervus*) auf der Straße am Boden gefunden, bei dem eine Mandibel ganz abgebrochen war und von der anderen Mandibel die Spitze abgebrochen war, wobei alle Bruchstücke nahe beieinander gelegen sind. Folwaczny (1959) hat beobachtet, daß ein Männchen des Hirschkäfers (*Lucanus cervus*) so stark zugebissen hat, daß die linke Mandibel gebrochen ist. Das einseitige Abbrechen von Mandibeln beim Rivalenkampf verursacht eine Instabilität aufgrund des gestörten Gleichgewichtes der Männchen des Hirschkäfers (*Lucanus cervus*), welche nach dem Verlust einer Mandibel nicht mehr in gerader Linie, sondern nur noch in Spiralen einen Stamm hochklettern können (Rummel 2002).

10.8 Mitnahme gefundener Hirschkäfer durch Katzen nach Hause

Als Resonanz auf meine Aufrufe zur Mitteilung von Beobachtungen des Hirschkäfers (*Lucanus cervus*) in regionalen Tageszeitungen (Rhein-Neckar-Zeitung 2008 a, 2008 b, 2008 c, 2008 d; Schwetzinger Zeitung 2008, Bruchsaler Rundschau 2008) haben mir mehrere Naturfreunde berichtet, daß ihre Katzen in benachbarten Grundstücken einzelne Männchen gefunden und mit nach Hause gebracht haben, und auch in Hof und Garten gelegentlich fliegenden Männchen und Weibchen des Hirschkäfers (*Lucanus cervus*) hinterhergelaufen sind. Der Jagd- und Spieltrieb der Katzen wird offenbar auch durch die großen Exemplare des Hirschkäfers (*Lucanus cervus*) stimuliert, denn die großen Männchen erreichen mit einer Gesamtlänge von 70 mm oder mehr fast die Größe einer kleinen Maus. In der Literatur sind ebenfalls etliche Bemerkungen über das Spielen und Erbeuten von Individuen des Hirschkäfers (*Lucanus cervus*) durch Katzen enthalten.

In der Lutherstraße am Südrand von Heidelberg-Neuenheim hat Eckard Klages (mündl. Mitt. 2008) in 2007 ein Männchen des Hirschkäfers (*Lucanus cervus*) gesehen, welches sein Kater vermutlich auf einem unbewirtschafteten und verwilderten benachbarten Grundstück gefunden hat und im Maul unverletzt in die Küche der Wohnung getragen hat. Im Bubenwingert am südöstlichen Ortsrand von Leimen hat Inga Hug-Papperitz (mündl. Mitt. 2008) etwa Ende Juni/Anfang Juli 2008 ein Männchen des Hirschkäfers (*Lucanus cervus*) bemerkt, welches ihr Kater vermutlich in einem der angrenzenden Grundstücke gefunden hat, im Maul unverletzt in den Garten des Hauses getragen hat, dort am Boden abgelegt hat, und dort liegengelassen hat, nachdem er noch ein bißchen mit ihm gespielt hat. Im

Finkenweg am westlichen Ortsrand von Reilingen hat Dieter Brehm (mündl. Mitt. 2008) im Garten des Hauses, in dem einige Tage vorher Rindenmulch ausgelegt wurde, etwa Ende Juni/Anfang Juli 2008 abends kurz vor der Dämmerung ein fliegendes Weibchen des Hirschkäfers (*Lucanus cervus*) gesehen, welches zuerst von der Katze entdeckt wurde, die dem fliegenden Weibchen hinterhergelaufen ist.

Harvey & Gange (2003) haben berichtet, daß Katzen gerne mit den Exemplaren des Hirschkäfers (*Lucanus cervus*) spielen und dabei häufig das Abdomen verletzen, und das Interesse an ihnen verlieren, wenn die verwundeten Individuen sich nicht mehr bewegen. Morris (1991) hat ebenfalls beobachtet, wie eine Katze mit einem Männchen des Hirschkäfers (*Lucanus cervus*) gespielt hat, welches abends vom Licht angelockt wurde, und welches die unvorsichtige Katze mit den Mandibeln derart schmerzhaft in die Nase gezwickt hat, daß die Katze laut schreiend in die Luft gesprungen ist. Frith (1999) hat ebenfalls referiert, daß ein Exemplar des Hirschkäfers (*Lucanus cervus*) sich an der Nase einer Katze festgeklammert hat. Frith (1998 a) hat beschrieben, daß ein Individuum des Hirschkäfers (*Lucanus cervus*) auf der Nase einer Katze huckepack geritten ist und ein anderes in dem Mantel eines Yorkshire-Terriers eingedrungen ist und sich darin von dem Hund hat spazieren tragen lassen. Martin Holtz (in Cürten 1971) hat in einem Haus in Ungarn im Obergeschoß an einem geöffneten Fenster die vorbeifliegenden Maikäfer (*Melolontha*) beobachtet und hat dabei festgestellt, daß die neben ihm auf dem Fensterbrett sitzende Katze die zu nahe gekommenen Maikäfer mit den Pfoten in das Zimmer geschlagen hat, wo sie dann von den Jungen der Katze verspeist wurden. Grützner (1924) hat auf dem Dachboden eines Hauses ausgewachsene Larven des Hirschkäfers (*Lucanus cervus*) aufbewahrt, um deren Verpuppung zu beobachten, und hat berichtet, daß eine Katze das Versteck der Larven entdeckt hat und sie restlos verzehrt hat.

Im Goncharovka Bezirk in Kiew in der Ukraine, in dem die Pokrov Kathedrale liegt, hat Mamonov (1991) in 1974 und 1976 beobachtet, daß eine Katze regelmäßig von fliegenden Exemplaren des Hirschkäfers (*Lucanus cervus*) fasziniert war. Die Katze hat jeden Abend fliegende Individuen des Hirschkäfers (*Lucanus cervus*) verfolgt und angegriffen, ist nach den fliegenden Exemplaren in die Luft gesprungen, und hat einige Individuen anschließend gefressen. Bei der landesweiten Erfassung der Bestände des Hirschkäfers (*Lucanus cervus*) in England in 1998 und 2002 wurden auch wiederholt Attacken von Katzen auf fliegende und laufende Exemplare mit erfolgreicher oder versuchter Erbeutung gemeldet (Bowdrey 1997; Frith 1998 a, 1999; Hawes 1998 a, Smith 2003), und Fremlin (2008, 2009) hat bei einem Männchen des Hirschkäfers (*Lucanus cervus*) vermutet, daß es wahrscheinlich von einer Katze getötet wurde. Bowdrey (1997) hat mitgeteilt, daß in einem Fall eine Katze ein erbeutetes Exemplar des Hirschkäfers (*Lucanus cervus*) gefressen hat, wohingegen in anderen Fällen die Katzen von den erbeuteten Individuen abgelassen haben, nachdem sie von ihnen kräftig gezwickt wurden. Hawes (1998 a) hat berichtet, daß eine Katze nach fliegenden Exemplaren des Hirschkäfers (*Lucanus cervus*) gesprungen ist und sie aus der Luft heruntergeschlagen hat, und Frith (1999) hat referiert, daß mehrere Beobachter Individuen vor den Angriffen von Katzen gerettet haben.

10.9 Räuberische Säugetiere

Die räuberischen Säugetiere, welche als Feinde des Hirschkäfers (*Lucanus cervus*) und seiner Larven (Engerlinge) in der Literatur berichtet worden sind, umfassen (in alphabetischer Reihenfolge) Dachs (*Meles meles*; Nüssler 1967; Frith 1998 a, 1999; Colin Hawes, schriftl. Mitt. 2009), Eichhörnchen (*Sciurus vulgaris*; Conrad 1992, Napier 1999, Carganico 2003, Harvey & Gange 2003, Sutton 2003), Fledermäuse (Chiroptera; Schmitt 1928, Pawłowski 1961, Złowodzki in Strojny 1970, Rusch 1974, Bettag 1988, Sefrin 1993, Allgemeine Zeitung 1998, Napier 1999; Pratt 2000, 2003; Harvey & Gange 2003, Sutton 2003; Colin Hawes, schriftl. Mitt. 2009), Fuchs (*Vulpes vulpes*; Nüssler 1967, Franciscolo 1997; Frith 1998 a, 1999; Napier 1999; Percy, Bassford & Keeble 2000; Pratt 2000, 2003; Harvey & Gange 2003, Smith 2003, Bartolozzi & Maggini 2007), Hund (*Canis familiaris*; Smith 2003), Igel (*Erinaceus europaeus*; Löns 1908, 1911; Conrad 1992, Steggall 1996, Bowdrey 1997, Hawes 1998 a, Napier 1999; Percy, Bassford & Keeble 2000; Harvey & Gange 2003, Rheinpfalz 2008 a), Katze (*Felis domesticus*; Grützner 1924, Mamonov 1991, Bowdrey 1997; Frith 1998 a, 1999; Hawes 1998 a, Napier 1999; Pratt 2000, 2003; Harvey & Gange 2003, Smith 2003, Fremlin 2008, 2009), Marder (Mustelidae; Carganico 2003, Bartolozzi & Maggini 2007; Arno Thomaes und Al Vrezec, jeweils schriftl. Mitt. 2009), Maulwurf (*Talpa europaea*; Grützner 1924), Spitzmäuse (Soricidae; Britten in Hall 1969, Rehage 1972, Kühnel &

Neumann 1981, Tochtermann 1992), Waldspitzmaus (*Sorex araneus*; Grützner 1924, Hall 1969; Colin Hawes, schriftl. Mitt. 2009) und Wildschwein (*Sus scrofa*; Nadolski 1976, Kalz 1987, Rummel 2002, Harvey & Gange 2003) (Übersichten unter anderen in Klausnitzer 1982, 1995, 2002; Kalz 1987, Brechtel & Kostenbader 2002, Klausnitzer & Wurst 2003, Klausnitzer & Sprecher-Uebersax 2008).

Aufgrund ihrer Größe und des massenhaften Auftretens der Larven (Engerlinge) des Hirschkäfers (*Lucanus cervus*) innerhalb eines Stammes (bis zu ca. 1.000 - 1.500 Exemplare; Grützner 1924, Martin 1993) stellen sie eine attraktive Kost für Wildschweine und Dachse dar, welche sich diese Proteinquelle durch Wühlen im Substrat erschließen und deshalb eine erhebliche Gefährdung der Larven (Engerlinge) des Hirschkäfers (*Lucanus cervus*) sein können (Kalz 1987, Klausnitzer 1995, Rummel 2002, Harvey & Gange 2003, Klausnitzer & Wurst 2003, Klausnitzer & Sprecher-Uebersax 2008). Zur Gefährdung der Populationen des Hirschkäfers (*Lucanus cervus*) durch Wildschweine, welche den Boden um Baumwurzeln aufgraben und die im aufgewühlten Substrat gefundenen Larven (Engerlinge) verzehren, haben auch Rippegather (2004), Kalz (in Hartfelder 2005), Malten (2005), Schubert (2005), Hessen-Forst (2007), Klein (2007) und Ebert & Müller-Pfannenstiel (2008) Stellung genommen. In den letzten Jahren haben in vielen Gebieten die Bestände der Wildschweine in den Wäldern zugenommen (unter anderen Klausnitzer & Sprecher-Uebersax 2008, Wilken 2008).

Bei Fledermäusen wurde wiederholt beobachtet, daß sie fliegende Männchen des Hirschkäfers (*Lucanus cervus*) erbeuten, die Abdomina im Flug abbeißen und anschließend die übriggebliebenen Caput-Thorax-Torsi aus der Luft fallen lassen (Bettag 1988, Sefrin 1993). Fledermäuse zählen auch zu den räuberischen Säugetieren, welche als Feinde des Nashornkäfers (*Oryctes nasicornis*) im Schrifttum bekannt geworden sind (Steidel in Conrad 1994). Beim Iltis (*Mustela putorius*) hat Arno Thomaes (schriftl. Mitt. 2009) in Belgien beobachtet, daß dieser auf Straßen auch tote überfahrene Individuen des Hirschkäfers (*Lucanus cervus*) und der Weinbergschnecke (*Helix pomatia*) verzehrt.

10.10 Räuberische Amphibien und Reptilien

Maria Fremlin (http://maria.fremlin.de/stagbeetles) hat einige Fotos präsentiert, auf denen Frösche (*Rana*) beim Schnappen und Versuchen des Verschlingens von Männchen des Hirschkäfers (*Lucanus cervus*) zu sehen sind. Napier (1999) und Pratt (2000, 2003) haben ebenfalls Frösche (*Rana*) als gelegentliche Räuber des Hirschkäfers (*Lucanus cervus*) erwähnt. Bowdrey (1997) hat von mehreren erfolglosen Versuchen von Fröschen (*Rana*), ein Exemplar des Hirschkäfers (*Lucanus cervus*) zu verschlingen, berichtet. Rummel (2002) hat auch Eidechsen (*Lacerta*) als Räuber des Hirschkäfers (*Lucanus cervus*) besonders in Südosteuropa aufgeführt.

10.11 Räuberische Insekten

Die räuberischen Insekten, deren Imagines oder Larven als Feinde der Larven (Engerlinge) und Puppen des Hirschkäfers (*Lucanus cervus*) im Schrifttum erwähnt worden sind, umfassen (in alphabetischer Reihenfolge) Ameisen (Formicidae; Tippmann 1954, Nüssler 1967), Balkenschröter (*Dorcus parallelepipedus*; Grützner 1924), Sägebock (*Prionus coriarius*; Kalz 1987) und Schnellkäfer (Elateridae; besonders *Lacon punctatus* und *Ampedus* sp.; Grützner 1924) (Übersichten unter anderen in Klausnitzer 1982, 1995, 2002; Kalz 1987, Sprecher-Uebersax 2001, Brechtel & Kostenbader 2002, Klausnitzer & Wurst 2003, Klausnitzer & Sprecher-Uebersax 2008). Gibson (1981) hat eine Imago und eine Larve des Hirschkäfers (*Lucanus cervus*) in einem sägespangefüllten Eimer gehalten und hat aufgrund der später beobachteten verteilten Fragmente der Imago vermutet, daß diese von der Larve angegriffen wurde. Derksen (1941) hat an einem geöffneten vermoderten Buchenstamm beobachtet, daß etliche Exemplare der Schwarzgrauen Wegameise *Lasius niger* eine Larve des Balkenschröters (*Dorcus parallelepipedus*) attackiert haben, welche jedoch nach etwa halbstündigem Kampf etwa 20 Individuen der Wegameise getötet hatte. Smith (2003) hat die Schwarzgraue Wegameise *Lasius niger* auch als Räuber des Hirschkäfers (*Lucanus cervus*) aufgelistet.

Die Männchen des Hirschkäfers (*Lucanus cervus*) fügen sich bei ihren Rivalenkämpfen gelegentlich auch tödliche Verletzungen zu (Braatz 1914, Tippmann 1954, Mathieu 1969), so daß diese Rivalenkämpfe in manchen Fällen auch einen nichtnatürlichen Mortalitätsfaktor darstellen.

10.12 Aasfressende Insekten

Gelegentlich habe ich auf dem asphaltierten Weg am Waldrand von Tairnbach beobachtet, daß Reste von überfahrenen oder erbeuteten Individuen des Hirschkäfers (*Lucanus cervus*) auch von Ameisen und Nacktschnecken beseitigt werden. Am 17.07.2008 habe ich auf dem asphaltierten Weg gesehen, daß ein überfahrenes Weibchen des Sägebocks (*Prionus coriarius*) und ein aus dem Nest gefallenes totes Vogelküken von einer Armee von kleinen schwarzen Ameisen umzingelt und dicht überzogen waren, und am nächsten Tag waren von beiden keine Reste mehr vorhanden. Am 05.08.2008 habe ich dies analog bei einem überfahrenen Regenwurm beobachtet. Die Aushöhlung des Körpers von Exemplaren des Hirschkäfers (*Lucanus cervus*) durch Ameisen bis zum Zurückbleiben von leeren Chitinpanzern mit den Mandibeln wurde auch von Taschenberg (1929), Hochgreve (1934), Tippmann (1964) und Smith (2003) berichtet. Den Angriff von Ameisen auf verendende oder tote Individuen des Hirschkäfers (*Lucanus cervus*) hat auch Mamonov (1991) bemerkt. Cornelius (1867) hat auch häufig Ameisen in isolierten Caput-Thorax-Torsi von Männchen des Hirschkäfers (*Lucanus cervus*) registriert, und Richter (1936) hat oftmals Ameisen an toten Männchen des Nashornkäfers (*Oryctes nasicornis*) notiert. Am 11.06.2008 habe ich auf der Blattstreu neben dem asphaltierten Weg am Waldrand von Tairnbach ein vollständiges unbeschädigtes Männchen des Hirschkäfers (*Lucanus cervus*) tot aufgefunden, welches offenbar natürlich verendet war.

Krahmer (1956) hat beim Aufsammeln zahlreicher toter Männchen und Weibchen des Hirschkäfers (*Lucanus cervus*) in der Laubstreu am Waldboden festgestellt, daß aus den äußerlich völlig unverletzten toten Exemplaren etliche aasfressende Nestkäfer (Catopidae) herausgekrochen waren, welche überwiegend *Sciodrepoides watsoni* und untergeordnet auch *Catops kirbyi* und *Catops fuliginosus* umfaßt haben. Rummel (2002) hat als aasfressende Käfer, welche tote Individuen des Hirschkäfers (*Lucanus cervus*) ausnagen, vor allem Schnellkäfer (Elateridae) und Puppenräuber (*Calosoma*; Carabidae) genannt.

10.13 Parasitische Insekten

Parasiten des Hirschkäfers (*Lucanus cervus*) wurden nur gelegentlich in der Literatur vermerkt (Übersichten unter anderen in Didier 1937, Théodoridès 1955, Paulian 1959, Pawłowski 1961, Strojny 1970, Franciscolo 1997, Brechtel & Kostenbader 2002, Klausnitzer & Sprecher-Uebersax 2008). Unter anderen haben Schmiedeknecht (1930), Györfi (1955), Paulian (1959), Henschel (1962), Grzimek (1969), Paulian & Baraud (1982), Zahradník & Severa (1991), Gries (1994) und Vereecken & Carrière (2003) die Gelbstirnige Dolchwespe *Megascolia maculata flavifrons* (im vorgenannten Schrifttum meist unter der früheren Bezeichnung *Scolia flavifrons* dokumentiert; Hymenoptera : Scoliidae) als Parasiten der Larven (Engerlinge) des Hirschkäfers (*Lucanus cervus*) und/oder des Nashornkäfers (*Oryctes nasicornis*) genannt. Die Dolchwespe *Scolia* wurde als Parasit der Larven (Engerlinge) des Nashornkäfers (*Oryctes nasicornis*) bereits von Fabre (1886) erwähnt, und Henschel (1962) hat auch die Rollwespe *Tiphia* (Hymenoptera : Tiphiidae) als Parasit der Larven (Engerlinge) des Nashornkäfers (*Oryctes nasicornis*) angeführt. Die Gelbstirnige Dolchwespe *Megascolia maculata flavifrons* wurde als Parasit der Larven (Engerlinge) des Nashornkäfers (*Oryctes nasicornis*) auch von Carrière (1979, 1990, 1994) und López-Colón (2003) gemeldet.

Aus einem bei Karlsruhe am Waldboden liegenden Caput-Thorax-Torso eines Männchens des Hirschkäfers (*Lucanus cervus*) ist ein Exemplar einer kleinen Goldwespe (*Omalus auratus*) (Hymenoptera : Chrysididae) geschlüpft, welche als Kuckuckswespe hohlraumbewohnender Grabwespen bekannt ist und offensichtlich den Kopf des Hirschkäfers (*Lucanus cervus*) als Hohlraum für ihre Nistablage genutzt hat (Brechtel & Kostenbader 2002).

Emden (1950) und Paulian (1959) haben in Larven des Hirschkäfers (*Lucanus cervus*) und des Balkenschröters (*Dorcus parallelepipedus*) die parasitische Fliege *Dinera ferina* bzw. *Billaea ferina* bzw. *Myiocera ferina* (Diptera : Tachinidae) festgestellt, und Pourchier (1933), Emden (1950), Paulian (1959) und Hurpin & Fresneau (1964 b) haben in Larven des Nashornkäfers (*Oryctes nasicornis*) die parasitische Fliege *Microphthalma disjuncta* bzw. *Microphthalma europaea* (Diptera : Tachinidae) nachgewiesen. Emden (1950) hat in Larven des Nashornkäfers (*Oryctes nasicornis*) auch die parasitischen Fliegen *Sarcophaga* bzw. *Ravinia albiceps* und *Ravinia striata* (Diptera : Sarcophagidae) gefunden. Karczewski

(1983) hat bemerkt, daß aus toten Individuen des Hirschkäfers (*Lucanus cervus*) nach einiger Zeit Exemplare der parasitischen Fliege *Calliphora* (Diptera : Calliphoridae) geschlüpft sind.

10.14 Parasitische Milben

Im Schrifttum sind auch einige Berichte über das Erscheinen von Milben (Acari) als Parasiten des Hirschkäfers (*Lucanus cervus*) und des Nashornkäfers (*Oryctes nasicornis*) enthalten. Evans & Till (1966) und Hyatt (1990) haben gemeldet, daß die Milbe *Hypoaspis krameri* (Laelapidae) gelegentlich beim Nashornkäfer (*Oryctes nasicornis*) und beim Hirschkäfer (*Lucanus cervus*) gefunden wurde. Einzelne Exemplare von Milben auf Individuen des Hirschkäfers (*Lucanus cervus*) haben auch Samsinák (1957), Bowdrey (1997) und Fremlin (2005) erwähnt. Zahlreiche Exemplare von Milben auf Individuen des Nashornkäfers (*Oryctes nasicornis*) haben auch Lengerken (1928 b), Auersch (1954), Henschel (1962) und Turek (1965) beobachtet. Verschiedene Milben beim Nashornkäfer (*Oryctes nasicornis*) und beim Balkenschröter (*Dorcus parallelepipedus*) hat auch Haitlinger (1991) aufgelistet. Mamonov (1991) hat ebenfalls das Auftreten von Milben an verendenden und toten Exemplaren des Hirschkäfers (*Lucanus cervus*) bemerkt. Pawłowski (1961) hat im Darm einer Larve des Hirschkäfers (*Lucanus cervus*) mehrere Nematoden entdeckt, und die gleiche Larve war an der Oberfläche auch von Milben besetzt.

In der Robert-Koch-Straße nahe des nordwestlichen Ortsrandes von Wiesental hat Stefan Materna (mündl. Mitt. 2008) im Garten am Haus in 2008 zwei Exemplare des Nashornkäfers (*Oryctes nasicornis*) festgestellt, welche an der Ventralseite von etlichen Milben befallen waren. Ich habe wiederholt zahlreiche Milben auf der Ventralseite von Individuen des Gemeinen Mistkäfers (*Geotrupes stercorarius*) und des Waldmistkäfers (*Geotrupes stercorosus*) auf Wegen im Wald um Walldorf gesehen.

10.15 Besiedlung von Hohlräumen

Die Weibchen des Hirschkäfers (*Lucanus cervus*) legen ihre Eier in der Regel innerhalb des zusammenhängenden Substrates ab und verwenden nur gelegentlich bereits existierende Hohlräume. Als Sonderfall der Wechselwirkung mit anderen Käfern haben Kühnel & Neumann (1981) im Juni 1979 einmal zwei Weibchen des Hirschkäfers (*Lucanus cervus*) beobachtet, welche im unteren Stammbereich einer vom Heldbock (*Cerambyx cerdo*) besiedelten Stieleiche (*Quercus robur*) zur Eiablage in die bereits vorhandenen Schlupflöcher des Heldbocks eingedrungen sind. Cürten (1971) hat in den Gängen der Larven des Heldbocks (*Cerambyx cerdo*) wiederholt Exemplare des Balkenschröters (*Dorcus parallelepipedus*) angetroffen. Marie (1959) hat festgestellt, daß Imagines des Hirschkäfers (*Lucanus cervus*) gelegentlich in Grabgängen von Larven des Hirschkäfers (*Lucanus cervus*), des Heldbocks (*Cerambyx cerdo*) und des Sägebocks (*Prionus coriarius*) in alten Baumstümpfen überwintern.

In hohlen Mandibeln toter großer Männchen des Hirschkäfers (*Lucanus cervus*) können sich kleine sandgelbe Ameisen ansiedeln, welche das Innere der hohlen Mandibeln mit Mörtel in gleichmäßig große Zellen unterteilen (Cürten 1971). Isolierte Caput-Thorax-Torsi von Männchen des Hirschkäfers (*Lucanus cervus*) werden gelegentlich ebenfalls von einzelnen Ameisen besetzt (Taschenberg 1929).

10.16 Außergewöhnliche Schlechtwetterperioden

Krahmer (1956) hat im August und September 1938 in den Rehburger Bergen bei Hannover im Wald zahlreiche tote Männchen und Weibchen des Hirschkäfers (*Lucanus cervus*) in der Laubstreu am Boden gefunden, welche fast alle völlig unbeschädigt waren und alle einzelnen Körperteile noch vollkommen fest im Zusammenhang hatten, und hat als Todesursache eine außergewöhnliche Schlechtwetterperiode während der Flugzeit vermutet, weil alle Exemplare keine Verletzungen aufgewiesen haben, welche Angriffe räuberischer Vögel oder Säugetiere belegt hätten.

Anton Bopp (Öffentlicher Anzeiger 2005) hat vor etwa 30 Jahren im Wald bei Langenlonsheim nördlich Bad Kreuznach 25 unbeschädigte tote Exemplare des Nashornkäfers (*Oryctes nasicornis*) in einer Reihe am Boden gefunden und konnte keine Todesursache feststellen. Möglicherweise kommt auch hier eine außergewöhnliche Schlechtwetterperiode während der Flugzeit als Auslöser des konzentrierten Verendens der Individuen des Nashornkäfers (*Oryctes nasicornis*) in Frage.

10.17 Rolle des Menschen

In gewisser Weise zählt auch der Mensch zu den Prädatoren der Imagines und Larven (Engerlinge) des Hirschkäfers (*Lucanus cervus*), denn durch verschiedene unmittelbare und mittelbare anthropogene Einflüsse wurden und werden immer wieder Männchen und Weibchen sowie Larven (Engerlinge) sowohl fahrlässig als auch vorsätzlich getötet. Zu den nichtnatürlichen Mortalitätsfaktoren des Hirschkäfers (*Lucanus cervus*) aufgrund humaner Aktivitäten gehört in erster Linie der Verkehr von Autos, Mopeds, Rollern, Fahrrädern, Inline-Skatern, Fußgängern und Joggern auf den asphaltierten Straßen und Wegen, der immer wieder zum unachtsamen oder manchmal sogar absichtlichen Überfahren und Zertreten von laufenden Exemplaren führt, welche infolge der geschlechtsspezifischen Mobilitätsunterschiede vor allem Weibchen und untergeordnet auch Männchen sind (Übersicht in nachstehendem Abschnitt). Weitere vom Menschen mittelbar verursachte Verluste in der Population des Hirschkäfers (*Lucanus cervus*) beinhalten die Wirkung von Regenwassertonnen, Teichen, Schwimmbecken, Brunnen, Vasen, Töpfen, Gießkannen, Eimern, Schüsseln, Fässern, Zisternen und anderen Wasserbehältern in vielen Gärten als Fallen für laufende und fliegende Individuen, welche im Wasser landen und dann hilflos darin treiben oder sogar ertrinken.

In früheren Zeiten, als der Hirschkäfer (*Lucanus cervus*) an den meisten Orten noch in wesentlich höherer Anzahl vorhanden war als heute, haben oftmals Kinder und Jugendliche sowie manchmal auch Erwachsene aus Neugier oder im Sammeltrieb etliche Exemplare und dabei besonders Männchen als Trophäen erbeutet, haben auch viele Entomologen häufig ein paar mehr Individuen gefangen als für Belegexemplare in wissenschaftlichen Sammlungen notwendig gewesen wäre, und waren vor allem Männchen und untergeordnet auch Weibchen bei den einschlägigen entomologischen Versandhandlungen gegen Bestellung auch in größeren Stückzahlen lieferbar. Trotz der deutlich zurückgegangenen Verbreitung des Hirschkäfers (*Lucanus cervus*) werden auch heute immer noch gelegentlich Individuen aus Faszination, Leidenschaft, Furcht und Unkenntnis von Kindern, Jugendlichen und Erwachsenen gefangen und getötet. Übersichten der früheren Verwendung von lebenden und toten Imagines und Larven (Engerlingen) des Hirschkäfers (*Lucanus cervus*) zu kulinarischen, mythologischen, pharmazeutischen und spirituellen Zwecken finden sich in Klausnitzer (1982, 1995) und Klausnitzer & Sprecher-Uebersax (2008).

Die fortschreitende Ausdehnung der Siedlungen des Menschen im Laufe des letzten Jahrhunderts, in deren Zusammenhang an vielen Lokalitäten für die Erschließung und Errichtung neuer Ortsteile erhebliche Bereiche der angrenzenden Wälder gerodet wurden, hat beträchtliche Abschnitte des Lebensraumes des Hirschkäfers (*Lucanus cervus*) dadurch zerstört, daß einerseits die in den gefällten und entfernten alten, kranken und abgestorbenen Bäumen im Wurzelbereich enthaltenen Larven (Engerlinge) vernichtet wurden und andererseits das Substratangebot für zukünftige Generationen des Hirschkäfers (*Lucanus cervus*) durch die Entnahme von etlichen potentiellen Entwicklungsbäumen wesentlich verringert wurde. Die großdimensionale Vernichtung von Teilen des Lebensraumes des Hirschkäfers (*Lucanus cervus*) aufgrund der Expansion der Dörfer und Städte in die angrenzenden Waldgebiete hinein mit der Erschließung und Errichtung von neuen Ortsteilen nach der Rodung beträchtlicher Bereiche der die Siedlungen umgebenden Waldgebiete wurde und wird begleitet und ergänzt durch deren kleindimensionale Wiederholung und Fortsetzung durch Fällung und Entfernung von alten, kranken und abgestorbenen Bäumen in Gärten, Streuobstwiesen, Parkanlagen, Alleen, Straßen und Plätzen im urbanen Raum sowie in den angrenzenden Waldgebieten aufgrund von verschiedenen Pflegemaßnahmen, Umgestaltungen, Verschönerungen und Verkehrssicherheitsaktionen. Die gleichen negativen Effekte haben auch das nicht ausreichend lange Liegenlassen von Totholzansammlungen, Komposthaufen und anderen Bioabfalldeponien in Gärten, Streuobstwiesen und Wäldern, wodurch einerseits die darin bereits enthaltenen Larven (Engerlinge) des Hirschkäfers (*Lucanus cervus*) mit der vorzeitigen Auflösung der Lagerstätten vernichtet werden und andererseits das Substratangebot für zukünftige Generationen geschmälert wird.

Weitere durch den Menschen verursachte Schädigungen der Populationen des Hirschkäfers (*Lucanus cervus*) sind von den zuständigen Behörden billigend in Kauf genommene Begleiterscheinungen der auch in Teilen der Oberrheinebene um Heidelberg und Mannheim in den letzten Jahren wiederholt durchgeführten chemischen Maikäferbekämpfungsaktionen, bei denen Kontakt- und Fraßinsektizide von Hubschraubern und Schleppern aus auf die Bäume gesprüht werden, denn durch die Ausbringung des chemischen Vernichtungsmittels werden auch die Populationen des Hirschkäfers (*Lucanus cervus*) betroffen, in dem etliche Individuen durch die Einwirkung der Giftstoffe getötet werden. Der früher weit verbreitete Gebrauch von verschiedenen Insektiziden, Herbiziden, Fungiziden und anderen chemischen Vernichtungsmitteln in Gartenbau, Landwirtschaft und Forstwirtschaft, bei dem als unvermeidbarer Nebeneffekt auch viele Exemplare des Hirschkäfers (*Lucanus cervus*) durch den Kontakt mit den toxischen Materialien getötet wurden, ist inzwischen wesentlich zurückgegangen und beschränkt sich heute in der Regel auf die gezielte Anwendung nur noch in Ausnahmefällen oder bei besonders akuter Notwendigkeit.

11 Überfahren und Zertreten durch Verkehr auf Straßen und Wegen

Aufgrund ihrer häufig laufenden Fortbewegung am Boden sind die Weibchen des Hirschkäfers (*Lucanus cervus*) durch den Verkehr von Autos, Mopeds, Rollern, Fahrrädern, Inline-Skatern, Fußgängern und Joggern auf den asphaltierten Straßen und Wegen gefährdet, wohingegen die überwiegend fliegenden Männchen weniger durch Überfahren und Zertreten bedroht sind. Die Entdeckung der drei untersuchten Standorte Tairnbach, Nußloch und Walldorf erfolgte ausschließlich durch Funde von einzelnen überfahrenen Weibchen des Hirschkäfers (*Lucanus cervus*) an den Rändern von asphaltierten Straßen und Wegen. Überfahrene Männchen des Hirschkäfers (*Lucanus cervus*) habe ich an den Standorten Tairnbach, Nußloch und Walldorf nicht beobachtet, und nur untergeordnet habe ich am Boden laufende Männchen gesehen. Die fliegenden Männchen und Weibchen des Hirschkäfers (*Lucanus cervus*) bewegen sich meist in einer Höhe von ca. 3 - 10 m über dem Boden und sind daher außerhalb der Reichweite des Verkehrs.

Während des Tages haben die über 600 Naturfreunde, welche sich aufgrund meiner Aufrufe zur Mitteilung von Beobachtungen des Hirschkäfers (*Lucanus cervus*) in regionalen Tageszeitungen (Rhein-Neckar-Zeitung 2008 a, 2008 b, 2008 c, 2008 d; Schwetzinger Zeitung 2008, Bruchsaler Rundschau 2008) bei mir gemeldet haben und mir über ihre Beobachtungen des Hirschkäfers (*Lucanus cervus*) berichtet haben, bei ihren zahlreichen zufälligen Einzelfunden in disperser Verteilung in Raum und Zeit die Männchen und Weibchen des Hirschkäfers (*Lucanus cervus*) meist laufend auf Wegen und Straßen angetroffen, welche dort ebenfalls durch den Verkehr durch Überfahren und auch durch unachtsame Fußgänger und Jogger durch Zertreten gefährdet sind. Die Bedeutung des Verkehrs als nichtnatürlicher Mortalitätsfaktor für Insekten hat Robert Trusch (Rhein-Neckar-Zeitung 2008 e) am Beispiel der Schmetterlinge erläutert und hat dabei die Schlußfolgerung gezogen, daß die Anzahl der Falter, die in einer Minute im Straßenverkehr Europas ums Leben kommt, die Zahl der von allen europäischen Sammlern in einem Jahrhundert gesammelten Exemplare um ein Vielfaches übersteigt. Die Rolle des Verkehrs als nichtnatürlicher Mortalitätsfaktor für Tiere haben auch Roger & Ramp (2009) untersucht.

Die nachstehende Übersicht der nichtnatürlichen Mortalität des Hirschkäfers (*Lucanus cervus*) durch Einwirkungen des Verkehrs auf Straßen und Wegen beinhaltet Überfahren und Zertreten durch Verkehr von Fahrzeugen und Fußgängern, zentrale und marginale Überrollung, Lauftempo des Hirschkäfers und anderer Käfer, Transitstrategie des Hirschkäfers und des Grünen Heupferds, und Überfahren durch Rasenmähen.

11.1 Überfahren und Zertreten durch Verkehr von Fahrzeugen und Fußgängern

Verluste von Individuen des Hirschkäfers (*Lucanus cervus*) aufgrund von Überfahren und Zertreten auf Straßen und Wegen durch den Verkehr von Fahrzeugen und Fußgängern hat besonders Hawes (1992, 1998 a, 1999 a, 2000 c, 2002 b, 2003 a, 2003 b, 2003 c, 2004 a, 2004 b, 2005 a, 2005 b, 2006 a,

2007 a, 2008 b, 2008 e) durch regelmäßige Kartierung und Zählung erfaßt und hat dabei festgestellt, daß bei den durch den Verkehr auf Straßen und Wegen in erheblicher Anzahl getöteten Exemplaren des Hirschkäfers (*Lucanus cervus*) das Häufigkeitsverhältnis Männchen : Weibchen meist etwa 1 : 2 bis 1 : 3 oder sogar bis 1 : 3,5 beträgt und in einigen Abschnitten und Perioden sogar überwiegend oder fast ausschließlich Weibchen dem Verkehr zum Opfer fallen, wobei er in letzteren Fällen ein Häufigkeitsverhältnis Männchen : Weibchen von etwa 1 : 7 notiert hat (Hawes 1998 a). Über Verluste von Exemplaren des Maikäfers (*Melolontha*), Rosenkäfers (*Cetonia*) und Hirschkäfers (*Lucanus cervus*) im Verkehr hat auch Schaffrath (1994) berichtet, und Nüssler (1967) hat beobachtet, daß besonders während der Schwärmzeit viele Individuen des Hirschkäfers (*Lucanus cervus*) dem Verkehr auf Straßen zum Opfer fallen.

Überfahrene Exemplare des Hirschkäfers (*Lucanus cervus*) auf Straßen und in Straßenbahnschienen hat auch Fritz (in Beyer 1939 b) gemeldet, und überfahrene Individuen auf Straßen, Wegen und Plätzen haben auch Willemse (1912), Donisthorpe (1935, 1941), Flint (1945), Osborne (1955), Brown & Keen (in Hall 1964), Langton (1967), Green (1981), Clemons (1982), Mamonov (1991), Alvarez Lao (1992), Hermans (1994, 1995), Alvarez Lao & Alvarez Lao (1995), Bowdrey (1997), Hoekstra (1997), Frith (1998 a, 1999), Napier (1999); Percy, Bassford & Keeble (2000); Pratt (2000, 2003), Jones (2001), Harvey & Gange (2003), Huijbregts (2003), Jobe (in Pratt 2003), Smith (2003), Ruiz Manzanos (2005); Smit, Krekels & Verheggen (2005); Stöckel (2008 a, 2008 b) und Fremlin (2009) mitgeteilt. Zertretene Individuen des Hirschkäfers (*Lucanus cervus*) auf Straßen, Wegen und Plätzen haben auch Müller (1937), Flint (1945), Weinreich (1959), Mamonov (1991), Barclay (1994), Bowdrey (1997), Frith (1998 a, 1999), Napier (1999); Percy, Bassford & Keeble (2000); Pratt (2000, 2003) und Harvey & Gange (2003) erwähnt. Überfahrene Exemplare des Hirschkäfers (*Lucanus cervus*) auf Straßen hat auch Arno Thomaes (schriftl. Mitt. 2009) in Belgien beobachtet.

Überfahrene und zertretene Individuen des Nashornkäfers (*Oryctes nasicornis*) auf Straßen hat Seitz (in Busch 1937 a) bemerkt und den Verkehr als wesentlichen nichtnatürlichen Mortalitätsfaktor erkannt. Holland (1991), Bowdrey (1997) und Frith (1999) haben auch mehrfach beobachtet, daß fliegende Exemplare des Hirschkäfers (*Lucanus cervus*) mit fahrenden Autos kollidiert sind. Bemerkungen über Verluste von Individuen des Hirschkäfers (*Lucanus cervus*) im Verkehr finden sich auch im Internet unter den Adressen http://www.agnu-haan.de/hirschkaefer und http://maria.fremlin.de/stagbeetles.

11.2 Zentrale und marginale Überrollung

Bei der Mortalität des Hirschkäfers (*Lucanus cervus*) durch den Verkehr kann zwischen zentraler oder totaler Überrollung, welche sich durch starke Beschädigung und Zerdrückung meist unmittelbar letal auswirkt, und marginaler oder partieller Überrollung, welche aufgrund lediglich mäßiger Beschädigung und weitgehend körperlicher Erhaltung trotz der erlittenen Verletzungen teilweise noch ein vorübergehendes Überleben ermöglicht, unterschieden werden. Manche der marginal oder partiell überfahrenen Weibchen des Hirschkäfers (*Lucanus cervus*) lebten noch, konnten noch ihre Beine und Fühler bewegen oder konnten sogar noch ein wenig kriechen, waren aber nicht mehr zu laufender oder fliegender Fortbewegung in der Lage, und konnten sich auch nicht mehr umdrehen, wenn sie nach dem Überfahren auf dem Rücken lagen.

Bei dem Balkenschröter (*Dorcus parallelepipedus*), dem Waldmaikäfer (*Melolontha hippocastani*), dem Feldmaikäfer (*Melolontha melolontha*), dem Gold-Rosenkäfer (*Cetonia aurata*), dem Gemeinen Mistkäfer (*Geotrupes stercorarius*), dem Waldmistkäfer (*Geotrupes stercorosus*) und dem Großen Pestwurz-Rüsselkäfer (*Liparus glabrirostris*), welche gegenüber dem Hirschkäfer (*Lucanus cervus*) wesentlich kleiner sind, habe ich bei den an Rändern von Straßen und Wegen gefundenen überfahrenen Exemplaren fast ausschließlich zentrale oder totale Überrollung festgestellt, welche sich durch starke Beschädigung und Zerdrückung in der Regel unmittelbar letal ausgewirkt hat.

11.3 Lauftempo des Hirschkäfers und anderer Käfer

Im Gegensatz zu den häufig schnell laufenden Laufkäfern der Gattung *Carabus* (hier habe ich besonders zahlreich Individuen des Goldlaufkäfers *Carabus auratus* beobachtet) und dem schnell laufenden Sägebock (*Prionus coriarius*) ist der Hirschkäfer (*Lucanus cervus*) bei der laufenden Fortbewegung nur sehr langsam und bewegt sich träge und schwerfällig. Der behäbig laufende Hirschkäfer (*Lucanus cervus*) wird dadurch eher zum Opfer des Verkehrs als die flott marschierenden Laufkäfer der Gattung *Carabus* und der schnell laufende Sägebock (*Prionus coriarius*), welche aufgrund ihrer Behendigkeit oftmals einem annähernden Fahrzeug noch ausweichen können, trotzdem jedoch gelegentlich ebenfalls überfahren werden. Ähnlich langsam und gemächlich wie der Hirschkäfer (*Lucanus cervus*) bewegen sich der Balkenschröter (*Dorcus parallelepipedus*), der Gemeine Mistkäfer (*Geotrupes stercorarius*), der Waldmistkäfer (*Geotrupes stercorosus*), der Stierkäfer (*Typhoeus typhoeus*) und der Große Pestwurz-Rüsselkäfer (*Liparus glabrirostris*), welche deshalb auf den Straßen und Wegen ebenfalls häufig überfahren werden.

11.4 Transitstrategie des Hirschkäfers und des Grünen Heupferds

Das Weibchen des Hirschkäfers (*Lucanus cervus*) hat den Weg zwischen Wiese und Waldrand am Standort Tairnbach überwiegend laufend überquert, wohingegen das Grüne Heupferd (*Tettigonia viridissima*) diese Strecke meist fliegend mit oder ohne Zwischenlandung überbrückt hat und deshalb der Gefährdung durch den Verkehr auf dem Weg wesentlich weniger ausgesetzt war als das überwiegend laufende Weibchen des Hirschkäfers (*Lucanus cervus*). Gelegentlich hat jedoch auch das Grüne Heupferd (*Tettigonia viridissima*) den Weg von der Wiese zum Waldrand mit Zwischenlandung oder laufend überquert und wurde dann ebenso wiederholt überfahren wie das Weibchen des Hirschkäfers (*Lucanus cervus*).

11.5 Überfahren durch Rasenmähen

In Gärten und Parks in London sowie auf Grünflächen in anderen Orten in England wurden etliche Exemplare des Hirschkäfers (*Lucanus cervus*) beim Rasenmähen getötet (Langton 1967, Napier 1999, Jones 2001, Smith 2003), wobei diese Unfälle besonders beim Einsatz traktorartiger Mähfahrzeuge auf ausgedehnten Rasenflächen vorgekommen sind.

12 Gefährdung durch Verluste im Verkehr

Am Standort Tairnbach verfügt die Population des Hirschkäfers (*Lucanus cervus*) über einen Umfang von mindestens etwa 100 - 150 Individuen, und als Ergebnis meiner Beobachtungen komme ich zu der Schlußfolgerung, daß hier eine stabile Population vorliegt, welche in ihrem Bestand trotz der Verluste aufgrund des Überfahrens von Weibchen durch den Verkehr auf dem Weg am Waldrand nicht gefährdet ist. Dagegen sind an den Standorten Walldorf und Nußloch aufgrund der wenigen Nachweise in den Randbereichen des Waldes zumindest in einigen Abschnitten wahrscheinlich kleinere Populationen des Hirschkäfers (*Lucanus cervus*) als am Standort Tairnbach vorhanden, welche durch Verluste aufgrund des Überfahrens von Weibchen durch den Verkehr auf den Straßen in den waldnahen Zonen der Orte sowie auf den Wegen am Waldrand möglicherweise stärker gefährdet sind. Die nachfolgenden Bemerkungen zur Gefährdung durch Verluste im Verkehr betreffen den Hirschkäfer (*Lucanus cervus*) in Tairnbach, Walldorf, Nußloch und an anderen Lokalitäten; sowie den Balkenschröter (*Dorcus parallelepipedus*), den Sägebock (*Prionus coriarius*) und den Goldlaufkäfer (*Carabus auratus*).

12.1 Hirschkäfer in Tairnbach

Aufgrund der am 05.06.2008 beobachteten ca. 25 - 30 schwärmenden Männchen und Weibchen des Hirschkäfers (*Lucanus cervus*) sowie der insgesamt vom 01.06.2008 bis 15.08.2008 gesehenen ca. 64 - 78 Exemplare und der Extrapolation der Populationsgröße von dem untersuchten Abschnitt des Waldrandes auf den gesamten Wald komme ich zu der Einschätzung, daß am Standort Tairnbach eine stabile Population des Hirschkäfers (*Lucanus cervus*) im Umfang von mindestens etwa 100 - 150 Individuen vorhanden ist, welche in ihrem Bestand nicht gefährdet ist. An dem untersuchten Abschnitt des Waldrandes habe ich mit Sicherheit nur einen geringen Teil der Population des Hirschkäfers (*Lucanus cervus*) am Standort Tairnbach beobachten können, wohingegen der überwiegende Teil der Population verborgen im Wald lebt und einer Beobachtung nicht zugänglich ist, und dadurch auch nicht durch den Verkehr gefährdet werden kann. Am Standort Tairnbach habe ich auf dem Weg am Waldrand in 2008 im Zeitraum meiner Beobachtungen etwa 10 überfahrene Weibchen des Hirschkäfers (*Lucanus cervus*) gefunden, wohingegen ich dort in 2007 nur etwa 3 überfahrene Weibchen bemerkt habe. Überfahrene Männchen des Hirschkäfers (*Lucanus cervus*) habe ich am Standort Tairnbach weder in 2007 noch in 2008 nachweisen können.

12.2 Hirschkäfer in Walldorf und Nußloch

Am Standort Walldorf habe ich nur einzelne überfahrene Weibchen des Hirschkäfers (*Lucanus cervus*) an den Rändern von Nußlocher Straße und Schwetzinger Straße im Stadtgebiet in 2007 und 2008 gefunden, und am Standort Nußloch habe ich nur einzelne überfahrene Weibchen auf dem asphaltierten Weg am Waldrand in 2007 entdeckt. In 2007 habe ich im Zeitraum meiner Beobachtungen an den Rändern von Nußlocher Straße und Schwetzinger Straße im Stadtgebiet in Walldorf jeweils etwa 3 überfahrene Weibchen des Hirschkäfers (*Lucanus cervus*) bemerkt, wohingegen ich dort in 2008 nur 1 überfahrenes Weibchen am Rand der Nußlocher Straße gesehen habe. Überfahrene Männchen des Hirschkäfers (*Lucanus cervus*) habe ich an den Standorten Walldorf und Nußloch weder in 2007 noch in 2008 registriert. Zwei lebende große Männchen des Hirschkäfers (*Lucanus cervus*) wurden mir in den Jahren 1973 und 1974 vorgelegt, welche am Waldrand südlich des Schulzentrums am nordwestlichen Ortsrand von Walldorf von Werner Bauer und Wolfgang Schubert gefunden wurden, und seitdem hatte ich bis 2007 an keinem Ort weitere Exemplare in der Natur entdeckt.

Aus dem gesehenen Material kann ich zur Populationsgröße des Hirschkäfers (*Lucanus cervus*) an den Standorten Nußloch und Walldorf keine Einschätzung vornehmen. Ich vermute aber, daß die Populationsgröße des Hirschkäfers (*Lucanus cervus*) in Nußloch und Walldorf zumindest in einigen Abschnitten geringer ist als in Tairnbach. Deshalb bewirkt an den Standorten Nußloch und Walldorf die Mortalität durch Überfahren von laufenden Weibchen durch den Verkehr auf den asphaltierten Straßen und Wegen möglicherweise eine erheblich größere Gefährdung der Population des Hirschkäfers (*Lucanus cervus*) als am Standort Tairnbach, wo die Mortalität einzelner laufender Weibchen durch den Verkehr auf dem asphaltierten Weg am Waldrand nur untergeordnet die Populationsgröße der Weibchen reduziert, aber nicht soweit dezimieren kann, daß es zu einer Gefährdung der Population kommen könnte.

12.3 Hirschkäfer an anderen Lokalitäten

Bei ihren zahlreichen zufälligen Einzelfunden in disperser Verteilung in Raum und Zeit haben die über 600 Naturfreunde, welche sich aufgrund meiner Aufrufe zur Mitteilung von Beobachtungen des Hirschkäfers (*Lucanus cervus*) in regionalen Tageszeitungen (Rhein-Neckar-Zeitung 2008 a, 2008 b, 2008 c, 2008 d; Schwetzinger Zeitung 2008, Bruchsaler Rundschau 2008) bei mir gemeldet haben und mir über ihre Beobachtungen des Hirschkäfers (*Lucanus cervus*) berichtet haben, die Männchen und Weibchen des Hirschkäfers (*Lucanus cervus*) tagsüber meist laufend auf Wegen und Straßen angetroffen, welche dort ebenfalls durch den Verkehr durch Überfahren und auch durch unachtsame Fußgänger und Jogger durch Zertreten gefährdet sind.

Überfahrene Männchen des Hirschkäfers (*Lucanus cervus*) haben Marion Vesper (mündl. Mitt. 2008) in Eberbach, Christa Schneider (mündl. Mitt. 2008) in Heidelberg-Neuenheim, Elke Beher (mündl. Mitt. 2008) und Wolfgang Giersdorf (mündl. Mitt. 2008) in Ketsch, Theo Hemberger (mündl. Mitt. 2008) in Kronau, Christa Treiber (mündl. Mitt. 2008) in Mannheim-Niederfeld, Christiane Köhler (schriftl. Mitt. 2008) in Nußloch, Friedemann Schreiner (mündl. Mitt. 2008) in Östringen-Odenheim, Michaela Bähne (mündl. Mitt. 2008) in Rot, Hermann Zimmermann (mündl. Mitt. 2009) in Schwetzingen, Karin Dürer (mündl. Mitt. 2008) in Sinsheim-Hilsbach, Thomas Maier (mündl. Mitt. 2008) im Waldgebiet Kammerforst und Ingo Utermöhl (mündl. Mitt. 2008) im Waldgebiet Schwetzinger Hardt gefunden.

Überfahrene Weibchen des Hirschkäfers (*Lucanus cervus*) haben Gerd Guntermann (mündl. Mitt. 2008) in Heidelberg-Neuenheim, Erika Eichhorn (mündl. Mitt. 2008) in Ketsch, Brigitta und Werner Kneisel (mündl. Mitt. 2008) in Leimen, Manfred Robens (mündl. Mitt. 2008) in Schwetzingen, Gertraud Zimmermann (mündl. Mitt. 2008) im Waldgebiet Schwetzinger Hardt, Hans-Joachim Fischer (mündl. Mitt. 2009) in Walldorf und in Reilingen, und Wilhelm Filsinger (mündl. Mitt. 2008) in Zuzenhausen gesichtet.

Verluste von Individuen des Hirschkäfers (*Lucanus cervus*) aufgrund von Überfahren und Zertreten auf Straßen und Wegen durch den Verkehr von Fahrzeugen und Fußgängern hat besonders Hawes (1992, 1998 a, 1999 a, 2000 c, 2002 b, 2003 a, 2003 b, 2003 c, 2004 a, 2004 b, 2005 a, 2005 b, 2006 a, 2007 a, 2008 b, 2008 e) durch regelmäßige Kartierung und Zählung erfaßt und hat dabei festgestellt, daß bei den durch den Verkehr auf Straßen und Wegen in erheblicher Anzahl getöteten Exemplaren des Hirschkäfers (*Lucanus cervus*) das Häufigkeitsverhältnis Männchen : Weibchen meist etwa 1 : 2 bis 1 : 3 oder sogar bis 1 : 3,5 beträgt und in einigen Abschnitten und Perioden sogar überwiegend oder fast ausschließlich Weibchen dem Verkehr zum Opfer fallen, wobei er in letzteren Fällen ein Häufigkeitsverhältnis Männchen : Weibchen von etwa 1 : 7 notiert hat (Hawes 1998 a).

12.4 Balkenschröter

Von dem zweiten Vertreter der Hirschkäfer-Familie Lucanidae, dem Balkenschröter (*Dorcus parallelepipedus*), habe ich aufgrund seiner überwiegend laufenden Fortbewegung am Boden an den Standorten Tairnbach, Nußloch und Walldorf in 2007 und 2008 immer wieder einzelne überfahrene Individuen bemerkt, wobei hier die Mortalität durch das Überfahren von laufenden Exemplaren durch den Verkehr keinerlei Einfluß auf die stabilen Populationen hat, wie der Vergleich der untergeordneten überfahrenen Individuen mit den häufiger gesichteten laufenden Exemplaren zeigt.

12.5 Sägebock und Goldlaufkäfer

Im Gegensatz zum behäbig und schwerfällig laufenden Hirschkäfer (*Lucanus cervus*) sowie zum gemächlich und träge laufenden Balkenschröter (*Dorcus parallelepipedus*) habe ich beim schnell laufenden Sägebock (*Prionus coriarius*) am Standort Tairnbach in 2008 sowie beim flott marschierenden Goldlaufkäfer (*Carabus auratus*) an den Standorten Walldorf, Nußloch und Tairnbach in 2007 und 2008 nur gelegentlich einzelne überfahrene Exemplare gesehen. Der schnell laufende Sägebock (*Prionus coriarius*) und der flott marschierende Goldlaufkäfer (*Carabus auratus*) können aufgrund ihrer Behendigkeit oftmals einem annähernden Fahrzeug noch ausweichen, werden jedoch trotzdem manchmal ebenfalls überfahren. Fliegende Individuen des Sägebocks (*Prionus coriarius*) sind ohnehin außerhalb der Reichweite des Verkehrs.

13 Schutzmaßnahmen in Garten, Streuobstwiese, Waldrand, Wald, Straße und Haus

Der Hirschkäfer (*Lucanus cervus*) lebt überwiegend verborgen im Wald und kommt nur untergeordnet im Wald und an den Rändern von Wald und Wiesen oder Feldern sowie in Gärten und Streuobstwiesen vorwiegend in waldnahen Bereichen von Siedlungen zum Vorschein, wodurch der größte Teil der Population einer Beobachtung nicht zugänglich ist und daher auch nicht durch den Verkehr auf den Wegen und Straßen am Waldrand gefährdet werden kann sowie weniger exponiert der Gefahr der Erbeutung durch Räuber ausgesetzt ist. Mit dieser weitgehend verborgenen Lebensweise schützt der Hirschkäfer (*Lucanus cervus*) in gewisser Weise sich selbst, und weitere Selbstschutzmechanismen sind die relativ lange Flugzeit, welche sich in der vollen Spanne über fast drei Monate erstreckt, die asynchrone Verteilung der Schwärmabende innerhalb der Erscheinungsperiode, die überwiegende Aktivität in einer auf wenige Stunden begrenzten Zeit während des Tages in der Abenddämmerung, und die Abschirmung des Weibchens durch das Männchen während der Kopulation. Trotzdem sind die am Standort Tairnbach auf dem asphaltierten Weg am Waldrand in 2008 beobachteten Verluste durch

Überfahren von laufenden Weibchen hoch genug, um durch geeignete Schutzmaßnahmen nicht nur den langfristigen Bestand der Population des Hirschkäfers (*Lucanus cervus*) zu gewährleisten, sondern auch die Populationsstärke möglichst zu erhalten oder sogar noch zu verbessern.

Als geeignete Schutzmaßnahmen bieten sich in erster Linie ein Transitservice an Wegen und Straßen am Waldrand und eine zeitweise Sperrung von Wegen am Waldrand für den Verkehr während der Flugzeit an, wobei die Bedeutung der vorgeschlagenen Schutzmaßnahmen besonders dadurch unterstrichen wird, daß die von mir beobachteten überfahrenen Individuen des Hirschkäfers (*Lucanus cervus*) ausschließlich Weibchen waren, welche durch ihre Eiablage den Fortpflanzungszyklus der jeweiligen Generation abschließen und damit den Fortbestand der Population in der nächsten Generation begründen und sicherstellen. Verluste von Individuen des Hirschkäfers (*Lucanus cervus*) aufgrund von Überfahren auf Straßen und Wegen durch den Verkehr hat besonders Hawes (1992, 1998 a, 1999 a, 2000 c, 2002 b, 2003 a, 2003 b, 2003 c, 2004 a, 2004 b, 2005 a, 2005 b, 2006 a, 2007 a, 2008 b, 2008 e) durch regelmäßige Kartierung und Zählung erfaßt, und hat die Tötung einer erheblichen Anzahl von Exemplaren, welche überwiegend bis fast ausschließlich Weibchen umfassen, durch den Verkehr auf Straßen und Wegen als ernsthafte Bedrohung für den Fortbestand und die Verbreitung des Hirschkäfers (*Lucanus cervus*) bewertet, weil jedes getötete Weibchen den Verlust von etwa 20 - 30 abgelegten Eiern und damit auch von etwa 20 - 30 potentiellen Individuen in der nächsten Generation bedeutet (Hawes 2006 a).

Verluste von Individuen des Hirschkäfers (*Lucanus cervus*) können auch begrenzt oder vermieden werden durch Umdrehen auf dem Rücken liegender Männchen und Weibchen, Abdeckung und Kontrolle von Wasserbehältern in Gärten, und Überprüfung von Rasenflächen vor dem Mähen. Das Spektrum potentieller Substrate für die Ablage der Eier und die Entwicklung der Larven (Engerlinge) des Hirschkäfers (*Lucanus cervus*) kann über das natürliche Angebot hinaus verbreitert werden durch Anlage von Komposthaufen und Totholzdeponien mit ausreichend langer Lagerzeit in Gärten und Streuobstwiesen; Stehenlassen von natürlichen Baumstümpfen und Aufstellen von künstlichen Baumstümpfen in Gärten, Streuobstwiesen und Wäldern; und Errichtung von Hirschkäfermeilern oder Hirschkäferwiegen. Die Paarung und Fortpflanzung des Hirschkäfers (*Lucanus cervus*) wird begünstigt durch die Bereitstellung von Saftaustritten an Bäumen in Gärten und Streuobstwiesen, welche wichtige Treffpunkte der Geschlechter sind, und eine weitere Verbesserung des Nahrungsangebotes ergibt die Anpflanzung und Pflege von Kirschbäumen. Weitere Unterstützung für die Stabilität der Populationen des Hirschkäfers (*Lucanus cervus*) kann die Ausweisung von Bannwaldflächen bewirken, weil sich in den nicht mehr bewirtschafteten Waldgebieten wieder vermehrt Totholz ansammeln kann. Wichtige begleitende Aktionen für die vorgenannten Schutzmaßnahmen für den Hirschkäfer (*Lucanus cervus*) sind die Multiplikation durch Sensibilisierung von weiteren Naturfreunden, wobei eines der vorrangigen Ziele der Überzeugung möglichst vieler Personen im Umfeld für den Schutzbedarf und die Schutzwürdigkeit des Hirschkäfers (*Lucanus cervus*) die möglichst weitgehende Vermeidung der fahrlässigen oder vorsätzlichen Tötung von Exemplaren aus verschiedenen Beweggründen ist, sowie die regelmäßige Meldung von Beobachtungen zur zentralen Auswertung, und das Engagement gegen chemische Maikäferbekämpfungsaktionen. Bei der Effektivität der Schutzmaßnahmen für den Hirschkäfer (*Lucanus cervus*) kann zwischen kurzfristiger und langfristiger Wirksamkeit unterschieden werden. Durch die Fülle der Möglichkeiten der Bereitstellung eines zusätzlichen Substratangebotes für den Hirschkäfer (*Lucanus cervus*) wird nicht nur das horizontale Substratspektrum innerhalb des laufenden Jahres, sondern auch die vertikale Substratpalette in der Abfolge der Jahre wesentlich verbreitert.

Übersichten und Erläuterungen verschiedener Schutzmaßnahmen für den Hirschkäfer (*Lucanus cervus*) sind auch in Klausnitzer (1982, 1995), Hawes (1998 a), Sprecher-Uebersax (2001), Brechtel & Kostenbader (2002), Klausnitzer & Wurst (2003); Hachtel, Schmidt, Chmela & Böhme (2007); Rink (2007) und Klausnitzer & Sprecher-Uebersax (2008) enthalten. Zusammenstellungen von laufenden Erfassungsaktionen und Schutzmaßnahmen für den Hirschkäfer (*Lucanus cervus*) in verschiedenen Regionen finden sich im Internet unter den Adressen http://www.agnu-haan.de/hirschkaefer und http://maria.fremlin.de/stagbeetles. Die meisten Schutzmaßnahmen für den Hirschkäfer (*Lucanus cervus*) zielen auf die Erhaltung und Bereitstellung von morschem und zersetztem Holz von alten, kranken und abgestorbenen Eichen und anderen Bäumen als Substrate für die Ablage der Eier und die Entwicklung der Larven (Engerlinge) sowie das Angebot von Saftleckstellen an Eichen und anderen Bäumen, an denen natürliche und künstliche Beschädigungen der Rinde das Austreten von Saft ermöglicht haben und den Imagines an den blutenden Wunden Nahrungsquellen und Treffpunkte bieten, wobei im Rahmen des naturnahen Waldbaus in möglichst weiter Verbreitung besonders ältere Eichenbestände bis zum Erreichen der Alters-, Vermorschungs- und Zerfallsphase erhalten und der natürlichen Dynamik bis hin zu Absterben, Vermoderung und Zersetzung überlassen werden sollen. Der Hirschkäfer (*Lucanus cervus*) ist Mitglied der Gilde der xylobionten oder saproxylischen Käfer, welche an und in zersetztem abgestorbenem Holz leben.

Die nachfolgend erläuterten Schutzmaßnahmen für den Hirschkäfer (*Lucanus cervus*) können von jedem Naturfreund in Garten, Streuobstwiese, Waldrand, Wald, Weg, Straße, Haus und Umfeld durchgeführt werden, und jeder einzelne Beitrag ist ein wichtiger Mosaikstein im Gesamtbild des breit gefächerten Programms zur Unterstützung der Erhaltung und Verbreitung des größten und bekanntesten Käfers in der einheimischen Insektenfauna. Die Effektivität der nachstehend skizzierten Schutzmaßnahmen für den Hirschkäfer (*Lucanus cervus*) steigt mit der Zunahme der Anzahl der Naturfreunde, welche diese selbst regelmäßig durchführen, und die auch in ihrem Umfeld weitere Naturfreunde von dem Schutzbedarf und der Schutzwürdigkeit des Hirschkäfers (*Lucanus cervus*) als dem herausragenden und spektakulärsten Mitglied der mitteleuropäischen Insektenfauna überzeugen und für die Teilnahme an den verschiedenen Aktionen gewinnen, und erhöht sich auch mit der Anzahl der Elemente aus der Palette der vorgeschlagenen Schutzmaßnahmen, mit denen sich jeder einzelne Naturfreund an der Umsetzung des Schutzkonzeptes beteiligt.

13.1 Verborgene Lebensweise als Selbstschutz des Hirschkäfers

Jeder Naturfreund kennt den Hirschkäfer (*Lucanus cervus*) aus Naturführern, Biologieunterricht und Museen, aber nur wenige haben ihn gelegentlich in der Natur gesehen, weil der größte Teil der Populationen des Hirschkäfers verborgen im Wald lebt und an den Waldrändern nur ein kleiner Teil der Individuenzahl der Populationen zum Vorschein kommt und beobachtet werden kann. Aufgrund der verborgenen Lebensweise des Hirschkäfers (*Lucanus cervus*), der sich überwiegend versteckt im Wald aufhält, schützt der Hirschkäfer in gewisser Weise sich selbst, denn die überwiegenden Teile der Populationen, welche nicht am Waldrand in Erscheinung treten, können auch nicht durch den Verkehr auf Wegen und Straßen am Waldrand gefährdet werden und haben auch ein geringeres Risiko, durch Räuber erbeutet zu werden. Die weitgehend verborgene Lebensweise des Hirschkäfers (*Lucanus cervus*) im Wald und das begrenzte Erscheinen von limitierten Fraktionen der Populationen an den Waldrändern hat dazu geführt, daß er als seltenes Insekt eingestuft wurde, obwohl er in Wirklichkeit im vollen Umfang seiner großenteils versteckt lebenden Populationen gar nicht so selten ist, wie allgemein angenommen wird, sondern lediglich ein Meister der zurückgezogenen Existenz und des diskreten Auftretens ist. Der Selbstschutz des Hirschkäfers (*Lucanus cervus*) infolge seiner weitgehend verborgenen Lebensweise im Wald gründet sich daher besonders auf die Ausnutzung von ökologischen Nischen und refugialen Inseln in verschiedenen Teilen der Waldgebiete sowohl in unmittelbarer Nähe als auch in größerer Entfernung von den Waldrändern, und auf das Erscheinen von lediglich begrenzten Segmenten der Populationen im Wald und an den Rändern von Wald und Wiesen oder Feldern sowie in Gärten besonders in waldnahen Bereichen von Siedlungen, wo die limitierten Ausschnitte des Spektrums entdeckt werden können und einer Beobachtung zugänglich sind.

Dieser Selbstschutz des Hirschkäfers (*Lucanus cervus*) infolge seiner weitgehend verborgenen Lebensweise im Wald ist auch der Grund dafür, daß er einerseits von vielen Naturfreunden an zahlreichen Lokalitäten immer wieder in zufälligen Einzelfunden in disperser Verteilung in Raum und Zeit entdeckt wird, wohingegen andererseits etliche Naturfreunde in ihrem Leben den Hirschkäfer (*Lucanus cervus*) entweder lediglich einmal oder nur wenige Male oder sogar überhaupt nicht in der Natur gesehen haben. Die Auswertung der zahlreichen Fundmeldungen von über 600 Naturfreunden, welche mich als Resonanz auf meine Aufrufe zur Mitteilung von Beobachtungen des Hirschkäfers (*Lucanus cervus*) in regionalen Tageszeitungen (Rhein-Neckar-Zeitung 2008 a, 2008 b, 2008 c, 2008 d; Schwetzinger Zeitung 2008, Bruchsaler Rundschau 2008) erreicht haben, hat ergeben, daß die meisten Naturfreunde in zwei bis neun Jahrzehnten ihres Lebens lediglich einmal oder nur wenige Male den Hirschkäfer (*Lucanus cervus*) in der Natur entdecken konnten, wobei die einzelnen Begegnungen oftmals im Abstand von vielen Jahren oder sogar mehreren Jahrzehnten erfolgten. Etliche Naturfreunde haben sogar erst jetzt den Hirschkäfer (*Lucanus cervus*) erstmals in ihrem Leben in der Natur angetroffen, und aus den Berichten zahlreicher Naturfreunde weiß ich, daß es sogar viele Menschen gibt, die noch nie in ihrem Leben einen Hirschkäfer (*Lucanus cervus*) in der Natur entdeckt haben. Viele

Naturfreunde, welche in ihrem Leben bisher lediglich einmal oder nur wenige Male dem Hirschkäfer (*Lucanus cervus*) in der Natur begegnet sind, haben mir ausdrücklich bestätigt, daß sie häufig in Wald, Feld und Wiesen unterwegs sind, sehr naturverbunden sind, und mit offenen Augen für Tiere und Pflanzen durch die Natur gehen, und deshalb hätten sie den Hirschkäfer (*Lucanus cervus*) entdecken müssen, falls er sich entlang der von ihnen abgelaufenen Strecken gezeigt hätte.

Ein besonders markantes Beispiel für den Selbstschutz des Hirschkäfers (*Lucanus cervus*) durch seinen überwiegend versteckten Aufenthalt im Wald ist ein Zeitraum von 13 Tagen vom 12.07.2008 bis 24.07.2008, in dem ich am Standort Tairnbach während meiner abendlichen Beobachtungen keine Individuen entdecken konnte, wohingegen ich am 11.07.2008 und davor sowie dann wieder am 25.07.2008 und 26.07.2008 laufende Weibchen auf dem asphaltierten Weg am Waldrand gesehen habe. Dieses Intervall von 13 Tagen ohne Entdeckung eines Exemplares zwischen der letzten Sichtung eines Individuums am 11.07.2008 und der erneuten Feststellung von zwei laufenden Weibchen am 25.07.2008 belegt sehr anschaulich die verborgene Lebensweise des Hirschkäfers (*Lucanus cervus*), welcher die ganze Zeit im Wald vorhanden war, aber in diesem Intervall von 12.07.2008 bis 24.07.2008 nicht auf dem asphaltierten Weg am Waldrand in Erscheinung getreten ist. Durch sein verborgenes Verhalten im Wald hat es der Hirschkäfer (*Lucanus cervus*) am Standort Tairnbach während dieser Zeit vermieden, auf dem asphaltierten Weg am Waldrand der Gefährdung durch Überfahren durch den Verkehr durch Erbeutung durch Räuber ausgesetzt zu sein. Von anderen Lokalitäten haben mir mehrere Naturfreunde, welche mir aufgrund meiner Aufrufe zur Mitteilung von Beobachtungen des Hirschkäfers (*Lucanus cervus*) in regionalen Tageszeitungen (Rhein-Neckar-Zeitung 2008 a, 2008 b, 2008 c, 2008 d; Schwetzinger Zeitung 2008, Bruchsaler Rundschau 2008) ihre Beobachtungen gemeldet haben, auch aus dem Zeitraum von 12.07.2008 bis 24.07.2008 Funde von laufenden und ebenfalls überfahrenen Individuen berichtet.

13.2 Relativ lange Flugzeit als Selbstschutz des Hirschkäfers

Der Hirschkäfer (*Lucanus cervus*) schützt sich selbst nicht nur durch seine verborgene Lebensweise im Wald, sondern auch durch seine relativ lange Flugzeit von etwa Anfang bis Mitte Mai bis etwa Mitte bis Ende Juli oder Anfang August, welche sich in der vollen Spanne über fast drei Monate erstreckt. Im Vergleich mit etlichen anderen Käfern und anderen Insekten, welche eine deutlich kürzere Flugzeit von etwa 1 - 1,5 Monaten oder sogar nur 2 - 3 Wochen aufweisen, verteilt der Hirschkäfer (*Lucanus cervus*) die Risiken der nichtnatürlichen Mortalität auf die relativ lange Flugzeit in erster Linie dadurch, daß die Länge der Flugzeit in der vollen Spanne von fast drei Monaten die Lebensdauer der Imagines nach dem Verlassen der Puppenwiege im Boden und dem Erscheinen an der Erdoberfläche von etwa 4 - 8 Wochen erheblich überschreitet. Dadurch fliegen im ersten Teil der Flugzeit von Anfang Mai bis Mitte Juni andere Segmente der Populationen des Hirschkäfers (*Lucanus cervus*) als im zweiten Teil der Flugzeit von Mitte Juni bis Ende Juli oder Anfang August, und dieses versetzte oder gestaffelte Erscheinen der Imagines von verschiedenen Fraktionen der Populationen verringert die Gefahr von Verlusten durch letale Ereignisse dadurch, daß jeweils nur Teile der Populationen davon betroffen sind.

Die diskrete Überdeckung unterschiedlicher Intervalle der gesamten Spanne der Flugzeit des Hirschkäfers (*Lucanus cervus*) von etwa Anfang bis Mitte Mai bis etwa Mitte bis Ende Juli oder Anfang August durch separate Segmente der Populationen wird vor allem dadurch belegt, daß von vielen Naturfreunden, welche mir bezugnehmend auf meine Aufrufe zur Mitteilung von Beobachtungen des Hirschkäfers (*Lucanus cervus*) in regionalen Tageszeitungen (Rhein-Neckar-Zeitung 2008 a, 2008 b, 2008 c, 2008 d; Schwetzinger Zeitung 2008, Bruchsaler Rundschau 2008) ihre Funde gemeldet haben, bereits im ersten Teil der Flugzeit von Anfang Mai bis Mitte Juni immer wieder tote Exemplare entdeckt wurden, welche offensichtlich ohne äußere Einwirkung natürlich verendet waren, und ebenso im späten Abschnitt des zweiten Teils der Flugzeit von Mitte Juni bis Ende Juli oder Anfang August auch noch zahlreiche lebende Individuen angetroffen wurden, welche nur wenige oder gar keine Spuren der Abnutzung aufgewiesen haben und deshalb auch erst relativ spät geschlüpft sind. Mit dieser Verteilung wird dokumentiert, daß im zweiten Teil der Flugzeit von Mitte Juni bis Ende Juli oder Anfang August zahlreiche Exemplare des Hirschkäfers (*Lucanus cervus*) erst dann schlüpfen, nachdem etliche schon im ersten Teil der Flugzeit von Anfang Mai bis Mitte Juni geschlüpfte Individuen bereits natürlich gestorben sind.

Die zwischenzeitlichen Kälteeinbrüche der Eisheiligen, der Schafskälte und der Julikälte, welche mit verstärkten Niederschlägen und reduzierten Temperaturen die Lebensbedingungen der Populationen verschlechtern, treffen aufgrund des gestaffelten Erscheinens der Imagines von verschiedenen Teilen der Populationen nicht den gesamten Bestand des Hirschkäfers (*Lucanus cervus*), sondern jeweils nur Segmente des totalen Umfanges der Populationen, wohingegen andere Gruppen von Individuen infolge des versetzten Erscheinens zumindest einigen dieser Intermezzos mit ungünstigem klimatischem Hintergrund nicht exponiert werden. Verluste durch Verkehr und Räuber werden ebenfalls dadurch minimiert, daß in den betreffenden Zeitfenstern jeweils nur Segmente der Populationen des Hirschkäfers (*Lucanus cervus*) durch Überfahren und Erbeutung vorzeitig aus dem Entwicklungskreislauf gezogen werden können, wohingegen andere Fraktionen der Populationen diesen Gefahren in anderen Zeitintervallen ausgesetzt werden, in denen die Auswirkung der nichtnatürlichen Mortalitätsfaktoren differenziert ausfallen kann.

Rink (2007) und Rink & Sinsch (2008 b) haben an Populationen des Hirschkäfers (*Lucanus cervus*) im Moseltal ermittelt, daß die Schlüpfaktivität der Exemplare Mitte Mai begonnen hat und Mitte Juni geendet hat, wodurch das versetzte Erscheinen der Individuen vor und nach den Eisheiligen sowie vor und nach der Schafskälte belegt wird. Sprecher-Uebersax (2001), Rink (2007) und Rink & Sinsch (2008 b) haben auch festgestellt, daß die ersten Männchen des Hirschkäfers (*Lucanus cervus*) etwa 1 Woche vor den ersten Weibchen geschlüpft sind, und daß die letzten Weibchen etwa 1 Woche nach den letzten Männchen geschlüpft sind, wodurch sich eine zusätzliche Staffelung und Überlappung des Erscheinens der Exemplare ergibt.

13.3 Asynchrone Verteilung der Schwärmabende als Selbstschutz des Hirschkäfers

Das versetzte oder gestaffelte Erscheinen der Imagines des Hirschkäfers (*Lucanus cervus*) von verschiedenen Segmenten der Populationen in unterschiedlichen Abschnitten der Flugzeit von etwa Anfang bis Mitte Mai bis etwa Mitte bis Ende Juli oder Anfang August bewirkt auch die asymmetrische und asynchrone Verteilung der Schwärmabende innerhalb der Erscheinungsperiode, wodurch ein zusätzlicher Effekt dieses Selbstschutzmechanismus des Hirschkäfers (*Lucanus cervus*) erreicht wird. Mit den voneinander abgekoppelten Phasen der gesteigerten Aktivität an den in verschiedenen Populationen an unterschiedlichen Terminen stattfindenden Schwärmabenden geht der Hirschkäfer (*Lucanus cervus*) vor allem Etappen erhöhten Nahrungsbedarfes einiger räuberischer Vögel während der Aufzucht ihrer Jungen besser aus dem Weg als bei symmetrischer und synchroner Schaltung der Schwärmabende in allen Populationen. Die gesamte Flugzeit des Hirschkäfers (*Lucanus cervus*), welche sich in der vollen Spanne über fast drei Monate erstreckt, ist länger als die kritische Entwicklungsphase des Nachwuchses etlicher räuberischer Vögel, und die diskontinuierliche Verteilung der Schwärmabende des Hirschkäfers (*Lucanus cervus*) in Raum und Zeit setzt zwar einige Segmente der Populationen der vermehrten Attacke und Erbeutung durch räuberische Vögel während der entscheidenden Wachstumsphase ihrer Jungen aus, wohingegen andere Fraktionen der Populationen des Hirschkäfers (*Lucanus cervus*) erst dann den Höhepunkt ihrer Aktivität erreichen, wenn der maximale Nahrungsbedarf mehrerer räuberischer Vögel überschritten ist.

Die asymmetrische und asynchrone Verteilung der Schwärmabende innerhalb der Erscheinungsperiode des Hirschkäfers (*Lucanus cervus*) führt auch dazu, daß die Phasen der gesteigerten Aktivität einiger Populationen bereits vor den zwischenzeitlichen Kälteeinbrüchen der Eisheiligen, der Schafskälte und der Julikälte stattfinden, welche mit verstärkten Niederschlägen und reduzierten Temperaturen die Lebensbedingungen der Populationen verschlechtern, wohingegen die Höhepunkte der Aktivität anderer Populationen des Hirschkäfers erst nach diesen Intermezzos mit ungünstigem klimatischem Hintergrund ausgeprägt sind. Aufgrund der voneinander abgekoppelten Phasen der gesteigerten Aktivität an den in verschiedenen Populationen des Hirschkäfers (*Lucanus cervus*) an unterschiedlichen Terminen stattfindenden Schwärmabenden werden von den markanten Unterbrechungen der Perioden mit sommerlich warmem und sonnigem Wetter jeweils nur Segmente der Populationen betroffen, wohingegen andere Fraktionen der Populationen den signifikanten Interruptionen der Schönwetterperioden entgehen und dadurch ihre Aufgabe der Fortpflanzung und Eiablage zur Begründung und Sicherstellung des Fortbestandes der Populationen des Hirschkäfers (*Lucanus cervus*) in der nächsten Generation ungestörter erfüllen können.

13.4 Überwiegende Aktivität in der Abenddämmerung als Selbstschutz des Hirschkäfers

Der Hirschkäfer (*Lucanus cervus*) schützt sich selbst nicht nur durch seine verborgene Lebensweise im Wald, seine relativ lange Flugzeit von etwa Anfang bis Mitte Mai bis etwa Mitte bis Ende Juli oder Anfang August und die asynchrone Verteilung der Schwärmabende innerhalb seiner Erscheinungsperiode, sondern auch durch seine überwiegende Aktivität in einer auf wenige Stunden begrenzten Zeit während des Tages in der Abenddämmerung. Während des Tages lebt der Hirschkäfer (*Lucanus cervus*) hauptsächlich zurückgezogen im Wald und kommt nur gelegentlich in einzelnen Exemplaren am Waldrand und auf Wegen im Wald zum Vorschein, und wird dort von vielen Naturfreunden an zahlreichen Lokalitäten immer wieder in zufälligen Einzelfunden in disperser Verteilung in Raum und Zeit entdeckt. Die überwiegende Aktivität des Hirschkäfers (*Lucanus cervus*) ist jedoch auf die Abenddämmerung beschränkt, in der die meisten Individuen laufend und fliegend unterwegs sind.

Die Konzentration des Erscheinens des Hirschkäfers (*Lucanus cervus*) auf die Abenddämmerung entzieht erhebliche Teile der Populationen den Gefahren der Verluste durch Verkehr und Räuber während des Tages und trägt somit wesentlich dazu bei, daß die meisten Exemplare nur in einem begrenzten Ausschnitt des Tages dem Risiko der vorzeitigen nichtnatürlichen Mortalität ausgesetzt sind. Die Gefahr des Überfahrens durch Verkehr und der Erbeutung durch Räuber ist für den Hirschkäfer (*Lucanus cervus*) in der Abenddämmerung bedeutend geringer als während des Tages, weil der Verkehr abends oftmals geringer ist als tagsüber und viele Räuber abends weniger aktiv sind und auch mit hereinbrechender Dunkelheit ihre potentielle Beute schlechter sehen können.

13.5 Abschirmung des Weibchens durch das Männchen als Selbstschutz des Hirschkäfers

Die vorstehend erläuterten Selbstschutzmechanismen des Hirschkäfers (*Lucanus cervus*), welche seine verborgene Lebensweise im Wald, seine relativ lange Flugzeit von etwa Anfang bis Mitte Mai bis etwa Mitte bis Ende Juli oder Anfang August, die asynchrone Verteilung der Schwärmabende innerhalb seiner Erscheinungsperiode, und seine überwiegende Aktivität in einer auf wenige Stunden begrenzten Zeit während des Tages in der Abenddämmerung umfassen, betreffen in ihrer Kombination oftmals nur Fraktionen der Populationen in den entsprechenden Lebensräumen und Zeitfenstern, wohingegen sie in ihrem kompletten Spektrum meist nicht den gesamten Umfang der Populationen erfassen. Weiterhin können die vorstehend erläuterten Selbstschutzmechanismen des Hirschkäfers (*Lucanus cervus*) eine wesentliche Schwachstelle im Lebenszyklus nicht ausreichend abdecken, bei der die Individuen relativ ungeschützt den Angriffen vor allem räuberischer Vögel ausgesetzt sind. Während der Kopulation sind Männchen und Weibchen des Hirschkäfers (*Lucanus cervus*) miteinander verbunden und aufgrund der Konzentration auf die Paarung mit entsprechender Erregung abgelenkt, so daß sie während dieser Zeit die leichte Beute von räuberischen Vögeln werden können. An dieser Stelle kommt für den außergewöhnlich großen Hirschkäfer (*Lucanus cervus*) ein zusätzlicher Selbstschutzmechanismus zum Tragen, welcher in erster Linie durch seine herausragende Größe möglich ist und durch die markant unterschiedlichen Dimensionen von Männchen und Weibchen noch verstärkt wird, wohingegen andere kleinere Käfer aufgrund ihrer mangelnden Größe und in vielen Fällen auch wegen der lediglich geringen Differenzen von Männchen und Weibchen nicht von diesem Sicherungseffekt Gebrauch machen können.

Bei der Paarung steht das Männchen des Hirschkäfers (*Lucanus cervus*) über dem Weibchen und sichert dieses durch seine Mandibeln ab, so daß das Weibchen einerseits vor dem Abschluß der Kopulation nicht weglaufen kann und andererseits durch die Abdeckung des Männchens vor der Erbeutung durch räuberische Vögel geschützt ist, welche bevorzugt das exponierte Männchen schnappen, wohingegen das abgeschirmte Weibchen oftmals dadurch den Freßfeinden entkommen kann, daß es sich unter dem Schutzschild des Männchens notfalls vom Baum fallen lassen kann. Das Männchen des Hirschkäfers (*Lucanus cervus*) betreibt also insofern eine aktive Brutfürsorge, als es durch seine Abschirmung des Weibchens mit seinem Körper bei der Kopulation unter Akzeptanz des Risikos, daß es selbst zum Opfer von räuberischen Vögeln wird, das Weibchen während der Paarung vor Freßfeinden schützt, so daß das Weibchen eine größere Chance als das Männchen hat, die Kopulation zu überleben und danach mit der Eiablage den Fortpflanzungsvorgang abzuschließen.

Das Männchen des Hirschkäfers (*Lucanus cervus*) nutzt damit seine außergewöhnliche Größe, mit welcher es das deutlich kleinere Weibchen während der Kopulation nicht nur vollständig überdeckt, sondern oftmals durch den Überstand an den Rändern des Körpers und im Bereich des Kopfes mit den geweihartig verlängerten Mandibeln unter einem Schirm verschwinden läßt, um das Weibchen während der Paarung unter seinem Körper zu verstecken und damit vor dem Zugriff durch räuberische Vögel zu verbergen. Die Strategie des Männchens des Hirschkäfers (*Lucanus cervus*) zielt damit ab dem Moment, in dem es seinen Beitrag zum Fortpflanzungszyklus mit dem Vollzug der Kopulation geleistet hat, ausschließlich auf die Sicherung des Erfolgs der Weitergabe seiner Spermien zur Befruchtung der Eier innerhalb des Weibchens, und das Männchen opfert deshalb notfalls sich selbst, um die Chance des Weibchens zu erhöhen, nach erfolgreicher Paarung den Fortpflanzungszyklus der jeweiligen Generation mit der Eiablage abzuschließen und damit den Fortbestand der Population in der nächsten Generation zu begründen und sicherzustellen. Bei dieser Strategie profitiert das Männchen des Hirschkäfers (*Lucanus cervus*) entscheidend von seiner außergewöhnlichen Größe, denn im Gegensatz zu vielen kleineren Käfern, wo sich räuberische Vögel häufig gleich das ganze Pärchen schnappen, ist das große Männchen des Hirschkäfers (*Lucanus cervus*) für die meisten räuberischen Vögel eine derart große Portion von Protein und Fett, daß sie sich damit begnügen und auch vollauf damit beschäftigt sind, dem Männchen das weiche Abdomen abzupicken und die unverdaulichen Teile des Chitinpanzers, die Kopf (einschließlich der geweihartig vergrößerten Mandibeln), Brust und Deckflügel umfassen, abzutrennen und fallen- bzw. liegenzulassen. In dem Moment, wo die Kopulation von Männchen und Weibchen des Hirschkäfers (*Lucanus cervus*) dadurch beendet wird, daß ein räuberischer Vogel das Männchen erbeutet und vom Weibchen entfernt, hat das Weibchen die Gelegenheit, sich vom Paarungsort fallen zu lassen und am Boden zu verstecken oder zu entkommen.

Die Wirksamkeit dieses Selbstschutzmechanismus des Hirschkäfers (*Lucanus cervus*) wird dadurch unterstrichen, daß die meisten Ansammlungen von Caput-Thorax-Torsi auf Wegen und unter Bäumen überwiegend bis fast ausschließlich Reste von Männchen und nur untergeordnet bis akzessorisch oder überhaupt nicht Fragmente von Weibchen beinhalten. Die Effektivität dieses Selbstschutzmechanismus des Hirschkäfers (*Lucanus cervus*) wird auch dadurch belegt, daß gegen Ende der Flugzeit in vielen Populationen fast nur noch Weibchen übriggeblieben sind, wohingegen die am Anfang der Flugzeit oftmals signifikant überwiegenden Männchen fast alle bereits natürlich verendet sind oder von Vögeln und anderen Räubern erbeutet wurden.

13.6 Transitservice an Wegen und Straßen am Waldrand

Eine sehr hilfreiche Unterstützung für das Überleben der Weibchen des Hirschkäfers (*Lucanus cervus*) bis zum Ende ihrer Eiablage wäre ein Transitservice für die laufenden Individuen auf dem asphaltierten Weg am Waldrand am Standort Tairnbach und analog auf Wegen und Straßen am Waldrand an anderen Lokalitäten während der Flugzeit. Da die Weibchen des Hirschkäfers (*Lucanus cervus*) auf ihrer Strecke von der Wiese zum Waldrand oder in umgekehrter Richtung den asphaltierten Weg am Standort Tairnbach überqueren, besteht eine einfache Schutzmaßnahme darin, die laufenden Weibchen vom Weg aufzusammeln und entsprechend ihrer Laufrichtung neben dem Weg auf der Blattstreu am Waldrand, auf der Wiese oder auch auf Zweigen von Bäumen und Sträuchern am Waldrand wieder abzusetzen, und damit zu verhindern, daß die laufenden Weibchen auf dem Weg durch den Verkehr überfahren werden. Ich habe diesen Transitservice während meiner Beobachtungen der Population des Hirschkäfers (*Lucanus cervus*) am Standort Tairnbach in 2008 immer dann durchgeführt, wenn ich laufende Weibchen auf dem asphaltierten Weg angetroffen habe, und habe durch deren Umsetzung an den Waldrand oder auf die Wiese entsprechend ihrer Laufrichtung etliche Weibchen vor der Gefährdung, vom Verkehr auf dem Weg überfahren zu werden, bewahren können. Ein analoges Vorgehen sollte auf Wegen und Straßen am Waldrand an anderen Lokalitäten in entsprechender Prozedur erfolgen.

Für einen wirksamen Schutz der Population des Hirschkäfers (*Lucanus cervus*) sollte ein derartiger Transitservice während der gesamten Flugzeit von etwa Anfang bis Mitte Mai bis etwa Mitte bis Ende Juli oder Anfang August möglichst täglich in der Zeit der Abenddämmerung mindestens von 20.30 Uhr bis 22 Uhr durch systematisches Auf- und Abgehen des am Standort Tairnbach ca. 500 m langen Abschnittes des Weges am Waldrand und an anderen Lokalitäten in entsprechender Prozedur erfolgen. Die regelmäßige Durchführung eines derartigen Transitservices durch zahlreiche Naturfreunde an vielen verschiedenen Standorten möglichst allabendlich während der gesamten Saison wäre nach meiner Einschätzung die einfachste und wirkungsvollste Schutzmaßnahme, um einen langfristigen Bestand möglichst vieler Populationen des Hirschkäfers (*Lucanus cervus*) zu garantieren. Ein derartiger Transitservice an Wegen und Straßen erfordert jedoch einen hohen personellen Aufwand, denn aufgrund der Konzentration der Aktivität des Hirschkäfers (*Lucanus cervus*) auf die Zeit der Abenddämmerung kann ein einzelner Naturfreund nur jeweils einen Standort betreuen, den er möglichst täglich kontrollieren sollte, wodurch seine Kapazität ausschließlich an eine Lokalität gebunden ist. Ich hatte deshalb während meiner systematischen Beobachtungen am Standort Tairnbach, welche ich vom 01.06.2008 bis 15.08.2008 mit Ausnahme der Tage mit abendlichen Gewittern und Regenfällen täglich durchgeführt habe (die Ergebnisse meiner Beobachtungen sind in den Tabellen im Anhang zusammengestellt), keine Gelegenheit zur Untersuchung anderer Lokalitäten, an denen Populationen des Hirschkäfers (*Lucanus cervus*) vorkommen.

Die Schutzmaßnahme des Transitservices an Wegen und Straßen am Waldrand zielt auf die vorhandenen Individuen der aktuellen Generation des Hirschkäfers (*Lucanus cervus*) und unterstützt den erfolgreichen Abschluß des Fortpflanzungszyklus zur Begründung und Sicherstellung des Fortbestandes der Population in der nächsten Generation dadurch, daß mit jedem Weibchen, welches durch die Umsetzung der Gefahr des Überfahrens durch den Verkehr auf Wegen und Straßen am Waldrand entkommt, ein wichtiger Beitrag zur Erhöhung der Chance geleistet wird, daß das umgesetzte Weibchen das Brutgeschäft mit der Eiablage erfolgreich beenden kann. Jedes Weibchen des Hirschkäfers (*Lucanus cervus*), welches durch den Transitservice vor der Gefahr des Überfahrens durch den Verkehr gerettet wird, hat die Fähigkeit, mit seiner Eiablage die Erhaltung der Population auch in der nächsten Generation zu gewährleisten. Verluste von Individuen des Hirschkäfers (*Lucanus cervus*) aufgrund von Überfahren auf Straßen und Wegen durch den Verkehr hat besonders Hawes (1992, 1998 a, 1999 a, 2000 c, 2002 b, 2003 a, 2003 b, 2003 c, 2004 a, 2004 b, 2005 a, 2005 b, 2006 a, 2007 a, 2008 b, 2008 e) durch regelmäßige Kartierung und Zählung erfaßt, und hat die Tötung einer erheblichen Anzahl von Exemplaren, welche überwiegend bis fast ausschließlich Weibchen umfassen, durch den Verkehr auf Straßen und Wegen als ernsthafte Bedrohung für den Fortbestand und die Verbreitung des Hirschkäfers (*Lucanus cervus*) bewertet, weil jedes getötete Weibchen den Verlust von etwa 20 - 30 abgelegten Eiern und damit auch von etwa 20 - 30 potentiellen Individuen in der nächsten Generation bedeutet (Hawes 2006 a). Am Standort Tairnbach habe ich auf dem Weg am Waldrand in 2008 im Zeitraum meiner Beobachtungen etwa 10 überfahrene Weibchen des Hirschkäfers (*Lucanus cervus*) gefunden, wodurch das Potential der Unterstützung durch den Transitservice zur Sicherstellung der erfolgreichen Beendigung des Fortpflanzungszyklus mit der Eiablage der Weibchen unterstrichen wird. In analoger Weise leistet jedes Männchen des Hirschkäfers (*Lucanus cervus*), welches vor der nichtnatürlichen Mortalität bewahrt wird und sein Lebensziel mit der erfolgreichen Weitergabe seiner Spermien an ein oder mehrere Weibchen zur Befruchtung ihrer Eier bei der Kopulation erreicht, einen wertvollen Beitrag zur Erhaltung der Population auch in der nachfolgenden Generation.

Ein derartiger Transitservice an Wegen und Straßen für die laufenden Weibchen des Hirschkäfers (*Lucanus cervus*) wäre vergleichbar mit dem vielerorts alljährlich praktizierten Hilfsdienst für die zahlreichen Individuen der Erdkröte (*Bufo bufo*), des Bergmolches (*Triturus alpestris*), des Feuersalamanders (*Salamandra salamandra*) und anderer Amphibien, welche in der Laichzeit ebenfalls häufig Straßen und Wege an der Grenze von Wäldern und Wiesen überqueren, um zu ihren Laichgewässern zu gelangen, wobei deren Passage über die Fahrbahn durch einen manuellen Transitservice unter Einsatz vieler Helfer unterstützt und gesichert wird (unter anderen Hartwich 2003, Rhein-Neckar-Zeitung 2004 b, Buchwald 2005, Eppert 2005, Fink 2006, Katzenberger-Ruf 2007, Hecker 2008, Sgries 2008). Auf dem Weg am Waldrand von Tairnbach habe ich neben den laufenden Weibchen des Hirschkäfers (*Lucanus cervus*) wiederholt auch laufende große und kleine Individuen des Feuersalamanders (*Salamandra salamandra*) gesehen, welchen ich im Tairnbächle auch schwimmend angetroffen habe, und habe auch mehrfach Individuen der Blindschleiche (*Anguis fragilis*) und der Ringelnatter (*Natrix natrix*) bemerkt, welche ebenfalls in den teilweise feuchten Wiesen entlang des Tairnbächles leben. Diese Amphibien und Reptilien sind auf dem Weg am Waldrand am Standort Tairnbach ebenso durch den Verkehr gefährdet wie die laufenden Weibchen des Hirschkäfers (*Lucanus cervus*) und bedürfen daher analoger Schutzmaßnahmen.

Bei ihren zahlreichen zufälligen Einzelfunden in disperser Verteilung in Raum und Zeit haben die über 600 Naturfreunde, welche sich aufgrund meiner Aufrufe zur Mitteilung von Beobachtungen des Hirschkäfers (*Lucanus cervus*) in regionalen Tageszeitungen (Rhein-Neckar-Zeitung 2008 a, 2008 b, 2008 c, 2008 d; Schwetzinger Zeitung 2008, Bruchsaler Rundschau 2008) bei mir gemeldet haben und mir über ihre Beobachtungen des Hirschkäfers (*Lucanus cervus*) berichtet haben, die Männchen und Weibchen des Hirschkäfers (*Lucanus cervus*) tagsüber meist laufend auf Wegen und Straßen angetroffen, welche dort ebenfalls durch den Verkehr durch Überfahren und auch durch unachtsame Fußgänger und Jogger durch Zertreten gefährdet sind. Etliche Naturfreunde haben mir erzählt, daß sie die Individuen des Hirschkäfers (*Lucanus cervus*) von den Wegen und Straßen aufgesammelt und daneben am Rand von Wald, Wiesen und Feldern wieder abgesetzt haben. Einen derartigen Transitservice zum Schutz vor Überfahren oder Zertreten sollte daher jeder Naturfreund durchführen, der ein Exemplar des Hirschkäfers (*Lucanus cervus*) irgendwo und irgendwann auf Wegen und Straßen antrifft.

Die Umsetzung der laufenden Männchen oder Weibchen des Hirschkäfers (*Lucanus cervus*), welche Straßen und Wege transversal überqueren, sollte stets in Laufrichtung erfolgen, wohingegen bei longitudinal entlang von Straßen und Wegen laufenden Exemplaren die Umsetzung an den näher gelegenen Rand durchgeführt werden sollte. In analoger Weise werden bei dem vielerorts alljährlich praktizierten Hilfsdienst für die zahlreichen Individuen der Erdkröte (*Bufo bufo*), des Bergmolches (*Triturus alpestris*), des Feuersalamanders (*Salamandra salamandra*) und anderer Amphibien die beim Überqueren von Straßen und Wegen angetroffenen Exemplare stets in Laufrichtung neben der Fahrbahn umgesetzt (unter anderen Buchwald 2005, Katzenberger-Ruf 2007).

13.7 Zeitweise Sperrung von Wegen am Waldrand für den Verkehr

Eine wirksame Unterstützung des Transitservices für die laufenden Weibchen des Hirschkäfers (*Lucanus cervus*) auf dem Weg am Waldrand am Standort Tairnbach und an anderen Lokalitäten in entsprechender Prozedur wäre eine zeitweise Sperrung des Weges am Waldrand für den Verkehr während der Flugzeit, sofern eine derartige Maßnahme bei den örtlichen Behörden durchsetzbar wäre. Am Standort Tairnbach wird der Weg am Waldrand zwar nur von Mopeds, Rollern, Fahrrädern und Inline-Skatern befahren, jedoch sind die beobachteten Verluste durch Überfahren von laufenden Weibchen hoch genug, um eine zeitweise Sperrung des Weges am Waldrand für den Verkehr als Schutzmaßnahme für den Hirschkäfer (*Lucanus cervus*) in Erwägung zu ziehen. Ich konnte sogar während meines Transitservices im Rahmen des regelmäßigen Auf- und Abgehens einer ca. 500 m langen Strecke des asphaltierten Weges am Waldrand am Standort Tairnbach in mehreren Fällen nicht verhindern, daß einzelne Weibchen des Hirschkäfers (*Lucanus cervus*) gerade dann in einem Abschnitt des Weges von Radfahrern und Rollerfahrern überfahren wurden, während ich bei meiner Patrouille in einem anderen Abschnitt des Weges gewesen bin.

Am Standort Tairnbach habe ich auf dem Weg am Waldrand in 2008 im Zeitraum meiner Beobachtungen etwa 10 überfahrene Weibchen des Hirschkäfers (*Lucanus cervus*) gefunden, wodurch das Potential der Unterstützung durch den Transitservice zur Sicherstellung der erfolgreichen Beendigung des Fortpflanzungszyklus mit der Eiablage der Weibchen unterstrichen wird, und gleichzeitig die Wirksamkeit einer weiteren Verbesserung der Rate des Überlebens der Weibchen bis zum erfolgreichen Abschluß des Brutgeschäfts mit der Eiablage durch eine zeitweise Sperrung des Weges am Waldrand für den Verkehr während der Flugzeit illustriert wird. Weil jedes getötete Weibchen des Hirschkäfers (*Lucanus cervus*) den Verlust von etwa 20 - 30 abgelegten Eiern und damit auch von etwa 20 - 30 potentiellen Individuen in der nächsten Generation bedeutet (Hawes 2006 a), reflektieren die etwa 10 überfahrenen Weibchen, welche ich auf dem Weg am Waldrand von Tairnbach in 2008 im Zeitraum meiner Beobachtungen registriert habe, die Signifikanz der Steigerung der Effektivität des Transitservices durch eine zeitweise Sperrung des Weges am Waldrand für den Verkehr während der Flugzeit, denn jedes Weibchen, welches vor der Gefahr des Überfahrens durch den Verkehr bewahrt wird, hat die Fähigkeit, mit seiner Eiablage den Fortbestand der Population in der nachfolgenden Generation zu garantieren.

Eine derartige zeitweise Sperrung des Weges am Waldrand für den Verkehr sollte während der gesamten Flugzeit des Hirschkäfers (*Lucanus cervus*) von etwa Anfang bis Mitte Mai bis etwa Mitte bis Ende Juli oder Anfang August möglichst täglich in der Zeit der Abenddämmerung mindestens von 20.30 Uhr bis 22 Uhr erfolgen, und wäre eine wirkungsvolle Ergänzung des systematischen Auf- und

Abgehens des am Standort Tairnbach ca. 500 m langen Abschnittes des Weges am Waldrand und an anderen Lokalitäten in entsprechender Prozedur im Rahmen des Transitservices insbesondere dadurch, daß damit auch Beobachtungslücken während der regelmäßigen Patrouille der Strecke abgedeckt werden könnten. Ähnlich wie bei dem Intervall des Weges am Waldrand am Standort Tairnbach sollten auch an anderen Lokalitäten, an denen Populationen des Hirschkäfers (*Lucanus cervus*) vorkommen, die Möglichkeiten einer zeitweisen Sperrung der betreffenden Abschnitte von Wegen und Straßen am Waldrand geprüft werden.

Im Rahmen des vielerorts alljährlich praktizierten Hilfsdienstes für die zahlreichen Individuen der Erdkröte (*Bufo bufo*), des Bergmolches (*Triturus alpestris*), des Feuersalamanders (*Salamandra salamandra*) und anderer Amphibien, welche in der Laichzeit ebenfalls häufig Straßen und Wege an der Grenze von Wäldern und Wiesen überqueren, um zu ihren Laichgewässern zu gelangen, wird der manuelle Transitservice durch viele Helfer (unter anderen Hartwich 2003, Rhein-Neckar-Zeitung 2004 b, Buchwald 2005, Eppert 2005, Fink 2006, Katzenberger-Ruf 2007, Hecker 2008, Sgries 2008) regelmäßig durch Sperrungen von etlichen Straßen und Wegen in der Zeit von 19.30 bis 6.30 Uhr unterstützt (unter anderen Frenzel 2002, Baumbusch 2003, Hartwich 2003; Rhein-Neckar-Zeitung 2003, 2007, 2008 f, 2008 g; Höltzcke 2004 b, Eppert 2005), und an einigen Straßen wurden sogar Leitsysteme, Tunnel und Unterführungen installiert (Rhein-Neckar-Zeitung 2004 b, Holl 2006).

13.8 Umdrehen auf dem Rücken liegender Männchen und Weibchen

Das häufige Vorkommen von Caput-Thorax-Torsi von Männchen des Hirschkäfers (*Lucanus cervus*), denen in den meisten Fällen vermutlich räuberische Vögel die Abdomina abgehackt haben, und das ebenso verbreitete Auftreten von auf dem Rücken liegenden Männchen und Weibchen am Boden legt den Schluß nahe, daß die Individuen des Hirschkäfers (*Lucanus cervus*) offenbar besonders dann das Ziel der Angriffe von räuberischen Vögeln sind, wenn sie aufgrund von Sturz, Ausrutscher oder Bruchlandung auf dem Rücken liegen, denn in Dorsallage sind sie relativ wehrlos den Attacken von räuberischen Vögeln durch Schnabelpicken ausgesetzt. In der normalen Ventrallage sind die Männchen und Weibchen des Hirschkäfers (*Lucanus cervus*) uneingeschränkt mobil durch jederzeit möglichen Beginn von Laufen oder Fliegen, wohingegen sie in Dorsallage aufgrund des plumpen Körpers häufig erst mit erheblicher Verzögerung die Flügel entfalten können und mit den Beinen an der Seite keinen ausreichenden Halt zum Aufrichten finden, weil sie auf der konvexen Abdomendecke nicht ruhig liegen können, sondern bei lateralen Bewegungen schaukeln und rutschen. In der normalen Ventrallage können die Männchen des Hirschkäfers (*Lucanus cervus*) auch wesentlich kontrollierter und effektiver ihre Mandibeln als Waffen gegen angreifende räuberische Vögel einsetzen, weil sie sicher auf ihren Beinen stehen, und können daher oftmals die Attacken abwehren oder zumindest die Angreifer derart verwirren, daß sie von ihnen ablassen, wohingegen sie in Dorsallage relativ hilflos auf den gewölbten Elytren wackeln und kippen, und deshalb erheblich weniger wirkungsvoll von ihren Mandibeln als Waffen gegen angreifende räuberische Vögel Gebrauch machen können.

Aufgrund meiner Aufrufe zur Mitteilung von Beobachtungen des Hirschkäfers (*Lucanus cervus*) in regionalen Tageszeitungen (Rhein-Neckar-Zeitung 2008 a, 2008 b, 2008 c, 2008 d; Schwetzinger Zeitung 2008, Bruchsaler Rundschau 2008) haben mir etliche Naturfreunde berichtet, daß sie wiederholt Männchen und Weibchen auf dem Rücken liegend angetroffen haben und diese durch Umdrehen wieder in die ungehindert bewegungsfähige Ventrallage zurückversetzt haben. Gerhard Becker (mündl. Mitt. 2008) hat in Schriesheim in etlichen Jahren bis zu 10 Exemplare des Hirschkäfers (*Lucanus cervus*) auf dem Rücken liegend gefunden und durch Umdrehen die in Dorsallage hilflosen Individuen vor möglichen Attacken räuberischer Vögel bewahrt, wodurch das Potential dieser Hilfeleistung für die Protektion des Hirschkäfers (*Lucanus cervus*) durch jeden Naturfreund unterstrichen wird.

Die Schutzmaßnahme des Umdrehens auf dem Rücken liegender Exemplare zielt auf die vorhandenen Individuen der aktuellen Generation des Hirschkäfers (*Lucanus cervus*) und unterstützt den erfolgreichen Abschluß des Fortpflanzungszyklus zur Begründung und Sicherstellung des Fortbestandes der Population in der nächsten Generation dadurch, daß mit jedem auf dem Rücken liegenden Weibchen, welches durch das Zurückversetzen in die uneingeschränkt mobile Ventrallage der Gefahr der Erbeutung durch räuberische Vögel entkommt, ein wichtiger Beitrag zur Erhöhung der Chance geleistet wird, daß das umgedrehte Weibchen das Brutgeschäft mit der Eiablage erfolgreich beenden kann.

Jedes in hilfloser Dorsallage angetroffene Weibchen des Hirschkäfers (*Lucanus cervus*), welches durch das Umdrehen in die uneingeschränkt bewegungsfähige Ventrallage vor der Gefahr der Attacke durch räuberische Vögel gerettet wird, hat die Fähigkeit, mit seiner Eiablage die Erhaltung der Population auch in der nächsten Generation zu gewährleisten. Jedes getötete Weibchen des Hirschkäfers (*Lucanus cervus*) bedeutet den Verlust von etwa 20 - 30 abgelegten Eiern und damit auch von etwa 20 - 30 potentiellen Individuen in der nächsten Generation (Hawes 2006 a). In analoger Weise leistet jedes Männchen des Hirschkäfers (*Lucanus cervus*), welches vor der nichtnatürlichen Mortalität bewahrt wird und sein Lebensziel mit der erfolgreichen Weitergabe seiner Spermien an ein oder mehrere Weibchen zur Befruchtung ihrer Eier bei der Kopulation erreicht, einen wertvollen Beitrag zur Erhaltung der Population auch in der nachfolgenden Generation.

Deshalb sollte jeder Naturfreund, der ein Männchen oder Weibchen des Hirschkäfers (*Lucanus cervus*) auf dem Rücken liegend am Boden findet, dieses umdrehen und damit wieder in die uneingeschränkt bewegungsfähige Ventrallage zurückversetzen, um es der Gefährdung durch räuberische Vögel zu entziehen. In der Dorsallage sind besonders die großen und schwerfälligen Männchen des Hirschkäfers (*Lucanus cervus*) nur sehr eingeschränkt bewegungsfähig und zappeln häufig längere Zeit hilflos mit den Beinen, und auch die Weibchen sind oftmals nicht fähig, sich aus eigener Kraft rasch aus der gefährlichen Dorsallage zu befreien. Jeder Naturfreund kann daher mit seiner Hilfe durch Umdrehen auf dem Rücken liegender Individuen des Hirschkäfers (*Lucanus cervus*) das Gefährdungspotential infolge möglicher Angriffe räuberischer Vögel reduzieren und damit auch zur Stabilisierung der Populationen beitragen. Beim Hirschkäfer (*Lucanus cervus*) und anderen Käfern löst besonders die Dorsallage den Totstellreflex oder die Thanatose aus (Bleich 1928).

13.9 Anlage von Komposthaufen und Totholzdeponien in Gärten und Streuobstwiesen

Von den über 600 Naturfreunden, welche sich aufgrund meiner Aufrufe zur Mitteilung von Beobachtungen des Hirschkäfers (*Lucanus cervus*) in regionalen Tageszeitungen (Rhein-Neckar-Zeitung 2008 a, 2008 b, 2008 c, 2008 d; Schwetzinger Zeitung 2008, Bruchsaler Rundschau 2008) bei mir gemeldet haben und mir über ihre Beobachtungen berichtet haben, konnten etliche auch Larven (Engerlinge) des Hirschkäfers (*Lucanus cervus*) in Komposthaufen und Totholzdeponien in ihren Gärten und Streuobstwiesen vorwiegend in Waldnähe beobachten. Larven (Engerlinge) des Hirschkäfers (*Lucanus cervus*) in Komposthaufen haben unter anderen Ingrid und Kurt Arras (mündl. Mitt. 2008), Bertram-Ernst Bernhardt (mündl. Mitt. 2008), Bettina Goworek (mündl. Mitt. 2008), Klaus Huber (mündl. Mitt. 2008), Barbara und Dieter Karsch (mündl. Mitt. 2008), Hilde Kimmig (mündl. Mitt. 2008), Alph Lehmann (mündl. Mitt. 2008) und Erich Noller (mündl. Mitt. 2008) festgestellt. Ingrid und Kurt Arras (mündl. Mitt. 2008), Susanne Heiß (mündl. Mitt. 2008), Barbara und Dieter Karsch (mündl. Mitt. 2008), Helga Mattern (mündl. Mitt. 2008) und Ernst Sürmann (mündl. Mitt. 2008) haben Larven (Engerlinge) des Hirschkäfers (*Lucanus cervus*) in der Blumenerde in großen Blumentöpfen, Blumenkästen und Blumenkübeln gefunden. Adolf Geider (mündl. Mitt. 2008) hat Larven (Engerlinge) des Hirschkäfers (*Lucanus cervus*) in einem Grünschnitthaufen entdeckt. Bettina Goworek (mündl. Mitt. 2008) hat neben Larven (Engerlingen) des Hirschkäfers (*Lucanus cervus*) auch Puppen und Exuvien, welche leere Puppenhüllen nach dem Schlüpfen der Imagines darstellen, in einem Komposthaufen beobachtet. Bernd Kraus (mündl. Mitt. 2008) hat Puppen des Hirschkäfers (*Lucanus cervus*) in einem Rindenmulchhaufen gesehen. Elisabeth und Gerhard Krämer (mündl. Mitt. 2008) und Alph Lehmann (mündl. Mitt. 2008) haben Larven (Engerlinge) des Hirschkäfers (*Lucanus cervus*) in Holzhäckselhaufen angetroffen. Stefan Materna (mündl. Mitt. 2008) hat große Larven (Engerlinge), welche die Länge eines Fingers erreichen, und große Kokons mit Puppen, welche die Größe eines kleinen Hühnereis erreichen, in einem Komposthaufen entdeckt, welche beide entweder mit dem Nashornkäfer (*Oryctes nasicornis*) oder mit dem Hirschkäfer (*Lucanus cervus*) assoziiert werden können. Hermann Greulich (mündl. Mitt. 2008) hat tote Weibchen und Larven (Engerlinge) des Hirschkäfers (*Lucanus cervus*) in einem Mulchhaufen nachgewiesen (Rhein-Neckar-Zeitung 2004 a, 2005 a, 2005 b). Heinrich Schmidt (mündl. Mitt. 2008) hat in einem Komposthaufen große Larven (Engerlinge) festgestellt (Schmidt 1993), welche dem Nashornkäfer (*Oryctes nasicornis*) zuzuordnen sind. Pia Steck (mündl. Mitt. 2008) hat in einem Blumenkübel große Larven (Engerlinge) entdeckt, welche möglicherweise von dem Hirschkäfer (*Lucanus cervus*) oder dem Nashornkäfer (*Oryctes nasicornis*) stammen. Gerhard Krämer (mündl. Mitt. 2008) hat in einem Komposthaufen, welcher drei Jahre vorher aus geschreddertem Häcksel aus der Grüngut- und Baumreisigentsorgung aufgeschichtet wurde, zahlreiche Larven (Engerlinge), Puppen und Imagines des Nashornkäfers (*Oryctes nasicornis*) gefunden (Rhein-Neckar-Zeitung 1994). Allenspach (1970) hat beobachtet, daß sich eine Larve des Hirschkäfers (*Lucanus cervus*) in der Erde eines Blumentopfes in einem kartoffelförmigen Kokon aus Erde verpuppt hat und daraus im nächsten Jahr ein Männchen geschlüpft ist.

In den meisten der vorgenannten Fälle belegen die Funde von sowohl Imagines als auch Larven (Engerlingen) des Hirschkäfers (*Lucanus cervus*) am gleichen Ort zu gleichen oder unterschiedlichen Zeiten sowie das Fehlen von Imagines des Nashornkäfers (*Oryctes nasicornis*), daß die beobachteten Larven (Engerlinge) dem Hirschkäfer (*Lucanus cervus*) zuzuordnen sind. In anderen Fällen bestätigen die Funde von sowohl Imagines als auch Larven (Engerlingen) des Nashornkäfers (*Oryctes nasicornis*) am gleichen Ort zu gleichen oder unterschiedlichen Zeiten sowie das Fehlen von Imagines des Hirschkäfers (*Lucanus cervus*), daß die beobachteten Larven (Engerlinge) zum Nashornkäfer (*Oryctes nasicornis*) gehören.

In der Literatur wurden Larven (Engerlinge) des Hirschkäfers (*Lucanus cervus*) in Komposthaufen bisher unter anderen von Tochtermann (1987), Koch (1989), Pfaff (1989), Hyman & Parsons (1992), Bowdrey (1997), Frith (1998 a, 1999), Hawes (1998 a, 2003 c), Pratt (2002), Sherman (in Hawes 2002 a), Smith (2003) und Hendriks & Ploeg (2006) beschrieben. Kugelann (1798 : zitiert in Schmidt-Goebel 1876; Horion 1949 a, 1958) hat von Larven (Engerlingen) des Hirschkäfers (*Lucanus cervus*) in Flachsabfällen der gebrochenen Leinpflanzen (*Linum usitatissimum*) berichtet, und in analoger Weise hat Debuyser (in Goulliart 2007) Exemplare des Nashornkäfers (*Oryctes nasicornis*) in Leinenabfällen gefunden. Tochtermann (1987) hat Larven (Engerlinge) des Hirschkäfers (*Lucanus cervus*) in Rindenmulchhaufen und Komposthaufen von Sägewerken und Gärten gemeldet, und Gordon (1877), Weaver (1877), Holmberg (1964), Pratt (2000, 2002, 2003), Brechtel & Kostenbader (2002) und Hendriks & Ploeg (2006) haben das Vorkommen von Larven (Engerlingen) des Hirschkäfers (*Lucanus cervus*) in Sägemehlhaufen erwähnt. Hawes (2003 a) hat Larven (Engerlinge) des Hirschkäfers (*Lucanus cervus*) in einem Pferdemisthaufen entdeckt.

In Totholz von überwiegend Eichen und untergeordnet auch anderen Holzarten wurden Larven (Engerlinge) des Hirschkäfers (*Lucanus cervus*) nicht nur in Teilen von Stämmen und Wurzeln verschiedener Größe in Wäldern, Gärten und Streuobstwiesen gefunden, sondern wurden auch in Fachwerk von Häusern und Scheunen (Zucchi & Zucchi 1982) sowie in Eisenbahnschwellen, Prellböcken, Grubenholz, Pfosten, Zaunpfählen und Zaunlatten (Jehn 1896, Horion 1958, Stowe 1977; Klausnitzer 1982, 1995; Radestock 1993 a, 1993 b; Sprecher-Uebersax 1995, Klausnitzer & Krell 1996, Bowdrey 1997, Franciscolo 1997, Hawes 1998 a, Frith 1999, Oldfield in Pratt 2000, Brechtel & Kostenbader 2002; Pratt 2002, 2003; Harvey & Gange 2003, Smith 2003, Klausnitzer & Wurst 2003, Lambert & Braun 2005; Hachtel, Schmidt & Chmela 2006; Hachtel, Schmidt, Chmela & Böhme 2007; Rink 2007, Klausnitzer & Sprecher-Uebersax 2008, Rink & Sinsch 2008 a) und manchmal sogar in Brettern und Palisaden am Rand von Komposthaufen (Bowdrey 1997), in Brettern zwischen Betonplatten (Hawes 1998 a) und in Rahmen von Gewächshäusern und Gartenbeeten (Brechtel & Kostenbader 2002, Pratt 2003) angetroffen. Gordon (1877), Weaver (1877) und Pratt (2000, 2003) haben Larven (Engerlinge) des Hirschkäfers (*Lucanus cervus*) auch in Totholzdeponien auf Zimmerplätzen bemerkt. Scherf (1985) hat das Vorkommen von Larven (Engerlingen) des Hirschkäfers (*Lucanus cervus*) in einem rotfaulen feuchten Eichenstumpf genannt, der vom Schwefelporling (*Laetiporus sulphureus*) befallen war, und hat die Bedeutung von Eichenrotfäulepilzen und Eichenweißfäulepilzen für die Zersetzung des Holzes unterstrichen. Verschiedene Eichenrotfäulepilze und Eichenweißfäulepilze, zu denen vor allem der Eichenwirrling (*Daedalea quercina*), der Baumschwamm (*Fomitopsis pinicola*), der Eichenfeuerschwamm (*Phellinus robustus*) und der Leberpilz (*Fistulina hepatica*) zählen, haben eine entscheidende aufbereitende Wirkung auf Eichentotholz, welches vom Hirschkäfer (*Lucanus cervus*) als Substrat für Eiablage und Larvenentwicklung genutzt wird (Tochtermann 1992). Rink (2007) und Rink & Sinsch (2008 a) haben an fünf von Larven (Engerlingen) des Hirschkäfers (*Lucanus cervus*) besiedelten Baumstümpfen Fruchtkörper des Weißfäulepilzes *Ganoderma lipsiense* nachgewiesen.

Im Schrifttum wurden Larven (Engerlinge) des Nashornkäfers (*Oryctes nasicornis*) in Komposthaufen von Hausgärten, Gärtnereien und Entsorgungsbetrieben bisher unter anderen von Reitter (1882), Ude (in Minck 1915), Minck (1916), Griep (1937), Nolte (1937), Emden (1941), Horion (1949 a, 1949 c, 1958), Lagerspetz (1950), Friese (1953, 1979), Franz (1956), Crome (1957), Hurpin (1958), Henschel (1962), Wolf (1963), Hurpin & Fresneau (1964 a), Viramo (1964), Allenspach (1970), Niklas (1974),

Harde (1975), Carrière (1979), Wiktelius (1981), Peschel (1983), Baade (1984), Keil (1986), Tochtermann (1987), Bilý & Cepická (1990), Zahradník & Severa (1991, 2000), Gries (1994), Hieke (1994), Reichholf & Steinbach (1994), Robert (1994), Brockmann (1995), Zahradník & Hísek (1995), Behr (1996), Schaffrath (1997, 2002), Zahradník & Chvála (1997), Honomichl (1998), Peschel (1998), Ødegaard (1999), Straube (1999), Ødegaard & Tømmeras (2000), Telnov (2001), Bellmann (2002), Eggels (2002), Rhein-Zeitung (2004 e), Rotzal (2004), Rost (2006), Bellmann & Honomichl (2007) und Hendriks (2007); in Sägemehl-/Sägespanhaufen von Sägewerken und anderen holzverarbeitenden Betrieben bisher unter anderen von Wiepken (1883), Varnier (in Dumée 1904), Minck (1916), Nolte (1937), Horion (1949 c, 1958), Lagerspetz (1950), Scherf (1954, 1995), Friese (1956, 1979), Henschel (1962), Viramo (1964), Allenspach (1970), Niklas (1974), Harde (1975), Carrière (1979), Harz (1980), Baade (1984), Stanek (1984), Heinig (1985), Zahradník (1985), Bilý & Cepická (1990), Zahradník & Severa (1991, 2000), Robert (1994), Wohlfahrt (in Conrad 1994), Reichholf & Steinbach (1994), Schaffrath (1994, 1997), Brockmann (1995), Kiauta & Kiauta (1995), Drovenik (1996), Zahradník & Chvála (1997), Peschel (1998), Ødegaard (1999), Straube (1999), Ødegaard & Tømmeras (2000), Telnov (2001), Bellmann (2002), Eggels (2002), Rost (2006), Debuyser (in Goulliart 2007) und Hendriks (2007); in Eichenlohehaufen von Gerbereien bisher unter anderen von Erichson (1848), Schmidt (1869), Brüggemann (1873), Kittel (1878), Wiepken (1883), Fricke (1906), Heymons (1915), Minck (1916), Floericke (1924), Taschenberg (1929), Rammner (1933), Richter (1936), Busch (1937 a), Griep (1937), Nolte (1937), Schoop (1937), Endrödi (1938), Bourgin (1949 a), Horion (1949 a, 1949 c, 1958), Singer (1955), Franz (1956), Friese (1956, 1979), Klots & Klots (1959), Brandt & Daxwanger (1960), Henschel (1962), Lüling (1968), Allenspach (1970), Niklas (1974), Harde (1975), Carrière (1979), Paulian & Baraud (1982), Zahradník (1985), Keil (1986), Straube (1999), Zahradník & Severa (1991, 2000), Zahradník & Hísek (1995), Hieke (1994), Brockmann (1995), Zahradník & Chvála (1997), Honomichl (1998), Eggels (2002), Ansorge (2003 a, 2003 b); Ansorge, Stolze & Wiethold (2003) und Bellmann & Honomichl (2007); in Misthaufen, Mistbeeten und Düngergruben von Bauernhöfen, Gärtnereien und Ställen bisher unter anderen von Minck (1916), Rammner (1933), Richter (1936), Busch (1937 a), Horion in Busch (1937 a), Ohaus in Busch (1937 a), Wenzel (in Busch 1937 b), Wolf (in Busch 1937 b), Horion (1949 a, 1949 c, 1958), Franz (1956), Friese (1956, 1979), Henschel (1962), Allenspach (1970), Harde (1975), Baade (1984), Zahradník (1985), Reichholf & Steinbach (1994), Zahradník & Hísek (1995), Honomichl (1998), Straube (1999), Telnov (2001), Eggels (2002), Kinzler (2005), Bellmann & Honomichl (2007) und Hendriks (2007); in Torfmullhaufen von Gärtnereien und Parkanlagen bisher unter anderen von Singer (1955) und Niklas (1974); in holzdurchsetzten Mulchhaufen in Gärten und Parkanlagen bisher unter anderen von Henschel (1962), Baade (1984), Schaffrath (1994) und Scherf (1995); in Rindenabfallhaufen von Baumschälanlagen bisher unter anderen von Baade (1984), Conrad (1994) und Peschel (1998); in Weidenrinden- oder Rutenlaubhaufen bisher unter anderen von Richter (1936); in Laubhaufen bisher unter anderen von Peschel (1998) und Bellmann (2002); in Tulpenblütenhaufen bisher unter anderen von Hieke (1994); in Strohhaufen bisher unter anderen von Baade (1984), Reichholf & Steinbach (1994) und Peschel (1998); in Kartoffelmieten bisher unter anderen von Wolf (in Busch 1937 b); in Schebenhaufen aus Holzteilen der Flachsstengel in Flachsrösten bisher unter anderen von Albrecht (in Henschel 1962); in Kaffeehülsenhaufen bisher unter anderen von Ohaus (in Minck 1916, in Busch 1937 a); in Klärschlammdeponien bisher unter anderen von Baade (1984); in Tresterhaufen in Weinbergen bisher unter anderen von Rhein-Zeitung (2005 f, 2007 c); in schimmeldurchsetzten Tresterresten von Bienenwachs bisher unter anderen von Peschel (1998); in Abfallgruben einer Zuckerfabrik bisher unter anderen von Crome (1957); und von Zimmerplätzen und Schiffsbauplätzen bisher unter anderen von Weber (1903) und Minck (1915) mitgeteilt.

Deshalb kann jeder Naturfreund die Entwicklungsmöglichkeiten der Larven (Engerlinge) des Hirschkäfers (*Lucanus cervus*) wesentlich durch die Anlage von Komposthaufen und Totholzdeponien in Gärten und Streuobstwiesen vorwiegend in Waldnähe begünstigen, denn dadurch werden zusätzliche Substrate für die Ablage der Eier und das Heranreifen der Imagines während der mehrstufigen Metamorphose über die Stadien der Larven und Puppen geschaffen. Die Komposthaufen sollten wegen des mehrjährigen Entwicklungszyklus der Larven (Engerlinge) des Hirschkäfers (*Lucanus cervus*) möglichst wenig und wenn, dann möglichst schonend umgesetzt werden. Gefällte Stämme und abgeschnittene Äste und Zweige von Bäumen und Sträuchern sollten zu dichten Grünschnitthaufen aufgeschichtet und liegengelassen werden, und die restlichen Stammstutzen sollten nicht ausgegraben werden, sondern im Boden belassen werden und stehenbleiben. Gefällte Stämme sollten in möglichst meterlange Intervalle geteilt werden, und die geschnittenen und gespaltenen Stammstücke sollten liegend zu Totholzstapeln aufgeschichtet werden oder stehend zu Totholzgruppen aufgestellt werden, welche möglichst lange ungestört verrotten und vermodern sollten. Diese Prozedur sollte bei allen

Holzarten durchgeführt werden (Übersicht der vom Hirschkäfer (*Lucanus cervus*) als Substrat für Eiablage und Larvenentwicklung akzeptierten Holzarten im nachfolgenden Abschnitt über das Stehenlassen von natürlichen Baumstümpfen). Als zusätzliche und ergänzende Maßnahme ist die Anlage von Rindenmulchhaufen, Sägespanhaufen und Holzhäckselhaufen empfehlenswert, bei denen bezüglich des Umsetzens analog den Komposthaufen vorgegangen werden sollte. Mit diesen einfachen Verfahren der Entsorgung von Bioabfällen in Gärten und Streuobstwiesen vorwiegend in Waldnähe kann jeder Naturfreund einen wesentlichen Beitrag zur Erhaltung der Verbreitung des Hirschkäfers (*Lucanus cervus*) leisten und kann erheblich dabei mithelfen, das Vorkommen des größten und bekanntesten Käfers in der einheimischen Insektenfauna zu sichern.

Ähnlich den klassischen Komposthaufen können auch Grünschnitthaufen, Rindenmulchhaufen, Sägespanhaufen und Holzhäckselhaufen dem Hirschkäfer (*Lucanus cervus*) zusätzliche Substrate für die Ablage der Eier und das Heranwachsen der Larven (Engerlinge) bieten. Grünschnitthaufen und Totholzstapel eignen sich in wallartiger Anordnung als Begrenzungen von Gärten und sollten daher besonders in Grundstücken, welche direkt an freien Feldern oder Wiesen liegen, als Alternative zu Zäunen und Hecken verwendet werden. In analoger Weise wie für den Hirschkäfer (*Lucanus cervus*) stellen Komposthaufen, Grünschnitthaufen, Rindenmulchhaufen, Sägespanhaufen, Holzhäckselhaufen und Totholzstapel auch potentielle Substrate für die Entwicklung des Nashornkäfers (*Oryctes nasicornis*) dar, dessen Verbreitung und Erhaltung daher ebenfalls mit diesen einfachen Verfahren der Entsorgung von Bioabfällen in Gärten und Streuobstwiesen vorwiegend in Waldnähe unterstützt werden kann. Gries (1994) hat über die Installation von Holzhäckselhaufen oder Holzschreddermieten als künstliche Brutstätten für den Nashornkäfer (*Oryctes nasicornis*) berichtet, und Eggels (2002) konnte dessen erfolgreiche Wiederansiedlung durch Anlage von Altholzinseln aus Baumstubben, Totholz und Häcksel in einer renaturierten Flußlandschaft melden. In analoger Weise wie für den Hirschkäfer (*Lucanus cervus*) und den Nashornkäfer (*Oryctes nasicornis*) gelten die vorgenannten Verfahren auch für andere xylobionte oder saproxylische Käfer.

13.10 Ausreichend lange Lagerzeit von Komposthaufen und Totholzdeponien

Bei allen vorgenannten sekundären Substraten in anthropogenen Bioabfallhaufen ist darauf zu achten, daß die Deponien lange genug liegen bleiben und wenn, dann nur schonend umgesetzt werden, damit sie nicht zu Larvenfallen werden, weil die durchschnittliche Entwicklungsdauer der Larven (Engerlinge) des Hirschkäfers (*Lucanus cervus*) mit 5 Jahren meist länger ist als die durchschnittliche Ruhezeit und Umschlagperiode der Bioabfallhaufen und deshalb bei einem vorzeitigen Umsetzen und Ausbringen des Kompostes und anderer menschlicher Bioabfälle die darin befindlichen Larven (Engerlinge) des Hirschkäfers (*Lucanus cervus*) vernichtet würden, und gleiches gilt auch für Totholzanhäufungen. Auf die Gefahr, daß Rindenmulchhaufen und Komposthaufen von Sägewerken und Gärten durch vorzeitige Ausbringung und Verbrennung des Bioabfalls zu Larvenfallen werden, indem die darin enthaltenen Larven (Engerlinge) des Hirschkäfers (*Lucanus cervus*) aufgrund gegenüber dem Entwicklungszyklus verfrühter Umsetzung und Beseitigung vernichtet werden, hat besonders Tochtermann (1987, 1992) hingewiesen, und die Problematik der oftmals zu kurzen Lagerzeit von Totholzanhäufungen hat Sprecher-Uebersax (2001) unterstrichen.

Jeder Naturfreund kann deshalb durch ausreichend langes Liegenlassen der Komposthaufen, Grünschnitthaufen, Rindenmulchhaufen, Sägespanhaufen, Holzhäckselhaufen und Totholzstapel in Gärten und Streuobstwiesen die ungestörte Entwicklung der darin befindlichen Larven (Engerlinge) des Hirschkäfers (*Lucanus cervus*) bis zum Stadium der Imago sicherstellen. In analoger Weise wie für den Hirschkäfer (*Lucanus cervus*) gelten die vorgenannten Verfahren auch für den Nashornkäfer (*Oryctes nasicornis*) sowie für andere xylobionte oder saproxylische Käfer. Übersichten der Entwicklungsmöglichkeiten der Larven (Engerlinge) des Nashornkäfers (*Oryctes nasicornis*) in Komposthaufen und anderen Bioabfallhaufen verschiedener Größe finden sich in Brockmann (1995) und Peschel (1998). Ein Literaturüberblick über das Vorkommen von Larven (Engerlingen) des Hirschkäfers (*Lucanus cervus*) und des Nashornkäfers (*Oryctes nasicornis*) in verschiedenen anthropogenen Bioabfallansammlungen ist im vorhergehenden Abschnitt über die Anlage von Komposthaufen und Totholzdeponien in Gärten und Streuobstwiesen enthalten.

Die Anlage von Totholzdeponien aus geschnittenen und gespaltenen Stücken von Stämmen sowie aus abgeschnittenen Ästen und Zweigen von Bäumen und Sträuchern unterstützt die Erhaltung und Verbreitung des Hirschkäfers (*Lucanus cervus*) sowohl in Gärten und Streuobstwiesen als auch in Wäldern (unter anderen Kölner Stadtanzeiger 2001, Rhein-Lahn-Zeitung 2005 b, Debusmann 2006, Mainzer Rhein-Zeitung 2007 b). Das Totholzspektrum in Gärten, Streuobstwiesen und Wäldern umfaßt stehende Baumruinen, liegende Baumleichen und Astwerk (Nolte, Geginat & Weihrauch 1995; Bütler, Lachat & Schlaepper 2006), welche alle eine erhebliche Bedeutung als Substrat für xylobionte oder saproxylische Käfer und besonders für den Hirschkäfer (*Lucanus cervus*) haben. In der Totholzpalette in Gärten, Streuobstwiesen und Wäldern haben alle Holzarten eine wesentliche Signifikanz als potentielle Substrate für das Brutgeschäft der xylobionten oder saproxylischen Käfer (Übersicht der vom Hirschkäfer (*Lucanus cervus*) als Substrat für Eiablage und Larvenentwicklung akzeptierten Holzarten im nachfolgenden Abschnitt über das Stehenlassen von natürlichen Baumstümpfen). Die Qualität des Totholzangebotes steigt mit zunehmender Lagerzeit, wodurch das möglichst lange Liegenlassen der Totholzansammlungen ein entscheidender Einflußfaktor auf den erfolgreichen Abschluß der Metamorphose der darin enthaltenen Larven des Hirschkäfers (*Lucanus cervus*) über das Zwischenstadium der Puppe zum Endstadium der Imago ist, welche aus dem Substrat hervorkommt und mit der Paarung den alten Entwicklungszyklus abschließt und gleichzeitig den neuen Entwicklungszyklus beginnt, in dem auch wieder von den möglichst lange ruhenden anthropogenen Bioabfallhaufen und Totholzanhäufungen als geeignetes Substrat für die Eiablage Gebrauch gemacht werden kann.

13.11 Stehenlassen von natürlichen Baumstümpfen in Gärten, Streuobstwiesen und Wäldern

Der Hirschkäfer (*Lucanus cervus*) verwendet als Substrat für die Ablage der Eier und das Heranwachsen der Larven (Engerlinge) hauptsächlich morsches, zersetztes und zerfallendes Holz überwiegend von Eichen, aber häufig auch von anderen Bäumen und Sträuchern. Aufgrund meiner Aufrufe zur Mitteilung von Beobachtungen des Hirschkäfers (*Lucanus cervus*) in regionalen Tageszeitungen (Rhein-Neckar-Zeitung 2008 a, 2008 b, 2008 c, 2008 d; Schwetzinger Zeitung 2008, Bruchsaler Rundschau 2008) haben mir etliche Naturfreunde berichtet, daß sie Larven (Engerlinge) des Hirschkäfers (*Lucanus cervus*) auch im Holz von Apfel, Birke, Birne, Flieder, Kirsche, Pappel, Roßkastanie, Robinie, Walnuß und Weide angetroffen haben. Für die Eignung als Substrat für die Entwicklung des Hirschkäfers (*Lucanus cervus*) vom Ei über Larve (Engerling) und Puppe zur Imago ist der Zersetzungsgrad und die Zersetzungsgeschwindigkeit des Holzes von alten, kranken und abgestorbenen Bäumen sowie von gelagertem Totholz unabhängig von der Art des Holzes entscheidend, und bei einem günstigen Zersetzungsstadium stellt jeder Holztyp ein potentielles Substrat dar (vgl. auch Rink 2007). Der Hirschkäfer (*Lucanus cervus*) ist Mitglied der Gilde der xylobionten oder saproxylischen Käfer, welche an und in zersetztem abgestorbenem Holz leben.

In der Literatur ist das Vorkommen von Larven (Engerlingen) des Hirschkäfers (*Lucanus cervus*) in vermodertem und zersetztem Holz von Eichen (*Quercus*) unter anderen in Möhres (1963), Winkler & Severa (1969), Allenspach (1970), Pfletschinger (1970), Sandhall (1974), Zahradník & Hísek (1976, 1987, 1995), Zahradník & Severa (1976), Harde & Pfletschinger (1978), Klausnitzer (1982, 1995), Sedlag (1986), Tochtermann (1987, 1992), Mamonov (1991), Klausnitzer & Krell (1996), Hawes (1998 a, 2003 c), Bellmann (1999), Napier (1999), Pratt (2000, 2003), Sprecher-Uebersax (2001), Brechtel & Kostenbader (2002), Amann (2003), Klausnitzer & Wurst (2003) und Klausnitzer & Sprecher-Uebersax (2008) dokumentiert. Neben dem Vorkommen in vermodertem und verrottetem Holz von Eichen, welche meist die Stieleiche (*Quercus robur*) und die Traubeneiche (*Quercus petraea*) umfassen, wurde wiederholt auch das Auftreten von Larven (Engerlingen) des Hirschkäfers (*Lucanus cervus*) in morschem und zersetztem Holz von (in alphabetischer Reihenfolge) Ahorn (*Acer*), Apfel (*Malus domestica*), Birke (*Betula*), Birne (*Pyrus communis*), Buche (*Fagus*), Eberesche (*Sorbus aucuparia*), Edelkastanie (*Castanea sativa*), Efeu (*Hedera helix*), Erle (*Alnus*), Esche (*Fraxinus*), Fichte (*Picea abies*), Flieder (*Syringa vulgaris*), Forsythie (*Forsythia*), Goldregen (*Laburnum*), Hainbuche (*Carpinus betulus*), Haselnuß (*Corylus avellana*), Kiefer (*Pinus*), Kirsche (*Cerasus*), Lebensbaum (*Thuja*), Linde (*Tilia*), Mahonie (*Mahonia*), Maulbeere (*Morus*), Pappel (*Populus*), Pflaume und Pflaumenartige (*Prunus*), Rhododendron (*Rhododendron*), Robinie (*Robinia pseudoacacia*), Roßkastanie (*Aesculus*), Schneeball (*Viburnum*), Schneebeere (*Symphoricarpos*), Sommerflieder (*Buddleja davidii*), Stechpalme (*Ilex aquifolium*), Trompetenbaum (*Catalpa*), Ulme (*Ulmus*), Walnuß (*Juglans regia*), Weide (*Salix*), Weißdorn (*Crataegus*) und Zypresse (*Cupressus macrocarpa*) im Schrifttum erwähnt (Übersichten in Schmidt-

Goebel 1876, Horion 1958, Kamp 1958, Strojny 1970; Klausnitzer 1982, 1995; Paulian & Baraud 1982, Sedlag 1986, Tochtermann 1992; Radestock 1993 a, 1993 b; Conrad 1994, Klausnitzer & Krell 1996, Bowdrey 1997, Franciscolo 1997; Hawes 1998 a, 2003 c; Napier 1999; Pratt 2000, 2003; Sprecher-Uebersax 2001, Brechtel & Kostenbader 2002, Klausnitzer & Wurst 2003, Smith 2003, Rössner 2005; Jurc, Ogris, Pavlin & Borkovic 2008; Klausnitzer & Sprecher-Uebersax 2008).

Scherf (1985) hat das Vorkommen von Larven (Engerlingen) des Hirschkäfers (*Lucanus cervus*) in einem rotfaulen feuchten Eichenstumpf genannt, der vom Schwefelporling (*Laetiporus sulphureus*) befallen war, und hat die Bedeutung von Eichenrotfäulepilzen und Eichenweißfäulepilzen für die Zersetzung des Holzes unterstrichen. Verschiedene Eichenrotfäulepilze und Eichenweißfäulepilze, zu denen vor allem der Eichenwirrling (*Daedalea quercina*), der Baumschwamm (*Fomitopsis pinicola*), der Eichenfeuerschwamm (*Phellinus robustus*) und der Leberpilz (*Fistulina hepatica*) zählen, haben eine entscheidende aufbereitende Wirkung auf Eichentotholz, welches vom Hirschkäfer (*Lucanus cervus*) als Substrat für Eiablage und Larvenentwicklung genutzt wird (Tochtermann 1992). Rink (2007) und Rink & Sinsch (2008 a) haben an fünf von Larven (Engerlingen) des Hirschkäfers (*Lucanus cervus*) besiedelten Baumstümpfen Fruchtkörper des Weißfäulepilzes *Ganoderma lipsiense* nachgewiesen. Neben den vorgenannten Bäumen und Sträuchern, an denen Belege für die Besiedlung mit Larven (Engerlingen) des Hirschkäfers (*Lucanus cervus*) vorliegen, wurden männliche und weibliche Imagines auch an einer Reihe von anderen Bäumen und Sträuchern sowie an weiteren Pflanzen beobachtet, ohne daß dort Brutnachweise erzielt wurden (Übersichten in Smith 2003, Rink & Sinsch 2006, Rink 2007).

Daher kann jeder Naturfreund und Förster das Substratangebot für die Ablage der Eier und das Heranreifen der Imagines des Hirschkäfers (*Lucanus cervus*) während der mehrstufigen Metamorphose über die Stadien der Larven und Puppen wesentlich dadurch bereichern, indem Fällungen von kranken und abgestorbenen Bäumen in Gärten, Streuobstwiesen und Wäldern naturschutzgerecht und insektenfreundlich vorgenommen werden. Es sollten die Stämme nicht unmittelbar über dem Boden, sondern am besten in mindestens 1 m Höhe über dem Boden und besser noch in etwa 2 - 3 m Höhe über dem Boden abgesägt werden. Von den abgesägten Teilen der Bäume sollten die Stämme, Äste und Zweige in Gärten, Streuobstwiesen und Wäldern zu dichten Haufen aufgeschichtet und liegengelassen werden, und die restlichen Stammstutzen sollten nicht ausgegraben werden, sondern im Boden belassen werden und stehenbleiben. Dieses Vorgehen sollte bei allen Holzarten angewandt werden. Besonders die stehengebliebenen Stammstümpfe kranker und abgestorbener Bäume stellen wertvolle Nistsubstrate nicht nur für den Hirschkäfer (*Lucanus cervus*), sondern auch für zahlreiche weitere xylobionte oder saproxylische Käfer und andere Insekten dar, von denen als herausragende Beispiele vor allem die Holzbiene (*Xylocopa violacea*), der Heldbock (*Cerambyx cerdo*) und der Eremit oder Juchtenkäfer (*Osmoderma eremita*) zu nennen sind. Mit diesen einfachen Verfahren der naturschutzgerechten und insektenfreundlichen Fällung von kranken und abgestorbenen Bäumen in Gärten, Streuobstwiesen und Wäldern kann jeder Naturfreund und Förster einen maßgeblichen Beitrag zur Erhaltung der Verbreitung des Hirschkäfers (*Lucanus cervus*) leisten und kann erheblich dabei mithelfen, das Vorkommen des größten und bekanntesten Käfers in der einheimischen Insektenfauna zu sichern.

Fällungen von kranken und abgestorbenen Bäumen in Gärten, Streuobstwiesen und Wäldern sollten darüber hinaus auf ein Mindestmaß begrenzt werden, denn stehende vollständige Baumruinen und liegende komplette Baumleichen nach deren natürlichem Umstürzen haben ein wesentlich vielfältigeres Substratangebot für den Hirschkäfer (*Lucanus cervus*) sowie für andere xylobionte oder saproxylische Käfer und weitere holzbewohnende Insekten als residuale Stammstutzen im Boden und aufgeschichtete Totholzstapel auf dem Boden nach der Fällung. Im Gegensatz zu kranken und abgestorbenen Bäumen sollten gesunde ältere Bäume überhaupt nicht gefällt werden, sondern stehengelassen werden, damit sie bis zum Erreichen der Alters-, Vermorschungs- und Zerfallsphase erhalten bleiben und der natürlichen Dynamik bis hin zu Absterben, Vermoderung und Zersetzung überlassen werden. Gesunde ältere Bäume in Gärten von Häusern, welche vor Jahrzehnten gepflanzt wurden und inzwischen eine derartige Größe erreicht haben, daß sie das Dach des Hauses überragen oder die Terrasse und die Fenster weitgehend oder sogar fast völlig verschatten, sollten nach Möglichkeit nicht gefällt und entfernt werden, sondern sollten nur teilweise gekappt und zurückgeschnitten werden, damit besonders der Stamm und die dicken Äste nahe dem Stamm als intakter lebender Baum an Ort und Stelle verbleiben. In analoger Weise sollte bei gesunden älteren Bäumen in Alleen, Straßen, Plätzen und Parks vorgegangen werden. Dieses Vorgehen sollte bei allen Holzarten angewandt werden.

Die Signifikanz des Stehenlassens von natürlichen Baumstümpfen in Wäldern und Wiesen für die Entwicklungsmöglichkeiten des Hirschkäfers (*Lucanus cervus*) sowie anderer xylobionter oder saproxylischer Käfer und weiterer holzbewohnender Insekten haben auch Freude (1971), Scherzinger & Jedicke (1996), Rudolph & Liegl (2001), Sprecher-Uebersax (2001) und Bütler, Lachat & Schlaepper (2006) unterstrichen. Auf die Bedeutung des Stehenlassens von alten Bäumen in Gärten und Parkanlagen, an Alleen und Straßen, und in Feldern und Wiesen für die Entwicklungsmöglichkeiten des Hirschkäfers (*Lucanus cervus*) sowie anderer xylobionter oder saproxylischer Käfer und weiterer holzbewohnender Insekten haben auch Brechtel (1992), Ringler & Siess (1995), Sutton (2002), Altmüller (2003), Hessen-Forst (2007) und Hintermeier (2007) hingewiesen.

13.12 Aufstellen von künstlichen Baumstümpfen in Gärten, Streuobstwiesen und Wäldern

In Ergänzung oder als Alternative zu dem Stehenlassen von natürlichen Baumstümpfen in Gärten, Streuobstwiesen und Wäldern kann jeder Naturfreund und Förster die Substratpalette für die Ablage der Eier und die Entwicklung der Imagines des Hirschkäfers (*Lucanus cervus*) während der mehrphasigen Metamorphose über die Etappen der Larven und Puppen erheblich dadurch erweitern, indem er künstliche Baumstümpfe aufstellt. Diese künstlichen Baumstümpfe werden am besten aus morschen und zersetzten Teilen von Stämmen konstruiert, welche im Wald gesammelt werden und dann in Gärten, Streuobstwiesen und Wäldern zu dicken Bündeln zusammengebunden und in den Boden eingegraben und aufrecht aufgestellt werden, wobei die Zwischenräume zwischen den einzelnen Stämmen im Basisbereich der künstlichen Baumstümpfe mit Humus, vermoderter Rindenstreu, zersetzter Blattstreu und/oder Nadelstreu, Häckselmaterial, Sägemehl oder Mulch ausgefüllt werden. Hermann Greulich (mündl. Mitt. 2008) hat derartige künstliche Baumstämme als Bruthilfen für den Hirschkäfer (*Lucanus cervus*) in Feldern und Wiesen westlich Rauenberg aufgestellt (Rhein-Neckar-Zeitung 2004 a, 2005 a, 2005 b; Südhessen Morgen 2005 a) und hat dort auch Nisthilfen für Wildbienen installiert (Rhein-Neckar-Zeitung 2008 h).

Die künstlichen Baumstümpfe werden vorzugsweise aus morschen und zersetzten Teilen von Stämmen von Eichen errichtet, welche das bevorzugte Substrat des Hirschkäfers (*Lucanus cervus*) für die Ablage der Eier und die Entwicklung der Larven (Engerlinge) darstellen. Es sind aber ebenso alle anderen Holzarten für die Konstruktion der künstlichen Baumstümpfe geeignet, denn die Substratpalette des Hirschkäfers (*Lucanus cervus*) ist sehr breit gefächert, und die bisherigen Nachweise der Akzeptanz als Substrat für die Ablage der Eier aufgrund von Funden von Larven (Engerlingen) umfassen eine Vielzahl von Holzarten (Zusammenstellung von Beispielen im vorstehenden Abschnitt über das Stehenlassen von natürlichen Baumstümpfen sowie vor allem in Klausnitzer 1982, 1995; Brechtel & Kostenbader 2002, Klausnitzer & Wurst 2003, Smith 2003 und Klausnitzer & Sprecher-Uebersax 2008). Für die Eignung als Substrat für die Entwicklung des Hirschkäfers (*Lucanus cervus*) vom Ei über Larve (Engerling) und Puppe zur Imago ist der Zersetzungsgrad und die Zersetzungsgeschwindigkeit des Holzes von alten, kranken und abgestorbenen Bäumen sowie von gelagertem Totholz unabhängig von der Art des Holzes entscheidend, und bei einem günstigen Zersetzungsstadium stellt jeder Holztyp ein potentielles Substrat dar (vgl. auch Rink 2007). Mit dieser einfachen Methode des Aufstellens von künstlichen Baumstümpfen in Gärten, Streuobstwiesen und Wäldern kann jeder Naturfreund und Förster über das Stehenlassen von natürlichen Baumstümpfen hinaus einen wichtigen Beitrag zur Stabilisierung der Verbreitung des Hirschkäfers (*Lucanus cervus*) liefern und kann eine beträchtliche Unterstützung dabei gewähren, das Vorkommen des größten und bekanntesten Käfers in der einheimischen Insektenfauna zu sichern. In analoger Weise wie für den Hirschkäfer (*Lucanus cervus*) gelten die vorgenannten Verfahren auch für den Nashornkäfer (*Oryctes nasicornis*) sowie für andere xylobionte oder saproxylische Käfer.

13.13 Errichtung von Hirschkäfermeilern oder Hirschkäferwiegen

Die Errichtung von Hirschkäfermeilern oder Hirschkäferwiegen wurde ursprünglich als Schutzmaßnahme für den Hirschkäfer (*Lucanus cervus*) im Wald konzipiert (Tochtermann 1987, 1992; Tochtermann in Hamberger 2006), kann aber auch in Gärten und Streuobstwiesen durchgeführt werden.

Zur Anlage der Hirschkäfermeiler oder Hirschkäferwiegen werden etwa meterlange vermoderte oder angefaulte Stammstücke von Eichen mit einem Durchmesser ab 30 cm in Pyramiden in etwa 30 - 50 cm Tiefe in den Boden eingegraben oder in eine Grube eingesetzt, und die Zwischenräume zwischen den zersetzten oder morschen Stammstücken von Eichen werden mit Häcksel aus Eichenrinde und Eichenkronen oder mit Sägespänen oder Sägemehl aus Eichenholz aufgefüllt. Anstelle von Eichenholz können auch alle anderen Holzarten verwendet werden, weil die Weibchen des Hirschkäfers (*Lucanus cervus*) ihre Eier nicht nur an Eichenholz, sondern auch an zahlreichen anderen Holzarten ablegen (Zusammenstellung von Beispielen im vorstehenden Abschnitt über das Stehenlassen von natürlichen Baumstümpfen sowie vor allem in Klausnitzer 1982, 1995; Brechtel & Kostenbader 2002, Klausnitzer & Wurst 2003, Smith 2003 und Klausnitzer & Sprecher-Uebersax 2008). Für die Eignung als Substrat für die Entwicklung des Hirschkäfers (*Lucanus cervus*) vom Ei über Larve (Engerling) und Puppe zur Imago ist der Zersetzungsgrad und die Zersetzungsgeschwindigkeit des Holzes von alten, kranken und abgestorbenen Bäumen sowie von gelagertem Totholz unabhängig von der Art des Holzes entscheidend, und bei einem günstigen Zersetzungsstadium stellt jeder Holztyp ein potentielles Substrat dar (vgl. auch Rink 2007). Der Hirschkäfer (*Lucanus cervus*) ist Mitglied der Gilde der xylobionten oder saproxylischen Käfer, welche an und in zersetztem abgestorbenem Holz leben.

Die Hirschkäfermeiler oder Hirschkäferwiegen sollten im Abstand von etwa 3 - 5 Jahren mit Häcksel aus Eichenrinde und Eichenkronen oder mit Sägespänen oder Sägemehl aus Eichenholz ergänzt werden (Tochtermann 1987, 1992; Tochtermann in Hamberger 2006). Alternativ können auch stehengebliebene Baumstümpfe von Eichen und anderen Holzarten mit einem Kranz aus eingegrabenen vermoderten oder angefaulten Stammstücken von Eichen umgeben werden und mit einer Anhäufung von Häcksel aus Eichenrinde und Eichenkronen oder von Sägespänen oder Sägemehl aus Eichenholz versehen werden. Die Hirschkäfermeiler oder Hirschkäferwiegen sollten im Wald gegen Schwarzwild, Dachs und Spechte geschützt werden.

In analoger Weise können Hirschkäfermeiler oder Hirschkäferwiegen sowie ähnliche Totholzaggregate auch Brutsubstrate für den Nashornkäfer (*Oryctes nasicornis*) sowie andere xylobionte oder saproxylische Käfer bereitstellen. Gries (1994) hat über die Installation von Holzhäckselhaufen oder Holzschreddermieten als künstliche Brutstätten für den Nashornkäfer (*Oryctes nasicornis*) berichtet, und Eggels (2002) konnte dessen erfolgreiche Wiederansiedlung durch Anlage von Altholzinseln aus Baumstubben, Totholz und Häcksel in einer renaturierten Flußlandschaft melden.

13.14 Installation von Hirschkäferpflastern

Von den Hirschkäfermeilern oder Hirschkäferwiegen abgeleitet sind die Hirschkäferpflaster (Tochtermann 1987, 1992), bei denen Rollen, Scheiben oder Blöcke aus vermodertem oder angefaultem Eichenholz in den Boden eingegraben werden, so daß die Oberseiten der Rollen, Scheiben oder Blöcke aus zersetztem oder morschem Eichenholz ein pflasterartiges Feld oder einen pflasterartigen Streifen mit einer Gesamtfläche von etwa 10 m2 oder mehr an der Oberfläche bilden. Die Zwischenräume zwischen den Rollen, Scheiben oder Blöcken aus vermodertem oder angefaultem Eichenholz werden beim Eingraben ebenfalls mit Häcksel aus Eichenrinde und Eichenkronen oder mit Sägespänen oder Sägemehl aus Eichenholz bis kurz unter die Oberfläche aufgefüllt und anschließend bis zur Oberfläche mit Erde bedeckt. Derartige Hirschkäferpflaster oder Hirschkäferpfade wurden wiederholt in Freilandmuseen angelegt (Märkische Allgemeine 2008 b, 2008 c).

Neben dem Eingraben in den Boden ist in vielen Fällen auch schon das Aufstellen von Rollen, Scheiben oder Blöcken aus zersetztem oder morschem Eichenholz in Gruppen oder Stapeln auf dem Boden in Gärten und Streuobstwiesen eine ausreichende Maßnahme zur Bereitstellung von Brutsubstraten für den Hirschkäfer (*Lucanus cervus*). Beobachtungen von Exemplaren des Hirschkäfers (*Lucanus cervus*) und seiner Larven (Engerlinge) an derartigen aufgestellten Stammstücken in Gärten haben Owen (1992) und Bowdrey (1997) mitgeteilt. Anstelle von Eichenholz können auch alle anderen Holzarten verwendet werden, weil die Weibchen des Hirschkäfers (*Lucanus cervus*) ihre Eier nicht nur an Eichenholz, sondern auch an zahlreichen anderen Holzarten ablegen (Zusammenstellung von Beispielen im vorstehenden Abschnitt über das Stehenlassen von natürlichen Baumstümpfen sowie vor allem in Klausnitzer 1982, 1995; Brechtel & Kostenbader 2002, Klausnitzer & Wurst 2003, Smith 2003 und Klausnitzer & Sprecher-Uebersax 2008). Für die Eignung als Substrat für die Entwicklung des

Hirschkäfers (*Lucanus cervus*) vom Ei über Larve (Engerling) und Puppe zur Imago ist der Zersetzungsgrad und die Zersetzungsgeschwindigkeit des Holzes von alten, kranken und abgestorbenen Bäumen sowie von gelagertem Totholz unabhängig von der Art des Holzes entscheidend, und bei einem günstigen Zersetzungsstadium stellt jeder Holztyp ein potentielles Substrat dar (vgl. auch Rink 2007). In analoger Weise wie für den Hirschkäfer (*Lucanus cervus*) gelten die vorgenannten Verfahren auch für den Nashornkäfer (*Oryctes nasicornis*) sowie für andere xylobionte oder saproxylische Käfer.

13.15 Angebot von Saftaustritten an Bäumen in Gärten und Streuobstwiesen

Der Hirschkäfer (*Lucanus cervus*) nimmt als Nahrung im Stadium der Imago lediglich austretenden Saft an verletzten Bäumen (Übersichten in Klausnitzer 1982, 1995; Brechtel & Kostenbader 2002, Klausnitzer & Wurst 2003 und Klausnitzer & Sprecher-Uebersax 2008) und überreifen Früchten (Übersicht in nachstehendem Abschnitt über Anpflanzung und Pflege von Kirschbäumen) auf. Als Saftquellen bevorzugt der Hirschkäfer (*Lucanus cervus*) blutende Eichen, akzeptiert aber auch andere beschädigte Bäume. Jeder Naturfreund, der einen Garten mit reichem Baumbestand oder eine Streuobstwiese in Waldnähe besitzt, kann daher den Hirschkäfer (*Lucanus cervus*) und andere saftsaugende Insekten dadurch unterstützen, in dem er ein Angebot von künstlichen Saftaustritten an mehreren Bäumen zur Verfügung stellt, sofern nicht bereits an einigen Bäumen natürliche Saftquellen vorhanden sind. Natürliche Saftausflüsse an blutenden Bäumen in Gärten, Streuobstwiesen und Wäldern entstehen durch Rindenverletzungen, Pilzinfektionen, Insektenlarvenbefall (unter anderen des Heldbocks *Cerambyx cerdo*), Frostrisse, Windbruch, Wasserreiser, Blitzschlag (Möller 1990), Fällschäden, Rückeschäden, Fauläste (Tochtermann 1992) oder auch durch die Beißtätigkeit der Weibchen des Hirschkäfers (*Lucanus cervus*) mit ihren kneifzangenartigen Mandibeln (Brüll 1952) sowie manchmal möglicherweise sogar durch den Mandibelgebrauch der Männchen (Hochgreve 1934).

Es sollten in einem Garten mit reichem Baumbestand oder in einer Streuobstwiese in Waldnähe vielleicht zwei oder drei Bäume ausgewählt werden, an denen während der Flugzeit des Hirschkäfers (*Lucanus cervus*) von etwa Anfang bis Mitte Mai bis etwa Mitte bis Ende Juli oder Anfang August durch Einschnitte, Einkerbungen oder Bohrungen in den Stamm künstliche Saftaustritte geschaffen werden. Diese Saftquellen sollten regelmäßig aufgefrischt werden, denn infolge der natürlichen Wundheilung versiegen die künstlich angelegten Saftaustritte häufig relativ rasch wieder. Durch das Angebot von Saftausflüssen an blutenden Bäumen wird nicht nur die Lebensdauer der Individuen des Hirschkäfers (*Lucanus cervus*) gefördert, in dem Nahrungsquellen für die Energieversorgung bereitgestellt werden, sondern es wird auch die Fortpflanzung begünstigt, denn die Saftaustrittsstellen an beschädigten Bäumen sind bevorzugte Treffpunkte der Geschlechter, Orte von Rivalenkämpfen und Plätze der Paarung.

Jeder Naturfreund kann daher mit der Anlage von Komposthaufen und Totholzdeponien, dem Stehenlassen von natürlichen Baumstümpfen und dem Aufstellen von künstlichen Baumstümpfen, und der Schaffung von Saftaustritten an Bäumen eine breite Palette von einfachen Schutzmaßnahmen für den Hirschkäfer (*Lucanus cervus*) bereithalten, welche daneben auch weiteren xylobionten oder saproxylischen Käfern sowie anderen holznistenden Insekten zur Verfügung stehen. Um ein möglichst breites Spektrum abzudecken, sollten am besten zwei oder drei Bäume verschiedener Holzarten für die Erzeugung von künstlichen Saftaustritten ausgewählt werden. Die Einschnitte, Einkerbungen oder Bohrungen in den Stamm sollten bei Bedarf wiederholt oder erweitert werden, damit das Nahrungsangebot für den Hirschkäfer (*Lucanus cervus*) nicht durch das Versiegen des Saftausflusses infolge der natürlichen Wundheilung geschmälert wird. Übersichten von anderen an Saftaustrittsstellen an Eichen neben dem Hirschkäfer (*Lucanus cervus*) angetroffenen Insekten sind in Klausnitzer (1982, 1995), Brechtel & Kostenbader (2002), Klausnitzer & Wurst (2003) und Klausnitzer & Sprecher-Uebersax (2008) enthalten.

Die kohlenhydratreichen Baumsäfte geraten durch die Wirkung von Pilzen in Gärung, enthalten dann Alkohol (Horion 1949 a, Harde 1975; Klausnitzer 1982, 1995, 2002; Brechtel & Kostenbader 2002, Klausnitzer & Sprecher-Uebersax 2008) und setzen auch Duftstoffe frei (Möller 1990), wodurch die Anziehungskraft auf die Männchen und Weibchen des Hirschkäfers (*Lucanus cervus*) gesteigert wird und damit auch die Bedeutung der Saftleckstellen an beschädigten Bäumen als bevorzugte Lokalitäten von Kopulation und Rivalenkämpfen als Begleiteffekte des Treffens zahlreicher Individuen an den Nahrungsquellen zwecks Energieversorgung aufgewertet wird. Die ausreichende Aufnahme von

Nährstoffen an den Tankstellen der Saftaustritte an beschädigten Bäumen gewährleistet, daß die Männchen und Weibchen des Hirschkäfers (*Lucanus cervus*) aufgrund länger anhaltender Kondition und Fitness mit einer höheren Wahrscheinlichkeit mit dem erfolgreichen Abschluß von Kopulation und Eiablage die Ziele ihres Lebenszyklus erreichen können und dadurch den Fortbestand der Population in der nächsten Generation begründen und sicherstellen können. Jeder Naturfreund kann deshalb auch durch die Bereitstellung von künstlichen Saftquellen durch Einschnitte, Einkerbungen oder Bohrungen in den Stamm von mehreren ausgewählten Bäumen unterschiedlicher Holzarten in Gärten und Streuobstwiesen einen wesentlichen Beitrag zur erfolgreichen Beendigung des Lebenszyklus der Individuen der bestehenden Generation des Hirschkäfers (*Lucanus cervus*) leisten und damit eine erhebliche Unterstützung für die Erhaltung der Population in der nachfolgenden Generation liefern.

13.16 Anpflanzung und Pflege von Kirschbäumen in Gärten und Streuobstwiesen

Weil die Kirschen zur Hauptflugzeit des Hirschkäfers (*Lucanus cervus*) reifen, lecken besonders die Männchen und gelegentlich auch die Weibchen des Hirschkäfers auch häufig in Gärung befindlichen Saft an abgefallenen, geplatzten und überreifen Kirschen (Allenspach 1970; Klausnitzer 1982, 1995; Sprecher-Uebersax 2001, Sprecher-Uebersax & Durrer 2001 a; Krenn, Pernstich, Messner, Hannappel & Paulus 2002; Rheinpfalz 2007 a, Klausnitzer & Sprecher-Uebersax 2008). Außer an Kirschen wurden Exemplare des Hirschkäfers (*Lucanus cervus*) auch an Birnen (Jander 1888), Zwetschgen (Spälti in Allenspach 1970), Pfirsichen (Bowdrey 1997), Aprikosen (Sprecher-Uebersax 2001, Sprecher-Uebersax & Durrer 2001 a), Trauben (Bowdrey 1997) und Himbeeren (Rebholz in Rheinpfalz 2004 c) beobachtet. Krenn, Pernstich, Messner, Hannappel & Paulus (2002) haben in Laborversuchen belegt, daß Männchen des Hirschkäfers (*Lucanus cervus*) mit ihren Mundwerkzeugen Kirschen im Laufe einiger Stunden vollkommen zerkleinern können, und dazu paßt, daß in einigen ländlichen Gebieten der Hirschkäfer (*Lucanus cervus*) als Kirschenesser bekannt ist (Cooper in Pratt 2003). Jander (1888) hat bei seinen Geländeuntersuchungen von örtlichen Einwohnern erfahren, daß Individuen des Hirschkäfers (*Lucanus cervus*) mit ihren Mandibeln auch Stücke von Birnen abzwicken können. Individuen des Hirschkäfers (*Lucanus cervus*) wurden auch am ausfließenden Saft von Apfelbäumen (Singer 1955) und Kirschbäumen (Müller 1937) gefunden, und wurden auch am Nektar der Blüten der Fackellilie oder Tritome (*Kniphofia*) und der Linde sowie am Honigtau des Ahorns bemerkt (Hawes 1998 a). Die Vorliebe des Hirschkäfers (*Lucanus cervus*) für vergorene Säfte nicht nur von blutenden Eichen, Kastanien und anderen Bäumen, sondern auch von reifen und überreifen Früchten in Gärten und Streuobstwiesen ist ebenfalls ein Auslöser für das zunehmende Vordringen aus dem Wald in die angrenzenden Siedlungen und besonders die Obstbaumplantagen, und trägt daher wesentlich zur Entwicklung einer synanthropen Tendenz aufgrund der durch das Angebot von verschiedenen Säften induzierten Kulturfolge des Hirschkäfers (*Lucanus cervus*) bei.

Deshalb kann jeder Naturfreund über das Angebot von Saftaustritten an Bäumen hinaus in Gärten und Streuobstwiesen zusätzliche Nahrungsquellen für den Hirschkäfer (*Lucanus cervus*) dadurch bereithalten und beschaffen, in dem er vorhandene Kirschbäume pflegt und neue Kirschbäume anpflanzt. Die heruntergefallenen überreifen Kirschen sollten nicht vollständig entfernt, sondern teilweise liegengelassen werden, denn besonders der vergorene Saft der überreifen Kirschen lockt Individuen des Hirschkäfers (*Lucanus cervus*) an. Bei der Ernte sollten deshalb die reifen Kirschen nicht vollständig abgepflückt werden, sondern es sollte ein Teil der reifen Früchte so lange am Baum verbleiben, bis sie überreif werden und von alleine abfallen. In analoger Weise sollte bei allen anderen Obstbäumen verfahren werden. In den meisten Gärten und Streuobstwiesen sind bereits Kirschbäume vorhanden, und damit ist dieses Segment des Nahrungsspektrums des Hirschkäfers (*Lucanus cervus*) bei entsprechender Pflege der Kirschbäume und insektenfreundlicher Ernte der reifen Früchte ausreichend abgedeckt. In denjenigen Gärten und Streuobstwiesen, in denen bisher Kirschbäume fehlen, sollte jeder Naturfreund zwei oder drei Kirschbäume anpflanzen.

Neben den natürlich reifen und überreifen Kirschen und anderen Früchten von Obstbäumen aller Art kann jeder Naturfreund das Nahrungsangebot für den Hirschkäfer (*Lucanus cervus*) in Gärten und Streuobstwiesen auch durch Herstellung und Auslage von künstlichen Mischungen von Säften, Früchten, Honig, alkoholischen Getränken und Zuckerwasser erweitern. Bußler & Binner (2006) haben erfolgreich Exemplare des Hirschkäfers (*Lucanus cervus*) mit einer Mischung aus Kirschlikör, Marmelade und frischen Früchten angelockt, und Sprecher-Uebersax (2001) und Sprecher-Uebersax & Durrer (2001 a) haben eine erhebliche Attraktivität von Ahornsirup für den Hirschkäfer festgestellt. Erich Bettag (mündl. Mitt. 2009) hat einzelne Männchen und Weibchen des Hirschkäfers (*Lucanus cervus*) an Köderfallen an Baumstämmen registriert, welche er durch einen Anstrich der Rinde mit einer Mischung aus vergorenem Bier, Honig und Bananenbrei zwecks Anlockung von Nachtfaltern hergestellt hat. Im Insektarium akzeptiert der Hirschkäfer (*Lucanus cervus*) Zuckerwasser als Nahrung, bevorzugt jedoch Säfte mit Alkohol, wobei der Alkoholkonsum sich jedoch nachteilig auf Fortpflanzungspotential und Aktivität des Hirschkäfers auswirkt (Klausnitzer 1982, 1995; Tochtermann 1992, Klausnitzer & Sprecher-Uebersax 2008). Muspratt (1960) hat bei einem Picknick am Waldrand unter einer Eiche bemerkt, daß ein Exemplar des Hirschkäfers (*Lucanus cervus*) an einem Riegel Schokolade ein Stück abgebissen hat.

Die vorgenannten Beispiele illustrieren, daß ein vielfältiges Angebot von natürlich reifen und überreifen Kirschen und anderen Früchten von Obstbäumen aller Art sowie von künstlich hergestellten Mischungen von Säften, Früchten, Honig, alkoholischen Getränken und Zuckerwasser in Gärten und Streuobstwiesen eine bedeutende Unterstützung der erfolgreichen Fortpflanzung des Hirschkäfers (*Lucanus cervus*) dadurch bewirken kann, daß das in vielen Gebieten lediglich begrenzte Angebot an natürlichen und künstlichen Saftleckstellen an Bäumen durch die Erweiterung des Spektrums der Nahrungsquellen wesentlich verbessert werden kann und damit zahlreichen Individuen die unproblematische Versorgung mit Nährstoffen ermöglicht, mit denen sie aufgrund länger anhaltender Kondition und Fitness mit einer höheren Wahrscheinlichkeit mit dem erfolgreichen Abschluß von Kopulation und Eiablage die Ziele ihres Lebenszyklus erreichen können und dadurch den Fortbestand der Population in der nächsten Generation begründen und sicherstellen können. Jeder Naturfreund kann deshalb auch durch die Bereitstellung einer breiten Palette von natürlich reifen und überreifen Kirschen und anderen Früchten von Obstbäumen aller Art sowie von künstlich hergestellten Mischungen von Säften, Früchten, Honig, alkoholischen Getränken und Zuckerwasser in Gärten und Streuobstwiesen einen wesentlichen Beitrag zur erfolgreichen Beendigung des Lebenszyklus der Individuen der bestehenden Generation des Hirschkäfers (*Lucanus cervus*) leisten und damit eine erhebliche Unterstützung für die Erhaltung der Population in der nachfolgenden Generation liefern.

13.17 Abdeckung und Kontrolle von Wasserbehältern in Gärten

Aufgrund meiner Aufrufe zur Mitteilung von Beobachtungen des Hirschkäfers (*Lucanus cervus*) in regionalen Tageszeitungen (Rhein-Neckar-Zeitung 2008 a, 2008 b, 2008 c, 2008 d; Schwetzinger Zeitung 2008, Bruchsaler Rundschau 2008) haben mir viele Naturfreunde berichtet, daß sie in Regenwassertonnen, Teichen, Schwimmbecken, Brunnen, Vasen, Töpfen, Gießkannen, Eimern, Schüsseln, Fässern, Zisternen und anderen Wasserbehältern in ihren Gärten sowie auch in Angelweihern, Vogelteichen, Badeseen, Waldtümpeln, großen Regenwasserpfützen und abgeschnittenen Altarmen von Flüssen und Bächen immer wieder einzelne Individuen des Hirschkäfers (*Lucanus cervus*) angetroffen haben, welche dort ins Wasser gefallen waren und sich nicht mehr selbst befreien konnten. Jeder Naturfreund kann deshalb einen wichtigen Beitrag zur Begrenzung oder Vermeidung von Verlusten durch Ertrinken leisten, in dem die Wasserbehälter in den Gärten während der Flugzeit des Hirschkäfers (*Lucanus cervus*) von etwa Anfang bis Mitte Mai bis etwa Mitte bis Ende Juli oder Anfang August mit Planen, engmaschigen Netzen, Brettern oder Deckeln geschlossen werden, und zusätzlich auch noch möglichst täglich kontrolliert werden. Ins Wasser gefallene Individuen des Hirschkäfers (*Lucanus cervus*) sollten herausgenommen werden und an einen geschützten Ort gesetzt werden, auch wenn sie tot erscheinen, denn sie können manchmal tagelang im Wasser überleben und benötigen dann oft mehrere Stunden zur Erholung (Bowdrey 1997, Smith 2003, Janas 2008).

In die Kontrolle von Wasserbehältern in Gärten sollten auch die Abflüsse an den unteren Enden der Außenkellertreppen der Häuser einbezogen werden, an denen ebenfalls etliche Naturfreunde Exemplare des Hirschkäfers (*Lucanus cervus*) bemerkt haben. Die Affinität zu den Abflüssen an den unteren Enden der Außenkellertreppen der Häuser wird auch dadurch unterstrichen, daß neben dem Hirschkäfer (*Lucanus cervus*) auch der zweite Vertreter der Hirschkäfer-Familie Lucanidae, der Balkenschröter (*Dorcus parallelepipedus*), dort häufig angetroffen wurde. Frith (1999) hat referiert, daß mehrere Beobachter Exemplare des Hirschkäfers (*Lucanus cervus*) aus Abflußrohren gerettet haben.

Die Schutzmaßnahme der Abdeckung und Kontrolle von Wasserbehältern in Gärten zielt auf die vorhandenen Individuen der aktuellen Generation des Hirschkäfers (*Lucanus cervus*) und unterstützt den erfolgreichen Abschluß des Fortpflanzungszyklus zur Begründung und Sicherstellung des Fortbestandes der Population in der nächsten Generation dadurch, daß mit jedem im Wasser treibenden Weibchen, welches durch das Herausnehmen aus dem Wasser aus seiner hilflosen Lage befreit wird, ein wichtiger Beitrag zur Erhöhung der Chance geleistet wird, daß das wieder auf das Land gesetzte Weibchen das Brutgeschäft mit der Eiablage erfolgreich beenden kann. Jedes hilflos im Wasser treibend angetroffene Weibchen des Hirschkäfers (*Lucanus cervus*), welches durch das Herausnehmen aus dem Wasser vor der Gefahr des Ertrinkens gerettet wird, hat die Fähigkeit, mit seiner Eiablage die Erhaltung der Population auch in der nächsten Generation zu gewährleisten. Jedes getötete Weibchen des Hirschkäfers (*Lucanus cervus*) bedeutet den Verlust von etwa 20 - 30 abgelegten Eiern und damit auch von etwa 20 - 30 potentiellen Individuen in der nächsten Generation (Hawes 2006 a). In analoger Weise leistet jedes Männchen des Hirschkäfers (*Lucanus cervus*), welches vor der nichtnatürlichen Mortalität bewahrt wird und sein Lebensziel mit der erfolgreichen Weitergabe seiner Spermien an ein oder mehrere Weibchen zur Befruchtung ihrer Eier bei der Kopulation erreicht, einen wertvollen Beitrag zur Erhaltung der Population auch in der nachfolgenden Generation.

Über Verluste von Individuen des Maikäfers (*Melolontha*), Rosenkäfers (*Cetonia*) und Hirschkäfers (*Lucanus cervus*) in Teichen hat auch Schaffrath (1994) berichtet. Strojny (1970) hat in Fischweihern und Bächen ertrunkene Männchen und Weibchen des Hirschkäfers (*Lucanus cervus*) gefunden. Bei den landesweiten Erfassungen der Bestände des Hirschkäfers (*Lucanus cervus*) in England in 1998 und 2002 wurden ebenfalls etliche in Schwimmbecken, Teichen und Wasserbehältern in Gärten ertrunkene Exemplare gemeldet (Bowdrey 1997, Hawes 1998 a, Frith 1999, Napier 1999), wobei in einem Fall 25 Männchen und 3 Weibchen tot in einem Wasserbecken gefunden wurden (Smith 2003).

Semmence (1960) und Frith (1998 a, 1999) haben berichtet, daß der Hirschkäfer (*Lucanus cervus*) möglicherweise auch schwimmen kann, und einige Beobachter wollen sogar gesehen haben, daß ein Exemplar in einen Teich gesprungen ist. Pratt (2000, 2003) hat die Möglichkeit nicht ausgeschlossen, daß Individuen des Hirschkäfers (*Lucanus cervus*) im Küstenbereich von England entweder unmittelbar im Wasser oder auf Treibholzstücken von der Meeresströmung küstenparallel verdriftet wurden und auf diese Weise an Lokalitäten außerhalb ihres bekannten Verbreitungsgebietes gelangt sind, was durch Funde von lebenden Exemplaren auf Sand, Kies und Treibholzstücken an Stränden angedeutet wird (Fowler & Donisthorpe 1913, Hickin 1947, Clark 1966, Hall 1969, Bleeckere 1999; Pratt 2000, 2003). Das Weibchen des Balkenschröters (*Dorcus parallelepipedus*) hat gelegentlich beim Aufsuchen eines Brutplatzes auch die laufende Durchquerung einer flachen Wasseransammlung nicht gescheut (Graser 1990). Saalas (1939) hat von dem Fund eines Männchens des Nashornkäfers (*Oryctes nasicornis*) in einem Brunnen berichtet. In einem Garten in den Weinbergen nahe des Friedhofs am nordöstlichen Ortsrand von Schriesheim hat Hans Welter (mündl. Mitt. 2008) etwa Mitte Juli 2008 ein Männchen des Hirschkäfers (*Lucanus cervus*) gefunden, welches in das Wasserfaß gefallen war und im Wasser herumgepaddelt ist, nach dem Herausnehmen am nächsten Tag wieder im Wasserfaß getrieben ist, und nach dem erneuten Herausnehmen um die Gartenhütte herumgelaufen ist, auf einem Blatt gesessen ist und dann verschwunden ist.

13.18 Überprüfung von Rasenflächen vor dem Mähen

In Gärten und Parks in London sowie auf Grünflächen in anderen Orten in England wurden etliche Exemplare des Hirschkäfers (*Lucanus cervus*) beim Rasenmähen getötet (Langton 1967, Napier 1999, Jones 2001, Smith 2003). Jeder Naturfreund sollte daher in Gärten und Streuobstwiesen vor dem Rasenmähen die Grasflächen auf eventuell dort sitzende und laufende Individuen des Hirschkäfers (*Lucanus cervus*) und anderer Insekten überprüfen, und sollte dort gefundene Exemplare in andere Teile der Gärten und Streuobstwiesen umsetzen, damit sie beim Rasenmähen nicht verletzt oder getötet werden.

Die Schutzmaßnahme der Überprüfung von Rasenflächen vor dem Mähen zielt auf die vorhandenen Individuen der aktuellen Generation des Hirschkäfers (*Lucanus cervus*) und unterstützt den erfolgreichen Abschluß des Fortpflanzungszyklus zur Begründung und Sicherstellung des Fortbestandes der Population in der nächsten Generation dadurch, daß mit jedem vor dem Überfahren durch den Rasenmäher bewahrten Weibchen ein wichtiger Beitrag zur Erhöhung der Chance geleistet wird, daß das unbeschädigt erhalten gebliebene Weibchen das Brutgeschäft mit der Eiablage erfolgreich beenden kann. Jedes vor dem Mähen aus dem Rasen entfernte Weibchen des Hirschkäfers (*Lucanus cervus*), welches durch das Herausnehmen aus dem Rasen vor der Gefahr der Verletzung oder Tötung durch den Rasenmäher gerettet wird, hat die Fähigkeit, mit seiner Eiablage die Erhaltung der Population auch in der nächsten Generation zu gewährleisten. Jedes getötete Weibchen des Hirschkäfers (*Lucanus cervus*) bedeutet den Verlust von etwa 20 - 30 abgelegten Eiern und damit auch von etwa 20 - 30 potentiellen Individuen in der nächsten Generation (Hawes 2006 a). In analoger Weise leistet jedes Männchen des Hirschkäfers (*Lucanus cervus*), welches vor der nichtnatürlichen Mortalität bewahrt wird und sein Lebensziel mit der erfolgreichen Weitergabe seiner Spermien an ein oder mehrere Weibchen zur Befruchtung ihrer Eier bei der Kopulation erreicht, einen wertvollen Beitrag zur Erhaltung der Population auch in der nachfolgenden Generation.

13.19 Ausweisung von Bannwaldflächen

Eine weitere bedeutende Unterstützung für die Erhaltung der vorhandenen Populationen des Hirschkäfers (*Lucanus cervus*) kann die Ausweisung von Bannwaldflächen besonders in stark gepflegten Waldregionen bewirken, weil sich in den nicht mehr bewirtschafteten Waldgebieten wieder vermehrt Totholz ansammeln kann (Nolte, Geginat & Weihrauch 1995; Bütler, Lachat & Schlaepper 2006; Bruchsaler Rundschau 2008; Franz Lechner, mündl. Mitt. 2008). In einigen Gebieten besteht ein Zusammenhang zwischen der Häufigkeit von Totholz in den Wäldern und der Häufigkeit des Auftretens des Hirschkäfers (*Lucanus cervus*) in den Wäldern und an deren Rändern (Franz Lechner, mündl. Mitt. 2008). Aufgrund meiner Aufrufe zur Mitteilung von Beobachtungen des Hirschkäfers (*Lucanus cervus*) in regionalen Tageszeitungen (Rhein-Neckar-Zeitung 2008 a, 2008 b, 2008 c, 2008 d; Schwetzinger Zeitung 2008, Bruchsaler Rundschau 2008) haben mir etliche Naturfreunde berichtet, daß sie besonders eindrucksvoll das Erscheinen von zahlreichen Exemplaren des Hirschkäfers (*Lucanus cervus*) aus naturbelassenen Wäldern mit teilweise uraltem Baumbestand sowie mit etlichen stehenden Baumruinen und liegenden Baumleichen in Erinnerung haben, selbst wenn diese Begegnungen mit Individuen des Hirschkäfers (*Lucanus cervus*) in ungestörten Wäldern mit einem breiten Totholzspektrum schon mehrere Jahrzehnte oder sogar über ein halbes Jahrhundert zurückliegen.

13.20 Multiplikation durch Sensibilisierung von weiteren Naturfreunden

Jeder Naturfreund kann einen ganz besonders wichtigen Beitrag zum Schutz des Hirschkäfers (*Lucanus cervus*) und anderer vorwiegend holzbewohnender Insekten dadurch leisten, in dem er als Multiplikator auftritt und weitere Naturfreunde für die erhebliche Bedeutung der konsequenten Durchführung der vorgenannten Schutzmaßnahmen in ihrem Bereich sensibilisiert sowie auch dazu anregt, ihre Funde und Beobachtungen des Hirschkäfers (*Lucanus cervus*) an mich zur zentralen Auswertung zu melden. Jeder Naturfreund kann die Anwendung der vorgenannten Schutzmaßnahmen und die Registrierung der Vorkommen des Hirschkäfers (*Lucanus cervus*) wesentlich dadurch multiplizieren, in dem er kategorisch und insistierend in seinem Umfeld Überzeugungsarbeit leistet und Familienmitglieder, Nachbarn, Verwandte, Freunde, Bekannte, Arbeitskollegen, Geschäftspartner, Amtsträger, Behördensachbearbeiter, Vereinskameraden, Studienkommilitonen, Urlaubsgäste und weitere Personen auf die Problematik hinweist und für die Teilnahme an der Umsetzung der vorgenannten Schutzmaßnahmen sowie an der Aufnahme und Meldung der Funde und Beobachtungen des Hirschkäfers (*Lucanus cervus*) gewinnt.

Die Sensibilisierung des Umfeldes für die Ziele der unterschiedlichen Schutzmaßnahmen beinhaltet auch die Überzeugung des vorgenannten Personenkreises von dem Schutzbedarf und der Schutzwürdigkeit des Hirschkäfers (*Lucanus cervus*) als dem bekanntesten und spektakulärsten Käfer in der einheimischen Insektenfauna vor allem dahingehend, daß jedes Weibchen, welches mit seiner erfolgreichen Eiablage das natürliche Ende des Fortpflanzungszyklus erlebt, und jedes Männchen, welches sein Lebensziel mit der erfolgreichen Weitergabe seiner Spermien an ein oder mehrere Weibchen zur Befruchtung ihrer Eier bei der Kopulation erreicht, wertvolle Beiträge zur Erhaltung der Population auch in der nachfolgenden Generation leistet. Jedes Weibchen des Hirschkäfers (*Lucanus cervus*), welches durch die diversen Schutzmaßnahmen vor der Gefahr der nichtnatürlichen Mortalität gerettet wird, hat die Fähigkeit, mit seiner Eiablage die Erhaltung der Population auch in der nächsten Generation zu gewährleisten. Jeder Naturfreund kann deshalb in signifikanter Weise die konsequente Anwendung der unterschiedlichen Schutzmaßnahmen auch dadurch fördern, in dem er bei möglichst vielen Personen in seinem Umfeld durch umfassende Information das Verständnis dafür erreicht, daß jedes fahrlässig oder vorsätzlich getötete Weibchen des Hirschkäfers (*Lucanus cervus*) den Verlust von etwa 20 - 30 abgelegten Eiern und damit auch von etwa 20 - 30 potentiellen Individuen in der nächsten Generation bedeutet (Hawes 2006 a). Vorstehendes Argument sollte von jedem Naturfreund insbesondere dazu verwendet werden, damit durch ausreichendes Wissen bei möglichst vielen Personen in seinem Umfeld weitgehend vermieden wird, daß trotz der deutlich zurückgegangenen Verbreitung des Hirschkäfers (*Lucanus cervus*) auch heute immer noch gelegentlich Individuen aus Faszination, Leidenschaft, Furcht und Unkenntnis von Kindern, Jugendlichen und Erwachsenen gefangen und getötet werden (Übersicht im Abschnitt über die Rolle des Menschen).

Zu dieser Sensibilisierung des Umfeldes zählt auch gegebenenfalls die Intervention bei erkennbar den Zielen der vorgenannten Schutzmaßnahmen entgegenlaufenden Aktionen in dem vorbezeichneten Personenkreis, um durch Überzeugung und Unterbreitung von Alternativvorschlägen möglicherweise für den Hirschkäfer (*Lucanus cervus*) und ebenso andere xylobionte oder saproxylische Käfer sowie weitere holznistende Insekten schädliche Eingriffe abzuwenden. Eine Intervention sollte vor allem dann erfolgen, wenn in dem Umfeld des Naturfreundes die Fällung und restlose Entfernung von alten, kranken und abgestorbenen Bäumen in Gärten, Streuobstwiesen, Parkanlagen, Alleen, Straßen und Plätzen erkennbar bevorsteht oder in Waldgebieten und Parkanlagen übertriebene Pflegemaßnahmen durchgeführt werden. Einspruch sollte auch erhoben werden, falls in dem Wohnort des Naturfreundes und in dessen Umgebung neue Baugebiete oder Straßen geplant oder ausgewiesen werden sollen, die auf Kosten von Waldflächen gehen sollen, welche für die Erschließung des Baulandes und der Straßentrassen gerodet werden müßten. Schließlich sollte unbedingt durch Protest bei den verantwortlichen Stellen und Information der Öffentlichkeit durch Meldungen und Beiträge in lokalen Mitteilungsblättern und regionalen Tageszeitungen eingegriffen werden, wenn erneut Insektenbekämpfungsaktionen unter Einsatz chemischer Mittel geplant sind.

Kontaktadressen und Anlaufstellen für Meldungen von Funden und Beobachtungen des Hirschkäfers (*Lucanus cervus*) in anderen Gebieten sowie Informationen über Vorkommen und Lebensweise finden sich im Internet unter den Adressen http://www.agnu-haan.de/hirschkaefer und http://maria.fremlin.de/stagbeetles.

13.21 Regelmäßige Meldung von Beobachtungen zur zentralen Auswertung

Jeder Naturfreund kann auch dadurch den Schutz des Hirschkäfers (*Lucanus cervus*) unterstützen, in dem er alle Funde und Beobachtungen des größten und bekanntesten mitteleuropäischen Käfers so genau wie möglich an mich zur zentralen Auswertung und Dokumentation durch Publikation meldet. Aus der regionalen Übersicht, welche auf einer möglichst breiten Datenbasis gründet, kann ich mit zunehmender Zahl der Nachweise mit größerer Sicherheit allgemeine Schlußfolgerungen ziehen und spezielle Schutzmaßnahmen empfehlen. Die Zusammenstellung der vorliegenden Studie der Populationsdynamik und Ökologie des Hirschkäfers (*Lucanus cervus*) hat mir gezeigt, daß jeder einzelne Fund und jede einzelne Beobachtung sehr wichtig ist für die Interpretation des Gesamtbildes der biogeographischen Verbreitung und das Verständnis der Populationsdynamik und Ökologie des herausragenden Käfers in der einheimischen Insektenfauna, welche die Grundlage für die Konzeption der Schutzmaßnahmen bildet. Ich plane die Fortsetzung meiner Erforschung der Populationsdynamik und Ökologie des Hirschkäfers (*Lucanus cervus*) sowie die Promotion der Schutzmaßnahmen in den kommenden Jahren und würde mich sehr freuen, wenn alle Naturfreunde, welche mit ihren Mitteilungen über Funde und Beobachtungen des Hirschkäfers (*Lucanus cervus*) zum Gelingen der vorliegenden Studie beigetragen haben, mir auch in den kommenden Jahren ihre Ergebnisse zur zentralen Auswertung und Veröffentlichung zur Verfügung stellen würden.

Kontaktadressen und Anlaufstellen für Meldungen von Funden und Beobachtungen des Hirschkäfers (*Lucanus cervus*) in anderen Gebieten sowie Informationen über Vorkommen und Lebensweise finden sich im Internet unter den Adressen http://www.agnu-haan.de/hirschkaefer und http://maria.fremlin.de/stagbeetles.

13.22 Engagement gegen chemische Maikäferbekämpfungsaktionen

In 2008 und auch in zurückliegenden Jahren wurden in Teilen der Oberrheinebene um Heidelberg und Mannheim wiederholt chemische Maikäferbekämpfungsaktionen durchgeführt, wobei Kontakt- und Fraßinsektizide von Hubschraubern und Schleppern aus auf die Bäume gesprüht werden, sobald die ersten Maikäfer (*Melolontha*) zwischen Ende April und Anfang bis Mitte Mai erschienen sind und mit der Paarung und Fortpflanzung beginnen (unter anderen Höltzcke 2000, 2004 a; Blaue 2002, Berger 2004, Jakob 2008, Rößler 2008). Leider sind zu diesem Zeitpunkt auch schon die ersten Exemplare des Hirschkäfers (*Lucanus cervus*) aktiv, und es sind aus 2008 mehrere Beispiele bekanntgeworden, wie offensichtlich einige Populationen des Hirschkäfers (*Lucanus cervus*) massiv durch die Ausbringung des chemischen Vernichtungsmittels im Rahmen der Maikäferbekämpfungsaktionen geschädigt wurden.

Im Bannwald nordwestlich Hambrücken westlich der Straße L 556 nach Wiesental hat Dieter Notheis (mündl. Mitt. 2008) etwa Mitte bis Ende Mai 2008 auf einem Weg am Waldrand und auf einem Weg in den Wiesen entlang einer Pferdekoppel in der Nähe des Waldrandes innerhalb von zwei Wochen insgesamt mindestens 10 Männchen und mindestens 5 Weibchen des Hirschkäfers (*Lucanus cervus*) am Boden gesehen, welche fast alle auf dem Rücken gelegen sind und wenige Stunden später bei einer erneuten Beobachtung bereits tot waren oder auch schon beim ersten Antreffen tot waren. In der Nordostecke des Waldgebietes Büchenauer Hardt nordöstlich Büchenau südwestlich Bruchsal hat Jürgen Werner (mündl. Mitt. 2008) am 21.05.2008 nachmittags gegen 14 Uhr auf einer Strecke von etwa 200 m auf dem Weg im Wald etwa 30 - 40 tote Exemplare des Hirschkäfers (*Lucanus cervus*) am Boden entdeckt, welche teilweise bereits von räuberischen Vögeln zerteilt waren. Wenige Tage vor der Beobachtung der verendeten Individuen des Hirschkäfers (*Lucanus cervus*) nordwestlich Hambrücken (Dieter Notheis, mündl. Mitt. 2008) und südwestlich Bruchsal (Jürgen Werner, mündl. Mitt. 2008) wurde in Teilen der Oberrheinebene um Heidelberg und Mannheim eine Maikäferbekämpfungsaktion von Hubschraubern aus durchgeführt, und das beobachtete Massensterben von Exemplaren des Hirschkäfers (*Lucanus cervus*) ist möglicherweise auf die Freisetzung des chemischen Vernichtungsmittels zurückzuführen.

Am Südostufer des Altrheins südwestlich der Brücke auf die Ketscher Rheininsel am westlichen Ortsausgang von Ketsch hat Nikolai Koppenhöfer (mündl. Mitt. 2008) auf einer frisch gemähten Wiese entlang des Altrheinufers im Juni 2008 auf einer Strecke von etwa 100 m Länge insgesamt etwa 50 Caput-Thorax-Torsi von Männchen des Hirschkäfers (*Lucanus cervus*) gesehen, welche im Abstand von meist etwa 0,5 - 1 m voneinander auf dem Boden gelegen sind. Im Waldgebiet Büchenauer Hardt am Südwestrand von Bruchsal hat Dagmar Kropp (mündl. Mitt. 2008) nordwestlich der Straße L 558 sowohl etwa Ende Mai 2008 als auch etwa Ende Mai/Anfang Juni 2007 auf einer Strecke von jeweils etwa 10 m Länge insgesamt jeweils etwa 40 Caput-Thorax-Torsi von Männchen des Hirschkäfers (*Lucanus cervus*) am Boden auf dem Weg angetroffen, von denen einige noch gelebt haben, wobei die Lokalitäten in 2007 und 2008 auf dem gleichen Weg nur etwa 20 m auseinandergelegen sind, wohingegen ihr dort von etwa 1998 bis 2006 keine Caput-Thorax-Torsi von Männchen aufgefallen sind. Dagmar Kropp (mündl. Mitt. 2008) hat in 2008 insgesamt 38 Caput-Thorax-Torsi von Männchen des Hirschkäfers (*Lucanus cervus*) gezählt, und daneben lagen noch insgesamt 115 isolierte Deckflügel, wobei an einigen Caput-Thorax-Torsi von Männchen noch ein oder zwei Deckflügel angehangen sind. Möglicherweise steht das beobachtete Massensterben von Exemplaren des Hirschkäfers (*Lucanus cervus*) in Ketsch (Nikolai Koppenhöfer, mündl. Mitt. 2008) und Bruchsal (Dagmar Kropp, mündl. Mitt. 2008) ebenfalls in Verbindung mit der in Teilen der Oberrheinebene durchgeführten Maikäferbekämpfungsaktion, bei der Ende April/Anfang Mai 2008 von Hubschraubern aus das chemische Vernichtungsmittel versprüht wurde.

Im Dannhecker Wald westlich und nördlich des Reitplatzes nördlich des westlichen Endes der Verlängerung der Rennbahnstraße am westlichen Ortsrand von Walldorf hat Lydia Löhken (mündl. Mitt. 2008) etwa Ende Juni 2008 neben einem toten Männchen des Hirschkäfers (*Lucanus cervus*) auch etwa 30 - 50 tote Exemplare des Maikäfers (*Melolontha*) und etwa 3 - 4 tote Individuen des Goldlaufkäfers (*Carabus auratus*) gefunden, wobei sie ebenfalls einen Zusammenhang mit der kurz vorher in Teilen der Oberrheinebene um Heidelberg und Mannheim von Hubschraubern aus durchgeführten Maikäferbekämpfungsaktion vermutet, denn das beobachtete Massensterben von verschiedenen Käfern ist möglicherweise auch auf die Ausbringung des chemischen Vernichtungsmittels durch Versprühen zurückzuführen.

Im Waldgebiet Schwetzinger Hardt haben Inge und Peter Mohr (mündl. Mitt. 2008) auf der Brücke über die Straße B 291 in der Nähe von Spannbuckel und Langer Berg nordwestlich Walldorf in 2008 auf einer Strecke von etwa 10 m Länge insgesamt etwa 10 - 20 tote Caput-Thorax-Torsi von Männchen des Hirschkäfers (*Lucanus cervus*) unterschiedlicher Größe sowie weitere Fragmente diverser Exemplare gefunden, und vermuten einen Zusammenhang mit der wenige Tage vorher in Teilen der Oberrheinebene durchgeführten Maikäferbekämpfungsaktion, bei der Ende April/Anfang Mai 2008 von Hubschraubern aus das chemische Vernichtungsmittel versprüht wurde, denn sie haben am gleichen Tag im weiteren Verlauf einer Radtour von Sandhausen nach Forst nördlich Bruchsal in verschiedenen Teilen der durchquerten Waldgebiete Schwetzinger Hardt, Untere Lusshardt und Obere Lusshardt wiederholt zahlreiche tote Individuen des Maikäfers (*Melolontha*) am Rand von Wegen und Plätzen festgestellt.

Falls in den kommenden Jahren erneut derartige chemische Maikäferbekämpfungsaktionen geplant werden, bei denen durch die mögliche Vernichtung einer größeren Anzahl von Individuen des Hirschkäfers (*Lucanus cervus*) die Ziele des Naturschutzes massiv untergraben werden und besonders geschützte Insekten in ihrem Bestand erheblich gefährdet werden, sollte jeder Naturfreund durch Intervention bei den verantwortlichen Stellen sowie durch Meldung an örtliche Mitteilungsblätter und regionale Tageszeitungen versuchen, mit seinem Beitrag mitzuhelfen, eventuell eine Reduzierung des Umfanges oder gar eine Absage der geplanten chemischen Maikäferbekämpfungsaktionen zu erreichen. Der Hirschkäfer (*Lucanus cervus*) steht in Deutschland schon seit langer Zeit unter Naturschutz (Reichsnaturschutzgesetz 1935, Naturschutzverordnung 1936; Bundesnaturschutzgesetz 1976, 1998; Bundesartenschutzverordnung 1980, 1986, 1999; Council of Europe 1982; Fauna-Flora-Habitat-Richtlinie 1992, 1997), ist eine besonders geschützte Art gemäß Bundesartenschutzverordnung (1980, 1986, 1999), und ist auch eine Art des Anhangs II der Fauna-Flora-Habitat (FFH) -Richtlinie der Europäischen Union, welcher Arten von gemeinschaftlichem Interesse enthält, für deren Erhaltung europaweit besondere Schutzgebiete ausgewiesen werden müssen und spezielle Schutzmaßnahmen zu ergreifen sind (Fauna-Flora-Habitat-Richtlinie 1992, 1997; Übersicht im Abschnitt über den Naturschutz). Es ist deshalb mit den Zielen des Naturschutzes nicht vereinbar, wenn wesentliche Teile der Populationen des Hirschkäfers (*Lucanus cervus*) im Rahmen der Durchführung von chemischen Maikäferbekämpfungsaktionen aufgrund der Einwirkung des ausgebrachten Giftstoffes getötet werden.

Zur Vernichtung von zahlreichen Exemplaren des Hirschkäfers (*Lucanus cervus*) durch chemische Maikäferbekämpfungsaktionen hat Wanner (1954) berichtet, daß er am 10.06.1953 im Waldgebiet Paradies um Heilbronn, in dem Ende April eine Maikäferbekämpfungsaktion durchgeführt wurde, auf einer Strecke von etwa 150 m auf dem Weg insgesamt 61 tote Individuen des Hirschkäfers (*Lucanus cervus*) gefunden hat, von denen 48 Männchen und 13 Weibchen waren, welche zwischen massenhaft toten Exemplaren des Maikäfers (*Melolontha*) lagen, wohingegen er in anderen Waldteilen, in dem keine Maikäferbekämpfungsaktionen stattgefunden haben, trotz intensiver Suche keine toten Individuen des Hirschkäfers (*Lucanus cervus*) entdecken konnte (vgl. auch Friese 1956, Freude 1957). Der Süddeutsche Rundfunk hat am 16.06.1953 ebenfalls die Vernichtung von zahlreichen Exemplaren des Hirschkäfers (*Lucanus cervus*) durch die chemische Maikäferbekämpfungsaktion im Heilbronner Wald gemeldet (Wanner 1954).

Im Gegensatz zu den heutigen chemischen Maikäferbekämpfungsaktionen, welche auch zahlreiche andere Insekten durch Vernichtung vieler Individuen massiv schädigen, haben die früher gängigen mechanischen Maikäferbekämpfungsaktionen durch großmaßstäbliches Absammeln unzähliger Exemplare des Maikäfers (*Melolontha*) von zahlreichen Bäumen unter Einsatz von etlichen Helfern (Escherich 1916) keine Beeinträchtigung anderer Insekten hervorgerufen, und es wäre wünschenswert, wenn man zu diesen bewährten umweltfreundlichen Methoden der Begrenzung der Populationsdichte des Maikäfers (*Melolontha*) zurückkehren würde und die infolge ihrer vielen Nebenwirkungen auf andere Insekten den Zielen des Naturschutzes zuwiderlaufenden chemischen Maikäferbekämpfungsaktionen einstellen würde. Ebenso sollte auch der Gebrauch von verschiedenen Insektiziden, Herbiziden, Fungiziden und anderen chemischen Vernichtungsmitteln in Gartenbau, Landwirtschaft und Forstwirtschaft, bei dem als unvermeidbarer Nebeneffekt auch viele Exemplare des Hirschkäfers (*Lucanus cervus*) durch den Kontakt mit den toxischen Materialien getötet werden, auf die gezielte Anwendung nur noch in Ausnahmefällen oder bei besonders akuter Notwendigkeit beschränkt werden.

13.23 Kurzfristige und langfristige Wirksamkeit der Schutzmaßnahmen

Bei der Effektivität der Schutzmaßnahmen für den Hirschkäfer (*Lucanus cervus*) kann zwischen kurzfristiger und langfristiger Wirksamkeit unterschieden werden. Die kurzfristigen Schutzmaßnahmen unterstützen die möglichst effektive Fortpflanzung der aktuellen Generation des Hirschkäfers (*Lucanus cervus*) und haben zum Ziel, möglichst viele Männchen und Weibchen der Generation des laufenden Jahres vor der vorzeitigen nichtnatürlichen Mortalität zu bewahren, damit möglichst viele Weibchen der aktuellen Generation durch Kopulation mit Männchen befruchtet werden und ihre Eier ablegen können. Bei der Durchführung der kurzfristigen Schutzmaßnahmen kommt es deshalb darauf an, daß von den vorhandenen Populationen des Hirschkäfers (*Lucanus cervus*) innerhalb der Generation des laufenden Jahres möglichst viele Weibchen das natürliche Ende ihres Lebenszyklus erreichen, an dem sie Paarung und Eiablage erledigt haben und damit die Grundlage für den Fortbestand der Population in der nachfolgenden Generation geschaffen haben. Die Priorität der kurzfristigen Schutzmaßnahmen liegt daher in der Vermeidung der vorzeitigen nichtnatürlichen Mortalität möglichst vieler Männchen und Weibchen der aktuellen Generation des Hirschkäfers (*Lucanus cervus*), wobei jedes Exemplar, welches das natürliche Ende seines Lebenszyklus erreicht, einen bedeutenden Beitrag zur Sicherung des Fortbestehens der Population in der nächsten Generation leistet.

Die kurzfristigen Schutzmaßnahmen für den Hirschkäfer (*Lucanus cervus*) umfassen den Transitservice an Wegen und Straßen am Waldrand, die zeitweise Sperrung von Wegen am Waldrand für den Verkehr, das Umdrehen auf dem Rücken liegender Männchen und Weibchen, die Abdeckung und Kontrolle von Wasserbehältern in Gärten, die Überprüfung von Rasenflächen vor dem Mähen, und das Engagement gegen chemische Maikäferbekämpfungsaktionen, sowie teilweise auch das Angebot von Saftaustritten an Bäumen in Gärten und Streuobstwiesen, die Pflege von Kirschbäumen in Gärten und Streuobstwiesen, und die Anlage von Komposthaufen und Totholzdeponien in Gärten und Streuobstwiesen.

Die langfristigen Schutzmaßnahmen unterstützen die möglichst effektive Fortpflanzung der zukünftigen Generationen des Hirschkäfers (*Lucanus cervus*) und haben zum Ziel, durch die Verbesserung und Verbreiterung des Substratangebotes die Eiablage der Weibchen sowohl qualitativ als auch quantititav zu optimieren. Obwohl die langfristigen Schutzmaßnahmen teilweise auch schon der aktuellen Generation des Hirschkäfers (*Lucanus cervus*) eine bessere und breitere Basis für den Erfolg der Fortpflanzung bieten, liegt die Priorität bei ihrer Durchführung in der Unterstützung des Brutgeschäfts der nachfolgenden Generationen innerhalb der vorhandenen Populationen, welche durch die Förderung des Substratangebotes die Chance erhalten, ihren Umfang zu stabilisieren oder sogar zu erweitern. Die langfristigen Schutzmaßnahmen für den Hirschkäfer (*Lucanus cervus*) sollen nicht nur die Erhaltung der bestehenden Populationen unterstützen, sondern sollen auch dazu beitragen, daß die vorhandenen Populationen sich räumlich ausdehnen können oder daß sogar an bisher nicht besiedelten Bereichen neue eigenständige Populationen entstehen können.

Die langfristigen Schutzmaßnahmen für den Hirschkäfer (*Lucanus cervus*) beinhalten die Anlage von Komposthaufen und Totholzdeponien in Gärten und Streuobstwiesen, die ausreichend lange Lagerzeit von Komposthaufen und Totholzdeponien; das Stehenlassen von natürlichen Baumstümpfen und das Aufstellen von künstlichen Baumstümpfen in Gärten, Streuobstwiesen und Wäldern; die Errichtung von Hirschkäfermeilern oder Hirschkäferwiegen, die Installation von Hirschkäferpflastern, die Anpflanzung von Kirschbäumen in Gärten und Streuobstwiesen, und die Ausweisung von Bannwaldflächen, sowie teilweise auch das Angebot von Saftaustritten an Bäumen in Gärten und Streuobstwiesen, und das Engagement gegen chemische Maikäferbekämpfungsaktionen. Schutzmaßnahmen für den Hirschkäfer (*Lucanus cervus*) mit sowohl kurzfristiger Effektivität als auch langfristiger Wirksamkeit, welche keinen unmittelbaren Einfluß auf die Populationen haben, aber infolge wichtiger mittelbarer Konsequenzen wesentliche Beiträge zur Erweiterung der Bandbreite der Unterstützung und Optimierung der kurzfristigen und langfristigen Schutzmaßnahmen für den Hirschkäfer (*Lucanus cervus*) erzielen, umfassen die Multiplikation durch Sensibilisierung von weiteren Naturfreunden und die regelmäßige Meldung von Beobachtungen zur zentralen Auswertung.

Zusammen mit den natürlichen Selbstschutzmechanismen des Hirschkäfers (*Lucanus cervus*) infolge der verborgenen Lebensweise, der relativ langen Flugzeit, der asynchronen Verteilung der Schwärmabende, der überwiegenden Aktivität in der Abenddämmerung und der Abschirmung der

Weibchen durch die Männchen während der Kopulation ergeben die kurzfristigen und langfristigen Schutzmaßnahmen für den Hirschkäfer (*Lucanus cervus*) ein umfassendes Hilfspaket, welches bei konsequenter Durchführung der Fülle der möglichen Aktionen eine optimistische Prognose für den Fortbestand und die Erweiterung der Populationen des Hirschkäfers (*Lucanus cervus*) in der Zukunft erlaubt.

13.24 Verbreiterung des horizontalen und vertikalen Substratangebots

Die verschiedenen Schutzmaßnahmen zur Verbreiterung des Substratspektrums für den Hirschkäfer (*Lucanus cervus*) über das natürliche Substratangebot von morschem und zersetztem Holz von alten, kranken und abgestorbenen Eichen und anderen Bäumen hinaus, welche die Anlage von Komposthaufen und Totholzdeponien mit einer ausreichend langen Lagerzeit in Gärten und Streuobstwiesen; das Stehenlassen von natürlichen Baumstümpfen und das Aufstellen von künstlichen Baumstümpfen in Gärten, Streuobstwiesen und Wäldern; die Errichtung von Hirschkäfermeilern oder Hirschkäferwiegen, die Installation von Hirschkäferpflastern, die Anpflanzung und Pflege von Kirschbäumen in Gärten und Streuobstwiesen, und die Ausweisung von Bannwaldflächen umfassen, haben sowohl kurzfristige als auch langfristige Wirksamkeit. Die kurzfristige Effektivität der verschiedenen Schutzmaßnahmen zur Verbreiterung des Substratangebots für den Hirschkäfer (*Lucanus cervus*) ergänzt das horizontale Substratspektrum innerhalb des laufenden Jahres, welches die Grundlage der Fortpflanzung der aktuellen Generation optimiert, wohingegen die langfristige Effektivität die vertikale Substratpalette in der Abfolge der Jahre wesentlich erweitert und damit die Basis für die Entwicklung der Populationen des Hirschkäfers (*Lucanus cervus*) auch in den Folgejahren erheblich verbessert.

Die Verbreiterung des Substratspektrums für den Hirschkäfer (*Lucanus cervus*) durch Bereitstellung eines zusätzlichen Angebots von alten, kranken und abgestorbenen Bäumen sowie von gelagertem Totholz mit einem günstigen Zersetzungsstadium über die natürliche Substratpalette hinaus ist deshalb eine wesentliche Investition in den Fortbestand der Populationen nicht nur innerhalb der aktuellen Generation des laufenden Jahres, sondern auch innerhalb der nachfolgenden Generationen in den zukünftigen Jahren. Die Erweiterung des horizontalen Substratspektrums innerhalb des laufenden Jahres zielt in erster Linie auf die Optimierung der Fortpflanzung der aktuellen Generation des Hirschkäfers (*Lucanus cervus*) und damit auf die Sicherstellung der Stabilisierung der Populationen in der nächsten Generation, bis zu deren Erscheinen der Zersetzungsgrad und die Zersetzungsgeschwindigkeit des Holzes der alten, kranken und abgestorbenen Bäume sowie von gelagertem Totholz entsprechend weiter fortgeschritten sind und die Substrateigenschaften sukzessive verbessert haben.

Die Verbreiterung der vertikalen Substratpalette in der Abfolge der Jahre soll dagegen in erster Linie die Basis dafür schaffen, daß in den nachfolgenden Generationen des Hirschkäfers (*Lucanus cervus*) die bestehenden Populationen nicht nur stabilisiert und gesichert werden, sondern durch zunehmend günstigere Substratbedingungen aufgrund des fortschreitenden Zersetzungsstadiums des Holzes der alten, kranken und abgestorbenen Bäume sowie von gelagertem Totholz auch die Erweiterung der bestehenden Populationen und die Gründung von zusätzlichen Populationen unterstützt werden.

14 Anflug an künstliche Lichtquellen

In der Literatur wurde wiederholt der Anflug des Hirschkäfers (*Lucanus cervus*) an künstliche Lichtquellen erwähnt (unter anderen Cornelius 1867, Uhmann 1938; Horion 1949 a, 1958; Allenspach 1970, Bechtle 1977, Hempel & Schiemenz 1978, Roer 1980; Klausnitzer 1982, 1995; Sedlag 1986, Morris 1991, Adlbauer 1993, Pratt 2000, Müller 2001, Smith 2003, Klausnitzer & Sprecher-Uebersax 2008), an denen etliche Individuen aufgrund Kollision und Verbrennung verenden. Über den Anflug tropischer Arten des Hirschkäfers an künstliche Lichtquellen hat Weinreich (1971) berichtet. Der Anflug des Nashornkäfers (*Oryctes nasicornis*) an künstliche Lichtquellen wurde unter anderen von Busch (1937 a), Griep (1937), Henschel (1962), Viramo (1964), Straube (1999), López-Colón (2003) und Dietze (2004) bemerkt. Einige Beobachtungen zum Anflug des Hirschkäfers (*Lucanus cervus*) an künstliche Lichtquellen am Standort Tairnbach und an anderen Lokalitäten werden nachfolgend skizziert.

14.1 Beobachtungen am Standort Tairnbach

Ich konnte zu dem Anflug des Hirschkäfers (*Lucanus cervus*) an künstliche Lichtquellen keine Beobachtungen machen. Am Standort Tairnbach wird der Weg am Waldrand außerhalb des Ortsgebietes nicht von Straßenlaternen gesäumt; die letzten Straßenlaternen stehen am Ende der Straße mit den letzten Häusern des Ortes vor dem Beginn des Weges am Waldrand, und die Strecke von der letzten Straßenlaterne bis zum Anfang des Intervalls des Weges am Waldrand, in dem ich fliegende und laufende Individuen des Hirschkäfers (*Lucanus cervus*) beobachtet habe, beträgt ca. 200 m. Ebenso wird die Straße von Tairnbach nach Mühlhausen, welche in etwa 200 - 400 m Entfernung westlich des Weges am Waldrand verläuft, nicht von Straßenlaternen gesäumt. Dementsprechend wird es am Waldrand entlang des Weges nach Sonnenuntergang in der Abenddämmerung zunehmend dunkel und schließlich mit Einbruch der Nacht völlig finster. Die Aktivität der fliegenden und laufenden Exemplare des Hirschkäfers (*Lucanus cervus*) am Waldrand setzte meist kurz vor dem Sonnenuntergang ein und endete in der Regel kurz vor dem Eintreten der völligen Finsternis am Ende der Abenddämmerung und am Beginn der Nacht.

Am Ende der Straße mit den letzten Häusern des Ortes vor dem Beginn des Weges am Waldrand, wo ich an meinen Untersuchungsabenden geparkt habe, sind mir am Schluß meiner regelmäßigen Patrouillen des Weges am Waldrand bei der Rückkehr zum Auto keine Individuen des Hirschkäfers (*Lucanus cervus*) oder des Nashornkäfers (*Oryctes nasicornis*) aufgefallen, welche um die Straßenlaternen herumgeflogen wären, und auch am Boden in der Umgebung der Straßenlaternen habe ich keine Exemplare des Hirschkäfers (*Lucanus cervus*) oder des Nashornkäfers (*Oryctes nasicornis*) gefunden.

14.2 Beobachtungen an anderen Lokalitäten

Franz Lechner (mündl. Mitt. 2008) hat in Döbrököz östlich Dombóvár am Rand des Mecsek-Gebirges zwischen Balaton und Pécs in Ungarn von 2003 bis 2007 alljährlich zahlreiche Männchen und Weibchen des Hirschkäfers (*Lucanus cervus*) abends in der Dämmerung an alten Holzlaternen am Straßenrand gesehen. Die Individuen des Hirschkäfers (*Lucanus cervus*) flogen dabei an die brennenden Lampen und saßen und liefen auch auf den Pfählen der Holzlaternen und auf dem Boden um die Holzlaternen herum. An Schwärmabenden waren dort ca. 10 - 20 Exemplare des Hirschkäfers (*Lucanus cervus*) mit einem Häufigkeitsverhältnis Männchen : Weibchen von etwa 2 : 1 aktiv, wohingegen an anderen Abenden nur ca. 5 - 10 oder noch weniger Individuen erschienen sind. Nach dem Austausch der Holzpfosten der Straßenlaternen gegen Betonpfähle in 2008 waren deutlich weniger Exemplare des Hirschkäfers (*Lucanus cervus*) dort vorhanden.

Als Resonanz auf meine Aufrufe zur Mitteilung von Beobachtungen des Hirschkäfers (*Lucanus cervus*) in regionalen Tageszeitungen (Rhein-Neckar-Zeitung 2008 a, 2008 b, 2008 c, 2008 d; Schwetzinger Zeitung 2008, Bruchsaler Rundschau 2008) haben mir mehrere Naturfreunde berichtet, daß sie ebenfalls den Anflug des Hirschkäfers (*Lucanus cervus*) an künstliche Lichtquellen beobachtet haben. An der Schnakenhütte am Bahnhof Rot-Malsch westlich Malsch und südöstlich Rot haben einige Schüler zwischen 1986 und 1989, als dort eine Gastwirtschaft mit biergartenähnlichem Außenbetrieb bestand, abends bei Beleuchtung einzelne Exemplare des Hirschkäfers (*Lucanus cervus*) gesehen, welche um die Lampen und um das Gebäude herumgeflogen sind, und haben ein Männchen ihrem Lehrer, Jürgen Alberti (mündl. Mitt. 2008), in die Schule als Beleg mitgebracht.

Horion (1949 a) und Bechtle (1977) haben berichtet, daß Exemplare des Hirschkäfers (*Lucanus cervus*) an beleuchteten Wirtschaften und Ausflugslokalen im Wald und in Waldnähe abends häufig auftreten. Cornelius (1867) hat mitgeteilt, daß zahlreiche Individuen des Hirschkäfers (*Lucanus cervus*) an vielen Abenden den beleuchteten Bahnhof von Witten angeflogen haben, und Mélise (1880) hat registriert, daß im Stadtgebiet von Brüssel etliche Exemplare von den brennenden Straßenlaternen angezogen wurden und auch um beleuchtete Häuser herumgeflogen sind. Steiner (1991), Bowdrey (1997) und Hawes (1998 a) haben erwähnt, daß Exemplare des Hirschkäfers (*Lucanus cervus*) öfters in Häuser hineinfliegen, besonders wenn diese abends beleuchtet sind, und Rheinpfalz (2008 a) hat berichtet, daß Individuen manchmal abends um Lampen in Hof und Dorf herumfliegen oder an hell erleuchteten Wänden von Häusern krabbeln. Individuen des Hirschkäfers (*Lucanus cervus*) wurden früher häufig an von Köhlern im Wald angelegten brennenden und glimmenden Holzmeilern beobachtet, wo die abends an das Licht der schwelenden und glühenden Holzmeiler anfliegenden Exemplare während der Flugzeit eine allbekannte Erscheinung waren (unter anderen Schulenburg 1880, 1882, 1934; Uhmann 1938; Horion 1949 a, 1958; Hempel & Schiemenz 1978, Kühnel & Neumann 1981; Klausnitzer 1982, 1995; Tochtermann 1987; Radestock 1993 a, 1993 b; Brechtel & Kostenbader 2002, Sutton 2003, Klausnitzer & Sprecher-Uebersax 2008).

15 Synanthropie

Der Hirschkäfer (*Lucanus cervus*) und der Balkenschröter (*Dorcus parallelepipedus*) leben überwiegend oder fast ausschließlich im natürlichen Habitat im Wald und am Waldrand und gelangen nur untergeordnet oder gelegentlich und dann oftmals zufällig in die Ortschaften in der Umgebung der Wälder, so daß bei beiden Vertretern der Familie Lucanidae keine ausgeprägten synanthropen Tendenzen festgestellt werden können. Das Eindringen des Hirschkäfers (*Lucanus cervus*) und des Balkenschröters (*Dorcus parallelepipedus*) in die Siedlungen des Menschen ist ein sekundärer Effekt, welcher primär ausgelöst wurde durch das fortschreitende Vorrücken der Ortschaften an den Waldrand oder sogar in Waldgebiete hinein, wodurch der Mensch seinen Lebensraum immer näher an das natürliche Habitat des Hirschkäfers (*Lucanus cervus*) und des Balkenschröters (*Dorcus parallelepipedus*) im Wald und am Waldrand heranverlegt hat. Gleichzeitig wird die Besiedlung von urbanen Gebieten besonders in Waldnähe durch den Hirschkäfer (*Lucanus cervus*) in erster Linie dadurch gefördert, daß in vielen größeren Gärten vor allem in Waldnähe durch einzelne bis zahlreiche ältere Bäume ein waldähnliches Substratangebot bereitgestellt wird und damit dem Hirschkäfer (*Lucanus cervus*) aufgrund der vergleichbaren Substratbedingungen in den größeren Gärten vorzugsweise an den Rändern der Ortschaften ein analoges Lebensumfeld wie im angrenzenden Wald gegeben wird.

Die Nähe des Hirschkäfers (*Lucanus cervus*) zu den Wohngebieten des Menschen ist eine Folge der Ausweitung des Siedlungsraumes bis an die Waldränder (Klausnitzer & Sprecher-Uebersax 2008). Ein gehäuftes Vorkommen des Hirschkäfers (*Lucanus cervus*) in Wohnsiedlungen haben auch Brandt (1937), Beyer (1939 b), Nüssler (1967), Roer (1980), Mamonov (1991), Bowdrey (1997), Hawes (1998 a, 1999 a), Sprecher-Uebersax & Durrer (1998 a), Frith (1999); Percy, Bassford & Keeble (2000); Sprecher-Uebersax (2001), Harvey & Gange (2003), Pratt (2003), Smith (2003), Hilpüsch (2004), Margot (2005); Hachtel, Schmidt & Chmela (2006); Rink & Sinsch (2006, 2007 a, 2007 b); Hachtel, Schmidt, Chmela & Böhme (2007); Rink (2007); Thomaes, Beck, Crevecoeur, Engelbeen, Cammaerts & Maes (2007) und Fremlin (2008, 2009) festgestellt. Funde des Hirschkäfers (*Lucanus cervus*) in Stadtgebieten haben auch Mélise (1880), Lewis (1941, 1942, 1998), Perowne (in Hall 1964), Johnson (1965), Leech (1977), Lobenstein (1979), Wootton (1988), Frith (1998 a), Drane (2001), Willms (2004) und Whitehead (2007) mitgeteilt, und über Funde des Nashornkäfers (*Oryctes nasicornis*) in Stadtgebieten haben auch Peschel (1983), Piechulek (1984), Zahradník & Severa (1991, 2000) und Zahradník & Chvála (1997) berichtet. Bemerkungen zum Erscheinen des Hirschkäfers (*Lucanus cervus*) im urbanen Bereich finden sich auch im Internet unter den Adressen http://www.agnu-haan.de/hirschkaefer und http://maria.fremlin.de/stagbeetles.

Die nachstehende Übersicht der synanthropen Tendenzen des Hirschkäfers (*Lucanus cervus*) und des Nashornkäfers (*Oryctes nasicornis*) umfaßt den primären Lebensraum des Hirschkäfers im natürlichen Habitat im Wald, die sekundäre Kulturfolge des Hirschkäfers in Gärten und Streuobstwiesen; die sekundäre Kulturfolge des Nashornkäfers in Gärten, Sägewerken und Gerbereien; die Affinität des Hirschkäfers zum Wein, die Vorliebe des Hirschkäfers für vergorene Säfte, das Eindringen des Hirschkäfers in Räume im Inneren von Häusern und Wohnungen, das Eindringen des Hirschkäfers in Zelte und Schlafsäcke, und die Landung des Hirschkäfers auf Tellern auf Tischen mitten in Ortschaften. Die Zusammenstellung der synanthropen Tendenzen des Hirschkäfers (*Lucanus cervus*) und des Nashornkäfers (*Oryctes nasicornis*) wird durch einige Bemerkungen über den primären Lebensraum des Balkenschröters (*Dorcus parallelepipedus*) im natürlichen Habitat im Wald abgerundet.

15.1 Primärer Lebensraum des Hirschkäfers im natürlichen Habitat im Wald

Im Gegensatz zu der Seidenbiene *Colletes daviesanus* (Mader 1999 a), der Delta-Lehmwespe *Delta unguiculatum* und der Mörtelbiene *Megachile parietina* (Mader 2000 a), welche großenteils oder sogar nahezu ausschließlich in und auf Gebäudewänden in menschlichen Siedlungen nisten und daher überwiegend oder sogar fast exklusiv innerhalb von Ortschaften leben, ist das untergeordnete Auftreten des Hirschkäfers (*Lucanus cervus*) in Stadtgebieten in den meisten Fällen als akzessorisch oder eher zufällig einzustufen. Der Hirschkäfer (*Lucanus cervus*) lebt in den Wäldern, welche die Ortschaften umgeben und begrenzen, und verirrt sich bei seinem Erscheinen am Waldrand gelegentlich auch in die Stadtgebiete. Die an den Rändern von Straßen und Wegen sowie auf Plätzen innerhalb der Ortschaften gefundenen Individuen des Hirschkäfers (*Lucanus cervus*) haben sich daher oftmals verflogen oder verlaufen und sind nur deshalb in die Stadtgebiete gelangt, weil dort die bebauten Bereiche bis an die umgebenden Wälder heranreichen und vor allem in größeren Gärten einzelne bis zahlreiche ältere Bäume ein waldähnliches Substratangebot bereitstellen, womit dem Hirschkäfer (*Lucanus cervus*) aufgrund der vergleichbaren Substratbedingungen in den größeren Gärten vorzugsweise an den Rändern der Ortschaften ein analoges Lebensumfeld wie im angrenzenden Wald gegeben wird.

Im Gegensatz zu den vorgenannten Hymenopteren mit stark ausgeprägter synanthroper Lebensweise kann daher beim Hirschkäfer (*Lucanus cervus*) keine markante synanthrope Tendenz festgestellt werden, sondern er lebt überwiegend oder fast ausschließlich im natürlichen Habitat im Wald und gerät nur manchmal in die Ortschaften, wenn er sich zu weit von den Rändern der Wälder in unmittelbarer Umgebung der Stadtgebiete entfernt und die waldähnlichen Substratbedingungen in größeren Gärten mit einzelnen bis zahlreichen älteren Bäumen als Trittsteine oder Sprungbretter für seine fortschreitende räumliche Ausdehnung verwendet, welche ihn aus dem primären Lebensraum des Waldes auch in den sekundären Lebensraum in den waldnahen Randbereichen der Ortschaften führt. Der Anflug von künstlichen Lichtquellen an den Rändern von Straßen und Wegen sowie auf Plätzen innerhalb der Ortschaften durch den Hirschkäfer (*Lucanus cervus*) ist als akzessorischer Effekt mit zufälligem Auslöser zu interpretieren und stellt kein gezieltes synanthropes Verhalten dar.

15.2 Sekundäre Kulturfolge des Hirschkäfers in Gärten und Streuobstwiesen

Eine gewisse synanthrope Tendenz läßt sich beim Hirschkäfer (*Lucanus cervus*) jedoch aufgrund der Besiedlung von Komposthaufen und Totholzdeponien sowie von alten kranken und abgestorbenen Bäumen in Gärten und Streuobstwiesen vorwiegend in Waldnähe feststellen. Durch die Anlage von Komposthaufen und Totholzdeponien sowie das Stehenlassen von alten kranken und abgestorbenen Bäumen schafft der Mensch geeignete Substrate für die Ablage der Eier und den Heranwuchs der Larven (Engerlinge), so daß der Hirschkäfer (*Lucanus cervus*) in diesen Fällen zum Kulturfolger wird und oftmals gezielt die Gärten und Streuobstwiesen in der Nähe der Siedlungen besonders in der Umgebung des Waldrandes aufsucht, um dort die Grundlagen für die Entwicklung der nächsten Generation durch Ablage der Eier in den genannten humanen Bioabfällen sowie in liegendem und stehendem Totholz zu schaffen. Diese Kulturfolge ist auch der Grund, weshalb gerade in waldnahen Siedlungen immer wieder Individuen des Hirschkäfers (*Lucanus cervus*) in einzelnen Exemplaren oder sogar gelegentlich auch in Schwärmen (Peter Findeisen, mündl. Mitt. 2008; Elisabeth Löffler, mündl. Mitt. 2008; Norbert Morast, mündl. Mitt. 2008; Gerd Pascher, mündl. Mitt. 2008; Gerda und Gerhard Reuscher, mündl. Mitt. 2008; Peter Sandmaier, mündl. Mitt. 2008; Ruth Schilling, mündl. Mitt. 2008; Dagmar Zimmermann, mündl. Mitt. 2008) in Gärten und Streuobstwiesen auftauchen, und eröffnet eine zusätzliche Möglichkeit von Schutzmaßnahmen für die Erhaltung der Verbreitung über die ansonsten üblichen Verfahren hinaus, indem bewußt Komposthaufen und Totholzdeponien in Gärten und Streuobstwiesen vorwiegend in Waldnähe als geeignete Substrate für die Ablage der Eier und den Heranwuchs der Larven (Engerlinge) des Hirschkäfers (*Lucanus cervus*) angelegt werden, wodurch jeder Naturfreund einen Beitrag zur Sicherung der Vorkommen des größten und bekanntesten Käfers in der einheimischen Insektenfauna leisten kann.

Die fortschreitende Substitution der primären Substrate für die Entwicklung des Hirschkäfers (*Lucanus cervus*), welche altes morsches und zersetztes Holz von vorwiegend Eichen und untergeordnet auch zahlreichen anderen Bäumen umfassen, durch die sekundären Substrate, welche neben Komposthaufen auch Grünschnitthaufen, Rindenmulchhaufen, Sägespanhaufen und Holzhäckselhaufen beinhalten, ist in erster Linie eine Konsequenz des Heranrückens des Menschen mit seinen Siedlungen an die ursprünglichen Lebensräume des Hirschkäfers (*Lucanus cervus*) im Wald und wird in zweiter Rangstelle aufgrund der dadurch ausgelösten Kulturfolge des Hirschkäfers (*Lucanus cervus*) stimuliert. Der zunehmende Ersatz der primären Substrate für die Ablage der Eier und den Heranwuchs der Larven (Engerlinge) des Hirschkäfers (*Lucanus cervus*) ist ein wichtiges Gegengewicht zur fortschreitenden Bedrohung der natürlichen Lebensräume des Hirschkäfers (*Lucanus cervus*) aufgrund des Zurückdrängens des Waldes und der Abnahme der Totholzbestände, und kompensiert daher als anthropogen induzierte Erweiterung und Verbesserung des Substratspektrums die ebenfalls anthropogen hervorgerufene Einschränkung und Reduzierung des ursprünglichen Habitats des Hirschkäfers (*Lucanus cervus*).

Die fortschreitende Substitution der primären Substrate für die Entwicklung des Hirschkäfers (*Lucanus cervus*), welche altes morsches und zersetztes Holz von vorwiegend Eichen und untergeordnet auch zahlreichen anderen Bäumen umfassen, durch die sekundären Substrate, welche neben Komposthaufen auch Grünschnitthaufen, Rindenmulchhaufen, Sägespanhaufen und Holzhäckselhaufen beinhalten, ist daher unter dem Strich eine Chance der Wahrung des Gleichgewichtes und damit eine wichtige Unterstützung für die Sicherung des Überlebens der Populationen des Hirschkäfers (*Lucanus cervus*) in der unmittelbaren Umgebung der Siedlungsräume des Menschen und sogar innerhalb der Dörfer und Städte. Analog der historischen Evolution der Substitution der primären Substrate im Wald durch die sekundären Substrate der anthropogenen Bioabfalldeponien für die Entwicklung des Nashornkäfers (*Oryctes nasicornis*) im Laufe der zunehmenden Rodung und Pflege der Wälder um die sich immer mehr ausdehnenden Siedlungen des Menschen sowie im Zuge der fortschreitenden Ausbreitung der Gerbereien, Sägewerke und Gartenbaubetriebe im Rahmen der Industrialisierung (Übersichten in Minck 1916 und Henschel 1962) ist zu erwarten, daß die synanthrope Tendenz sich auch beim Hirschkäfer (*Lucanus cervus*) im Laufe der Zeit verstärken wird, in dem immer mehr Segmente der Populationen ihren Lebensraum aus dem Wald in die angrenzenden Gärten und Streuobstwiesen verlagern und dort die zusätzlich zu den primären natürlichen Substraten angebotenen sekundären anthropogenen Substrate für die Ablage der Eier und den Heranwuchs der Larven (Engerlinge) akzeptieren und verwenden.

15.3 Sekundäre Kulturfolge des Nashornkäfers in Gärten, Sägewerken und Gerbereien

Ein ähnlicher Effekt der Kulturfolge wie beim Hirschkäfer (*Lucanus cervus*) ist auch beim Nashornkäfer (*Oryctes nasicornis*) ausgeprägt (unter anderen Minck 1916; Busch 1937 a, 1937 b; Horion 1949 a, 1958; Friese 1956, 1979; Henschel 1962, Baade 1984; Zahradník & Severa 1991, 2000; Gries 1994, Zahradník & Chvála 1997, Peschel 1998, Telnov 2001, Eggels 2002), welcher ebenfalls verbreitet die sekundären Substrate der anthropogenen Bioabfalldeponien als Entwicklungsraum akzeptiert und durch Eiablage den Kreislauf der Metamorphose in den humanen Bioabfallansammlungen in Gang setzt. Die historische Evolution der Substitution der primären Substrate für die Entwicklung des Nashornkäfers (*Oryctes nasicornis*), welche altes morsches und zersetztes Holz in Wäldern und Streuobstwiesen umfassen, durch die sekundären Substrate, welche überwiegend Eichenlohehaufen von Gerbereien; Komposthaufen von Hausgärten, Gärtnereien und Entsorgungsbetrieben; Sägemehl-/Sägespanhaufen von Sägewerken und anderen holzverarbeitenden Betrieben; Misthaufen, Mistbeete und Düngergruben von Bauernhöfen, Gärtnereien und Ställen; Torfmullhaufen von Gärtnereien und Parkanlagen, holzdurchsetzte Mulchhaufen in Gärten und Parkanlagen und Rindenabfallhaufen von Baumschälanlagen sowie untergeordnet auch Weidenrinden- oder Rutenlaubhaufen, Laubhaufen, Tulpenblütenhaufen, Strohhaufen, Kartoffelmieten, Schebenhaufen aus Holzteilen der Flachsstengel in Flachsrösten, Kaffeehülsenhaufen, Klärschlammdeponien, Tresterhaufen in Weinbergen, Abfallgruben von Zuckerfabriken, und Zimmerplätze und Schiffsbauplätze beinhalten, im Laufe der zunehmenden Rodung und Pflege der Wälder um die sich immer mehr ausdehnenden Siedlungen des Menschen sowie im Zuge der fortschreitenden Ausbreitung der Gerbereien, Sägewerke und Gartenbaubetriebe im Rahmen der Industrialisierung haben vor allem Minck (1916) und Henschel (1962) zusammengefaßt.

Die historische Evolution der Substitution der primären Substrate im Wald durch die sekundären Substrate der anthropogenen Bioabfalldeponien für die Entwicklung des Nashornkäfers (*Oryctes nasicornis*) im Laufe der zunehmenden Rodung und Pflege der Wälder um die sich immer mehr ausdehnenden Siedlungen des Menschen sowie im Zuge der fortschreitenden Ausbreitung der Gerbereien, Sägewerke und Gartenbaubetriebe im Rahmen der Industrialisierung (Übersichten in Minck 1916 und Henschel 1962) dient als Musterbeispiel für die Prognose, daß die synanthrope Tendenz sich in analoger Weise auch beim Hirschkäfer (*Lucanus cervus*) sowie möglicherweise auch weiteren xylobionten oder saproxylischen Käfern und anderen holznistenden Insekten im Laufe der Zeit verstärken wird, in dem immer mehr Segmente der Populationen ihren Lebensraum aus dem Wald in die angrenzenden Gärten und Streuobstwiesen verlagern und dort die zusätzlich zu den primären natürlichen Substraten angebotenen sekundären anthropogenen Substrate für die Ablage der Eier und den Heranwuchs der Larven (Engerlinge) akzeptieren und verwenden.

15.4 Affinität des Hirschkäfers zum Wein

Eine gewisse synanthrope Tendenz läßt sich beim Hirschkäfer (*Lucanus cervus*) auch durch die wiederholt beobachtete Affinität zum Wein belegen. In der Friedensstraße im südöstlichen Ortsbereich von Schriesheim hat Gerda Reuscher (mündl. Mitt. 2008) in den über 50 Jahren ihres Lebens von 1962 bis 1977 in jedem Jahr vorwiegend im Juni über jeweils 2 - 4 Wochen hinweg täglich bis etwa 3 - 4 Männchen und Weibchen des Hirschkäfers (*Lucanus cervus*) pro Abend oder sogar bis etwa 8 - 10 Exemplare pro Abend fliegend um das Haus herum, im Hof und auf der Straße vor dem Haus; laufend und sitzend im Hof und am Haus, und bis 1972 auch im unteren Teil der Außentreppe zum Weinkeller und im Weinkeller unter Weinfässern sitzend beobachtet, wohingegen sie vorher und nachher nur einzelne Individuen pro Abend bemerkt hat. 1972 haben die Eltern von Gerda Reuscher (mündl. Mitt. 2008) den Weinbau aufgegeben, die Weinfässer abgeschafft und den Weinkeller als normalen Vorratskeller verwendet, und deshalb hat sie seitdem keine Individuen des Hirschkäfers (*Lucanus cervus*) mehr im Weinkeller gesehen.

In der Schönauer Straße am nordöstlichen Ortsrand von Schriesheim hat Matthias Rufer (mündl. Mitt. 2008) am Haus, welches an einen großen Garten angrenzt, von etwa 2003 bis 2008 in jedem Jahr während der Weinrebenblüte etwa Ende Mai/Anfang Juni insgesamt etwa 1 - 3 Exemplare des Hirschkäfers (*Lucanus cervus*) pro Jahr gesehen, welche abends in der Dämmerung am Balkon des Hauses entlanggeflogen sind. Matthias Rufer (mündl. Mitt. 2008) hat auch in einem Weinberg am Fohbachtal am Westhang des Martinsberges östlich der Leutershäuser Straße nördlich Schriesheim seit etwa 2004 in jedem Jahr insgesamt etwa 1 - 3 Individuen des Hirschkäfers (*Lucanus cervus*) pro Jahr bemerkt, und sein Vater, Hansjörg Rufer (mündl. Mitt. 2008), hat dort von 1935 bis 2008 ebenfalls in jedem Jahr während der Weinrebenblüte etwa Ende Mai/Anfang Juni insgesamt etwa 1 - 3 Exemplare, welche überwiegend Männchen und untergeordnet Weibchen waren, pro Jahr beobachtet, welche in den Weinbergen herumgeflogen sind.

In den Weinbergen östlich des Dossenheimer Weges östlich der Markthalle des Erzeugergroßmarktes an der nördlichen Gemarkungsgrenze von Heidelberg-Handschuhsheim hat Günter Nastansky-Warnecke (mündl. Mitt. 2008) am 17.07.2008 abends in der Dämmerung ein Männchen des Hirschkäfers (*Lucanus cervus*) gesehen, welches um eine Hütte im Weinberg am Hang herumgeflogen ist. In den Weinbergen unterhalb und am Waldrand entlang und hinter der Strahlenburg am östlichen Ortsrand von Schriesheim hat Hartmut Bauer (mündl. Mitt. 2008) von 1995 bis 2005 in jedem Jahr etwa 8 - 10 Exemplare des Hirschkäfers (*Lucanus cervus*) pro Jahr abends in Waldnähe fliegend und auf Steinen auf dem Weg zwischen dem Waldrand und den Weinbergen beobachtet, wohingegen ihm dort nach 2005 keine Individuen mehr aufgefallen sind. In der Stefanstraße am nordöstlichen Ortsrand von Wiesental hat Gisela Heiler (mündl. Mitt. 2008) in 2000 auf einer mit wildem Wein überwachsenen Wand des Hauses im Hof ein Männchen des Hirschkäfers (*Lucanus cervus*) beobachtet, welches auf den Blättern des wilden Weins gesessen ist.

Wegen der auch von anderen Schriesheimer Weinbauern beobachteten Affinität des Hirschkäfers (*Lucanus cervus*) zum Wein aufgrund seines häufigen Erscheinens in Weinkellern und dort oftmals unter Weinfässern wird er in Schriesheim im Volksmund auch als Weinschröter bezeichnet. Der volkstümliche Name Weinschröter für den Hirschkäfer (*Lucanus cervus*) ist im Raum Heidelberg schon seit etwa 100 Jahren gebräuchlich, und in Handschuhsheim wurde als Abart davon die Bezeichnung Weinschlierer verwendet (Zimmermann 1920), woraus sich ergibt, daß Exemplare des Hirschkäfers (*Lucanus cervus*) in Weinkellern und an Weinfässern von den Weinbauern im Raum Heidelberg und Umgebung schon seit langer Zeit immer wieder beobachtet wurden. Eine ähnliche Affinität zum Wein habe ich im Herbst 2007 am Standort Nußloch auch bei Schmetterlingen und Libellen beobachtet, wo sich die zahlreichen Exemplare der autumnalen Generation des Admirals (*Vanessa atalanta*) vor allem an den reifen bis überreifen Trauben des dunkelblauen Portugiesers in den Weinbergen und an den heruntergefallenen überreifen Pflaumen in den Streuobstwiesen tummelten, und in den Weinbergen waren die massenhaften Individuen des Admirals (*Vanessa atalanta*) auch begleitet von etlichen Exemplaren der Grünen Mosaikjungfer (*Aeshna viridis*).

Bechtle (1977) hat berichtet, daß an einem warmen Juniabend auf der Terrasse eines Hauses am Waldrand im Kanton Tessin in der Schweiz ein Weibchen des Hirschkäfers (*Lucanus cervus*) auf dem Tisch der Gesellschaft gelandet ist, welche beim Weintrinken im Freien gesessen ist. Siegfried Gladitsch (in Brechtel & Kostenbader 2002) hat bei Ettlingen im Juli zwei Exemplare des Hirschkäfers (*Lucanus cervus*) in einem Keller an einem Mostfaß entdeckt. Gelegentlich wurden einzelne Exemplare des Hirschkäfers (*Lucanus cervus*) auch in Bierkellern an Bierkästen gefunden (Fellenberg 1985).

15.5 Vorliebe des Hirschkäfers für vergorene Säfte

Eine gewisse Kulturfolge wird beim Hirschkäfer (*Lucanus cervus*) auch durch seine Präferenz von alkoholischen Säften ausgelöst. Wegen ihrer Vorliebe für vergorene Säfte von blutenden Eichen, Kastanien und anderen Bäumen, deren Alkoholgehalt auf sie betörend und berauschend wirkt, hat Bechtle 1977) die Männchen und Weibchen des Hirschkäfers (*Lucanus cervus*) als große Süffel bezeichnet, denn sie betrinken sich an den in Gärung befindlichen Säften von blutenden Eichen, Kastanien und anderen Bäumen oftmals dermaßen, daß sie dann im Rausch vom Baumstamm herunterfallen (Chop 1863; vgl. auch Heymons 1915, Taschenberg 1929, Bardorff 1952; Tochtermann in Hamberger 2006; Reco 1938 : zitiert in Horion 1949 a). Im Phloemsaft von Eichen entwickeln sich verschiedene Askomyzeten-Arten, die seine Eignung als Nährsubstrat wesentlich beeinflussen (Möller 1990, 1991). Die kohlenhydratreichen Baumsäfte geraten durch die Wirkung von Pilzen in Gärung, enthalten dann Alkohol (Horion 1949 a, Harde 1975; Klausnitzer 1982, 1995, 2002; Brechtel & Kostenbader 2002, Klausnitzer & Sprecher-Uebersax 2008) und setzen auch Duftstoffe frei (Möller 1990), und besonders die betrunkenen Männchen des Hirschkäfers (*Lucanus cervus*) verlieren im Rausch zunehmend ihre Abwehrfähigkeit gegenüber räuberischen Vögeln und werden dann leichter deren Opfer (Schmitt 1928, Tochtermann 1992; Radestock 1993 a, 1993 b). An besonders ergiebigen Saftflußstellen an blutenden Eichen, Kastanien und anderen Bäumen versammeln sich häufig zwischen 20 und 100 Exemplare des Hirschkäfers (*Lucanus cervus*), welche überwiegend Männchen und untergeordnet Weibchen umfassen, zu regelrechten Trinkgelagen (Chop 1863; vgl. auch Heymons 1915, Taschenberg 1929, Bardorff 1952; Floericke 1924, Tippmann 1954, Leichlinger Nachrichten 1977). Betrunkene Hirschkäfer (*Lucanus cervus*) sind sogar einmal eines der Themen eines Tierfilms geworden (Kölnische Rundschau 2003).

Weil die Kirschen zur Hauptflugzeit des Hirschkäfers (*Lucanus cervus*) reifen, lecken besonders die Männchen und gelegentlich auch die Weibchen des Hirschkäfers auch häufig in Gärung befindlichen Saft an abgefallenen, geplatzten und überreifen Kirschen (Allenspach 1970; Klausnitzer 1982, 1995; Sprecher-Uebersax 2001, Sprecher-Uebersax & Durrer 2001 a; Krenn, Pernstich, Messner, Hannappel & Paulus 2002; Rheinpfalz 2007 a, Klausnitzer & Sprecher-Uebersax 2008). Im Burgunderweg in der Nähe der Weinberge und des Waldes am südöstlichen Ortsrand von Schriesheim hat Siegfried Hahold (mündl. Mitt. 2008) etwa von 2000 bis 2003 an einem großen Kirschbaum im Garten neben dem Haus in jedem Jahr in der Zeit der Kirschenernte ein Männchen des Hirschkäfers (*Lucanus cervus*) bemerkt, welches angeflogen ist und gelegentlich auch an Kirschen gesaugt hat, wohingegen er nach 2003, als der dann abgestorbene Kirschbaum gefällt wurde, keine Exemplare mehr beobachtet hat. Außer an Kirschen wurden Exemplare des Hirschkäfers (*Lucanus cervus*) auch an Birnen (Jander 1888), Zwetschgen (Spälti in Allenspach 1970), Pfirsichen (Bowdrey 1997), Aprikosen (Sprecher-Uebersax 2001, Sprecher-Uebersax & Durrer 2001 a), Trauben (Bowdrey 1997) und Himbeeren (Rebholz in Rheinpfalz 2004 c) beobachtet. Individuen des Hirschkäfers (*Lucanus cervus*) wurden auch am ausfließenden Saft von Apfelbäumen (Singer 1955) und Kirschbäumen (Müller 1937) gefunden, und wurden auch am Nektar der Blüten der Fackellilie oder Tritome (*Kniphofia*) und der Linde sowie am Honigtau des Ahorns bemerkt (Hawes 1998 a). Im Ahornweg am nordwestlichen Ortsrand von Walldorf hat Jan Hinrichs (mündl. Mitt. 2008) mit seiner Familie etwa Ende Mai/Anfang Juni 2006 nachmittags ein Weibchen des Hirschkäfers (*Lucanus cervus*) auf der Terrasse des Hauses entdeckt, welches möglicherweise von verschüttetem Apfelsaft angelockt worden ist. Auf einem Waldweg um Katzental nördlich Billigheim hat Hans Huber (mündl. Mitt. 2008) im Frühjahr 2008 ein Weibchen des Hirschkäfers

(*Lucanus cervus*) gesehen, welches auf weggeworfenen Apfelresten gesessen ist. Die Vorliebe des Hirschkäfers (*Lucanus cervus*) für vergorene Säfte nicht nur von blutenden Eichen, Kastanien und anderen Bäumen, sondern auch von reifen und überreifen Früchten in Gärten und Streuobstwiesen ist ebenfalls ein Auslöser für das zunehmende Vordringen aus dem Wald in die angrenzenden Siedlungen und besonders die Obstbaumplantagen, und trägt daher wesentlich zur Entwicklung einer synanthropen Tendenz aufgrund der durch das Angebot von verschiedenen Säften induzierten Kulturfolge des Hirschkäfers (*Lucanus cervus*) bei.

Bußler & Binner (2006) haben erfolgreich Exemplare des Hirschkäfers (*Lucanus cervus*) mit einer Mischung aus Kirschlikör, Marmelade und frischen Früchten angelockt, und Sprecher-Uebersax (2001) und Sprecher-Uebersax & Durrer (2001 a) haben eine erhebliche Attraktivität von Ahornsirup für den Hirschkäfer festgestellt. Erich Bettag (mündl. Mitt. 2009) hat einzelne Männchen und Weibchen des Hirschkäfers (*Lucanus cervus*) an Köderfallen an Baumstämmen registriert, welche er durch einen Anstrich der Rinde mit einer Mischung aus vergorenem Bier, Honig und Bananenbrei zwecks Anlockung von Nachtfaltern hergestellt hat. Rietzsch (in Klausnitzer 1995, Klausnitzer & Sprecher-Uebersax 2008) hat ein Männchen des Hirschkäfers (*Lucanus cervus*) am Körpersaft einer getöteten Äskulapnatter (*Elaphe longissima*) gemeinsam mit Ameisen bei der Nahrungsaufnahme fotografiert, und Erichson (1848) und Schaufuß (1916) haben auch Körpersäfte anderer Insekten als Imaginalnahrung des Hirschkäfers (*Lucanus cervus*) angegeben. Im Insektarium akzeptiert der Hirschkäfer (*Lucanus cervus*) Zuckerwasser als Nahrung, bevorzugt jedoch Säfte mit Alkohol, wobei der Alkoholkonsum sich jedoch nachteilig auf Fortpflanzungspotential und Aktivität des Hirschkäfers auswirkt (Klausnitzer 1982, 1995; Tochtermann 1992, Klausnitzer & Sprecher-Uebersax 2008).

Muspratt (1960) hat bei einem Picknick am Waldrand unter einer Eiche bemerkt, daß ein Exemplar des Hirschkäfers (*Lucanus cervus*) an einem Riegel Schokolade ein Stück abgebissen hat. Krenn, Pernstich, Messner, Hannappel & Paulus (2002) haben in Laborversuchen belegt, daß Männchen des Hirschkäfers (*Lucanus cervus*) mit ihren Mundwerkzeugen Kirschen im Laufe einiger Stunden vollkommen zerkleinern können, und dazu paßt, daß in einigen ländlichen Gebieten der Hirschkäfer (*Lucanus cervus*) als Kirschenesser bekannt ist (Cooper in Pratt 2003). Jander (1888) hat bei seinen Geländeuntersuchungen von örtlichen Einwohnern erfahren, daß Individuen des Hirschkäfers (*Lucanus cervus*) mit ihren Mandibeln auch Stücke von Birnen abzwicken können. Mélise (1880) hat berichtet, daß Exemplare des Hirschkäfers (*Lucanus cervus*) manchmal möglicherweise von dem Geruch auslaufender Milch von Kühen auf der Weide oder im Stall angezogen werden und sich dann gelegentlich am Euter einer Kuh festsetzen und dort einige Tropfen Milch abzapfen. Thompson (in Pratt 2003) und Wright (in Pratt 2003) haben wiederholt Individuen des Hirschkäfers (*Lucanus cervus*) zwischen gelagerten Kartoffeln entdeckt.

15.6 Eindringen des Hirschkäfers in Räume im Inneren von Häusern und Wohnungen

Extreme Beispiele des Verirrens in die Siedlungen des Menschen durch Verfliegen oder Verlaufen umfassen das Eindringen von einzelnen Exemplaren des Hirschkäfers (*Lucanus cervus*) in Räume im Inneren von Häusern und Wohnungen nicht nur im Erdgeschoß, sondern auch im 2. Obergeschoß, 3. Obergeschoß und sogar 6. Obergeschoß, und wurden mir von einigen der über 600 Naturfreunde berichtet, welche sich aufgrund meiner Aufrufe zur Mitteilung von Beobachtungen des Hirschkäfers (*Lucanus cervus*) in regionalen Tageszeitungen (Rhein-Neckar-Zeitung 2008 a, 2008 b, 2008 c, 2008 d; Schwetzinger Zeitung 2008, Bruchsaler Rundschau 2008) bei mir gemeldet haben und mir ihre Beobachtungen des Hirschkäfers (*Lucanus cervus*) weitergegeben haben. In der Keplerstraße im Zentrum von Heidelberg-Neuenheim hat Dorit Kaufmann (mündl. Mitt. 2008) im 2. Obergeschoß des Hauses, welches das Dachgeschoß ist, in 2007 abends gegen 23 Uhr ein Männchen des Hirschkäfers (*Lucanus cervus*) in ihrem Wohnzimmer auf dem Sofa gefunden, welches durch die offene Balkontür hereingekommen ist. In der St.Rochus-Klinik in der Richard-Wagner-Straße am östlichen Ortsrand von Bad Schönborn-Mingolsheim hat Gabriele Kruckenberg (mündl. Mitt. 2008) auf dem Gang im 6. Obergeschoß des Krankenhauses etwa Mitte Mai 2008 ein Männchen des Hirschkäfers (*Lucanus cervus*) am Boden gesehen. In der Gartenstraße im zentralen Teil von Hoffenheim hat Michael Hermann (mündl. Mitt. 2008) auf der Dachterrasse im 3. Obergeschoß des Hauses etwa Ende Mai/Anfang Juni 2008 ein Männchen des Hirschkäfers (*Lucanus cervus*) auf dem Rücken liegend gefunden.

In der Schriesheimer Straße am nordöstlichen Ortsrand von Dossenheim hat Susanne Heiß (mündl. Mitt. 2008) im Garten des Hauses nahe den Weinbergen seit etwa 2000 bis 2007 in jedem Jahr mehrere Männchen und Weibchen des Hirschkäfers (*Lucanus cervus*) am Boden und fliegend gesehen, von denen einige auch durch die geöffnete Terrassentür in das Wohnzimmer des Hauses hineingelaufen sind. Im Ahornweg am nordwestlichen Ortsrand von Walldorf hat Sabine Kegelmann (mündl. Mitt. 2008) Mitte Juli 2008 ein Weibchen des Hirschkäfers (*Lucanus cervus*) in einem Raum im Keller des Hauses angetroffen, und hat etwa 2003 ein Männchen im Wohnzimmer des Hauses entdeckt, welches durch den Raum gelaufen ist. In der Einsteinstraße am südlichen Ortsrand von St. Leon hat Emmi Schuppe (mündl. Mitt. 2008) im Wohnzimmer des Hauses am 19.06.2008 ein Männchen des Hirschkäfers (*Lucanus cervus*) gefunden. Im Haydnweg am östlichen Ortsrand von Waghäusel-Wiesental haben Erika und Walter Hotel (mündl. Mitt. 2008) in 2003 und auch schon früher einmal je ein Männchen des Hirschkäfers (*Lucanus cervus*) im Wohnzimmer des Hauses entdeckt, welches abends durch die geöffnete Terrassentür hereingeflogen ist. Im Burgweg am nordöstlichen Ortsrand von Schriesheim haben Marianne Krieg und Manfred Glaser (mündl. Mitt. 2008) im Juni 2008 an etlichen Abenden einzelne Exemplare des Hirschkäfers (*Lucanus cervus*) am Haus und im Garten beobachtet, von denen eines auf dem Teppichboden im Eßzimmer gelandet ist. In Waldkirch nordöstlich Freiburg hat Cordelia Veidt (mündl. Mitt. 2008) zwischen 1980 und 1985 einmal ein Männchen des Hirschkäfers (*Lucanus cervus*) auf der Treppe im Haus entdeckt, welches offenbar in den Keller geflogen ist und dann auf der Treppe gelaufen ist.

In der Heidelberger Straße im Zentrum von Schriesheim hat Sindy Simone Grambow (mündl. Mitt. 2008) in 2006 ein Männchen des Hirschkäfers (*Lucanus cervus*) bemerkt, welches durch das geöffnete Fenster in das Schlafzimmer geflogen ist. Im Buchenhain im zentralen Bereich des Branich am Nordostrand von Schriesheim hat Gudrun Kluge (mündl. Mitt. 2008) seit 1970 in fast jedem Jahr insgesamt etwa 2 - 4 Männchen und Weibchen des Hirschkäfers (*Lucanus cervus*) pro Jahr beobachtet, von denen einige auch durch geöffnete Fenster in das Haus hereingeflogen sind. In der Adalbert-Stifter-Straße am nordöstlichen Ortsrand von Walldorf hat Gabi Mohr (mündl. Mitt. 2008) in der Küche des Hauses am Waldrand etwa Ende Juni/Anfang Juli 2008 ein Männchen des Hirschkäfers (*Lucanus cervus*) am Boden gefunden, welches offenbar durch das geöffnete Fenster hereingeflogen ist. Im Kegelbahnweg im südlichen Ortsbereich von Wiesloch hat Andreas Pietschmann (mündl. Mitt. 2008) etwa Anfang Juni 2008 im Behandlungsraum in der Praxis des Ärztlichen Bereitschaftsdienstes abends gegen 23 Uhr ein Männchen des Hirschkäfers (*Lucanus cervus*) am Boden registriert. In der Waldstraße am östlichen Ortsrand von Leimen hat Michael Helffrich (mündl. Mitt. 2008) am 31.05.2008 morgens ein Weibchen des Hirschkäfers (*Lucanus cervus*) in der Küche des Hauses am Waldrand am Boden entdeckt, welches vermutlich bei dem starken Gewitter am Vorabend durch ein geöffnetes Fenster in das Haus eingedrungen ist. In der Hinterstraße im Zentrum von Rot hat Adolf Geider (mündl. Mitt. 2008) in 1991 ein Männchen des Hirschkäfers (*Lucanus cervus*) im Keller des Hauses angetroffen, welches durch das geöffnete Fenster hereingeflogen ist. Im Eichtersheimer Weg im nordwestlichen Ortsteil von Angelbachtal-Michelfeld hat Gerd Weigel (mündl. Mitt. 2008) etwa Anfang Juli 2008 ein Männchen des Hirschkäfers (*Lucanus cervus*) am Boden sitzend auf dem Speicher des Hauses bemerkt, welches vermutlich durch ein geöffnetes Fenster hereingeflogen ist. In Gargnano am Nordwestufer des Gardasees nordöstlich Bréscia in Italien haben Gabi und Wolfgang Scheuer (mündl. Mitt. 2008) in 2005 erlebt, daß abends in einem Lokal ein Männchen des Hirschkäfers (*Lucanus cervus*) durch das geöffnete Fenster hereingeflogen ist und sich im Vorhang verfangen hat.

Horion (1949 a) hat von einem Männchen des Hirschkäfers (*Lucanus cervus*) berichtet, welches er in Juni 1912 in der Turmhalle der Kirche von Overath an der Agger gefunden hat, wo es herumgelaufen ist, und hat auch das häufige Eindringen von Exemplaren in abends beleuchtete Wirtschaften und Ausflugslokale im Wald und in Waldnähe erwähnt, wo sie meist große Aufregung unter den Gästen hervorrufen. Rahn (in Schaffrath 1994) hat im Sommer 1985 den Anflug eines Männchen des Hirschkäfers (*Lucanus cervus*) in das 2. Obergeschoß eines Hauses in der Mönchebergstraße in Kassel gemeldet. Brown (1955) hat mitgeteilt, daß zwischen 21.08.1954 und 28.08.1954 abends gegen 21 Uhr ein Männchen des Hirschkäfers (*Lucanus cervus*) durch das geöffnete Fenster eines fahrenden Autos hereingeflogen ist und auf einer Decke gelandet ist, welche ein schlafendes Baby bedeckt hat. Burkill (1941) hat registriert, daß etliche Individuen des Hirschkäfers (*Lucanus cervus*) abends im Garten eines Hotels herumgeflogen sind, und daß morgens ein Exemplar in der Küche des Hotels gefunden wurde und ihm mit dem Frühstück vorgelegt wurde. Sele (in Biedermann 1978) hat ein Männchen des Hirschkäfers (*Lucanus cervus*) in einer städtischen Garagenanlage gefunden, und Marogg (in Biedermann 1978) hat in einer Dachgeschoßwohnung während der Flugzeit regelmäßig Exemplare an den

Fenstern beobachtet. Wilson (in Hall 1964) hat erlebt, daß am 19.05.1960 abends gegen 23.30 Uhr ein Männchen des Hirschkäfers (*Lucanus cervus*) durch das geöffnete Fenster in das Badezimmer des Hauses eingedrungen ist, und Wallhead (in Whitehead 1993) hat am 02.06.1990 registriert, daß ein Männchen in ein Haus hineingeflogen ist.

Während einer Aktion zur Erfassung der Bestände des Hirschkäfers (*Lucanus cervus*) in 2005 wurden mehrere Fälle gemeldet, daß Exemplare abends durch geöffnete Fenster in Schlafzimmer von Häusern geflogen sind und sich dort an den Gardinen festgeklammert haben, daß Individuen tagsüber auf Betonwänden in mehrgeschossigen Parkhäusern gesessen haben, und daß Exemplare im Schornstein gelandet sind und sich darin durch kratzende Geräusche bemerkbar gemacht haben (Margot 2005). Im Rheintal bei Koblenz ist im Juni 2006 abends ein Männchen des Hirschkäfers (*Lucanus cervus*) durch die geöffnete Balkontür in das Wohnzimmer eines Hauses hereingeflogen und ist darin auf der Lehne des Sessels gelandet (Rhein-Zeitung 2006 c). Rink & Sinsch (2006) und Rink (2007) haben im Moseltal Weibchen des Hirschkäfers (*Lucanus cervus*) häufig an oder in Garagen und Kellern angetroffen. Mélise (1880) hat ebenfalls berichtet, daß Individuen des Hirschkäfers (*Lucanus cervus*) auf Wegen herumlaufen und nicht selten auch in Häuser hineinlaufen. Steiner (1991), Bowdrey (1997) und Hawes (1998 a) haben erwähnt, daß Exemplare des Hirschkäfers (*Lucanus cervus*) öfters in Häuser hineinfliegen, besonders wenn diese abends beleuchtet sind. Hawes (1998 a) hat referiert, daß Individuen des Hirschkäfers (*Lucanus cervus*) nicht nur durch geöffnete Fenster in Zimmer hineinfliegen, sondern auch an der Wand von Häusern hochklettern und auf dem Weg über den Dachvorsprung in zwei Fällen bis in Speicher und Dachstudios hochgelaufen sind. Smith (1959) hat am 10.06.1959 ein Exemplar des Hirschkäfers (*Lucanus cervus*) in einem Arbeitsraum in einem Laborgebäude gefunden, welches möglicherweise durch die bis 19 Uhr abends geöffneten Fenster am vorigen Abend hineinflogen war.

Frith (1998 a, 1999) hat den Fund von Exemplaren des Hirschkäfers (*Lucanus cervus*) in Küchen, Wohnzimmern und Schlafzimmern von Häusern und in einigen Fällen darin sogar unter Betten, unter Teppichen und in Schuhen gemeldet, und Richard Jones (in Frith 1999) hat in London ein Individuum an den Ufermauern der Themse entdeckt. Frith (1998 a, 1999) hat auch referiert, daß nach der Aufzucht zweier Larven in einer Süßwarendose in der Garage in 1982 in allen Folgejahren Imagines des Hirschkäfers (*Lucanus cervus*) erschienen sind und versucht haben, durch das Wohnzimmer in den gleichen Teil der Garage zu gelangen, und hat einen anderen Fall erwähnt, wo ein Individuum durch die Tür in ein Haus hineingeflogen ist und an der Frontseite wieder herausgeflogen ist. Drane (2001) hat ein Männchen des Hirschkäfers (*Lucanus cervus*) in einem Fahrradschuppen entdeckt. Bonner Generalanzeiger (1979 a, 1979 b) hat ebenfalls gemeldet, daß Exemplare des Hirschkäfers (*Lucanus cervus*) gelegentlich in Wohnzimmern von Häusern über die Teppiche gelaufen sind. Langton (1967) hat das Eindringen von Männchen des Hirschkäfers (*Lucanus cervus*) durch schmale Spalte gekippter Fenster in Zimmer von Häusern mitgeteilt. In analoger Weise wurden gelegentlich auch Exemplare des Nashornkäfers (*Oryctes nasicornis*) in Wohnräumen von Häusern und sogar in Schränken in Zimmern gefunden (Viramo 1964).

15.7 Eindringen des Hirschkäfers in Zelte und Schlafsäcke

Gelegentlich wurde auch das Eindringen von Exemplaren des Hirschkäfers (*Lucanus cervus*) in Zelte und Schlafsäcke auf Campingplätzen gemeldet. Ursula und Klaus Hummel (mündl. Mitt. 2008) haben in 2007 auf dem Campingplatz auf dem Monte Albano bei Florenz in der Toskana in Italien ein Männchen des Hirschkäfers (*Lucanus cervus*) im Vorzelt bemerkt. Ursula Hummel (mündl. Mitt. 2008) hat etwa 1965 ein Männchen des Hirschkäfers (*Lucanus cervus*) auf einem Campingplatz in Italien in ihrem Schlafsack im Vorzelt entdeckt. Hermann Zimmermann (mündl. Mitt. 2009) hat vor etwa 15 Jahren auf dem Campingplatz auf der Kollerinsel westsüdwestlich Brühl etwa 5 - 6 Männchen und Weibchen des Hirschkäfers (*Lucanus cervus*) gesehen, welche an einem Morgen in den Gestängen des Vorzeltes gehangen sind.

In analoger Weise hat Johansen (1927) von dem Fund eines Weibchens des Nashornkäfers (*Oryctes nasicornis*) in einem Zelt unter Stroh und dem Fang eines weiteren Weibchens in der Nähe des Zeltes berichtet. Wolf (in Busch 1937 b) hat beobachtet, daß sich Individuen des Nashornkäfers (*Oryctes nasicornis*) nach dem abendlichen Schwärmen in ausgezogene Stiefel verkrochen haben und morgens darin gefunden wurden.

15.8 Landung des Hirschkäfers auf Tellern auf Tischen mitten in Ortschaften

Spektakuläre Beispiele des Verirrens in die Siedlungen des Menschen durch Verfliegen oder Verlaufen beinhalten die Landung von einzelnen Exemplaren des Hirschkäfers (*Lucanus cervus*) auf Tellern auf Tischen mitten in Ortschaften. Im mittleren Teil der Brückenstraße zwischen dem Mönchhofplatz und der Theodor-Heuss-Brücke am Ostrand von Heidelberg-Neuenheim hat Dorothea Towae (mündl. Mitt. 2008) in 2008 ein Männchen des Hirschkäfers (*Lucanus cervus*) gesehen, welches mittags angeflogen ist und auf einem Teller auf einem Tisch im Freien vor einem Café-Bistro gelandet ist, und hat ein ähnliches Verhalten schon einmal in 2000 erlebt, als im Heuauer Weg am südwestlichen Ortsrand von Heidelberg-Kirchheim nachmittags ein Männchen angeflogen ist und auf einem Teller auf dem Tisch auf der Terrasse des Hauses gelandet ist. Beide Ereignisse des außergewöhnlichen Erscheinens von Männchen des Hirschkäfers (*Lucanus cervus*) auf einem Teller auf dem Tisch mitten in einer geselligen Kaffeetafel hat Dorothea Towae (mündl. Mitt. 2008) im Beisein mehrerer Familienmitglieder und Freunde erlebt, und für die ganze Runde waren dies äußerst eindrückliche Begegnungen mit dem Hirschkäfer.

Bechtle (1977) hat berichtet, daß an einem warmen Juniabend auf der Terrasse eines Hauses am Waldrand im Kanton Tessin in der Schweiz ein Weibchen des Hirschkäfers (*Lucanus cervus*) auf dem Tisch der Gesellschaft gelandet ist, welche beim Weintrinken im Freien gesessen ist. Frith (1999) hat referiert, daß ein Exemplar des Hirschkäfers (*Lucanus cervus*) während einer Grillparty plötzlich aus dem Efeu in die Gesellschaft heruntergefallen ist, und in einem anderen Fall einem Beobachter auf dem Bein gelandet ist. Michaela und Jörg Eickenbusch (mündl. Mitt. 2008) haben in 2005 ein Männchen des Hirschkäfers (*Lucanus cervus*) auf der Mauerkrone einer Toreinfahrt in der Martin-Stöhr-Straße nahe dem östlichen Ortsrand von Hirschberg-Leutershausen gesehen, welches dort in aller Ruhe während eines Straßenfestes mit vollbesetzten Bänken gesessen ist.

15.9 Primärer Lebensraum des Balkenschröters im natürlichen Habitat im Wald

Ebenso wie beim Hirschkäfer (*Lucanus cervus*) kann auch bei dem zweiten Vertreter der Familie Lucanidae, dem Balkenschröter (*Dorcus parallelepipedus*), keine ausgeprägte synanthrope Tendenz nachgewiesen werden. Analog dem Hirschkäfer lebt auch der Balkenschröter in den Wäldern, welche die Ortschaften umgeben und begrenzen, und verirrt sich bei seinem Erscheinen am Waldrand gelegentlich auch in die Stadtgebiete. Die an den Rändern von Straßen und Wegen sowie auf Plätzen innerhalb der Ortschaften gefundenen Individuen des Balkenschröters (*Dorcus parallelepipedus*) haben sich daher ebenfalls oftmals verflogen oder verlaufen und sind nur deshalb in die Stadtgebiete gelangt, weil dort die bebauten Bereiche bis an die umgebenden Wälder heranreichen. Die gleichen Zusammenhänge wie für den Balkenschröter (*Dorcus parallelepipedus*) gelten auch für den Sägebock (*Prionus coriarius*).

16 Fundmeldungen von Naturfreunden in Heidelberg und Umgebung

Aufgrund meiner Aufrufe zur Mitteilung von Beobachtungen des Hirschkäfers (*Lucanus cervus*) in regionalen Tageszeitungen (Rhein-Neckar-Zeitung 2008 a, 2008 b, 2008 c, 2008 d; Schwetzinger Zeitung 2008, Bruchsaler Rundschau 2008) haben sich über 600 Naturfreunde bei mir gemeldet und über ihre Beobachtungen berichtet, welche überwiegend zufällige Einzelfunde von Männchen und Weibchen in disperser Verteilung in Raum und Zeit umfassen, wohingegen nur wenige regelmäßige und wiederholte Beobachtungen an ein und derselben Lokalität vorliegen. Die Resonanz auf meine vorgenannten Appelle war auch deshalb so positiv, weil sich zufällig eine günstige Abfolge der Öffentlichkeitsarbeit dadurch ergeben hat, daß bereits etwa sechs Wochen vorher am Anfang der Flugzeit des

Hirschkäfers (*Lucanus cervus*) ein Bericht über ein Vorkommen in Eppelheim westlich Heidelberg erschienen ist (Artikel der Redakteurin Sabine Geschwill in der Rhein-Neckar-Zeitung vom 29.05.2008 und in der Schwetzinger Zeitung vom 30.05.2008), welcher von zahlreichen derjenigen Naturfreunde, welche mir dann ihre Beiträge geliefert haben, bereits gelesen wurde und sicher dabei geholfen hat, die Sinne für die Beobachtung zu schärfen und dadurch die Registrierung der Funde zu erleichtern. Weil diese Notiz kurz vor meiner Entdeckung der Bedeutung der umfangreichen Population des Hirschkäfers (*Lucanus cervus*) am Standort Tairnbach und der Notwendigkeit der systematischen Untersuchung dieses einzigartigen Vorkommens publiziert wurde, hat sie sicher auch meine Entscheidung unterstützt, am Standort Tairnbach regelmäßige und wiederholte Beobachtungen durchzuführen und mit meinen vorgenannten Appellen die Leser der regionalen Tageszeitungen zur Mitarbeit aufzurufen. Ein weiterer Aufruf zur Meldung von Funden des Hirschkäfers (*Lucanus cervus*) im Raum um Heidelberg wurde im Programm der NABU-Ortsgruppe Heidelberg (2009) abgedruckt.

Die wenigen Verwechslungen des Hirschkäfers (*Lucanus cervus*) mit dem kleineren und schmaleren Balkenschröter (*Dorcus parallelepipedus*) können aufgrund der erheblich unterschiedlichen Länge und Breite sowie der unikalen geweihartig vergrößerten Mandibeln beim Männchen des Hirschkäfers (*Lucanus cervus*) rasch geklärt werden. Ich habe bei allen Fundmeldungen des Hirschkäfers (*Lucanus cervus*), die ich von Naturfreunden erhalten habe, den jeweiligen Berichterstatter nach den Einzelheiten der Fundumstände und der Fundorte sowie nach weiteren aktuellen und früheren Funden befragt, und habe auch ausdrücklich nachgefragt, ob es sich um Männchen mit geweihartig verlängerten Mandibeln oder um Weibchen mit kurzen kneif- oder beißzangenartigen Mandibeln handelt, und habe auch nach der Länge und Breite der beobachteten Exemplare gefragt. In über 99 % der Fälle habe ich die jeweiligen Berichterstatter in telefonischen Interviews nach den Details der Fundbedingungen und der Fundlokalitäten des Hirschkäfers (*Lucanus cervus*) befragt, und lediglich in weniger als 1 % der Fälle habe ich die Einzelheiten der Fundumstände und der Fundorte in schriftlicher Korrespondenz mit den jeweiligen Berichterstattern aufgehellt. In über 99 % der Fälle beinhalteten die Fundmeldungen zweifelsfrei Männchen und Weibchen des Hirschkäfers (*Lucanus cervus*), und nur in weniger als 1 % der Fälle haben sich die Fundmeldungen als Verwechslungen mit dem Balkenschröter (*Dorcus parallelepipedus*) herausgestellt.

Etliche Naturfreunde haben auch Larven (Engerlinge) des Hirschkäfers (*Lucanus cervus*) oder des Nashornkäfers (*Oryctes nasicornis*) in Komposthaufen und in Totholzdeponien in ihren Gärten und Streuobstwiesen vorwiegend in Waldnähe beobachtet, und viele Naturfreunde haben auch Imagines des Nashornkäfers (*Oryctes nasicornis*) am Haus und im Garten gesehen. In den meisten Fällen belegen die Funde von sowohl Imagines als auch Larven (Engerlingen) des Hirschkäfers (*Lucanus cervus*) am gleichen Ort zu gleichen oder unterschiedlichen Zeiten sowie das Fehlen von Imagines des Nashornkäfers (*Oryctes nasicornis*), daß die beobachteten Larven (Engerlinge) dem Hirschkäfer (*Lucanus cervus*) zuzuordnen sind. In anderen Fällen bestätigen die Funde von sowohl Imagines als auch Larven (Engerlingen) des Nashornkäfers (*Oryctes nasicornis*) am gleichen Ort zu gleichen oder unterschiedlichen Zeiten sowie das Fehlen von Imagines des Hirschkäfers (*Lucanus cervus*), daß die beobachteten Larven (Engerlinge) zum Nashornkäfer (*Oryctes nasicornis*) gehören.

Die zahlreichen Fundmeldungen der über 600 Naturfreunde, die mir bezugnehmend auf meine vorgenannten Aufrufe zur Mithilfe ihre Beobachtungen des Hirschkäfers (*Lucanus cervus*) mitgeteilt haben, umfassen eine Fülle von Nachweisen des größten mitteleuropäischen Käfers an insgesamt über 225 im Inhaltsverzeichnis als separate Lokalitäten ausgewiesenen örtlichen Gruppen von Fundorten. Dabei beinhalten die meisten Lokalitäten abgeschlossene Ortschaften, in denen die einzelnen Gruppen von Fundorten verschiedene Straßen in mehreren Ortsbereichen darstellen, und schließen auch diskrete außerörtliche Bereiche wie größere zusammenhängende Waldgebiete, von verschiedenen Armen des Rheins umschlossene Inseln, und Ansammlungen von Seen und Teichen in der Umgebung von Wasserläufen ein. Der älteste Naturfreund, welcher mir seine Funde des Hirschkäfers (*Lucanus cervus*) berichtet hat, ist fast 95 Jahre alt, wohingegen der jüngste Naturfreund, welcher mir seine Funde übermittelt hat, gerade 8 Jahre alt ist. Besonders zahlreiche Meldungen von Funden des Hirschkäfers (*Lucanus cervus*) haben die zwischen 70 und 75 Jahre alten Naturfreunde abgegeben. Unter dem zweifellos etwas provokanten nachstehenden Titel summiere ich in einer Schlagzeile den Erfahrungsschatz der meisten Naturfreunde, welche bisher in zwei bis neun Jahrzehnten ihres Lebens den Hirschkäfer (*Lucanus cervus*) lediglich einmal oder nur wenige Male in der Natur angetroffen haben, wobei dieses Phänomen der diskreten und isolierten Begegnungen mit dem Hirschkäfer (*Lucanus cervus*) in der Natur aus allen Gebieten in jeweils analoger Weise berichtet wurde.

Die Funde von Exemplaren des Hirschkäfers (*Lucanus cervus*) in Heidelberg und Umgebung, welche mir von Naturfreunden aufgrund meiner Aufrufe zur Mitteilung von Beobachtungen in regionalen Tageszeitungen (Rhein-Neckar-Zeitung 2008 a, 2008 b, 2008 c, 2008 d; Schwetzinger Zeitung 2008, Bruchsaler Rundschau 2008) berichtet wurden, umfassen die Heidelberger Ortsteile Handschuhsheim, Neuenheim, Ziegelhausen, Schlierbach, Altstadt, Weststadt, Südstadt, Rohrbach, Emmertsgrund, Boxberg, Kirchheim, Bergheim, Pfaffengrund und Wieblingen sowie die Orte Eppelheim und Dossenheim.

16.1 Jeder kennt ihn, aber nur wenige haben ihn gelegentlich gesehen

Diese sicher etwas überspitzte Überschrift ist das Fazit meiner Auswertung der zahlreichen Fundmeldungen des Hirschkäfers (*Lucanus cervus*) von über 600 Naturfreunden, welche mich als Resonanz auf meine Aufrufe zur Mitteilung von Beobachtungen des Hirschkäfers (*Lucanus cervus*) in regionalen Tageszeitungen (Rhein-Neckar-Zeitung 2008 a, 2008 b, 2008 c, 2008 d; Schwetzinger Zeitung 2008, Bruchsaler Rundschau 2008) erreicht haben. Die sicher etwas übertriebene Formulierung, daß ihn jeder kennt, aber nur wenige ihn gelegentlich gesehen haben, ist eine treffende Zusammenfassung des Kenntnisstandes der meisten Naturfreunde, welche bisher dem Hirschkäfer (*Lucanus cervus*) in zwei bis neun Jahrzehnten ihres Lebens lediglich einmal oder nur wenige Male in der Natur begegnen konnten. Die meisten Naturfreunde, welche mir ihre Beobachtungen berichtet haben, konnten den Hirschkäfer (*Lucanus cervus*) in ihrem bisherigen Leben nur wenige Male in der Natur sehen, wobei die einzelnen Begegnungen oftmals im Abstand von vielen Jahren oder sogar mehreren Jahrzehnten erfolgten. Zu dieser Kategorie von Beobachtern des Hirschkäfers (*Lucanus cervus*) zähle auch ich selbst, denn ich bin Jahrgang 1954 und befasse mich schon seit 1964 mit Insekten, hatte aber Exemplare des Hirschkäfers (*Lucanus cervus*) in der Natur bisher nur 1973 und 1974 gesehen, als mir je ein großes Männchen vorgelegt wurde, und hatte seitdem bis 2007 keine Individuen des Hirschkäfers (*Lucanus cervus*) mehr in der Natur gefunden, obwohl ich im Rahmen meiner langjährigen geologischen Aufnahmen in Buntsandstein und Keuper in zahlreichen Regionen (Mader 1985 a, 1985 b, 1985 c, 1985 d, 1985 e, 1990, 1992 a, 1992 b, 1995 a, 1995 b, 1997, 1999 a) und entomologischen Erkundungen (Mader 1998, 1999 a, 1999 b, 1999 c, 1999 d, 2000 a, 2000 b, 2000 c, 2000 d, 2001 a, 2001 b, 2001 c, 2001 d, 2001 e, 2001 f, 2002 a, 2002 b, 2002 c, 2003) sowie auf meinen zahlreichen wissenschaftlichen und touristischen Reisen und beim Sport mich sehr häufig in Waldgebieten und an Waldrändern aufgehalten habe und die charakteristischen Männchen und Weibchen des Hirschkäfers (*Lucanus cervus*) sicher nicht übersehen hätte, wenn sie dort vorhanden gewesen wären.

Etliche Naturfreunde haben sogar erst jetzt den Hirschkäfer (*Lucanus cervus*) erstmals in ihrem Leben in der Natur angetroffen, und aus den Berichten zahlreicher Naturfreunde weiß ich, daß es sogar viele Menschen gibt, die noch nie in ihrem Leben einen Hirschkäfer in der Natur entdeckt haben. Viele Naturfreunde, welche in ihrem Leben bisher lediglich einmal oder nur wenige Male dem Hirschkäfer (*Lucanus cervus*) in der Natur begegnet sind, haben mir ausdrücklich bestätigt, daß sie häufig in Wald, Feld und Wiesen unterwegs sind, sehr naturverbunden sind, und mit offenen Augen für Tiere und Pflanzen durch die Natur gehen. Von wenigen zufälligen Einzelfunden innerhalb mehrerer Jahrzehnte hat auch Horion (1949 a) berichtet, der von 1912 bis 1945 lediglich in 1912, 1929, 1938 und 1945 je ein Exemplar des Hirschkäfers (*Lucanus cervus*) in der Natur entdeckt hat. Bechtle (1977) hat bemerkt, daß viel mehr Menschen einen Hirsch (*Cervus elaphus*) in der Natur gesehen haben als den nach ihm benannten Käfer, dessen Geweih nicht wie beim Hirsch auf den Kopf aufgesetzt ist, sondern vergrößerte Oberkiefer darstellt, und hat erwähnt, daß er selbst bis 1977 nur ein einziges Mal einem Hirschkäfer (*Lucanus cervus*) in der Natur begegnet ist. Drees (1995) hat mitgeteilt, daß er in 20 Jahren kein einziges Exemplar des Hirschkäfers (*Lucanus cervus*) in der Natur angetroffen hat, und Feldmann (1996) hat Meldungen mehrerer Kollegen zitiert, welche ebenfalls über längere Zeiträume kein einziges Individuum in der Natur beobachten konnten. Keil (1986) und Malten (2005) sind ebenfalls zu der Einschätzung gekommen, daß fast jeder den Hirschkäfer (*Lucanus cervus*) kennt, aber kaum einer ihn je gesehen hat, und Cürten (1971) hat ebenfalls festgestellt, daß jeder den Hirschkäfer (*Lucanus cervus*) kennt und trotzdem man von ihm nur wenig weiß. Fellenberg (1985) hat berichtet, daß mehrere Beobachter über Zeiträume von mehreren Jahrzehnten kein einziges Exemplar des Hirschkäfers (*Lucanus cervus*) in der Natur entdeckt haben, und Majunke (1978) und Drees (1995) haben bei ihren Untersuchungen zwar Individuen mehrerer anderer Arten der Familie Lucanidae gefunden, wohingegen sie den Hirschkäfer (*Lucanus cervus*) nicht nachweisen konnten. Strojny (1970) hat ebenfalls mitgeteilt, daß die meisten ihm bekannten Entomologen selbst nach vielen Jahren ihrer Untersuchungen im Gelände noch kein Exemplar des Hirschkäfers (*Lucanus cervus*) in der Natur beobachtet haben, und Heide (2008) hat festgestellt, daß bereits heute nur noch wenige Menschen behaupten können, jemals ein Exemplar des Hirschkäfers (*Lucanus cervus*) lebend gesehen zu haben. Ein Beobachter im Moseltal hat mit 73 Jahren zum ersten Mal ein Individuum des Hirschkäfers (*Lucanus cervus*) in der Natur entdeckt (Rhein-Zeitung 2004 d), und Befragungen im Rahmen einer lokalen Kartierung haben ergeben, daß kaum ein Bewohner des Moseltales zwischen Alf und Bullay mit einem Alter bis 50 Jahren jemals bewußt ein Exemplar des Hirschkäfers (*Lucanus cervus*) wahrgenommen hat (Rink 2007, Rink & Sinsch 2007 a). Pratt (2000) hat bekanntgemacht, daß er bei seinen Geländeuntersuchungen während des Tages über fast 60 Jahre und während der Nacht mit Quecksilberdampflampen und Wolframlampen über fast 45 Jahre nur ein einziges Mal ein Exemplar des Hirschkäfers (*Lucanus cervus*) gesehen hat.

Glücklicherweise kennt fast jeder Naturfreund den Hirschkäfer (*Lucanus cervus*) aus populärwissenschaftlichen Naturführern, wo er häufig bereits auf der Titelseite prangt und darüber hinaus mehrfach im Text oder auf Tafeln in prägnanten Fotos abgebildet ist, oder aus dem Biologieunterricht in der Schule oder aus Ausstellungen in Museen. Aufgrund der charakteristischen Morphologie mit den typischen geweihartig vergrößerten Mandibeln der Männchen und der herausragenden Größe ist der Hirschkäfer (*Lucanus cervus*) praktisch unverwechselbar und kann in der Natur problemlos erkannt werden, ohne daß es einer speziellen Bestimmung bedarf. Die wenigen Verwechslungen des Hirschkäfers (*Lucanus cervus*) mit dem kleineren und schmaleren Balkenschröter (*Dorcus parallelepipedus*) können aufgrund der erheblich unterschiedlichen Länge und Breite sowie der unikalen geweihartig vergrößerten Mandibeln beim Männchen des Hirschkäfers (*Lucanus cervus*) rasch geklärt werden. Als Ergebnis meiner Auswertung der zahlreichen Fundmeldungen von über 600 Naturfreunden infolge meiner Aufrufe zur Mitteilung von Beobachtungen des Hirschkäfers (*Lucanus cervus*) in regionalen Tageszeitungen (Rhein-Neckar-Zeitung 2008 a, 2008 b, 2008 c, 2008 d; Schwetzinger Zeitung 2008, Bruchsaler Rundschau 2008) hat sich auch herausgestellt, daß die wenigen Begegnungen der meisten Naturfreunde mit dem Hirschkäfer (*Lucanus cervus*) in ihrem bisherigen Leben derart eindrückliche Erlebnisse waren, daß die Einzelheiten auch noch nach Jahrzehnten im Gedächtnis haften bleiben und auch heute noch genau abgerufen werden können. Wegen dieser detaillierten Erinnerung an lange zurückliegende Begegnungen mit dem Hirschkäfer (*Lucanus cervus*) konnten viele Naturfreunde wertvolle Beiträge nicht nur zur aktuellen Populationsdynamik und Ökologie, sondern auch zur früheren Verbreitung und zur allgemeinen Populationsdynamik und Ökologie des Hirschkäfers zu meiner Studie beisteuern. Die besondere Eignung des Hirschkäfers (*Lucanus cervus*) für ein ehrenamtliches Beobachternetz wurde auch von Geske (2007) unterstrichen.

Die Beobachtungen der zahlreichen Naturfreunde untermauern meine Interpretation der verborgenen Lebensweise des Hirschkäfers (*Lucanus cervus*), von dem sich die größten Teile der Populationen überwiegend versteckt im Wald aufhalten und nur ein geringer Teil der Populationen im Wald und an den Rändern von Wald und Wiesen oder Feldern sowie in Gärten besonders in waldnahen Bereichen von Siedlungen erscheint und entdeckt werden kann. Die meisten Nachweismeldungen der zahlreichen Naturfreunde stellen zufällige Einzelfunde in disperser Verteilung in Raum und Zeit dar, welche überwiegend tagsüber erfolgten, als Männchen und Weibchen des Hirschkäfers (*Lucanus cervus*) meist laufend auf Wegen und Straßen und gelegentlich auch fliegend an Bäumen, Häusern, Wegen und Straßen angetroffen wurden, und oftmals wurden überwiegend Männchen und untergeordnet Weibchen auch sitzend auf Stämmen, Steinen, Mauern, Zäunen, Treppen und Terrassen bemerkt. Gelegentlich wurden die Beobachtungen auch abends gemacht, wenn Männchen und Weibchen darüber hinaus auch fliegend gesichtet wurden. Regelmäßige und wiederholte Beobachtungen des Hirschkäfers (*Lucanus cervus*) an ein und derselben Lokalität, wie ich sie am Standort Tairnbach durchgeführt habe, liegen nur wenige vor. Deshalb sind die vielen Fundmeldungen der über 600 Naturfreunde, die sich mit ihren wichtigen Hinweisen an meiner Studie beteiligt haben, eine bedeutende Ergänzung meiner systematischen Aufnahmen am Standort Tairnbach und haben wesentlich dazu beigetragen, ein detailliertes Bild der Populationsdynamik und Ökologie des Hirschkäfers (*Lucanus cervus*) im Raum um Heidelberg und Mannheim zu zeichnen. Weil die wenigen seltenen Begegnungen mit dem Hirschkäfer (*Lucanus cervus*) über längere Zeiträume hinweg von vielen Beobachtern an zahlreichen Lokalitäten sich in der Auswertung aller Fundmeldungen als typisch herausgestellt haben, gebe ich die mir berichteten Daten zusammengefaßt in der nachstehenden Auflistung der Vorkommen wieder, um die Besonderheit der Zusammentreffen mit dem Hirschkäfer (*Lucanus cervus*) in der Natur zu unterstreichen und die herausragende Position des Hirschkäfers in der einheimischen

Insektenfauna noch schärfer hervorzuheben.

16.2 Heidelberg-Handschuhsheim

Die Nachweise von Individuen des Hirschkäfers (*Lucanus cervus*) in Heidelberg-Handschuhsheim, welche mir von Naturfreunden aufgrund meiner Aufrufe zur Mitteilung von Beobachtungen in regionalen Tageszeitungen (Rhein-Neckar-Zeitung 2008 a, 2008 b, 2008 c, 2008 d; Schwetzinger Zeitung 2008, Bruchsaler Rundschau 2008) gemeldet wurden, stammen aus der Mühltalstraße, der Oberen Büttengasse, dem Kapellenweg, dem Mönchbergweg und der Straße Zum Steinberg am östlichen Ortsrand von Heidelberg-Handschuhsheim; aus dem Gewann Untere Darr, dem Siebenmühlental, dem Steinberg und dem Hellenbachtalweg östlich und nordöstlich Heidelberg-Handschuhsheim; aus dem Gewann Wilde Rot, dem Blütenweg und dem Dossenheimer Weg nördlich Heidelberg-Handschuhsheim; aus der Mozartstraße am südlichen Ortsrand von Heidelberg-Handschuhsheim; aus der Berliner Straße am westlichen Ortsrand von Heidelberg-Handschuhsheim; und aus dem Handschuhsheimer Feld westlich Heidelberg-Handschuhsheim. Die Fundorte des Hirschkäfers (*Lucanus cervus*) in Heidelberg-Handschuhsheim (TK 25, Blatt 6518 Heidelberg-Nord) liegen in der Ebene des Rheintales in ca. 100 - 120 m Höhe über NN und am Westhang des Odenwaldes am Osthang des Rheintales in ca. 120 - 250 m Höhe über NN.

In der Mühltalstraße am östlichen Ortsrand von Heidelberg-Handschuhsheim hat Joachim Haunerland (mündl. Mitt. 2008) etwa Mitte bis Ende Juni 2008 ein Männchen des Hirschkäfers (*Lucanus cervus*) am Fenster an der Terrasse gesehen, und hat in 2007 ein Männchen auf einem Pfosten eines Pferdeweidezaunes im Wald oberhalb der Mühltalstraße beobachtet. Joachim Haunerland (mündl. Mitt. 2008) hat bis 1982 in Essen und bis 1986 in Heidelberg-Wieblingen gewohnt und lebt seit 1986 in Heidelberg-Handschuhsheim, und hat in den 50 Jahren seines Lebens seit 1986 in etlichen Jahren, aber nicht in jedem Jahr, einzelne Exemplare des Hirschkäfers (*Lucanus cervus*) im Wald oberhalb der Mühltalstraße entdeckt, wohingegen er an anderen Orten keine Individuen in der Natur angetroffen hat. Joachim Haunerland (mündl. Mitt. 2008) konnte damit über einen Zeitraum von über 20 Jahren das zwar unregelmäßige, aber stets wiederkehrende Auftreten von Individuen des Hirschkäfers (*Lucanus cervus*) konstatieren.

In der Oberen Büttengasse am östlichen Ortsrand von Heidelberg-Handschuhsheim hat Hans-Jürgen Mayan (mündl. Mitt. 2008) im Hof des Hauses am 23.06.2008 abends gegen 21.30 Uhr ein laufendes Weibchen des Hirschkäfers (*Lucanus cervus*) am Boden beobachtet, welches das einzige Exemplar war, das er bisher dort entdeckt hat. Hans-Jürgen Mayan (mündl. Mitt. 2008) lebt seit 1997 in Heidelberg-Handschuhsheim und war vorher unter anderem in Neckargemünd, Wiesenbach, Mauer und Stuttgart, und hat in den über 65 Jahren seines Lebens vorher nur einmal zwischen 1955 und 1960 in Neckargemünd ein Männchen des Hirschkäfers (*Lucanus cervus*) gesehen, welches ein Klassenkamerad im Wald um Neckargemünd gefunden hat und in die Schule mitgebracht hat, und ist ansonsten keinen weiteren Individuen in der Natur begegnet.

Andreas Ullmann (mündl. Mitt. 2008) lebt schon seit 1994 in Heidelberg-Handschuhsheim und hat bisher dort noch keine Individuen des Hirschkäfers (*Lucanus cervus*) entdeckt, obwohl er im Waldweg am östlichen Ortsrand wohnt und als Förster sehr viel Zeit im Wald verbringt. Andreas Ullmann (mündl. Mitt. 2008) hat bis 1982 in Heidelberg-Weststadt gewohnt, war dann bis 1988 unter anderem in Rottenburg, und hat dann bis 1994 in Seckach gewohnt, und hat in den über 45 Jahren seines Lebens bisher nur einmal in 1986 an einem warmen Sommertag im Fasanengarten östlich des Schlosses am nördlichen Stadtrand von Karlsruhe ein laufendes Männchen des Hirschkäfers (*Lucanus cervus*) auf dem Weg und ein totes Männchen am Boden beobachtet, und hat ansonsten keine weiteren Exemplare in der Natur angetroffen.

Unterhalb der Mönchberghütte oberhalb des Kapellenweges am östlichen Ortsrand von Heidelberg-Handschuhsheim hat Katharina Pajonk (mündl. Mitt. 2008) um den 10.07.2008 mittags auf dem Weg ein Weibchen des Hirschkäfers (*Lucanus cervus*) entdeckt, welches das einzige Exemplar ist, das sie bisher in Handschuhsheim gesehen hat, wo sie seit 1948 wohnt, und das sie in den 60 Jahren ihres Lebens bisher in der Natur gefunden hat. Hildegard Hack (mündl. Mitt. 2008), welche bei dem vorgenannten Fund dabei war, wohnt seit 1979 in Handschuhsheim und hat dort bisher auch nur dieses eine

Exemplar des Hirschkäfers (*Lucanus cervus*) beobachtet. Hildegard Hack (mündl. Mitt. 2008) hat davor nur zwischen etwa 1970 und etwa 1995 im Wald zwischen Oberwaldhaus, wo sie bis 1979 gelebt hat, und Fasanerie im Stadtwald am östlichen Stadtrand von Darmstadt insgesamt etwa 3 Männchen und 4 Weibchen des Hirschkäfers (*Lucanus cervus*) über den vorbezeichneten Zeitraum hinweg am Boden auf dem Weg und am Rand eines Teiches auf einer Lichtung angetroffen, wohingegen sie ansonsten in den fast 50 Jahren ihres Lebens keinen weiteren Individuen in der Natur begegnet ist.

In einem Garten nahe dem Kapellenweg am östlichen Ortsrand von Heidelberg-Handschuhsheim hat Gunhild Glowitz (mündl. Mitt. 2008) etwa Ende August/Anfang September 2008 ein Männchen des Hirschkäfers (*Lucanus cervus*) am Boden gesehen, und hat auch am 08.10.2008 vormittags gegen 10 Uhr in einem Garten in den Weinbergen am Hang südwestlich Heidelberg-Boxberg unter einer schwarzen Plastikplane auf dem Komposthaufen ein Männchen sowie eine Blindschleiche (*Anguis fragilis*) entdeckt. Gunhild Glowitz (mündl. Mitt. 2008) hat bis 1963 in Heidelberg-Pfaffengrund gewohnt und lebt seit 1963 in Heidelberg-Boxberg, und ist in den 70 Jahren ihres Lebens außer den beiden vorgenannten Männchen keinen weiteren Exemplaren des Hirschkäfers (*Lucanus cervus*) in der Natur begegnet.

Im Mönchbergweg oberhalb und südöstlich von Im Neulich am östlichen Ortsrand von Heidelberg-Handschuhsheim haben Gerhard und Karl Viktor Gärtner (mündl. Mitt. 2008) etwa Ende Juni/Anfang Juli 2008 im Wald im Abstand von etwa einer Woche je ein Männchen des Hirschkäfers (*Lucanus cervus*) auf dem Weg am Boden und an einem Stamm entdeckt, und dort hat Karl Viktor Gärtner (mündl. Mitt. 2008) in den letzten 20 Jahren insgesamt etwa 5 Individuen des Hirschkäfers (*Lucanus cervus*) sowie einmal auch ein Exemplar des Nashornkäfers (*Oryctes nasicornis*) gesehen. Im Siebenmühlental am östlichen Ortsausgang von Heidelberg-Handschuhsheim hat Gerhard Gärtner (mündl. Mitt. 2008) von 1974 bis 1978 in jedem Jahr insgesamt etwa 5 - 10 Individuen des Hirschkäfers (*Lucanus cervus*) pro Jahr am Boden und fliegend beobachtet, und hat auch im Käfertaler Wald nördlich Mannheim-Käfertal von 1974 bis 1978 in jedem Jahr insgesamt etwa 5 - 10 Exemplare pro Jahr am Boden und fliegend bemerkt. Gerhard Gärtner (mündl. Mitt. 2008) hat auch im Pleikartsförster Hof nordwestlich Heidelberg-Kirchheim von 1978 bis 2008 in jedem Jahr insgesamt etwa 2 - 3 Individuen des Nashornkäfers (*Oryctes nasicornis*) pro Jahr, welche meist Weibchen waren, festgestellt, und hat auch von 1977 bis 1981 in Sägewerken in Heidelberg-Handschuhsheim und Östringen immer wieder Exemplare des Nashornkäfers (*Oryctes nasicornis*) in Sägespanhaufen gefunden, welche schon mehrere Jahre gelegen sind.

In der Straße Zum Steinberg unterhalb des Friedhofes in Waldnähe am östlichen Ortsrand von Heidelberg-Handschuhsheim hat Gertrud Lanzinger (mündl. Mitt. 2008) im Juni 2008 ein Männchen des Hirschkäfers (*Lucanus cervus*) entdeckt, welches abends gegen 20 Uhr an der Außenmauer des Gartens gesessen ist. Dieses Männchen ist das einzige Exemplar des Hirschkäfers (*Lucanus cervus*), welches Gertrud Lanzinger (mündl. Mitt. 2008) bisher in Heidelberg-Handschuhsheim gesehen hat, wo sie seit 1997 wohnt, und das sie in den fast 70 Jahren ihres Lebens bisher in der Natur gefunden hat. Gertrud Lanzinger (mündl. Mitt. 2008) lebt seit 1958 mit kurzen Unterbrechungen in Heidelberg und hat in den Stadtteilen Handschuhsheim, Neuenheim und Weststadt gewohnt, und ist erst in 2008 erstmals einem Männchen des Hirschkäfers (*Lucanus cervus*) in der Natur begegnet.

Auf dem Friedhof in Waldnähe östlich der Straße Zum Steinberg am östlichen Ortsrand von Heidelberg-Handschuhsheim hat Linde Spranz (mündl. Mitt. 2008) in 2004 tagsüber zwei Männchen des Hirschkäfers (*Lucanus cervus*) entdeckt, welche beide hintereinander auf dem Weg gelaufen sind. Diese beiden Männchen sind die einzigen Individuen des Hirschkäfers (*Lucanus cervus*), welche Linde Spranz (mündl. Mitt. 2008) bisher in Heidelberg-Handschuhsheim gesehen hat, wo sie bis 1975 gewohnt hat, und die sie in den 70 Jahren ihres Lebens bisher in der Natur gefunden hat, wohingegen sie in Walldorf, wo sie seit 1975 wohnt, bisher keinem Exemplar begegnet ist.

In einem Garten am Hang oberhalb des Friedhofes östlich der Straße Zum Steinberg am nordöstlichen Ortsende von Heidelberg-Handschuhsheim sowie im nahegelegenen Wald und am Waldrand hat Karl-Heinz Holl (mündl. Mitt. 2008) seit mindestens 15 Jahren und möglicherweise auch schon länger in fast jedem Jahr mindestens 2 Männchen und Weibchen des Hirschkäfers (*Lucanus cervus*) pro Jahr am Boden und fliegend gesehen, und konnte damit über einen Zeitraum von etwa 15 - 20 Jahren das mehr oder weniger regelmäßige Auftreten von Individuen konstatieren. Karl-Heinz Holl (mündl. Mitt. 2008) hat von 1965 bis 1972 in Heidelberg-Boxberg gewohnt und lebt ansonsten schon immer in Heidelberg-Handschuhsheim, und erinnert sich in den über 75 Jahren seines Lebens über die vorgenannten Beobachtungen hinaus noch an einen Fund eines Männchens des Hirschkäfers (*Lucanus cervus*) vor etwa 30 Jahren auf der Straße am Bahnübergang in Mannheim-Neckarau.

Im Gewann Untere Darr östlich Heidelberg-Handschuhsheim hat Michael Cafferty (mündl. Mitt. 2008) in einem Garten am Hang oberhalb des Friedhofes östlich der Straße zum Steinberg etwa in 2006 ein lebendes Männchen des Hirschkäfers (*Lucanus cervus*) gefunden, welches in das Wasserfaß gefallen war, und hat wenig später in der Wilhelmstraße im zentralen Teil von Dossenheim ein laufendes Männchen auf dem Gehweg gesehen. Außer diesen beiden Männchen kann sich Michael Cafferty (mündl. Mitt. 2008) nicht daran erinnern, in den fast 50 Jahren seines Lebens vorher schon einmal irgendwann und irgendwo Individuen des Hirschkäfers (*Lucanus cervus*) in der Natur gesehen zu haben.

Im Siebenmühlental am östlichen Ortsausgang von Heidelberg-Handschuhsheim hat Dietger Kronen (mündl. Mitt. 2008) zwischen etwa 1950 und 1959 gelegentlich einzelne Exemplare des Hirschkäfers (*Lucanus cervus*) am Waldrand gesehen, und hat etwa 1950 auf der Ketscher Rheininsel nordwestlich Ketsch während einer Wanderung tagsüber etwa 40 - 50 Individuen auf der ganzen Wegstrecke verteilt angetroffen, von denen einige bereits tot waren. Im Waldgebiet Schwetzinger Hardt hat Dietger Kronen (mündl. Mitt. 2008) an den Parkplätzen nahe Sternbuckel am Speyerer Weg in Richtung Ostkurve des Hockenheimrings in 2007 ein totes Männchen des Hirschkäfers (*Lucanus cervus*) am Boden neben dem asphaltierten Weg gefunden, und hat etwa 2005 im Tierpark am nordwestlichen Ortsausgang von Walldorf abends ein fliegendes Männchen am Waldrand beobachtet. Dietger Kronen (mündl. Mitt. 2008) hat auch vor etwa 20 Jahren im Reinhardswald nordwestlich Kassel einzelne Männchen des Hirschkäfers (*Lucanus cervus*) am Boden in einem Wald mit zahlreichen sehr alten Eichen und Kastanien bemerkt, und ein Waldgebiet nördlich Kassel mit vielen alten Eichen und Buchen, in dem auch der Hirschkäfer (*Lucanus cervus*) vorkommt, ist das Eichholz bei Uslar im Solling (Welt 2008). Dietger Kronen (mündl. Mitt. 2008) hat bis 1959 in Heidelberg-Handschuhsheim, bis 1978 in Heidelberg-Boxberg und bis 1988 in Sandhausen gewohnt und lebt seit 1988 in Walldorf, und ist in den 70 Jahren seines Lebens außer den vorgenannten Funden keinen weiteren Exemplaren des Hirschkäfers (*Lucanus cervus*) in der Natur begegnet.

Am Steinberg nordöstlich Heidelberg-Handschuhsheim hat Karl-Friedrich Raqué (mündl. Mitt. 2008) von etwa 1985 bis 2008 in jedem Jahr insgesamt etwa 3 - 5 Individuen des Hirschkäfers (*Lucanus cervus*), welche überwiegend Männchen und untergeordnet Weibchen waren, pro Jahr im Wald oberhalb des Friedhofs entdeckt, und hat auch seit etwa 1985 in etlichen Jahren in den Rheinauen um den Rheinpark Rappenwörth westlich Karlsruhe-Daxlanden gelegentlich einzelne Exemplare beobachtet. Karl-Friedrich Raqué (mündl. Mitt. 2008) hat auch seit etwa 1990 im Wald um das Eckenberg-Gymnasium in der Oberen Eckenbergstraße am nördlichen Ortsrand von Adelsheim in jedem Jahr etwa 3 - 5 Männchen und Weibchen des Hirschkäfers (*Lucanus cervus*) pro Jahr registriert, und hat in dieser Zeit auch in jedem Jahr auf dem Parkgelände der Schule am Waldrand mehrere Individuen gesehen, welche von Schülern im Wald und im Parkgelände gefunden wurden. Karl-Friedrich Raqué (mündl. Mitt. 2008) hat auch am Landesschulzentrum für Umwelterziehung, einer Abteilung des Eckenberg-Gymnasiums, von etwa 1990 bis etwa 2000 wiederholt mit Schülergruppen im Wald Hirschkäferwiegen konstruiert, indem um Eichenstämme herum im Wurzelbereich Eichenrinde angehäuft wurde und darauf Stücke entrindeten Eichenholzes in Haufen aufgeschichtet wurde, und hat bei einer Kontrollöffnung einer Hirschkäferwiege darin auch einmal ein Männchen des Hirschkäfers (*Lucanus cervus*) angetroffen. Karl-Friedrich Raqué (mündl. Mitt. 2008) hat bis 1998 unter anderem in Heidelberg-Handschuhsheim gewohnt und lebt seit 1998 in Heidelberg-Schlierbach, und ist in den fast 55 Jahren seines Lebens außer den vorgenannten Funden keinen weiteren Exemplaren des Hirschkäfers (*Lucanus cervus*) in der Natur begegnet. Karl-Friedrich Raqué (mündl. Mitt. 2008) konnte damit über einen Zeitraum von fast 25 Jahren in Heidelberg-Handschuhsheim und von fast 20 Jahren in Adelsheim das regelmäßige Auftreten von Individuen des Hirschkäfers (*Lucanus cervus*) konstatieren.

Am Steinberg nordöstlich Heidelberg-Handschuhsheim hat Franz Auer (mündl. Mitt. 2009) von etwa 1990 bis 2007 in fast jedem Jahr insgesamt etwa 5 - 10 Exemplare des Hirschkäfers (*Lucanus cervus*) pro Jahr im Wald oberhalb des Friedhofs entdeckt, welche abends in der Dämmerung im Wald herumgeflogen sind, an Stämmen gesessen sind und auf dem Weg gelaufen sind, wohingegen er in 2008 dort während der Flugzeit nicht gewesen ist. Franz Auer (mündl. Mitt. 2009) konnte damit über einen Zeitraum von über 15 Jahren das mehr oder weniger regelmäßige Auftreten von Individuen des Hirschkäfers (*Lucanus cervus*) konstatieren. Franz Auer (mündl. Mitt. 2009) hat auch einmal zwischen

1998 und 2000 in einer Streuobstwiese in den Terrassen unterhalb des Waldes am Steinberg etwa 10 Larven des Hirschkäfers (*Lucanus cervus*) im morschen Holz eines alten Kirschbaumes gesehen, welcher schon vor Jahren gefällt wurde und an eine Mauer angelehnt dort am Boden gelegen ist. Franz Auer (mündl. Mitt. 2009) lebt seit etwa 1975 in Heidelberg und ist in den 55 Jahren seines Lebens außer den vorgenannten Funden dort keinen weiteren Individuen des Hirschkäfers (*Lucanus cervus*) in der Natur begegnet, wohingegen er wiederholt Exemplare während seiner freiberuflichen Tätigkeit als Biologe zwischen Frankfurt/Main und Karlsruhe in der Natur angetroffen hat.

Auf dem Hellenbachtalweg zwischen dem Steinbergsweg und dem Unteren Nistlerweg am Nordhang des Steinberges nordöstlich Heidelberg-Handschuhsheim hat Bernhard Pirch-Rieseberg (mündl. Mitt. 2008) im Juli 2005 ein Männchen des Hirschkäfers (*Lucanus cervus*) am Boden auf dem Weg gesehen, und hat auch im August 2005 an der Thingstätte auf dem Heiligenberg östlich Heidelberg-Neuenheim zwischen Parkplatz und Freilichtbühne ein Männchen entdeckt, welches in die Laubstreu am Waldrand gelaufen ist. Bernhard Pirch-Rieseberg (mündl. Mitt. 2008) hat bis 1974 in Genf, bis 1989 in Hamburg, bis 1991 in Neckargemünd und bis 2001 in Heidelberg-Altstadt gewohnt und lebt seit 2001 in Heidelberg-Handschuhsheim, und hat in den 40 Jahren seines Lebens seit 1989 außer den beiden vorgenannten Männchen keine weiteren Individuen des Hirschkäfers (*Lucanus cervus*) in der Natur angetroffen, wohingegen er möglicherweise vor 1989 schon einmal Exemplaren in der Natur begegnet ist, aber nicht mehr weiß, wann und wo dies gewesen ist.

Im Gewann Wilde Rot nördlich Heidelberg-Handschuhsheim an der Grenze zu Dossenheim hat Johannes Wilhelm (mündl. Mitt. 2008) in einem Garten, in dem Holzstapel aufgeschichtet sind und sich ein Komposthaufen im Waldschatten befindet, seit 1988 in etwa jedem zweiten Jahr mindestens ein Weibchen des Hirschkäfers (*Lucanus cervus*) am Boden und an den Holzstapeln gesehen, wohingegen er dort nur etwa alle 6 - 8 Jahre ein Männchen angetroffen hat. Johannes Wilhelm (mündl. Mitt. 2008) konnte damit über einen Zeitraum von 20 Jahren das zwar unregelmäßige, aber stets wiederkehrende Auftreten von Individuen des Hirschkäfers (*Lucanus cervus*) konstatieren. Johannes Wilhelm (mündl. Mitt. 2008) hat bis 1968 in Märkt bei Weil am Rhein mitten im Wald gewohnt und lebt seit 1968 in Heidelberg, und hat in den 60 Jahren seines Lebens von etwa 1958 bis 1968 in den Auenwäldern, in denen reiche Eichenbestände vorkommen, entlang der Altarmbereiche und Hochgestade im Überschwemmungsgebiet des Rheins zwischen Märkt und Haltingen in jedem Jahr insgesamt etwa 5 - 10 Männchen und Weibchen des Hirschkäfers (*Lucanus cervus*) pro Jahr am Boden und fliegend beobachtet, wohingegen er sich nicht daran erinnern kann, auch zwischen 1968 und 1988 Individuen in der Natur begegnet zu sein.

Auf dem Blütenweg, dem Verbindungsweg von Heidelberg-Handschuhsheim nach Dossenheim durch die Gartenanlage unterhalb des Waldrandes, hat Klaus von Taschitzki (mündl. Mitt. 2008) am 06.08.2008 am Rand des asphaltierten Weges an der Grenze zu einem Garten nördlich Heidelberg-Handschuhsheim ein totes Männchen des Hirschkäfers (*Lucanus cervus*) auf dem Rücken liegend am Boden gesehen, und hat in 2006 in Kallikut zwischen Oberkirch und Freudenstadt im Schwarzwald ein laufendes Männchen am Boden im Wald entdeckt. Klaus von Taschitzki (mündl. Mitt. 2008) hat seit 1955 in Heidelberg-Altstadt und Heidelberg-Weststadt gewohnt und lebt seit 1985 in Heidelberg-Kirchheim, und kann sich in den fast 75 Jahren seines Lebens nicht an Orte und Zeiten eventueller früherer Begegnungen mit Individuen des Hirschkäfers (*Lucanus cervus*) in der Natur erinnern, obwohl er sich sicher ist, irgendwo und irgendwann bereits früher Exemplare in der Natur angetroffen zu haben.

In den Weinbergen östlich des Dossenheimer Weges östlich der Markthalle des Erzeugergroßmarktes an der nördlichen Gemarkungsgrenze von Heidelberg-Handschuhsheim hat Günter Nastansky-Warnecke (mündl. Mitt. 2008) am 17.07.2008 abends in der Dämmerung ein Männchen des Hirschkäfers (*Lucanus cervus*) gesehen, welches um eine Hütte im Weinberg am Hang herumgeflogen ist. Günter Nastansky-Warnecke (mündl. Mitt. 2008) hat auch von 1973 bis 1982 am Litauischen Gymnasium im Schloß Rennhof am östlichen Ortsausgang von Lampertheim-Hüttenfeld in fast jedem Jahr insgesamt etwa 5 - 10 Exemplare des Hirschkäfers (*Lucanus cervus*) pro Jahr an Stämmen und Zweigen des vielfältigen Baumbestandes im Park des Schulgeländes beobachtet, und hat dort in einigen Jahren sogar mehrere Tage hintereinander ein maikäferähnliches Schwärmen von Dutzenden von Individuen des Hirschkäfers (*Lucanus cervus*) erlebt. Günter Nastansky-Warnecke (mündl. Mitt. 2008) hat bis 1961 in Limburg an der Lahn und bis 1979 in Heidelberg-Handschuhsheim gewohnt und lebt seit 1979 in Dossenheim, und kann sich in den über 65 Jahren seines Lebens außer den vorgenannten

Funden nicht an weitere Begegnungen mit Exemplaren des Hirschkäfers (*Lucanus cervus*) in der Natur erinnern.

In der Mozartstraße am südlichen Ortsrand von Heidelberg-Handschuhsheim an der Grenze zu Heidelberg-Neuenheim, wo sie schon seit 1978 wohnt, hat Regine Schütt (mündl. Mitt. 2008) im Juni 2008 an einem Abend und im Juni 2007 an mehreren Abenden hintereinander jeweils ein Weibchen des Hirschkäfers (*Lucanus cervus*) gesehen, welches aus dem Haselnußstrauch im Garten heraus und um das Haus herum zu dem verglasten Anbau am Nachbarhaus geflogen ist. Regine Schütt (mündl. Mitt. 2008) hat bis 1967 in Stuttgart-Weilimdorf gewohnt und lebt seit 1967 in Heidelberg, und hat in den über 65 Jahren ihres Lebens außer den vorgenannten Beobachtungen nur noch in Erinnerung, daß sie etwa 1950 einmal im Wald zwischen Stuttgart-Weilimdorf und Stuttgart-Feuerbach ein Männchen des Hirschkäfers (*Lucanus cervus*) am Boden entdeckt hat, wohingegen sie ansonsten keinen weiteren Individuen in der Natur begegnet ist.

In der Berliner Straße an der Ecke Furtwänglerstraße am westlichen Ortsrand von Heidelberg-Handschuhsheim hat Inge Bosselmann (mündl. Mitt. 2008) im Hof der Heiligenbergschule um Pfingsten etwa Mitte Mai 2008 tagsüber ein Männchen des Hirschkäfers (*Lucanus cervus*) gesehen, welches die Schüler in der großen Pause an einem Zweig im Gebüsch gefunden haben. Anschließend haben die Schüler im benachbarten Hort noch ein Weibchen des Hirschkäfers (*Lucanus cervus*) entdeckt. Dieses Männchen und dieses Weibchen sind die beiden einzigen Exemplare des Hirschkäfers (*Lucanus cervus*), die Inge Bosselmann (mündl. Mitt. 2008) bisher in Heidelberg gesehen hat, wo sie seit 1970 wohnt, und die sie in den fast 60 Jahren ihres Lebens bisher in der Natur beobachtet hat.

Im Handschuhsheimer Feld in der Flur Saubad zwischen dem Klausenpfad im Süden und dem Wieblinger Weg im Norden westlich Heidelberg-Handschuhsheim haben Tina und Uwe Meisel (mündl. Mitt. 2008) in 2006 ein Männchen des Hirschkäfers (*Lucanus cervus*) entdeckt, welches sich in einem im Garten auf dem Boden liegenden Netz verfangen hatte. Uwe Meisel (mündl. Mitt. 2008) hat bis 1998 in Dossenheim gewohnt und lebt seit 1998 in Heidelberg-Pfaffengrund, und hat in den 40 Jahren seines Lebens bisher nur das vorgenannte Exemplar des Hirschkäfers (*Lucanus cervus*) in der Natur beobachtet. Tina Meisel (mündl. Mitt. 2008) hat bis 1996 in Heidelberg-Handschuhsheim und bis 1998 in Dossenheim gewohnt und lebt seit 1998 ebenfalls in Heidelberg-Pfaffengrund, und hat in den fast 35 Jahren ihres Lebens außer dem vorgenannten Exemplar nur noch einmal in 2005 oder 2006 an der Grillhütte am Waldrand südöstlich Oftersheim ein Weibchen des Hirschkäfers (*Lucanus cervus*) am Boden bemerkt, wohingegen sie ansonsten keinen weiteren Individuen in der Natur begegnet ist.

Wegen der von Schriesheimer Weinbauern beobachteten Affinität des Hirschkäfers (*Lucanus cervus*) zum Wein aufgrund seines häufigen Erscheinens in Weinkellern und dort oftmals unter Weinfässern wird er in Schriesheim im Volksmund auch als Weinschröter bezeichnet. Der volkstümliche Name Weinschröter für den Hirschkäfer (*Lucanus cervus*) ist im Raum Heidelberg schon seit etwa 100 Jahren gebräuchlich, und in Handschuhsheim wurde als Abart davon die Bezeichnung Weinschlierer verwendet (Zimmermann 1920), woraus sich ergibt, daß Exemplare des Hirschkäfers (*Lucanus cervus*) in Weinkellern und an Weinfässern von den Weinbauern im Raum Heidelberg und Umgebung schon seit langer Zeit immer wieder beobachtet wurden.

16.3 Heidelberg-Neuenheim

Die Nachweise von Individuen des Hirschkäfers (*Lucanus cervus*) in Heidelberg-Neuenheim, welche mir von Naturfreunden aufgrund meiner Aufrufe zur Mitteilung von Beobachtungen in regionalen Tageszeitungen (Rhein-Neckar-Zeitung 2008 a, 2008 b, 2008 c, 2008 d; Schwetzinger Zeitung 2008, Bruchsaler Rundschau 2008) gemeldet wurden, stammen aus der Neuenheimer Landstraße, der Ziegelhäuser Landstraße, dem Schlangenweg, der Hirschgasse, der Scheffelstraße, dem Philosophenweg, der Albert-Ueberle-Straße, der Ludolf-Krehl-Straße, der Gustav-Kirchhoff-Straße, der Bergstraße, der Mönchbergsteige, dem Schweizerweg und der Brückenstraße am Ostrand von Heidelberg-Neuenheim; aus der Lutherstraße und der Schröderstraße am Südrand von Heidelberg-Neuenheim; aus der Mönchhofstraße, der Keplerstraße und der Seitzstraße im Zentrum von Heidelberg-Neuenheim; aus dem Werderplatz, der Blumenthalstraße und der Moltkestraße am nördlichen Ortsrand von Heidelberg-Neuenheim; aus dem Gewann Leimengrube an der Grenze zwischen Heidelberg-Neuenheim und

Heidelberg-Handschuhsheim; und aus der Thingstätte auf dem Heiligenberg östlich Heidelberg-Neuenheim. Die Fundorte des Hirschkäfers (*Lucanus cervus*) in Heidelberg-Neuenheim (TK 25, Blatt 6518 Heidelberg-Nord) liegen in der Ebene des Rheintales und des Neckartales in ca. 100 - 120 m Höhe über NN sowie am Westhang des Odenwaldes am Osthang des Rheintales und am Südhang des Odenwaldes am Nordhang des Neckartales in ca. 120 - 440 m Höhe über NN.

An der Alten Brücke (Karl-Theodor-Brücke) am Nordhang des Neckartales an der Grenze zwischen Neuenheimer Landstraße und Ziegelhäuser Landstraße am Ostrand von Heidelberg-Neuenheim hat Norbert Schaier (mündl. Mitt. 2008) an den Platanen am Straßenrand der Neckarpromenade etwa Ende Juni 2008 abends in der Dämmerung ca. 5 - 6 Männchen des Hirschkäfers (*Lucanus cervus*) gesehen, als diese über die Straße, um die Brücke herum und um die Bäume herum geflogen sind. Diese schwärmenden Männchen des Hirschkäfers (*Lucanus cervus*) sind die einzigen Exemplare, die Norbert Schaier (mündl. Mitt. 2008) in den fast 40 Jahren seines Lebens bisher in der Natur gefunden hat. Norbert Schaier (mündl. Mitt. 2008) lebt schon immer in Heidelberg-Wieblingen und hat bisher dort noch keine Individuen des Hirschkäfers (*Lucanus cervus*) entdeckt, obwohl er in der Käfertaler Straße am nördlichen Ortsrand wohnt.

Auf dem Schlangenweg, welcher nördlich der Alten Brücke (Karl-Theodor-Brücke) am Nordhang des Neckartales am Ostrand von Heidelberg-Neuenheim zum Philosophenweg hochführt, hat Nina Tomić (mündl. Mitt. 2008) in 2006 etwa auf halber Höhe zwischen Alter Brücke und Philosophenweg auf einem Stein an der Mauer vormittags ein Männchen des Hirschkäfers (*Lucanus cervus*) beobachtet. Nina Tomić (mündl. Mitt. 2008) lebt schon immer in Heidelberg und hat davor in den 25 Jahren ihres Lebens nur in 2003 bei Narbonne südöstlich Toulouse in Südfrankreich ein laufendes Männchen des Hirschkäfers (*Lucanus cervus*) am Boden auf einem Weg im Küstenbereich des Mittelmeeres gesehen, und hat in 2003 in der Umgebung von Straßburg in Nordostfrankreich einen Caput-Thorax-Torso eines Männchens ohne Abdomen auf dem Boden gefunden, wohingegen sie ansonsten keinen weiteren Exemplaren in der Natur begegnet ist.

Am Nordende der Hirschgasse am Nordhang des Neckartales am Ostrand von Heidelberg-Neuenheim, wo sie schon immer wohnt, hat Birgit Rapp (mündl. Mitt. 2008) seit etwa 1950 in jedem Jahr mehrere Männchen und Weibchen des Hirschkäfers (*Lucanus cervus*) auf der Terrasse des Hauses und im Garten am Waldrand laufend und sitzend am Boden und an der Wand sowie fliegend gesehen. Birgit Rapp (mündl. Mitt. 2008) konnte damit in den 65 Jahren ihres Lebens über einen Zeitraum von fast 60 Jahren das regelmäßige Auftreten von Individuen des Hirschkäfers (*Lucanus cervus*) in der Hirschgasse in Neuenheim beobachten, wobei die Zahl der Exemplare im Laufe der Zeit abgenommen hat. Birgit Rapp (mündl. Mitt. 2008) hat von etwa 1950 bis etwa 1985 - 1990 pro Jahr insgesamt etwa 3 - 4 Männchen und Weibchen des Hirschkäfers (*Lucanus cervus*) registriert, wohingegen sie seit etwa 1985 - 1990 bis 2008 pro Jahr insgesamt nur noch etwa 1 - 2 Männchen und Weibchen festgestellt hat.

Am Nordende der Hirschgasse am Nordhang des Neckartales am Ostrand von Heidelberg-Neuenheim hat Christa Schneider (mündl. Mitt. 2008) etwa Mitte bis Ende Juni 2008 zwei Männchen des Hirschkäfers (*Lucanus cervus*) vor dem Waldrand in der Nähe der letzten Häuser am Boden auf der asphaltierten Straße gesehen. Außer einer früheren Beobachtung eines Männchens vor ca. 25 - 30 Jahren in der Nähe des Kurhauses Sand im Bühlertal im Schwarzwald waren dies die einzigen Begegnungen mit Individuen des Hirschkäfers (*Lucanus cervus*), an welche sich Christa Schneider (mündl. Mitt. 2008), die seit 1977 in Heidelberg-Schlierbach wohnt, in den über 65 Jahren ihres Lebens bisher in der Natur erinnern kann. In der Nähe der Hirschgasse hat Gabi Kuhse (Christa Schneider, mündl. Mitt. 2008) in der Scheffelstraße in den vergangenen Jahren gelegentlich einzelne Exemplare des Hirschkäfers (*Lucanus cervus*) fliegend beobachtet.

Auf einem von der Hirschgasse nach Osten abgehenden Waldweg am Nordhang des Neckartales am Ostrand von Heidelberg-Neuenheim hat Walter Weisskapp (mündl. Mitt. 2008) vor etwa 40 Jahren drei Caput-Thorax-Torsi von Männchen des Hirschkäfers (*Lucanus cervus*) auf dem Weg auf einer Fläche von ca. 1 m2 gefunden, von denen einer noch gelebt hat und ihn in den Finger gezwickt hat. Walter Weisskapp (mündl. Mitt. 2008) hat bis 1978 in Heidelberg-Altstadt gewohnt und lebt seit 1978 in Heidelberg-Neuenheim, und hat in den über 85 Jahren seines Lebens außer den vorgenannten Fragmenten keine weiteren Exemplare des Hirschkäfers (*Lucanus cervus*) in der Natur angetroffen.

In der Scheffelstraße am Nordhang des Neckartales am Ostrand von Heidelberg-Neuenheim, wo er schon immer wohnt, hat Klaus-Peter Frank (mündl. Mitt. 2008) seit etwa 1985 im Garten des Hauses mehr oder weniger regelmäßig immer wieder einzelne Exemplare des Hirschkäfers (*Lucanus cervus*), welche meist Männchen waren, am Boden im Gras sowie auf Platten, Steinen und Stämmen gesehen, und geht davon aus, daß er dort auch in weiter zurückliegenden Jahren immer wieder einzelne Individuen angetroffen hat, obwohl er sich daran nicht mehr genau erinnern kann. Klaus-Peter Frank (mündl. Mitt. 2008) konnte damit über einen Zeitraum von fast 25 Jahren das mehr oder weniger regelmäßige Auftreten von Exemplaren des Hirschkäfers (*Lucanus cervus*) konstatieren. In 2008 hat Klaus-Peter Frank (mündl. Mitt. 2008) Anfang bis Mitte Juli an einem Tag im Umkreis von etwa 3 m ein Männchen und zwei Weibchen des Hirschkäfers (*Lucanus cervus*) im Garten des Hauses am Boden entdeckt, welches in den über 65 Jahren seines Lebens das erste Mal war, daß er an einem Tag mehrere Exemplare in kurzer Entfernung voneinander beobachtet hat. Seit 2002 hat sich Klaus-Peter Frank (mündl. Mitt. 2008) alljährlich in Orba bei Denia an der nördlichen Costa Blanca in Spanien aufgehalten und hat dort in jedem Jahr immer wieder einzelne Exemplare des Hirschkäfers (*Lucanus cervus*) festgestellt.

In der Ziegelhäuser Landstraße direkt östlich der Alten Brücke am Nordhang des Neckartales am Ostrand von Heidelberg-Neuenheim hat Michael Gußmann (mündl. Mitt. 2008) um das Haus herum und im Garten oberhalb des Hauses, in dem in einer ausgedehnten Obstwiese mit zahlreichen alten Bäumen und Büschen auch viel Totholz vorhanden ist, seit 1998 bis 2008 in jedem Jahr insgesamt etwa 2 - 3 Männchen des Hirschkäfers (*Lucanus cervus*) pro Jahr am Boden und fliegend gesehen. Michael Gußmann (mündl. Mitt. 2008) hat dort in 2008 mit 5 Männchen besonders zahlreiche Exemplare des Hirschkäfers (*Lucanus cervus*) festgestellt, wovon 1 Männchen tot hinter dem Haus gelegen ist, 1 Männchen auf dem Weg im Garten gelaufen ist, und 3 Männchen auf der Obstwiese im Garten geflogen sind. Das Haus in der Ziegelhäuser Landstraße ist schon lange im Familienbesitz, und Michael Gußmann (mündl. Mitt. 2008) war dort schon von 1962 bis 1976, als er in Saarbrücken gewohnt hat, häufig zu Besuch bei seinem Großvater, welcher ihm von dem Vorkommen von Exemplaren des Hirschkäfers (*Lucanus cervus*) und des Nashornkäfers (*Oryctes nasicornis*) auf dem Anwesen berichtet hat, und deshalb ist es durchaus wahrscheinlich, daß dort schon seit längerer Zeit regelmäßig Individuen des Hirschkäfers (*Lucanus cervus*) erscheinen und möglicherweise auf dem ausgedehnten Grundstück mit umfangreichem Baumbestand eine stabile Population besteht. Michael Gußmann (mündl. Mitt. 2008) hat in den über 50 Jahren seines Lebens auch von etwa 1980 bis 1988 im Wald in der nordöstlichen Umgebung von Göttingen gelegentlich einzelne Männchen des Hirschkäfers (*Lucanus cervus*) bemerkt, wohingegen er in Saarbrücken und an anderen Orten keinen Individuen in der Natur begegnet ist.

Am Philosophenweg am Nordhang des Neckartales am Ostrand von Heidelberg-Neuenheim hat Gerd Guntermann (mündl. Mitt. 2008) westlich des Liselotteplatzes westlich des Schlangenweges Anfang bis Mitte Juli 2008 etwa 5 - 6 überfahrene und zertretene Weibchen des Hirschkäfers (*Lucanus cervus*) gefunden, wohingegen ihm überfahrene und zertretene Männchen nicht aufgefallen sind. In einem Garten westlich des Liselotteplatzes am Nordhang des Neckartales unterhalb des Philosophenweges hat Gerd Guntermann (mündl. Mitt. 2008) in Juni und Juli 2008 ein Männchen und mehrere Weibchen des Hirschkäfers (*Lucanus cervus*) meist am Boden und gelegentlich auch fliegend gesehen, wohingegen er dort in den zurückliegenden Jahren keine Imagines beobachtet hat, sondern lediglich Larven (Engerlinge) in zersetztem Holz von alten Eichenstämmen entdeckt hat. Gerd Guntermann (mündl. Mitt. 2008) hat auch von 1993 bis 1998 in einem anderen Garten östlich des Liselotteplatzes am Nordhang des Neckartales unterhalb des Philosophenweges abends in der Dämmerung gelegentlich einzelne fliegende Exemplare des Hirschkäfers (*Lucanus cervus*) registriert. Gerd Guntermann (mündl. Mitt. 2008) hat bis 1962 in Pfungstadt und bis 1989 in Heidelberg-Neuenheim gewohnt und lebt seit 1989 in Heidelberg-Altstadt, und kann sich in den über 55 Jahren seines Lebens nicht daran erinnern, außer den vorgenannten Funden weiteren Individuen des Hirschkäfers (*Lucanus cervus*) in der Natur begegnet zu sein.

Am Philosophenweg am Nordhang des Neckartales am Ostrand von Heidelberg-Neuenheim hat Michael Waitzmann (mündl. Mitt. 2008) in 1984 oder 1985 ein Männchen des Hirschkäfers (*Lucanus cervus*) westlich des Schlangenweges am Boden entdeckt. Michael Waitzmann (mündl. Mitt. 2008) hat auch von 2000 bis 2008 am Schloß Stutensee südöstlich Stutensee-Friedrichstal in jedem Jahr insgesamt etwa 10 - 15 Männchen und Weibchen des Hirschkäfers (*Lucanus cervus*) pro Jahr an Stämmen von alten Eichen, am Boden und fliegend beobachtet, und hat dort in guten Jahren sogar bis 20 - 30 Männchen und Weibchen pro Jahr festgestellt. Michael Waitzmann (mündl. Mitt. 2008) hat auch von

2000 bis 2008 sowohl im Hardtwald zwischen Graben-Neudorf und Karlsruhe als auch im Oberwald zwischen Karlsruhe-Rüppurr und Karlsruhe-Durlach in jedem Jahr insgesamt jeweils etwa 2 - 3 Männchen und Weibchen des Hirschkäfers (*Lucanus cervus*) pro Jahr an Stämmen von alten Eichen, am Boden und fliegend gesehen. Michael Waitzmann (mündl. Mitt. 2008) hat bis 1990 an verschiedenen Orten gewohnt und lebt seit 1990 in Karlsruhe, und kann sich in den über 50 Jahren seines Lebens außer den vorgenannten Funden an keine weiteren Begegnungen mit Exemplaren des Hirschkäfers (*Lucanus cervus*) in der Natur erinnern.

Am Philosophenweg am Nordhang des Neckartales am Ostrand von Heidelberg-Neuenheim haben Edelgard und Hans Jörg Egner (mündl. Mitt. 2008) an der Hölderlinanlage östlich des Schlangenweges etwa Mitte bis Ende Juni 2008 ein Männchen des Hirschkäfers (*Lucanus cervus*) auf dem Weg am Boden gesehen, und haben auch etwa 1993 bei Neustift im Stubaital in Südtirol ein Männchen auf einem Weg im Wald am Boden entdeckt. Das Vorkommen des Hirschkäfers (*Lucanus cervus*) in Neustift in Südtirol haben auch Peez & Kahlen (1977) gemeldet. Hans Jörg Egner (mündl. Mitt. 2008) wohnt schon immer in Heidelberg-Neuenheim und hat in den 70 Jahren seines Lebens außer den vorgenannten Funden keine weiteren Exemplare des Hirschkäfers (*Lucanus cervus*) in der Natur angetroffen. Edelgard Egner (mündl. Mitt. 2008) hat bis 1960 in Heidelberg-Rohrbach gewohnt und lebt seit 1960 ebenfalls in Heidelberg-Neuenheim, und hat in den über 65 Jahren ihres Lebens schon in 1946 oder 1947 im Wald südöstlich Sinsheim-Waldangelloch im Bereich des heutigen Golfplatzes ein Männchen des Hirschkäfers (*Lucanus cervus*) auf dem Weg am Boden beobachtet, wohingegen sie ansonsten außer den vorgenannten Funden keinen weiteren Individuen in der Natur begegnet ist.

Am Philosophenweg am Nordhang des Neckartales am Ostrand von Heidelberg-Neuenheim hat Jürgen Hullmann (mündl. Mitt. 2008) zwischen 2000 und 2003 einmal etwa 6 - 10 Männchen und Weibchen des Hirschkäfers (*Lucanus cervus*) fliegend gesehen, und das war die einzige Begegnung mit Exemplaren in der Natur, an die er sich in den 40 Jahren seines Lebens erinnern kann. Jürgen Hullmann (mündl. Mitt. 2008) stammt aus Soltau in der Lüneburger Heide, war dann an anderen Orten und lebt seit 1991 in Heidelberg-Neuenheim und Heidelberg-Altstadt, und hat auch einmal zwischen 1991 und 1993 in der Bleichstraße am Südrand von Heidelberg-Neuenheim ein totes Exemplar des Nashornkäfers (*Oryctes nasicornis*) vor dem Hauseingang gefunden.

Am Philosophenweg am Nordhang des Neckartales am Ostrand von Heidelberg-Neuenheim hat Rebecca Netzel (mündl. Mitt. 2008) vor etwa 6 - 7 Jahren wahrscheinlich im Juli auf halber Höhe in der Nähe der weitgeschwungenen Kurve am steilen Aufstieg westlich des Liselotteplatzes ein Weibchen des Hirschkäfers (*Lucanus cervus*) auf dem befestigten Weg am Boden gesehen und hat es neben die Straße in die Vegetation gesetzt, von wo es dann von der Fahrbahn weggelaufen ist. Rebecca Netzel (mündl. Mitt. 2008) hat auch vor etwa 5 Jahren am Ostende der Neuenheimer Landstraße gegenüber der Alten Brücke am Nordhang des Neckartales ein fliegendes Männchen des Hirschkäfers (*Lucanus cervus*) beobachtet. Rebecca Netzel (mündl. Mitt. 2008) hat bis 1982 in Flensburg gewohnt und lebt seit 1982 in Heidelberg, und hat in den 45 Jahren ihres Lebens außer den vorgenannten Funden bisher keine weiteren Individuen des Hirschkäfers (*Lucanus cervus*) in der Natur angetroffen. Rebecca Netzel (mündl. Mitt. 2008) hat auch vor etwa 5 Jahren am Bunsen-Gymnasium an der Kreuzung zwischen Mönchhofstraße und Humboldtstraße am Westrand von Heidelberg-Neuenheim ein totes Exemplar des Nashornkäfers (*Oryctes nasicornis*) auf dem Rasen unter einem Baum gefunden.

Am Philosophenweg am Nordhang des Neckartales am Ostrand von Heidelberg-Neuenheim hat Paul Bethke (mündl. Mitt. 2008) in einem Garten etwa Anfang bis Mitte August 2008 beim Herausnehmen von alten Hecken in etwa 30 cm Tiefe im Boden ein Männchen des Hirschkäfers (*Lucanus cervus*) entdeckt. Paul Bethke (mündl. Mitt. 2008) wohnt schon seit etwa 40 Jahren in Heidelberg und kann sich in den fast 60 Jahren seines Lebens nicht daran erinnern, wann und wo er eventuell schon früher Exemplaren des Hirschkäfers (*Lucanus cervus*) in der Natur begegnet ist. Paul Bethke (mündl. Mitt. 2008) hat auch berichtet, daß ihm der Eigentümer des Gartens am Philosophenweg erzählt hat, daß er dort seit über 30 Jahren immer wieder einzelne Individuen des Hirschkäfers (*Lucanus cervus*) beobachtet hat.

In der Albert-Ueberle-Straße am Nordhang des Neckartales am Ostrand von Heidelberg-Neuenheim hat Brigitte Flemming (mündl. Mitt. 2008) in der Kurve südlich der Einmündung in den Philosophenweg in 2007 ein Männchen des Hirschkäfers (*Lucanus cervus*) am Boden gesehen, welches über die Straße gelaufen ist, und hat auch in 2007 am Philosophenweg westlich der Einmündung des

Schlangenweges ein Weibchen am Boden beobachtet, welches entlang des Wegrandes gelaufen ist. Brigitte Flemming (mündl. Mitt. 2008) hat bis 1977 in Hoppetenzell nördlich Stockach am Bodensee und bis 1978 in Leimen gewohnt und lebt seit 1978 in Heidelberg-Altstadt, und hat in den über 50 Jahren ihres Lebens außer den vorgenannten Funden keine weiteren Exemplare des Hirschkäfers (*Lucanus cervus*) in der Natur angetroffen.

In der Ludolf-Krehl-Straße am Ostrand von Heidelberg-Neuenheim hat Linde Götze (mündl. Mitt. 2008) auf den roten Buntsandsteinplatten der Treppe, welche über 80 Stufen von der Straße zum Hauseingang führt, Ende Juni/Anfang Juli 2008 innerhalb von drei Tagen zweimal ein Männchen des Hirschkäfers (*Lucanus cervus*) gesehen, welches von der Treppenstufe unter das Efeu am Haus gelaufen ist. Linde Götze (mündl. Mitt. 2008) wohnt seit 1963 in dem Haus am Hang direkt am Waldrand und hat in den meisten Jahren in unregelmäßiger Abfolge, besonders jedoch seit etwa 2000, immer wieder einzelne Männchen und Weibchen des Hirschkäfers (*Lucanus cervus*) vorwiegend auf den roten Buntsandsteinplatten der Treppe beobachtet, wobei sie pro Jahr etwa 1 - 2 Exemplare registriert hat. Linde Götze (mündl. Mitt. 2008) konnte damit über einen Zeitraum von 45 Jahren das zwar unregelmäßige, aber stets wiederkehrende Auftreten von Individuen des Hirschkäfers (*Lucanus cervus*) konstatieren.

In der Gustav-Kirchhoff-Straße am Ostrand von Heidelberg-Neuenheim hat Cornelia Hoffarth (mündl. Mitt. 2008) im Hof des Hauses in 2007 und 2008 je ein Männchen des Hirschkäfers (*Lucanus cervus*) am Boden gesehen. Cornelia Hoffarth (mündl. Mitt. 2008) hat bis 2007 in Heidelberg-Kirchheim gewohnt und lebt seit 2007 in Heidelberg-Neuenheim, und hat in den 35 Jahren ihres Lebens außer den vorgenannten beiden Männchen keine weiteren Exemplare des Hirschkäfers (*Lucanus cervus*) in der Natur angetroffen.

In der Bergstraße am Ostrand von Heidelberg-Neuenheim, wo sie schon immer wohnt, hat Gabriele Falk (mündl. Mitt. 2008) im Garten des Hauses, der sich nach Osten den Hang hinauf bis zum Schweizerweg erstreckt, in den über 50 Jahren ihres Lebens erst seit etwa 1993 bis 2007 in jedem Jahr insgesamt überwiegend etwa 5 - 10 und manchmal sogar etwa 10 - 15 Männchen und Weibchen des Hirschkäfers (*Lucanus cervus*) pro Jahr meist am Boden und an aufgeschichtetem Holz sowie gelegentlich auch fliegend gesehen, und hat dort in 2008 mit mindestens 20 - 25 Exemplaren ein außergewöhnlich häufiges Vorkommen registriert, wohingegen sie sich an das Auftreten von Individuen in den Jahren vor 1993 nicht erinnern kann. Gabriele Falk (mündl. Mitt. 2008) konnte damit über einen Zeitraum von über 15 Jahren das regelmäßige Auftreten von Exemplaren des Hirschkäfers (*Lucanus cervus*) in der Bergstraße in Neuenheim beobachten. Gabriele Falk (mündl. Mitt. 2008) hat auch seit etwa 5 Jahren auf dem Weg um die Bismarcksäule oberhalb des Philosophenweges in jedem Jahr insgesamt bis zu 20 Männchen und Weibchen des Hirschkäfers (*Lucanus cervus*) am Boden beobachtet, wohingegen ihr in früheren Jahren dort keine Exemplare aufgefallen sind und sie auf dem Philosophenweg zwischen Liselotteplatz und Schlangenweg keine Individuen des Hirschkäfers (*Lucanus cervus*) angetroffen hat, sondern dort lediglich Exemplare des Balkenschröters (*Dorcus parallelepipedus*) bemerkt hat.

In der Bergstraße am Ostrand von Heidelberg-Neuenheim hat Reinhard Goecke (mündl. Mitt. 2008) im Garten des Hauses am 09.06.2008 ein Männchen des Hirschkäfers (*Lucanus cervus*) am Boden gesehen, und hat am 09.07.2008 in der Garage des Hauses ein auf dem Rücken liegendes Weibchen entdeckt. Reinhard Goecke (mündl. Mitt. 2008) hat auch vor etwa 10 Jahren im Garten des Hauses ein Männchen des Hirschkäfers (*Lucanus cervus*) beobachtet, welches abends in der Dämmerung in einen großen Ahornbaum hineingeflogen ist. Reinhard Goecke (mündl. Mitt. 2008) hat bis 1972 in Heidelberg-Handschuhsheim gewohnt und lebt seit 1972 in Heidelberg-Neuenheim, und ist in den über 65 Jahren seines Lebens außer den vorgenannten Funden nur noch einmal zwischen etwa 1950 und 1955 anläßlich eines Schulausfluges auf der Ketscher Rheininsel nordwestlich Ketsch einem Männchen des Hirschkäfers (*Lucanus cervus*) am Boden auf dem Weg im Wald begegnet, wohingegen er ansonsten keine weiteren Exemplare in der Natur angetroffen hat.

In der Bergstraße am Ostrand von Heidelberg-Neuenheim hat Reinhild Lohrmann (mündl. Mitt. 2008) auf den Steinplatten zwischen Straße und Haustür etwa Anfang bis Mitte Juli 2008 ein Männchen des Hirschkäfers (*Lucanus cervus*) gesehen, und hat vor etwa 3 Jahren im Garten des Hauses ein Männchen am Stamm einer Eibe gefunden. Reinhild Lohrmann (mündl. Mitt. 2008) wohnt seit 45 Jahren in Heidelberg und kann sich in den 65 Jahren ihres Lebens nur noch an eine weitere Begegnung mit dem Hirschkäfer (*Lucanus cervus*) erinnern, als ihr Vater ihr in Königsfeld nordöstlich St. Georgen im Schwarzwald zwischen 1957 und 1963 ein Männchen gezeigt hat.

Am Ostende der Mönchbergsteige am Ostrand von Heidelberg-Neuenheim wurde Jörn Sanden (schriftl. Mitt. 2008) berichtet, daß dort am Waldrand in den letzten Jahren mehrfach fliegende Männchen des Hirschkäfers (*Lucanus cervus*) beobachtet wurden.

Am westlichen Anfang des Philosophenweges am Ostrand von Heidelberg-Neuenheim hat Godula Hänlein (mündl. Mitt. 2008) seit 1985 in den meisten Jahren, aber nicht in jedem Jahr, immer wieder einzelne Weibchen des Hirschkäfers (*Lucanus cervus*) besonders an der Kelleraußentreppe und an der Gartentreppe des Hauses am Hang unterhalb des Waldrandes gesehen, und hat in manchen Jahren dort auch einzelne Männchen beobachtet. Godula Hänlein (mündl. Mitt. 2008) konnte damit über einen Zeitraum von fast 25 Jahren das mehr oder weniger regelmäßige Auftreten von Exemplaren des Hirschkäfers (*Lucanus cervus*) im Philosophenweg in Neuenheim nachweisen. Ihr Schwager, welcher etwa 70 Jahre in dem Haus gewohnt hat, hat ihr erzählt, daß er dort auch schon viel früher immer wieder einzelne Individuen des Hirschkäfers (*Lucanus cervus*) gefunden hat, und deshalb ist es durchaus wahrscheinlich, daß dort schon seit längerer Zeit regelmäßig Exemplare erscheinen und möglicherweise auf dem Anwesen eine stabile Population besteht.

Im Schweizerweg oberhalb der Bergstraße am westlichen Anfang des Philosophenweges am Ostrand von Heidelberg-Neuenheim hat Hanna Pfefferle (mündl. Mitt. 2008) seit 1958 in den meisten Jahren, aber nicht in jedem Jahr, immer wieder einzelne Individuen des Hirschkäfers (*Lucanus cervus*) laufend am Boden und fliegend im Garten hinter dem Haus am Hang unterhalb des Waldrandes gesehen, wohingegen sie sich nicht daran erinnern kann, in den 80 Jahren ihres Lebens auch vor 1958 Exemplare in der Natur angetroffen zu haben. Hanna Pfefferle (mündl. Mitt. 2008) konnte damit über einen Zeitraum von fast 50 Jahren das mehr oder weniger regelmäßige Auftreten von Individuen des Hirschkäfers (*Lucanus cervus*) im Schweizerweg in Neuenheim nachweisen. In 2008 hat Hanna Pfefferle (mündl. Mitt. 2008) Mitte Juli ein Weibchen und Mitte Juni ein Männchen des Hirschkäfers (*Lucanus cervus*) gefunden, wohingegen sie zwischen 2004 und 2007 keine Exemplare beobachtet hat. Hanna Pfefferle (mündl. Mitt. 2008) wohnt seit 1958 in Heidelberg-Neuenheim und erinnert sich besonders an etwa 1998, als im Garten des Hauses ein Stumpf einer abgestorbenen Berberitze abgesägt wurde und aus der vermoderten Wurzel an mehreren Tagen hintereinander insgesamt etwa 5 - 6 Männchen des Hirschkäfers (*Lucanus cervus*) herausgekommen sind.

Im mittleren Teil der Brückenstraße zwischen dem Mönchhofplatz und der Theodor-Heuss-Brücke am Ostrand von Heidelberg-Neuenheim hat Dorothea Towae (mündl. Mitt. 2008) in 2008 ein Männchen des Hirschkäfers (*Lucanus cervus*) gesehen, welches mittags angeflogen ist und auf einem Teller auf einem Tisch im Freien vor einem Café-Bistro gelandet ist, und hat ein ähnliches Verhalten schon einmal in 2000 erlebt, als im Heuauer Weg am südwestlichen Ortsrand von Heidelberg-Kirchheim nachmittags ein Männchen angeflogen ist und auf einem Teller auf dem Tisch auf der Terrasse des Hauses gelandet ist. Beide Ereignisse des außergewöhnlichen Erscheinens von Männchen des Hirschkäfers (*Lucanus cervus*) auf einem Teller auf einem Tisch mitten in einer geselligen Kaffeetafel hat Dorothea Towae (mündl. Mitt. 2008) im Beisein mehrerer Familienmitglieder und Freunde erlebt, und für die ganze Runde waren dies äußerst eindrückliche Begegnungen mit dem Hirschkäfer. Vor diesen beiden Funden hat Dorothea Towae (mündl. Mitt. 2008), die bis 1960 in Arnsberg im Sauerland und bis 1968 in Bad Dürkheim in der Pfalz gewohnt hat und seit 1968 in Heidelberg-Kirchheim lebt, in den fast 60 Jahren ihres Lebens nur noch von 1954 bis 1958 in Arnsberg im Sauerland etwa 2 - 4 Exemplare des Hirschkäfers (*Lucanus cervus*) pro Jahr im Wald am Boden und fliegend beobachtet, wohingegen sie ansonsten keinen weiteren Individuen in der Natur begegnet ist.

In der Lutherstraße am Südrand von Heidelberg-Neuenheim hat Eckard Klages (mündl. Mitt. 2008) in 2007 ein Männchen des Hirschkäfers (*Lucanus cervus*) gesehen, welches sein Kater vermutlich auf einem unbewirtschafteten und verwilderten benachbarten Grundstück gefunden hat und im Maul unverletzt in die Küche der Wohnung getragen hat. Eckard Klages (mündl. Mitt. 2008) hat auch einmal in 1986 in der Umgebung von Tarifa bei Gibraltar in Spanien ein Männchen des Hirschkäfers (*Lucanus cervus*) auf dem Campingplatz am Boden entdeckt. Eckard Klages (mündl. Mitt. 2008) hat bis 1975 in Berlin gewohnt und lebt seit 1975 in Heidelberg-Neuenheim, und hat in den fast 50 Jahren seines Lebens außer den vorgenannten Funden keine weiteren Exemplare des Hirschkäfers (*Lucanus cervus*) in der Natur angetroffen.

In der Schröderstraße am Südrand von Heidelberg-Neuenheim hat Rainer Funk (mündl. Mitt. 2008) in 1958 ein Männchen des Hirschkäfers (*Lucanus cervus*) gesehen, und Jutta und Rainer Funk (mündl. Mitt. 2008) haben im Juni 2008 in der Mozartstraße am östlichen Ortsrand von Sandhausen an der Wand des Hauses ein Männchen entdeckt. Rainer Funk (mündl. Mitt. 2008) hat bis 1968 unter anderem in Heidelberg-Kirchheim und bis 1977 in Leimen gewohnt und lebt seit 1977 ebenfalls in Sandhausen, und kann sich in den 55 Jahren seines Lebens nicht daran erinnern, zwischen 1958 und 2008 weitere Exemplare des Hirschkäfers (*Lucanus cervus*) in der Natur angetroffen zu haben. Jutta Funk (mündl. Mitt. 2008) wohnt schon immer in Sandhausen und hat in den über 50 Jahren ihres Lebens schon von etwa 1963 bis etwa 1970 in etlichen Jahren, aber nicht in jedem Jahr, im Wald um Sandhausen immer wieder einzelne Männchen des Hirschkäfers (*Lucanus cervus*) am Boden und an Bäumen registriert, wohingegen sie sich nicht daran erinnern kann, zwischen etwa 1970 und 2008 weiteren Individuen in der Natur begegnet zu sein. Ute Braun, die Schwester von Jutta Funk (mündl. Mitt. 2008), wohnt ebenfalls schon immer in Sandhausen und hat vor etwa 10 Jahren schon einmal ein Männchen des Hirschkäfers (*Lucanus cervus*) im Garten des Hauses in der Mozartstraße beobachtet, wohingegen sie in den fast 50 Jahren ihres Lebens sich nicht an weitere Funde von Individuen erinnern kann.

In der Mönchhofstraße im Zentrum von Heidelberg-Neuenheim hat Erika Reisemann (mündl. Mitt. 2008) auf der Terrasse des Hauses mit einem großen verwilderten Garten, der einen großen Haufen abgeschnittener Äste enthält und nach Süden ausgerichtet ist, in 2008 ein Männchen des Hirschkäfers (*Lucanus cervus*) am Boden sitzend gesehen, und hat davor nur einmal etwa 1940 ein Männchen ebenfalls auf der Terrasse des Hauses entdeckt. Erika Reisemann (mündl. Mitt. 2008) hat bis 1945 in Heidelberg-Neuenheim, bis 1959 in Heidelberg-Ziegelhausen und bis 1964 in Mannheim-Oststadt in der Nähe des Luisenparks gewohnt und lebt seit 1964 wieder in Heidelberg-Neuenheim, und hat in den fast 80 Jahren ihres Lebens außer den beiden vorgenannten Funden keine weiteren Individuen des Hirschkäfers (*Lucanus cervus*) in der Natur angetroffen. Ihr Mann, Otto Reisemann (mündl. Mitt. 2008), hat vor der Beobachtung des Männchens des Hirschkäfers (*Lucanus cervus*) auf der Terrasse in Heidelberg-Neuenheim in 2008 nur einmal in 1939 auf der Ketscher Rheininsel nordwestlich Ketsch im zentralen Vogelschutzgebiet zwei Männchen und ein Weibchen gemeinsam an einem Stamm gesehen. Otto Reisemann (mündl. Mitt. 2008) hat bis 1949 in Heidelberg-Weststadt gewohnt, war dann bis 1959 auf Reisen, und lebt seit 1959 zusammen mit seiner Frau, und ist außer den beiden vorgenannten Funden in den 80 Jahren seines Lebens keinen weiteren Exemplaren des Hirschkäfers (*Lucanus cervus*) in den Natur begegnet.

In der Keplerstraße im Zentrum von Heidelberg-Neuenheim hat Gerda Gund (mündl. Mitt. 2008) im Garten des Hauses am 30.05.2008 abends in der Dämmerung ein Männchen und ein Weibchen des Hirschkäfers (*Lucanus cervus*) fliegend gesehen, und hat dort auch vor etwa 5 Jahren ein Weibchen und vor etwa 10 Jahren ein Männchen entdeckt. Gerda Gund (mündl. Mitt. 2008) hat bis 1950 in Wiesloch, bis 1956 in Aachen und bis 1962 in verschiedenen Stadtteilen von Heidelberg gewohnt und lebt seit 1962 in Heidelberg-Neuenheim, und hat in den über 70 Jahren ihres Lebens außer den vorgenannten Funden nur einmal zwischen etwa 1948 und 1950 auf dem Gelände des Psychiatrischen Zentrums Nordbaden am nördlichen Ortsrand von Wiesloch ein Männchen des Hirschkäfers (*Lucanus cervus*) tagsüber am Boden auf dem Pflaster in der Nähe des Wasserhahnes im Garten beobachtet, wohingegen sie ansonsten keinen weiteren Exemplaren in der Natur begegnet ist.

In der Keplerstraße im Zentrum von Heidelberg-Neuenheim hat Dorit Kaufmann (mündl. Mitt. 2008) im 2. Obergeschoß des Hauses, welches das Dachgeschoß ist, in 2007 abends gegen 23 Uhr ein Männchen des Hirschkäfers (*Lucanus cervus*) in ihrem Wohnzimmer auf dem Sofa gefunden, welches durch die offene Balkontür hereingekommen ist, und hat es dann auf dem Balkon auf die Dachschräge gesetzt, woraufhin es am nächsten Morgen wieder auf dem Balkon gewesen ist und erst im Laufe des Vormittags von dort verschwunden ist. Dorit Kaufmann (mündl. Mitt. 2008) hat auch in 2005 im Wald um Niedersteinbach westlich Wissembourg in den Nordvogesen ein Männchen des Hirschkäfers (*Lucanus cervus*) auf dem Weg am Boden gesehen. Dorit Kaufmann (mündl. Mitt. 2008) hat bis 1970 unter anderem in Kaiserslautern und bis 2000 in Heidelberg-Handschuhsheim gewohnt und lebt seit 2000 in Heidelberg-Neuenheim, und hat in den 75 Jahren ihres Lebens außer den vorgenannten Funden keine weiteren Individuen des Hirschkäfers (*Lucanus cervus*) in der Natur angetroffen.

In der Seitzstraße im Zentrum von Heidelberg-Neuenheim hat Heiner Lutzmann (mündl. Mitt. 2008) im Garten des Hauses, in dem er viel altes morsches Holz aufgeschichtet und liegengelassen hat, in 2004 oder 2005 etwa 3 - 4 Männchen und Weibchen des Hirschkäfers (*Lucanus cervus*) fliegend und am Boden gesehen, und hat auch in 2007 einige fliegende Exemplare bemerkt, welche am Gartentisch vorbeigebrummt sind. Im Garten hat Heiner Lutzmann (mündl. Mitt. 2008) in 2004 oder 2005 in abgebrochenen alten morschen Fliederstämmem etwa 3 - 5 Larven (Engerlinge) des Hirschkäfers (*Lucanus cervus*) gefunden. Heiner Lutzmann (mündl. Mitt. 2008) hat bis 1956 in Heidelberg-Rohrbach, bis 1970 in Heidelberg-Ziegelhausen und bis 1980 in Münster gewohnt und lebt seit 1980 in Heidelberg-Neuenheim, und hat in den über 65 Jahren seines Lebens schon zwischen 1950 und 1956 im Wald zwischen Heidelberg-Rohrbach und Bierhelderhof sowie in der Nähe der Hirschplatte wiederholt einzelne Männchen des Hirschkäfers (*Lucanus cervus*) beobachtet, wohingegen er sich nicht daran erinnern kann, ansonsten weiteren Individuen in der Natur begegnet zu sein.

In der Seitzstraße im Zentrum von Heidelberg-Neuenheim hat Nicola Lutzmann (mündl. Mitt. 2008) im Garten des Hauses von 1997 bis 2007 in jedem Jahr insgesamt etwa 2 - 3 Männchen und Weibchen des Hirschkäfers (*Lucanus cervus*) beobachtet, welche abends durch den Garten geflogen sind, wohingegen er sich nicht daran erinnern kann, dort auch in früheren Jahren Exemplare bemerkt zu haben. Nicola Lutzmann (mündl. Mitt. 2008) hat auch von 1997 bis 2007 am Philosophenweg am Nordhang des Neckartales östlich des Schlangenweges in jedem Jahr insgesamt etwa 10 - 15 Männchen und Weibchen des Hirschkäfers (*Lucanus cervus*) registriert, welche abends entlang des Weges und der angrenzenden Gärten geflogen sind, wobei an den meisten Abenden etwa 2 - 3 Individuen und an manchen Abenden sogar bis etwa 5 - 6 Exemplare geflogen sind. Nicola Lutzmann (mündl. Mitt. 2008) hat bis 2007 in Heidelberg-Neuenheim gewohnt und lebt seit 2007 in Heidelberg-Kirchheim, und hat in den fast 35 Jahren seines Lebens außer den vorgenannten Funden keine weiteren Individuen des Hirschkäfers (*Lucanus cervus*) in der Natur angetroffen.

In der Seitzstraße im Zentrum von Heidelberg-Neuenheim hat Waltraud Moos (mündl. Mitt. 2008) im Garten des Hauses etwa 2000 etwa 3 - 4 Männchen des Hirschkäfers (*Lucanus cervus*) am Boden und fliegend gesehen, wohingegen ihr davor und danach dort keine Exemplare aufgefallen sind. Waltraud Moos (mündl. Mitt. 2008) hat bis 1953 in Heidelberg-Bergheim gewohnt und lebt seit 1953 in Heidelberg-Neuenheim, und hat in den 70 Jahren ihres Lebens schon von etwa 1945 bis 1953 im Wald an der Südflanke des Heiligenberges östlich Heidelberg-Neuenheim sowie im Wald zwischen Neidenstein und Reichartshausen in den meisten Jahren einzelne Männchen des Hirschkäfers (*Lucanus cervus*) am Boden beobachtet, und hat auch von 1968 bis 1980 im Wald an den Hängen des Schafbachtales um das Schullandheim der Lessingschule am westlichen Ortsausgang von Schönau in den meisten Jahren einzelne Männchen am Boden bemerkt, wohingegen sie ansonsten keine weiteren Individuen in der Natur angetroffen hat.

Am Werderplatz am nördlichen Ortsrand von Heidelberg-Neuenheim an der Grenze zu Heidelberg-Handschuhsheim hat Sabine Pohl (mündl. Mitt. 2008) etwa Mitte Juni 2008 abends in der Dämmerung ein Weibchen des Hirschkäfers (*Lucanus cervus*) gesehen, welches an ihr vorbeigeflogen ist und in einer Buchenhecke am Rand eines Gartens verschwunden ist. Sabine Pohl (mündl. Mitt. 2008) hat auch vor etwa 5 Jahren im Maggiatal nordwestlich Locarno an der Nordspitze des Lago Maggiore in Italien abends ein fliegendes Exemplar des Hirschkäfers (*Lucanus cervus*) bemerkt. Sabine Pohl (mündl. Mitt. 2008) war bis 1968 an verschiedenen Orten, hat bis 1981 in Marburg im Lahntal gewohnt und lebt seit 1981 in Heidelberg-Neuenheim, und kann sich in den 60 Jahren ihres Lebens nur daran erinnern, daß sie auch früher schon Individuen des des Hirschkäfers (*Lucanus cervus*) in der Natur beobachtet hat, weiß aber nicht mehr, wann und wo dies gewesen ist.

In der Blumenthalstraße am nördlichen Ortsrand von Heidelberg-Neuenheim an der Grenze zu Heidelberg-Handschuhsheim hat Irene Hiepe (mündl. Mitt. 2008) im Garten des Hauses etwa Ende Mai/Anfang Juni 2008 ein Männchen und ein Weibchen des Hirschkäfers (*Lucanus cervus*) gemeinsam um die Bäume herum fliegend gesehen, welches die ersten Exemplare waren, die sie dort seit 1972 bemerkt hat. Irene Hiepe (mündl. Mitt. 2008) hat bis 1972 in Mannheim-Lindenhof gewohnt, hat jedoch weder dort noch im Waldpark östlich der Reißinsel westlich Mannheim-Niederfeld und auf der Parkinsel westlich Mannheim-Lindenhof Individuen des Hirschkäfers (*Lucanus cervus*) in der Natur angetroffen. Irene Hiepe (mündl. Mitt. 2008) hat immer wieder einzelne Exemplare des Hirschkäfers (*Lucanus cervus*) im Odenwald zwischen Heidelberg-Neuenheim und Weinheim entlang der Bergstraße und im Pfälzer Wald zwischen Bad Dürkheim und Neustadt an der Weinstraße entlang des Haardtrandes beobachtet, und hat auch immer wieder einzelne Individuen am Waldrand um den Forggensee nordöstlich Füssen im Allgäu festgestellt, wo sie seit über 35 Jahren im Urlaub ist.

Etwa in der Mitte des Vierecks aus Moltkestraße, Weberstraße, Rohdestraße und Handschuhsheimer Landstraße nahe dem nördlichen Ortsrand von Heidelberg-Neuenheim hat Christoph Leinert (mündl. Mitt. 2008) in einem Haus mit offenen Fenstern und verwildertem Garten im Windfang hinter der Haustür und vor der Wohnungstür etwa Anfang bis Mitte Juli 2008 ein Weibchen des Hirschkäfers (*Lucanus cervus*) am Boden entdeckt und in den Garten gesetzt, wo es dann nach einiger Zeit weggelaufen ist. Christoph Leinert (mündl. Mitt. 2008) hat bis 1958 in Schopfheim im Südschwarzwald gewohnt, war dann bis 1962 an verschiedenen Orten, und lebt seit 1962 in Heidelberg-Altstadt, Heidelberg-Pfaffengrund, Heidelberg-Handschuhsheim und Heidelberg-Neuenheim, und hat in den fast 70 Jahren seines Lebens schon etwa 1947 im Garten neben der katholischen Kirche in Schopfheim ein Männchen des Hirschkäfers (*Lucanus cervus*) am Boden beobachtet. Christoph Leinert (mündl. Mitt. 2008) hat in den fast 70 Jahren seines Lebens insgesamt etwa 5 Exemplare des Hirschkäfers (*Lucanus cervus*) in der Natur gesehen, kann sich aber nicht daran erinnern, wann und wo er außer den beiden vorgenannten Individuen weiteren Exemplaren in der Natur begegnet ist.

Im Gewann Leimengrube an der Grenze zwischen Heidelberg-Neuenheim und Heidelberg-Handschuhsheim hat Rolf-Thilo Danneberg (mündl. Mitt. 2008) im Garten auf der schmalen Treppe zum Terrassenhaus am Hang am 07.06.2008 vormittags zwischen 9 und 10 Uhr ein Männchen des Hirschkäfers (*Lucanus cervus*) am Boden entdeckt. Dieses Männchen ist das einzige Exemplar des Hirschkäfers (*Lucanus cervus*), welches Rolf-Thilo Danneberg (mündl. Mitt. 2008) in den 65 Jahren seines Lebens, von denen er 16 Jahre in Heidelberg in den Stadtteilen Boxberg und Altstadt und davor an anderen Orten gewohnt hat, bisher in der Natur gefunden hat.

An der Thingstätte auf dem Heiligenberg östlich Heidelberg-Neuenheim hat Bernhard Pirch-Rieseberg (mündl. Mitt. 2008) im August 2005 zwischen Parkplatz und Freilichtbühne ein Männchen des Hirschkäfers (*Lucanus cervus*) entdeckt, welches in die Laubstreu am Waldrand gelaufen ist, und hat auch auf dem Hellenbachtalweg zwischen dem Steinbergsweg und dem Unteren Nistlerweg am Nordhang des Steinberges nordöstlich Heidelberg-Handschuhsheim im Juli 2005 ein Männchen am Boden auf dem Weg gesehen. Bernhard Pirch-Rieseberg (mündl. Mitt. 2008) hat bis 1974 in Genf, bis 1989 in Hamburg, bis 1991 in Neckargemünd und bis 2001 in Heidelberg-Altstadt gewohnt und lebt seit 2001 in Heidelberg-Handschuhsheim, und hat in den 40 Jahren seines Lebens seit 1989 außer den beiden vorgenannten Männchen keine weiteren Individuen des Hirschkäfers (*Lucanus cervus*) in der Natur angetroffen, wohingegen er möglicherweise vor 1989 schon einmal Exemplaren in der Natur begegnet ist, aber nicht mehr weiß, wann und wo dies gewesen ist.

16.4 Heidelberg-Ziegelhausen

Die Nachweise von Individuen des Hirschkäfers (*Lucanus cervus*) in Heidelberg-Ziegelhausen, welche mir von Naturfreunden aufgrund meiner Aufrufe zur Mitteilung von Beobachtungen in regionalen Tageszeitungen (Rhein-Neckar-Zeitung 2008 a, 2008 b, 2008 c, 2008 d; Schwetzinger Zeitung 2008, Bruchsaler Rundschau 2008) gemeldet wurden, stammen aus der Neckarhelle und vom Russenstein am Westrand von Heidelberg-Ziegelhausen, aus der Kleingemünder Straße am Südrand von Heidelberg-Ziegelhausen, aus dem Moselbrunnenweg und der Reinhard-Hoppe-Straße im Zentrum von Heidelberg-Ziegelhausen; aus der Hirtenaue, dem Schulbergweg, der Schönauer Straße und der Brahmsstraße am östlichen und nordöstlichen Ortsrand von Heidelberg-Ziegelhausen; und vom Nordostufer des Neckars in der Nähe der ehemaligen Schokoladenfabrik etwa 200 m nordwestlich der Schleuse südöstlich Heidelberg-Ziegelhausen. Die Fundorte des Hirschkäfers (*Lucanus cervus*) in Heidelberg-Ziegelhausen (TK 25, Blatt 6518 Heidelberg-Nord) liegen in der Ebene des Neckartales in ca. 100 - 120 m Höhe über NN und am Südhang des Odenwaldes am Nordhang des Neckartales in ca. 120 - 250 m Höhe über NN.

In der Neckarhelle am Nordhang des Neckartales am Westrand von Heidelberg-Ziegelhausen wohnt Gabriele Kruckenberg (mündl. Mitt. 2008) schon immer in ihrem Elternhaus, hat jedoch in den über 55 Jahren ihres Lebens in Ziegelhausen dort bisher keine Individuen des Hirschkäfers (*Lucanus cervus*) in der Natur gefunden. Das einzige Exemplar, das sie bisher beobachtet hat, ist ihr etwa Mitte Mai 2008 in der St.Rochus-Klinik in der Richard-Wagner-Straße am östlichen Ortsrand von Bad Schönborn-Mingolsheim auf dem Gang im 6. Obergeschoß des Krankenhauses über den Weg gelaufen, wo sie ein Männchen des Hirschkäfers (*Lucanus cervus*) am Boden entdeckt hat.

In der Neckarhelle am Nordhang des Neckartales am Westrand von Heidelberg-Ziegelhausen hat Hildegard Klose (mündl. Mitt. 2008) am 13.07.2008 ein Weibchen des Hirschkäfers (*Lucanus cervus*) in einem leeren Blumentopf am Fenster an der Gartenseite des Hauses entdeckt, welches anschließend weggeflogen ist. Hildegard Klose (mündl. Mitt. 2008) wohnt schon immer in Heidelberg-Ziegelhausen und hat in den 70 Jahren ihres Lebens vorher nur von etwa 1950 bis 1955 einzelne Exemplare des Hirschkäfers (*Lucanus cervus*) im Garten und am Waldrand beobachtet, wohingegen sie sich nicht daran erinnern kann, in der Zwischenzeit weiteren Individuen in der Natur begegnet zu sein.

In der Neckarhelle am Nordhang des Neckartales am Westrand von Heidelberg-Ziegelhausen hat Erich Lehn (mündl. Mitt. 2008) etwa Anfang Juli 2008 ein lebendes Männchen des Hirschkäfers (*Lucanus cervus*) in einer regenwassergefüllten Badewanne im Garten des Hauses gefunden. Erich Lehn (mündl. Mitt. 2008) wohnt schon immer in Heidelberg-Ziegelhausen und hat in den 75 Jahren seines Lebens von etwa 1942 bis etwa 1970 in jedem Jahr insgesamt etwa 2 - 5 Exemplare des Hirschkäfers (*Lucanus cervus*) pro Jahr am Haus, im Garten und am Waldrand gesehen, wohingegen er seit 1970 dort keinen Individuen mehr in der Natur begegnet ist. Erich Lehn (mündl. Mitt. 2008) konnte damit über einen Zeitraum von über 25 Jahren das regelmäßige Auftreten von Individuen des Hirschkäfers (*Lucanus cervus*) von etwa 1942 bis etwa 1970 in Heidelberg-Ziegelhausen konstatieren. Vor etwa 15 Jahren hat Erich Lehn (mündl. Mitt. 2008) in Balatonalmádi am Nordostende des Balaton in Ungarn Schwärmabende des Hirschkäfers (*Lucanus cervus*) mit dem Auftauchen von ca. 20 - 30 Individuen pro Tag erlebt, wo er an etlichen Tagen hintereinander zahlreiche Männchen und Weibchen des Hirschkäfers (*Lucanus cervus*) abends in der Dämmerung beobachtet hat, die in ca. 2 - 3 m Höhe über dem Boden entlang eines beidseits von Bäumen und Büschen gesäumten Weges in den Weinbergen auf halber Höhe am Hang in etwa 1 km Entfernung vom Balaton geflogen sind, und hat dort auch gelegentlich mehrere Männchen beim Rivalenkampf angetroffen. Von etwa 1942 bis etwa 1955 hat Erich Lehn (mündl. Mitt. 2008) einzelne Exemplare des Hirschkäfers (*Lucanus cervus*) nicht nur im Wald um Heidelberg-Ziegelhausen, sondern auch im Wald um Neckargemünd-Kleingemünd, Schönau und Wilhelmsfeld bemerkt.

Am Russenstein am Nordhang des Neckartales am Westrand von Heidelberg-Ziegelhausen hat Horst Marthaler (mündl. Mitt. 2009) in 2007 einen Caput-Thorax-Torso eines Männchens des Hirschkäfers (*Lucanus cervus*) am Boden entdeckt, und hat auch etwa 1990 im Viernheimer und Käfertaler Wald westlich Viernheim und nördlich Mannheim-Käfertal an einem Abend etwa 10 - 20 Männchen gesehen, welche einen Weg im Wald entlanggeflogen sind. Horst Marthaler (mündl. Mitt. 2009) hat auch in mehreren Jahren zahlreiche Exemplare des Hirschkäfers (*Lucanus cervus*) im Wald um den Flughafen Frankfurt/Main beobachtet. Horst Marthaler (mündl. Mitt. 2009) war bisher unter anderem in Germersheim, Heidelberg-Wieblingen und Nördlingen und lebt jetzt in Neckargemünd, hat jedoch in den 50 Jahren seines Lebens an keinem der vorgenannten Orte Individuen des Hirschkäfers (*Lucanus cervus*) in der Natur angetroffen, und kann sich auch über die vorgenannten Funde hinaus nicht an weitere Begegnungen mit Exemplaren in der Natur erinnern. Horst Marthaler (mündl. Mitt. 2009) hat auch in 1996 oder 1997 in Nördlingen im Komposthaufen im Garten des Hauses Exemplare des Nashornkäfers (*Oryctes nasicornis*) festgestellt.

Im Moselbrunnenweg im Zentrum von Heidelberg-Ziegelhausen hat Margarete Sonnek (mündl. Mitt. 2008) auf dem Balkon des Hauses etwa Mitte Juli 2008 ein Weibchen des Hirschkäfers (*Lucanus cervus*) gefunden, welches auf dem Rücken gelegen ist, und hat seit 1978 in etlichen Jahren, aber nicht in allen Jahren und teilweise in größeren Abständen, immer wieder einzelne Männchen meist auf der Straße an der Kirche in der Kleingemünder Straße am Südrand von Ziegelhausen entdeckt. Margarete Sonnek (mündl. Mitt. 2008) konnte damit über einen Zeitraum von 30 Jahren das zwar unregelmäßige, aber stets wiederkehrende Auftreten von Individuen des Hirschkäfers (*Lucanus cervus*) konstatieren. Margarete Sonnek (mündl. Mitt. 2008) wohnt seit 1974 in Heidelberg-Ziegelhausen und hat davor in Heidelberg-Neuenheim gelebt, wo sie in den fast 70 Jahren ihres Lebens auch in etlichen Jahren, aber nicht in allen Jahren und teilweise in größeren Abständen, immer wieder einzelne Individuen des Hirschkäfers (*Lucanus cervus*) vorwiegend im Wald gesehen hat.

In der Reinhard-Hoppe-Straße im Zentrum von Heidelberg-Ziegelhausen hat Bettina Goworek (mündl. Mitt. 2008) im Garten des Hauses in 2008 neben Larven (Engerlingen) des Hirschkäfers (*Lucanus cervus*) auch Puppen und Exuvien, welche leere Puppenhüllen nach dem Schlüpfen der Imagines darstellen, im Komposthaufen beobachtet, und hat in der Nähe des alten Friedhofs mit vielen alten Bäumen im benachbarten Moselbrunnenweg in 2008 ein totes Männchen am Boden gefunden. Ihr

Mann, Michał Goworek (mündl. Mitt. 2008), hat in 2008 am Tanzplatz in der Schönauer Straße am östlichen Ortsausgang von Heidelberg-Ziegelhausen ein laufendes Männchen des Hirschkäfers (*Lucanus cervus*) am Boden entdeckt. Bettina Goworek (mündl. Mitt. 2008) hat bis 1980 in Herbrechtingen auf der Schwäbischen Alb gewohnt und lebt seit 1980 in Heidelberg-Ziegelhausen, und hat in den 50 Jahren ihres Lebens schon von 1972 bis 1980 im Wald um Herbrechtingen immer wieder einzelne Individuen des Hirschkäfers (*Lucanus cervus*) bemerkt, wohingegen sie danach erst wieder in 2008 in Heidelberg-Ziegelhausen Exemplaren in der Natur begegnet ist. Michał Goworek (mündl. Mitt. 2008) hat bis 1995 in Łódz in Polen gewohnt und lebt seit 1995 in Heidelberg-Ziegelhausen, und hat in den fast 45 Jahren seines Lebens unter anderem in 1995 im Bieszczady-Gebirge südöstlich Krosno in Südostpolen etwa 3 Männchen des Hirschkäfers (*Lucanus cervus*) und in 1998 in der Umgebung einiger Seen in den Masuren zwischen Olsztyn und Suwałki in Nordostpolen etwa 5 Männchen festgestellt.

In der Hirtenaue am nordöstlichen Ortsrand von Heidelberg-Ziegelhausen hat Margarethe Rottermann (mündl. Mitt. 2008) in 2007 und 2008 je ein Männchen des Hirschkäfers (*Lucanus cervus*) auf dem Weg im Wald gesehen, wohingegen ihr Kollege, Alexander Mägdefrau, dort schon mindestens seit 2003 in jedem Jahr mehrere Exemplare entdeckt hat. Margarethe Rottermann (mündl. Mitt. 2008) wohnt schon immer in Eberbach und kann sich nicht daran erinnern, in den über 30 Jahren ihres Lebens außer den vorgenannten Funden und der Beobachtung eines Weibchens Ende Juli 2008 in der König-Heinrich-Straße am östlichen Ortsrand von Eberbach in einem leeren Blumentopf im Garten des Hauses weitere Individuen des Hirschkäfers (*Lucanus cervus*) in der Natur angetroffen zu haben.

Im Schulbergweg am östlichen Ortsrand von Heidelberg-Ziegelhausen, wo sie seit 1975 wohnt, hat Ute Esser (mündl. Mitt. 2008) im Garten des Hauses am Nordhang des Neckartales am 11.06.2002 und 12.06.2002 abends in der Dämmerung je ein Männchen des Hirschkäfers (*Lucanus cervus*) fliegend und am Boden auf den Waschbetonplatten der Treppe gesehen, wobei das Männchen vom Garten zur Straße und zurück geflogen ist, und hat dort auch etwa 1982 sowie einmal zwischen 1982 und 2002 je ein Männchen am Boden beobachtet, wohingegen sie in den anderen Jahren von 1975 bis 2008 dort keine Exemplare bemerkt hat. Im Komposthaufen im Garten hat Ute Esser (mündl. Mitt. 2008) von 2005 bis 2008 in jedem Jahr etwa 20 Larven (Engerlinge) des Hirschkäfers (*Lucanus cervus*) pro Jahr entdeckt. Ute Esser (mündl. Mitt. 2008) hat bis 1975 in Heidelberg-Wieblingen, Heidelberg-Handschuhsheim, Lauda und Ludwigshafen gewohnt und lebt seit 1975 in Heidelberg-Ziegelhausen, und kann sich in den 65 Jahren ihres Lebens nicht daran erinnern, außer den vorgenannten Funden weiteren Exemplaren des Hirschkäfers (*Lucanus cervus*) in der Natur begegnet zu sein.

In der Schönauer Straße am östlichen Ortsausgang von Heidelberg-Ziegelhausen hat Verena Heitzmann (mündl. Mitt. 2008) im Garten des Hauses am 23.05.1968 nachmittags ein Männchen des Hirschkäfers (*Lucanus cervus*) auf einer der Terrassen des Gartens am Hang gesehen. Verena Heitzmann (mündl. Mitt. 2008) hat bis 1957 unter anderem in Mannheim-Neckarau und bis 1997 in Heidelberg-Ziegelhausen gewohnt und lebt seit 1997 in Krems in der Wachau im Donautal, und kann sich in den über 70 Jahren ihres Lebens nur daran erinnern, früher schon einmal ein fliegendes Exemplar des Hirschkäfers (*Lucanus cervus*) beobachtet zu haben, weiß aber nicht mehr, wann und wo dies gewesen ist, wohingegen sie sich an weitere Begegnungen mit Individuen in der Natur nicht erinnern kann.

In der Brahmsstraße am nördlichen Ufer des Neckars östlich der Ziegelhäuser Brücke am östlichen Ortsrand von Heidelberg-Ziegelhausen hat Sibylle Schäfer (mündl. Mitt. 2008) zwischen 1975 und 1980 in jedem Jahr mehrere Männchen des Hirschkäfers (*Lucanus cervus*) im Garten und an Holzstapeln in der Nähe des Waldrandes beobachtet. Danach hat Sibylle Schäfer (mündl. Mitt. 2008), die seit 1985 in Walldorf wohnt und vorher in Heidelberg-Ziegelhausen gelebt hat, nur noch am 24.07.2008 im Seegarten am nordöstlichen Ortsrand von Walldorf ein Weibchen des Hirschkäfers (*Lucanus cervus*) auf der Abdeckfolie des Swimmingpools im Garten gefunden, und hat dort auch etwa 1998 ein Männchen an der Wand der Garage gesehen, wohingegen sie ansonsten keinen Individuen in der Natur begegnet ist.

Am Nordostufer des Neckars in der Nähe der ehemaligen Schokoladenfabrik etwa 200 m nordwestlich der Schleuse südöstlich Heidelberg-Ziegelhausen hat Hans Isinger (mündl. Mitt. 2008) am 15.06.2008 und am 22.06.2008 sowie auch einmal im Juni 2007 beim Angeln abends in der Dämmerung zwischen 19 und 21 Uhr jeweils etwa 3 - 5 Männchen des Hirschkäfers (*Lucanus cervus*) pro Abend gesehen, welche das Flußufer entlanggeflogen sind, und hat im Mai oder Juni 2008 abends in der Dämmerung zwischen 19 und 21 Uhr auch einmal etwa 2 - 3 fliegende Exemplare am Südwestufer des Neckars etwa 200 m südöstlich der Schleuse am südöstlichen Ortsausgang von Heidelberg-Schlierbach beobachtet. Hans Isinger (mündl. Mitt. 2008) angelt schon seit 30 Jahren am Neckar, hat dort jedoch erst in 2007 und 2008 Individuen des Hirschkäfers (*Lucanus cervus*) bemerkt. Hans Isinger (mündl. Mitt. 2008) hat auch am 27.07.2008 auf einer Wanderung von Elztal-Auerbach nach Elztal-Rittersbach etwa 1 km nordöstlich Auerbach im Wald ein Männchen des Hirschkäfers (*Lucanus cervus*) registriert, welches in etwa 3 m Höhe geflogen ist und auf einem Baum gelandet ist. Hans Isinger (mündl. Mitt. 2008) hat bis 1996 in Wiesloch gewohnt und lebt seit 1996 in Angelbachtal-Michelfeld, und hat in den fast 45 Jahren seines Lebens schon zwischen 1972 und 1975 einmal ein Männchen des Hirschkäfers (*Lucanus cervus*) in Augenhöhe an einem Baumstamm im Wald um Östringen-Odenheim in Richtung Östringen entdeckt. Seine Frau, Christine Isinger (mündl. Mitt. 2008), hat bis 1996 in Walldorf gewohnt und lebt seit 1996 ebenfalls in Angelbachtal-Michelfeld, und hat in den fast 45 Jahren ihres Lebens einmal in 2006 einen toten Caput-Thorax-Torso eines Männchens des Hirschkäfers (*Lucanus cervus*) auf dem Weg entlang des Rückhaltebeckens am Nordwesthang des Sternenberges östlich Mühlhausen etwa 150 m südwestlich der kleinen Brücke angetroffen. Christine und Hans Isinger (mündl. Mitt. 2008) haben auch in 2006 auf einer Wanderung von Wissembourg im Elsaß entlang der Grenze zwischen Frankreich und Deutschland in westnordwestlicher Richtung einen toten Caput-Thorax-Torso eines Männchens des Hirschkäfers (*Lucanus cervus*) auf dem Weg im Wald in der Nähe von Wissembourg bemerkt.

16.5 Heidelberg-Schlierbach

Am Südwestufer des Neckars etwa 200 m südöstlich der Schleuse am südöstlichen Ortsausgang von Heidelberg-Schlierbach hat Hans Isinger (mündl. Mitt. 2008) im Mai oder Juni 2008 abends in der Dämmerung zwischen 19 und 21 Uhr einmal etwa 2 - 3 fliegende Exemplare des Hirschkäfers (*Lucanus cervus*) beobachtet, und hat auch am Nordostufer des Neckars in der Nähe der ehemaligen Schokoladenfabrik etwa 200 m nordwestlich der Schleuse südöstlich Heidelberg-Ziegelhausen am 15.06.2008 und am 22.06.2008 sowie auch einmal im Juni 2007 beim Angeln abends in der Dämmerung zwischen 19 und 21 Uhr jeweils etwa 3 - 5 Männchen pro Abend gesehen, welche das Flußufer entlanggeflogen sind. Hans Isinger (mündl. Mitt. 2008) angelt schon seit 30 Jahren am Neckar, hat dort jedoch erst in 2007 und 2008 Individuen des Hirschkäfers (*Lucanus cervus*) bemerkt. Die weiteren Funde von Exemplaren des Hirschkäfers (*Lucanus cervus*) durch Christine und Hans Isinger (mündl. Mitt. 2008) sind in vorstehendem Abschnitt zusammengestellt. Der Fundort des Hirschkäfers (*Lucanus cervus*) in Heidelberg-Schlierbach (TK 25, Blatt 6518 Heidelberg-Nord) liegt in der Ebene des Neckartales in ca. 100 - 120 m Höhe über NN.

16.6 Heidelberg-Altstadt

Am Riesenstein am Südhang des Neckartales südlich oberhalb Heidelberg-Altstadt hat Joachim Dürr (mündl. Mitt. 2008) zwischen etwa 1945 und 1950 in mehreren Jahren jeweils einzelne Männchen des Hirschkäfers (*Lucanus cervus*) am Boden im Wald beobachtet. Joachim Dürr (mündl. Mitt. 2008) hat auch im Schopfersbrunnenweg am südwestlichen Ortsrand von Waldbrunn-Schollbrunn im Garten des Wochenendhauses in 2006 ein Männchen des Hirschkäfers (*Lucanus cervus*) an einem Eichenstamm sitzend gesehen. Joachim Dürr (mündl. Mitt. 2008) hat bis 1966 in Heidelberg-Altstadt, Heidelberg-Pfaffengrund und Heidelberg-Neuenheim gewohnt und lebt seit 1966 in Walldorf, und kann sich in den fast 75 Jahren seines Lebens nicht daran erinnern, außer den vorgenannten Funden weiteren Exemplaren des Hirschkäfers (*Lucanus cervus*) in der Natur begegnet zu sein. Der Fundort des Hirschkäfers (*Lucanus cervus*) am Riesenstein südlich oberhalb Heidelberg-Altstadt (TK 25, Blatt 6518 Heidelberg-Nord) liegt am Nordhang des südlichen Ausläufers des Odenwaldes am Südhang des Neckartales in ca. 180 - 250 m Höhe über NN.

16.7 Heidelberg-Weststadt

Die Nachweise von Individuen des Hirschkäfers (*Lucanus cervus*) in Heidelberg-Weststadt, welche mir von Naturfreunden aufgrund meiner Aufrufe zur Mitteilung von Beobachtungen in regionalen Tageszeitungen (Rhein-Neckar-Zeitung 2008 a, 2008 b, 2008 c, 2008 d; Schwetzinger Zeitung 2008, Bruchsaler Rundschau 2008) gemeldet wurden, stammen aus dem Steigerweg am Südostrand und vom Hauptbahnhof am Westrand von Heidelberg-Weststadt. Die Fundorte des Hirschkäfers (*Lucanus cervus*) in Heidelberg-Weststadt (TK 25, Blatt 6518 Heidelberg-Nord und Blatt 6618 Heidelberg-Süd) liegen in der Ebene des Rheintales in ca. 100 - 110 m Höhe über NN und am Westhang des südlichen Ausläufers des Odenwaldes am Osthang des Rheintales in ca. 120 - 150 m Höhe über NN.

Im Steigerweg am Südostrand von Heidelberg-Weststadt hat Dieter Dumont (mündl. Mitt. 2008) etwa in der Mitte der nordöstlichen Begrenzung des Bergfriedhofs in 1962 morgens gegen 7 Uhr ein Männchen des Hirschkäfers (*Lucanus cervus*) gesehen, welches die Mauer entlanggelaufen ist. Dieter Dumont (mündl. Mitt. 2008) hat bis 1989 in Heidelberg-Weststadt gewohnt und lebt seit 1989 in Mannheim-Neckarstadt, und hat in den fast 70 Jahren seines Lebens danach nur noch einmal am 28.05.2006 im Wald um La Petite Pierre nördlich Saverne in den Nordvogesen zwei Caput-Thorax-Torsi von Männchen des Hirschkäfers (*Lucanus cervus*) am Boden auf dem Weg entdeckt, welche noch gelebt haben und mit den Mandibeln gezwickt haben, und ist ansonsten keinen weiteren Individuen in der Natur begegnet. Ebenso hat Dieter Dumont (mündl. Mitt. 2008) bisher nur einmal am 23.06.2008 abends auf dem Balkon des Hauses in der Jakob-Trumpfheller-Straße am Südrand des Herzogenriedparkes im Ostteil von Mannheim-Neckarstadt ein Exemplar des Nashornkäfers (*Oryctes nasicornis*) beobachtet.

Auf einem Bahnsteig am Hauptbahnhof am Westrand von Heidelberg-Weststadt hat Heinrich Schneider (mündl. Mitt. 2008) am 05.08.1961 ein Männchen des Hirschkäfers (*Lucanus cervus*) angetroffen, und hat auch am 19.07.1936 im Garten des Forstamtes in der Schützenhausstraße am südwestlichen Ortsrand von Neckargemünd ein Männchen an einer blutenden Eiche bemerkt. In der Mittleren Eckenbergstraße am nördlichen Ortsrand und in anderen Teilen von Adelsheim hat Heinrich Schneider (mündl. Mitt. 2008) in den letzten 50 Jahren immer wieder einzelne Exemplare des Hirschkäfers (*Lucanus cervus*) gesehen, wobei er in den letzten 10 Jahren eine Zunahme der Anzahl der Beobachtungen registriert hat, und hat auch am 19.06.1954 ein Weibchen und am 28.07.2008 ein Männchen am Waldrand um Adelsheim verzeichnet. Heinrich Schneider (mündl. Mitt. 2008) hat auch in 2008 ein totes Männchen des Hirschkäfers (*Lucanus cervus*) unter einer Eiche auf einer Streuobstwiese am Ortsrand von Sennfeld entdeckt, und hat auch am 12.01.1952 ein Männchen am Fuß einer alten Eiche in Sennfeld festgestellt. Heinrich Schneider (mündl. Mitt. 2008) war in den fast 90 Jahren seines Lebens an etlichen verschiedenen Orten und hat in den vielen Jahren immer wieder einzelne Exemplare des Hirschkäfers (*Lucanus cervus*) überwiegend am Waldrand und im Wald gesehen.

16.8 Heidelberg-Südstadt

In der Großen Michelsgasse am Ostrand von Heidelberg-Südstadt wenig nördlich der Grenze zu Heidelberg-Rohrbach hat Waltraud Glade (mündl. Mitt. 2008) zwischen 1953 und 1958 in jedem Jahr ein Männchen des Hirschkäfers (*Lucanus cervus*) gesehen, welche meist im Garten und im Wald am Boden gesessen oder gelaufen sind, und nur gelegentlich auch am Waldrand geflogen sind. Waltraud Glade (mündl. Mitt. 2008) hat bis 1972 in Heidelberg-Südstadt gewohnt und lebt seit 1993 in Heidelberg-Neuenheim, und war zwischendurch außerhalb von Heidelberg ansässig, hat jedoch seit 1958 kein Exemplar des Hirschkäfers (*Lucanus cervus*) mehr in der Natur entdeckt. Der Fundort des Hirschkäfers (*Lucanus cervus*) in Heidelberg-Südstadt (TK 25, Blatt 6618 Heidelberg-Süd) liegt am Westhang des südlichen Ausläufers des Odenwaldes am Osthang des Rheintales in ca. 120 - 150 m Höhe über NN.

16.9 Heidelberg-Rohrbach

Die Nachweise von Individuen des Hirschkäfers (*Lucanus cervus*) in Heidelberg-Rohrbach, welche mir von Naturfreunden aufgrund meiner Aufrufe zur Mitteilung von Beobachtungen in regionalen Tageszeitungen (Rhein-Neckar-Zeitung 2008 a, 2008 b, 2008 c, 2008 d; Schwetzinger Zeitung 2008, Bruchsaler Rundschau 2008) gemeldet wurden, stammen aus der Konstanzer Straße am südwestlichen Ortsrand von Heidelberg-Rohrbach; und aus dem Wald zwischen Heidelberg-Rohrbach und Bierhelderhof östlich Heidelberg-Rohrbach. Die Fundorte des Hirschkäfers (*Lucanus cervus*) in Heidelberg-Rohrbach (TK 25, Blatt 6618 Heidelberg-Süd) liegen in der Ebene des Rheintales in ca. 100 - 110 m Höhe über NN und am Westhang des südlichen Ausläufers des Odenwaldes am Osthang des Rheintales in ca. 150 - 250 m Höhe über NN.

In der Konstanzer Straße am Südrand des Hasenleiser am südwestlichen Ortsrand von Heidelberg-Rohrbach hat Gudrun Stephens (mündl. Mitt. 2008) im Juli 2008 an der Tiefgarage der Wohnanlage ein Männchen des Hirschkäfers (*Lucanus cervus*) in einer Wasserlache in einem Lichtschacht an der Treppe gefunden. Gudrun Stephens (mündl. Mitt. 2008) hat schon bis 1982 in Heidelberg-Rohrbach gewohnt und lebt nach einem zwischenzeitlichen Auslandsaufenthalt seit 1993 wieder dort, und kann sich in den über 45 Jahren ihres Lebens nur noch an eine weitere Begegnung mit einem Männchen des Hirschkäfers (*Lucanus cervus*) in 2005 oder 2006 im Wald hinter Hirschhorn in Richtung Heddesbach erinnern, wohingegen sie ansonsten keine Individuen in der Natur angetroffen hat.

In der Konstanzer Straße am Südrand des Hasenleiser am südwestlichen Ortsrand von Heidelberg-Rohrbach wohnt Ingeborg Becker (mündl. Mitt. 2008) schon seit 1988 und hat schon seit 1945 die meiste Zeit in Heidelberg-Rohrbach und Heidelberg-Weststadt gelebt, und hat jedoch in den über 60 Jahren ihres Lebens bisher in Heidelberg und Umgebung kein Exemplar des Hirschkäfers (*Lucanus cervus*) in der Natur angetroffen. Ingeborg Becker (mündl. Mitt. 2008) hat bisher nur einmal zwischen 1953 und 1955 während eines Ferienaufenthaltes in Hausen im Wiesental nördlich Schopfheim im Südschwarzwald ein Männchen des Hirschkäfers (*Lucanus cervus*) auf der Außentreppe des Hauses gesehen und ist ansonsten keinen Individuen in der Natur begegnet.

Im Wald zwischen Heidelberg-Rohrbach und Bierhelderhof sowie in der Nähe der Hirschplatte hat Heiner Lutzmann (mündl. Mitt. 2008) zwischen 1950 und 1956 wiederholt einzelne Männchen des Hirschkäfers (*Lucanus cervus*) beobachtet, und hat danach erst wieder in 2004 oder 2005 in der Seitzstraße im Zentrum von Heidelberg-Neuenheim im Garten des Hauses, in dem er viel altes morsches Holz aufgeschichtet und liegengelassen hat, etwa 3 - 4 Männchen und Weibchen fliegend und am Boden gesehen. In 2007 hat Heiner Lutzmann (mündl. Mitt. 2008) dort auch einige fliegende Exemplare des Hirschkäfers (*Lucanus cervus*) bemerkt, welche am Gartentisch vorbeigebrummt sind. Im Garten hat Heiner Lutzmann (mündl. Mitt. 2008) in 2004 oder 2005 in abgebrochenen alten morschen Fliederstämmem etwa 3 - 5 Larven (Engerlinge) des Hirschkäfers (*Lucanus cervus*) gefunden. Heiner Lutzmann (mündl. Mitt. 2008) hat bis 1956 in Heidelberg-Rohrbach, bis 1970 in Heidelberg-Ziegelhausen und bis 1980 in Münster gewohnt und lebt seit 1980 in Heidelberg-Neuenheim, und kann sich in den über 65 Jahren seines Lebens nicht daran erinnern, außer den vorgenannten Funden weiteren Individuen des Hirschkäfers (*Lucanus cervus*) in der Natur begegnet zu sein.

Auf dem Friedrichspfad von der Panoramastraße am östlichen Ortsrand von Heidelberg-Rohrbach zum Bierhelderhof hat Marina Wilhelm (mündl. Mitt. 2008) auf dem unbefestigten Waldweg in 2008 wiederholt einzelne Weibchen des Hirschkäfers (*Lucanus cervus*) am Boden gesehen, wobei sie dort zeitweise täglich ein Weibchen angetroffen hat, wohingegen sie dort in den zurückliegenden Jahren keine Exemplare beobachtet hat und in 2008 auch keine Männchen entdeckt hat. Marina Wilhelm (mündl. Mitt. 2008) hat auch in 2008 einen Caput-Thorax-Torso eines Männchens des Hirschkäfers (*Lucanus cervus*) in der Panoramastraße am östlichen Ortsrand von Leimen auf der Mauer des Vorgartens eines Hauses am Waldrand entdeckt, neben dem noch einige Krümel als Reste der Mahlzeit eines räuberischen Vogels gelegen sind, und hat in 2006 etwa 2 - 3 Männchen und Weibchen auf dem Weg im Wald vom Naturfreundehaus Bossenbrunnen östlich Leimen zur Bockwiese oder Ochsenbacher Wiese in Richtung Ochsenbach und Maisbach am Boden angetroffen. Marina Wilhelm (mündl. Mitt. 2008) hat auch gemeinsam mit Christina Heling (mündl. Mitt. 2008) im Ulmenweg am östlichen Ortsrand von Leimen im Juli 2008 etwa 3 - 4 Weibchen des Hirschkäfers (*Lucanus cervus*) tagsüber am Haus an der Wand im Vorgarten und an der Mauer zum Nachbargrundstück beobachtet. Marina Wilhelm (mündl. Mitt. 2008) wohnt schon immer in Heidelberg-Rohrbach und erinnert sich in den 40 Jahren ihres Lebens außer den vorgenannten Funden nur noch an einen Caput-Thorax-Torso eines Männchens des Hirschkäfers (*Lucanus cervus*), welchen sie bereits in 1973 irgendwo aufgesammelt hat und dann etwa 20 Jahre lang aufbewahrt hat, wohingegen sie ansonsten keinen weiteren Exemplaren in der Natur begegnet ist.

Im Wald zwischen dem alten Friedhof in Heidelberg-Rohrbach und dem Bierhelderhof östlich Heidelberg-Rohrbach hat Lothar Niens (mündl. Mitt. 2008) etwa 1988 ein Männchen des Hirschkäfers

(*Lucanus cervus*) am Boden in der Blattstreu beobachtet. Lothar Niens (mündl. Mitt. 2008) hat auch etwa Mitte Mai 2008 an einem heißen sonnigen Tag in der Kollerstraße südwestlich des Kollerhofes auf der Kollerinsel westsüdwestlich Brühl ein Männchen des Hirschkäfers (*Lucanus cervus*) mitten auf dem asphaltierten Weg am Boden in etwa 200 m Entfernung vom Wald entdeckt. Lothar Niens (mündl. Mitt. 2008) hat bis 1978 in Karlsruhe gewohnt und lebt seit 1978 in Heidelberg-Bergheim, und hat in den 50 Jahren seines Lebens schon zwischen 1965 und 1970 am Waldrand an den Hängen des Albtales zwischen Ettlingen und Bad Herrenalb im Nordschwarzwald mehrmals einzelne Männchen des Hirschkäfers (*Lucanus cervus*) am Boden gesehen, wohingegen er ansonsten keine weiteren Exemplare in der Natur angetroffen hat.

16.10 Heidelberg-Emmertsgrund

Die Nachweise von Individuen des Hirschkäfers (*Lucanus cervus*) in Heidelberg-Emmertsgrund, welche mir von Naturfreunden aufgrund meiner Aufrufe zur Mitteilung von Beobachtungen in regionalen Tageszeitungen (Rhein-Neckar-Zeitung 2008 a, 2008 b, 2008 c, 2008 d; Schwetzinger Zeitung 2008, Bruchsaler Rundschau 2008) gemeldet wurden, stammen aus dem Wald und vom Waldrand am östlichen und südlichen Ortsrand von Heidelberg-Emmertsgrund. Die Fundorte des Hirschkäfers (*Lucanus cervus*) in Heidelberg-Emmertsgrund (TK 25, Blatt 6618 Heidelberg-Süd) liegen am Westhang des südlichen Ausläufers des Odenwaldes am Osthang des Rheintales in ca. 200 - 250 m Höhe über NN.

Am Waldrand hinter dem Otto-Hahn-Platz am östlichen Ortsrand von Heidelberg-Emmertsgrund hat Gertrud Neubert (mündl. Mitt. 2008) am 12.07.2008 ein Weibchen des Hirschkäfers (*Lucanus cervus*) in der Nähe des Wasserhäuschens des Wasserschutzgebietes am Boden gesehen, welches aus dem Gebüsch herausgekommen ist und über den Weg gelaufen ist, und hat in 2007 im Wald südlich oberhalb des Otto-Hahn-Platzes in Richtung Jellinekplatz ein laufendes Männchen auf dem Weg beobachtet. Gertrud Neubert (mündl. Mitt. 2008) hat auch in 2003 ein Männchen des Hirschkäfers (*Lucanus cervus*) im Wald östlich oberhalb des Otto-Hahn-Platzes entdeckt, wohingegen ihr ansonsten dort zwischen 1980 und 2008 keine weiteren Exemplare aufgefallen sind, obwohl sie dort sehr oft im Wald unterwegs ist. Gertrud Neubert (mündl. Mitt. 2008) hat bis 1970 in Würzburg und Fürth sowie bis 1980 in Schriesheim gewohnt und lebt seit 1980 in Heidelberg-Emmertsgrund, und hat in den 70 Jahren ihres Lebens außer den vorgenannten Funden nur noch einmal zwischen 1970 und 1980 im Wald um Wilhelmsfeld östlich Schriesheim einzelne Exemplare des Hirschkäfers (*Lucanus cervus*) registriert, wohingegen sie ansonsten keinen weiteren Individuen in der Natur begegnet ist. Ihre Tochter, Barbara Neubert, hat von 1975 bis 1980 in Wald um das Heinrich Sigmund Gymnasium im Institutsweg im zentralen Bereich des Branich am Nordostrand von Schriesheim wiederholt Männchen und Weibchen des Hirschkäfers (*Lucanus cervus*) angetroffen, und ihre Schwester hat etwa 2005 ein Exemplar in Bad Neustadt in der Rhön entdeckt (Gertrud Neubert, mündl. Mitt. 2008).

Am Waldrand und im Wald in Heidelberg-Emmertsgrund hat Werner Hollmann (mündl. Mitt. 2008) von etwa 1960 bis 1963 insgesamt etwa 1 - 2 Männchen des Hirschkäfers (*Lucanus cervus*) pro Jahr am Boden und fliegend gesehen. Werner Hollmann (mündl. Mitt. 2008) hat bis 1968 in Heidelberg-Emmertsgrund und bis 1977 in Heidelberg-Boxberg gewohnt und lebt seit 1977 in Leimen, und hat in den 60 Jahren seines Lebens außer den vorgenannten Funden keine weiteren Individuen des Hirschkäfers (*Lucanus cervus*) in der Natur angetroffen. Werner Hollmann (mündl. Mitt. 2008) hat auch in 2007 im Gebiet Schreinersbrünnle in der Nähe des Ziegenhofes zwischen Leimen und Nußloch in einem Garten am Bach in der Nähe des Waldrandes an einem Hackklotz aus Schwarzerlenholz etwa 3 - 4 Exemplare des Balkenschröters (*Dorcus parallelepipedus*) beobachtet.

16.11 Heidelberg-Boxberg

Die Nachweise von Individuen des Hirschkäfers (*Lucanus cervus*) in Heidelberg-Boxberg, welche mir von Naturfreunden aufgrund meiner Aufrufe zur Mitteilung von Beobachtungen in regionalen Tageszeitungen (Rhein-Neckar-Zeitung 2008 a, 2008 b, 2008 c, 2008 d; Schwetzinger Zeitung 2008, Bruchsaler Rundschau 2008) gemeldet wurden, stammen aus dem Eichwald am Ostrand von Heidelberg-Boxberg und aus einem Garten in den Weinbergen am Hang südwestlich Heidelberg-Boxberg. Die

Fundorte des Hirschkäfers (*Lucanus cervus*) in Heidelberg-Boxberg (TK 25, Blatt 6618 Heidelberg-Süd) liegen am Westhang des südlichen Ausläufers des Odenwaldes am Osthang des Rheintales in ca. 200 - 250 m Höhe über NN.

Im Eichwald am Ostrand von Heidelberg-Boxberg hat Jörg Eiben (mündl. Mitt. 2008) zwischen 1970 und 1972 etwa 2 - 3 Männchen des Hirschkäfers (*Lucanus cervus*) am Boden am Waldrand gefunden und mit in die Schule genommen, wo in der Klasse ein Terrarium angelegt wurde. Jörg Eiben (mündl. Mitt. 2008) hat auch zwischen 1998 und 2000 ein Exemplar des Hirschkäfers (*Lucanus cervus*) auf einem Feldweg von Leimen in Richtung Nußloch fliegend gesehen, und hat im Juni 2008 ein totes Männchen auf der Kollerstraße L 535 durch den Otterstädter Wald östlich Otterstadt nordnordöstlich Speyer am Straßenrand entdeckt. Jörg Eiben (mündl. Mitt. 2008) hat bis 1973 in Heidelberg-Weststadt gewohnt, war dann an verschiedenen Orten und lebt seit 2005 in Oftersheim, und hat in den über 45 Jahren seines Lebens außer den vorgenannten Funden keine weiteren Individuen des Hirschkäfers (*Lucanus cervus*) in der Natur angetroffen.

In einem Garten in den Weinbergen am Hang südwestlich Heidelberg-Boxberg hat Gunhild Glowitz (mündl. Mitt. 2008) unter einer schwarzen Plastikplane auf dem Komposthaufen am 08.10.2008 vormittags gegen 10 Uhr ein Männchen des Hirschkäfers (*Lucanus cervus*) sowie eine Blindschleiche (*Anguis fragilis*) entdeckt, und hat auch etwa Ende August/Anfang September 2008 in einem Garten nahe dem Kapellenweg am östlichen Ortsrand von Heidelberg-Handschuhsheim ein Männchen des Hirschkäfers (*Lucanus cervus*) am Boden gesehen. Gunhild Glowitz (mündl. Mitt. 2008) hat bis 1963 in Heidelberg-Pfaffengrund gewohnt und lebt seit 1963 in Heidelberg-Boxberg, und ist in den 70 Jahren ihres Lebens außer den beiden vorgenannten Männchen keinen weiteren Exemplaren des Hirschkäfers (*Lucanus cervus*) in der Natur begegnet.

16.12 Heidelberg-Kirchheim

Die Nachweise von Individuen des Hirschkäfers (*Lucanus cervus*) in Heidelberg-Kirchheim, welche mir von Naturfreunden aufgrund meiner Aufrufe zur Mitteilung von Beobachtungen in regionalen Tageszeitungen (Rhein-Neckar-Zeitung 2008 a, 2008 b, 2008 c, 2008 d; Schwetzinger Zeitung 2008, Bruchsaler Rundschau 2008) gemeldet wurden, stammen aus der Pleikartsförster Straße am nördlichen Ortsrand von Heidelberg-Kirchheim, aus dem Heuauer Weg am südwestlichen Ortsrand von Heidelberg-Kirchheim, und aus den Feldern um Heidelberg-Kirchheim. Die Fundorte des Hirschkäfers (*Lucanus cervus*) in Heidelberg-Kirchheim (TK 25, Blatt 6618 Heidelberg-Süd und Blatt 6617 Schwetzingen) liegen in der Ebene des Rheintales in ca. 100 - 110 m Höhe über NN.

In der Pleikartsförster Straße am nördlichen Ortsrand von Heidelberg-Kirchheim hat Ludwig Münch (mündl. Mitt. 2008) in einem Garten an der Straße zum Flugplatz Pfaffengrund in der Nähe der Mülldeponie in 2006 und 2008 je ein Weibchen sowie in 2007 ein Männchen des Hirschkäfers (*Lucanus cervus*) am Boden gesehen, wobei das Weibchen in 2008 in eine Gießkanne gefallen war. Ludwig Münch (mündl. Mitt. 2008) hat bis 1961 in Heidelberg-Wieblingen gewohnt und lebt seitdem in Eppelheim, und hat vor 2006 keine Individuen des Hirschkäfers (*Lucanus cervus*) in der Natur angetroffen.

Im Heuauer Weg am südwestlichen Ortsrand von Heidelberg-Kirchheim hat Dorothea Towae (mündl. Mitt. 2008) in 2000 ein Männchen des Hirschkäfers (*Lucanus cervus*) gesehen, welches nachmittags angeflogen ist und auf einem Teller auf dem Tisch auf der Terrasse des Hauses gelandet ist, und hat ein ähnliches Verhalten noch einmal erlebt, als in 2008 im mittleren Teil der Brückenstraße zwischen dem Mönchhofplatz und der Theodor-Heuss-Brücke am Ostrand von Heidelberg-Neuenheim mittags ein Männchen angeflogen ist und auf einem Teller auf einem Tisch im Freien vor einem Café-Bistro gelandet ist. Beide Ereignisse des außergewöhnlichen Erscheinens von Männchen des Hirschkäfers (*Lucanus cervus*) auf einem Teller auf einem Tisch mitten in einer geselligen Kaffeetafel hat Dorothea Towae (mündl. Mitt. 2008) im Beisein mehrerer Familienmitglieder und Freunde erlebt, und für die ganze Runde waren dies äußerst eindrückliche Begegnungen mit dem Hirschkäfer. Vor diesen beiden Funden hat Dorothea Towae (mündl. Mitt. 2008), die bis 1960 in Arnsberg im Sauerland und bis 1968 in Bad Dürkheim in der Pfalz gewohnt hat und seit 1968 in Heidelberg-Kirchheim lebt, in den fast 60 Jahren ihres Lebens nur noch von 1954 bis 1958 in Arnsberg im Sauerland etwa 2 - 4 Exemplare des Hirschkäfers (*Lucanus cervus*) pro Jahr im Wald am Boden und fliegend beobachtet, wohingegen sie ansonsten keinen weiteren Individuen in der Natur begegnet ist.

In den Feldern um Heidelberg-Kirchheim hat Monika Hallwachs (mündl. Mitt. 2008) zwischen etwa 1956 und 1958 ein Männchen des Hirschkäfers (*Lucanus cervus*) am Boden entdeckt, und hat danach erst wieder am 10.07.2008 in der Bergstraße am nördlichen Ortsrand von Dossenheim auf der Terrasse des Hauses ein Männchen des Hirschkäfers (*Lucanus cervus*) gesehen, welches von der Terrasse in den Garten gelaufen ist. Monika Hallwachs (mündl. Mitt. 2008) hat von 1977 bis 2008 im Gebäude der ehemaligen Biologischen Bundesanstalt (jetzt Julius-Kühn-Institut) an der Verlängerung der Schwabenheimer Straße zwischen Dossenheim und dem Schwabenheimer Hof gewohnt und erinnert sich, daß dort die Gärtner erzählt haben, daß sie dort in einigen Jahren Individuen des Hirschkäfers (*Lucanus cervus*) angetroffen haben, wohingegen sie selbst dort kein Exemplar beobachtet hat. Monika Hallwachs (mündl. Mitt. 2008) hat bis 1969 in Heidelberg-Kirchheim, bis 1970 in Heidelberg-Rohrbach und bis 1977 in Wiesloch-Baiertal gewohnt, und ist in den über 55 Jahren ihres Lebens außer den vorgenannten Funden keinen weiteren Individuen des Hirschkäfers (*Lucanus cervus*) in der Natur begegnet.

16.13 Heidelberg-Bergheim

In Heidelberg-Bergheim hat Manfred Ehret (mündl. Mitt. 2008) in 2006 ein Männchen des Hirschkäfers (*Lucanus cervus*) an der weißen Wand des Gebäudes der Stadtwerke Heidelberg in der Alten Eppelheimer Straße nördlich des Hauptbahnhofes nahe dem westlichen Ortsrand beobachtet. Manfred Ehret (mündl. Mitt. 2008) hat bis 1983 in Heidelberg-Kirchheim gewohnt und lebt seit 1983 in Waibstadt-Daisbach, wo er in 2007 in der Daisbachtalstraße im zentralen Teil des Ortes an der Fassade des Nachbarhauses drei Männchen des Hirschkäfers (*Lucanus cervus*) zusammen auf einer Fläche von etwa 1 m2 an der weißen Wand gesehen hat, und vor etwa 20 Jahren ein totes Weibchen am Boden im Wald um Daisbach entdeckt hat. Manfred Ehret (mündl. Mitt. 2008) hat in den 55 Jahren seines Lebens außer den vorgenannten Funden keine weiteren Exemplare des Hirschkäfers (*Lucanus cervus*) in der Natur angetroffen. Der Fundort des Hirschkäfers (*Lucanus cervus*) in Heidelberg-Bergheim (TK 25, Blatt 6518 Heidelberg-Nord) liegt in der Ebene des Rheintales in ca. 100 - 110 m Höhe über NN.

16.14 Heidelberg-Pfaffengrund

Die Nachweise von Individuen des Hirschkäfers (*Lucanus cervus*) in Heidelberg-Pfaffengrund, welche mir von Naturfreunden aufgrund meiner Aufrufe zur Mitteilung von Beobachtungen in regionalen Tageszeitungen (Rhein-Neckar-Zeitung 2008 a, 2008 b, 2008 c, 2008 d; Schwetzinger Zeitung 2008, Bruchsaler Rundschau 2008) gemeldet wurden, stammen aus dem Heinrich-Menger-Weg am nordöstlichen Ortsrand von Heidelberg-Pfaffengrund, aus der Dischingerstraße am nordwestlichen Ortsrand von Heidelberg-Pfaffengrund, und aus der Eppelheimer Straße nahe dem westlichen Ortsrand von Heidelberg-Pfaffengrund. Die Fundorte des Hirschkäfers (*Lucanus cervus*) in Heidelberg-Pfaffengrund (TK 25, Blatt 6517 Mannheim-Südost und Blatt 6617 Schwetzingen) liegen in der Ebene des Rheintales in ca. 100 - 110 m Höhe über NN.

Im Heinrich-Menger-Weg am nordöstlichen Ortsrand von Heidelberg-Pfaffengrund hat Ilse Cantarel (mündl. Mitt. 2008) in der Nähe der Gaststätte Himmelswiese etwa Anfang Juli 2008 abends gegen 19 Uhr ein laufendes Weibchen des Hirschkäfers (*Lucanus cervus*) auf der asphaltierten Straße gesehen, und hat auch im Waldgebiet Schwetzinger Hardt auf dem Speyerer Weg von den Parkplätzen nahe Sternbuckel zur Ostkurve des Hockenheimrings am 05.08.2008 vormittags um 11 Uhr und in 2004 je ein Weibchen am Boden beobachtet. Ilse Cantarel (mündl. Mitt. 2008) hat auch am 02.09.2008 vormittags gegen 10 Uhr im Wald westlich Sandhausen auf dem Postweg zwischen der Autobahn A 5 und dem westlichen Ortsrand von Sandhausen ein Weibchen des Hirschkäfers (*Lucanus cervus*) am Boden entdeckt. Ilse Cantarel (mündl. Mitt. 2008) hat bis 1965 in Weilburg an der Lahn gewohnt, war dann bis 1981 an verschiedenen Orten, und lebt seit 1981 in Eppelheim, und hat in den fast 65 Jahren ihres Lebens schon von etwa 1952 bis 1960 in Weilburg an einem blutenden etwa 250 Jahre alten Walnußbaum in einem Garten in der Nähe eines Naturschutzgebietes in jedem Jahr mehrere Männchen und Weibchen des Hirschkäfers (*Lucanus cervus*) pro Jahr bemerkt, wohingegen ihr dort nach 1960, nachdem der abgestorbene Walnußbaum gefällt wurde, keine Individuen mehr aufgefallen sind. Außer den vorgenannten Funden ist Ilse Cantarel (mündl. Mitt. 2008) zwischen 1960 und 2004 sowie an anderen Orten keinen weiteren Exemplaren des Hirschkäfers (*Lucanus cervus*) in der Natur begegnet.

In der Dischingerstraße am nordwestlichen Ortsrand von Heidelberg-Pfaffengrund hat Ernst Sürmann (mündl. Mitt. 2008) in 1973 ein Männchen des Hirschkäfers (*Lucanus cervus*) bemerkt, und hat danach erst wieder in 2008 in der Mathias-Hess-Straße im nordwestlichen Ortsteil von Walldorf ein Männchen im Garten gesehen. Ernst Sürmann (mündl. Mitt. 2008) hat bis 1972 und von 1977 bis 1990 im Raum Düsseldorf sowie von 1972 bis 1977 und ab 1990 in Walldorf gewohnt, und ist in den über 75 Jahren seines Lebens außer den beiden vorgenannten Funden keinen weiteren Exemplaren des Hirschkäfers (*Lucanus cervus*) in der Natur begegnet.

In der Eppelheimer Straße nahe dem westlichen Ortsrand von Heidelberg-Pfaffengrund hat Else Brenner (mündl. Mitt. 2008) zwischen 1960 und 1964 einmal ein Männchen des Hirschkäfers (*Lucanus cervus*) in der Parkanlage der damaligen Zigarrenfabrik entdeckt. Else Brenner (mündl. Mitt. 2008) hat bis 1988 in Heidelberg-Pfaffengrund und bis 2008 in Rauenberg gewohnt und lebt seit 2008 in Heidelberg-Neuenheim, und kann sich in den 60 Jahren ihres Lebens nicht daran erinnern, außer dem vorgenannten Männchen weitere Exemplare des Hirschkäfers (*Lucanus cervus*) in der Natur angetroffen zu haben.

16.15 Heidelberg-Wieblingen

Die Nachweise von Larven (Engerlingen) des Hirschkäfers (*Lucanus cervus*) in Heidelberg-Wieblingen, welche mir von Naturfreunden aufgrund meiner Aufrufe zur Mitteilung von Beobachtungen in regionalen Tageszeitungen (Rhein-Neckar-Zeitung 2008 a, 2008 b, 2008 c, 2008 d; Schwetzinger Zeitung 2008, Bruchsaler Rundschau 2008) gemeldet wurden, stammen aus dem Mittelgewannweg nahe des nordwestlichen Ortsrandes von Heidelberg-Wieblingen und aus dem Neckarhamm am östlichen Ortsrand von Heidelberg-Wieblingen, wohingegen mir Funde von Imagines des Hirschkäfers (*Lucanus cervus*) aus Heidelberg-Wieblingen nicht berichtet wurden. Die Fundorte der Larven (Engerlinge) des Hirschkäfers (*Lucanus cervus*) in Heidelberg-Wieblingen (TK 25, Blatt 6517 Mannheim-Südost) liegen in der Ebene des Rheintales in ca. 100 - 110 m Höhe über NN.

Im Mittelgewannweg nahe des nordwestlichen Ortsrandes von Heidelberg-Wieblingen hat Alph Lehmann (mündl. Mitt. 2008) auf dem Gelände der Freien Waldorf-Schule in Holzhäckselhaufen und Komposthaufen seit 2002 in jedem Jahr zahlreiche Larven (Engerlinge), Puppen und Imagines des Nashornkäfers (*Oryctes nasicornis*) sowie seit 2005 in jedem Jahr auch etwa 10 - 20 Larven (Engerlinge) des Hirschkäfers (*Lucanus cervus*) pro Jahr gefunden, wohingegen er dort Imagines des Hirschkäfers (*Lucanus cervus*) bisher nicht beobachtet hat. Alph Lehmann (mündl. Mitt. 2008) hat seit etwa 1998 auf dem Gelände des Indianerseminarplatzes auf der Kuppe hinter der Obstanlage kurz vor der Abzweigung der Straße K 4174 von der Straße L 612 östlich Horrenberg in jedem Jahr insgesamt bis etwa 5 Männchen und Weibchen des Hirschkäfers (*Lucanus cervus*) pro Jahr an aufgeschichteten Holzstapeln und fliegend registriert, und hat auch seit etwa 1993 am Weg vom Waldspielplatz am Zollberg am nordwestlichen Ortsausgang von Horrenberg in Richtung Unterhof in etlichen Jahren, aber nicht in jedem Jahr, insgesamt bis etwa 3 Männchen und Weibchen pro Jahr meist am Boden bemerkt. Alph Lehmann (mündl. Mitt. 2008) hat bis 1976 in Lüdenscheid und bis 1987 in Wiesloch-Baiertal gewohnt und lebt seit 1987 in Dielheim-Horrenberg, und ist in den über 55 Jahren seines Lebens außer den vorgenannten Funden keinen weiteren Exemplaren des Hirschkäfers (*Lucanus cervus*) in der Natur begegnet.

Norbert Schaier (mündl. Mitt. 2008) lebt schon immer in Heidelberg-Wieblingen und hat bisher dort noch keine Individuen des Hirschkäfers (*Lucanus cervus*) entdeckt, obwohl er in der Käfertaler Straße am nördlichen Ortsrand wohnt. Die einzigen Exemplare, die Norbert Schaier (mündl. Mitt. 2008) in den fast 40 Jahren seines Lebens bisher in der Natur gefunden hat, waren ca. 5 - 6 Männchen des Hirschkäfers (*Lucanus cervus*), welche etwa Ende Juni 2008 abends in der Dämmerung an der Alten Brücke (Karl-Theodor-Brücke) am Nordhang des Neckartales an der Grenze zwischen Neuenheimer Landstraße und Ziegelhäuser Landstraße am Ostrand von Heidelberg-Neuenheim an den Platanen am Straßenrand der Neckarpromenade über die Straße, um die Brücke herum und um die

Bäume herum geflogen sind.

Am Neckarhamm am östlichen Ortsrand von Heidelberg-Wieblingen hat Nidal Saghir (mündl. Mitt. 2008) im Garten des Hauses am Naturschutzgebiet am Neckar an der Unterseite eines flachen Brettes etwa Ende September 2008 zwei große orange Larven (Engerlinge) entdeckt, welche dort je eine muldenartige Vertiefung durch Abbeißen von kleinen Holzstückchen ausgehoben haben und sich darin nebeneinander in je eine kokonähnliche Hülle aus den abgehobelten kleinen Holzstückchen eingesponnen haben, und hat dort auch in den letzten 3 Jahren im Herbst mehrmals einzelne große orange Larven (Engerlinge) am Boden um den Bewuchs mit Knöterich, Brombeeren und Topinambur angetroffen, welche aufgrund ihrer Länge bis 10 cm entweder dem Hirschkäfer (*Lucanus cervus*) oder dem Nashornkäfer (*Oryctes nasicornis*) zugeordnet werden können. Nidal Saghir (mündl. Mitt. 2008) hat bis 1990 in Bottrop im Ruhrgebiet, bis 2000 in Marburg im Lahntal und bis 2003 in Heidelberg-Altstadt gewohnt und lebt seit 2003 in Heidelberg-Wieblingen, und hat in den über 40 Jahren seines Lebens bisher keine Imagines des Hirschkäfers (*Lucanus cervus*) in der Natur beobachtet.

16.16 Eppelheim

Die Nachweise von Individuen des Hirschkäfers (*Lucanus cervus*) in Eppelheim, welche mir von Naturfreunden aufgrund meiner Aufrufe zur Mitteilung von Beobachtungen in regionalen Tageszeitungen (Rhein-Neckar-Zeitung 2008 a, 2008 b, 2008 c, 2008 d; Schwetzinger Zeitung 2008, Bruchsaler Rundschau 2008) gemeldet wurden, stammen aus der Werderstraße am westlichen Ortsrand von Eppelheim, vom Wasserturm am Südende der Wasserturmstraße im zentralen Teil von Eppelheim, und von der Südspitze des ASV-Sportplatzes am südlichen Ortsrand von Eppelheim. Die Fundorte des Hirschkäfers (*Lucanus cervus*) in Eppelheim (TK 25, Blatt 6517 Mannheim-Südost und Blatt 6617 Schwetzingen) liegen in der Ebene des Rheintales in ca. 100 - 110 m Höhe über NN.

In der Werderstraße am westlichen Ortsrand von Eppelheim hat Margot Gellert (mündl. Mitt. 2008) ein Männchen des Hirschkäfers (*Lucanus cervus*) in 2007 in der Dachrinne des Hauses gefunden, welches das einzige Exemplar ist, das sie bisher in Eppelheim gesehen hat, wo sie seit 1964 wohnt, und das sie in den über 75 Jahren ihres Lebens bisher in der Natur beobachtet hat.

Aus der Umgebung von Heidelberg wurde der Fund eines großen Männchens des Hirschkäfers (*Lucanus cervus*) in Eppelheim in 2008 durch eine Zeitungsnotiz gemeldet (Artikel der Redakteurin Sabine Geschwill in der Rhein-Neckar-Zeitung vom 29.05.2008 und in der Schwetzinger Zeitung vom 30.05.2008). Die Enkel des Berichterstatters Bernd Gutfleisch (mündl. Mitt. 2008) haben das Männchen des Hirschkäfers (*Lucanus cervus*) auf den Stufen des Wasserturmes am Südende der Wasserturmstraße im zentralen Teil von Eppelheim am 27.05.2008 tagsüber gefunden. Bernd Gutfleisch (mündl. Mitt. 2008) ist fast 70 Jahre alt und hat zuvor nur einmal etwa 1950 an einer einzelnen alten großen Eiche an der Südspitze des ASV-Sportplatzes am südlichen Ortsrand von Eppelheim zwei Männchen des Hirschkäfers (*Lucanus cervus*) gesehen, welche in etwa 2 - 3 m Höhe am Stamm auf der Rinde gesessen sind, miteinander gekämpft haben, und an dem Baum auf und ab gelaufen sind. Seit ca. 1950 hat Bernd Gutfleisch (mündl. Mitt. 2008) bis zu dem vorgenannten Fund am Wasserturm in 2008 keine Individuen des Hirschkäfers (*Lucanus cervus*) mehr in Eppelheim und an anderen Lokalitäten bemerkt, und auch in seinem Bekanntenkreis hat niemand Exemplare in Eppelheim und Umgebung entdeckt. Der Sockel des Wasserturmes mit den nach Süden exponierten Stufen besteht aus gelblichgrauem Buntsandstein, wohingegen der Hauptteil des Wasserturmes aus roten Ziegelsteinen mit mehreren Einschaltungen von Kränzen und Simsen aus gelblichgrauem Buntsandstein erbaut wurde. Der ASV-Sportplatz liegt heute noch am freien Feldrand und wird von einer Baumreihe gesäumt. Das von der Mandibelspitze bis zur Abdomenspitze ca. 75 mm lange unbeschädigte Männchen des Hirschkäfers (*Lucanus cervus*) mit dunkelbraunen Mandibeln (Länge ca. 25 mm) und dunkelbraunen Elytren ist wenige Tage nach dem Fund am Wasserturm in Eppelheim natürlich verendet.

16.17 Dossenheim

Die Nachweise von Individuen des Hirschkäfers (*Lucanus cervus*) in Dossenheim, welche mir von Naturfreunden aufgrund meiner Aufrufe zur Mitteilung von Beobachtungen in regionalen Tageszeitungen (Rhein-Neckar-Zeitung 2008 a, 2008 b, 2008 c, 2008 d; Schwetzinger Zeitung 2008, Bruchsaler Rundschau 2008) gemeldet wurden, stammen aus der Schwabenheimer Straße am nordwestlichen Ortsrand von Dossenheim; aus der Bergstraße, dem Keltenweg und dem Lorscher Weg am nördlichen Ortsrand von Dossenheim; aus der Schriesheimer Straße am nordöstlichen Ortsrand von Dossenheim, aus der Wilhelmstraße im zentralen Teil von Dossenheim, aus dem Steinbruch am östlichen Ortsrand von Dossenheim, aus einem Garten östlich des Heidelberger bzw. Dossenheimer Weges südlich Dossenheim, vom Westhang des Ölberges südöstlich Schriesheim und nordnordöstlich Dossenheim, und aus dem Wald um den Weißen Stein östlich Dossenheim. Die Fundorte des Hirschkäfers (*Lucanus cervus*) in Dossenheim (TK 25, Blatt 6517 Mannheim-Südost und Blatt 6518 Heidelberg-Nord) liegen in der Ebene des Rheintales in ca. 100 - 110 m Höhe über NN und am Westhang des Odenwaldes am Osthang des Rheintales in ca. 120 - 500 m Höhe über NN.

In der Schwabenheimer Straße am nordwestlichen Ortsrand von Dossenheim hat Anke Gunther-Theil (mündl. Mitt. 2008) von 2000 bis 2007 in fast jedem Jahr insgesamt etwa 2 - 3 Exemplare de Hirschkäfers (*Lucanus cervus*), welche meist Männchen waren, pro Jahr am Haus und im Garten vor und hinter dem Haus laufend und fliegend gesehen, wohingegen ihr in 2008 dort keine Individuen aufgefallen sind. Anke Gunther-Theil (mündl. Mitt. 2008) hat bis 1984 in Brandenburg, bis 1989 in Berlin und bis 2000 in Heidelberg-Schlierbach gewohnt und lebt seit 2000 in Dossenheim, und hat in den über 40 Jahren ihres Lebens vor allem in 1982 in Kamcia südlich Varna in Bulgarien an der Küste des Schwarzen Meeres eine spektakuläre Begegnung mit dem Hirschkäfer (*Lucanus cervus*) gehabt. In Kamcia hat Anke Gunther-Theil (mündl. Mitt. 2008) in 1982 Schwärmabende des Hirschkäfers (*Lucanus cervus*) mit dem Erscheinen von jeweils mindestens ca. 50 Exemplaren pro Tag über etwa eine Woche hinweg erlebt, wo abends in der Dämmerung zahlreiche Individuen sich am Wegrand gesammelt haben und dann in einem ca. 20 cm breiten ungeordneten Strom über den Weg nahe dem Strand gelaufen sind und teilweise miteinander gekämpft haben, sowie in Kopfhöhe über den Weg geflogen sind und wiederholt bei Spaziergängern auf dem Kopf und auf dem Oberkörper gelandet sind. Die ameisenstraßenähnlichen begrenzten Ströme über den Weg waren schwarz durch die vielen Exemplare des Hirschkäfers (*Lucanus cervus*), welche in einer langgezogenen Schlange kompanieartig den Weg überquert haben. Anke Gunther-Theil (mündl. Mitt. 2008) hat in Europa außer den vorgenannten Funden in Dossenheim und Kamcia bisher keine Individuen des Hirschkäfers (*Lucanus cervus*) in der Natur angetroffen. Anke Gunther-Theil (mündl. Mitt. 2008) hat in den letzten 10 Jahren auch wiederholt Gelegenheit zur Beobachtung von tropischen Arten des Hirschkäfers an der Ostküste von Malaysia, im malayischen Teil von Borneo, und im Nebelhornwald am Monte Verde und an der Pazifikküste von Costa Rica gehabt.

In der Schwabenheimer Straße am nordwestlichen Ortsrand von Dossenheim hat Christina Kraft (mündl. Mitt. 2008) etwa Ende Juni 2008 ein laufendes Männchen des Hirschkäfers (*Lucanus cervus*) an der Wand des Hauses gesehen, und hat im Juni 2007 ein Weibchen im Wurzelwerk eines alten Apfelbaumes im Garten gefunden, als dieser gefällt wurde. Dieses Männchen und dieses Weibchen sind die einzigen Individuen des Hirschkäfers (*Lucanus cervus*), welche Christina Kraft (mündl. Mitt. 2008) bisher in Dossenheim entdeckt hat, wo sie seit 1987 wohnt, und die sie in den über 60 Jahren ihres Lebens bisher in der Natur beobachtet hat, wohingegen sie in Heidelberg-Handschuhsheim, wo sie bis 1987 gewohnt hat, keinem Exemplar begegnet ist.

In der Bergstraße am nördlichen Ortsrand von Dossenheim hat Monika Hallwachs (mündl. Mitt. 2008) auf der Terrasse des Hauses am 10.07.2008 ein Männchen des Hirschkäfers (*Lucanus cervus*) gesehen, welches von der Terrasse in den Garten gelaufen ist. Monika Hallwachs (mündl. Mitt. 2008) hat von 1977 bis 2008 im Gebäude der ehemaligen Biologischen Bundesanstalt (jetzt Julius-Kühn-Institut) an der Verlängerung der Schwabenheimer Straße zwischen Dossenheim und dem Schwabenheimer Hof gewohnt und erinnert sich, daß dort die Gärtner erzählt haben, daß sie dort in einigen Jahren Individuen des Hirschkäfers (*Lucanus cervus*) angetroffen haben, wohingegen sie selbst dort kein Exemplar beobachtet hat. Monika Hallwachs (mündl. Mitt. 2008) hat bis 1969 in Heidelberg-Kirchheim, bis 1970 in Heidelberg-Rohrbach und bis 1977 in Wiesloch-Baiertal gewohnt, und hat in den über 55 Jahren ihres Lebens nur noch einmal zwischen etwa 1956 und 1958 in den Feldern um Heidelberg-Kirchheim ein Männchen des Hirschkäfers (*Lucanus cervus*) am Boden entdeckt, wohingegen sie ansonsten keinen weiteren Individuen in der Natur begegnet ist.

Im Keltenweg am nördlichen Ortsrand von Dossenheim hat Michael van Eecke (mündl. Mitt. 2008) im Hof des Hauses am 27.06.2008 ein Weibchen des Hirschkäfers (*Lucanus cervus*) am Boden gesehen, welches über die Freifläche gelaufen ist, und hat dort auch am 11.06.2007 ein Männchen im Keller des Hauses bemerkt, welches durch die offene Kellertür hereingekommen ist. Michael van Eecke (mündl. Mitt. 2008) hat bis 1987 in Flensburg und bis 2007 in Heidelberg-Handschuhsheim gewohnt und lebt seit 2007 in Dossenheim, und hat in den 45 Jahren seines Lebens außer den vorgenannten Funden keine weiteren Exemplare des Hirschkäfers (*Lucanus cervus*) in der Natur angetroffen.

An der alten Güterbahntrasse parallel dem Lorscher Weg am nördlichen Ortsrand von Dossenheim haben Michael Pabst-Neufang und Marina Neufang (mündl. Mitt. 2008) im Juni 2008 wiederholt einzelne Exemplare des Hirschkäfers (*Lucanus cervus*) entdeckt. Marina Neufang (mündl. Mitt. 2008) wohnt schon immer in Dossenheim und Michael Pabst-Neufang (mündl. Mitt. 2008) lebt seit 1983 in Dossenheim, und beide können sich nicht daran erinnern, in den etwa 50 Jahren ihres Lebens dort auch vor 2008 Exemplaren des Hirschkäfers (*Lucanus cervus*) in der Natur begegnet zu sein. Michael Pabst-Neufang (mündl. Mitt. 2008) hat bis 1983 im Institutsweg im zentralen Bereich des Branich am Nordostrand von Schriesheim gewohnt und hat dort mit eigenen Beobachtungen seit etwa 1962 und ergänzt durch Beobachtungen seiner Eltern seit 1955 (Traude Pabst, mündl. Mitt. 2008) in jedem Jahr etliche Männchen und Weibchen des Hirschkäfers (*Lucanus cervus*) im Garten des Hauses, auf der Straße vor dem Haus, am Waldrand und im Wald laufend und sitzend am Boden sowie fliegend gesehen, und konnte damit über einen Zeitraum von über 45 Jahren (und ergänzt durch Beobachtungen seiner Eltern von über 50 Jahren) das regelmäßige Auftreten von Individuen konstatieren, wobei die Zahl der Exemplare im Laufe der Zeit abgenommen hat. Michael Pabst-Neufang (mündl. Mitt. 2008) hat von etwa 1962 bis vor etwa 10 Jahren pro Jahr insgesamt etwa 10 - 20 Männchen und Weibchen des Hirschkäfers (*Lucanus cervus*) registriert, wohingegen er in den letzten 10 Jahren pro Jahr insgesamt nur noch etwa 5 - 10 Männchen und Weibchen festgestellt hat.

Im Lorscher Weg am nördlichen Ortsrand von Dossenheim hat Volker Violet (mündl. Mitt. 2008) in 2007 ein totes Männchen des Hirschkäfers (*Lucanus cervus*) gefunden. Volker Violet (mündl. Mitt. 2008) hat bis 1960 in Ludwigshafen gewohnt; war dann in Heidelberg-Ziegelhausen, Heidelberg-Weststadt, Heidelberg-Altstadt, Heidelberg-Neuenheim und Heidelberg-Handschuhsheim, und lebt jetzt in Heidelberg-Rohrbach, und hat in den über 65 Jahren seines Lebens außer dem vorgenannten Männchen hin und wieder mal ein Exemplar des Hirschkäfers (*Lucanus cervus*) in der Natur beobachtet, weiß aber nicht mehr, wann und wo dies gewesen ist.

In der Schriesheimer Straße am nordöstlichen Ortsrand von Dossenheim hat Susanne Heiß (mündl. Mitt. 2008) im Garten des Hauses nahe den Weinbergen seit etwa 2000 bis 2007 in jedem Jahr insgesamt etwa 2 Exemplare des Hirschkäfers (*Lucanus cervus*), welche meist ein Männchen und ein Weibchen waren, pro Jahr am Boden und fliegend gesehen, wohingegen ihr dort in 2008 und von 1986 bis 1999 keine Individuen aufgefallen sind. Die Männchen und Weibchen des Hirschkäfers (*Lucanus cervus*) sind auch mehrfach durch die geöffnete Terrassentür in das Wohnzimmer des Hauses hineingelaufen. Susanne Heiß (mündl. Mitt. 2008) hat auch in 2006 am Waldrand östlich oberhalb der Weinberge zwischen Dossenheim und Schriesheim einmal ein Männchen des Hirschkäfers (*Lucanus cervus*) fliegend beobachtet, und hat in 2007 in zwei von vier Töpfen mit Tomatenpflanzen auf der Terrasse des Hauses in der Erde um die Wurzeln herum fünf Larven (Engerlinge) entdeckt. Susanne Heiß (mündl. Mitt. 2008) wohnt schon immer in Dossenheim und hat in den über 40 Jahren ihres Lebens außer den vorgenannten Funden keine weiteren Exemplare des Hirschkäfers (*Lucanus cervus*) in der Natur angetroffen.

In der Wilhelmstraße im zentralen Teil von Dossenheim hat Michael Cafferty (mündl. Mitt. 2008) etwa in 2006 ein laufendes Männchen des Hirschkäfers (*Lucanus cervus*) auf dem Gehweg gesehen, und hat wenig früher in dem Gewann Untere Darr östlich Heidelberg-Handschuhsheim in einem Garten am Hang oberhalb des Friedhofes östlich der Straße zum Steinberg ein lebendes Männchen gefunden, welches in das Wasserfaß gefallen war. Außer diesen beiden Männchen kann sich Michael Cafferty (mündl. Mitt. 2008) nicht daran erinnern, in den fast 50 Jahren seines Lebens vorher schon einmal irgendwann und irgendwo Individuen des Hirschkäfers (*Lucanus cervus*) in der Natur gesehen zu haben.

Im Steinbruch am östlichen Ortsrand von Dossenheim hat Ruth Schilling (mündl. Mitt. 2008) am 10.07.2008 ein totes Weibchen des Hirschkäfers (*Lucanus cervus*) zwischen den Steinen am Boden gesehen. Ruth Schilling (mündl. Mitt. 2008) hat bis 1971 in der Altstadt von Heidelberg, bis 1986 in Heidelberg-Handschuhsheim und bis 2002 in Schriesheim gewohnt und lebt seit 2002 in Schriesheim-Altenbach, und ist in dieser Zeit erst seit 1994 Individuen des Hirschkäfers (*Lucanus cervus*) in der

Natur begegnet. Im Juni 1994 hat Ruth Schilling (mündl. Mitt. 2008) in einem Garten unterhalb des Friedhofes am nordöstlichen Ortsrand von Schriesheim Schwärmabende des Hirschkäfers (*Lucanus cervus*) mit der Aktivität von jeweils mindestens ca. 10 - 20 Männchen und Weibchen pro Tag über mindestens eine Woche hinweg erlebt, als an mehreren Abenden hintereinander zahlreiche Individuen aus dem Wurzelbereich eines teilweise mit Efeu bewachsenen abgesägten Stammes eines alten Kirschbaumes herausgekommen sind. Während an den meisten Abenden ca. 10 - 20 Männchen und Weibchen des Hirschkäfers (*Lucanus cervus*) pro Tag aufgetaucht sind, ist an einem Abend eine Invasion von mindestens 30 Exemplaren erfolgt, wohingegen vor und nach den Schwärmabenden jeweils nur etwa 5 Individuen pro Tag erschienen sind. In 2001 hat Ruth Schilling (mündl. Mitt. 2008) in diesem Garten, welchen sie von etwa 1990 bis 2003 bewirtschaftet hat, erneut eine erhöhte Aktivität des Hirschkäfers (*Lucanus cervus*) mit dem Erscheinen von ca. 5 - 10 Exemplaren pro Tag über etwa eine Woche hinweg festgestellt, wobei die Häufigkeit bei weitem nicht das Ausmaß erreicht hat wie 1994, wohingegen sie dort in den anderen Jahren lediglich insgesamt bis zu 5 Individuen pro Jahr bemerkt hat. In der Herrengasse am östlichen Ortsrand von Schriesheim unterhalb der Strahlenburg, wo sie von 1986 bis 2002 gewohnt hat, ist Ruth Schilling (mündl. Mitt. 2008) nur einmal in 1994 einem Exemplar des Hirschkäfers (*Lucanus cervus*) an der Wand der Garage begegnet, wohingegen sie ansonsten dort und an den anderen Orten, an denen sie vor 1986 gelebt hat, in den über 65 Jahren ihres Lebens keine weiteren Individuen in der Natur angetroffen hat.

In einem Garten nahe dem Waldrand am Hang östlich des Heidelberger bzw. Dossenheimer Weges südlich Dossenheim an der Grenze zu Heidelberg-Handschuhsheim hat Hartmut Gürtler (mündl. Mitt. 2008) seit etwa 1985 bis 2008 in etlichen Jahren mehrere Individuen des Balkenschröters (*Dorcus parallelepipedus*) am Boden, an Holzstapeln und gelegentlich auch in der Regenwassertonne gesehen, wohingegen er dort keine Exemplare des Hirschkäfers (*Lucanus cervus*) angetroffen hat. Hartmut Gürtler (mündl. Mitt. 2008) lebt seit 1961 im Rhein-Neckar-Raum und wohnt seit 1992 in Schwetzingen, und ist in den über 75 Jahren seines Lebens noch keinen Individuen des Hirschkäfers (*Lucanus cervus*) in der Natur begegnet, obwohl er häufig im Schloßpark am westlichen Ortsrand von Schwetzingen und auf der Ketscher Rheininsel nordwestlich Ketsch unterwegs ist, wo von anderen Beobachtern wiederholt Exemplare festgestellt wurden.

Am Westhang des Ölberges südöstlich Schriesheim und nordnordöstlich Dossenheim haben Petra und Norbert Lochbühler (mündl. Mitt. 2008) im Wald zwischen der Schauenburg am nordöstlichen Ortsrand von Dossenheim und der Strahlenburg am nordöstlichen Ortsrand von Schriesheim von etwa 1965 bis 2008 in den meisten Jahren, jedoch nicht in jedem Jahr, insgesamt etwa 3 - 5 Männchen des Hirschkäfers (*Lucanus cervus*) pro Jahr am Boden gesehen, und konnten damit in den 50 Jahren ihres Lebens über einen Zeitraum von über 40 Jahren das mehr oder weniger regelmäßige Auftreten von Individuen in der Umgebung von Schriesheim und Dossenheim beobachten. Norbert Lochbühler (mündl. Mitt. 2008) hat auch etwa Mitte Juni 2008 an der Brücke der Straße B 38 über die Zielstraße nordnordwestlich des Bahnhofes im Südteil von Mannheim-Käfertal ein Männchen des Hirschkäfers (*Lucanus cervus*) entdeckt, welches auf dem Gehweg gelaufen ist. Norbert Lochbühler (mündl. Mitt. 2008) wohnt schon immer in Schriesheim, und Petra Lochbühler (mündl. Mitt. 2008) hat bis 1974 in Dossenheim gewohnt und lebt seit 1974 ebenfalls in Schriesheim, und beide haben an anderen Orten keine weiteren Exemplare des Hirschkäfers (*Lucanus cervus*) in der Natur angetroffen.

Im Wald um den Weißen Stein östlich Dossenheim hat Manfred Brenner (mündl. Mitt. 2008) etwa 1958 einmal ein Männchen des Hirschkäfers (*Lucanus cervus*) am Boden am Fuß eines Baumes entdeckt. Manfred Brenner (mündl. Mitt. 2008) hat bis 1965 in Heidelberg-Bergheim, bis 1988 in Heidelberg-Pfaffengrund und bis 2008 in Rauenberg gewohnt und lebt seit 2008 in Heidelberg-Neuenheim, und kann sich in den 60 Jahren seines Lebens nicht daran erinnern, außer dem vorgenannten Männchen weitere Exemplare des Hirschkäfers (*Lucanus cervus*) in der Natur angetroffen zu haben.

17 Fundmeldungen von Naturfreunden in Schriesheim und Umgebung

Die Funde von Exemplaren des Hirschkäfers (*Lucanus cervus*) in Schriesheim und Umgebung, welche mir von Naturfreunden aufgrund meiner Aufrufe zur Mitteilung von Beobachtungen in regionalen Tageszeitungen (Rhein-Neckar-Zeitung 2008 a, 2008 b, 2008 c, 2008 d; Schwetzinger Zeitung 2008, Bruchsaler Rundschau 2008) berichtet wurden, umfassen Schriesheim und die Schriesheimer Ortsteile Branich, Kanzelbachtal und Stammberg sowie die Orte Altenbach, Wilhelmsfeld, Leutershausen und Großsachsen.

17.1 Schriesheim

Die Nachweise von Individuen des Hirschkäfers (*Lucanus cervus*) in Schriesheim, welche mir von Naturfreunden aufgrund meiner Aufrufe zur Mitteilung von Beobachtungen in regionalen Tageszeitungen (Rhein-Neckar-Zeitung 2008 a, 2008 b, 2008 c, 2008 d; Schwetzinger Zeitung 2008, Bruchsaler Rundschau 2008) gemeldet wurden, stammen aus dem Kehlweg, dem Burgweg, dem Rappenbuckelweg, dem Eichenweg, der Herrengasse, der Panoramastraße und der Oberen Bergstraße sowie aus den Weinbergen um die Strahlenburg am östlichen und nordöstlichen Ortsrand von Schriesheim; aus der Bahnhofstraße, der Heidelberger Straße, der Kirchstraße und der Sophienstraße im Zentrum von Schriesheim; aus der Friedensstraße, dem Burgunderweg, der Edelsteinstraße und dem Weinbergweg am südöstlichen Ortsrand von Schriesheim; aus der Passeinstraße, der Industriestraße und dem Dossenheimer Weg am südlichen Ortsrand von Schriesheim; aus dem Schlittweg am südwestlichen Ortsrand von Schriesheim, aus der Steinachstraße und der Bismarckstraße im nördlichen Ortsteil von Schriesheim; aus einem Garten unterhalb des Friedhofes, der Odenwaldstraße, der Frankenstraße und der Schönauer Straße am nordöstlichen Ortsrand von Schriesheim; vom Martinsberg nördlich Schriesheim, aus der Ladenburger Straße und der Mannheimer Straße im westlichen Ortsbereich von Schriesheim, und vom Nordwesthang und Westhang des Ölberges östlich und südöstlich Schriesheim. Die Fundorte des Hirschkäfers (*Lucanus cervus*) in Schriesheim (TK 25, Blatt 6517 Mannheim-Südost und Blatt 6518 Heidelberg-Nord) liegen in der Ebene des Rheintales in ca. 100 - 120 m Höhe über NN und am Westhang des Odenwaldes am Osthang des Rheintales in ca. 150 - 450 m Höhe über NN.

Im Kehlweg in der Nähe des Randes der Weinberge unterhalb der Strahlenburg am östlichen Ortsrand von Schriesheim hat Elisabeth Löffler (mündl. Mitt. 2008) an der Efeuhecke an der Hauswand etwa Ende Juni/Anfang Juli 2008 an ca. 3 Tagen hintereinander abends jeweils ca. 30 Männchen und Weibchen des Hirschkäfers (*Lucanus cervus*) beobachtet, wohingegen sie dort vorher und nachher in 2008 sowie in den zurückliegenden Jahren nur jeweils ca. 1 - 3 Exemplare gesehen hat. Elisabeth Löffler (mündl. Mitt. 2008) wohnt seit 1965 im Kehlweg in Schriesheim und hat seitdem fast in jedem Jahr einzelne Individuen des Hirschkäfers (*Lucanus cervus*) an der Efeuhecke an der Hauswand, im Garten und auf der Kellertreppe bemerkt, wohingegen sie größere Stückzahlen nur an den 3 Schwärmabenden in 2008 festgestellt hat. Elisabeth Löffler (mündl. Mitt. 2008) konnte damit über einen Zeitraum von über 40 Jahren das regelmäßige Auftreten von Individuen des Hirschkäfers (*Lucanus cervus*) im Kehlweg in Schriesheim beobachten. Es war in 2008 das erste Mal in den über 85 Jahren ihres Lebens, daß Elisabeth Löffler (mündl. Mitt. 2008), welche schon immer in Schriesheim lebt, Schwärmabende des Hirschkäfers (*Lucanus cervus*) mit dem Erscheinen von jeweils ca. 30 Individuen erlebt hat, wohingegen sie ansonsten immer nur einzelne Exemplare entdeckt hat.

Im Burgweg unterhalb der Strahlenburg am nordöstlichen Ortsrand von Schriesheim haben Marianne Krieg und Manfred Glaser (mündl. Mitt. 2008) Ende Juni 2008 an einem warmen Sommerabend in der Dämmerung etwa 5 Männchen und etwa 5 Weibchen des Hirschkäfers (*Lucanus cervus*) beobachtet, welche aus den Büschen und Bäumen im Garten herausgekommen sind, im Garten herumgeflogen sind und anschließend wieder in den Büschen und Bäumen verschwunden sind, wohingegen an den Abenden davor und danach nur einzelne Exemplare erschienen sind, von denen eines auf dem Teppichboden im Eßzimmer gelandet ist. Marianne Krieg und Manfred Glaser (mündl. Mitt. 2008) hatten an diesem Schwärmabend des Hirschkäfers (*Lucanus cervus*) den Eindruck, daß die etwa 5 Männchen von der einen Seite und die etwa 5 Weibchen von der anderen Seite herangeflogen kamen, dann gemeinsam im Garten herumgeflogen sind, und anschließend wieder getrennt auf verschiedenen Seiten verschwunden sind. Manfred Glaser (mündl. Mitt. 2008) hat auch am 15.07.2008 abends ein Männchen des Hirschkäfers (*Lucanus cervus*) auf dem Burgenweg von der Schauenburg am nordöstlichen Ortsrand von Dossenheim zur Strahlenburg am nordöstlichen Ortsrand von Schriesheim erlebt, welches auf einer Lichtung im Wald geflogen ist und ihm um den Kopf herumgebrummt ist. Marianne Krieg und Manfred Glaser (mündl. Mitt. 2008) haben bis 1991 in Freiburg und bis 2008 in Heidelberg-Ziegelhausen gewohnt und leben seit 2008 in Schriesheim. Marianne Krieg (mündl.

Mitt. 2008) hat in den 55 Jahren ihres Lebens schon etwa 1960 beim Wandern von Freiburg aus in Richtung Feldberg im Schwarzwald einzelne Männchen und Weibchen des Hirschkäfers (*Lucanus cervus*) im Wald am Boden gesehen, wohingegen sie zwischen 1960 und 2008 keine weiteren Exemplare in der Natur angetroffen hat. Manfred Glaser (mündl. Mitt. 2008) hat in den über 50 Jahren seines Lebens schon von etwa 1965 bis 1970 in der Umgebung von Freiburg im Schwarzwald gelegentlich einzelne Männchen und Weibchen des Hirschkäfers (*Lucanus cervus*) im Wald am Boden bemerkt, wohingegen er zwischen 1970 und 2008 keinen weiteren Individuen in der Natur begegnet ist.

Im oberen Teil des Rappenbuckelwegs am Übergang in den Burgweg unterhalb der Strahlenburg am nordöstlichen Ortsrand von Schriesheim hat Guido Abeln (mündl. Mitt. 2008) am 06.07.2008 vormittags ein Weibchen des Hirschkäfers (*Lucanus cervus*) auf der Straße am Boden entdeckt. Guido Abeln (mündl. Mitt. 2008) hat bis 1992 in Schriesheim und bis 2004 in München gewohnt und lebt seit 2004 wieder in Schriesheim, und hat in den 40 Jahren seines Lebens schon von etwa 1980 bis 1990 in jedem Jahr insgesamt etwa 5 Exemplare des Hirschkäfers (*Lucanus cervus*), welche überwiegend Männchen waren, pro Jahr in den Weinbergen am östlichen Ortsrand von Schriesheim unterhalb der Strahlenburg am Boden beobachtet, wohingegen ihm von 1990 bis 2008 dort keine weiteren Individuen aufgefallen sind.

Im Eichenweg am östlichen Ortsausgang von Schriesheim haben Ulrike und Adalbert Fettweiß (mündl. Mitt. 2008) im Juni 2008 etwa 6 - 7 Männchen und Weibchen des Hirschkäfers (*Lucanus cervus*) gesehen, welche auf der Treppe am Haus am Waldrand gelaufen sind und um das Haus herum geflogen sind, und haben auch in 2006 ein Männchen am Boden im Garten beobachtet, wohingegen ihnen in 2007 keine Exemplare aufgefallen sind. Ulrike und Adalbert Fettweiß (mündl. Mitt. 2008) haben von 1990 bis 1997 in der Innenstadt von Mannheim und bis 2005 in Mannheim-Lindenhof gewohnt und leben seit 2005 in Schriesheim, und können sich in den etwa 40 Jahren ihres Lebens nur noch daran erinnern, daß sie vor 1990 schon einmal Individuen des Hirschkäfers (*Lucanus cervus*) in der Natur begegnet sind, wissen aber nicht mehr, wann und wo dies gewesen ist.

In den Weinbergen unterhalb und am Waldrand entlang und hinter der Strahlenburg am östlichen Ortsrand von Schriesheim hat Hartmut Bauer (mündl. Mitt. 2008) von 1995 bis 2005 in jedem Jahr etwa 8 - 10 Exemplare des Hirschkäfers (*Lucanus cervus*) pro Jahr abends in Waldnähe fliegend und auf Steinen auf dem Weg zwischen dem Waldrand und den Weinbergen beobachtet, wohingegen ihm dort nach 2005 keine Individuen mehr aufgefallen sind. Hartmut Bauer (mündl. Mitt. 2008) wohnt fast schon immer in der Bahnhofstraße im Zentrum von Schriesheim und hat in den über 65 Jahren seines Lebens dort von etwa 1950 bis etwa 1998 in jedem Jahr etwa 3 - 5 Exemplare des Hirschkäfers (*Lucanus cervus*) pro Jahr, welche meist Männchen und gelegentlich auch Weibchen waren, am Haus und im Garten hinter dem Haus in etwa 250 m Entfernung von den Weinbergen und dem Waldrand fliegend und am Boden gesehen. Von etwa 1998 bis 2005 hat Hartmut Bauer (mündl. Mitt. 2008) dort sogar in jedem Jahr etwa 8 - 10 Exemplare des Hirschkäfers (*Lucanus cervus*) pro Jahr beobachtet, welche ebenfalls überwiegend Männchen und untergeordnet auch Weibchen waren, wohingegen er dort nach 2005 keine Individuen mehr angetroffen hat. Hartmut Bauer (mündl. Mitt. 2008) konnte damit über einen Zeitraum von etwa 55 Jahren das regelmäßige Auftreten von Individuen des Hirschkäfers (*Lucanus cervus*) in der Bahnhofstraße in Schriesheim bemerken. Im Garten hinter dem Haus ist Hartmut Bauer (mündl. Mitt. 2008) aufgefallen, daß die Individuen des Hirschkäfers (*Lucanus cervus*) abends häufig um einen alten Kirschbaum herumgeflogen sind und diesen öfters umkreist haben.

In der Panoramastraße am östlichen Ortsrand von Schriesheim hat Norbert Morast (mündl. Mitt. 2008) im Garten des Hauses etwa 2000 im Juni oder Juli an mehreren Abenden hintereinander über etwa eine Woche hinweg etwa 20 Exemplare des Hirschkäfers (*Lucanus cervus*) pro Abend beobachtet, welche um einen Jasminbusch im Garten herumgeflogen sind und auch an der Fassade des Hauses gesessen sind, wohingegen vorher und nachher nur etwa 2 - 3 Individuen pro Abend erschienen sind. Norbert Morast (mündl. Mitt. 2008) hat den Garten am Haus in der Panoramastraße, wo er seit 1982 wohnt, in 1995 angelegt und hat dabei auch den Jasminbusch gepflanzt, hat jedoch vor 2000 dort keine Exemplare des Hirschkäfers (*Lucanus cervus*) bemerkt, und hat nach dem Jahr 2000 mit den Schwärmabenden auch von 2001 bis 2004 in jedem Jahr insgesamt etwa 2 - 3 Individuen pro Jahr registriert, welche um den Jasminbusch im Garten herumgeflogen sind und auch an der Fassade des Hauses gesessen sind, wohingegen er seit 2005 dort keine Exemplare mehr festgestellt hat. Norbert Morast (mündl. Mitt. 2008) wohnt schon immer in Schriesheim und hat in den über 50 Jahren seines Lebens schon von etwa 1965 bis 1970 im Wald um die Strahlenburg am östlichen Ortsrand von Schriesheim in jedem Jahr insgesamt etwa 2 - 3 Männchen des Hirschkäfers (*Lucanus cervus*) pro Jahr am Boden angetroffen, wohingegen er sich nicht daran erinnern kann, auch in anderen Jahren Individuen in der Natur begegnet zu sein.

In der Oberen Bergstraße am östlichen Ortsrand von Schriesheim hat Ursula Hilfrich (mündl. Mitt. 2008) von 2005 bis 2008 in jedem Jahr insgesamt etwa 2 - 3 Exemplare des Hirschkäfers (*Lucanus cervus*), welche überwiegend Männchen und gelegentlich auch Weibchen waren, pro Jahr beobachtet, welche an der Terrasse und im Garten des Hauses geflogen sind. Ursula Hilfrich (mündl. Mitt. 2008) wohnt schon immer in Schriesheim und kann sich in den über 70 Jahren ihres Lebens nicht daran erinnern, schon früher einmal Individuen des Hirschkäfers (*Lucanus cervus*) in der Natur begegnet zu sein.

In der Friedensstraße im südöstlichen Ortsbereich von Schriesheim hat Gerda Reuscher (mündl. Mitt. 2008) in den über 50 Jahren ihres Lebens von 1962 bis 1977 in jedem Jahr vorwiegend im Juni über jeweils 2 - 4 Wochen hinweg täglich bis etwa 3 - 4 Männchen und Weibchen des Hirschkäfers (*Lucanus cervus*) pro Abend oder sogar bis etwa 8 - 10 Exemplare pro Abend fliegend um das Haus herum, im Hof und auf der Straße vor dem Haus; laufend und sitzend im Hof und am Haus, und bis 1972 auch im unteren Teil der Außentreppe zum Weinkeller und im Weinkeller unter Weinfässern sitzend beobachtet, wohingegen sie vorher und nachher nur einzelne Individuen pro Abend bemerkt hat. Wegen der auch von anderen Schriesheimer Weinbauern beobachteten Affinität des Hirschkäfers (*Lucanus cervus*) zum Wein aufgrund seines häufigen Erscheinens in Weinkellern und dort oftmals unter Weinfässern wird er in Schriesheim im Volksmund auch als Weinschröter bezeichnet. Der volkstümliche Name Weinschröter für den Hirschkäfer (*Lucanus cervus*) ist im Raum Heidelberg schon seit etwa 100 Jahren gebräuchlich, und in Handschuhsheim wurde als Abart davon die Bezeichnung Weinschlierer verwendet (Zimmermann 1920), woraus sich ergibt, daß Exemplare des Hirschkäfers (*Lucanus cervus*) in Weinkellern und an Weinfässern von den Weinbauern im Raum Heidelberg und Umgebung schon seit langer Zeit immer wieder beobachtet wurden. 1972 haben die Eltern von Gerda Reuscher (mündl. Mitt. 2008) den Weinbau aufgegeben, die Weinfässer abgeschafft und den Weinkeller als normalen Vorratskeller verwendet, und deshalb hat sie seitdem keine Individuen des Hirschkäfers (*Lucanus cervus*) mehr im Weinkeller gesehen. Gerda Reuscher (mündl. Mitt. 2008) wohnt mit Ausnahme eines Aufenthaltes in Bürstadt von 1977 bis 1983 schon immer in Schriesheim, wohingegen Gerhard Reuscher (mündl. Mitt. 2008) bis 1983 in Bürstadt gewohnt hat und seit 1983 in Schriesheim lebt. In Bürstadt hat Gerhard Reuscher (mündl. Mitt. 2008) in den 60 Jahren seines Lebens seit etwa 1960 bis 1983 in etlichen Jahren, aber nicht in jedem Jahr, insgesamt etwa 1 - 2 Exemplare des Hirschkäfers (*Lucanus cervus*) pro Jahr auf Bäumen und am Boden im Lampertheimer Wald um Bürstadt, Lampertheim und Lorsch entdeckt. Gerda und Gerhard Reuscher (mündl. Mitt. 2008) haben dann von 1983 bis 2008 in der Friedensstraße in Schriesheim in jedem Jahr insgesamt etwa 5 - 15 Individuen des Hirschkäfers (*Lucanus cervus*) pro Jahr fliegend um das Haus herum, im Hof und auf der Straße vor dem Haus sowie laufend und sitzend im Hof und am Haus beobachtet. Gerda Reuscher (mündl. Mitt. 2008) konnte damit über einen Zeitraum von über 45 Jahren das regelmäßige Auftreten von Individuen des Hirschkäfers (*Lucanus cervus*) registrieren. Im Juni 2007 haben Gerda und Gerhard Reuscher (mündl. Mitt. 2008) in der Friedensstraße in Schriesheim eine außergewöhnliche Invasion von überwiegend Männchen und untergeordnet auch Weibchen des Hirschkäfers (*Lucanus cervus*) erlebt, als über etwa 3 - 4 Wochen hinweg jeden Abend bis etwa 15 - 20 Exemplare pro Abend in der Dämmerung angeflogen sind, im Hof gelandet sind und dort herumgelaufen sind; und aus Holzstapeln, Blumenkübeln und Blumenrabatten herausgekommen sind, wohingegen vorher und nachher nur etwa 3 - 5 Individuen pro Abend aufgetreten sind. Im Juni 2008 haben Gerda und Gerhard Reuscher (mündl. Mitt. 2008) dort eine deutlich schwächere Erscheinungsperiode des Hirschkäfers (*Lucanus cervus*) im Vergleich zu der außergewöhnlichen Invasion im Juni 2007 festgestellt, als sie über etwa 2 Wochen hinweg jeden Abend lediglich bis etwa 2 - 4 Exemplare pro Abend bemerkt haben.

Im Burgunderweg in der Nähe der Weinberge und des Waldes am südöstlichen Ortsrand von Schriesheim hat Siegfried Hahold (mündl. Mitt. 2008) etwa von 2000 bis 2003 an einem großen Kirschbaum im Garten neben dem Haus in jedem Jahr in der Zeit der Kirschenernte ein Männchen des Hirschkäfers (*Lucanus cervus*) bemerkt, welches angeflogen ist und gelegentlich auch an Kirschen gesaugt hat, wohingegen er nach 2003, als der dann abgestorbene Kirschbaum gefällt wurde, keine Exemplare mehr beobachtet hat. Siegfried Hahold (mündl. Mitt. 2008) wohnt seit 1970 in Schriesheim und hat davor unter anderem in Darmstadt, Kelkheim und Stuttgart gelebt, und hat in den 80 Jahren seines Lebens ansonsten keine weiteren Individuen des Hirschkäfers (*Lucanus cervus*) in der Natur angetroffen.

Im Bereich der Einmündung der Edelsteinstraße in den Weinbergweg am südöstlichen Ortsrand von Schriesheim hat Gabi Schwebel (mündl. Mitt. 2008) in 2005 oder 2006 ein Männchen des Hirschkäfers (*Lucanus cervus*) auf dem Rasen im Garten des Hauses entdeckt, und hat in 2005 oder in den Jahren davor auch einmal ein Männchen in den Weinbergen östlich oberhalb des Weinbergweges angetroffen. Gabi Schwebel (mündl. Mitt. 2008) hat auch im Schauinslandweg im zentralen Bereich des Branich am Nordostrand von Schriesheim etwa Mitte bis Ende Juni 2008 und ebenfalls in 2007 jeweils zwei Männchen des Hirschkäfers (*Lucanus cervus*) beobachtet, welche abends um das Haus herum, an einem benachbarten Haus und an der Straße mit Laternen vor dem Haus geflogen sind, und hat in 2008 ein Weibchen gesehen, welches an der Wand des Hauses gesessen ist, sowie in 2007 etwa drei Weibchen im Garten am Boden bemerkt. Gabi Schwebel (mündl. Mitt. 2008) hat bis 1975 in Waghäusel-Kirrlach gewohnt, war dann an anderen Orten und lebt seit 1995 in Schriesheim, und hat in den 55 Jahren ihres Lebens schon einmal etwa 1960 im Wald um Waghäusel-Kirrlach in Richtung Kronau oder Reilingen ein Männchen des Hirschkäfers (*Lucanus cervus*) gesehen, wohingegen sie sich nicht daran erinnern kann, von etwa 1960 bis etwa 2005 weiteren Exemplaren in der Natur begegnet zu sein.

In der Passeinstraße nahe dem südlichen Ortsrand von Schriesheim hat Peter Findeisen (mündl. Mitt. 2008) im Garten des Hauses an der Einmündung in die Heidelberger Straße an den beiden Wochenenden am 14./15.06.2008 und 21./22.06.2008 jeweils etwa 20 Exemplare des Hirschkäfers (*Lucanus cervus*) pro Tag beobachtet, welche abends mit lautem Brummen im Garten herumgeflogen sind, abends mit lautem Knistern an einem Grünschnitthaufen herumgelaufen sind, und teilweise morgens tot im Garten und im Hof gelegen sind. Vor diesen beiden Schwärmwochenenden hat Peter Findeisen (mündl. Mitt. 2008) nur manchmal einzelne Individuen des Hirschkäfers (*Lucanus cervus*) bemerkt, welche durch die Straße geflogen sind, und nach diesen beiden Schwärmwochenenden hat er gar keine Exemplare mehr festgestellt. An einem Abend der beiden Schwärmwochenenden hat auch Matthias Rufer (mündl. Mitt. 2008) das beeindruckende Schauspiel der Aktivität zahlreicher Individuen des Hirschkäfers (*Lucanus cervus*) miterlebt. Peter Findeisen (mündl. Mitt. 2008) wohnt seit 2002 in Schriesheim und war davor in Karlsruhe, Darmstadt und Frankfurt, und hat in den fast 45 Jahren seines Lebens außer 2008 in Schriesheim keine Exemplare des Hirschkäfers (*Lucanus cervus*) in der Natur angetroffen.

In der Industriestraße am südlichen Ortsausgang von Schriesheim hat Adam Welker (mündl. Mitt. 2008) auf der Betontreppe eines Firmengebäudes in 2008 ein Männchen des Hirschkäfers (*Lucanus cervus*) entdeckt und hat es an den Komposthaufen im Garten des Hauses in der Mannheimer Straße im westlichen Ortsbereich von Schriesheim gesetzt, von wo es bald danach verschwunden ist und dort nicht wieder erschienen ist. Adam Welker (mündl. Mitt. 2008) hat auch vor etwa 10 Jahren im Wald zwischen der Strahlenburg am Nordwesthang des Ölberges östlich Schriesheim und dem Steinbruch am Westhang des Ölberges südöstlich Schriesheim ein totes Männchen des Hirschkäfers (*Lucanus cervus*) am Boden gesehen. Adam Welker (mündl. Mitt. 2008) wohnt schon fast immer in Schriesheim und kann sich in den über 55 Jahren seines Lebens nicht daran erinnern, außer den vorgenannten Funden weitere Exemplare des Hirschkäfers (*Lucanus cervus*) in der Natur angetroffen zu haben.

Im Dossenheimer Weg nahe dem südlichen Ortsrand von Schriesheim hat Gerlinde Goder (mündl. Mitt. 2008) seit 1989 fast in jedem Jahr einzelne Individuen des Hirschkäfers (*Lucanus cervus*) laufend am Boden oder fliegend im Garten hinter dem Haus in der Nähe eines Gartengeländes gesehen. Gerlinde Goder (mündl. Mitt. 2008) konnte damit im Dossenheimer Weg in Schriesheim über einen Zeitraum von fast 20 Jahren das regelmäßige Auftreten von Individuen des Hirschkäfers (*Lucanus cervus*) registrieren. Gerlinde Goder (mündl. Mitt. 2008) hat davor in den fast 50 Jahren ihres Lebens zwischen etwa 1970 und 1979 in Reichenbach im Täle zwischen Göppingen und Geislingen auf der Schwäbischen Alb in einem von Wiesen und Wald umgebenen Hof fast in jedem Jahr einzelne Exemplare des Hirschkäfers (*Lucanus cervus*) beobachtet, wohingegen sie zwischen 1979 und 1989, als sie in der Rohrbacher Straße in Heidelberg-Weststadt gewohnt hat und häufig am Bierhelderhof nördlich Heidelberg-Boxberg gewesen ist, dort keinen Individuen in der Natur begegnet ist.

Im Dossenheimer Weg nahe dem südlichen Ortsrand von Schriesheim, wo er seit 1996 wohnt, hat Peter Baumann (mündl. Mitt. 2008) im Garten des Hauses seit etwa 2003 in jedem Jahr insgesamt etwa 2 - 3 Männchen des Hirschkäfers (*Lucanus cervus*) pro Jahr gesehen, welche meist abends in der

Dämmerung im Garten geflogen sind und auf der knorrigen Rinde eines alten Birnbaumes gesessen sind, wohingegen er sich nicht daran erinnern kann, auch vor 2003 dort Exemplare angetroffen zu haben. Peter Baumann (mündl. Mitt. 2008) hat dort in 2007 an mehreren Abenden hintereinander etwa 3 Männchen des Hirschkäfers (*Lucanus cervus*) beobachtet, welche in etwa 6 - 8 m Höhe diagonal über den Garten geflogen sind und anschließend auf der knorrigen Rinde des alten Birnbaumes gesessen sind und teilweise miteinander gekämpft haben, und hat dort in 2008 auch ein Weibchen festgestellt, welches auf einem Ast eines Haselnußbaumes gesessen ist. Peter Baumann (mündl. Mitt. 2008) lebt schon immer in Schriesheim und hat in den über 50 Jahren seines Lebens schon von 1966 bis 1975 in manchen Jahren, aber nicht in jedem Jahr, gelegentlich einzelne Männchen des Hirschkäfers (*Lucanus cervus*) am Parkplatz und im Wald am Heinrich Sigmund Gymnasium im Institutsweg im zentralen Bereich des Branich am Nordostrand von Schriesheim am Boden entdeckt, und hat dort auch vor etwa 15 Jahren einmal erlebt, daß ihm beim Radfahren zwei Exemplare gegen den Helm geflogen sind und anschließend weitergeflogen sind, wohingegen er außer den vorgenannten Funden keinen weiteren Individuen in der Natur begegnet ist.

Im Schlittweg am südwestlichen Ortsrand von Schriesheim, wo sie von 1977 bis 1997 gewohnt hat, ist Helga Beyaert (mündl. Mitt. 2008) in diesem Zeitraum in den meisten Jahren, aber nicht in jedem Jahr, immer wieder einzelnen Männchen des Hirschkäfers (*Lucanus cervus*) begegnet, welche von den naheliegenden Feldern angeflogen sind oder zu den Feldern hingeflogen sind, um den Balkon und den Keller herumgebrummt sind, und auch im Garten am Boden gelaufen oder gesessen sind, wohingegen sie im nahegelegenen Bollengrubweg, wo sie von 1997 bis 2007 gewohnt hat, keine Exemplare registriert hat. Helga Beyaert (mündl. Mitt. 2008) konnte damit im Schlittweg in Schriesheim über einen Zeitraum von 20 Jahren das regelmäßige Auftreten von Individuen des Hirschkäfers (*Lucanus cervus*) konstatieren. Helga Beyaert (mündl. Mitt. 2008) hat auch in 2005 oder 2006 in einem Garten in der Max-Planck-Straße im südwestlichen Ortsteil von Schriesheim ein Männchen des Hirschkäfers (*Lucanus cervus*) am Boden gesehen, und ihr Mann hat in der Odenwaldstraße am nordöstlichen Ortsrand von Schriesheim unterhalb des Branich ein Männchen auf dem Balkon angetroffen. Helga Beyaert (mündl. Mitt. 2008) hat bis 1970 in Hamburg, Kiel, Göttingen und Wiesbaden sowie bis 1975 in Freiburg gewohnt und lebt seit 1977 in Schriesheim, und hat in den über 65 Jahren ihres Lebens erst ab 1977 in Schriesheim Bekanntschaft mit Exemplaren des Hirschkäfers (*Lucanus cervus*) in der Natur gemacht, wohingegen sie an allen anderen Orten keinen Individuen in der Natur begegnet ist.

In der Steinachstraße im nördlichen Ortsteil von Schriesheim hat Käthe Sommer (mündl. Mitt. 2008) etwa Anfang Juli 2008 ein sitzendes Weibchen des Hirschkäfers (*Lucanus cervus*) auf der Außenkellertreppe im Hof des Hauses gesehen, und hat etwa Mitte Juli 2008 ein laufendes Männchen im Garten neben dem Haus beobachtet. Davor hat Käthe Sommer (mündl. Mitt. 2008), die bis 1952 in Dossenheim gewohnt hat und seit 1952 in Schriesheim lebt, nur einmal vor etwa 10 Jahren ein Männchen des Hirschkäfers (*Lucanus cervus*) im Garten neben dem Haus gefunden, und kann sich nicht daran erinnern, ansonsten in den über 75 Jahren ihres Lebens weiteren Individuen in der Natur begegnet zu sein.

In der Bismarckstraße am nördlichen Ortsrand von Schriesheim haben Gabriele und Wolfgang Schmitt (mündl. Mitt. 2008) von 1978 bis etwa 1982 und von etwa 2000 bis 2008 sowie Wolfgang Schmitt (mündl. Mitt. 2008) auch schon von etwa 1955 bis 1966 in jedem Jahr mehrere Männchen und Weibchen des Hirschkäfers (*Lucanus cervus*) am Haus und im naturbelassenen Garten mit Totholzhaufen um das Haus herum sitzend am Boden und an der Wand, laufend am Boden und fliegend gesehen, wohingegen sie dort von etwa 1983 bis etwa 1999 keine Individuen festgestellt haben. Gabriele und Wolfgang Schmitt (mündl. Mitt. 2008) haben von 2005 bis 2008 auch in den Weinbergen am Übergang von der Ebene zum Hang unterhalb des Waldrandes nördlich Schriesheim in Richtung Leutershausen abends in der Dämmerung in jedem Jahr etwa 2 - 3 fliegende Exemplare des Hirschkäfers (*Lucanus cervus*) pro Abend beobachtet, wohingegen sie in den Jahren vor 2005 dort keine Individuen registriert haben. Wolfgang Schmitt (mündl. Mitt. 2008) hat bis 1966 in Schriesheim gewohnt, war dann an anderen Orten und lebt seit 1978 wieder in Schriesheim, und hat in den über 60 Jahren seines Lebens außer in Schriesheim keine Exemplare des Hirschkäfers (*Lucanus cervus*) in der Natur angetroffen. Gabriele Schmitt (mündl. Mitt. 2008) hat bis 1966 in Wechingen ostnordöstlich Nördlingen im Nördlinger Ries gewohnt, wo sie von etwa 1955 bis 1960 gelegentlich einzelne Individuen des Hirschkäfers (*Lucanus cervus*) bemerkt hat, welche abends in der Dämmerung um das Haus herum geflogen sind, und war dann an anderen Orten und hat bis 1978 in Uchte am Großen Moor westnordwestlich Hannover gewohnt, wo sie in den über 60 Jahren ihres Lebens keinen Exemplaren in der

Natur begegnet ist, und lebt seit 1978 ebenfalls in Schriesheim.

In einem Garten unterhalb des Friedhofes am nordöstlichen Ortsrand von Schriesheim hat Ruth Schilling (mündl. Mitt. 2008) im Juni 1994 Schwärmabende des Hirschkäfers (*Lucanus cervus*) mit der Aktivität von jeweils mindestens ca. 10 - 20 Männchen und Weibchen pro Tag über mindestens eine Woche hinweg erlebt, als an mehreren Abenden hintereinander zahlreiche Individuen aus dem Wurzelbereich eines teilweise mit Efeu bewachsenen abgesägten Stammes eines alten Kirschbaumes herausgekommen sind. Während an den meisten Abenden ca. 10 - 20 Männchen und Weibchen des Hirschkäfers (*Lucanus cervus*) pro Tag aufgetaucht sind, ist an einem Abend eine Invasion von mindestens 30 Exemplaren erfolgt, wohingegen vor und nach den Schwärmabenden jeweils nur etwa 5 Individuen pro Tag erschienen sind. In 2001 hat Ruth Schilling (mündl. Mitt. 2008) in diesem Garten, welchen sie von etwa 1990 bis 2003 bewirtschaftet hat, erneut eine erhöhte Aktivität des Hirschkäfers (*Lucanus cervus*) mit dem Erscheinen von ca. 5 - 10 Exemplaren pro Tag über etwa eine Woche hinweg festgestellt, wobei die Häufigkeit bei weitem nicht das Ausmaß erreicht hat wie 1994, wohingegen sie dort in den anderen Jahren lediglich insgesamt bis zu 5 Individuen pro Jahr bemerkt hat. Ruth Schilling (mündl. Mitt. 2008) hat bis 1971 in der Altstadt von Heidelberg, bis 1986 in Heidelberg-Handschuhsheim und bis 2002 in Schriesheim gewohnt und lebt seit 2002 in Schriesheim-Altenbach, und hat in dieser Zeit erst seit 1994 Individuen des Hirschkäfers (*Lucanus cervus*) in der Natur entdeckt. In der Herrengasse am östlichen Ortsrand von Schriesheim unterhalb der Strahlenburg, wo sie von 1986 bis 2002 gewohnt hat, ist Ruth Schilling (mündl. Mitt. 2008) nur einmal in 1994 einem Exemplar des Hirschkäfers (*Lucanus cervus*) an der Wand der Garage begegnet, wohingegen sie ansonsten dort und an den anderen Orten, an denen sie vor 1986 gelebt hat, in den über 65 Jahren ihres Lebens keine weiteren Individuen in der Natur angetroffen hat. Außer den vorgenannten Funden hat sie lediglich noch am 10.07.2008 im Steinbruch am östlichen Ortsrand von Dossenheim ein totes Weibchen des Hirschkäfers (*Lucanus cervus*) zwischen den Steinen am Boden gesehen.

Auf der Verlängerung der Odenwaldstraße östlich des Friedhofes am nordöstlichen Ortsrand von Schriesheim nach Norden und Osten durch die Weinberge bis zur Verlängerung des Blütenweges am Westrand des Branich am Nordostrand von Schriesheim haben Anke und Thomas Balogh (schriftl. Mitt. 2008) etwa Ende Juni/Anfang Juli 2008 an etlichen Abenden einzelne Männchen und Weibchen des Hirschkäfers (*Lucanus cervus*) am Waldrand unterhalb des Branich beobachtet.

In der Frankenstraße nahe dem nordöstlichen Ortsrand von Schriesheim hat Fritz Joecks (mündl. Mitt. 2008) im Garten des Hauses am 12.07.2008 ein Männchen des Hirschkäfers (*Lucanus cervus*) in der Nähe eines Kastanienbaumes gefunden. Fritz Joecks (mündl. Mitt. 2008) lebt seit 1988 in Schriesheim und kann sich nur daran erinnern, daß er schon früher gelegentlich einzelne Exemplare des Hirschkäfers (*Lucanus cervus*) in der Natur beobachtet hat, weiß aber nicht mehr, wann und wo dies gewesen ist.

In der Schönauer Straße am nordöstlichen Ortsrand von Schriesheim hat Horst Hettenbach (mündl. Mitt. 2008) etwa Ende Juni/Anfang Juli 2008 im Garten hinter dem Haus ein Weibchen des Hirschkäfers (*Lucanus cervus*) mehrmals im Abstand von einigen Tagen am Boden gesehen. Horst Hettenbach (mündl. Mitt. 2008) hat bis 1961 in Hirschberg-Leutershausen gewohnt und lebt seit 1961 in Schriesheim, und hat in den über 70 Jahren seines Lebens vorher nur von etwa 1951 bis 1954 im Wald und in den Feldern um Leutershausen am Hang und in der Ebene in jedem Jahr insgesamt bis zu 10 Männchen und Weibchen des Hirschkäfers (*Lucanus cervus*) pro Jahr beobachtet, wohingegen er davor und danach möglicherweise immer wieder einzelne Individuen entdeckt hat, sich aber nicht mehr an Orte und Zeiten dieser Begegnungen erinnern kann. Horst Hettenbach (mündl. Mitt. 2008) ist sich aber sicher, daß er schon mindestens seit 25 Jahren kein Exemplar des Hirschkäfers (*Lucanus cervus*) mehr in der Natur angetroffen hat.

In der Schönauer Straße am nordöstlichen Ortsrand von Schriesheim hat Matthias Rufer (mündl. Mitt. 2008) am Haus, welches an einen großen Garten angrenzt, von etwa 2003 bis 2008 in jedem Jahr während der Weinrebenblüte etwa Ende Mai/Anfang Juni insgesamt etwa 1 - 3 Exemplare des Hirschkäfers (*Lucanus cervus*) pro Jahr gesehen, welche abends in der Dämmerung am Balkon des Hauses entlanggeflogen sind. Matthias Rufer (mündl. Mitt. 2008) hat auch in einem Weinberg am Fohbachtal am Westhang des Martinsberges östlich der Leutershäuser Straße nördlich Schriesheim seit etwa 2004 in jedem Jahr insgesamt etwa 1 - 3 Individuen des Hirschkäfers (*Lucanus cervus*) pro Jahr bemerkt, und sein Vater, Hansjörg Rufer (mündl. Mitt. 2008), hat dort von 1935 bis 2008 ebenfalls in jedem Jahr während der Weinrebenblüte etwa Ende Mai/Anfang Juni insgesamt etwa 1 - 3 Exemplare, welche überwiegend Männchen und untergeordnet Weibchen waren, pro Jahr beobachtet, welche in den Weinbergen herumgeflogen sind. Hansjörg Rufer (mündl. Mitt. 2008) konnte damit im Weinberg am Fohbachtal nördlich in Schriesheim über einen Zeitraum von über 70 Jahren das regelmäßige Auftreten von Individuen des Hirschkäfers (*Lucanus cervus*) registrieren. Hansjörg Rufer (mündl. Mitt. 2008) wohnt schon immer in Schriesheim und hat in den fast 85 Jahren seines Lebens auch in der Heidelberger Straße im Zentrum von Schriesheim in den letzten 30 Jahren zweimal fliegende Individuen des Hirschkäfers (*Lucanus cervus*) festgestellt, welche am Balkon des Hauses entlanggeflogen sind, und hat auch vor etwa 20 - 25 Jahren in der Kirchstraße im Zentrum von Schriesheim mehrere Exemplare gesehen, welche im Garten herumgeflogen sind. Matthias Rufer (mündl. Mitt. 2008) wohnt auch schon immer in Schriesheim und hat in den über 45 Jahren seines Lebens auch etwa 2000 ein totes Weibchen des Hirschkäfers (*Lucanus cervus*) im Speicher des Hauses in der Schönauer Straße entdeckt, wohingegen er sich nicht daran erinnern kann, außer den vorgenannten Funden weiterer Individuen in der Natur begegnet zu sein.

Am Martinsberg nördlich Schriesheim hat Hilmar Sperber (mündl. Mitt. 2008) auf dem Weg von den Weinbergen zum Waldrand am Madonnenberg am 20.07.2008 ein Weibchen des Hirschkäfers (*Lucanus cervus*) am Boden gesehen, und hat davor nur von etwa 1950 bis 1958 in Lichtenstein auf den Zeilbergen bei Ebern südwestlich Coburg in jedem Jahr insgesamt etwa 2 - 3 Männchen und Weibchen pro Jahr am Waldrand am Boden beobachtet. Hilmar Sperber (mündl. Mitt. 2008) hat bis 1960 in Lichtenstein und bis 1970 in Erlangen gewohnt und lebt seit 1970 in Schriesheim, und kann sich nicht daran erinnern, in den fast 70 Jahren seines Lebens zwischen 1958 und 2008 Individuen des Hirschkäfers (*Lucanus cervus*) in der Natur angetroffen zu haben.

In der Ladenburger Straße im westlichen Ortsbereich von Schriesheim hat Gustel Niklaus (mündl. Mitt. 2008) im Garten des Hauses am 16.05.2008 ein lebendes Männchen des Hirschkäfers (*Lucanus cervus*) in einer Wassertonne in der Nähe des Komposthaufens gesehen, das sich wenige Minuten nach der Bergung aus dem Wasser wieder erholt hat. Gustel Niklaus (mündl. Mitt. 2008) hat auch einmal etwa 2003 im Wald um Kelberg nordöstlich Daun in der Eifel ein Männchen des Hirschkäfers (*Lucanus cervus*) am Boden beobachtet. Gustel Niklaus (mündl. Mitt. 2008) hat bis 1970 in Schriesheim gewohnt, war dann bis 1994 unter anderem in Daun, hat dann bis 2005 in Kelberg gewohnt und lebt seit 2005 wieder in Schriesheim, und hat in den 60 Jahren seines Lebens schon zwischen 1956 und 1960 im Wald um das Fohbachtal in Richtung der Hirschburg nordöstlich Schriesheim und in der Spatschlucht im Pappelbachtal nordnordöstlich Stammberg östlich Schriesheim je ein Männchen des Hirschkäfers (*Lucanus cervus*) am Boden entdeckt, wohingegen er ansonsten keine weiteren Exemplare in der Natur angetroffen hat.

In der Mannheimer Straße im westlichen Ortsbereich von Schriesheim haben Ingrid und Kurt Arras (mündl. Mitt. 2008) etwa 1998 ein Männchen des Hirschkäfers (*Lucanus cervus*) an der Kellertreppe des Hauses bemerkt, und haben auch seit etwa 1998 bis 2008 in jedem Jahr insgesamt etwa 20 - 30 Larven (Engerlinge) pro Jahr im Komposthaufen im Garten und gelegentlich auch in der Erde von Blumenkübeln festgestellt, welche wahrscheinlich dem Hirschkäfer (*Lucanus cervus*) zugeordnet werden können. Kurt Arras (Ingrid Arras, mündl. Mitt. 2008) wohnt schon immer in Schriesheim und hat in den 60 Jahren seines Lebens außer dem vorgenannten Männchen keine weiteren Exemplare des Hirschkäfers (*Lucanus cervus*) in der Natur beobachtet. Ingrid Arras (mündl. Mitt. 2008) hat bis 1973 in Wiesloch gewohnt und lebt seit 1973 in Schriesheim, und hat in den über 55 Jahren ihres Lebens schon einmal zwischen etwa 1965 und 1970 in Wiesloch oder Heidelberg in der Schule ein Männchen des Hirschkäfers (*Lucanus cervus*) gesehen, welches ein Klassenkamerad gefunden und mitgebracht hat, wohingegen sie ansonsten ebenfalls keinen weiteren Individuen in der Natur begegnet ist.

An der Strahlenburg am Nordwesthang des Ölberges östlich Schriesheim hat Cordelia Veidt (mündl. Mitt. 2008) etwa im Juli 2008 abends in der Dämmerung am Waldrand auf dem Weg an der Grenze zum darunterliegenden Weinberg etwa 50 m südlich der Burganlage ein fliegendes Männchen des Hirschkäfers (*Lucanus cervus*) gesehen. Cordelia Veidt (mündl. Mitt. 2008) hat bis 1987 in Waldkirch nordöstlich Freiburg gewohnt, wo sie zwischen 1980 und 1985 einmal ein Männchen des Hirschkäfers (*Lucanus cervus*) auf der Treppe im Haus entdeckt hat, welches offenbar in den Keller geflogen ist und dann auf der Treppe gelaufen ist. Cordelia Veidt (mündl. Mitt. 2008) hat seit 1996 in Heidelberg-Kirchheim gewohnt und lebt seit 2001 in Heidelberg-Rohrbach, und hat in den 40 Jahren ihres Lebens außer den vorgenannten Funden keine weiteren Exemplare des Hirschkäfers (*Lucanus cervus*) in der Natur angetroffen.

Im Wald an der Strahlenburg am Ostrand von Schriesheim hat Sindy Simone Grambow (mündl. Mitt. 2008) in 2008 drei Weibchen, in 2007 ein Männchen und vier Weibchen, und in 2006 zwei Männchen und ein Weibchen des Hirschkäfers (*Lucanus cervus*) beobachtet, und hat auch in der Sophienstraße im Zentrum von Schriesheim in 2007 und 2008 je ein Weibchen gesehen. Sindy Simone Grambow (mündl. Mitt. 2008) hat auch in 2006 in der Heidelberger Straße im Zentrum von Schriesheim ein Männchen des Hirschkäfers (*Lucanus cervus*) bemerkt, welches durch das geöffnete Fenster in das Schlafzimmer geflogen ist. Sindy Simone Grambow (mündl. Mitt. 2008) hat bis 1986 in Heidelberg-Emmertsgrund, bis 1998 in Nußloch, bis 2000 in Heidelberg-Innenstadt und bis 2002 in Ludwigshafen-Innenstadt gewohnt und lebt seit 2002 in Schriesheim, und ist in den 35 Jahren ihres Lebens erst in 2006 in Schriesheim erstmals Exemplaren des Hirschkäfers (*Lucanus cervus*) in der Natur begegnet.

Im Wald am Branich am Nordostrand von Schriesheim und an der Strahlenburg am Ostrand von Schriesheim hat Hans Welter (mündl. Mitt. 2008) von etwa 1991 bis etwa 1998 in jedem Jahr insgesamt etwa 1 - 3 Männchen des Hirschkäfers (*Lucanus cervus*) pro Jahr am Boden, an Baumstämmen und fliegend gesehen, wohingegen er von 1971 bis etwa 1990 nur gelegentlich einzelne Exemplare in unregelmäßigen Abständen und von etwa 1999 bis 2007 gar keine Individuen bemerkt hat, sondern erst in 2008 wieder einzelne Männchen entdeckt hat. Hans Welter (mündl. Mitt. 2008) konnte damit über einen Zeitraum von über 25 Jahren das zwar unregelmäßige, aber stets wiederkehrende Auftreten von Individuen des Hirschkäfers (*Lucanus cervus*) konstatieren. In einem Garten in den Weinbergen nahe des Friedhofs am nordöstlichen Ortsrand von Schriesheim hat Hans Welter (mündl. Mitt. 2008) etwa Mitte Juli 2008 ein Männchen des Hirschkäfers (*Lucanus cervus*) gefunden, welches in das Wasserfaß gefallen war und im Wasser herumgepaddelt ist, nach dem Herausnehmen am nächsten Tag wieder im Wasserfaß getrieben ist, und nach dem erneuten Herausnehmen um die Gartenhütte herumgelaufen ist, auf einem Blatt gesessen ist und dann verschwunden ist. Hans Welter (mündl. Mitt. 2008) hat bis 1956 im Ortsteil Linkenheim in Linkenheim-Hochstetten südwestlich Graben-Neudorf gewohnt und hat dort schon von etwa 1945 bis 1956 immer wieder einzelne Männchen des Hirschkäfers (*Lucanus cervus*) im Wald, am Waldrand und in den Feldern in und um Linkenheim gesehen. Hans Welter (mündl. Mitt. 2008) hat dann bis 1965 in Fulda gewohnt; war bis 1969 an etlichen anderen Orten zwischen Schwetzingen, Pforzheim und Wertheim; hat bis 1971 in Rosenberg nordöstlich Osterburken gewohnt und lebt seit 1971 in Schriesheim, und kann sich in den über 70 Jahren seines Lebens lediglich daran erinnern, außer den vorgenannten Funden nur gelegentlich im Raum zwischen Schwetzingen, Pforzheim und Wertheim zwischen 1965 und 1969 einzelnen Männchen des Hirschkäfers (*Lucanus cervus*) in der Natur begegnet zu sein, obwohl er während seiner beruflichen Tätigkeit als Förster sehr viel Zeit im Wald verbracht hat.

Am Westhang des Ölberges südöstlich Schriesheim und nordnordöstlich Dossenheim haben Petra und Norbert Lochbühler (mündl. Mitt. 2008) im Wald zwischen der Schauenburg am nordöstlichen Ortsrand von Dossenheim und der Strahlenburg am nordöstlichen Ortsrand von Schriesheim von etwa 1965 bis 2008 in den meisten Jahren, jedoch nicht in jedem Jahr, insgesamt etwa 3 - 5 Männchen des Hirschkäfers (*Lucanus cervus*) pro Jahr am Boden gesehen, und konnten damit in den 50 Jahren ihres Lebens über einen Zeitraum von über 40 Jahren das regelmäßige Auftreten von Individuen in der Umgebung von Schriesheim und Dossenheim beobachten. Norbert Lochbühler (mündl. Mitt. 2008) hat auch etwa Mitte Juni 2008 an der Brücke der Straße B 38 über die Zielstraße nordnordwestlich des Bahnhofes im Südteil von Mannheim-Käfertal ein Männchen des Hirschkäfers (*Lucanus cervus*) entdeckt, welches auf dem Gehweg gelaufen ist. Norbert Lochbühler (mündl. Mitt. 2008) wohnt schon immer in Schriesheim, und Petra Lochbühler (mündl. Mitt. 2008) hat bis 1974 in Dossenheim gewohnt und lebt seit 1974 ebenfalls in Schriesheim, und beide haben an anderen Orten keine weiteren Exemplare des Hirschkäfers (*Lucanus cervus*) in der Natur angetroffen.

17.2 Branich am Nordostrand von Schriesheim

Die Nachweise von Individuen des Hirschkäfers (*Lucanus cervus*) auf dem Branich am Nordostrand von Schriesheim, welche mir von Naturfreunden aufgrund meiner Aufrufe zur Mitteilung von Beobachtungen in regionalen Tageszeitungen (Rhein-Neckar-Zeitung 2008 a, 2008 b, 2008 c, 2008 d; Schwetzinger Zeitung 2008, Bruchsaler Rundschau 2008) gemeldet wurden, stammen aus dem Fensengrundweg am Südostrand des Branich; aus dem Schauinslandweg, dem östlichen Teil des Blütenweges, der Branichstraße, dem Buchenhain und dem Institutsweg im zentralen Bereich des Branich; und aus dem westlichen Teil des Blütenweges am Westrand des Branich. Die Fundorte des Hirschkäfers (*Lucanus cervus*) auf dem Branich am Nordostrand von Schriesheim (TK 25, Blatt 6518 Heidelberg-Nord) liegen am Westhang des Odenwaldes am Osthang des Rheintales in ca. 150 - 250 m Höhe über NN.

Im Fensengrundweg am Südostrand des Branich am Nordostrand von Schriesheim, wo er schon immer wohnt, hat Hans Guse (mündl. Mitt. 2008) seit 1952 in jedem Jahr mehrere Männchen und Weibchen des Hirschkäfers (*Lucanus cervus*) auf der Terrasse des Hauses und im Garten am Waldrand laufend und sitzend am Boden und an der Wand sowie fliegend gesehen, und konnte damit in den über 60 Jahren seines Lebens über einen Zeitraum von über 55 Jahren das regelmäßige Auftreten von Individuen beobachten, wobei die Zahl und Größe der Exemplare im Laufe der Zeit abgenommen hat. Hans Guse (mündl. Mitt. 2008) hat von 1952 bis etwa 1980 pro Jahr insgesamt etwa 8 - 10 Männchen und Weibchen des Hirschkäfers (*Lucanus cervus*) registriert, wohingegen er seit etwa 1980 pro Jahr insgesamt nur noch etwa 5 - 7 Männchen und Weibchen festgestellt hat. An den meisten Beobachtungstagen während der Flugzeit des Hirschkäfers (*Lucanus cervus*) hat Hans Guse (mündl. Mitt. 2008) lediglich einzelne Individuen gesichtet, und hat nur einmal in 1983 an wenigen aufeinanderfolgenden Tagen abends jeweils etwa 5 - 7 Exemplare bemerkt. Anfang Juni 2008 hat Hans Guse (mündl. Mitt. 2008) an wenigen aufeinanderfolgenden Tagen abends jeweils etwa 1 - 2 Individuen des Hirschkäfers (*Lucanus cervus*) notiert. Hans Guse (mündl. Mitt. 2008) hat ferner verzeichnet, daß von 1952 bis 2003 die Männchen des Hirschkäfers (*Lucanus cervus*) größer waren und größere Mandibeln besaßen als von 2003 bis 2008, als die Männchen vergleichsweise meist deutlich kleiner waren und kleinere Mandibeln besaßen.

Im Schauinslandweg im zentralen Bereich des Branich am Nordostrand von Schriesheim hat Gabi Schwebel (mündl. Mitt. 2008) etwa Mitte bis Ende Juni 2008 und ebenfalls in 2007 jeweils zwei Männchen des Hirschkäfers (*Lucanus cervus*) beobachtet, welche abends um das Haus herum, an einem benachbarten Haus und an der Straße mit Laternen vor dem Haus geflogen sind, und hat auch in 2008 ein Weibchen gesehen, welches an der Wand des Hauses gesessen ist, sowie in 2007 etwa drei Weibchen im Garten am Boden bemerkt. Gabi Schwebel (mündl. Mitt. 2008) hat auch in 2005 oder 2006 im Bereich der Einmündung der Edelsteinstraße in den Weinbergweg am südöstlichen Ortsrand von Schriesheim ein Männchen des Hirschkäfers (*Lucanus cervus*) auf dem Rasen im Garten des Hauses entdeckt, und hat in 2005 oder in den Jahren davor auch einmal ein Männchen in den Weinbergen östlich oberhalb des Weinbergweges angetroffen. Gabi Schwebel (mündl. Mitt. 2008) hat bis 1975 in Waghäusel-Kirrlach gewohnt, war dann an anderen Orten und lebt seit 1995 in Schriesheim, und hat in den 55 Jahren ihres Lebens schon einmal etwa 1960 im Wald um Waghäusel-Kirrlach in Richtung Kronau oder Reilingen ein Männchen des Hirschkäfers (*Lucanus cervus*) gesehen, wohingegen sie sich nicht daran erinnern kann, von etwa 1960 bis etwa 2005 weiteren Exemplaren in der Natur begegnet zu sein.

Im östlichen Teil des Blütenweges im zentralen Bereich des Branich am Nordostrand von Schriesheim hat Christel Seitz (mündl. Mitt. 2008) seit 1990 in jedem Jahr mehrere Männchen und Weibchen des Hirschkäfers (*Lucanus cervus*) meist abends in der Dämmerung an einer alten Eiche im Garten in der Nähe des Waldrandes fliegend gesehen. Christel Seitz (mündl. Mitt. 2008) konnte damit in den 60 Jahren ihres Lebens über einen Zeitraum von fast 20 Jahren das regelmäßige Auftreten von Individuen des Hirschkäfers (*Lucanus cervus*) beobachten, wobei die Zahl der Exemplare im Laufe der Zeit abgenommen hat. Christel Seitz (mündl. Mitt. 2008) hat von 1990 bis etwa 2000 pro Jahr insgesamt etwa 5 - 10 Männchen und Weibchen des Hirschkäfers (*Lucanus cervus*) registriert, wohingegen sie von etwa 2000 bis 2008 pro Jahr insgesamt nur noch etwa 3 - 5 Männchen und Weibchen festgestellt hat. Zwischen 1990 und 2000 hat Christel Seitz (mündl. Mitt. 2008) in einem Jahr sogar insgesamt über 10 Exemplare des Hirschkäfers (*Lucanus cervus*) beobachtet. Christel Seitz (mündl. Mitt. 2008) hat bis 1975 in Neulußheim und bis 1990 in Weinheim gewohnt und lebt seit 1990 auf dem Branich am Nordostrand von Schriesheim, und hat vor 1990 nur einmal etwa 1983 bei Riebrau im Waldgebiet Görde im Wendland südwestlich Hitzacker an der Elbe ein Männchen des Hirschkäfers (*Lucanus cervus*) am Boden entdeckt, und ist ansonsten keinen weiteren Individuen in der Natur begegnet. Eine Freundin hat Christel Seitz (mündl. Mitt. 2008) erzählt, daß sie in 2008 im Müllheimer Tal in Weinheim Richtung Gorxheimertal unterhalb der Burg Windeck ein Exemplar des Nashornkäfers (*Oryctes nasicornis*) gefunden hat.

Im westlichen Teil des Blütenweges am Westrand des Branich am Nordostrand von Schriesheim haben Christa und Alfred Treiber (mündl. Mitt. 2008) seit 1962 in jedem Jahr mehrere Männchen und Weibchen des Hirschkäfers (*Lucanus cervus*) im Garten des Hauses gesehen, wobei sie in den meisten Jahren insgesamt etwa 2 - 3 Exemplare pro Jahr festgestellt haben. Christa und Alfred Treiber (mündl. Mitt. 2008) konnten damit über einen Zeitraum von über 45 Jahren das regelmäßige Auftreten von Individuen des Hirschkäfers (*Lucanus cervus*) im Blütenweg beobachten. Alfred Treiber (mündl. Mitt. 2008) hat vor 1962 in Mannheim-Seckenheim gewohnt und ist dort keinen Individuen des Hirschkäfers (*Lucanus cervus*) in der Natur begegnet, sondern hat in den 70 Jahren seines Lebens erst ab 1962 in Schriesheim Exemplare in der Natur angetroffen. Christa Treiber (mündl. Mitt. 2008) hat Anfang Juli 2008 auf dem Weg zur Silberpappel in der Nähe des Strandbades am Rhein westlich Mannheim-Niederfeld ein überfahrenes Männchen des Hirschkäfers (*Lucanus cervus*) auf dem Weg gefunden, und hat in den über 65 Jahren ihres Lebens auch zwischen 1947 und 1962 in Mannheim-Feudenheim, wo sie damals gewohnt hat, und im Wald um den Karlstern in Mannheim-Käfertal immer wieder einzelne Individuen beobachtet, und hat auch in Heilsbronn südwestlich Nürnberg, wo sie bis 1947 gewohnt hat, zwischen 1945 und 1947 mehrmals Männchen des Hirschkäfers (*Lucanus cervus*) im Garten des Hauses in der Neuendettelsauer Straße am südlichen Ortsrand entdeckt. Christa Treiber (mündl. Mitt. 2008) hat auch während eines Urlaubes in Bad Dürrheim im Schwarzwald etwa zwischen 1950 und 1955 dort einzelne Exemplare des Hirschkäfers (*Lucanus cervus*) im Wald bemerkt.

In der Branichstraße im zentralen Bereich des Branich am Nordostrand von Schriesheim hat Dagmar Zimmermann (mündl. Mitt. 2008) seit 1987 in jedem Jahr mehrere Männchen und Weibchen des Hirschkäfers (*Lucanus cervus*) vor dem Haus, an der Kellertreppe am Haus und am Waldrand in der Nähe des Hauses, hinter dem sich ein großer Garten erstreckt, laufend und sitzend am Boden sowie fliegend gesehen, und konnte damit in den über 55 Jahren ihres Lebens über einen Zeitraum von über 20 Jahren das regelmäßige Auftreten von Individuen beobachten, wobei die Zahl der Exemplare im Laufe der Zeit abgenommen hat. Dagmar Zimmermann (mündl. Mitt. 2008) hat von 1987 bis etwa 2000 pro Jahr insgesamt bis zu 40 - 50 Männchen und Weibchen des Hirschkäfers (*Lucanus cervus*) registriert, wohingegen sie seit etwa 2000 pro Jahr insgesamt nur noch etwa 5 - 10 Männchen und Weibchen festgestellt hat und in 2008 sogar nur 2 Männchen entdeckt hat. In den Jahren von 1987 bis etwa 2000 hat Dagmar Zimmermann (mündl. Mitt. 2008) zeitweise so viele Individuen des Hirschkäfers (*Lucanus cervus*) gesehen, daß sie manchmal fast über die Männchen und Weibchen vor der Haustür gestolpert wäre und die toten Exemplare sogar mit einer Schaufel weggetragen hat. In einigen Jahren hat Dagmar Zimmermann (mündl. Mitt. 2008) über mindestens eine Woche hinweg pro Tag mindestens 10 - 20 Individuen des Hirschkäfers (*Lucanus cervus*) abends fliegend beobachtet oder vor der Haustür liegend gefunden, wohingegen vor und nach diesen Schwärmphasen nur einzelne Exemplare erschienen sind. Dagmar Zimmermann (mündl. Mitt. 2008) hat bis 1981 in Essen, Aachen, Münster und Köln gewohnt; und hat bis 1983 in Mosbach-Diedesheim und bis 1987 in Heidelberg-Ziegelhausen gelebt, hat jedoch erst nach ihrem Umzug nach Schriesheim in 1987 dort erstmals Individuen des Hirschkäfers (*Lucanus cervus*) in der Natur angetroffen.

Im Buchenhain im zentralen Bereich des Branich am Nordostrand von Schriesheim hat Gudrun Kluge (mündl. Mitt. 2008) seit 1970 in fast jedem Jahr mehrere Männchen und Weibchen des Hirschkäfers (*Lucanus cervus*) vor dem Haus, im Garten und am Waldrand hinter dem Haus laufend und sitzend am Boden sowie fliegend gesehen, und konnte damit in den 75 Jahren ihres Lebens über einen Zeitraum von fast 40 Jahren das regelmäßige Auftreten von Individuen beobachten. Gudrun Kluge (mündl. Mitt. 2008) hat seit 1970 in fast jedem Jahr insgesamt etwa 2 - 4 Männchen und Weibchen des Hirschkäfers (*Lucanus cervus*) pro Jahr beobachtet, von denen einige auch durch geöffnete Fenster in das Haus hereingeflogen sind. Gudrun Kluge (mündl. Mitt. 2008) hat bis 1955 in Waldfischbach im Pfälzer Wald, bis 1966 in den Neckarstaden in der Altstadt von Heidelberg in der Nähe der Alten Brücke und bis 1970 in Würzburg gewohnt und lebt seit 1970 in Schriesheim, und hat Exemplare des Hirschkäfers (*Lucanus cervus*) in der Natur erstmals in Schriesheim angetroffen, wohingegen sie an den anderen Orten keinen Individuen in der Natur begegnet ist. Aus ihrer Zeit in Waldfischbach im Pfälzer Wald kann sie sich auch nicht daran erinnern, daß ihr Vater, der als Jäger sehr viel Zeit im Wald verbracht hat, einmal ein Exemplar des Hirschkäfers (*Lucanus cervus*) mit nach Hause gebracht hätte oder ihr im Wald gezeigt hätte.

Im Buchenhain im zentralen Bereich des Branich am Nordostrand von Schriesheim hat Hermann Schwarz (mündl. Mitt. 2008) seit etwa 1980 bis 2007 in jedem Jahr mehrere Männchen und Weibchen des Hirschkäfers (*Lucanus cervus*) im Wald und am Waldrand gesehen, und konnte damit in den über

80 Jahren seines Lebens über einen Zeitraum von über 25 Jahren das regelmäßige Auftreten von Individuen beobachten, wobei die Zahl der Exemplare im Laufe der Zeit abgenommen hat. Hermann Schwarz (mündl. Mitt. 2008) hat von etwa 1980 bis etwa 1994 pro Jahr insgesamt etwa 10 - 20 Männchen und Weibchen des Hirschkäfers (*Lucanus cervus*) registriert, wohingegen er von etwa 1995 bis etwa 2002 pro Jahr insgesamt nur noch etwa 5 - 7 Individuen und von etwa 2003 bis 2007 pro Jahr insgesamt nur noch etwa 1 - 3 Exemplare festgestellt hat sowie in 2008 gar keine Individuen angetroffen hat. Vor etwa 5 Jahren hat Hermann Schwarz (mündl. Mitt. 2008) einmal etwa 5 Exemplare des Hirschkäfers (*Lucanus cervus*) gemeinsam an einer Stelle entdeckt. Hermann Schwarz (mündl. Mitt. 2008) hat bis 1966 in Mosbach und bis 1971 in Mühlheim am Main ostnordöstlich Offenbach gewohnt und lebt seit 1971 in Hirschberg-Leutershausen. Hermann Schwarz (mündl. Mitt. 2008) hat in den über 80 Jahren seines Lebens schon seit etwa 1932 bis etwa 1993 in und um Mosbach immer wieder einzelne Individuen des Hirschkäfers (*Lucanus cervus*) gesehen, wohingegen ihm in und um Mühlheim am Main sowie zwischen Mühlheim am Main und Lämmerspiel keine Exemplare aufgefallen sind, und hat auch seit 1971 in und um Leutershausen gelegentlich einzelne Individuen bemerkt.

Im Institutsweg im zentralen Bereich des Branich am Nordostrand von Schriesheim hat Michael Pabst-Neufang (mündl. Mitt. 2008) mit eigenen Beobachtungen seit etwa 1962 und ergänzt durch Beobachtungen seiner Eltern seit 1955 (Traude Pabst, mündl. Mitt. 2008) in jedem Jahr etliche Männchen und Weibchen des Hirschkäfers (*Lucanus cervus*) im Garten des Hauses, auf der Straße vor dem Haus, am Waldrand und im Wald laufend und sitzend am Boden sowie fliegend gesehen, und konnte damit in den über 50 Jahren seines Lebens über einen Zeitraum von über 45 Jahren (und ergänzt durch Beobachtungen seiner Eltern von über 50 Jahren) das regelmäßige Auftreten von Individuen konstatieren, wobei die Zahl der Exemplare im Laufe der Zeit abgenommen hat. Michael Pabst-Neufang (mündl. Mitt. 2008) hat von etwa 1962 bis vor etwa 10 Jahren pro Jahr insgesamt etwa 10 - 20 Männchen und Weibchen des Hirschkäfers (*Lucanus cervus*) registriert, wohingegen er in den letzten 10 Jahren pro Jahr insgesamt nur noch etwa 5 - 10 Männchen und Weibchen festgestellt hat. Darüber hinaus haben Michael Pabst-Neufang und Marina Neufang (mündl. Mitt. 2008) im Juni 2008 auch an der alten Güterbahntrasse parallel dem Lorscher Weg am nördlichen Ortsrand von Dossenheim wiederholt einzelne Exemplare des Hirschkäfers (*Lucanus cervus*) entdeckt, wohingegen ihnen in den vergangenen Jahren in Dossenheim keine Individuen aufgefallen sind. Marina Neufang (mündl. Mitt. 2008) wohnt schon immer in Dossenheim und Michael Pabst-Neufang (mündl. Mitt. 2008) lebt seit 1983 in Dossenheim, und beide können sich nicht daran erinnern, vor 2008 dort Exemplaren des Hirschkäfers (*Lucanus cervus*) in der Natur begegnet zu sein. Traude Pabst (mündl. Mitt. 2008) wohnt seit 1955 auf dem Branich in Schriesheim und hat in den über 80 Jahren ihres Lebens erstmals dort in 1955 Individuen des Hirschkäfers (*Lucanus cervus*) in der Natur angetroffen, wohingegen sie sich nicht daran erinnern kann, bereits früher an anderen Orten Exemplare bemerkt zu haben.

Im Institutsweg im zentralen Bereich des Branich am Nordostrand von Schriesheim hat Dieter Rösch (mündl. Mitt. 2008) im Park um das Heinrich Sigmund Gymnasium von 1984 bis 2008 in den meisten Jahren, aber nicht in jedem Jahr, immer wieder Männchen und Weibchen des Hirschkäfers (*Lucanus cervus*) am Boden, auf der Mauer und an Bäumen gesehen. Dieter Rösch (mündl. Mitt. 2008) konnte damit über einen Zeitraum von fast 25 Jahren das regelmäßige Auftreten von Individuen des Hirschkäfers (*Lucanus cervus*) registrieren. Dieter Rösch (mündl. Mitt. 2008) hat dort in guten Jahren etwa 5 - 10 Exemplare des Hirschkäfers (*Lucanus cervus*) pro Jahr beobachtet, wohingegen er in schlechten Jahren nur etwa 1 - 2 Individuen pro Jahr bemerkt hat, wobei gute und schlechte Jahre in unregelmäßiger Weise gewechselt haben und tendenziell lediglich erkennbar ist, daß die durchschnittliche Anzahl der Tiere in den 1980er und 1990er Jahren größer war als in den 2000er Jahren. Dieter Rösch (mündl. Mitt. 2008) hat auch von 1995 bis 2000 im Hubwald südöstlich Neulußheim und südwestlich Reilingen insgesamt etwa 3 - 4 Männchen des Hirschkäfers (*Lucanus cervus*) am Boden angetroffen, wobei zwei Männchen miteinander gekämpft haben, und hat dort auch schon von 1962 bis 1970 einzelne Männchen am Boden entdeckt. Dieter Rösch (mündl. Mitt. 2008) hat bis 1979 in Neulußheim gewohnt und lebt seit 1979 in Reilingen, und kann sich in den fast 55 Jahren seines Lebens nicht daran erinnern, außer den vorgenannten Funden weiteren Exemplaren des Hirschkäfers (*Lucanus cervus*) in der Natur begegnet zu sein.

Im Institutsweg im zentralen Bereich des Branich am Nordostrand von Schriesheim hat Peter Baumann (mündl. Mitt. 2008) am Parkplatz und im Wald am Heinrich Sigmund Gymnasium von 1966 bis 1975 in manchen Jahren, aber nicht in jedem Jahr, gelegentlich einzelne Männchen des Hirschkäfers (*Lucanus cervus*) am Boden entdeckt, und hat dort auch vor etwa 15 Jahren einmal erlebt, daß ihm beim Radfahren zwei Exemplare gegen den Helm geflogen sind und anschließend weitergeflogen sind. Peter Baumann (mündl. Mitt. 2008) hat auch im Dossenheimer Weg nahe dem südlichen Ortsrand von Schriesheim, wo er seit 1996 wohnt, im Garten des Hauses seit etwa 2003 in jedem Jahr insgesamt etwa 2 - 3 Männchen des Hirschkäfers (*Lucanus cervus*) pro Jahr gesehen, welche meist abends in der Dämmerung im Garten geflogen sind und auf der knorrigen Rinde eines alten Birnbaumes gesessen sind, wohingegen er sich nicht daran erinnern kann, auch vor 2003 dort Exemplare angetroffen zu haben. Peter Baumann (mündl. Mitt. 2008) hat dort in 2007 an mehreren Abenden hintereinander etwa 3 Männchen des Hirschkäfers (*Lucanus cervus*) beobachtet, welche in etwa 6 - 8 m Höhe diagonal über den Garten geflogen sind und anschließend auf der knorrigen Rinde des alten Birnbaumes gesessen sind und teilweise miteinander gekämpft haben, und hat dort in 2008 auch ein Weibchen festgestellt, welches auf einem Ast eines Haselnußbaumes gesessen ist. Peter Baumann (mündl. Mitt. 2008) lebt schon immer in Schriesheim und ist in den über 50 Jahren seines Lebens außer den vorgenannten Funden keinen weiteren Individuen des Hirschkäfers (*Lucanus cervus*) in der Natur begegnet.

Im Institutsweg im zentralen Bereich des Branich am Nordostrand von Schriesheim hat Barbara Neubert, die Tochter von Gertrud Neubert (mündl. Mitt. 2008), in Wald um das Heinrich Sigmund Gymnasium von 1975 bis 1980 wiederholt Männchen und Weibchen des Hirschkäfers (*Lucanus cervus*) angetroffen. Gertrud Neubert (mündl. Mitt. 2008) hat bis 1970 in Würzburg und Fürth sowie bis 1980 in Schriesheim gewohnt und lebt seit 1980 in Heidelberg-Emmertsgrund, wo sie am 12.07.2008 am Waldrand hinter dem Otto-Hahn-Platz am östlichen Ortsrand ein Weibchen des Hirschkäfers (*Lucanus cervus*) am Boden gesehen hat, in 2007 im Wald südlich oberhalb des Otto-Hahn-Platzes ein laufendes Männchen auf dem Weg beobachtet hat, und in 2003 im Wald östlich oberhalb des Otto-Hahn-Platzes ein Männchen entdeckt hat, wohingegen ihr ansonsten dort zwischen 1980 und 2008 keine weiteren Exemplare aufgefallen sind, obwohl sie dort sehr oft im Wald unterwegs ist. Gertrud Neubert (mündl. Mitt. 2008) hat in den 70 Jahren ihres Lebens außer den vorgenannten Funden nur noch einmal zwischen 1970 und 1980 im Wald um Wilhelmsfeld östlich Schriesheim einzelne Exemplare des Hirschkäfers (*Lucanus cervus*) registriert, wohingegen sie ansonsten keinen weiteren Individuen in der Natur begegnet ist, und ihre Schwester hat etwa 2005 ein Exemplar in Bad Neustadt in der Rhön entdeckt.

17.3 Kanzelbachtal am Ostrand von Schriesheim

Im Griethweg an der Mündung des Weiten Tales in das Kanzelbachtal am östlichen Ortsrand von Schriesheim nördlich der Straße L 536 nach Wilhelmsfeld haben Hannelore und Heinrich Reinhard (mündl. Mitt. 2008) seit 1976 bzw. seit etwa 1950 in jedem Jahr bis zu insgesamt etwa 5 - 10 Männchen und Weibchen des Hirschkäfers (*Lucanus cervus*) pro Jahr im Garten am Waldrand laufend und sitzend am Boden sowie fliegend gesehen, und konnten damit in den über 60 Jahren ihres Lebens bzw. in den über 65 Jahren seines Lebens über einen Zeitraum von über 30 Jahren bzw. von fast 60 Jahren das regelmäßige Auftreten von Individuen beobachten. Heinrich Reinhard (mündl. Mitt. 2008), der mit kurzen Unterbrechungen fast schon immer in Schriesheim wohnt, hat festgestellt, daß lediglich von etwa 1960 bis 1975 die Zahl der jährlich registrierten Exemplare des Hirschkäfers (*Lucanus cervus*) auf etwa 3 - 5 Stück abgenommen hat. Hannelore Reinhard (mündl. Mitt. 2008) hat bis 1953 in Badenweiler, bis 1965 in Oftersheim, bis 1967 in Karlsruhe und bis 1976 in Sinsheim gewohnt und lebt seit 1976 in Schriesheim, und ist sich sicher, daß sie bereits vor 1976 gelegentlich einzelne Individuen des Hirschkäfers (*Lucanus cervus*) in der Natur angetroffen hat, kann sich aber nicht mehr daran erinnern, wo und wann dies gewesen ist.

Im Griethweg an der Mündung des Weiten Tales in das Kanzelbachtal am östlichen Ortsrand von Schriesheim nördlich der Straße L 536 nach Wilhelmsfeld hat Gerhard Becker (mündl. Mitt. 2008) seit 1978 in jedem Jahr bis zu insgesamt etwa 10 - 20 Männchen und Weibchen des Hirschkäfers (*Lucanus cervus*) pro Jahr im Garten am Waldrand laufend und sitzend am Boden sowie fliegend gesehen, und konnte damit in den über 55 Jahren seines Lebens über einen Zeitraum von 30 Jahren das regelmäßige Auftreten von Individuen beobachten. Gerhard Becker (mündl. Mitt. 2008) hat dabei in etlichen Jahren bis zu 10 Exemplare des Hirschkäfers (*Lucanus cervus*) auf dem Rücken liegend gefunden und durch Umdrehen die in Dorsallage hilflosen Individuen vor möglichen Attacken räuberischer Vögel bewahrt. Gerhard Becker (mündl. Mitt. 2008) hat bis 1969 in Saarbrücken gewohnt, wo er etwa von 1956 bis 1969 einzelne Individuen des Hirschkäfers (*Lucanus cervus*) am Haus und am

Waldrand registriert hat, und hat bis 1978 auf dem Branich am Nordostrand von Schriesheim gelebt, wo er ebenfalls immer wieder einzelne Exemplare festgestellt hat.

Die Fundorte des Hirschkäfers (*Lucanus cervus*) im Griethweg an der Mündung des Weiten Tales in das Kanzelbachtal am östlichen Ortsrand von Schriesheim (TK 25, Blatt 6518 Heidelberg-Nord) liegen in einem Seitental des Rheintales nahe dem Westrand des Odenwaldes in ca. 150 - 200 m Höhe über NN.

17.4 Stammberg östlich Schriesheim

In der Spatschlucht im Pappelbachtal nordnordöstlich Stammberg östlich Schriesheim und im Wald um das Fohbachtal in Richtung der Hirschburg nordöstlich Schriesheim hat Gustel Niklaus (mündl. Mitt. 2008) zwischen 1956 und 1960 je ein Männchen des Hirschkäfers (*Lucanus cervus*) am Boden entdeckt. Gustel Niklaus (mündl. Mitt. 2008) hat auch am 16.05.2008 in der Ladenburger Straße im westlichen Ortsbereich von Schriesheim im Garten des Hauses ein lebendes Männchen des Hirschkäfers (*Lucanus cervus*) in einer Wassertonne in der Nähe des Komposthaufens gesehen, das sich wenige Minuten nach der Bergung aus dem Wasser wieder erholt hat. Gustel Niklaus (mündl. Mitt. 2008) hat auch einmal etwa 2003 im Wald um Kelberg nordöstlich Daun in der Eifel ein Männchen des Hirschkäfers (*Lucanus cervus*) am Boden beobachtet. Gustel Niklaus (mündl. Mitt. 2008) hat bis 1970 in Schriesheim gewohnt, war dann bis 1994 unter anderem in Daun, hat dann bis 2005 in Kelberg gewohnt und lebt seit 2005 wieder in Schriesheim, und hat in den 60 Jahren seines Lebens außer den vorgenannten Funden keine weiteren Exemplare des Hirschkäfers (*Lucanus cervus*) in der Natur angetroffen. Die Fundorte des Hirschkäfers (*Lucanus cervus*) nordnordöstlich Stammberg östlich Schriesheim (TK 25, Blatt 6518 Heidelberg-Nord) liegen im Kanzelbachtal, einem Seitental des Rheintales, nahe dem Westrand des Odenwaldes in ca. 150 - 250 m Höhe über NN.

17.5 Altenbach

In der Blumenstraße am südlichen Ortsrand von Schriesheim-Altenbach ostnordöstlich Schriesheim hat Karin Smita (mündl. Mitt. 2008) im Garten des Hauses mit Büschen und Sträuchern in 2008 an zwei verschiedenen Tagen nachmittags je ein Weibchen des Hirschkäfers (*Lucanus cervus*) auf dem Rücken liegend auf der Treppe durch den Garten zum Haus gesehen, und hat dort auch in 2005 zwei Männchen beobachtet, welche an 3 - 4 Tagen hintereinander abends brummend um das Haus herum und im Garten geflogen sind, sowie tagsüber zwei Weibchen in Dorsallage auf der Treppe bemerkt, wohingegen sie dort in 2007, 2006 und in den Jahren vor 2005 keine Exemplare des Hirschkäfers (*Lucanus cervus*) angetroffen hat. Der Garten hinter dem Haus wurde in 2000 umgestaltet, wobei etliche Bäume gefällt wurden, und die stehengebliebenen Stümpfe sind inzwischen stark vermodert. Karin Smita (mündl. Mitt. 2008) lebt seit 1998 in Altenbach und war vorher in Heidelberg-Weststadt, Rheinfelden östlich Basel im Hochrheintal, Seckach westnordwestlich Osterburken, Eppingen westlich Heilbronn und Güglingen südwestlich Heilbronn, und ist in den über 55 Jahren ihres Lebens außer den vorgenannten Funden keinen weiteren Exemplaren des Hirschkäfers (*Lucanus cervus*) in der Natur begegnet. Der Fundort des Hirschkäfers (*Lucanus cervus*) in Altenbach ostnordöstlich Schriesheim (TK 25, Blatt 6518 Heidelberg-Nord) liegt im Südwestteil des Odenwaldes in ca. 300 - 350 m Höhe über NN.

17.6 Wilhelmsfeld

Im Wald um Wilhelmsfeld östlich Schriesheim hat Gertrud Neubert (mündl. Mitt. 2008) einmal zwischen 1970 und 1980 einzelne Exemplare des Hirschkäfers (*Lucanus cervus*) registriert, und im Institutsweg im zentralen Bereich des Branich am Nordostrand von Schriesheim hat ihre Tochter, Barbara Neubert, von 1975 bis 1980 in Wald um das Heinrich Sigmund Gymnasium wiederholt Männchen und Weibchen des Hirschkäfers (*Lucanus cervus*) angetroffen. Gertrud Neubert (mündl. Mitt. 2008) hat bis 1970 in Würzburg und Fürth sowie bis 1980 in Schriesheim gewohnt und lebt seit 1980 in Heidelberg-Emmertsgrund, wo sie am 12.07.2008 am Waldrand hinter dem Otto-Hahn-Platz am östlichen Ortsrand ein Weibchen des Hirschkäfers (*Lucanus cervus*) am Boden gesehen hat, in 2007 im Wald südlich oberhalb des Otto-Hahn-Platzes ein laufendes Männchen auf dem Weg beobachtet hat, und in 2003 im Wald östlich oberhalb des Otto-Hahn-Platzes ein Männchen entdeckt hat. Gertrud Neubert (mündl. Mitt. 2008) ist in den 70 Jahren ihres Lebens außer den vorgenannten Funden ansonsten keinen weiteren Individuen des Hirschkäfers (*Lucanus cervus*) in der Natur begegnet, und ihre Schwester hat etwa 2005 ein Exemplar in Bad Neustadt in der Rhön entdeckt. Der Fundort des Hirschkäfers (*Lucanus cervus*) in Wilhelmsfeld östlich Schriesheim (TK 25, Blatt 6518 Heidelberg-Nord) liegt im Südwestteil des Odenwaldes in ca. 400 - 500 m Höhe über NN.

17.7 Leutershausen

Die Nachweise von Individuen des Hirschkäfers (*Lucanus cervus*) in Hirschberg-Leutershausen, welche mir von Naturfreunden aufgrund meiner Aufrufe zur Mitteilung von Beobachtungen in regionalen Tageszeitungen (Rhein-Neckar-Zeitung 2008 a, 2008 b, 2008 c, 2008 d; Schwetzinger Zeitung 2008, Bruchsaler Rundschau 2008) gemeldet wurden, stammen aus dem Lindenbrunnen, der Hölderlinstraße und der Martin-Stöhr-Straße am östlichen Ortsrand von Hirschberg-Leutershausen; aus dem Oberen Häuselbergweg am nordöstlichen Ortsrand von Hirschberg-Leutershausen, aus der Hebelstraße am südöstlichen Ortsrand von Hirschberg-Leutershausen, aus der Verlängerung der Schubertstraße vom südlichen Ortsrand von Hirschberg-Leutershausen in Richtung Schriesheim, aus einem Garten am Hang südöstlich Hirschberg-Leutershausen, und aus dem Wald und den Feldern um Hirschberg-Leutershausen. Die Fundorte des Hirschkäfers (*Lucanus cervus*) in Hirschberg-Leutershausen (TK 25, Blatt 6417 Mannheim-Nordost, Blatt 6418 Weinheim, Blatt 6517 Mannheim-Südost und Blatt 6518 Heidelberg-Nord) liegen in der Ebene des Rheintales in ca. 100 - 120 m Höhe über NN und am Westhang des Odenwaldes am Osthang des Rheintales in ca. 120 - 200 m Höhe über NN. Der Hirschkäfer (*Lucanus cervus*) ist das Wappentier des Hirschberger Naturschutzvereins, und deshalb erscheinen Individuen offenbar immer wieder in und um Hirschberg.

Am Lindenbrunnen am östlichen Ortsrand von Hirschberg-Leutershausen hat Friedrich Schwartz (mündl. Mitt. 2008) von 1963 bis 1987 in jedem Jahr insgesamt etwa 5 - 10 Männchen des Hirschkäfers (*Lucanus cervus*) pro Jahr am Haus, im Garten hinter dem Haus, auf der Mauer um das Haus und auf der Straße vor dem Haus registriert, und hat einmal sogar an einer großen Linde 8 Männchen nebeneinander entdeckt. Friedrich Schwartz (mündl. Mitt. 2008) weiß aus Erzählungen von älteren Familienmitgliedern, daß am Lindenbrunnen auch schon vor 1963 immer wieder Männchen des Hirschkäfers (*Lucanus cervus*) vorgekommen sind. Friedrich Schwartz (mündl. Mitt. 2008) hat auch von 1963 bis 2008 in einem Garten und Weinberg am Kornbuckel in der Nähe von Grillplatz, Lehrpfad und Naturgarten am Hang am Waldrand östlich Hirschberg-Leutershausen in jedem Jahr insgesamt etwa 1 - 3 Männchen des Hirschkäfers (*Lucanus cervus*) pro Jahr bemerkt, und hat dort in 2008 einmal 3 Männchen nebeneinander am Boden sitzend angetroffen. Friedrich Schwartz (mündl. Mitt. 2008) konnte damit in den über 65 Jahren seines Lebens über einen Zeitraum von 45 Jahren das regelmäßige Auftreten von Individuen des Hirschkäfers (*Lucanus cervus*) in und um Hirschberg-Leutershausen beobachten. Friedrich Schwartz (mündl. Mitt. 2008) hat auch in der Birkenstraße am nördlichen Ortsrand von Hirschberg-Großsachsen von 1987 bis 2007 in jedem Jahr insgesamt etwa 3 - 4 Männchen des Hirschkäfers (*Lucanus cervus*) pro Jahr im Garten des Hauses und im angrenzenden Acker gesehen, wohingegen ihm dort in 2008 nur ein Männchen aufgefallen ist, und hat auch wiederholt im Garten um eine Tanne herum zahlreiche Kokons im Boden entdeckt sowie an etlichen Männchen, welche wie von Spinnweben überzogen aussahen, Reste von Kokonfäden beobachtet, die den Imagines beim Schlüpfen aus der Puppenwiege angehangen sind. Friedrich Schwartz (mündl. Mitt. 2008) hat dort auch in den letzten 5 Jahren im Wurzelbereich von alten Pappelstümpfen, welche nach der Fällung der großen Pappeln vor etwa 20 Jahren im Boden geblieben sind und nach fortgeschrittener Verrottung vor etwa 5 Jahren aus dem Boden entfernt wurden, in mehreren Jahren mindestens 20 - 30 Larven (Engerlinge) des Hirschkäfers (*Lucanus cervus*) in den zersetzten Wurzelzonen der Pappeln beobachtet, wobei das vermoderte Pappelholz von einem dichten Geflecht von Röhren durchzogen war, in denen die daumengroßen Larven (Engerlinge) gesessen sind. Friedrich Schwartz (mündl. Mitt. 2008) hat bis 1963 unter anderem in Mannheim-Almenhof und bis 1987 in Hirschberg-Leutershausen gewohnt und lebt seit 1987 in Hirschberg-Großsachsen, und ist außer den vorgenannten Funden in Hirschberg-Leutershausen und Hirschberg-Großsachsen an keinen anderen Orten Exemplaren des Hirschkäfers (*Lucanus cervus*) in der Natur begegnet.

In der Hölderlinstraße im östlichen Ortsbereich von Hirschberg-Leutershausen hat Silke Hammer (mündl. Mitt. 2008) im Garten des Hauses etwa Ende Mai 2008 ein Männchen und etwa Anfang bis Mitte Juni 2008 ein Weibchen des Hirschkäfers (*Lucanus cervus*) am Boden gesehen, und hat dort auch vor etwa 5 Jahren ein Männchen am Boden entdeckt. Silke Hammer (mündl. Mitt. 2008) wohnt schon immer in Leutershausen, kann sich jedoch in den über 35 Jahren ihres Lebens nicht an eventuelle frühere Begegnungen mit Exemplaren des Hirschkäfers (*Lucanus cervus*) in der Natur erinnern. Ihr Vater, Gebhard Mildenberger (mündl. Mitt. 2008), wohnt auch schon immer in Leutershausen und hat in den fast 75 Jahren seines Lebens registriert, daß erst in den letzten 5 Jahren einzelne Individuen des Hirschkäfers (*Lucanus cervus*) auch im Garten des Hauses erschienen sind, wohingegen ihm dort früher keine Exemplare aufgefallen sind. Gebhard Mildenberger (mündl. Mitt. 2008) hat im Wald um Leutershausen von etwa 1945 bis 2008 in den meisten Jahren einzelne Männchen und Weibchen des Hirschkäfers (*Lucanus cervus*) am Boden beobachtet, und konnte damit über einen Zeitraum von über 60 Jahren das mehr oder weniger regelmäßige Auftreten von Individuen des Hirschkäfers (*Lucanus cervus*) in und um Leutershausen konstatieren. Im Garten des Hauses hat Gebhard Mildenberger (mündl. Mitt. 2008) in den letzten 5 Jahren einmal ein Männchen des Hirschkäfers (*Lucanus cervus*) in der Regenwassertonne gefunden.

In der Hebelstraße am südöstlichen Ortsrand von Hirschberg-Leutershausen haben Michaela und Jörg Eickenbusch (mündl. Mitt. 2008) im Garten des Hauses von 2005 bis 2008 in jedem Jahr insgesamt etwa 2 - 5 Exemplare des Hirschkäfers (*Lucanus cervus*) pro Jahr beobachtet, welche nachmittags und abends in der Dämmerung im Garten in etwa 2 m Höhe herumgeflogen sind sowie an der Wand von Garage und Haus gesessen sind, und haben von 2001 bis 2004 etwa die gleiche Anzahl von Individuen pro Jahr aufgrund ihres charakteristischen Brummens beim Fliegen im Garten und am Haus gehört. Michaela und Jörg Eickenbusch (mündl. Mitt. 2008) haben von 2005 bis 2008 in jedem Jahr über jeweils mindestens eine Woche hinweg an jedem Abend überwiegend zwei und manchmal sogar drei fliegende Individuen des Hirschkäfers (*Lucanus cervus*) im Garten bemerkt, welche gelegentlich auch hintereinander hergeflogen sind, wohingegen nach dieser Periode die Aktivität fast schlagartig beendet war und zunächst nur noch einzelne und dann gar keine Exemplare mehr erschienen sind. Michaela und Jörg Eickenbusch (mündl. Mitt. 2008) haben in 2008 auch zwei tote Männchen des Hirschkäfers (*Lucanus cervus*) im Teich im Garten entdeckt, und haben in 2005 ein Männchen auf der Mauerkrone einer Toreinfahrt in der Martin-Stöhr-Straße nahe dem östlichen Ortsrand von Hirschberg-Leutershausen gesehen, welches dort in aller Ruhe während eines Straßenfestes mit vollbesetzten Bänken gesessen ist. Michaela und Jörg Eickenbusch (mündl. Mitt. 2008) haben bis 1984 in Neheim-Hüsten nördlich Arnsberg und bis 1990 in Schriesheim gewohnt und leben seit 1990 in Hirschberg-Leutershausen, und können sich in den über 45 Jahren ihres Lebens nicht daran erinnern, außer den vorgenannten Funden weiteren Individuen des Hirschkäfers (*Lucanus cervus*) in der Natur begegnet zu sein.

Auf der Verlängerung der Schubertstraße vom südlichen Ortsrand von Hirschberg-Leutershausen in Richtung Schriesheim hat Thomas Zwipf (mündl. Mitt. 2008) am 08.06.2007 abends in der Dämmerung ein Männchen des Hirschkäfers (*Lucanus cervus*) auf dem befestigten Weg gesehen, und hat dort auch in den letzten 5 Jahren wiederholt einzelne Männchen auf dem Weg laufend und fliegend beobachtet. Thomas Zwipf (mündl. Mitt. 2008) hat bis 2005 in Hirschberg-Leutershausen gewohnt und lebt seit 2005 in Schriesheim, und kann sich in den über 35 Jahren seines Lebens nicht mehr daran erinnern, wann und wo er schon früher Exemplare des Hirschkäfers (*Lucanus cervus*) in der Natur angetroffen hat.

In einem Garten am Hang südöstlich Hirschberg-Leutershausen hat Alfred Stephan (mündl. Mitt. 2009) etwa 1990 abends in der Dämmerung mehrere Männchen des Hirschkäfers (*Lucanus cervus*) beobachtet, welche aus dem Boden herausgekommen sind und davongeflogen sind, und hat in und um Hirschberg-Leutershausen in den letzten 25 Jahren noch mehrmals fliegende Exemplare abends in der Dämmerung gesehen. Alfred Stephan (mündl. Mitt. 2009) hat auch einmal vor etwa 20 Jahren ein totes Männchen des Hirschkäfers (*Lucanus cervus*) in einem Lichtschacht am Keller des Hauses im Oberen Häuselbergweg am nordöstlichen Ortsrand von Hirschberg-Leutershausen gefunden. Alfred Stephan (mündl. Mitt. 2009) hat auch zwischen 1950 und 1960 im Wald um Eschwege gelegentlich einzelne Individuen des Hirschkäfers (*Lucanus cervus*) bemerkt. Alfred Stephan (mündl. Mitt. 2009) lebt schon seit 1970 in Hirschberg-Leutershausen, kann sich in den über 75 Jahren seines Lebens aber nicht mehr daran erinnern, wann und wo er außer den vorgenannten Funden weiteren Individuen des Hirschkäfers (*Lucanus cervus*) in der Natur begegnet ist. Alfred Stephan (mündl. Mitt. 2009) hat auch vor etwa 10 Jahren aus der Kompostmiete einer Gärtnerei am östlichen Ortsrand von Heddesheim etwa 10 Larven des Nashornkäfers (*Oryctes nasicornis*) erhalten, welche in einem Terrarium im Oberen Häuselbergweg sich verpuppt haben und geschlüpft sind, und ein Bekannter hat vor etwa 5 Jahren in einem Garten in der Ebene südlich Hirschberg-Leutershausen ebenfalls Larven des Nashornkäfers (*Oryctes nasicornis*) in einem Komposthaufen angetroffen.

Im Wald und in den Feldern um Hirschberg-Leutershausen hat Horst Hettenbach (mündl. Mitt. 2008) von etwa 1951 bis 1954 am Hang und in der Ebene in jedem Jahr insgesamt bis zu 10 Männchen und Weibchen des Hirschkäfers (*Lucanus cervus*) pro Jahr beobachtet, wohingegen er davor und danach möglicherweise immer wieder einzelne Individuen entdeckt hat, sich aber nicht mehr an Orte und Zeiten dieser Begegnungen erinnern kann. Horst Hettenbach (mündl. Mitt. 2008) hat bis 1961 in Hirschberg-Leutershausen gewohnt und lebt seit 1961 in Schriesheim, und hat in den über 70 Jahren seines Lebens danach erst wieder etwa Ende Juni/Anfang Juli 2008 in der Schönauer Straße am nordöstlichen Ortsrand von Schriesheim im Garten hinter dem Haus ein Weibchen des Hirschkäfers (*Lucanus cervus*) mehrmals im Abstand von einigen Tagen am Boden gesehen, und ist sich sicher, daß er davor schon mindestens seit 25 Jahren kein Exemplar mehr in der Natur angetroffen hat.

17.8 Großsachsen

Die Nachweise von Individuen des Hirschkäfers (*Lucanus cervus*) in Hirschberg-Großsachsen, welche mir von Naturfreunden aufgrund meiner Aufrufe zur Mitteilung von Beobachtungen in regionalen Tageszeitungen (Rhein-Neckar-Zeitung 2008 a, 2008 b, 2008 c, 2008 d; Schwetzinger Zeitung 2008, Bruchsaler Rundschau 2008) gemeldet wurden, stammen aus der Birkenstraße am nördlichen Ortsrand von Hirschberg-Großsachsen, und aus der Lettengasse am südöstlichen Ortsausgang von Hirschberg-Großsachsen. Die Fundorte des Hirschkäfers (*Lucanus cervus*) in Hirschberg-Großsachsen (TK 25, Blatt 6417 Mannheim-Nordost und Blatt 6418 Weinheim) liegen in der Ebene des Rheintales in ca. 100 - 120 m Höhe über NN und am Westhang des Odenwaldes am Osthang des Rheintales in ca. 120 - 200 m Höhe über NN. Der Hirschkäfer (*Lucanus cervus*) ist das Wappentier des Hirschberger Naturschutzvereins, und deshalb erscheinen Individuen offenbar immer wieder in und um Hirschberg.

In der Birkenstraße am nördlichen Ortsrand von Hirschberg-Großsachsen hat Friedrich Schwartz (mündl. Mitt. 2008) von 1987 bis 2007 in jedem Jahr insgesamt etwa 3 - 4 Männchen des Hirschkäfers (*Lucanus cervus*) pro Jahr im Garten des Hauses und im angrenzenden Acker gesehen, wohingegen ihm dort in 2008 nur ein Männchen aufgefallen ist, und hat auch wiederholt im Garten um eine Tanne herum zahlreiche Kokons im Boden entdeckt sowie an etlichen Männchen, welche wie von Spinnweben überzogen aussahen, Reste von Kokonfäden beobachtet, die den Imagines beim Schlüpfen aus der Puppenwiege angehangen sind. Friedrich Schwartz (mündl. Mitt. 2008) hat dort auch in den letzten 5 Jahren im Wurzelbereich von alten Pappelstümpfen, welche nach der Fällung der großen Pappeln vor etwa 20 Jahren im Boden geblieben sind und nach fortgeschrittener Verrottung vor etwa 5 Jahren aus dem Boden entfernt wurden, in mehreren Jahren mindestens 20 - 30 Larven (Engerlinge) des Hirschkäfers (*Lucanus cervus*) in den zersetzten Wurzelzonen der Pappeln beobachtet, wobei das vermoderte Pappelholz von einem dichten Geflecht von Röhren durchzogen war, in denen die daumengroßen Larven (Engerlinge) gesessen sind. Friedrich Schwartz (mündl. Mitt. 2008) hat auch von 1963 bis 1987 am Lindenbrunnen am östlichen Ortsrand von Hirschberg-Leutershausen in jedem Jahr insgesamt etwa 5 - 10 Männchen des Hirschkäfers (*Lucanus cervus*) pro Jahr am Haus, im Garten hinter dem Haus, auf der Mauer um das Haus und auf der Straße vor dem Haus registriert, und hat einmal sogar an einer großen Linde 8 Männchen nebeneinander entdeckt. Friedrich Schwartz (mündl. Mitt. 2008) weiß aus Erzählungen von älteren Familienmitgliedern, daß am Lindenbrunnen auch schon vor 1963 immer wieder Männchen des Hirschkäfers (*Lucanus cervus*) vorgekommen sind. Friedrich Schwartz (mündl. Mitt. 2008) hat auch von 1963 bis 2008 in einem Garten und Weinberg am Kornbuckel in der Nähe von Grillplatz, Lehrpfad und Naturgarten am Hang am Waldrand östlich Hirschberg-Leutershausen in jedem Jahr insgesamt etwa 1 - 3 Männchen des Hirschkäfers (*Lucanus cervus*) pro Jahr bemerkt, und hat dort in 2008 einmal 3 Männchen nebeneinander am Boden sitzend angetroffen. Friedrich Schwartz (mündl. Mitt. 2008) konnte damit in den über 65 Jahren seines Lebens über einen Zeitraum von 45 Jahren das regelmäßige Auftreten von Individuen des Hirschkäfers (*Lucanus cervus*) in und um Hirschberg-Leutershausen beobachten. Friedrich Schwartz (mündl. Mitt. 2008) hat bis 1963 unter anderem in Mannheim-Almenhof und bis 1987 in Hirschberg-Leutershausen gewohnt und lebt seit

1987 in Hirschberg-Großsachsen, und ist außer den vorgenannten Funden in Hirschberg-Leutershausen und Hirschberg-Großsachsen an keinen anderen Orten Exemplaren des Hirschkäfers (*Lucanus cervus*) in der Natur begegnet.

In der Birkenstraße am nördlichen Ortsrand von Hirschberg-Großsachsen hat Ute Schmieg (mündl. Mitt. 2008) an der Wand des Hauses etwa 2003 ein Männchen des Hirschkäfers (*Lucanus cervus*) gesehen, welches vom Dach heruntergekommen ist, und hat dort auch etwa 1998 ein Männchen im Garten am Boden beobachtet. Ute Schmieg (mündl. Mitt. 2008) lebt seit 1977 in Hirschberg-Großsachsen und hat davor unter anderem in Neuhofen und bei Herscheid gewohnt, und hat in den 70 Jahren ihres Lebens außer den beiden vorgenannten Männchen keine weiteren Exemplare des Hirschkäfers (*Lucanus cervus*) in der Natur angetroffen.

In der Lettengasse am südöstlichen Ortsausgang von Hirschberg-Großsachsen hat Hans-Michael Kühl (mündl. Mitt. 2008) seit 1995 in den meisten Jahren, aber nicht in jedem Jahr, einzelne Weibchen des Hirschkäfers (*Lucanus cervus*) auf der Treppe des Terrassenhauses am Hang gesehen, und hat im Garten hinter dem Haus etwa Mitte Juni 2008 abends in der Dämmerung ein fliegendes Männchen an der Terrasse beobachtet sowie Ende Juni 2008 ein totes Weibchen in einem wassergefüllten Blumencontainer bemerkt. Hans-Michael Kühl (mündl. Mitt. 2008) konnte damit über einen Zeitraum von fast 15 Jahren das zwar unregelmäßige, aber stets wiederkehrende Auftreten von Individuen des Hirschkäfers (*Lucanus cervus*) konstatieren. Hans-Michael Kühl (mündl. Mitt. 2008) hat bis 1968 in Schwäbisch Gmünd und bis 1995 in Hemsbach gewohnt und lebt seit 2005 in Hirschberg-Großsachsen, und hat in den 65 Jahren seines Lebens schon zwischen 1950 und 1960 in etlichen Jahren, aber nicht in jedem Jahr, einzelne Männchen des Hirschkäfers (*Lucanus cervus*) in und um Schwäbisch Gmünd registriert, und hat auch einmal zwischen 1980 und 1985 in der Tilsiter Straße am südlichen Ortsrand von Hemsbach ein Männchen vor dem Haus am Boden entdeckt, wohingegen er außer den vorgenannten Funden keinen weiteren Exemplaren in der Natur begegnet ist.

18 Fundmeldungen von Naturfreunden in Neckargemünd und Umgebung

Die Funde von Exemplaren des Hirschkäfers (*Lucanus cervus*) in Neckargemünd und Umgebung, welche mir von Naturfreunden aufgrund meiner Aufrufe zur Mitteilung von Beobachtungen in regionalen Tageszeitungen (Rhein-Neckar-Zeitung 2008 a, 2008 b, 2008 c, 2008 d; Schwetzinger Zeitung 2008, Bruchsaler Rundschau 2008) berichtet wurden, umfassen Neckargemünd und die Neckargemünder Ortsteile Waldhilsbach und Dilsberg sowie die Orte Wiesenbach, Schönau, Altneudorf, Bammental, Mauer und Gauangelloch.

18.1 Neckargemünd

Die Nachweise von Individuen des Hirschkäfers (*Lucanus cervus*) in Neckargemünd, welche mir von Naturfreunden aufgrund meiner Aufrufe zur Mitteilung von Beobachtungen in regionalen Tageszeitungen (Rhein-Neckar-Zeitung 2008 a, 2008 b, 2008 c, 2008 d; Schwetzinger Zeitung 2008, Bruchsaler Rundschau 2008) gemeldet wurden, stammen aus dem Herrenweg am südöstlichen Ortsrand von Neckargemünd, vom Neckarriedkopf und vom Hollmuth südlich Neckargemünd, und aus der Schützenhausstraße am südwestlichen Ortsrand von Neckargemünd. Die Fundorte des Hirschkäfers (*Lucanus cervus*) in Neckargemünd (TK 25, Blatt 6518 Heidelberg-Nord und Blatt 6618 Heidelberg-Süd) liegen im Neckartal und im Elsenztal, einem Seitental des Neckartales, im Südteil des Odenwaldes in ca. 120 - 300 m Höhe über NN.

Im Herrenweg am südöstlichen Ortsrand von Neckargemünd hat Waltraud Schönhals (mündl. Mitt. 2008) im Garten des Hauses etwa Mitte Juni 2008 ein Männchen des Hirschkäfers (*Lucanus cervus*) am Boden gesehen. Waltraud Schönhals (mündl. Mitt. 2008) wohnt seit 1984 in Neckargemünd und hat davor unter anderem in Oberkirch nordöstlich Offenburg im Schwarzwald und in Neckarwimmersbach südlich Eberbach gelebt, und hat in den 60 Jahren ihres Lebens schon von 1962 bis 1966 in der

Schwanheimer Straße am südlichen Ortsrand von Neckarwimmersbach im Garten des Hauses mit ausgedehntem Baumbestand am Waldrand mehrfach einzelne Exemplare des Hirschkäfers (*Lucanus cervus*) beobachtet, wohingegen sie außer den vorgenannten Funden keinen weiteren Individuen in der Natur begegnet ist.

Am Neckarriedkopf am Westhang des Elsenztales südlich Neckargemünd hat Manfred Hagmaier (mündl. Mitt. 2008) etwa in 1988 ein Männchen des Hirschkäfers (*Lucanus cervus*) am Boden im Wald gesehen, und hat dort auch etwa zwischen 1950 und 1955 auf dem Weg zum Kümmelbacher Hof in einem Jahr insgesamt etwa 2 - 3 Männchen am Boden im Wald bemerkt. Seine Frau, Gabriele Hagmaier, hat lediglich etwa zwischen 1955 und 1960 am Hollmuth am Osthang des Elsenztales südlich Neckargemünd in mehreren Jahren jeweils mehrere Männchen und Weibchen des Hirschkäfers (*Lucanus cervus*) am Boden im Wald entdeckt. Außer den vorgenannten Funden haben Gabriele und Manfred Hagmaier (mündl. Mitt. 2008), welche schon immer in Neckargemünd wohnen, in den über 65 Jahren bzw. in den über 60 Jahren ihres Lebens keine weiteren Exemplare des Hirschkäfers (*Lucanus cervus*) in der Natur angetroffen, obwohl sie sehr oft am Hollmuth und am Neckarriedkopf im Wald unterwegs sind.

Im Garten des Forstamtes in der Schützenhausstraße am südwestlichen Ortsrand von Neckargemünd hat Heinrich Schneider (mündl. Mitt. 2008) am 19.07.1936 ein Männchen des Hirschkäfers (*Lucanus cervus*) an einer blutenden Eiche bemerkt, und hat auch am 05.08.1961 ein Männchen auf einem Bahnsteig am Hauptbahnhof am Westrand von Heidelberg-Weststadt angetroffen. In der Mittleren Eckenbergstraße am nördlichen Ortsrand und in anderen Teilen von Adelsheim hat Heinrich Schneider (mündl. Mitt. 2008) in den letzten 50 Jahren immer wieder einzelne Exemplare des Hirschkäfers (*Lucanus cervus*) gesehen, wobei er in den letzten 10 Jahren eine Zunahme der Anzahl der Beobachtungen registriert hat, und hat auch am 19.06.1954 ein Weibchen und am 28.07.2008 ein Männchen am Waldrand um Adelsheim verzeichnet. Heinrich Schneider (mündl. Mitt. 2008) hat auch in 2008 ein totes Männchen des Hirschkäfers (*Lucanus cervus*) unter einer Eiche auf einer Streuobstwiese am Ortsrand von Sennfeld entdeckt, und hat auch am 12.01.1952 ein Männchen am Fuß einer alten Eiche in Sennfeld festgestellt. Heinrich Schneider (mündl. Mitt. 2008) war in den fast 90 Jahren seines Lebens an etlichen verschiedenen Orten und hat in den vielen Jahren immer wieder einzelne Exemplare des Hirschkäfers (*Lucanus cervus*) überwiegend am Waldrand und im Wald gesehen.

In Neckargemünd hat Hans-Jürgen Mayan (mündl. Mitt. 2008) zwischen 1955 und 1960 ein Männchen des Hirschkäfers (*Lucanus cervus*) gesehen, welches ein Klassenkamerad im Wald um Neckargemünd gefunden hat und in die Schule mitgebracht hat, und hat danach erst wieder am 23.06.2008 in der Oberen Büttengasse am östlichen Ortsrand von Heidelberg-Handschuhsheim im Hof des Hauses abends gegen 21.30 Uhr ein laufendes Weibchen am Boden beobachtet. Hans-Jürgen Mayan (mündl. Mitt. 2008) lebt seit 1997 in Heidelberg-Handschuhsheim und war vorher unter anderem in Neckargemünd, Wiesenbach, Mauer und Stuttgart, und ist in den über 65 Jahren seines Lebens ansonsten keinen weiteren Individuen in der Natur begegnet.

18.2 Waldhilsbach

In der Schulstraße im zentralen Teil von Neckargemünd-Waldhilsbach südwestlich Neckargemünd hat Ursula Büßecker (mündl. Mitt. 2008) im Garten des Hauses am Waldrand etwa Ende April/Anfang Mai 2008 ein Weibchen und etwa Anfang August 2008 ein Männchen des Hirschkäfers (*Lucanus cervus*) am Boden gesehen. Ursula Büßecker (mündl. Mitt. 2008) hat auch zwischen 1991 und 1996 in den Bergen um Riezlern im Kleinen Walsertal südwestlich Oberstdorf in etwa 1.000 m Höhe gelegentlich einzelne Männchen des Hirschkäfers (*Lucanus cervus*) auf dem Weg am Boden beobachtet. Ursula Büßecker (mündl. Mitt. 2008) wohnt schon immer in Neckargemünd-Waldhilsbach und hat in den über 50 Jahren ihres Lebens schon von etwa 1965 bis 1970 in den meisten Jahren, aber nicht in jedem Jahr, einzelne Männchen des Hirschkäfers (*Lucanus cervus*) im Wald hinter dem Haus in der Schulstraße am Boden entdeckt, wohingegen sie sich nicht daran erinnern kann, auch in anderen Jahren Exemplare in der Natur angetroffen zu haben. Der Fundort des Hirschkäfers (*Lucanus cervus*) in Waldhilsbach südwestlich Neckargemünd (TK 25, Blatt 6618 Heidelberg-Süd) liegt am Südrand des Odenwaldes in ca. 250 - 300 m Höhe über NN.

18.3 Wiesenbach

In Wiesenbach südlich Neckargemünd hat Gabriela Delvo-Frey (mündl. Mitt. 2008) zwischen 1957 und 1967 in jedem Jahr einzelne Exemplare des Hirschkäfers (*Lucanus cervus*) beobachtet, und hat danach erst wieder etwa Mitte bis Ende Juni 2008 auf dem Weg entlang des Rückhaltebeckens am Nordwesthang des Sternenberges östlich Mühlhausen in der Nähe der kleinen Brücke ein totes Weibchen gesehen. Gabriela Delvo-Frey (mündl. Mitt. 2008) hat bis 1974 in Wiesenbach, bis 1987 in Mauer; und bis 1997 unter anderem in Heidelberg, Mosbach und Essen gewohnt; und lebt seit 1997 in Mühlhausen, und hat in den über 55 Jahren ihres Lebens ansonsten keine weiteren Individuen des Hirschkäfers (*Lucanus cervus*) in der Natur angetroffen, so daß sie ihrem Sohn, der jetzt 40 Jahre alt wird, bisher kein Exemplar zeigen konnte. Der Fundort des Hirschkäfers (*Lucanus cervus*) in Wiesenbach südlich Neckargemünd (TK 25, Blatt 6618 Heidelberg-Süd) liegt im Biddersbachtal, einem Seitental des Elsenztales, welches in Neckargemünd in das Neckartal einmündet, am Südrand des Odenwaldes in ca. 130 - 180 m Höhe über NN.

18.4 Schönau

Die Nachweise von Individuen des Hirschkäfers (*Lucanus cervus*) in Schönau, welche mir von Naturfreunden aufgrund meiner Aufrufe zur Mitteilung von Beobachtungen in regionalen Tageszeitungen (Rhein-Neckar-Zeitung 2008 a, 2008 b, 2008 c, 2008 d; Schwetzinger Zeitung 2008, Bruchsaler Rundschau 2008) gemeldet wurden, stammen aus dem Fuchslochweg am südwestlichen Ortsrand von Schönau, aus dem Höhenweg am nordwestlichen Ortsrand von Schönau und aus dem Wald an den Hängen des Schafbachtales um das Schullandheim der Lessingschule am westlichen Ortsausgang von Schönau. Die Fundorte des Hirschkäfers (*Lucanus cervus*) in Schönau (TK 25, Blatt 6518 Heidelberg-Nord) liegen im Steinachtal, einem Seitental des Neckartales, im Südwestteil des Odenwaldes in ca. 150 - 300 m Höhe über NN.

Im Fuchslochweg am südwestlichen Ortsrand von Schönau hat Doris-Annette Haas (mündl. Mitt. 2008) im naturbelassenen Garten an der Grenze zu Streuobstwiesen in etwa 500 m Entfernung vom Waldrand zwischen 1980 und 1990 zweimal je ein Männchen des Hirschkäfers (*Lucanus cervus*) abends am Boden gesehen, und hat auch seit 1990 in etlichen Jahren immer wieder mal ein einzelnes Exemplar in Schönau gefunden, welche meist Männchen waren. In den fast 65 Jahren ihres Lebens hat Doris-Annette Haas (mündl. Mitt. 2008) vor ihrer Ansiedlung in Schönau in 1980 keine Erinnerung an frühere Beobachtungen des Hirschkäfers (*Lucanus cervus*) an anderen Orten.

Im Höhenweg am nordwestlichen Ortsrand von Schönau hat Petra Berger (mündl. Mitt. 2008) im Kellergeschoß des Hauses am Hang am Waldrand von etwa 1998 bis 2007 in jedem Jahr insgesamt etwa 1 - 2 Weibchen des Hirschkäfers (*Lucanus cervus*) auf dem Rücken liegend am Boden entdeckt, welche vermutlich durch eine offene Türe oder einen offenen Lichtschacht in das Haus gelangt sind, wohingegen sie dort in 2008 keine Exemplare angetroffen hat, nachdem ein Lichtschacht abgedeckt wurde. Petra Berger (mündl. Mitt. 2008) hat auch etwa 2005 ein Männchen des Hirschkäfers (*Lucanus cervus*) im Wald um Schönau am Boden beobachtet. Petra Berger (mündl. Mitt. 2008) hat bis 1970 in Geisenheim östlich Rüdesheim und bis 1987 in Mainz gewohnt und lebt seit 1987 in Schönau, und hat in den 50 Jahren ihres Lebens schon von etwa 1965 bis 1970 auf dem Weg vom Niederwalddenkmal zum Jagdschloß am Nordhang des Rheintales nördlich Rüdesheim gelegentlich einzelne Männchen des Hirschkäfers (*Lucanus cervus*) im Wald am Boden bemerkt, und hat auch von etwa 1965 bis 1970 in Geisenheim immer wieder einzelne Männchen am Boden gesehen, wohingegen sie an anderen Orten keinen Exemplaren in der Natur begegnet ist.

Im Wald an den Hängen des Schafbachtales um das Schullandheim der Lessingschule am westlichen Ortsausgang von Schönau hat Waltraud Moos (mündl. Mitt. 2008) von 1968 bis 1980 in den meisten Jahren einzelne Männchen des Hirschkäfers (*Lucanus cervus*) am Boden bemerkt. Waltraud Moos (mündl. Mitt. 2008) hat auch von etwa 1945 bis 1953 im Wald zwischen Neidenstein und Reichartshausen sowie im Wald an der Südflanke des Heiligenberges östlich Heidelberg-Neuenheim in den meisten Jahren einzelne Männchen des Hirschkäfers (*Lucanus cervus*) am Boden beobachtet. Waltraud Moos (mündl. Mitt. 2008) hat auch etwa 2000 in der Seitzstraße im Zentrum von Heidelberg-Neuenheim im Garten des Hauses etwa 3 - 4 Männchen des Hirschkäfers (*Lucanus cervus*) am Boden und fliegend gesehen, wohingegen ihr davor und danach dort keine Exemplare aufgefallen sind. Waltraud Moos (mündl. Mitt. 2008) hat bis 1953 in Heidelberg-Bergheim gewohnt und lebt seit 1953 in Heidelberg-Neuenheim, und hat in den 70 Jahren ihres Lebens außer den vorgenannten Funden keine weiteren Individuen des Hirschkäfers (*Lucanus cervus*) in der Natur angetroffen.

18.5 Altneudorf

Die Nachweise von Individuen des Hirschkäfers (*Lucanus cervus*) in Schönau-Altneudorf, welche mir von Naturfreunden aufgrund meiner Aufrufe zur Mitteilung von Beobachtungen in regionalen Tageszeitungen (Rhein-Neckar-Zeitung 2008 a, 2008 b, 2008 c, 2008 d; Schwetzinger Zeitung 2008, Bruchsaler Rundschau 2008) gemeldet wurden, stammen aus der Klinge am südlichen Ortsrand von Schönau-Altneudorf und aus dem Wald um den Ort herum. Die Fundorte des Hirschkäfers (*Lucanus cervus*) in Schönau-Altneudorf (TK 25, Blatt 6518 Heidelberg-Nord) liegen im Steinachtal, einem Seitental des Neckartales, im Südwestteil des Odenwaldes in ca. 200 - 300 m Höhe über NN.

An der Klinge am südlichen Ortsrand von Schönau-Altneudorf hat Trude Bernauer (mündl. Mitt. 2008) auf der Terrasse des Hauses am Waldrand am 14.07.2008 ein Männchen des Hirschkäfers (*Lucanus cervus*) gesehen, welches in Richtung eines Ahornbaumes im Garten gelaufen ist, und hat in 2008 auch mehrere Weibchen im Garten am Boden beobachtet. Trude Bernauer (mündl. Mitt. 2008) wohnt schon immer in Schönau-Altneudorf und hat in den über 65 Jahren ihres Lebens schon ab etwa 1950 in fast jedem Jahr insgesamt etwa 2 - 3 Weibchen des Hirschkäfers (*Lucanus cervus*) pro Jahr im Garten am Boden bemerkt, wohingegen sie in 2008 erstmals ein Männchen in der Natur angetroffen hat.

In Schönau-Altneudorf hat Rainer Stoll (mündl. Mitt. 2008) seit 1996 in verschiedenen Jahren insgesamt etwa 5 Caput-Thorax-Torsi von Männchen des Hirschkäfers (*Lucanus cervus*) am Boden gefunden, wohingegen er dort keine vollständigen Individuen angetroffen hat, und hat davor lediglich in 1984 einige Männchen in Mannheim-Käfertal gesehen, welche ein Mitschüler, Alexander Hefner, mitgebracht hat. Rainer Stoll (mündl. Mitt. 2008) hat bis 1996 in Mannheim-Wallstadt gewohnt und lebt seit 1996 in Schönau-Altneudorf, und ist in den über 40 Jahren seines Lebens bisher außer den in 1984 an der Schule in Mannheim-Käfertal gesehenen Männchen keinen kompletten Individuen des Hirschkäfers (*Lucanus cervus*) in der Natur begegnet.

Im Wald um Schönau-Altneudorf hat Ingeborg Fischer (mündl. Mitt. 2008) von etwa 1975 bis 1981 wiederholt einzelne Männchen des Hirschkäfers (*Lucanus cervus*) am Boden beobachtet. Ingeborg Fischer (mündl. Mitt. 2008) hat auch in der Spechbacher Straße am nördlichen Ortsrand von Eschelbronn im Garten neben dem Haus, in dem neben zahlreichen anderen Bäumen auch drei alte Eichen stehen, von 1994 bis 2006 in jedem Jahr insgesamt etwa 1 - 2 Männchen des Hirschkäfers (*Lucanus cervus*) pro Jahr meist an den Eichen, an einem alten Birnbaum und am Boden um die Eichen herum sowie gelegentlich auch fliegend gesehen, wohingegen ihr dort in 2007 und 2008 keine Exemplare aufgefallen sind. Ingeborg Fischer (mündl. Mitt. 2008) hat bis 1968 in Ebersdorf ostsüdöstlich Coburg gewohnt, war dann in Hamburg und Heidelberg-Neuenheim, hat dann bis 1981 in Schönau-Altneudorf gewohnt und lebt seit 1981 in Eschelbronn, und hat in den 60 Jahren ihres Lebens schon von etwa 1955 bis 1960 im Wald um Ebersdorf manchmal einzelne Männchen des Hirschkäfers (*Lucanus cervus*) am Boden entdeckt, wohingegen sie an anderen Orten keinen Individuen in der Natur begegnet ist.

18.6 Dilsberg

Im Wald um Neckargemünd-Dilsberg haben Sigrid und Fritz Ott (mündl. Mitt. 2008) von 1973 bis 1978 in jedem Jahr einzelne Männchen und Weibchen des Hirschkäfers (*Lucanus cervus*) am Boden und an Bäumen bemerkt. Sigrid Ott (mündl. Mitt. 2008) hat bis 1965 in Wertheim im Maintal gewohnt, wo sie auch in jedem Jahr mehrere Individuen des Hirschkäfers (*Lucanus cervus*) im Wald um Wertheim am Boden und an Bäumen registriert hat. Fritz Ott (mündl. Mitt. 2008) hat bis 1965 in Neu-Ulm im Donautal gewohnt, wo er keinen Exemplaren des Hirschkäfers (*Lucanus cervus*) in der Natur begegnet ist. Nach einem Auslandsaufenthalt bis 1973 haben Sigrid und Fritz Ott (mündl. Mitt. 2008) bis 1978 in Neckargemünd-Dilsberg gewohnt und leben seit 1978 in Mosbach, wo sie in den 65 Jahren ihres Lebens bzw. in den fast 70 Jahren seines Lebens in der Schlesienstraße am südöstlichen Ortsrand von Mosbach-Masseldorn seit 1978 in fast jedem Jahr insgesamt etwa 2 - 4 Männchen und Weibchen des Hirschkäfers (*Lucanus cervus*) pro Jahr am Haus am Waldrand, im Garten und im Wald am Boden und an Bäumen gesehen haben. Sigrid und Fritz Ott (mündl. Mitt. 2008) konnten damit in der Schlesienstraße in Mosbach über einen Zeitraum von 30 Jahren das mehr oder weniger regelmäßige Auftreten von Individuen des Hirschkäfers (*Lucanus cervus*) konstatieren. Sigrid Ott (mündl. Mitt. 2008) war von 1955 bis 1960 während der Ferien öfters in Sandhausen und hat dort im Wald um Sandhausen in Richtung Walldorf auch wiederholt einzelne Individuen des Hirschkäfers (*Lucanus cervus*) am Boden und an Bäumen angetroffen. Der Fundort des Hirschkäfers (*Lucanus cervus*) in Dilsberg ostnordöstlich Neckargemünd (TK 25, Blatt 6519 Eberbach und 6619 Helmstadt-Bargen) liegt am Südhang des Neckartales im Südteil des Odenwaldes in ca. 200 - 300 m Höhe über NN.

18.7 Bammental

Die Nachweise von Individuen des Hirschkäfers (*Lucanus cervus*) in Bammental, welche mir von Naturfreunden aufgrund meiner Aufrufe zur Mitteilung von Beobachtungen in regionalen Tageszeitungen (Rhein-Neckar-Zeitung 2008 a, 2008 b, 2008 c, 2008 d; Schwetzinger Zeitung 2008, Bruchsaler Rundschau 2008) gemeldet wurden, stammen aus dem Boden am südlichen Ortrand von Bammental und aus dem Wald um Bammental in Richtung Waldhilsbach, Wiesenbach und Neckargemünd. Die Fundorte des Hirschkäfers (*Lucanus cervus*) in Bammental südsüdwestlich Neckargemünd (TK 25, Blatt 6618 Heidelberg-Süd) liegen im Elsenztal, einem Seitental des Neckartales, am Südrand des Odenwaldes in ca. 120 - 160 m Höhe über NN.

Im Boden am südlichen Ortrand von Bammental hat Joachim Stemmle (mündl. Mitt. 2008) im Keller eines Hauses am 15.11.2008 ein totes Männchen des Hirschkäfers (*Lucanus cervus*) in einer Plastiktüte gefunden. Joachim Stemmle (mündl. Mitt. 2008) hat auch etwa 2000 im Vorgarten eines Hauses in Baden-Baden ein Männchen des Hirschkäfers (*Lucanus cervus*) entdeckt, und hat auch zwischen etwa 1965 und 1975 in Baden-Baden insgesamt etwa 3 Männchen beobachtet. Joachim Stemmle (mündl. Mitt. 2008) ist außer den vorgenannten Funden keinen weiteren Exemplaren des Hirschkäfers (*Lucanus cervus*) in der Natur begegnet.

Im Wald um Bammental in Richtung Waldhilsbach, Wiesenbach und Neckargemünd hat Dieter Müller (mündl. Mitt. 2008) von etwa 1960 bis 1963 in jedem Jahr mehrere Exemplare des Hirschkäfers (*Lucanus cervus*) am Boden und an Bäumen beobachtet, und hat danach erst wieder etwa Ende Juni/Anfang Juli 2008 auf einem Seitenweg des Flugplatzes nordöstlich Herrenteich südwestlich Ketsch ein Männchen auf dem Rücken liegend am Boden gesehen, und nachdem er es umgedreht hat, ist es in das Gebüsch neben dem Weg gelaufen. Dieter Müller (mündl. Mitt. 2008) hat bis 1963 in Bammental und bis 1997 in Schwetzingen gewohnt und lebt seit 1997 in Ketsch, und hat in den über 55 Jahren seines Lebens außer den vorgenannten Funden keine weiteren Individuen des Hirschkäfers (*Lucanus cervus*) in der Natur angetroffen.

18.8 Mauer

In der Schillerstraße am nordwestlichen Ortsrand von Mauer hat Erich Noller (mündl. Mitt. 2008) im Garten des Hauses in 2006 und 2007 je zwei Weibchen des Hirschkäfers (*Lucanus cervus*) am Boden gesehen, wohingegen er in den Jahren davor sowie in 2008 dort keine Exemplare bemerkt hat. Erich Noller (mündl. Mitt. 2008) hat auch Larven (Engerlinge) des Hirschkäfers (*Lucanus cervus*) im Komposthaufen in Garten entdeckt, wobei er in 2006 und 2007 je etwa 3 Larven (Engerlinge) und in 2008 sogar etwa 7 Larven (Engerlinge) festgestellt hat, wohingegen ihm in den Jahren davor keine Larven (Engerlinge) im Komposthaufen aufgefallen sind. Erich Noller (mündl. Mitt. 2008) hat vor einiger Zeit Baumrinde im Wald geholt, gehäckselt und auf den Komposthaufen gegeben, und häckselt sämtlichen Grünschnitt im Garten und deponiert das Häcksel auf dem Komposthaufen. Erich Noller (mündl. Mitt. 2008) hat bis 1976 in Heidelberg-Weststadt gewohnt und lebt seit 1976 in Mauer, und hat in den 65 Jahren seines Lebens ansonsten keine weiteren Individuen des Hirschkäfers (*Lucanus cervus*) in der Natur beobachtet. Der Fundort des Hirschkäfers (*Lucanus cervus*) in Mauer südlich Neckargemünd (TK 25, Blatt 6618 Heidelberg-Süd) liegt im Elsenztal, einem Seitental des Neckartales, am Übergang vom Südrand des Odenwaldes in den Nordrand des Kraichgaues in ca. 130 - 180 m Höhe über NN.

18.9 Gauangelloch

Im Großen Wald nördlich Leimen-Gauangelloch hat Augusta Wawrecka (mündl. Mitt. 2008) auf einem Weg in Richtung Gaiberg am 29.06.2008 gegen Mittag ein Männchen des Hirschkäfers (*Lucanus cervus*) am Boden entdeckt, welches über den Weg gelaufen ist. Augusta Wawrecka (mündl. Mitt. 2008) hat bis 1936 in Bremen, bis 1958 in Littenweiler östlich Freiburg und bis 1973 in Heidelberg-Altstadt gewohnt und lebt seit 1973 in Leimen-Gauangelloch, und hat in den über 80 Jahren ihres Lebens außer dem vorgenannten Männchen keine weiteren Exemplare des Hirschkäfers (*Lucanus cervus*) in der Natur beobachtet. Der Fundort des Hirschkäfers (*Lucanus cervus*) in Leimen-Gauangelloch süd-südwestlich Neckargemünd (TK 25, Blatt 6618 Heidelberg-Süd) liegt am Übergang vom Südrand des Odenwaldes in den Nordrand des Kraichgaues in ca. 200 - 300 m Höhe über NN.

19 Fundmeldungen von Naturfreunden in Schwetzingen und Umgebung

Die Funde von Exemplaren des Hirschkäfers (*Lucanus cervus*) in Schwetzingen und Umgebung, welche mir von Naturfreunden aufgrund meiner Aufrufe zur Mitteilung von Beobachtungen in regionalen Tageszeitungen (Rhein-Neckar-Zeitung 2008 a, 2008 b, 2008 c, 2008 d; Schwetzinger Zeitung 2008, Bruchsaler Rundschau 2008) berichtet wurden, umfassen Schwetzingen und den Schwetzinger Ortsteil Hirschacker sowie die Orte und Lokalitäten Oftersheim, Plankstadt, Ketsch, Ketscher Rheininsel nordwestlich Ketsch, Herrenteich südwestlich Ketsch, Brühl, Rohrhof, Kollerinsel südwestlich Brühl, Schwetzinger Hardt, Hockenheim und Edingen-Neckarhausen.

19.1 Schwetzingen

Die Nachweise von Individuen des Hirschkäfers (*Lucanus cervus*) in Schwetzingen, welche mir von Naturfreunden aufgrund meiner Aufrufe zur Mitteilung von Beobachtungen in regionalen Tageszeitungen (Rhein-Neckar-Zeitung 2008 a, 2008 b, 2008 c, 2008 d; Schwetzinger Zeitung 2008, Bruchsaler Rundschau 2008) gemeldet wurden, stammen aus dem Schloßpark am westlichen Ortsrand von Schwetzingen, aus der Carl-Theodor-Straße im Zentrum von Schwetzingen, aus der Weinbrennerstraße im Kleinen Feld und vom Nordwestrand des Schloßgartens im nordwestlichen Ortsteil von Schwetzingen, und aus der Sternallee südlich der Sportplätze und der Grillhütte am südwestlichen Ortsrand von Schwetzingen. Die Fundorte des Hirschkäfers (*Lucanus cervus*) in Schwetzingen (TK 25, Blatt 6617 Schwetzingen) liegen in der Ebene des Rheintales in ca. 100 - 110 m Höhe über NN.

Im Schloßpark am westlichen Ortsrand von Schwetzingen hat Susanne Hofer von Lobenstein (mündl. Mitt. 2008) im Arboretum und im Apollonischen Quartier in 2007 zwei Weibchen des Hirschkäfers (*Lucanus cervus*) und von 1993 bis 2006 in den meisten Jahren insgesamt etwa 1 - 2 Männchen pro Jahr auf Baumstümpfen und unter Bäumen sitzend sowie gelegentlich auch fliegend gesehen, wohingegen sie in 2008 dort keine Individuen angetroffen hat. Susanne Hofer von Lobenstein (mündl. Mitt. 2008) hat bis 1954 in Sierksdorf zwischen Neustadt in Holstein und Timmendorfer Strand in der Lübecker Bucht gewohnt und hat dort von 1946 bis 1954 in Sierksdorf, Malente und Eutin immer wieder einzelne Exemplare des Hirschkäfers (*Lucanus cervus*) im Garten, im Wald und am Waldrand am Boden und manchmal auch fliegend beobachtet. Susanne Hofer von Lobenstein (mündl. Mitt. 2008) war dann bis 1969 an verschiedenen Orten in Deutschland, hat bis 1986 in Fichtenau südöstlich Crailsheim gewohnt, und lebt seit 1986 in Dossenheim, und ist in den 70 Jahren ihres Lebens außer den vorgenannten Funden keinen weiteren Exemplaren des Hirschkäfers (*Lucanus cervus*) in der Natur begegnet.

In der Carl-Theodor-Straße im Zentrum von Schwetzingen hat Gabriele Kobus-Lichter (mündl. Mitt. 2008) in der Nähe der Bahnhofsanlage am 16.05.2008 abends zwischen 20 und 21 Uhr ein Männchen des Hirschkäfers (*Lucanus cervus*) auf dem Gehweg sitzend bemerkt, welches das einzige Exemplar ist, das sie in den fast 50 Jahren ihres Lebens in der Natur angetroffen hat. Gabriele Kobus-Lichter (mündl. Mitt. 2008) hat bis 1966 in Gelsenkirchen, bis 1980 in Landau und bis 1995 in Kaiserslautern gewohnt und lebt seit 1995 in Oftersheim, und ist außer dem vorgenannten Männchen keinen weiteren Individuen des Hirschkäfers (*Lucanus cervus*) in der Natur begegnet.

In der Weinbrennerstraße im Kleinen Feld im nordwestlichen Ortsteil von Schwetzingen hat Hermann Zimmermann (mündl. Mitt. 2009) an der Kellertreppe des Hauses in 2008 ein Männchen des Hirschkäfers (*Lucanus cervus*) entdeckt, und hat in 2008 auch auf einer Straße am Nordwestrand des Schloßgartens am nordwestlichen Ortsrand von Schwetzingen an verschiedenen Tagen ein totes Weibchen, ein lebendes Männchen und ein überfahrenes totes Männchen gefunden. Hermann Zimmermann (mündl. Mitt. 2009) hat auch vor etwa 15 Jahren auf dem Campingplatz auf der Kollerinsel west-südwestlich Brühl etwa 5 - 6 Männchen und Weibchen des Hirschkäfers (*Lucanus cervus*) gesehen, welche an einem Morgen in den Gestängen des Vorzeltes gehangen sind. Hermann Zimmermann (mündl. Mitt. 2009) hat auch etwa zwischen 1945 und 1955 im Waldgebiet Schwetzinger Hardt zwischen Schwetzingen, Oftersheim und Hockenheim sowie im Grenzhöfer Wald nördlich Schwetzingen-Hirschacker in jedem Jahr jeweils insgesamt etwa 5 - 10 Exemplare des Hirschkäfers (*Lucanus cervus*) pro Jahr bemerkt, welche entlang der Bäume und um die Bäume herum geflogen sind sowie auf dem Weg gelaufen sind. Hermann Zimmermann (mündl. Mitt. 2009) hat bis 1986 fast immer in Eppelheim gewohnt und lebt seit 1986 in Schwetzingen, und kann sich in den über 70 Jahren seines Lebens nicht daran erinnern, außer den vorgenannten Funden weiteren Individuen des Hirschkäfers (*Lucanus cervus*) in der Natur begegnet zu sein.

In der Sternallee südlich der Grillhütte am südwestlichen Ortsrand von Schwetzingen hat Christine Kirstetter (mündl. Mitt. 2008) etwa Ende Juni/Anfang Juli 2008 ein totes Männchen des Hirschkäfers (*Lucanus cervus*) auf dem Weg entdeckt, welches beim Aufheben in mehrere Bruchstücke zerfallen ist. Dieses Männchen ist das einzige Exemplar des Hirschkäfers (*Lucanus cervus*), welches Christine Kirstetter (mündl. Mitt. 2008) in den 40 Jahren ihres Lebens bisher in der Natur bewußt wahrgenommen hat, wohingegen sie sich nicht mehr daran erinnern kann, ob sie möglicherweise bereits schon früher einmal Individuen in der Natur begegnet ist.

In der Sternallee im Wald südlich der Sportplätze am südwestlichen Ortsrand von Schwetzingen hat Karlheinz Engelhardt (mündl. Mitt. 2008) vor etwa 15 Jahren gelegentlich einzelne Männchen des Hirschkäfers (*Lucanus cervus*) am Boden registriert, und hat auch vor etwa 10 - 12 Jahren im Ortsteil Neckarhausen von Edingen-Neckarhausen ein Männchen gesehen, welches ein Schüler mitgebracht hat. Karlheinz Engelhardt (mündl. Mitt. 2008) hat auch etwa 1980 in der Jahnstraße nahe dem nördlichen Ortsrand von Plankstadt im Garten des Hauses ein Männchen des Hirschkäfers (*Lucanus cervus*) am Boden entdeckt, und hat auch von etwa 1956 bis 1963 im Ortsbereich von Plankstadt sowie im Wald zwischen Plankstadt und Mannheim-Friedrichsfeld in den meisten Jahren, aber nicht in jedem Jahr, mehrere Männchen des Hirschkäfers (*Lucanus cervus*) pro Jahr am Boden und abends in der Dämmerung auch fliegend beobachtet. Karlheinz Engelhardt (mündl. Mitt. 2008) hat auch zwischen 1971 und 1976 in Neckarbischofsheim nordöstlich Sinsheim manchmal einzelne Männchen des Hirschkäfers (*Lucanus cervus*) im Wald am Boden bemerkt, und hat auch zwischen 1968 und 1971 in Sulzfeld südwestlich Eppingen zuweilen einzelne Männchen gesehen, die Schüler mitgebracht haben und ihm berichtet haben, daß sie in und um Sulzfeld öfters Männchen gefunden haben. Karlheinz Engelhardt (mündl. Mitt. 2008) hat auch in 2006 und 2008 im Meisental am südwestlichen Ortsrand von Haardt nördlich Neustadt an der Weinstraße im Garten des Wochenendhauses unterhalb des Sportplatzes mit zahlreichen Kastanienbäumen etliche Männchen und Weibchen des Hirschkäfers (*Lucanus cervus*) am Boden und fliegend beobachtet, und hat dort Ende Juni 2006 an einem Wochenende von Freitag bis Sonntag an allen drei Tagen das Schwärmen von etwa 5 - 10 Exemplaren pro Abend erlebt, welche abends in der Dämmerung geflogen sind. Karlheinz Engelhardt (mündl. Mitt. 2008) hat bis 1968 in Plankstadt, bis 1971 in Sulzfeld und bis 1976 in Neckarbischofsheim gewohnt und lebt seit 1976 wieder in Plankstadt, und hat in den fast 65 Jahren seines Lebens außer den vorgenannten Funden möglicherweise noch mehrmals weitere Individuen des Hirschkäfers (*Lucanus cervus*) in der Natur angetroffen, kann sich aber nicht mehr daran erinnern, wann und wo dies gewesen ist.

In der Sternallee im Wald südlich der Sportplätze am südwestlichen Ortsrand von Schwetzingen hat Manfred Robens (mündl. Mitt. 2008) im Juli 2008 ein lebendes Männchen des Hirschkäfers (*Lucanus cervus*) am Rand des Weges, der den Stern kreisförmig umgibt, sowie von 2002 bis 2008 in jedem Jahr immer wieder einzelne tote Caput-Thorax-Torsi von Männchen am Boden gesehen, und hat dort in 2004 auf einer Strecke von etwa 500 m bei mehreren Spaziergängen innerhalb von etwa 6 Wochen insgesamt etwa 15 Caput-Thorax-Torsi von Männchen entdeckt, welche vermutlich das Opfer von Spechten (besonders von Buntspechten) geworden sind, denn die meisten Caput-Thorax-Torsi haben am Fuß von Eichen gelegen, an denen auch Spuren von Schnabelhieben von Spechten waren. Manfred Robens (mündl. Mitt. 2008) hat auch von 1997 bis 2008 im Ketscher Wald westlich des Schwetzinger Schloßgartens in jedem Jahr immer wieder einzelne Caput-Thorax-Torsi von Männchen des Hirschkäfers (*Lucanus cervus*) angetroffen. Manfred Robens (mündl. Mitt. 2008) hat auch in 2007 am Westrand und Südrand des Schwetzinger Schloßgartens an dem Weg außerhalb des Parkgeländes zwei fliegende Weibchen des Hirschkäfers (*Lucanus cervus*) beobachtet, und hat dort auch von 2002 bis 2008 in jedem Jahr mehrere Weibchen am Boden bemerkt, von denen einige überfahren waren, wohingegen ihm dort keine Männchen aufgefallen sind. Manfred Robens (mündl. Mitt. 2008) hat auch von 1997 bis 2007 auf der Ketscher Rheininsel nordwestlich Ketsch in den meisten Jahren immer wieder einzelne Männchen und Weibchen sowie Caput-Thorax-Torsi von Männchen des Hirschkäfers (*Lucanus cervus*) am Boden auf Wegen und in der Nähe von Eichenholzstapeln entdeckt, und hat auch im Juli 2008 im Waldgebiet Schwetzinger Hardt an der Brücke über die Straße B 291 in der Nähe von Spannbuckel und Langer Berg nordwestlich Walldorf Caput-Thorax-Torsi von einem Männchen und zwei Weibchen festgestellt. Manfred Robens (mündl. Mitt. 2008) hat bis 1984 in Gürzenich westlich Düren in der Nordeifel und bis 1992 in Freiburg gewohnt; war dann bis 1994 unter anderem in Pfullingen, Reutlingen und Albstadt; und hat dann bis 2008 in Schwetzingen gewohnt und lebt seit 2008 in Schönbrunn, und hat in den 45 Jahren seines Lebens schon etwa 1975 am Schützenplatz in Gürzenich an alten Eichenstubben an einem Tag insgesamt etwa 10 Männchen und Weibchen des Hirschkäfers (*Lucanus cervus*) fliegend, am Boden laufend und am Stamm sitzend beobachtet, und hat dort auch von 1975 bis 1980 am Schützenplatz und im umgebenden Wald immer wieder einzelne Männchen und Weibchen sowie Caput-Thorax-Torsi von Männchen gefunden. Manfred Robens (mündl. Mitt. 2008) hat auch zwischen 1986 und 1990 im Mooswald um Freiburg einzelne Männchen des Hirschkäfers (*Lucanus cervus*) am Boden im Wald bemerkt, und hat auch in 1996 oder 1997 im Rheinpark Rappenwörth westlich Karlsruhe-Daxlanden zwischen dem Ententeich und dem Rheinstrandbad einzelne Männchen am Boden am Waldrand und auf Lichtungen im Wald gesehen, wohingegen er an anderen Orten keinen Individuen in der Natur begegnet ist.

19.2 Oftersheim

Die Nachweise von Individuen des Hirschkäfers (*Lucanus cervus*) in Oftersheim, welche mir von Naturfreunden aufgrund meiner Aufrufe zur Mitteilung von Beobachtungen in regionalen Tageszeitungen (Rhein-Neckar-Zeitung 2008 a, 2008 b, 2008 c, 2008 d; Schwetzinger Zeitung 2008, Bruchsaler Rundschau 2008) gemeldet wurden, stammen aus der Straße Hinter den Ortsgärten nahe dem südwestlichen Ortsrand von Oftersheim, vom Friedhof nahe der Hardtwaldsiedlung südlich Oftersheim und von der Grillhütte am Waldrand südöstlich Oftersheim. Die Fundorte des Hirschkäfers (*Lucanus cervus*) in Oftersheim (TK 25, Blatt 6617 Schwetzingen) liegen in der Ebene des Rheintales in ca. 100 - 110 m Höhe über NN.

In der Straße Hinter den Ortsgärten nahe dem südwestlichen Ortsrand von Oftersheim hat Monika Lucha (mündl. Mitt. 2008) seit etwa 2002 in jedem Jahr etwa Mitte bis Ende Juni/Anfang bis Mitte Juli insgesamt etwa 1 - 3 Exemplare des Hirschkäfers (*Lucanus cervus*), welche meist Männchen waren, pro Jahr an der Außenkellertreppe des Hauses entdeckt, welche meist auf dem Rücken gelegen sind, wohingegen ihr in den Jahren davor dort keine Individuen aufgefallen sind. Monika Lucha (mündl. Mitt. 2008) hat bis 1970 in Mannheim-Schönau, bis 1984 in Oftersheim und bis 1986 in Ketsch gewohnt und lebt seit 1986 wieder in Oftersheim, und hat in den über 60 Jahren ihres Lebens außer den vorgenannten Funden keine weiteren Exemplare des Hirschkäfers (*Lucanus cervus*) in der Natur angetroffen.

Auf dem Friedhof nahe der Hardtwaldsiedlung südlich Oftersheim hat Ingrid Diehm (mündl. Mitt. 2008) auf einem Grabstein in der letzten Gräberreihe vor dem Waldrand etwa Anfang Juli 2008 ein Männchen des Hirschkäfers (*Lucanus cervus*) gesehen. Ingrid Diehm (mündl. Mitt. 2008) hat davor lediglich zwischen 1950 und 1958 in Fahrenbach nördlich Mosbach in jedem Jahr insgesamt etwa 5 - 10 Individuen des Hirschkäfers (*Lucanus cervus*), welche meist Männchen waren, pro Jahr im Wald beim Pflücken von Heidelbeeren am Boden beobachtet, als ihr Vater und ihre Schwester im Wald gearbeitet hatten und manchmal auch einige Exemplare mit nach Hause gebracht hatten. Ingrid Diehm (mündl. Mitt. 2008) hat bis 1958 in Fahrenbach nördlich Mosbach gewohnt und lebt seitdem in Oftersheim, und ist in den fast 70 Jahren ihres Lebens zwischen 1958 und 2008 keinen weiteren Individuen des Hirschkäfers (*Lucanus cervus*) in der Natur begegnet.

Hinter dem Friedhof nahe der Hardtwaldsiedlung südlich Oftersheim am angrenzenden Waldrand hat Horst Gruhlke (mündl. Mitt. 2008) etwa Anfang Juli 2008 auf einem Weg zwischen den Gärten entlang des Kohlwaldwegs eine Larve des Hirschkäfers (*Lucanus cervus*) entdeckt, welche von einem verwachsenen Zaun zu einer Hecke unterwegs war, wohingegen er Imagines seit 1984 im Wald südlich Oftersheim nicht beobachtet hat. Horst Gruhlke (mündl. Mitt. 2008) hat bis 1956 in Eckernförde und von 1963 bis 1970 in Kelsterbach bei Frankfurt am Main gewohnt, war in der Zwischenzeit an verschiedenen Orten, und lebt seit 1984 in Oftersheim, und hat in den über 70 Jahren seines Lebens nur einmal zwischen 1965 und 1970 bei Kelsterbach ein Männchen des Hirschkäfers (*Lucanus cervus*) tagsüber am Waldrand unter einer Linde am Boden angetroffen. Weiterhin hat Horst Gruhlke (mündl. Mitt. 2008) etwa Ende Juni/Anfang Juli 1998 bei Stresa am Westufer des Lago Maggiore in Nordwestitalien Schwärmabende mit dem Erscheinen von jeweils mindestens ca. 30 Männchen und Weibchen des Hirschkäfers (*Lucanus cervus*) pro Tag an mehreren Tagen hintereinander erlebt, wo abends im Dunkeln zahlreiche Individuen innerhalb von jeweils etwa 2 Stunden am Ufer des Sees über das Wasser geflogen sind. Ansonsten hat Horst Gruhlke (mündl. Mitt. 2008) bisher keine weiteren Exemplare des Hirschkäfers (*Lucanus cervus*) in der Natur angetroffen.

An der Grillhütte am Waldrand südöstlich Oftersheim hat Tina Meisel (mündl. Mitt. 2008) in 2005 oder 2006 ein Weibchen des Hirschkäfers (*Lucanus cervus*) am Boden bemerkt. Tina und Uwe Meisel (mündl. Mitt. 2008) haben auch in 2006 im Handschuhsheimer Feld in der Flur Saubad zwischen dem Klausenpfad im Süden und dem Wieblinger Weg im Norden westlich Heidelberg-Handschuhsheim ein Männchen des Hirschkäfers (*Lucanus cervus*) entdeckt, welches sich in einem im Garten auf dem Boden liegenden Netz verfangen hatte. Uwe Meisel (mündl. Mitt. 2008) hat bis 1998 in Dossenheim gewohnt und lebt seit 1998 in Heidelberg-Pfaffengrund, und hat in den 40 Jahren seines Lebens bisher nur das vorgenannte Männchen des Hirschkäfers (*Lucanus cervus*) in der Natur beobachtet. Tina Meisel (mündl. Mitt. 2008) hat bis 1996 in Heidelberg-Handschuhsheim und bis 1998 in Dossenheim gewohnt und lebt seit 1998 ebenfalls in Heidelberg-Pfaffengrund, und ist in den fast 35 Jahren ihres Lebens außer den vorgenannten Funden keinen weiteren Individuen in der Natur begegnet.

19.3 Plankstadt

Die Nachweise von Individuen des Hirschkäfers (*Lucanus cervus*) in Plankstadt, welche mir von Naturfreunden aufgrund meiner Aufrufe zur Mitteilung von Beobachtungen in regionalen Tageszeitungen (Rhein-Neckar-Zeitung 2008 a, 2008 b, 2008 c, 2008 d; Schwetzinger Zeitung 2008, Bruchsaler Rundschau 2008) gemeldet wurden, stammen aus der Jahnstraße nahe dem nördlichen Ortsrand von Plankstadt. Die Fundorte des Hirschkäfers (*Lucanus cervus*) in Plankstadt (TK 25, Blatt 6517 Mannheim-Südost und Blatt 6617 Schwetzingen) liegen in der Ebene des Rheintales in ca. 100 - 110 m Höhe über NN.

In der Jahnstraße nahe dem nördlichen Ortsrand von Plankstadt hat Hans Pfisterer (mündl. Mitt. 2008) im Vogelpark am 07.06.2008 ein Weibchen des Hirschkäfers (*Lucanus cervus*) am Boden gesehen, und hat auch in 2007 auf der Ketscher Rheininsel nordwestlich Ketsch ein laufendes Weibchen und ein totes Männchen an verschiedenen Tagen am Boden entdeckt. Hans Pfisterer (mündl. Mitt. 2008) wohnt schon immer in Plankstadt und hat in den über 55 Jahren seines Lebens schon von etwa 1960 bis 1970 im Waldgebiet Schwetzinger Hardt südlich Oftersheim auf dem Weg zur Ostkurve des Hockenheimrings in den meisten Jahren einzelne Männchen des Hirschkäfers (*Lucanus cervus*) am Boden beobachtet, wohingegen er ansonsten keinen weiteren Individuen in der Natur begegnet ist.

In der Jahnstraße nahe dem nördlichen Ortsrand von Plankstadt hat Karlheinz Engelhardt (mündl. Mitt. 2008) im Garten des Hauses etwa 1980 ein Männchen des Hirschkäfers (*Lucanus cervus*) am Boden entdeckt, und hat auch von etwa 1956 bis 1963 im Ortsbereich von Plankstadt sowie im Wald zwischen Plankstadt und Mannheim-Friedrichsfeld in den meisten Jahren, aber nicht in jedem Jahr, mehrere Männchen des Hirschkäfers (*Lucanus cervus*) pro Jahr am Boden und abends in der Dämmerung auch fliegend beobachtet. Karlheinz Engelhardt (mündl. Mitt. 2008) hat auch vor etwa 10 - 12 Jahren im Ortsteil Neckarhausen von Edingen-Neckarhausen ein Männchen des Hirschkäfers (*Luca-

nus cervus) gesehen, welches ein Schüler mitgebracht hat, und hat auch vor etwa 15 Jahren in der Sternallee im Wald südlich der Sportplätze am südwestlichen Ortsrand von Schwetzingen gelegentlich einzelne Männchen am Boden registriert. Karlheinz Engelhardt (mündl. Mitt. 2008) hat auch zwischen 1971 und 1976 in Neckarbischofsheim nordöstlich Sinsheim manchmal einzelne Männchen des Hirschkäfers (*Lucanus cervus*) im Wald am Boden bemerkt, und hat auch zwischen 1968 und 1971 in Sulzfeld südwestlich Eppingen zuweilen einzelne Männchen gesehen, welche Schüler mitgebracht haben und ihm berichtet haben, daß sie in und um Sulzfeld öfters Männchen gefunden haben. Karlheinz Engelhardt (mündl. Mitt. 2008) hat auch in 2006 und 2008 im Meisental am südwestlichen Ortsrand von Haardt nördlich Neustadt an der Weinstraße im Garten des Wochenendhauses unterhalb des Sportplatzes mit zahlreichen Kastanienbäumen etliche Männchen und Weibchen des Hirschkäfers (*Lucanus cervus*) am Boden und fliegend beobachtet, und hat dort Ende Juni 2006 an einem Wochenende von Freitag bis Sonntag an allen drei Tagen das Schwärmen von etwa 5 - 10 Exemplaren pro Abend erlebt, welche abends in der Dämmerung geflogen sind. Karlheinz Engelhardt (mündl. Mitt. 2008) hat bis 1968 in Plankstadt, bis 1971 in Sulzfeld und bis 1976 in Neckarbischofsheim gewohnt und lebt seit 1976 wieder in Plankstadt, und hat in den fast 65 Jahren seines Lebens außer den vorgenannten Funden möglicherweise noch mehrmals weitere Individuen des Hirschkäfers (*Lucanus cervus*) in der Natur angetroffen, kann sich aber nicht mehr daran erinnern, wann und wo dies gewesen ist.

In Plankstadt wohnt Birgit Schramm (mündl. Mitt. 2008) schon immer, ist jedoch in den über 45 Jahren ihres Lebens dort keinem Exemplar des Hirschkäfers (*Lucanus cervus*) in der Natur begegnet. Birgit Schramm (mündl. Mitt. 2008) hat lediglich einmal in 2006 in Ramberg westsüdwestlich Edenkoben im Pfälzer Wald an der Treppe des Hauses am Hang eines Tales mit Bach mitten im Wald ein Männchen des Hirschkäfers (*Lucanus cervus*) gesehen, welches das einzige Exemplar ist, das sie dort von 1990 bis 2007 entdeckt hat, als sie immer wieder an Wochenenden dort war.

19.4 Ketsch

Die Nachweise von Individuen des Hirschkäfers (*Lucanus cervus*) in Ketsch, welche mir von Naturfreunden aufgrund meiner Aufrufe zur Mitteilung von Beobachtungen in regionalen Tageszeitungen (Rhein-Neckar-Zeitung 2008 a, 2008 b, 2008 c, 2008 d; Schwetzinger Zeitung 2008, Bruchsaler Rundschau 2008) gemeldet wurden, stammen aus der Daimlerstraße und der Schillerstraße im westlichen Ortsteil von Ketsch; aus der Schulstraße, der Gutenbergstraße, der Hockenheimer Straße und vom Anglersee im Bruchgelände am westlichen Ortsrand von Ketsch; aus dem Asternweg nahe dem nordwestlichen Ortsrand von Ketsch; aus der Zwittauer Gasse, dem Tulpenweg und dem Lilienweg am nordöstlichen Ortsrand von Ketsch; vom Katzengraben, vom Hohwiesensee und vom Radweg zwischen Hohwiesensee und Johannishof südwestlich Ketsch; vom Südostufer des Altrheins westlich und südwestlich Ketsch, aus der Ketschau südwestlich Ketsch und aus dem Ketscher Wald nordöstlich Ketsch. Die Fundorte des Hirschkäfers (*Lucanus cervus*) in Ketsch (TK 25, Blatt 6617 Schwetzingen) liegen in der Ebene des Rheintales in ca. 100 - 110 m Höhe über NN.

In der Daimlerstraße im westlichen Ortsteil von Ketsch hat Thorsten Lapsit (mündl. Mitt. 2008) etwa Ende Juni/Anfang Juli 2008 ein Weibchen des Hirschkäfers (*Lucanus cervus*) im Sicherungskasten im Haus sowie zwei Weibchen in den Feldern neben der Straße von Ketsch nach Hockenheim am Boden gesehen, und hat in 2006 auch ein Männchen auf dem Gehweg in der Schillerstraße im westlichen Ortsteil von Ketsch entdeckt, wohingegen er sich nicht daran erinnern kann, auch in 2004, 2005 und 2007 in Ketsch Individuen angetroffen zu haben. Thorsten Lapsit (mündl. Mitt. 2008) hat auch auf der Ketscher Rheininsel nordwestlich Ketsch etwa Ende Juni/Anfang Juli 2008 im zentralen Teil auf dem Weg einen Caput-Thorax-Torso eines Männchens des Hirschkäfers (*Lucanus cervus*) gefunden, welcher noch mit den Mandibeln gezwickt hat und noch etwa 2 Stunden gelebt hat, und hat dort auch in 2006 ein lebendes Weibchen am Boden beobachtet. Thorsten Lapsit (mündl. Mitt. 2008) hat bis 1992 in Walldorf gewohnt und lebt seit 1992 in Ketsch, und hat in Ketsch seit 1992 gelegentlich, aber nicht in jedem Jahr, einzelne Individuen des Hirschkäfers (*Lucanus cervus*) festgestellt, und hat vorher nur etwa 1975 im Hochholz südlich Walldorf mehrere Exemplare am Boden bemerkt, wohingegen er ansonsten in den fast 35 Jahren seines Lebens keinen weiteren Individuen in der Natur begegnet ist.

In der Schulstraße am westlichen Ortsrand von Ketsch hat Armin Horst (mündl. Mitt. 2008) im Garten des Hauses in 2008 und 2007 abends zwischen 18 und 20 Uhr je ein Männchen des Hirschkäfers (*Lucanus cervus*) gesehen, welches im Hof herumgelaufen ist, und hat in 2008 auch auf einem Grundstück mit Halle in der Ketschau südwestlich Ketsch abends gegen 20 Uhr ein Männchen beobachtet, welches vor der Halle auf dem befestigten Platz gelaufen ist. Armin Horst (mündl. Mitt. 2008) hat bis 1981 in Buchen gewohnt, wo er seit etwa 1970 bis 1981 und von 2000 bis 2002 immer wieder einzelne Exemplare des Hirschkäfers (*Lucanus cervus*), welche meist Männchen und gelegentlich auch Weibchen waren, am Waldrand, im Wald und in den Feldern und Wiesen um Buchen, zwischen Buchen und Stürzenhardt nordwestlich Buchen, und zwischen Buchen und Hettigenbeuern nordwestlich Buchen bemerkt hat. Armin Horst (mündl. Mitt. 2008) lebt seit 1981 in Ketsch und hat in den fast 50 Jahren seines Lebens außer den vorgenannten Funden noch einige Male in den letzten 20 Jahren um Ketsch einzelne Individuen des Hirschkäfers (*Lucanus cervus*) entdeckt, ohne daß er sich genau an Orte und Zeiten der Begegnungen erinnern kann.

In der Gutenbergstraße am westlichen Ortsrand von Ketsch hat Bernd Kraus (mündl. Mitt. 2008) in 2007 im Garten des Hauses ein Männchen des Hirschkäfers (*Lucanus cervus*) entdeckt, welches dort etwa 6 - 8 Wochen nach dem Einsetzen von 3 Puppen aus dem Rindenmulchhaufen aus einer Obstwiese an der Umspannstation im Gewann Sandstücker zwischen dem Leimbach und der Autobahn A 6 südlich Brühl in einen Rindenmulchhaufen im Hausgarten erschienen ist. In der Obstwiese südlich Brühl hat Bernd Kraus (mündl. Mitt. 2008) in 2007 in einem Rindenmulchhaufen, welcher dort schon seit etwa 5 Jahren liegt, ein Männchen und etwa 12 Puppen des Hirschkäfers (*Lucanus cervus*) gefunden, wohingegen er von 2001 bis 2006 sowie in 2008 dort keine Imagines beobachtet hat. Bernd Kraus (mündl. Mitt. 2008) hat bis 1983 in Ludwigshafen, bis 1989 in Brühl und bis 1997 in Walldürn gewohnt und lebt seit 1997 in Ketsch, und hat in den über 50 Jahren seines Lebens schon von etwa 1968 bis 1972 in den Wäldern des Pfälzer Waldes zwischen Bad Dürkheim und Neustadt an der Weinstraße entlang des Haardtrandes gelegentlich einzelne Exemplare des Hirschkäfers (*Lucanus cervus*) entdeckt, wohingegen er in früheren und späteren Jahren dort keine Individuen angetroffen hat. Bernd Kraus (mündl. Mitt. 2008) hat auch etwa 1993 im Wald am östlichen Ortsrand von Walldürn in Richtung Bad Mergentheim ein Männchen des Hirschkäfers (*Lucanus cervus*) am Boden registriert, wohingegen er an anderen Orten keinen Exemplaren in der Natur begegnet ist.

In der Gutenbergstraße am westlichen Ortsrand von Ketsch hat Werner Kretschmer (mündl. Mitt. 2008) im Garten etwa Ende Juni/Anfang Juli 2008 ein laufendes Männchen des Hirschkäfers (*Lucanus cervus*) am Boden gesehen, und hat davor lediglich einmal etwa 1955 im Wald östlich Hockenheim ein Männchen entdeckt. Werner Kretschmer (mündl. Mitt. 2008) hat bis 1993 in Hockenheim und bis 2007 in Plankstadt gewohnt und lebt jetzt in Altlußheim, und hat in den fast 70 Jahren seines Lebens außer den beiden vorgenannten Exemplaren keine weiteren Individuen des Hirschkäfers (*Lucanus cervus*) in der Natur angetroffen.

In der Hockenheimer Straße am westlichen Ortsrand von Ketsch haben Gabriele und Wolfgang Giersdorf (mündl. Mitt. 2008) von 1970 bis 2008 in den meisten Jahren, aber nicht in jedem Jahr, insgesamt etwa 2 - 5 Männchen und Weibchen des Hirschkäfers (*Lucanus cervus*) pro Jahr im Garten des Hauses, im angrenzenden Bruchgelände und auf Wegen um den Anglersee im Bruchgelände überwiegend am Boden gesehen, und in 1985 ist einmal ein Männchen auf dem grünen Sonnenschirm auf der Terrasse des Hauses gelandet. Gabriele und Wolfgang Giersdorf (mündl. Mitt. 2008) konnten damit über einen Zeitraum von fast 40 Jahren das regelmäßige Auftreten von Individuen des Hirschkäfers (*Lucanus cervus*) in und um Hockenheim konstatieren. Gabriele Giersdorf (mündl. Mitt. 2008) hat auch von etwa 1955 bis 1970 auf der Ketscher Rheininsel nordwestlich Ketsch in jedem Jahr insgesamt etwa 2 - 5 Exemplare des Hirschkäfers (*Lucanus cervus*) pro Jahr meist am Boden im Wald beobachtet. Wolfgang Giersdorf (mündl. Mitt. 2008) hat in 2008 auch ein überfahrenes Männchen des Hirschkäfers (*Lucanus cervus*) auf einem Weg um den Anglersee im Bruchgelände entdeckt, und Gabriele Giersdorf (mündl. Mitt. 2008) hat dort in 2008 direkt hinter dem Schwimmbad auch ein laufendes Männchen angetroffen. Gabriele Giersdorf (mündl. Mitt. 2008) hat bis 1971 in Ketsch und bis 1980 in Schwetzingen gewohnt und lebt seit 1980 wieder in Ketsch, und Wolfgang Giersdorf (mündl. Mitt. 2008) hat bis 1980 in Schwetzingen gewohnt und lebt seit 1980 ebenfalls in Ketsch, und beide sind in den etwa 60 Jahren ihres Lebens außer den vorgenannten Funden keinen weiteren Individuen des Hirschkäfers (*Lucanus cervus*) in der Natur begegnet.

Am Anglersee im Bruchgelände am westlichen Ortsrand von Ketsch hat Elke Beher (mündl. Mitt. 2008) auf dem Seeuferweg entlang des Ostufers, an das sich ein bewachsener Gürtel mit alten Pappeln und Weiden anschließt, im Juni 2008 abends an zwei verschiedenen Stellen ein Männchen und mehrere Weibchen des Hirschkäfers (*Lucanus cervus*) am Boden gesehen, und hat auch im Juni 2008 abends am Naturfreundehaus, welches ebenfalls von einem Bestand von Pappeln und Weiden umgeben ist, südlich des Anglersees am südwestlichen Ortsrand von Ketsch ein Männchen etwa 5 m hinter dem Eingang zur Gaststätte auf der Straße und ein Weibchen gegenüber dem Eingang zur Gaststätte auf einem Rindenmulchhaufen auf dem Gehweg entdeckt. Elke Beher (mündl. Mitt. 2008) hat auch im Juni 2008 abends am Nordende des Waldgebietes Entenpfuhl südöstlich Ketsch ein überfahrenes Männchen des Hirschkäfers (*Lucanus cervus*) auf dem Weg am Waldrand nahe der Ausfahrt Schwetzingen/Hockenheim der Autobahn A 6 bemerkt, und hat auch von 1995 bis 1998 auf der Straße K 4250 im Bereich des Hohwiesensees und des Anglersees südwestlich Ketsch abends in der Dämmerung in mehreren Jahren insgesamt etwa 3 - 5 Weibchen pro Jahr beobachtet, welche entlang des Straßenrandes gelaufen sind. Elke Beher (mündl. Mitt. 2008) hat bis 1973 in Greding nordöstlich Eichstätt und bis 1975 in Heddesheim gewohnt und lebt seit 1975 in Ketsch, und ist in den 40 Jahren ihres Lebens außer den vorgenannten Funden keinen weiteren Individuen des Hirschkäfers (*Lucanus cervus*) in der Natur begegnet.

Im Asternweg nahe dem nordwestlichen Ortsrand von Ketsch hat Stefan Strugies (schriftl. Mitt. 2008) in der Einfahrt des Grundstücks in 2006 ein totes Männchen des Hirschkäfers (*Lucanus cervus*) gefunden, und hat auch im Erikaweg am südöstlichen Ortsrand von Brühl im Garten des Hauses etwa Mitte Juni 2008 ein Weibchen unter dem Walnußbaum entdeckt.

In der Zwittauer Gasse am nordöstlichen Ortsrand von Ketsch hat Helga Göck (mündl. Mitt. 2008) in 2008 ein Weibchen des Hirschkäfers (*Lucanus cervus*) im Garten des Hauses am Boden und ein Männchen in der Getränkebox am Haus sowie in 2007 und 2006 je ein Weibchen im Garten am Boden beobachtet, wohingegen ihr in früheren Jahren am Haus keine Exemplare aufgefallen sind. Auf der Ketscher Rheininsel nordwestlich Ketsch hat Helga Göck (mündl. Mitt. 2008) von etwa 1950 bis etwa 1970 in den meisten Jahren insgesamt etwa 2 - 3 Männchen und Weibchen des Hirschkäfers (*Lucanus cervus*) pro Jahr überwiegend am Boden gesehen, wohingegen sie nach 1970 dort nicht mehr so häufig zu Fuß unterwegs war. Helga Göck (mündl. Mitt. 2008) konnte damit über einen Zeitraum von etwa 20 Jahren das regelmäßige Auftreten von Individuen des Hirschkäfers (*Lucanus cervus*) auf der Ketscher Rheininsel konstatieren. Helga Göck (mündl. Mitt. 2008) wohnt schon immer in Ketsch und hat in den fast 70 Jahren ihres Lebens außer den vorgenannten Funden nur noch einmal in 2005 in den Bergen um Oberstdorf in den Allgäuer Alpen in etwa 900 m Höhe über NN ein Männchen des Hirschkäfers (*Lucanus cervus*) entdeckt, welches über den Weg gelaufen ist, wohingegen sie bei etlichen weiteren Aufenthalten in Oberstdorf keine Individuen bemerkt hat und auch ansonsten keinen weiteren Exemplaren in der Natur begegnet ist.

In der Zwittauer Gasse am nordöstlichen Ortsrand von Ketsch hat Irene Kountz (mündl. Mitt. 2008) in 2008 ein totes Männchen des Hirschkäfers (*Lucanus cervus*) am Kellerabgang des Hauses gefunden, wohingegen sie in früheren Jahren dort keine Exemplare registriert hat. Irene Kountz (mündl. Mitt. 2008) hat bis 1960 in Gamburg nordnordwestlich Tauberbischofsheim im Taubertal und bis 1974 in der Innenstadt von Mannheim gewohnt und lebt seit 1974 in Ketsch, und hat in den über 65 Jahren ihres Lebens schon von etwa 1950 bis 1955 im Wald um Gamburg immer wieder einzelne Männchen des Hirschkäfers (*Lucanus cervus*) beobachtet, und hat danach erst wieder in 2008 in Ketsch ein Männchen in der Natur angetroffen.

In der Zwittauer Gasse am nordöstlichen Ortsrand von Ketsch hat Wolfgang Kraus (mündl. Mitt. 2008) auf der Terrasse des Hauses im Juni 2007 abends mit beginnender Nacht ein Männchen des Hirschkäfers (*Lucanus cervus*) bemerkt, welches fast wie ein Stein vom Himmel gefallen ist und auf der Terrasse gelandet ist, und hat dort auch in 2003 ein Männchen beobachtet, welches abends in der Dämmerung an der Terrasse vorbeigeflogen ist, im Rasen gelandet ist und nach einigen Minuten von dort wieder gestartet und weitergeflogen ist. Wolfgang Kraus (mündl. Mitt. 2008) hat bis 1966 in Donaueschingen, bis 1973 in Mannheim-Innenstadt und bis 1978 in Böblingen gewohnt und lebt seit 1978 in Ketsch, und ist in den über 60 Jahren seines Lebens außer den vorgenannten Funden keinen weiteren Exemplaren des Hirschkäfers (*Lucanus cervus*) in der Natur begegnet.

Im Tulpenweg am nordöstlichen Ortsrand von Ketsch hat Kurt Berhalter (mündl. Mitt. 2008) im Garten des Hauses von etwa 1998 bis 2008 in den meisten Jahren, aber nicht in jedem Jahr, insgesamt etwa 1 - 2 Männchen des Hirschkäfers (*Lucanus cervus*) pro Jahr am Boden und am Komposthaufen gesehen, und hat dort in 2008 auch ein Männchen in einem bepflanzten Keramikfaß entdeckt. Im Komposthaufen im Garten, den er einmal pro Jahr umsetzt, hat Kurt Berhalter (mündl. Mitt. 2008) in 2008 etwa 40 - 50 Larven (Engerlinge) gefunden, welche mit bis etwa 3 cm Länge und kurzen geraden Fühleransätzen vermutlich nicht dem Hirschkäfer (*Lucanus cervus*) zugeordnet werden können. Kurt Berhalter (mündl. Mitt. 2008) hat bis 1963 in Aalen und bis 1980 in Kirchheim am Neckar südlich Heilbronn gewohnt, war dann bis 1986 an anderen Orten, und lebt seit 1986 in Ketsch, und hat in den über 65 Jahren seines Lebens schon zwischen etwa 1950 und 1963 im Wald auf dem Härtsfeld um Aalen gelegentlich einzelne Männchen des Hirschkäfers (*Lucanus cervus*) bemerkt, wohingegen er an anderen Orten keinen Exemplaren in der Natur begegnet ist.

Im Lilienweg nahe des nordöstliches Ortsrandes von Ketsch hat Bettina Pfister (mündl. Mitt. 2008) seit 1990 bis 2008 in jedem Jahr etwa 2 - 3 Männchen und Weibchen des Hirschkäfers (*Lucanus cervus*) pro Jahr im Garten hinter dem Haus, in dem etliche Totholzstümpfe stehen und reichlich Kaminholz in Stapeln gelagert ist, und auf der Terrasse am Haus am Boden gesehen, und hat auch auf der Ketscher Rheininsel nordwestlich Ketsch seit 1990 bis 2008 in jedem Jahr etwa 2 - 3 Männchen und Weibchen pro Jahr meist laufend am Boden im Wald beobachtet. Bettina Pfister (mündl. Mitt. 2008) konnte damit über einen Zeitraum von fast 20 Jahren das regelmäßige Auftreten von Individuen des Hirschkäfers (*Lucanus cervus*) sowohl im Lilienweg in Ketsch als auch auf der Ketscher Rheininsel konstatieren. Bettina Pfister (mündl. Mitt. 2008) hat bis 1990 in Schwetzingen gewohnt und lebt seit 1990 in Ketsch, und hat in den über 40 Jahren ihres Lebens erst in 1990 in Ketsch erstmals Exemplare des Hirschkäfers (*Lucanus cervus*) in der Natur entdeckt.

Am Katzengraben südöstlich des Weihers der Siedlung am Hohwiesensee südwestlich Ketsch hat Horst Schmeidl (mündl. Mitt. 2008) etwa Mitte Juni 2008 auf der Straße ein Männchen des Hirschkäfers (*Lucanus cervus*) am Boden gesehen, und hat auch etwa Mitte Juli 2008 ein Weibchen am Friedhof am östlichen Ortsausgang von Reilingen am Boden beobachtet. Horst Schmeidl (mündl. Mitt. 2008) wohnt schon immer in Reilingen und hat in den über 65 Jahren seines Lebens ansonsten nur von 1950 bis 1955 im Waldgebiet Untere Lusshardt zwischen Reilingen und Kirrlach an der Brücke der Straße L 556 über den Kriegbach südsüdwestlich Reilingen in jedem Jahr etwa 3 - 5 Exemplare des Hirschkäfers (*Lucanus cervus*) pro Jahr am Boden und an Eichenstämmen gefunden, und kann sich nicht daran erinnern, zwischen 1955 und 2008 weiteren Individuen in der Natur begegnet zu sein.

Am Hohwiesensee südwestlich Ketsch hat Udo Hanke (mündl. Mitt. 2008) in einem Garten mit zahlreichen Weiden entlang des Ufers von 1975 bis 1993 in jedem Jahr insgesamt etwa 2 - 3 Männchen und Weibchen des Hirschkäfers (*Lucanus cervus*) pro Jahr meist am Boden und an den Weiden gesehen, wohingegen er nach der Entfernung der Weiden von 1994 bis 2007 dort keine Exemplare bemerkt hat, und erst in 2008 haben Luzia und Udo Hanke (mündl. Mitt. 2008) dort wieder zwei Männchen und ein Weibchen an einem Weidenstamm an mehreren Tagen hintereinander angetroffen und haben dabei auch die Paarung beobachtet. Udo Hanke (mündl. Mitt. 2008) konnte damit über einen Zeitraum von fast 20 Jahren das regelmäßige Auftreten von Individuen des Hirschkäfers (*Lucanus cervus*) am Hohwiesensee konstatieren. Luzia und Udo Hanke (mündl. Mitt. 2008) haben dort in manchen Jahren auch etwa 5 Larven (Engerlinge) des Hirschkäfers (*Lucanus cervus*) in der Erde im Wurzelbereich der Weiden und in zersetztem absterbendem Holz von alten Weiden entdeckt. Udo Hanke (mündl. Mitt. 2008) hat bis 1971 in Dielheim, bis 1993 in Wiesloch und bis 1995 in Heidelberg-Rohrbach gewohnt und lebt seit 1995 in Heidelberg-Bergheim, und hat in den über 60 Jahren seines Lebens außer den vorgenannten Funden keine weiteren Exemplare des Hirschkäfers (*Lucanus cervus*) in der Natur angetroffen. Luzia Hanke (mündl. Mitt. 2008) hat früher unter anderem in Rommelshausen südlich Waiblingen im Remstal gewohnt und lebt jetzt ebenfalls in Heidelberg-Bergheim, und ist in den 45 Jahren ihres Lebens außer den Männchen und Weibchen am Hohwiesensee in 2008 keinen weiteren Individuen des Hirschkäfers (*Lucanus cervus*) in der Natur begegnet.

Auf einer Wiese zwischen Naturfreundehaus und Seehotel südlich des Anglersees am südwestlichen Ortsrand von Ketsch hat Isabella Donderer (mündl. Mitt. 2008) zwischen 07.07.2008 und 11.07.2008 morgens zwischen 7 und 8 Uhr ein laufendes Weibchen des Hirschkäfers (*Lucanus cervus*) im Gras am Boden gesehen. Isabella Donderer (mündl. Mitt. 2008) hat bis 1978 in Kißlegg südwestlich Leutkirch im Allgäu, bis 1983 in Freiburg; bis 1994 in Heidelberg-Handschuhsheim, Dossenheim und Neckargemünd; bis 1997 in Rastatt und bis 1999 in Walldorf gewohnt und lebt seit 1999 in Ketsch, und kann sich in den 50 Jahren ihres Lebens nur daran erinnern, daß sie schon einmal vor etwa 5 Jahren möglicherweise in Frankreich ein Männchen des Hirschkäfers (*Lucanus cervus*) am Boden beobachtet hat, wohingegen sie sich nicht mehr an weitere Begegnungen mit Exemplaren in der Natur erinnern kann.

Auf dem Radweg neben der Straße K 4250 zwischen Hohwiesensee und Johannishof südwestlich Ketsch hat Erika Eichhorn (mündl. Mitt. 2008) am 19.07.2008 tagsüber ein überfahrenes Weibchen des Hirschkäfers (*Lucanus cervus*) gesehen, und hat auch etwa Ende Juni/Anfang Juli 2008 auf dem Zufahrtsweg von der Straße K 2 zum Campingplatz am Angelhofer Altrhein südöstlich Otterstadt nordnordöstlich Speyer ein laufendes Männchen entdeckt. Erika Eichhorn (mündl. Mitt. 2008) hat bis 1970 in Hockenheim gewohnt und lebt seit 1970 in Ketsch, und hat in den über 65 Jahren ihres Lebens vorher nur einmal zwischen etwa 1970 und 1972 im Flur des Hauses in der 2. Rheinstraße in Ketsch, in dessen Garten sich ein großer Nußbaum befindet, ein Männchen des Hirschkäfers (*Lucanus cervus*) bemerkt, wohingegen sie ansonsten keinen weiteren Individuen in der Natur begegnet ist.

Am Südostufer des Altrheins südwestlich der Brücke auf die Ketscher Rheininsel am westlichen Ortsausgang von Ketsch hat Nikolai Koppenhöfer (mündl. Mitt. 2008) auf einer frisch gemähten Wiese entlang des Altrheinufers im Juni 2008 auf einer Strecke von etwa 100 m Länge insgesamt etwa 50 Caput-Thorax-Torsi von Männchen des Hirschkäfers (*Lucanus cervus*) gesehen, welche im Abstand von meist etwa 0,5 - 1 m voneinander auf dem Boden gelegen sind. Möglicherweise steht das beobachtete Massensterben von Exemplaren des Hirschkäfers (*Lucanus cervus*) in Verbindung mit der in Teilen der Oberrheinebene durchgeführten Maikäferbekämpfungsaktion, bei der Ende April/Anfang Mai 2008 von Hubschraubern aus das chemische Vernichtungsmittel ausgebracht wurde. Nikolai Koppenhöfer (mündl. Mitt. 2008) hat bis 1998 in Wiesloch gewohnt; war dann in Bammental, Rauenberg und Dielheim; und lebt seit 2006 wieder in Wiesloch; und kann sich in den über 35 Jahren seines Lebens nur daran erinnern, daß er schon früher mehrmals Individuen des Hirschkäfers (*Lucanus cervus*) in der Natur entdeckt hat, weiß aber nicht mehr, wo und wann dies gewesen ist.

Am Südostufer des Altrheins südwestlich Ketsch hat Helmut Schüßler (mündl. Mitt. 2008) etwa Ende Mai/Anfang Juni 2008 nahe der Einmündung des Kraichbachs einen Caput-Thorax-Torso eines Männchens des Hirschkäfers (*Lucanus cervus*) am Boden entdeckt, und hat auch vor etwa 20 Jahren einmal ein Exemplar des Nashornkäfers (*Oryctes nasicornis*) im Hardtwaldring nahe dem östlichen Ortsrand von Oftersheim am Boden registriert. In der Nähe von Herrenteich südwestlich Ketsch haben Rosa und Helmut Schüßler (mündl. Mitt. 2008) auf einem befestigten Weg etwa Ende Mai 2008 ein Weibchen des Hirschkäfers (*Lucanus cervus*) am Boden gesehen, welches anschließend davongeflogen ist. Helmut Schüßler (mündl. Mitt. 2008) wohnt schon immer in Oftersheim und hat in den 45 Jahren seines Lebens außer den vorgenannten Funden keine weiteren Exemplare des Hirschkäfers (*Lucanus cervus*) in der Natur angetroffen. Seine Mutter, Rosa Schüßler, hat bis etwa 1960 in Malschenberg gewohnt und lebt seit etwa 1960 in Oftersheim, und hat in den über 70 Jahren ihres Lebens außer dem vorgenannten Weibchen keine weiteren Individuen des Hirschkäfers (*Lucanus cervus*) in der Natur beobachtet, und sein Vater, Ewald Schüßler, wohnt schon immer in Oftersheim und hat in den über 70 Jahren seines Lebens noch nie ein Exemplar des Hirschkäfers (*Lucanus cervus*) in der Natur bemerkt (Helmut Schüßler, mündl. Mitt. 2008).

Im Ketscher Wald nordöstlich Ketsch hat Susanna Wolf-Winkler (mündl. Mitt. 2008) in 2008 auf der Brücke über die Bahnlinie nördlich der Straße K 4250 ein Männchen des Hirschkäfers (*Lucanus cervus*) am Boden gesehen, und hat dort auch in 2005 auf dem Weg östlich entlang der Bahnlinie drei Caput-Thorax-Torsi von Männchen entdeckt, welche noch gelebt haben. Susanna Wolf-Winkler (mündl. Mitt. 2008) hat auch in 2006 im Ketscher Wald östlich der Sportplätze am östlichen Ortsrand von Ketsch ein totes Männchen des Hirschkäfers (*Lucanus cervus*) angetroffen, in dessen Panzer ein Loch gewesen ist, und hat dort auch in 2008 einen Caput-Thorax-Torso eines Männchens in zwei Bruchstücken gefunden. Susanna Wolf-Winkler (mündl. Mitt. 2008) hat auch in 2005 am letzten Anglersee vor dem Rhein westlich Brühl-Rohrhof ein lebendes Männchen des Hirschkäfers (*Lucanus cervus*) bemerkt, welches im Wasser getrieben ist, und hat es dort herausgefischt. Susanna Wolf-Winkler (mündl. Mitt. 2008) hat bis 1975 in Brühl gewohnt, war dann bis 1983 an anderen Orten, hat dann bis 1995 wieder in Brühl gewohnt und lebt seit 1995 in Ketsch, und hat in den über 50 Jahren ihres Lebens schon in 1968 oder 1969 ein Männchen des Hirschkäfers (*Lucanus cervus*) gesehen, welches ein Lehrer in die Schule in Brühl mitgebracht und gezeigt hat, und in 2005 hat die Lehrerin ihres Sohnes einen Caput-Thorax-Torso eines Männchens in die Schule in Ketsch mitgebracht und gezeigt. Susanna Wolf-Winkler (mündl. Mitt. 2008) ist außer den vorgenannten Funden keinen weiteren Exemplaren des Hirschkäfers (*Lucanus cervus*) in der Natur begegnet.

19.5 Ketscher Rheininsel nordwestlich Ketsch

Die Nachweise von Individuen des Hirschkäfers (*Lucanus cervus*) auf der Ketscher Rheininsel nordwestlich Ketsch, welche mir von Naturfreunden aufgrund meiner Aufrufe zur Mitteilung von Beobachtungen in regionalen Tageszeitungen (Rhein-Neckar-Zeitung 2008 a, 2008 b, 2008 c, 2008 d; Schwetzinger Zeitung 2008, Bruchsaler Rundschau 2008) gemeldet wurden, stammen unter anderem aus der Nähe des Grillplatzes und des Wildschweingeheges, vom Westufer des Baggersees nordöstlich des Forsthauses, aus dem zentralen Vogelschutzgebiet, und vom nördlichen Teil der Rohrhofer Allee und vom Nordrand kurz vor dem Altrhein. Die Fundorte des Hirschkäfers (*Lucanus cervus*) auf der Ketscher Rheininsel nordwestlich Ketsch (TK 25, Blatt 6617 Schwetzingen) liegen in der Ebene des Rheintales in ca. 90 - 100 m Höhe über NN.

Auf der Ketscher Rheininsel nordwestlich Ketsch hat Harry Brandner (mündl. Mitt. 2008) etwa Ende Mai/Anfang Juni 2008 mitten auf einem Weg in der Nähe des Grillplatzes und des Wildschweingeheges im Abstand von etwa 100 - 200 m zweimal ein laufendes Männchen des Hirschkäfers (*Lucanus cervus*) tagsüber gegen Mittag am Boden gesehen, welches die einzigen Exemplare sind, die er in den 60 Jahren seines Lebens bisher in der Natur gefunden hat, wohingegen er in Sandhausen, wo er schon immer wohnt, bisher noch keinem Individuum in der Natur begegnet ist.

Auf der Ketscher Rheininsel nordwestlich Ketsch hat Monika Langlotz (mündl. Mitt. 2008) im Mai 2008 mitten auf einem Weg in der Nähe des Wildschweingeheges je einen toten Caput-Thorax-Torso eines Männchens und eines Weibchens des Hirschkäfers (*Lucanus cervus*) am Boden entdeckt, und hat auch in 2000 in der Hördter Rheinaue südsüdwestlich Germersheim ein Männchen auf einem Ast sitzend beobachtet. Monika Langlotz (mündl. Mitt. 2008) wohnt schon immer in Schwetzingen und hat in den über 30 Jahren ihres Lebens außer den vorgenannten Funden keine weiteren Exemplare des Hirschkäfers (*Lucanus cervus*) in der Natur angetroffen.

Auf der Ketscher Rheininsel nordwestlich Ketsch hat Gerlinde Seeger (mündl. Mitt. 2008) etwa Ende Mai/Anfang Juni 2008 mitten auf einem Weg in der Nähe des Wildschweingeheges an einem Tag ein Männchen und etwa 50 m entfernt davon ein Weibchen des Hirschkäfers (*Lucanus cervus*) am Boden gesehen. Gerlinde Seeger (mündl. Mitt. 2008) hat bis 1986 in Wonsees südlich Kulmbach in Oberfranken gewohnt und lebt seit 1986 in Ketsch, und ist in den fast 50 Jahren ihres Lebens erst in 2008 auf der Ketscher Rheininsel erstmals Exemplaren des Hirschkäfers (*Lucanus cervus*) in der Natur begegnet. Gerlinde Seeger (mündl. Mitt. 2008) hat auch berichtet, daß ihrer Tochter, Lara Seeger, in 2006 bei einem Spaziergang auf der Ketscher Rheininsel in der Nähe des Wildschweingeheges plötzlich ein Männchen des Hirschkäfers (*Lucanus cervus*) auf dem Rücken gelandet ist, welches entweder angeflogen ist oder von einem Baum gefallen ist, und welches das erste Exemplar war, das sie in den über 15 Jahren ihres Lebens in der Natur angetroffen hat.

Auf der Ketscher Rheininsel nordwestlich Ketsch hat Holger Fladry (mündl. Mitt. 2008) am Westufer des Baggersees nordöstlich des Forsthauses am 24.05.2008 beim Fischen ein im Wasser treibendes lebendes Männchen des Hirschkäfers (*Lucanus cervus*) entdeckt, welches sich an seiner Angelschnur festgehalten hat, so daß er es an Land ziehen konnte, und hat dort in 2007 am Boden etwa 3 - 4 Caput-Thorax-Torsi von Männchen gesehen. Holger Fladry (mündl. Mitt. 2008) hat auch vor etwa 10 Jahren am Dorfplatz nahe dem südlichen Ortsrand von Wiesloch-Frauenweiler ein Männchen des Hirschkäfers (*Lucanus cervus*) auf dem Dach des Hauses sitzend angetroffen, und hat auch in 2005 im Kapellenbruch nördlich des Bahnhofs Rot-Malsch westlich Malsch und südöstlich Rot einen Caput-Thorax-Torso eines Männchens am Boden bemerkt. Holger Fladry (mündl. Mitt. 2008) wohnt schon immer in Wiesloch-Frauenweiler und hat in den 45 Jahren seines Lebens außer den vorgenannten Funden keine weiteren Exemplare des Hirschkäfers (*Lucanus cervus*) in der Natur beobachtet. Seine Mutter, Ute Fladry (mündl. Mitt. 2008), wohnt auch schon immer in Wiesloch-Frauenweiler und hat in den 70 Jahren ihres Lebens nur einmal zwischen 1970 und 1975 im Hochholz südlich Walldorf in der Umgebung des Waldsees ein Männchen des Hirschkäfers (*Lucanus cervus*) am Boden registriert, wohingegen sie ansonsten keinen Individuen in der Natur begegnet ist.

Auf der Ketscher Rheininsel nordwestlich Ketsch hat Otto Reisemann (mündl. Mitt. 2008) in 1939 im zentralen Vogelschutzgebiet zwei Männchen und ein Weibchen des Hirschkäfers (*Lucanus cervus*) gemeinsam an einem Stamm beobachtet, und hat danach erst wieder in 2008 in der Mönchhofstraße im Zentrum von Heidelberg-Neuenheim auf der Terrasse des Hauses mit einem großen verwilderten Garten, der einen großen Haufen abgeschnittener Äste enthält und nach Süden ausgerichtet ist, ein Männchen des Hirschkäfers (*Lucanus cervus*) am Boden sitzend gesehen. Otto Reisemann (mündl. Mitt. 2008) hat bis 1949 in Heidelberg-Weststadt gewohnt, war dann bis 1959 auf Reisen, hat dann bis 1964 in Mannheim-Oststadt in der Nähe des Luisenparks gewohnt und lebt seit 1964 in Heidelberg-Neuenheim, und hat außer den beiden vorgenannten Funden in den 80 Jahren seines Lebens keine weiteren Exemplare des Hirschkäfers (*Lucanus cervus*) in den Natur angetroffen.

Auf der Ketscher Rheininsel nordwestlich Ketsch hat Thorsten Lapsit (mündl. Mitt. 2008) etwa Ende Juni/Anfang Juli 2008 im zentralen Teil auf dem Weg einen Caput-Thorax-Torso eines Männchens des Hirschkäfers (*Lucanus cervus*) gefunden, welcher noch mit den Mandibeln gezwickt hat und noch etwa 2 Stunden gelebt hat, und hat dort auch in 2006 ein lebendes Weibchen am Boden beobachtet. Thorsten Lapsit (mündl. Mitt. 2008) hat etwa Ende Juni/Anfang Juli 2008 auch zwei Weibchen des Hirschkäfers (*Lucanus cervus*) in den Feldern neben der Straße von Ketsch nach Hockenheim am Boden sowie ein Weibchen im Sicherungskasten im Haus in der Daimlerstraße im westlichen Ortsteil von Ketsch gesehen, und hat in 2006 auch ein Männchen auf dem Gehweg in der Schillerstraße im westlichen Ortsteil von Ketsch entdeckt, wohingegen er sich nicht daran erinnern kann, auch in 2004, 2005 und 2007 in Ketsch Individuen angetroffen zu haben. Thorsten Lapsit (mündl. Mitt. 2008) hat bis 1992 in Walldorf gewohnt und lebt seit 1992 in Ketsch, und hat in Ketsch seit 1992 gelegentlich, aber nicht in jedem Jahr, einzelne Individuen des Hirschkäfers (*Lucanus cervus*) festgestellt, und hat vorher nur etwa 1975 im Hochholz südlich Walldorf mehrere Exemplare am Boden bemerkt, wohingegen er ansonsten in den fast 35 Jahren seines Lebens keinen weiteren Individuen in der Natur begegnet ist.

Auf der Ketscher Rheininsel nordwestlich Ketsch hat Hans Pfisterer (mündl. Mitt. 2008) in 2007 ein laufendes Weibchen und ein totes Männchen des Hirschkäfers (*Lucanus cervus*) an verschiedenen Tagen am Boden entdeckt, und hat auch am 07.06.2008 im Vogelpark in der Jahnstraße nahe dem nördlichen Ortsrand von Plankstadt ein Weibchen am Boden gesehen. Hans Pfisterer (mündl. Mitt. 2008) wohnt schon immer in Plankstadt und hat in den über 55 Jahren seines Lebens schon von etwa 1960 bis 1970 im Waldgebiet Schwetzinger Hardt südlich Oftersheim auf dem Weg zur Ostkurve des Hockenheimrings in den meisten Jahren einzelne Männchen des Hirschkäfers (*Lucanus cervus*) am Boden beobachtet, wohingegen er ansonsten keinen weiteren Individuen in der Natur begegnet ist.

Auf der Ketscher Rheininsel nordwestlich Ketsch hat Helga Göck (mündl. Mitt. 2008) von etwa 1950 bis etwa 1970 in den meisten Jahren insgesamt etwa 2 - 3 Männchen und Weibchen des Hirschkäfers (*Lucanus cervus*) pro Jahr überwiegend am Boden gesehen, wohingegen sie nach 1970 dort nicht mehr so häufig zu Fuß unterwegs war. Helga Göck (mündl. Mitt. 2008) konnte damit über einen Zeitraum von etwa 20 Jahren das regelmäßige Auftreten von Individuen des Hirschkäfers (*Lucanus cervus*) auf der Ketscher Rheininsel konstatieren. Helga Göck (mündl. Mitt. 2008) wohnt schon immer in Ketsch und hat in den fast 70 Jahren ihres Lebens auch in der Zwittauer Gasse am nordöstlichen Ortsrand von Ketsch in 2008 ein Weibchen des Hirschkäfers (*Lucanus cervus*) im Garten des Hauses am Boden und ein Männchen in der Getränkebox am Haus sowie in 2007 und 2006 je ein Weibchen im Garten am Boden beobachtet, wohingegen ihr in früheren Jahren am Haus keine Exemplare aufgefallen sind. Helga Göck (mündl. Mitt. 2008) hat auch einmal in 2005 in den Bergen um Oberstdorf in den Allgäuer Alpen in etwa 900 m Höhe über NN ein Männchen des Hirschkäfers (*Lucanus cervus*) entdeckt, welches über den Weg gelaufen ist, wohingegen sie bei etlichen weiteren Aufenthalten in Oberstdorf keine Individuen bemerkt hat.

Auf der Ketscher Rheininsel nordwestlich Ketsch hat Dietger Kronen (mündl. Mitt. 2008) etwa 1950 während einer Wanderung tagsüber etwa 40 - 50 Individuen des Hirschkäfers (*Lucanus cervus*) auf der ganzen Wegstrecke verteilt angetroffen, von denen einige bereits tot waren, und hat zwischen etwa 1950 und 1959 im Siebenmühlental am östlichen Ortsausgang von Heidelberg-Handschuhsheim gelegentlich einzelne Exemplare am Waldrand gesehen. Im Waldgebiet Schwetzinger Hardt hat Dietger Kronen (mündl. Mitt. 2008) an den Parkplätzen nahe Sternbuckel am Speyerer Weg in Richtung Ostkurve des Hockenheimrings in 2007 ein totes Männchen des Hirschkäfers (*Lucanus cervus*) am Boden neben dem asphaltierten Weg gefunden, und hat etwa 2005 im Tierpark am nordwestlichen Ortsausgang von Walldorf abends ein fliegendes Männchen am Waldrand beobachtet. Dietger Kronen (mündl. Mitt. 2008) hat auch vor etwa 20 Jahren im Reinhardswald nordwestlich Kassel einzelne Männchen des Hirschkäfers (*Lucanus cervus*) am Boden in einem Wald mit zahlreichen sehr alten Eichen und Kastanien bemerkt, und ein Waldgebiet nördlich Kassel mit vielen alten Eichen und

Buchen, in dem auch der Hirschkäfer (*Lucanus cervus*) vorkommt, ist das Eichholz bei Uslar im Solling (Welt 2008). Dietger Kronen (mündl. Mitt. 2008) hat bis 1959 in Heidelberg-Handschuhsheim, bis 1978 in Heidelberg-Boxberg und bis 1988 in Sandhausen gewohnt und lebt seit 1988 in Walldorf, und ist in den 70 Jahren seines Lebens außer den vorgenannten Funden keinen weiteren Exemplaren des Hirschkäfers (*Lucanus cervus*) in der Natur begegnet.

Auf der Ketscher Rheininsel nordwestlich Ketsch hat Reinhard Goecke (mündl. Mitt. 2008) zwischen etwa 1950 und 1955 während eines Schulausfluges tagsüber ein Männchen des Hirschkäfers (*Lucanus cervus*) am Boden auf dem Weg im Wald bemerkt. Reinhard Goecke (mündl. Mitt. 2008) hat bis 1972 in Heidelberg-Handschuhsheim gewohnt und lebt seit 1972 in Heidelberg-Neuenheim, und hat in den über 65 Jahren seines Lebens danach erst wieder vor etwa 10 Jahren in der Bergstraße am Ostrand von Heidelberg-Neuenheim im Garten des Hauses ein Männchen des Hirschkäfers (*Lucanus cervus*) beobachtet, welches abends in der Dämmerung in einen großen Ahornbaum hineingeflogen ist. Reinhard Goecke (mündl. Mitt. 2008) hat im Garten des Hauses auch am 09.06.2008 ein Männchen des Hirschkäfers (*Lucanus cervus*) am Boden gesehen, und hat am 09.07.2008 in der Garage des Hauses ein auf dem Rücken liegendes Weibchen entdeckt, wohingegen er außer den vorgenannten Funden keine weiteren Exemplare in der Natur angetroffen hat.

Auf der Ketscher Rheininsel nordwestlich Ketsch hat Bettina Pfister (mündl. Mitt. 2008) seit 1990 bis 2008 in jedem Jahr etwa 2 - 3 Männchen und Weibchen pro Jahr meist laufend am Boden im Wald beobachtet, und hat auch im Lilienweg nahe des nordöstliches Ortsrandes von Ketsch seit 1990 bis 2008 in jedem Jahr etwa 2 - 3 Männchen und Weibchen des Hirschkäfers (*Lucanus cervus*) pro Jahr im Garten hinter dem Haus, in dem etliche Totholzstümpfe stehen und reichlich Kaminholz in Stapeln gelagert ist, und auf der Terrasse am Haus am Boden gesehen. Bettina Pfister (mündl. Mitt. 2008) konnte damit über einen Zeitraum von fast 20 Jahren das regelmäßige Auftreten von Individuen des Hirschkäfers (*Lucanus cervus*) sowohl auf der Ketscher Rheininsel als auch im Lilienweg in Brühl konstatieren. Bettina Pfister (mündl. Mitt. 2008) hat bis 1990 in Schwetzingen gewohnt und lebt seit 1990 in Ketsch, und hat in den über 40 Jahren ihres Lebens erst in 1990 in Ketsch erstmals Exemplare des Hirschkäfers (*Lucanus cervus*) in der Natur entdeckt.

Auf der Ketscher Rheininsel nordwestlich Ketsch hat Gabriele Giersdorf (mündl. Mitt. 2008) von etwa 1955 bis 1970 in jedem Jahr insgesamt etwa 2 - 5 Exemplare des Hirschkäfers (*Lucanus cervus*) pro Jahr meist am Boden im Wald beobachtet. Gabriele und Wolfgang Giersdorf (mündl. Mitt. 2008) haben auch in der Hockenheimer Straße am westlichen Ortsrand von Ketsch von 1970 bis 2008 in den meisten Jahren, aber nicht in jedem Jahr, insgesamt etwa 2 - 5 Männchen und Weibchen des Hirschkäfers (*Lucanus cervus*) pro Jahr im Garten des Hauses, im angrenzenden Bruchgelände und auf Wegen um den Anglersee im Bruchgelände überwiegend am Boden gesehen, und in 1985 ist einmal ein Männchen auf dem grünen Sonnenschirm auf der Terrasse des Hauses gelandet. Gabriele und Wolfgang Giersdorf (mündl. Mitt. 2008) konnten damit über einen Zeitraum von fast 40 Jahren das regelmäßige Auftreten von Individuen des Hirschkäfers (*Lucanus cervus*) in und um Hockenheim konstatieren. Wolfgang Giersdorf (mündl. Mitt. 2008) hat in 2008 auch ein überfahrenes Männchen des Hirschkäfers (*Lucanus cervus*) auf einem Weg um den Anglersee im Bruchgelände entdeckt, und Gabriele Giersdorf (mündl. Mitt. 2008) hat dort in 2008 direkt hinter dem Schwimmbad auch ein laufendes Männchen angetroffen. Gabriele Giersdorf (mündl. Mitt. 2008) hat bis 1971 in Ketsch und bis 1980 in Schwetzingen gewohnt und lebt seit 1980 wieder in Ketsch, und Wolfgang Giersdorf (mündl. Mitt. 2008) hat bis 1980 in Schwetzingen gewohnt und lebt seit 1980 ebenfalls in Ketsch, und beide sind in den etwa 60 Jahren ihres Lebens außer den vorgenannten Funden keinen weiteren Individuen des Hirschkäfers (*Lucanus cervus*) in der Natur begegnet.

Auf der Ketscher Rheininsel nordwestlich Ketsch hat Rolf Scholtysek (mündl. Mitt. 2008) im nördlichen Teil der Rohrhofer Allee und am Nordrand kurz vor dem Altrhein in 2007 mit über 20 Exemplaren ungewöhnlich viele Caput-Thorax-Torsi von Männchen des Hirschkäfers (*Lucanus cervus*) am Boden auf dem Weg entdeckt, wohingegen er in 2008 dort nur einen Caput-Thorax-Torso eines Männchens sowie ein vollständiges lebendes Männchen und drei Weibchen beobachtet hat. Rolf Scholtysek (mündl. Mitt. 2008) vermutet einen Zusammenhang mit dem Auftreten zahlreicher Nymphensittiche als potentielle Räuber in 2007 und dem gehäuften Vorkommen von Caput-Thorax-Torsi von Männchen des Hirschkäfers (*Lucanus cervus*) in 2007, denn er hat in 2008 dort praktisch keine Nymphensittiche bemerkt. Rolf Scholtysek (mündl. Mitt. 2008) hat in dem vorbezeichneten Bereich der Ketscher Rheininsel von 2000 bis 2008 in den meisten Jahren insgesamt etwa 2 - 5 Caput-Thorax-Torsi von Männchen und etwa 2 - 5 Weibchen des Hirschkäfers (*Lucanus cervus*) pro Jahr am Boden registriert, wohingegen ihm vollständige lebende Männchen nur gelegentlich aufgefallen sind. Rolf Scholtysek (mündl. Mitt. 2008) hat auch von 1973 bis 2008 am Haus unterhalb der Burgruine Lindelbrunn in Vorderweidenthal südwestlich Bad Dürkheim im Pfälzer Wald sowie im Wald um Vorderweidenthal in jedem Jahr insgesamt bis zu 10 Männchen des Hirschkäfers (*Lucanus cervus*) pro Jahr überwiegend fliegend und gelegentlich auch laufend am Boden sowie bis zu 10 Weibchen pro Jahr überwiegend laufend am Boden und gelegentlich auch fliegend gesehen. Rolf Scholtysek (mündl. Mitt. 2008) konnte damit über einen Zeitraum von 35 Jahren das regelmäßige Auftreten von Individuen des Hirschkäfers (*Lucanus cervus*) in und um Vorderweidenthal konstatieren. Rolf Scholtysek (mündl. Mitt. 2008) hat bis 1957 in Dohna südöstlich Dresden, bis 1963 in Mannheim-Neckarstadt und bis 1978 in Mannheim-Vogelstang gewohnt und lebt seit 1978 in Ketsch, und hat in den 65 Jahren seines Lebens schon von etwa 1950 bis 1957 im Wald um Dohna in jedem Jahr insgesamt etwa 2 - 3 Männchen des Hirschkäfers (*Lucanus cervus*) pro Jahr überwiegend fliegend und gelegentlich auch laufend am Boden registriert, wohingegen ihm an anderen Orten keine Exemplare aufgefallen sind.

Auf der Ketscher Rheininsel nordwestlich Ketsch hat Manfred Robens (mündl. Mitt. 2008) von 1997 bis 2007 in den meisten Jahren immer wieder einzelne Männchen und Weibchen sowie Caput-Thorax-Torsi von Männchen des Hirschkäfers (*Lucanus cervus*) am Boden auf Wegen und in der Nähe von Eichenholzstapeln entdeckt, und hat auch im Juli 2008 im Waldgebiet Schwetzinger Hardt an der Brücke über die Straße B 291 in der Nähe von Spannbuckel und Langer Berg nordwestlich Walldorf Caput-Thorax-Torsi von einem Männchen und zwei Weibchen festgestellt. Manfred Robens (mündl. Mitt. 2008) hat auch in der Sternallee im Wald südlich der Sportplätze am südwestlichen Ortsrand von Schwetzingen im Juli 2008 ein lebendes Männchen des Hirschkäfers (*Lucanus cervus*) am Rand des Weges, der den Stern kreisförmig umgibt, sowie von 2002 bis 2008 in jedem Jahr immer wieder einzelne tote Caput-Thorax-Torsi von Männchen am Boden gesehen, und hat dort in 2004 auf einer Strecke von etwa 500 m bei mehreren Spaziergängen innerhalb von etwa 6 Wochen insgesamt etwa 15 Caput-Thorax-Torsi von Männchen entdeckt, welche vermutlich das Opfer von Spechten (besonders von Buntspechten) geworden sind, denn die meisten Caput-Thorax-Torsi haben am Fuß von Eichen gelegen, an denen auch Spuren von Schnabelhieben von Spechten waren. Manfred Robens (mündl. Mitt. 2008) hat auch von 1997 bis 2008 im Ketscher Wald westlich des Schwetzinger Schloßgartens in jedem Jahr immer wieder einzelne Caput-Thorax-Torsi von Männchen des Hirschkäfers (*Lucanus cervus*) angetroffen. Manfred Robens (mündl. Mitt. 2008) hat auch in 2007 am Westrand und Südrand des Schwetzinger Schloßgartens an dem Weg außerhalb des Parkgeländes zwei fliegende Weibchen des Hirschkäfers (*Lucanus cervus*) beobachtet, und hat dort auch von 2002 bis 2008 in jedem Jahr mehrere Weibchen am Boden bemerkt, von denen einige überfahren waren, wohingegen ihm dort keine Männchen aufgefallen sind. Manfred Robens (mündl. Mitt. 2008) hat bis 1984 in Gürzenich westlich Düren in der Nordeifel und bis 1992 in Freiburg gewohnt; war dann bis 1994 unter anderem in Pfullingen, Reutlingen und Albstadt; und hat dann bis 2008 in Schwetzingen gewohnt und lebt seit 2008 in Schönbrunn, und hat in den 45 Jahren seines Lebens schon etwa 1975 am Schützenplatz in Gürzenich an alten Eichenstubben an einem Tag insgesamt etwa 10 Männchen und Weibchen des Hirschkäfers (*Lucanus cervus*) fliegend, am Boden laufend und am Stamm sitzend beobachtet, und hat dort auch von 1975 bis 1980 am Schützenplatz und im umgebenden Wald immer wieder einzelne Männchen und Weibchen sowie Caput-Thorax-Torsi von Männchen gefunden. Manfred Robens (mündl. Mitt. 2008) hat auch zwischen 1986 und 1990 im Mooswald um Freiburg einzelne Männchen des Hirschkäfers (*Lucanus cervus*) am Boden im Wald bemerkt, und hat auch in 1996 oder 1997 im Rheinpark Rappenwörth westlich Karlsruhe-Daxlanden zwischen dem Ententeich und dem Rheinstrandbad einzelne Männchen am Boden am Waldrand und auf Lichtungen im Wald gesehen, wohingegen er an anderen Orten keinen Individuen in der Natur begegnet ist.

19.6 Herrenteich südwestlich Ketsch

Die Nachweise von Individuen des Hirschkäfers (*Lucanus cervus*) um Herrenteich südwestlich Ketsch, welche mir von Naturfreunden aufgrund meiner Aufrufe zur Mitteilung von Beobachtungen in regionalen Tageszeitungen (Rhein-Neckar-Zeitung 2008 a, 2008 b, 2008 c, 2008 d; Schwetzinger Zeitung 2008, Bruchsaler Rundschau 2008) gemeldet wurden, stammen von einem Seitenweg des Flugplatzes nordöstlich Herrenteich, vom Rheindamm unter der Autobahnbrücke in der Nähe von Herrenteich, und vom Südostrand des Rheins zwischen Ketsch und Herrenteich. Die Fundorte des Hirschkäfers (*Lucanus cervus*) um Herrenteich südwestlich Ketsch (TK 25, Blatt 6616 Speyer) liegen in der Ebene des Rheintales in ca. 90 - 100 m Höhe über NN.

Auf einem Seitenweg des Flugplatzes nordöstlich Herrenteich südwestlich Ketsch hat Dieter Müller (mündl. Mitt. 2008) etwa Ende Juni/Anfang Juli 2008 ein Männchen des Hirschkäfers (*Lucanus cervus*) auf dem Rücken liegend am Boden gesehen, und nachdem er es umgedreht hat, ist es in das Gebüsch neben dem Weg gelaufen. Dieter Müller (mündl. Mitt. 2008) hat bis 1963 in Bammental und bis 1997 in Schwetzingen gewohnt und lebt seit 1997 in Ketsch, und hat in den über 55 Jahren seines Lebens schon von etwa 1960 bis 1963 im Wald um Bammental in Richtung Waldhilsbach, Wiesenbach und Neckargemünd in jedem Jahr mehrere Exemplare des Hirschkäfers (*Lucanus cervus*) am Boden und an Bäumen beobachtet, wohingegen er ansonsten keinen Individuen in der Natur begegnet ist.

In der Nähe von Herrenteich südwestlich Ketsch haben Ute und Horst Walter (mündl. Mitt. 2008) am Rheindamm unter der Autobahnbrücke etwa Ende Mai/Anfang Juni 2008 insgesamt drei tote Männchen des Hirschkäfers (*Lucanus cervus*) am Boden gesehen, welche bei ihrer Entdeckung vollständig und unbeschädigt waren, von denen jedoch an den nächsten Tagen Teile gefehlt haben und von denen am Schluß nur die geweihartig verlängerten Mandibeln übriggeblieben sind. Ute und Horst Walter (mündl. Mitt. 2008) wohnen seit 1988 bzw. 1996 in Oftersheim und können sich nicht mehr daran erinnern, in den über 45 Jahren bzw. über 60 Jahren ihres Lebens irgendwann und irgendwo einmal lebenden Individuen des Hirschkäfers (*Lucanus cervus*) in der Natur begegnet zu sein.

In der Nähe von Herrenteich südwestlich Ketsch haben Rosa und Helmut Schüßler (mündl. Mitt. 2008) auf einem befestigten Weg etwa Ende Mai 2008 ein Weibchen des Hirschkäfers (*Lucanus cervus*) am Boden gesehen, welches anschließend davongeflogen ist. Helmut Schüßler (mündl. Mitt. 2008) hat auch etwa Ende Mai/Anfang Juni 2008 am Südostufer des Altrheins südwestlich Ketsch nahe der Einmündung des Kraichbachs einen Caput-Thorax-Torso eines Männchens des Hirschkäfers (*Lucanus cervus*) am Boden entdeckt, und hat auch vor etwa 20 Jahren einmal ein Exemplar des Nashornkäfers (*Oryctes nasicornis*) im Hardtwaldring nahe dem östlichen Ortsrand von Oftersheim am Boden registriert. Helmut Schüßler (mündl. Mitt. 2008) wohnt schon immer in Oftersheim und hat in den 45 Jahren seines Lebens außer den vorgenannten Funden keine weiteren Exemplare des Hirschkäfers (*Lucanus cervus*) in der Natur angetroffen. Seine Mutter, Rosa Schüßler, hat bis etwa 1960 in Malschenberg gewohnt und lebt seit etwa 1960 in Oftersheim, und hat in den über 70 Jahren ihres Lebens außer dem vorgenannten Weibchen keine weiteren Individuen des Hirschkäfers (*Lucanus cervus*) in der Natur beobachtet, und sein Vater, Ewald Schüßler, wohnt schon immer in Oftersheim und hat in den über 70 Jahren seines Lebens noch nie ein Exemplar des Hirschkäfers (*Lucanus cervus*) in der Natur bemerkt (Helmut Schüßler, mündl. Mitt. 2008).

Am Südostrand des Rheins zwischen Ketsch und Herrenteich südwestlich Ketsch hat Margret Schütz (mündl. Mitt. 2008) etwa Mitte bis Ende Juni 2008 ein Männchen des Hirschkäfers (*Lucanus cervus*) am Boden auf dem Weg in etwa 10 m Entfernung vom Ufer des Rheins gesehen, und hat davor nur einmal in 1979 in Stühlingen im Südschwarzwald ein Männchen am Boden im Wald entdeckt. Margret Schütz (mündl. Mitt. 2008) hat bis 1986 in Wadrill bei Merzig im Saarland und bis 1998 in Heidelberg-Rohrbach gewohnt und lebt seit 1998 in Heidelberg-Kirchheim, und ist in den über 40 Jahren ihres Lebens außer den vorgenannten Funden keinen weiteren Exemplaren des Hirschkäfers (*Lucanus cervus*) in der Natur begegnet.

19.7 Brühl

Die Nachweise von Individuen des Hirschkäfers (*Lucanus cervus*) in Brühl, welche mir von Naturfreunden aufgrund meiner Aufrufe zur Mitteilung von Beobachtungen in regionalen Tageszeitungen (Rhein-Neckar-Zeitung 2008 a, 2008 b, 2008 c, 2008 d; Schwetzinger Zeitung 2008, Bruchsaler Rundschau 2008) gemeldet wurden, stammen vom Friedhof am Südende des Mühlweges südlich Brühl, aus der Schütte-Lanz-Straße im östlichen Ortsbereich von Brühl, aus dem Friedrichsfelder Weg nahe dem westlichen Ortsrand von Brühl, aus dem Erikaweg am südöstlichen Ortsrand von Brühl, und aus den Feldern und Wiesen um Brühl. Die Fundorte des Hirschkäfers (*Lucanus cervus*) in Brühl (TK 25, Blatt 6517 Mannheim-Südost und Blatt 6617 Schwetzingen) liegen in der Ebene des Rheintales in ca. 95 - 105 m Höhe über NN.

An der Mauer des Friedhofs am Südende des Mühlweges südlich Brühl hat Armin Ueltzhöffer (mündl. Mitt. 2008) am 03.05.2008 auf rotem Buntsandstein ein großes Männchen des Hirschkäfers (*Lucanus cervus*) in Ruheposition entdeckt und ist daraufhin nach Hause nach Schwetzingen gefahren, um seinen Fotoapparat zu holen, und hat bei seiner Rückkehr ca. 15 - 20 Minuten später das Männchen noch an der genau gleichen Stelle oder maximal etwa 5 cm davon entfernt an der Mauer des Friedhofs in Brühl sitzend angetroffen, so daß er es problemlos fotografieren konnte. Dieses große Männchen an der Mauer des Friedhofs in Brühl, in deren Umgebung sich weder Bäume noch Büsche befinden, ist das einzige Exemplar des Hirschkäfers (*Lucanus cervus*), das Armin Ueltzhöffer (mündl. Mitt. 2008), der jetzt 50 Jahre alt ist und seit 25 Jahren in Schwetzingen wohnt, in seinem Leben bisher in der Natur gesehen hat.

In der Schütte-Lanz-Straße im östlichen Ortsbereich von Brühl hat Simone Gredel (mündl. Mitt. 2008) im Garten des Hauses etwa Mitte Mai 2008 abends gegen 22.30 Uhr ein Männchen des Hirschkäfers (*Lucanus cervus*) vor einem Beet in der Nähe der Wand des Hauses entdeckt, und hat auch am Anglersee gegenüber dem Waldschwimmbad am nordöstlichen Ortsausgang von Viernheim in Richtung Lampertheim-Hüttenfeld etwa Ende Mai/Anfang Juni 2008 mittags gegen 11.30 Uhr ein Männchen auf dem Weg gesehen. Simone Gredel (mündl. Mitt. 2008) hat auch am Etang du Hanau bei Bitche in den Nordvogesen etwa Mitte Mai 2008 abends zwischen 21 und 22 Uhr auf einem mit Maschendrahtzaun umgebenen Campingplatz ein auf dem Rücken liegendes Weibchen des Hirschkäfers (*Lucanus cervus*) innerhalb des eingezäunten Geländes auf einem Weg bemerkt und ein auf dem Boden sitzendes Männchen außerhalb des eingezäunten Geländes im Laub beobachtet, und hat dort tagsüber auch ein totes Männchen am Boden im Wald angetroffen. Simone Gredel (mündl. Mitt. 2008) hat bis 1992 in Mannheim-Neckarstadt und bis 1996 in Eppelheim gewohnt und lebt seit 1996 in Brühl, und hat in den über 40 Jahren ihres Lebens schon etwa 1982 in der Herzogenriedstraße nahe dem Nordrand von Mannheim-Neckarstadt ein Männchen des Hirschkäfers (*Lucanus cervus*) gesehen, welches ein Klassenkamerad vermutlich im Baugebiet Herzogenried gefunden und ihr gezeigt hat, wohingegen sie ansonsten keinen weiteren Exemplaren in der Natur begegnet ist.

Im Friedrichsfelder Weg nahe dem westlichen Ortsrand von Brühl hat Hans Thomas (mündl. Mitt. 2008) an der Mülltonne auf dem Gehweg vor dem Haus am 18.05.2008 gegen Mittag ein Männchen des Hirschkäfers (*Lucanus cervus*) gesehen, und hat davor lediglich etwa 1952 in Ulmet im Glantal nordöstlich Kusel im Pfälzer Bergland einmal ein Männchen beobachtet, welches abends angeflogen ist, an einer Mauer gelandet ist und dort heruntergefallen ist, als sie auf einer Bank saßen. Hans Thomas (mündl. Mitt. 2008) hat bis 1968 in Ulmet gewohnt, war dann in Mannheim und Karlsruhe, und wohnt seit 1978 in Brühl, und hat in den fast 70 Jahren seines Lebens außer den beiden vorgenannten Exemplaren keine weiteren Individuen des Hirschkäfers (*Lucanus cervus*) in der Natur entdeckt.

Im Erikaweg am südöstlichen Ortsrand von Brühl hat Stefan Strugies (schriftl. Mitt. 2008) im Garten des Hauses etwa Mitte Juni 2008 ein Weibchen des Hirschkäfers (*Lucanus cervus*) unter dem Walnußbaum entdeckt, und hat auch in 2006 ein totes Männchen in der Einfahrt des Grundstücks im Asternweg nahe dem nordwestlichen Ortsrand von Ketsch gefunden.

In den Feldern und Wiesen um Brühl hat Herbert Montag (mündl. Mitt. 2008) zwischen etwa 1948 und etwa 1998 in jedem Jahr mehrere Exemplare des Hirschkäfers (*Lucanus cervus*) am Boden gesehen, und konnte damit in den über 70 Jahren seines Lebens über einen Zeitraum von etwa 50 Jahren das regelmäßige Auftreten von Individuen beobachten, wobei die Zahl der Exemplare im Laufe der Zeit abgenommen hat. Herbert Montag (mündl. Mitt. 2008) hat von etwa 1948 bis etwa 1983 pro Jahr insgesamt etwa 5 - 10 Männchen und Weibchen des Hirschkäfers (*Lucanus cervus*) registriert, wohingegen er von etwa 1983 bis etwa 1998 pro Jahr insgesamt nur noch etwa 1 - 2 Männchen und Weibchen festgestellt hat, und seit etwa 1998 hat er um Brühl gar keine Exemplare mehr entdeckt. Herbert Montag (mündl. Mitt. 2008) wohnt schon immer in Brühl und hat etwa Ende Juni/Anfang Juli 2008 am Campingplatz neben der Rheinklause am Otterstadter Altrhein nordnordöstlich Otterstadt nordnordöstlich Speyer auf einer Fläche von ca. 15 m2 mindestens etwa 15 Caput-Thorax-Torsi von Männchen des Hirschkäfers (*Lucanus cervus*) am Boden im Gras vor dem Damm gefunden, welche alle etwa gleich groß waren und von mittelgroßen Männchen stammten. Herbert Montag (mündl. Mitt. 2008) hat auch zwischen 1978 und 2002 in Boxberg-Wölchingen westlich Bad Mergentheim in den meisten Jahren insgesamt etwa 1 - 2 Männchen des Hirschkäfers (*Lucanus cervus*) im Wald, am Waldrand und in den Feldern und Wiesen am Boden registriert, und konnte damit über einen Zeitraum von fast 25 Jahren das mehr oder weniger regelmäßige Erscheinen von Exemplaren nachweisen.

In einer Obstwiese an der Umspannstation im Gewann Sandstücker zwischen dem Leimbach und der Autobahn A 6 südlich Brühl hat Bernd Kraus (mündl. Mitt. 2008) in 2007 in einem Rindenmulchhaufen, welcher dort schon seit etwa 5 Jahren liegt, ein Männchen und etwa 12 Puppen des Hirschkäfers (*Lucanus cervus*) gefunden, wohingegen er von 2001 bis 2006 sowie in 2008 dort keine Imagines beobachtet hat, und hat in 2007 auch ein Männchen im Garten des Hauses in der Gutenbergstraße am westlichen Ortsrand von Ketsch entdeckt, welches dort etwa 6 - 8 Wochen nach dem Einsetzen von 3 Puppen aus dem Rindenmulchhaufen aus der Obstwiese südlich Brühl in einen Rindenmulchhaufen im Hausgarten erschienen ist. Bernd Kraus (mündl. Mitt. 2008) hat bis 1983 in Ludwigshafen, bis 1989 in Brühl und bis 1997 in Walldürn gewohnt und lebt seit 1997 in Ketsch, und hat in den über 50 Jahren seines Lebens schon von etwa 1968 bis 1972 in den Wäldern des Pfälzer Waldes zwischen Bad Dürkheim und Neustadt an der Weinstraße entlang des Haardtrandes gelegentlich einzelne Exemplare des Hirschkäfers (*Lucanus cervus*) entdeckt, wohingegen er in früheren und späteren Jahren dort keine Individuen angetroffen hat. Bernd Kraus (mündl. Mitt. 2008) hat auch etwa 1993 im Wald am östlichen Ortsrand von Walldürn in Richtung Bad Mergentheim ein Männchen des Hirschkäfers (*Lucanus cervus*) am Boden registriert, wohingegen er an anderen Orten keinen Exemplaren in der Natur begegnet ist.

19.8 Rohrhof

Am letzten Anglersee vor dem Rhein westlich Brühl-Rohrhof hat Susanna Wolf-Winkler (mündl. Mitt. 2008) in 2005 ein lebendes Männchen des Hirschkäfers (*Lucanus cervus*) bemerkt, welches im Wasser getrieben ist, und hat es dort herausgefischt. Susanna Wolf-Winkler (mündl. Mitt. 2008) hat auch im Ketscher Wald nordöstlich Ketsch in 2008 auf der Brücke über die Bahnlinie nördlich der Straße K 4250 ein Männchen des Hirschkäfers (*Lucanus cervus*) am Boden gesehen, und hat dort auch in 2005 auf dem Weg östlich entlang der Bahnlinie drei Caput-Thorax-Torsi von Männchen entdeckt, welche noch gelebt haben. Susanna Wolf-Winkler (mündl. Mitt. 2008) hat auch in 2006 im Ketscher Wald östlich der Sportplätze am östlichen Ortsrand von Ketsch ein totes Männchen des Hirschkäfers (*Lucanus cervus*) angetroffen, in dessen Panzer ein Loch gewesen ist, und hat dort auch in 2008 einen Caput-Thorax-Torso eines Männchens in zwei Bruchstücken gefunden. Susanna Wolf-Winkler (mündl. Mitt. 2008) hat bis 1975 in Brühl gewohnt, war dann bis 1983 an anderen Orten, hat dann bis 1995 wieder in Brühl gewohnt und lebt seit 1995 in Ketsch, und hat in den über 50 Jahren ihres Lebens schon in 1968 oder 1969 ein Männchen des Hirschkäfers (*Lucanus cervus*) gesehen, welches ein Lehrer in die Schule in Brühl mitgebracht und gezeigt hat, und in 2005 hat die Lehrerin ihres Sohnes einen Caput-Thorax-Torso eines Männchens in die Schule in Ketsch mitgebracht und gezeigt. Susanna Wolf-Winkler (mündl. Mitt. 2008) ist außer den vorgenannten Funden keinen weiteren Exemplaren des Hirschkäfers (*Lucanus cervus*) in der Natur begegnet. Der Fundort des Hirschkäfers (*Lucanus cervus*) am letzten Anglersee vor dem Rhein westlich Brühl-Rohrhof (TK 25, Blatt 6517 Mannheim-Südost) liegt in der Ebene des Rheintales in ca. 90 - 95 m Höhe über NN.

19.9 Kollerinsel südwestlich Brühl

Die Nachweise von Individuen des Hirschkäfers (*Lucanus cervus*) auf der und um die Kollerinsel südwestlich Brühl, welche mir von Naturfreunden aufgrund meiner Aufrufe zur Mitteilung von Beobachtungen in regionalen Tageszeitungen (Rhein-Neckar-Zeitung 2008 a, 2008 b, 2008 c, 2008 d; Schwetzinger Zeitung 2008, Bruchsaler Rundschau 2008) gemeldet wurden, stammen aus der Kollerstraße südwestlich des Kollerhofes und vom Campingplatz auf der Kollerinsel sowie von den Anglerseen östlich der Kollerinsel und nördlich der Ketscher Rheininsel südwestlich Brühl. Die Fundorte des Hirschkäfers (*Lucanus cervus*) auf der und um die Kollerinsel südwestlich Brühl (TK 25, Blatt 6616 Speyer und 6617 Schwetzingen) liegen in der Ebene des Rheintales in ca. 90 - 100 m Höhe über NN.

In der Kollerstraße südwestlich des Kollerhofes auf der Kollerinsel südwestlich Brühl hat Lothar Niens (mündl. Mitt. 2008) etwa Mitte Mai 2008 an einem heißen sonnigen Tag ein Männchen des Hirschkäfers (*Lucanus cervus*) mitten auf dem asphaltierten Weg am Boden in etwa 200 m Entfernung vom Wald entdeckt. Lothar Niens (mündl. Mitt. 2008) hat auch etwa 1988 im Wald zwischen dem alten Friedhof in Heidelberg-Rohrbach und dem Bierhelderhof östlich Heidelberg-Rohrbach ein Männchen des Hirschkäfers (*Lucanus cervus*) am Boden in der Blattstreu beobachtet. Lothar Niens (mündl. Mitt.

2008) hat bis 1978 in Karlsruhe gewohnt und lebt seit 1978 in Heidelberg-Bergheim, und hat in den 50 Jahren seines Lebens schon zwischen 1965 und 1970 am Waldrand an den Hängen des Albtales zwischen Ettlingen und Bad Herrenalb im Nordschwarzwald mehrmals einzelne Männchen des Hirschkäfers (*Lucanus cervus*) am Boden gesehen, wohingegen er ansonsten keine weiteren Exemplare in der Natur angetroffen hat.

Auf dem Campingplatz auf der Kollerinsel westsüdwestlich Brühl hat Hermann Zimmermann (mündl. Mitt. 2009) vor etwa 15 Jahren etwa 5 - 6 Männchen und Weibchen des Hirschkäfers (*Lucanus cervus*) gesehen, welche an einem Morgen in den Gestängen des Vorzeltes gehangen sind. Hermann Zimmermann (mündl. Mitt. 2009) hat auch in 2008 in der Weinbrennerstraße im Kleinen Feld im nordwestlichen Ortsteil von Schwetzingen an der Kellertreppe des Hauses ein Männchen des Hirschkäfers (*Lucanus cervus*) entdeckt, und hat in 2008 auch auf einer Straße am Nordwestrand des Schloßgartens am nordwestlichen Ortsrand von Schwetzingen an verschiedenen Tagen ein totes Weibchen, ein lebendes Männchen und ein überfahrenes totes Männchen gefunden. Hermann Zimmermann (mündl. Mitt. 2009) hat auch etwa zwischen 1945 und 1955 im Waldgebiet Schwetzinger Hardt zwischen Schwetzingen, Oftersheim und Hockenheim sowie im Grenzhöfer Wald nördlich Schwetzingen-Hirschacker in jedem Jahr jeweils insgesamt etwa 5 - 10 Exemplare des Hirschkäfers (*Lucanus cervus*) pro Jahr bemerkt, welche entlang der Bäume und um die Bäume herum geflogen sind sowie auf dem Weg gelaufen sind. Hermann Zimmermann (mündl. Mitt. 2009) hat bis 1986 fast immer in Eppelheim gewohnt und lebt seit 1986 in Schwetzingen, und kann sich in den über 70 Jahren seines Lebens nicht daran erinnern, außer den vorgenannten Funden weiterer Individuen des Hirschkäfers (*Lucanus cervus*) in der Natur begegnet zu sein.

An den Anglerseen östlich der Kollerinsel und nördlich der Ketscher Rheininsel südwestlich Brühl hat Susanne Donat (mündl. Mitt. 2008) auf dem Weg zwischen dem Reitplatz und der Kollerfähre etwa Ende Juni/Anfang Juli 2006 ein Männchen des Hirschkäfers (*Lucanus cervus*) am Boden gesehen, welches am Straßenrand kurz vor einer Schranke gesessen ist. Susanne Donat (mündl. Mitt. 2008) hat bis 1963 in Speyer, bis 1970 in Heidelberg-Wieblingen und bis 1977 in Eppelheim gewohnt und lebt seit 1977 in Plankstadt, und hat in den 65 Jahren ihres Lebens schon von 1962 bis 1964 im Speyerer und Schifferstadter Stadtwald zwischen Speyer und Limburgerhof-Rehhütte in jedem Jahr insgesamt etwa 3 - 4 Männchen des Hirschkäfers (*Lucanus cervus*) pro Jahr im Wald am Boden beobachtet. Susanne Donat (mündl. Mitt. 2008) kann sich über die vorgenannten Funde hinaus lediglich daran erinnern, daß sie auch im Pfälzer Wald gelegentlich einzelne Individuen des Hirschkäfers (*Lucanus cervus*) in der Natur angetroffen hat, weiß aber nicht mehr, wann und wo dies gewesen ist. Susanne Donat (mündl. Mitt. 2008) hat auch vor etwa 15 Jahren einmal ein Exemplar des Nashornkäfers (*Oryctes nasicornis*) an der Ecke zwischen Schönauer Straße und Schwetzinger Straße am westlichen Ortsrand von Plankstadt entdeckt, welches dort auf dem Gehweg am Zaun des Anwesens des damaligen Altersheimes entlanggelaufen ist.

Mitten auf der Kollerinsel zwischen Ketsch und Otterstadt hat Günter Ettrich (mündl. Mitt. 2008) in 2007 einen Caput-Thorax-Torso eines Männchens des Hirschkäfers (*Lucanus cervus*) gefunden, welcher noch gelebt hat und mit den Mandibeln gezwickt hat. Günter Ettrich (mündl. Mitt. 2008) hat auch in 2008 im Waldgebiet Schwetzinger Hardt auf dem Speyerer Weg von den Parkplätzen nahe Sternbuckel zur Ostkurve des Hockenheimrings tagsüber ein laufendes Weibchen des Hirschkäfers (*Lucanus cervus*) auf der asphaltierten Straße gesehen, und hat auch mitten im Wald zwischen Walldorf und Oftersheim in 2008 tagsüber mindestens zwei fliegende Exemplare beobachtet sowie in 2007 tagsüber auf einem Weg ein laufendes Männchen entdeckt. Günter Ettrich (mündl. Mitt. 2008) hat auch in 2005 und 2007 im Frauenweiler Bruch östlich Rot am Waldrand zwischen der Bahnlinie und der Straße B 3 abends gegen 18 Uhr ein Weibchen des Hirschkäfers (*Lucanus cervus*) auf dem Weg und drei fliegende Individuen registriert, und hat in 2003 im Waldgebiet Dornhecke südlich des Bahnhofs Rot-Malsch westlich Malsch und südöstlich Rot nachmittags gegen 17 Uhr ein Weibchen am Boden bemerkt. Günter Ettrich (mündl. Mitt. 2008) wohnt seit 1973 in Sandhausen und war vorher unter anderem in Ilmenau, Schwäbisch Gmünd, Freiburg, München, Heidelberg und Mannheim, und hat in den fast 75 Jahren seines Lebens schon von 1948 bis 1950 in Paracin nordwestlich Nis südlich Belgrad in Serbien zahlreiche Individuen des Hirschkäfers (*Lucanus cervus*) gesehen, wohingegen er seit 1950 bis 2003 keinen weiteren Exemplaren in der Natur begegnet ist. In Paracin hat Günter Ettrich (mündl. Mitt. 2008) von 1948 bis 1950 in jedem Jahr insgesamt etwa 30 - 40 Individuen des Hirschkäfers (*Lucanus cervus*) pro Jahr festgestellt, von denen ca. 20 % große Exemplare und ca. 80 % mittelgroße und kleine Exemplare waren, und die abends am Stadtrand in den Weinbergen und am Waldrand an alten Eichen geflogen, gelaufen und gesessen sind, wobei pro Abend etwa 3 - 8 Individuen erschienen sind. Neben dem Hirschkäfer (*Lucanus cervus*) hat Günter Ettrich (mündl. Mitt. 2008) von 1948 bis 1950 in Paracin auch den Nashornkäfer (*Oryctes nasicornis*) angetroffen, von dem pro Abend etwa 5 - 6 Exemplare aufgetreten sind.

19.10 Hirschacker

Die Nachweise von Individuen des Hirschkäfers (*Lucanus cervus*) in und um Schwetzingen-Hirschacker, welche mir von Naturfreunden aufgrund meiner Aufrufe zur Mitteilung von Beobachtungen in regionalen Tageszeitungen (Rhein-Neckar-Zeitung 2008 a, 2008 b, 2008 c, 2008 d; Schwetzinger Zeitung 2008, Bruchsaler Rundschau 2008) gemeldet wurden, stammen aus dem Akazienweg am südlichen Ortsrand von Hirschacker, und aus dem Grenzhöfer Wald nördlich Hirschacker. Die Fundorte des Hirschkäfers (*Lucanus cervus*) in und um Schwetzingen-Hirschacker (TK 25, Blatt 6517 Mannheim-Südost) liegen in der Ebene des Rheintales in ca. 100 - 110 m Höhe über NN.

Im Akazienweg am südlichen Ortsrand von Schwetzingen-Hirschacker haben Angelika und Andreas Danier (mündl. Mitt. 2008) am 20.05.2008 nachmittags gegen 17 Uhr ein Männchen des Hirschkäfers (*Lucanus cervus*) gesehen, welches ihr Sohn Adrian vor dem Wall der Schnellstraße am Boden gefunden hat, und haben es auf dem Balkon des Hauses auf die Korkenzieherweide gesetzt, von wo es dann abgeflogen ist. Angelika und Andreas Danier (mündl. Mitt. 2008) wohnen schon seit 1989 im Buchenweg in Schwetzingen-Hirschacker, haben dort jedoch erst dieses eine Exemplar des Hirschkäfers (*Lucanus cervus*) beobachtet. Angelika Danier (mündl. Mitt. 2008) hat bis 1980 in Saalstadt südlich Landstuhl im Pfälzer Wald gewohnt, wo sie einmal zwischen 1966 und 1970 ein Männchen des Hirschkäfers (*Lucanus cervus*) gesehen hat, welches eine Klassenkameradin in oder um Saalstadt gefunden hat und in die Schule mitgebracht hat, und hat dann bis 1987 in Ludwigshafen und bis 1989 in Heidelberg-Boxberg gewohnt, und ist in den über 45 Jahren ihres Lebens außer den vorgenannten Funden keinen weiteren Individuen in der Natur begegnet. Andreas Danier (mündl. Mitt. 2008) hat bis 1987 in Ludwigshafen und bis 1989 in Heidelberg-Boxberg gewohnt, und hat in den 45 Jahren seines Lebens ansonsten nur nur einmal in 2002 oder 2003 am Altrhein östlich Seltz im Elsaß westnordwestlich Rastatt beim Angeln an einem See im Wald ein Männchen des Hirschkäfers (*Lucanus cervus*) vormittags in etwa 2 m Höhe an einem Baumstamm am Waldrand entdeckt.

Im Grenzhöfer Wald nördlich Schwetzingen-Hirschacker sowie im Waldgebiet Schwetzinger Hardt zwischen Schwetzingen, Oftersheim und Hockenheim hat Hermann Zimmermann (mündl. Mitt. 2009) etwa zwischen 1945 und 1955 in jedem Jahr jeweils insgesamt etwa 5 - 10 Exemplare des Hirschkäfers (*Lucanus cervus*) pro Jahr bemerkt, welche entlang der Bäume und um die Bäume herum geflogen sind sowie auf dem Weg gelaufen sind. Hermann Zimmermann (mündl. Mitt. 2009) hat auch in 2008 in der Weinbrennerstraße im Kleinen Feld im nordwestlichen Ortsteil von Schwetzingen an der Kellertreppe des Hauses ein Männchen des Hirschkäfers (*Lucanus cervus*) entdeckt, und hat in 2008 auch auf einer Straße am Nordwestrand des Schloßgartens am nordwestlichen Ortsrand von Schwetzingen an verschiedenen Tagen ein totes Weibchen, ein lebendes Männchen und ein überfahrenes totes Männchen gefunden. Hermann Zimmermann (mündl. Mitt. 2009) hat auch vor etwa 15 Jahren auf dem Campingplatz auf der Kollerinsel westsüdwestlich Brühl etwa 5 - 6 Männchen und Weibchen des Hirschkäfers (*Lucanus cervus*) gesehen, welche an einem Morgen in den Gestängen des Vorzeltes gehangen sind. Hermann Zimmermann (mündl. Mitt. 2009) hat bis 1986 fast immer in Eppelheim gewohnt und lebt seit 1986 in Schwetzingen, und kann sich in den über 70 Jahren seines Lebens nicht daran erinnern, außer den vorgenannten Funden weiteren Individuen des Hirschkäfers (*Lucanus cervus*) in der Natur begegnet zu sein.

19.11 Schwetzinger Hardt zwischen Walldorf, Sandhausen, Oftersheim und Hockenheim

Die Nachweise von Individuen des Hirschkäfers (*Lucanus cervus*) im Waldgebiet Schwetzinger Hardt zwischen Walldorf, Sandhausen, Oftersheim und Hockenheim, welche mir von Naturfreunden aufgrund meiner Aufrufe zur Mitteilung von Beobachtungen in regionalen Tageszeitungen (Rhein-

Neckar-Zeitung 2008 a, 2008 b, 2008 c, 2008 d; Schwetzinger Zeitung 2008, Bruchsaler Rundschau 2008) gemeldet wurden, stammen aus dem Bereich um den Saupferchbuckel nordwestlich Walldorf; von den Parkplätzen, dem Radweg und der Brücke über die Straße B 291 in der Nähe von Spannbuckel und Langer Berg nordwestlich Walldorf; von den Parkplätzen nahe Sternbuckel und aus dem Speyerer Weg in Richtung Ostkurve des Hockenheimrings, von der Brücke über den Hardtbach auf dem Weg zur Ostkurve des Hockenheimrings, aus dem Fuhrmannsweg von der Hardtwaldsiedlung südlich Oftersheim zum Hockenheimring, aus dem Verbindungsweg zwischen der Straße B 291 und dem Schießstand südsüdwestlich des Golfplatzes südöstlich Oftersheim, aus dem Bereich zwischen den Sportplätzen und dem Golfplatz südöstlich Oftersheim, aus dem Bereich etwa in der Mitte zwischen Hockenheim und Walldorf, und aus der Flur Geißheck am Südrand des Waldgebietes in der Nähe der Kartbahn westlich Walldorf. Die Fundorte des Hirschkäfers (*Lucanus cervus*) im Waldgebiet Schwetzinger Hardt (TK 25, Blatt 6617 Schwetzingen) liegen in der Ebene des Rheintales in ca. 100 - 120 m Höhe über NN.

Im Waldgebiet Schwetzinger Hardt hat Hans-Joachim Fischer (mündl. Mitt. 2009) im Bereich um den Saupferchbuckel nordwestlich Walldorf an einer Eiche in 2004 wiederholt etliche Exemplare des Hirschkäfers (*Lucanus cervus*) beobachtet, und zwar je 1 Weibchen am 25.05.2004 und 29.05.2004, 4 Pärchen und 3 Männchen am 30.05.2004, 5 Pärchen und 9 weitere Individuen am 02.06.2004, mindestens 12 Exemplare am 03.06.2004; 6 Pärchen, 3 Männchen und 3 Weibchen am 04.06.2004; 4 Pärchen, 4 Männchen und 1 Weibchen am 07.06.2004; 4 Pärchen, 3 Männchen und 1 Weibchen am 11.06.2004; und 2 Männchen am 14.06.2004, und hat auch nördlich und nordwestlich des Reitplatzes nördlich des westlichen Endes der Verlängerung der Rennbahnstraße am nordwestlichen Ortsrand von Walldorf in 2004 mehrfach einzelne Individuen entdeckt, und zwar 1 Männchen am 30.05.2004 an einem Baum; je 1 Pärchen am 31.05.2004, 02.06.2004 und 04.06.2004 an einem Baum; 1 totes überfahrenes Weibchen am 07.06.2004 auf einem asphaltierten Weg, bis zu 3 fliegende Weibchen am 14.06.2004 abends in der Dämmerung, 1 Männchen am 09.06.2004 an einem Baum, 1 totes Weibchen am 21.06.2004 am Fuß eines Baumes, und 1 Weibchen am 06.07.2004 am Boden laufend. Hans-Joachim Fischer (mündl. Mitt. 2009) hat auch am 26.06.2004 in der Flur Geißheck am Südrand des Waldgebietes Schwetzinger Hardt in der Nähe der Kartbahn westlich Walldorf ein totes Weibchen des Hirschkäfers (*Lucanus cervus*) gefunden, und hat auch am 31.05.2008 am Westrand des Waldgebietes Weißer Stock nördlich der Verlängerung der Wieslocher Straße ostnordöstlich Rot insgesamt 27 fragmentarische tote Individuen (davon waren 16 Männchen und 5 Weibchen bestimmbar) auf einer Strecke von mehreren Hundert Metern am Boden bemerkt. Hans-Joachim Fischer (mündl. Mitt. 2009) hat auch in 2003 im Hochholz südlich Walldorf 2 vollständige und 2 fragmentarische tote Exemplare des Hirschkäfers (*Lucanus cervus*) am Boden entdeckt, und hat auch in 2002 in der Walldorfer Straße am nördlichen Ortsrand von Rot ein fliegendes Männchen registriert, welches dort abends durch die Gärten geflogen ist. Hans-Joachim Fischer (mündl. Mitt. 2009) hat auch in 2002 auf dem Radweg der Straße L 546 in der Nähe der Abzweigung der Straße L 556 am südöstlichen Ortsrand von Reilingen 1 totes überfahrenes Weibchen des Hirschkäfers (*Lucanus cervus*) notiert, und hat auch in 2006 oder 2007 in der Hirschstraße südlich der Hauptstraße nahe des südwestlichen Ortsrandes von Walldorf 1 totes Weibchen am Boden festgestellt. Hans-Joachim Fischer (mündl. Mitt. 2009) hat auch auf dem Gelände des Waldschwimmbades am nördlichen Ortsrand von Walldorf im Bereich östlich des Badesees am 13.06.2003 und am 31.05.2004 je ein totes Männchen des Hirschkäfers (*Lucanus cervus*) am Boden angetroffen, und hat auch am 31.05.2004 am Nordrand des Dannhecker Waldes südöstlich der Zugmantelbrücke nördlich Walldorf 1 Männchen observiert. Hans-Joachim Fischer (mündl. Mitt. 2009) wohnt schon immer in Rot und kann sich den 45 Jahren seines Lebens nicht mehr daran erinnern, ob er schon vor 2002 Individuen des Hirschkäfers (*Lucanus cervus*) in der Natur begegnet ist, wohingegen er nach 2002 noch mehrmals an verschiedenen Orten Exemplare in der Natur gesehen hat.

Im Waldgebiet Schwetzinger Hardt hat Gertraud Zimmermann (mündl. Mitt. 2008) an den Parkplätzen an der Brücke über die Straße B 291 in der Nähe von Spannbuckel und Langer Berg nordwestlich Walldorf am 24.07.2008 ein überfahrenes Weibchen des Hirschkäfers (*Lucanus cervus*) gefunden, und hat dort am 01.06.2008 vormittags gegen 11 Uhr ein Männchen beobachtet, welches auf dem Brückengeländer gesessen ist und dann gestartet und abgeflogen ist. Wenige Tage später hat Gertraud Zimmermann (mündl. Mitt. 2008) auf der Brücke mehrere Bruchstücke eines toten Männchens des Hirschkäfers (*Lucanus cervus*) entdeckt, und hat wieder etwa eine Woche später unter der Brücke ein vollständiges totes Männchen angetroffen. Gertraud Zimmermann (mündl. Mitt. 2008) wohnt schon immer in Sandhausen und hat in den über 65 Jahren ihres Lebens wahrscheinlich erst mit den vorgenannten Funden in 2008 erstmals Exemplare des Hirschkäfers (*Lucanus cervus*) in der Natur amgetroffen, denn sie kann sich nicht mehr daran erinnern, ob sie schon früher Individuen in der Natur begegnet ist.

Im Waldgebiet Schwetzinger Hardt hat Dietlinde Schurk (mündl. Mitt. 2008) nahe den Parkplätzen an der Brücke über die Straße B 291 in der Nähe von Spannbuckel und Langer Berg nordwestlich Walldorf etwa Ende Juni/Anfang Juli 2008 ein laufendes Männchen des Hirschkäfers (*Lucanus cervus*) auf dem Weg im Wald gefunden, und hat davor nur vor etwa 50 - 60 Jahren in der Schwetzinger Straße im zentralen Teil von Walldorf gelegentlich ein Männchen im Hof und im Garten des Hauses beobachtet. Dietlinde Schurk (mündl. Mitt. 2008) wohnt schon immer in Walldorf und ist in den fast 70 Jahren ihres Lebens ansonsten keinen weiteren Individuen des Hirschkäfers (*Lucanus cervus*) in der Natur begegnet.

Im Waldgebiet Schwetzinger Hardt hat Bernd Steiner (mündl. Mitt. 2008) auf der Brücke über die Straße B 291 in der Nähe von Spannbuckel und Langer Berg nordwestlich Walldorf am 23.05.2008 auf einer Strecke von etwa 30 m insgesamt 6 Caput-Thorax-Torsi von Männchen des Hirschkäfers (*Lucanus cervus*) sowie mehrere isolierte Flügeldecken gefunden, und einige der Caput-Thorax-Torsi haben noch mit den Mandibeln gezwickt und haben noch bis zu drei Tage überlebt, bevor sie verendet sind. Bernd Steiner (mündl. Mitt. 2008) hat auch etwa 2003 oder 2004 zwischen Alf und Bad Bertrich im Alftal in der Eifel abends in der Dämmerung ein fliegendes Männchen des Hirschkäfers (*Lucanus cervus*) beobachtet, und hat auch in 2000 oder 2001 auf einer Exkursion um Nassau ostsüdöstlich Bad Ems im Lahntal ein fliegendes Exemplar im Wald bemerkt. Bernd Steiner (mündl. Mitt. 2008) hat bis 1972 in Haßloch, bis 1974 in Gillenbeuren bei Gillenfeld südsüdöstlich Daun in der Eifel und bis 2006 in Lutzerath nördlich Bad Bertrich in der Eifel gewohnt und lebt seit 2006 in Sandhausen, und hat in den über 60 Jahren seines Lebens schon etwa 1955 in Hambach südlich Neustadt an der Weinstraße ein Männchen des Hirschkäfers (*Lucanus cervus*) gesehen, welches seine Tante in der Umgebung von Hambach aufgesammelt und mitgebracht hat, wohingegen er sich nicht daran erinnern kann, außer den vorgenannten Funden weiteren Individuen in der Natur begegnet zu sein.

Im Waldgebiet Schwetzinger Hardt haben Inge und Peter Mohr (mündl. Mitt. 2008) auf der Brücke über die Straße B 291 in der Nähe von Spannbuckel und Langer Berg nordwestlich Walldorf in 2008 auf einer Strecke von etwa 10 m Länge insgesamt etwa 10 - 20 tote Caput-Thorax-Torsi von Männchen des Hirschkäfers (*Lucanus cervus*) unterschiedlicher Größe sowie weitere Fragmente diverser Exemplare gefunden, und vermuten einen Zusammenhang mit der wenige Tage vorher in Teilen der Oberrheinebene durchgeführten Maikäferbekämpfungsaktion, bei der Ende April/Anfang Mai 2008 von Hubschraubern aus das chemische Vernichtungsmittel ausgebracht wurde, denn sie haben am gleichen Tag im weiteren Verlauf einer Radtour von Sandhausen nach Forst nördlich Bruchsal in verschiedenen Teilen der durchquerten Waldgebiete Schwetzinger Hardt, Untere Lusshardt und Obere Lusshardt wiederholt zahlreiche tote Individuen des Maikäfers (*Melolontha*) am Rand von Wegen und Plätzen festgestellt. Peter Mohr (Inge Mohr, mündl. Mitt. 2008) hat bis 1951 in Dieburg, bis 1958 in Karlsruhe und bis 1985 in Heidelberg-Handschuhsheim und Heidelberg-Wieblingen gewohnt und lebt seit 1985 in Heidelberg-Ziegelhausen, und hat in den über 70 Jahren seines Lebens schon zwischen etwa 1945 und 1951 in und um Dieburg gelegentlich einzelne Männchen des Hirschkäfers (*Lucanus cervus*) am Boden beobachtet, wohingegen er ansonsten keinen weiteren Exemplaren in der Natur begegnet ist. Inge Mohr (mündl. Mitt. 2008) hat bis 1972 in Kamp Lintfort bei Moers und ebenfalls bis 1985 in Heidelberg-Handschuhsheim und Heidelberg-Wieblingen gewohnt und lebt seit 1985 ebenfalls in Heidelberg-Ziegelhausen, und hat in den über 55 Jahren ihres Lebens außer den in 2008 entdeckten Caput-Thorax-Torsi von Männchen des Hirschkäfers (*Lucanus cervus*) keine weiteren Individuen in der Natur angetroffen.

Im Waldgebiet Schwetzinger Hardt hat Marion Schäfer (mündl. Mitt. 2008) auf dem Radweg neben der Straße B 291 etwa 200 m nordwestlich der Brücke über die Straße B 291 in der Nähe von Spannbuckel und Langer Berg nordwestlich Walldorf etwa Mitte bis Ende Mai 2008 morgens gegen 8.30 Uhr ein Männchen des Hirschkäfers (*Lucanus cervus*) am Boden gesehen, welches in Richtung Wald gelaufen ist. Marion Schäfer (mündl. Mitt. 2008) hat bis 1990 in Heidelberg-Kirchheim gewohnt und lebt seit 1990 in Sandhausen, und hat außer dem vorgenannten Männchen bisher keine weiteren Exemplare des Hirschkäfers (*Lucanus cervus*) in der Natur angetroffen.

Im Waldgebiet Schwetzinger Hardt hat Manfred Robens (mündl. Mitt. 2008) an der Brücke über die Straße B 291 in der Nähe von Spannbuckel und Langer Berg nordwestlich Walldorf im Juli 2008

Caput-Thorax-Torsi von einem Männchen und zwei Weibchen des Hirschkäfers (*Lucanus cervus*) festgestellt, und hat auch von 1997 bis 2007 auf der Ketscher Rheininsel nordwestlich Ketsch in den meisten Jahren immer wieder einzelne Männchen und Weibchen sowie Caput-Thorax-Torsi von Männchen am Boden auf Wegen und in der Nähe von Eichenholzstapeln entdeckt. Manfred Robens (mündl. Mitt. 2008) hat auch in der Sternallee im Wald südlich der Sportplätze am südwestlichen Ortsrand von Schwetzingen im Juli 2008 ein lebendes Männchen des Hirschkäfers (*Lucanus cervus*) am Rand des Weges, der den Stern kreisförmig umgibt, sowie von 2002 bis 2008 in jedem Jahr immer wieder einzelne tote Caput-Thorax-Torsi von Männchen am Boden gesehen, und hat dort in 2004 auf einer Strecke von etwa 500 m bei mehreren Spaziergängen innerhalb von etwa 6 Wochen insgesamt etwa 15 Caput-Thorax-Torsi von Männchen entdeckt, welche vermutlich das Opfer von Spechten (besonders von Buntspechten) geworden sind, denn die meisten Caput-Thorax-Torsi haben am Fuß von Eichen gelegen, an denen auch Spuren von Schnabelhieben von Spechten waren. Manfred Robens (mündl. Mitt. 2008) hat auch von 1997 bis 2008 im Ketscher Wald westlich des Schwetzinger Schloßgartens in jedem Jahr immer wieder einzelne Caput-Thorax-Torsi von Männchen des Hirschkäfers (*Lucanus cervus*) angetroffen. Manfred Robens (mündl. Mitt. 2008) hat auch in 2007 am Westrand und Südrand des Schwetzinger Schloßgartens an dem Weg außerhalb des Parkgeländes zwei fliegende Weibchen des Hirschkäfers (*Lucanus cervus*) beobachtet, und hat dort auch von 2002 bis 2008 in jedem Jahr mehrere Weibchen am Boden bemerkt, von denen einige überfahren waren, wohingegen ihm dort keine Männchen aufgefallen sind. Manfred Robens (mündl. Mitt. 2008) hat bis 1984 in Gürzenich westlich Düren in der Nordeifel und bis 1992 in Freiburg gewohnt; war dann bis 1994 unter anderem in Pfullingen, Reutlingen und Albstadt; und hat dann bis 2008 in Schwetzingen gewohnt und lebt seit 2008 in Schönbrunn, und hat in den 45 Jahren seines Lebens schon etwa 1975 am Schützenplatz in Gürzenich an alten Eichenstubben an einem Tag insgesamt etwa 10 Männchen und Weibchen des Hirschkäfers (*Lucanus cervus*) fliegend, am Boden laufend und am Stamm sitzend beobachtet, und hat dort auch von 1975 bis 1980 am Schützenplatz und im umgebenden Wald immer wieder einzelne Männchen und Weibchen sowie Caput-Thorax-Torsi von Männchen gefunden. Manfred Robens (mündl. Mitt. 2008) hat auch zwischen 1986 und 1990 im Mooswald um Freiburg einzelne Männchen des Hirschkäfers (*Lucanus cervus*) am Boden im Wald bemerkt, und hat auch in 1996 oder 1997 im Rheinpark Rappenwörth westlich Karlsruhe-Daxlanden zwischen dem Ententeich und dem Rheinstrandbad einzelne Männchen am Boden am Waldrand und auf Lichtungen im Wald gesehen, wohingegen er an anderen Orten keinen Individuen in der Natur begegnet ist.

Im Waldgebiet Schwetzinger Hardt hat Lena Petri (mündl. Mitt. 2008) an den Parkplätzen zwischen der Brücke über die Straße B 291 und der Reilinger Brücke über den Hardtbach etwa auf der halben Strecke etwa 2005 ein laufendes Männchen des Hirschkäfers (*Lucanus cervus*) auf dem Weg im Wald entdeckt, welches das einzige Exemplar ist, dem sie in den 80 Jahren ihres Lebens bisher in der Natur begegnet ist. Lena Petri (mündl. Mitt. 2008) hat bis 1960 in Schwetzingen und bis 1968 in Bad Homburg gewohnt und lebt seit 1968 in Oftersheim, und hat erst in 2005 zum ersten Mal in ihrem Leben ein Exemplar des Hirschkäfers (*Lucanus cervus*) in der Natur angetroffen.

Im Waldgebiet Schwetzinger Hardt hat Michael Josephy (mündl. Mitt. 2008) an den Parkplätzen nahe Sternbuckel am Speyerer Weg in Richtung Ostkurve des Hockenheimrings am 24.05.2008 ein 78 mm langes Männchen des Hirschkäfers (*Lucanus cervus*) auf dem Parkplatz auf dem Rücken liegend am Boden gefunden, und dieses Männchen ist das einzige Exemplar, welchem er in den über 35 Jahren seines Lebens bisher in der Natur begegnet ist. Michael Josephy (mündl. Mitt. 2008) hat bis 2000 in Markgröningen nordwestlich Ludwigsburg gewohnt, wo er zwar den Rehschröter (*Platycerus*) im Glemstal häufig angetroffen hat, jedoch den Hirschkäfer (*Lucanus cervus*) nicht entdeckt hat, und lebt seit 2000 in Heidelberg-Emmertsgrund, wo er zwar den Sägebock (*Prionus coriarius*) am Dachsbuckel öfters beobachtet hat, jedoch den Hirschkäfer (*Lucanus cervus*) nicht gesichtet hat.

Im Waldgebiet Schwetzinger Hardt hat Dietger Kronen (mündl. Mitt. 2008) an den Parkplätzen nahe Sternbuckel am Speyerer Weg in Richtung Ostkurve des Hockenheimrings in 2007 ein totes Männchen des Hirschkäfers (*Lucanus cervus*) am Boden neben dem asphaltierten Weg gefunden, und hat etwa 2005 im Tierpark am nordwestlichen Ortsausgang von Walldorf abends ein fliegendes Männchen am Waldrand beobachtet. Dietger Kronen (mündl. Mitt. 2008) hat auch zwischen etwa 1950 und 1959 im Siebenmühlental am östlichen Ortsausgang von Heidelberg-Handschuhsheim gelegentlich einzelne Exemplare des Hirschkäfers (*Lucanus cervus*) am Waldrand gesehen, und hat etwa 1950 auf der Ketscher Rheininsel nordwestlich Ketsch während einer Wanderung tagsüber etwa 40 - 50 Individuen auf der ganzen Wegstrecke verteilt angetroffen, von denen einige bereits tot waren. Dietger Kronen (mündl. Mitt. 2008) hat auch vor etwa 20 Jahren im Reinhardswald nordwestlich Kassel einzelne Männchen des Hirschkäfers (*Lucanus cervus*) am Boden in einem Wald mit zahlreichen sehr alten Eichen und Kastanien bemerkt, und ein Waldgebiet nördlich Kassel mit vielen alten Eichen und Buchen, in dem auch der Hirschkäfer (*Lucanus cervus*) vorkommt, ist das Eichholz bei Uslar im Solling (Welt 2008). Dietger Kronen (mündl. Mitt. 2008) hat bis 1959 in Heidelberg-Handschuhsheim, bis 1978 in Heidelberg-Boxberg und bis 1988 in Sandhausen gewohnt und lebt seit 1988 in Walldorf, und ist in den 70 Jahren seines Lebens außer den vorgenannten Funden keinen weiteren Exemplaren des Hirschkäfers (*Lucanus cervus*) in der Natur begegnet.

Im Waldgebiet Schwetzinger Hardt hat Günter Ettrich (mündl. Mitt. 2008) auf dem Speyerer Weg von den Parkplätzen nahe Sternbuckel zur Ostkurve des Hockenheimrings in 2008 tagsüber ein laufendes Weibchen des Hirschkäfers (*Lucanus cervus*) auf der asphaltierten Straße gesehen, und hat auch mitten im Wald zwischen Walldorf und Oftersheim in 2008 tagsüber mindestens zwei fliegende Exemplare beobachtet sowie in 2007 tagsüber auf einem Weg ein laufendes Männchen entdeckt. Günter Ettrich (mündl. Mitt. 2008) hat auch in 2005 und 2007 im Frauenweiler Bruch östlich Rot am Waldrand zwischen der Bahnlinie und der Straße B 3 abends gegen 18 Uhr ein Weibchen des Hirschkäfers (*Lucanus cervus*) auf dem Weg und drei fliegende Individuen registriert, und hat in 2003 im Waldgebiet Dornhecke südlich des Bahnhofs Rot-Malsch westlich Malsch und südöstlich Rot nachmittags gegen 17 Uhr ein Weibchen am Boden bemerkt. Günter Ettrich (mündl. Mitt. 2008) hat auch in 2007 mitten auf der Kollerinsel zwischen Ketsch und Otterstadt einen Caput-Thorax-Torso eines Männchens des Hirschkäfers (*Lucanus cervus*) gefunden, welcher noch gelebt hat und mit den Mandibeln gezwickt hat. Günter Ettrich (mündl. Mitt. 2008) wohnt seit 1973 in Sandhausen und war vorher unter anderem in Ilmenau, Schwäbisch Gmünd, Freiburg, München, Heidelberg und Mannheim, und hat in den fast 75 Jahren seines Lebens schon von 1948 bis 1950 in Paracin nordwestlich Nis südlich Belgrad in Serbien zahlreiche Individuen des Hirschkäfers (*Lucanus cervus*) gesehen, wohingegen er seit 1950 bis 2003 keinen weiteren Exemplaren in der Natur begegnet ist. In Paracin hat Günter Ettrich (mündl. Mitt. 2008) von 1948 bis 1950 in jedem Jahr insgesamt etwa 30 - 40 Individuen des Hirschkäfers (*Lucanus cervus*) pro Jahr festgestellt, von denen ca. 20 % große Exemplare und ca. 80 % mittelgroße und kleine Exemplare waren, und die abends am Stadtrand in den Weinbergen und am Waldrand an alten Eichen geflogen, gelaufen und gesessen sind, wobei pro Abend etwa 3 - 8 Individuen erschienen sind. Neben dem Hirschkäfer (*Lucanus cervus*) hat Günter Ettrich (mündl. Mitt. 2008) von 1948 bis 1950 in Paracin auch den Nashornkäfer (*Oryctes nasicornis*) angetroffen, von dem pro Abend etwa 5 - 6 Exemplare aufgetreten sind.

Im Waldgebiet Schwetzinger Hardt hat Ilse Cantarel (mündl. Mitt. 2008) auf dem Speyerer Weg von den Parkplätzen nahe Sternbuckel zur Ostkurve des Hockenheimrings am 05.08.2008 vormittags um 11 Uhr und in 2004 je ein Weibchen des Hirschkäfers (*Lucanus cervus*) am Boden beobachtet, und hat auch im Heinrich-Menger-Weg am nordöstlichen Ortsrand von Heidelberg-Pfaffengrund in der Nähe der Gaststätte Himmelswiese etwa Anfang Juli 2008 abends gegen 19 Uhr ein laufendes Weibchen auf der asphaltierten Straße gesehen. Ilse Cantarel (mündl. Mitt. 2008) hat auch am 02.09.2008 vormittags gegen 10 Uhr im Wald westlich Sandhausen auf dem Postweg zwischen der Autobahn A 5 und dem westlichen Ortsrand von Sandhausen ein Weibchen des Hirschkäfers (*Lucanus cervus*) am Boden entdeckt. Ilse Cantarel (mündl. Mitt. 2008) hat bis 1965 in Weilburg an der Lahn gewohnt, war dann bis 1981 an verschiedenen Orten, und lebt seit 1981 in Eppelheim, und hat in den fast 65 Jahren ihres Lebens schon von etwa 1952 bis 1960 in Weilburg an einem blutenden etwa 250 Jahre alten Walnußbaum in einem Garten in der Nähe eines Naturschutzgebietes in jedem Jahr mehrere Männchen und Weibchen des Hirschkäfers (*Lucanus cervus*) pro Jahr bemerkt, wohingegen ihr dort nach 1960, nachdem der abgestorbene Walnußbaum gefällt wurde, keine Individuen mehr aufgefallen sind. Außer den vorgenannten Funden ist Ilse Cantarel (mündl. Mitt. 2008) zwischen 1960 und 2004 sowie an anderen Orten keinen weiteren Exemplaren des Hirschkäfers (*Lucanus cervus*) in der Natur begegnet.

Im Waldgebiet Schwetzinger Hardt hat Fred Köhler (mündl. Mitt. 2008) an der Brücke über den Hardtbach auf dem Weg zur Ostkurve des Hockenheimrings etwa Ende Mai/Anfang Juni 2008 ein totes Männchen des Hirschkäfers (*Lucanus cervus*) auf der Straße am Boden gefunden, bei dem eine Mandibel ganz abgebrochen war und von der anderen Mandibel die Spitze abgebrochen war, wobei alle Bruchstücke nahe beieinander gelegen sind, so daß er das Männchen vollständig rekonstruieren konnte. Dieses Männchen des Hirschkäfers (*Lucanus cervus*) hat eine Gesamtlänge von ca. 67 mm und hat dunkelbraune Mandibeln, Thorax und Elytren. Fred Köhler (mündl. Mitt. 2008) wohnt schon immer in Sandhausen und hat in den 70 Jahren seines Lebens ansonsten nur noch einmal vor etwa 25

Jahren am Waldrand nahe dem Reitplatz nördlich des westlichen Endes der Verlängerung der Rennbahnstraße am westlichen Ortsrand von Walldorf ein Männchen des Hirschkäfers (*Lucanus cervus*) an einer Eiche entdeckt, wohingegen er darüber hinaus keinen Exemplaren in der Natur begegnet ist, obwohl er als Jäger sehr viel Zeit im Wald verbringt.

Im Waldgebiet Schwetzinger Hardt hat Sieglinde Hartmann (mündl. Mitt. 2008) auf dem Fuhrmannsweg von der Hardtwaldsiedlung südlich Oftersheim zum Hockenheimring etwa Anfang Juni 2008 ein Männchen des Hirschkäfers (*Lucanus cervus*) etwa 50 m vor der Fuhrmannsbrücke über den Hardtbach in der Nähe des Waldarbeiterhauses am Boden gesehen, und dieses Männchen war das erste Exemplar, das sie in den 70 Jahren ihres Lebens in der Natur entdeckt hat. Sieglinde Hartmann (mündl. Mitt. 2008) hat bis 1952 in Balingen am Kaiserstuhl gewohnt und lebt seit 1952 in Oftersheim, und ist außer dem vorgenannten Fund bisher keinem weiteren Exemplar des Hirschkäfers (*Lucanus cervus*) in der Natur begegnet.

Im Waldgebiet Schwetzinger Hardt südlich Oftersheim auf dem Weg zur Ostkurve des Hockenheimrings hat Hans Pfisterer (mündl. Mitt. 2008) von etwa 1960 bis 1970 in den meisten Jahren einzelne Männchen des Hirschkäfers (*Lucanus cervus*) am Boden beobachtet. Hans Pfisterer (mündl. Mitt. 2008) hat auch in 2007 auf der Ketscher Rheininsel nordwestlich Ketsch ein laufendes Weibchen und ein totes Männchen des Hirschkäfers (*Lucanus cervus*) an verschiedenen Tagen am Boden entdeckt, und hat auch am 07.06.2008 im Vogelpark in der Jahnstraße nahe dem nördlichen Ortsrand von Plankstadt ein Weibchen am Boden gesehen. Hans Pfisterer (mündl. Mitt. 2008) wohnt schon immer in Plankstadt und ist in den über 55 Jahren seines Lebens ansonsten keinen weiteren Individuen des Hirschkäfers (*Lucanus cervus*) in der Natur begegnet.

Im Waldgebiet Schwetzinger Hardt hat Rosemarie Stephan (mündl. Mitt. 2008) auf dem Verbindungsweg zwischen der Straße B 291 und dem Schießstand südsüdwestlich des Golfplatzes südöstlich Oftersheim etwa Ende Mai/Anfang Juni 2008 ein laufendes Männchen des Hirschkäfers (*Lucanus cervus*) am Boden gesehen, und hat im gleichen Zeitraum an einem anderen Tag auch auf einem Weg im Wald um den Hockenheimring nordöstlich Hockenheim ein laufendes Männchen des Hirschkäfers (*Lucanus cervus*) am Boden entdeckt. Rosemarie Stephan (mündl. Mitt. 2008) wohnt schon immer in der Langgasse im Zentrum von Sandhausen und hat dort in den fast 70 Jahren ihres Lebens vor etwa 20 Jahren am unteren Ende der Außenkellertreppe des Hauses ein Männchen des Hirschkäfers (*Lucanus cervus*) angetroffen, und hat vor etwa 5 Jahren im Sonnenweg am südwestlichen Ortsrand von Sandhausen ein Männchen auf dem Weg beobachtet, welches vom Wald in Richtung Feld gelaufen ist, wohingegen sie ansonsten außer den vorgenannten Funden keinen weiteren Individuen in der Natur begegnet ist.

Im Waldgebiet Schwetzinger Hardt hat Christian Simon (mündl. Mitt. 2008) zwischen den Sportplätzen und dem Golfplatz südöstlich Oftersheim etwa 1980 ein Männchen des Hirschkäfers (*Lucanus cervus*) auf dem Weg im Oberen Wald entdeckt, und hat danach nur noch etwa Ende Juni/Anfang Juli 2008 in einem Garten in Mannheim-Mallau am Südostrand des Stadtgebietes im Gartenhäuschen ein Männchen am Boden gesehen. Diese beiden Männchen sind die einzigen Exemplare des Hirschkäfers (*Lucanus cervus*), welche Christian Simon (mündl. Mitt. 2008), der schon immer in Ketsch wohnt, in den 35 Jahren seines Lebens bisher in der Natur gefunden hat.

Im Waldgebiet Schwetzinger Hardt zwischen Schwetzingen, Oftersheim und Hockenheim sowie im Grenzhöfer Wald nördlich Schwetzingen-Hirschacker hat Hermann Zimmermann (mündl. Mitt. 2009) etwa zwischen 1945 und 1955 in jedem Jahr jeweils insgesamt etwa 5 - 10 Exemplare des Hirschkäfers (*Lucanus cervus*) pro Jahr bemerkt, welche entlang der Bäume und um die Bäume herum geflogen sind sowie auf dem Weg gelaufen sind. Hermann Zimmermann (mündl. Mitt. 2009) hat auch in 2008 in der Weinbrennerstraße im Kleinen Feld im nordwestlichen Ortsteil von Schwetzingen an der Kellertreppe des Hauses ein Männchen des Hirschkäfers (*Lucanus cervus*) entdeckt, und hat in 2008 auch auf einer Straße am Nordwestrand des Schloßgartens am nordwestlichen Ortsrand von Schwetzingen an verschiedenen Tagen ein totes Weibchen, ein lebendes Männchen und ein überfahrenes totes Männchen gefunden. Hermann Zimmermann (mündl. Mitt. 2009) hat auch vor etwa 15 Jahren auf dem Campingplatz auf der Kollerinsel westsüdwestlich Brühl etwa 5 - 6 Männchen und Weibchen des Hirschkäfers (*Lucanus cervus*) gesehen, welche an einem Morgen in den Gestängen des Vorzeltes gehangen sind. Hermann Zimmermann (mündl. Mitt. 2009) hat bis 1986 fast immer in Eppelheim gewohnt und lebt seit 1986 in Schwetzingen, und kann sich in den über 70 Jahren seines Lebens nicht daran erinnern, außer den vorgenannten Funden weiteren Individuen des Hirschkäfers (*Lucanus cervus*) in der Natur begegnet zu sein.

Im Waldgebiet Schwetzinger Hardt hat Ingo Utermöhl (mündl. Mitt. 2008) etwa in der Mitte zwischen Hockenheim und Walldorf etwa Ende Juni/Anfang Juli 2008 ein überfahrenes Männchen des Hirschkäfers (*Lucanus cervus*) auf dem Weg entdeckt, und hat davor lediglich zwischen 1950 und 1956 in Naurod, einem Vorort von Wiesbaden, gelegentlich einzelne Individuen gesehen. Ingo Utermöhl (mündl. Mitt. 2008) hat von 1973 bis 1980 in Mannheim gewohnt und lebt seit 1980 in Hockenheim, und hat in den 70 Jahren seines Lebens außer den vorgenannten Funden keine weiteren Exemplare des Hirschkäfers (*Lucanus cervus*) in der Natur angetroffen.

Der Dünengürtel am Rand und innerhalb des Waldgebietes Schwetzinger Hardt in der Umgebung von Oftersheim, Schwetzingen, Sandhausen und Walldorf und besonders der nicht bewirtschaftete Waldbereich mit Totholz am Dünensaum wird als Lebensraum des Hirschkäfers (*Lucanus cervus*) von Wirth (2008) skizziert.

19.12 Hockenheim

Die Nachweise von Individuen des Hirschkäfers (*Lucanus cervus*) in Hockenheim, welche mir von Naturfreunden aufgrund meiner Aufrufe zur Mitteilung von Beobachtungen in regionalen Tageszeitungen (Rhein-Neckar-Zeitung 2008 a, 2008 b, 2008 c, 2008 d; Schwetzinger Zeitung 2008, Bruchsaler Rundschau 2008) gemeldet wurden, stammen aus der Rudolf-Diesel-Straße am östlichen Ortsrand von Hockenheim, aus der Ziegelstraße am damaligen nordöstlichen Ortsrand von Hockenheim, aus dem Wald um Hockenheim und aus dem Sandhäuser Pfad im Wald südlich des Hockenheimrings östlich Hockenheim. Die Fundorte des Hirschkäfers (*Lucanus cervus*) in Hockenheim (TK 25, Blatt 6617 Schwetzingen) liegen in der Ebene des Rheintales in ca. 100 - 110 m Höhe über NN.

In der Rudolf-Diesel-Straße am östlichen Ortsrand von Hockenheim haben Ursula und Klaus Hummel (mündl. Mitt. 2008) im Garten des Hauses in der Nähe des Waldrandes in 2007 und 2008 je ein Männchen und in 2008 auch ein totes Weibchen des Hirschkäfers (*Lucanus cervus*) am Boden gesehen, wohingegen ihnen in den Vorjahren dort keine Exemplare aufgefallen sind. Klaus Hummel (mündl. Mitt. 2008) hat in den letzten 10 Jahren, jedoch nicht in jedem Jahr, auch im Wald in der Umgebung der Autobahnraststätte und der Sportplätze östlich Hockenheim gelegentlich einzelne Männchen des Hirschkäfers (*Lucanus cervus*) am Boden entdeckt. Ursula und Klaus Hummel (mündl. Mitt. 2008) haben auch in 2007 auf dem Campingplatz auf dem Monte Albano bei Florenz in der Toskana in Italien ein Männchen des Hirschkäfers (*Lucanus cervus*) im Vorzelt bemerkt. Ursula Hummel (mündl. Mitt. 2008) hat bis 1981 in München gewohnt, war dann unter anderem in Weinheim und Mannheim, und lebt seit 1989 in Hockenheim, und hat in den 55 Jahren ihres Lebens außer den vorgenannten Funden nur noch einmal etwa 1965 ein Männchen des Hirschkäfers (*Lucanus cervus*) auf einem Campingplatz in Italien in ihrem Schlafsack im Vorzelt entdeckt. Klaus Hummel (mündl. Mitt. 2008) hat bis 1989 in Mannheim-Waldhof gewohnt und lebt seit 1989 ebenfalls in Hockenheim, und ist in den über 50 Jahren seines Lebens außer den vorgenannten Funden keinen weiteren Exemplaren des Hirschkäfers (*Lucanus cervus*) in der Natur begegnet.

In der Ziegelstraße am damaligen nordöstlichen Ortsrand von Hockenheim hat Wolfgang Scheuer (mündl. Mitt. 2008) zwischen etwa 1950 und 1955 in den meisten Jahren, jedoch nicht in jedem Jahr, insgesamt etwa 1 - 2 Exemplare des Hirschkäfers (*Lucanus cervus*) pro Jahr am Boden beobachtet, wohingegen ihm in den nachfolgenden Jahren dort keine Individuen aufgefallen sind, und Gabi Scheuer (mündl. Mitt. 2008) hat wahrscheinlich zwischen etwa 1955 und 1960 ein Exemplar des Hirschkäfers (*Lucanus cervus*) in Hockenheim gesehen, welches damals in die Schule mitgebracht wurde. Gabi und Wolfgang Scheuer (mündl. Mitt. 2008) haben dann im Königsberger Ring am südwestlichen Ortsrand von Reilingen im Garten des Hauses in etwa 500 m Entfernung vom Waldrand seit 1978 bis 2008 in etlichen Jahren, aber nicht in jedem Jahr, insgesamt etwa 1 - 2 Exemplare des Hirschkäfers (*Lucanus cervus*) pro Jahr am Boden und fliegend registriert, und konnten damit über einen Zeitraum von 30 Jahren das mehr oder weniger regelmäßige Auftreten von Individuen in Reilingen konstatieren. Gabi und Wolfgang Scheuer (mündl. Mitt. 2008) haben auch etwa Ende Mai 2008 im Garten des Hauses ein Männchen des Hirschkäfers (*Lucanus cervus*) gesehen, welches auf einem Holzstoß gesessen ist, und haben dort auch ein Weibchen beobachtet, welches aus etwa daumenbreiten Löchern in der Erde herausgekommen ist, nachdem ein Holzpflanzkübel gewässert wurde, in dem eine Zwerg-Roßkastanie im Laufe der Jahre mit ihren Wurzeln durch den Boden des Kübels in die darunterliegende Erde hindurchgewachsen ist. Gabi und Wolfgang Scheuer (mündl. Mitt. 2008) haben auch in 2005 in Gargnano am Nordwestufer des Gardasees nordöstlich Bréscia in Italien erlebt, daß abends in einem Lokal ein Männchen des Hirschkäfers (*Lucanus cervus*) durch das geöffnete Fenster hereingeflogen ist und sich im Vorhang verfangen hat. Gabi Scheuer (mündl. Mitt. 2008) hat bis 1973 in Hockenheim gewohnt und lebt seit 1973 in Reilingen, und kann sich in den über 60 Jahren ihres Lebens nicht an weitere Begegnungen mit Individuen des Hirschkäfers (*Lucanus cervus*) in der Natur erinnern. Wolfgang Scheuer (mündl. Mitt. 2008) hat ebenfalls bis 1973 in Hockenheim gewohnt und lebt ebenfalls seit 1973 in Reilingen, und hat in den über 65 Jahren seines Lebens außer den vorgenannten Funden keine weiteren Exemplare des Hirschkäfers (*Lucanus cervus*) in der Natur angetroffen.

Im Wald östlich Hockenheim hat Werner Kretschmer (mündl. Mitt. 2008) etwa 1955 ein Männchen des Hirschkäfers (*Lucanus cervus*) entdeckt, und hat danach erst wieder etwa Ende Juni/Anfang Juli 2008 in der Gutenbergstraße am westlichen Ortsrand von Ketsch im Garten ein laufendes Männchen am Boden gesehen. Werner Kretschmer (mündl. Mitt. 2008) hat bis 1993 in Hockenheim und bis 2007 in Plankstadt gewohnt und lebt jetzt in Altlußheim, und ist in den fast 70 Jahren seines Lebens außer den beiden vorgenannten Exemplaren keinen weiteren Individuen des Hirschkäfers (*Lucanus cervus*) in der Natur begegnet.

In Hockenheim hat Willi Gruhn (mündl. Mitt. 2008), der schon immer dort wohnt, in den fast 70 Jahren seines Lebens bereits von 1948 bis 1952 im Wald um den Ort herum in jedem Jahr bis zu 5 Exemplare des Hirschkäfers (*Lucanus cervus*) pro Jahr am Boden und fliegend registriert, wohingegen er sich nicht daran erinnern kann, auch zwischen 1952 und 2000 Individuen in der Natur angetroffen zu haben. Seit 2000 hat Willi Gruhn (mündl. Mitt. 2008) in jedem Jahr 1 - 2 Männchen des Hirschkäfers (*Lucanus cervus*) pro Jahr auf den Wegen am Wersauer Hof östlich Reilingen gefunden, und hat in 2007 zweimal mit einigen Wochen Abstand je ein Männchen auf dem asphaltierten Weg von Reilingen durch die Felder nach St. Leon beobachtet. Am Reitplatz nördlich des Friedhofes am östlichen Ortsrand von Reilingen hat Willi Gruhn (mündl. Mitt. 2008) am 07.07.2008 zwei Weibchen und am 09.07.2008 ein Männchen des Hirschkäfers (*Lucanus cervus*) vormittags auf dem asphaltierten Weg gesehen, wohingegen er außer den vorgenannten Funden keinen weiteren Exemplaren in der Natur begegnet ist.

Auf dem Sandhäuser Pfad im Wald südlich des Hockenheimrings östlich Hockenheim hat Dieter Brehm (mündl. Mitt. 2008) vor etwa 5 Jahren ein Männchen des Hirschkäfers (*Lucanus cervus*) bemerkt. Dieter Brehm (mündl. Mitt. 2008) hat auch etwa Ende Juni/Anfang Juli 2008 im Finkenweg am westlichen Ortsrand von Reilingen im Garten des Hauses, in dem einige Tage vorher Rindenmulch ausgelegt wurde, abends kurz vor der Dämmerung ein fliegendes Weibchen des Hirschkäfers (*Lucanus cervus*) gesehen, welches zuerst von der Katze entdeckt wurde, die dem fliegenden Weibchen hinterhergelaufen ist. Dieter Brehm (mündl. Mitt. 2008) hat in 2008 auch ein Männchen des Hirschkäfers (*Lucanus cervus*) in einer Holzpalette in der Carl-Schurz-Allee im Industriegebiet südwestlich des Bahnhofs von Waghäusel beobachtet. Dieter Brehm (mündl. Mitt. 2008) hat bis 2007 in Hockenheim gewohnt und lebt seit 2007 in Reilingen, und kann sich in den 45 Jahren seines Lebens nicht daran erinnern, außer den vorgenannten Funden weitere Exemplare des Hirschkäfers (*Lucanus cervus*) in der Natur angetroffen zu haben.

Im Wald um Hockenheim hat Hermann Weber (mündl. Mitt. 2008) in 1957 ein Männchen des Hirschkäfers (*Lucanus cervus*) am Boden entdeckt. Hermann Weber (mündl. Mitt. 2008) hat bis 1966 in Hockenheim gewohnt und lebt seit 1966 in Walldorf, und hat in den über 65 Jahren seines Lebens ansonsten nur noch einmal in 2007 auf einem Weg am Waldrand nördlich Hambrücken ein Männchen des Hirschkäfers (*Lucanus cervus*) auf dem Rücken liegend am Boden gesehen, und ist darüber hinaus keinen Exemplaren in der Natur begegnet.

19.13 Edingen-Neckarhausen

Im Ortsteil Neckarhausen von Edingen-Neckarhausen hat Karlheinz Engelhardt (mündl. Mitt.

2008) vor etwa 10 - 12 Jahren ein Männchen des Hirschkäfers (*Lucanus cervus*) gesehen, welches ein Schüler mitgebracht hat, und hat auch vor etwa 15 Jahren in der Sternallee im Wald südlich der Sportplätze am südwestlichen Ortsrand von Schwetzingen gelegentlich einzelne Männchen am Boden registriert. Karlheinz Engelhardt (mündl. Mitt. 2008) hat auch etwa 1980 in der Jahnstraße nahe dem nördlichen Ortsrand von Plankstadt im Garten des Hauses ein Männchen des Hirschkäfers (*Lucanus cervus*) am Boden entdeckt, und hat auch von etwa 1956 bis 1963 im Ortsbereich von Plankstadt sowie im Wald zwischen Plankstadt und Mannheim-Friedrichsfeld in den meisten Jahren, aber nicht in jedem Jahr, mehrere Männchen des Hirschkäfers (*Lucanus cervus*) pro Jahr am Boden und abends in der Dämmerung auch fliegend beobachtet. Karlheinz Engelhardt (mündl. Mitt. 2008) hat auch zwischen 1971 und 1976 in Neckarbischofsheim nordöstlich Sinsheim manchmal einzelne Männchen des Hirschkäfers (*Lucanus cervus*) im Wald am Boden bemerkt, und hat auch zwischen 1968 und 1971 in Sulzfeld südwestlich Eppingen zuweilen einzelne Männchen gesehen, die Schüler mitgebracht haben und ihm berichtet haben, daß sie in und um Sulzfeld öfters Männchen gefunden haben. Karlheinz Engelhardt (mündl. Mitt. 2008) hat auch in 2006 und 2008 im Meisental am südwestlichen Ortsrand von Haardt nördlich Neustadt an der Weinstraße im Garten des Wochenendhauses unterhalb des Sportplatzes mit zahlreichen Kastanienbäumen etliche Männchen und Weibchen des Hirschkäfers (*Lucanus cervus*) am Boden und fliegend beobachtet, und hat dort Ende Juni 2006 an einem Wochenende von Freitag bis Sonntag an allen drei Tagen das Schwärmen von etwa 5 - 10 Exemplaren pro Abend erlebt, welche abends in der Dämmerung geflogen sind. Karlheinz Engelhardt (mündl. Mitt. 2008) hat bis 1968 in Plankstadt, bis 1971 in Sulzfeld und bis 1976 in Neckarbischofsheim gewohnt und lebt seit 1976 wieder in Plankstadt, und hat in den fast 65 Jahren seines Lebens außer den vorgenannten Funden möglicherweise noch mehrmals weitere Individuen des Hirschkäfers (*Lucanus cervus*) in der Natur angetroffen, kann sich aber nicht mehr daran erinnern, wann und wo dies gewesen ist. Der Fundort des Hirschkäfers (*Lucanus cervus*) in Edingen-Neckarhausen (TK 25, Blatt 6517 Mannheim-Südost) liegt in der Ebene des Rheintales in ca. 95 - 105 m Höhe über NN.

20 Fundmeldungen von Naturfreunden in Walldorf, Wiesloch und Umgebung

Die Funde von Exemplaren des Hirschkäfers (*Lucanus cervus*) in Walldorf, Wiesloch und Umgebung, welche mir von Naturfreunden aufgrund meiner Aufrufe zur Mitteilung von Beobachtungen in regionalen Tageszeitungen (Rhein-Neckar-Zeitung 2008 a, 2008 b, 2008 c, 2008 d; Schwetzinger Zeitung 2008, Bruchsaler Rundschau 2008) berichtet wurden, umfassen die Orte und Lokalitäten Walldorf, Wiesloch, Frauenweiler, Sandhausen, Sandhäuser Höfe südwestlich Sandhausen, Nußloch, Leimen, St. Ilgen, Rot, St. Leon, Reilingen, Rotenberg, Rauenberg, Mühlhausen, Tairnbach, Rettigheim, Malsch, Bahnhof Rot-Malsch zwischen Rot und Malsch, Baiertal, Dielheim, Unterhof und Oberhof, Horrenberg und Balzfeld.

20.1 Walldorf

Die Nachweise von Individuen des Hirschkäfers (*Lucanus cervus*) in Walldorf, welche mir von Naturfreunden aufgrund meiner Aufrufe zur Mitteilung von Beobachtungen in regionalen Tageszeitungen (Rhein-Neckar-Zeitung 2008 a, 2008 b, 2008 c, 2008 d; Schwetzinger Zeitung 2008, Bruchsaler Rundschau 2008) gemeldet wurden, stammen aus der Schwetzinger Straße im zentralen Teil von Walldorf; aus der Hans-Holbein-Straße, der Mathias-Hess-Straße, dem Tannenweg, dem Ahornweg, dem Tierpark, dem Eichenweg und dem Robinienweg am nordwestlichen Ortsrand von Walldorf; aus dem Finkenweg und dem Waldschwimmbad am nördlichen Ortsrand von Walldorf; aus dem Fischgrund, dem Seegarten, dem Blumenweg, der Talstraße und der Adalbert-Stifter-Straße am nordöstlichen Ortsrand von Walldorf; aus dem Waldgebiet Bandholz nördlich Walldorf, aus dem Bereich um den Reitplatz nördlich des westlichen Endes der Verlängerung der Rennbahnstraße am westlichen Ortsrand von Walldorf, aus der Bürgermeister-Willinger-Straße und der Hirschstraße am südwestlichen Ortsrand von Walldorf, aus der Haydnstraße am südöstlichen Ortsrand von Walldorf, aus der Daimlerstraße und der Siemensstraße im Industriegebiet südlich Walldorf, aus dem Hochholz und dem Dörnicht südlich Walldorf, und vom Nordrand des Dannhecker Waldes südöstlich der Zugmantelbrücke nördlich

Walldorf. Die Fundorte des Hirschkäfers (*Lucanus cervus*) in Walldorf (TK 25, Blatt 6617 Schwetzingen und Blatt 6717 Waghäusel) liegen in der Ebene des Rheintales in ca. 100 - 110 m Höhe über NN.

In der Schwetzinger Straße im zentralen Teil von Walldorf hat Dietlinde Schurk (mündl. Mitt. 2008) vor etwa 50 - 60 Jahren gelegentlich ein Männchen des Hirschkäfers (*Lucanus cervus*) im Hof und im Garten des Hauses beobachtet, und hat danach erst wieder etwa Ende Juni/Anfang Juli 2008 im Waldgebiet Schwetzinger Hardt nahe den Parkplätzen an der Brücke über die Straße B 291 in der Nähe von Spannbuckel und Langer Berg nordwestlich Walldorf ein laufendes Männchen auf dem Weg im Wald gefunden. Dietlinde Schurk (mündl. Mitt. 2008) wohnt schon immer in Walldorf und ist in den fast 70 Jahren ihres Lebens ansonsten keinen weiteren Individuen des Hirschkäfers (*Lucanus cervus*) in der Natur begegnet.

In der Hans-Holbein-Straße im nordwestlichen Ortsteil von Walldorf haben Hans und Karin Bühler (mündl. Mitt. 2008) Ende Juni/Anfang Juli 2008 ein Männchen des Hirschkäfers (*Lucanus cervus*) auf der Terrasse des Hauses gesehen, welches auf dem Rücken auf der Sonnenliege gelegen ist und anschließend auf der Terrasse herumgelaufen ist. Hans Bühler (mündl. Mitt. 2008) hat ca. 2 - 3 Jahre vorher auch ein Männchen des Hirschkäfers (*Lucanus cervus*) am Boden im Garten entdeckt. Diese beiden Männchen sind die einzigen Individuen des Hirschkäfers (*Lucanus cervus*), welche sie bisher in Walldorf beobachtet haben, wo Karin Bühler (mündl. Mitt. 2008) schon immer und Hans Bühler (mündl. Mitt. 2008) seit 1969 wohnt, und die sie in den etwa 60 Jahren ihres Lebens bisher in der Natur bemerkt haben. Hans Bühler (mündl. Mitt. 2008) hat bis 1969 in Reilingen gewohnt und ist dort jedoch nie einem Exemplar des Hirschkäfers (*Lucanus cervus*) begegnet.

In der Mathias-Hess-Straße im nordwestlichen Ortsteil von Walldorf hat Ernst Sürmann (mündl. Mitt. 2008) im Garten in 2008 ein Männchen des Hirschkäfers (*Lucanus cervus*) gesehen, und hat ansonsten nur einmal in 1973 ein Männchen in der Dischingerstraße am nordwestlichen Ortsrand von Heidelberg-Pfaffengrund bemerkt. Ernst Sürmann (mündl. Mitt. 2008) hat bis 1972 und von 1977 bis 1990 im Raum Düsseldorf sowie von 1972 bis 1977 und ab 1990 in Walldorf gewohnt, und ist in den über 75 Jahren seines Lebens außer den beiden vorgenannten Funden keinen weiteren Exemplaren des Hirschkäfers (*Lucanus cervus*) in der Natur begegnet.

Im Tannenweg am nordwestlichen Ortsrand von Walldorf hat Karin Jungmann (mündl. Mitt. 2008) im Garten des Hauses etwa Mitte Juni 2008 ein Weibchen des Hirschkäfers (*Lucanus cervus*) am Boden gesehen, und hat dort davor nur einmal zwischen etwa 1985 und 1990 ein Männchen gefunden. Diese beiden Exemplare sind die einzigen Individuen des Hirschkäfers (*Lucanus cervus*), die Karin Jungmann (mündl. Mitt. 2008) bisher in Walldorf gesehen hat, wo sie seit 1973 wohnt, und die sie in den 65 Jahren ihres Lebens, in denen sie vorher in Heidelberg-Pfaffengrund und Karlsruhe gewohnt hat, bisher in der Natur angetroffen hat.

Im Ahornweg am nordwestlichen Ortsrand von Walldorf hat Sabine Kegelmann (mündl. Mitt. 2008) Mitte Juli 2008 ein Weibchen des Hirschkäfers (*Lucanus cervus*) in einem Raum im Keller des Hauses angetroffen, und hat etwa 2003 ein Männchen im Wohnzimmer des Hauses entdeckt, welches durch den Raum gelaufen ist. Sabine Kegelmann (mündl. Mitt. 2008) hat von 1987 bis 2008 direkt am Waldrand in Walldorf gewohnt und ist in den über 55 Jahren ihres Lebens außer den vorgenannten Funden keinen weiteren Exemplaren des Hirschkäfers (*Lucanus cervus*) in der Natur begegnet.

Im Tierpark am nordwestlichen Ortsausgang von Walldorf hat Angelika Schmidt (mündl. Mitt. 2008) im Juni 2008 ein Männchen des Hirschkäfers (*Lucanus cervus*) an der Wand am Eingang gesehen, und hat im Juni 2008 auch ein Männchen auf einem Weg im Wald zwischen Tierpark, Schulzentrum und Tennisplätzen am Boden entdeckt. Diese beiden Männchen sind die einzigen Exemplare des Hirschkäfers (*Lucanus cervus*), welche Angelika Schmidt (mündl. Mitt. 2008) bisher in Walldorf beobachtet hat, wo sie seit 1976 lebt. Angelika Schmidt (mündl. Mitt. 2008) hat in den über 60 Jahren ihres Lebens schon von etwa 1957 bis 1967 im Wald um Calw im Nordschwarzwald, wo sie damals gewohnt hat, ab und zu einzelne Individuen des Hirschkäfers (*Lucanus cervus*) bemerkt, und hat möglicherweise auch einmal ein Weibchen im Wald um Heidelberg in Richtung Königstuhl angetroffen, als sie bis 1975 in Heidelberg-Altstadt gewohnt hat, wohingegen sie sich nicht daran erinnern kann, auch an anderen Orten Exemplaren in der Natur begegnet zu sein.

Im Tierpark am nordwestlichen Ortsausgang von Walldorf hat Dietger Kronen (mündl. Mitt. 2008) etwa 2005 abends ein fliegendes Männchen des Hirschkäfers (*Lucanus cervus*) am Waldrand beobachtet, und hat in 2007 im Waldgebiet Schwetzinger Hardt an den Parkplätzen nahe Sternbuckel am Speyerer Weg in Richtung Ostkurve des Hockenheimrings ein totes Männchen am Boden neben dem asphaltierten Weg gefunden. Dietger Kronen (mündl. Mitt. 2008) hat auch zwischen etwa 1950 und 1959 im Siebenmühlental am östlichen Ortsausgang von Heidelberg-Handschuhsheim gelegentlich einzelne Exemplare des Hirschkäfers (*Lucanus cervus*) am Waldrand gesehen, und hat etwa 1950 auf der Ketscher Rheininsel nordwestlich Ketsch während einer Wanderung tagsüber etwa 40 - 50 Individuen auf der ganzen Wegstrecke verteilt angetroffen, von denen einige bereits tot waren. Dietger Kronen (mündl. Mitt. 2008) hat auch vor etwa 20 Jahren im Reinhardswald nordwestlich Kassel einzelne Männchen des Hirschkäfers (*Lucanus cervus*) am Boden in einem Wald mit zahlreichen sehr alten Eichen und Kastanien bemerkt, und ein Waldgebiet nördlich Kassel mit vielen alten Eichen und Buchen, in dem auch der Hirschkäfer (*Lucanus cervus*) vorkommt, ist das Eichholz bei Uslar im Solling (Welt 2008). Dietger Kronen (mündl. Mitt. 2008) hat bis 1959 in Heidelberg-Handschuhsheim, bis 1978 in Heidelberg-Boxberg und bis 1988 in Sandhausen gewohnt und lebt seit 1988 in Walldorf, und ist in den 70 Jahren seines Lebens außer den vorgenannten Funden keinen weiteren Exemplaren des Hirschkäfers (*Lucanus cervus*) in der Natur begegnet.

Im Tierpark am nordwestlichen Ortsausgang von Walldorf hat Christa Peichel, die Schwester von Marita Schneider (mündl. Mitt. 2008), einmal vor etwa 15 Jahren ein Männchen des Hirschkäfers (*Lucanus cervus*) bemerkt, und kann sich in den 50 Jahren ihres Lebens nicht an weitere Funde erinnern. Armin Schneider, der Mann von Marita Schneider (mündl. Mitt. 2008), wohnt schon immer in Walldorf und kann sich in den 45 Jahren seines Lebens nur daran erinnern, daß er irgendwann früher um Walldorf einmal ein Exemplar des Hirschkäfers (*Lucanus cervus*) beobachtet hat. Marita Schneider (mündl. Mitt. 2008) hat bis 1992 in Rot gewohnt und lebt seit 1992 in Walldorf, und hat in den 45 Jahren ihres Lebens nur einmal in Rot zwischen 1970 und 1974 ein Männchen des Hirschkäfers (*Lucanus cervus*) gesehen, welches eine Klassenkameradin in der Umgebung von Rot gefunden hat und in die Schule mitgebracht hat, und ist ansonsten keinen weiteren Individuen in der Natur begegnet.

Im Eichenweg am nordwestlichen Ortsrand von Walldorf haben Antje und Jan Hinrichs (mündl. Mitt. 2008) an der westlichen Wand der Garage des Hauses in der Nähe des Waldrandes am 10.05.2006 morgens gegen 7 Uhr ein Männchen des Hirschkäfers (*Lucanus cervus*) gesehen. Ihr Sohn, Malte Hinrichs, hat auch etwa Ende Mai/Anfang Juni 2006 nachmittags im Ahornweg ein Weibchen des Hirschkäfers (*Lucanus cervus*) auf der Terrasse des Hauses entdeckt, welches möglicherweise von verschüttetem Apfelsaft angelockt worden ist (Jan Hinrichs, mündl. Mitt. 2008), und diese beiden Exemplare sind die einzigen, die er in den gerade 10 Jahren seines Lebens bisher in der Natur gefunden hat, womit er einer der jüngsten Teilnehmer an meiner Studie ist. Antje Hinrichs (mündl. Mitt. 2008) hat auch in 2007 ein Männchen des Hirschkäfers (*Lucanus cervus*) am Gymnasium in Walldorf gesehen, welches jemand im Wald um Walldorf beobachtet hat und in die Schule mitgebracht hat. Jan Hinrichs (mündl. Mitt. 2008) hat bis 1994 in St. Ilgen und bis 2002 in Sandhausen gewohnt und lebt seit 2002 in Walldorf, und hat in den über 40 Jahren seines Lebens außer den vorgenannten Funden keine weiteren Individuen des Hirschkäfers (*Lucanus cervus*) in der Natur angetroffen. Antje Hinrichs (mündl. Mitt. 2008) hat bis 2002 in Sandhausen gewohnt und lebt seit 2002 ebenfalls in Walldorf, und ist in den fast 40 Jahren ihres Lebens außer den vorgenannten Funden keinen weiteren Exemplaren des Hirschkäfers (*Lucanus cervus*) in der Natur begegnet.

Im Robinienweg am nordwestlichen Ortsrand von Walldorf hat Andrea Herth (mündl. Mitt. 2008) im Keller des Hauses in 2008 ein Männchen des Hirschkäfers (*Lucanus cervus*) entdeckt, welches das einzige Exemplar ist, das sie bisher in Walldorf gesehen hat, wo sie seit 2004 wohnt, und das sie in den über 40 Jahren ihres Lebens bisher in der Natur gefunden hat.

Im Finkenweg am nördlichen Ortsrand von Walldorf hat Elvira Dick (mündl. Mitt. 2008) in 2003 ein totes Männchen des Hirschkäfers (*Lucanus cervus*) in einem Blumenkasten an einem Fenster des Hauses an der Gartenseite bemerkt, welches das einzige Exemplar ist, das sie bisher in Walldorf gesehen hat, wo sie mit einer Unterbrechung seit 1973 wohnt, wohingegen sie in Heidelberg-Handschuhsheim, wo sie bis 1973 gelebt hat, keine Individuen in der Natur angetroffen hat.

Am Fischgrund am nordöstlichen Ortsrand von Walldorf hat Alfred Kögel (mündl. Mitt. 2008) am Komposthaufen im Garten in 2007 ein Männchen und zwei Weibchen des Hirschkäfers (*Lucanus cer-*

vus) gesehen, und hat in 2006 in vermodertem Holz am Komposthaufen etwa 10 Larven (Engerlinge) gefunden. Davor hat Alfred Kögel (mündl. Mitt. 2008), der schon immer in Walldorf wohnt, in den 80 Jahren seines Lebens nur noch zwischen 1940 und 1945 im Hochholz südlich Walldorf mehrmals Männchen des Hirschkäfers (*Lucanus cervus*) am Boden im Wald entdeckt, wohingegen er in der Zwischenzeit keinen Individuen in der Natur begegnet ist. Im Hochholz südlich Walldorf hat auch Thorsten Lapsit (mündl. Mitt. 2008), der bis 1992 in Walldorf gewohnt hat und seit 1992 in Ketsch lebt, etwa 1975 mehrere Individuen des Hirschkäfers (*Lucanus cervus*) am Boden bemerkt, und ist danach in den fast 35 Jahren seines Lebens erst ab 1992 und bis 2008 wieder in etlichen Jahren, aber nicht in jedem Jahr, einzelnen Exemplaren in Ketsch, auf der Ketscher Rheininsel und in den Feldern neben der Straße von Ketsch nach Hockenheim in der Natur begegnet.

Im Seegarten am nordöstlichen Ortsrand von Walldorf hat Sibylle Schäfer (mündl. Mitt. 2008) am 24.07.2008 ein Weibchen des Hirschkäfers (*Lucanus cervus*) auf der Abdeckfolie des Swimmingpools im Garten gefunden, und hat dort auch etwa 1998 ein Männchen an der Wand der Garage gesehen. Davor hat Sibylle Schäfer (mündl. Mitt. 2008), die seit 1985 in Walldorf wohnt und vorher in Heidelberg-Ziegelhausen gelebt hat, nur noch zwischen 1975 und 1980 in der Brahmsstraße am nördlichen Ufer des Neckars östlich der Ziegelhäuser Brücke am östlichen Ortsrand von Heidelberg-Ziegelhausen in jedem Jahr mehrere Männchen des Hirschkäfers (*Lucanus cervus*) im Garten und an Holzstapeln in der Nähe des Waldrandes beobachtet, wohingegen sie ansonsten keinen Individuen in der Natur begegnet ist.

Im Blumenweg am nordöstlichen Ortsrand von Walldorf hat Erika Wedel-Horr (mündl. Mitt. 2008) im Garten in 2007 ein lebendes Männchen des Hirschkäfers (*Lucanus cervus*) gefunden, welches in das Wasserfaß gefallen war, und hat auch ein totes Weibchen am Boden entdeckt. Davor hat Erika Wedel-Horr (mündl. Mitt. 2008), die seit 1987 in Walldorf wohnt und davor in Eppelheim, Heidelberg-Bergheim und Karlsruhe gelebt hat, nur einmal zwischen 1987 und 1990 im Garten im Blumenweg in Walldorf ein totes Männchen am Boden gesehen, wohingegen sie ansonsten in den über 55 Jahren ihres Lebens keinen weiteren Exemplaren des Hirschkäfers (*Lucanus cervus*) in der Natur begegnet ist.

In der Talstraße am nordöstlichen Ortsrand von Walldorf hat Birgid Scheffner (mündl. Mitt. 2008) etwa Anfang Juli 2008 ein Weibchen des Hirschkäfers (*Lucanus cervus*) tagsüber an der Wand des Hauses gesehen, welches dort regungslos gesessen ist, und dieses Weibchen ist das einzige Exemplar, das sie in den 60 Jahren ihres Lebens bisher in der Natur beobachtet hat. Birgid Scheffner (mündl. Mitt. 2008) wohnt seit 1973 in Walldorf und hat vorher in München und in Marktredwitz im Fichtelgebirge gelebt, und ist erst in 2008 erstmals einem Individuum des Hirschkäfers (*Lucanus cervus*) in der Natur begegnet.

In der Adalbert-Stifter-Straße am nordöstlichen Ortsrand von Walldorf hat Gabi Mohr (mündl. Mitt. 2008) in der Küche des Hauses am Waldrand etwa Ende Juni/Anfang Juli 2008 ein Männchen des Hirschkäfers (*Lucanus cervus*) am Boden gefunden, welches offenbar durch das geöffnete Fenster hereingeflogen ist. Dieses Männchen ist das einzige Exemplar des Hirschkäfers (*Lucanus cervus*), welches Gabi Mohr (mündl. Mitt. 2008), die schon immer in Walldorf wohnt, in den über 60 Jahren ihres Lebens bisher in der Natur gesehen hat.

Im Naturschutzgebiet Zugmantel im Waldgebiet Bandholz nördlich der Lutherischen Brücke über den Hardtbach nördlich Walldorf und am Westrand des Waldgebietes Bandholz hat Peter Sandmaier (mündl. Mitt. 2008) am Waldrand etwa Mitte Juni 2008 zwei am Boden laufende Männchen, zwei fliegende Männchen und drei fliegende Weibchen des Hirschkäfers (*Lucanus cervus*) beobachtet, und hat dort auch von 2004 bis 2007 in jedem Jahr bis zu 7 - 8 Exemplare pro Jahr am Boden und fliegend registriert. Peter Sandmaier (mündl. Mitt. 2008) hat auch im Juni 2008 an den Sandhäuser Höfen südwestlich Sandhausen ein Männchen des Hirschkäfers (*Lucanus cervus*) am Boden auf dem Weg gesehen, und hat dort auch in 2006 zwei Männchen in etwa 20 cm Abstand voneinander an einem Stamm entdeckt. Peter Sandmaier (mündl. Mitt. 2008) hat auch im Juni 2008 am Nordrand des Waldgebietes Erlenschlag am Südrand des Golfplatzes westlich des Bahnhofs Rot-Malsch ein fliegendes Männchen des Hirschkäfers (*Lucanus cervus*) bemerkt. Peter Sandmaier (mündl. Mitt. 2008) hat auch von 2004 bis 2008 insgesamt etwa 30 - 40 Individuen des Hirschkäfers (*Lucanus cervus*) pro Jahr im Raum um Oftersheim, Schwetzingen und Ketsch festgestellt. Peter Sandmaier (mündl. Mitt. 2008) hat auch in Jochenstein nördlich Engelhartszell ostsüdöstlich Passau im Donautal von 1982 bis 2007 in jedem Jahr Schwärmabende des Hirschkäfers (*Lucanus cervus*) mit dem Erscheinen von jeweils mindestens ca.

15 - 20 Männchen und Weibchen pro Tag über mindestens zwei bis vier Tage hinweg erlebt, als im Biergarten des Gasthofes Kornexl an der Donau jeden Abend zahlreiche Exemplare um eine große Linde herumgeflogen sind, wobei er die Schwärmabende in jedem Jahr an Wochenenden über zwei bis vier Tage hintereinander beobachten konnte, wohingegen er in 2008 nicht in Jochenstein gewesen ist. Peter Sandmaier (mündl. Mitt. 2008) konnte damit über einen Zeitraum von 25 Jahren in jedem Jahr Schwärmabende des Hirschkäfers (*Lucanus cervus*) mit der Aktivität von jeweils mindestens ca. 15 - 20 Männchen und Weibchen pro Tag in Jochenstein dokumentieren. Über das Vorkommen des Hirschkäfers (*Lucanus cervus*) in den Donauleiten um Jochenstein hat auch Thym (2005) berichtet. Peter Sandmaier (mündl. Mitt. 2008) hat auch in 2008 ein Männchen und in 2000 3 - 4 Männchen des Hirschkäfers (*Lucanus cervus*) in Castelfeder bei Neumarkt Auer südlich Bozen in Südtirol abends in der Dämmerung fliegend gesehen, und hat auch in 2003 oder 2004 in Fort Calgier am Durance bei Gap in Südfrankreich ein Männchen abends in der Dämmerung fliegend bemerkt. Das Vorkommen des Hirschkäfers (*Lucanus cervus*) in Castelfeder in Südtirol haben auch Peez & Kahlen (1977) gemeldet. Peter Sandmaier (mündl. Mitt. 2008) hat bis 1982 in Heidelberg-Altstadt, bis 1986 in Heidelberg-Rohrbach und bis 1988 in Schwetzingen gewohnt und lebt seit 1988 in Oftersheim, und kann sich in den über 50 Jahren seines Lebens nicht daran erinnern, vor 2004 weiteren Individuen des Hirschkäfers (*Lucanus cervus*) in der Natur begegnet zu sein.

Am Waldrand nahe der Kleingartenanlage nördlich der Straße K 4256 am östlichen Ortsausgang von Walldorf in Richtung Nußloch hat Udo Samland (mündl. Mitt. 2008) auf dem Weg etwa Mitte Juni 2008 ein laufendes Männchen des Hirschkäfers (*Lucanus cervus*) gesehen, und davor hat er in den 40 Jahren seines Lebens nur einmal vor ca. 20 Jahren in Büchenbronn im Nagoldtal südlich Pforzheim ein laufendes Männchen auf dem Boden am Waldrand gefunden, wohingegen er bis 2005 in Pforzheim und seit 2005 in Walldorf keine weiteren Individuen in der Natur entdeckt hat.

Nahe dem Reitplatz nördlich des westlichen Endes der Verlängerung der Rennbahnstraße am westlichen Ortsrand von Walldorf hat Hans-Dieter Kamm (mündl. Mitt. 2008) etwa Mitte bis Ende Mai 2008 ein Weibchen des Hirschkäfers (*Lucanus cervus*) gesehen, welches auf dem Weg in Richtung Wald gelaufen ist, und hat davor lediglich zwischen 1950 und 1955 in Neckarelz einzelne Männchen im Wald beobachtet. Hans-Dieter Kamm (mündl. Mitt. 2008) hat bis 1959 in Neckarelz, Mosbach und Sinsheim sowie bis 1976 in Heidelberg-Rohrbach und Leimen gewohnt und lebt seit 1976 in Walldorf, und hat in den 70 Jahren seines Lebens ansonsten keine weiteren Individuen des Hirschkäfers (*Lucanus cervus*) in der Natur angetroffen.

Nahe dem Reitplatz nördlich des westlichen Endes der Verlängerung der Rennbahnstraße am westlichen Ortsrand von Walldorf hat Fred Köhler (mündl. Mitt. 2008) vor etwa 25 Jahren am Waldrand ein Männchen des Hirschkäfers (*Lucanus cervus*) an einer Eiche entdeckt. Fred Köhler (mündl. Mitt. 2008) wohnt schon immer in Sandhausen und hat in den 70 Jahren seines Lebens ansonsten nur noch einmal etwa Ende Mai/Anfang Juni 2008 im Waldgebiet Schwetzinger Hardt an der Brücke über den Hardtbach auf dem Weg zur Ostkurve des Hockenheimrings ein totes Männchen des Hirschkäfers (*Lucanus cervus*) auf der Straße am Boden gefunden, bei dem eine Mandibel ganz abgebrochen war und von der anderen Mandibel die Spitze abgebrochen war, wobei alle Bruchstücke nahe beieinander gelegen sind, und ist ansonsten keinen weiteren Exemplaren in der Natur begegnet, obwohl er als Jäger sehr viel Zeit im Wald verbringt.

Nahe dem Reitplatz nördlich des westlichen Endes der Verlängerung der Rennbahnstraße am westlichen Ortsrand von Walldorf hat Wolfgang Messner (mündl. Mitt. 2008) zwischen 1975 und 1980 einmal ein Männchen des Hirschkäfers (*Lucanus cervus*) beobachtet, und hat auch etwa Anfang bis Mitte Juni 2008 im Roter Wald zwischen Rot und dem Frauenweiler Bruch östlich Rot westlich der Straße B 3 und südlich der Autobahn A 6 ein Männchen am Boden auf dem Weg gesehen. Wolfgang Messner (mündl. Mitt. 2008) hat bis 1980 in Walldorf, bis 1984 in Kehl und bis 1988 wieder in Walldorf gewohnt und lebt seit 1988 in Rot, und hat in den über 50 Jahren seines Lebens auch in 1979 oder 1980 einmal ein Männchen des Hirschkäfers (*Lucanus cervus*) in der Umgebung des Lechtales in den Alpen südlich Füssen entdeckt, wohingegen er ansonsten keinen weiteren Exemplaren in der Natur begegnet ist.

Nahe dem Reitplatz nördlich des westlichen Endes der Verlängerung der Rennbahnstraße am westlichen Ortsrand von Walldorf hat Lydia Löhken (mündl. Mitt. 2008) im Mai 2008 am Parkplatz ein laufendes Männchen des Hirschkäfers (*Lucanus cervus*) am Boden gesehen, und hat auch im Dannhecker Wald westlich und nördlich des Reitplatzes etwa Ende Juni 2008 neben einem toten Männchen des

Hirschkäfers (*Lucanus cervus*) auch etwa 30 - 50 tote Exemplare des Maikäfers (*Melolontha*) und etwa 3 - 4 tote Individuen des Goldlaufkäfers (*Carabus auratus*) gefunden, wobei sie einen Zusammenhang mit der kurz vorher in Teilen der Oberrheinebene um Heidelberg und Mannheim von Hubschraubern aus durchgeführten Maikäferbekämpfungsaktion vermutet, denn das beobachtete Massensterben von verschiedenen Käfern ist möglicherweise auch auf die Ausbringung des chemischen Vernichtungsmittels durch Versprühen zurückzuführen. Lydia Löhken (mündl. Mitt. 2008) hat auch im Dannhecker Wald westlich und nördlich des Reitplatzes etwa Anfang bis Mitte Juli 2008 und in 2007 je einen Caput-Thorax-Torso eines Männchens des Hirschkäfers (*Lucanus cervus*) entdeckt, und hat dort auch vor etwa 2 oder 3 Jahren wiederholt mehrere Caput-Thorax-Torsi von Männchen gefunden, von denen einige noch bis zu zwei Tage gelebt haben und mit den Mandibeln gezwickt haben. Lydia Löhken (mündl. Mitt. 2008) hat auch am Parkplatz nahe dem Reitplatz in den letzten 5 Jahren zweimal ein Männchen des Hirschkäfers (*Lucanus cervus*) morgens oder abends am Boden bemerkt, wohingegen ihr fliegende Exemplare nicht aufgefallen sind. Lydia Löhken (mündl. Mitt. 2008) hat bis 1967 in Delligsen südlich Alfeld, bis 1969 in Göttingen und bis 1972 Heidelberg-Neuenheim gewohnt und lebt seit 1972 in Walldorf, und hat in den 60 Jahren ihres Lebens schon von etwa 1955 bis 1967 im Wald um Delligsen in jedem Jahr mehrere Männchen des Hirschkäfers (*Lucanus cervus*) am Boden angetroffen, wohingegen sie sich nicht daran erinnern kann, ansonsten weiteren Individuen in der Natur begegnet zu sein.

Im Wald nördlich und nordwestlich des Reitplatzes nördlich des westlichen Endes der Verlängerung der Rennbahnstraße am nordwestlichen Ortsrand von Walldorf hat Hans-Joachim Fischer (mündl. Mitt. 2009) in 2004 mehrfach einzelne Individuen des Hirschkäfers (*Lucanus cervus*) entdeckt, und zwar 1 Männchen am 30.05.2004 an einem Baum; je 1 Pärchen am 31.05.2004, 02.06.2004 und 04.06.2004 an einem Baum; 1 totes überfahrenes Weibchen am 07.06.2004 auf einem asphaltierten Weg, bis zu 3 fliegende Weibchen am 14.06.2004 abends in der Dämmerung, 1 Männchen am 09.06.2004 an einem Baum, 1 totes Weibchen am 21.06.2004 am Fuß eines Baumes, und 1 Weibchen am 06.07.2004 am Boden laufend, und hat auch im Waldgebiet Schwetzinger Hardt im Bereich um den Saupferchbuckel nordwestlich Walldorf an einer Eiche in 2004 wiederholt etliche Exemplare beobachtet, und zwar je 1 Weibchen am 25.05.2004 und 29.05.2004, 4 Pärchen und 3 Männchen am 30.05.2004, 5 Pärchen und 9 weitere Individuen am 02.06.2004, mindestens 12 Exemplare am 03.06.2004; 6 Pärchen, 3 Männchen und 3 Weibchen am 04.06.2004; 4 Pärchen, 4 Männchen und 1 Weibchen am 07.06.2004; 4 Pärchen, 3 Männchen und 1 Weibchen am 11.06.2004; und 2 Männchen am 14.06.2004. Hans-Joachim Fischer (mündl. Mitt. 2009) hat auch am 26.06.2004 in der Flur Geißheck am Südrand des Waldgebietes Schwetzinger Hardt in der Nähe der Kartbahn westlich Walldorf ein totes Weibchen des Hirschkäfers (*Lucanus cervus*) gefunden, und hat auch am 31.05.2008 am Westrand des Waldgebietes Weißer Stock nördlich der Verlängerung der Wieslocher Straße ostnordöstlich Rot insgesamt 27 fragmentarische tote Individuen (davon waren 16 Männchen und 5 Weibchen bestimmbar) auf einer Strecke von mehreren Hundert Metern am Boden bemerkt. Hans-Joachim Fischer (mündl. Mitt. 2009) hat auch in 2003 im Hochholz südlich Walldorf 2 vollständige und 2 fragmentarische tote Exemplare des Hirschkäfers (*Lucanus cervus*) am Boden entdeckt, und hat auch in 2002 in der Walldorfer Straße am nördlichen Ortsrand von Rot ein fliegendes Männchen registriert, welches dort abends durch die Gärten geflogen ist. Hans-Joachim Fischer (mündl. Mitt. 2009) hat auch in 2002 auf dem Radweg der Straße L 546 in der Nähe der Abzweigung der Straße L 556 am südöstlichen Ortsrand von Reilingen 1 totes überfahrenes Weibchen des Hirschkäfers (*Lucanus cervus*) notiert, und hat auch in 2006 oder 2007 in der Hirschstraße südlich der Hauptstraße nahe des südwestlichen Ortsrandes von Walldorf 1 totes Weibchen am Boden festgestellt. Hans-Joachim Fischer (mündl. Mitt. 2009) hat auch auf dem Gelände des Waldschwimmbades am nördlichen Ortsrand von Walldorf im Bereich östlich des Badesees am 13.06.2003 und am 31.05.2004 je ein totes Männchen des Hirschkäfers (*Lucanus cervus*) am Boden angetroffen, und hat auch am 31.05.2004 am Nordrand des Dannhecker Waldes südöstlich der Zugmantelbrücke nördlich Walldorf 1 Männchen observiert. Hans-Joachim Fischer (mündl. Mitt. 2009) wohnt schon immer in Rot und kann sich den 45 Jahren seines Lebens nicht mehr daran erinnern, ob er schon vor 2002 Individuen des Hirschkäfers (*Lucanus cervus*) in der Natur begegnet ist, wohingegen er nach 2002 noch mehrmals an verschiedenen Orten Exemplare in der Natur gesehen hat.

In der Bürgermeister-Willinger-Straße am südwestlichen Ortsrand von Walldorf haben Sabine und Kurt Lackhoff (mündl. Mitt. 2008) im Garten des Hauses im Mai 2008 ein totes Männchen des Hirschkäfers (*Lucanus cervus*) im Brunnen gefunden, welches dort im Wasser gelegen ist. Sabine Lackhoff (mündl. Mitt. 2008) wohnt schon immer in Walldorf und hat in den über 45 Jahren ihres Lebens bereits zwischen 1973 und 1975 in der Daimlerstraße nahe dem Südwestrand des Industriegebietes südlich Walldorf in der Nähe des Waldes insgesamt etwa 3 - 5 Männchen des Hirschkäfers (*Lucanus cervus*) gesehen, und hat dort auch etwa 2005 ein laufendes Männchen auf der Straße entdeckt, wohingegen sie ansonsten keinen weiteren Individuen in der Natur begegnet ist. Kurt Lackhoff (mündl. Mitt. 2008) hat bis 1979 in der Dürerstraße nahe dem südlichen Ortsrand von Mannheim-Neuostheim gewohnt, wo er etwa 1967 ein Männchen des Hirschkäfers (*Lucanus cervus*) im Garten des Hauses beobachtet hat, und hat bis 1993 in Ludwigshafen gewohnt und lebt seit 1993 in Walldorf, und hat in den über 55 Jahren seines Lebens außer den beiden vorgenannten Männchen keine weiteren Exemplare in der Natur angetroffen.

In der Haydnstraße am südöstlichen Ortsrand von Walldorf haben Kurt und Erni Beck (mündl. Mitt. 2008) etwa Anfang bis Mitte Juni 2008 tagsüber im Hof des Hauses ein laufendes Männchen des Hirschkäfers (*Lucanus cervus*) in der Einfahrt am Boden gesehen, und haben auch in 2004 in Spitz zwischen Krems an der Donau und Melk in der Wachau abends in der Dämmerung mehrere Männchen beobachtet, von denen zwei an einem Baum gesessen sind und einige um den Baum herumgeflogen sind. Kurt Beck (mündl. Mitt. 2008) hat bis 1954 in Wurfersheim bei Bad Windsheim gewohnt und erinnert sich, daß ihm dort sein Vater einmal einen Caput-Thorax-Torso eines Männchens des Hirschkäfers (*Lucanus cervus*) gegeben hat und ihm erzählt hat, daß dort im Wald zahlreiche Exemplare vorkommen. Kurt Beck (mündl. Mitt. 2008) hat dann bis 1980 in Nürnberg gewohnt und lebt seit 1980 in Walldorf, und hat in den 60 Jahren seines Lebens außer den vorgenannten Funden keine weiteren Individuen des Hirschkäfers (*Lucanus cervus*) in der Natur angetroffen. Erni Beck (mündl. Mitt. 2008) hat schon von etwa 1950 bis 1955 in Moringen westlich Northeim im Solling immer wieder etliche Exemplare des Hirschkäfers (*Lucanus cervus*) am Waldrand und im Wald beobachtet, und ist dann in den über 65 Jahren ihres Lebens erst wieder mit den vorgenannten Funden Individuen in der Natur begegnet.

Im Hochholz südlich Walldorf hat Karl-Heinz Willer (mündl. Mitt. 2008) vor etwa 20 Jahren 8 Caput-Thorax-Torsi von Männchen des Hirschkäfers (*Lucanus cervus*) tot auf einem Baumstumpf in einer Eichenschonung gefunden, welche vermutlich die Beute eines Spechtes geworden waren. Karl-Heinz Willer (mündl. Mitt. 2008) wohnt seit 1953 in Walldorf und hat in den über 75 Jahren seines Lebens bisher nur einmal in 1985 bei St. Malo nördlich Rennes in der Bretagne in Frankreich ein lebendes Männchen des Hirschkäfers (*Lucanus cervus*) in der Natur angetroffen, welches dort auf dem Sand der bepflanzten Küstendüne zwischen abgefallenen Zweigen und Laub gelaufen ist, wohingegen er ansonsten keinem lebenden Exemplar in der Natur begegnet ist.

Im Hochholz südlich Walldorf hat Rita Schweizer (mündl. Mitt. 2008) zwischen dem Waldsee und der Baumschule am Parkplatz auf dem Feldweg am Waldrand in Richtung Walldorf in 2008 etwa 3 - 4 Caput-Thorax-Torsi von Männchen des Hirschkäfers (*Lucanus cervus*) am Boden gesehen, von denen einer noch gelebt hat und sie in den Finger gezwickt hat, und hat Ende Mai/Anfang Juni 2008 am Kriegbach im Waldgebiet Untere Lusshardt südwestlich Reilingen in Richtung Kirrlach an einem trüben Tag nachmittags gegen 15 Uhr ein fliegendes Männchen am Weg beobachtet. Rita Schweizer (mündl. Mitt. 2008) hat auch in 2007 ein totes Männchen des Hirschkäfers (*Lucanus cervus*) nahe dem Gelände des Hundevereins am Nordrand des Waldgebietes Untere Lusshardt südlich Reilingen entdeckt, welches auf dem Boden gelegen ist und innen ausgehöhlt war. Rita Schweizer (mündl. Mitt. 2008) hat bis 1968 in Mannheim am Ring gewohnt und lebt seit 1968 in Hockenheim, und hat in den 60 Jahren ihres Lebens außer den vorgenannten Funden keine weiteren Exemplare des Hirschkäfers (*Lucanus cervus*) in der Natur angetroffen. Rita Schweizer (mündl. Mitt. 2008) hat in 2008 in Reilingen auch ungewöhnlich zahlreiche Individuen des Maikäfers (*Melolontha*) festgestellt, welche dort teilweise wie Trauben an den Bäumen gehangen haben, und hat in den 60 Jahren ihres Lebens noch nie so viele Exemplare des Maikäfers (*Melolontha*) wie in 2008 in Reilingen gesehen.

Im Hochholz südlich Walldorf hat Dieter Weick (mündl. Mitt. 2008) etwa 1999 und 2000 mehrmals einzelne Caput-Thorax-Torsi von Männchen des Hirschkäfers (*Lucanus cervus*) im Wald am Boden entdeckt, und hat auch etwa Ende Mai/Anfang Juni 2008 am Bahnhof Rot-Malsch westlich Malsch und südöstlich Rot auf einem Weg in Richtung Industriegebiet einen Caput-Thorax-Torso eines Männchens im Wald am Boden bemerkt. Dieter Weick (mündl. Mitt. 2008) hat auch im Waldgebiet Molzau nordöstlich Philippsburg-Huttenheim von etwa 1969 bis 1975 in jedem Jahr insgesamt etwa 5 - 10 Exemplare des Hirschkäfers (*Lucanus cervus*), welche meist Männchen waren, pro Jahr überwiegend am Boden gesehen, wohingegen er nach 1975 dort nicht mehr bewußt beobachtet hat. Dieter Weick (mündl. Mitt. 2008) hat bis 1990 in Philippsburg-Huttenheim gewohnt und lebt seit 1990 in Weiher, und hat in den über 45 Jahren seines Lebens noch weitere Exemplare des Hirschkäfers (*Lucanus cervus*) in der Natur angetroffen, kann sich jedoch nicht mehr daran erinnern, wann und wo dies gewesen ist, sondern kann lediglich vermuten, daß dies wahrscheinlich unter anderem anläßlich verschiedener Exkursionen während seines Studiums in Karlsruhe von 1984 bis 1991 gewesen ist.

Im Hochholz südlich Walldorf hat Ute Fladry (mündl. Mitt. 2008) zwischen 1970 und 1975 in der Umgebung des Waldsees ein Männchen des Hirschkäfers (*Lucanus cervus*) am Boden registriert, welches das einzige Exemplar ist, dem sie in den 70 Jahren ihres Lebens, in dem sie immer in Wiesloch-Frauenweiler gewohnt hat, in der Natur begegnet ist.

Im Hochholz und im Dörnicht südlich Walldorf sowie auch im südlich anschließenden Wald bis zum Bahnhof Rot-Malsch und im östlich anschließenden Wald bis zum Grenzgraben zwischen Walldorf und Frauenweiler hat Josef Schäfer (mündl. Mitt. 2008) seit etwa 1945 bis 1958 in jedem Jahr insgesamt etwa 3 - 5 Exemplare des Hirschkäfers (*Lucanus cervus*) pro Jahr am Boden und fliegend beobachtet. Josef Schäfer (mündl. Mitt. 2008) hat auch von 1958 bis 1963 zwischen Bellheim, Westheim und Germersheim in der Pfalz in jedem Jahr insgesamt etwa 4 - 7 Exemplare des Hirschkäfers (*Lucanus cervus*) pro Jahr registriert, welche er dort besonders häufig um alte Mühlen im Überschwemmungsgebiet der Queich in Wäldern mit Eichen und Pappeln festgestellt hat. Josef Schäfer (mündl. Mitt. 2008) hat auch von 1967 bis 1993 in der Siemensstraße am Südwestrand des Industriegebietes südlich Walldorf in jedem Jahr insgesamt etwa 3 - 5 Exemplare des Hirschkäfers (*Lucanus cervus*) pro Jahr im Garten des Hauses mit ausgedehntem Baumbestand am Waldrand und im angrenzenden Hochholz am Boden und fliegend gesehen, und hat dort auch in 2005 an mehreren aufeinanderfolgenden Tagen insgesamt 5 Männchen bemerkt, welche abends an der Terrasse des Hauses geflogen sind. Josef Schäfer (mündl. Mitt. 2008) konnte damit über einen Zeitraum von über 25 Jahren das regelmäßige Auftreten von Individuen des Hirschkäfers (*Lucanus cervus*) in Walldorf konstatieren. Josef Schäfer (mündl. Mitt. 2008) hat bis 1993 in Walldorf gewohnt und lebt seit 1993 in Sinsheim, und hat in den über 70 Jahren seines Lebens auch an der Hütte nahe dem Kinderspielplatz des Hotels am Kreuzbergsee westnordwestlich Tiefenbach am 10.07.2008 ein Männchen des Hirschkäfers (*Lucanus cervus*) am Boden gesehen, welches den Weg überquert hat, und hat es dann an eine Eiche gesetzt, wo es den Stamm hinaufgelaufen ist. Am Kreuzbergsee stehen 12 große Eichen, welche bis zu 150 Jahre alt sind. In Sinsheim und Umgebung ist Josef Schäfer (mündl. Mitt. 2008) jedoch seit 1993 bis 2008 keinen Exemplaren des Hirschkäfers (*Lucanus cervus*) in der Natur begegnet.

Im Hochholz südlich Walldorf, im Dannhecker Wald am nordöstlichen Ortsrand von Walldorf und im Waldgebiet Schwetzinger Hardt am nordwestlichen Ortsrand von Walldorf hat Gunter Glasbrenner (mündl. Mitt. 2008) von 1993 bis 2008 in fast jedem Jahr insgesamt etwa 5 - 10 Individuen des Hirschkäfers (*Lucanus cervus*), von denen etwa zwei Drittel Männchen und etwa ein Drittel Weibchen waren, pro Jahr überwiegend am Boden und an Bäumen sowie gelegentlich auch fliegend gesehen, wohingegen er in einem Jahr, welches etwa 2003 war, keine Exemplare festgestellt hat. Am Reitplatz nördlich des westlichen Endes der Verlängerung der Rennbahnstraße am westlichen Ortsrand von Walldorf hat Gunter Glasbrenner (mündl. Mitt. 2008) in 2004 oder 2005 einmal 7 Individuen des Hirschkäfers (*Lucanus cervus*) zusammen an einer Eiche etwa eine Stunde vor einem Gewitter beobachtet, und am Parkplatz im Hochholz südlich Walldorf hat er in 2008 einmal 5 Exemplare wahrgenommen. Gunter Glasbrenner (mündl. Mitt. 2008) hat bis 1981 in Daisbach gewohnt und hat dort von 1965 bis 1980 in jedem Jahr insgesamt etwa 10 - 15 Exemplare des Hirschkäfers (*Lucanus cervus*) pro Jahr im Waldgebiet Orles im Walddistrikt Saugrund südlich Daisbach in Richtung Sinsheim und im Großen Wald östlich Daisbach in Richtung Waibstadt meist am Boden und an schwülen Tagen gelegentlich auch fliegend registriert, wobei er an manchen Tagen bis zu 5 Individuen notiert hat. Gunter Glasbrenner (mündl. Mitt. 2008) hat dann bis 1993 in Hunsbach bei Forbach südsüdöstlich Rastatt im Schwarzwald gewohnt und lebt seit 1993 in Walldorf, und kann sich in den über 50 Jahren seines Lebens außer den vorgenannten Funden nur noch an die Entdeckung eines toten Männchens des Hirschkäfers (*Lucanus cervus*) im Hof des Klosters Maulbronn in 2003 oder 2004 erinnern, wohingegen ihm ansonsten keine weiteren Begegnungen mit Exemplaren in der Natur im Gedächtnis haften geblieben sind. Gunter Glasbrenner (mündl. Mitt. 2008) konnte damit sowohl von 1965 bis 1980 in und um Daisbach als auch von 1993 bis 2008 in und um Walldorf jeweils über einen Zeitraum von 15 Jahren das regelmäßige Auftreten von Individuen des Hirschkäfers (*Lucanus cervus*) konstatieren.

Im Dörnicht südlich Walldorf hat Bernd Behring (mündl. Mitt. 2008) seit etwa 2001 bis 2008 in jedem Jahr ein Männchen des Hirschkäfers (*Lucanus cervus*) pro Jahr in einem von Maschendrahtzaun umgebenen Industriegelände gesehen, welche am Boden im eingezäunten Hof gelaufen sind, und in 2008 hat er dort ein Männchen beobachtet, welches aus dem eingezäunten Hof heraus auf die Zufahrtsstraße gelaufen ist. Bernd Behring (mündl. Mitt. 2008) hat bis 1974 in Mannheim-Neckarau und bis 1993 in Rot gewohnt und lebt seit 1993 in Sandhausen, und hat in den über 60 Jahren seines Lebens außer den vorgenannten Funden keine weiteren Exemplare des Hirschkäfers (*Lucanus cervus*) in der Natur angetroffen.

20.2 Wiesloch

Die Nachweise von Individuen des Hirschkäfers (*Lucanus cervus*) in Wiesloch, welche mir von Naturfreunden aufgrund meiner Aufrufe zur Mitteilung von Beobachtungen in regionalen Tageszeitungen (Rhein-Neckar-Zeitung 2008 a, 2008 b, 2008 c, 2008 d; Schwetzinger Zeitung 2008, Bruchsaler Rundschau 2008) gemeldet wurden, stammen aus der Waldstraße, der Parkstraße, der Gerbersruhstraße und der Blumenstraße sowie aus dem daran angrenzenden Dämmelwald am nordwestlichen Ortsrand von Wiesloch; aus dem Gelände des Psychiatrischen Zentrums Nordbaden am nördlichen Ortsrand von Wiesloch, aus dem Juliusblick am östlichen Ortsrand von Wiesloch, aus dem Leimengraben im Neubaugebiet Häuseläcker am südlichen Ortsrand von Wiesloch, aus dem Kegelbahnweg im südlichen Ortsbereich von Wiesloch, aus der Schillerstraße und der Bergstraße im Zentrum von Wiesloch, und aus dem alten Römerhof am nordöstlichen Ortsausgang von Wiesloch. Die Fundorte des Hirschkäfers (*Lucanus cervus*) in Wiesloch (TK 25, Blatt 6618 Heidelberg-Süd und Blatt 6718 Wiesloch) liegen in der Ebene des Rheintales in ca. 100 - 120 m Höhe über NN und am Westhang des Kraichgaues am Osthang des Rheintales in ca. 120 - 180 m Höhe über NN.

In der Waldstraße am Ostrand des Dämmelwaldes am nordwestlichen Ortsrand von Wiesloch hat Helga Schulz (mündl. Mitt. 2008) an der Kante zwischen der Terrasse und der Wand des Hauses in 2006 ein Männchen und in 2008 ein Weibchen des Hirschkäfers (*Lucanus cervus*) gesehen, wohingegen ihr in früheren Jahren dort keine Exemplare aufgefallen sind. Helga Schulz (mündl. Mitt. 2008) hat bis 1982 in Sinsheim gewohnt und lebt seit 1982 in Wiesloch, und kann sich in den fast 50 Jahren ihres Lebens nicht mehr daran erinnern, ob sie möglicherweise schon einmal früher Individuen des Hirschkäfers (*Lucanus cervus*) in der Natur begegnet ist.

In der Parkstraße am Südrand des Dämmelwaldes am nordwestlichen Ortsrand von Wiesloch hat Simone Janas (mündl. Mitt. 2008) am Boden und an Stämmen von Bäumen in 2006 mehrere Weibchen des Hirschkäfers (*Lucanus cervus*) beobachtet, wohingegen sie dort in 2008, 2007 und 2005 keine Exemplare bemerkt hat. Simone Janas (mündl. Mitt. 2008) hat auch in 2008 in der Lederschenstraße nahe dem südlichen Ortsrand von Wiesloch-Baiertal ein totes Männchen des Hirschkäfers (*Lucanus cervus*) in einem Garten am Boden gesehen.

Im Dämmelwald nördlich der Parkstraße und westlich der Waldstraße am nordwestlichen Ortsrand von Wiesloch hat Lukas Kieslinger (mündl. Mitt. 2008) von etwa 1960 bis 1965 in jedem Jahr insgesamt etwa 30 - 50 Exemplare des Hirschkäfers (*Lucanus cervus*), welche überwiegend Männchen und untergeordnet Weibchen waren, pro Jahr am Boden beobachtet. Lukas Kieslinger (mündl. Mitt. 2008) hat auch im Wald um die Flur Weiße Hohle im Südteil des Hirschberges östlich Nußloch in Richtung Maisbach von etwa 1975 bis 1985 in jedem Jahr insgesamt etwa 5 - 10 Individuen des Hirschkäfers (*Lucanus cervus*), welche überwiegend Männchen und untergeordnet Weibchen waren, pro Jahr am Boden bemerkt. Lukas Kieslinger (mündl. Mitt. 2008) hat bis 1967 in Wiesloch gewohnt und lebt seit 1967 in Nußloch, und hat in den 65 Jahren seines Lebens außer den vorgenannten Funden keine weiteren Exemplare des Hirschkäfers (*Lucanus cervus*) in der Natur angetroffen.

Im Dämmelwald nördlich der Parkstraße am nordwestlichen Ortsrand von Wiesloch hat Udo Grund (mündl. Mitt. 2008) von etwa 1965 bis 1970 in jedem Jahr insgesamt etwa 2 - 3 Männchen des Hirschkäfers (*Lucanus cervus*) pro Jahr am Boden beobachtet, und hat danach erst wieder etwa Ende Mai/Anfang Juni 2008 in der Hirschhornstraße am östlichen Ortsrand von Sinsheim-Eschelbach an der Wand des Hauses ein Männchen gesehen. Udo Grund (mündl. Mitt. 2008) hat bis 1975 in Wiesloch gewohnt und lebt seit 1975 in Eschelbach, und hat in den 55 Jahren seines Lebens außer den vorgenannten Funden keine weiteren Exemplare des Hirschkäfers (*Lucanus cervus*) in der Natur bemerkt.

Im Dämmelwald nördlich der Gerbersruhstraße am nordwestlichen Ortsrand von Wiesloch hat Monika Koppenhöfer (mündl. Mitt. 2008) zwischen etwa 1955 und etwa 1960 wiederholt mehrere Caput-Thorax-Torsi von Männchen des Hirschkäfers (*Lucanus cervus*) an einer Stelle konzentriert gefunden, wohingegen sie lebende vollständige Individuen dort nicht bemerkt hat. Monika Koppenhöfer (mündl. Mitt. 2008) hat bis 1975 in Wiesloch gewohnt und lebt seit 1975 in Frauenweiler, und ist in den 60 Jahren ihres Lebens danach erst wieder in 2003 in Frauenweiler Exemplaren des Hirschkäfers (*Lucanus cervus*) in der Natur begegnet. Im Frauenweilerweg am südlichen Ortsrand von Wiesloch-Frauenweiler hat Monika Koppenhöfer (mündl. Mitt. 2008) am 11.05.2003 und am 16.05.2003 je ein Männchen beobachtet, welches an der Wand des Hauses hochgelaufen ist und in dem Efeubewuchs der Wand verschwunden ist, und hat auch im Garten des Hauses am 08.06.2008 vormittags gegen 9.30 Uhr und in 2007 je ein Weibchen des Hirschkäfers (*Lucanus cervus*) an der Treppe und auf der Betonfreifläche am Boden gesehen. Monika Koppenhöfer (mündl. Mitt. 2008) hat außer den vorgenannten Funden keine weiteren Individuen des Hirschkäfers (*Lucanus cervus*) in der Natur wahrgenommen.

Im Dämmelwald zwischen der Blumenstraße nahe dem nördlichen Ortsrand von Wiesloch und dem Stadion hat Birgit Spazier (mündl. Mitt. 2008) von etwa 1965 bis etwa 1970 in jedem Jahr etwa 2 - 3 Exemplare des Hirschkäfers (*Lucanus cervus*) am Boden beobachtet, und hat danach nur noch etwa Anfang bis Mitte Mai 2008 im Starenweg am nördlichen Ortsrand von Wiesloch-Frauenweiler ein Männchen an der Wand des Hauses sitzend gesehen. Birgit Spazier (mündl. Mitt. 2008) hat bis 1988 in Wiesloch und bis 1992 in Pfungstadt gewohnt und lebt seit 1992 in Wiesloch-Frauenweiler, und kann sich nicht daran erinnern, zwischen etwa 1970 und 2008 weitere Individuen des Hirschkäfers (*Lucanus cervus*) in der Natur angetroffen zu haben.

Auf dem Gelände des Psychiatrischen Zentrums Nordbaden am nördlichen Ortsrand von Wiesloch hat Gerda Gund (mündl. Mitt. 2008) zwischen etwa 1948 und 1950 ein Männchen des Hirschkäfers (*Lucanus cervus*) tagsüber am Boden auf dem Pflaster in der Nähe des Wasserhahnes im Garten beobachtet. Gerda Gund (mündl. Mitt. 2008) hat bis 1950 in Wiesloch, bis 1956 in Aachen und bis 1962 in verschiedenen Stadtteilen von Heidelberg gewohnt und lebt seit 1962 in Heidelberg-Neuenheim, und hat in den über 70 Jahren ihres Lebens danach erst wieder in der Keplerstraße im Zentrum von Heidelberg-Neuenheim im Garten des Hauses am 30.05.2008 abends in der Dämmerung ein Männchen und ein Weibchen des Hirschkäfers (*Lucanus cervus*) fliegend gesehen, und hat dort auch vor etwa 5 Jahren ein Weibchen und vor etwa 10 Jahren ein Männchen entdeckt. Außer den vorgenannten Funden ist Gerda Gund (mündl. Mitt. 2008) keinen weiteren Exemplaren des Hirschkäfers (*Lucanus cervus*) in der Natur begegnet.

Am Juliusblick am östlichen Ortsrand von Wiesloch, wo er seit 1951 wohnt, hat Hans Gassmann (mündl. Mitt. 2008) im Garten des Hauses etwa Mitte Juni 2008 ein Männchen des Hirschkäfers (*Lucanus cervus*) am Boden auf der Wiese gesehen, und hat in den fast 75 Jahren seines Lebens dort schon seit 1951 immer wieder einzelne Exemplare am Haus, im Garten und auf den Wegen beobachtet. Von 1951 bis etwa 1970 hat Hans Gassmann (mündl. Mitt. 2008) die Individuen des Hirschkäfers (*Lucanus cervus*) zwar auch in unregelmäßiger Verteilung, aber insgesamt häufiger bemerkt als von etwa 1970 bis 2008, wo die Exemplare nur noch ab und zu und nicht in jedem Jahr aufgetreten sind. Hans Gassmann (mündl. Mitt. 2008) konnte damit über einen Zeitraum von über 55 Jahren das zwar unregelmäßige, aber stets wiederkehrende Auftreten von Individuen des Hirschkäfers (*Lucanus cervus*) konstatieren.

Am Leimengraben im Neubaugebiet Häuseläcker am südlichen Ortsrand von Wiesloch hat Ines Döring (mündl. Mitt. 2008) auf der Terrasse des Hauses in 2005 ein Männchen des Hirschkäfers (*Lucanus cervus*) entdeckt, welches anschließend die Wand des Hauses hochgekrabbelt ist. Dieses Männchen ist das einzige Exemplar des Hirschkäfers (*Lucanus cervus*), welches sie bisher in Wiesloch gesehen hat, wo sie seit 1998 wohnt, und das sie in den über 40 Jahren ihres Lebens bisher in der Natur beobachtet hat. Ines Döring (mündl. Mitt. 2008) hat bis 1991 in Dresden und bis 1998 in Berlin gewohnt, und ist dort ebenso wie vor 2005 in Wiesloch keinen Individuen des Hirschkäfers (*Lucanus cervus*) in der Natur begegnet.

Im Kegelbahnweg im südlichen Ortsbereich von Wiesloch hat Andreas Pietschmann (mündl. Mitt. 2008) etwa Anfang Juni 2008 im Behandlungsraum in der Praxis des Ärztlichen Bereitschaftsdienstes abends gegen 23 Uhr ein Männchen des Hirschkäfers (*Lucanus cervus*) am Boden gefunden. Andreas Pietschmann (mündl. Mitt. 2008) hat in Heidelberg studiert, war dann an verschiedenen Orten im

Rhein-Neckar-Kreis, und hat bis 2000 in Wiesloch, bis 2003 in Rauenberg und bis 2005 in Heidelberg gewohnt, und lebt seit 2005 in Halle an der Saale, und erinnert sich in den über 45 Jahren seines Lebens nur noch daran, daß er vorher schon einmal ein Exemplar des Hirschkäfers (*Lucanus cervus*) gesehen hat, weiß aber nicht mehr, wo und wann dies gewesen ist.

In der Schillerstraße in der Nähe des Zentrums von Wiesloch hat Klaus Huber (mündl. Mitt. 2008) im Komposthaufen in seinem Garten, welcher dort schon seit etwa 8 Jahren liegt, in 2008 ca. 8 - 10 Larven (Engerlinge) des Hirschkäfers (*Lucanus cervus*) festgestellt, wohingegen er in den über 40 Jahren seines Lebens bisher in Wiesloch keine Imagines in der Natur entdeckt hat.

In der Bergstraße im Zentrum von Wiesloch haben Christel und Holm Raetzer (mündl. Mitt. 2008) im Garten des Hauses in 2006 ein Männchen des Hirschkäfers (*Lucanus cervus*) auf dem Stumpf einer abgesägten Birke sitzend gesehen, welches sich etwa 2 - 3 Tage im Garten aufgehalten hat und dann verschwunden ist. Christel und Holm Raetzer (mündl. Mitt. 2008) wohnen seit 1966 in Wiesloch und haben dort in den fast 70 Jahren ihres Lebens keine weiteren Exemplare des Hirschkäfers (*Lucanus cervus*) in der Natur angetroffen, so daß sie ihren Kindern dort keine Individuen zeigen konnten. Holm Raetzer (mündl. Mitt. 2008) hat bis 1949 in Sieverstedt südlich Flensburg und bis 1963 in Hamburg gewohnt, und hat in und um Sieverstedt von etwa 1945 bis 1949 in fast jedem Jahr insgesamt etwa 1 - 3 Exemplare des Hirschkäfers (*Lucanus cervus*) pro Jahr beobachtet, welche überwiegend Männchen waren, wohingegen er seit damals erst wieder in 2006 Individuen in der Natur begegnet ist. Christel Raetzer (mündl. Mitt. 2008) hat bis 1962 in Weingarten nordnordöstlich Ravensburg gewohnt und hat dort von etwa 1945 bis etwa 1960 in jedem Jahr insgesamt etwa 10 - 15 Exemplare des Hirschkäfers (*Lucanus cervus*) pro Jahr im Wald am Boden und fliegend registriert, welche überwiegend Männchen und untergeordnet auch Weibchen waren, und in guten Jahren hat sie dort bis zu 20 Individuen pro Jahr festgestellt, wohingegen sie seit damals ebenfalls erst wieder in 2006 Exemplare in der Natur angetroffen hat. Christel Raetzer (mündl. Mitt. 2008) hat während ihrer Zeit in Weingarten auch von etwa 1946 bis etwa 1955 im Märchenwald südwestlich Bad Waldsee nordöstlich Ravensburg zahlreiche Männchen des Hirschkäfers (*Lucanus cervus*) an und auf kreuz und quer liegenden und stehenden Bäumen sowie an und auf deren Wurzeln und am Boden in einem uralten naturbelassenen Wald mit viel Totholz beobachtet.

Am alten Römerhof am nordöstlichen Ortsausgang von Wiesloch in Richtung Baiertal hat Peter Zimmermann (mündl. Mitt. 2008) von 1964 bis 1966 etwa 1 - 2 Männchen des Hirschkäfers (*Lucanus cervus*) pro Jahr in den Eichenwäldern oberhalb des alten Friedhofes beobachtet, und hat auch in 1979 oder 1980 an der Evangelischen Hütte nahe des westlichen Ortsausganges von Tairnbach in Richtung Mühlhausen einmal ein Männchen am Boden entdeckt. Sigrid Bader und Peter Zimmermann (mündl. Mitt. 2008) wohnen seit 1993 in der Odenwaldstraße am östlichen Ortsrand von Nußloch, und haben dort im Garten hinter dem Haus am Waldrand am 25.07.2007 ein Weibchen und im Juni 2007 ein Männchen des Hirschkäfers (*Lucanus cervus*) am Boden gesehen, und haben auch etwa Anfang bis Mitte Juli 2008 ein Weibchen an einem Eichenstamm am Waldrand oberhalb des Hauses entdeckt. Die vorgenannten Funde sind die einzigen Exemplare des Hirschkäfers (*Lucanus cervus*), welche Sigrid Bader und Peter Zimmermann (mündl. Mitt. 2008) in den 50 Jahren ihres Lebens bisher in der Natur angetroffen haben.

20.3 Frauenweiler

Die Nachweise von Individuen des Hirschkäfers (*Lucanus cervus*) in Wiesloch-Frauenweiler, welche mir von Naturfreunden aufgrund meiner Aufrufe zur Mitteilung von Beobachtungen in regionalen Tageszeitungen (Rhein-Neckar-Zeitung 2008 a, 2008 b, 2008 c, 2008 d; Schwetzinger Zeitung 2008, Bruchsaler Rundschau 2008) gemeldet wurden, stammen aus dem Frauenweilerweg und vom Dorfplatz am südlichen Ortsrand von Frauenweiler; aus dem Starenweg am nördlichen Ortsrand von Frauenweiler, aus dem Finkenweg im westlichen Ortsbereich von Frauenweiler und aus der Kleinfeldstraße am östlichen Ortsrand von Frauenweiler. Die Fundorte des Hirschkäfers (*Lucanus cervus*) in Frauenweiler (TK 25, Blatt 6718 Wiesloch) liegen in der Ebene des Rheintales in ca. 100 - 120 m Höhe über NN.

Im Frauenweilerweg am südlichen Ortsrand von Wiesloch-Frauenweiler hat Monika Koppenhöfer (mündl. Mitt. 2008) im Garten des Hauses am 08.06.2008 vormittags gegen 9.30 Uhr und in 2007 je ein

Weibchen des Hirschkäfers (*Lucanus cervus*) an der Treppe und auf der Betonfreifläche am Boden gesehen, und hat dort auch am 11.05.2003 und am 16.05.2003 je ein Männchen beobachtet, welches an der Wand des Hauses hochgelaufen ist und in dem Efeubewuchs der Wand verschwunden ist. Monika Koppenhöfer (mündl. Mitt. 2008) hat bis 1975 in Wiesloch gewohnt und lebt seit 1975 in Frauenweiler, und hat in den 60 Jahren ihres Lebens schon zwischen etwa 1955 und etwa 1960 im Dämmelwald nördlich der Gerbersruhstraße, wo sie damals gewohnt hat, wiederholt mehrere Caput-Thorax-Torsi von Männchen des Hirschkäfers (*Lucanus cervus*) an einer Stelle konzentriert gefunden, wohingegen sie lebende vollständige Individuen dort nicht bemerkt hat. Monika Koppenhöfer (mündl. Mitt. 2008) ist in Wiesloch und Frauenweiler zwischen 1960 und 2003 keinen weiteren Individuen des Hirschkäfers (*Lucanus cervus*) in der Natur begegnet.

Am Dorfplatz nahe dem südlichen Ortsrand von Wiesloch-Frauenweiler hat Holger Fladry (mündl. Mitt. 2008) vor etwa 10 Jahren ein Männchen des Hirschkäfers (*Lucanus cervus*) auf dem Dach des Hauses sitzend angetroffen, und hat auch in 2005 im Kapellenbruch nördlich des Bahnhofs Rot-Malsch westlich Malsch und südöstlich Rot einen Caput-Thorax-Torso eines Männchens am Boden bemerkt. Holger Fladry (mündl. Mitt. 2008) hat auch am 24.05.2008 auf der Ketscher Rheininsel nordwestlich Ketsch am Westufer des Baggersees nordöstlich des Forsthauses beim Fischen ein im Wasser treibendes lebendes Männchen des Hirschkäfers (*Lucanus cervus*) entdeckt, welches sich an seiner Angelschnur festgehalten hat, so daß er es an Land ziehen konnte, und hat dort in 2007 am Boden etwa 3 - 4 Caput-Thorax-Torsi von Männchen gesehen. Holger Fladry (mündl. Mitt. 2008) wohnt schon immer in Wiesloch-Frauenweiler und hat in den 45 Jahren seines Lebens außer den vorgenannten Funden keine weiteren Exemplare des Hirschkäfers (*Lucanus cervus*) in der Natur beobachtet. Seine Mutter, Ute Fladry (mündl. Mitt. 2008), wohnt auch schon immer in Wiesloch-Frauenweiler und hat in den 70 Jahren ihres Lebens nur einmal zwischen 1970 und 1975 im Hochholz südlich Walldorf in der Umgebung des Waldsees ein Männchen des Hirschkäfers (*Lucanus cervus*) am Boden registriert, wohingegen sie ansonsten keinen weiteren Individuen in der Natur begegnet ist.

Im Starenweg am nördlichen Ortsrand von Wiesloch-Frauenweiler hat Birgit Spazier (mündl. Mitt. 2008) etwa Anfang bis Mitte Mai 2008 ein Männchen des Hirschkäfers (*Lucanus cervus*) an der Wand des Hauses sitzend gesehen, und hat davor nur von etwa 1965 bis etwa 1970 im Dämmelwald zwischen der Blumenstraße nahe dem nördlichen Ortsrand von Wiesloch und dem Stadion in jedem Jahr etwa 2 - 3 Exemplare am Boden beobachtet. Birgit Spazier (mündl. Mitt. 2008) hat bis 1988 in Wiesloch und bis 1992 in Pfungstadt gewohnt und lebt seit 1992 in Wiesloch-Frauenweiler, und kann sich nicht daran erinnern, zwischen etwa 1970 und 2008 weitere Individuen des Hirschkäfers (*Lucanus cervus*) in der Natur angetroffen zu haben.

Im Finkenweg im westlichen Ortsbereich von Wiesloch-Frauenweiler hat Claudia Vettel (mündl. Mitt. 2008) auf dem Spielgelände des Kindergartens "Unter dem Sternenhimmel" etwa Anfang Juli 2008 ein Männchen und ein Weibchen des Hirschkäfers (*Lucanus cervus*) am Boden gesehen, welche aus Löchern in Holzstufen, die vom Atrium auf die Wiese führen, herausgekommen sind und sich auch wieder darin versteckt haben, wohingegen ihr dort in den vergangenen Jahren keine Individuen aufgefallen sind. Claudia Vettel (mündl. Mitt. 2008) hat in den über 45 Jahren ihres Lebens schon etwa 1970 in der Darmstädter Straße im nördlichen Ortsbereich von Bensheim in Richtung Auerbach im Garten des Hauses einzelne Exemplare des Hirschkäfers (*Lucanus cervus*) am Boden entdeckt, und hat auch zwischen 1975 und 1980 in einem Garten am Waldrand in Auerbach nördlich Bensheim einzelne Individuen bemerkt, wohingegen sie sich nicht daran erinnern kann, außer den vorgenannten Funden weiteren Exemplaren in der Natur begegnet zu sein.

In der Kleinfeldstraße am östlichen Ortsrand von Wiesloch-Frauenweiler hat Dragan Mlakar (mündl. Mitt. 2009) vor etwa 10 Jahren einmal zwei tote Männchen des Hirschkäfers (*Lucanus cervus*) auf dem Weg gesehen, welches die einzigen Exemplare sind, die er in den fast 65 Jahren seines Lebens, in dem er schon seit 40 Jahren in Frauenweiler wohnt, bisher in der Natur angetroffen hat.

20.4 Sandhausen

Die Nachweise von Individuen des Hirschkäfers (*Lucanus cervus*) in Sandhausen, welche mir von Naturfreunden aufgrund meiner Aufrufe zur Mitteilung von Beobachtungen in regionalen Tageszeitungen (Rhein-Neckar-Zeitung 2008 a, 2008 b, 2008 c, 2008 d; Schwetzinger Zeitung 2008, Bruchsaler Rundschau 2008) gemeldet wurden, stammen aus der Mörikestraße nahe dem nördlichen Ortsrand von Sandhausen, aus dem Krautgarten am nordwestlichen Ortsrand von Sandhausen, aus der Freiherr-vom-Stein-Straße sowie aus dem Wald nahe dem westlichen Ortsrand von Sandhausen, aus dem Sonnenweg am südwestlichen Ortsrand von Sandhausen; aus der Großen Ringstraße, der Bahnhofstraße. der Hauptstraße, der Langgasse und der Seegasse im Zentrum von Sandhausen; und aus der Mozartstraße am östlichen Ortsrand von Sandhausen. Die Fundorte des Hirschkäfers (*Lucanus cervus*) in Sandhausen (TK 25, Blatt 6617 Schwetzingen und Blatt 6618 Heidelberg-Süd) liegen in der Ebene des Rheintales in ca. 100 - 120 m Höhe über NN.

In der Mörikestraße nahe dem nördlichen Ortsrand von Sandhausen hat Selma Fecht (mündl. Mitt. 2008) Ende Juli 2008 im Vorgarten des Hauses ein Männchen des Hirschkäfers (*Lucanus cervus*) am Boden gesehen, und hat in 2007 auf dem Balkon des Hauses ein Männchen beobachtet. Ihr Nachbar, Hubert Kosi (Selma Fecht, mündl. Mitt. 2008), hat in 2008 im Keller des Hauses in der Hauptstraße im Zentrum von Sandhausen zwei tote Männchen des Hirschkäfers (*Lucanus cervus*) in einer leeren Schachtel gefunden. Selma Fecht (mündl. Mitt. 2008) hat bis 1965 in St. Ilgen gewohnt und lebt seit 1965 in Sandhausen, und hat in den 75 Jahren ihres Lebens bereits von 1940 bis 1945 gelegentlich einzelne Männchen des Hirschkäfers (*Lucanus cervus*) im Garten des Hauses in der Bahnhofstraße am westlichen Ortsrand von St. Ilgen entdeckt, wohingegen sie sich nicht daran erinnern kann, auch zwischen 1945 und 2007 Individuen in der Natur begegnet zu sein.

Im Krautgarten am nordwestlichen Ortsrand von Sandhausen hat Martina Daub (mündl. Mitt. 2008) im Garten des Hauses am 20.06.2008 abends ein Männchen des Hirschkäfers (*Lucanus cervus*) am Holzrahmen der Terrassentür gesehen, und hat dort auch Anfang August 2008 ein Weibchen an der Thujahecke im Garten bemerkt, wo sie Kaminholz gelagert hat. Martina Daub (mündl. Mitt. 2008) hat bis 1986 in Rüscheid zwischen Dierdorf und Montabaur im Westerwald nordnordöstlich Koblenz gewohnt und hat dort zwischen 1975 und 1980 mehrfach einzelne Männchen des Hirschkäfers (*Lucanus cervus*) im Wald beobachtet. Martina Daub (mündl. Mitt. 2008) war dann bis 1997 in Neuwied, Irlich nördlich Neuwied, Heidelberg-Rohrbach und Leimen, und lebt seit 1997 in Sandhausen, und hat in den 40 Jahren ihres Lebens außer den vorgenannten Funden keine weiteren Exemplare des Hirschkäfers (*Lucanus cervus*) in der Natur angetroffen.

In der Freiherr-vom-Stein-Straße nahe dem westlichen Ortsrand von Sandhausen haben Marianne und Torsten Uhrich (mündl. Mitt. 2008) abends auf dem Gehweg vor dem Treppenaufgang vor dem Haus in der zweiten Junihälfte 2008 ein Männchen des Hirschkäfers (*Lucanus cervus*) entdeckt, welches das einzige Exemplar ist, das sie bisher in Sandhausen gesehen haben, wo sie seit 1961 wohnen, und das sie in den fast 50 Jahren ihres Lebens bisher in der Natur gefunden haben. Das Männchen des Hirschkäfers (*Lucanus cervus*) hat am nächsten Morgen etwa 4 m entfernt von der Stelle, wo es am Abend zuvor angetroffen wurde, immer noch auf dem Gehweg vor dem Treppenaufgang vor dem Haus gesessen, hat sich aber dann später laufend entfernt.

Im Wald hinter dem Friedhof am westlichen Ortsrand von Sandhausen hat Ilona Zsolnai (mündl. Mitt. 2008) etwa Mitte Juli 2008 ein Männchen des Hirschkäfers (*Lucanus cervus*) neben dem Weg am Boden gesehen, welches von einer Krähe durch Picken attackiert wurde. Ilona Zsolnai (mündl. Mitt. 2008) hat bis 1978 in Budapest in Ungarn gewohnt, war dann in Konstanz und in München, und lebt seit 1988 in Sandhausen, und hat in den über 55 Jahren ihres Lebens außer dem vorgenannten Fund nur noch etwa 1981 auf dem Gelände der Universität in Konstanz am Bodensee, welches in der Umgebung des Waldes liegt, ein Männchen des Hirschkäfers (*Lucanus cervus*) am Boden entdeckt, und hat etwa zwischen 1960 und 1970 in der ungarischen Tatra ein Männchen beobachtet, wohingegen sie ansonsten keinen Exemplaren in der Natur begegnet ist.

Im Wald westlich Sandhausen auf dem Postweg zwischen der Autobahn A 5 und dem westlichen Ortsrand von Sandhausen hat Ilse Cantarel (mündl. Mitt. 2008) am 02.09.2008 vormittags gegen 10 Uhr ein Weibchen des Hirschkäfers (*Lucanus cervus*) am Boden entdeckt. Ilse Cantarel (mündl. Mitt. 2008) hat auch im Heinrich-Menger-Weg am nordöstlichen Ortsrand von Heidelberg-Pfaffengrund in der Nähe der Gaststätte Himmelswiese etwa Anfang Juli 2008 abends gegen 19 Uhr ein laufendes Weibchen des Hirschkäfers (*Lucanus cervus*) auf der asphaltierten Straße gesehen, und hat auch im Waldgebiet Schwetzinger Hardt auf dem Speyerer Weg von den Parkplätzen nahe Sternbuckel zur Ostkurve des Hockenheimrings am 05.08.2008 vormittags um 11 Uhr und in 2004 je ein Weibchen am

Boden beobachtet. Ilse Cantarel (mündl. Mitt. 2008) hat bis 1965 in Weilburg an der Lahn gewohnt, war dann bis 1981 an verschiedenen Orten, und lebt seit 1981 in Eppelheim, und hat in den fast 65 Jahren ihres Lebens schon von etwa 1952 bis 1960 in Weilburg an einem blutenden etwa 250 Jahre alten Walnußbaum in einem Garten in der Nähe eines Naturschutzgebietes in jedem Jahr mehrere Männchen und Weibchen des Hirschkäfers (*Lucanus cervus*) pro Jahr bemerkt, wohingegen ihr dort nach 1960, nachdem der abgestorbene Walnußbaum gefällt wurde, keine Individuen mehr aufgefallen sind. Außer den vorgenannten Funden ist Ilse Cantarel (mündl. Mitt. 2008) zwischen 1960 und 2004 sowie an anderen Orten keinen Exemplaren des Hirschkäfers (*Lucanus cervus*) in der Natur begegnet.

Im Wald um Kohlbuckel und Taubensuhl nahe dem westlichen Ortsrand von Sandhausen hat Dorothea Wohlfahrt (mündl. Mitt. 2008) tagsüber auf einem Waldweg in der zweiten Junihälfte 2008 ein Weibchen des Hirschkäfers (*Lucanus cervus*) entdeckt, welches das einzige Exemplar ist, das sie bisher in Sandhausen gesehen hat, wo sie praktisch von Anfang an wohnt, und das sie in den über 70 Jahren ihres Lebens bisher in der Natur gefunden hat.

In der Großen Ringstraße und in der Bahnhofstraße im Zentrum von Sandhausen haben Traudel und Walter Fetzer (mündl. Mitt. 2008) im Juni 2008 je ein Weibchen des Hirschkäfers (*Lucanus cervus*) im Garten am Boden gesehen, und Walter Fetzer (mündl. Mitt. 2008) hat auch in 2005 in der Seegasse im Zentrum von Sandhausen ein laufendes Männchen am Komposthaufen im Garten beobachtet. Walter Fetzer (mündl. Mitt. 2008) wohnt schon immer in Sandhausen und hat in den fast 70 Jahren seines Lebens vorher nur zwischen 1948 und 1953 im Waldgebiet Wasserplatte zwischen dem Friedhof am westlichen Ortsrand von Sandhausen und der Autobahn A 5 einzelne Männchen des Hirschkäfers (*Lucanus cervus*) am Boden entdeckt, wobei er damals in jedem Jahr etwa 3 - 5 Exemplare gesehen hat, wohingegen er zwischen 1953 und 2005 keinen weiteren Individuen in der Natur begegnet ist. Traudel Fetzer (mündl. Mitt. 2008) wohnt ebenfalls schon immer in Sandhausen und hat in den fast 70 Jahren ihres Lebens vorher auch nur zwischen 1948 und 1953 im Wald um Kohlbuckel und Taubensuhl nahe dem westlichen Ortsrand von Sandhausen in jedem Jahr insgesamt etwa 3 - 5 Männchen des Hirschkäfers (*Lucanus cervus*) pro Jahr am Boden bemerkt, wohingegen sie zwischen 1953 und 2008 keine weiteren Exemplare in der Natur angetroffen hat.

In der Langgasse im Zentrum von Sandhausen, wo sie schon immer wohnt, hat Rosemarie Stephan (mündl. Mitt. 2008) vor etwa 20 Jahren am unteren Ende der Außenkellertreppe des Hauses ein Männchen des Hirschkäfers (*Lucanus cervus*) angetroffen, und hat vor etwa 5 Jahren im Sonnenweg am südwestlichen Ortsrand von Sandhausen ein Männchen auf dem Weg beobachtet, welches vom Wald in Richtung Feld gelaufen ist. Rosemarie Stephan (mündl. Mitt. 2008) hat auch etwa Ende Mai/Anfang Juni 2008 im Waldgebiet Schwetzinger Hardt auf dem Verbindungsweg zwischen der Straße B 291 und dem Schießstand südsüdwestlich des Golfplatzes südöstlich Oftersheim ein laufendes Männchen des Hirschkäfers (*Lucanus cervus*) am Boden gesehen, und hat im gleichen Zeitraum an einem anderen Tag auch auf einem Weg im Wald um den Hockenheimring nordöstlich Hockenheim ein laufendes Männchen des Hirschkäfers (*Lucanus cervus*) am Boden entdeckt, wohingegen sie ansonsten in den fast 70 Jahren ihres Lebens außer den vorgenannten Funden keinen weiteren Individuen in der Natur begegnet ist.

In der Mozartstraße am östlichen Ortsrand von Sandhausen haben Jutta und Rainer Funk (mündl. Mitt. 2008) an der Wand des Hauses im Juni 2008 ein Männchen des Hirschkäfers (*Lucanus cervus*) entdeckt, welches das erste Exemplar ist, das sie seit langer Zeit gesehen haben. Jutta Funk (mündl. Mitt. 2008) wohnt schon immer in Sandhausen und hat in den über 50 Jahren ihres Lebens schon von etwa 1963 bis etwa 1970 in etlichen Jahren, aber nicht in jedem Jahr, im Wald um Sandhausen immer wieder einzelne Männchen des Hirschkäfers (*Lucanus cervus*) am Boden und an Bäumen registriert, wohingegen sie sich nicht daran erinnern kann, zwischen etwa 1970 und 2008 weiteren Individuen in der Natur begegnet zu sein. Rainer Funk (mündl. Mitt. 2008) hat bis 1968 unter anderem in Heidelberg-Kirchheim und bis 1977 in Leimen gewohnt und lebt seit 1977 ebenfalls in Sandhausen, und hat in den 55 Jahren seines Lebens schon in 1958 in der Schröderstraße am Südrand von Heidelberg-Neuenheim ein Männchen des Hirschkäfers (*Lucanus cervus*) gesehen, wohingegen er sich nicht daran erinnern kann, zwischen 1958 und 2008 weitere Exemplare in der Natur angetroffen zu haben. Ute Braun, die Schwester von Jutta Funk (mündl. Mitt. 2008), wohnt ebenfalls schon immer in Sandhausen und hat vor etwa 10 Jahren schon einmal ein Männchen des Hirschkäfers (*Lucanus cervus*) im Garten des Hauses in der Mozartstraße beobachtet, wohingegen sie in den fast 50 Jahren ihres Lebens sich nicht an weitere Funde von Individuen erinnern kann.

20.5 Sandhäuser Höfe südwestlich Sandhausen

An den Sandhäuser Höfen südwestlich Sandhausen hat Regina Behr (mündl. Mitt. 2008) am Waldrand zweimal innerhalb von wenigen Tagen in Mai oder Juni 2008 je ein laufendes Weibchen des Hirschkäfers (*Lucanus cervus*) am Boden gesehen, und hat davor nur einmal vor ca. 10 Jahren im Hof der Mönchsbergschule in der Schulstraße im östlichen Ortsteil von St. Leon ein laufendes Männchen am Boden festgestellt. Außer diesen drei Exemplaren hat Regina Behr (mündl. Mitt. 2008) in den fast 45 Jahren ihres Lebens bisher keine Individuen des Hirschkäfers (*Lucanus cervus*) in der Natur registriert, und auch ihre Mutter, Marliese Behr, hat in den über 65 Jahren ihres Lebens bisher nur die vorgenannten laufenden Weibchen am Sandhäuser Hof entdeckt. Die Fundorte des Hirschkäfers (*Lucanus cervus*) an den Sandhäuser Höfen südwestlich Sandhausen (TK 25, Blatt 6617 Schwetzingen) liegen in der Ebene des Rheintales in ca. 100 - 110 m Höhe über NN.

An den Sandhäuser Höfen südwestlich Sandhausen hat Ernst-Ludwig Reinhard (mündl. Mitt. 2008) am Waldrand Ende Juni/Anfang Juli 2008 ein Männchen des Hirschkäfers (*Lucanus cervus*) am Boden gesehen, welches auf dem Rücken auf dem asphaltierten Weg am Waldrand lag. Ernst-Ludwig Reinhard (mündl. Mitt. 2008) hat bis 1964 in Heidelberg-Wieblingen, bis 1977 in Heidelberg-Pfaffengrund und bis 1993 in Heidelberg-Rohrbach gewohnt und lebt seit 1993 in Sandhausen, und ist in den 70 Jahren seines Lebens außer dem vorgenannten Männchen keinen weiteren Individuen des Hirschkäfers (*Lucanus cervus*) in der Natur begegnet.

An den Sandhäuser Höfen südwestlich Sandhausen hat Peter Sandmaier (mündl. Mitt. 2008) am Waldrand im Juni 2008 ein Männchen des Hirschkäfers (*Lucanus cervus*) am Boden auf dem Weg gesehen, und hat dort auch in 2006 zwei Männchen in etwa 20 cm Abstand voneinander an einem Stamm entdeckt. Peter Sandmaier (mündl. Mitt. 2008) hat auch etwa Mitte Juni 2008 im Naturschutzgebiet Zugmantel im Waldgebiet Bandholz nördlich der Lutherischen Brücke über den Hardtbach nördlich Walldorf und am Westrand des Waldgebietes Bandholz zwei am Boden laufende Männchen, zwei fliegende Männchen und drei fliegende Weibchen des Hirschkäfers (*Lucanus cervus*) beobachtet, und hat dort auch von 2004 bis 2007 in jedem Jahr bis zu 7 - 8 Exemplare pro Jahr am Boden und fliegend registriert. Peter Sandmaier (mündl. Mitt. 2008) hat auch im Juni 2008 am Nordrand des Waldgebietes Erlenschlag am Südrand des Golfplatzes westlich des Bahnhofs Rot-Malsch ein fliegendes Männchen des Hirschkäfers (*Lucanus cervus*) bemerkt. Peter Sandmaier (mündl. Mitt. 2008) hat auch von 2004 bis 2008 insgesamt etwa 30 - 40 Individuen des Hirschkäfers (*Lucanus cervus*) pro Jahr im Raum um Oftersheim, Schwetzingen und Ketsch festgestellt. Peter Sandmaier (mündl. Mitt. 2008) hat auch in Jochenstein nördlich Engelhartszell ostsüdöstlich Passau im Donautal von 1982 bis 2007 in jedem Jahr Schwärmabende des Hirschkäfers (*Lucanus cervus*) mit dem Erscheinen von jeweils mindestens ca. 15 - 20 Männchen und Weibchen pro Tag über mindestens zwei bis vier Tage hinweg erlebt, als im Biergarten des Gasthofes Kornexl an der Donau jeden Abend zahlreiche Exemplare um eine große Linde herumgeflogen sind, wobei er die Schwärmabende in jedem Jahr an Wochenenden über zwei bis vier Tage hintereinander beobachten konnte, wohingegen er in 2008 nicht in Jochenstein gewesen ist. Peter Sandmaier (mündl. Mitt. 2008) konnte damit über einen Zeitraum von 25 Jahren in jedem Jahr Schwärmabende des Hirschkäfers (*Lucanus cervus*) mit der Aktivität von jeweils mindestens ca. 15 - 20 Männchen und Weibchen pro Tag in Jochenstein dokumentieren. Über das Vorkommen des Hirschkäfers (*Lucanus cervus*) in den Donauleiten um Jochenstein hat auch Thym (2005) berichtet. Peter Sandmaier (mündl. Mitt. 2008) hat auch in 2008 ein Männchen und in 2000 3 - 4 Männchen des Hirschkäfers (*Lucanus cervus*) in Castelfeder bei Neumarkt Auer südlich Bozen in Südtirol abends in der Dämmerung fliegend gesehen, und hat auch in 2003 oder 2004 in Fort Calgier am Durance bei Gap in Südfrankreich ein Männchen abends in der Dämmerung fliegend bemerkt. Das Vorkommen des Hirschkäfers (*Lucanus cervus*) in Castelfeder in Südtirol haben auch Peez & Kahlen (1977) gemeldet. Peter Sandmaier (mündl. Mitt. 2008) hat bis 1982 in Heidelberg-Altstadt, bis 1986 in Heidelberg-Rohrbach und bis 1988 in Schwetzingen gewohnt und lebt seit 1988 in Oftersheim, und kann sich in den über 50 Jahren seines Lebens nicht daran erinnern, vor 2004 weiteren Individuen des Hirschkäfers (*Lucanus cervus*) in der Natur begegnet zu sein.

20.6 Nußloch

Die Nachweise von Individuen des Hirschkäfers (*Lucanus cervus*) in Nußloch, welche mir von

Naturfreunden aufgrund meiner Aufrufe zur Mitteilung von Beobachtungen in regionalen Tageszeitungen (Rhein-Neckar-Zeitung 2008 a, 2008 b, 2008 c, 2008 d; Schwetzinger Zeitung 2008, Bruchsaler Rundschau 2008) gemeldet wurden, stammen aus der Odenwaldstraße, der Panoramastraße, der Bortkelter, dem Gückelsberg und dem Kanonenweg am östlichen Ortsrand von Nußloch; aus der Nadlerstraße, dem Oderweg und dem Schauwiesenweg am südlichen Ortsrand von Nußloch; und aus dem Wald um die Fluren Dicke Buche und Weiße Hohle im Südteil des Hirschberges östlich Nußloch. Die Fundorte des Hirschkäfers (*Lucanus cervus*) in Nußloch (TK 25, Blatt 6618 Heidelberg-Süd) liegen in der Ebene des Rheintales in ca. 100 - 130 m Höhe über NN und am Westhang des südlichen Ausläufers des Odenwaldes am Osthang des Rheintales in ca. 130 - 250 m Höhe über NN.

In der Odenwaldstraße am östlichen Ortsrand von Nußloch haben Ruth und Horst Welker (mündl. Mitt. 2008) seit etwa 1980 bzw. seit 1973 in fast jedem Jahr mehrere Männchen und Weibchen des Hirschkäfers (*Lucanus cervus*) im Garten des Hauses am Hang unterhalb des Waldrandes sowie auf Wegen am Waldrand und im Wald gesehen, welche meist am Boden gelaufen und gesessen sind sowie gelegentlich auch geflogen sind, und konnten damit in den 60 Jahren ihres Lebens bzw. in den fast 70 Jahren seines Lebens über einen Zeitraum von fast 30 Jahren bzw. von 35 Jahren das regelmäßige Auftreten von Individuen in Nußloch beobachten. In den meisten Jahren sind etwa 2 - 3 Exemplare des Hirschkäfers (*Lucanus cervus*) pro Jahr erschienen, wohingegen in manchen Jahren auch bis zu 3 - 5 Individuen aufgetaucht sind, welche meist Weibchen und gelegentlich auch Männchen waren, wobei eine Häufung des Vorkommens besonders in den letzten 10 Jahren erfolgt ist. Ruth Welker (mündl. Mitt. 2008) hat bis 1967 bei Forbach im Murgtal im Schwarzwald, bis 1972 in Karlsruhe und bis 1980 in Markgröningen gewohnt und lebt seit 1980 in Nußloch, und hat auch bei Forbach von 1955 bis 1967 in jedem Jahr mehrere Exemplare des Hirschkäfers (*Lucanus cervus*) um das Haus herum im Wald beobachtet, wohingegen sie an den anderen Orten keinen Individuen in der Natur begegnet ist. Horst Welker (mündl. Mitt. 2008) hat bis 1969 in Heidelberg-Rohrbach und bis 1973 in Heidelberg-Kirchheim gewohnt und lebt seit 1973 in Nußloch, hat jedoch erst in 1973 in Nußloch erstmals Exemplare des Hirschkäfers (*Lucanus cervus*) in der Natur angetroffen, wohingegen er vorher an anderen Orten keine Individuen festgestellt hat.

In der Odenwaldstraße am östlichen Ortsrand von Nußloch hat Heinrich Schmidt (mündl. Mitt. 2008) im Mai oder Juni 2008 ein Männchen des Hirschkäfers (*Lucanus cervus*) an Altholz sitzend im Wald gesehen, und hat dort etwa Ende Juli/Anfang August 2008 ein Weibchen auf der Straße entdeckt. Heinrich Schmidt (mündl. Mitt. 2008) hat auch etwa Anfang bis Mitte September 2008 in der Panoramastraße am östlichen Ortsrand von Nußloch ein Weibchen des Hirschkäfers (*Lucanus cervus*) gesehen, welches auf der Straße gelaufen ist, und hat auch im Frühjahr 2008 im Buchwald östlich Nußloch ein laufendes und ein totes Männchen registriert. Heinrich Schmidt (mündl. Mitt. 2008) wohnt schon immer in Nußloch und ist in den 70 Jahren seines Lebens schon seit etwa 1960 im Naturschutz mit Schwerpunkt Ornithologie tätig, und hat seit etwa 1960 in den meisten Jahren, aber nicht in jedem Jahr, insgesamt etwa 1 - 3 Exemplare des Hirschkäfers (*Lucanus cervus*) pro Jahr in und um Nußloch durch Eigenbeobachtungen oder durch Meldungen anderer Naturfreunde nachgewiesen, wohingegen er sich an Funde von Individuen vor 1960 nicht mehr erinnern kann. Heinrich Schmidt (mündl. Mitt. 2008) konnte damit über einen Zeitraum von fast 50 Jahren das mehr oder weniger regelmäßige Auftreten von Individuen des Hirschkäfers (*Lucanus cervus*) in Nußloch konstatieren. Heinrich Schmidt (mündl. Mitt. 2008) hat in Nußloch gelegentlich auch Exemplare des Nashornkäfers (*Oryctes nasicornis*) angetroffen. Gerhard Hornung, Gärtnereimitarbeiter der Gemeinde Nußloch, hat Heinrich Schmidt (mündl. Mitt. 2008) in 1993 darauf aufmerksam gemacht, daß er im Friedhof in Nußloch einen Komposthaufen umgegraben hat und dort einige Individuen des Nashornkäfers (*Oryctes nasicornis*) herausgekommen sind, und daß er darin auch große Larven (Engerlinge) festgestellt hat (Schmidt 1993), welche dem Nashornkäfer (*Oryctes nasicornis*) zuzuordnen sind.

In der Odenwaldstraße am östlichen Ortsrand von Nußloch, wo sie seit 1993 wohnen, haben Sigrid Bader und Peter Zimmermann (mündl. Mitt. 2008) im Garten hinter dem Haus am Waldrand am 25.07.2007 ein Weibchen und im Juni 2007 ein Männchen des Hirschkäfers (*Lucanus cervus*) am Boden gesehen, und haben auch etwa Anfang bis Mitte Juli 2008 ein Weibchen an einem Eichenstamm am Waldrand oberhalb des Hauses entdeckt. Die vorgenannten Funde sind die einzigen Exemplare des Hirschkäfers (*Lucanus cervus*), welche Sigrid Bader (mündl. Mitt. 2008) in den 50 Jahren ihres Lebens bisher in der Natur angetroffen hat. Peter Zimmermann (mündl. Mitt. 2008) hat schon von 1964 bis 1966 am alten Römerhof am nordöstlichen Ortsausgang von Wiesloch in Richtung Baiertal etwa 1 - 2 Männchen des Hirschkäfers (*Lucanus cervus*) pro Jahr in den Eichenwäldern oberhalb des alten Friedhofes beobachtet, und hat auch in 1979 oder 1980 an der Evangelischen Hütte nahe des westlichen Ortsausganges von Tairnbach in Richtung Mühlhausen einmal ein Männchen am Boden entdeckt, wohingegen er ansonsten in den 50 Jahren seines Lebens keinen weiteren Individuen in der Natur begegnet ist.

In der Odenwaldstraße am östlichen Ortsrand von Nußloch, wo sie seit 1998 am Waldrand wohnen, haben Stefanie und Ulrich Sohns (mündl. Mitt. 2008) von 1998 bis 2008 in jedem Jahr insgesamt etwa 20 - 30 Exemplare des Hirschkäfers (*Lucanus cervus*) pro Jahr beobachtet, welche auf der Terrasse des Hauses und im Garten gelaufen sind, durch den Garten geflogen sind und an Bäumen gesessen sind. Im Oderweg am südlichen Ortsrand von Nußloch, wo sie bis 1998 gewohnt haben, sind Stefanie und Ulrich Sohns (mündl. Mitt. 2008) von 1989 bis 1998 in den meisten Jahren, aber nicht in jedem Jahr, lediglich insgesamt etwa 1 - 2 Individuen des Hirschkäfers (*Lucanus cervus*) pro Jahr aufgefallen, welche im Garten des Hauses am Boden gelaufen oder gesessen sind. Ulrich Sohns (mündl. Mitt. 2008) hat bis 1989 in der Bortkelter am östlichen Ortsrand von Nußloch am Waldrand gewohnt und hat dort in den 45 Jahren seines Lebens schon von etwa 1970 bis 1989 in den meisten Jahren insgesamt etwa 5 Exemplare des Hirschkäfers (*Lucanus cervus*) pro Jahr bemerkt, welche meist Männchen waren und im Garten und am Waldrand geflogen sind sowie am Boden gelaufen sind. Ulrich Sohns (mündl. Mitt. 2008) konnte damit über einen Zeitraum von fast 40 Jahren das mehr oder weniger regelmäßige Auftreten von Individuen des Hirschkäfers (*Lucanus cervus*) an verschiedenen Lokalitäten in Nußloch konstatieren. Stefanie Sohns (mündl. Mitt. 2008) hat bis 1989 in der Georg-Ludwig-Menzer-Straße gewohnt und neben dem Friedhof an der Ecke zum Lebküchel am südöstlichen Ortsrand von Leimen einen Garten bewirtschaftet, und hat dort in den 40 Jahren ihres Lebens schon von etwa 1975 bis 1989 im Garten in etlichen Jahren, aber nicht in jedem Jahr, insgesamt etwa 1 - 2 Individuen des Hirschkäfers (*Lucanus cervus*) pro Jahr am Boden registriert, wohingegen ihr am Haus keine Exemplare aufgefallen sind. Ihre Mutter, Inge Hess, hat auch danach bis 2008 im Garten immer wieder einzelne Individuen des Hirschkäfers (*Lucanus cervus*) festgestellt (Stefanie Sohns, mündl. Mitt. 2008).

Am Gückelsberg am östlichen Ortsrand von Nußloch hat Hubert Scholz (mündl. Mitt. 2008) Ende Mai/Anfang Juni 2008 ein Männchen des Hirschkäfers (*Lucanus cervus*) vor dem Garagentor am Haus am Waldrand gefunden, wohingegen er von 1985 bis 2007 in Nußloch keine Exemplare angetroffen hat. Hubert Scholz (mündl. Mitt. 2008) hat auch in 1990 bei Kummerow am Südrand des Kummerower Sees in der Mecklenburgischen Seenplatte südöstlich Rostock ein Männchen des Hirschkäfers (*Lucanus cervus*) am Boden am Waldrand gesehen. Hubert Scholz (mündl. Mitt. 2008) hat bis 1955 in St. Leon und bis 1985 in Dossenheim gewohnt und lebt seit 1985 in Nußloch, und hat in den 70 Jahren seines Lebens schon von etwa 1950 bis 1955 an der Nordspitze des Waldgebietes Untere Lusshardt südlich St. Leon im Bereich der Flur Vordere Buckel in jedem Jahr etwa 2 - 3 Männchen und Weibchen des Hirschkäfers (*Lucanus cervus*) pro Jahr am Boden im Wald und am Waldrand beobachtet, wohingegen er sich an weitere Funde von Exemplaren in Deutschland nicht erinnern kann. In Griechenland hat Hubert Scholz (mündl. Mitt. 2008) von 1985 bis 1995 auf der Pilion-Halbinsel bei Vólos nordwestlich Athen in jedem Jahr mehrere Männchen des Hirschkäfers (*Lucanus cervus*) und einmal auch ein Exemplar des Nashornkäfers (*Oryctes nasicornis*) am Boden im Wald und am Waldrand registriert, und hat von 2005 bis 2007 auf der Kykladeninsel Ios südöstlich Athen in jedem Jahr mehrere Männchen des Hirschkäfers (*Lucanus cervus*) festgestellt.

Im Kanonenweg am östlichen Ortsrand von Nußloch hat Bernhard Heil (mündl. Mitt. 2008) an der Mauer am Haus etwa Anfang Juli 2008 ein laufendes Männchen des Hirschkäfers (*Lucanus cervus*) gesehen, und hat auch etwa Anfang Juli 2008 im Steinbruch im Bereich der Volksschauspielbühne am östlichen Ortsrand von Nußloch ein Männchen am Boden entdeckt. Bernhard Heil (mündl. Mitt. 2008) wohnt schon immer in Nußloch und hat dort in den 45 Jahren seines Lebens außer den beiden vorgenannten Männchen keine weiteren Exemplare des Hirschkäfers (*Lucanus cervus*) in der Natur beobachtet. Bernhard Heil (mündl. Mitt. 2008) hat an anderen Orten lediglich noch einmal vor etwa 20 Jahren bei Ranco an der Südspitze des Lago Maggiore in Nordwestitalien einen Schwärmtag des Hirschkäfers (*Lucanus cervus*) erlebt, als an einem Tag mittags mindestens ca. 30 Männchen und Weibchen um große Pappeln in etwa 10 m Entfernung vom Seeufer herumgeflogen sind, wohingegen an den nächsten drei Tagen dort jeweils nur noch einzelne Individuen erschienen sind.

In der Nadlerstraße nahe dem südlichen Ortsrand von Nußloch haben Marianne und Horst Zimmermann (mündl. Mitt. 2008) im Garten des Hauses neben dem Friedhof mit vielen Bäumen am 23.07.2008 ein Männchen des Hirschkäfers (*Lucanus cervus*) im Wasserfaß entdeckt, und haben auch etwa 2000 ein Männchen am Kellerabgang des Hauses bemerkt sowie in 2004 oder 2005 ein Weibchen auf der Terrasse des Hauses beobachtet. Marianne Zimmermann (mündl. Mitt. 2008) wohnt schon immer in Nußloch und kann sich in den über 70 Jahren ihres Lebens nicht mehr daran erinnern, ob sie schon früher einmal Exemplaren des Hirschkäfers (*Lucanus cervus*) in der Natur begegnet ist. Horst Zimmermann (mündl. Mitt. 2008) wohnt auch schon immer in Nußloch und hat in den über 65 Jahren seines Lebens schon von etwa 1950 bis 1956 im Wald um die Fluren Dicke Buche und Weiße Hohle im Südteil des Hirschberges östlich Nußloch in Richtung Maisbach wiederholt einzelne Männchen des Hirschkäfers (*Lucanus cervus*) meist am Boden gesehen, wohingegen er sich nicht mehr daran erinnern kann, wo und wann er in anderen Jahren Individuen in der Natur angetroffen hat. Marianne und Horst Zimmermann (mündl. Mitt. 2008) haben seit 1974 in etlichen Jahren, aber nicht in jedem Jahr, auch mehrere Exemplare des Balkenschröters (*Dorcus parallelepipedus*) pro Jahr auf der Terrasse und im Garten des Hauses festgestellt.

Im Schauwiesenweg am südlichen Ortsausgang von Nußloch in Richtung Wiesloch hat Walter Specht (mündl. Mitt. 2008) in einem Garten im Mai 2008 ein Männchen des Hirschkäfers (*Lucanus cervus*) am Boden gesehen, und hat dort auch etwa Anfang bis Mitte September 2008 ein totes Männchen im Fischteich im Garten entdeckt. Walter Specht (mündl. Mitt. 2008) wohnt schon immer in Nußloch und kann sich in den fast 85 Jahren seines Lebens nicht mehr daran erinnern, schon früher Exemplaren des Hirschkäfers (*Lucanus cervus*) in der Natur begegnet zu sein.

Im Wald um die Fluren Dicke Buche und Weiße Hohle im Südteil des Hirschberges östlich Nußloch in Richtung Maisbach hat Werner Kneisel (mündl. Mitt. 2008) von etwa 1960 bis 1968 in den meisten Jahren einzelne Männchen des Hirschkäfers (*Lucanus cervus*) am Boden beobachtet, und hat dann erst wieder in den letzten 10 Jahren oberhalb des Bärenpfades oberhalb der Katholischen Kirche am nordöstlichen Ortsrand von Leimen in einem Garten unterhalb der Weinberge, den er mit seiner Frau Brigitta schon seit 15 Jahren bewirtschaftet, in jedem Jahr insgesamt etwa 2 - 3 Männchen des Hirschkäfers (*Lucanus cervus*) pro Jahr am Boden im Garten und auf dem Weg zum Garten gesehen, wohingegen sie in den Jahren davor keine Exemplare festgestellt haben. In dem Stumpf eines alten Birnbaumes, den sie vor einigen Jahren im Garten gefällt haben, sind Brigitta und Werner Kneisel (mündl. Mitt. 2008) etwa 10 - 15 große Larven (Engerlinge) aufgefallen, welche möglicherweise dem Hirschkäfer (*Lucanus cervus*) zuzuordnen sind. In 2008 haben Brigitta und Werner Kneisel (mündl. Mitt. 2008) auch ein überfahrenes Weibchen des Hirschkäfers (*Lucanus cervus*) auf dem Weg zum Garten entdeckt, und haben ein laufendes Männchen am Boden an einer Bambushecke bemerkt. Werner Kneisel (mündl. Mitt. 2008) hat bis 1976 in Nußloch und bis 1990 in Leimen gewohnt und lebt seit 1990 in St. Ilgen, und hat in den 55 Jahren seines Lebens außer den vorgenannten Funden keine weiteren Exemplare in der Natur angetroffen. Brigitta Kneisel (mündl. Mitt. 2008) hat bis 1976 in Kleinostheim nordwestlich Aschaffenburg im Maintal und ebenfalls bis 1990 in Leimen gewohnt und lebt ebenfalls seit 1990 in St. Ilgen, und kann sich in den über 50 Jahren ihres Lebens außer den vorgenannten Funden in Leimen nicht an weitere Begegnungen mit Individuen des Hirschkäfers (*Lucanus cervus*) in der Natur erinnern.

Im Wald um die Flur Weiße Hohle im Südteil des Hirschberges östlich Nußloch in Richtung Maisbach hat Lukas Kieslinger (mündl. Mitt. 2008) von etwa 1975 bis 1985 in jedem Jahr insgesamt etwa 5 - 10 Individuen des Hirschkäfers (*Lucanus cervus*), welche überwiegend Männchen und untergeordnet Weibchen waren, pro Jahr am Boden bemerkt. Lukas Kieslinger (mündl. Mitt. 2008) hat auch im Dämmelwald nördlich der Parkstraße und westlich der Waldstraße am nordwestlichen Ortsrand von Wiesloch von etwa 1960 bis 1965 in jedem Jahr insgesamt etwa 30 - 50 Exemplare des Hirschkäfers (*Lucanus cervus*), welche überwiegend Männchen und untergeordnet Weibchen waren, pro Jahr am Boden beobachtet. Lukas Kieslinger (mündl. Mitt. 2008) hat bis 1967 in Wiesloch gewohnt und lebt seit 1967 in Nußloch, und hat in den 65 Jahren seines Lebens außer den vorgenannten Funden keine weiteren Exemplare des Hirschkäfers (*Lucanus cervus*) in der Natur angetroffen.

In der Nähe des Freizeitgeländes "Brunnenfeld" an der Straße K 4157 östlich Nußloch hat Christiane Köhler (mündl. Mitt. 2008) auf dem asphaltierten Weg im Wald gegenüber Spielplatz und Grillplatz am 24.06.2008 wenig unterhalb des Wasserbehälters ein überfahrenes Männchen des Hirschkäfers (*Lucanus cervus*) am Boden entdeckt. Christiane Köhler (mündl. Mitt. 2008) hat bis 2002 überwiegend in Leimen-St. Ilgen gewohnt und lebt seit 2002 in Walldorf, und ist in den über 35 Jahren ihres Lebens außer dem vorgenannten Männchen keinen weiteren Individuen des Hirschkäfers (*Lucanus cervus*) in der Natur begegnet.

Im Wald zwischen Nußloch und Leimen hat Jutta Kempf (mündl. Mitt. 2008) ca. 2000 ein Männchen des Hirschkäfers (*Lucanus cervus*) am Boden gesehen, und außer diesem Exemplar kann sie sich nicht daran erinnern, in den über 50 Jahren ihres Lebens ansonsten noch einmal Individuen in der Natur begegnet zu sein, obwohl sie schon immer in Nußloch-Maisbach wohnt.

20.7 Leimen

Die Nachweise von Individuen des Hirschkäfers (*Lucanus cervus*) in Leimen, welche mir von Naturfreunden aufgrund meiner Aufrufe zur Mitteilung von Beobachtungen in regionalen Tageszeitungen (Rhein-Neckar-Zeitung 2008 a, 2008 b, 2008 c, 2008 d; Schwetzinger Zeitung 2008, Bruchsaler Rundschau 2008) gemeldet wurden, stammen aus dem Lebküchel und dem Bubenwingert am südöstlichen Ortsrand von Leimen; aus dem Ahornweg, dem Ulmenweg, der Panoramastraße und der Waldstraße am östlichen Ortsrand von Leimen; aus dem Wald vom Naturfreundehaus Bossenbrunnen östlich Leimen zur Bockwiese oder Ochsenbacher Wiese, aus der Bergstraße und dem Bärenpfad am nordöstlichen Ortsrand von Leimen, und vom Dormenackerhof nordöstlich Leimen. Die Fundorte des Hirschkäfers (*Lucanus cervus*) in Leimen (TK 25, Blatt 6618 Heidelberg-Süd) liegen in der Ebene des Rheintales in ca. 100 - 120 m Höhe über NN und am Westhang des südlichen Ausläufers des Odenwaldes am Osthang des Rheintales in ca. 120 - 250 m Höhe über NN.

Im Lebküchel am südöstlichen Ortsrand von Leimen hat Ulrike Schofer (mündl. Mitt. 2008) am 10.06.2008 abends gegen 22 Uhr ein Männchen des Hirschkäfers (*Lucanus cervus*) auf der Straße vor dem Haus am Boden gesehen, und hat am 24.06.2008 abends gegen 22 Uhr ein Weibchen bemerkt, welches gegen das beleuchtete Fenster am Haus geflogen ist und dann auf dem Boden gesessen ist. Ulrike Schofer (mündl. Mitt. 2008) wohnt schon immer in Leimen und hat in den 70 Jahren ihres Lebens schon seit etwa 1957 bis etwa 1997 in etlichen Jahren, aber nicht in jedem Jahr, insgesamt etwa 1 - 2 Exemplare des Hirschkäfers (*Lucanus cervus*) pro Jahr in der Bergstraße am nordöstlichen Ortsrand von Leimen, wo sie bis 1980 gewohnt hat, im Lebküchel am südöstlichen Ortsrand von Leimen, wo sie seit 1980 wohnt, und am Waldrand und im Wald sowie in den Weinbergen und Feldern um Leimen am Boden und fliegend beobachtet, wohingegen sie in den letzten 10 Jahren dort keine Individuen bemerkt hat. Ulrike Schofer (mündl. Mitt. 2008) konnte damit über einen Zeitraum von etwa 40 Jahren das mehr oder weniger regelmäßige Auftreten von Individuen des Hirschkäfers (*Lucanus cervus*) an verschiedenen Lokalitäten in Leimen konstatieren. Ulrike Schofer (mündl. Mitt. 2008) hat auch in 1999 in einem uralten Eichenwald mit viel Totholz oberhalb der Kurklinik Nahetal in Bad Kreuznach ein Männchen des Hirschkäfers (*Lucanus cervus*) am Boden entdeckt.

An der Ecke zum Lebküchel neben dem Friedhof am südöstlichen Ortsrand von Leimen hat Stefanie Sohns (mündl. Mitt. 2008) in den 40 Jahren ihres Lebens in einem Garten von etwa 1975 bis 1989 in etlichen Jahren, aber nicht in jedem Jahr, insgesamt etwa 1 - 2 Individuen des Hirschkäfers (*Lucanus cervus*) pro Jahr am Boden registriert, wohingegen ihr am Haus in der Georg-Ludwig-Menzer-Straße, wo sie bis 1989 gewohnt hat, keine Exemplare aufgefallen sind. Ihre Mutter, Inge Hess, hat auch danach bis 2008 im Garten immer wieder einzelne Individuen des Hirschkäfers (*Lucanus cervus*) festgestellt (Stefanie Sohns, mündl. Mitt. 2008). In der Odenwaldstraße am östlichen Ortsrand von Nußloch, wo sie seit 1998 am Waldrand wohnen, haben Stefanie und Ulrich Sohns (mündl. Mitt. 2008) von 1998 bis 2008 in jedem Jahr insgesamt etwa 20 - 30 Exemplare des Hirschkäfers (*Lucanus cervus*) pro Jahr beobachtet, welche auf der Terrasse des Hauses und im Garten gelaufen sind, durch den Garten geflogen sind und an Bäumen gesessen sind. Im Oderweg am südlichen Ortsrand von Nußloch, wo sie bis 1998 gewohnt haben, sind Stefanie und Ulrich Sohns (mündl. Mitt. 2008) von 1989 bis 1998 in den meisten Jahren, aber nicht in jedem Jahr, lediglich insgesamt etwa 1 - 2 Individuen des Hirschkäfers (*Lucanus cervus*) pro Jahr aufgefallen, welche im Garten des Hauses am Boden gelaufen oder gesessen sind. Ulrich Sohns (mündl. Mitt. 2008) hat bis 1989 in der Bortkelter am östlichen Ortsrand von Nußloch am Waldrand gewohnt und hat dort in den 45 Jahren seines Lebens schon von etwa 1970 bis 1989 in den meisten Jahren insgesamt etwa 5 Exemplare des Hirschkäfers (*Lucanus cervus*) pro Jahr bemerkt, welche meist Männchen waren und im Garten und am Waldrand geflogen sind sowie am Boden gelaufen sind. Ulrich Sohns (mündl. Mitt. 2008) konnte damit über einen Zeitraum von fast 40 Jahren das mehr oder weniger regelmäßige Auftreten von Individuen des Hirschkäfers (*Lucanus cervus*) an verschiedenen Lokalitäten in Nußloch konstatieren.

Im Bubenwingert am südöstlichen Ortsrand von Leimen hat Inga Hug-Papperitz (mündl. Mitt. 2008) etwa Ende Juni/Anfang Juli 2008 ein Männchen des Hirschkäfers (*Lucanus cervus*) bemerkt, welches ihr Kater vermutlich in einem der angrenzenden Grundstücke gefunden hat, im Maul unverletzt in den Garten des Hauses getragen hat, dort am Boden abgelegt hat, und dort liegengelassen hat, nachdem er noch ein bißchen mit ihm gespielt hat. Inga Hug-Papperitz (mündl. Mitt. 2008) hat bis 1970 in Ludwigshafen-Mundenheim, bis 1978 in Frankenthal, bis 1984 in Mainz, bis 1985 wieder in Ludwigshafen-Mundenheim, bis 1987 in Karlsruhe und bis 1994 in Heidelberg-Kirchheim gewohnt und lebt seit 1994 in Leimen, und hat in den fast 50 Jahren ihres Lebens außer dem vorgenannten Männchen keine weiteren Exemplare des Hirschkäfers (*Lucanus cervus*) in der Natur angetroffen.

Im Ahornweg am östlichen Ortsrand von Leimen, wo sie seit 1972 am Waldrand wohnt, hat Leonore Heilig (mündl. Mitt. 2008) seit 1993 bis 2008 in jedem Jahr insgesamt mindestens 1 - 2 Exemplare des Hirschkäfers (*Lucanus cervus*), welche meist Männchen und gelegentlich auch Weibchen umfassen, auf den Waschbetonplatten am Hauseingang und am Waldrand am Boden gesehen, wohingegen sie dort von 1972 bis 1992 keine Individuen bemerkt hat. Leonore Heilig (mündl. Mitt. 2008) konnte damit über einen Zeitraum von 15 Jahren das regelmäßige Auftreten von Individuen des Hirschkäfers (*Lucanus cervus*) konstatieren. Leonore Heilig (mündl. Mitt. 2008) hat bis 1964 in Donaueschingen, bis 1966 in Oftersheim und bis 1972 in Heidelberg-Boxberg gewohnt, und hat in den über 65 Jahren ihres Lebens erst in 1993 in Leimen erstmals Exemplare des Hirschkäfers (*Lucanus cervus*) in der Natur angetroffen, wohingegen sie an den anderen Orten keinen Individuen in der Natur begegnet ist.

Im Ulmenweg am östlichen Ortsrand von Leimen hat Christina Heling (mündl. Mitt. 2008) am Haus im Juli 2008 etwa 3 - 4 Weibchen des Hirschkäfers (*Lucanus cervus*) tagsüber an der Wand im Vorgarten und an der Mauer zum Nachbargrundstück gemeinsam mit Marina Wilhelm (mündl. Mitt. 2008) gesehen, und hat dort auch im Juli 2005 ein Männchen abends in der Dämmerung beobachtet. Christina Heling (mündl. Mitt. 2008) wohnt fast schon immer in Leimen und hat in den fast 40 Jahren ihres Lebens außer den vorgenannten Funden nur noch einmal in 2003 am Kloster Samos auf dem Jakobsweg in Spanien ein totes Männchen des Hirschkäfers (*Lucanus cervus*) entdeckt, wohingegen sie ansonsten keinen weiteren Exemplaren in der Natur begegnet ist.

In der Waldstraße am östlichen Ortsrand von Leimen hat Michael Helffrich (mündl. Mitt. 2008) am 31.05.2008 morgens ein Weibchen des Hirschkäfers (*Lucanus cervus*) in der Küche des Hauses am Waldrand am Boden entdeckt, welches vermutlich bei dem starken Gewitter am Vorabend durch ein geöffnetes Fenster in das Haus eingedrungen ist. Michael Helffrich (mündl. Mitt. 2008) hat dort auch etwa 1988 ein Männchen des Hirschkäfers (*Lucanus cervus*) in einem großen Lichtschacht im Untergeschoß des Hauses gefunden, welches wahrscheinlich dort hineingefallen ist und nach dem Herausnehmen und Umsetzen in den Garten davongelaufen ist, und hat auch etwa 1985 ein Männchen im Garten beobachtet, welches unter einer Birke am Boden gelaufen ist. Michael Helffrich (mündl. Mitt. 2008) hat bis 1970 in Mannheim-Rheinau und bis 1978 in Heidelberg-Weststadt gewohnt und lebt seit 1978 in Leimen, und hat in den 65 Jahren seines Lebens außer den vorgenannten Funden keine weiteren Exemplare des Hirschkäfers (*Lucanus cervus*) in der Natur angetroffen.

Auf dem Weg im Wald vom Naturfreundehaus Bossenbrunnen östlich Leimen zur Bockwiese oder Ochsenbacher Wiese in Richtung Ochsenbach und Maisbach hat Marina Wilhelm (mündl. Mitt. 2008) in 2006 etwa 2 - 3 Männchen und Weibchen des Hirschkäfers (*Lucanus cervus*) am Boden angetroffen, und hat in 2008 in der Panoramastraße am östlichen Ortsrand von Leimen einen Caput-Thorax-Torso eines Männchens auf der Mauer des Vorgartens eines Hauses am Waldrand entdeckt, neben dem noch einige Krümel als Reste der Mahlzeit eines räuberischen Vogels gelegen sind. Marina Wilhelm (mündl. Mitt. 2008) hat auch gemeinsam mit Christina Heling (mündl. Mitt. 2008) im Ulmenweg am östlichen Ortsrand von Leimen im Juli 2008 etwa 3 - 4 Weibchen des Hirschkäfers (*Lucanus cervus*) tagsüber am Haus an der Wand im Vorgarten und an der Mauer zum Nachbargrundstück beobachtet. Marina Wilhelm (mündl. Mitt. 2008) hat auch in 2008 auf dem Friedrichspfad von der Panoramastraße am östlichen Ortsrand von Heidelberg-Rohrbach zum Bierhelderhof auf dem unbefestigten Waldweg wiederholt einzelne Weibchen des Hirschkäfers (*Lucanus cervus*) am Boden gesehen, wobei sie dort zeitweise täglich ein Weibchen angetroffen hat, wohingegen sie dort in den zurückliegenden Jahren keine Exemplare beobachtet hat und in 2008 auch keine Männchen entdeckt hat. Marina Wilhelm (mündl. Mitt. 2008) wohnt schon immer in Heidelberg-Rohrbach und erinnert sich in den 40 Jahren ihres Lebens außer den vorgenannten Funden nur noch an einen Caput-Thorax-Torso eines Männchens des Hirschkäfers (*Lucanus cervus*), welchen sie bereits in 1973 irgendwo aufgesammelt hat und dann etwa

20 Jahre lang aufbewahrt hat, wohingegen sie ansonsten keinen weiteren Exemplaren in der Natur begegnet ist.

Im Bärenpfad am nordöstlichen Ortsrand von Leimen hat Astrid Bombosch (mündl. Mitt. 2008) von 2001 bis 2007 in jedem Jahr insgesamt etwa 5 - 10 Männchen und Weibchen des Hirschkäfers (*Lucanus cervus*) über etwa 3 - 4 Wochen hinweg meist abends in der Dämmerung gesehen, welche überwiegend aus einem alten mit Efeu überwucherten Obstbaumstumpf im benachbarten Garten herausgekommen sind und dann hin und her geflogen sind, wohingegen sie in 2008 nur etwa 3 - 5 Männchen und Weibchen über etwa 2 Wochen hinweg bemerkt hat. Astrid Bombosch (mündl. Mitt. 2008) hat in 2008 auch beobachtet, daß ein Weibchen des Hirschkäfers (*Lucanus cervus*) durch den Maschendrahtzaun, welcher den benachbarten Garten begrenzt, durchfliegen wollte und dabei in den Maschen hängengeblieben ist, und nach einiger Zeit statt dessen über den Maschendrahtzaun geflogen ist. Astrid Bombosch (mündl. Mitt. 2008) hat bis 1978 in Göttingen, bis 1992 in Heidelberg-Weststadt und bis 2001 in Heidelberg-Rohrbach gewohnt und lebt seit 2001 in Leimen, und hat in den 50 Jahren ihres Lebens schon zwischen etwa 1975 und 1978 am Stadtrand von Göttingen gelegentlich einzelne Exemplare des Hirschkäfers (*Lucanus cervus*) registriert, wohingegen sie an anderen Orten keinen Individuen in der Natur begegnet ist.

Oberhalb des Bärenpfades oberhalb der Katholischen Kirche am nordöstlichen Ortsrand von Leimen haben Brigitta und Werner Kneisel (mündl. Mitt. 2008) in den letzten 10 Jahren in einem Garten unterhalb der Weinberge, den sie schon seit 15 Jahren bewirtschaften, in jedem Jahr insgesamt etwa 2 - 3 Männchen des Hirschkäfers (*Lucanus cervus*) pro Jahr am Boden im Garten und auf dem Weg zum Garten gesehen, wohingegen sie in den Jahren davor keine Exemplare festgestellt haben. In dem Stumpf eines alten Birnbaumes, den sie vor einigen Jahren im Garten gefällt haben, sind Brigitta und Werner Kneisel (mündl. Mitt. 2008) etwa 10 - 15 große Larven (Engerlinge) aufgefallen, welche möglicherweise dem Hirschkäfer (*Lucanus cervus*) zuzuordnen sind. In 2008 haben Brigitta und Werner Kneisel (mündl. Mitt. 2008) auch ein überfahrenes Weibchen des Hirschkäfers (*Lucanus cervus*) auf dem Weg zum Garten entdeckt, und haben ein laufendes Männchen am Boden an einer Bambushecke bemerkt. Werner Kneisel (mündl. Mitt. 2008) hat bis 1976 in Nußloch und bis 1990 in Leimen gewohnt und lebt seit 1990 in St. Ilgen, und hat in den 55 Jahren seines Lebens schon von etwa 1960 bis 1968 im Wald um die Fluren Dicke Buche und Weiße Hohle im Südteil des Hirschberges östlich Nußloch in Richtung Maisbach in den meisten Jahren einzelne Männchen des Hirschkäfers (*Lucanus cervus*) am Boden beobachtet, wohingegen er ansonsten außer den vorgenannten Funden in Leimen keine weiteren Exemplare in der Natur angetroffen hat. Brigitta Kneisel (mündl. Mitt. 2008) hat bis 1976 in Kleinostheim nordwestlich Aschaffenburg im Maintal und ebenfalls bis 1990 in Leimen gewohnt und lebt ebenfalls seit 1990 in St. Ilgen, und kann sich in den über 50 Jahren ihres Lebens außer den vorgenannten Funden in Leimen nicht an weitere Begegnungen mit Individuen des Hirschkäfers (*Lucanus cervus*) in der Natur erinnern.

Am Dormenackerhof nordöstlich Leimen haben Simone und Martin Galm (mündl. Mitt. 2008) auf dem Weingut Clauer am 21.06.2008 ein Männchen des Hirschkäfers (*Lucanus cervus*) gesehen, welches an dem Stamm eines Baumes herauf und herunter gelaufen ist. Martin Galm (mündl. Mitt. 2008) wohnt schon immer in Buchen-Einbach, und Simone Galm (mündl. Mitt. 2008) hat bis 2002 unter anderem in Buchen, Hardheim, Mosbach und Heidelberg gewohnt und lebt seit 2002 ebenfalls in Buchen-Einbach, und beide haben in den fast 40 Jahren ihres Lebens vorher keine Exemplare des Hirschkäfers (*Lucanus cervus*) in der Natur angetroffen.

Auf einem Feldweg von Leimen in Richtung Nußloch hat Jörg Eiben (mündl. Mitt. 2008) zwischen 1998 und 2000 ein Exemplar des Hirschkäfers (*Lucanus cervus*) fliegend gesehen, und hat im Juni 2008 ein totes Männchen auf der Kollerstraße L 535 durch den Otterstädter Wald östlich Otterstadt nordnordöstlich Speyer am Straßenrand entdeckt. Im Eichwald am Ostrand von Heidelberg-Boxberg hat Jörg Eiben (mündl. Mitt. 2008) zwischen 1970 und 1972 etwa 2 - 3 Männchen des Hirschkäfers (*Lucanus cervus*) am Boden am Waldrand gefunden und mit in die Schule genommen, wo in der Klasse ein Terrarium angelegt wurde. Jörg Eiben (mündl. Mitt. 2008) hat bis 1973 in Heidelberg-Weststadt gewohnt, war dann an verschiedenen Orten und lebt seit 2005 in Oftersheim, und hat in den über 45 Jahren seines Lebens außer den vorgenannten Funden keine Individuen des Hirschkäfers (*Lucanus cervus*) in der Natur angetroffen.

20.8 St. Ilgen

Die Nachweise von Individuen des Hirschkäfers (*Lucanus cervus*) in St. Ilgen, welche mir von Naturfreunden aufgrund meiner Aufrufe zur Mitteilung von Beobachtungen in regionalen Tageszeitungen (Rhein-Neckar-Zeitung 2008 a, 2008 b, 2008 c, 2008 d; Schwetzinger Zeitung 2008, Bruchsaler Rundschau 2008) gemeldet wurden, stammen aus der Bahnhofstraße am westlichen Ortsrand von St. Ilgen. Die Fundorte des Hirschkäfers (*Lucanus cervus*) in St. Ilgen (TK 25, Blatt 6618 Heidelberg-Süd) liegen in der Ebene des Rheintales in ca. 100 - 120 m Höhe über NN.

In der Bahnhofstraße am westlichen Ortsrand von St. Ilgen hat Selma Fecht (mündl. Mitt. 2008) in den 75 Jahren ihres Lebens bereits von 1940 bis 1945 gelegentlich einzelne Männchen des Hirschkäfers (*Lucanus cervus*) im Garten des Hauses entdeckt, wohingegen sie sich nicht daran erinnern kann, auch zwischen 1945 und 2007 Individuen in der Natur begegnet zu sein. Ende Juli 2008 hat Selma Fecht (mündl. Mitt. 2008), die bis 1965 in St. Ilgen gewohnt hat und seit 1965 in Sandhausen lebt, in der Mörikestraße nahe dem nördlichen Ortsrand von Sandhausen im Vorgarten des Hauses ein Männchen des Hirschkäfers (*Lucanus cervus*) am Boden gesehen, und hat in 2007 ein Männchen auf dem Balkon des Hauses beobachtet. Ihr Nachbar, Hubert Kosi (Selma Fecht, mündl. Mitt. 2008), hat in 2008 im Keller des Hauses in der Hauptstraße im Zentrum von Sandhausen zwei tote Männchen des Hirschkäfers (*Lucanus cervus*) in einer leeren Schachtel gefunden.

Im Mannheimer Weg am Nordrand des Ortsteils Probsterwald von Leimen-St. Ilgen, wo er seit 1969 wohnt, hat Helmut Unger (mündl. Mitt. 2008) bisher noch keine Individuen des Hirschkäfers (*Lucanus cervus*) entdeckt, sondern hat lediglich in 2007 bei seinem Nachbarn im Garten große Larven (Engerlinge) in angelieferter Muttererde gesehen, welche vermutlich dem Nashornkäfer (*Oryctes nasicornis*) zugeordnet werden können. Das einzige Exemplar des Hirschkäfers (*Lucanus cervus*), welchem Helmut Unger (mündl. Mitt. 2008) in den 75 Jahren seines Lebens bisher in der Natur begegnet ist, hat er vor etwa 20 Jahren im Bayerischen Wald an dem Stamm einer Eiche in der Nähe eines Sägewerkes beobachtet, wo ein Männchen an einer blutenden Stelle auf der Rinde gesessen ist, und in Sägespanhaufen am Rand des Betriebsgeländes hat er etliche Larven (Engerlinge) des Hirschkäfers (*Lucanus cervus*) gefunden, deren Auftreten den Arbeitern im Sägewerk bekannt war. Helmut Unger (mündl. Mitt. 2008) hat bis 1958 unter anderem in Sandhausen gewohnt; war dann in Eppingen, Stuttgart, Rastatt und Neckarbischofsheim; hat dann bis 1969 wieder in Sandhausen gewohnt und lebt seit 1969 in Leimen-St. Ilgen, und hat außer dem vorgenannten Männchen am Sägewerk im Bayerischen Wald keine weiteren Individuen des Hirschkäfers (*Lucanus cervus*) in der Natur angetroffen.

20.9 Rot

Die Nachweise von Individuen des Hirschkäfers (*Lucanus cervus*) in Rot, welche mir von Naturfreunden aufgrund meiner Aufrufe zur Mitteilung von Beobachtungen in regionalen Tageszeitungen (Rhein-Neckar-Zeitung 2008 a, 2008 b, 2008 c, 2008 d; Schwetzinger Zeitung 2008, Bruchsaler Rundschau 2008) gemeldet wurden, stammen aus dem Blütenweg am südwestlichen Ortsrand von Rot, aus den Wiesen des Golfplatzes südlich Rot, aus der Hoferstraße und vom Friedhof am nordöstlichen Ortsrand von Rot, aus der Walldorfer Straße am nördlichen Ortsrand von Rot, aus der Hinterstraße im Zentrum von Rot, aus dem Roter Wald zwischen Rot und dem Frauenweiler Bruch östlich Rot, vom Schützenhaus an den Anglerseen und aus der Rauenberger Straße am östlichen Ortsrand von Rot, aus der Waldstraße am südlichen Ortsrand von Rot, vom Waldrand südöstlich Rot in Richtung Malsch, und vom Westrand des Waldgebietes Weißer Stock nördlich der Verlängerung der Wieslocher Straße ostnordöstlich Rot. Die Fundorte des Hirschkäfers (*Lucanus cervus*) in Rot (TK 25, Blatt 6717 Waghäusel) liegen in der Ebene des Rheintales in ca. 100 - 110 m Höhe über NN.

Im Blütenweg am südwestlichen Ortsrand von Rot hat Andreas Edinger (mündl. Mitt. 2008) an der südlichen Wand des Hauses am 25.06.2008 abends gegen 19 Uhr ein Männchen des Hirschkäfers (*Lucanus cervus*) in der Nähe des Bodens gesehen, wohingegen ihm früher in Rot keine Exemplare aufgefallen sind. Andreas Edinger (mündl. Mitt. 2008) hat bis 1993 im Ortsteil Neuthard von Karlsdorf-Neuthard gewohnt und lebt seit 1993 in Rot, und kann sich in den fast 40 Jahren seines Lebens nur daran erinnern, daß er schon früher insgesamt weniger als 10 Exemplare des Hirschkäfers (*Lucanus cervus*) verteilt in Raum und Zeit in der Natur beobachtet hat, weiß aber nicht mehr, wann und wo dies gewesen ist.

In Waldnähe auf den Wiesen des Golfplatzes südlich Rot hat Birgit Ullrich (mündl. Mitt. 2008) am Boden etwa Anfang Juni 2008 ein verletztes Männchen des Hirschkäfers (*Lucanus cervus*) gesehen, dem ein Bein und die Hälfte des Abdomens gefehlt hat. Davor hat Birgit Ullrich (mündl. Mitt. 2008) in den fast 50 Jahren ihres Lebens nur einmal vor ca. 10 Jahren in der Toskana in Italien Individuen des Hirschkäfers (*Lucanus cervus*) in der Natur beobachtet, welche dort abends flogen, und hat ansonsten weder in Heidelberg-Handschuhsheim, wo sie seit 10 Jahren wohnt, noch an anderen Orten Exemplare entdeckt.

In der Hoferstraße nahe dem nordöstlichen Ortsrand von Rot haben Michaela Bähne (mündl. Mitt. 2008) und Erik Hartlieb etwa Mitte Juni 2008 ein Männchen des Hirschkäfers (*Lucanus cervus*) gesehen, welches abends in der Dämmerung über die Straße in das nahegelegene Feld geflogen ist, und haben einen Tag später tagsüber auf dem Feldweg in der nordöstlichen Verlängerung der Hoferstraße ein überfahrenes oder zertretenes Männchen am Boden gefunden. Diese beiden Männchen sind die einzigen Individuen des Hirschkäfers (*Lucanus cervus*), die Michaela Bähne (mündl. Mitt. 2008) und Erik Hartlieb bisher in Rot beobachtet haben, wo sie seit 1984 bzw. schon immer wohnen, und die sie in den 35 Jahren bzw 40 Jahren ihres Lebens bisher in der Natur entdeckt haben.

Am Friedhof am nordöstlichen Ortsrand von Rot haben Gloria und Walter Luksch (mündl. Mitt. 2008) im Garten des Hauses etwa Ende Juli/Anfang August 2008 ein lebendes Männchen des Hirschkäfers (*Lucanus cervus*) im gemauerten Schwimmbecken im Wasser treibend gesehen, und haben es herausgeholt und auf den Rasen gesetzt, von wo es bald danach verschwunden ist. Gloria und Walter Luksch (mündl. Mitt. 2008) haben bis 1976 unter anderem in Lippstadt westsüdwestlich Paderborn und bis 1977 in St. Ilgen gewohnt und leben seit 1977 in Rot, und Gloria Luksch (mündl. Mitt. 2008) hat in den fast 55 Jahren ihres Lebens außer dem vorgenannten Männchen keine weiteren Exemplare des Hirschkäfers (*Lucanus cervus*) in der Natur angetroffen. Walter Luksch hat in den über 55 Jahren seines Lebens schon von 1969 bis 1976 in Lippstadt gelegentlich einzelne Männchen des Hirschkäfers (*Lucanus cervus*) im Wald am Boden gesehen, wohingegen er ansonsten keinen weiteren Individuen in der Natur begegnet ist (Gloria Luksch, mündl. Mitt. 2008).

In der Walldorfer Straße am nördlichen Ortsrand von Rot hat Hans-Joachim Fischer (mündl. Mitt. 2009) in 2002 ein fliegendes Männchen des Hirschkäfers (*Lucanus cervus*) registriert, welches dort abends durch die Gärten geflogen ist, und hat auch am 31.05.2008 am Westrand des Waldgebietes Weißer Stock nördlich der Verlängerung der Wieslocher Straße ostnordöstlich Rot insgesamt 27 fragmentarische tote Individuen (davon waren 16 Männchen und 5 Weibchen bestimmbar) auf einer Strecke von mehreren Hundert Metern am Boden bemerkt. Hans-Joachim Fischer (mündl. Mitt. 2009) hat auch im Waldgebiet Schwetzinger Hardt im Bereich um den Saupferchbuckel nordwestlich Walldorf an einer Eiche in 2004 wiederholt etliche Exemplare des Hirschkäfers (*Lucanus cervus*) beobachtet, und zwar je 1 Weibchen am 25.05.2004 und 29.05.2004, 4 Pärchen und 3 Männchen am 30.05.2004, 5 Pärchen und 9 weitere Individuen am 02.06.2004, mindestens 12 Exemplare am 03.06.2004; 6 Pärchen, 3 Männchen und 3 Weibchen am 04.06.2004; 4 Pärchen, 4 Männchen und 1 Weibchen am 07.06.2004; 4 Pärchen, 3 Männchen und 1 Weibchen am 11.06.2004; und 2 Männchen am 14.06.2004, und hat auch nördlich und nordwestlich des Reitplatzes nördlich des westlichen Endes der Verlängerung der Rennbahnstraße am nordwestlichen Ortsrand von Walldorf in 2004 mehrfach einzelne Individuen entdeckt, und zwar 1 Männchen am 30.05.2004 an einem Baum; je 1 Pärchen am 31.05.2004, 02.06.2004 und 04.06.2004 an einem Baum; 1 totes überfahrenes Weibchen am 07.06.2004 auf einem asphaltierten Weg, bis zu 3 fliegende Weibchen am 14.06.2004 abends in der Dämmerung, 1 Männchen am 09.06.2004 an einem Baum, 1 totes Weibchen am 21.06.2004 am Fuß eines Baumes, und 1 Weibchen am 06.07.2004 am Boden laufend. Hans-Joachim Fischer (mündl. Mitt. 2009) hat auch am 26.06.2004 in der Flur Geißheck am Südrand des Waldgebietes Schwetzinger Hardt in der Nähe der Kartbahn westlich Walldorf ein totes Weibchen des Hirschkäfers (*Lucanus cervus*) gefunden, und hat auch in 2003 im Hochholz südlich Walldorf 2 vollständige und 2 fragmentarische tote Exemplare am Boden entdeckt. Hans-Joachim Fischer (mündl. Mitt. 2009) hat auch in 2002 auf dem Radweg der Straße L 546 in der Nähe der Abzweigung der Straße L 556 am südöstlichen Ortsrand von Reilingen 1 totes überfahrenes Weibchen des Hirschkäfers (*Lucanus cervus*) notiert, und hat auch in 2006 oder 2007 in der Hirschstraße südlich der Hauptstraße nahe des südwestlichen Ortsrandes von Walldorf 1 totes Weibchen am Boden festgestellt. Hans-Joachim Fischer (mündl. Mitt. 2009) hat auch auf dem Gelände des Waldschwimmbades am nördlichen Ortsrand von Walldorf im Bereich östlich des Badesees am 13.06.2003 und am 31.05.2004 je ein totes Männchen des Hirschkäfers (*Lucanus cervus*) am Boden angetroffen, und hat auch am 31.05.2004 am Nordrand des Dannhecker Waldes südöstlich der Zugmantelbrücke nördlich Walldorf 1 Männchen observiert. Hans-Joachim Fischer (mündl. Mitt. 2009) wohnt schon immer in Rot und kann sich den 45 Jahren seines Lebens nicht mehr daran erinnern, ob er schon vor 2002 Individuen des Hirschkäfers (*Lucanus cervus*) in der Natur begegnet ist, wohingegen er nach 2002 noch mehrmals an verschiedenen Orten Exemplare in der Natur gesehen hat.

Im Roter Wald zwischen Rot und dem Frauenweiler Bruch östlich Rot westlich der Straße B 3 und südlich der Autobahn A 6 hat Theo Hemberger (mündl. Mitt. 2008) etwa Ende Juni/Anfang Juli 2008 ein laufendes Männchen des Hirschkäfers (*Lucanus cervus*) auf dem Weg etwa 200 m westlich der Holzbrücke gesehen, und hat davor etwa 1998 am Ostrand des Waldgebietes Obere Lusshardt auf dem Parkplatz vor dem Waldrand westnordwestlich Kronau ein laufendes Männchen beobachtet, welches kurz darauf überfahren wurde. Theo Hemberger (mündl. Mitt. 2008) wohnt schon immer in Malsch und hat dort in den über 65 Jahren seines Lebens zwischen 1950 und 1955 wiederholt einzelne Männchen und Weibchen des Hirschkäfers (*Lucanus cervus*) gesichtet, und hat seit 1955 in Malsch und im Roter Wald immer wieder einzelne Exemplare entdeckt. Theo Hemberger (mündl. Mitt. 2008) konnte damit über einen Zeitraum von fast 60 Jahren das mehr oder weniger regelmäßige Auftreten von Individuen des Hirschkäfers (*Lucanus cervus*) in Malsch und im Roter Wald konstatieren.

Im Roter Wald zwischen Rot und dem Frauenweiler Bruch östlich Rot westlich der Straße B 3 und südlich der Autobahn A 6 hat Wolfgang Messner (mündl. Mitt. 2008) etwa Anfang bis Mitte Juni 2008 ein Männchen des Hirschkäfers (*Lucanus cervus*) am Boden auf dem Weg gesehen. Wolfgang Messner (mündl. Mitt. 2008) hat bis 1980 in Walldorf, bis 1984 in Kehl und bis 1988 wieder in Walldorf gewohnt und lebt seit 1988 in Rot, und hat in den über 50 Jahren seines Lebens schon zwischen 1975 und 1980 nahe dem Reitplatz nördlich des westlichen Endes der Verlängerung der Rennbahnstraße am westlichen Ortsrand von Walldorf einmal ein Männchen des Hirschkäfers (*Lucanus cervus*) beobachtet. Wolfgang Messner (mündl. Mitt. 2008) hat auch in 1979 oder 1980 einmal ein Männchen des Hirschkäfers (*Lucanus cervus*) in der Umgebung des Lechtales in den Alpen südlich Füssen entdeckt, wohingegen er ansonsten keinen weiteren Exemplaren in der Natur begegnet ist.

Im Frauenweiler Bruch östlich Rot hat Günter Ettrich (mündl. Mitt. 2008) in 2005 und 2007 am Waldrand zwischen der Bahnlinie und der Straße B 3 abends gegen 18 Uhr ein Weibchen des Hirschkäfers (*Lucanus cervus*) auf dem Weg und drei fliegende Individuen registriert, und hat in 2003 im Waldgebiet Dornhecke südlich des Bahnhofs Rot-Malsch westlich Malsch und südöstlich Rot nachmittags gegen 17 Uhr ein Weibchen am Boden bemerkt. Günter Ettrich (mündl. Mitt. 2008) hat auch im Waldgebiet Schwetzinger Hardt auf dem Speyerer Weg von den Parkplätzen nahe Sternbuckel zur Ostkurve des Hockenheimrings in 2008 tagsüber ein laufendes Weibchen des Hirschkäfers (*Lucanus cervus*) auf der asphaltierten Straße gesehen, und hat auch mitten im Wald zwischen Walldorf und Oftersheim in 2008 tagsüber mindestens zwei fliegende Exemplare beobachtet sowie in 2007 tagsüber auf einem Weg ein laufendes Männchen entdeckt. Günter Ettrich (mündl. Mitt. 2008) hat auch in 2007 mitten auf der Kollerinsel zwischen Ketsch und Otterstadt einen Caput-Thorax-Torso eines Männchens des Hirschkäfers (*Lucanus cervus*) gefunden, welcher noch gelebt hat und mit den Mandibeln gezwickt hat. Günter Ettrich (mündl. Mitt. 2008) wohnt seit 1973 in Sandhausen und war vorher unter anderem in Ilmenau, Schwäbisch Gmünd, Freiburg, München, Heidelberg und Mannheim, und hat in den fast 75 Jahren seines Lebens schon von 1948 bis 1950 in Paracin nordwestlich Nis südlich Belgrad in Serbien zahlreiche Individuen des Hirschkäfers (*Lucanus cervus*) gesehen, wohingegen er seit 1950 bis 2003 keinen weiteren Exemplaren in der Natur begegnet ist. In Paracin hat Günter Ettrich (mündl. Mitt. 2008) von 1948 bis 1950 in jedem Jahr insgesamt etwa 30 - 40 Individuen des Hirschkäfers (*Lucanus cervus*) pro Jahr festgestellt, von denen ca. 20 % große Exemplare und ca. 80 % mittelgroße und kleine Exemplare waren, und die abends am Stadtrand in den Weinbergen und am Waldrand an alten Eichen geflogen, gelaufen und gesessen sind, wobei pro Abend etwa 3 - 8 Individuen erschienen sind. Neben dem Hirschkäfer (*Lucanus cervus*) hat Günter Ettrich (mündl. Mitt. 2008) von 1948 bis 1950 in Paracin auch den Nashornkäfer (*Oryctes nasicornis*) angetroffen, von dem pro Abend etwa 5 - 6 Exemplare aufgetreten sind.

Am Schützenhaus an den Anglerseen am östlichen Ortsrand von Rot hat Adolf Geider (mündl. Mitt. 2008) in einem Grünschnitthaufen am Waldrand am 26.07.2008 ein Weibchen und etwa 10 Larven (Engerlinge) des Hirschkäfers (*Lucanus cervus*) gesehen, und hat dort in 2006 etwa 10 - 15 Larven (Engerlinge) in abgestorbenen Birkenstämmen beobachtet. Adolf Geider (mündl. Mitt. 2008) hat auch in 2002 oder 2003 am Schützenhaus ein Männchen des Hirschkäfers (*Lucanus cervus*) an einem Baumstamm sitzend entdeckt, und hat in 1991 in der Hinterstraße im Zentrum von Rot ein Männchen im Keller des Hauses angetroffen, welches durch das geöffnete Fenster hereingeflogen ist. Adolf Geider (mündl. Mitt. 2008) wohnt schon immer in Rot und hat in den über 65 Jahren seines Lebens außer den vorgenannten Funden nur noch etwa 1978 ein Männchen des Hirschkäfers (*Lucanus cervus*) in Rot registriert, wohingegen er ansonsten keinen weiteren Exemplaren in der Natur begegnet ist.

In der Rauenberger Straße am östlichen Ortsrand von Rot hat Gabriele Stubenrauch (mündl. Mitt. 2008) in 2007 zwei Männchen des Hirschkäfers (*Lucanus cervus*) am Boden im Garten des Hauses und am Rand des Anglersees (Wagnersees) lebend gesehen, und hat in 2008 hinter dem Haus am Rand des Anglersees und an der Verbindungsstraße von der Rauenberger Straße zur Wieslocher Straße entlang der Anglerseen ein vollständiges Männchen und zwei Caput-Thorax-Torsi von Männchen ohne Abdomen tot gefunden. Gabriele Stubenrauch (mündl. Mitt. 2008) hat bis 1986 in Ludwigshafen und bis 1997 in Wiesloch gewohnt und lebt seit 1997 in Rot, und ist in den fast 55 Jahren ihres Lebens erst in 2007 erstmals Exemplaren des Hirschkäfers (*Lucanus cervus*) in der Natur begegnet.

In der Waldstraße am südlichen Ortsrand von Rot wohnt Leo Schulz (mündl. Mitt. 2008) seit 1980, nachdem er vorher bis 1957 in Heidelberg-Wieblingen, bis 1971 in Eppelheim und bis 1980 in Oftersheim gelebt hat, und hat in den fast 80 Jahren seines Lebens bisher nur einmal in 1997 an der Dernbacher Hütte bei Dernbach nordwestlich Landau im Pfälzer Wald ein Männchen des Hirschkäfers (*Lucanus cervus*) am Boden gesehen, und ist bisher keinem weiteren Exemplar in der Natur begegnet.

Am Waldrand südöstlich Rot in Richtung Malsch hat Gerd Hoffmann (mündl. Mitt. 2008) etwa 1988 ein Männchen des Hirschkäfers (*Lucanus cervus*) am Boden gesehen, und hat auch etwa 1988 ein Männchen in Enzklösterle südsüdwestlich Bad Wildbad im Nordschwarzwald am Boden am Waldrand entdeckt. Gerd Hoffmann (mündl. Mitt. 2008) hat bis 1971 in Römerberg-Heiligenstein gewohnt und lebt seit 1971 in St. Leon-Rot, und hat in den 60 Jahren seines Lebens schon etwa 1960 am Berghäuser Altrhein ostsüdöstlich Römerberg-Heiligenstein ein Männchen des Hirschkäfers (*Lucanus cervus*) in den Wiesen vor dem Waldrand am Boden beobachtet, wohingegen er ansonsten keinen weiteren Exemplaren in der Natur begegnet ist.

In Rot hat Marita Schneider (mündl. Mitt. 2008) zwischen 1970 und 1974 einmal ein Männchen des Hirschkäfers (*Lucanus cervus*) gesehen, welches eine Klassenkameradin in der Umgebung von Rot gefunden hat und in die Schule mitgebracht hat. Marita Schneider (mündl. Mitt. 2008) hat bis 1992 in Rot gewohnt und lebt seit 1992 in Walldorf, und ist in den 45 Jahren ihres Lebens außer diesem einen Männchen keinen weiteren Exemplaren des Hirschkäfers (*Lucanus cervus*) in der Natur begegnet. Christa Peichel, die Schwester von Marita Schneider (mündl. Mitt. 2008), hat einmal vor etwa 15 Jahren im Tierpark am nordwestlichen Ortsausgang von Walldorf ein Männchen des Hirschkäfers (*Lucanus cervus*) bemerkt, und kann sich in den 50 Jahren ihres Lebens nicht an weitere Funde erinnern. Armin Schneider, der Mann von Marita Schneider (mündl. Mitt. 2008), wohnt schon immer in Walldorf und kann sich in den 45 Jahren seines Lebens nur daran erinnern, daß er irgendwann früher um Walldorf einmal ein Exemplar des Hirschkäfers (*Lucanus cervus*) beobachtet hat.

20.10 St. Leon

Die Nachweise von Individuen des Hirschkäfers (*Lucanus cervus*) in St. Leon, welche mir von Naturfreunden aufgrund meiner Aufrufe zur Mitteilung von Beobachtungen in regionalen Tageszeitungen (Rhein-Neckar-Zeitung 2008 a, 2008 b, 2008 c, 2008 d; Schwetzinger Zeitung 2008, Bruchsaler Rundschau 2008) gemeldet wurden, stammen aus der Schulstraße im östlichen Ortsteil von St. Leon; aus der Nähe des Kreisels zwischen Marktstraße, Kirrlacher Straße und Roter Straße im Zentrum von St. Leon; aus dem Hohe-Buch-Ring und der Einsteinstraße am südlichen Ortsrand von St. Leon, aus der Schönbornstraße am nordwestlichen Ortsrand von St. Leon, aus der Albert-Schweitzer-Straße am nördlichen Ortsrand von St. Leon, aus der Herderstraße am nordöstlichen Ortsrand von St. Leon, vom Campingplatz und den Parkplätzen am St. Leoner See nordnordwestlich St. Leon, aus dem Wald nordwestlich des St. Leoner Sees nordnordwestlich St. Leon, aus dem Waldgebiet Untere Lusshardt nordwestlich bis südlich St. Leon, und von den Sportplätzen entlang des Kraichbachs südsüdöstlich St. Leon. Die Fundorte des Hirschkäfers (*Lucanus cervus*) in St. Leon (TK 25, Blatt 6717 Waghäusel) liegen in der Ebene des Rheintales in ca. 100 - 110 m Höhe über NN.

Im Hof der Mönchsbergschule in der Schulstraße im östlichen Ortsteil von St. Leon hat Regina Behr (mündl. Mitt. 2008) vor ca. 10 Jahren ein laufendes Männchen des Hirschkäfers (*Lucanus cervus*) am Boden gesehen, und hat danach nur noch am Sandhäuser Hof südwestlich Sandhausen am Waldrand zweimal innerhalb von wenigen Tagen in Mai oder Juni 2008 je ein laufendes Weibchen am Boden gesehen. Außer diesen drei Exemplaren hat Regina Behr (mündl. Mitt. 2008) in den fast 45 Jahren ihres Lebens bisher keine Individuen des Hirschkäfers (*Lucanus cervus*) in der Natur registriert, und auch ihre Mutter, Marliese Behr, hat in den über 65 Jahren ihres Lebens bisher nur die vorgenannten laufenden Weibchen am Sandhäuser Hof entdeckt, obwohl beide oft im Sandhäuser Wald spazieren.

In der Nähe des Kreisels zwischen Marktstraße, Kirrlacher Straße und Roter Straße im Zentrum von St. Leon hat Konrad Kamuf (mündl. Mitt. 2008) in 2007 ein Männchen des Hirschkäfers (*Lucanus cervus*) abends gegen Mitternacht auf dem Gehweg an einem Stein gefunden, und hat davor lediglich ca. 1952 - 1954 in der Mönchsbergschule in der Schulstraße im östlichen Ortsteil von St. Leon einmal ein Männchen gesehen, welches ein Mitschüler mitgebracht hatte. Konrad Kamuf (mündl. Mitt. 2008) wohnt schon immer in St. Leon und hat in den fast 70 Jahren seines Lebens außer den beiden vorgenannten Exemplaren keine weiteren Individuen des Hirschkäfers (*Lucanus cervus*) in der Natur angetroffen.

Im Hohe-Buch-Ring am südlichen Ortsrand von St. Leon haben Gisela und Walter Brandmeier (mündl. Mitt. 2008) im Garten des Hauses im Juli 2008 ein Weibchen des Hirschkäfers (*Lucanus cervus*) am Boden gesehen, welches bald danach verschwunden ist, wohingegen ihnen dort von 1977 bis 2007 keine Exemplare aufgefallen sind. Gisela und Walter Brandmeier (mündl. Mitt. 2008) wohnen schon immer in St. Leon und haben in den fast 70 Jahren ihres Lebens schon von etwa 1945 bis etwa 1955 im Wald um St. Leon immer wieder Exemplare des Hirschkäfers (*Lucanus cervus*) beobachtet. Walter Brandmeier (mündl. Mitt. 2008) hat von etwa 1945 bis etwa 1955 im Waldgebiet Untere Lusshardt westnordwestlich St. Leon in Richtung Neulußheim in jedem Jahr insgesamt etwa 20 - 25 Männchen und Weibchen des Hirschkäfers (*Lucanus cervus*) pro Jahr im Wald am Boden, an Bäumen und gelegentlich auch fliegend registriert, wobei in manchen Jahren während der Flugzeit an fast jeder Eiche ein oder mehrere Individuen gesessen sind. Walter Brandmeier (mündl. Mitt. 2008) hat dann von etwa 1955 bis etwa 1995 mit abnehmender Tendenz zunächst noch etwa 10 - 15 Männchen und Weibchen des Hirschkäfers (*Lucanus cervus*) pro Jahr, später nur noch etwa 5 - 10 Individuen pro Jahr und schließlich nur noch etwa 2 - 5 Exemplare pro Jahr im Wald um St. Leon festgestellt, wohingegen er von etwa 1995 bis 2007 dort gar keine Individuen mehr angetroffen hat. Walter Brandmeier (mündl. Mitt. 2008) konnte damit über einen Zeitraum von etwa 50 Jahren das regelmäßige Auftreten von Individuen des Hirschkäfers (*Lucanus cervus*) im Wald um St. Leon konstatieren.

In der Einsteinstraße am südlichen Ortsrand von St. Leon hat Emmi Schuppe (mündl. Mitt. 2008) im Wohnzimmer des Hauses am 19.06.2008 ein Männchen des Hirschkäfers (*Lucanus cervus*) gefunden, und dies ist das einzige Exemplar, das sowohl sie selbst in den über 50 Jahren ihres Lebens als auch ihr Vater, Josef Götzmann, in den 85 Jahren seines Lebens in der Natur gesehen haben, obwohl beide schon immer in St. Leon-Rot wohnen.

In der Schönbornstraße am nordwestlichen Ortsrand von St. Leon hat Margot Back (mündl. Mitt. 2008) im Hof in 2008 oder 2007 ein Weibchen des Hirschkäfers (*Lucanus cervus*) am Boden gesehen, und hat davor nur einmal zwischen 1950 und 1955 in der Herderstraße am nordöstlichen Ortsrand von St. Leon ein Männchen in der Mitte der Außenkellertreppe des Hauses entdeckt. Zwischen 1955 und 2007 ist Margot Back (mündl. Mitt. 2008), die jetzt 65 Jahre alt ist und schon immer in St. Leon wohnt, keinem Exemplar des Hirschkäfers (*Lucanus cervus*) in der Natur begegnet.

In der Albert-Schweitzer-Straße am nördlichen Ortsrand von St. Leon hat Franz Gutschek (mündl. Mitt. 2008) etwa Ende Juni/Anfang Juli 2008 ein laufendes Männchen des Hirschkäfers (*Lucanus cervus*) auf Waschbetonplatten im Vorgarten des Hauses entdeckt, welches das einzige Exemplar ist, das er bisher in St. Leon gesehen hat, wo er seit 1965 wohnt, und das er in den über 70 Jahren seines Lebens bisher in der Natur beobachtet hat. Franz Gutschek (mündl. Mitt. 2008) stammt aus dem ehemaligen Sudetenland und hat von 1945 bis 1965 in Reilingen gewohnt, und ist außer dem vorgenannten Fund keinen weiteren Individuen des Hirschkäfers (*Lucanus cervus*) in der Natur begegnet.

Auf dem Campingplatz am St. Leoner See nordnordwestlich St. Leon hat Klaus Blume (mündl. Mitt. 2008) von 2004 bis 2007 in jedem Jahr auf dem Rasen um den See herum und zwischen den Büschen auf dem Rasen insgesamt etwa 2 - 3 Männchen des Hirschkäfers (*Lucanus cervus*) pro Jahr am Boden gesehen, wohingegen er dort in 2008 kein Exemplar beobachtet hat, und hat in 2007 auch ein Männchen unter dem Wohnwagen in etwa 200 m Entfernung vom See entdeckt. Klaus Blume (mündl. Mitt. 2008) hat bis 1973 sowie von 1978 bis 1986 in Bensheim und von 1973 bis 1978 in Zwingenberg gewohnt und lebt seit 1986 in Hockenheim, und hat in den fast 65 Jahren seines Lebens außer den vorgenannten Funden nur von 1955 bis 1965 auf dem Weg von Bensheim nach Schönberg östlich Bensheim am Waldrand und auf den sandigen Wegen mit Büschen und Sträuchern vor dem Waldrand in den meisten Jahren, aber nicht in jedem Jahr, bis zu 2 - 3 Männchen des Hirschkäfers (*Lucanus cervus*) pro Jahr am Boden registriert, wohingegen er ansonsten keinen weiteren Individuen in der Natur begegnet ist.

An den Parkplätzen am südöstlichen Eingang des St. Leoner Sees nordnordwestlich St. Leon hat Heinrich Götzmann (mündl. Mitt. 2008) in 2007 ein Weibchen des Hirschkäfers (*Lucanus cervus*) entdeckt, welches über die Straße gelaufen ist. Helma und Heinrich Götzmann (mündl. Mitt. 2008) haben auch etwa Anfang Juli 2008 in der Kirchenstraße nahe dem nordöstlichen Ortsrand von Reilingen im Garten des Hauses tagsüber ein Weibchen des Hirschkäfers (*Lucanus cervus*) am Boden im Gras gesehen, und haben dort einige Tage später abends in der Dämmerung ein fliegendes Weibchen beobachtet. Helma und Heinrich Götzmann (mündl. Mitt. 2008) haben bis 1969 in Reilingen und bis 1984 in Mannheim-Rheinau gewohnt und leben seit 1984 wieder in Reilingen. Helma Götzmann (mündl. Mitt. 2008) hat in den 60 Jahren ihres Lebens schon zwischen etwa 1955 und 1960 auf dem Weg von der Schule zum Haus in der Richard-Wagner-Straße im westlichen Ortsbereich von Reilingen einmal ein Männchen des Hirschkäfers (*Lucanus cervus*) am Boden auf der Straße gesehen, und hat danach erst wieder mit den vorgenannten Weibchen in der Kirchenstraße in 2008 Exemplare in der Natur angetroffen. Heinrich Götzmann (mündl. Mitt. 2008) hat in den über 60 Jahren seines Lebens schon von etwa 1955 bis 1960 im Waldgebiet Untere Lusshardt südlich Reilingen in Richtung Kirrlach in den meisten Jahren immer wieder einzelne Männchen und Weibchen des Hirschkäfers (*Lucanus cervus*) am Boden im Wald registriert, und ist danach erst wieder mit dem vorgenannten Weibchen am St. Leoner See in 2007 Individuen in der Natur begegnet.

Im Gemeindewald nordwestlich des St. Leoner Sees nordnordwestlich St. Leon hat Manfred Hofmann (mündl. Mitt. 2008) auf dem Weg am Boden in 2008 je ein laufendes und ein totes Männchen des Hirschkäfers (*Lucanus cervus*) gesehen. Manfred Hofmann (mündl. Mitt. 2008) wohnt schon immer in St. Leon und hat in den 55 Jahren seines Lebens schon von etwa 1960 bis etwa 1965 in jedem Jahr insgesamt etwa 5 - 10 Exemplare des Hirschkäfers (*Lucanus cervus*), welche meist Männchen waren, pro Jahr im Wald um St. Leon am Boden beobachtet, wohingegen er dort von etwa 1965 bis etwa 1985 nur noch gelegentlich einzelne Individuen festgestellt hat und von etwa 1985 bis 2007 gar keine Exemplare mehr angetroffen hat.

Im Waldgebiet Untere Lusshardt zwischen dem Alten Speyerer Weg und der Waghäusler Allee südwestlich der Straße L 546 nordwestlich St. Leon hat Elke Lawinger (mündl. Mitt. 2008) in 2008 zwei tote und ein laufendes Männchen des Hirschkäfers (*Lucanus cervus*) auf dem Weg am Boden am Waldrand und im Wald gesehen, und hat dort auch in 2006 ein laufendes Männchen auf dem Weg am Boden im Wald entdeckt. Elke Lawinger (mündl. Mitt. 2008) hat bis 1995 in Rot gewohnt und lebt seit 1995 in St. Leon, und kann sich in den über 40 Jahren ihres Lebens nicht mehr daran erinnern, ob sie schon früher Exemplaren des Hirschkäfers (*Lucanus cervus*) in der Natur begegnet ist.

An der Nordspitze des Waldgebietes Untere Lusshardt südlich St. Leon im Bereich der Flur Vordere Buckel hat Hubert Scholz (mündl. Mitt. 2008) von etwa 1950 bis 1955 in jedem Jahr etwa 2 - 3 Männchen und Weibchen des Hirschkäfers (*Lucanus cervus*) pro Jahr am Boden im Wald und am Waldrand beobachtet, und hat auch Ende Mai/Anfang Juni 2008 am Gückelsberg am östlichen Ortsrand von Nußloch ein Männchen vor dem Garagentor am Haus am Waldrand gefunden, wohingegen er von 1985 bis 2007 in Nußloch keine Exemplare angetroffen hat. Hubert Scholz (mündl. Mitt. 2008) hat auch in 1990 bei Kummerow am Südrand des Kummerower Sees in der Mecklenburgischen Seenplatte südöstlich Rostock ein Männchen des Hirschkäfers (*Lucanus cervus*) am Boden am Waldrand gesehen. Hubert Scholz (mündl. Mitt. 2008) hat bis 1955 in St. Leon und bis 1985 in Dossenheim gewohnt und lebt seit 1985 in Nußloch, und kann sich in den 70 Jahren seines Lebens an weitere Funde von Exemplaren in Deutschland nicht erinnern. In Griechenland hat Hubert Scholz (mündl. Mitt. 2008) von

1985 bis 1995 auf der Pilion-Halbinsel bei Vólos nordwestlich Athen in jedem Jahr mehrere Männchen des Hirschkäfers (*Lucanus cervus*) und einmal auch ein Exemplar des Nashornkäfers (*Oryctes nasicornis*) am Boden im Wald und am Waldrand registriert, und hat von 2005 bis 2007 auf der Kykladeninsel Ios südöstlich Athen in jedem Jahr mehrere Männchen des Hirschkäfers (*Lucanus cervus*) festgestellt.

An den Sportplätzen entlang des Kraichbachs südsüdöstlich St. Leon hat Hubert Schröder (mündl. Mitt. 2008) in 2004 ein Männchen des Hirschkäfers (*Lucanus cervus*) am Boden am Waldrand hinter dem alten Handballspielfeld gesehen, und dieses Männchen ist das einzige Exemplar, das er in den über 45 Jahren seines Lebens bisher in der Natur angetroffen hat, wohingegen er in Wiesloch-Schatthausen, wo er schon immer wohnt, bisher keinen Individuen des Hirschkäfers (*Lucanus cervus*) in der Natur begegnet ist.

20.11 Reilingen

Die Nachweise von Individuen des Hirschkäfers (*Lucanus cervus*) in Reilingen, welche mir von Naturfreunden aufgrund meiner Aufrufe zur Mitteilung von Beobachtungen in regionalen Tageszeitungen (Rhein-Neckar-Zeitung 2008 a, 2008 b, 2008 c, 2008 d; Schwetzinger Zeitung 2008, Bruchsaler Rundschau 2008) gemeldet wurden, stammen aus dem Königsberger Ring am südwestlichen Ortsrand von Reilingen, aus der Johann-Strauß-Straße und dem Finkenweg am westlichen Ortsrand von Reilingen, aus der Richard-Wagner-Straße im westlichen Ortsbereich von Reilingen, aus der Kirchenstraße und der Neugasse nahe dem nordöstlichen Ortsrand von Reilingen, vom Reitplatz und vom Friedhof am östlichen Ortsrand von Reilingen, vom Wersauer Hof östlich Reilingen, aus der Hauptstraße im südlichen Ortsbereich von Reilingen, aus dem Hubwald südöstlich Neulußheim und südwestlich Reilingen, von dem Radweg der Straße L 546 am südöstlichen Ortsrand von Reilingen, und vom Kriegbach im Waldgebiet Untere Lusshardt südwestlich Reilingen. Die Fundorte des Hirschkäfers (*Lucanus cervus*) in Reilingen (TK 25, Blatt 6617 Schwetzingen und Blatt 6717 Waghäusel) liegen in der Ebene des Rheintales in ca. 100 - 110 m Höhe über NN.

Im Königsberger Ring am südwestlichen Ortsrand von Reilingen haben Gabi und Wolfgang Scheuer (mündl. Mitt. 2008) im Garten des Hauses in etwa 500 m Entfernung vom Waldrand etwa Ende Mai 2008 ein Männchen des Hirschkäfers (*Lucanus cervus*) gesehen, welches auf einem Holzstoß gesessen ist, und haben dort auch ein Weibchen beobachtet, welches aus etwa daumenbreiten Löchern in der Erde herausgekommen ist, nachdem ein Holzpflanzkübel gewässert wurde, in dem eine Zwerg-Roßkastanie im Laufe der Jahre mit ihren Wurzeln durch den Boden des Kübels in die darunterliegende Erde hindurchgewachsen ist. Gabi und Wolfgang Scheuer (mündl. Mitt. 2008) haben im Garten des Hauses seit 1978 bis 2008 in etlichen Jahren, aber nicht in jedem Jahr, insgesamt etwa 1 - 2 Exemplare des Hirschkäfers (*Lucanus cervus*) pro Jahr am Boden und fliegend registriert, und konnten damit über einen Zeitraum von 30 Jahren das mehr oder weniger regelmäßige Auftreten von Individuen in Reilingen konstatieren. Gabi und Wolfgang Scheuer (mündl. Mitt. 2008) haben auch in 2005 in Gargnano am Nordwestufer des Gardasees nordöstlich Bréscia in Italien erlebt, daß abends in einem Lokal ein Männchen des Hirschkäfers (*Lucanus cervus*) durch das geöffnete Fenster hereingeflogen ist und sich im Vorhang verfangen hat. Gabi Scheuer (mündl. Mitt. 2008) hat bis 1973 in Hockenheim gewohnt und lebt seit 1973 in Reilingen, und kann sich in den über 60 Jahren ihres Lebens nur daran erinnern, daß sie wahrscheinlich zwischen etwa 1955 und 1960 schon einmal ein Exemplar des Hirschkäfers (*Lucanus cervus*) in Hockenheim gesehen hat, welches damals in die Schule mitgebracht wurde, wohingegen sie sich ansonsten nicht an weitere Begegnungen mit Individuen in der Natur erinnern kann. Wolfgang Scheuer (mündl. Mitt. 2008) hat ebenfalls bis 1973 in Hockenheim gewohnt und lebt ebenfalls seit 1973 in Reilingen, und hat in den über 65 Jahren seines Lebens schon zwischen etwa 1950 und 1955 in der Ziegelstraße am damaligen nordöstlichen Ortsrand von Hockenheim in den meisten Jahren, jedoch nicht in jedem Jahr, insgesamt etwa 1 - 2 Exemplare des Hirschkäfers (*Lucanus cervus*) pro Jahr am Boden beobachtet, wohingegen ihm in den nachfolgenden Jahren dort keine Individuen aufgefallen sind.

In der Johann-Strauß-Straße am westlichen Ortsrand von Reilingen hat Werner Hoffmann (mündl. Mitt. 2008) Anfang bis Mitte Juli 2008 im Garten des Hauses ein Männchen des Hirschkäfers (*Lucanus cervus*) am Boden gesehen, welches vom Rasen auf die Platten gelaufen ist, und hat auch vor etwa 10 Jahren ein Männchen im Garten am Boden beobachtet. Werner Hoffmann (mündl. Mitt. 2008) wohnt schon immer in Reilingen und hat in den 75 Jahren seines Lebens vorher auch zwischen 1970 und 1975 in der Neugasse nahe dem nordöstlichen Ortsrand von Reilingen, wo er bis 1979 gewohnt hat, ein Männchen des Hirschkäfers (*Lucanus cervus*) im Garten des Hauses am Boden entdeckt, und hat von 1939 bis 1947 in jedem Jahr im Wald und in den Feldern um Reilingen insgesamt etwa 3 - 5 Männchen und Weibchen pro Jahr registriert, wohingegen er sich nicht daran erinnern kann, in der Zwischenzeit weiteren Individuen in der Natur begegnet zu sein.

Im Finkenweg am westlichen Ortsrand von Reilingen hat Dieter Brehm (mündl. Mitt. 2008) im Garten des Hauses, in dem einige Tage vorher Rindenmulch ausgelegt wurde, etwa Ende Juni/Anfang Juli 2008 abends kurz vor der Dämmerung ein fliegendes Weibchen des Hirschkäfers (*Lucanus cervus*) gesehen, welches zuerst von der Katze entdeckt wurde, die dem fliegenden Weibchen hinterhergelaufen ist. Dieter Brehm (mündl. Mitt. 2008) hat in 2008 auch ein Männchen des Hirschkäfers (*Lucanus cervus*) in einer Holzpalette in der Carl-Schurz-Allee im Industriegebiet südwestlich des Bahnhofs von Waghäusel beobachtet. Dieter Brehm (mündl. Mitt. 2008) hat bis 2007 in Hockenheim gewohnt und lebt seit 2007 in Reilingen, und hat in den 45 Jahren seines Lebens auch vor etwa 5 Jahren auf dem Sandhäuser Pfad im Wald südlich des Hockenheimrings östlich Hockenheim ein Männchen des Hirschkäfers (*Lucanus cervus*) bemerkt, wohingegen er sich nicht daran erinnern kann, außer den vorgenannten Funden weiteren Exemplaren in der Natur begegnet zu sein.

In der Kirchenstraße nahe dem nordöstlichen Ortsrand von Reilingen haben Helma und Heinrich Götzmann (mündl. Mitt. 2008) im Garten des Hauses etwa Anfang Juli 2008 tagsüber ein Weibchen des Hirschkäfers (*Lucanus cervus*) am Boden im Gras gesehen, und haben dort einige Tage später abends in der Dämmerung ein fliegendes Weibchen beobachtet. Heinrich Götzmann (mündl. Mitt. 2008) hat auch in 2007 an den Parkplätzen am südöstlichen Eingang des St. Leoner Sees nordnordwestlich St. Leon ein Weibchen des Hirschkäfers (*Lucanus cervus*) entdeckt, welches über die Straße gelaufen ist. Helma und Heinrich Götzmann (mündl. Mitt. 2008) haben bis 1969 in Reilingen und bis 1984 in Mannheim-Rheinau gewohnt und leben seit 1984 wieder in Reilingen. Helma Götzmann (mündl. Mitt. 2008) hat in den 60 Jahren ihres Lebens schon zwischen etwa 1955 und 1960 auf dem Weg von der Schule zum Haus in der Richard-Wagner-Straße im westlichen Ortsbereich von Reilingen einmal ein Männchen des Hirschkäfers (*Lucanus cervus*) am Boden auf der Straße gesehen, und hat danach erst wieder mit den vorgenannten Weibchen in der Kirchenstraße in 2008 Exemplare in der Natur angetroffen. Heinrich Götzmann (mündl. Mitt. 2008) hat in den über 60 Jahren seines Lebens schon von etwa 1955 bis 1960 im Waldgebiet Untere Lusshardt südlich Reilingen in Richtung Kirrlach in den meisten Jahren immer wieder einzelne Männchen und Weibchen des Hirschkäfers (*Lucanus cervus*) am Boden im Wald registriert, und ist danach erst wieder mit dem vorgenannten Weibchen am St. Leoner See in 2007 Individuen in der Natur begegnet.

Am Reitplatz nördlich des Friedhofes am östlichen Ortsrand von Reilingen hat Willi Gruhn (mündl. Mitt. 2008) am 07.07.2008 zwei Weibchen und am 09.07.2008 ein Männchen des Hirschkäfers (*Lucanus cervus*) vormittags auf dem asphaltierten Weg gesehen, und hat in 2007 zweimal mit einigen Wochen Abstand je ein Männchen auf dem asphaltierten Weg von Reilingen durch die Felder nach St. Leon beobachtet. Willi Gruhn (mündl. Mitt. 2008) hat seit 2000 auch in jedem Jahr 1 - 2 Männchen des Hirschkäfers (*Lucanus cervus*) pro Jahr auf den Wegen am Wersauer Hof östlich Reilingen gefunden. Willi Gruhn (mündl. Mitt. 2008) wohnt schon immer in Hockenheim und hat in den fast 70 Jahren seines Lebens bereits von 1948 bis 1952 im Wald um Hockenheim in jedem Jahr bis zu 5 Exemplare des Hirschkäfers (*Lucanus cervus*) pro Jahr am Boden und fliegend registriert, wohingegen er sich nicht daran erinnern kann, auch zwischen 1952 und 2000 Individuen in der Natur begegnet zu sein.

Am Friedhof am östlichen Ortsausgang von Reilingen hat Horst Schmeidl (mündl. Mitt. 2008) etwa Mitte Juli 2008 ein Weibchen des Hirschkäfers (*Lucanus cervus*) am Boden beobachtet, und hat auch etwa Mitte Juni 2008 am Katzengraben südöstlich des Weihers der Siedlung am Hohwiesensee südwestlich Ketsch auf der Straße ein Männchen am Boden gesehen. Horst Schmeidl (mündl. Mitt. 2008) wohnt schon immer in Reilingen und hat in den über 65 Jahren seines Lebens ansonsten nur von 1950 bis 1955 im Waldgebiet Untere Lusshardt zwischen Reilingen und Kirrlach an der Brücke der Straße L 556 über den Kriegbach südsüdwestlich Reilingen in jedem Jahr etwa 3 - 5 Exemplare des Hirschkäfers (*Lucanus cervus*) pro Jahr am Boden und an Eichenstämmen gefunden, und kann sich nicht daran erinnern, zwischen 1955 und 2008 weiteren Individuen in der Natur begegnet zu sein.

In der Hauptstraße im südlichen Ortsbereich von Reilingen hat Marina Dupont (mündl. Mitt. 2008) im Hof des Hauses am 26.05.2008 ein Männchen des Hirschkäfers (*Lucanus cervus*) am Boden gesehen, welches gegen die Hauswand geflogen ist und dann im Hof gesessen ist. Marina Dupont (mündl. Mitt. 2008) hat bis 1998 in Essen-Kettwig gewohnt und lebt seit 1998 in Hockenheim, und hat in den über 40 Jahren ihres Lebens auch 1994 am Hausberg in Essen-Kettwig ein Männchen des Hirschkäfers (*Lucanus cervus*) bemerkt, welches morgens in der Dämmerung am Haus vorbeigeflogen ist, wohingegen sie ansonsten keinen weiteren Exemplaren in der Natur begegnet ist.

Im Hubwald südöstlich Neulußheim und südwestlich Reilingen hat Dieter Rösch (mündl. Mitt. 2008) von 1995 bis 2000 insgesamt etwa 3 - 4 Männchen des Hirschkäfers (*Lucanus cervus*) am Boden angetroffen, wobei zwei Männchen miteinander gekämpft haben, und hat dort auch schon von 1962 bis 1970 einzelne Männchen am Boden entdeckt. Dieter Rösch (mündl. Mitt. 2008) hat auch im Institutsweg im zentralen Bereich des Branich am Nordostrand von Schriesheim im Park um das Heinrich Sigmund Gymnasium von 1984 bis 2008 in den meisten Jahren, aber nicht in jedem Jahr, immer wieder Männchen und Weibchen des Hirschkäfers (*Lucanus cervus*) am Boden, auf der Mauer und an Bäumen gesehen. Dieter Rösch (mündl. Mitt. 2008) konnte damit über einen Zeitraum von fast 25 Jahren das regelmäßige Auftreten von Individuen des Hirschkäfers (*Lucanus cervus*) registrieren. Dieter Rösch (mündl. Mitt. 2008) hat dort in guten Jahren etwa 5 - 10 Exemplare des Hirschkäfers (*Lucanus cervus*) pro Jahr beobachtet, wohingegen er in schlechten Jahren nur etwa 1 - 2 Individuen pro Jahr bemerkt hat, wobei gute und schlechte Jahre in unregelmäßiger Weise gewechselt haben und tendenziell lediglich erkennbar ist, daß die durchschnittliche Anzahl der Tiere in den 1980er und 1990er Jahren größer war als in den 2000er Jahren. Dieter Rösch (mündl. Mitt. 2008) hat bis 1979 in Neulußheim gewohnt und lebt seit 1979 in Reilingen, und kann sich in den fast 55 Jahren seines Lebens nicht daran erinnern, außer den vorgenannten Funden weiteren Exemplaren des Hirschkäfers (*Lucanus cervus*) in der Natur begegnet zu sein.

Auf dem Radweg der Straße L 546 in der Nähe der Abzweigung der Straße L 556 am südöstlichen Ortsrand von Reilingen hat Hans-Joachim Fischer (mündl. Mitt. 2009) in 2002 1 totes überfahrenes Weibchen des Hirschkäfers (*Lucanus cervus*) notiert, und hat auch in 2006 oder 2007 in der Hirschstraße südlich der Hauptstraße nahe des südwestlichen Ortsrandes von Walldorf 1 totes Weibchen am Boden festgestellt. Hans-Joachim Fischer (mündl. Mitt. 2009) hat auch auf dem Gelände des Waldschwimmbades am nördlichen Ortsrand von Walldorf im Bereich östlich des Badesees am 13.06.2003 und am 31.05.2004 je ein totes Männchen des Hirschkäfers (*Lucanus cervus*) am Boden angetroffen, und hat auch am 31.05.2004 am Nordrand des Dannhecker Waldes südöstlich der Zugmantelbrücke nördlich Walldorf 1 Männchen observiert. Hans-Joachim Fischer (mündl. Mitt. 2009) hat auch in der Walldorfer Straße am nördlichen Ortsrand von Rot in 2002 ein fliegendes Männchen des Hirschkäfers (*Lucanus cervus*) registriert, welches dort abends durch die Gärten geflogen ist, und hat auch am 31.05.2008 am Westrand des Waldgebietes Weißer Stock nördlich der Verlängerung der Wieslocher Straße ostnordöstlich Rot insgesamt 27 fragmentarische tote Individuen (davon waren 16 Männchen und 5 Weibchen bestimmbar) auf einer Strecke von mehreren Hundert Metern am Boden bemerkt. Hans-Joachim Fischer (mündl. Mitt. 2009) hat auch im Waldgebiet Schwetzinger Hardt im Bereich um den Saupferchbuckel nordwestlich Walldorf an einer Eiche in 2004 wiederholt etliche Exemplare des Hirschkäfers (*Lucanus cervus*) beobachtet, und zwar je 1 Weibchen am 25.05.2004 und 29.05.2004, 4 Pärchen und 3 Männchen am 30.05.2004, 5 Pärchen und 9 weitere Individuen am 02.06.2004, mindestens 12 Exemplare am 03.06.2004; 6 Pärchen, 3 Männchen und 3 Weibchen am 04.06.2004; 4 Pärchen, 4 Männchen und 1 Weibchen am 07.06.2004; 4 Pärchen, 3 Männchen und 1 Weibchen am 11.06.2004; und 2 Männchen am 14.06.2004, und hat auch nördlich und nordwestlich des Reitplatzes nördlich des westlichen Endes der Verlängerung der Rennbahnstraße am nordwestlichen Ortsrand von Walldorf in 2004 mehrfach einzelne Individuen entdeckt, und zwar 1 Männchen am 30.05.2004 an einem Baum; je 1 Pärchen am 31.05.2004, 02.06.2004 und 04.06.2004 an einem Baum; 1 totes überfahrenes Weibchen am 07.06.2004 auf einem asphaltierten Weg, bis zu 3 fliegende Weibchen am 14.06.2004 abends in der Dämmerung, 1 Männchen am 09.06.2004 an einem Baum, 1 totes Weibchen am 21.06.2004 am Fuß eines Baumes, und 1 Weibchen am 06.07.2004 am Boden laufend. Hans-Joachim Fischer (mündl. Mitt. 2009) hat auch am 26.06.2004 in der Flur Geißheck am Südrand des Waldgebietes Schwetzinger Hardt in der Nähe der Kartbahn westlich Walldorf ein totes Weibchen des Hirschkäfers (*Lucanus cervus*) gefunden, und hat auch in 2003 im Hochholz südlich Walldorf 2 vollständige und 2 fragmentarische tote Exemplare am Boden entdeckt. Hans-Joachim Fischer (mündl. Mitt. 2009) wohnt schon immer in Rot und kann sich den 45 Jahren seines Lebens nicht mehr daran erinnern, ob er schon vor 2002 Individuen des Hirschkäfers (*Lucanus cervus*) in der Natur begegnet ist, wohingegen er nach 2002 noch mehrmals an verschiedenen Orten Exemplare in der Natur gesehen hat.

Am Kriegbach im Waldgebiet Untere Lusshardt südwestlich Reilingen in Richtung Kirrlach hat Rita Schweizer (mündl. Mitt. 2008) Ende Mai/Anfang Juni 2008 an einem trüben Tag nachmittags gegen 15 Uhr ein fliegendes Männchen des Hirschkäfers (*Lucanus cervus*) am Weg beobachtet, und hat auch in 2007 ein totes Männchen nahe dem Gelände des Hundevereins am Nordrand des Waldgebietes Untere Lusshardt südlich Reilingen entdeckt, welches auf dem Boden gelegen ist und innen ausgehöhlt war. Rita Schweizer (mündl. Mitt. 2008) hat auch im Hochholz südlich Walldorf zwischen dem Waldsee und der Baumschule am Parkplatz auf dem Feldweg am Waldrand in Richtung Walldorf in 2008 etwa 3 - 4 Caput-Thorax-Torsi von Männchen des Hirschkäfers (*Lucanus cervus*) am Boden gesehen, von denen einer noch gelebt hat und sie in den Finger gezwickt hat. Rita Schweizer (mündl. Mitt. 2008) hat bis 1968 in Mannheim am Ring gewohnt und lebt seit 1968 in Hockenheim, und hat in den 60 Jahren ihres Lebens außer den vorgenannten Funden keine weiteren Exemplare des Hirschkäfers (*Lucanus cervus*) in der Natur angetroffen. Rita Schweizer (mündl. Mitt. 2008) hat in 2008 in Reilingen auch ungewöhnlich zahlreiche Individuen des Maikäfers (*Melolontha*) festgestellt, welche dort teilweise wie Trauben an den Bäumen gehangen haben, und hat in den 60 Jahren ihres Lebens noch nie so viele Exemplare des Maikäfers (*Melolontha*) wie in 2008 in Reilingen gesehen.

20.12 Rotenberg

Im Schwarzen Grund am Auslauf des Galgenberges in Rotenberg zwischen Rauenberg und Mühlhausen hat Willi Greulich (mündl. Mitt. 2008) von 1958 bis 1965 am Waldrand und im Weinberg am Waldrand gelegentlich einzelne Männchen des Hirschkäfers (*Lucanus cervus*) am Boden gesehen. Willi Greulich (mündl. Mitt. 2008) hat bis 1965 in Rotenberg gewohnt und lebt seit 1965 in Wiesloch, wo er jedoch in den fast 70 Jahren seines Lebens bisher keinen Exemplaren des Hirschkäfers (*Lucanus cervus*) in der Natur begegnet ist. Der Fundort des Hirschkäfers (*Lucanus cervus*) in Rotenberg (TK 25, Blatt 6718 Wiesloch) liegt im Waldangelbachtal, einem Seitental des Leimbachtales, welches in Wiesloch in das Rheintal einmündet, im Nordwestteil des Kraichgaues in ca. 150 - 200 m Höhe über NN.

20.13 Rauenberg

In der Pfalzstraße im Zentrum von Rauenberg sowie in den Feldern zwischen dem westlichen Ortsrand von Rauenberg und den heutigen Höfen am Strässel westlich Rauenberg hat Hermann Greulich (mündl. Mitt. 2008) von etwa 1950 bis etwa 1960 in jedem Jahr insgesamt etwa 25 - 30 Exemplare des Hirschkäfers (*Lucanus cervus*) pro Jahr überwiegend im Juni abends in der Dämmerung um das Haus herum und um Bäume in den Streuobstwiesen herum fliegend gesehen, wobei er in manchen Jahren, aber nicht in jedem Jahr, an etlichen Tagen bis zu 12 - 15 Individuen pro Abend in dem gesamten Gebiet beobachtet hat, wohingegen ihm dort nach 1960 nur noch einzelne und dann nach 1970 gar keine Exemplare mehr aufgefallen sind. Hermann Greulich (mündl. Mitt. 2008) hat bis 1969 in der Pfalzstraße in Rauenberg gewohnt und lebt seit 1969 in den Höfen am Strässel westlich Rauenberg, und hat in den über 70 Jahren seines Lebens danach erst wieder in 2004 Individuen des Hirschkäfers (*Lucanus cervus*) in der Natur angetroffen, als er in einem Mulchhaufen zwei tote Weibchen und etliche Larven (Engerlinge) gefunden hat (Rhein-Neckar-Zeitung 2004 a, 2005 a, 2005 b), wohingegen er ansonsten keinen weiteren Exemplaren in der Natur begegnet ist. Angeregt durch die Entdeckung von zwei toten Weibchen und etlichen Larven (Engerlingen) in einem Mulchhaufen in 2004, welche seine ersten Nachweise von Individuen des Hirschkäfers (*Lucanus cervus*) seit 1970 waren, hat Hermann Greulich (mündl. Mitt. 2008) künstliche Baumstämme als Bruthilfen für den Hirschkäfer (*Lucanus cervus*) in Feldern und Wiesen westlich Rauenberg aufgestellt (Rhein-Neckar-Zeitung 2004 a, 2005 a, 2005 b; Südhessen Morgen 2005 a) und hat dort auch Nisthilfen für Wildbienen installiert (Rhein-Neckar-Zeitung 2008 h). Die Fundorte des Hirschkäfers (*Lucanus cervus*) in Rauenberg (TK 25, Blatt 6718 Wiesloch) liegen im Waldangelbachtal, einem Seitental des Leimbachtales, welches in Wiesloch in das Rheintal einmündet, im Nordwestteil des Kraichgaues in ca. 120 - 150 m Höhe über NN.

20.14 Mühlhausen

Die Nachweise von Individuen des Hirschkäfers (*Lucanus cervus*) in Mühlhausen, welche mir von

Naturfreunden aufgrund meiner Aufrufe zur Mitteilung von Beobachtungen in regionalen Tageszeitungen (Rhein-Neckar-Zeitung 2008 a, 2008 b, 2008 c, 2008 d; Schwetzinger Zeitung 2008, Bruchsaler Rundschau 2008) gemeldet wurden, stammen aus der Hummelbergstraße am südwestlichen Ortsrand von Mühlhausen; aus der Adenauerstraße, der Brüningstraße und der Schubertstraße am südöstlichen Ortsrand von Mühlhausen; aus dem Wald nahe den Sportplätzen am südlichen Ortsrand von Mühlhausen, vom Schlehberg südöstlich Mühlhausen, von dem Weg entlang des Rückhaltebeckens am Nordwesthang des Sternenberges östlich Mühlhausen; und aus dem Wald südwestlich, südlich und südöstlich Mühlhausen. Die Fundorte des Hirschkäfers (*Lucanus cervus*) in Mühlhausen (TK 25, Blatt 6718 Wiesloch) liegen im Waldangelbachtal, einem Seitental des Leimbachtales, welches in Wiesloch in das Rheintal einmündet, im Nordwestteil des Kraichgaues in ca. 120 - 180 m Höhe über NN.

In der Hummelbergstraße am südwestlichen Ortsrand von Mühlhausen haben Karin und Karl-Heinz Treu (mündl. Mitt. 2008) im Garten des Hauses am 24.05.2008 ein Weibchen sowie seit etwa 2002 bis 2007 insgesamt zwei oder drei Männchen des Hirschkäfers (*Lucanus cervus*) an einem Ahornbaum vor dem Haus an Zweigen sitzend entdeckt, wobei einige Männchen von den Ästen heruntergefallen sind und dann am Boden gelaufen sind, wohingegen das Weibchen über längere Zeit (möglicherweise mehrere Stunden) regungslos an einem Zweig an dem Ahornbaum gesessen ist, so daß Karl-Heinz Treu (mündl. Mitt. 2008) es in aller Ruhe fotografieren konnte. Karin und Karl-Heinz Treu (mündl. Mitt. 2008) haben dort auch seit etwa 2002 bis 2005 in jedem Jahr insgesamt etwa 1 - 2 Exemplare pro Jahr und in 2006 und 2007 sogar jeweils insgesamt etwa 5 - 6 Individuen des Hirschkäfers (*Lucanus cervus*) pro Jahr bemerkt, welche abends in der Dämmerung um das Haus und im Garten herumgeflogen sind, wohingegen ihnen in 2008 und von 1990 bis etwa 2001 dort keine fliegenden Exemplare aufgefallen sind oder sie diese früher eventuell mit anderen fliegenden Tieren verwechselt haben. Karl-Heinz Treu (mündl. Mitt. 2008) hat bis 1979 in Wiesloch-Schatthausen und bis 1990 in Leimen-St. Ilgen gewohnt und lebt seit 1990 in Mühlhausen, und hat in den fast 60 Jahren seines Lebens außer den vorgenannten Funden keine weiteren Individuen des Hirschkäfers (*Lucanus cervus*) in der Natur angetroffen. Karin Treu (mündl. Mitt. 2008) hat bis 1983 in Sinsheim-Reihen und dann ebenfalls bis 1990 in Leimen-St. Ilgen gewohnt und lebt seit 1990 ebenfalls in Mühlhausen, und hat in den über 45 Jahren ihres Lebens schon von 1970 bis 1980 im Wald südlich der Sportplätze am südöstlichen Ortsausgang von Reihen wiederholt einzelne Exemplare des Hirschkäfers (*Lucanus cervus*) am Boden beobachtet, wohingegen sie ansonsten ebenfalls außer den vorgenannten Funden keinen weiteren Individuen in der Natur begegnet ist.

In der Adenauerstraße am südöstlichen Ortsrand von Mühlhausen hat Günter Arlt (mündl. Mitt. 2008) im Garten hinter dem Haus am Waldrand in 2004 ein Männchen und in 2005 mehrere Weibchen des Hirschkäfers (*Lucanus cervus*) im Wurzelbereich eines Stumpfes einer Robinie gesehen, und hat in der Erde zwischen den Wurzeln in 2005 auch eine Larve (Engerling) bemerkt, wohingegen ihm dort von 2006 bis 2008 keine Exemplare aufgefallen sind und der Stumpf der Robinie von Efeu überwuchert wurde. Günter Arlt (mündl. Mitt. 2008) hat bis 1955 in Dresden, bis 1961 in Neckarsulm und bis 1972 in Rot gewohnt und lebt seit 1972 in Mühlhausen, und erinnert sich in den 60 Jahren seines Lebens nur noch an einen möglichen Fund eines ausgefressenen toten Männchens des Hirschkäfers (*Lucanus cervus*) in Rot zwischen 1961 und 1972, wohingegen er ansonsten keinen weiteren Individuen in der Natur begegnet ist.

In der Brüningstraße am südöstlichen Ortsrand von Mühlhausen hat Annemarie Bender (mündl. Mitt. 2008) etwa 1960 ein Männchen des Hirschkäfers (*Lucanus cervus*) auf dem Gehweg neben der Straße vor dem Haus entdeckt. Annemarie Bender (mündl. Mitt. 2008) hat bis 1977 in Mühlhausen gewohnt und kann sich in den über 55 Jahren ihres Lebens nicht daran erinnern, in der Brüningstraße und in der Schubertstraße am südöstlichen Ortsrand von Mühlhausen sowie im Wald um Mühlhausen weiteren Exemplaren in der Natur begegnet zu sein. Am Hahnenberg am östlichen Ortsrand von Rettigheim, wo sie seit 1977 direkt am Waldrand wohnt, hat Annemarie Bender (mündl. Mitt. 2008) seit 1977 bis 2008 in den meisten Jahren, aber nicht in jedem Jahr, insgesamt bis zu 2 - 3 und in guten Jahren sogar bis zu 3 - 5 Männchen und Weibchen des Hirschkäfers (*Lucanus cervus*) pro Jahr am Haus, im Garten und am Waldrand fliegend sowie am Boden sitzend und laufend gesehen, wobei sie in 2008 überdurchschnittlich zahlreiche Individuen festgestellt hat, welche deutlich mehr waren als in den anderen Jahren. Annemarie Bender (mündl. Mitt. 2008) konnte damit über einen Zeitraum von etwa 30 Jahren das mehr oder weniger regelmäßige Auftreten von Individuen des Hirschkäfers (*Lucanus cervus*) konstatieren. In 2008 hat Annemarie Bender (mündl. Mitt. 2008) dort 2 Männchen und 4 Weibchen des Hirschkäfers (*Lucanus cervus*) sitzend und laufend im Garten am Boden und auf der Mauer beobachtet, und hat auch 2 - 3 Exemplare bemerkt, welche am Haus vorbeigeflogen sind, und hat auch ein totes Männchen in der Garage gefunden. In 2007 hat Annemarie Bender (mündl. Mitt. 2008) dort etwa 3 - 5 Individuen des Hirschkäfers (*Lucanus cervus*) registriert, welche meist Männchen waren, die am Haus vorbeigeflogen sind.

In der Schubertstraße am südöstlichen Ortsrand von Mühlhausen hat Ludwina Baier (mündl. Mitt. 2008) im Garten des Hauses in der Nähe des Waldrandes in 2004 im Komposthaufen insgesamt etwa 100 etwa fingerlange Larven (Engerlinge) entdeckt, welche genauso ausgesehen haben wie die in dem kurz darauf erschienenen Artikel in der Rhein-Neckar-Zeitung (2004 a) abgebildeten Larven (Engerlinge) des Hirschkäfers (*Lucanus cervus*) und deshalb wahrscheinlich ebenfalls diesem zugeordnet werden können, und hat in 2004 gelegentlich auch einzelne Larven (Engerlinge) in Blumentöpfen bemerkt. Ludwina Baier (mündl. Mitt. 2008) hat auch vor etwa 10 Jahren im Waldgebiet Rodschlag südwestlich Mühlhausen im Bereich um die Rodschlaghütte herum zweimal ein Männchen des Hirschkäfers (*Lucanus cervus*) am Boden gesehen, wohingegen ihr Mann, Hans Baier (Ludwina Baier, mündl. Mitt. 2008), dort von etwa 1970 bis etwa 1995 immer wieder einzelne Männchen beobachtet hat und damit über einen Zeitraum von etwa 25 Jahren das mehr oder weniger regelmäßige Auftreten von Individuen konstatieren konnte. Ludwina Baier (mündl. Mitt. 2008) hat auch vor etwa 10 Jahren einen Caput-Thorax-Torso eines Männchens des Hirschkäfers (*Lucanus cervus*) am Spielplatz an der Ecke zwischen Schubertstraße und Zwernigstraße gefunden, welcher noch gelebt hat und mit den Mandibeln gezwickt hat. Ludwina Baier (mündl. Mitt. 2008) hat bis 1956 in Angelbachtal-Michelfeld gewohnt und lebt seit 1956 in Mühlhausen, und kann sich in den über 75 Jahren ihres Lebens nicht daran erinnern, außer den vorgenannten Funden weiteren Exemplaren des Hirschkäfers (*Lucanus cervus*) in der Natur begegnet zu sein. Ihr Mann, Hans Baier (Ludwina Baier, mündl. Mitt. 2008), hat fast schon immer in Mühlhausen gewohnt und ist im ganzen Wald um Mühlhausen auf die Jagd gegangen, hat ihr jedoch von seinen Beobachtungen von Individuen des Hirschkäfers (*Lucanus cervus*) von etwa 1970 bis etwa 1995 nur aus dem Waldgebiet Rodschlag südwestlich Mühlhausen im Bereich um die Rodschlaghütte herum erzählt.

Nahe den Sportplätzen am südlichen Ortsrand von Mühlhausen hat Kerstin Fanck (mündl. Mitt. 2008) auf einem Weg im Wald etwa Mitte bis Ende Juni 2008 morgens gegen 8.30 Uhr ein Männchen des Hirschkäfers (*Lucanus cervus*) am Boden gesehen. Kerstin Fanck (mündl. Mitt. 2008) hat bis 1983 in Jagsthausen südöstlich Möckmühl und bis 1993 in Heidelberg-Neuenheim gewohnt und lebt seit 1993 in Angelbachtal-Michelfeld, und kann sich in den über 45 Jahren ihres Lebens nur daran erinnern, daß sie schon früher mehrmals einzelne Exemplare des Hirschkäfers (*Lucanus cervus*) in der Natur beobachtet hat, weiß aber nicht mehr, wann und wo dies gewesen ist.

Am Schlehberg südöstlich Mühlhausen hat Angelika Zimmermann (mündl. Mitt. 2008) auf dem Weg von der Kapelle zwischen Mühlhausen und Östringen in Richtung Angelbachtal in der Nähe des Krumbaches etwa Mitte Mai 2008 insgesamt 7 Caput-Thorax-Torsi von Männchen des Hirschkäfers (*Lucanus cervus*) auf einer Strecke von etwa 100 m am Boden gesehen, von denen einige noch gelebt haben und mit den Mandibeln gezwickt haben. Angelika Zimmermann (mündl. Mitt. 2008) hat bis 1994 in Rettigheim und bis 1997 in Östringen gewohnt und lebt seit 1997 wieder in Rettigheim, und hat in den fast 50 Jahren ihres Lebens schon von etwa 1970 bis etwa 1980 auf der Terrasse und im Garten des Hauses in der Silcherstraße nahe dem nördlichen Ortsrand von Rettigheim sowie im Wald um Rettigheim in jedem Jahr insgesamt etwa 2 - 5 Männchen und Weibchen des Hirschkäfers (*Lucanus cervus*) pro Jahr meist am Boden beobachtet, wohingegen ihr dort nach 1980 zunächst nur noch einzelne Exemplare und dann gar keine Individuen mehr aufgefallen sind.

Auf dem Weg entlang des Rückhaltebeckens am Nordwesthang des Sternenberges östlich Mühlhausen hat Gabriela Delvo-Frey (mündl. Mitt. 2008) etwa Mitte bis Ende Juni 2008 in der Nähe der kleinen Brücke ein totes Weibchen des Hirschkäfers (*Lucanus cervus*) gesehen, und hat davor nur noch etwa zwischen 1957 und 1967 in Wiesenbach südlich Neckargemünd in jedem Jahr einzelne Exemplare beobachtet. Gabriela Delvo-Frey (mündl. Mitt. 2008) hat bis 1974 in Wiesenbach, bis 1987 in Mauer; und bis 1997 unter anderem in Heidelberg, Mosbach und Essen gewohnt; und lebt seit 1997 in Mühlhausen, und hat in den über 55 Jahren ihres Lebens ansonsten keine weiteren Individuen des Hirschkäfers (*Lucanus cervus*) in der Natur angetroffen, so daß sie ihrem Sohn, der jetzt 40 Jahre alt wird, bisher kein Exemplar zeigen konnte.

Auf dem Weg entlang des Rückhaltebeckens am Nordwesthang des Sternenberges östlich Mühlhausen hat Christine Isinger (mündl. Mitt. 2008) einmal in 2006 einen toten Caput-Thorax-Torso eines Männchens des Hirschkäfers (*Lucanus cervus*) etwa 150 m südwestlich der kleinen Brücke angetroffen. Christine Isinger (mündl. Mitt. 2008) hat bis 1996 in Walldorf gewohnt und lebt seit 1996 in Angelbachtal-Michelfeld, und hat in den fast 45 Jahren ihres Lebens auch zusammen mit ihrem Mann, Hans Isinger (mündl. Mitt. 2008), in 2006 auf einer Wanderung von Wissembourg im Elsaß entlang der Grenze zwischen Frankreich und Deutschland in westnordwestlicher Richtung einen toten Caput-Thorax-Torso eines Männchens des Hirschkäfers (*Lucanus cervus*) auf dem Weg im Wald in der Nähe von Wissembourg bemerkt. Hans Isinger (mündl. Mitt. 2008) hat bis 1996 in Wiesloch gewohnt und lebt seit 1996 ebenfalls in Angelbachtal-Michelfeld, und hat in den fast 45 Jahren seines Lebens schon zwischen 1972 und 1975 einmal ein Männchen des Hirschkäfers (*Lucanus cervus*) in Augenhöhe an einem Baumstamm im Wald um Östringen-Odenheim in Richtung Östringen entdeckt. Hans Isinger (mündl. Mitt. 2008) angelt schon seit 30 Jahren am Neckar, hat dort jedoch erst in 2007 und 2008 Individuen des Hirschkäfers (*Lucanus cervus*) bemerkt. Am Nordostufer des Neckars in der Nähe der ehemaligen Schokoladenfabrik etwa 200 m nordwestlich der Schleuse südöstlich Heidelberg-Ziegelhausen hat Hans Isinger (mündl. Mitt. 2008) am 15.06.2008 und am 22.06.2008 sowie auch einmal im Juni 2007 beim Angeln abends in der Dämmerung zwischen 19 und 21 Uhr jeweils etwa 3 - 5 Männchen des Hirschkäfers (*Lucanus cervus*) pro Abend gesehen, welche das Flußufer entlanggeflogen sind, und hat im Mai oder Juni 2008 abends in der Dämmerung zwischen 19 und 21 Uhr auch einmal etwa 2 - 3 fliegende Exemplare am Südwestufer des Neckars etwa 200 m südöstlich der Schleuse am südöstlichen Ortsausgang von Heidelberg-Schlierbach beobachtet. Hans Isinger (mündl. Mitt. 2008) hat auch am 27.07.2008 auf einer Wanderung von Elztal-Auerbach nach Elztal-Rittersbach etwa 1 km nordöstlich Auerbach im Wald ein Männchen des Hirschkäfers (*Lucanus cervus*) registriert, welches in etwa 3 m Höhe geflogen ist und auf einem Baum gelandet ist.

Leider wurde ein beträchtlicher Teil des Lebensraumes des Hirschkäfers (*Lucanus cervus*) in dem Wald südwestlich, südlich und südöstlich Mühlhausen durch die Rodung einer breiten Schneise für den Verlauf der Trasse der seit langem geplanten und beschlossenen Umgehungsstraße südlich Mühlhausen, mit deren Bau in Kürze begonnen werden soll (Rößler 2009), vernichtet.

20.15 Tairnbach

Die Nachweise von Individuen des Hirschkäfers (*Lucanus cervus*) in Tairnbach, welche mir von Naturfreunden aufgrund meiner Aufrufe zur Mitteilung von Beobachtungen in regionalen Tageszeitungen (Rhein-Neckar-Zeitung 2008 a, 2008 b, 2008 c, 2008 d; Schwetzinger Zeitung 2008, Bruchsaler Rundschau 2008) gemeldet wurden, stammen aus der Lauertstraße nahe dem nördlichen Ortsrand von Tairnbach und von der Evangelischen Hütte nahe des westlichen Ortsausganges von Tairnbach. Die Fundorte des Hirschkäfers (*Lucanus cervus*) in Tairnbach (TK 25, Blatt 6718 Wiesloch) liegen in einem Seitental des Waldangelbachtales, einem Seitental des Leimbachtales, welches in Wiesloch in das Rheintal einmündet, im Nordwestteil des Kraichgaues in ca. 150 - 200 m Höhe über NN.

In der Lauertstraße nahe dem nördlichen Ortsrand von Tairnbach hat Johanna Fuchs (mündl. Mitt. 2008) im Garten in 2007 ein Männchen des Hirschkäfers (*Lucanus cervus*) gesehen, und hat dort auch zwischen etwa 2002 und 2006 mehrfach Männchen bemerkt. Johanna Fuchs (mündl. Mitt. 2008) wohnt seit 1952 in Tairnbach und hat in den über 75 Jahren ihres Lebens in etlichen Jahren, aber nicht in allen Jahren und teilweise in größeren Abständen, einzelne Individuen des Hirschkäfers (*Lucanus cervus*) registriert, und erinnert sich ganz besonders an die Zeit zwischen etwa 1940 und 1945, als sie in Östringen, wo sie bis 1952 gewohnt hat, wiederholt Männchen des Hirschkäfers in der Natur beobachtet hat.

An der Evangelischen Hütte nahe des westlichen Ortsausganges von Tairnbach in Richtung Mühlhausen hat Peter Zimmermann (mündl. Mitt. 2008) in 1979 oder 1980 einmal ein Männchen des Hirschkäfers (*Lucanus cervus*) am Boden entdeckt, und hat auch am alten Römerhof am nordöstlichen Ortsausgang von Wiesloch in Richtung Baiertal von 1964 bis 1966 etwa 1 - 2 Männchen pro Jahr in den Eichenwäldern oberhalb des alten Friedhofes beobachtet. Sigrid Bader und Peter Zimmermann (mündl. Mitt. 2008) wohnen seit 1993 in der Odenwaldstraße am östlichen Ortsrand von Nußloch, und haben dort im Garten hinter dem Haus am Waldrand am 25.07.2007 ein Weibchen und im Juni 2007 ein Männchen des Hirschkäfers (*Lucanus cervus*) am Boden gesehen, und haben auch etwa Anfang bis

Mitte Juli 2008 ein Weibchen an einem Eichenstamm am Waldrand oberhalb des Hauses entdeckt. Die vorgenannten Funde sind die einzigen Exemplare des Hirschkäfers (*Lucanus cervus*), welche Sigrid Bader und Peter Zimmermann (mündl. Mitt. 2008) in den 50 Jahren ihres Lebens bisher in der Natur angetroffen haben.

20.16 Rettigheim

Die Nachweise von Individuen des Hirschkäfers (*Lucanus cervus*) in Rettigheim, welche mir von Naturfreunden aufgrund meiner Aufrufe zur Mitteilung von Beobachtungen in regionalen Tageszeitungen (Rhein-Neckar-Zeitung 2008 a, 2008 b, 2008 c, 2008 d; Schwetzinger Zeitung 2008, Bruchsaler Rundschau 2008) gemeldet wurden, stammen aus der Panoramastraße und der Ziegelstraße am südlichen Ortsrand von Rettigheim, aus dem Herrenwald und der Beethovenstraße am südwestlichen Ortsrand von Rettigheim, aus der Friedhofstraße sowie vom Hahnenberg und vom Sportplatz am östlichen Ortsrand von Rettigheim, aus der Malscher Straße am nordwestlichen Ortsrand von Rettigheim, aus der Rotenberger Straße und der Silcherstraße am nördlichen Ortsrand von Rettigheim, und aus dem Wald südwestlich Rettigheim. Die Fundorte des Hirschkäfers (*Lucanus cervus*) in Rettigheim (TK 25, Blatt 6718 Wiesloch) liegen im Nordwestteil des Kraichgaues am Osthang des Rheintales in ca. 140 - 180 m Höhe über NN.

In der Panoramastraße am südlichen Ortsrand von Rettigheim hat Egon Göbel (mündl. Mitt. 2008) auf der Terrasse des Hauses in der Nähe des Waldrandes am 26.06.2008 abends ein Männchen des Hirschkäfers (*Lucanus cervus*) am Boden gesehen, und hat dort in 2007 ein Weibchen tagsüber im Wald hinter dem Haus gefunden. Egon Göbel (mündl. Mitt. 2008) wohnt schon immer in Rettigheim und hat in den fast 70 Jahren seines Lebens seit etwa 1950 in jedem Jahr mehrere Männchen und Weibchen des Hirschkäfers (*Lucanus cervus*) am Boden und fliegend in und um Rettigheim beobachtet, wobei die Zahl der Exemplare im Laufe der Zeit abgenommen hat. Egon Göbel (mündl. Mitt. 2008) hat von etwa 1950 bis etwa 1960 pro Jahr insgesamt etwa 4 - 5 Männchen und Weibchen des Hirschkäfers (*Lucanus cervus*) registriert, wohingegen er seit etwa 1960 pro Jahr insgesamt nur noch etwa 2 - 3 Individuen sowie in den letzten 10 Jahren häufig sogar insgesamt nur noch 1 - 2 Exemplare pro Jahr festgestellt hat. Egon Göbel (mündl. Mitt. 2008) konnte damit über einen Zeitraum von fast 60 Jahren das regelmäßige Auftreten von Individuen des Hirschkäfers (*Lucanus cervus*) in und um Rettigheim konstatieren. Egon Göbel (mündl. Mitt. 2008) hat etwa 1998 an einem verletzten Eichenbaum, an dem Saft ausgetreten ist, an einem Tag nebeneinander mindestens 5 Männchen und Weibchen des Hirschkäfers (*Lucanus cervus*) zusammen gesehen.

In der Panoramastraße am südlichen Ortsrand von Rettigheim haben Marianne und Eduard Reiss (mündl. Mitt. 2008) auf der mit einer Pergola überdachten Terrasse des Hauses in der Nähe des Waldrandes in 2004 mehrere auf dem Rücken liegende Männchen und Weibchen des Hirschkäfers (*Lucanus cervus*) beobachtet, welche sich offenbar beim Hereinfliegen an der Überdachung verfangen haben und heruntergefallen sind, wohingegen sie von 2005 bis 2008 und vor 2004 keine Exemplare um das Haus herum bemerkt haben. Marianne und Eduard Reiss (mündl. Mitt. 2008) haben in 2008 lediglich auf einem Weg im Wald von Rettigheim nach Mingolsheim nördlich der Madonnenstatue im Wald südwestlich Rettigheim auf einer Strecke von etwa 200 m mindestens 10 Caput-Thorax-Torsi von Männchen und Weibchen des Hirschkäfers (*Lucanus cervus*) entdeckt, welche fast alle noch gelebt haben und mit den Mandibeln gezwickt haben. Marianne Reiss (mündl. Mitt. 2008) hat bis 1973 in Mühlhausen gewohnt und lebt seit 1973 in Rettigheim, und hat in den über 60 Jahren ihres Lebens außer den vorgenannten Funden keine weiteren Individuen des Hirschkäfers (*Lucanus cervus*) in der Natur angetroffen. Eduard Reiss (mündl. Mitt. 2008) wohnt schon fast immer in Rettigheim und hat in den über 65 Jahren seines Lebens schon ab etwa 1950 bis etwa 1958 in jedem Jahr insgesamt etwa 10 - 15 Männchen und Weibchen des Hirschkäfers (*Lucanus cervus*) pro Jahr am Waldrand, im Wald und um das Haus herum gesehen, wohingegen er von etwa 1958 bis etwa 1965 in jedem Jahr nur noch etwa 2 - 3 Exemplare pro Jahr bemerkt hat und von etwa 1965 bis 2003 gar keine Individuen mehr registriert hat. Eduard Reiss (mündl. Mitt. 2008) konnte damit von etwa 1950 bis etwa 1965 über einen Zeitraum von etwa 15 Jahren das regelmäßige Auftreten von Exemplaren des Hirschkäfers (*Lucanus cervus*) konstatieren. Zwischen etwa 1950 und etwa 1958 hat Eduard Reiss (mündl. Mitt. 2008) am Waldrand um Rettigheim einmal an einer verletzten Eiche 5 Individuen des Hirschkäfers (*Lucanus cervus*) an der Saftaustrittsstelle gesehen.

In der Ziegelstraße am südlichen Ortsrand von Rettigheim hat Jürgen Kocher (mündl. Mitt. 2008) Ende Juni/Anfang Juli 2008 ein Weibchen des Hirschkäfers (*Lucanus cervus*) gesehen, welches an der Terrasse des Hauses vorbeigeflogen ist, und hat etwa 2003 ein laufendes Männchen am Boden im Garten hinter dem Haus beobachtet. Dieses Weibchen und dieses Männchen sind die einzigen Individuen des Hirschkäfers (*Lucanus cervus*), die Jürgen Kocher (mündl. Mitt. 2008) in den 60 Jahren seines Lebens bisher in der Natur entdeckt hat. Jürgen Kocher (mündl. Mitt. 2008) hat bis 1973 in Heidelberg-Rohrbach gewohnt und lebt seit 1973 in Rettigheim an Feldrand und Waldrand, und ist erst in Rettigheim in 2003 erstmals einem Exemplar des Hirschkäfers (*Lucanus cervus*) in der Natur begegnet.

Am Herrenwald am südwestlichen Ortsrand von Rettigheim in der Nähe des Waldrandes, wo sie seit 1968 wohnt, hat Serena Pilz (mündl. Mitt. 2008) im Vorgarten des Hauses in 2007 eine Larve (Engerling) des Hirschkäfers (*Lucanus cervus*) in dem zersetzten alten Holz eines Kirschbaumes gesehen, wohingegen sie weder in 2008 noch in 2007 und weiter zurückliegenden Jahren dort Imagines beobachtet hat und lediglich einmal vor etwa 15 Jahren im angrenzenden Wald ein totes Männchen des Hirschkäfers (*Lucanus cervus*) am Boden gefunden hat. Serena Pilz (mündl. Mitt. 2008) hat bis 1957 in Rammersweier südöstlich Offenburg gewohnt und hat dort von etwa 1950 bis 1955 immer wieder einzelne Exemplare des Hirschkäfers (*Lucanus cervus*) am Waldrand oberhalb der Weinberge und im Wald angetroffen, und war bis 1968 in Lörrach, Heidelberg-Weststadt, Sinsheim und Bad Rappenau, ist jedoch in den über 65 Jahren ihres Lebens außer den vorgenannten Funden keinen weiteren Individuen des Hirschkäfers (*Lucanus cervus*) in der Natur begegnet.

In der Beethovenstraße am südwestlichen Ortsrand von Rettigheim in der Nähe des Waldrandes hat Michaela Östringer (mündl. Mitt. 2008) in 2003 oder 2004 ein Männchen des Hirschkäfers (*Lucanus cervus*) am Boden gesehen, und hat etwa Ende Juni/Anfang Juli 2008 in der Friedhofstraße am östlichen Ortsrand von Rettigheim ein Männchen in der Garage am Boden gefunden. Ihr Mann, Uwe Östringer (mündl. Mitt. 2008), hat in 2006 ein Männchen des Hirschkäfers (*Lucanus cervus*) am Sportplatz am östlichen Ortsrand von Rettigheim am Waldrand entdeckt. Michaela Östringer (mündl. Mitt. 2008) hat bis 1987 in Zeutern gewohnt und lebt seit 1987 in Rettigheim, und hat in den fast 45 Jahren ihres Lebens außer den vorgenannten Funden keine weiteren Exemplare des Hirschkäfers (*Lucanus cervus*) in der Natur angetroffen. Uwe Östringer (mündl. Mitt. 2008) wohnt schon immer in Rettigheim und hat in den 45 Jahren seines Lebens schon etwa 1975 einzelne Individuen des Hirschkäfers (*Lucanus cervus*) in und um Rettigheim bemerkt, und ist ansonsten keinen weiteren Exemplaren in der Natur begegnet.

Am Hahnenberg am östlichen Ortsrand von Rettigheim, wo sie seit 1977 direkt am Waldrand wohnt, hat Annemarie Bender (mündl. Mitt. 2008) seit 1977 bis 2008 in den meisten Jahren, aber nicht in jedem Jahr, insgesamt bis zu 2 - 3 und in guten Jahren sogar bis zu 3 - 5 Männchen und Weibchen des Hirschkäfers (*Lucanus cervus*) pro Jahr am Haus, im Garten und am Waldrand fliegend sowie am Boden sitzend und laufend gesehen, wobei sie in 2008 überdurchschnittlich zahlreiche Individuen festgestellt hat, welche deutlich mehr waren als in den anderen Jahren. Annemarie Bender (mündl. Mitt. 2008) konnte damit über einen Zeitraum von etwa 30 Jahren das mehr oder weniger regelmäßige Auftreten von Individuen des Hirschkäfers (*Lucanus cervus*) konstatieren. In 2008 hat Annemarie Bender (mündl. Mitt. 2008) dort 2 Männchen und 4 Weibchen des Hirschkäfers (*Lucanus cervus*) sitzend und laufend im Garten am Boden und auf der Mauer beobachtet, und hat auch 2 - 3 Exemplare bemerkt, welche am Haus vorbeigeflogen sind, und hat auch ein totes Männchen in der Garage gefunden. In 2007 hat Annemarie Bender (mündl. Mitt. 2008) dort etwa 3 - 5 Individuen des Hirschkäfers (*Lucanus cervus*) registriert, welche meist Männchen waren, die am Haus vorbeigeflogen sind. Annemarie Bender (mündl. Mitt. 2008) hat bis 1977 in Mühlhausen gewohnt und hat in den über 55 Jahren ihres Lebens vorher nur einmal etwa 1960 ein Männchen des Hirschkäfers (*Lucanus cervus*) auf dem Gehweg neben der Straße vor dem Haus in der Brüningstraße am südöstlichen Ortsrand von Mühlhausen entdeckt, wohingegen sie sich nicht daran erinnern kann, in der Brüningstraße und in der Schubertstraße am südöstlichen Ortsrand von Mühlhausen sowie im Wald um Mühlhausen weiteren Exemplaren in der Natur begegnet zu sein.

In der Malscher Straße am nordwestlichen Ortsrand von Rettigheim hat Wilhelm Hendel (mündl. Mitt. 2008) an der Außenkellertreppe des Hauses von 2003 bis 2007 in jedem Jahr ein Männchen des Hirschkäfers (*Lucanus cervus*) am Boden gesehen, wohingegen er in 2008 dort kein Exemplar entdeckt hat und sich nicht daran erinnern kann, ob dort auch in den Jahren vor 2003 Individuen aufgetaucht sind. Wilhelm Hendel (mündl. Mitt. 2008) hat bis 1969 in Zeutern gewohnt und lebt seit 1969 in Rettigheim, und hat in den 60 Jahren seines Lebens schon von 1955 bis 1960 in und um Zeutern immer wieder einzelne Männchen des Hirschkäfers (*Lucanus cervus*) beobachtet, wohingegen er sich nicht an weitere Begegnungen mit Exemplaren erinnern kann.

In der Rotenberger Straße am nördlichen Ortsrand von Rettigheim haben Gertrud und Max Zenkner (mündl. Mitt. 2008) am Haus und im Garten hinter dem Haus seit etwa 1989 bis 2008 in jedem Jahr insgesamt etwa 3 - 5 Männchen und Weibchen des Hirschkäfers (*Lucanus cervus*) pro Jahr gesehen, und haben auch auf einer Wiese am Waldrand in etwa 400 m Entfernung vom Haus seit 1993 bis 2008 in jedem Jahr mehrere Exemplare bemerkt, welche dort abends auf der Wiese vor dem Wald geflogen sind. Gertrud und Max Zenkner (mündl. Mitt. 2008) konnten damit über einen Zeitraum von fast 20 Jahren das regelmäßige Auftreten von Individuen des Hirschkäfers (*Lucanus cervus*) konstatieren. In 2006 oder 2007 haben Gertrud und Max Zenkner (mündl. Mitt. 2008) im Garten, wo zeitweise reichlich Eichenholz gelagert war, zahlreiche Larven (Engerlinge) des Hirschkäfers (*Lucanus cervus*) im Boden und in einem Haufen aus Erde mit Holzstücken entdeckt. Gertrud und Max Zenkner (mündl. Mitt. 2008) haben auch vor etwa 10 Jahren auf der Halbinsel Istrien in Kroatien abends bis zu 50 fliegende Exemplare des Hirschkäfers (*Lucanus cervus*) entlang einer Strecke von etwa 10 km Länge vom Auto aus beobachtet. Gertrud Zenkner (mündl. Mitt. 2008) hat bis 1989 in Grombach westsüdwestlich Bad Rappenau gewohnt und lebt seit 1989 in Rettigheim, und hat in den über 50 Jahren ihres Lebens außer den vorgenannten Funden keine weiteren Individuen des Hirschkäfers (*Lucanus cervus*) in der Natur angetroffen. Max Zenkner (mündl. Mitt. 2008) hat bis 1989 in Walldorf gewohnt und lebt seit 1989 ebenfalls in Rettigheim, und kann sich in den über 50 Jahren seines Lebens außer den vorgenannten Funden nur noch an einen Caput-Thorax-Torso eines Männchens des Hirschkäfers (*Lucanus cervus*) erinnern, welchen er einmal im Dannhecker Wald nahe Am Fischgrund am nordöstlichen Ortsrand von Walldorf entdeckt hat, wohingegen er ansonsten keinen weiteren Exemplaren in der Natur begegnet ist. Die Schwester von Gertrud Zenkner (mündl. Mitt. 2008) hat in 2008 ein totes Männchen des Hirschkäfers (*Lucanus cervus*) auf dem Flachdach des Hauses in Grombach westsüdwestlich Bad Rappenau registriert.

In der Silcherstraße nahe dem nördlichen Ortsrand von Rettigheim sowie im Wald um Rettigheim hat Angelika Zimmermann (mündl. Mitt. 2008) von etwa 1970 bis etwa 1980 auf der Terrasse und im Garten des Hauses in jedem Jahr insgesamt etwa 2 - 5 Männchen und Weibchen des Hirschkäfers (*Lucanus cervus*) pro Jahr meist am Boden beobachtet, wohingegen ihr dort nach 1980 zunächst nur noch einzelne Exemplare und dann gar keine Individuen mehr aufgefallen sind. Angelika Zimmermann (mündl. Mitt. 2008) hat dann erst wieder etwa Mitte Mai 2008 am Schlehberg südöstlich Mühlhausen auf dem Weg von der Kapelle zwischen Mühlhausen und Östringen in Richtung Angelbachtal in der Nähe des Krumbaches insgesamt 7 Caput-Thorax-Torsi von Männchen des Hirschkäfers (*Lucanus cervus*) auf einer Strecke von etwa 100 m am Boden gesehen, von denen einige noch gelebt haben und mit den Mandibeln gezwickt haben. Angelika Zimmermann (mündl. Mitt. 2008) hat bis 1994 in Rettigheim und bis 1997 in Östringen gewohnt und lebt seit 1997 wieder in Rettigheim, und hat in den fast 50 Jahren ihres Lebens ansonsten keine weiteren Exemplare des Hirschkäfers (*Lucanus cervus*) in der Natur angetroffen.

In Rettigheim und Östringen, wo er häufig seine Ferien verbracht hat, hat Gerhard Werstein (mündl. Mitt. 2008) von etwa 1945 bis 1960, als er in Bretten gewohnt hat, in den meisten Jahren, aber nicht in jedem Jahr einzelne Männchen und Weibchen des Hirschkäfers (*Lucanus cervus*) registriert, und ist in diesem Zeitraum auch in Bretten einzelnen Männchen und Weibchen in der Natur begegnet, wohingegen er sich nicht daran erinnern kann, auch in Mannheim-Seckenheim, wo er von 1960 bis 1970 gewohnt hat, Exemplare des Hirschkäfers (*Lucanus cervus*) in der Natur angetroffen zu haben. In der Hochstatt am südöstlichen Ortsausgang von Untergrombach, wo er seit 1970 wohnt, hat Gerhard Werstein (mündl. Mitt. 2008) im Garten des Hauses seit 1970 in jedem Jahr insgesamt etwa 2 - 3 Männchen und Weibchen des Hirschkäfers (*Lucanus cervus*) pro Jahr am Boden und fliegend beobachtet, und auch sein Nachbar, Helmut Schneider, der ebenfalls seit 1970 dort wohnt, hat dort immer wieder Individuen gesehen. Gerhard Werstein (mündl. Mitt. 2008) hat damit in den über 70 Jahren seines Lebens seit fast 40 Jahren das regelmäßige Auftreten von Männchen und Weibchen des Hirschkäfers (*Lucanus cervus*) im Garten des Hauses in Untergrombach festgestellt. Insgesamt ist damit Gerhard Werstein (mündl. Mitt. 2008) über einen Zeitraum von über 60 Jahren immer wieder in unterschiedlicher Verteilung in Raum und Zeit Individuen des Hirschkäfers (*Lucanus cervus*) in der Natur begegnet.

In Rettigheim sind als volkstümliche Namen für den Hirschkäfers (*Lucanus cervus*) die Bezeichnungen Hornschröter und Hornschrener schon seit etwa 100 Jahren gebräuchlich (Zimmermann 1920), woraus sich ergibt, daß Exemplare des Hirschkäfers (*Lucanus cervus*) in Rettigheim und Umgebung schon seit langer Zeit häufig vorkommen.

20.17 Malsch

Die Nachweise von Individuen des Hirschkäfers (*Lucanus cervus*) in Malsch, welche mir von Naturfreunden aufgrund meiner Aufrufe zur Mitteilung von Beobachtungen in regionalen Tageszeitungen (Rhein-Neckar-Zeitung 2008 a, 2008 b, 2008 c, 2008 d; Schwetzinger Zeitung 2008, Bruchsaler Rundschau 2008) gemeldet wurden, stammen aus dem Sonnenweg und dem Burgunderweg am nördlichen Ortsrand von Malsch, aus der Schulstraße im Zentrum von Malsch, vom Fischweiher am südwestlichen Ortsrand von Malsch, von einem Feldweg westlich Malsch; und aus dem Wald, den Feldern, den Wiesen und den Weinbergen um Malsch. Die Fundorte des Hirschkäfers (*Lucanus cervus*) in Malsch (TK 25, Blatt 6718 Wiesloch) liegen im Nordwestteil des Kraichgaues am Osthang des Rheintales in ca. 130 - 200 m Höhe über NN.

Im Sonnenweg am Südhang des Letzenberges am nördlichen Ortsrand von Malsch hat Josef Koch (mündl. Mitt. 2008) an der Außenkellertreppe des Hauses etwa Ende Juni/Anfang Juli 2008 an mehreren aufeinanderfolgenden Tagen ein Männchen des Hirschkäfers (*Lucanus cervus*) am Boden gesehen, und hat dort auch schon vor etwa 10 - 12 Jahren einmal ein Männchen gefunden. Ansonsten hat Josef Koch (mündl. Mitt. 2008), der schon immer in Malsch wohnt, in den fast 75 Jahren seines Lebens nur noch von 1943 bis 1950 am Waldrand und im Wald um Malsch wiederholt Individuen des Hirschkäfers (*Lucanus cervus*) am Boden entdeckt, wobei er pro Jahr etwa 1 - 2 Exemplare registriert hat, wohingegen er zwischen etwa 1950 und etwa 1996 sowie zwischen etwa 1996 und 2008 keinen weiteren Individuen in der Natur begegnet ist.

Im Burgunderweg am Südhang des Letzenberges am nördlichen Ortsrand von Malsch haben Christiane und Alexander Funkert (mündl. Mitt. 2008) in der Garage des Hauses am 14.06.2008 ein Männchen des Hirschkäfers (*Lucanus cervus*) am Boden gesehen. Christiane Funkert (mündl. Mitt. 2008) hat schon zwischen etwa 1972 und 1975 im Wald um Malsch und Rettigheim einmal ein Männchen des Hirschkäfers (*Lucanus cervus*) am Boden beobachtet, und ist danach erst wieder in 2008 einem Männchen in der Natur begegnet. Christiane und Alexander Funkert (mündl. Mitt. 2008) wohnen schon immer in Malsch und haben in den fast 45 Jahren ihres Lebens außer den vorgenannten Funden keine weiteren Exemplare des Hirschkäfers (*Lucanus cervus*) in der Natur angetroffen.

Im Burgunderweg am Südhang des Letzenberges am nördlichen Ortsrand von Malsch haben Melitta und Manfred Emmerich (mündl. Mitt. 2008) im Garten des Hauses am 12.07.2008 ein Weibchen des Hirschkäfers (*Lucanus cervus*) an bereits welkenden Himbeerpflanzen entdeckt. Melitta Emmerich (mündl. Mitt. 2008) hat bis 1961 in Mannheim-Gartenstadt und bis 1993 in Ladenburg gewohnt und lebt seit 1993 in Malsch, und hat in den fast 60 Jahren ihres Lebens bisher nur das eine vorgenannte Exemplar des Hirschkäfers (*Lucanus cervus*) in der Natur angetroffen. Manfred Emmerich (mündl. Mitt. 2008) wohnt schon immer in Malsch und hat in den fast 60 Jahren seines Lebens bereits von etwa 1960 bis etwa 1965 in den Feldern und Wiesen um Malsch, jedoch nicht in den Weinbergen, in fast jedem Jahr insgesamt etwa 5 - 6 Individuen des Hirschkäfers (*Lucanus cervus*), welche meist Männchen waren, pro Jahr überwiegend am Boden beobachtet, wohingegen ihm dort nach etwa 1965 zunächst nur noch einzelne und dann nach etwa 1970 gar keine Exemplare mehr aufgefallen sind. Manfred Emmerich (mündl. Mitt. 2008) ist in den Feldern und Wiesen um Malsch nach etwa 1970 erst wieder in 2008 mit dem vorgenannten Weibchen Individuen des Hirschkäfers (*Lucanus cervus*) in der Natur begegnet.

In der Schulstraße im Zentrum von Malsch hat Gisela Kälberer-Eisend (mündl. Mitt. 2008) am Rand der Schule in 2006 ein Weibchen des Hirschkäfers (*Lucanus cervus*) am Boden gesehen. Gisela Kälberer-Eisend (mündl. Mitt. 2008) hat bis 1985 in Wiesloch-Frauenweiler gewohnt und lebt seit 1985 in Malsch, und kann sich in den über 50 Jahren ihres Lebens nicht daran erinnern, bereits früher einmal einem Exemplar des Hirschkäfers (*Lucanus cervus*) in der Natur begegnet zu sein.

Im Fischweiher am südwestlichen Ortsrand von Malsch hat Heribert Renninger (mündl. Mitt. 2008) von 2005 bis 2008 und eventuell auch von 2000 bis 2004 insgesamt etwa 2 - 5 Exemplare des Hirschkäfers (*Lucanus cervus*) pro Jahr, welche wahrscheinlich überwiegend Männchen und untergeordnet auch Weibchen waren, an der Terrasse und im Garten des Hauses meist abends fliegend und daneben auch am Boden gesehen. Heribert Renninger (mündl. Mitt. 2008) wohnt schon immer in Malsch und hat in den fast 60 Jahren seines Lebens dort schon von etwa 1956 bis 1965 am alten Sportplatz im Oberen Mühlweg gegenüber dem Weingut Hummel in fast jedem Jahr insgesamt etwa 2 - 5 Exemplare des Hirschkäfers (*Lucanus cervus*) pro Jahr meist abends fliegend und daneben auch am Boden beobachtet, wohingegen er von 1965 bis etwa 2000 wahrscheinlich auch immer wieder einzelne Individuen im Malsch bemerkt hat, aber sich nicht mehr genauer daran erinnern kann. Am 20.06.2008 hat Heribert Renninger (mündl. Mitt. 2008) auf einer Wanderung von der Schule in Stettfeld zum Zeuterner Himmelreich auf dem Weg im Wald zwischen dem Wasserwerk östlich Stettfeld und dem Grillplatz am Zeuterner Himmelreich auf einer Strecke von etwa 100 m mindestens 5 Caput-Thorax-Torsi von Männchen des Hirschkäfers (*Lucanus cervus*), 2 vollständige tote Männchen, 3 oder 4 tote Weibchen, und 3 oder 4 lebende Weibchen, welche über den Weg gelaufen sind, registriert.

Auf einem geschotterten Feldweg nördlich der Straße L 546 etwa 100 m östlich der Straße B 3 westlich Malsch hat Karin Burkart (mündl. Mitt. 2008) am Boden in 2008 zwei tote Männchen des Hirschkäfers (*Lucanus cervus*) gefunden, und hat davor nur zwischen 1970 und 1980 in den Feldern und Weinbergen rund um Malsch gelegentlich einzelne Männchen am Boden gesehen. Karin Burkart (mündl. Mitt. 2008) ist jetzt über 45 Jahre alt und wohnt schon immer in Malsch, kann sich jedoch nicht daran erinnern, zwischen 1980 und 2008 Individuen des Hirschkäfers (*Lucanus cervus*) in der Natur begegnet zu sein.

In Malsch hat Theo Hemberger (mündl. Mitt. 2008) zwischen 1950 und 1955 wiederholt einzelne Männchen und Weibchen des Hirschkäfers (*Lucanus cervus*) gesichtet, und hat seit 1955 in Malsch und im Roter Wald immer wieder einzelne Exemplare entdeckt. Theo Hemberger (mündl. Mitt. 2008) konnte damit über einen Zeitraum von fast 60 Jahren das mehr oder weniger regelmäßige Auftreten von Individuen des Hirschkäfers (*Lucanus cervus*) in Malsch und im Roter Wald konstatieren. Ansonsten hat Theo Hemberger (mündl. Mitt. 2008), der schon immer in Malsch wohnt, in den über 65 Jahren seines Lebens bisher nur etwa 1998 am Ostrand des Waldgebietes Obere Lusshardt auf dem Parkplatz vor dem Waldrand westnordwestlich Kronau ein laufendes Männchen des Hirschkäfers (*Lucanus cervus*) beobachtet, welches kurz darauf überfahren wurde, und hat etwa Ende Juni/Anfang Juli 2008 im Roter Wald zwischen Rot und dem Frauenweiler Bruch östlich Rot westlich der Straße B 3 und südlich der Autobahn A 6 ein laufendes Männchen auf dem Weg etwa 200 m westlich der Holzbrücke gesehen.

20.18 Bahnhof Rot-Malsch zwischen Rot und Malsch

Die Nachweise von Individuen des Hirschkäfers (*Lucanus cervus*) am und um den Bahnhof Rot-Malsch westlich Malsch und südöstlich Rot, welche mir von Naturfreunden aufgrund meiner Aufrufe zur Mitteilung von Beobachtungen in regionalen Tageszeitungen (Rhein-Neckar-Zeitung 2008 a, 2008 b, 2008 c, 2008 d; Schwetzinger Zeitung 2008, Bruchsaler Rundschau 2008) gemeldet wurden, stammen von Wegen im Industriegebiet und nördlich der Unterführung unter der Straße L 546, von der Schnakenhütte und aus dem Kahlbachring (früher Bahnhofstraße) am Bahnhof Rot-Malsch; aus dem Kapellenbruch nördlich des Bahnhofs Rot-Malsch, aus dem Waldgebiet Erlenschlag am Südrand des Golfplatzes westlich des Bahnhofs Rot-Malsch und aus dem Waldgebiet Dornhecke südlich des Bahnhofs Rot-Malsch. Die Fundorte des Hirschkäfers (*Lucanus cervus*) am und um den Bahnhof Rot-Malsch westlich Malsch und südöstlich Rot (TK 25, Blatt 6717 Waghäusel) liegen in der Ebene des Rheintales in ca. 100 - 110 m Höhe über NN.

Am Bahnhof Rot-Malsch westlich Malsch und südöstlich Rot hat Axel von Bergen (mündl. Mitt. 2008) auf dem Weg nördlich der Unterführung unter der Straße L 546 etwa Mitte bis Ende Juni 2008 abends ein Weibchen des Hirschkäfers (*Lucanus cervus*) auf der asphaltierten Straße am Waldrand am Boden gesehen. Axel von Bergen (mündl. Mitt. 2008) hat bis 1986 in Hamburg und bis 1993 in Mommenheim südlich Mainz gewohnt und lebt seit 1993 in Wiesloch, und kann sich in den über 50 Jahren seines Lebens nur daran erinnern, daß er von etwa 1965 bis etwa 1970 im Raum um Hamburg oder an anderen Orten zwei- oder dreimal einzelne Exemplare des Hirschkäfers (*Lucanus cervus*) in der Natur beobachtet hat, weiß aber nicht mehr, wann und wo dies gewesen ist.

Am Bahnhof Rot-Malsch westlich Malsch und südöstlich Rot hat Dieter Weick (mündl. Mitt. 2008) etwa Ende Mai/Anfang Juni 2008 auf einem Weg in Richtung Industriegebiet einen Caput-Thorax-Torso eines Männchens des Hirschkäfers (*Lucanus cervus*) im Wald am Boden bemerkt, und hat auch im Hochholz südlich Walldorf etwa 1999 und 2000 mehrmals einzelne Caput-Thorax-Torsi von Männchen im Wald am Boden entdeckt. Dieter Weick (mündl. Mitt. 2008) hat auch im Waldgebiet Molzau nordöstlich Philippsburg-Huttenheim von etwa 1969 bis 1975 in jedem Jahr insgesamt etwa 5 - 10 Exemplare des Hirschkäfers (*Lucanus cervus*), welche meist Männchen waren, pro Jahr überwiegend am Boden gesehen, wohingegen er nach 1975 dort nicht mehr bewußt beobachtet hat. Dieter Weick (mündl. Mitt. 2008) hat bis 1990 in Philippsburg-Huttenheim gewohnt und lebt seit 1990 in Weiher, und hat in den über 45 Jahren seines Lebens noch weitere Exemplare des Hirschkäfers (*Lucanus cervus*) in der Natur angetroffen, kann sich jedoch nicht mehr daran erinnern, wann und wo dies gewesen ist, sondern kann lediglich vermuten, daß dies wahrscheinlich unter anderem anläßlich verschiedener Exkursionen während seines Studiums in Karlsruhe von 1984 bis 1991 gewesen ist.

An der Schnakenhütte am Bahnhof Rot-Malsch westlich Malsch und südöstlich Rot hat Alwin Bellemann (mündl. Mitt. 2008), der schon immer in Rot wohnt, an der Sandsteinmauer um das Gebäude herum in 2005 ein Männchen des Hirschkäfers (*Lucanus cervus*) gesehen, welches auf der Mauerkrone gesessen ist, und hat ansonsten in den 55 Jahren seines Lebens keine weiteren Exemplare in der Natur angetroffen.

An der Schnakenhütte am Bahnhof Rot-Malsch westlich Malsch und südöstlich Rot haben einige Schüler zwischen 1986 und 1989, als dort eine Gastwirtschaft mit biergartenähnlichem Außenbetrieb bestand, abends bei Beleuchtung einzelne Exemplare des Hirschkäfers (*Lucanus cervus*) gesehen, welche um die Lampen und um das Gebäude herumgeflogen sind, und haben ein Männchen ihrem Lehrer, Jürgen Alberti (mündl. Mitt. 2008), in die Schule als Beleg mitgebracht. Jürgen Alberti (mündl. Mitt. 2008) hat von 1967 bis 2008 in jedem Jahr insgesamt bis zu etwa 10 Individuen des Hirschkäfers (*Lucanus cervus*) pro Jahr im Wald zwischen Östringen, Rettigheim, Mühlhausen und Eichtersheim; im Wald zwischen Östringen, Rettigheim, Mingolsheim und Langenbrücken; im Wald zwischen Langenbrücken, Forst, Hambrücken, Kirrlach, St. Leon und Kronau; im Wald zwischen Mingolsheim, Bahnhof Rot-Malsch, Rot, Walldorf, Frauenweiler und Wiesloch; im Wald zwischen Wiesloch, Baiertal, Nußloch und Leimen; im Wald zwischen Walldorf, Sandhausen, Oftersheim, Schwetzingen, Ketsch und Hockenheim; und in anderen Waldgebieten zwischen Heidelberg und Bruchsal beobachtet. Jürgen Alberti (mündl. Mitt. 2008) hat von 1967 bis 2008 besonders regelmäßig einzelne Exemplare des Hirschkäfers (*Lucanus cervus*) im Waldgebiet Krummbach nördlich der Sportplätze am nördlichen Ortsausgang von Östringen östlich der Straße K 3251 nach Rettigheim vor allem im Bereich um die Schwefelquelle angetroffen. Jürgen Alberti (mündl. Mitt. 2008) hat bis 1967 unter anderem in Tübingen und Münster (Lechner 2008), bis 1978 in Wiesloch und bis 1991 in Langenbrücken gewohnt und lebt seit 1991 in Mingolsheim, und konnte in den über 70 Jahren seines Lebens das regelmäßige Vorkommen von Individuen des Hirschkäfers (*Lucanus cervus*) in den vorgenannten Waldgebieten zwischen Heidelberg und Bruchsal über einen Zeitraum von über 40 Jahren nachweisen.

Im Kahlbachring (früher Bahnhofstraße) im Gewerbegebiet am Bahnhof Rot-Malsch westlich Malsch und südöstlich Rot hat Erika Rothermel (mündl. Mitt. 2008) seit 1976 in jedem Jahr mehrere Individuen des Hirschkäfers (*Lucanus cervus*) im Garten hinter dem Haus und auf dem Parkplatz vor dem Haus gesehen, deren Anzahl von etwa 5 - 10 Exemplaren pro Jahr zwischen 1976 und 2000 auf etwa 3 - 5 Exemplare pro Jahr zwischen 2000 und 2005 und weiter auf etwa 1 - 3 Exemplare seit 2005 abgenommen hat. Erika Rothermel (mündl. Mitt. 2008) konnte damit über einen Zeitraum von über 30 Jahren das regelmäßige Auftreten von Individuen des Hirschkäfers (*Lucanus cervus*) am Bahnhof Rot-Malsch konstatieren. Erika Rothermel (mündl. Mitt. 2008) wohnt seit 1976 in Malsch und hat davor bis 1972 in Achern im Schwarzwald und bis 1976 in Nußloch gelebt, hat jedoch in den 55 Jahren ihres Lebens bisher nur seit 1976 am Bahnhof Rot-Malsch Individuen des Hirschkäfers (*Lucanus cervus*) gefunden.

Im Kapellenbruch nördlich des Bahnhofs Rot-Malsch westlich Malsch und südöstlich Rot hat Holger Fladry (mündl. Mitt. 2008) in 2005 einen Caput-Thorax-Torso eines Männchens des Hirschkäfers (*Lucanus cervus*) am Boden bemerkt, und hat auch am Dorfplatz nahe dem südlichen Ortsrand von

Wiesloch-Frauenweiler vor etwa 10 Jahren ein Männchen auf dem Dach des Hauses sitzend angetroffen. Holger Fladry (mündl. Mitt. 2008) hat auch am 24.05.2008 auf der Ketscher Rheininsel nordwestlich Ketsch am Westufer des Baggersees nordöstlich des Forsthauses beim Fischen ein im Wasser treibendes lebendes Männchen des Hirschkäfers (*Lucanus cervus*) entdeckt, welches sich an seiner Angelschnur festgehalten hat, so daß er es an Land ziehen konnte, und hat dort in 2007 am Boden etwa 3 - 4 Caput-Thorax-Torsi von Männchen gesehen. Holger Fladry (mündl. Mitt. 2008) wohnt schon immer in Wiesloch-Frauenweiler und hat in den 45 Jahren seines Lebens außer den vorgenannten Funden keine weiteren Exemplare des Hirschkäfers (*Lucanus cervus*) in der Natur beobachtet. Seine Mutter, Ute Fladry (mündl. Mitt. 2008), wohnt auch schon immer in Wiesloch-Frauenweiler und hat in den 70 Jahren ihres Lebens nur einmal zwischen 1970 und 1975 im Hochholz südlich Walldorf in der Umgebung des Waldsees ein Männchen des Hirschkäfers (*Lucanus cervus*) am Boden registriert, wohingegen sie ansonsten keinen weiteren Individuen in der Natur begegnet ist.

Im Hochholz und im Dörnicht südlich Walldorf sowie auch im südlich anschließenden Wald bis zum Bahnhof Rot-Malsch und im östlich anschließenden Wald bis zum Grenzgraben zwischen Walldorf und Frauenweiler hat Josef Schäfer (mündl. Mitt. 2008) seit etwa 1945 bis 1958 in jedem Jahr insgesamt etwa 3 - 5 Exemplare des Hirschkäfers (*Lucanus cervus*) pro Jahr am Boden und fliegend beobachtet. Josef Schäfer (mündl. Mitt. 2008) hat auch von 1958 bis 1963 zwischen Bellheim, Westheim und Germersheim in der Pfalz in jedem Jahr insgesamt etwa 4 - 7 Exemplare des Hirschkäfers (*Lucanus cervus*) pro Jahr registriert, welche er dort besonders häufig um alte Mühlen im Überschwemmungsgebiet der Queich in Wäldern mit Eichen und Pappeln festgestellt hat. Josef Schäfer (mündl. Mitt. 2008) hat auch von 1967 bis 1993 in der Siemensstraße am Südwestrand des Industriegebietes südlich Walldorf in jedem Jahr insgesamt etwa 3 - 5 Exemplare des Hirschkäfers (*Lucanus cervus*) pro Jahr im Garten des Hauses mit ausgedehntem Baumbestand am Waldrand und im angrenzenden Hochholz am Boden und fliegend gesehen, und hat dort auch in 2005 an mehreren aufeinanderfolgenden Tagen insgesamt 5 Männchen bemerkt, welche abends an der Terrasse des Hauses geflogen sind. Josef Schäfer (mündl. Mitt. 2008) konnte damit über einen Zeitraum von über 25 Jahren das regelmäßige Auftreten von Individuen des Hirschkäfers (*Lucanus cervus*) in Walldorf konstatieren. Josef Schäfer (mündl. Mitt. 2008) hat bis 1993 in Walldorf gewohnt und lebt seit 1993 in Sinsheim, und hat in den über 70 Jahren seines Lebens auch an der Hütte nahe dem Kinderspielplatz des Hotels am Kreuzbergsee westnordwestlich Tiefenbach am 10.07.2008 ein Männchen des Hirschkäfers (*Lucanus cervus*) am Boden gesehen, welches den Weg überquert hat, und hat es dann an eine Eiche gesetzt, wo es den Stamm hinaufgelaufen ist. Am Kreuzbergsee stehen 12 große Eichen, welche bis zu 150 Jahre alt sind. In Sinsheim und Umgebung ist Josef Schäfer (mündl. Mitt. 2008) jedoch seit 1993 bis 2008 keinen Exemplaren des Hirschkäfers (*Lucanus cervus*) in der Natur begegnet.

Am Nordrand des Waldgebietes Erlenschlag am Südrand des Golfplatzes westlich des Bahnhofs Rot-Malsch hat Peter Sandmaier (mündl. Mitt. 2008) im Juni 2008 ein fliegendes Männchen des Hirschkäfers (*Lucanus cervus*) bemerkt. Peter Sandmaier (mündl. Mitt. 2008) hat auch im Naturschutzgebiet Zugmantel im Waldgebiet Bandholz nördlich der Lutherischen Brücke über den Hardtbach nördlich Walldorf und am Westrand des Waldgebietes Bandholz etwa Mitte Juni 2008 am Waldrand zwei am Boden laufende Männchen, zwei fliegende Männchen und drei fliegende Weibchen des Hirschkäfers (*Lucanus cervus*) beobachtet, und hat dort auch von 2004 bis 2007 in jedem Jahr bis zu 7 - 8 Exemplare pro Jahr am Boden und fliegend registriert. Peter Sandmaier (mündl. Mitt. 2008) hat auch im Juni 2008 an den Sandhäuser Höfen südwestlich Sandhausen ein Männchen des Hirschkäfers (*Lucanus cervus*) am Boden auf dem Weg gesehen, und hat dort auch in 2006 zwei Männchen in etwa 20 cm Abstand voneinander an einem Stamm entdeckt. Peter Sandmaier (mündl. Mitt. 2008) hat auch von 2004 bis 2008 insgesamt etwa 30 - 40 Individuen des Hirschkäfers (*Lucanus cervus*) pro Jahr im Raum um Oftersheim, Schwetzingen und Ketsch festgestellt. Peter Sandmaier (mündl. Mitt. 2008) hat auch in Jochenstein nördlich Engelhartszell ostsüdöstlich Passau im Donautal von 1982 bis 2007 in jedem Jahr Schwärmabende des Hirschkäfers (*Lucanus cervus*) mit dem Erscheinen von jeweils mindestens ca. 15 - 20 Männchen und Weibchen pro Tag über mindestens zwei bis vier Tage hinweg erlebt, als im Biergarten des Gasthofes Kornexl an der Donau jeden Abend zahlreiche Exemplare um eine große Linde herumgeflogen sind, wobei er die Schwärmabende in jedem Jahr an Wochenenden über zwei bis vier Tage hintereinander beobachten konnte, wohingegen er in 2008 nicht in Jochenstein gewesen ist. Peter Sandmaier (mündl. Mitt. 2008) konnte damit über einen Zeitraum von 25 Jahren in jedem Jahr Schwärmabende des Hirschkäfers (*Lucanus cervus*) mit der Aktivität von jeweils mindestens ca. 15 - 20 Männchen und Weibchen pro Tag in Jochenstein dokumentieren. Über das Vorkommen des Hirschkäfers (*Lucanus cervus*) in den Donauleiten um Jochenstein hat auch Thym (2005) berichtet.

Peter Sandmaier (mündl. Mitt. 2008) hat auch in 2008 ein Männchen und in 2000 3 - 4 Männchen des Hirschkäfers (*Lucanus cervus*) in Castelfeder bei Neumarkt Auer südlich Bozen in Südtirol abends in der Dämmerung fliegend gesehen, und hat auch in 2003 oder 2004 in Fort Calgier am Durance bei Gap in Südfrankreich ein Männchen abends in der Dämmerung fliegend bemerkt. Das Vorkommen des Hirschkäfers (*Lucanus cervus*) in Castelfeder in Südtirol haben auch Peez & Kahlen (1977) gemeldet. Peter Sandmaier (mündl. Mitt. 2008) hat bis 1982 in Heidelberg-Altstadt, bis 1986 in Heidelberg-Rohrbach und bis 1988 in Schwetzingen gewohnt und lebt seit 1988 in Oftersheim, und kann sich in den über 50 Jahren seines Lebens nicht daran erinnern, vor 2004 weiteren Individuen des Hirschkäfers (*Lucanus cervus*) in der Natur begegnet zu sein.

Im Waldgebiet Dornhecke südlich des Bahnhofs Rot-Malsch westlich Malsch und südöstlich Rot hat Günter Ettrich (mündl. Mitt. 2008) in 2003 nachmittags gegen 17 Uhr ein Weibchen des Hirschkäfers (*Lucanus cervus*) am Boden bemerkt, und hat auch im Frauenweiler Bruch östlich Rot in 2005 und 2007 am Waldrand zwischen der Bahnlinie und der Straße B 3 abends gegen 18 Uhr ein Weibchen auf dem Weg und drei fliegende Individuen registriert. Günter Ettrich (mündl. Mitt. 2008) hat auch im Waldgebiet Schwetzinger Hardt auf dem Speyerer Weg von den Parkplätzen nahe Sternbuckel zur Ostkurve des Hockenheimrings in 2008 tagsüber ein laufendes Weibchen des Hirschkäfers (*Lucanus cervus*) auf der asphaltierten Straße gesehen, und hat auch mitten im Wald zwischen Walldorf und Oftersheim in 2008 tagsüber mindestens zwei fliegende Exemplare beobachtet sowie in 2007 tagsüber auf einem Weg ein laufendes Männchen entdeckt. Günter Ettrich (mündl. Mitt. 2008) hat auch in 2007 mitten auf der Kollerinsel zwischen Ketsch und Otterstadt einen Caput-Thorax-Torso eines Männchens des Hirschkäfers (*Lucanus cervus*) gefunden, welcher noch gelebt hat und mit den Mandibeln gezwickt hat. Günter Ettrich (mündl. Mitt. 2008) wohnt seit 1973 in Sandhausen und war vorher unter anderem in Ilmenau, Schwäbisch Gmünd, Freiburg, München, Heidelberg und Mannheim, und hat in den fast 75 Jahren seines Lebens schon von 1948 bis 1950 in Paracin nordwestlich Nis südlich Belgrad in Serbien zahlreiche Individuen des Hirschkäfers (*Lucanus cervus*) gesehen, wohingegen er seit 1950 bis 2003 keinen weiteren Exemplaren in der Natur begegnet ist. In Paracin hat Günter Ettrich (mündl. Mitt. 2008) von 1948 bis 1950 in jedem Jahr insgesamt etwa 30 - 40 Individuen des Hirschkäfers (*Lucanus cervus*) pro Jahr festgestellt, von denen ca. 20 % große Exemplare und ca. 80 % mittelgroße und kleine Exemplare waren, und die abends am Stadtrand in den Weinbergen und am Waldrand an alten Eichen geflogen, gelaufen und gesessen sind, wobei pro Abend etwa 3 - 8 Individuen erschienen sind. Neben dem Hirschkäfer (*Lucanus cervus*) hat Günter Ettrich (mündl. Mitt. 2008) von 1948 bis 1950 in Paracin auch den Nashornkäfer (*Oryctes nasicornis*) angetroffen, von dem pro Abend etwa 5 - 6 Exemplare aufgetreten sind.

20.19 Baiertal

In der Lederschenstraße nahe dem südlichen Ortsrand von Wiesloch-Baiertal hat Simone Janas (mündl. Mitt. 2008) in 2008 ein totes Männchen des Hirschkäfers (*Lucanus cervus*) in einem Garten am Boden gesehen. Simone Janas (mündl. Mitt. 2008) hat auch in der Parkstraße am Südrand des Dämmelwaldes am nordwestlichen Ortsrand von Wiesloch in 2006 am Boden und an Stämmen von Bäumen mehrere Weibchen des Hirschkäfers (*Lucanus cervus*) beobachtet, wohingegen sie dort in 2008, 2007 und 2005 keine Exemplare bemerkt hat. Der Fundort des Hirschkäfers (*Lucanus cervus*) in Wiesloch-Baiertal (TK 25, Blatt 6618 Heidelberg-Süd und 6718 Wiesloch) liegt im Gauangelbachtal, einem Seitental des Leimbachtales, welches in Wiesloch in das Rheintal einmündet, im Nordwestteil des Kraichgaues in ca. 160 - 180 m Höhe über NN.

20.20 Dielheim

Die Nachweise von Individuen des Hirschkäfers (*Lucanus cervus*) in Dielheim, welche mir von Naturfreunden aufgrund meiner Aufrufe zur Mitteilung von Beobachtungen in regionalen Tageszeitungen (Rhein-Neckar-Zeitung 2008 a, 2008 b, 2008 c, 2008 d; Schwetzinger Zeitung 2008, Bruchsaler Rundschau 2008) gemeldet wurden, stammen aus dem Eckertsberg und der Friedensstraße am westlichen Ortsrand von Dielheim. Die Fundorte des Hirschkäfers (*Lucanus cervus*) in Dielheim (TK 25, Blatt 6718 Wiesloch) liegen im Leimbachtal, welches in Wiesloch in das Rheintal einmündet, im Nordwestteil des Kraichgaues in ca. 140 - 180 m Höhe über NN.

Am Eckertsberg am westlichen Ortsrand von Dielheim hat Adelheid Zimmermann (mündl. Mitt. 2008) in 2007 ein totes Männchen des Hirschkäfers (*Lucanus cervus*) auf der Terrasse des Hauses gefunden, und hat davor in den über 45 Jahren ihres Lebens von 1970 bis 1980 in Wildeck bei Rotenburg an der Fulda in jedem Jahr etwa 2 - 3 laufende Männchen auf Wegen im Wald gesehen. Adelheid Zimmermann (mündl. Mitt. 2008) hat bis 1984 in Wildeck, bis 1989 in Nordhorn und bis 1991 in Ratingen bei Düsseldorf gewohnt, und ist zwischen 1980 und 2007 keinen weiteren Individuen des Hirschkäfers (*Lucanus cervus*) in der Natur begegnet.

Am Eckertsberg am westlichen Ortsrand von Dielheim hat Katja Andres (mündl. Mitt. 2008) am 27.05.2008 ein totes Männchen des Hirschkäfers (*Lucanus cervus*) im Garten des Hauses, welches an ein Naturschutzgebiet angrenzt, gefunden. Katja Andres (mündl. Mitt. 2008) hat bis 1986 in Sinsheim-Dühren gewohnt, wo sie von 1982 bis 1984 in den Feldern am Bachlauf östlich Dühren nördlich der Straße B 292 nach Sinsheim über mehrere Jahre hinweg insgesamt etwa 3 - 5 Individuen des Hirschkäfers (*Lucanus cervus*) pro Jahr am Boden gesehen hat, und in einem Jahr hat sie dort an einem Tag sogar etwa 10 Exemplare am Bachlauf am Boden entdeckt. Katja Andres (mündl. Mitt. 2008) hat dann bis 1997 in Wiesloch-Schatthausen gewohnt und lebt seit 1997 in Dielheim, und hat in den über 35 Jahren ihres Lebens außer den vorgenannten Funden keine weiteren Individuen des Hirschkäfers (*Lucanus cervus*) in der Natur angetroffen.

In der Friedensstraße nahe dem westlichen Ortsrand von Dielheim haben Dietmar und Matthias Fenz (mündl. Mitt. 2008) im Garten des Hauses am 26.05.2008 ein Männchen des Hirschkäfers (*Lucanus cervus*) am Boden gesehen, welches das einzige Exemplar ist, das sie in den über 45 Jahren bzw. in den über 35 Jahren ihres Lebens, in denen sie schon immer in Dielheim wohnen, bisher in der Natur beobachtet haben.

20.21 Unterhof und Oberhof

Die Nachweise von Individuen des Hirschkäfers (*Lucanus cervus*) in Dielheim-Unterhof und Dielheim-Oberhof, welche mir von Naturfreunden aufgrund meiner Aufrufe zur Mitteilung von Beobachtungen in regionalen Tageszeitungen (Rhein-Neckar-Zeitung 2008 a, 2008 b, 2008 c, 2008 d; Schwetzinger Zeitung 2008, Bruchsaler Rundschau 2008) gemeldet wurden, stammen aus der Meckesheimer Straße und der Vogelsangstraße in Dielheim-Unterhof sowie von dem Weg zwischen Dielheim-Unterhof und Dielheim-Oberhof. Die Fundorte des Hirschkäfers (*Lucanus cervus*) in Dielheim-Unterhof und Dielheim-Oberhof (TK 25, Blatt 6618 Heidelberg-Süd und Blatt 6718 Wiesloch) liegen im Leimbachtal, welches in Wiesloch in das Rheintal einmündet, im Nordwestteil des Kraichgaues in ca. 150 - 200 m Höhe über NN.

In der Meckesheimer Straße in Dielheim-Unterhof hat Gabriela Berberich (mündl. Mitt. 2008) im Garten des Hauses etwa Ende Juni 2008 ein Männchen des Hirschkäfers (*Lucanus cervus*) tagsüber am Knöterich gesehen, und hat dort in 2007 auf dem Grünschnittgutwall am Rand des Gartens ebenfalls ein Männchen beobachtet. Diese beiden Männchen sind die einzigen Individuen des Hirschkäfers (*Lucanus cervus*), die Gabriela Berberich (mündl. Mitt. 2008) in den etwas fast 50 Jahren ihres Lebens bisher in der Natur gefunden hat. Gabriela Berberich (mündl. Mitt. 2008) hat bis 1985 in Berlin, bis 1989 in Leimen-St. Ilgen, bis 1995 in Sandhausen und bis 2003 in Wiesloch-Baiertal gewohnt, und ist jedoch erst in Dielheim-Unterhof in 2007 erstmals einem Exemplar des Hirschkäfers (*Lucanus cervus*) in der Natur begegnet.

In der Vogelsangstraße in Dielheim-Unterhof hat Gerhard Zahn (mündl. Mitt. 2008) von 1996 bis 2008 in jedem Jahr insgesamt etwa 1 - 2 Exemplare des Hirschkäfers (*Lucanus cervus*) pro Jahr, welche überwiegend Männchen waren, um das Haus herum und um den Kirschbaum im Garten herum fliegend gesehen. Gerhard Zahn (mündl. Mitt. 2008) hat die Männchen des Hirschkäfers (*Lucanus cervus*) meist beobachtet, wenn er abends auf der Terrasse gesessen ist, und hat am 28.05.2008 und am 30.05.2008 jeweils abends gegen 21.30 Uhr je ein Männchen bemerkt, welches zum Kirschbaum geflogen ist und den Kirschbaum umkreist hat. Gerhard Zahn (mündl. Mitt. 2008) hat bis 1970 in Dielheim-Unterhof und bis 1996 in Horrenberg gewohnt und lebt seit 1996 wieder in Dielheim-Unterhof, und kann sich in den fast 70 Jahren seines Lebens nicht daran erinnern, außer den vorgenannten Funden weiteren Individuen des Hirschkäfers (*Lucanus cervus*) in der Natur begegnet zu sein.

Auf dem Weg zwischen Dielheim-Unterhof und Dielheim-Oberhof kurz vor dem Waldrand hat Richard Körner (mündl. Mitt. 2008) etwa Anfang Juni 2008 beobachtet, wie eine schwarze Rabenkrähe auf der Straße saß, ein Männchen des Hirschkäfers (*Lucanus cervus*) mit dem Schnabel attackiert hat, ihm das Abdomen abgebissen hat und dann mit dem abgehackten Hinterleib im Schnabel davongeflogen ist. Der von der Rabenkrähe zurückgelassene Caput-Thorax-Torso des Männchens des Hirschkäfers (*Lucanus cervus*) hat noch fast eine Stunde gezappelt und gezwickt. Davor hatte Richard Körner (mündl. Mitt. 2008), der jetzt über 70 Jahre alt ist und schon immer in Dielheim wohnt, nur einmal etwa 1957 ein Männchen des Hirschkäfers (*Lucanus cervus*) im Wald von Dielheim in Richtung Mühlhausen am Boden entdeckt, und ist seitdem bis 2008 keinem weiteren Exemplar mehr in der Natur begegnet.

20.22 Horrenberg

Die Nachweise von Individuen des Hirschkäfers (*Lucanus cervus*) in und um Horrenberg, welche mir von Naturfreunden aufgrund meiner Aufrufe zur Mitteilung von Beobachtungen in regionalen Tageszeitungen (Rhein-Neckar-Zeitung 2008 a, 2008 b, 2008 c, 2008 d; Schwetzinger Zeitung 2008, Bruchsaler Rundschau 2008) gemeldet wurden, stammen vom Indianerseminarplatz östlich Horrenberg, vom Zollberg am nordwestlichen Ortsausgang von Horrenberg, aus dem Kirchenrückwald nördlich Horrenberg und aus dem Waldgebiet Wallen westlich des Hohberghofes westsüdwestlich Horrenberg. Die Fundorte des Hirschkäfers (*Lucanus cervus*) in und um Horrenberg (TK 25, Blatt 6718 Wiesloch) liegen im Leimbachtal, welches in Wiesloch in das Rheintal einmündet, im Nordwestteil des Kraichgaues in ca. 150 - 200 m Höhe über NN.

Auf dem Gelände des Indianerseminarplatzes auf der Kuppe hinter der Obstanlage kurz vor der Abzweigung der Straße K 4174 von der Straße L 612 östlich Horrenberg hat Alph Lehmann (mündl. Mitt. 2008) seit etwa 1998 in jedem Jahr insgesamt bis etwa 5 Männchen und Weibchen des Hirschkäfers (*Lucanus cervus*) pro Jahr an aufgeschichteten Holzstapeln und fliegend registriert, und hat auch seit etwa 1993 am Weg vom Waldspielplatz am Zollberg am nordwestlichen Ortsausgang von Horrenberg in Richtung Unterhof in etlichen Jahren, aber nicht in jedem Jahr, insgesamt bis etwa 3 Männchen und Weibchen pro Jahr meist am Boden bemerkt. Alph Lehmann (mündl. Mitt. 2008) hat auch im Mittelgewannweg nahe des nordwestlichen Ortsrandes von Heidelberg-Wieblingen auf dem Gelände der Freien Waldorf-Schule in Holzhäckselhaufen und Komposthaufen seit 2002 in jedem Jahr zahlreiche Larven (Engerlinge), Puppen und Imagines des Nashornkäfers (*Oryctes nasicornis*) sowie seit 2005 in jedem Jahr auch etwa 10 - 20 Larven (Engerlinge) des Hirschkäfers (*Lucanus cervus*) pro Jahr gefunden, wohingegen er dort Imagines des Hirschkäfers (*Lucanus cervus*) bisher nicht beobachtet hat. Alph Lehmann (mündl. Mitt. 2008) hat bis 1976 in Lüdenscheid und bis 1987 in Wiesloch-Baiertal gewohnt und lebt seit 1987 in Dielheim-Horrenberg, und ist in den über 55 Jahren seines Lebens außer den vorgenannten Funden keinen weiteren Exemplaren des Hirschkäfers (*Lucanus cervus*) in der Natur begegnet.

Zwischen dem Friedhof und dem Waldspielplatz am Zollberg am nordwestlichen Ortsausgang von Horrenberg hat Jörn Sanden (mündl. Mitt. 2008) am höchsten Punkt der Kuppe oberhalb des Reitplatzes vor etwa 15 Jahren abends in der Dämmerung ein Männchen des Hirschkäfers (*Lucanus cervus*) gesehen, welches an seinem Hochsitz vorbeigeflogen ist, und hat dort auch auf seinem Hochsitz etwa 5 - 7 Caput-Thorax-Torsi von Männchen gefunden, welche auf der Sitzfläche verteilt gelegen sind. Jörn Sanden (mündl. Mitt. 2008) hat vor etwa 15 Jahren auch ein Männchen des Hirschkäfers (*Lucanus cervus*) an einem blutenden Eichenstamm vor dem Verwaltungsgebäude des ehemaligen Munitionsdepots in der Kaigartenallee am nördlichen Ortsausgang von Kirrlach im Waldgebiet Untere Lusshardt des ehemaligen Forstbezirks Philippsburg bemerkt. Jörn Sanden (mündl. Mitt. 2008) hat bis 1955 in Konstanz, bis 1960 in Freiburg, bis 1967 in Staufen im Breisgau und bis 1975 in Villingen-Schwenningen gewohnt und lebt seit 1975 in Wiesloch, und hat in den fast 75 Jahren seines Lebens außer den vorgenannten Funden keine weiteren Exemplare des Hirschkäfers (*Lucanus cervus*) in der Natur angetroffen, obwohl er als Förster sehr viel Zeit im Wald verbracht hat.

Im Kirchenrückwald nördlich Horrenberg hat Michael Leschikar (mündl. Mitt. 2008) am 24.06.2007 ein Weibchen des Hirschkäfers (*Lucanus cervus*) am Boden gesehen, und hat dort auch in 2001 oder 2002 ein Weibchen am Boden entdeckt. Michael Leschikar (mündl. Mitt. 2008) hat bis 1960 in Schwabmünchen, bis 1979 in Heidelberg-Kirchheim und bis 1982 in Dielheim gewohnt und lebt seit 1982 in Horrenberg, und kann sich in den fast 60 Jahren seines Lebens nicht mehr daran erinnern, ob er schon früher Exemplaren des Hirschkäfers (*Lucanus cervus*) in der Natur begegnet ist.

Am Südostrand des Waldgebietes Wallen oberhalb des Motocrossplatzes westlich des Hohberghofes westsüdwestlich Horrenberg hat Axel Kieselbach (mündl. Mitt. 2008) am Waldrand am 03.06.2008 abends gegen 19 Uhr ein Männchen und ein Weibchen des Hirschkäfers (*Lucanus cervus*) in der Astgabel einer Eiche bei der Paarung beobachtet, und einer seiner Schüler hat dort schon seit etwa 2005 in jedem Jahr mehrere Männchen und Weibchen gesehen, wohingegen er selbst dort in 2008 erstmals Individuen entdeckt hat. Axel Kieselbach (mündl. Mitt. 2008) hat bis 1987 in Berlin gewohnt und lebt seit 1987 in Heidelberg-Boxberg, und hat in den 55 Jahren seines Lebens bisher nur noch etwa 2002 an den Teichen nahe der Zuckerfabrik in Waghäusel ein lebendes Männchen und ein totes Weibchen des Hirschkäfers (*Lucanus cervus*) gefunden sowie etwa 2002 im Schilfgürtel an der Donau nahe Budapest ein fliegendes Männchen beobachtet, wohingegen er ansonsten keinen weiteren Individuen in Natur begegnet ist.

20.23 Balzfeld

Im Stockäckerweg am westlichen Ortsrand von Dielheim-Balzfeld hat Armin Achilles (mündl. Mitt. 2008) im Garten des Hauses etwa Ende Mai/Anfang Juni 2008 ein totes Männchen des Hirschkäfers (*Lucanus cervus*) am Boden entdeckt, welches offenbar natürlich verendet ist. Armin Achilles (mündl. Mitt. 2008) hat davor nur von etwa 1945 bis etwa 1950 in der Umgebung von Rotenkirchen und Edemissen südlich Einbeck im Solling in jedem Jahr insgesamt etwa 5 - 6 Männchen (*Lucanus cervus*) gesehen, welche am Boden, auf dem Weg und auf umgestürzten Bäumen im Wald gelaufen sind, gesessen sind und gelegentlich auch miteinander gekämpft haben. Armin Achilles (mündl. Mitt. 2008) lebt seit 1968 in Dielheim-Balzfeld und war vorher unter anderem in Wuppertal, Darmstadt, Kaiserslautern, Limburg, Friedberg und Mauer, und hat in den fast 80 Jahren seines Lebens außer den vorgenannten Funden keine weiteren Exemplare des Hirschkäfers (*Lucanus cervus*) in der Natur angetroffen. Der Fundort des Hirschkäfers (*Lucanus cervus*) in Dielheim-Balzfeld (TK 25, Blatt 6718 Wiesloch) liegt im Leimbachtal, welches in Wiesloch in das Rheintal einmündet, im Nordwestteil des Kraichgaues in ca. 150 - 200 m Höhe über NN.

21 Fundmeldungen von Naturfreunden in Bad Schönborn und Umgebung

Die Funde von Exemplaren des Hirschkäfers (*Lucanus cervus*) in Bad Schönborn und Umgebung, welche mir von Naturfreunden aufgrund meiner Aufrufe zur Mitteilung von Beobachtungen in regionalen Tageszeitungen (Rhein-Neckar-Zeitung 2008 a, 2008 b, 2008 c, 2008 d; Schwetzinger Zeitung 2008, Bruchsaler Rundschau 2008) berichtet wurden, umfassen die Bad Schönborner Ortsteile Langenbrücken und Mingolsheim sowie die Orte Kronau, Östringen, Kirrlach, Waghäusel, Wiesental, Philippsburg-Huttenheim, Altlußheim und Neulußheim.

21.1 Langenbrücken

Die Nachweise von Individuen des Hirschkäfers (*Lucanus cervus*) in und um Bad Schönborn-Langenbrücken, welche mir von Naturfreunden aufgrund meiner Aufrufe zur Mitteilung von Beobachtungen in regionalen Tageszeitungen (Rhein-Neckar-Zeitung 2008 a, 2008 b, 2008 c, 2008 d; Schwetzinger Zeitung 2008, Bruchsaler Rundschau 2008) gemeldet wurden, stammen aus dem Weihergässel am nordwestlichen Ortsrand von Langenbrücken, und aus dem Wald südöstlich Langenbrücken in Richtung Zeutern. Die Fundorte des Hirschkäfers (*Lucanus cervus*) in und um Bad Schönborn-Langenbrücken (TK 25, Blatt 6717 Waghäusel und Blatt 6817 Bruchsal) liegen in der Ebene des Rheintales in ca. 100 - 120 m Höhe über NN und am Westhang des Kraichgaues am Osthang des Rheintales in ca. 120 - 140 m Höhe über NN.

Im Weihergässel am nordwestlichen Ortsrand von Bad Schönborn-Langenbrücken, wo sie seit 1990 wohnt, hat Ursula Krücker (mündl. Mitt. 2008) im Garten des Hauses etwa Mitte Juli 2008 ein Männchen des Hirschkäfers (*Lucanus cervus*) am Boden entdeckt, welches anschließend natürlich verendet ist, und hat zwischen etwa 1980 und 1985 in der Kronauer Allee westlich des Baggersees im Wald westlich der Straße K 3575 südwestlich Kronau wiederholt einzelne Exemplare auf dem Weg gesehen, welche meist Männchen waren. Ursula Krücker (mündl. Mitt. 2008) hat bis 1962 in Krefeld und bis 1965 in Kuchen südöstlich Göppingen gewohnt und lebt seit 1965 in Bad Schönborn-Langenbrücken, und ist in den 70 Jahren ihres Lebens außer den vorgenannten Funden keinen weiteren Individuen des Hirschkäfers (*Lucanus cervus*) in der Natur begegnet.

Im Wald südöstlich Langenbrücken in Richtung Zeutern, in dem auch zahlreiche alte Eichen vorkommen, hat Franz Lechner (mündl. Mitt. 2008) in 2006 oder 2007 ein laufendes Weibchen des Hirschkäfers (*Lucanus cervus*) an einem Waldrand beobachtet. Franz Lechner (mündl. Mitt. 2009) hat auch in der Pommernstraße am nordwestlichen Ortsrand von Untergrombach von etwa 1965 bis etwa 1970 in jedem Jahr während der Flugzeit insgesamt etwa 5 - 10 Exemplare des Hirschkäfers (*Lucanus cervus*) pro Tag beobachtet, welche abends um den Balkon des Hauses herumgeflogen sind, und hat in diesem Zeitraum auch im angrenzenden Wald im Bereich der Flur Metzgerallmend am Südrand des Waldgebietes Büchenauer Hardt in jedem Jahr insgesamt etwa 10 - 20 Individuen pro Jahr im Wald am Boden und an Stämmen sowie fliegend gesehen. Franz Lechner (mündl. Mitt. 2008) hat auch auf dem Michaelsberg östlich Untergrombach einen toten Caput-Thorax-Torso eines Männchens des Hirschkäfers (*Lucanus cervus*) auf einem Halbtrockenrasen während einer Exkursion in 2008 entdeckt, bei der ein Teilnehmer von dem Fund eines Männchens am Südrand des Waldgebietes Büchenauer Hardt nordwestlich Untergrombach in 2008 berichtet hat. Franz Lechner (mündl. Mitt. 2008) hat auch im Pfannenwaldsee am Kleinen Kraichbach zwischen dem Pfannenwald nordnordöstlich Kraichtal-Oberöwisheim, in dem reichlich Totholz vorhanden ist, und dem Streitwald südwestlich Östringen-Odenheim in 2008 ein totes Männchen des Hirschkäfers (*Lucanus cervus*) im Wasser treibend gefunden. Franz Lechner (mündl. Mitt. 2008) hat auch im Lochenwald nordöstlich Stutensee-Blankenloch etwa Mitte Juli 2008 ein Weibchen des Hirschkäfers (*Lucanus cervus*) am Rand von gelagertem Holz gesehen, welches dort etwa 1 Stunde an der gleichen Stelle gesessen ist. Franz Lechner (mündl. Mitt. 2009) hat bis 1975 in Untergrombach gewohnt; war dann in Heidelberg, Mannheim und Karlsruhe; und lebt seit 2004 in Kraichtal-Unteröwisheim, und ist in den über 50 Jahren seines Lebens vor allem von 2003 bis 2007 in Döbrököz östlich Dombóvár am Rand des Mecsek-Gebirges zwischen Balaton und Pécs in Ungarn zahlreichen Exemplaren des Hirschkäfers (*Lucanus cervus*) begegnet, wohingegen er sich nicht daran erinnern kann, auch zwischen 1970 und 2003 Individuen in der Natur angetroffen zu haben. In Döbrököz hat Franz Lechner (mündl. Mitt. 2008) von 2003 bis 2007 in jedem Jahr während der Flugzeit insgesamt etwa 10 - 20 Männchen und Weibchen des Hirschkäfers (*Lucanus cervus*) pro Tag an etlichen Abenden in der Dämmerung an alten Holzlaternen am Straßenrand gesehen, wohingegen an anderen Abenden dort nur etwa 5 - 10 oder noch weniger Individuen erschienen sind. Die Exemplare des Hirschkäfers (*Lucanus cervus*) flogen dabei an die brennenden Lampen und saßen und liefen auch auf den Pfählen der Holzlaternen und auf dem Boden um die Holzlaternen herum. Nach dem Austausch der Holzpfosten der Straßenlaternen gegen Betonpfähle in 2008 waren deutlich weniger Individuen des Hirschkäfers (*Lucanus cervus*) dort vorhanden.

21.2 Mingolsheim

Die Nachweise von Individuen des Hirschkäfers (*Lucanus cervus*) in und um Bad Schönborn-Mingolsheim, welche mir von Naturfreunden aufgrund meiner Aufrufe zur Mitteilung von Beobachtungen in regionalen Tageszeitungen (Rhein-Neckar-Zeitung 2008 a, 2008 b, 2008 c, 2008 d; Schwetzinger Zeitung 2008, Bruchsaler Rundschau 2008) gemeldet wurden, stammen aus den Anlagen der St.Rochus-Klinik und des Thermariums am östlichen Ortsrand von Mingolsheim, aus dem Bergwald nordöstlich Mingolsheim zwischen Malsch und Östringen, aus dem Pfarrwald zwischen Mingolsheim und Östringen, und aus der Viktor-von-Scheffel-Straße am nordwestlichen Ortsrand von Mingolsheim. Die Fundorte des Hirschkäfers (*Lucanus cervus*) in und um Bad Schönborn-Mingolsheim (TK 25, Blatt 6717 Waghäusel) liegen in der Ebene des Rheintales in ca. 100 - 120 m Höhe über NN und am Westhang des Kraichgaues am Osthang des Rheintales in ca. 120 - 140 m Höhe über NN.

In der St.Rochus-Klinik in der Richard-Wagner-Straße am östlichen Ortsrand von Bad Schönborn-

Mingolsheim hat Gabriele Kruckenberg (mündl. Mitt. 2008) auf dem Gang im 6. Obergeschoß des Krankenhauses etwa Mitte Mai 2008 ein Männchen des Hirschkäfers (*Lucanus cervus*) am Boden gesehen, welches das einzige Exemplar ist, das sie in den über 55 Jahren ihres Lebens bisher in der Natur gefunden hat. Gabriele Kruckenberg (mündl. Mitt. 2008) wohnt schon immer in ihrem Elternhaus in der Neckarhelle in Heidelberg-Ziegelhausen und hat bisher in Ziegelhausen noch keine Individuen des Hirschkäfers (*Lucanus cervus*) entdeckt, obwohl sie oft im Wald gewesen ist.

Im Park um die St.Rochus-Klinik in der Richard-Wagner-Straße am östlichen Ortsrand von Bad Schönborn-Mingolsheim hat Roswitha Wedler (mündl. Mitt. 2008) am 15.07.2008 vormittags gegen 11 Uhr ein laufendes Männchen des Hirschkäfers (*Lucanus cervus*) auf dem Weg gesehen, und dies ist das einzige Exemplar, welches sie in den über 65 Jahren ihres Lebens in der Natur angetroffen hat. Ihr Mann, Rainer Wedler (mündl. Mitt. 2008), war bei der vorgenannten Begegnung nicht dabei und erinnert sich lediglich daran, daß er in den über 65 Jahren seines Lebens nur einmal vor etwa 50 Jahren in den Feldern am Nordhang des Pfinztales am östlichen Ortsausgang von Grötzingen östlich Karlsruhe ein Männchen des Hirschkäfers (*Lucanus cervus*) am Boden entdeckt hat. Roswitha und Rainer Wedler (mündl. Mitt. 2008) wohnen seit 1982 in Ketsch und waren davor in Schwetzingen, Brühl und Heidelberg, und haben außer den vorgenannten Funden keine weiteren Individuen des Hirschkäfers (*Lucanus cervus*) in der Natur angetroffen.

Auf dem Parkplatz vor dem Thermarium südlich der Kraichgaustraße am östlichen Ortsrand von Bad Schönborn-Mingolsheim hat Karsten Meyer (mündl. Mitt. 2008) am 21.07.2008 ein Männchen des Hirschkäfers (*Lucanus cervus*) gesehen, welches aus dem Gebüsch heraus auf den befestigten Weg gelaufen ist. Außer einer früheren Beobachtung eines Männchens des Hirschkäfers (*Lucanus cervus*) vor etwa 10 Jahren im Gebiet der Wasserkuppe nördlich Gersfeld in der Rhön ist dies das einzige Exemplar, welches Karsten Meyer (mündl. Mitt. 2008) in den über 40 Jahren seines Lebens bisher in der Natur gefunden hat.

Im Bergwald nordöstlich Mingolsheim zwischen Malsch und Östringen hat Inge Neureither (mündl. Mitt. 2008) etwa 1950 ein Männchen des Hirschkäfers (*Lucanus cervus*) am Boden gesehen, und hat danach erst wieder Anfang bis Mitte Juli 2008 in der Waldstraße am westlichen Ortsrand von Kronau ein Männchen abends mit lautem Brummen um das Haus fliegend gehört und am nächsten Morgen am Keller am Boden liegend gefunden. Inge Neureither (mündl. Mitt. 2008) hat bis 1964 in Mingolsheim gewohnt und lebt seit 1964 in Kronau, und ist außer den vorgenannten Funden in den fast 70 Jahren ihres Lebens keinen Individuen des Hirschkäfers (*Lucanus cervus*) in der Natur begegnet.

Im Pfarrwald östlich Mingolsheim zwischen Mingolsheim und Östringen hat Elfentraud Wabro (mündl. Mitt. 2008) etwa im Juni oder Juli 2007 auf einer Strecke von etwa 100 m innerhalb von 2 Wochen über dieses Intervall verteilt insgesamt 17 Caput-Thorax-Torsi von Männchen des Hirschkäfers (*Lucanus cervus*) am Boden gesehen, von denen etliche noch gelebt haben und mit den Mandibeln gezwickt haben. Elfentraud Wabro (mündl. Mitt. 2008) wohnt schon immer in Bad Schönborn-Mingolsheim und hat dort von etwa 1950 bis 1955 in jedem Jahr insgesamt bis etwa 10 Männchen und Weibchen des Hirschkäfers (*Lucanus cervus*) pro Jahr oder sogar noch mehr im Garten des Hauses in der Viktor-von-Scheffel-Straße am nordwestlichen Ortsrand, in den Feldern und im Wald am Boden und fliegend beobachtet, wobei die fliegenden Exemplare deutlich wahrnehmbar gebrummt und gesummt haben, wohingegen sie nach 1955 eine Abnahme der Individuenzahl festgestellt hat und schließlich zwischen etwa 1960 und 1965 registriert hat, daß dann gar keine Exemplare mehr erschienen sind. Elfentraud Wabro (mündl. Mitt. 2008) ist in den 70 Jahren ihres Lebens zwischen etwa 1965 und 2007 keinen Individuen des Hirschkäfers (*Lucanus cervus*) mehr in der Natur begegnet, so daß sie ihrer Tochter, welche 1966 geboren wurde, bis 2007 kein Exemplar in der Natur zeigen konnte.

21.3 Kronau

Die Nachweise von Individuen des Hirschkäfers (*Lucanus cervus*) in und um Kronau, welche mir von Naturfreunden aufgrund meiner Aufrufe zur Mitteilung von Beobachtungen in regionalen Tageszeitungen (Rhein-Neckar-Zeitung 2008 a, 2008 b, 2008 c, 2008 d; Schwetzinger Zeitung 2008, Bruchsaler Rundschau 2008) gemeldet wurden, stammen aus der Waldstraße am westlichen Ortsrand von Kronau, aus der Kronauer Allee westlich des Baggersees im Wald westlich der Straße K 3575 südwestlich Kronau, von dem Parkplatz vor dem Ostrand des Waldgebietes Obere Lusshardt westnordwestlich Kronau, und aus der Schillerstraße am nordöstlichen Ortsrand von Kronau. Die Fundorte des Hirschkäfers (*Lucanus cervus*) in und um Kronau (TK 25, Blatt 6717 Waghäusel) liegen in der Ebene des Rheintales in ca. 100 - 110 m Höhe über NN.

In der Waldstraße am westlichen Ortsrand von Kronau hat Inge Neureither (mündl. Mitt. 2008) etwa Anfang bis Mitte Juli 2008 ein Männchen des Hirschkäfers (*Lucanus cervus*) abends mit lautem Brummen um das Haus fliegend gehört und am nächsten Morgen am Keller am Boden liegend gefunden, und hat davor nur einmal etwa 1950 im Bergwald nordöstlich Mingolsheim zwischen Malsch und Östringen ein Männchen am Boden gesehen. Inge Neureither (mündl. Mitt. 2008) hat bis 1964 in Mingolsheim gewohnt und lebt seit 1964 in Kronau, und ist außer den vorgenannten Funden in den fast 70 Jahren ihres Lebens keinen Individuen des Hirschkäfers (*Lucanus cervus*) in der Natur begegnet.

Im Wald westlich der Straße K 3575 südwestlich Kronau hat Ursula Birk-Meyer (mündl. Mitt. 2008) auf dem Weg etwa Ende Juni 2008 ein totes Männchen des Hirschkäfers (*Lucanus cervus*) gefunden, und dies ist das einzige Exemplar, das sie in den 55 Jahren ihres Lebens bisher in der Natur entdeckt hat. Ursula Birk-Meyer (mündl. Mitt. 2008) hat bis 2007 in Heidelberg-Handschuhsheim gewohnt und lebt seit 2007 in Kronau, und kann sich nicht daran erinnern, in Heidelberg-Handschuhsheim einmal einem Exemplar des Hirschkäfers (*Lucanus cervus*) in der Natur begegnet zu sein.

In der Kronauer Allee westlich des Baggersees im Wald westlich der Straße K 3575 südwestlich Kronau hat Ursula Krücker (mündl. Mitt. 2008) zwischen etwa 1980 und 1985 wiederholt einzelne Exemplare des Hirschkäfers (*Lucanus cervus*) auf dem Weg gesehen, welche meist Männchen waren, und hat danach erst wieder etwa Mitte Juli 2008 im Weihergässel am nordwestlichen Ortsrand von Bad-Schönborn-Langenbrücken, wo sie seit 1990 wohnt, im Garten des Hauses ein Männchen am Boden entdeckt, welches anschließend natürlich verendet ist. Ursula Krücker (mündl. Mitt. 2008) hat bis 1962 in Krefeld und bis 1965 in Kuchen südöstlich Göppingen gewohnt und lebt seit 1965 in Bad Schönborn-Langenbrücken, und ist in den 70 Jahren ihres Lebens außer den vorgenannten Funden keinen weiteren Individuen des Hirschkäfers (*Lucanus cervus*) in der Natur begegnet.

Am Ostrand des Waldgebietes Obere Lusshardt auf dem Parkplatz vor dem Waldrand westnordwestlich Kronau hat Theo Hemberger (mündl. Mitt. 2008) etwa 1998 ein laufendes Männchen des Hirschkäfers (*Lucanus cervus*) beobachtet, welches kurz darauf überfahren wurde, und hat danach etwa Ende Juni/Anfang Juli 2008 im Roter Wald zwischen Rot und dem Frauenweiler Bruch westlich der Straße B 3 und südlich der Autobahn A 6 ein laufendes Männchen auf dem Weg etwa 200 m westlich der Holzbrücke gesehen. Theo Hemberger (mündl. Mitt. 2008) wohnt schon immer in Malsch und hat dort in den über 65 Jahren seines Lebens zwischen 1950 und 1955 wiederholt einzelne Männchen und Weibchen des Hirschkäfers (*Lucanus cervus*) gesichtet, und hat seit 1955 in Malsch und im Roter Wald immer wieder einzelne Exemplare entdeckt. Theo Hemberger (mündl. Mitt. 2008) konnte damit über einen Zeitraum von fast 60 Jahren das mehr oder weniger regelmäßige Auftreten von Individuen des Hirschkäfers (*Lucanus cervus*) in Malsch und im Roter Wald konstatieren.

In der Schillerstraße am nordöstlichen Ortsrand von Kronau hat Werner Kröll (mündl. Mitt. 2008) im Garten des Hauses, welcher nach Osten an einen Bannwaldstreifen grenzt, hinter dem Felder und Wiesen folgen, seit etwa 1995 bis 2008 in jedem Jahr insgesamt etwa 1 - 2 Weibchen des Hirschkäfers (*Lucanus cervus*) pro Jahr am Boden gesehen, und hat auch zwischen etwa 2000 und 2002 dort einmal oder zweimal ein Männchen am Boden entdeckt, wohingegen er sich nicht mehr an eventuelle Beobachtungen von Exemplaren zwischen 1966 und etwa 1994 erinnern kann. Werner Kröll (mündl. Mitt. 2008) konnte damit über einen Zeitraum von fast 15 Jahren das regelmäßige Auftreten von Individuen des Hirschkäfers (*Lucanus cervus*) konstatieren. Werner Kröll (mündl. Mitt. 2008) hat bis 1962 in Stettfeld gewohnt und lebt seit 1962 in Kronau, und hat in den 70 Jahren seines Lebens schon zwischen 1950 und 1960 in etlichen Jahren immer wieder einzelne Männchen des Hirschkäfers (*Lucanus cervus*) im Wald, am Waldrand und in den Feldern um Stettfeld registriert.

21.4 Östringen

Die Nachweise von Individuen des Hirschkäfers (*Lucanus cervus*) in und um Östringen, welche mir von Naturfreunden aufgrund meiner Aufrufe zur Mitteilung von Beobachtungen in regionalen Tageszeitungen (Rhein-Neckar-Zeitung 2008 a, 2008 b, 2008 c, 2008 d; Schwetzinger Zeitung 2008, Bruchsaler Rundschau 2008) gemeldet wurden, stammen aus dem Wald zwischen Östringen, Rettigheim, Mühlhausen und Eichtersheim; und aus dem Wald zwischen Östringen, Rettigheim, Mingolsheim und Langenbrücken. Die Fundorte des Hirschkäfers (*Lucanus cervus*) in und um Östringen (TK 25, Blatt 6718 Wiesloch) liegen am Westhang des Kraichgaues am Osthang des Rheintales in ca. 140 - 220 m Höhe über NN.

Im Wald zwischen Östringen, Rettigheim, Mühlhausen und Eichtersheim; im Wald zwischen Östringen, Rettigheim, Mingolsheim und Langenbrücken; im Wald zwischen Langenbrücken, Forst, Hambrücken, Kirrlach, St. Leon und Kronau; im Wald zwischen Mingolsheim, Bahnhof Rot-Malsch, Rot, Walldorf, Frauenweiler und Wiesloch; im Wald zwischen Wiesloch, Baiertal, Nußloch und Leimen; im Wald zwischen Walldorf, Sandhausen, Oftersheim, Schwetzingen, Ketsch und Hockenheim; und in anderen Waldgebieten zwischen Heidelberg und Bruchsal hat Jürgen Alberti (mündl. Mitt. 2008) von 1967 bis 2008 in jedem Jahr insgesamt bis zu etwa 10 Individuen des Hirschkäfers (*Lucanus cervus*) pro Jahr beobachtet. Jürgen Alberti (mündl. Mitt. 2008) hat von 1967 bis 2008 besonders regelmäßig einzelne Exemplare des Hirschkäfers (*Lucanus cervus*) im Waldgebiet Krummbach nördlich der Sportplätze am nördlichen Ortsausgang von Östringen östlich der Straße K 3251 nach Rettigheim vor allem im Bereich um die Schwefelquelle angetroffen. Jürgen Alberti (mündl. Mitt. 2008) hat bis 1967 unter anderem in Tübingen und Münster (Lechner 2008), bis 1978 in Wiesloch und bis 1991 in Langenbrücken gewohnt und lebt seit 1991 in Mingolsheim, und konnte in den über 70 Jahren seines Lebens das regelmäßige Vorkommen von Individuen des Hirschkäfers (*Lucanus cervus*) in den vorgenannten Waldgebieten zwischen Heidelberg und Bruchsal über einen Zeitraum von über 40 Jahren nachweisen. An der Schnakenhütte am Bahnhof Rot-Malsch westlich Malsch und südöstlich Rot haben einige Schüler zwischen 1986 und 1989, als dort eine Gastwirtschaft mit biergartenähnlichem Außenbetrieb bestand, abends bei Beleuchtung einzelne Exemplare des Hirschkäfers (*Lucanus cervus*) gesehen, welche um die Lampen und um das Gebäude herumgeflogen sind, und haben ein Männchen ihrem Lehrer, Jürgen Alberti (mündl. Mitt. 2008), in die Schule als Beleg mitgebracht.

In Östringen und Rettigheim, wo er häufig seine Ferien verbracht hat, hat Gerhard Werstein (mündl. Mitt. 2008) von etwa 1945 bis 1960, als er in Bretten gewohnt hat, in den meisten Jahren, aber nicht in jedem Jahr einzelne Männchen und Weibchen des Hirschkäfers (*Lucanus cervus*) registriert, und ist in diesem Zeitraum auch in Bretten einzelnen Männchen und Weibchen in der Natur begegnet, wohingegen er sich nicht daran erinnern kann, auch in Mannheim-Seckenheim, wo er von 1960 bis 1970 gewohnt hat, Exemplare des Hirschkäfers (*Lucanus cervus*) in der Natur angetroffen zu haben. In der Hochstatt am südöstlichen Ortsausgang von Untergrombach, wo er seit 1970 wohnt, hat Gerhard Werstein (mündl. Mitt. 2008) im Garten des Hauses seit 1970 in jedem Jahr insgesamt etwa 2 - 3 Männchen und Weibchen des Hirschkäfers (*Lucanus cervus*) pro Jahr am Boden und fliegend beobachtet, und auch sein Nachbar, Helmut Schneider, der auch seit 1970 dort wohnt, hat dort immer wieder Individuen gesehen. Gerhard Werstein (mündl. Mitt. 2008) hat in den über 70 Jahren seines Lebens seit fast 40 Jahren das regelmäßige Auftreten von Männchen und Weibchen des Hirschkäfers (*Lucanus cervus*) im Garten des Hauses in Untergrombach festgestellt. Insgesamt ist Gerhard Werstein (mündl. Mitt. 2008) über einen Zeitraum von über 60 Jahren immer wieder in unterschiedlicher Verteilung in Raum und Zeit Individuen des Hirschkäfers (*Lucanus cervus*) in der Natur begegnet.

In Östringen, wo sie bis 1952 gewohnt hat, hat Johanna Fuchs (mündl. Mitt. 2008) in der Zeit zwischen etwa 1940 und 1945 wiederholt Männchen des Hirschkäfers (*Lucanus cervus*) in der Natur beobachtet. Johanna Fuchs (mündl. Mitt. 2008) hat nach ihrem Umzug nach Tairnbach in 1952 in den über 75 Jahren ihres Lebens in etlichen Jahren, aber nicht in allen Jahren und teilweise in größeren Abständen, einzelne Individuen des Hirschkäfers (*Lucanus cervus*) gesehen. Johanna Fuchs (mündl. Mitt. 2008) hat in Tairnbach ganz besonders in 2007 sowie zwischen etwa 2002 und 2006 mehrfach Männchen des Hirschkäfers (*Lucanus cervus*) im Garten des Hauses in der Lauertstraße nahe dem nördlichen Ortsrand bemerkt.

21.5 Kirrlach

Die Nachweise von Individuen des Hirschkäfers (*Lucanus cervus*) in Waghäusel-Kirrlach, welche mir von Naturfreunden aufgrund meiner Aufrufe zur Mitteilung von Beobachtungen in regionalen Tageszeitungen (Rhein-Neckar-Zeitung 2008 a, 2008 b, 2008 c, 2008 d; Schwetzinger Zeitung 2008, Bruchsaler Rundschau 2008) gemeldet wurden, stammen aus dem Wald um Kirrlach in Richtung Kronau oder Reilingen, und aus der Kaigartenallee am nördlichen Ortsausgang von Kirrlach. Die Fundorte des Hirschkäfers (*Lucanus cervus*) in Kirrlach (TK 25, Blatt 6717 Waghäusel) liegen in der Ebene des Rheintales in ca. 100 - 110 m Höhe über NN.

Im Wald um Waghäusel-Kirrlach in Richtung Kronau oder Reilingen hat Gabi Schwebel (mündl. Mitt. 2008) etwa 1960 ein Männchen des Hirschkäfers (*Lucanus cervus*) gesehen. Gabi Schwebel (mündl. Mitt. 2008) hat bis 1975 in Waghäusel-Kirrlach gewohnt, war dann an anderen Orten und lebt seit 1995 in Schriesheim, wo sie in 2005 oder 2006 im Bereich der Einmündung der Edelsteinstraße in den Weinbergweg am südöstlichen Ortsrand ein Männchen des Hirschkäfers (*Lucanus cervus*) auf dem Rasen im Garten des Hauses entdeckt hat, und in 2005 oder in den Jahren davor auch einmal ein Männchen in den Weinbergen östlich oberhalb des Weinbergweges angetroffen hat. Gabi Schwebel (mündl. Mitt. 2008) hat auch im Schauinslandweg im zentralen Bereich des Branich am Nordostrand von Schriesheim etwa Mitte bis Ende Juni 2008 und ebenfalls in 2007 jeweils zwei Männchen des Hirschkäfers (*Lucanus cervus*) beobachtet, welche abends um das Haus herum, an einem benachbarten Haus und an der Straße mit Laternen vor dem Haus geflogen sind, und hat in 2008 ein Weibchen gesehen, welches an der Wand des Hauses gesessen ist, sowie in 2007 etwa drei Weibchen im Garten am Boden bemerkt. Gabi Schwebel (mündl. Mitt. 2008) kann sich nicht daran erinnern, in den 55 Jahren ihres Lebens von etwa 1960 bis etwa 2005 weiteren Exemplaren des Hirschkäfers (*Lucanus cervus*) in der Natur begegnet zu sein.

Vor dem Verwaltungsgebäude des ehemaligen Munitionsdepots in der Kaigartenallee am nördlichen Ortsausgang von Kirrlach im Waldgebiet Untere Lusshardt des ehemaligen Forstbezirks Philippsburg hat Jörn Sanden (mündl. Mitt. 2008) vor etwa 15 Jahren ein Männchen des Hirschkäfers (*Lucanus cervus*) an einem blutenden Eichenstamm bemerkt. Jörn Sanden (mündl. Mitt. 2008) hat vor etwa 15 Jahren auch zwischen dem Friedhof und dem Waldspielplatz am Zollberg am nordwestlichen Ortsausgang von Horrenberg am höchsten Punkt der Kuppe oberhalb des Reitplatzes abends in der Dämmerung ein Männchen des Hirschkäfers (*Lucanus cervus*) gesehen, welches an seinem Hochsitz vorbeigeflogen ist, und hat dort auch auf seinem Hochsitz etwa 5 - 7 Caput-Thorax-Torsi von Männchen gefunden, welche auf der Sitzfläche verteilt gelegen sind. Jörn Sanden (mündl. Mitt. 2008) hat bis 1955 in Konstanz, bis 1960 in Freiburg, bis 1967 in Staufen im Breisgau und bis 1975 in Villingen-Schwenningen gewohnt und lebt seit 1975 in Wiesloch, und hat in den fast 75 Jahren seines Lebens außer den vorgenannten Funden keine weiteren Exemplare des Hirschkäfers (*Lucanus cervus*) in der Natur angetroffen, obwohl er als Förster sehr viel Zeit im Wald verbracht hat.

21.6 Waghäusel

Die Nachweise von Individuen des Hirschkäfers (*Lucanus cervus*) in Waghäusel, welche mir von Naturfreunden aufgrund meiner Aufrufe zur Mitteilung von Beobachtungen in regionalen Tageszeitungen (Rhein-Neckar-Zeitung 2008 a, 2008 b, 2008 c, 2008 d; Schwetzinger Zeitung 2008, Bruchsaler Rundschau 2008) gemeldet wurden, stammen aus der Kniebisstraße am nordöstlichen Ortsrand von Waghäusel, aus der Belchenstraße am südlichen Ortsrand von Waghäusel, von den Teichen nahe der Zuckerfabrik in Waghäusel, von der Wallfahrtskirche am nordwestlichen Ortsrand von Waghäusel und aus der Carl-Schurz-Allee im Industriegebiet südwestlich des Bahnhofs von Waghäusel. Die Fundorte des Hirschkäfers (*Lucanus cervus*) in Waghäusel (TK 25, Blatt 6717 Waghäusel) liegen in der Ebene des Rheintales in ca. 100 - 110 m Höhe über NN.

In der Kniebisstraße am nordöstlichen Ortsrand von Waghäusel haben Brigitte und Franz de Ponte (mündl. Mitt. 2008) im Garten des Hauses etwa Mitte Mai 2008 ein Männchen des Hirschkäfers (*Lucanus cervus*) am Stamm einer kanadischen Eiche gesehen, welches dort bewegungslos an einer Stelle gesessen ist. Brigitte und Franz de Ponte (mündl. Mitt. 2008) hat bis 1977 in Waghäusel-Wiesental gewohnt und lebt seit 1977 in Waghäusel bzw. wohnt schon immer in Waghäusel, und haben in den über 60 Jahren ihres Lebens schon von etwa 1955 bis etwa 1960 in Wiesental bzw. in Waghäusel immer wieder einzelne Individuen des Hirschkäfers (*Lucanus cervus*) am Haus, im Garten, in den Feldern und im Wald um Wiesental bzw. um Waghäusel beobachtet, wohingegen sie danach erst wieder in 2008 einem

Exemplar in der Natur begegnet sind und zwischen etwa 1960 und 2008 keine weiteren Individuen in der Natur angetroffen haben.

In der Belchenstraße am südlichen Ortsrand von Waghäusel hat Helmut Schreiber (mündl. Mitt. 2008) an der Wand des Hauses etwa Mitte Juli 2008 ein laufendes Männchen des Hirschkäfers (*Lucanus cervus*) gesehen, und hat davor nur zwischen 1948 und 1955 in der Nähe der Wallfahrtskirche am nordwestlichen Ortsrand von Waghäusel, wo im Klostergarten und in der Umgebung ein reicher Baumbestand vorhanden war, insgesamt etwa 3 - 4 Männchen pro Jahr beobachtet. Helmut Schreiber (mündl. Mitt. 2008) wohnt schon immer in Waghäusel und hat in den über 65 Jahren seines Lebens zwischen 1955 und 2008 keine weiteren Individuen des Hirschkäfers (*Lucanus cervus*) in der Natur angetroffen.

An den Teichen nahe der Zuckerfabrik in Waghäusel hat Axel Kieselbach (mündl. Mitt. 2008) etwa 2002 ein lebendes Männchen und ein totes Weibchen des Hirschkäfers (*Lucanus cervus*) gefunden. Axel Kieselbach (mündl. Mitt. 2008) hat darüber hinaus nur noch etwa 2002 im Schilfgürtel an der Donau nahe Budapest ein fliegendes Männchen des Hirschkäfers (*Lucanus cervus*) gesichtet, und hat am Südostrand des Waldgebietes Wallen oberhalb des Motocrossplatzes westlich des Hohberghofes westsüdwestlich Horrenberg am Waldrand am 03.06.2008 abends gegen 19 Uhr ein Männchen und ein Weibchen in der Astgabel einer Eiche bei der Paarung beobachtet. Axel Kieselbach (mündl. Mitt. 2008) hat bis 1987 in Berlin gewohnt und lebt seit 1987 in Heidelberg-Boxberg, und ist in den 55 Jahren seines Lebens ansonsten keinen weiteren Individuen des Hirschkäfers (*Lucanus cervus*) in der Natur begegnet.

In der Carl-Schurz-Allee im Industriegebiet südwestlich des Bahnhofs von Waghäusel hat Dieter Brehm (mündl. Mitt. 2008) in 2008 ein Männchen des Hirschkäfers (*Lucanus cervus*) in einer Holzpalette beobachtet. Dieter Brehm (mündl. Mitt. 2008) hat auch auf dem Sandhäuser Pfad im Wald südlich des Hockenheimrings östlich Hockenheim vor etwa 5 Jahren ein Männchen des Hirschkäfers (*Lucanus cervus*) bemerkt. Dieter Brehm (mündl. Mitt. 2008) hat auch etwa Ende Juni/Anfang Juli 2008 im Finkenweg am westlichen Ortsrand von Reilingen im Garten des Hauses, in dem einige Tage vorher Rindenmulch ausgelegt wurde, abends kurz vor der Dämmerung ein fliegendes Weibchen des Hirschkäfers (*Lucanus cervus*) gesehen, welches zuerst von der Katze entdeckt wurde, die dem fliegenden Weibchen hinterhergelaufen ist. Dieter Brehm (mündl. Mitt. 2008) hat bis 2007 in Hockenheim gewohnt und lebt seit 2007 in Reilingen, und kann sich in den 45 Jahren seines Lebens nicht daran erinnern, außer den vorgenannten Funden weiteren Exemplaren des Hirschkäfers (*Lucanus cervus*) in der Natur begegnet zu sein.

21.7 Wiesental

Die Nachweise von Individuen des Hirschkäfers (*Lucanus cervus*) in Waghäusel-Wiesental, welche mir von Naturfreunden aufgrund meiner Aufrufe zur Mitteilung von Beobachtungen in regionalen Tageszeitungen (Rhein-Neckar-Zeitung 2008 a, 2008 b, 2008 c, 2008 d; Schwetzinger Zeitung 2008, Bruchsaler Rundschau 2008) gemeldet wurden, stammen aus dem Haydnweg am östlichen Ortsrand von Wiesental, aus der Stefanstraße am nordöstlichen Ortsrand von Wiesental, aus der Tullastraße am nördlichen Ortsrand von Wiesental, aus der Robert-Koch-Straße nahe des nordwestlichen Ortsrandes von Wiesental, von der Ecke Bahnhofstraße/Lagerstraße und aus der Bahnhofstraße am südwestlichen Ortsrand von Wiesental, aus der Ringstraße nahe dem südwestlichen Ortsrand von Wiesental, vom Allmendhof in der Triebstraße und aus dem Oberen Hagweg am südlichen Ortsrand von Wiesental, und aus dem Wald um Wiesental. Die Fundorte des Hirschkäfers (*Lucanus cervus*) in Wiesental (TK 25, Blatt 6717 Waghäusel) liegen in der Ebene des Rheintales in ca. 100 - 110 m Höhe über NN.

Im Haydnweg am östlichen Ortsrand von Waghäusel-Wiesental haben Erika und Walter Hotel (mündl. Mitt. 2008) etwa im Juni 2008 ein Weibchen des Hirschkäfers (*Lucanus cervus*) an einem Holzstapel im Garten gesehen, und haben in 2003 ein Männchen im Wohnzimmer des Hauses entdeckt, welches abends durch die geöffnete Terrassentür hereingeflogen ist. Erika und Walter Hotel (mündl. Mitt. 2008) haben auch etwa 1983 an einem löcherigen Eichenstamm im Garten etwa 5 Männchen und Weibchen des Hirschkäfers (*Lucanus cervus*) bemerkt, welche dort an mehreren aufeinanderfolgenden Tagen herausgekommen sind, und haben in 1971 oder 1972 sowie in 1973 oder 1974 je ein Männchen registriert, welches abends durch die geöffnete Terrassentür in das Wohnzimmer hereingeflogen ist bzw. über die Terrasse gelaufen ist. Erika Hotel (mündl. Mitt. 2008) hat bis 1971 in Speyer gewohnt und lebt seit 1971 in Waghäusel-Wiesental, und hat in den über 65 Jahren ihres Lebens außer den vorgenannten Funden keine weiteren Exemplare des Hirschkäfers (*Lucanus cervus*) in der Natur angetroffen. Walter Hotel (mündl. Mitt. 2008) lebt mit Ausnahme eines Aufenthalts in Speyer von 1962 bis 1971 schon immer in Wiesental und hat in den über 70 Jahren seines Lebens schon zwischen 1945 und 1955 insgesamt etwa 10 - 15 Individuen des Hirschkäfers (*Lucanus cervus*) über diesen Zeitraum verteilt beobachtet, worunter einmal zwei kämpfende Männchen waren, und hat auch von 1955 bis 1971 gelegentlich einzelne Exemplare festgestellt, wobei das Auftreten von 1955 bis 1971 seltener war als von 1945 bis 1955.

In der Stefanstraße am nordöstlichen Ortsrand von Wiesental hat Gisela Heiler (mündl. Mitt. 2008) etwa Anfang bis Mitte Juli 2008 an der weißen Wand der Garage am Haus abends ein Männchen des Hirschkäfers (*Lucanus cervus*) gesehen, welches am nächsten Morgen immer noch an der Mauer gesessen ist und erst später weggeflogen ist, wohingegen sie in den vergangenen Jahren keine Exemplare bemerkt hat. Gisela Heiler (mündl. Mitt. 2008) hat auch in 2000 auf einer mit wildem Wein überwachsenen Wand des Hauses im Hof ein Männchen des Hirschkäfers (*Lucanus cervus*) beobachtet, welches auf den Blättern des wilden Weins gesessen ist. Gisela Heiler (mündl. Mitt. 2008) wohnt schon immer in Wiesental und hat in den über 75 Jahren ihres Lebens vorher nur zwischen 1940 und 1950 im Wald südlich Wiesental in Richtung Neudorf in jedem Jahr insgesamt mindestens 10 Männchen und Weibchen des Hirschkäfers (*Lucanus cervus*) registriert, wohingegen sie danach erst wieder anläßlich der vorgenannten Funde in 2000 und 2008 Individuen in der Natur begegnet ist.

In der Tullastraße am nördlichen Ortsrand von Wiesental hat Stefan Lichtblau (mündl. Mitt. 2008) am Abfluß am unteren Ende der Außenkellertreppe des Hauses in 2008 ein totes Weibchen des Hirschkäfers (*Lucanus cervus*) am Boden gefunden, und hat in 2008 auch in der Ringstraße nahe dem südwestlichen Ortsrand von Wiesental beim Motorradfahren ein fliegendes Weibchen getroffen, welches gegen seine Brust geflogen ist und in seinem Hemd hängengeblieben ist. Stefan Lichtblau (mündl. Mitt. 2008) wohnt schon immer in Wiesental und hat in den fast 40 Jahren seines Lebens seit etwa 1980 bis etwa 2002 im Wald um Wiesental in jedem Jahr etwa 1 - 2 Männchen und Weibchen des Hirschkäfers (*Lucanus cervus*) pro Jahr beobachtet, wohingegen er sich nicht daran erinnern kann, auch von 2003 bis 2007 Exemplare in und um Wiesental in der Natur angetroffen zu haben. Stefan Lichtblau (mündl. Mitt. 2008) konnte damit über einen Zeitraum von etwa 20 Jahren das regelmäßige Auftreten von Individuen des Hirschkäfers (*Lucanus cervus*) konstatieren.

In der Robert-Koch-Straße nahe des nordwestlichen Ortsrandes von Wiesental hat Stefan Materna (mündl. Mitt. 2008) im Garten des Hauses in 2006 und 2007 im Komposthaufen etwa 3 - 4 große Larven (Engerlinge) bemerkt, welche die Länge eines Fingers erreichen und entweder dem Nashornkäfer (*Oryctes nasicornis*) oder dem Hirschkäfer (*Lucanus cervus*) zugeordnet werden können, und hat in 2008 dort erstmals auch zwei Imagines des Nashornkäfers (*Oryctes nasicornis*) festgestellt, welche an der Ventralseite von etlichen Milben befallen waren. Zahlreiche Exemplare von Milben auf Individuen des Nashornkäfers (*Oryctes nasicornis*) haben auch Lengerken (1928 b), Auersch (1954), Henschel (1962) und Turek (1965) beobachtet, und einzelne Exemplare von Milben auf Individuen des Nashornkäfers (*Oryctes nasicornis*) haben auch Evans & Till (1966), Hyatt (1990) und Haitlinger (1991) registriert. Im Komposthaufen im Garten hat Stefan Materna (mündl. Mitt. 2008) in 2008 auch mehrere große Kokons mit Puppen entdeckt, welche die Größe eines kleinen Hühnereis erreichen, und hat 6 große Larven (Engerlinge) angetroffen, welche beide entweder dem Nashornkäfer (*Oryctes nasicornis*) oder dem Hirschkäfer (*Lucanus cervus*) zugeordnet werden können. Stefan Materna (mündl. Mitt. 2008) hat auch zwischen 1989 und 1991 in einem Hohlweg von Untergrombach zum Michaelsberg östlich Untergrombach einmal etwa 3 - 4 Männchen und Weibchen des Hirschkäfers (*Lucanus cervus*) an der Lößlehmwand des Hohlweges gesehen. Stefan Materna (mündl. Mitt. 2008) hat auch am 24.05.2008 im Wald am Südrand der Büchenauer Hardt nordwestlich des Neubaugebietes Im Sand am nordwestlichen Ortsrand von Untergrombach im Bereich der ehemaligen Mülldeponie um die Flur Metzgerallmend auf einer Strecke von etwa 10 m auf dem Weg etwa 20 - 30 Caput-Thorax-Torsi von Männchen des Hirschkäfers (*Lucanus cervus*) beobachtet, von denen einige noch gelebt haben. Stefan Materna (mündl. Mitt. 2008) hat bis 1991 in Untergrombach gewohnt und lebt seit 1991 in Waghäusel-Wiesental, und hat in den über 40 Jahren seines Lebens außer den vorgenannten Funden keine weiteren Exemplare des Hirschkäfers (*Lucanus cervus*) in der Natur angetroffen.

An der Ecke Bahnhofstraße/Lagerstraße am südwestlichen Ortsrand von Waghäusel-Wiesental, wo er schon immer wohnt, hat Erich Schweikert (mündl. Mitt. 2008) von etwa 1995 bis 2007 in fast jedem Jahr einzelne Exemplare des Hirschkäfers (*Lucanus cervus*), welche meist Männchen und gelegentlich auch Weibchen waren, am Haus, im Garten und in den Feldern meist am Boden und manchmal auch an der Wand gesehen, wohingegen er sich in den fast 50 Jahren seines Lebens nicht daran erinnern kann, wann und wo er eventuell schon früher Individuen in der Natur begegnet ist. In 2008 sind Erich Schweikert (mündl. Mitt. 2008) dort keine Exemplare des Hirschkäfers (*Lucanus cervus*) aufgefallen.

In der Bahnhofstraße am südwestlichen Ortsrand von Waghäusel-Wiesental wurden in 2007 und 2008 insgesamt etwa 4 tote Männchen des Hirschkäfers (*Lucanus cervus*) gefunden und Helmut Vetter (mündl. Mitt. 2008) im Umweltamt der Gemeinde Waghäusel vorgelegt. Helmut Vetter (mündl. Mitt. 2008) wohnt seit 1983 in Wiesental und war vorher unter anderem in Sinsheim, Karlsruhe und Weil am Rhein, und ist in den über 55 Jahren seines Lebens selbst noch keinen Exemplaren des Hirschkäfers (*Lucanus cervus*) in der Natur begegnet.

Am Allmendhof in der Triebstraße am südlichen Ortsrand von Wiesental hat Franziska Stau (mündl. Mitt. 2008) etwa Ende Mai/Anfang Juni 2008 auf einem Strohrundballen in der Gasse eines Pferdestalls ein laufendes Männchen des Hirschkäfers (*Lucanus cervus*) gesehen, und hat auch etwa Ende Mai/Anfang Juni 2008 im Oberen Hagweg am südlichen Ortsrand von Wiesental in einem Tonübertopf in einem offenen Unterstand in einer Pferdekoppel ein Männchen entdeckt. Franziska Stau (mündl. Mitt. 2008) hat bis 1995 in Eggenstein-Leopoldshafen gewohnt und hat in den 30 Jahren ihres Lebens schon von etwa 1985 bis 1995 in jedem Jahr insgesamt etwa 1 - 2 Männchen des Hirschkäfers (*Lucanus cervus*) pro Jahr im Hardtwald östlich Eggenstein-Leopoldshafen am Boden beobachtet, wohingegen ihr in Stutensee-Friedrichstal, wo sie bis 1998 gewohnt hat, keine Exemplare aufgefallen sind. Franziska Stau (mündl. Mitt. 2008) hat dann bis 2005 im Ortsteil Graben von Graben-Neudorf gewohnt und lebt seit 2005 in Wiesental, und hat auch zwischen 1998 und 2005 möglicherweise im Wald um Graben in Richtung Dettenheim-Liedolsheim gelegentlich einzelne Individuen des Hirschkäfers (*Lucanus cervus*) am Boden bemerkt. Franziska Stau (mündl. Mitt. 2008) hat auch von 1994 bis 2001 im Wald um Neudorf in Richtung Karlsdorf-Neuthard und Hambrücken in jedem Jahr insgesamt etwa 1 - 2 Männchen des Hirschkäfers (*Lucanus cervus*) pro Jahr am Boden registriert, und hat auch von 2005 bis 2007 im Wald und in den Feldern um Wiesental in jedem Jahr insgesamt etwa 1 - 2 Männchen pro Jahr festgestellt. Franziska Stau (mündl. Mitt. 2008) konnte damit über einen Zeitraum von fast 25 Jahren das mehr oder weniger regelmäßige Auftreten von Individuen des Hirschkäfers (*Lucanus cervus*) an verschiedenen Lokalitäten in und um Eggenstein-Leopoldshafen, Graben-Neudorf und Wiesental konstatieren.

21.8 Philippsburg-Huttenheim

Die Nachweise von Individuen des Hirschkäfers (*Lucanus cervus*) in und um Philippsburg-Huttenheim, welche mir von Naturfreunden aufgrund meiner Aufrufe zur Mitteilung von Beobachtungen in regionalen Tageszeitungen (Rhein-Neckar-Zeitung 2008 a, 2008 b, 2008 c, 2008 d; Schwetzinger Zeitung 2008, Bruchsaler Rundschau 2008) gemeldet wurden, stammen aus der Bahnhofstraße und der Neuen Straße am südöstlichen Ortsrand von Huttenheim, aus der Waldstraße am östlichen Ortsrand von Huttenheim, aus der Philippsburger Straße im Zentrum von Huttenheim, von einem Acker südwestlich der Straße von Philippsburg-Huttenheim nach Philippsburg-Rheinsheim, aus der Schönbornstraße am nördlichen Ortsrand von Huttenheim und aus dem Waldgebiet Molzau nordöstlich Huttenheim. Die Fundorte des Hirschkäfers (*Lucanus cervus*) in und um Philippsburg-Huttenheim (TK 25, Blatt 6716 Germersheim und Blatt 6816 Graben-Neudorf) liegen in der Ebene des Rheintales in ca. 100 - 110 m Höhe über NN.

In der Bahnhofstraße und in der Neuen Straße am südöstlichen Ortsrand von Philippsburg-Huttenheim hat Werner Dietrich (mündl. Mitt. 2008) von etwa 1945 bis etwa 1970 in jedem Jahr insgesamt etwa 3 - 5 Exemplare des Hirschkäfers (*Lucanus cervus*), welche meist Männchen waren, pro Jahr am Haus, im Garten und im Wald überwiegend am Boden und an Bäumen sowie gelegentlich auch fliegend gesehen, wohingegen er von etwa 1971 bis 2008 in der Waldstraße am östlichen Ortsrand von Philippsburg-Huttenheim nur noch in fast jedem Jahr insgesamt etwa 1 - 2 Individuen, unter denen mehr Weibchen als Männchen waren, pro Jahr bemerkt hat. Werner Dietrich (mündl. Mitt. 2008) konnte damit über einen Zeitraum von über 60 Jahren das mehr oder weniger regelmäßige Erscheinen von Individuen des Hirschkäfers (*Lucanus cervus*) konstatieren. In den letzten Jahren hat Werner Dietrich (mündl. Mitt. 2008) besonders das Auftreten von einem Weibchen des Hirschkäfers (*Lucanus cervus*) im Garten in 2008; vier Weibchen am Haus, im Hof und unter einer Birke im Garten in 2007; und zwei Männchen im Garten in 2004 registriert. Werner Dietrich (mündl. Mitt. 2008) wohnt schon immer in Philippsburg-Huttenheim und hat in den über 70 Jahren seines Lebens auch in 2008 ein Männchen des Hirschkäfers (*Lucanus cervus*) auf der Insel Elisabethenwörth nordwestlich Dettenheim-Rußheim an einem Baum entdeckt, wohingegen ihm dort in früheren Jahren keine Exemplare aufgefallen sind.

In einem Acker südwestlich der Straße von Philippsburg-Huttenheim nach Philippsburg-Rheinsheim etwa 300 m nordwestlich Philippsburg-Huttenheim haben Heinrich und Cecilia Bierlein (mündl. Mitt. 2008) seit etwa 15 Jahren in jedem Jahr insgesamt etwa 3 - 5 Männchen und Weibchen des Hirschkäfers (*Lucanus cervus*) pro Jahr am Boden gesehen, und haben vor etwa 15 Jahren auch einmal ein Männchen und ein Weibchen am Ahornbaum im Garten des Hauses in der Philippsburger Straße im Zentrum von Philippsburg-Huttenheim entdeckt. Heinrich und Cecilia Bierlein (mündl. Mitt. 2008) wohnen schon immer bzw. seit 1946 in Philippsburg-Huttenheim und erinnern sich, in den über 70 Jahren seines Lebens bzw. in den über 65 Jahren ihres Lebens seit etwa 1950 in etlichen Jahren, aber nicht in jedem Jahr, immer wieder einzelne Individuen des Hirschkäfers (*Lucanus cervus*) in und um Philippsburg-Huttenheim beobachtet zu haben, und konnten damit über einen Zeitraum von etwa 60 Jahren das mehr oder weniger regelmäßige Auftreten von Exemplaren konstatieren. Ein Nachbar von Heinrich und Cecilia Bierlein (mündl. Mitt. 2008) hat in 2008 in Leopoldshafen ein totes Männchen des Hirschkäfers (*Lucanus cervus*) gefunden.

In der Schönbornstraße am nördlichen Ortsrand von Philippsburg-Huttenheim südlich Philippsburg hat Sabine Weick (mündl. Mitt. 2008) etwa zwischen 1990 und 1995 wiederholt einzelne Individuen des Hirschkäfers (*Lucanus cervus*) im Garten des Hauses neben dem Friedhof in der Nähe des Waldrandes und des alten Truppenübungsplatzes sowie auf Waldwegen gesehen, und hat dort auch am 24.07.2008 auf einem Waldweg zwischen Truppenübungsplatz und Straße ein laufendes Weibchen beobachtet. Sabine Weick (mündl. Mitt. 2008) hat bis 2005 in Philippsburg-Huttenheim gewohnt und lebt seit 2005 in Rot, und kann sich in den fast 25 Jahren ihres Lebens nicht daran erinnern, zwischen etwa 1995 und 2008 weiteren Exemplaren des Hirschkäfers (*Lucanus cervus*) in der Natur begegnet zu sein.

Im Waldgebiet Molzau nordöstlich Philippsburg-Huttenheim hat Dieter Weick (mündl. Mitt. 2008) von etwa 1969 bis 1975 in jedem Jahr insgesamt etwa 5 - 10 Exemplare des Hirschkäfers (*Lucanus cervus*), welche meist Männchen waren, pro Jahr überwiegend am Boden gesehen, wohingegen er nach 1975 dort nicht mehr bewußt beobachtet hat. Dieter Weick (mündl. Mitt. 2008) hat auch etwa 1999 und 2000 im Hochholz südlich Walldorf mehrmals einzelne Caput-Thorax-Torsi von Männchen des Hirschkäfers (*Lucanus cervus*) im Wald am Boden entdeckt, und hat auch etwa Ende Mai/Anfang Juni 2008 am Bahnhof Rot-Malsch westlich Malsch und südöstlich Rot auf einem Weg in Richtung Industriegebiet einen Caput-Thorax-Torso eines Männchens im Wald am Boden bemerkt. Dieter Weick (mündl. Mitt. 2008) hat bis 1990 in Philippsburg-Huttenheim gewohnt und lebt seit 1990 in Weiher, und hat in den über 45 Jahren seines Lebens noch weitere Exemplare des Hirschkäfers (*Lucanus cervus*) in der Natur angetroffen, kann sich jedoch nicht mehr daran erinnern, wann und wo dies gewesen ist, sondern kann lediglich vermuten, daß dies wahrscheinlich unter anderem anläßlich verschiedener Exkursionen während seines Studiums in Karlsruhe von 1984 bis 1991 gewesen ist.

Im Waldgebiet Molzau nordöstlich Philippsburg-Huttenheim hat Andreas Weiß (mündl. Mitt. 2008) in dem Bereich nördlich und nordöstlich der Sportplätze am Nordrand der Siedlung Molzau von 1996 bis 2008 in jedem Jahr im Mai und im Juni insgesamt etwa 20 - 30 und in einzelnen Jahren sogar bis etwa 50 Männchen und Weibchen des Hirschkäfers (*Lucanus cervus*) pro Jahr im Wald und am Waldrand am Boden und an Bäumen gesehen. Andreas Weiß (mündl. Mitt. 2008) hat dort auch in 2008 etwa 20 Caput-Thorax-Torsi von Männchen des Hirschkäfers (*Lucanus cervus*) auf einem Weg im Wald verstreut beobachtet, wohingegen ihm in früheren Jahren nur einzelne Caput-Thorax-Torsi von Männchen aufgefallen sind. Andreas Weiß (mündl. Mitt. 2008) hat auch von etwa 1975 bis 1996 im Wald östlich der Kanalstraße am Ostrand des Ortsteils Neudorf von Graben-Neudorf in den meisten Jahren insgesamt etwa 2 - 5 Exemplare des Hirschkäfers (*Lucanus cervus*) pro Jahr am Boden und an Bäumen registriert. Andreas Weiß (mündl. Mitt. 2008) konnte damit über einen Zeitraum von über 30 Jahren das mehr oder weniger regelmäßige Auftreten von Individuen des Hirschkäfers (*Lucanus cervus*) von etwa 1975 bis 1996 in Neudorf und von 1996 bis 2008 in Huttenheim konstatieren. Andreas Weiß (mündl. Mitt. 2008) hat bis 1996 im Ortsteil Neudorf von Graben-Neudorf gewohnt und lebt seit 1996 in Philippsburg-Huttenheim, und hat in den fast 45 Jahren seines Lebens außer den vorgenannten Funden keine weiteren Individuen des Hirschkäfers (*Lucanus cervus*) in der Natur angetroffen.

21.9 Altlußheim

Die Nachweise von Individuen des Hirschkäfers (*Lucanus cervus*) in Altlußheim, welche mir von Naturfreunden aufgrund meiner Aufrufe zur Mitteilung von Beobachtungen in regionalen Tageszeitungen (Rhein-Neckar-Zeitung 2008 a, 2008 b, 2008 c, 2008 d; Schwetzinger Zeitung 2008, Bruchsaler Rundschau 2008) gemeldet wurden, stammen aus dem Hans-Christian-Andersen-Weg und der Reilinger Straße am östlichen Ortsrand von Altlußheim, und aus der Johann-Sebastian-Bach-Straße am nördlichen Ortsrand von Altlußheim. Die Fundorte des Hirschkäfers (*Lucanus cervus*) in Altlußheim (TK 25, Blatt 6616 Speyer, Blatt 6617 Schwetzingen, Blatt 6716 Germersheim und Blatt 6717 Waghäusel) liegen in der Ebene des Rheintales in ca. 100 - 110 m Höhe über NN.

Im Hans-Christian-Andersen-Weg nahe dem östlichen Ortsrand von Altlußheim haben Alexandra und Matthias Hils (mündl. Mitt. 2008) im Garten des Hauses etwa Anfang bis Mitte Jnui 2008 ein Männchen des Hirschkäfers (*Lucanus cervus*) an zwei aufeinanderfolgenden Tagen am Boden und auf einem Stapel Palisadenholz gesehen. Matthias Hils (mündl. Mitt. 2008) wohnt schon immer in Altlußheim und hat in den über 40 Jahren seines Lebens außer dem vorgenannten Fund keine weiteren Exemplare des Hirschkäfers (*Lucanus cervus*) in der Natur angetroffen. Alexandra Hils (mündl. Mitt. 2008) hat bis 1996 in Reilingen gewohnt und lebt seit 1996 ebenfalls in Altlußheim, und kann sich in den über 35 Jahren ihres Lebens nur daran erinnern, daß sie zwischen etwa 1980 und 2008 im Waldgebiet Untere Lusshardt südlich Reilingen und südöstlich Neulußheim insgesamt etwa zwei- bis dreimal je ein Männchen des Hirschkäfers (*Lucanus cervus*) am Boden beobachtet hat, weiß aber nicht mehr genau, wann und wo dies gewesen ist.

In der Reilinger Straße am östlichen Ortsrand von Altlußheim hat Antje Verhoeven (mündl. Mitt. 2008) im Garten des Hauses am 22.06.2008 abends in der Dämmerung ein Männchen des Hirschkäfers (*Lucanus cervus*) am Boden gesehen, welches das einzige Exemplar ist, das sie in den über 40 Jahren ihres Lebens, in denen sie fast immer in Altlußheim gewohnt hat, bisher in der Natur angetroffen hat.

In der Johann-Sebastian-Bach-Straße am nördlichen Ortsrand von Altlußheim haben Ilonka und Edmund Leonberger (mündl. Mitt. 2008) im Garten des Hauses vor etwa 10 Jahren zwei Männchen und ein Weibchen des Hirschkäfers (*Lucanus cervus*) am Boden gesehen. Ilonka Leonberger (mündl. Mitt. 2008) hat bis 1976 in Wernau südöstlich Esslingen am Neckar und bis 1986 in Mannheim-Schwetzingerstadt gewohnt und lebt seit 1986 in Altlußheim, und kann sich in den fast 55 Jahren ihres Lebens nur daran erinnern, daß sie möglicherweise von etwa 1960 bis 1970 in und um Wernau gelegentlich einzelne Exemplare des Hirschkäfers (*Lucanus cervus*) in der Natur beobachtet hat, wohingegen sie ansonsten keinen Individuen in der Natur begegnet ist. Edmund Leonberger (mündl. Mitt. 2008) hat bis 1974 in Deizisau südöstlich Esslingen am Neckar und bis 1986 ebenfalls in Mannheim-Schwetzingerstadt gewohnt und lebt seit 1986 ebenfalls in Altlußheim, und hat in den über 55 Jahren seines Lebens schon von etwa 1960 bis 1965 in Deizisau insgesamt etwa drei- oder viermal einzelne Männchen des Hirschkäfers (*Lucanus cervus*) im Garten des Hauses entdeckt, wohingegen er ansonsten keine Exemplare in der Natur angetroffen hat.

21.10 Neulußheim

Die Nachweise von Individuen des Hirschkäfers (*Lucanus cervus*) in Neulußheim, welche mir von Naturfreunden aufgrund meiner Aufrufe zur Mitteilung von Beobachtungen in regionalen Tageszeitungen (Rhein-Neckar-Zeitung 2008 a, 2008 b, 2008 c, 2008 d; Schwetzinger Zeitung 2008, Bruchsaler Rundschau 2008) gemeldet wurden, stammen aus der Lindenstraße am nördlichen Ortsrand von Neulußheim und aus dem Hubwald südöstlich Neulußheim. Die Fundorte des Hirschkäfers (*Lucanus cervus*) in Neulußheim (TK 25, Blatt 6717 Waghäusel) liegen in der Ebene des Rheintales in ca. 100 - 110 m Höhe über NN.

In der Lindenstraße am nördlichen Ortsrand von Neulußheim haben Heike und Klaus Maier (mündl. Mitt. 2008) an der Wand des Hauses am 10.06.2008 ein Männchen des Hirschkäfers (*Lucanus cervus*) gesehen. Klaus Maier (mündl. Mitt. 2008) wohnt schon immer in Neulußheim und hat in den über 50 Jahren seines Lebens bereits etwa 1965 ein Männchen und ein Weibchen des Hirschkäfers (*Lucanus cervus*) im Hof des Hauses auf der gepflasterten Freifläche beobachtet, und hat damals auch einmal im Wald um Neulußheim ein Exemplar entdeckt, wohingegen er ansonsten keinen Individuen in der Natur begegnet ist. Heike Maier (Klaus Maier, schriftl. Mitt. 2008) hat möglicherweise am 22.09.2008 im Hubwald südöstlich Neulußheim in der Nähe der "Steinernen Brücke" ein Weibchen des Hirschkäfers (*Lucanus cervus*) am Boden bemerkt. Heike Maier (mündl. Mitt. 2008) hat bis 1985 in Altlußheim gewohnt und lebt seit 1985 ebenfalls in Neulußheim, und hat in den über 45 Jahren ihres Lebens außer den vorgenannten Funden keine weiteren Exemplare des Hirschkäfers (*Lucanus cervus*) in der Natur angetroffen.

Im Hubwald südöstlich Neulußheim und südwestlich Reilingen hat Dieter Rösch (mündl. Mitt. 2008) von 1995 bis 2000 insgesamt etwa 3 - 4 Männchen des Hirschkäfers (*Lucanus cervus*) am Boden angetroffen, wobei zwei Männchen miteinander gekämpft haben, und hat dort auch schon von 1962 bis 1970 einzelne Männchen am Boden entdeckt. Dieter Rösch (mündl. Mitt. 2008) hat auch im Institutsweg im zentralen Bereich des Branich am Nordostrand von Schriesheim im Park um das Heinrich Sigmund Gymnasium von 1984 bis 2008 in den meisten Jahren, aber nicht in jedem Jahr, immer wieder Männchen und Weibchen des Hirschkäfers (*Lucanus cervus*) am Boden, auf der Mauer und an Bäumen gesehen. Dieter Rösch (mündl. Mitt. 2008) konnte damit über einen Zeitraum von fast 25 Jahren das regelmäßige Auftreten von Individuen des Hirschkäfers (*Lucanus cervus*) registrieren. Dieter Rösch (mündl. Mitt. 2008) hat dort in guten Jahren etwa 5 - 10 Exemplare des Hirschkäfers (*Lucanus cervus*) pro Jahr beobachtet, wohingegen er in schlechten Jahren nur etwa 1 - 2 Individuen pro Jahr bemerkt hat, wobei gute und schlechte Jahre in unregelmäßiger Weise gewechselt haben und tendenziell lediglich erkennbar ist, daß die durchschnittliche Anzahl der Tiere in den 1980er und 1990er Jahren größer war als in den 2000er Jahren. Dieter Rösch (mündl. Mitt. 2008) hat bis 1979 in Neulußheim gewohnt und lebt seit 1979 in Reilingen, und kann sich in den fast 55 Jahren seines Lebens nicht daran erinnern, außer den vorgenannten Funden weiteren Exemplaren des Hirschkäfers (*Lucanus cervus*) in der Natur begegnet zu sein.

22 Fundmeldungen von Naturfreunden in Sinsheim und Umgebung

Die Funde von Exemplaren des Hirschkäfers (*Lucanus cervus*) in Sinsheim und Umgebung, welche mir von Naturfreunden aufgrund meiner Aufrufe zur Mitteilung von Beobachtungen in regionalen Tageszeitungen (Rhein-Neckar-Zeitung 2008 a, 2008 b, 2008 c, 2008 d; Schwetzinger Zeitung 2008, Bruchsaler Rundschau 2008) berichtet wurden, umfassen Sinsheim sowie die Orte Steinsfurt, Reihen, Dühren, Immelhäuser Hof, Weiler, Hilsbach, Waldangelloch, Michelfeld, Eichtersheim, Eschelbach, Kirchardt, Waibstadt, Daisbach, Neidenstein, Eschelbronn, Hoffenheim, Zuzenhausen, Mönchzell, Grombach, Neckarbischofsheim und Daudenzell.

22.1 Sinsheim

Die Nachweise von Individuen des Hirschkäfers (*Lucanus cervus*) in Sinsheim, welche mir von Naturfreunden aufgrund meiner Aufrufe zur Mitteilung von Beobachtungen in regionalen Tageszeitungen (Rhein-Neckar-Zeitung 2008 a, 2008 b, 2008 c, 2008 d; Schwetzinger Zeitung 2008, Bruchsaler Rundschau 2008) gemeldet wurden, stammen aus der Dr. Bell-Straße und der Dr. Michael-Fischer-Straße im südwestlichen Ortsbereich von Sinsheim, aus der Neulandstraße am südöstlichen Ortsrand von Sinsheim, aus dem Gewann Saugrund nordwestlich der Straße B 292 nordöstlich Sinsheim, und aus dem Wald um Sinsheim. Die Fundorte des Hirschkäfers (*Lucanus cervus*) in Sinsheim (TK 25, Blatt 6719 Sinsheim) liegen im Elsenztal, einem Seitental des Neckartales, im Westteil des Kraichgaues in ca. 150 - 200 m Höhe über NN.

In der Dr. Bell-Straße im südwestlichen Ortsbereich von Sinsheim haben Angela und Roland Dederer (mündl. Mitt. 2008) auf dem Dach des Carports am Haus in 2004 ein totes Männchen des Hirschkäfers (*Lucanus cervus*) entdeckt, und haben auch vor etwa 20 - 25 Jahren ein Männchen im Garten des Hauses am Boden beobachtet, welches anschließend weggelaufen ist. Angela Dederer (mündl. Mitt. 2008) hat bis 1965 im Ortsteil Schwenningen von Villingen-Schwenningen gewohnt und lebt seit 1965 in Sinsheim, und hat in den über 60 Jahren ihres Lebens außer den vorgenannten beiden Männchen keine weiteren Exemplare des Hirschkäfers (*Lucanus cervus*) in der Natur angetroffen. Roland Dederer (mündl. Mitt. 2008) wohnt schon immer in Sinsheim und hat in den fast 65 Jahren seines Lebens auch vor etwa 15 Jahren an der Mülldeponie im Gewann Saugrund nordwestlich der Straße B 292 nordöstlich Sinsheim in Richtung Waibstadt ein Männchen des Hirschkäfers (*Lucanus cervus*) an einem Stapel Altholz bemerkt, und hat möglicherweise auch schon zwischen etwa 1955 und 1965 im Wald um Sinsheim gelegentlich einzelne Individuen am Boden gefunden, kann sich aber nicht mehr daran erinnern, wann und wo dies gewesen ist.

In der Dr. Michael-Fischer-Straße im südwestlichen Ortsbereich von Sinsheim hat Manfred Schmitt (mündl. Mitt. 2008) am Haus und im Garten sowie im Waldgebiet Förstel südwestlich Sinsheim in Richtung Dühren von etwa 1965 bis etwa 1996 in jedem Jahr insgesamt etwa 15 - 20 Männchen und Weibchen des Hirschkäfers (*Lucanus cervus*) pro Jahr am Boden, an Bäumen und fliegend gesehen, wohingegen er von etwa 1996 bis 2003 in jedem Jahr nur noch insgesamt etwa 3 - 4 Exemplare, welche überwiegend Männchen und untergeordnet Weibchen waren, pro Jahr und von 2004 bis 2008 in jedem Jahr sogar nur noch etwa 1 - 2 Individuen pro Jahr festgestellt hat, wobei lediglich in 2006 mit etwa 4 - 5 Männchen noch einmal etwas mehr Exemplare erschienen sind. Manfred Schmitt (mündl. Mitt. 2008) konnte damit über einen Zeitraum von über 40 Jahren das regelmäßige Auftreten von Individuen des Hirschkäfers (*Lucanus cervus*) in Sinsheim konstatieren, und vermutet einen Zusammenhang des vorgenannten rapiden Rückgangs der Anzahl der Individuen des Hirschkäfers (*Lucanus cervus*) pro Jahr mit der radikalen Fällung der großen alten Eichen in Sinsheim um 1996. Manfred Schmitt (mündl. Mitt. 2008) hat auch von 1950 bis 1965 im Waldgebiet Orles südlich Daisbach in Richtung Sinsheim in jedem Jahr insgesamt etwa 3 - 5 Männchen und Weibchen des Hirschkäfers (*Lucanus cervus*) pro Jahr am Boden, an Bäumen und fliegend beobachtet, und hat auch von 1946 bis 1950 in der Augartenstraße am östlichen Ortsausgang von Bruchsal in jedem Jahr insgesamt etwa 3 - 5 Männchen und Weibchen pro Jahr am Boden, an Bäumen und fliegend in Streuobstwiesen und Steinbrüchen am angrenzenden Feldrand registriert. Manfred Schmitt (mündl. Mitt. 2008) hat auch etwa 1970 bei Naturns im Etschtal westlich Meran in Südtirol einmal abends ein am Licht fliegendes Männchen und einmal morgens ein im Garten sitzendes Männchen des Hirschkäfers (*Lucanus cervus*) bemerkt, wohingegen ihm dort in den anderen Jahren von 1968 bis 1976 keine Individuen aufgefallen sind. Manfred Schmitt (mündl. Mitt. 2008) hat bis 1946 in Pforzheim und bis 1950 in Bruchsal gewohnt und lebt seit 1950 in Sinsheim, und erinnert sich in den fast 70 Jahren seines Lebens daran, daß ihm sein Vater etwa 1946 in Pforzheim erzählt hat, daß er im Hohwald am Hohberg nördlich Pforzheim Exemplare des Hirschkäfers (*Lucanus cervus*) angetroffen hat.

Auf dem Gelände des Technikmuseums in der Neulandstraße am südöstlichen Ortsrand von Sinsheim hat Udo Zweigart (mündl. Mitt. 2008) am 19.05.2008 tagsüber ein Männchen des Hirschkäfers (*Lucanus cervus*) unter einem Baumstumpf entdeckt, und hat auch etwa Mitte Mai 2008 in der Weinbergstraße am Südwesthang des Steinsberges am nordöstlichen Ortsrand von Sinsheim-Weiler ein Männchen gesehen, welches abends in der Dämmerung am Balkon des Hauses vorbeigeflogen ist. Udo Zweigart (mündl. Mitt. 2008) hat bis 1997 in Kirchardt gewohnt und lebt seit 1997 in Sinsheim-Weiler, und hat in den fast 40 Jahren seines Lebens schon von etwa 1980 bis 1985 in jedem Jahr insgesamt etwa 2 - 3 Männchen des Hirschkäfers (*Lucanus cervus*) pro Jahr im Wald um Kirchardt am Boden beobachtet, wohingegen er dort von 1985 bis 1997 nur noch in manchen Jahren, aber nicht in jedem Jahr, gelegentlich ein Männchen pro Jahr angetroffen hat. Udo Zweigart (mündl. Mitt. 2008) konnte damit über einen Zeitraum von über 15 Jahren das zwar unregelmäßige, aber stets wiederkehrende Auftreten von Individuen des Hirschkäfers (*Lucanus cervus*) um Kirchardt konstatieren. Udo Zweigart (mündl. Mitt. 2008) ist außer den vorgenannten Funden keinen weiteren Exemplaren des Hirschkäfers (*Lucanus cervus*) in der Natur begegnet.

Im Wald um Sinsheim hat Liselore Grimm (mündl. Mitt. 2008) in 2005 oder 2006 ein Männchen des Hirschkäfers (*Lucanus cervus*) am Boden beobachtet, und hat auch in 2003 oder 2004 auf einer Wanderung im Odenwald ein Männchen am Boden entdeckt, weiß aber nichts Näheres zu diesen Funden mehr. Liselore Grimm (mündl. Mitt. 2008) hat auch Anfang Juli 2008 auf dem Radweg im Elsenztal nordwestlich Hoffenheim in der Nähe der Bahnunterführung an dem Aussiedlerhof ein laufendes Männchen des Hirschkäfers (*Lucanus cervus*) am Boden gesehen. Liselore Grimm (mündl. Mitt. 2008) hat bis 1978 in Mannheim-Seckenheim gewohnt und lebt seit 1978 in Sinsheim, und ist in den über 55 Jahren ihres Lebens außer den vorgenannten Funden keinen weiteren Individuen des Hirschkäfers (*Lucanus cervus*) in der Natur begegnet. Liselore Grimm (mündl. Mitt. 2008) hat auch einmal etwa 2003 ein Exemplar des Nashornkäfers (*Oryctes nasicornis*) an aufgeschichtetem Holz vor dem Haus in der Friedrich-Metz-Straße in Sinsheim bemerkt.

22.2 Steinsfurt

Die Nachweise von Individuen des Hirschkäfers (*Lucanus cervus*) in Sinsheim-Steinsfurt, welche mir von Naturfreunden aufgrund meiner Aufrufe zur Mitteilung von Beobachtungen in regionalen Tageszeitungen (Rhein-Neckar-Zeitung 2008 a, 2008 b, 2008 c, 2008 d; Schwetzinger Zeitung 2008, Bruchsaler Rundschau 2008) gemeldet wurden, stammen aus der Steinsfurter Straße am nördlichen Ortsausgang von Steinsfurt, aus dem Langlochweg im Gewann Rohrbach ostnordöstlich Sinsheim-Steinsfurt, von den Sportplätzen am südlichen Ortsausgang von Sinsheim-Steinsfurt, aus dem Schindwald und dem Dickwald um Steinsfurt, vom Heuberg im Steinsfurter Wald östlich Steinsfurt, und aus der Umgebung der Galluseckhütte im Waldgebiet Rautal ostnordöstlich Steinsfurt. Die Fundorte des Hirschkäfers (*Lucanus cervus*) in Sinsheim-Steinsfurt (TK 25, Blatt 6719 Sinsheim) liegen im Elsenztal, einem Seitental des Neckartales, im Westteil des Kraichgaues in ca. 150 - 200 m Höhe über NN.

In der Steinsfurter Straße am nördlichen Ortsausgang von Sinsheim-Steinsfurt Richtung Sinsheim hat Manfred Hummel (mündl. Mitt. 2008) an der Wand des Edeka-Marktes in etwa 1,50 m Höhe über dem Boden etwa Mitte Mai 2008 ein Männchen des Hirschkäfers (*Lucanus cervus*) gesehen, und hat davor nur einmal vor etwa 10 Jahren an der Wand des Rathauses im Zentrum des Ortes in der Steinsfurter Straße und einmal vor etwa 20 Jahren am Heuberg im Steinsfurter Wald östlich Steinsfurt an einem Stamm je ein Männchen entdeckt. Außer diesen drei Exemplaren hat Manfred Hummel (mündl. Mitt. 2008), welcher schon immer in Steinsfurt wohnt und sehr oft im Wald gewesen ist, in den 70 Jahren seines Lebens keine weiteren Individuen des Hirschkäfers (*Lucanus cervus*) in der Natur beobachtet.

Im Langlochweg im Gewann Rohrbach ostnordöstlich Sinsheim-Steinsfurt in Richtung Adersbach hat Klaus Hummel (mündl. Mitt. 2008) im Wald etwa Anfang Mai 2008 ein Männchen des Hirschkäfers (*Lucanus cervus*) neben einem asphaltierten Weg am Boden gefunden. Klaus Hummel (mündl. Mitt. 2008) hat auch in 2000 oder 2001 ein Männchen des Hirschkäfers (*Lucanus cervus*) im Wald zwischen Steinsfurt, Rohrbach und Adersbach am Boden beobachtet, und hat auch zwischen 1980 und 1985 ein Männchen im Dickwald in der Umgebung von Steinsfurt entdeckt. Klaus Hummel (mündl. Mitt. 2008) wohnt schon immer in Steinsfurt und hat in den fast 40 Jahren seines Lebens außer diesen drei Individuen keine weiteren Exemplare des Hirschkäfers (*Lucanus cervus*) in der Natur angetroffen, obwohl er als Jäger sehr viel Zeit im Wald verbringt.

An den Sportplätzen am südlichen Ortsausgang von Sinsheim-Steinsfurt hat Katrin Lesser (mündl. Mitt. 2008) etwa Anfang Juli 2008 ein Männchen des Hirschkäfers (*Lucanus cervus*) auf der Straße am Boden gesehen, und hat dort in 2007 ein Männchen im Wald unter einem Baum bemerkt. Diese beiden Männchen sind die einzigen Exemplare des Hirschkäfers (*Lucanus cervus*), welche Katrin Lesser (mündl. Mitt. 2008), die seit 1998 in Sinsheim-Steinsfurt wohnt und vorher in Schwerin gelebt hat, in den über 40 Jahren ihres Lebens bisher in der Natur angetroffen hat.

Im Schindwald um Steinsfurt hat Rosemarie Hesse (mündl. Mitt. 2008) von 1949 bis 1952 einzelne Männchen und Weibchen des Hirschkäfers (*Lucanus cervus*) beobachtet, welche im Wald am Boden und über den Weg gelaufen sind. Rosemarie Hesse (mündl. Mitt. 2008) hat bis 1952 in Steinsfurt und bis 1995 in Heidelberg-Bergheim gewohnt und lebt seit 1995 in Hoffenheim, und hat in den über 70 Jahren ihres Lebens danach erst wieder im Juni 2008 im Rot in Hoffenheim ein Männchen und ein Weibchen des Hirschkäfers (*Lucanus cervus*) im Garten hinter dem Haus in der Nähe des Waldrandes am Boden gesehen, wohingegen sie ansonsten keinen weiteren Exemplaren in der Natur begegnet ist.

In der Umgebung der Galluseckhütte im Waldgebiet Rautal ostnordöstlich Steinsfurt hat Rainer

Freund (mündl. Mitt. 2008) seit 1992 in etlichen Jahren, aber nicht in jedem Jahr, immer wieder einzelne Männchen und gelegentlich auch einzelne Weibchen des Hirschkäfers (*Lucanus cervus*) im Wald und am Waldrand am Boden gesehen. Rainer Freund (mündl. Mitt. 2008) konnte damit über einen Zeitraum von über 15 Jahren das zwar unregelmäßige, aber stets wiederkehrende Auftreten von Individuen des Hirschkäfers (*Lucanus cervus*) konstatieren. In 2008 hat Rainer Freund (mündl. Mitt. 2008) dort ein laufendes Männchen des Hirschkäfers (*Lucanus cervus*) abends gegen 22 Uhr und ein totes Männchen am Boden gefunden. Rainer Freund (mündl. Mitt. 2008) hat bis 1984 in Bad Schönborn-Langenbrücken, bis 1988 in Oftersheim und bis 1992 in Forst gewohnt und lebt seit 1992 in Sinsheim-Steinsfurt, und ist in den 50 Jahren seines Lebens erst seit 1992 an der Galluseckhütte im Waldgebiet Rautal ostnordöstlich Steinsfurt Exemplaren des Hirschkäfers (*Lucanus cervus*) in der Natur begegnet, wohingegen er an anderen Orten keine Individuen in der Natur angetroffen hat. Rainer Freund (mündl. Mitt. 2008) hat im Wald um Langenbrücken etwa 1980 mehrmals Larven (Engerlinge) des Hirschkäfers (*Lucanus cervus*) in Eichenholz entdeckt, welches er als Brennholz im Wald geschlagen hat.

22.3 Reihen

Die Nachweise von Individuen des Hirschkäfers (*Lucanus cervus*) in Sinsheim-Reihen, welche mir von Naturfreunden aufgrund meiner Aufrufe zur Mitteilung von Beobachtungen in regionalen Tageszeitungen (Rhein-Neckar-Zeitung 2008 a, 2008 b, 2008 c, 2008 d; Schwetzinger Zeitung 2008, Bruchsaler Rundschau 2008) gemeldet wurden, stammen aus der heutigen Beethovenstraße im westlichen Ortsbereich von Reihen und aus dem Wald südlich der Sportplätze am südöstlichen Ortsausgang von Reihen. Die Fundorte des Hirschkäfers (*Lucanus cervus*) in Sinsheim-Reihen (TK 25, Blatt 6719 Sinsheim) liegen im Elsenztal, einem Seitental des Neckartales, im Westteil des Kraichgaues in ca. 180 - 220 m Höhe über NN.

In der heutigen Beethovenstraße im westlichen Ortsbereich von Sinsheim-Reihen sowie in den damaligen Feldern und Wiesen im heute bebauten westlichen Ortsbereich von Reihen und im Wald um Reihen hat Heidrun Maier (mündl. Mitt. 2008) von etwa 1960 bis 1970 in jedem Jahr insgesamt etwa 5 - 10 Männchen des Hirschkäfers (*Lucanus cervus*) am Boden gesehen, wohingegen sie dort von 1970 bis 1975 mit fortschreitender Bebauung des heutigen westlichen Ortsbereiches von Reihen nur noch insgesamt etwa 1 - 2 Männchen pro Jahr beobachtet hat und nach 1975 mit fast abgeschlossener Bebauung dort gar keine Exemplare mehr festgestellt hat. Heidrun Maier (mündl. Mitt. 2008) konnte damit von etwa 1960 bis 1975 über einen Zeitraum von etwa 15 Jahren das regelmäßige Auftreten von Individuen des Hirschkäfers (*Lucanus cervus*) konstatieren. Heidrun Maier (mündl. Mitt. 2008) wohnt schon immer in Reihen und hat in den fast 60 Jahren ihres Lebens nach 1975 keine Individuen des Hirschkäfers (*Lucanus cervus*) mehr in der Natur angetroffen, sondern hat lediglich seit etwa 2004 in jedem Jahr etliche Exemplare des Balkenschröters (*Dorcus parallelepipedus*) auf der Terrasse und im Garten des Hauses sowie im Wald um Reihen bemerkt.

Im Wald südlich der Sportplätze am südöstlichen Ortsausgang von Sinsheim-Reihen hat Karin Treu (mündl. Mitt. 2008) von 1970 bis 1980 wiederholt einzelne Exemplare des Hirschkäfers (*Lucanus cervus*) am Boden beobachtet. Karin und Karl-Heinz Treu (mündl. Mitt. 2008) haben auch in der Hummelbergstraße am südwestlichen Ortsrand von Mühlhausen im Garten des Hauses am 24.05.2008 ein Weibchen sowie seit etwa 2002 bis 2007 insgesamt zwei oder drei Männchen des Hirschkäfers (*Lucanus cervus*) an einem Ahornbaum vor dem Haus an Zweigen sitzend entdeckt, wobei einige Männchen von den Ästen heruntergefallen sind und dann am Boden gelaufen sind, wohingegen das Weibchen über längere Zeit (möglicherweise mehrere Stunden) regungslos an einem Zweig an dem Ahornbaum gesessen ist, so daß Karl-Heinz Treu (mündl. Mitt. 2008) es in aller Ruhe fotografieren konnte. Karin und Karl-Heinz Treu (mündl. Mitt. 2008) haben dort auch seit etwa 2002 bis 2005 in jedem Jahr insgesamt etwa 1 - 2 Exemplare pro Jahr und in 2006 und 2007 sogar jeweils insgesamt etwa 5 - 6 Individuen des Hirschkäfers (*Lucanus cervus*) pro Jahr bemerkt, welche abends in der Dämmerung um das Haus und im Garten herumgeflogen sind, wohingegen ihnen in 2008 und von 1990 bis etwa 2001 dort keine fliegenden Exemplare aufgefallen sind oder sie diese früher eventuell mit anderen fliegenden Tieren verwechselt haben. Karl-Heinz Treu (mündl. Mitt. 2008) hat bis 1979 in Wiesloch-Schatthausen und bis 1990 in Leimen-St. Ilgen gewohnt und lebt seit 1990 in Mühlhausen, und hat in den fast 60 Jahren seines Lebens außer den vorgenannten Funden keine weiteren Individuen des Hirschkäfers (*Lucanus cervus*) in der Natur angetroffen. Karin Treu (mündl. Mitt. 2008) hat bis 1983 in Sinsheim-Reihen und dann ebenfalls bis 1990 in Leimen-St. Ilgen gewohnt und lebt seit 1990 ebenfalls in Mühlhausen, und ist in den über 45 Jahren ihres Lebens ebenfalls außer den vorgenannten Funden keinen weiteren Exemplaren des Hirschkäfers (*Lucanus cervus*) in der Natur begegnet.

22.4 Dühren

Die Nachweise von Individuen des Hirschkäfers (*Lucanus cervus*) in Sinsheim-Dühren, welche mir von Naturfreunden aufgrund meiner Aufrufe zur Mitteilung von Beobachtungen in regionalen Tageszeitungen (Rhein-Neckar-Zeitung 2008 a, 2008 b, 2008 c, 2008 d; Schwetzinger Zeitung 2008, Bruchsaler Rundschau 2008) gemeldet wurden, stammen aus dem Augrund am östlichen Ortsrand von Dühren, aus der Leumundstraße am südlichen Ortsrand von Dühren, aus der Karlsruher Straße nahe dem nördlichen Ortsrand von Dühren und vom Sportplatz am nördlichen Ortsrand von Dühren. Die Fundorte des Hirschkäfers (*Lucanus cervus*) in Sinsheim-Dühren (TK 25, Blatt 6718 Wiesloch und Blatt 6719 Sinsheim) liegen im Elsenztal, einem Seitental des Neckartales, im Westteil des Kraichgaues in ca. 180 - 220 m Höhe über NN.

Im Augrund am östlichen Ortsrand von Sinsheim-Dühren hat Kornelia Kapinus (mündl. Mitt. 2008) seit etwa 1995 bis 2008 in den meisten Jahren, aber nicht in jedem Jahr, insgesamt etwa 2 - 3 Exemplare des Hirschkäfers (*Lucanus cervus*) pro Jahr im Garten des Hauses und am nahegelegenen Waldrand gesehen, wohingegen ihr von 1986 bis 1995 dort keine Individuen aufgefallen sind. Kornelia Kapinus (mündl. Mitt. 2008) konnte damit über einen Zeitraum fast 15 Jahren das zwar unregelmäßige, aber stets wiederkehrende Auftreten von Individuen des Hirschkäfers (*Lucanus cervus*) konstatieren. Kornelia Kapinus (mündl. Mitt. 2008) hat bis 1974 in Dühren gewohnt, war dann bis 1986 in Heidelberg und an anderen Orten, und lebt seit 1986 wieder in Dühren, und hat in den fast 55 Jahren ihres Lebens schon von etwa 1960 bis 1965 im Garten des Hauses in der Karlsruher Straße (damals Hauptstraße) nahe dem nördlichen Ortsrand von Dühren in jedem Jahr insgesamt etwa 2 - 3 Exemplare des Hirschkäfers (*Lucanus cervus*) pro Jahr beobachtet, wohingegen sie sich nicht daran erinnern kann, auch in anderen Jahren Individuen in der Natur begegnet zu sein.

In der Leumundstraße am südlichen Ortsrand von Sinsheim-Dühren haben Hedwig und Kurt Sauter (mündl. Mitt. 2008) im Garten des Hauses etwa Anfang Juni 2008 ein Weibchen des Hirschkäfers (*Lucanus cervus*) auf der überdachten Terrasse am Boden gesehen. Hedwig und Kurt Sauter (mündl. Mitt. 2008) haben auch vor etwa 5 Jahren bei Passau ein Männchen des Hirschkäfers (*Lucanus cervus*) am Boden im Wald entdeckt, und haben auch vor etwa 20 Jahren bei St. Urban bei Klagenfurt in Kärnten ein Männchen am Boden beobachtet. Hedwig und Kurt Sauter (mündl. Mitt. 2008) haben auch vor etwa 20 Jahren unterhalb der Landsberger Hütte am Neunerköpfel südöstlich Tannheim westlich Reutte in Tirol in etwa 1.100 m Höhe ein Männchen des Hirschkäfers (*Lucanus cervus*) am Boden auf dem Weg registriert. Hedwig Sauter (mündl. Mitt. 2008) hat bis 1957 unter anderem in Weimar und Erfurt, bis 1960 in Gifhorn nordwestlich Wolfsburg und bis 1966 in Hamburg gewohnt und lebt seit 1966 in Sinsheim-Dühren, und kann sich in den fast 65 Jahren ihres Lebens nicht daran erinnern, außer den vorgenannten Funden weitere Exemplare des Hirschkäfers (*Lucanus cervus*) in der Natur angetroffen zu haben. Kurt Sauter (mündl. Mitt. 2008) hat bis 1940 in Mannheim-Schwetzingerstadt gewohnt und lebt seit 1940 in Sinsheim-Dühren, und hat in den fast 75 Jahren seines Lebens seit etwa 1945 bis etwa 1965 in manchen Jahren mit Abständen dazwischen immer wieder einzelne Männchen und Weibchen des Hirschkäfers (*Lucanus cervus*) in und um Sinsheim-Dühren am Boden festgestellt, und hat auch von etwa 1980 bis 2008 mindestens dreimal einzelne Männchen und Weibchen im Garten, auf der Terrasse und im Wald in und um Sinsheim-Dühren am Boden gesehen.

Am Feldrand am Sportplatz am nördlichen Ortsrand von Sinsheim-Dühren hat Wolfgang Traber (mündl. Mitt. 2008) unter einem Birnbaum am Feldweg etwa Mitte Juni 2008 ein totes Männchen des Hirschkäfers (*Lucanus cervus*) gefunden, welches dort offenbar natürlich verendet ist. Dieses ca. 60 - 70 mm lange Männchen ist das einzige Exemplar des Hirschkäfers (*Lucanus cervus*), das Wolfgang Traber (mündl. Mitt. 2008), der jetzt über 50 Jahre alt ist, seit 5 Jahren in Sinsheim-Dühren wohnt und davor von Anfang an in Heidelberg-Kirchheim gewohnt hat, in seinem Leben bisher in der Natur gesehen hat.

22.5 Immelhäuser Hof

Am Immelhäuser Hof südlich Sinsheim haben Elfriede und Wilhelm Flach (mündl. Mitt. 2008) seit 1969 bzw. seit etwa 1945 im Garten des Hauses, am Waldrand, im Wald und in den Feldern und Wiesen um den Ort in jedem Jahr insgesamt etwa 2 - 3 Männchen und Weibchen des Hirschkäfers (*Lucanus cervus*) pro Jahr meist am Boden gesehen, und konnten damit in den über 60 Jahren ihres Lebens bzw. in den über 70 Jahren seines Lebens über einen Zeitraum von fast 40 Jahren bzw. von über 60 Jahren das regelmäßige Auftreten von Individuen beobachten. In 2008 haben Elfriede und Wilhelm Flach (mündl. Mitt. 2008) insgesamt vier Männchen und ein Weibchen des Hirschkäfers (*Lucanus cervus*) im Garten des Hauses, auf dem Weg vor dem Haus und am Waldrand entdeckt. Wilhelm Flach (mündl. Mitt. 2008) wohnt schon immer im Immelhäuser Hof, wohingegen Elfriede Flach (mündl. Mitt. 2008) bis 1963 in Schöntal-Rossach im Jagsttal gewohnt hat, wo sie von etwa 1954 bis 1963 im Garten des Hauses, in den Wiesen und Feldern, und am Waldrand in jedem Jahr insgesamt etwa 2 - 3 Männchen und Weibchen des Hirschkäfers (*Lucanus cervus*) pro Jahr am Boden registriert hat. Von 1963 bis 1969 war Elfriede Flach (mündl. Mitt. 2008) in Veinau bei Schwäbisch Hall, Möckmühl, Kupferzell und Bad Rappenau, wo sie lediglich in und um Kupferzell und Möckmühl gelegentlich einzelne Exemplare des Hirschkäfers (*Lucanus cervus*) entdeckt hat. Der Fundort des Hirschkäfers (*Lucanus cervus*) am Immelhäuser Hof südlich Sinsheim (TK 25, Blatt 6719 Sinsheim) liegt im Westteil des Kraichgaues in ca. 180 - 200 m Höhe über NN.

22.6 Weiler

In der Weinbergstraße am Südwesthang des Steinsberges am nordöstlichen Ortsrand von Sinsheim-Weiler hat Udo Zweigart (mündl. Mitt. 2008) etwa Mitte Mai 2008 ein Männchen des Hirschkäfers (*Lucanus cervus*) gesehen, welches abends in der Dämmerung am Balkon des Hauses vorbeigeflogen ist, und hat am 19.05.2008 auf dem Gelände des Technikmuseums in der Neulandstraße am südöstlichen Ortsrand von Sinsheim tagsüber ein Männchen unter einem Baumstumpf entdeckt. Udo Zweigart (mündl. Mitt. 2008) hat bis 1997 in Kirchardt gewohnt und lebt seit 1997 in Sinsheim-Weiler, und hat in den fast 40 Jahren seines Lebens schon von etwa 1980 bis 1985 in jedem Jahr insgesamt etwa 2 - 3 Männchen des Hirschkäfers (*Lucanus cervus*) pro Jahr im Wald um Kirchardt am Boden beobachtet, wohingegen er dort von 1985 bis 1997 nur noch in manchen Jahren, aber nicht in jedem Jahr, gelegentlich ein Männchen pro Jahr angetroffen hat. Udo Zweigart (mündl. Mitt. 2008) konnte damit über einen Zeitraum von über 15 Jahren das zwar unregelmäßige, aber stets wiederkehrende Auftreten von Individuen des Hirschkäfers (*Lucanus cervus*) um Kirchardt konstatieren. Udo Zweigart (mündl. Mitt. 2008) ist außer den vorgenannten Funden keinen weiteren Exemplaren des Hirschkäfers (*Lucanus cervus*) in der Natur beggenet. Der Fundort des Hirschkäfers (*Lucanus cervus*) in Sinsheim-Weiler (TK 25, Blatt 6719 Sinsheim) liegt im Westteil des Kraichgaues in ca. 250 - 300 m Höhe über NN.

22.7 Hilsbach

In der Breiten Straße am nordwestlichen Ortsrand von Sinsheim-Hilsbach hat Karin Dürer (mündl. Mitt. 2008) am nordwestlichen Ende in der Nähe der Tennisanlage am Feldrand in der ersten Juniwoche 2008 ein laufendes Männchen des Hirschkäfers (*Lucanus cervus*) auf dem Weg gesehen, und hat dort in der zweiten Juniwoche an der gleichen Stelle ein überfahrenes Männchen gefunden. In der dritten Juniwoche 2008 hat Karin Dürer (mündl. Mitt. 2008) am südwestlichen Ortsausgang von Sinsheim-Hilsbach in Richtung Elsenz am Waldrand ein Männchen des Hirschkäfers (*Lucanus cervus*) auf dem Weg entdeckt. Karin Dürer (mündl. Mitt. 2008) hat bis 1994 in Wiesloch-Baiertal, bis 1996 in Sandhausen und bis 2004 in Waibstadt-Daisbach gewohnt und lebt seit 2004 in Sinsheim-Hilsbach, und hat in den 40 Jahren ihres Lebens außer den vorgenannten Funden keine weiteren Exemplare des Hirschkäfers (*Lucanus cervus*) in der Natur angetroffen. Der Fundort des Hirschkäfers (*Lucanus cervus*) in Sinsheim-Hilsbach (TK 25, Blatt 6719 Sinsheim und Blatt 6819 Eppingen) liegt im Westteil des Kraichgaues in ca. 220 - 270 m Höhe über NN.

22.8 Waldangelloch

Die Nachweise von Individuen des Hirschkäfers (*Lucanus cervus*) in Sinsheim-Waldangelloch, welche mir von Naturfreunden aufgrund meiner Aufrufe zur Mitteilung von Beobachtungen in regionalen Tageszeitungen (Rhein-Neckar-Zeitung 2008 a, 2008 b, 2008 c, 2008 d; Schwetzinger Zeitung 2008, Bruchsaler Rundschau 2008) gemeldet wurden, stammen aus dem Burkhardtstal und der Sommerwaldstraße am nordöstlichen Ortsrand von Waldangelloch, aus dem Rauchäckerring am südwestlichen Ortsrand von Waldangelloch, aus dem Hof der Schule im südlichen Ortsbereich von Waldangelloch, aus der Eichelberger Straße am südlichen Ortsrand von Waldangelloch und aus dem Wald südöstlich Waldangelloch. Die Fundorte des Hirschkäfers (*Lucanus cervus*) in Sinsheim-Waldangelloch (TK 25, Blatt 6718 Wiesloch) liegen im Waldangelbachtal, einem Seitental des Leimbachtales, welches in Wiesloch in das Rheintal einmündet, im Westteil des Kraichgaues in ca. 160 - 220 m Höhe über NN.

Im Burkhardtstal am nordöstlichen Ortsrand von Sinsheim-Waldangelloch hat Inge Schmalzried (mündl. Mitt. 2008) auf der Straße schräg herunter zum Waldangelbach am 28.07.2008 ein laufendes Weibchen des Hirschkäfers (*Lucanus cervus*) gesehen, und hat dort am Waldangelbach in 2006 ein totes Männchen angetroffen. Dieses Weibchen und dieses Männchen sind die einzigen Exemplare des Hirschkäfers (*Lucanus cervus*), die Inge Schmalzried (mündl. Mitt. 2008) bisher in Waldangelloch entdeckt hat, wo sie seit 1976 wohnt, und die sie in den über 65 Jahren ihres Lebens bisher in der Natur beobahtet hat. Inge Schmalzried (mündl. Mitt. 2008) hat von 1965 bis 1976 in Sandhausen gewohnt und hat davor in Stuttgart und Crailsheim gelebt, und hat in diesen Orten sowie in Waldangelloch bis zu den vorgenannten Funden keine Individuen des Hirschkäfers (*Lucanus cervus*) in der Natur registriert.

In der Sommerwaldstraße am nordöstlichen Ortsrand von Sinsheim-Waldangelloch hat Willi Parstorfer (mündl. Mitt. 2008) an der Fassade des letzten Hauses vor dem Feldrand am 18.05.2008 ein Männchen des Hirschkäfers (*Lucanus cervus*) in der Sonne sitzend gesehen. Willi Parstorfer (mündl. Mitt. 2008) hat bis 1988 in Eschelbach gewohnt und lebt seit 1988 in Waldangelloch, und hat in den über 40 Jahren seines Lebens schon zwischen etwa 1972 und 1980 mehrere Exemplare des Hirschkäfers (*Lucanus cervus*) und des Nashornkäfers (*Oryctes nasicornis*) in der Natur angetroffen, weiß aber nicht mehr, wann und wo dies gewesen ist, wohingegen er sich nicht daran erinnern kann, zwischen 1980 und 2008 weiteren Individuen des Hirschkäfers (*Lucanus cervus*) in der Natur begegnet zu sein.

Im Rauchäckerring am südwestlichen Ortsrand von Sinsheim-Waldangelloch hat Annette Höhr (mündl. Mitt. 2008) in 2003 ein Männchen des Hirschkäfers (*Lucanus cervus*) zuerst im Vorgarten des Hauses lebend am Boden gesehen und dann wenige Tage später in einer leeren Gießkanne verendet angetroffen, und hat in 2007 etwa 200 m südlich des Hauses auf einem Feldweg einen toten Caput-Thorax-Torso eines Männchens gefunden. Annette Höhr (mündl. Mitt. 2008) hat auch in 2005 ein Männchen des Hirschkäfers (*Lucanus cervus*) auf dem Sportplatz des Barfußpfades bei Ötisheim südöstlich Bretten entdeckt. Annette Höhr (mündl. Mitt. 2008) hat bis 1999 in Schwetzingen, Ketsch und Eppelheim gewohnt und lebt seit 1999 in Waldangelloch, und kann sich in den 40 Jahren ihres Lebens außer den vorgenannten Funden an keine weiteren Begegnungen mit Exemplaren des Hirschkäfers (*Lucanus cervus*) in der Natur erinnern.

In der Eichelberger Straße am südlichen Ortsrand von Sinsheim-Waldangelloch hat Jürgen Merz (mündl. Mitt. 2008) nahe dem Ufer des Waldangelbaches etwa im Juli 2008 vormittags ein Männchen des Hirschkäfers (*Lucanus cervus*) am Boden gesehen, welches auf einer Betontreppe gelaufen ist. Jürgen Merz (mündl. Mitt. 2008) hat auch in 1991 in Fischbach südwestlich Dahn im Pfälzer Wald ein Männchen des Hirschkäfers (*Lucanus cervus*) abends auf dem Komposthaufen im Garten eines Hauses beobachtet. Jürgen Merz (mündl. Mitt. 2008) war von 1982 bis 1985 in Stuttgart und Böblingen und wohnt ansonsten schon immer in Sinsheim-Waldangelloch, und hat in den 50 Jahren seines Lebens schon zwischen 1968 und 1970 einmal ein Männchen des Hirschkäfers (*Lucanus cervus*) im Hof der Schule an der Kreuzung von Brückenstraße und Eichelberger Straße im südlichen Ortsbereich von Sinsheim-Waldangelloch entdeckt, welches dort herumgelaufen ist, wohingegen er sich nicht daran erinnern kann, außer den vorgenannten Funden weiteren Exemplaren in der Natur begegnet zu sein.

Im Wald südöstlich Sinsheim-Waldangelloch im Bereich des heutigen Golfplatzes hat Edelgard

Egner (mündl. Mitt. 2008) in 1946 oder 1947 ein Männchen des Hirschkäfers (*Lucanus cervus*) auf dem Weg am Boden beobachtet. Edelgard und Hans Jörg Egner (mündl. Mitt. 2008) haben auch etwa Mitte bis Ende Juni 2008 am Philosophenweg am Nordhang des Neckartales am Ostrand von Heidelberg-Neuenheim an der Hölderlinanlage östlich des Schlangenweges ein Männchen des Hirschkäfers (*Lucanus cervus*) auf dem Weg am Boden gesehen, und haben auch etwa 1993 bei Neustift im Stubaital in Südtirol ein Männchen auf einem Weg im Wald am Boden entdeckt. Das Vorkommen des Hirschkäfers (*Lucanus cervus*) in Neustift in Südtirol haben auch Peez & Kahlen (1977) gemeldet. Hans Jörg Egner (mündl. Mitt. 2008) wohnt schon immer in Heidelberg-Neuenheim und hat in den 70 Jahren seines Lebens außer den vorgenannten Funden keine weiteren Exemplare des Hirschkäfers (*Lucanus cervus*) in der Natur angetroffen. Edelgard Egner (mündl. Mitt. 2008) hat bis 1960 in Heidelberg-Rohrbach gewohnt und lebt seit 1960 ebenfalls in Heidelberg-Neuenheim, und ist in den über 65 Jahren ihres Lebens außer den vorgenannten Funden keinen weiteren Individuen des Hirschkäfers (*Lucanus cervus*) in der Natur begegnet.

22.9 Michelfeld

Die Nachweise von Individuen des Hirschkäfers (*Lucanus cervus*) in Angelbachtal-Michelfeld, welche mir von Naturfreunden aufgrund meiner Aufrufe zur Mitteilung von Beobachtungen in regionalen Tageszeitungen (Rhein-Neckar-Zeitung 2008 a, 2008 b, 2008 c, 2008 d; Schwetzinger Zeitung 2008, Bruchsaler Rundschau 2008) gemeldet wurden, stammen aus dem Eichtersheimer Weg im nordwestlichen Ortsteil von Michelfeld, aus der Friedrichstraße im zentralen Teil von Michelfeld, vom Roßberg südöstlich Michelfeld, und aus dem Wald und den Feldern um Michelfeld. Die Fundorte des Hirschkäfers (*Lucanus cervus*) in Angelbachtal-Michelfeld (TK 25, Blatt 6718 Wiesloch) liegen im Waldangelbachtal, einem Seitental des Leimbachtales, welches in Wiesloch in das Rheintal einmündet, im Westteil des Kraichgaues in ca. 160 - 200 m Höhe über NN.

Im Eichtersheimer Weg im nordwestlichen Ortsteil von Angelbachtal-Michelfeld hat Gerd Weigel (mündl. Mitt. 2008) etwa Anfang Juli 2008 ein Männchen des Hirschkäfers (*Lucanus cervus*) am Boden sitzend auf dem Speicher des Hauses angetroffen, welches vermutlich durch ein geöffnetes Fenster hereingeflogen ist, und hat davor nur zwischen 1940 und 1945 im Wald und in den Feldern um Angelbachtal-Michelfeld mehrere Individuen am Boden beobachtet, wobei er damals in jedem Jahr etwa 2 - 3 Exemplare bemerkt hat. Gerd Weigel (mündl. Mitt. 2008) wohnt schon immer in Angelbachtal-Michelfeld und ist in den fast 80 Jahren seines Lebens in der Zwischenzeit keinen Individuen des Hirschkäfers (*Lucanus cervus*) mehr in der Natur begegnet.

Am Roßberg südöstlich Angelbachtal-Michelfeld haben Matthias und Diethelm Brecht (mündl. Mitt. 2008) in 2008 einen Caput-Thorax-Torso eines Männchens des Hirschkäfers (*Lucanus cervus*) in der Nähe des Waldrandes gefunden, und haben Diethelm Brecht (mündl. Mitt. 2008) in 2005 ein Männchen und Matthias Brecht (mündl. Mitt. 2008) in 2008 ein Weibchen am Boden am Waldrand beobachtet. Diethelm Brecht (mündl. Mitt. 2008) hat auch vor etwa 15 Jahren in der Friedrichstraße im zentralen Teil von Angelbachtal-Michelfeld bei Grabarbeiten an der Treppe eines Hauses ein Männchen des Hirschkäfers (*Lucanus cervus*) entdeckt. Matthias Brecht (mündl. Mitt. 2008) hat auch etwa 1980 in den Feldern um Angelbachtal-Michelfeld ein Männchen des Hirschkäfers (*Lucanus cervus*) registriert. Diethelm Brecht (mündl. Mitt. 2008) wohnt schon immer in Angelbachtal-Michelfeld und kann sich in den über 45 Jahren seines Lebens nur daran erinnern, daß er schon früher wiederholt einzelne Exemplare des Hirschkäfers (*Lucanus cervus*) in der Natur angetroffen hat, weiß aber nicht mehr, wann und wo dies gewesen ist. Matthias Brecht (mündl. Mitt. 2008) hat bis 1993 in Angelbachtal-Michelfeld gewohnt und lebt seit 1993 in Angelbachtal-Eichtersheim, und hat in den fast 50 Jahren seines Lebens schon zwischen etwa 1970 und 1975 in den Feldern um Angelbachtal-Michelfeld einzelne Männchen des Hirschkäfers (*Lucanus cervus*) bemerkt.

22.10 Eichtersheim

Am Waldrand westlich Angelbachtal-Eichtersheim in Richtung Östringen und am Waldrand nordwestlich Angelbachtal-Eichtersheim in Richtung Mühlhausen hat Manfred Häuselmann (mündl. Mitt. 2008) seit etwa 1998 bis 2008 in den meisten Jahren, jedoch nicht in jedem Jahr, insgesamt etwa 2 - 3

Männchen des Hirschkäfers (*Lucanus cervus*) pro Jahr beobachtet, welche den Waldrand entlanggeflogen sind und auch um den Hochsitz herumgeflogen sind, und hat dort auch in 2008 einen Caput-Thorax-Torso eines Männchens und vor etwa 5 Jahren zwei Caput-Thorax-Torsi von Männchen am Boden entdeckt. Manfred Häuselmann (mündl. Mitt. 2008) hat auch in 1996 bei Colmar auf einer Lichtung im Wald abends etwa 10 - 15 Männchen des Hirschkäfers (*Lucanus cervus*) gesehen, welche den Waldrand entlanggeflogen sind und auch um den Hochsitz herumgeflogen sind. Manfred Häuselmann (mündl. Mitt. 2008) wohnt schon immer in Angelbachtal-Eichtersheim und hat in den fast 70 Jahren seines Lebens schon von etwa 1948 bis 1955 im Wald um Angelbachtal-Eichtersheim in jedem Jahr insgesamt etwa 2 - 3 Männchen des Hirschkäfers (*Lucanus cervus*) pro Jahr bemerkt, welche den Waldrand entlanggeflogen sind, wohingegen er sich nicht mehr daran erinnern kann, auch in anderen Jahren Exemplaren in der Natur begegnet zu sein. Die Fundorte des Hirschkäfers (*Lucanus cervus*) in Angelbachtal-Eichtersheim (TK 25, Blatt 6718 Wiesloch) liegen im Waldangelbachtal, einem Seitental des Leimbachtales, welches in Wiesloch in das Rheintal einmündet, im Westteil des Kraichgaues in ca. 160 - 200 m Höhe über NN.

22.11 Eschelbach

Die Nachweise von Individuen des Hirschkäfers (*Lucanus cervus*) in Sinsheim-Eschelbach, welche mir von Naturfreunden aufgrund meiner Aufrufe zur Mitteilung von Beobachtungen in regionalen Tageszeitungen (Rhein-Neckar-Zeitung 2008 a, 2008 b, 2008 c, 2008 d; Schwetzinger Zeitung 2008, Bruchsaler Rundschau 2008) gemeldet wurden, stammen aus dem Kirchgrund am westlichen Ortsrand von Eschelbach und aus der Hirschhornstraße am östlichen Ortsrand von Eschelbach. Die Fundorte des Hirschkäfers (*Lucanus cervus*) in Sinsheim-Eschelbach (TK 25, Blatt 6718 Wiesloch) liegen im Westteil des Kraichgaues in ca. 160 - 200 m Höhe über NN.

Im Kirchgrund am westlichen Ortsrand von Sinsheim-Eschelbach hat Regina Wagner (mündl. Mitt. 2008) im Garten des Hauses am Feldrand im Juni 2008 ein Männchen des Hirschkäfers (*Lucanus cervus*) in einer leeren Gießkanne entdeckt und an einen Holzstapel in einer benachbarten Streuobstwiese gesetzt, und Regina und Wolfgang Wagner (mündl. Mitt. 2008) haben auch etwa 2001 ein Männchen auf der Terrasse des Hauses gesehen, welches dort am Boden gesessen ist. Regina und Wolfgang Wagner (mündl. Mitt. 2008) haben bis 1999 in Heidelberg-Rohrbach gewohnt und leben seit 1999 in Sinsheim-Eschelbach, und haben in den fast 40 Jahren ihres Lebens bzw. in den fast 45 Jahren seines Lebens außer den vorgenannten Funden keine weiteren Exemplare des Hirschkäfers (*Lucanus cervus*) in der Natur angetroffen.

In der Hirschhornstraße am östlichen Ortsrand von Sinsheim-Eschelbach hat Udo Grund (mündl. Mitt. 2008) an der Wand des Hauses etwa Ende Mai/Anfang Juni 2008 ein Männchen des Hirschkäfers (*Lucanus cervus*) gesehen. Udo Grund (mündl. Mitt. 2008) hat bis 1975 in Wiesloch gewohnt und lebt seit 1975 in Eschelbach, und hat in den 55 Jahren seines Lebens schon von etwa 1965 bis 1970 im Dämmelwald nördlich der Parkstraße am nordwestlichen Ortsrand von Wiesloch in jedem Jahr insgesamt etwa 2 - 3 Männchen des Hirschkäfers (*Lucanus cervus*) pro Jahr am Boden beobachtet, wohingegen ihm ansonsten keine Exemplare in der Natur aufgefallen sind.

22.12 Kirchardt

Die Nachweise von Individuen des Hirschkäfers (*Lucanus cervus*) in und um Kirchardt, welche mir von Naturfreunden aufgrund meiner Aufrufe zur Mitteilung von Beobachtungen in regionalen Tageszeitungen (Rhein-Neckar-Zeitung 2008 a, 2008 b, 2008 c, 2008 d; Schwetzinger Zeitung 2008, Bruchsaler Rundschau 2008) gemeldet wurden, stammen vom westlichen Ortsrand von Kirchardt-Bockschaft in Richtung Ittlingen und aus dem Wald um Kirchardt. Die Fundorte des Hirschkäfers (*Lucanus cervus*) in und um Kirchardt (TK 25, Blatt 6719 Sinsheim und Blatt 6720 Bad Rappenau) liegen im Westteil des Kraichgaues in ca. 220 - 260 m Höhe über NN.

Am westlichen Ortsrand von Kirchardt-Bockschaft in Richtung Ittlingen hat Noemi Kaufmann (schriftl. Mitt. 2008) auf dem Radweg durch die Felder und Wiesen in der Nähe des Waldes im Juli 2008 ein Männchen des Hirschkäfers (*Lucanus cervus*) entdeckt, welches von einer Elster durch

Picken mit dem Schnabel attackiert wurde, und hat dort in 2007 auch ein totes Männchen gefunden, welche die einzigen Exemplare sind, die sie in den gerade 10 Jahren ihres Lebens bisher in der Natur gefunden hat, womit sie einer der jüngsten Teilnehmer an meiner Studie ist. Ihre Eltern, Brigitte und Marco Kaufmann (mündl. Mitt. 2008), haben in den etwa 40 Jahren ihres Lebens mit den vorgenannten beiden Männchen erstmals Exemplare des Hirschkäfers (*Lucanus cervus*) in der Natur gesehen.

Im Wald um Kirchardt hat Udo Zweigart (mündl. Mitt. 2008) von etwa 1980 bis 1985 in jedem Jahr insgesamt etwa 2 - 3 Männchen des Hirschkäfers (*Lucanus cervus*) pro Jahr am Boden beobachtet, wohingegen er dort von 1985 bis 1997 nur noch in manchen Jahren, aber nicht in jedem Jahr, gelegentlich ein Männchen pro Jahr angetroffen hat. Udo Zweigart (mündl. Mitt. 2008) konnte damit über einen Zeitraum von über 15 Jahren das zwar unregelmäßige, aber stets wiederkehrende Auftreten von Individuen des Hirschkäfers (*Lucanus cervus*) um Kirchardt konstatieren. Udo Zweigart (mündl. Mitt. 2008) hat auch etwa Mitte Mai 2008 in der Weinbergstraße am Südwesthang des Steinsberges am nordöstlichen Ortsrand von Sinsheim-Weiler ein Männchen des Hirschkäfers (*Lucanus cervus*) gesehen, welches abends in der Dämmerung am Balkon des Hauses vorbeigeflogen ist, und hat am 19.05.2008 auf dem Gelände des Technikmuseums in der Neulandstraße am südöstlichen Ortsrand von Sinsheim tagsüber ein Männchen unter einem Baumstumpf entdeckt. Udo Zweigart (mündl. Mitt. 2008) hat bis 1997 in Kirchardt gewohnt und lebt seit 1997 in Sinsheim-Weiler, und ist in den fast 40 Jahren seines Lebens außer den vorgenannten Funden keinen weiteren Exemplaren des Hirschkäfers (*Lucanus cervus*) in der Natur begegnet.

22.13 Waibstadt

Die Nachweise von Individuen des Hirschkäfers (*Lucanus cervus*) in Waibstadt, welche mir von Naturfreunden aufgrund meiner Aufrufe zur Mitteilung von Beobachtungen in regionalen Tageszeitungen (Rhein-Neckar-Zeitung 2008 a, 2008 b, 2008 c, 2008 d; Schwetzinger Zeitung 2008, Bruchsaler Rundschau 2008) gemeldet wurden, stammen aus der Langen Straße im zentralen Teil von Waibstadt, aus der Leibnizstraße am westlichen Ortsrand von Waibstadt, aus dem Mühlbergweg am östlichen Ortsrand von Waibstadt, aus der Bleihofstraße im südwestlichen Ortsbereich von Waibstadt und vom südlichen Ortsausgang von Waibstadt. Die Fundorte des Hirschkäfers (*Lucanus cervus*) in Waibstadt (TK 25, Blatt 6619 Helmstadt-Bargen und Blatt 6719 Sinsheim) liegen im Westteil des Kraichgaues in ca. 160 - 220 m Höhe über NN.

In der Langen Straße im zentralen Teil von Waibstadt, wo er seit 1993 wohnt, hat Hermann Weschbach (mündl. Mitt. 2008) am Hoftor des Hauses etwa Ende Mai/Anfang Juni 2008 morgens gegen 9 Uhr ein Männchen des Hirschkäfers (*Lucanus cervus*) entdeckt, welches auf der Stange des Hoftores gesessen ist, und dieses Männchen ist das einzige Exemplar, welches er bisher in Waibstadt gesehen hat. Hermann Weschbach (mündl. Mitt. 2008) hat bis 1957 in Masburg bei Kaisersesch, bis 1966 in Sponheim bei Bad Kreuznach und bis 1993 in Brodenbach bei Kobern-Gondorf gewohnt, und hat in den über 75 Jahren seines Lebens schon von 1960 bis 1962 im Wald um Sponheim in mehreren aufeinanderfolgenden Jahren insgesamt etwa 2 - 4 Männchen und Weibchen des Hirschkäfers (*Lucanus cervus*) pro Jahr am Boden und an Bäumen beobachtet, und hat danach erst wieder in 2008 in Waibstadt ein Exemplar in der Natur angetroffen, wohingegen er an den anderen Orten keinen Individuen in der Natur begegnet ist.

In der Leibnizstraße am westlichen Ortsrand von Waibstadt hat Elke Haaf (mündl. Mitt. 2008) im Garten des Hauses am Feldrand etwa Anfang Juli 2008 ein Männchen des Hirschkäfers (*Lucanus cervus*) in einem Topf mit Trockenblumen entdeckt, nachdem dieses sich durch raschelnde Geräusche darin bemerkbar gemacht hat. Elke Haaf (mündl. Mitt. 2008) hat bis 1983 in Waibstadt und bis 1988 in Sandhausen gewohnt und lebt seit 1988 wieder in Waibstadt, und hat in den über 45 Jahren ihres Lebens schon zwischen etwa 1970 und 1975 im Wald um Waibstadt einmal ein Männchen des Hirschkäfers (*Lucanus cervus*) am Boden gesehen, und diese beiden Männchen sind die einzigen Exemplare, die sie bisher in der Natur beobachtet hat.

Im Mühlbergweg am östlichen Ortsrand von Waibstadt hat Beate Sherboud (mündl. Mitt. 2008) im Garten des Hauses am Waldrand etwa Anfang bis Mitte Juni 2008 ein Männchen des Hirschkäfers (*Lucanus cervus*) am Boden gesehen, welches das einzige Exemplar ist, dem sie in den über 45 Jahren ihres Lebens bisher in der Natur begegnet ist. Beate Sherboud (mündl. Mitt. 2008) wohnt seit 4 Jahren in Waibstadt und hat davor in Dielheim und Heidelberg gelebt, und hat außer dem vorgenannten Fund bisher keine Individuen des Hirschkäfers (*Lucanus cervus*) in der Natur angetroffen.

In der Bleihofstraße im südwestlichen Ortsbereich von Waibstadt, wo sie seit 1979 wohnen, haben Antonie und Klaus Bitterich (mündl. Mitt. 2008) im Garten und im Hof des Hauses in den letzten etwa 5 - 10 Jahren und möglicherweise auch schon davor immer wieder einzelne Männchen und Weibchen des Hirschkäfers (*Lucanus cervus*) meist am Boden gesehen.

Bekannte von Christine und Hans Isinger (mündl. Mitt. 2008) haben in 2005 ein Männchen des Hirschkäfers (*Lucanus cervus*) an einer Zapfsäule der Tankstelle an der Straße B 292 am südlichen Ortsausgang von Waibstadt gefunden.

22.14 Daisbach

Die Nachweise von Individuen des Hirschkäfers (*Lucanus cervus*) in Waibstadt-Daisbach, welche mir von Naturfreunden aufgrund meiner Aufrufe zur Mitteilung von Beobachtungen in regionalen Tageszeitungen (Rhein-Neckar-Zeitung 2008 a, 2008 b, 2008 c, 2008 d; Schwetzinger Zeitung 2008, Bruchsaler Rundschau 2008) gemeldet wurden, stammen aus der Daisbachtalstraße im zentralen Teil von Daisbach, aus dem Waldgebiet Orles im Walddistrikt Saugrund südlich Daisbach in Richtung Sinsheim, und aus dem Großen Wald östlich Daisbach in Richtung Waibstadt. Die Fundorte des Hirschkäfers (*Lucanus cervus*) in Waibstadt-Daisbach (TK 25, Blatt 6619 Helmstadt-Bargen und Blatt 6719 Sinsheim) liegen im Westteil des Kraichgaues in ca. 180 - 220 m Höhe über NN.

In der Daisbachtalstraße im zentralen Teil von Waibstadt-Daisbach hat Manfred Ehret (mündl. Mitt. 2008) an der Fassade des Nachbarhauses in 2007 drei Männchen des Hirschkäfers (*Lucanus cervus*) zusammen auf einer Fläche von etwa 1 m2 an der weißen Wand gesehen, und hat vor etwa 20 Jahren ein totes Weibchen am Boden im Wald um Daisbach angetroffen. Manfred Ehret (mündl. Mitt. 2008) hat bis 1983 in Heidelberg-Kirchheim gewohnt und lebt seit 1983 in Waibstadt-Daisbach, und hat in den 55 Jahren seines Lebens außer den vorgenannten Funden nur noch einmal in 2006 ein Männchen des Hirschkäfers (*Lucanus cervus*) an der weißen Wand des Gebäudes der Stadtwerke Heidelberg in der Alten Eppelheimer Straße nördlich des Hauptbahnhofes nahe dem westlichen Ortsrand von Heidelberg-Bergheim beobachtet, und ist ansonsten keinen weiteren Exemplaren in der Natur begegnet.

Im Waldgebiet Orles im Walddistrikt Saugrund südlich Daisbach in Richtung Sinsheim und im Großen Wald östlich Daisbach in Richtung Waibstadt hat Gunter Glasbrenner (mündl. Mitt. 2008) von 1965 bis 1980 in jedem Jahr insgesamt etwa 10 - 15 Exemplare des Hirschkäfers (*Lucanus cervus*) pro Jahr meist am Boden und an schwülen Tagen gelegentlich auch fliegend registriert, wobei er an manchen Tagen bis zu 5 Individuen notiert hat. Gunter Glasbrenner (mündl. Mitt. 2008) hat bis 1981 in Daisbach und bis 1993 in Hunsbach bei Forbach südsüdöstlich Rastatt im Schwarzwald gewohnt und lebt seit 1993 in Walldorf, und hat dort im Hochholz südlich Walldorf, im Dannhecker Wald am nordöstlichen Ortsrand von Walldorf und im Waldgebiet Schwetzinger Hardt am nordwestlichen Ortsrand von Walldorf von 1993 bis 2008 in fast jedem Jahr insgesamt etwa 5 - 10 Individuen des Hirschkäfers (*Lucanus cervus*), von denen etwa zwei Drittel Männchen und etwa ein Drittel Weibchen waren, pro Jahr überwiegend am Boden und an Bäumen sowie gelegentlich auch fliegend gesehen, wohingegen er in einem Jahr, welches etwa 2003 war, keine Exemplare festgestellt hat. Am Reitplatz nördlich des westlichen Endes der Verlängerung der Rennbahnstraße am westlichen Ortsrand von Walldorf hat Gunter Glasbrenner (mündl. Mitt. 2008) in 2004 oder 2005 einmal 7 Individuen des Hirschkäfers (*Lucanus cervus*) zusammen an einer Eiche etwa eine Stunde vor einem Gewitter beobachtet, und am Parkplatz im Hochholz südlich Walldorf hat er in 2008 einmal 5 Exemplare wahrgenommen. Gunter Glasbrenner (mündl. Mitt. 2008) kann sich in den über 50 Jahren seines Lebens außer den vorgenannten Funden nur noch an die Entdeckung eines toten Männchens des Hirschkäfers (*Lucanus cervus*) im Hof des Klosters Maulbronn in 2003 oder 2004 erinnern, wohingegen ihm ansonsten keine weiteren Begegnungen mit Exemplaren in der Natur im Gedächtnis haften geblieben sind. Gunter Glasbrenner (mündl. Mitt. 2008) konnte damit sowohl von 1965 bis 1980 in und um Daisbach als auch von 1993 bis 2008 in und um Walldorf jeweils über einen Zeitraum von 15 Jahren das regelmäßige Auftreten von Individuen des Hirschkäfers (*Lucanus cervus*) konstatieren.

22.15 Neidenstein

Die Nachweise von Individuen des Hirschkäfers (*Lucanus cervus*) in Neidenstein, welche mir von Naturfreunden aufgrund meiner Aufrufe zur Mitteilung von Beobachtungen in regionalen Tageszeitungen (Rhein-Neckar-Zeitung 2008 a, 2008 b, 2008 c, 2008 d; Schwetzinger Zeitung 2008, Bruchsaler Rundschau 2008) gemeldet wurden, stammen vom Waldrand um Neidenstein sowie aus dem Wald zwischen Neidenstein und Reichartshausen. Die Fundorte des Hirschkäfers (*Lucanus cervus*) in Neidenstein (TK 25, Blatt 6619 Helmstadt-Bargen) liegen im Schwarzbachtal, einem Seitental des Elsenztales, welches in Neckargemünd in das Neckartal einmündet, im Westteil des Kraichgaues in ca. 160 - 220 m Höhe über NN.

Am Waldrand um Neidenstein hat Herbert Kimmel (mündl. Mitt. 2008) von etwa 1970 bis 1974 in jedem Jahr insgesamt bis zu 10 Männchen des Hirschkäfers (*Lucanus cervus*) pro Jahr am Boden beobachtet. Herbert Kimmel (mündl. Mitt. 2008) hat bis 1974 in Neidenstein gewohnt und lebt seit 1974 in Obrigheim-Asbach, und hat in den 55 Jahren seines Lebens auch am 04.07.2008 in der Ortsstraße im zentralen Teil von Obrigheim-Asbach vor dem Haus ein totes Männchen des Hirschkäfers (*Lucanus cervus*) mit 74 mm Gesamtlänge am Boden gesehen. In Neidenstein hat Herbert Kimmel (mündl. Mitt. 2008) auch schon zwischen etwa 1960 und etwa 1970 einzelne Exemplare des Hirschkäfers (*Lucanus cervus*) entdeckt, und in Asbach hat er auch von 1974 bis 2007 wenige Individuen bemerkt, kann sich jedoch nicht mehr an Einzelheiten dieser Funde erinnern.

Im Wald zwischen Neidenstein und Reichartshausen sowie im Wald an der Südflanke des Heiligenberges östlich Heidelberg-Neuenheim hat Waltraud Moos (mündl. Mitt. 2008) von etwa 1945 bis 1953 in den meisten Jahren einzelne Männchen des Hirschkäfers (*Lucanus cervus*) am Boden beobachtet. Waltraud Moos (mündl. Mitt. 2008) hat auch im Wald an den Hängen des Schafbachtales um das Schullandheim der Lessingschule am westlichen Ortsausgang von Schönau von 1968 bis 1980 in den meisten Jahren einzelne Männchen des Hirschkäfers (*Lucanus cervus*) am Boden bemerkt. Waltraud Moos (mündl. Mitt. 2008) hat auch etwa 2000 in der Seitzstraße im Zentrum von Heidelberg-Neuenheim im Garten des Hauses etwa 3 - 4 Männchen des Hirschkäfers (*Lucanus cervus*) am Boden und fliegend gesehen, wohingegen ihr davor und danach dort keine Exemplare aufgefallen sind. Waltraud Moos (mündl. Mitt. 2008) hat bis 1953 in Heidelberg-Bergheim gewohnt und lebt seit 1953 in Heidelberg-Neuenheim, und hat in den 70 Jahren ihres Lebens außer den vorgenannten Funden keine weiteren Individuen des Hirschkäfers (*Lucanus cervus*) in der Natur angetroffen.

22.16 Eschelbronn

In der Spechbacher Straße am nördlichen Ortsrand von Eschelbronn hat Ingeborg Fischer (mündl. Mitt. 2008) im Garten neben dem Haus, in dem neben zahlreichen anderen Bäumen auch drei alte Eichen stehen, von 1994 bis 2006 in jedem Jahr insgesamt etwa 1 - 2 Männchen des Hirschkäfers (*Lucanus cervus*) pro Jahr meist an den Eichen, an einem alten Birnbaum und am Boden um die Eichen herum sowie gelegentlich auch fliegend gesehen, wohingegen ihr dort in 2007 und 2008 keine Exemplare aufgefallen sind. Ingeborg Fischer (mündl. Mitt. 2008) hat auch von etwa 1975 bis 1981 im Wald um Schönau-Altneudorf wiederholt einzelne Männchen des Hirschkäfers (*Lucanus cervus*) am Boden beobachtet. Ingeborg Fischer (mündl. Mitt. 2008) hat bis 1968 in Ebersdorf ostsüdöstlich Coburg gewohnt, war dann in Hamburg und Heidelberg-Neuenheim, hat dann bis 1981 in Schönau-Altneudorf gewohnt und lebt seit 1981 in Eschelbronn, und hat in den 60 Jahren ihres Lebens schon von etwa 1955 bis 1960 im Wald um Ebersdorf manchmal einzelne Männchen des Hirschkäfers (*Lucanus cervus*) am Boden entdeckt, wohingegen sie an anderen Orten keinen Individuen in der Natur begegnet ist. Der Fundort des Hirschkäfers (*Lucanus cervus*) in Eschelbronn (TK 25, Blatt 6619 Helmstadt-Bargen) liegt im Schwarzbachtal, einem Seitental des Elsenztales, welches in Neckargemünd in das Neckartal einmündet, im Westteil des Kraichgaues in ca. 150 - 180 m Höhe über NN.

22.17 Hoffenheim

Die Nachweise von Individuen des Hirschkäfers (*Lucanus cervus*) in Hoffenheim, welche mir von

Naturfreunden aufgrund meiner Aufrufe zur Mitteilung von Beobachtungen in regionalen Tageszeitungen (Rhein-Neckar-Zeitung 2008 a, 2008 b, 2008 c, 2008 d; Schwetzinger Zeitung 2008, Bruchsaler Rundschau 2008) gemeldet wurden, stammen aus dem Rot, der Waldstraße und der Neuen Straße am nördlichen Ortsrand von Hoffenheim; aus der Gartenstraße im zentralen Teil von Hoffenheim, und von der Hummelwiese und dem Radweg im Elsenztal in Richtung Kolb-Mühle nordwestlich Hoffenheim. Die Fundorte des Hirschkäfers (*Lucanus cervus*) in Hoffenheim (TK 25, Blatt 6719 Sinsheim) liegen im Elsenztal, einem Seitental des Neckartales, im Westteil des Kraichgaues in ca. 150 - 200 m Höhe über NN.

Im Rot am nördlichen Ortsrand von Hoffenheim hat Rosemarie Hesse (mündl. Mitt. 2008) im Juni 2008 ein Männchen und ein Weibchen des Hirschkäfers (*Lucanus cervus*) im Garten hinter dem Haus in der Nähe des Waldrandes am Boden gesehen. Rosemarie Hesse (mündl. Mitt. 2008) hat bis 1952 in Steinsfurt und bis 1995 in Heidelberg-Bergheim gewohnt und lebt seit 1995 in Hoffenheim, und hat in den über 70 Jahren ihres Lebens vorher nur noch von 1949 bis 1952 im Schindwald um Steinsfurt einzelne Männchen und Weibchen des Hirschkäfers (*Lucanus cervus*) beobachtet, welche im Wald am Boden und über den Weg gelaufen sind, und ist dann erst wieder in 2008 in Hoffenheim Exemplaren in der Natur begegnet.

In der Waldstraße am nördlichen Ortsrand von Hoffenheim haben Christa und Gerhard Schick (schriftl. Mitt. 2008) in der Nähe des Hauses und auf dem Grundstück in den letzten 5 Jahren insgesamt etwa 5 - 10 Exemplare des Hirschkäfers (*Lucanus cervus*), welche überwiegend Männchen und untergeordnet Weibchen waren, pro Jahr beobachtet, welche im Gras gelaufen sind, auf dem Rücken gelegen sind oder bereits tot waren. Christa und Gerhard Schick (schriftl. Mitt. 2008) können sich nicht daran erinnern, ob auch in früheren Jahren im Anwesen in der Waldstraße in Hoffenheim bereits Individuen des Hirschkäfers (*Lucanus cervus*) aufgetreten sind, und haben an anderen Orten keine Exemplare in der Natur angetroffen.

In der Neuen Straße am nördlichen Ortsrand von Hoffenheim hat Margitta Kreuzwieser (mündl. Mitt. 2008) an der Außenkellertreppe des Hauses nahe dem Garten am 18.07.2008 ein Weibchen des Hirschkäfers (*Lucanus cervus*) am Boden gefunden, und hat dort auch in 2006 ein Männchen sowie in 2002 und 2003 mehrere Männchen und Weibchen entdeckt. Davor hat Margitta Kreuzwieser (mündl. Mitt. 2008), die bis 1958 in Eichelberg südöstlich Östringen und bis 1964 in Karlsruhe gewohnt hat und seit 1967 in Hoffenheim lebt, in den über 60 Jahren ihres Lebens nur noch von 1954 bis 1958 in Eichelberg südöstlich Östringen in den Feldern und Weinbergen sowie am Waldrand hinter dem Haus zahlreiche Individuen des Hirschkäfers (*Lucanus cervus*) am Boden und fliegend gesehen, wobei sie dort pro Jahr insgesamt etwa 10 - 20 Männchen und Weibchen registriert hat, wohingegen sie zwischen 1958 und 2002 keinen weiteren Exemplaren in der Natur begegnet ist.

In der Gartenstraße im zentralen Teil von Hoffenheim hat Michael Hermann (mündl. Mitt. 2008) auf der Dachterrasse im 3. Obergeschoß des Hauses etwa Ende Mai/Anfang Juni 2008 ein Männchen des Hirschkäfers (*Lucanus cervus*) auf dem Rücken liegend gefunden. Michael Hermann (mündl. Mitt. 2008) hat bis 1990 in Endingen am Kaiserstuhl und bis 1994 in Sinsheim-Dühren gewohnt und lebt seit 1994 in Hoffenheim, und hat in den über 40 Jahren seines Lebens vorher nur von 1975 bis 1977 in jedem Jahr insgesamt etwa 10 Männchen des Hirschkäfers (*Lucanus cervus*) pro Jahr am Boden im Wald um Endingen beobachtet, wohingegen er ansonsten keine Exemplare in der Natur angetroffen hat.

Auf der Hummelwiese im Elsenztal in Richtung Kolb-Mühle nordwestlich Hoffenheim haben Friedlinde und Günter Specht (mündl. Mitt. 2008) hinter der Grillhütte vor einem Steilhang zum Wald etwa 2002 ein Männchen des Hirschkäfers (*Lucanus cervus*) am Boden gesehen. Günter Specht (mündl. Mitt. 2008) wohnt schon immer in Hoffenheim und hat in den 65 Jahren seines Lebens bisher nur das eine vorgenannte Exemplar des Hirschkäfers (*Lucanus cervus*) in der Natur beobachtet. Friedlinde Specht (mündl. Mitt. 2008) hat bis 1967 in Zimmerhof nordöstlich Bad Rappenau gewohnt, wo sie von etwa 1956 bis 1960 in jedem Jahr insgesamt bis zu 10 Männchen des Hirschkäfers (*Lucanus cervus*) pro Jahr am Waldrand um Zimmerhof am Boden registriert hat. Friedlinde Specht (mündl. Mitt. 2008) hat dann bis 1971 in Zuzenhausen gewohnt und lebt seit 1971 ebenfalls in Hoffenheim, und hat in den über 60 Jahren ihres Lebens außer den vorgenannten Funden keine weiteren Individuen des Hirschkäfers (*Lucanus cervus*) in der Natur angetroffen.

Auf dem Radweg im Elsenztal nordwestlich Hoffenheim hat Liselore Grimm (mündl. Mitt. 2008) in der Nähe der Bahnunterführung an dem Aussiedlerhof Anfang Juli 2008 ein laufendes Männchen des Hirschkäfers (*Lucanus cervus*) am Boden gesehen. Liselore Grimm (mündl. Mitt. 2008) hat auch in 2005 oder 2006 im Wald um Sinsheim ein Männchen des Hirschkäfers (*Lucanus cervus*) am Boden beobachtet, und hat auch in 2003 oder 2004 auf einer Wanderung im Odenwald ein Männchen am Boden entdeckt, weiß aber nichts Näheres zu diesen Funden mehr. Liselore Grimm (mündl. Mitt. 2008) hat bis 1978 in Mannheim-Seckenheim gewohnt und lebt seit 1978 in Sinsheim, und ist in den über 55 Jahren ihres Lebens außer den vorgenannten Funden keinen weiteren Individuen des Hirschkäfers (*Lucanus cervus*) in der Natur begegnet. Liselore Grimm (mündl. Mitt. 2008) hat auch einmal etwa 2003 ein Exemplar des Nashornkäfers (*Oryctes nasicornis*) an aufgeschichtetem Holz vor dem Haus in der Friedrich-Metz-Straße in Sinsheim bemerkt.

22.18 Zuzenhausen

Die Nachweise von Individuen des Hirschkäfers (*Lucanus cervus*) in Zuzenhausen, welche mir von Naturfreunden aufgrund meiner Aufrufe zur Mitteilung von Beobachtungen in regionalen Tageszeitungen (Rhein-Neckar-Zeitung 2008 a, 2008 b, 2008 c, 2008 d; Schwetzinger Zeitung 2008, Bruchsaler Rundschau 2008) gemeldet wurden, stammen aus dem Dielheimer Weg zwischen Zuzenhausen und Horrenberg, aus dem Gewann Straßenbrunnen südwestlich Zuzenhausen, aus der Rechgasse und von der Burgruine am östlichen Ortsrand von Zuzenhausen, von dem Waldweg zwischen Zuzenhausen und Hoffenheim, aus dem Hubweg westlich des Ortsausganges von Zuzenhausen in Richtung Horrenberg und Oberhof, aus der Schillerstraße nahe dem südwestlichen Ortsrand von Zuzenhausen und von der Kolb-Mühle am südlichen Ortsausgang von Zuzenhausen. Die Fundorte des Hirschkäfers (*Lucanus cervus*) in Zuzenhausen (TK 25, Blatt 6618 Heidelberg-Süd und Blatt 6718 Wiesloch) liegen im Elsenztal, einem Seitental des Neckartales, im Westteil des Kraichgaues in ca. 140 - 180 m Höhe über NN.

Auf dem Dielheimer Weg zwischen Zuzenhausen und Horrenberg hat Wilhelm Filsinger (mündl. Mitt. 2008) am 18.05.2008 im Gewann Straßenbrunnen südwestlich Zuzenhausen ein totes Weibchen des Hirschkäfers (*Lucanus cervus*) am Boden gesehen, welches offenbar natürlich verendet ist, und hat danach in der Rechgasse am östlichen Ortsrand von Zuzenhausen ein überfahrenes Weibchen auf der Straße gefunden. In der Nähe der Burgruine am östlichen Ortsrand von Zuzenhausen hat Wilhelm Filsinger (mündl. Mitt. 2008) am 16.06.2002 in der Nähe des Waldrandes ein Männchen des Hirschkäfers (*Lucanus cervus*) am Boden entdeckt, und auf dem Waldweg zwischen Zuzenhausen und Hoffenheim hat er am 29.05.1977 ein Weibchen auf einer Brennesselpflanze am Grillplatz registriert. Wilhelm Filsinger (mündl. Mitt. 2008) wohnt schon immer in Zuzenhausen und hat in den fast 50 Jahren seines Lebens auch zwischen 1970 und 1980 wiederholt einzelne Männchen des Hirschkäfers (*Lucanus cervus*) auf Wegen und an Bäumen im Wald, am Waldrand und in den Feldern um Zuzenhausen laufend und sitzend am Boden sowie fliegend beobachtet, kann sich jedoch nicht mehr daran erinnern, wo und wann er außer den vorgenannten Funden weiteren Exemplaren in der Natur begegnet ist.

Im Hubweg westlich des Ortsausganges von Zuzenhausen in Richtung Horrenberg und Oberhof hat Johanna Adler (mündl. Mitt. 2008) etwa Anfang bis Mitte Juni 2008 ein Männchen des Hirschkäfers (*Lucanus cervus*) auf dem Rücken liegend am Boden gesehen, welches vermutlich die Böschung des Hohlweges heruntergerutscht ist, und hat etwa Mitte bis Ende Juni 2008 im Hubweg im Abstand von einer Woche zweimal ein Weibchen am Boden am Waldrand beobachtet. Johanna Adler (mündl. Mitt. 2008) hat bis 1965 in Bischhausen bei Göttingen, bis 1982 in Göttingen, bis 1986 in Heidelberg-Weststadt, bis 1990 in Wiesloch und bis 1996 in Meckesheim gewohnt und lebt seit 1996 in Zuzenhausen, und hat in den 50 Jahren ihres Lebens außer den vorgenannten Funden keine weiteren Exemplare des Hirschkäfers (*Lucanus cervus*) in der Natur angetroffen.

Im Gewann Straßenbrunnen südwestlich Zuzenhausen hat Gerd Walda (mündl. Mitt. 2008) etwa Ende Mai/Anfang Juni 2008 ein Weibchen des Hirschkäfers (*Lucanus cervus*) unter einem Stein am Boden gesehen, und hat auch vor etwa 5 Jahren im Garten des Hauses in der Schillerstraße nahe dem südwestlichen Ortsrand von Zuzenhausen ein Männchen am Boden entdeckt. Gerd Walda (mündl. Mitt. 2008) hat bis 1973 in Mauer gewohnt und lebt seit 1973 in Zuzenhausen, und kann sich in den fast 65 Jahren seines Lebens nicht mehr daran erinnern, wann und wo er außer den vorgenannten Funden eventuell weiteren Exemplaren des Hirschkäfers (*Lucanus cervus*) in der Natur begegnet ist.

An der Kolb-Mühle am südlichen Ortsausgang von Zuzenhausen haben Ute und Wolfgang Heck (schriftl. Mitt. 2008) am Waldrand am 05.06.2008 abends gegen 22 Uhr ein Männchen des Hirschkäfers (*Lucanus cervus*) gesehen, welches in einen Baum hineingeflogen ist und dann dort auf einem Zweig gesessen ist. Dieses Männchen ist das einzige Exemplar des Hirschkäfers (*Lucanus cervus*), welches Ute und Wolfgang Heck (schriftl. Mitt. 2008) bisher in der Natur beobachtet haben.

22.19 Mönchzell

In der Weihergartenstraße am nördlichen Ortsrand von Meckesheim-Mönchzell hat Ansbert Wagner (mündl. Mitt. 2008) am Boden im Hof des Hauses in 2006 ein Männchen und in 2007 ein Weibchen des Hirschkäfers (*Lucanus cervus*) gesehen, wohingegen er dort in 2006 kein Weibchen und in 2007 kein Männchen gefunden hat. Ansbert Wagner (mündl. Mitt. 2008) hat dort auch am 04.12.2008 tagsüber ein Weibchen des Hirschkäfers (*Lucanus cervus*) am Boden eines Lichtschachtes an einem Fenster des Hauses gefunden, wo es in einem Eck gesessen ist. Ansbert Wagner (mündl. Mitt. 2008) wohnt schon immer in Mönchzell und hat in den 70 Jahren seines Lebens ansonten nur von etwa 1949 bis etwa 1953 im Wald um Mönchzell sowie entlang der Straße von Mönchzell nach Meckesheim insgesamt bis zu 3 - 4 Männchen des Hirschkäfers (*Lucanus cervus*) pro Jahr am Boden beobachtet, wohingegen er von etwa 1953 bis 2006 keinen Individuen in der Natur begegnet ist. Die Fundorte des Hirschkäfers (*Lucanus cervus*) in Mönchzell (TK 25, Blatt 6619 Helmstadt-Bargen) liegen im Lobbachtal, einem Seitental des Elsenztales, welches in Neckargemünd in das Neckartal einmündet, im Westteil des Kraichgaues in ca. 150 - 200 m Höhe über NN.

22.20 Grombach

In Grombach westsüdwestlich Bad Rappenau hat die Schwester von Gertrud Zenkner (mündl. Mitt. 2008) in 2008 ein totes Männchen des Hirschkäfers (*Lucanus cervus*) auf dem Flachdach des Hauses registriert. Gertrud Zenkner (mündl. Mitt. 2008) hat bis 1989 in Grombach gewohnt und lebt seit 1989 in Rettigheim, und hat in den über 50 Jahren ihres Lebens in Grombach keine Exemplare des Hirschkäfers (*Lucanus cervus*) in der Natur angetroffen, sondern ist ihnen nur in Rettigheim und einmal auf der Halbinsel Istrien in Kroatien begegnet. Der Fundort des Hirschkäfers (*Lucanus cervus*) in Grombach westsüdwestlich Bad Rappenau (TK 25, Blatt 6719 Sinsheim und Blatt 6720 Bad Rappenau) liegt im Westteil des Kraichgaues in ca. 240 - 280 m Höhe über NN.

22.21 Neckarbischofsheim

Im Wald um Neckarbischofsheim nordöstlich Sinsheim hat Karlheinz Engelhardt (mündl. Mitt. 2008) zwischen 1971 und 1976 manchmal einzelne Männchen des Hirschkäfers (*Lucanus cervus*) im am Boden bemerkt, und hat auch zwischen 1968 und 1971 in Sulzfeld südwestlich Eppingen zuweilen einzelne Männchen gesehen, welche Schüler mitgebracht haben und ihm berichtet haben, daß sie in und um Sulzfeld öfters Männchen gefunden haben. Karlheinz Engelhardt (mündl. Mitt. 2008) hat auch vor etwa 15 Jahren in der Sternallee im Wald südlich der Sportplätze am südwestlichen Ortsrand von Schwetzingen gelegentlich einzelne Männchen des Hirschkäfers (*Lucanus cervus*) am Boden registriert, und hat auch vor etwa 10 - 12 Jahren im Ortsteil Neckarhausen von Edingen-Neckarhausen ein Männchen gesehen, welches ein Schüler mitgebracht hat. Karlheinz Engelhardt (mündl. Mitt. 2008) hat auch etwa 1980 in der Jahnstraße nahe dem nördlichen Ortsrand von Plankstadt im Garten des Hauses ein Männchen des Hirschkäfers (*Lucanus cervus*) am Boden entdeckt, und hat auch von etwa 1956 bis 1963 im Ortsbereich von Plankstadt sowie im Wald zwischen Plankstadt und Mannheim-Friedrichsfeld in den meisten Jahren, aber nicht in jedem Jahr, mehrere Männchen des Hirschkäfers (*Lucanus cervus*) pro Jahr am Boden und abends in der Dämmerung auch fliegend beobachtet. Karlheinz Engelhardt (mündl. Mitt. 2008) hat auch in 2006 und 2008 im Meisental am südwestlichen Ortsrand von Haardt nördlich Neustadt an der Weinstraße im Garten des Wochenendhauses unterhalb des Sportplatzes mit zahlreichen Kastanienbäumen etliche Männchen und Weibchen des Hirschkäfers (*Lucanus cervus*) am Boden und fliegend beobachtet, und hat dort Ende Juni 2006 an einem Wochenende von Freitag bis Sonntag an allen drei Tagen das Schwärmen von etwa 5 - 10 Exemplaren pro

Abend erlebt, welche abends in der Dämmerung geflogen sind. Karlheinz Engelhardt (mündl. Mitt. 2008) hat bis 1968 in Plankstadt, bis 1971 in Sulzfeld und bis 1976 in Neckarbischofsheim gewohnt und lebt seit 1976 wieder in Plankstadt, und hat in den fast 65 Jahren seines Lebens außer den vorgenannten Funden möglicherweise noch mehrmals weitere Individuen des Hirschkäfers (*Lucanus cervus*) in der Natur angetroffen, kann sich aber nicht mehr daran erinnern, wann und wo dies gewesen ist.

Im Wald um Neckarbischofsheim in Richtung Hasselbach und Adersbach hat Jürgen Ludreschl (mündl. Mitt. 2008) von etwa 1970 bis 1980 in jedem Jahr insgesamt etwa 2 - 3 Männchen des Hirschkäfers (*Lucanus cervus*) pro Jahr überwiegend am Boden und einmal auch fliegend gesehen. Petra und Jürgen Ludreschl (mündl. Mitt. 2008) haben danach erst im Juni 2008 in der Schickengasse nahe dem Zentrum von Hüffenhardt im Garten des Hauses ein totes Männchen des Hirschkäfers (*Lucanus cervus*) unter einem großen alten Birnbaum gefunden. Jürgen Ludreschl (mündl. Mitt. 2008) hat bis 2000 in Neckarbischofsheim gewohnt und lebt seit 2000 in Hüffenhardt, und ist in den fast 45 Jahren seines Lebens außer den vorgenannten Funden keinen weiteren Individuen des Hirschkäfers (*Lucanus cervus*) in der Natur begegnet. Petra Ludreschl (mündl. Mitt. 2008) hat bis 1984 in Mannheim-Hochstätt und bis 2000 ebenfalls in Neckarbischofsheim gewohnt und lebt seit 2000 ebenfalls in Hüffenhardt, und hat in den fast 45 Jahren ihres Lebens außer dem toten Männchen in Hüffenhardt keine weiteren Exemplare des Hirschkäfers (*Lucanus cervus*) in der Natur beobachtet. Die Fundorte des Hirschkäfers (*Lucanus cervus*) um Neckarbischofsheim (TK 25, Blatt 6719 Sinsheim) liegen im Krebsbachtal, einem Seitental des Schwarzbachtales, welches in Meckesheim in das Elsenztal einmündet, im Westteil des Kraichgaues in ca. 190 - 260 m Höhe über NN.

22.22 Daudenzell

In der Asbacher Straße (damals Hauptstraße) nahe der Kreuzung zwischen Asbacher Straße, Rathausstraße und Hausener Straße im Zentrum von Aglasterhausen-Daudenzell hat Annemarie Gramlich (mündl. Mitt. 2008) von etwa 1950 bis 1955 in den meisten Jahren etwa 5 Männchen des Hirschkäfers (*Lucanus cervus*) pro Jahr auf dem Gelände des Bauernhofes am Boden beobachtet, und hat danach erst wieder etwa Anfang bis Mitte Juli 2008 in der Verlängerung des Zwerrenbergweges am nordwestlichen Ortsrand von Mosbach in Richtung Nüstenbach ein Männchen gesehen, welches über den Weg im Wald gelaufen ist. Annemarie Gramlich (mündl. Mitt. 2008) hat bis 1955 in Daudenzell gewohnt und lebt seit 1955 in Mosbach, und kann sich in den über 65 Jahren ihres Lebens nicht daran erinnern, von 1955 bis 2008 weiteren Exemplaren des Hirschkäfers (*Lucanus cervus*) in der Natur begegnet zu sein. Der Fundort des Hirschkäfers (*Lucanus cervus*) in Daudenzell (TK 25, Blatt 6620 Mosbach) liegt im Westteil des Kraichgaues in ca. 200 - 250 m Höhe über NN.

23 Fundmeldungen von Naturfreunden in Mannheim und Umgebung

Die Funde von Exemplaren des Hirschkäfers (*Lucanus cervus*) in Mannheim und Umgebung, welche mir von Naturfreunden aufgrund meiner Aufrufe zur Mitteilung von Beobachtungen in regionalen Tageszeitungen (Rhein-Neckar-Zeitung 2008 a, 2008 b, 2008 c, 2008 d; Schwetzinger Zeitung 2008, Bruchsaler Rundschau 2008) berichtet wurden, umfassen die Mannheimer Ortsteile Käfertal, Gartenstadt, Neckarstadt, Mallau, Niederfeld, Neckarau und Neuostheim.

23.1 Mannheim-Käfertal

Die Nachweise von Individuen des Hirschkäfers (*Lucanus cervus*) in Mannheim-Käfertal, welche mir von Naturfreunden aufgrund meiner Aufrufe zur Mitteilung von Beobachtungen in regionalen Tageszeitungen (Rhein-Neckar-Zeitung 2008 a, 2008 b, 2008 c, 2008 d; Schwetzinger Zeitung 2008, Bruchsaler Rundschau 2008) gemeldet wurden, stammen von der Brücke der Straße B 38 über die Zielstraße nordnordwestlich des Bahnhofes im Südteil von Käfertal, und aus dem Wald um den Karlstern und dem Käfertaler Wald nördlich Käfertal. Die Fundorte des Hirschkäfers (*Lucanus cervus*) in Mannheim-Käfertal (TK 25, Blatt 6417 Mannheim-Nordost) liegen in der Ebene des Rheintales in ca. 95 - 105 m Höhe über NN.

An der Brücke der Straße B 38 über die Zielstraße nordnordwestlich des Bahnhofes im Südteil von Mannheim-Käfertal hat Norbert Lochbühler (mündl. Mitt. 2008) etwa Mitte Juni 2008 ein Männchen des Hirschkäfers (*Lucanus cervus*) entdeckt, welches auf dem Gehweg gelaufen ist. Petra und Norbert Lochbühler (mündl. Mitt. 2008) haben auch am Westhang des Ölberges südöstlich Schriesheim und nordnordöstlich Dossenheim im Wald zwischen der Schauenburg am nordöstlichen Ortsrand von Dossenheim und der Strahlenburg am nordöstlichen Ortsrand von Schriesheim von etwa 1965 bis 2008 in den meisten Jahren, jedoch nicht in jedem Jahr, insgesamt etwa 3 - 5 Männchen des Hirschkäfers (*Lucanus cervus*) pro Jahr am Boden gesehen, und konnten damit in den 50 Jahren ihres Lebens über einen Zeitraum von über 40 Jahren das mehr oder weniger regelmäßige Auftreten von Individuen in der Umgebung von Schriesheim und Dossenheim beobachten. Norbert Lochbühler (mündl. Mitt. 2008) wohnt schon immer in Schriesheim, und Petra Lochbühler (mündl. Mitt. 2008) hat bis 1974 in Dossenheim gewohnt und lebt seit 1974 ebenfalls in Schriesheim, und beide haben an anderen Orten keine weiteren Exemplare des Hirschkäfers (*Lucanus cervus*) in der Natur angetroffen.

In Mannheim-Käfertal hat Rainer Stoll (mündl. Mitt. 2008) in 1984 einige Männchen des Hirschkäfers (*Lucanus cervus*) gesehen, welche ein Mitschüler, Alexander Hefner, mitgebracht hat, und hat ansonsten lediglich in Schönau-Altneudorf seit 1996 in verschiedenen Jahren insgesamt etwa 5 Caput-Thorax-Torsi von Männchen am Boden gefunden, wohingegen er dort keine vollständigen Individuen angetroffen hat. Rainer Stoll (mündl. Mitt. 2008) hat bis 1996 in Mannheim-Wallstadt gewohnt und lebt seit 1996 in Schönau-Altneudorf, und ist in den über 40 Jahren seines Lebens bisher außer den in 1984 an der Schule in Mannheim-Käfertal gesehenen Männchen keinen kompletten Individuen des Hirschkäfers (*Lucanus cervus*) in der Natur begegnet.

Im Wald um den Karlstern nördlich Mannheim-Käfertal sowie in Mannheim-Feudenheim hat Christa Treiber (mündl. Mitt. 2008) zwischen 1947 und 1962, als sie in Mannheim-Feudenheim gewohnt hat, immer wieder einzelne Individuen des Hirschkäfers (*Lucanus cervus*) beobachtet, und hat in den über 65 Jahren ihres Lebens auch in Heilsbronn südwestlich Nürnberg, wo sie bis 1947 gewohnt hat, zwischen 1945 und 1947 mehrmals Männchen im Garten des Hauses in der Neuendettelsauer Straße am südlichen Ortsrand entdeckt. Auf dem Weg zur Silberpappel in der Nähe des Strandbades am Rhein westlich Mannheim-Niederfeld hat Christa Treiber (mündl. Mitt. 2008) Anfang Juli 2008 ein überfahrenes Männchen des Hirschkäfers (*Lucanus cervus*) auf dem Weg gefunden. Seit 1962 wohnen Christa und Alfred Treiber (mündl. Mitt. 2008) im westlichen Teil des Blütenweges am Westrand des Branich am Nordostrand von Schriesheim und haben dort seit 1962 in jedem Jahr mehrere Männchen und Weibchen des Hirschkäfers (*Lucanus cervus*) im Garten des Hauses gesehen, wobei sie in den meisten Jahren insgesamt etwa 2 - 3 Exemplare pro Jahr festgestellt haben. Christa und Alfred Treiber (mündl. Mitt. 2008) konnten damit über einen Zeitraum von über 45 Jahren das regelmäßige Auftreten von Individuen des Hirschkäfers (*Lucanus cervus*) im Blütenweg beobachten. Alfred Treiber (mündl. Mitt. 2008) hat vor 1962 in Mannheim-Seckenheim gewohnt und ist dort keinen Individuen des Hirschkäfers (*Lucanus cervus*) in der Natur begegnet, sondern hat in den 70 Jahren seines Lebens erst ab 1962 in Schriesheim Exemplare in der Natur angetroffen. Christa Treiber (mündl. Mitt. 2008) hat auch während eines Urlaubes in Bad Dürrheim im Schwarzwald etwa zwischen 1950 und 1955 dort einzelne Exemplare des Hirschkäfers (*Lucanus cervus*) im Wald bemerkt.

Im Käfertaler Wald nördlich Mannheim-Käfertal hat Gerhard Gärtner (mündl. Mitt. 2008) von 1974 bis 1978 in jedem Jahr insgesamt etwa 5 - 10 Exemplare des Hirschkäfers (*Lucanus cervus*) pro Jahr am Boden und fliegend bemerkt, und hat auch im Siebenmühlental am östlichen Ortsausgang von Heidelberg-Handschuhsheim von 1974 bis 1978 in jedem Jahr insgesamt etwa 5 - 10 Individuen pro Jahr am Boden und fliegend beobachtet. Im Mönchbergweg oberhalb und südöstlich von Im Neulich am östlichen Ortsrand von Heidelberg-Handschuhsheim haben Gerhard und Karl Viktor Gärtner (mündl. Mitt. 2008) etwa Ende Juni/Anfang Juli 2008 im Wald im Abstand von etwa einer Woche je ein Männchen des Hirschkäfers (*Lucanus cervus*) auf dem Weg am Boden und an einem Stamm entdeckt, und dort hat Karl Viktor Gärtner (mündl. Mitt. 2008) in den letzten 20 Jahren insgesamt etwa 5 Individuen des Hirschkäfers (*Lucanus cervus*) sowie einmal auch ein Exemplar des Nashornkäfers (*Oryctes nasicornis*) gesehen. Gerhard Gärtner (mündl. Mitt. 2008) hat auch im Pleikartsförster Hof nordwestlich Heidelberg-Kirchheim von 1978 bis 2008 in jedem Jahr insgesamt etwa 2 - 3 Individuen des Nashornkäfers (*Oryctes nasicornis*) pro Jahr, welche meist Weibchen waren, festgestellt, und hat auch von 1977 bis 1981 in Sägewerken in Heidelberg-Handschuhsheim und Östringen immer wieder Exemplare des Nashornkäfers (*Oryctes nasicornis*) in Sägespanhaufen gefunden, welche schon mehrere Jahre gelegen sind.

Im Käfertaler und Viernheimer Wald nördlich Mannheim-Käfertal und westlich Viernheim hat Horst Marthaler (mündl. Mitt. 2009) etwa 1990 an einem Abend etwa 10 - 20 Männchen des Hirschkäfers (*Lucanus cervus*) gesehen, welche einen Weg im Wald entlanggeflogen sind, und hat auch am Russenstein am Nordhang des Neckartales am Westrand von Heidelberg-Ziegelhausen in 2007 einen Caput-Thorax-Torso eines Männchens am Boden entdeckt. Horst Marthaler (mündl. Mitt. 2009) hat auch in mehreren Jahren zahlreiche Exemplare des Hirschkäfers (*Lucanus cervus*) im Wald um den Flughafen Frankfurt/Main beobachtet. Horst Marthaler (mündl. Mitt. 2009) war bisher unter anderem in Germersheim, Heidelberg-Wieblingen und Nördlingen und lebt jetzt in Neckargemünd, hat jedoch in den 50 Jahren seines Lebens an keinem der vorgenannten Orte Individuen des Hirschkäfers (*Lucanus cervus*) in der Natur angetroffen, und kann sich auch über die vorgenannten Funde hinaus nicht an weitere Begegnungen mit Exemplaren in der Natur erinnern. Horst Marthaler (mündl. Mitt. 2009) hat auch in 1996 oder 1997 in Nördlingen im Komposthaufen im Garten des Hauses Exemplare des Nashornkäfers (*Oryctes nasicornis*) festgestellt.

Folwaczny (1959) hat am 20.06.1959 an einer durch einen Laubwald führenden Chaussee in der weiteren Umgebung von Mannheim 5 tote Männchen des Hirschkäfers (*Lucanus cervus*) am Fuß von Kastanienbäumen gefunden, und hat dort auch wiederholt Reste von Exemplaren entdeckt, welche Vögeln zum Opfer gefallen waren.

23.2 Mannheim-Gartenstadt

In der Neueichwaldstraße am nordöstlichen Ortsrand von Mannheim-Gartenstadt hat Norbert Porath (mündl. Mitt. 2008) im Hof des Hauses in 2006 ein Weibchen des Hirschkäfers (*Lucanus cervus*) auf der gepflasterten Freifläche gesehen, welches anschließend davongeflogen ist, und hat dort in 2005 eine Larve (Engerling) des Hirschkäfers (*Lucanus cervus*) beim Umgraben im Garten angetroffen. Norbert Porath (mündl. Mitt. 2008) hat auch in 2005 und 2007 in der Nähe des Karlsternsees im Käfertaler Wald nordöstlich des Karlsterns am nordöstlichen Ortsrand von Mannheim-Gartenstadt je einen Caput-Thorax-Torso eines Männchens des Hirschkäfers (*Lucanus cervus*) am Boden im Wald entdeckt. Norbert Porath (mündl. Mitt. 2008) hat bis 1974 in Dossenheim, bis 1985 in Oberharmersbach südöstlich Offenburg im Schwarzwald, bis 1988 in Mannheim-Oststadt und bis 1997 in Mannheim-Neckarstadt gewohnt und lebt seit 1997 in Mannheim-Gartenstadt, und hat in den über 45 Jahren seines Lebens auch zwischen 1974 und 1985 in mehreren Jahren, aber nicht in jedem Jahr, wiederholt einzelne Männchen des Hirschkäfers (*Lucanus cervus*) am Boden im Wald um Oberharmersbach beobachtet, wohingegen er an anderen Orten keinen Exemplaren in der Natur begegnet ist. Die Fundorte des Hirschkäfers (*Lucanus cervus*) in Mannheim-Gartenstadt (TK 25, Blatt 6416 Mannheim-Nordwest und Blatt 6417 Mannheim-Nordost) liegen in der Ebene des Rheintales in ca. 95 - 105 m Höhe über NN.

23.3 Mannheim-Neckarstadt

In der Herzogenriedstraße nahe dem Nordrand von Mannheim-Neckarstadt hat Simone Gredel (mündl. Mitt. 2008) etwa 1982 ein Männchen des Hirschkäfers (*Lucanus cervus*) gesehen, welches ein Klassenkamerad vermutlich im Baugebiet Herzogenried gefunden und ihr gezeigt hat. Simone Gredel (mündl. Mitt. 2008) hat auch am Anglersee gegenüber dem Waldschwimmbad am nordöstlichen Ortsausgang von Viernheim in Richtung Lampertheim-Hüttenfeld etwa Ende Mai/Anfang Juni 2008 mittags gegen 11.30 Uhr ein Männchen des Hirschkäfers (*Lucanus cervus*) auf dem Weg gesehen, und hat auch in der Schütte-Lanz-Straße im östlichen Ortsbereich von Brühl im Garten des Hauses etwa Mitte Mai 2008 abends gegen 22.30 Uhr ein Männchen vor einem Beet in der Nähe der Wand des Hauses entdeckt. Simone Gredel (mündl. Mitt. 2008) hat auch am Etang du Hanau bei Bitche in den Nordvogesen etwa Mitte Mai 2008 abends zwischen 21 und 22 Uhr auf einem mit Maschendrahtzaun umgebenen Campingplatz ein auf dem Rücken liegendes Weibchen des Hirschkäfers (*Lucanus cervus*) innerhalb des eingezäunten Geländes auf einem Weg bemerkt und ein auf dem Boden sitzendes Männchen außerhalb des eingezäunten Geländes im Laub beobachtet, und hat dort tagsüber auch ein totes Männchen am Boden im Wald angetroffen. Simone Gredel (mündl. Mitt. 2008) hat bis 1992 in Mannheim-Neckarstadt und bis 1996 in Eppelheim gewohnt und lebt seit 1996 in Brühl, und ist in den über 40 Jahren ihres Lebens außer den vorgenannten Funden keinen weiteren Exemplaren des Hirschkäfers (*Lucanus cervus*) in der Natur begegnet. Der Fundort des Hirschkäfers (*Lucanus cervus*) in Mannheim-Neckarstadt (TK 25, Blatt 6416 Mannheim-Nordwest und Blatt 6516 Mannheim-Südwest) liegt in der Ebene des Rheintales in ca. 95 - 105 m Höhe über NN.

23.4 Mannheim-Mallau

In einem Garten in Mannheim-Mallau am Südostrand des Stadtgebietes hat Christian Simon (mündl. Mitt. 2008) im Gartenhäuschen etwa Ende Juni/Anfang Juli 2008 ein Männchen des Hirschkäfers (*Lucanus cervus*) am Boden gesehen, und hat davor nur einmal etwa 1980 im Waldgebiet Schwetzinger Hardt zwischen den Sportplätzen und dem Golfplatz südöstlich Oftersheim ein Männchen auf dem Weg im Oberen Wald entdeckt. Diese beiden Männchen sind die einzigen Exemplare des Hirschkäfers (*Lucanus cervus*), welche Christian Simon (mündl. Mitt. 2008), der schon immer in Ketsch wohnt, in den 35 Jahren seines Lebens bisher in der Natur gefunden hat. Der Fundort des Hirschkäfers (*Lucanus cervus*) in Mannheim-Mallau (TK 25, Blatt 6517 Mannheim-Südost) liegt in der Ebene des Rheintales in ca. 95 - 105 m Höhe über NN.

23.5 Mannheim-Niederfeld

Die Nachweise von Individuen des Hirschkäfers (*Lucanus cervus*) in Mannheim-Niederfeld, welche mir von Naturfreunden aufgrund meiner Aufrufe zur Mitteilung von Beobachtungen in regionalen Tageszeitungen (Rhein-Neckar-Zeitung 2008 a, 2008 b, 2008 c, 2008 d; Schwetzinger Zeitung 2008, Bruchsaler Rundschau 2008) gemeldet wurden, stammen von der Reißinsel am östlichen Ufer des Rheins westlich Niederfeld, von dem Strandbadweg im Waldpark westlich Niederfeld und von dem Weg zur Silberpappel in der Nähe des Strandbades am Rhein westlich Niederfeld. Die Fundorte des Hirschkäfers (*Lucanus cervus*) in Mannheim-Niederfeld (TK 25, Blatt 6516 Mannheim-Südwest) liegen in der Ebene des Rheintales in ca. 90 - 100 m Höhe über NN.

Auf der Reißinsel am östlichen Ufer des Rheins westlich Mannheim-Niederfeld hat Klaus Fechner (mündl. Mitt. 2008) etwa 1978 ein Männchen des Hirschkäfers (*Lucanus cervus*) am Boden beobachtet. Klaus Fechner (mündl. Mitt. 2008) wohnt schon fast immer in Schwetzingen und ist in den über 40 Jahren seines Lebens keinen weiteren Exemplaren des Hirschkäfers (*Lucanus cervus*) in der Natur begegnet, sondern hat lediglich wiederholt Individuen des Balkenschröters (*Dorcus parallelepipedus*) in der Natur angetroffen.

Auf dem Strandbadweg im Waldpark westlich Mannheim-Niederfeld hat Hubert Berberich (mündl. Mitt. 2008) etwa 500 m nördlich des Strandbades am Rhein am 08.05.2008 gegen 13.30 Uhr und am 15.05.2008 gegen 14.30 Uhr je zwei Caput-Thorax-Torsi von Männchen des Hirschkäfers (*Lucanus cervus*) etwa an der gleichen Stelle auf dem Weg am Boden gesehen, von denen einige noch gelebt haben und noch bis zu 3 Stunden ihre Fühler bewegt haben. Hubert Berberich (mündl. Mitt. 2008) hat auch zwischen 1960 und 1965 am Waldrand in Buchen und auf einem Bauernhof in etwa 1 km Entfernung vom Waldrand in Rütschdorf nordwestlich Hardheim je ein Männchen des Hirschkäfers (*Lucanus cervus*) am Boden entdeckt. Hubert Berberich (mündl. Mitt. 2008) hat bis 1972 in Buchen gewohnt, war dann bis 1974 in Bruchsal und Freiburg, hat dann bis 2000 in Mannheim-Lindenhof gewohnt und lebt seit 2000 in Mannheim-Almenhof, und ist in den 55 Jahren seines Lebens außer den vorgenannten Funden keinen weiteren Exemplaren des Hirschkäfers (*Lucanus cervus*) in der Natur begegnet.

Auf dem Weg zur Silberpappel in der Nähe des Strandbades am Rhein westlich Mannheim-Niederfeld hat Christa Treiber (mündl. Mitt. 2008) Anfang Juli 2008 ein überfahrenes Männchen des Hirschkäfers (*Lucanus cervus*) auf dem Weg gefunden, und hat in den über 65 Jahren ihres Lebens auch zwischen 1947 und 1962 in Mannheim-Feudenheim, wo sie damals gewohnt hat, und im Wald um den Karlstern nördlich Mannheim-Käfertal immer wieder einzelne Individuen beobachtet. Christa Treiber (mündl. Mitt. 2008) hat auch in Heilsbronn südwestlich Nürnberg, wo sie bis 1947 gewohnt hat, zwischen 1945 und 1947 mehrmals Männchen des Hirschkäfers (*Lucanus cervus*) im Garten des Hauses in der Neuendettelsauer Straße am südlichen Ortsrand entdeckt. Seit 1962 wohnen Christa und Alfred Treiber (mündl. Mitt. 2008) im westlichen Teil des Blütenweges am Westrand des Branich am Nordostrand von Schriesheim und haben dort seit 1962 in jedem Jahr mehrere Männchen und Weibchen des Hirschkäfers (*Lucanus cervus*) im Garten des Hauses gesehen, wobei sie in den meisten Jahren insgesamt etwa 2 - 3 Exemplare pro Jahr festgestellt haben. Christa und Alfred Treiber (mündl. Mitt. 2008) konnten damit über einen Zeitraum von über 45 Jahren das regelmäßige Auftreten von Individuen des Hirschkäfers (*Lucanus cervus*) im Blütenweg beobachten. Alfred Treiber (mündl. Mitt. 2008) hat vor 1962 in Mannheim-Seckenheim gewohnt und ist dort keinen Individuen des Hirschkäfers (*Lucanus cervus*) in der Natur begegnet, sondern hat in den 70 Jahren seines Lebens erst ab 1962 in Schriesheim Exemplare in der Natur angetroffen. Christa Treiber (mündl. Mitt. 2008) hat auch während eines Urlaubes in Bad Dürrheim im Schwarzwald etwa zwischen 1950 und 1955 dort einzelne Exemplare des Hirschkäfers (*Lucanus cervus*) im Wald bemerkt.

23.6 Mannheim-Neckarau

Am Bahnübergang in Mannheim-Neckarau hat Karl-Heinz Holl (mündl. Mitt. 2008) vor etwa 30 Jahren ein Männchens des Hirschkäfers (*Lucanus cervus*) auf der Straße entdeckt. Karl-Heinz Holl (mündl. Mitt. 2008) hat von 1965 bis 1972 in Heidelberg-Boxberg gewohnt und lebt ansonsten schon immer in Heidelberg-Handschuhsheim, und hat in den über 75 Jahren seines Lebens seit mindestens 15 Jahren und möglicherweise auch schon länger in einem Garten am Hang oberhalb des Friedhofes östlich der Straße Zum Steinberg am nordöstlichen Ortsende von Heidelberg-Handschuhsheim sowie im nahegelegenen Wald und am Waldrand in fast jedem Jahr mindestens 2 Männchen und Weibchen des Hirschkäfers (*Lucanus cervus*) pro Jahr am Boden und fliegend gesehen, wohingegen er sich nicht an weitere Funde von Exemplaren erinnern kann. Karl-Heinz Holl (mündl. Mitt. 2008) konnte damit über einen Zeitraum von etwa 15 - 20 Jahren das mehr oder weniger regelmäßige Auftreten von Individuen des Hirschkäfers (*Lucanus cervus*) in und um Heidelberg-Handschuhsheim konstatieren. Der Fundort des Hirschkäfers (*Lucanus cervus*) in Mannheim-Neckarau (TK 25, Blatt 6516 Mannheim-Südwest und Blatt 6517 Mannheim-Südost) liegt in der Ebene des Rheintales in ca. 95 - 105 m Höhe über NN.

23.7 Mannheim-Neuostheim

In der Dürerstraße nahe dem südlichen Ortsrand von Mannheim-Neuostheim hat Kurt Lackhoff (mündl. Mitt. 2008) etwa 1967 ein Männchen des Hirschkäfers (*Lucanus cervus*) im Garten des Hauses beobachtet, und hat danach erst wieder im Mai 2008 in der Bürgermeister-Willinger-Straße am südwestlichen Ortsrand von Walldorf im Garten des Hauses ein totes Männchen im Brunnen gefunden, welches dort im Wasser gelegen ist. Kurt Lackhoff (mündl. Mitt. 2008) hat bis 1979 in Mannheim-Neuostheim und bis 1993 in Ludwigshafen gewohnt und lebt seit 1993 in Walldorf, und hat in den über 55 Jahren seines Lebens außer den beiden vorgenannten Männchen keine weiteren Exemplare des Hirschkäfers (*Lucanus cervus*) in der Natur angetroffen. Der Fundort des Hirschkäfers (*Lucanus cervus*) in Mannheim-Neuostheim (TK 25, Blatt 6516 Mannheim-Südwest und Blatt 6517 Mannheim-Südost) liegt in der Ebene des Rheintales in ca. 95 - 105 m Höhe über NN.

24 Fundmeldungen von Naturfreunden in Weinheim und Umgebung

Die Funde von Exemplaren des Hirschkäfers (*Lucanus cervus*) in Weinheim und Umgebung, welche mir von Naturfreunden aufgrund meiner Aufrufe zur Mitteilung von Beobachtungen in regionalen Tageszeitungen (Rhein-Neckar-Zeitung 2008 a, 2008 b, 2008 c, 2008 d; Schwetzinger Zeitung 2008, Bruchsaler Rundschau 2008) berichtet wurden, umfassen Weinheim sowie die Orte Hohensachsen, Oberflockenbach, Hilsenhain, Viernheim, Hemsbach, Hüttenfeld, Lampertheim, Bürstadt, Riedrode, Lorsch, Groß-Rohrheim, Bensheim und Mörlenbach.

24.1 Weinheim

Die Nachweise von Individuen des Hirschkäfers (*Lucanus cervus*) in Weinheim, welche mir von Naturfreunden aufgrund meiner Aufrufe zur Mitteilung von Beobachtungen in regionalen Tageszeitungen (Rhein-Neckar-Zeitung 2008 a, 2008 b, 2008 c, 2008 d; Schwetzinger Zeitung 2008, Bruchsaler Rundschau 2008) gemeldet wurden, stammen aus der Birkenauer Talstraße und der Wachenbergstraße am östlichen Ortsrand von Weinheim, aus dem Wald unterhalb der Wachenburg und dem Berggarten am Wachenberg östlich Weinheim, aus der Annastraße und dem Nächstenbacher Weg im nördlichen Ortsteil von Weinheim; aus der Friedrichstraße, der Hauptstraße und der Schulstraße im zentralen Teil von Weinheim; aus dem Hagenweg, der Kriemhildstraße, dem Bennweg, dem Langgassenweg und der Untergasse am nordöstlichen Ortsrand von Weinheim; von der Römerbrücke im westlichen Ortsbereich von Weinheim; und aus der Ahornstraße, der Draisstraße und der Tullastraße am westlichen Ortsrand von Weinheim. Die Fundorte des Hirschkäfers (*Lucanus cervus*) in Weinheim (TK 25, Blatt 6417 Mannheim-Nordost und Blatt 6418 Weinheim) liegen in der Ebene des Rheintales in ca. 100 - 110 m Höhe über NN und am Westhang des Odenwaldes am Osthang des Rheintales in ca. 120 - 300 m Höhe über NN.

Eine Übersicht der Beobachtungen von 14 Männchen und 8 Weibchen des Hirschkäfers (*Lucanus cervus*) in Weinheim in den letzten 25 Jahren ist in Matt (2008) zusammengestellt. In der Birkenauer Talstraße am östlichen Ortsrand von Weinheim hat Matt (2008) im Juni 2008 insgesamt 5 Weibchen des Hirschkäfers (*Lucanus cervus*) nacheinander in zeitlichem Abstand an der Gartenterrasse des Hauses fliegend gesehen, hat am 23.06.2007 ein totes Weibchen an der Hauswand gefunden, hat am 09.06.2000 ein Weibchen im Garten des Hauses entdeckt, hat am 11.06.1999 ein Weibchen auf dem Balkon bemerkt, hat am 02.07.1994 ein Weibchen auf einem alten Holzkübel im Garten festgestellt, und hat im Mai 1987 ein totes Männchen angetroffen. Im Berggarten am Wachenberg östlich Weinheim hat Matt (2008) im August 2007 ein totes Männchen des Hirschkäfers (*Lucanus cervus*) in einer glatten Gießkanne gefunden, und hat in der Wachenbergstraße am östlichen Ortsrand von Weinheim im Mai 1990 ein totes Weibchen auf der Fahrbahn sowie am 29.07.1984 ein totes Weibchen auf der Terrasse entdeckt. In der Annastraße im nördlichen Ortsteil von Weinheim hat Matt (2008) am 16.06.1999 ein Weibchen des Hirschkäfers (*Lucanus cervus*) im Hof bemerkt, und hat am 12.05.1999 ein Männchen registriert, welches gegen die Hauswand geprallt ist und später tot gefunden wurde. Matt (2008) hat im Nächstenbacher Weg am nördlichen Ortsrand von Weinheim am 17.06.2007 ein Männchen des Hirschkäfers (*Lucanus cervus*) im Berggarten beobachtet, hat in der Friedrichstraße im zentralen Teil von Weinheim am 19.05.2007 und im Hagenweg am nordöstlichen Ortsrand von Weinheim im Juni 2005 je ein Männchen gesehen, hat in der Kriemhildstraße am nordöstlichen Ortsrand von Weinheim im Juni 2005 ein totes Weibchen bemerkt, hat im Bennweg am nordöstlichen Ortsrand von Weinheim am 12.06.2004 ein Männchen registriert, hat in der Hauptstraße im zentralen Teil von Weinheim am 08.06.2001 (Finder : Hartmut Brücker; Weinheimer Nachrichten 2001) und im Langgassenweg am nordöstlichen Ortsrand von Weinheim im Juni 2001 je ein Männchen im Garten festgestellt, hat in der Ahornstraße am westlichen Ortsrand von Weinheim am 21.06.1986 ein Männchen in einem Regenfaß entdeckt, hat in der Draisstraße am westlichen Ortsrand von Weinheim am 23.05.1986 ein Männchen im Hof notiert (Finder : Alwin Brockenauer; Weinheimer Nachrichten 1986), hat in der Tullastraße am westlichen Ortsrand von Weinheim am 05.06.1985 ein Männchen auf dem Rasen angetroffen, und hat in der Untergasse nahe dem nordöstlichen Ortsrand von Weinheim am 13.07.1984 ein Männchen vor der Haustür einer Wohnung dokumentiert (Finder : Fritz Eidenmüller; Weinheimer Nachrichten 1984). Matt (2008) konnte damit von 1984 bis 2008 über einen Zeitraum von fast 25 Jahren das zwar unregelmäßige, aber stets wiederkehrende Auftreten von Individuen des Hirschkäfers (*Lucanus cervus*) an verschiedenen Lokalitäten in und um Weinheim konstatieren. Dietmar Matt (mündl. Mitt. 2008) war bis 1964 in Mannheim-Friedrichsfeld und Mannheim-Seckenheim und lebt seit 1964 in Weinheim, und kann sich in den 70 Jahren seines Lebens nicht mehr an Orte und Zeiten von früheren Begegnungen mit Exemplaren des Hirschkäfers (*Lucanus cervus*) in der Natur erinnern, weil er erst 1984 mit der Aufzeichnung der Beobachtungen begonnen hat.

In der Schulstraße im zentralen Teil von Weinheim hat Gisela Koester (mündl. Mitt. 2008) auf dem Gehweg vor der Pestalozzischule am 16.07.2008 ein großes Männchen des Hirschkäfers (*Lucanus cervus*) angetroffen (Gesamtlänge 65 - 70 mm), welches das einzige Exemplar ist, das sie in den über 75 Jahren ihres Lebens bisher in der Natur gefunden hat. Gisela Koester (mündl. Mitt. 2008) wohnt seit 1960 in Heidelberg und Umgebung und hat dort seitdem in Heidelberg-Rohrbach, Heidelberg-Ziegelhausen und seit 1967 in Neckargemünd keine Individuen des Hirschkäfers (*Lucanus cervus*) entdecken können.

In der Hauptstraße im zentralen Teil von Weinheim haben Ingrid und Hartmut Brücker (mündl. Mitt. 2009) am 08.06.2001 ein Männchen des Hirschkäfers (*Lucanus cervus*) im Garten des Hauses gefunden (Weinheimer Nachrichten 2001, Matt 2008), welches am Gartenhaus am Boden gesessen ist, und dieses Männchen haben sie über drei bis vier Wochen hinweg immer wieder im Garten gesehen, wo es herumgelaufen und herumgeflogen ist, bevor es dann verschwunden ist. Ingrid Brücker (mündl. Mitt. 2009) wohnt schon immer in Weinheim und kann sich in den fast 70 Jahren ihres Lebens nicht mehr daran erinnern, ob sie außer dem vorgenannten Männchen weiteren Individuen des Hirschkäfers (*Lucanus cervus*) in der Natur begegnet ist. Hartmut Brücker (mündl. Mitt. 2009) hat auch in der Hauptstraße etwa von 2000 bis 2008 in etlichen Jahren, aber nicht in jedem Jahr, mehrmals einzelne Männchen des Hirschkäfers (*Lucanus cervus*) gesehen, welche neben der Straße am Boden gesessen oder gelaufen sind, und hat auch zwischen 1955 und 2000 im Wald unterhalb der Wachenburg am Wachenberg östlich Weinheim in etlichen Jahren, aber nicht in jedem Jahr, immer wieder einzelne Männchen entdeckt. Hartmut Brücker (mündl. Mitt. 2008) konnte damit in den fast 75 Jahren seines Lebens über einen Zeitraum von über 50 Jahren das vermutlich zwar unregelmäßige, aber stets wiederkehrende Auftreten von Individuen des Hirschkäfers (*Lucanus cervus*) konstatieren. Hartmut Brücker (mündl. Mitt. 2009) hat bis 1955 vorwiegend im Raum um Dresden gewohnt, kann sich jedoch nicht mehr daran erinnern, wo und wann er damals dort Exemplare des Hirschkäfers (*Lucanus cervus*) in der Natur angetroffen hat, und lebt seit 1955 in Weinheim.

In der Untergasse nahe dem nordöstlichen Ortsrand von Weinheim hat Fritz Eidenmüller (mündl. Mitt. 2009) am 13.07.1984 ein Männchen des Hirschkäfers (*Lucanus cervus*) vor der Haustür gefunden (Weinheimer Nachrichten 1984, Matt 2008), wo es morgens auf dem Gehweg gesessen ist. Fritz Eidenmüller (mündl. Mitt. 2009) hat auch von 1965 bis 1972 im Weinheimer Stadtwald östlich Weinheim in jedem Jahr insgesamt etwa 3 - 5 Männchen des Hirschkäfers (*Lucanus cervus*) pro Jahr am Boden und an Bäumen beobachtet, und hat dort auch schon etwa 1956 gelegentlich einzelne Männchen entdeckt. Fritz Eidenmüller (mündl. Mitt. 2009) hat auch etwa zwischen 1990 und 1995 an der Römerbrücke im westlichen Ortsbereich von Weinheim ein Männchen des Hirschkäfers (*Lucanus cervus*) an einer großen alten Eiche in der Nähe des Grillplatzes bemerkt, welches das letzte Exemplar ist, das er bisher in der Natur angetroffen hat. Fritz Eidenmüller (mündl. Mitt. 2009) wohnt schon immer in Weinheim und kann sich in den über 70 Jahren seines Lebens nicht mehr daran erinnern, ob er außer den vorgenannten Funden vor etwa 1990 weiteren Individuen des Hirschkäfers (*Lucanus cervus*) in der Natur begegnet ist.

In der Draisstraße am westlichen Ortsrand von Weinheim hat Alwin Brockenauer (mündl. Mitt. 2009) am 23.05.1986 ein Männchen des Hirschkäfers (*Lucanus cervus*) auf dem Parkplatz neben dem Feldrand im Hof eines Firmengeländes entdeckt (Weinheimer Nachrichten 1986, Matt 2008), welches dort am Boden herumgelaufen ist, und hat dort auch ein totes Männchen am Boden gesehen. Alwin Brockenauer (mündl. Mitt. 2009) wohnt schon immer in Weinheim und hat in den über 55 Jahren seines Lebens außer den vorgenannten Funden keine weiteren Exemplare des Hirschkäfers (*Lucanus cervus*) in der Natur angetroffen.

24.2 Hohensachsen

Am Pfad am westlichen Ortsrand von Weinheim-Hohensachsen haben Barbara und Dieter Karsch (mündl. Mitt. 2008) am 26.05.2005 abends in der Dämmerung ein Männchen des Hirschkäfers (*Lucanus cervus*) auf der Terrassentreppe am Eingang zur Wohnung gesehen. Dieses Männchen war das einzige Exemplar des Hirschkäfers (*Lucanus cervus*), welches Barbara und Dieter Karsch (mündl. Mitt. 2008) in den etwa 70 Jahren ihres Lebens bisher in der Natur angetroffen haben. Barbara und Dieter Karsch (mündl. Mitt. 2008) haben auch seit 2004 im Garten des Hauses im Komposthaufen, in der Blumenerde von Blumenkästen und im Holz eines alten Kirschbaumes Larven (Engerlinge) des Hirschkäfers (*Lucanus cervus*) beobachtet. Der Fundort des Hirschkäfers (*Lucanus cervus*) in Weinheim-Hohensachsen (TK 25, Blatt 6417 Mannheim-Nordost und Blatt 6418 Weinheim) liegt am Westhang des Odenwaldes am Osthang des Rheintales in ca. 140 - 220 m Höhe über NN.

24.3 Oberflockenbach

Zwischen Haus und Schule in Oberflockenbach hat Gerhard Großmann, ein Kollege von Fred Köhler (mündl. Mitt. 2008) im Forstlichen Bläserchor, etwa Ende Mai/Anfang Juni 2008 ein Männchen des Hirschkäfers (*Lucanus cervus*) am Boden gesehen. Der Fundort des Hirschkäfers (*Lucanus cervus*) in Oberflockenbach (TK 25, Blatt 6418 Weinheim) liegt im Westteil des Odenwaldes in ca. 280 - 350 m Höhe über NN.

24.4 Hilsenhain

Im Loh am westlichen Ortsrand von Hilsenhain nordnordwestlich Heiligkreuzsteinach hat Karl-Friedrich Kaufmann (mündl. Mitt. 2008) auf dem Grundstück des Wochenendhauses am Waldrand vor etwa 15 Jahren ein Männchen des Hirschkäfers (*Lucanus cervus*) am Boden entdeckt, welches über den Weg gelaufen ist. Karl-Friedrich Kaufmann (mündl. Mitt. 2008) hat dort auch vor etwa 10 Jahren in einem alten Eichenbalken etliche etwa daumengroße Larven (Engerlinge) des Hirschkäfers (*Lucanus cervus*) beobachtet. Karl-Friedrich Kaufmann (mündl. Mitt. 2008) hat bis 1969 in Weinheim und bis 1971 in Stuttgart gewohnt; war dann bis 1981 unter anderem in Mainz, Weinheim, Viernheim und Kreidach westlich Waldmichelbach; und lebt seit 1981 in Helmstadt-Bargen, und hat in den 60 Jahren seines Lebens schon zwischen 1969 und 1971 einmal ein Weibchen des Hirschkäfers (*Lucanus cervus*) während einer Exkursion der Universität Stuttgart-Hohenheim gesehen, weiß aber nicht mehr, wann und wo dies gewesen ist, wohingegen er ansonsten keinen weiteren Exemplaren in der Natur begegnet ist. Der Fundort des Hirschkäfers (*Lucanus cervus*) in Hilsenhain (TK 25, Blatt 6418 Weinheim) liegt im Westteil des Odenwaldes in ca. 400 - 450 m Höhe über NN.

24.5 Viernheim

Die Nachweise von Individuen des Hirschkäfers (*Lucanus cervus*) in und um Viernheim, welche mir von Naturfreunden aufgrund meiner Aufrufe zur Mitteilung von Beobachtungen in regionalen Tageszeitungen (Rhein-Neckar-Zeitung 2008 a, 2008 b, 2008 c, 2008 d; Schwetzinger Zeitung 2008, Bruchsaler Rundschau 2008) gemeldet wurden, stammen vom Anglersee gegenüber dem Waldschwimmbad am nordöstlichen Ortsausgang von Viernheim in Richtung Lampertheim-Hüttenfeld, und aus dem Viernheimer Wald um Viernheim. Die Fundorte des Hirschkäfers (*Lucanus cervus*) in und um Viernheim (TK 25, Blatt 6417 Mannheim-Nordost) liegen in der Ebene des Rheintales in ca. 95 - 105 m Höhe über NN.

Am Anglersee gegenüber dem Waldschwimmbad am nordöstlichen Ortsausgang von Viernheim in Richtung Lampertheim-Hüttenfeld hat Simone Gredel (mündl. Mitt. 2008) etwa Ende Mai/Anfang Juni 2008 mittags gegen 11.30 Uhr ein Männchen des Hirschkäfers (*Lucanus cervus*) auf dem Weg gesehen, und hat auch in der Schütte-Lanz-Straße im östlichen Ortsbereich von Brühl im Garten des Hauses etwa Mitte Mai 2008 abends gegen 22.30 Uhr ein Männchen vor einem Beet in der Nähe der Wand des Hauses entdeckt. Simone Gredel (mündl. Mitt. 2008) hat auch am Etang du Hanau bei Bitche in den Nordvogesen etwa Mitte Mai 2008 abends zwischen 21 und 22 Uhr auf einem mit Maschendrahtzaun umgebenen Campingplatz ein auf dem Rücken liegendes Weibchen des Hirschkäfers (*Lucanus cervus*) innerhalb des eingezäunten Geländes auf einem Weg bemerkt und ein auf dem Boden sitzendes Männchen außerhalb des eingezäunten Geländes im Laub beobachtet, und hat dort tagsüber auch ein totes Männchen am Boden im Wald angetroffen. Simone Gredel (mündl. Mitt. 2008) hat bis 1992 in Mannheim-Neckarstadt und bis 1996 in Eppelheim gewohnt und lebt seit 1996 in Brühl, und hat in den über 40 Jahren ihres Lebens schon etwa 1982 in der Herzogenriedstraße nahe dem Nordrand von Mannheim-Neckarstadt ein Männchen des Hirschkäfers (*Lucanus cervus*) gesehen, welches ein Klassenkamerad vermutlich im Baugebiet Herzogenried gefunden und ihr gezeigt hat, wohingegen sie ansonsten keinen weiteren Exemplaren in der Natur begegnet ist.

Im Viernheimer und Käfertaler Wald westlich Viernheim und nördlich Mannheim-Käfertal hat Horst Marthaler (mündl. Mitt. 2009) etwa 1990 an einem Abend etwa 10 - 20 Männchen des Hirschkäfers (*Lucanus cervus*) gesehen, welche einen Weg im Wald entlanggeflogen sind, und hat auch am

Russenstein am Nordhang des Neckartales am Westrand von Heidelberg-Ziegelhausen in 2007 einen Caput-Thorax-Torso eines Männchens am Boden entdeckt. Horst Marthaler (mündl. Mitt. 2009) hat auch in mehreren Jahren zahlreiche Exemplare des Hirschkäfers (*Lucanus cervus*) im Wald um den Flughafen Frankfurt/Main beobachtet. Horst Marthaler (mündl. Mitt. 2009) war bisher unter anderem in Germersheim, Heidelberg-Wieblingen und Nördlingen und lebt jetzt in Neckargemünd, hat jedoch in den 50 Jahren seines Lebens an keinem der vorgenannten Orte Individuen des Hirschkäfers (*Lucanus cervus*) in der Natur angetroffen, und kann sich auch über die vorgenannten Funde hinaus nicht an weitere Begegnungen mit Exemplaren in der Natur erinnern. Horst Marthaler (mündl. Mitt. 2009) hat auch in 1996 oder 1997 in Nördlingen im Komposthaufen im Garten des Hauses Exemplare des Nashornkäfers (*Oryctes nasicornis*) festgestellt.

Im Viernheimer Wald (Rühle 2008 b), im Lampertheimer Wald (Südhessen Morgen 2005 c, 2008; Rühle 2008 a, 2008 d) und im Riedwald um Bürstadt (Mannheimer Morgen 2003, Schader 2004, Bürstadter Zeitung 2005, Rühle 2008 c) siedelt sich der Hirschkäfer (*Lucanus cervus*) besonders in absterbenden Waldteilen an, in denen sich vermehrt Totholz ausbildet, wobei die Freßtätigkeit der Larven (Engerlinge) verschiedener Käfer an den Wurzeln der Bäume diese Entwicklung beschleunigt und dadurch mithilft, für die nächste Generation günstige Substrate bereitzustellen. Über das Vorkommen des Hirschkäfers (*Lucanus cervus*) im Viernheimer Wald hat auch Baczyk (2004) berichtet.

24.6 Hemsbach

Die Nachweise von Individuen des Hirschkäfers (*Lucanus cervus*) in und um Hemsbach, welche mir von Naturfreunden aufgrund meiner Aufrufe zur Mitteilung von Beobachtungen in regionalen Tageszeitungen (Rhein-Neckar-Zeitung 2008 a, 2008 b, 2008 c, 2008 d; Schwetzinger Zeitung 2008, Bruchsaler Rundschau 2008) gemeldet wurden, stammen aus der Tilsiter Straße am südlichen Ortsrand von Hemsbach und von dem Weg von Hemsbach nach Balzenbach östlich Hemsbach. Die Fundorte des Hirschkäfers (*Lucanus cervus*) in und um Hemsbach (TK 25, Blatt 6417 Mannheim-Nordost und Blatt 6418 Weinheim) liegen in der Ebene des Rheintales in ca. 95 - 110 m Höhe über NN und am Westhang des Odenwaldes am Osthang des Rheintales in ca. 120 - 250 m Höhe über NN.

In der Tilsiter Straße am südlichen Ortsrand von Hemsbach hat Hans-Michael Kühl (mündl. Mitt. 2008) einmal zwischen 1980 und 1985 ein Männchen des Hirschkäfers (*Lucanus cervus*) vor dem Haus am Boden entdeckt, und hat schon zwischen 1950 und 1960 in etlichen Jahren, aber nicht in jedem Jahr, einzelne Männchen in und um Schwäbisch Gmünd registriert. In der Lettengasse am südöstlichen Ortsausgang von Hirschberg-Großsachsen hat Hans-Michael Kühl (mündl. Mitt. 2008) seit 1995 in den meisten Jahren, aber nicht in jedem Jahr, einzelne Weibchen des Hirschkäfers (*Lucanus cervus*) auf der Treppe des Terrassenhauses am Hang gesehen, und hat im Garten hinter dem Haus etwa Mitte Juni 2008 abends in der Dämmerung ein fliegendes Männchen an der Terrasse beobachtet sowie Ende Juni 2008 ein totes Weibchen in einem wassergefüllten Blumencontainer bemerkt. Hans-Michael Kühl (mündl. Mitt. 2008) konnte damit über einen Zeitraum von fast 15 Jahren das zwar unregelmäßige, aber stets wiederkehrende Auftreten von Individuen des Hirschkäfers (*Lucanus cervus*) konstatieren. Hans-Michael Kühl (mündl. Mitt. 2008) hat bis 1968 in Schwäbisch Gmünd und bis 1995 in Hemsbach gewohnt und lebt seit 2005 in Hirschberg-Großsachsen, und ist in den 65 Jahren seines Lebens außer den vorgenannten Funden keinen weiteren Exemplaren des Hirschkäfers (*Lucanus cervus*) in der Natur begegnet.

Auf dem Weg von Hemsbach nach Balzenbach östlich Hemsbach hat Georg Wagner (mündl. Mitt. 2008) in der Nähe des Wanderparkplatzes Schaumesklingel in Richtung Juhöhe am 06.06.2008 nachmittags gegen 14.30 Uhr mit einer Wandergruppe ein Männchen des Hirschkäfers (*Lucanus cervus*) gesehen, welches Willi Kraus auf dem Weg gefunden und den anderen Teilnehmern (darunter auch Friedrich Essigke, mündl. Mitt. 2009) gezeigt hat, von denen einige bei dieser Gelegenheit zum ersten Mal in ihrem Leben ein Exemplar in der Natur beobachten konnten. Georg Wagner (mündl. Mitt. 2008) hat bis 1952 in Neuburg an der Donau und bis 1978 in Mannheim-Innenstadt gewohnt und lebt seit 1978 in Schwetzingen, und hat in den 75 Jahren seines Lebens vorher nur von 1947 bis 1949 im Wald um Neuburg in jedem Jahr mehrere Individuen des Hirschkäfers (*Lucanus cervus*), welche wahrscheinlich meist Männchen waren, bemerkt, wohingegen er an anderen Orten keinen Exemplaren in der Natur begegnet ist.

24.7 Hüttenfeld

Am Litauischen Gymnasium im Schloß Rennhof am östlichen Ortsausgang von Lampertheim-Hüttenfeld hat Günter Nastansky-Warnecke (mündl. Mitt. 2008) von 1973 bis 1982 in fast jedem Jahr insgesamt etwa 5 - 10 Exemplare des Hirschkäfers (*Lucanus cervus*) pro Jahr an Stämmen und Zweigen des vielfältigen Baumbestandes im Park des Schulgeländes beobachtet, und hat dort in einigen Jahren sogar mehrere Tage hintereinander ein maikäferähnliches Schwärmen von Dutzenden von Individuen des Hirschkäfers (*Lucanus cervus*) erlebt. Günter Nastansky-Warnecke (mündl. Mitt. 2008) hat auch am 17.07.2008 in den Weinbergen östlich des Dossenheimer Weges östlich der Markthalle des Erzeugergroßmarktes an der nördlichen Gemarkungsgrenze von Heidelberg-Handschuhsheim abends in der Dämmerung ein Männchen des Hirschkäfers (*Lucanus cervus*) gesehen, welches um eine Hütte im Weinberg am Hang herumgeflogen ist. Günter Nastansky-Warnecke (mündl. Mitt. 2008) hat bis 1961 in Limburg an der Lahn und bis 1979 in Heidelberg-Handschuhsheim gewohnt und lebt seit 1979 in Dossenheim, und kann sich in den über 65 Jahren seines Lebens außer den vorgenannten Funden nicht an weitere Begegnungen mit Exemplaren des Hirschkäfers (*Lucanus cervus*) in der Natur erinnern.

Der Fundort des Hirschkäfers (*Lucanus cervus*) in Lampertheim-Hüttenfeld (TK 25, Blatt 6317 Bensheim und Blatt 6417 Mannheim-Nordost) liegt in der Ebene des Rheintales in ca. 95 - 105 m Höhe über NN. Über das Vorkommen des Hirschkäfers (*Lucanus cervus*) im Wald um Lampertheim-Hüttenfeld hat auch Kaupe (2005) berichtet.

24.8 Lampertheim

Die Nachweise von Individuen des Hirschkäfers (*Lucanus cervus*) in und um Lampertheim, welche mir von Naturfreunden aufgrund meiner Aufrufe zur Mitteilung von Beobachtungen in regionalen Tageszeitungen (Rhein-Neckar-Zeitung 2008 a, 2008 b, 2008 c, 2008 d; Schwetzinger Zeitung 2008, Bruchsaler Rundschau 2008) gemeldet wurden, stammen aus der Adriastraße am südöstlichen Ortsrand von Lampertheim und aus dem Lampertheimer Wald um Lampertheim. Die Fundorte des Hirschkäfers (*Lucanus cervus*) in und um Lampertheim (TK 25, Blatt 6316 Worms, Blatt 6317 Bensheim, Blatt 6416 Mannheim-Nordwest und Blatt 6417 Mannheim-Nordost) liegen in der Ebene des Rheintales in ca. 95 - 105 m Höhe über NN.

In der Adriastraße am südöstlichen Ortsrand von Lampertheim hat Friedrich Essigke (mündl. Mitt. 2009) auf der Terrasse des Hauses am 25.06.2008 abends gegen 18 Uhr ein Weibchen und vor etwa 20 Jahren ein Männchen des Hirschkäfers (*Lucanus cervus*) am Boden entdeckt. Friedrich Essigke (mündl. Mitt. 2009) war auch einer der Teilnehmer der Wandergruppe, die mit Georg Wagner (mündl. Mitt. 2008) auf dem Weg von Hemsbach nach Balzenbach östlich Hemsbach in der Nähe des Wanderparkplatzes Schaumesklingel in Richtung Juhöhe am 06.06.2008 nachmittags gegen 14.30 Uhr ein Männchen des Hirschkäfers (*Lucanus cervus*) gesehen hat, welches Willi Kraus auf dem Weg gefunden und den anderen Teilnehmern gezeigt hat, von denen einige bei dieser Gelegenheit zum ersten Mal in ihrem Leben ein Exemplar in der Natur beobachten konnten. Friedrich Essigke (mündl. Mitt. 2009) hat bis 1948 in Falkenstein südlich Auerbach im Vogtland, bis 1951 in Skopje im heutigen Mazedonien, und bis 1967 in Schönaich südlich Stuttgart gewohnt und lebt seit 1967 in Lampertheim, und hat in den fast 75 Jahren seines Lebens außer den vorgenannten Funden keine weiteren Exemplare des Hirschkäfers (*Lucanus cervus*) in der Natur angetroffen.

Im Lampertheimer Wald (Südhessen Morgen 2005 c, 2008; Rühle 2008 a, 2008 d), im Viernheimer Wald (Rühle 2008 b) und im Riedwald um Bürstadt (Mannheimer Morgen 2003, Schader 2004, Bürstadter Zeitung 2005, Rühle 2008 c) siedelt sich der Hirschkäfer (*Lucanus cervus*) besonders in absterbenden Waldteilen an, in denen sich vermehrt Totholz ausbildet, wobei die Freßtätigkeit der Larven (Engerlinge) verschiedener Käfer an den Wurzeln der Bäume diese Entwicklung beschleunigt und dadurch mithilft, für die nächste Generation günstige Substrate bereitzustellen. Im Lampertheimer Wald hat Wenzel (2002) am 20.05.2001 am späten Nachmittag ein Exemplar und im Juni 2001 abends gegen 21.30 Uhr drei Individuen des Hirschkäfers (*Lucanus cervus*) an einer alten Eiche entdeckt. Über das Vorkommen des Hirschkäfers (*Lucanus cervus*) im Lampertheimer Wald haben auch Nolte, Geginat & Weihrauch (1995, 1997), Müller & Reißmann (2001) und Bock (2005) berichtet, und zur

Bedeutung des Lampertheimer Waldes als Lebensraum für xylobionte Käfer haben auch Nolte, Geginat & Weihrauch (1995) und Nolte (2000) Stellung genommen.

24.9 Bürstadt

Die Nachweise von Individuen des Hirschkäfers (*Lucanus cervus*) in und um Bürstadt, welche mir von Naturfreunden aufgrund meiner Aufrufe zur Mitteilung von Beobachtungen in regionalen Tageszeitungen (Rhein-Neckar-Zeitung 2008 a, 2008 b, 2008 c, 2008 d; Schwetzinger Zeitung 2008, Bruchsaler Rundschau 2008) gemeldet wurden, stammen aus dem Lampertheimer Wald und dem Riedwald um Bürstadt, Lampertheim und Lorsch. Die Fundorte des Hirschkäfers (*Lucanus cervus*) in und um Bürstadt (TK 25, Blatt 6316 Worms und Blatt 6317 Bensheim) liegen in der Ebene des Rheintales in ca. 95 - 105 m Höhe über NN.

In Bürstadt hat Gerhard Reuscher (mündl. Mitt. 2008) in den 60 Jahren seines Lebens seit etwa 1960 bis 1983 in etlichen Jahren, aber nicht in jedem Jahr, insgesamt etwa 1 - 2 Exemplare des Hirschkäfers (*Lucanus cervus*) pro Jahr auf Bäumen und am Boden im Lampertheimer Wald um Bürstadt, Lampertheim und Lorsch entdeckt. Gerhard Reuscher (mündl. Mitt. 2008) hat bis 1983 in Bürstadt gewohnt und lebt seit 1983 in Schriesheim, wohingegen Gerda Reuscher (mündl. Mitt. 2008) mit Ausnahme eines Aufenthaltes in Bürstadt von 1977 bis 1983 schon immer in Schriesheim wohnt. Gerda und Gerhard Reuscher (mündl. Mitt. 2008) haben von 1983 bis 2008 in der Friedensstraße in Schriesheim in jedem Jahr insgesamt etwa 5 - 15 Individuen des Hirschkäfers (*Lucanus cervus*) pro Jahr fliegend um das Haus herum, im Hof und auf der Straße vor dem Haus sowie laufend und sitzend im Hof und am Haus beobachtet, und Gerda Reuscher (mündl. Mitt. 2008) hat in den über 50 Jahren ihres Lebens dort das jährliche Erscheinen von zahlreichen Exemplaren schon von 1962 bis 1977 registriert. Gerda Reuscher (mündl. Mitt. 2008) konnte damit über einen Zeitraum von über 45 Jahren das regelmäßige Auftreten von Individuen des Hirschkäfers (*Lucanus cervus*) beobachten. Im Juni 2007 haben Gerda und Gerhard Reuscher (mündl. Mitt. 2008) in der Friedensstraße in Schriesheim eine außergewöhnliche Invasion von überwiegend Männchen und untergeordnet auch Weibchen des Hirschkäfers (*Lucanus cervus*) erlebt, als über etwa 3 - 4 Wochen hinweg jeden Abend bis etwa 15 - 20 Exemplare pro Abend in der Dämmerung angeflogen sind, im Hof gelandet sind und dort herumgelaufen sind; und aus Holzstapeln, Blumenkübeln und Blumenrabatten herausgekommen sind, wohingegen vorher und nachher nur etwa 3 - 5 Individuen pro Abend aufgetreten sind. Im Juni 2008 haben Gerda und Gerhard Reuscher (mündl. Mitt. 2008) dort eine deutlich schwächere Erscheinungsperiode des Hirschkäfers (*Lucanus cervus*) im Vergleich zu der außergewöhnlichen Invasion im Juni 2007 festgestellt, als sie über etwa 2 Wochen hinweg jeden Abend lediglich bis etwa 2 - 4 Exemplare pro Abend bemerkt haben.

Im Riedwald um Bürstadt (Mannheimer Morgen 2003, Schader 2004, Bürstadter Zeitung 2005, Rühle 2008 c), im Lampertheimer Wald (Südhessen Morgen 2005 c, 2008; Rühle 2008 a, 2008 d) und im Viernheimer Wald (Rühle 2008 b) siedelt sich der Hirschkäfer (*Lucanus cervus*) besonders in absterbenden Waldteilen an, in denen sich vermehrt Totholz ausbildet, wobei die Freßtätigkeit der Larven (Engerlinge) verschiedener Käfer an den Wurzeln der Bäume diese Entwicklung beschleunigt und dadurch mithilft, für die nächste Generation günstige Substrate bereitzustellen. Die Fundorte des Hirschkäfers (*Lucanus cervus*) in und um Bürstadt (TK 25, Blatt 6316 Worms und Blatt 6317 Bensheim) liegen in der Ebene des Rheintales in ca. 95 - 105 m Höhe über NN.

24.10 Riedrode

In Riedrode östlich Bürstadt wurden in einem Garten in 2004 insgesamt 19 Exemplare des Hirschkäfers (*Lucanus cervus*), von denen fast alle Männchen waren, beim Ausschlüpfen aus der Erde rings um einen alten Stumpf eines japanischen Kirschbaumes beobachtet (Schader 2004). In und um Bürstadt sind darüber hinaus immer wieder Individuen des Hirschkäfers (*Lucanus cervus*) beobachtet worden (Schader 2004). Der Fundort des Hirschkäfers (*Lucanus cervus*) in Riedrode (TK 25, Blatt 6316 Worms und Blatt 6317 Bensheim) liegt in der Ebene des Rheintales in ca. 95 - 105 m Höhe über NN.

24.11 Lorsch

Über das Vorkommen des Hirschkäfers (*Lucanus cervus*) im Lorscher Wald haben Bock (2005) und Südhessen Morgen (2005 c) berichtet. Die Fundorte des Hirschkäfers (*Lucanus cervus*) im Lorscher Wald (TK 25, Blatt 6316 Worms und Blatt 6317 Bensheim) liegen in der Ebene des Rheintales in ca. 95 - 105 m Höhe über NN.

24.12 Groß-Rohrheim

Über das Vorkommen des Hirschkäfers (*Lucanus cervus*) im Jägersburger Wald zwischen Groß-Rohrheim und Einhausen nordwestlich Lorsch sowie im Gernsheimer Wald hat Südhessen Morgen (2001) berichtet. Die Fundorte des Hirschkäfers (*Lucanus cervus*) im Jägersburger Wald und im Gernsheimer Wald (TK 25, Blatt 6216 Gernsheim, Blatt 6217 Zwingenberg, Blatt 6316 Worms und Blatt 6317 Bensheim) liegen in der Ebene des Rheintales in ca. 95 - 105 m Höhe über NN.

24.13 Bensheim

Die Nachweise von Individuen des Hirschkäfers (*Lucanus cervus*) in Bensheim, welche mir von Naturfreunden aufgrund meiner Aufrufe zur Mitteilung von Beobachtungen in regionalen Tageszeitungen (Rhein-Neckar-Zeitung 2008 a, 2008 b, 2008 c, 2008 d; Schwetzinger Zeitung 2008, Bruchsaler Rundschau 2008) gemeldet wurden, stammen aus der Darmstädter Sraße im nördlichen Ortsbereich von Bensheim sowie von dem Weg von Bensheim nach Schönberg östlich Bensheim. Die Fundorte des Hirschkäfers (*Lucanus cervus*) in Bensheim (TK 25, Blatt 6217 Zwingenberg und Blatt 6317 Bensheim) liegen in der Ebene des Rheintales in ca. 100 - 110 m Höhe über NN und am Westhang des Odenwaldes am Osthang des Rheintales in ca. 120 - 220 m Höhe über NN.

In der Darmstädter Straße im nördlichen Ortsbereich von Bensheim in Richtung Auerbach hat Claudia Vettel (mündl. Mitt. 2008) im Garten des Hauses etwa 1970 einzelne Exemplare des Hirschkäfers (*Lucanus cervus*) am Boden entdeckt, und hat auch zwischen 1975 und 1980 in einem Garten am Waldrand in Auerbach nördlich Bensheim einzelne Individuen gefunden. Claudia Vettel (mündl. Mitt. 2008) hat auch im Finkenweg im westlichen Ortsbereich von Wiesloch-Frauenweiler auf dem Spielgelände des Kindergartens "Unter dem Sternenhimmel" etwa Anfang Juli 2008 ein Männchen und ein Weibchen des Hirschkäfers (*Lucanus cervus*) am Boden gesehen, die aus Löchern in Holzstufen, die vom Atrium auf die Wiese führen, herausgekommen sind und sich auch wieder darin versteckt haben, wohingegen sie dort in den letzten Jahren keine Tiere bemerkt hat. Claudia Vettel (mündl. Mitt. 2008) kann sich in den über 45 Jahren ihres Lebens nicht daran erinnern, außer den vorgenannten Funden weiteren Exemplaren des Hirschkäfers (*Lucanus cervus*) in der Natur begegnet zu sein.

Auf dem Weg von Bensheim nach Schönberg östlich Bensheim hat Klaus Blume (mündl. Mitt. 2008) von 1955 bis 1965 am Waldrand und auf den sandigen Wegen mit Büschen und Sträuchern vor dem Waldrand in den meisten Jahren, aber nicht in jedem Jahr, bis zu 2 - 3 Männchen des Hirschkäfers (*Lucanus cervus*) pro Jahr am Boden registriert. Klaus Blume (mündl. Mitt. 2008) hat bis 1973 sowie von 1978 bis 1986 in Bensheim und von 1973 bis 1978 in Zwingenberg gewohnt und lebt seit 1986 in Hockenheim, und hat in den fast 65 Jahren seines Lebens danach erst wieder von 2004 bis 2007 auf dem Campingplatz am St. Leoner See nordnordwestlich St. Leon in jedem Jahr auf dem Rasen um den See herum und zwischen den Büschen auf dem Rasen insgesamt etwa 2 - 3 Männchen des Hirschkäfers (*Lucanus cervus*) pro Jahr am Boden gesehen, wohingegen er dort in 2008 kein Exemplar beobachtet hat, und hat in 2007 auch ein Männchen unter dem Wohnwagen in etwa 200 m Entfernung vom See entdeckt. Klaus Blume (mündl. Mitt. 2008) hat außer den vorgenannten Funden keine weiteren Individuen des Hirschkäfers (*Lucanus cervus*) in der Natur angetroffen.

24.14 Mörlenbach

Im Schrack am südöstlichen Ortsrand von Weiher südöstlich Mörlenbach hat Frank Sürmann (schriftl. Mitt. 2008) von 1992 bis 2008 in jedem Jahr insgesamt etwa 2 - 10 Weibchen des Hirschkäfers (*Lucanus cervus*) pro Jahr abends am Haus am Boden und fliegend beobachtet, und hat in diesem Zeitraum auch im Wald um Weiher immer wieder einzelne Weibchen am Boden und fliegend bemerkt, wohingegen er Männchen nur einmal etwa 2004 laufend am Boden im Wald und einmal in 2007 überfahren auf einem Weg im Wald entdeckt hat. Frank Sürmann (schriftl. Mitt. 2008) konnte damit über einen Zeitraum von über 15 Jahren das regelmäßige Auftreten von Individuen des Hirschkäfers (*Lucanus cervus*) konstatieren. Frank Sürmann (schriftl. Mitt. 2008) hat in den über 45 Jahren seines Lebens auch vorher schon mehrfach einzelne Exemplare des Hirschkäfers (*Lucanus cervus*) in der Natur angetroffen, kann sich aber nicht mehr daran erinnern, wann und wo dies gewesen ist. Der Fundort des Hirschkäfers (*Lucanus cervus*) in Mörlenbach-Weiher (TK 25, Blatt 6418 Weinheim) liegt im Mörlenbachtal, einem Seitental des Weschnitztales, welches in Weinheim in das Rheintal einmündet, im Westteil des Odenwaldes in ca. 180 - 250 m Höhe über NN.

25 Fundmeldungen von Naturfreunden in Eberbach und Umgebung

Die Funde von Exemplaren des Hirschkäfers (*Lucanus cervus*) in Eberbach und Umgebung, welche mir von Naturfreunden aufgrund meiner Aufrufe zur Mitteilung von Beobachtungen in regionalen Tageszeitungen (Rhein-Neckar-Zeitung 2008 a, 2008 b, 2008 c, 2008 d; Schwetzinger Zeitung 2008, Bruchsaler Rundschau 2008) berichtet wurden, umfassen Eberbach sowie die Orte Neckarwimmersbach, Gaimühle, Waldkatzenbach, Unterdielbach, Oberdielbach, Schollbrunn, Strümpfelbrunn, Mülben, Sensbachtal und Hirschhorn.

25.1 Eberbach

Die Nachweise von Individuen des Hirschkäfers (*Lucanus cervus*) in und um Eberbach, welche mir von Naturfreunden aufgrund meiner Aufrufe zur Mitteilung von Beobachtungen in regionalen Tageszeitungen (Rhein-Neckar-Zeitung 2008 a, 2008 b, 2008 c, 2008 d; Schwetzinger Zeitung 2008, Bruchsaler Rundschau 2008) gemeldet wurden, stammen aus der Waldstraße, der Steigestraße und der Königsberger Straße am nordwestlichen Ortsrand von Eberbach; aus der Memelstraße und dem Grazert am nordöstlichen Ortsrand von Eberbach, aus der König-Heinrich-Straße und dem Kurfürstenweg am östlichen Ortsrand von Eberbach, vom Kreuzberg am südöstlichen Ortsausgang von Eberbach, vom Eßlich am Itterhof nordöstlich Eberbach, und aus dem Wald um Eberbach. Die Fundorte des Hirschkäfers (*Lucanus cervus*) in und um Eberbach (TK 25, Blatt 6519 Eberbach) liegen im Neckartal im Ostteil des Odenwaldes in ca. 120 - 350 m Höhe über NN.

In der Waldstraße am nordwestlichen Ortsrand von Eberbach hat Eduard Sauer (mündl. Mitt. 2008) im Garten des Hauses am Hang in der Nähe des Waldrandes am 01.06.2008 ein Männchen des Hirschkäfers (*Lucanus cervus*) nachmittags in der Pergola am Boden gesehen, welches am Abend davongeflogen ist, und hat dort auch schon in 2003 ein Männchen beobachtet. Eduard Sauer (mündl. Mitt. 2008) hat 1972 in der Waldstraße gebaut und hatte damals eine große Eiche vor dem Haus, und hat von 1972 bis 1977 in jedem Jahr mindestens ein Männchen und ein Weibchen des Hirschkäfers (*Lucanus cervus*) pro Jahr an der Eiche bemerkt. 1978 war die Eiche vor dem Haus von Eduard Sauer (mündl. Mitt. 2008) in der Waldstraße zu groß geworden und wurde entfernt, und danach sind außer den vorgenannten Funden in 2003 und 2008 dort keine Individuen des Hirschkäfers (*Lucanus cervus*) mehr erschienen. Eduard Sauer (mündl. Mitt. 2008) hat bis 1954 in Haslach im Kinzigtal im Schwarzwald gewohnt und war dann in Karlsruhe, Möhringen südwestlich Tuttlingen im Donautal, Saarbrücken und Bräunlingen südwestlich Donaueschingen, und lebt seit 1969 in Eberbach, und kann sich nicht daran erinnern, in den 75 Jahren seines Lebens außer den vorgenannten Funden weiteren Exemplaren des Hirschkäfers (*Lucanus cervus*) in der Natur begegnet zu sein.

In der Steigestraße am nordwestlichen Ortsrand von Eberbach, wo sie schon immer wohnt, hat Marion Vesper (mündl. Mitt. 2008) in den über 40 Jahren ihres Lebens von etwa 1975 bis 2008 in etlichen Jahren, aber nicht in jedem Jahr, insgesamt etwa 1 - 2 Exemplare des Hirschkäfers (*Lucanus cervus*) pro Jahr überwiegend auf der Straße vor dem Haus beobachtet, wobei sie dabei besonders in 2007 und 2008 je ein Männchen und in 2001 ein Weibchen notiert hat. Marion Vesper (mündl. Mitt. 2008) konnte damit über einen Zeitraum von über 30 Jahren das mehr oder weniger regelmäßige Auftreten von Individuen des Hirschkäfers (*Lucanus cervus*) konstatieren.

In der Königsberger Straße am nordwestlichen Ortsrand von Eberbach hat Christa Schneider (mündl. Mitt. 2008) im Vorgarten des Hauses, auf der Straße vor dem Haus und am Waldrand oberhalb des Hauses in 2006 und 2007 je ein Männchen sowie in 2008 ein Weibchen des Hirschkäfers (*Lucanus cervus*) am Boden gesehen, und hat davor nur zwischen etwa 1965 und etwa 1970 beim Wandern in Eberbach und Umgebung wiederholt einzelne Individuen beobachtet. Christa Schneider (mündl. Mitt. 2008) wohnt schon immer in Eberbach und kann sich in den 50 Jahren ihres Lebens nicht daran erinnern, zwischen etwa 1970 und 2006 weiteren Exemplaren des Hirschkäfers (*Lucanus cervus*) in der Natur begegnet zu sein.

In der Memelstraße am nordöstlichen Ortsrand von Eberbach hat Uschi Block (mündl. Mitt. 2008) Anfang Juli 2008 am Vordach des Hauses ein lautes scharrendes Geräusch wahrgenommen und hat daraufhin in der Dachrinne ein auf dem Rücken liegendes Männchen des Hirschkäfers (*Lucanus cervus*) gefunden, das sie dort herausgenommen und in den Garten gesetzt hat, wo es dann rasch verschwunden ist. Uschi Block (mündl. Mitt. 2008) hat bis 1981 in Köln gewohnt und lebt seit 1981 in Eberbach, und kann sich in den 60 Jahren ihres Lebens nur daran erinnern, daß sie von etwa 1981 bis etwa 1990 im Wald um Eberbach und Hirschhorn schon einzelne Exemplare des Hirschkäfers (*Lucanus cervus*) beobachtet hat, weiß aber nicht mehr, wann und wo dies gewesen ist. Peter Block (mündl. Mitt. 2008) wohnt schon immer in Eberbach und hat auch in 2004 oder 2005 im Kurfürstenweg am östlichen Ortsrand von Eberbach ein totes Männchen des Hirschkäfers (*Lucanus cervus*) an einem Eichenstamm im Garten des Nachbarhauses entdeckt, welches das erste Exemplar war, das er in den 60 Jahren seines Lebens in der Natur angetroffen hat.

Im Grazert am nordöstlichen Ortsrand von Eberbach hat Stefanie Vollweiler (mündl. Mitt. 2008) auf der Terrasse des Hauses am Waldrand, im Garten, auf der Straße und an Holzstapeln am Waldrand von 2005 bis 2008 in jedem Jahr etwa 2 - 3 Männchen des Hirschkäfers (*Lucanus cervus*) pro Jahr am Boden gesehen, und hat davor nur von etwa 1970 bis etwa 1980 im Wald um Eberbach immer wieder einzelne Exemplare auf dem Weg und zwischen den Wegen am Boden beobachtet. Stefanie Vollweiler (mündl. Mitt. 2008) wohnt schon immer in Eberbach und kann sich in den 40 Jahren ihres Lebens nicht daran erinnern, zwischen etwa 1980 und 2005 weitere Individuen des Hirschkäfers (*Lucanus cervus*) in der Natur angetroffen zu haben.

In der König-Heinrich-Straße am östlichen Ortsrand von Eberbach hat Margarethe Rottermann (mündl. Mitt. 2008) in einem leeren Blumentopf im Garten des Hauses Ende Juli 2008 ein Weibchen des Hirschkäfers (*Lucanus cervus*) bemerkt. Margarethe Rottermann (mündl. Mitt. 2008) hat auch in der Hirtenaue am nordöstlichen Ortsrand von Heidelberg-Ziegelhausen in 2007 und 2008 je ein Männchen des Hirschkäfers (*Lucanus cervus*) auf dem Weg im Wald gesehen, wohingegen ihr Kollege, Alexander Mägdefrau, dort schon mindestens seit 2003 in jedem Jahr mehrere Exemplare entdeckt hat. Margarethe Rottermann (mündl. Mitt. 2008) wohnt schon immer in Eberbach und kann sich nicht daran erinnern, in den über 30 Jahren ihres Lebens außer den vorgenannten Funden weitere Individuen des Hirschkäfers (*Lucanus cervus*) in der Natur angetroffen zu haben.

Im Eberbacher Stadtwald hat Karl Schramm (mündl. Mitt. 2008) in 2007 insgesamt 6 Männchen und Weibchen des Hirschkäfers (*Lucanus cervus*) am Kreuzberg am südöstlichen Ortsausgang von Eberbach in Richtung Gaimühle und am Eßlich am Itterhof nordöstlich Eberbach an der Jungviehweide sowie im Wald am Sensberg am Südrand von Sensbachtal-Hebstahl nordöstlich Eberbach beobachtet. Karl Schramm (mündl. Mitt. 2008) hat bis 1973 in Eberbach gewohnt und hat in den 70 Jahren seines Lebens auch zwischen 1946 und 1961 im Wald und am Waldrand im gesamten Waldgebiet um Eberbach immer wieder einzelne Exemplare des Hirschkäfers (*Lucanus cervus*) registriert, und hat ferner etwa zwischen 1965 und 1968 am Itterberg in der Nähe des Rondells am westlichen Ortsrand von Eberbach insgesamt etwa 5 Männchen pro Jahr am Boden und fliegend festgestellt, wohingegen Erika Schramm (mündl. Mitt. 2008) sich nicht daran erinnern kann, in den fast 70 Jahren ihres Lebens vor 1973 in Eberbach und vor 1961 in Neckarsteinach Individuen des Hirschkäfers in der Natur angetroffen zu haben. Im Steinachstegweg in Sensbachtal-Hebstahl, wo sie seit 1973 am Osthang des Sensbachtales am Fuß des Sensberges wohnen, haben Erika und Karl Schramm (mündl. Mitt.

2008) Ende Juli/Anfang August 2008 ein Männchen des Hirschkäfers (*Lucanus cervus*) bemerkt, welches abends am Haus vorbeigeflogen ist, und haben in 2004 ein Männchen im Garten hinter dem Haus am Boden gefunden. Erika und Karl Schramm (mündl. Mitt. 2008) haben in Sensbachtal seit 1973 bis 2008 fast in jedem Jahr insgesamt etwa 1 - 2 Weibchen pro Jahr und in einigen Jahren sogar insgesamt etwa 5 Weibchen des Hirschkäfers (*Lucanus cervus*) pro Jahr im Garten und auf dem Weg um das Haus herum meist am Boden gesehen, wohingegen ihnen Männchen nicht in jedem Jahr, aber auch öfters aufgefallen sind. Erika und Karl Schramm (mündl. Mitt. 2008) konnten damit über einen Zeitraum von 35 Jahren das mehr oder weniger regelmäßige Auftreten von Individuen des Hirschkäfers (*Lucanus cervus*) konstatieren.

25.2 Neckarwimmersbach

In der Schwanheimer Straße am südlichen Ortsrand von Neckarwimmersbach hat Waltraud Schönhals (mündl. Mitt. 2008) von 1962 bis 1966 im Garten des Hauses mit ausgedehntem Baumbestand am Waldrand mehrfach einzelne Exemplare des Hirschkäfers (*Lucanus cervus*) beobachtet, und hat auch im Herrenweg am südöstlichen Ortsrand von Neckargemünd im Garten des Hauses etwa Mitte Juni 2008 ein Männchen des Hirschkäfers (*Lucanus cervus*) am Boden gesehen. Waltraud Schönhals (mündl. Mitt. 2008) wohnt seit 1984 in Neckargemünd und hat davor unter anderem in Oberkirch nordöstlich Offenburg im Schwarzwald und in Neckarwimmersbach südlich Eberbach gelebt, und hat in den 60 Jahren ihres Lebens außer den vorgenannten Funden keine weiteren Individuen in der Natur angetroffen. Der Fundort des Hirschkäfers (*Lucanus cervus*) in Neckarwimmersbach (TK 25, Blatt 6519 Eberbach) liegt im Neckartal im Ostteil des Odenwaldes in ca. 120 - 250 m Höhe über NN.

25.3 Gaimühle

Am Bahnhof am östlichen Ortsrand von Gaimühle ostnordöstlich Eberbach hat Wilhelm Goes (mündl. Mitt. 2008) seit 1983 bis 2008 in jedem Jahr besonders im Juni insgesamt etwa 10 - 15 Exemplare des Hirschkäfers (*Lucanus cervus*), welche überwiegend Weibchen und untergeordnet Männchen waren, pro Jahr um das Haus herum und um die Bäume am nahegelegenen Waldrand herum fliegend sowie am Haus und im Garten hinter dem Haus am Boden gesehen. Wilhelm Goes (mündl. Mitt. 2008) konnte damit in den fast 55 Jahren seines Lebens über einen Zeitraum von 25 Jahren das regelmäßige Auftreten von Individuen des Hirschkäfers (*Lucanus cervus*) in Gaimühle konstatieren. Wilhelm Goes (mündl. Mitt. 2008) hat bis 1974 in Wolfenbüttel gewohnt und hat dort von etwa 1963 bis 1974 in etlichen Jahren, aber nicht in jedem Jahr, gelegentlich einzelne Männchen des Hirschkäfers (*Lucanus cervus*) im Garten des Hauses in Waldnähe am Boden bemerkt. Wilhelm Goes (mündl. Mitt. 2008) war dann bis 1983 unter anderem in Kassel, Heidelberg und Heiligkreuzsteinach und lebt seit 1983 in Gaimühle, und hat außer den vorgenannten Funden keine weiteren Individuen des Hirschkäfers (*Lucanus cervus*) in der Natur angetroffen. Der Fundort des Hirschkäfers (*Lucanus cervus*) in Gaimühle (TK 25, Blatt 6520 Waldbrunn) liegt im Ittertal, einem Seitental des Neckartales, im Ostteil des Odenwaldes in ca. 150 - 200 m Höhe über NN.

25.4 Waldkatzenbach

Am Osthang des Katzenbuckels westlich Waldbrunn-Waldkatzenbach hat Manfred Broder (mündl. Mitt. 2008) in den Jahren 1965 - 1970 einmal ein Männchen des Hirschkäfers (*Lucanus cervus*) am Boden im Wald am unteren Hang des Berges gesehen, wohingegen er in den Jahren davor in Waldkatzenbach keine Individuen registriert hat, obwohl er dort schon immer in der Nähe von Feld und Wald gewohnt hat. Seit diesem zufälligen Einzelfund am Katzenbuckel hat Manfred Broder (mündl. Mitt. 2008) erst in 2006 sowie am 11.05.2008 und Ende Juni 2008 wieder Individuen des Hirschkäfers (*Lucanus cervus*) in der Natur entdeckt, als er je ein laufendes Männchen an der Hauswand, auf der Terrasse und auf dem Rasen in der Sonnenhalde am nordwestlichen Ortsrand von Binau-Österling nordwestlich Mosbach im Neckartal bemerkt hat. Manfred Broder (mündl. Mitt. 2008) hat bis 1970 in Waldkatzenbach gewohnt und lebt seit 1970 in Binau, und ist in den fast 70 Jahren seines Lebens außer den vorgenannten Funden keinen Exemplaren des Hirschkäfers (*Lucanus cervus*) in der Natur begegnet.

Am Osthang des Katzenbuckels westlich Waldbrunn-Waldkatzenbach hat auch Ingeborg Heger (mündl. Mitt. 2008) zwischen 1942 und 1964, als sie in Waldbrunn-Oberdielbach gewohnt hat, einmal ein Männchen des Hirschkäfers (*Lucanus cervus*) gesehen, und hat damals auch einmal in Waldbrunn-Oberdielbach ein Männchen gefunden, wohingegen sie seit 1964 in St. Leon wohnt und in den über 70 Jahren ihres Lebens ansonsten keine weiteren Individuen in der Natur entdeckt hat.

Die Fundorte des Hirschkäfers (*Lucanus cervus*) am Osthang des Katzenbuckels westlich Waldbrunn-Waldkatzenbach (TK 25, Blatt 6520 Waldbrunn) liegen im Ostteil des Odenwaldes in ca. 500 - 600 m Höhe über NN. Der Katzenbuckel erreicht am Gipfel 626 m Höhe über NN und ist der höchste Berg des Odenwaldes. Der Katzenbuckel ist der Erosionsrest des Schlotes eines tertiären Vulkans und ist besonders durch seine seltene Nephelingesteinsparagenese bekanntgeworden (Frenzel 1975).

25.5 Unterdielbach

In der Häusleskurve am Weg vom Holdergrund nordwestlich Unterdielbach nach Eberbach hat Christa Wendler (mündl. Mitt. 2008) etwa Ende Juni/Anfang Juli 2008 ein Männchen des Hirschkäfers (*Lucanus cervus*) auf dem Rücken liegend auf dem Weg entdeckt, und hat davor nur etwa zwischen 1954 und 1956 in Scheidental südwestlich Mudau ein Männchen gesehen, welches ihre Schwester im Eduardstal zwischen Scheidental und Reisenbach gefunden und nach Hause mitgebracht hatte. Christa Wendler (mündl. Mitt. 2008) hat bis 1969 in Scheidental gewohnt und lebt seit 1969 in Waldbrunn-Strümpfelbrunn, und hat in den 60 Jahren ihres Lebens außer den beiden vorgenannten Männchen keine weiteren Individuen des Hirschkäfers (*Lucanus cervus*) in der Natur angetroffen. Der Fundort des Hirschkäfers (*Lucanus cervus*) in der Häusleskurve am Weg vom Holdergrund nordwestlich Unterdielbach nach Eberbach (TK 25, Blatt 6519 Eberbach und Blatt 6520 Waldbrunn) liegt im Ostteil des Odenwaldes in ca. 220 - 260 m Höhe über NN.

25.6 Oberdielbach

In Waldbrunn-Oberdielbach hat Ingeborg Heger (mündl. Mitt. 2008) zwischen 1942 und 1964, als sie dort gewohnt hat, einmal ein Männchen des Hirschkäfers (*Lucanus cervus*) gesehen, und hat damals auch einmal am Osthang des Katzenbuckels westlich Waldbrunn-Waldkatzenbach ein Männchen gefunden, wohingegen sie seit 1964 in St. Leon wohnt und in den über 70 Jahren ihres Lebens ansonsten keine weiteren Individuen in der Natur entdeckt hat. Der Fundort des Hirschkäfers (*Lucanus cervus*) in Waldbrunn-Oberdielbach (TK 25, Blatt 6520 Waldbrunn) liegt im Ostteil des Odenwaldes in ca. 450 - 500 m Höhe über NN.

25.7 Schollbrunn

Im Schopfersbrunnenweg am südwestlichen Ortsrand von Waldbrunn-Schollbrunn hat Joachim Dürr (mündl. Mitt. 2008) im Garten des Wochenendhauses in 2006 ein Männchen des Hirschkäfers (*Lucanus cervus*) an einem Eichenstamm sitzend gesehen. Joachim Dürr (mündl. Mitt. 2008) hat schon zwischen etwa 1945 und 1950 am Riesenstein am Südhang des Neckartales südlich oberhalb Heidelberg-Altstadt in mehreren Jahren jeweils einzelne Männchen des Hirschkäfers (*Lucanus cervus*) am Boden im Wald beobachtet. Joachim Dürr (mündl. Mitt. 2008) hat bis 1966 in Heidelberg-Altstadt, Heidelberg-Pfaffengrund und Heidelberg-Neuenheim gewohnt und lebt seit 1966 in Walldorf, und kann sich in den fast 75 Jahren seines Lebens nicht daran erinnern, außer den vorgenannten Funden weiteren Exemplaren in der Natur begegnet zu sein. Der Fundort des Hirschkäfers (*Lucanus cervus*) in Waldbrunn-Schollbrunn (TK 25, Blatt 6520 Waldbrunn) liegt im Ostteil des Odenwaldes in ca. 400 - 500 m Höhe über NN.

25.8 Strümpfelbrunn

Im Eichwaldweg am nordwestlichen Ortsrand von Waldbrunn-Strümpfelbrunn hat Siglinde Haas (mündl. Mitt. 2008) an einem Holzzaun nahe dem Haus, welches ein ehemaliger Aussiedlerhof mit reichhaltigem gemischtem Baumbestand in etwa 200 m Entfernung vom Waldrand ist, im August 2002 abends gegen 20.30 Uhr ein Männchen des Hirschkäfers (*Lucanus cervus*) gesehen, das sie anschließend an einen Baumstamm gesetzt hat, von wo es bald danach verschwunden ist. Siglinde Haas (mündl. Mitt. 2008) hat bis 1973 in Strümpfelbrunn gewohnt; war dann bis 2000 in Pforzheim, Karlsruhe und Herrenberg; und lebt seit 2000 wieder in Strümpfelbrunn, und hat in den über 55 Jahren ihres Lebens schon einmal zwischen etwa 1960 und 1970 im Wald um Strümpfelbrunn ein Männchen des Hirschkäfers (*Lucanus cervus*) am Boden beobachtet, wohingegen sie ansonsten keinen weiteren Exemplaren in der Natur begegnet ist. Der Fundort des Hirschkäfers (*Lucanus cervus*) in Waldbrunn-Strümpfelbrunn (TK 25, Blatt 6520 Waldbrunn) liegt im Ostteil des Odenwaldes in ca. 480 - 520 m Höhe über NN.

25.9 Mülben

In der Birkenstraße am nordwestlichen Ortsrand von Waldbrunn-Mülben hat Petra Schneider (mündl. Mitt. 2008) zwischen 1980 und 1983 einmal ein Männchen des Hirschkäfers (*Lucanus cervus*) am Boden im Garten am Waldrand entdeckt, und hat danach nur noch in 2007 ein Männchen gesehen, welches ihr Mann, Walter Schneider, am Möbelhaus Südstern in der Pfalzgraf-Otto-Straße im Industriegebiet am südöstlichen Ortsrand von Mosbach gefunden hat. Petra Schneider (mündl. Mitt. 2008) hat bis 1979 in Bad Rappenau, bis 1987 in Waldbrunn-Mülben; bis 1998 in Schrozberg, Untermünkheim und Heidelberg; und bis 2003 in Waldbrunn-Oberdielbach gewohnt und lebt seit 2003 wieder in Waldbrunn-Mülben, und hat in den fast 40 Jahren ihres Lebens außer den beiden vorgenannten Funden keine weiteren Individuen des Hirschkäfers (*Lucanus cervus*) in der Natur angetroffen. Ihr Mann, Walter Schneider (mündl. Mitt. 2008), hat bis 1998 in Künzelsau und bis 2003 in Waldbrunn-Oberdielbach gewohnt und lebt seit 2003 in Waldbrunn-Mülben, und ist in den über 45 Jahren seines Lebens sogar nur das eine Mal in Mosbach einem Exemplar des Hirschkäfers (*Lucanus cervus*) in der Natur begegnet. Der Fundort des Hirschkäfers (*Lucanus cervus*) in Waldbrunn-Mülben (TK 25, Blatt 6520 Waldbrunn) liegt im Ostteil des Odenwaldes in ca. 480 - 520 m Höhe über NN.

25.10 Sensbachtal

Im Steinachstegweg in Sensbachtal-Hebstahl, wo sie seit 1973 am Osthang des Sensbachtales am Fuß des Sensberges wohnen, haben Erika und Karl Schramm (mündl. Mitt. 2008) Ende Juli/Anfang August 2008 ein Männchen des Hirschkäfers (*Lucanus cervus*) bemerkt, welches abends am Haus vorbeigeflogen ist, und haben in 2004 ein Männchen im Garten hinter dem Haus am Boden gefunden. Erika und Karl Schramm (mündl. Mitt. 2008) haben in Sensbachtal seit 1973 bis 2008 fast in jedem Jahr insgesamt etwa 1 - 2 Weibchen pro Jahr und in einigen Jahren sogar insgesamt etwa 5 Weibchen des Hirschkäfers (*Lucanus cervus*) pro Jahr im Garten und auf dem Weg um das Haus herum meist am Boden gesehen, wohingegen ihnen Männchen nicht in jedem Jahr, aber auch öfters aufgefallen sind. Erika und Karl Schramm (mündl. Mitt. 2008) konnten damit über einen Zeitraum von 35 Jahren das mehr oder weniger regelmäßige Auftreten von Individuen des Hirschkäfers (*Lucanus cervus*) konstatieren. Karl Schramm (mündl. Mitt. 2008) hat in 2007 insgesamt 6 Männchen und Weibchen des Hirschkäfers (*Lucanus cervus*) im Wald am Sensberg am Südrand von Sensbachtal-Hebstahl und im Eberbacher Stadtwald am Kreuzberg am südöstlichen Ortsausgang von Eberbach in Richtung Gaimühle und am Eßlich am Itterhof nordöstlich Eberbach an der Jungviehweide beobachtet. Karl Schramm (mündl. Mitt. 2008) hat bis 1973 in Eberbach gewohnt und hat in den 70 Jahren seines Lebens auch zwischen 1946 und 1961 im Wald und am Waldrand im gesamten Waldgebiet um Eberbach immer wieder einzelne Exemplare des Hirschkäfers (*Lucanus cervus*) registriert, und hat ferner etwa zwischen 1965 und 1968 am Itterberg in der Nähe des Rondells am westlichen Ortsrand von Eberbach insgesamt etwa 5 Männchen pro Jahr am Boden und fliegend festgestellt, wohingegen Erika Schramm (mündl. Mitt. 2008) sich nicht daran erinnern kann, in den fast 70 Jahren ihres Lebens vor 1973 in Eberbach und vor 1961 in Neckarsteinach Individuen des Hirschkäfers in der Natur angetroffen zu haben. Der Fundort des Hirschkäfers (*Lucanus cervus*) in Sensbachtal-Hebstahl (TK 25, Blatt 6420 Mudau-Schloßau) liegt im Sensbachtal, einem Seitental des Ittertales, welches in Eberbach in das Neckartal einmündet, im Ostteil des Odenwaldes in ca. 320 - 480 m Höhe über NN.

25.11 Hirschhorn

Im Wald hinter Hirschhorn in Richtung Heddesbach hat Gudrun Stephens (mündl. Mitt. 2008) in 2005 oder 2006 ein Männchen des Hirschkäfers (*Lucanus cervus*) entdeckt. Gudrun Stephens (mündl. Mitt. 2008) hat auch im Juli 2008 in der Konstanzer Straße am Südrand des Hasenleiser am südwestlichen Ortsrand von Heidelberg-Rohrbach an der Tiefgarage der Wohnanlage ein Männchen des Hirschkäfers (*Lucanus cervus*) in einer Wasserlache in einem Lichtschacht an der Treppe gefunden. Gudrun Stephens (mündl. Mitt. 2008) hat schon bis 1982 in Heidelberg-Rohrbach gewohnt und lebt nach einem zwischenzeitlichen Auslandsaufenthalt seit 1993 wieder dort, und kann sich in den über 45 Jahren ihres Lebens an keine weiteren Begegnungen mit Exemplaren des Hirschkäfers (*Lucanus cervus*) in der Natur erinnern. Die Fundorte des Hirschkäfers (*Lucanus cervus*) in der Umgebung von Hirschhorn (TK 25, Blatt 6420 Mudau-Schloßau) liegen im Neckartal im Ostteil des Odenwaldes in ca. 150 - 350 m Höhe über NN.

Im Wald um Hirschhorn und Eberbach hat Uschi Block (mündl. Mitt. 2008) von etwa 1981 bis etwa 1990 einzelne Exemplare des Hirschkäfers (*Lucanus cervus*) beobachtet, weiß aber nicht mehr, wann und wo dies gewesen ist. Uschi Block (mündl. Mitt. 2008) hat auch in der Memelstraße am nordöstlichen Ortsrand von Eberbach Anfang Juli 2008 am Vordach des Hauses ein lautes scharrendes Geräusch wahrgenommen und hat daraufhin in der Dachrinne ein auf dem Rücken liegendes Männchen des Hirschkäfers (*Lucanus cervus*) gefunden, das sie dort herausgenommen und in den Garten gesetzt hat, wo es dann rasch verschwunden ist. Uschi Block (mündl. Mitt. 2008) hat bis 1981 in Köln gewohnt und lebt seit 1981 in Eberbach, und kann sich in den 60 Jahren ihres Lebens nicht daran erinnern, außer den vorgenannten Funden weiteren Individuen des Hirschkäfers (*Lucanus cervus*) in der Natur begegnet zu sein. Peter Block (mündl. Mitt. 2008) wohnt schon immer in Eberbach und hat auch in 2004 oder 2005 im Kurfürstenweg am östlichen Ortsrand von Eberbach ein totes Männchen des Hirschkäfers (*Lucanus cervus*) an einem Eichenstamm im Garten des Nachbarhauses entdeckt, welches das erste Exemplar war, das er in den 60 Jahren seines Lebens in der Natur angetroffen hat.

26 Fundmeldungen von Naturfreunden in Mudau und Umgebung

Die Funde von Exemplaren des Hirschkäfers (*Lucanus cervus*) in Mudau und Umgebung, welche mir von Naturfreunden aufgrund meiner Aufrufe zur Mitteilung von Beobachtungen in regionalen Tageszeitungen (Rhein-Neckar-Zeitung 2008 a, 2008 b, 2008 c, 2008 d; Schwetzinger Zeitung 2008, Bruchsaler Rundschau 2008) berichtet wurden, umfassen Mudau sowie die Orte Schloßau, Waldauerbach, Scheidental, Hesselbach, Buchen, Rinschheim, Walldürn, Rütschdorf, Dornberg und Sachsenhausen.

26.1 Mudau

In der Nähe eines kleinen Waldschlößchens am Weg von Mudau in Richtung Schloßau hat Marita Marx (mündl. Mitt. 2008) etwa 1998 etwa 5 - 10 Exemplare des Hirschkäfers (*Lucanus cervus*) am Boden im Wald registriert, und hat auch etwa 2000 in Hesselbach nordnordöstlich Hesseneck nordwestlich Mudau in der Nähe der Wildschweinfütterungsstation an einem Tag etwa 3 Männchen am Boden auf dem Waldweg und nebenan in der Wiese beobachtet. Marita Marx (mündl. Mitt. 2008) hat außerdem in der Reichenbucher Straße im zentralen Teil von Binau, wo sie seit 1993 wohnt, in 2007 ein Weibchen des Hirschkäfers (*Lucanus cervus*) am Boden auf der Treppe neben dem Haus und in 2006 ein Männchen auf der Terrasse am Haus gesehen, wohingegen sie in 2008 und in den Jahren vor 2006 dort keine Individuen bemerkt hat. Marita Marx (mündl. Mitt. 2008) hat bis 1988 in Güdesweiler bei St. Wendel im Saarland und bis 1993 in Sattelbach bei Mosbach gewohnt, und erinnert sich in den über 55 Jahren ihres Lebens nur noch daran, daß sie außer den vorgenannten Funden zwischen etwa 1960 und 1988 in Güdesweiler gelegentlich einzelne Individuen des Hirschkäfers (*Lucanus cervus*) in der Natur angetroffen hat, wohingegen sie ansonsten keinen weiteren Exemplaren in der Natur begegnet ist. Der Fundort des Hirschkäfers (*Lucanus cervus*) in der Umgebung von Mudau (TK 25, Blatt

6420 Mudau-Schloßau und Blatt 6421 Buchen) liegt im Ostteil des Odenwaldes in ca. 430 - 530 m Höhe über NN.

26.2 Schloßau

Im Wald nordöstlich Schloßau in Richtung Mörschenhardt hat Klaus Scheuermann (mündl. Mitt. 2008) zwischen 1985 und 1990 ein Männchen des Hirschkäfers (*Lucanus cervus*) am Boden beobachtet, und hat auch zwischen 1957 und 1960 im Gewann Fuchsenfeld im Wald nordnordwestlich Schloßau in Richtung Ernsttal ein Männchen am Boden entdeckt. Klaus Scheuermann (mündl. Mitt. 2008) wohnt schon immer in Schloßau und hat in den über 60 Jahren seines Lebens ansonsten nur noch einmal während der Schulzeit von 1954 bis 1962 ein Männchen des Hirschkäfers (*Lucanus cervus*) gesehen, welches ein Mitschüler im Wald um Schloßau gefunden hat und in die Schule mitgebracht hat, und ist darüber hinaus keinen weiteren Exemplaren in der Natur begegnet. Die Fundorte des Hirschkäfers (*Lucanus cervus*) in der Umgebung von Schloßau (TK 25, Blatt 6420 Mudau-Schloßau und Blatt 6421 Buchen) liegen im Ostteil des Odenwaldes in ca. 450 - 530 m Höhe über NN.

26.3 Waldauerbach

In der Schulstraße im zentralen Teil von Mudau-Waldauerbach hat Ludwig Fuhrmann (mündl. Mitt. 2008) am Haus am 06.06.2008 abends ein Männchen des Hirschkäfers (*Lucanus cervus*) am Boden gesehen, und hat auch zwischen 1980 und 1982 mehrere Männchen im feuchten Bereich am Brunnen im Garten des Hauses beobachtet. Ludwig Fuhrmann (mündl. Mitt. 2008) hat bis 1980 in Limbach-Wagenschwend gewohnt und lebt seit 1980 in Mudau-Waldauerbach, und hat in den 55 Jahren seines Lebens auch schon von 1960 bis 1980 am Haus in der Hauptstraße im zentralen Teil von Wagenschwend sowie in den umgebenden Feldern und Wiesen in etlichen Jahren jeweils mehrere Männchen des Hirschkäfers (*Lucanus cervus*) pro Jahr am Haus und in den umgebenden Feldern und Wiesen am Boden registriert, wohingegen er sich nicht daran erinnern kann, auch zwischen 1982 und 2008 in Waldauerbach Exemplaren in der Natur begegnet zu sein. Ludwig Fuhrmann (mündl. Mitt. 2008) konnte damit über einen Zeitraum von 20 Jahren das mehr oder weniger regelmäßige Auftreten von Individuen des Hirschkäfers (*Lucanus cervus*) in Wagenschwend konstatieren. Der Fundort des Hirschkäfers (*Lucanus cervus*) in Mudau-Waldauerbach (TK 25, Blatt 6420 Mudau-Schloßau) liegt im Ostteil des Odenwaldes in ca. 500 - 530 m Höhe über NN.

26.4 Scheidental

In Scheidental südwestlich Mudau hat Christa Wendler (mündl. Mitt. 2008) etwa zwischen 1954 und 1956 ein Männchen des Hirschkäfers (*Lucanus cervus*) gesehen, welches ihre Schwester im Eduardstal zwischen Scheidental und Reisenbach gefunden und nach Hause mitgebracht hatte, und hat danach nur noch etwa Ende Juni/Anfang Juli 2008 in der Häusleskurve am Weg vom Holdergrund nordwestlich Unterdielbach nach Eberbach ein Männchen auf dem Rücken liegend auf dem Weg entdeckt. Christa Wendler (mündl. Mitt. 2008) hat bis 1969 in Scheidental gewohnt und lebt seit 1969 in Waldbrunn-Strümpfelbrunn, und hat in den 60 Jahren ihres Lebens außer den beiden vorgenannten Männchen keine weiteren Individuen des Hirschkäfers (*Lucanus cervus*) in der Natur angetroffen. Der Fundort des Hirschkäfers (*Lucanus cervus*) in der Umgebung von Scheidental (TK 25, Blatt 6420 Mudau-Schloßau) liegt im Ostteil des Odenwaldes in ca. 500 - 550 m Höhe über NN.

26.5 Hesselbach

In Hesselbach nordnordöstlich Hesseneck nordwestlich Mudau hat Marita Marx (mündl. Mitt. 2008) etwa 2000 in der Nähe der Wildschweinfütterungsstation an einem Tag etwa 3 Männchen des Hirschkäfers (*Lucanus cervus*) am Boden auf dem Waldweg und nebenan in der Wiese beobachtet, und hat auch etwa 1998 in der Nähe eines kleinen Waldschlößchens am Weg von Mudau in Richtung Schloßau etwa 5 - 10 Exemplare am Boden im Wald registriert. Marita Marx (mündl. Mitt. 2008) hat außerdem in der Reichenbucher Straße im zentralen Teil von Binau, wo sie seit 1993 wohnt, in 2007 ein Weibchen des Hirschkäfers (*Lucanus cervus*) am Boden auf der Treppe neben dem Haus und in 2006 ein Männchen auf der Terrasse am Haus gesehen, wohingegen sie in 2008 und in den Jahren vor 2006 dort keine Individuen bemerkt hat. Marita Marx (mündl. Mitt. 2008) hat bis 1988 in Güdesweiler bei St. Wendel im Saarland und bis 1993 in Sattelbach bei Mosbach gewohnt, und erinnert sich in den über 55 Jahren ihres Lebens nur noch daran, daß sie außer den vorgenannten Funden zwischen etwa 1960 und 1988 in Güdesweiler gelegentlich einzelne Individuen des Hirschkäfers (*Lucanus cervus*) in der Natur angetroffen hat, wohingegen sie ansonsten keinen weiteren Exemplaren in der Natur begegnet ist. Der Fundort des Hirschkäfers (*Lucanus cervus*) in Hesselbach (TK 25, Blatt 6420 Mudau-Schloßau) liegt im Ostteil des Odenwaldes in ca. 450 - 520 m Höhe über NN.

Im Wald um das Schloß Waldleiningen südöstlich Hesselbach nordwestlich Schloßau hat Horn (2003) einen Schwerpunkt der Verbreitung des Hirschkäfers (*Lucanus cervus*) im Odenwald gefunden, und hat als weitere Schwerpunkte den Wald um Hesseneck-Schöllenbach im Itterbachtal südwestlich Hesselbach westnordwestlich Schloßau und den Wald um Kailbach im Itterbachtal westlich Schloßau angegeben.

26.6 Buchen

Die Nachweise von Individuen des Hirschkäfers (*Lucanus cervus*) in und um Buchen, welche mir von Naturfreunden aufgrund meiner Aufrufe zur Mitteilung von Beobachtungen in regionalen Tageszeitungen (Rhein-Neckar-Zeitung 2008 a, 2008 b, 2008 c, 2008 d; Schwetzinger Zeitung 2008, Bruchsaler Rundschau 2008) gemeldet wurden, stammen vom Waldrand, aus dem Wald und aus den Feldern und Wiesen um Buchen, zwischen Buchen und Stürzenhardt nordwestlich Buchen, und zwischen Buchen und Hettigenbeuern nordwestlich Buchen, sowie vom Wartberg (Galgenberg) am südwestlichen Ortsrand von Buchen. Die Fundorte des Hirschkäfers (*Lucanus cervus*) in der Umgebung von Buchen (TK 25, Blatt 6421 Buchen und Blatt 6422 Walldürn) liegen im Morretal, einem Seitental des Mudtales, welches bei Miltenberg in das Maintal einmündet, am Ostrand des Odenwaldes in ca. 330 - 430 m Höhe über NN.

Am Waldrand, im Wald und in den Feldern und Wiesen um Buchen, zwischen Buchen und Stürzenhardt nordwestlich Buchen, und zwischen Buchen und Hettigenbeuern nordwestlich Buchen hat Armin Horst (mündl. Mitt. 2008) seit etwa 1970 bis 1981 und von 2000 bis 2002 immer wieder einzelne Exemplare des Hirschkäfers (*Lucanus cervus*), welche meist Männchen und gelegentlich auch Weibchen waren, bemerkt. Armin Horst (mündl. Mitt. 2008) hat bis 1981 in Buchen gewohnt und lebt seit 1981 in Ketsch, wo er in der Schulstraße am westlichen Ortsrand von Ketsch im Garten des Hauses in 2008 und 2007 abends zwischen 18 und 20 Uhr je ein Männchen des Hirschkäfers (*Lucanus cervus*) gesehen hat, welches im Hof herumgelaufen ist. Armin Horst (mündl. Mitt. 2008) hat in 2008 auch auf einem Grundstück mit Halle in der Ketschau südwestlich Ketsch abends gegen 20 Uhr ein Männchen beobachtet, welches vor der Halle auf dem befestigten Platz gelaufen ist, und hat in den fast 50 Jahren seines Lebens außer den vorgenannten Funden noch einige Male in den letzten 20 Jahren um Ketsch einzelne Individuen des Hirschkäfers (*Lucanus cervus*) entdeckt, ohne daß er sich genau an Orte und Zeiten der Begegnungen erinnern kann.

Am Waldrand in Buchen und auf einem Bauernhof in etwa 1 km Entfernung vom Waldrand in Rütschdorf nordwestlich Hardheim hat Hubert Berberich (mündl. Mitt. 2008) zwischen 1960 und 1965 je ein Männchen des Hirschkäfers (*Lucanus cervus*) am Boden entdeckt. Hubert Berberich (mündl. Mitt. 2008) hat auch auf dem Strandbadweg im Waldpark westlich Mannheim-Niederfeld etwa 500 m nördlich des Strandbades am Rhein am 08.05.2008 gegen 13.30 Uhr und am 15.05.2008 gegen 14.30 Uhr je zwei Caput-Thorax-Torsi von Männchen des Hirschkäfers (*Lucanus cervus*) etwa an der gleichen Stelle auf dem Weg am Boden gesehen, von denen einige noch gelebt haben und noch bis zu 3 Stunden ihre Fühler bewegt haben. Hubert Berberich (mündl. Mitt. 2008) hat bis 1972 in Buchen gewohnt, war dann bis 1974 in Bruchsal und Freiburg, hat dann bis 2000 in Mannheim-Lindenhof gewohnt und lebt seit 2000 in Mannheim-Almenhof, und ist in den 55 Jahren seines Lebens außer den vorgenannten Funden keinen weiteren Exemplaren des Hirschkäfers (*Lucanus cervus*) in der Natur begegnet.

Am Wartberg (Galgenberg) am südwestlichen Ortsrand von Buchen hat Gisela-Margot Gulba (mündl. Mitt. 2009) in 1942 ein Männchen des Hirschkäfers (*Lucanus cervus*) entdeckt, und hat auch zwischen 1942 und 1946 gelegentlich einzelne Individuen des Hirschkäfers in und um Buchen gesehen. Gisela-Margot Gulba (mündl. Mitt. 2008) hat auch in der Zeit von 1946 bis 2007 in Mosbach in größeren Abständen gelegentlich einzelne und insgesamt etwa fünf Exemplare des Hirschkäfers (*Lucanus cervus*) gefunden, und hat auch in der Konrad-Adenauer-Straße nahe dem nördlichen und östlichen Ortsrand von Mosbach-Waldstadt etwa Anfang bis Mitte Juni 2008 ein laufendes Männchen an der Wand des Hauses gesehen. Gisela-Margot Gulba (mündl. Mitt. 2008) hat bis 1945 in Fürstenberg an der Oder und bis 1946 in Buchen gewohnt und lebt seit 1946 in Mosbach, und kann sich in den über 70 Jahren ihres Lebens nicht daran erinnern, außer den vorgenannten Funden weitere Individuen des Hirschkäfers (*Lucanus cervus*) in der Natur angetroffen zu haben.

26.7 Rinschheim

Im Wald um Rinschheim ostsüdöstlich Buchen hat Konrad Pauler (mündl. Mitt. 2008) von etwa 1945 bis 1959 in jedem Jahr insgesamt etwa 5 - 10 Individuen des Hirschkäfers (*Lucanus cervus*), welche überwiegend Männchen und untergeordnet Weibchen waren, pro Jahr an Eichenstämmen beobachtet, und konnte damit über einen Zeitraum von fast 15 Jahren das regelmäßige Auftreten von Exemplaren konstatieren. Konrad Pauler (mündl. Mitt. 2008) hat möglicherweise auch von 1965 bis 1979 im Wald um Ravenstein-Merchingen ostsüdöstlich Osterburken gelegentlich einzelne Individuen des Hirschkäfers (*Lucanus cervus*) am Boden und an Eichenstämmen gesehen. Konrad Pauler (mündl. Mitt. 2008) hat auch im Richard-Wagner-Ring am südöstlichen Ortsrand von Adelsheim am 04.06.2007 gegen Mittag ein Männchen des Hirschkäfers (*Lucanus cervus*) im Garten des Hauses am Boden entdeckt (Bergsträßer Anzeiger 2007), und hat auch etwa zwei bis drei Wochen später in der Nähe eines Brennholzstapels aus Eichenholz vor dem Haus ein Weibchen bemerkt, welches über die Straße gelaufen ist, wohingegen ihm in 2008 und von 1979 bis 2006 dort keine Exemplare aufgefallen sind. Konrad Pauler (mündl. Mitt. 2008) hat bis 1959 in Rinschheim gewohnt; war dann bis 1965 in Walldürn, Regensburg und Heidelberg-Neuenheim; hat dann bis 1979 in Ravenstein-Merchingen gewohnt und lebt seit 1979 in Adelsheim, und hat in den 70 Jahren seines Lebens außer den vorgenannten Funden keine weiteren Individuen des Hirschkäfers (*Lucanus cervus*) in der Natur angetroffen. Der Fundort des Hirschkäfers (*Lucanus cervus*) in der Umgebung von Rinschheim (TK 25, Blatt 6422 Walldürn) liegt im Rinschbachtal, einem Seitental des Seckachtales, welches in Möckmühl in das Jagsttal einmündet, nahe dem Ostrand des Odenwaldes in ca. 330 - 400 m Höhe über NN.

26.8 Walldürn

Im Wald am östlichen Ortsrand von Walldürn in Richtung Bad Mergentheim hat Bernd Kraus (mündl. Mitt. 2008) etwa 1993 ein Männchen des Hirschkäfers (*Lucanus cervus*) am Boden registriert. Bernd Kraus (mündl. Mitt. 2008) hat bis 1983 in Ludwigshafen, bis 1989 in Brühl und bis 1997 in Walldürn gewohnt und lebt seit 1997 in Ketsch, und hat in den über 50 Jahren seines Lebens schon von etwa 1968 bis 1972 in den Wäldern des Pfälzer Waldes zwischen Bad Dürkheim und Neustadt an der Weinstraße entlang des Haardtrandes gelegentlich einzelne Exemplare des Hirschkäfers (*Lucanus cervus*) entdeckt, wohingegen er in früheren und späteren Jahren dort keine Individuen angetroffen hat. Bernd Kraus (mündl. Mitt. 2008) hat dann erst wieder in 2007 in einer Obstwiese an der Umspannstation im Gewann Sandstücker zwischen dem Leimbach und der Autobahn A 6 südlich Brühl in einem Rindenmulchhaufen, welcher dort schon seit etwa 5 Jahren liegt, ein Männchen und etwa 12 Puppen des Hirschkäfers (*Lucanus cervus*) gefunden, wohingegen er von 2001 bis 2006 sowie in 2008 dort keine Imagines beobachtet hat, und hat in 2007 auch ein Männchen im Garten des Hauses in der Gutenbergstraße am westlichen Ortsrand von Ketsch entdeckt, welches dort etwa 6 - 8 Wochen nach dem Einsetzen von 3 Puppen aus dem Rindenmulchhaufen aus der Obstwiese südlich Brühl in einen Rindenmulchhaufen im Hausgarten erschienen ist. Der Fundort des Hirschkäfers (*Lucanus cervus*) in Walldürn (TK 25, Blatt 6422 Walldürn) liegt im Marsbachtal, einem Seitental des Mudtales, welches bei Miltenberg in das Maintal einmündet, am Ostrand des Odenwaldes in ca. 400 - 450 m Höhe über NN.

26.9 Rütschdorf

Auf einem Bauernhof in etwa 1 km Entfernung vom Waldrand in Rütschdorf nordwestlich Hardheim und am Waldrand in Buchen hat Hubert Berberich (mündl. Mitt. 2008) zwischen 1960 und 1965 je ein Männchen des Hirschkäfers (*Lucanus cervus*) am Boden entdeckt. Hubert Berberich (mündl. Mitt. 2008) hat auch auf dem Strandbadweg im Waldpark westlich Mannheim-Niederfeld etwa 500 m nördlich des Strandbades am Rhein am 08.05.2008 gegen 13.30 Uhr und am 15.05.2008 gegen 14.30 Uhr je zwei Caput-Thorax-Torsi von Männchen des Hirschkäfers (*Lucanus cervus*) etwa an der gleichen Stelle auf dem Weg am Boden gesehen, von denen einige noch gelebt haben und noch bis zu 3 Stunden ihre Fühler bewegt haben. Hubert Berberich (mündl. Mitt. 2008) hat bis 1972 in Buchen gewohnt, war dann bis 1974 in Bruchsal und Freiburg, hat dann bis 2000 in Mannheim-Lindenhof gewohnt und lebt seit 2000 in Mannheim-Almenhof, und ist in den 55 Jahren seines Lebens außer den vorgenannten Funden keinen weiteren Exemplaren des Hirschkäfers (*Lucanus cervus*) in der Natur begegnet. Der Fundort des Hirschkäfers (*Lucanus cervus*) in Rütschdorf (TK 25, Blatt 6322 Hardheim) liegt im Ostteil des Odenwaldes in ca. 350 - 420 m Höhe über NN.

26.10 Dornberg

In der Dornberger Straße in Hardheim-Dornberg nordwestlich Hardheim hat Tobias Seyfried am 24.05.2008 auf einer Wiese hinter dem Haus ein Männchen des Hirschkäfers (*Lucanus cervus*) am Rand eines Netzzaunes im Gras entdeckt (Bergsträßer Anzeiger 2008, Fränkische Nachrichten 2008 a; Ilona Seyfried, mündl. Mitt. 2008), welches das einzige Exemplar ist, das er in den gerade 8 Jahren seines Lebens in der Natur beobachtet hat, womit er einer der jüngsten Teilnehmer an meiner Studie ist. Seine Mutter, Ilona Seyfried (mündl. Mitt. 2008), hat bis 2001 in Limbach gewohnt und lebt seit 2001 in Hardheim-Dornberg, und ist in den bisher 45 Jahren ihres Lebens vorher keinen weiteren Exemplaren des Hirschkäfers (*Lucanus cervus*) in der Natur begegnet. Der Fundort des Hirschkäfers (*Lucanus cervus*) in Dornberg (TK 25, Blatt 6322 Hardheim) liegt im Ostteil des Odenwaldes in ca. 380 - 420 m Höhe über NN.

26.11 Sachsenhausen

In der Mittleren Angelgasse in Wertheim-Sachsenhausen südsüdwestlich Wertheim haben Jutta und Fred Schaber (mündl. Mitt. 2008) am 17.05.2008 nachmittags ein Männchen des Hirschkäfers (*Lucanus cervus*) an der Wand des Hauses beobachtet (Fränkische Nachrichten 2008 b). Fred Schaber (mündl. Mitt. 2008) wohnt schon immer in Wertheim-Sachsenhausen und hat in den über 40 Jahren seines Lebens ansonsten keine weiteren Individuen des Hirschkäfers (*Lucanus cervus*) in der Natur angetroffen. Jutta Schaber (mündl. Mitt. 2008) hat bis 1991 in Wertheim-Bestenheid gewohnt und lebt seit 1991 ebenfalls in Wertheim-Sachsenhausen, und hat in den 40 Jahren ihres Lebens vorher keine weiteren Exemplare des Hirschkäfers (*Lucanus cervus*) in der Natur entdeckt. Der Fundort des Hirschkäfers (*Lucanus cervus*) in Wertheim-Sachsenhausen (TK 25, Blatt 6223 Wertheim) liegt im Ostteil des Odenwaldes in ca. 200 - 300 m Höhe über NN.

Im mittleren Taubertal wurden in einem Garten in 2008 ein Exemplar des Nashornkäfers (*Oryctes nasicornis*) am Boden sowie in 2007 mehrere Larven (Engerlinge) im Komposthaufen gefunden (Fränkische Nachrichten 2008 c).

27 Fundmeldungen von Naturfreunden in Mosbach und Umgebung

Die Funde von Exemplaren des Hirschkäfers (*Lucanus cervus*) in Mosbach und Umgebung, welche mir von Naturfreunden aufgrund meiner Aufrufe zur Mitteilung von Beobachtungen in regionalen Tageszeitungen (Rhein-Neckar-Zeitung 2008 a, 2008 b, 2008 c, 2008 d; Schwetzinger Zeitung 2008,

Bruchsaler Rundschau 2008) berichtet wurden, umfassen Mosbach und die Mosbacher Ortsteile Waldstadt, Masseldorn, Nüstenbach, Neckarelz und Diedesheim sowie die Orte Obrigheim, Asbach, Binau, Neckargerach, Neckarzimmern, Neckarburken, Dallau, Auerbach, Neckarmühlbach, Haßmersheim und Hüffenhardt.

27.1 Mosbach

Die Nachweise von Individuen des Hirschkäfers (*Lucanus cervus*) in Mosbach, welche mir von Naturfreunden aufgrund meiner Aufrufe zur Mitteilung von Beobachtungen in regionalen Tageszeitungen (Rhein-Neckar-Zeitung 2008 a, 2008 b, 2008 c, 2008 d; Schwetzinger Zeitung 2008, Bruchsaler Rundschau 2008) gemeldet wurden, stammen aus dem Henschelberg, dem Sonnenrain, dem Merianweg, der Nüstenbacher Straße und dem Zwerrenbergweg am nordwestlichen Ortsrand von Mosbach; aus dem Knopfweg, dem Lohrtalweg und der Dresdner Straße am östlichen Ortsrand von Mosbach; aus der Arnold-Janssen-Straße, den Schmelzgärten, der Waldstraße und der Pfalzgraf-Otto-Straße am südöstlichen Ortsrand von Mosbach; aus der Waldsteige am südlichen Ortsrand von Mosbach, und aus dem Wald in und um Mosbach. Die Fundorte des Hirschkäfers (*Lucanus cervus*) in Mosbach (TK 25, Blatt 6620 Mosbach) liegen im Neckartal und im Elztal am Südrand des Odenwaldes in ca. 160 - 200 m Höhe über NN.

Am Henschelberg am nordwestlichen Ortsrand von Mosbach hat Rosemarie Brauch (mündl. Mitt. 2008) im Garten etwa Ende Juni/Anfang Juli 2008 ein Weibchen des Hirschkäfers (*Lucanus cervus*) gesehen, und hat vor etwa 3 Jahren auch ein Männchen im Garten gefunden. Rosemarie Brauch (mündl. Mitt. 2008) wohnt schon immer in Mosbach und erinnert sich, in den über 50 Jahren ihres Lebens seit 1981 in vielen Jahren, aber nicht in jedem Jahr, immer wieder einzelne Männchen und Weibchen des Hirschkäfers (*Lucanus cervus*) am Henschelberg beobachtet zu haben, wobei sie pro Jahr maximal etwa 3 Exemplare bemerkt hat. Rosemarie Brauch (mündl. Mitt. 2008) konnte damit über einen Zeitraum von über 25 Jahren das mehr oder weniger regelmäßige Auftreten von Individuen des Hirschkäfers (*Lucanus cervus*) konstatieren.

Am Sonnenrain am nordwestlichen Ortsrand von Mosbach hat Gerhard Lauth (mündl. Mitt. 2008) etwa Ende Mai 2008 an mehreren Tagen hintereinander insgesamt etwa 2 - 3 Männchen des Hirschkäfers (*Lucanus cervus*) pro Abend gesehen, welche im Garten hinter dem Haus geflogen sind, und hat auch ein Weibchen auf der Terrasse beobachtet. Gerhard Lauth (mündl. Mitt. 2008) hat bis 1970 in Nordheim südwestlich Heilbronn, bis 1972 in Kehl, bis 1978 in Waldenbuch, bis 1990 in Waldenburg und bis 1998 in Diedesheim gewohnt und lebt seit 1998 in Mosbach, und hat in den fast 60 Jahren seines Lebens schon von etwa 1960 bis 1970 im Garten des Hauses in der Rathausgasse im Zentrum von Nordheim, welches neben dem Schloßpark mit reichem Baumbestand lag, sowie im Wald um Nordheim in den meisten Jahren insgesamt etwa 1 - 3 Männchen und Weibchen des Hirschkäfers (*Lucanus cervus*) pro Jahr am Boden bemerkt, wohingegen er an anderen Orten keinen Exemplaren in der Natur begegnet ist.

Im Merianweg am nordwestlichen Ortsrand von Mosbach, wo sie seit 1987 wohnt, hat Lilo Krebs (mündl. Mitt. 2008) im Garten des Hauses an einem steilen Südosthang unterhalb des Naturschutzgebietes "Unterm Haubenstein" im Juni 2008 ein Männchen und ein Weibchen des Hirschkäfers (*Lucanus cervus*) am Boden gesehen, und hat dort auch in 2003 und 2005 je ein totes Männchen entdeckt, wohingegen ihr von 1987 bis 2002 dort keine Exemplare aufgefallen sind. Das im Juni 2008 beobachtete Männchen des Hirschkäfers (*Lucanus cervus*) ist auf der Buntsandstein-Außentreppe des Hauses in ständigem Wechsel von Stufe zu Seitenwand gelaufen. Lilo Krebs (mündl. Mitt. 2008) hat von 2003 bis 2008 in etlichen Jahren, aber nicht in jedem Jahr, insgesamt etwa 1 - 2 Individuen des Hirschkäfers (*Lucanus cervus*) pro Jahr am Haus und im Garten meist am Boden und gelegentlich auch fliegend registriert. Lilo Krebs (mündl. Mitt. 2008) hat auch vor etwa 15 Jahren auf der Pilion-Halbinsel bei Vólos nordwestlich Athen in Griechenland ein Männchen des Hirschkäfers (*Lucanus cervus*) bemerkt. Lilo Krebs (mündl. Mitt. 2008) hat bis 1980 in Schefflenz gewohnt; war dann unter anderem in Forchtenberg nordnordöstlich Öhringen, Griesheim bei Bad Friedrichshall und Rittersbach nordwestlich Schefflenz; und lebt seit 1987 in Mosbach, und hat in den 50 Jahren ihres Lebens außer den vorgenannten Funden keine weiteren Individuen des Hirschkäfers (*Lucanus cervus*) in der Natur angetroffen.

Im Merianweg am nordwestlichen Ortsrand von Mosbach hat Klaus Schreiber (mündl. Mitt. 2008) von 1992 bis 2004 immer wieder einzelne Männchen und Weibchen des Hirschkäfers (*Lucanus cervus*) am Haus, im Garten vor und hinter dem Haus, auf der Straße vor dem Haus, und am Waldrand in der Nähe des Hauses gesehen, wohingegen er dort von 1988 bis 1991 und von 2005 bis 2008 keine Exemplare beobachtet hat. Die Funde von Klaus Schreiber (schriftl. Mitt. 2008) im Merianweg in Mosbach umfassen einen Caput-Thorax-Torso eines Männchens des Hirschkäfers (*Lucanus cervus*) unterhalb der alten Hütte am Hang oberhalb des Hauses am 16.06.2004, ein Weibchen im Gras oberhalb der Hofmauer am 12.06.2002 nachmittags gegen 16 Uhr, ein Weibchen vor dem Küchenfenster am Zitronenbaum am 27.06.2001 abends gegen 18 Uhr, ein totes überfahrenes Weibchen mit 40 mm Gesamtlänge auf der Straße vor dem Haus am 03.07.2000, ein Männchen mit 40 mm Gesamtlänge auf der Treppe unter dem Küchenfenster am 10.06.2000 abends gegen 20 Uhr, ein fliegendes Exemplar vor dem Haus am 05.06.2000 abends gegen 18.30 Uhr, ein Weibchen mit 44 mm Gesamtlänge und ein Männchen mit 70 mm Gesamtlänge im Hof am 26.05.1999 mittags gegen 12.30 Uhr und nachmittags gegen 17.30 Uhr, ein mehrmals um das Haus fliegendes Weibchen am 25.05.1999 abends gegen 22 Uhr, ein Männchen im Hof vor der Treppe zur Küche am 14.05.1999 abends gegen 18 Uhr, ein Weibchen auf dem Treppenaufgang zum Haus unterhalb des Briefkastens am 13.07.1998 nachmittags gegen 17.30 Uhr, ein totes Männchen mit 85 mm Gesamtlänge vor dem Stellplatz vor dem Haus am 05.06.1998, ein Weibchen auf der Treppe vor dem Küchenfenster am 24.07.1997, je ein Weibchen auf der Straße vor dem Haus und im Hof auf der Treppe zur Küche am 12.07.1997 vormittags gegen 10 Uhr und abends gegen 18.30 Uhr, ein totes Weibchen auf der Treppe vor dem Kellerfenster am 11.07.1997, je ein Exemplar im Hof vor der Treppe zur Küche am 05.07.1996 vormittags gegen 11 Uhr und am 22.06.1996 nachmittags gegen 15 Uhr, ein Männchen im Hof hinter dem Haus am 28.06.1996 abends von etwa 19.30 bis etwa 20.30 Uhr, ein Weibchen im Hof hinter der Küche am 16.07.1995 morgens gegen 7.30 Uhr, ein laufendes Weibchen im Hof hinter dem Haus am 26.06.1995 abends gegen 18 Uhr, ein sehr großes fliegendes Exemplar im Vorgarten des Hauses am 12.05.1995 mittags gegen 11.30 Uhr, ein Weibchen hinter der Terrasse am 16.06.1994 nachmittags gegen 17 Uhr, und ein fliegendes Männchen vor dem Haus am 16.06.1992 abends gegen 21.30 Uhr. Klaus Schreiber (mündl. Mitt. 2008) hat bis 1943 in Mannheim, bis 1953 in Karlsruhe und bis 1988 in Stuttgart gewohnt und lebt seit 1988 in Mosbach, und kann sich in den 80 Jahren seines Lebens außer den vorgenannten Funden nicht daran erinnern, weiteren Exemplaren des Hirschkäfers (*Lucanus cervus*) in der Natur begegnet zu sein.

In der Nüstenbacher Straße am nordwestlichen Ortsrand von Mosbach hat Helga Mattern (mündl. Mitt. 2008) seit 1980 und besonders von 2002 bis 2008 in den meisten Jahren insgesamt etwa 1 - 3 und in manchen Jahren sogar insgesamt etwa 3 - 5 Männchen und Weibchen des Hirschkäfers (*Lucanus cervus*) pro Jahr am Haus und im Garten am Boden und fliegend gesehen, und konnte damit über einen Zeitraum von fast 30 Jahren das regelmäßige Auftreten von Individuen konstatieren. Helga Mattern (mündl. Mitt. 2008) hat seit 1980 und besonders von 2002 bis 2008 auch immer wieder Larven (Engerlinge) des Hirschkäfers (*Lucanus cervus*) in zersetztem Holz und in der Erde von Blumenkübeln beobachtet. Helga Mattern (mündl. Mitt. 2008) hat auch einmal zwischen 1975 und 1980 in der Brucknerstraße am nördlichen Ortsrand von Diedesheim ein Männchen des Hirschkäfers (*Lucanus cervus*) entdeckt, welches auf dem Balkon des Hauses gelandet ist. Helga Mattern (mündl. Mitt. 2008) hat bis 1975 in Mosbach und bis 1980 in Diedesheim gewohnt und lebt seit 1980 wieder in Mosbach, und hat in den 60 Jahren ihres Lebens außer den vorgenannten Funden keine weiteren Exemplare des Hirschkäfers (*Lucanus cervus*) in der Natur angetroffen.

In der Verlängerung des Zwerrenbergweges am nordwestlichen Ortsrand von Mosbach in Richtung Nüstenbach hat Annemarie Gramlich (mündl. Mitt. 2008) etwa Anfang bis Mitte Juli 2008 ein Männchen des Hirschkäfers (*Lucanus cervus*) gesehen, welches über den Weg im Wald gelaufen ist. Annemarie Gramlich (mündl. Mitt. 2008) hat bis 1955 in Aglasterhausen-Daudenzell gewohnt und lebt seit 1955 in Mosbach, und hat in den über 65 Jahren ihres Lebens schon von etwa 1950 bis 1955 in der Asbacher Straße (damals Hauptstraße) nahe der Kreuzung zwischen Asbacher Straße, Rathausstraße und Hausener Straße im Zentrum von Daudenzell in den meisten Jahren etwa 5 Männchen des Hirschkäfers (*Lucanus cervus*) pro Jahr auf dem Gelände des Bauernhofes am Boden beobachtet, wohingegen sie sich nicht daran erinnern kann, von 1955 bis 2008 weiteren Exemplaren in der Natur begegnet zu sein.

Im Knopfweg in der Nähe des Krankenhauses am östlichen Ortsrand von Mosbach hat Andrea Blank (mündl. Mitt. 2008) im Garten etwa Ende Mai/Anfang Juni 2008 insgesamt 4 Männchen des Hirschkäfers (*Lucanus cervus*) am Boden und unter einem alten löcherigen Apfelbaum tagsüber und abends gesehen, und hat auch im Lohrtalweg am östlichen Ortsrand von Mosbach in 2007 zwei fliegende Männchen beobachtet, von denen eines auf dem Balkon des Hauses gelandet ist, wohingegen sie in den letzten 10 Jahren vor 2007 in Mosbach keine Exemplare festgestellt hat. Andrea Blank (mündl. Mitt. 2008) ist jetzt 50 Jahre alt, wohnt mit kurzen Unterbrechungen schon immer in Mosbach und hat dort auch von 1965 bis 1970 wiederholt einzelne Exemplare des Hirschkäfers (*Lucanus cervus*) registriert, wohingegen sie sich nicht daran erinnern kann, auch zwischen 1970 und 2007 dort Individuen in der Natur entdeckt zu haben.

In der Dresdner Straße am östlichen Ortsrand von Mosbach hat Gerd Pascher (mündl. Mitt. 2008) von etwa 1965 bis 1970 im Waldgebiet Galgenforle hinter dem nahegelegenen Friedhof öfters einzelne Männchen des Hirschkäfers (*Lucanus cervus*) am Waldrand am Boden beobachtet. Gerd Pascher (mündl. Mitt. 2008) hat auch in der Sonnenhalde am nordöstlichen Ortsrand von Mosbach-Diedesheim zwischen Ende Mai und Ende Juni 2007 einen Schwärmabend im Garten am Haus direkt am Waldrand erlebt, als an einem Abend zwischen 21.30 und 22 Uhr nacheinander über 20 Individuen (vorwiegend bis fast ausschließlich Männchen) des Hirschkäfers (*Lucanus cervus*) einen übermannshohen Buchsbaum angeflogen haben, darin in einem begrenzten Ausschnitt gelandet sind und anschließend am Boden und auf der Terrasse gekrabbelt sind, bevor sie in der Dunkelheit wieder verschwunden sind, wohingegen am nächsten Tag keine Exemplare erschienen sind. Gerd Pascher (mündl. Mitt. 2008) hat in 2007 auch ein totes Männchen des Hirschkäfers (*Lucanus cervus*) in der Regenrinne im Garten gefunden, und hat in 2006 ein laufendes Männchen an der Wand des Hauses entdeckt, wohingegen er in 2008 keine Individuen bemerkt hat. Gerd Pascher (mündl. Mitt. 2008) wohnt schon immer in Mosbach und kann sich in den 50 Jahren seines Lebens nicht daran erinnern, zwischen 1970 und 2006 weiteren Exemplaren des Hirschkäfers (*Lucanus cervus*) in der Natur begegnet zu sein.

In der Arnold-Janssen-Straße am südöstlichen Ortsrand von Mosbach haben Erna und Dieter Wolf (mündl. Mitt. 2008) im Garten des Hauses am Waldrand im Juli 2007 ein Männchen des Hirschkäfers (*Lucanus cervus*) vor der Eingangstür am Boden gesehen, welches am nächsten Morgen tot vor dem Haus gelegen ist. Erna Wolf (mündl. Mitt. 2008) hat bis 1968 in Dettenhausen im Schönbuch nordnordöstlich Tübingen, bis 1969 in Ravensburg, bis 1971 in Braunschweig und bis 1978 in Mosbach-Nüstenbach gewohnt und lebt seit 1978 in Mosbach, und hat in den fast 75 Jahren ihres Lebens schon von etwa 1945 bis 1955 in den Wiesen und Feldern um Dettenhausen gelegentlich einzelne Männchen des Hirschkäfers (*Lucanus cervus*) am Boden entdeckt, wohingegen sie sich ansonsten nur daran erinnern kann, daß sie auch zwischen 1955 und 2007 mehrmals Exemplaren in der Natur begegnet ist, weiß aber nicht mehr, wann und wo dies gewesen ist. Dieter Wolf war bis 1954 an verschiedenen Orten, hat dann bis 1960 in Tübingen und bis 1968 in Dettenhausen gewohnt, und war dann an den gleichen Stationen wie Erna Wolf (mündl. Mitt. 2008), und kann sich in den fast 75 Jahren seines Lebens nicht daran erinnern, außer dem Männchen in Mosbach in 2007 weitere Individuen des Hirschkäfers (*Lucanus cervus*) in der Natur beobachtet zu haben.

In den Schmelzgärten am südöstlichen Ortsrand von Mosbach hat Barbara Meyer (mündl. Mitt. 2008) im Garten mit alten Nußbäumen und einer großen Eiche Mitte bis Ende Juni 2008 ein totes Männchen und ein lebendes Weibchen des Hirschkäfers (*Lucanus cervus*) am Boden im Gras gesehen, welches die einzigen Exemplare sind, die sie bisher in Mosbach gesehen hat, wo sie seit 1988 wohnt, und die sie in den über 60 Jahren ihres Lebens bisher in der Natur gefunden hat. Barbara Meyer (mündl. Mitt. 2008) hat vor 1988 in Neresheim auf der Schwäbischen Alb und in Stuttgart gewohnt, wo sie jedoch keinen Individuen des Hirschkäfers (*Lucanus cervus*) in der Natur begegnet ist.

In der Waldstraße am südöstlichen Ortsrand von Mosbach hat Ilse Kraus (mündl. Mitt. 2008) etwa Anfang bis Mitte Juni 2008 ein Männchen des Hirschkäfers (*Lucanus cervus*) im Garten des Hauses in Waldnähe am Boden gesehen, und hat auch etwa zwischen 1978 und 1988 fast in jedem Jahr ein Männchen im Garten beobachtet, wohingegen sie in der Zwischenzeit keine Exemplare bemerkt hat. Ilse Kraus (mündl. Mitt. 2008) hat bis 1956 in Tauberbischofsheim gewohnt und lebt seit 1956 in Mosbach, und hat in den 80 Jahren ihres Lebens ansonsten keine weiteren Individuen des Hirschkäfers (*Lucanus cervus*) in der Natur angetroffen.

In der Pfalzgraf-Otto-Straße am südöstlichen Ortsrand von Mosbach, wo sie seit 1979 wohnt, hat Heide Maylandt (mündl. Mitt. 2008) im Garten des Hauses etwa Anfang Juni 2008 drei Männchen des Hirschkäfers (*Lucanus cervus*) beobachtet, welche mit lautem Brummen durch den Garten und um das Haus herumgeflogen sind, und hat auch etwa Mitte bis Ende Juni 2008 ein totes Männchen mit ausgefressenem Abdomen im Gras gesehen. Heide Maylandt (mündl. Mitt. 2008) hat im Garten des Hauses von 2003 bis 2008 in fast jedem Jahr insgesamt etwa 1 - 2 Männchen des Hirschkäfers (*Lucanus cervus*) pro Jahr meist fliegend registriert, wohingegen sie dort in 2008 mit drei fliegenden und einem toten Männchen überdurchschnittlich viele Exemplare festgestellt hat, andererseits sie sich jedoch nicht daran erinnern kann, ob ihr dort auch von 1979 bis 2002 Individuen aufgefallen sind. Heide Maylandt (mündl. Mitt. 2008) hat im Garten des Hauses in den letzten Jahren auch zahlreiche Fledermäuse bemerkt, welche abends um das Haus herum und im Garten geflogen sind. Heide Maylandt (mündl. Mitt. 2008) hat bis 1968 in Hockenheim gewohnt und lebt seit 1968 in Mosbach, und kann sich in den 65 Jahren ihres Lebens nicht daran erinnern, ob sie schon früher Exemplare des Hirschkäfers (*Lucanus cervus*) in der Natur angetroffen hat.

In der Pfalzgraf-Otto-Straße am südöstlichen Ortsrand von Mosbach hat Walter Schneider (mündl. Mitt. 2008) am Möbelhaus Südstern im Industriegebiet in 2007 ein Männchen des Hirschkäfers (*Lucanus cervus*) entdeckt, und dies ist das einzige Exemplar, welches er in den über 45 Jahren seines Lebens in der Natur angetroffen hat. Walter Schneider (mündl. Mitt. 2008) hat bis 1998 in Künzelsau und bis 2003 in Waldbrunn-Oberdielbach gewohnt und lebt seit 2003 in Waldbrunn-Mülben, und ist außer dem vorgenannten Fund in Mosbach bisher keinem weiteren Individuum des Hirschkäfers (*Lucanus cervus*) in der Natur begegnet. Seine Frau, Petra Schneider (mündl. Mitt. 2008), hat bis 1979 in Bad Rappenau, bis 1987 in Waldbrunn-Mülben; bis 1998 in Schrozberg, Untermünkheim und Heidelberg; und bis 2003 in Waldbrunn-Oberdielbach gewohnt und lebt seit 2003 wieder in Waldbrunn-Mülben, und hat in den fast 40 Jahren ihres Lebens außer dem vorgenannten Fund ihres Mannes nur noch einmal zwischen 1980 und 1983 in der Birkenstraße am nordwestlichen Ortsrand von Waldbrunn-Mülben ein Männchen des Hirschkäfers (*Lucanus cervus*) am Boden im Garten am Waldrand beobachtet, wohingegen sie ansonsten keine weiteren Exemplare in der Natur bemerkt hat.

In der Werkstatthalle der Straßenmeisterei in der Pfalzgraf-Otto-Straße im Industriegebiet am südöstlichen Ortsrand von Mosbach hat Markus Bopp (mündl. Mitt. 2008) in 1979 ein Männchen des Hirschkäfers (*Lucanus cervus*) auf dem Fenstersims sitzend beobachtet, und hat danach erst wieder am 15.07.2008 an der Straße B 27 zwischen Neckarzimmern und Gundelsheim an der Stützmauer in der Nähe der Neckarfähre nach Haßmersheim und der Bahnstation Haßmersheim südöstlich Neckarzimmern mittags gegen 11.30 Uhr ein Männchen gesehen, welches die Wand hochgelaufen ist. Markus Bopp (mündl. Mitt. 2008) wohnt schon fast immer in Billigheim-Sulzbach und ist in den über 40 Jahren seines Lebens außer den vorgenannten Funden keinen weiteren Exemplaren des Hirschkäfers (*Lucanus cervus*) in der Natur begegnet.

An der Waldsteige am südlichen Ortsrand von Mosbach hat Jörg Dietzer (mündl. Mitt. 2008) an der Waldhütte am Stutz am 25.07.2008 ein laufendes Männchen des Hirschkäfers (*Lucanus cervus*) am Boden am Waldrand gesehen, und sein zwölfjähriger Sohn Pascal hat am 20.07.2008 am Schloß Neuburg am südöstlichen Ortsrand von Obrigheim ein laufendes Männchen im Hof gefunden. Jörg Dietzer (mündl. Mitt. 2008) hat bis 1982 in Aue im Erzgebirge direkt am Waldrand gewohnt und lebt seit 1982 in Mosbach, und hat in den fast 45 Jahren seines Lebens schon von etwa 1970 bis 1980 im Wald um Aue in jedem Jahr insgesamt etwa 5 - 6 Exemplare des Hirschkäfers (*Lucanus cervus*) pro Jahr beobachtet, wohingegen er sich nicht daran erinnern kann, von 1982 bis 2007 in Mosbach Individuen in der Natur begegnet zu sein.

Im Wald in und um Mosbach hat Roman Friedel (mündl. Mitt. 2008) von etwa 1972 bis 1980 immer wieder einzelne Männchen des Hirschkäfers (*Lucanus cervus*) meist am Boden und gelegentlich auch fliegend gesehen. Roman Friedel (mündl. Mitt. 2008) hat danach erst wieder in 2007 in der Vichystraße im Industriegebiet am südwestlichen Ortsrand von Bruchsal an einem Firmengebäude ein Männchen des Hirschkäfers (*Lucanus cervus*) an der Eingangstüre in etwa 1 m Höhe über dem Boden unter dem Türdrückerblech entdeckt. Roman Friedel (mündl. Mitt. 2008) hat bis 1988 in Mosbach, bis 1991 in Karlsruhe und bis 1996 in Neckarelz gewohnt und lebt seit 1996 in Wiesloch-Baiertal, und hat in den über 40 Jahren seines Lebens ansonsten keine weiteren Exemplare in der Natur angetroffen.

27.2 Mosbach-Waldstadt

Die Nachweise von Individuen des Hirschkäfers (*Lucanus cervus*) in Mosbach-Waldstadt, welche mir von Naturfreunden aufgrund meiner Aufrufe zur Mitteilung von Beobachtungen in regionalen Tageszeitungen (Rhein-Neckar-Zeitung 2008 a, 2008 b, 2008 c, 2008 d; Schwetzinger Zeitung 2008, Bruchsaler Rundschau 2008) gemeldet wurden, stammen aus der Konrad-Adenauer-Straße nahe dem nördlichen und östlichen Ortsrand von Mosbach-Waldstadt; aus dem Schwalbennest am nördlichen Ortsrand von Mosbach-Waldstadt, vom Tennisplatz am nordwestlichen Ortsrand von Mosbach-Waldstadt, aus dem Vogelsang und der Solbergallee im zentralen Teil von Mosbach-Waldstadt, aus dem Hasenweg und dem Rehweg am nordwestlichen Ortsrand von Mosbach-Waldstadt, aus der Dachsbaustraße am westlichen Ortsrand von Mosbach-Waldstadt, aus der Forlenstraße und dem Hagebuttenweg am südwestlichen Ortsrand von Mosbach-Waldstadt, und aus der Tarunstraße nahe dem südlichen Ortsrand von Mosbach-Waldstadt. Die Fundorte des Hirschkäfers (*Lucanus cervus*) in Mosbach-Waldstadt (TK 25, Blatt 6620 Mosbach) liegen am Südrand des Odenwaldes in ca. 200 - 300 m Höhe über NN.

In der Konrad-Adenauer-Straße nahe dem nördlichen und östlichen Ortsrand von Mosbach-Waldstadt hat Gisela-Margot Gulba (mündl. Mitt. 2008) etwa Anfang bis Mitte Juni 2008 ein laufendes Männchen des Hirschkäfers (*Lucanus cervus*) an der Wand des Hauses gesehen, und hat in der Zeit von 1946 bis 2007 in Mosbach in größeren Abständen gelegentlich einzelne und insgesamt etwa fünf Exemplare gefunden. Gisela-Margot Gulba (mündl. Mitt. 2008) hat bis 1945 in Fürstenberg an der Oder und bis 1946 in Buchen gewohnt und lebt seit 1946 in Mosbach, und kann sich in den über 70 Jahren ihres Lebens ansonsten nur noch an gelegentliche Entdeckungen von einzelnen Individuen des Hirschkäfers (*Lucanus cervus*) in und um Buchen zwischen 1942 und 1946 erinnern. Gisela-Margot Gulba (mündl. Mitt. 2009) hat dabei besonders die Beobachtung eines Männchens des Hirschkäfers (*Lucanus cervus*) am Wartberg (Galgenberg) am südwestlichen Ortsrand von Buchen in 1942 im Gedächtnis.

Im Schwalbennest am nördlichen Ortsrand von Mosbach-Waldstadt hat Ingrid Lottes (mündl. Mitt. 2008) im Garten des Hauses direkt am Waldrand am 13.07.2008 ein Männchen des Hirschkäfers (*Lucanus cervus*) am Boden an trockenen Blättern im Gras gesehen, und hat vor etwa 10 Jahren ein Männchen am Abfluß am unteren Ende der Außenkellertreppe des Hauses bemerkt. Ingrid Lottes (mündl. Mitt. 2008) wohnt seit 1980 in Mosbach und hat seitdem dort im Wald am Boden gelegentlich einzelne Individuen (meist Männchen) des Hirschkäfers (*Lucanus cervus*) festgestellt, wobei sie diese einzelnen Exemplare in den früheren Jahren häufiger registriert hat als in den letzten 10 Jahren. Ingrid Lottes (mündl. Mitt. 2008) konnte damit über einen Zeitraum von fast 30 Jahren das zwar unregelmäßige, aber stets wiederkehrende Auftreten von Individuen des Hirschkäfers (*Lucanus cervus*) konstatieren. Ingrid Lottes (mündl. Mitt. 2008) hat bis 1954 in Heidelberg-Handschuhsheim und bis 1961 in Heidelberg-Neuenheim gewohnt; und war dann in an verschiedenen Orten, bevor sie 1980 nach Mosbach gekommen ist, und kann sich in den 70 Jahren ihres Lebens nicht daran erinnern, auch vor 1980 Individuen des Hirschkäfers (*Lucanus cervus*) in der Natur angetroffen zu haben.

Am Tennisplatz am nordwestlichen Ortsrand von Mosbach-Waldstadt hat Christa Tamme (mündl. Mitt. 2008) vor mehr als 5 Jahren ein Männchen des Hirschkäfers (*Lucanus cervus*) am Boden gesehen. Christa und Christian Tamme (mündl. Mitt. 2008) haben bis 1967 in Neuß gewohnt und leben seit 1967 in Mosbach-Waldstadt, und können sich in den über 65 Jahren ihres Lebens nur daran erinnern, schon früher mehrfach Exemplaren des Hirschkäfers (*Lucanus cervus*) in der Natur begegnet zu sein, wissen aber nicht mehr, wann und wo dies gewesen ist.

Am Waldrand und im Wald hinter der Straße Im Vogelsang im zentralen Teil von Mosbach-Waldstadt hat Adolf Deissler (mündl. Mitt. 2008) am 08.06.2008 ein Männchen, in 1986 oder 1987 zwei Männchen, und zwischen 1974 und 1980 ein Männchen des Hirschkäfers (*Lucanus cervus*) gesehen. Adolf Deissler (mündl. Mitt. 2008) hat auch einmal zwischen etwa 1956 und 1965 in Sattelbach südöstlich Fahrenbach ein Weibchen des Hirschkäfers (*Lucanus cervus*) beobachtet. Adolf Deissler (mündl. Mitt. 2008) hat bis 1956 in Oldau nordwestlich Hambühren nordwestlich Celle, bis 1965 in Sattelbach und bis 1971 in Binau gewohnt und lebt seit 1971 in Mosbach-Waldstadt, und hat in den 65 Jahren seines Lebens außer den vorgenannten Funden keine weiteren Exemplare des Hirschkäfers (*Lucanus cervus*) in der Natur angetroffen.

In der Solbergallee im zentralen Teil von Mosbach-Waldstadt hat Daniela Schneider (mündl. Mitt. 2008) im Garten des Hauses am Waldrand etwa Ende Juni 2008 ein Weibchen des Hirschkäfers (*Lucanus cervus*) an aufgeschichtetem Brennholz gesehen, welches anschließend über den Rasen gelaufen ist, und zwei Tage später hat ihr Mann, Jürgen Schneider, dort ein Männchen beobachtet. Daniela Schneider (mündl. Mitt. 2008) hat bis 1980 in Neckargerach und bis 1992 in Eberbach gewohnt und lebt seit 1992 in Mosbach, und hat in den über 45 Jahren ihres Lebens schon von 1970 bis 1974 im Kosersrain am nördlichen Ortsrand von Neckargerach in jedem Jahr insgesamt etwa 5 - 10 Männchen und Weibchen des Hirschkäfers (*Lucanus cervus*) pro Jahr am Waldrand hinter dem Haus meist am Boden in der Wiese und auf dem Weg und gelegentlich auch fliegend registriert. Daniela Schneider (mündl. Mitt. 2008) kann sich zwar nicht mehr genau erinnern, hat aber wahrscheinlich auch von 1974 bis 1980 in Neckargerach immer wieder einzelne Individuen des Hirschkäfers (*Lucanus cervus*) bemerkt, wohingegen sie definitiv zwischen 1980 und 2008 keinen weiteren Exemplaren in der Natur begegnet ist.

Im Hasenweg am nordwestlichen Ortsrand von Mosbach-Waldstadt hat Jürgen Maichle (mündl. Mitt. 2008) am 11.07.2008 sowie in 2007 und 1998 an der Außenkellertreppe des Hauses am Waldrand je ein Männchen des Hirschkäfers (*Lucanus cervus*) am Boden gesehen. Jürgen Maichle (mündl. Mitt. 2008) hat bis 1967 in Mosbach gewohnt und lebt seit 1967 in Mosbach-Waldstadt, und kann sich in den über 65 Jahren seines Lebens nicht daran erinnern, wann und wo er eventuell schon früher Exemplaren des Hirschkäfers (*Lucanus cervus*) in der Natur begegnet ist.

Am Waldrand hinter dem Rehweg am nordwestlichen Ortsrand von Mosbach-Waldstadt hat Sigrid Keil (mündl. Mitt. 2008) etwa Ende Juli/Anfang August 2008 ein totes Männchen und zwei lebende Weibchen des Hirschkäfers (*Lucanus cervus*) am Boden gesehen, und hat in 2007 am Weg von Mosbach-Waldstadt nach Nüstenbach in einem Gebiet mit Streuobstwiesen und Gebüsch am Hang an einer Stelle mindestens 3 Caput-Thorax-Torsi von Männchen am Boden entdeckt. Sigrid Keil (mündl. Mitt. 2008) wohnt seit 1979 in Mosbach-Waldstadt und hat dort seitdem in den meisten Jahren, aber nicht in jedem Jahr, einzelne Männchen und Weibchen des Hirschkäfers (*Lucanus cervus*) beobachtet, wobei sie pro Jahr insgesamt etwa 1 - 3 Exemplare registriert hat, und konnte damit über einen Zeitraum von fast 30 Jahren das mehr oder weniger regelmäßige Auftreten von Individuen konstatieren. Sigrid Keil (mündl. Mitt. 2008) hat bis 1961 in Kassel gewohnt, war dann in Marburg und München und lebt seit 1972 in Mosbach, und hat in den über 65 Jahren ihres Lebens vor 1979 nur noch zwischen etwa 1950 und 1961 auf der Wilhelmshöhe, im Habichtswald und im Reinhardswald in der Umgebung von Kassel gelegentlich einzelne Individuen des Hirschkäfers (*Lucanus cervus*) gefunden, wohingegen sie sich nicht daran erinnern kann, zwischen 1961 und 1979 Exemplaren in der Natur begegnet zu sein.

In der Dachsbaustraße am westlichen Ortsrand von Mosbach-Waldstadt haben Peter und Holger Braun (mündl. Mitt. 2008) etwa Mitte bis Ende Juni 2008 gegen Mittag am etwa 15 m entfernten Waldrand hinter der Wohnanlage drei Männchen und ein Weibchen des Hirschkäfers (*Lucanus cervus*) vom Balkon aus mit dem Fernglas beobachtet, welche um eine einzelne Eiche herumgeflogen sind, teilweise auch auf Ästen der Eiche gelandet sind und dort bis zu mehreren Stunden an einer Stelle sitzengeblieben sind. Peter und Holger Braun (mündl. Mitt. 2008) haben auch etwa Mitte bis Ende Juni 2008 auf einem Weg im Mischwald hinter der Wohnanlage nachmittags gegen 16 Uhr ein Weibchen des Hirschkäfers (*Lucanus cervus*) am Boden gesehen, und haben auch in 2007 ein Exemplar an der Eiche entdeckt. Holger Braun (mündl. Mitt. 2008) wohnt schon immer in Mosbach-Waldstadt und hat in den fast 35 Jahren seines Lebens außer den vorgenannten Funden keine weiteren Individuen des Hirschkäfers (*Lucanus cervus*) in der Natur angetroffen. Peter Braun (mündl. Mitt. 2008) hat bis 1960 in Distelhausen bei Tauberbischofsheim und bis 1968 in Mosbach gewohnt und lebt seit 1968 in Mosbach-Waldstadt, und ist in den über 65 Jahren seines Lebens erst in Mosbach-Waldstadt Exemplaren des Hirschkäfers (*Lucanus cervus*) in der Natur begegnet. Peter Braun (mündl. Mitt. 2008) hat durch regelmäßige Beobachtungen festgestellt, daß von 1968 bis 1975 in den meisten Jahren, aber nicht in jedem Jahr, insgesamt etwa 5 - 10 Männchen und Weibchen des Hirschkäfers (*Lucanus cervus*) pro Jahr um die Eiche herum und zwischen der Wohnanlage und dem Waldrand hin und her geflogen sind sowie auf der Eiche gelandet sind, wohingegen von 1976 bis 2006 dort keine Individuen erschienen sind, und erst wieder in 2007 und 2008 insgesamt etwa 3 - 5 Männchen und Weibchen pro Jahr dort aufgetreten sind.

In der Forlenstraße am südwestlichen Ortsrand von Mosbach-Waldstadt haben Gabriele Schön-Engelhardt und Werner Engelhardt (mündl. Mitt. 2008) am 08.06.2008 abends ein Männchen des Hirschkäfers (*Lucanus cervus*) bemerkt, welches angeflogen ist, in einer Hecke gelandet ist, und anschließend weitergeflogen ist. Gabriele Schön-Engelhardt und Werner Engelhardt (mündl. Mitt.

2008) haben auch vor etwa 5 - 10 Jahren in der Ortsstraße im zentralen Teil von Obrigheim-Asbach an einem alten Baum am nordwestlichen Ortsausgang in Richtung Daudenzell ein Männchen des Hirschkäfers (*Lucanus cervus*) gesehen, und Werner Engelhardt (mündl. Mitt. 2008) hat auch von etwa 1965 bis 1970 in Asbach sowie im Wald um Asbach in manchen Jahren, aber nicht in jedem Jahr, einzelne Männchen am Boden beobachtet. Gabriele Schön-Engelhardt und Werner Engelhardt (mündl. Mitt. 2008) wohnen schon immer in Asbach und haben in den fast 50 Jahren ihres Lebens bzw. in den über 50 Jahren seines Lebens außer den vorgenannten Funden keine weiteren Exemplare des Hirschkäfers (*Lucanus cervus*) in der Natur angetroffen.

Im Hagebuttenweg am südwestlichen Ortsrand von Mosbach-Waldstadt hat Werner Messner (mündl. Mitt. 2008) im Garten des Hauses etwa Mitte Juni 2008 abends gegen 20.30 Uhr und ebenso schon einmal vor etwa 10 - 15 Jahren je ein Männchen des Hirschkäfers (*Lucanus cervus*) beobachtet, welches angeflogen ist und auf dem Flieder neben der Terrasse gelandet ist. Werner Messner (mündl. Mitt. 2008) hat bis 1966 in Mosbach gewohnt und lebt seit 1966 in Mosbach-Waldstadt, und kann sich in den 65 Jahren seines Lebens nur daran erinnern, daß er schon zwischen etwa 1955 und 1965 im Wald um Mosbach gelegentlich einzelne Männchen des Hirschkäfers (*Lucanus cervus*) gesehen hat, wohingegen er sich nicht an mögliche weitere Begegnungen mit Exemplaren in der Natur erinnern kann.

In der Tarunstraße nahe dem südlichen Ortsrand von Mosbach-Waldstadt hat Christine Glatzer (mündl. Mitt. 2008) im Garten des Hauses, welcher direkt an den Waldrand angrenzt, in 2008 ein Weibchen des Hirschkäfers (*Lucanus cervus*) auf einem Rhododendron-Strauch gesehen, wo es nach dem Anflug gelandet ist und von wo es danach weitergeflogen ist. Christine Glatzer (mündl. Mitt. 2008) hat dort auch vor etwa 5 - 8 Jahren ein Männchen des Hirschkäfers (*Lucanus cervus*) am Boden entdeckt sowie vor etwa 12 - 15 Jahren nach einem heftigen Gewitterschauer ein Männchen fliegend beobachtet. Christine Glatzer (mündl. Mitt. 2008) hat seit 1984 im Garten des Hauses und im Wald in größeren Abständen in etlichen Jahren immer wieder einzelne Weibchen des Hirschkäfers (*Lucanus cervus*) meist am Boden und an Sträuchern registriert. Christine Glatzer (mündl. Mitt. 2008) hat bis 1978 am Stadtrand von München und bis 1984 in Würzburg gewohnt und lebt seit 1984 in Mosbach-Waldstadt, und hat in den über 50 Jahren ihres Lebens außer den vorgenannten Funden keine weiteren Exemplare des Hirschkäfers (*Lucanus cervus*) in der Natur angetroffen.

27.3 Mosbach-Masseldorn

Die Nachweise von Individuen des Hirschkäfers (*Lucanus cervus*) in Mosbach-Masseldorn, welche mir von Naturfreunden aufgrund meiner Aufrufe zur Mitteilung von Beobachtungen in regionalen Tageszeitungen (Rhein-Neckar-Zeitung 2008 a, 2008 b, 2008 c, 2008 d; Schwetzinger Zeitung 2008, Bruchsaler Rundschau 2008) gemeldet wurden, stammen aus der Schlesienstraße und der Böhmerwaldstraße am südwestlichen Ortsrand von Mosbach-Masseldorn. Die Fundorte des Hirschkäfers (*Lucanus cervus*) in Mosbach-Masseldorn (TK 25, Blatt 6620 Mosbach) liegen am Südrand des Odenwaldes in ca. 200 - 250 m Höhe über NN.

In der Schlesienstraße am südwestlichen Ortsrand von Mosbach-Masseldorn haben Sigrid und Fritz Ott (mündl. Mitt. 2008) seit 1978 in fast jedem Jahr insgesamt etwa 2 - 4 Männchen und Weibchen des Hirschkäfers (*Lucanus cervus*) pro Jahr am Haus am Waldrand, im Garten und im Wald am Boden und an Bäumen gesehen. Sigrid und Fritz Ott (mündl. Mitt. 2008) konnten damit über einen Zeitraum von 30 Jahren das mehr oder weniger regelmäßige Auftreten von Individuen des Hirschkäfers (*Lucanus cervus*) konstatieren. In 2005 haben Sigrid und Fritz Ott (mündl. Mitt. 2008) sowie Ines Masterson (mündl. Mitt. 2008) an der Wand der Garage vor dem Haus tagsüber ein Männchen des Hirschkäfers (*Lucanus cervus*) beobachtet, welches dort etwa 3 Stunden lang an der gleichen Stelle gesessen ist und sich gar nicht oder nur unwesentlich bewegt hat, und danach plötzlich verschwunden ist. Weil das Männchen des Hirschkäfers (*Lucanus cervus*) fast regungslos an der Wand der Garage gesessen ist, konnte Ines Masterson (mündl. Mitt. 2008), die vorher noch nie ein Exemplar in der Natur entdeckt hat, in aller Ruhe ihren Fotoapparat holen und hat bei ihrer Rückkehr nach etwa 30 Minuten das Männchen noch unverändert angetroffen, so daß sie es ungestört ablichten konnte. Sigrid Ott (mündl. Mitt. 2008) hat bis 1965 in Wertheim im Maintal gewohnt, wo sie auch in jedem Jahr mehrere Individuen des Hirschkäfers (*Lucanus cervus*) im Wald um Wertheim am Boden und an Bäumen registriert hat. Fritz Ott (mündl. Mitt. 2008) hat bis 1965 in Neu-Ulm im Donautal gewohnt, wo er keinen Exemplaren des Hirschkäfers (*Lucanus cervus*) in der Natur begegnet ist. Nach einem Auslandsaufenthalt bis 1973 haben Sigrid und Fritz Ott (mündl. Mitt. 2008) bis 1978 in Neckargemünd-Dilsberg gewohnt und leben seit 1978 in Mosbach, und haben in den 65 Jahren ihres Lebens bzw. in den fast 70 Jahren seines Lebens auch in Dilsberg in jedem Jahr einzelne Männchen und Weibchen des Hirschkäfers (*Lucanus cervus*) im Wald um Dilsberg am Boden und an Bäumen bemerkt. Sigrid Ott (mündl. Mitt. 2008) war von 1955 bis 1960 während der Ferien öfters in Sandhausen und hat dort im Wald um Sandhausen in Richtung Walldorf auch wiederholt einzelne Individuen des Hirschkäfers (*Lucanus cervus*) am Boden und an Bäumen angetroffen. Ines Masterson (mündl. Mitt. 2008) hat bis 1988 in Mosbach, bis 1991 in Speyer und bis 2008 in Dublin gewohnt und lebt seit 2008 in Münster, und ist in den fast 45 Jahren ihres Lebens außer dem einen Männchen in 2005 in Mosbach keinen weiteren Exemplaren des Hirschkäfers (*Lucanus cervus*) in der Natur begegnet.

In der Böhmerwaldstraße am südwestlichen Ortsrand von Mosbach-Masseldorn hat Barbara Berger (mündl. Mitt. 2008) an der Außenkellertreppe des Hauses, welche in den Garten am Hang in Waldnähe führt, zwischen 1998 und 2007 in jedem Jahr ein Männchen des Hirschkäfers (*Lucanus cervus*) am unteren Ende in der Nähe des Regenwasserabflusses gesehen, wohingegen sie in 2008 und zwischen 1997 und 1966 keine Exemplare entdeckt hat. Barbara Berger (mündl. Mitt. 2008) wohnt schon immer in Mosbach und ist in den 70 Jahren ihres Lebens vor 1998 keinen Individuen des Hirschkäfers (*Lucanus cervus*) in der Natur begegnet.

27.4 Nüstenbach

Im Hardwiesenweg am östlichen Ortsrand von Mosbach-Nüstenbach hat Claudia Rapp (mündl. Mitt. 2008) nach dem letzten Haus etwa 150 m vor dem Waldrand Anfang Juli 2008 ein Männchen des Hirschkäfers (*Lucanus cervus*) am Boden gesehen, welches in der Nähe eines Gartens mit einem Komposthaufen über die Straße in Richtung des etwa 50 m entfernten Baches gelaufen ist, und hat auch in 2006 sowie in 2004 oder 2005 in der Verlängerung des Hardwiesenweges im Wald zwischen Nüstenbach und Mosbach-Waldstadt je ein Männchen am Boden auf dem Weg entdeckt. Claudia Rapp (mündl. Mitt. 2008) hat bis 1993 in Hüffenhardt gewohnt und lebt seit 1993 in Nüstenbach, und hat in den 45 Jahren ihres Lebens außer den vorgenannten drei Männchen keine weiteren Exemplare des Hirschkäfers (*Lucanus cervus*) in der Natur beobachtet. Der Fundort des Hirschkäfers (*Lucanus cervus*) in Mosbach-Nüstenbach (TK 25, Blatt 6620 Mosbach) liegt am Südrand des Odenwaldes in ca. 200 - 250 m Höhe über NN.

27.5 Neckarelz

Die Nachweise von Individuen des Hirschkäfers (*Lucanus cervus*) in Neckarelz, welche mir von Naturfreunden aufgrund meiner Aufrufe zur Mitteilung von Beobachtungen in regionalen Tageszeitungen (Rhein-Neckar-Zeitung 2008 a, 2008 b, 2008 c, 2008 d; Schwetzinger Zeitung 2008, Bruchsaler Rundschau 2008) gemeldet wurden, stammen aus der Oberen Milbe am östlichen Ortsrand von Neckarelz, aus der Mosbacher Straße am südöstlichen Ortsrand von Neckarelz, und aus dem Wald um Neckarelz. Die Fundorte des Hirschkäfers (*Lucanus cervus*) in Neckarelz (TK 25, Blatt 6620 Mosbach) liegen im Neckartal und im Elztal am Südrand des Odenwaldes in ca. 130 - 250 m Höhe über NN.

In der Oberen Milbe am östlichen Ortsrand von Neckarelz sowie im Wald um Neckarelz und Mosbach hat Rolf Senk (mündl. Mitt. 2008) von 1956 bis 2006 in jedem Jahr insgesamt etwa 5 - 10 und in manchen Jahren sogar etwa 10 - 15 Exemplare des Hirschkäfers (*Lucanus cervus*) pro Jahr im Garten hinter dem Haus, am Waldrand und im Wald am Boden und an Baumstämmen gesehen, wohingegen er in 2007 und 2008 im Garten hinter dem Haus keine Individuen angetroffen hat. Rolf Senk (mündl. Mitt. 2008) konnte damit in den 80 Jahren seines Lebens über einen Zeitraum von 50 Jahren das regelmäßige Auftreten von Exemplaren des Hirschkäfers (*Lucanus cervus*) in und um Neckarelz beobachten. Rolf Senk (mündl. Mitt. 2008) hat von 1962 bis 1975 in Aglasterhausen gelebt und hat ansonsten immer in Neckarelz gewohnt, und kann sich nicht mehr daran erinnern, ob er auch schon vor 1956 Individuen des Hirschkäfers (*Lucanus cervus*) in der Natur begegnet ist.

In der Mosbacher Straße am südöstlichen Ortsrand von Neckarelz haben Margarete und Peter Heiß (mündl. Mitt. 2008) an der Wand des Hauses in 2008 und 1998 je ein Männchen des Hirschkäfers (*Lucanus cervus*) gesehen. Margarete Heiß (mündl. Mitt. 2008) hat bis 1963 in Diedesheim und bis 1970 in Karlsruhe gewohnt und lebt seit 1970 in Neckarelz, und hat in den über 60 Jahren ihres Lebens außer den vorgenannten Funden keine weiteren Exemplare des Hirschkäfers (*Lucanus cervus*) in der Natur angetroffen. Peter Heiß (mündl. Mitt. 2008) wohnt schon immer in Neckarelz und hat in den über 70 Jahren seines Lebens schon von etwa 1945 bis 1950 einzelne Männchen des Hirschkäfers (*Lucanus cervus*) an Bäumen und Büschen in dem Streifen mit zahlreichen Eichen und Erlen entlang der Elz unterhalb des Hauses beobachtet, und hat dort auch in den nachfolgenden Jahren in fast jedem Jahr, aber nicht in jedem Jahr, gelegentlich einzelne Männchen festgestellt.

In Neckarelz hat Hans-Dieter Kamm (mündl. Mitt. 2008) zwischen 1950 und 1955 einzelne Männchen des Hirschkäfers (*Lucanus cervus*) im Wald beobachtet, und hat danach erst wieder etwa Mitte bis Ende Mai 2008 nahe dem westlichen Ende der Verlängerung der Rennbahnstraße in der Nähe des Reitplatzes am westlichen Ortsrand von Walldorf ein Weibchen gesehen, welches auf dem Weg in Richtung Wald gelaufen ist. Hans-Dieter Kamm (mündl. Mitt. 2008) hat bis 1959 in Neckarelz, Mosbach und Sinsheim sowie bis 1976 in Heidelberg-Rohrbach und Leimen gewohnt und lebt seit 1976 in Walldorf, und hat in den 70 Jahren seines Lebens ansonsten keine weiteren Individuen des Hirschkäfers (*Lucanus cervus*) in der Natur angetroffen.

27.6 Diedesheim

Die Nachweise von Individuen des Hirschkäfers (*Lucanus cervus*) in Mosbach-Diedesheim, welche mir von Naturfreunden aufgrund meiner Aufrufe zur Mitteilung von Beobachtungen in regionalen Tageszeitungen (Rhein-Neckar-Zeitung 2008 a, 2008 b, 2008 c, 2008 d; Schwetzinger Zeitung 2008, Bruchsaler Rundschau 2008) gemeldet wurden, stammen aus der Sonnenhalde und der Oberen Geisbergstraße am nordöstlichen Ortsrand von Diedesheim, und aus der Brucknerstraße am nördlichen Ortsrand von Diedesheim. Die Fundorte des Hirschkäfers (*Lucanus cervus*) in Diedesheim (TK 25, Blatt 6620 Mosbach) liegen im Neckartal am Südrand des Odenwaldes in ca. 130 - 250 m Höhe über NN.

In der Sonnenhalde am nordöstlichen Ortsrand von Mosbach-Diedesheim hat Gerd Pascher (mündl. Mitt. 2008) einen Schwärmabend im Garten am Haus direkt am Waldrand zwischen Ende Mai und Ende Juni 2007 erlebt, als an einem Abend zwischen 21.30 und 22 Uhr nacheinander über 20 Individuen (vorwiegend bis fast ausschließlich Männchen) des Hirschkäfers (*Lucanus cervus*) einen übermannshohen Buchsbaum angeflogen haben, darin in einem begrenzten Ausschnitt gelandet sind und anschließend am Boden und auf der Terrasse gekrabbelt sind, bevor sie in der Dunkelheit wieder verschwunden sind, wohingegen am nächsten Tag keine Exemplare erschienen sind. Gerd Pascher (mündl. Mitt. 2008) hat in 2007 auch ein totes Männchen des Hirschkäfers (*Lucanus cervus*) in der Regenrinne im Garten gefunden, und hat in 2006 ein laufendes Männchen an der Wand des Hauses entdeckt, wohingegen er in 2008 keine Individuen bemerkt hat. Gerd Pascher (mündl. Mitt. 2008) wohnt schon immer in Mosbach und hat in den 50 Jahren seines Lebens vorher nur von etwa 1965 bis 1970 im Waldgebiet Galgenforle hinter dem Friedhof nördlich der Dresdner Straße am östlichen Ortsrand von Mosbach öfters einzelne Männchen des Hirschkäfers (*Lucanus cervus*) am Waldrand am Boden beobachtet, wohingegen er sich nicht daran erinnern kann, zwischen 1970 und 2006 weiteren Exemplaren in der Natur begegnet zu sein.

In der Oberen Geisbergstraße am nordöstlichen Ortsrand von Mosbach-Diedesheim hat Petra Rinderle (mündl. Mitt. 2008) auf der Mauer vor dem Haus in 2007 morgens gegen 8 Uhr ein Männchen des Hirschkäfers (*Lucanus cervus*) gesehen, welches das einzige Exemplar ist, das sie in den über 40 Jahren ihres Lebens bisher in der Natur gefunden hat.

In der Brucknerstraße am nördlichen Ortsrand von Diedesheim hat Helga Mattern (mündl. Mitt. 2008) einmal zwischen 1975 und 1980 ein Männchen des Hirschkäfers (*Lucanus cervus*) entdeckt, welches auf dem Balkon des Hauses gelandet ist. Helga Mattern (mündl. Mitt. 2008) hat auch in der Nüstenbacher Straße am nordwestlichen Ortsrand von Mosbach seit 1980 und besonders von 2002 bis 2008 in den meisten Jahren insgesamt etwa 1 - 3 und in manchen Jahren sogar insgesamt etwa 3 - 5

Männchen und Weibchen des Hirschkäfers (*Lucanus cervus*) pro Jahr am Haus und im Garten am Boden und fliegend gesehen, und konnte damit über einen Zeitraum von fast 30 Jahren das regelmäßige Auftreten von Individuen konstatieren. Helga Mattern (mündl. Mitt. 2008) hat seit 1980 und besonders von 2002 bis 2008 auch immer wieder Larven (Engerlinge) des Hirschkäfers (*Lucanus cervus*) in zersetztem Holz und in der Erde von Blumenkübeln beobachtet. Helga Mattern (mündl. Mitt. 2008) hat bis 1975 in Mosbach und bis 1980 in Diedesheim gewohnt und lebt seit 1980 wieder in Mosbach, und hat in den 60 Jahren ihres Lebens außer den vorgenannten Funden keine weiteren Exemplare des Hirschkäfers (*Lucanus cervus*) in der Natur angetroffen.

27.7 Obrigheim

Die Nachweise von Individuen des Hirschkäfers (*Lucanus cervus*) in Obrigheim, welche mir von Naturfreunden aufgrund meiner Aufrufe zur Mitteilung von Beobachtungen in regionalen Tageszeitungen (Rhein-Neckar-Zeitung 2008 a, 2008 b, 2008 c, 2008 d; Schwetzinger Zeitung 2008, Bruchsaler Rundschau 2008) gemeldet wurden, stammen aus dem Luss am nördlichen Ortsrand von Obrigheim und vom Schloß Neuburg am südöstlichen Ortsrand von Obrigheim. Die Fundorte des Hirschkäfers (*Lucanus cervus*) in Obrigheim (TK 25, Blatt 6620 Mosbach) liegen im Neckartal am Südrand des Odenwaldes in ca. 130 - 220 m Höhe über NN.

Im Luss am nördlichen Ortsrand von Obrigheim hat Beate Kempe (mündl. Mitt. 2008) im Garten und auf der Terrasse des Hauses von Anfang bis Mitte Juli 2008 insgesamt dreimal ein Weibchen des Hirschkäfers (*Lucanus cervus*) gesehen, und hat dort auch von 2005 bis 2007 in jedem Jahr ein Weibchen im Garten und auf der Terrasse des Hauses sowie in 2004 ein Männchen auf dem Spielplatz vor dem Haus beobachtet. Beate Kempe (mündl. Mitt. 2008) wohnt schon immer in Obrigheim und hat in den 55 Jahren ihres Lebens auch zwischen 1988 und 1993 mehrmals einzelne Weibchen des Hirschkäfers (*Lucanus cervus*) im Garten und auf der Terrasse des Hauses gefunden, wohingegen sie sich nicht daran erinnern kann, auch schon vor 1988 sowie zwischen 1993 und 2004 Individuen in der Natur begegnet zu sein.

Am Schloß Neuburg am südöstlichen Ortsrand von Obrigheim hat der zwölfjährige Sohn Pascal von Jörg Dietzer (mündl. Mitt. 2008) am 20.07.2008 ein laufendes Männchen des Hirschkäfers (*Lucanus cervus*) im Hof gefunden, und am 25.07.2008 hat Jörg Dietzer (mündl. Mitt. 2008) an der Waldsteige am südlichen Ortsrand von Mosbach an der Waldhütte am Stutz ein laufendes Männchen am Boden am Waldrand gesehen. Jörg Dietzer (mündl. Mitt. 2008) hat bis 1982 in Aue im Erzgebirge direkt am Waldrand gewohnt und lebt seit 1982 in Mosbach, und hat in den fast 45 Jahren seines Lebens schon von etwa 1970 bis 1980 im Wald um Aue in jedem Jahr insgesamt etwa 5 - 6 Exemplare des Hirschkäfers (*Lucanus cervus*) pro Jahr beobachtet, wohingegen er sich nicht daran erinnern kann, von 1982 bis 2007 in Mosbach Individuen in der Natur begegnet zu sein.

27.8 Asbach

In der Ortsstraße im zentralen Teil von Obrigheim-Asbach hat Herbert Kimmel (mündl. Mitt. 2008) am 04.07.2008 vor dem Haus ein totes Männchen des Hirschkäfers (*Lucanus cervus*) mit 74 mm Gesamtlänge am Boden gesehen. Herbert Kimmel (mündl. Mitt. 2008) hat bis 1974 in Neidenstein gewohnt und lebt seit 1974 in Obrigheim-Asbach, und hat in den 55 Jahren seines Lebens vorher schon von etwa 1970 bis 1974 am Waldrand um Neidenstein in jedem Jahr insgesamt bis zu 10 Männchen des Hirschkäfers (*Lucanus cervus*) pro Jahr am Boden beobachtet. In Neidenstein hat Herbert Kimmel (mündl. Mitt. 2008) auch schon zwischen etwa 1960 und etwa 1970 einzelne Exemplare des Hirschkäfers (*Lucanus cervus*) entdeckt, und in Asbach hat er auch von 1974 bis 2007 wenige Individuen bemerkt, kann sich jedoch nicht mehr an Einzelheiten dieser Funde erinnern.

In der Ortsstraße im zentralen Teil von Obrigheim-Asbach haben Gabriele Schön-Engelhardt und Werner Engelhardt (mündl. Mitt. 2008) an einem alten Baum am nordwestlichen Ortsausgang in Richtung Daudenzell vor etwa 5 - 10 Jahren ein Männchen des Hirschkäfers (*Lucanus cervus*) gesehen, und Werner Engelhardt (mündl. Mitt. 2008) hat auch von etwa 1965 bis 1970 in Asbach sowie im Wald um Asbach in manchen Jahren, aber nicht in jedem Jahr, einzelne Männchen am Boden beobachtet.

Gabriele Schön-Engelhardt und Werner Engelhardt (mündl. Mitt. 2008) haben auch am 08.06.2008 in der Forlenstraße am südwestlichen Ortsrand von Mosbach-Waldstadt abends ein Männchen des Hirschkäfers (*Lucanus cervus*) bemerkt, welches angeflogen ist, in einer Hecke gelandet ist, und anschließend weitergeflogen ist. Gabriele Schön-Engelhardt und Werner Engelhardt (mündl. Mitt. 2008) wohnen schon immer in Asbach und haben in den fast 50 Jahren ihres Lebens bzw. in den über 50 Jahren seines Lebens außer den vorgenannten Funden keine weiteren Exemplare des Hirschkäfers (*Lucanus cervus*) in der Natur angetroffen. Die Fundorte des Hirschkäfers (*Lucanus cervus*) in Obrigheim-Asbach (TK 25, Blatt 6620 Mosbach) liegen am Südrand des Odenwaldes in ca. 220 - 250 m Höhe über NN.

27.9 Binau

Die Nachweise von Individuen des Hirschkäfers (*Lucanus cervus*) in Binau, welche mir von Naturfreunden aufgrund meiner Aufrufe zur Mitteilung von Beobachtungen in regionalen Tageszeitungen (Rhein-Neckar-Zeitung 2008 a, 2008 b, 2008 c, 2008 d; Schwetzinger Zeitung 2008, Bruchsaler Rundschau 2008) gemeldet wurden, stammen aus der Sonnenhalde am nordwestlichen Ortsrand von Binau-Österling und der Reichenbucher Straße im zentralen Teil von Binau. Die Fundorte des Hirschkäfers (*Lucanus cervus*) in Binau (TK 25, Blatt 6620 Mosbach) liegen im Neckartal am Südrand des Odenwaldes in ca. 130 - 200 m Höhe über NN.

In der Sonnenhalde am nordwestlichen Ortsrand von Binau-Österling hat Manfred Broder (mündl. Mitt. 2008) in 2006 sowie am 11.05.2008 und Ende Juni 2008 je ein laufendes Männchen des Hirschkäfers (*Lucanus cervus*) an der Hauswand, auf der Terrasse und auf dem Rasen bemerkt, welche die einzigen Exemplare sind, die er bisher in Binau gesehen hat, wo er seit 1970 wohnt. In den fast 70 Jahren seines Lebens hat Manfred Broder (mündl. Mitt. 2008) vorher nur einmal in den Jahren 1965 - 1970 am Osthang des Katzenbuckels westlich Waldbrunn-Waldkatzenbach ein Männchen des Hirschkäfers (*Lucanus cervus*) am Boden im Wald am unteren Hang des Berges entdeckt, wohingegen er in den Jahren davor in Waldkatzenbach keine Individuen registriert hat, obwohl er dort schon immer in der Nähe von Feld und Wald gewohnt hat. Der Katzenbuckel erreicht am Gipfel 626 m Höhe über NN und ist der höchste Berg des Odenwaldes.

In der Reichenbucher Straße im zentralen Teil von Binau, wo sie seit 1993 wohnt, hat Marita Marx (mündl. Mitt. 2008) in 2007 ein Weibchen des Hirschkäfers (*Lucanus cervus*) am Boden auf der Treppe neben dem Haus und in 2006 ein Männchen auf der Terrasse am Haus gesehen, wohingegen sie in 2008 und in den Jahren vor 2006 dort keine Individuen bemerkt hat. Marita Marx (mündl. Mitt. 2008) hat ferner etwa 2000 in Hesselbach nordnordöstlich Hesseneck nordwestlich Mudau in der Nähe der Wildschweinfütterungsstation an einem Tag etwa 3 Männchen des Hirschkäfers (*Lucanus cervus*) am Boden auf dem Waldweg und nebenan in der Wiese beobachtet, und hat auch etwa 1998 in der Nähe eines kleinen Waldschlößchens am Weg von Mudau in Richtung Schloßau etwa 5 - 10 Exemplare am Boden im Wald registriert. Marita Marx (mündl. Mitt. 2008) hat bis 1988 in Güdesweiler bei St. Wendel im Saarland und bis 1993 in Sattelbach bei Mosbach gewohnt, und erinnert sich in den über 55 Jahren ihres Lebens nur noch daran, daß sie außer den vorgenannten Funden zwischen etwa 1960 und 1988 in Güdesweiler gelegentlich einzelne Individuen des Hirschkäfers (*Lucanus cervus*) in der Natur angetroffen hat, wohingegen sie ansonsten keinen weiteren Exemplaren in der Natur begegnet ist.

27.10 Neckargerach

Die Nachweise von Individuen des Hirschkäfers (*Lucanus cervus*) in und um Neckargerach, welche mir von Naturfreunden aufgrund meiner Aufrufe zur Mitteilung von Beobachtungen in regionalen Tageszeitungen (Rhein-Neckar-Zeitung 2008 a, 2008 b, 2008 c, 2008 d; Schwetzinger Zeitung 2008, Bruchsaler Rundschau 2008) gemeldet wurden, stammen aus der Oberen Gertbergstraße und dem Wald oberhalb der Minneburgschule am östlichen Ortsrand von Neckargerach, aus dem Kosersrain am nördlichen Ortsrand von Neckargerach, und vom Waldsee an der Läufertsmühle im Seebachtal nordöstlich Neckargerach. Die Fundorte des Hirschkäfers (*Lucanus cervus*) in und um Neckargerach (TK 25, Blatt 6520 Waldbrunn und Blatt 6620 Mosbach) liegen im Neckartal am Südrand des Odenwaldes in ca. 130 - 250 m Höhe über NN.

In der Oberen Gertbergstraße am östlichen Ortsrand von Neckargerach hat Waltraud Dollinger (mündl. Mitt. 2008) am letzten Haus vor dem Waldrand in 2008 ein totes Männchen des Hirschkäfers (*Lucanus cervus*) am Randstein vor dem Gartenzaun auf dem Rücken liegend am Boden gesehen, und hat dort im Wald oberhalb der Minneburgschule vor etwa 6 - 7 Jahren und vor etwa 10 - 15 Jahren jeweils ein Männchen am Boden entdeckt. Waltraud Dollinger (mündl. Mitt. 2008) wohnt schon immer in Neckargerach und hat in den über 50 Jahren ihres Lebens schon zwischen 1965 und 1970 am Waldsee an der Läufertsmühle im Seebachtal nordöstlich Neckargerach gelegentlich einzelne Männchen des Hirschkäfers (*Lucanus cervus*) am Boden im Wald beobachtet, wohingegen sie ansonsten keinen Exemplaren in der Natur begegnet ist.

Im Kosersrain am nördlichen Ortsrand von Neckargerach hat Daniela Schneider (mündl. Mitt. 2008) am Waldrand hinter dem Haus von 1970 bis 1974 in jedem Jahr insgesamt etwa 5 - 10 Männchen und Weibchen des Hirschkäfers (*Lucanus cervus*) pro Jahr meist am Boden in der Wiese und auf dem Weg und gelegentlich auch fliegend registriert. Daniela Schneider (mündl. Mitt. 2008) hat bis 1980 in Neckargerach und bis 1992 in Eberbach gewohnt und lebt seit 1992 in Mosbach, und kann sich in den über 45 Jahren ihres Lebens zwar nicht mehr genau erinnern, hat aber wahrscheinlich auch von 1974 bis 1980 in Neckargerach immer wieder einzelne Individuen des Hirschkäfers (*Lucanus cervus*) bemerkt, wohingegen sie definitiv zwischen 1980 und 2008 keinen weiteren Exemplaren in der Natur begegnet ist. Daniela Schneider (mündl. Mitt. 2008) hat erst wieder etwa Ende Juni 2008 in der Solbergallee im zentralen Teil von Mosbach-Waldstadt im Garten des Hauses am Waldrand ein Weibchen des Hirschkäfers (*Lucanus cervus*) an aufgeschichtetem Brennholz gesehen, welches anschließend über den Rasen gelaufen ist, und zwei Tage später hat ihr Mann, Jürgen Schneider, dort ein Männchen beobachtet.

27.11 Neckarzimmern

Die Nachweise von Individuen des Hirschkäfers (*Lucanus cervus*) in und um Neckarzimmern, welche mir von Naturfreunden aufgrund meiner Aufrufe zur Mitteilung von Beobachtungen in regionalen Tageszeitungen (Rhein-Neckar-Zeitung 2008 a, 2008 b, 2008 c, 2008 d; Schwetzinger Zeitung 2008, Bruchsaler Rundschau 2008) gemeldet wurden, stammen aus der Schulstraße im nordwestlichen Ortsteil von Neckarzimmern, aus dem Weinbergweg am südwestlichen Ortsrand von Neckarzimmern, vom Stockborner Hof nördlich Neckarzimmern, von der Straße B 27 zwischen Neckarzimmern und Gundelsheim in der Nähe der Neckarfähre nach Haßmersheim und der Bahnstation Haßmersheim südöstlich Neckarzimmern, und aus dem Wald um Neckarzimmern. Die Fundorte des Hirschkäfers (*Lucanus cervus*) in und um Neckarzimmern (TK 25, Blatt 6620 Mosbach) liegen im Neckartal nahe dem Nordrand des Kraichgaues am Übergang in den Odenwald in ca. 130 - 250 m Höhe über NN.

In der Schulstraße im nordwestlichen Ortsteil von Neckarzimmern, wo er seit 1952 wohnt, hat Hans Kohlmann (mündl. Mitt. 2008) im Hof des Hauses, welches an der Schule neben einem Park mit vielen hohen Bäumen in etwa 300 m Entfernung vom Waldrand liegt, etwa Mitte bis Ende Juni 2008 an mehreren Tagen hintereinander 4 Männchen des Hirschkäfers (*Lucanus cervus*) tagsüber am Boden gesehen, und an einem Abend ist auch ein Männchen an der Terrasse vorbeigeflogen. Hans Kohlmann (mündl. Mitt. 2008) hat in den über 70 Jahren seines Lebens schon zwischen 1945 und 1952 am Stockborner Hof nördlich Neckarzimmern gelegentlich einzelne Exemplare des Hirschkäfers (*Lucanus cervus*) beobachtet, und hat seit 1952 in den meisten Jahren, aber nicht in jedem Jahr, etwa 1 - 2 Individuen pro Jahr in der Schulstraße in Neckarzimmern registriert, wobei die Häufigkeit des Auftretens in den letzten 10 Jahren etwas zugenommen hat und in 2008 überdurchschnittlich viele Exemplare des Hirschkäfers (*Lucanus cervus*) erschienen sind. Hans Kohlmann (mündl. Mitt. 2008) konnte damit über einen Zeitraum von über 55 Jahren das mehr oder weniger regelmäßige Auftreten von Individuen des Hirschkäfers (*Lucanus cervus*) konstatieren.

Im Weinbergweg am südwestlichen Ortsrand von Neckarzimmern haben Margot Schall-Czemmel und Andreas Czemmel (mündl. Mitt. 2008) auf der Terrasse des Hauses in 2006 und 2008 je ein totes Männchen des Hirschkäfers (*Lucanus cervus*) am Boden gesehen, und haben in 2008 dort auch zwei Weibchen beobachtet. Margot Schall-Czemmel (mündl. Mitt. 2008) hat bis 1993 in Stein am Kocher nordnordöstlich Heilbronn gewohnt und lebt seit 1993 in Neckarzimmern, und hat in den fast 60 Jahren ihres Lebens außer den vorgenannten Funden keine Exemplare des Hirschkäfers (*Lucanus cervus*) in der Natur angetroffen. Andreas Czemmel (mündl. Mitt. 2008) hat bis 1975 in Obergimpern westnordwestlich Bad Rappenau gewohnt und lebt seit 1975 in Neckarzimmern, und hat in den 70 Jahren seines Lebens schon etwa 2002 oder 2003 im Wald um Neckarzimmern gelegentlich einzelne Männchen des Hirschkäfers (*Lucanus cervus*) am Boden bemerkt, wohingegen er ansonsten keinen weiteren Individuen in der Natur begegnet ist.

An der Straße B 27 zwischen Neckarzimmern und Gundelsheim hat Markus Bopp (mündl. Mitt. 2008) an der Stützmauer in der Nähe der Neckarfähre nach Haßmersheim und der Bahnstation Haßmersheim südöstlich Neckarzimmern am 15.07.2008 mittags gegen 11.30 Uhr ein Männchen des Hirschkäfers (*Lucanus cervus*) gesehen, welches die Wand hochgelaufen ist. Markus Bopp (mündl. Mitt. 2008) wohnt schon fast immer in Billigheim-Sulzbach und hat in den über 40 Jahren seines Lebens ansonsten nur noch einmal in 1979 in der Werkstatthalle der Straßenmeisterei in der Pfalzgraf-Otto-Straße im Industriegebiet am südöstlichen Ortsrand von Mosbach ein Männchen des Hirschkäfers (*Lucanus cervus*) auf dem Fenstersims sitzend beobachtet, wohingegen er außer den vorgenannten Funden keinen weiteren Exemplaren in der Natur begegnet ist.

27.12 Neckarburken

In der Goethestraße am südöstlichen Ortsrand von Elztal-Neckarburken haben Edith und Gerhard Heiß (mündl. Mitt. 2008) an Holzstapeln im Garten des Hauses in 2008 ein Männchen des Hirschkäfers (*Lucanus cervus*) am Boden gesehen, welches anschließend weggeflogen ist, und haben in 2007 in einer Streuobstwiese im Gewann Flürlein in der Nähe eines Brachwaldes mit viel Totholz ein Männchen beobachtet, welches aus einem Holzstapel herausgekommen ist. Diese beiden Männchen sind die einzigen Exemplare des Hirschkäfers (*Lucanus cervus*), welche Edith und Gerhard Heiß (mündl. Mitt. 2008), die bis 1979 in Neckarelz gewohnt haben und seit 1979 in Neckarburken leben, in den über 60 Jahren ihres Lebens bisher in der Natur entdeckt haben. Gerhard Heiß (mündl. Mitt. 2008) ist in Neckarelz aufgewachsen, wohingegen Edith Heiß (mündl. Mitt. 2008) aus Osterburken stammt und erst 1969 nach Neckarelz gekommen ist, und beide sind erst in 2007 in Neckarburken erstmals Individuen des Hirschkäfers (*Lucanus cervus*) in der Natur begegnet. Die Fundorte des Hirschkäfers (*Lucanus cervus*) in Elztal-Neckarburken (TK 25, Blatt 6620 Mosbach und Blatt 6621 Billigheim) liegen im Elztal, einem Seitental des Neckartales, am Südrand des Odenwaldes in ca. 180 - 270 m Höhe über NN.

27.13 Dallau

In der Unteren Augartenstraße am südlichen Ortsrand von Elztal-Dallau hat Winfried Brenner (mündl. Mitt. 2008) im Garten des Hauses in 2005 und 2006 je ein Männchen des Hirschkäfers (*Lucanus cervus*) am Boden gesehen, welche anschließend davongeflogen sind. Winfried Brenner (mündl. Mitt. 2008) hat bis 1957 in Ditterswind bei Maroldsweisach nordöstlich Schweinfurt in Unterfranken gewohnt und hat dort von etwa 1953 bis 1957 in jedem Jahr insgesamt etwa 2 - 3 Männchen des Hirschkäfers (*Lucanus cervus*) pro Jahr im Wald am Boden beobachtet. Winfried Brenner (mündl. Mitt. 2008) hat dann bis 1963 in Königsbrunn südlich Augsburg und bis 1977 in Walldürn gewohnt und lebt seit 1977 in Elztal-Dallau, und hat in den fast 65 Jahren seines Lebens außer den vorgenannten Funden keine weiteren Exemplare des Hirschkäfers (*Lucanus cervus*) in der Natur angetroffen. Der Fundort des Hirschkäfers (*Lucanus cervus*) in Elztal-Dallau (TK 25, Blatt 6621 Billigheim) liegt im Elztal, einem Seitental des Neckartales, am Südrand des Odenwaldes in ca. 180 - 270 m Höhe über NN.

27.14 Auerbach

Auf einer Wanderung von Elztal-Auerbach nach Elztal-Rittersbach hat Hans Isinger (mündl. Mitt. 2008) am 27.07.2008 etwa 1 km nordöstlich Auerbach im Wald ein Männchen des Hirschkäfers (*Lucanus cervus*) registriert, welches in etwa 3 m Höhe geflogen ist und auf einem Baum gelandet ist. Am Nordostufer des Neckars in der Nähe der ehemaligen Schokoladenfabrik etwa 200 m nordwestlich der Schleuse südöstlich Heidelberg-Ziegelhausen hat Hans Isinger (mündl. Mitt. 2008) am 15.06.2008 und am 22.06.2008 sowie auch einmal im Juni 2007 beim Angeln abends in der Dämmerung zwischen

19 und 21 Uhr jeweils etwa 3 - 5 Männchen des Hirschkäfers (*Lucanus cervus*) pro Abend gesehen, welche das Flußufer entlanggeflogen sind, und hat im Mai oder Juni 2008 abends in der Dämmerung zwischen 19 und 21 Uhr auch einmal etwa 2 - 3 fliegende Exemplare am Südwestufer des Neckars etwa 200 m südöstlich der Schleuse am südöstlichen Ortsausgang von Heidelberg-Schlierbach beobachtet. Hans Isinger (mündl. Mitt. 2008) angelt schon seit 30 Jahren am Neckar, hat dort jedoch erst in 2007 und 2008 Individuen des Hirschkäfers (*Lucanus cervus*) bemerkt. Hans Isinger (mündl. Mitt. 2008) hat bis 1996 in Wiesloch gewohnt und lebt seit 1996 in Angelbachtal-Michelfeld, und hat in den fast 45 Jahren seines Lebens schon zwischen 1972 und 1975 einmal ein Männchen des Hirschkäfers (*Lucanus cervus*) in Augenhöhe an einem Baumstamm im Wald um Östringen-Odenheim in Richtung Östringen entdeckt. Seine Frau, Christine Isinger (mündl. Mitt. 2008), hat bis 1996 in Walldorf gewohnt und lebt seit 1996 ebenfalls in Angelbachtal-Michelfeld, und hat in den fast 45 Jahren ihres Lebens einmal in 2006 einen toten Caput-Thorax-Torso eines Männchens des Hirschkäfers (*Lucanus cervus*) auf dem Weg entlang des Rückhaltebeckens am Nordwesthang des Sternenberges östlich Mühlhausen etwa 150 m südwestlich der kleinen Brücke angetroffen. Christine und Hans Isinger (mündl. Mitt. 2008) haben auch in 2006 auf einer Wanderung von Wissembourg im Elsaß entlang der Grenze zwischen Frankreich und Deutschland in westnordwestlicher Richtung einen toten Caput-Thorax-Torso eines Männchens des Hirschkäfers (*Lucanus cervus*) auf dem Weg im Wald in der Nähe von Wissembourg bemerkt. Der Fundort des Hirschkäfers (*Lucanus cervus*) in der Umgebung von Elztal-Auerbach (TK 25, Blatt 6521 Limbach und Blatt 6621 Billigheim) liegt im Auerbachtal, einem Seitental des Elztales, welches in Mosbach in das Neckartal einmündet, am Südrand des Odenwaldes in ca. 230 - 320 m Höhe über NN.

27.15 Neckarmühlbach

In der Ortsstraße am südöstlichen Ortsrand von Haßmersheim-Neckarmühlbach hat Gerhard Rilling (mündl. Mitt. 2008) im Garten des Hauses, welches etwa 300 m vom Waldrand entfernt liegt, etwa Mitte bis Ende Mai 2008 ein Männchen und zwei Weibchen des Hirschkäfers (*Lucanus cervus*) am Boden gefunden, und dort hat er ebenfalls in 2007 ein Männchen und 2 - 3 Weibchen sowie von 2000 bis 2006 jährlich mindestens je ein Männchen und je ein Weibchen bemerkt. Ebenso hat Gerhard Rilling (mündl. Mitt. 2008) von 1950 bis 1954 jährlich je 2 - 3 Männchen und je 2 - 3 Weibchen des Hirschkäfers (*Lucanus cervus*) in Neckarmühlbach registriert. Zwischen 1954 und 2000 hatte Gerhard Rilling (mündl. Mitt. 2008), welcher während der etwa 65 Jahre seines Lebens immer in Neckarmühlbach gewohnt hat, wegen seiner beruflichen Tätigkeit als Schiffer auf Neckar und anderen Flüssen keine Gelegenheiten zu Beobachtungen und kann deshalb keine Aussagen zum Auftreten des Hirschkäfers (*Lucanus cervus*) in dieser Zeit in Neckarmühlbach machen. Der Fundort des Hirschkäfers (*Lucanus cervus*) in Haßmersheim-Neckarmühlbach (TK 25, Blatt 6720 Bad Rappenau) liegt im Neckartal nahe dem Nordrand des Kraichgaues am Übergang in den Odenwald in ca. 140 - 250 m Höhe über NN.

27.16 Haßmersheim

Die Nachweise von Individuen des Hirschkäfers (*Lucanus cervus*) in und um Haßmersheim, die mir von Naturfreunden aufgrund meiner Aufrufe zur Mitteilung von Beobachtungen in regionalen Tageszeitungen (Rhein-Neckar-Zeitung 2008 a, 2008 b, 2008 c, 2008 d; Schwetzinger Zeitung 2008, Bruchsaler Rundschau 2008) gemeldet wurden, stammen aus der Hildastraße im südlichen Ortsteil von Haßmersheim, aus der Kirchgasse nahe dem südöstlichen Ortsrand von Haßmersheim, von der Straße B 27 in der Nähe der Neckarfähre nach Haßmersheim und der Bahnstation Haßmersheim östlich Haßmersheim, und aus dem Wald um Haßmersheim. Die Fundorte des Hirschkäfers (*Lucanus cervus*) in und um Haßmersheim (TK 25, Blatt 6620 Mosbach und Blatt 6720 Bad Rappenau) liegen im Neckartal am Nordrand des Kraichgaues am Übergang in den Odenwald in ca. 140 - 200 m Höhe über NN.

In der Hildastraße im südlichen Ortsteil von Haßmersheim hat Iris Berens (mündl. Mitt. 2008) in Juni und Juli 2008 insgesamt drei Weibchen des Hirschkäfers (*Lucanus cervus*) auf der Terrasse des Hauses, an der Wand der Garage und am Komposthaufen im Garten gesehen, und hat auch in 2007 ein Weibchen sowie in 2006 oder 2007 ein Männchen im Garten gefunden. Iris Berens (mündl. Mitt. 2008) wohnt schon immer in Haßmersheim und hat in den fast 35 Jahren ihres Lebens noch nie so viele Individuen des Hirschkäfers (*Lucanus cervus*) bemerkt wie in 2008, und hat besonders in den Jahren von

1983 bis 1990 immer wieder einzelne Exemplare entdeckt, und hat auch zwischen 1990 und 2006 wiederholt einzelne Männchen und Weibchen in der Natur beobachtet. Iris Berens (mündl. Mitt. 2008) konnte damit über einen Zeitraum von 25 Jahren das zwar unregelmäßige, aber stets wiederkehrende Auftreten von Individuen des Hirschkäfers (*Lucanus cervus*) konstatieren.

In der Kirchgasse nahe dem südöstlichen Ortsrand von Haßmersheim hat Kai Tackenberg (mündl. Mitt. 2008) etwa Ende Mai/Anfang Juni 2008 ein Männchen des Hirschkäfers (*Lucanus cervus*) gefunden, welches in der Regenwassertonne getrieben ist. Kai Tackenberg (mündl. Mitt. 2008) wohnt schon immer in Haßmersheim und hat in den über 45 Jahren seines Lebens vorher nur zwischen 1970 und 1975 im Wald um Haßmersheim wiederholt einzelne Männchen und gelegentlich auch ein Weibchen des Hirschkäfers (*Lucanus cervus*) beobachtet, und ist ansonsten keinen Individuen in der Natur begegnet. Kai Tackenberg (mündl. Mitt. 2008) hat in Haßmersheim etwa 1975 auch einmal ein totes Exemplar des Nashornkäfers (*Oryctes nasicornis*) auf einer Wiese gefunden.

An der Stützmauer an der Straße B 27 in der Nähe der Neckarfähre nach Haßmersheim und der Bahnstation Haßmersheim östlich Haßmersheim hat Markus Bopp (mündl. Mitt. 2008) südöstlich Neckarzimmern am 15.07.2008 mittags gegen 11.30 Uhr ein Männchen des Hirschkäfers (*Lucanus cervus*) gesehen, welches die Wand hochgelaufen ist. Markus Bopp (mündl. Mitt. 2008) wohnt schon fast immer in Billigheim-Sulzbach und hat in den über 40 Jahren seines Lebens ansonsten nur noch einmal in 1979 in der Werkstatthalle der Straßenmeisterei in der Pfalzgraf-Otto-Straße im Industriegebiet am südöstlichen Ortsrand von Mosbach ein Männchen des Hirschkäfers (*Lucanus cervus*) auf dem Fenstersims sitzend beobachtet, wohingegen er außer den vorgenannten Funden keinen weiteren Exemplaren in der Natur begegnet ist.

27.17 Hüffenhardt

In der Schickengasse nahe dem Zentrum von Hüffenhardt haben Petra und Jürgen Ludreschl (mündl. Mitt. 2008) im Garten des Hauses im Juni 2008 ein totes Männchen des Hirschkäfers (*Lucanus cervus*) unter einem großen alten Birnbaum gefunden. Petra Ludreschl (mündl. Mitt. 2008) hat bis 1984 in Mannheim-Hochstätt und bis 2000 in Neckarbischofsheim gewohnt und lebt seit 2000 in Hüffenhardt, und hat in den fast 45 Jahren ihres Lebens außer dem vorgenannten Männchen keine weiteren Exemplare des Hirschkäfers (*Lucanus cervus*) in der Natur beobachtet. Jürgen Ludreschl (mündl. Mitt. 2008) hat bis 2000 in Neckarbischofsheim gewohnt und lebt seit 2000 ebenfalls in Hüffenhardt, und hat in den fast 45 Jahren seines Lebens schon von etwa 1970 bis 1980 im Wald um Neckarbischofsheim in Richtung Hasselbach und Adersbach in jedem Jahr insgesamt etwa 2 - 3 Männchen des Hirschkäfers (*Lucanus cervus*) pro Jahr überwiegend am Boden und einmal auch fliegend gesehen, wohingegen er zwischen 1980 und 2008 keinen weiteren Individuen in der Natur begegnet ist. Der Fundort des Hirschkäfers (*Lucanus cervus*) in Hüffenhardt (TK 25, Blatt 6720 Bad Rappenau) liegt am Südrand des Odenwaldes in ca. 250 - 300 m Höhe über NN.

28 Fundmeldungen von Naturfreunden in Fahrenbach, Limbach und Umgebung

Die Funde von Exemplaren des Hirschkäfers (*Lucanus cervus*) in Fahrenbach, Limbach und Umgebung, welche mir von Naturfreunden aufgrund meiner Aufrufe zur Mitteilung von Beobachtungen in regionalen Tageszeitungen (Rhein-Neckar-Zeitung 2008 a, 2008 b, 2008 c, 2008 d; Schwetzinger Zeitung 2008, Bruchsaler Rundschau 2008) berichtet wurden, umfassen die Orte Fahrenbach, Robern, Wagenschwend und Sattelbach.

28.1 Fahrenbach

In Fahrenbach nördlich Mosbach hat Ingrid Diehm (mündl. Mitt. 2008) zwischen 1950 und 1958 in jedem Jahr insgesamt etwa 5 - 10 Individuen des Hirschkäfers (*Lucanus cervus*), welche meist Männchen waren, pro Jahr im Wald beim Pflücken von Heidelbeeren am Boden beobachtet, als ihr Vater und ihre Schwester im Wald gearbeitet hatten und manchmal auch einige Exemplare mit nach Hause gebracht hatten. Ingrid Diehm (mündl. Mitt. 2008) hat danach erst wieder etwa Anfang Juli 2008 auf dem Friedhof nahe der Hardtwaldsiedlung südlich Oftersheim auf einem Grabstein in der letzten Gräberreihe vor dem Waldrand ein Männchen des Hirschkäfers (*Lucanus cervus*) gesehen. Ingrid Diehm (mündl. Mitt. 2008) hat bis 1958 in Fahrenbach nördlich Mosbach gewohnt und lebt seitdem in Oftersheim, und ist in den fast 70 Jahren ihres Lebens zwischen 1958 und 2008 keinen weiteren Individuen des Hirschkäfers (*Lucanus cervus*) in der Natur begegnet. Der Fundort des Hirschkäfers (*Lucanus cervus*) in der Umgebung von Fahrenbach (TK 25, Blatt 6520 Waldbrunn) liegt im Ostteil des Odenwaldes in ca. 290 - 420 m Höhe über NN.

28.2 Robern

Im Wald und am Waldrand um Robern südwestlich Limbach hat Hans Huber (mündl. Mitt. 2008) von etwa 1950 bis 1960 in fast jedem Jahr insgesamt etwa 2 - 3 Männchen und Weibchen des Hirschkäfers (*Lucanus cervus*) pro Jahr beobachtet. Hans Huber (mündl. Mitt. 2008) hat bis 1966 in Robern gewohnt und lebt seit 1966 in Billigheim, und hat in den über 65 Jahren seines Lebens außer den vorgenannten Funden nur noch im Frühjahr 2008 auf einem Waldweg um Katzental nördlich Billigheim ein Weibchen des Hirschkäfers (*Lucanus cervus*) gesehen, welches auf weggeworfenen Apfelresten gesessen ist, und hat am Waldrand um Roigheim nördlich Möckmühl im Jagsttal etwa im Juni 2007 morgens gegen 6 Uhr auf seinem Hochsitz, welcher etwa 10 m vom Waldrand entfernt an der Grenze zu Ackerflächen steht, ein Männchen entdeckt. Ansonsten ist Hans Huber (mündl. Mitt. 2008) keinen weiteren Individuen des Hirschkäfers (*Lucanus cervus*) in der Natur begegnet, obwohl er als Jäger sehr viel Zeit im Wald verbringt. Der Fundort des Hirschkäfers (*Lucanus cervus*) in der Umgebung von Robern (TK 25, Blatt 6520 Waldbrunn und Blatt 6521 Limbach) liegt im Ostteil des Odenwaldes in ca. 390 - 450 m Höhe über NN.

28.3 Wagenschwend

Am Haus in der Hauptstraße im zentralen Teil von Limbach-Wagenschwend sowie in den umgebenden Feldern und Wiesen hat Ludwig Fuhrmann (mündl. Mitt. 2008) von 1960 bis 1980 in etlichen Jahren jeweils mehrere Männchen des Hirschkäfers (*Lucanus cervus*) pro Jahr am Boden registriert, und konnte damit über einen Zeitraum von 20 Jahren das mehr oder weniger regelmäßige Auftreten von Individuen konstatieren. Ludwig Fuhrmann (mündl. Mitt. 2008) hat auch in der Schulstraße im zentralen Teil von Mudau-Waldauerbach zwischen 1980 und 1982 mehrere Männchen des Hirschkäfers (*Lucanus cervus*) im feuchten Bereich am Brunnen im Garten des Hauses beobachtet. Ludwig Fuhrmann (mündl. Mitt. 2008) hat auch am 06.06.2008 abends ein Männchen des Hirschkäfers (*Lucanus cervus*) am Boden am Haus in Waldauerbach gesehen. Ludwig Fuhrmann (mündl. Mitt. 2008) hat bis 1980 in Limbach-Wagenschwend gewohnt und lebt seit 1980 in Mudau-Waldauerbach, und kann sich in den 55 Jahren seines Lebens nicht daran erinnern, auch zwischen 1982 und 2008 in Waldauerbach Exemplaren in der Natur begegnet zu sein. Der Fundort des Hirschkäfers (*Lucanus cervus*) in der Umgebung von Limbach-Wagenschwend (TK 25, Blatt 6520 Waldbrunn) liegt im Ostteil des Odenwaldes in ca. 450 - 530 m Höhe über NN.

28.4 Sattelbach

In Sattelbach südöstlich Fahrenbach hat Adolf Deissler (mündl. Mitt. 2008) zwischen etwa 1956 und 1965 ein Weibchen des Hirschkäfers (*Lucanus cervus*) beobachtet, und hat dann erst wieder am Waldrand und im Wald hinter der Straße Im Vogelsang im zentralen Teil von Mosbach-Waldstadt am 08.06.2008 ein Männchen, in 1986 oder 1987 zwei Männchen, und zwischen 1974 und 1980 ein Männchen gesehen. Adolf Deissler (mündl. Mitt. 2008) hat bis 1956 in Oldau nordwestlich Hambühren nordwestlich Celle, bis 1965 in Sattelbach und bis 1971 in Binau gewohnt und lebt seit 1971 in Mosbach-Waldstadt, und hat in den 65 Jahren seines Lebens außer den vorgenannten Funden keine weiteren Exemplare des Hirschkäfers (*Lucanus cervus*) in der Natur angetroffen. Der Fundort des Hirschkäfers

(*Lucanus cervus*) in Sattelbach (TK 25, Blatt 6521 Limbach) liegt im Ostteil des Odenwaldes in ca. 280 - 320 m Höhe über NN.

29 Fundmeldungen von Naturfreunden in Billigheim und Umgebung

Die Funde von Exemplaren des Hirschkäfers (*Lucanus cervus*) in Billigheim und Umgebung, welche mir von Naturfreunden aufgrund meiner Aufrufe zur Mitteilung von Beobachtungen in regionalen Tageszeitungen (Rhein-Neckar-Zeitung 2008 a, 2008 b, 2008 c, 2008 d; Schwetzinger Zeitung 2008, Bruchsaler Rundschau 2008) berichtet wurden, umfassen die Billigheimer Ortsteile Sulzbach, Katzental und Allfeld.

29.1 Billigheim

Aus Billigheim selbst wurden mir keine Funde von Exemplaren des Hirschkäfers (*Lucanus cervus*) gemeldet, sondern es wurden mir lediglich Nachweise von Individuen in den Billigheimer Ortsteilen Sulzbach, Katzental und Allfeld mitgeteilt.

29.2 Sulzbach

In der Tannenstraße am nordöstlichen Ortsrand von Billigheim-Sulzbach östlich Mosbach hat Sylvia de Bortoli (mündl. Mitt. 2008) auf der Terrasse des Hauses am 10.08.2008 ein laufendes Weibchen des Hirschkäfers (*Lucanus cervus*) gesehen, und hat auch in den letzten 3 - 4 Jahren im Wald in der Umgebung von Sulzbach etwa 1 - 2 Weibchen pro Jahr beobachtet, wohingegen sie bisher keine Männchen in der Natur angetroffen hat. Sylvia de Bortoli (mündl. Mitt. 2008) kann sich nicht daran erinnern, auch in früheren Jahren Exemplaren des Hirschkäfers (*Lucanus cervus*) in der Natur begegnet zu sein. Der Fundort des Hirschkäfers (*Lucanus cervus*) in Billigheim-Sulzbach (TK 25, Blatt 6621 Billigheim) liegt im Sulzbachtal, einem Seitental des Schefflenztales, welches bei Untergriesheim nordnordöstlich Bad Friedrichshall in das Jagsttal einmündet, nahe dem Nordrand des Kraichgaues am Übergang in den Odenwald in ca. 240 - 320 m Höhe über NN.

29.3 Katzental

Auf einem Waldweg um Katzental nördlich Billigheim hat Hans Huber (mündl. Mitt. 2008) im Frühjahr 2008 ein Weibchen des Hirschkäfers (*Lucanus cervus*) gesehen, welches auf weggeworfenen Apfelresten gesessen ist, und hat am Waldrand um Roigheim nördlich Möckmühl im Jagsttal etwa im Juni 2007 morgens gegen 6 Uhr auf seinem Hochsitz, welcher etwa 10 m vom Waldrand entfernt an der Grenze zu Ackerflächen steht, ein Männchen entdeckt. Hans Huber (mündl. Mitt. 2008) hat bis 1966 in Robern südwestlich Limbach gewohnt und lebt seit 1966 in Billigheim, und hat in den über 65 Jahren seines Lebens außer den vorgenannten Funden nur noch von etwa 1950 bis 1960 im Wald und am Waldrand um Robern in fast jedem Jahr insgesamt etwa 2 - 3 Männchen und Weibchen des Hirschkäfers (*Lucanus cervus*) pro Jahr beobachtet, und ist ansonsten keinen weiteren Individuen in der Natur begegnet, obwohl er als Jäger sehr viel Zeit im Wald verbringt. Der Fundort des Hirschkäfers (*Lucanus cervus*) in der Umgebung von Billigheim-Katzental (TK 25, Blatt 6621 Billigheim) liegt im Schefflenztal, einem Seitental des Jagsttales, nahe dem Nordrand des Kraichgaues am Übergang in den Odenwald in ca. 250 - 310 m Höhe über NN.

29.4 Allfeld

In der Bernbrunner Straße am südlichen Ortsrand von Billigheim-Allfeld hat Evelyn Flicker (mündl. Mitt. 2008) auf der Terrasse des Hauses in 2008 nachmittags zwischen 14 und 15 Uhr ein Männchen des Hirschkäfers (*Lucanus cervus*) gesehen, welches das einzige Exemplar ist, das sie in den über 50 Jahren ihres Lebens bisher in der Natur entdeckt hat. Evelyn Flicker (mündl. Mitt. 2008) lebt schon immer in Allfeld und wohnt seit 1988 in der Bernbrunner Straße in einem Haus mit einem großen Garten, welcher etliche Obstbäume enthält und etwa 500 m von einem Waldstück entfernt liegt, und ist erst in 2008 erstmals einem Exemplar des Hirschkäfers (*Lucanus cervus*) in der Natur begegnet. Der Fundort des Hirschkäfers (*Lucanus cervus*) in Billigheim-Allfeld (TK 25, Blatt 6621 Billigheim) liegt im Schefflenztal, einem Seitental des Jagsttales, nahe dem Nordrand des Kraichgaues am Übergang in den Odenwald in ca. 200 - 300 m Höhe über NN.

30 Fundmeldungen von Naturfreunden in Adelsheim und Umgebung

Die Funde von Exemplaren des Hirschkäfers (*Lucanus cervus*) in Adelsheim und Umgebung, welche mir von Naturfreunden aufgrund meiner Aufrufe zur Mitteilung von Beobachtungen in regionalen Tageszeitungen (Rhein-Neckar-Zeitung 2008 a, 2008 b, 2008 c, 2008 d; Schwetzinger Zeitung 2008, Bruchsaler Rundschau 2008) berichtet wurden, umfassen Adelsheim sowie die Orte Osterburken, Seckach, Sennfeld, Roigheim, Ravenstein, Schöntal, Ailringen, Rossach, Möckmühl und Berlichingen.

30.1 Adelsheim

Die Nachweise von Individuen des Hirschkäfers (*Lucanus cervus*) in Adelsheim, welche mir von Naturfreunden aufgrund meiner Aufrufe zur Mitteilung von Beobachtungen in regionalen Tageszeitungen (Rhein-Neckar-Zeitung 2008 a, 2008 b, 2008 c, 2008 d; Schwetzinger Zeitung 2008, Bruchsaler Rundschau 2008) gemeldet wurden, stammen aus dem Rittersbrunnen, der Siechsteige und dem Kreisehäldeweg am westlichen Ortsrand von Adelsheim; aus der Lachenstraße und der von-Eichendorff-Straße am nordwestlichen Ortsrand von Adelsheim; aus der Unteren, Mittleren und Oberen Eckenbergstraße am nördlichen Ortsrand von Adelsheim; und aus dem Zaunäcker und dem Richard-Wagner-Ring am südöstlichen Ortsrand von Adelsheim. Die Fundorte des Hirschkäfers (*Lucanus cervus*) in Adelsheim (TK 25, Blatt 6522 Adelsheim und Blatt 6622 Möckmühl) liegen im Seckachtal, einem Seitental des Jagsttales, am Nordrand des Kraichgaues nahe dem Übergang in den Odenwald in ca. 220 - 320 m Höhe über NN.

Am Rittersbrunnen am westlichen Ortsrand von Adelsheim hat Walter Wiswesser (mündl. Mitt. 2008) im Garten des Hauses, welches von Wald umgeben ist, und am Waldrand seit 1978 in den meisten Jahren insgesamt etwa 2 - 3 Männchen und Weibchen des Hirschkäfers (*Lucanus cervus*) pro Jahr am Boden und an Baumstämmen gesehen, und sein Vater, der dort seit 1953 gewohnt hat, hat ihm erzählt, daß er dort auch seit 1953 in den meisten Jahren einzelne Exemplare beobachtet hat. Walter Wiswesser (mündl. Mitt. 2008) konnte damit über einen Zeitraum von 30 Jahren (und ergänzt durch die Berichte seines Vaters über einen Zeitraum von 55 Jahren) das mehr oder weniger regelmäßige Auftreten von Individuen des Hirschkäfers (*Lucanus cervus*) konstatieren. In 2008 hat Walter Wiswesser (mündl. Mitt. 2008) lediglich ein Weibchen des Hirschkäfers (*Lucanus cervus*) bemerkt, welches am Waldrand hinter dem Haus geflogen ist, wohingegen er von etwa 2000 bis 2007 in jedem Jahr nur etwa 2 - 3 Männchen, aber keine Weibchen entdeckt hat. Walter Wiswesser (mündl. Mitt. 2008) hat in den über 80 Jahren seines Lebens bis 1952 unter anderem in Marktheidenfeld und Lengfurt südöstlich Marktheidenfeld im Maintal gewohnt und hat von dort auch einzelne Begegnungen mit Exemplaren des Hirschkäfers (*Lucanus cervus*) in der Natur in Erinnerung, wohingegen er in seiner Zeit in Freiburg und Ladenburg bis 1958 und in Döggingen südwestlich Donaueschingen bis 1965 keine Individuen in der Natur angetroffen hat. Von 1978 bis 1980 hat Walter Wiswesser (mündl. Mitt. 2008) im Komposthaufen des Lehr- und Versuchsgartens in Buchen und in einer Fichtenrindenmiete hinter dem Rathaus in Sennfeld Larven (Engerlinge) und Imagines des Nashornkäfers (*Oryctes nasicornis*) registriert, wohingegen er in Adelsheim keine Exemplare des Nashornkäfers (*Oryctes nasicornis*) angetroffen hat.

In der Siechsteige am westlichen Ortsrand von Adelsheim, wo er schon immer wohnt, hat Hansjörg Götz (mündl. Mitt. 2008) seit etwa 20 Jahren in jedem Jahr insgesamt etwa 3 - 5 Männchen und Weibchen des Hirschkäfers (*Lucanus cervus*) pro Jahr laufend oder fliegend um das Haus mit vielen alten Eichenstümpfen im Garten am Waldrand herum beobachtet, und hat in den 60 Jahren seines Lebens auch seit etwa 1955 in jedem Jahr mindestens ein Exemplar während seiner Tätigkeit als Jäger im Wald um Adelsheim gesehen. Hansjörg Götz (mündl. Mitt. 2008) konnte damit über einen Zeitraum von über 50 Jahren das regelmäßige Auftreten von Individuen des Hirschkäfers (*Lucanus cervus*) in und um Adelsheim konstatieren. In 2008 hat Hansjörg Götz (mündl. Mitt. 2008) am Haus ein laufendes, zwei fliegende und ein totes Weibchen des Hirschkäfers (*Lucanus cervus*) registriert. Neben dem Hirschkäfer (*Lucanus cervus*) hat Hansjörg Götz (mündl. Mitt. 2008) am Haus in der Siechsteige in Adelsheim seit etwa 15 Jahren auch Individuen des Nashornkäfers (*Oryctes nasicornis*) festgestellt, seit damals in Komposterde zahlreiche Larven (Engerlinge) des Nashornkäfers gefunden wurden. In den meisten Jahren hat Hansjörg Götz (mündl. Mitt. 2008) nur einzelne Exemplare des Nashornkäfers (*Oryctes nasicornis*) bemerkt, welche meist um das Haus und besonders um den Dachgiebel herumgeflogen sind, wohingegen er etwa Ende Mai/Anfang Juni 2007 an mehreren Tagen hintereinander Schwärmabende mit jeweils etwa 10 - 20 Individuen erlebt hat, wobei vor und nach den etwa 3 Schwärmabenden ebenfalls nur einzelne Exemplare aufgetreten sind.

Im Kreisehäldeweg am westlichen Ortsrand von Adelsheim hat Bertram-Ernst Bernhardt (mündl. Mitt. 2008) am Waldrand und im Wald hinter dem Haus von 1989 bis 2008 in fast jedem Jahr im Juni und Juli insgesamt etwa 2 - 3 Exemplare des Hirschkäfers (*Lucanus cervus*), welche meist Weibchen und gelegentlich auch Männchen waren, pro Jahr am Boden gesehen, und hat manchmal auch einzelne Individuen im Treppenhaus des Wohngebäudes entdeckt. Bertram-Ernst Bernhardt (mündl. Mitt. 2008) konnte damit über einen Zeitraum von fast 20 Jahren das mehr oder weniger regelmäßige Auftreten von Individuen des Hirschkäfers (*Lucanus cervus*) konstatieren. Bertram-Ernst Bernhardt (mündl. Mitt. 2008) hat auch in 2008 am Weg von Sennfeld zum Roßbrunnerhof südlich Sennfeld an einem neugebauten Stall im Gestrüpp zwei Weibchen des Hirschkäfers (*Lucanus cervus*) am Boden beobachtet, und hat auch in 2008 im Komposthaufen im Garten des Hauses im Kreisehäldeweg in Adelsheim etwa 10 Larven (Engerlinge) bemerkt. Bertram-Ernst Bernhardt (mündl. Mitt. 2008) hat bis 1962 in Oberurbach östlich Schorndorf und bis 1974 in Schwäbisch Hall gewohnt, war dann bis 1986 unter anderem in Kiel und Stuttgart, hat dann bis 1989 in Möckmühl gewohnt und lebt seit 1989 in Adelsheim, und hat in den 55 Jahren seines Lebens schon etwa 1958 in Oberurbach ein Männchen des Hirschkäfers (*Lucanus cervus*) im Garten des Hauses am Boden gesehen, wohingegen er ansonsten außer den vorgenannten Funden keine weiteren Individuen in der Natur angetroffen hat.

In der Lachenstraße am nordwestlichen Ortsrand von Adelsheim hat Klaus Pflüger (mündl. Mitt. 2008) zwischen den Silos des Getreidelagerhauses am 27.06.2008 ein totes Männchen und in der Fahrzeughalle am 30.06.2008 ein lebendes Männchen des Hirschkäfers (*Lucanus cervus*) am Boden gefunden, und hat das lebende Männchen in die Grünfläche neben dem Getreidelagerhaus gesetzt, von wo es dann bald verschwunden ist. Klaus Pflüger (mündl. Mitt. 2008) hat bis 1990 in Buchen gewohnt und lebt seit 1990 in Osterburken, und hat in den 50 jahren seines Lebens außer den beiden vorgenannten Männchen keine weiteren Individuen des Hirschkäfers (*Lucanus cervus*) in der Natur angetroffen. Das tote Männchen des Hirschkäfers (*Lucanus cervus*) hat er nach Hause mitgenommen und seiner Frau, Daniela Pflüger (mündl. Mitt. 2008), gezeigt, und dieses tote Männchen war das einzige Exemplar, welches sie in den über 40 Jahren ihres Lebens, in denen sie schon immer in Osterburken gewohnt hat, bisher in der Natur gesehen hat.

In der von-Eichendorff-Straße am nordwestlichen Ortsrand von Adelsheim hat Birgit Geiger (mündl. Mitt. 2008) am Boden einer leeren Regenwassertonne im Garten etwa Mitte Mai 2008 ein laufendes Männchen des Hirschkäfers (*Lucanus cervus*) beobachtet, und dies ist das einzige Exemplar, das sie bisher in Adelsheim gesichtet hat, wo sie seit fast 10 Jahren wohnt, und das sie in den etwa 60 Jahren ihres Lebens bisher in der Natur gefunden hat.

In der Unteren Eckenbergstraße am nördlichen Ortsrand von Adelsheim haben Renate und Vera Bangert (mündl. Mitt. 2008) in 2008 ein Männchen des Hirschkäfers (*Lucanus cervus*) in einem Lichtschacht am Haus gefunden, in den es hineingefallen war, und haben in 2007 ein Männchen am Waldrand hinter dem Haus am Boden gesehen. Renate und Vera Bangert (mündl. Mitt. 2008) wohnen schon immer in Adelsheim und können sich in den über 45 Jahren bzw. über 15 Jahren ihres Lebens nicht daran erinnern, vor 2007 schon einmal Exemplaren des Hirschkäfers (*Lucanus cervus*) in der Natur begegnet zu sein.

In der Unteren Eckenbergstraße am nördlichen Ortsrand von Adelsheim hat Reinhart Lochmann (mündl. Mitt. 2008) im Garten des Hauses am 18.06.2008 ein Männchen des Hirschkäfers (*Lucanus cervus*) am Stamm einer Birke beobachtet, wo es hinaufgeklettert ist, und hat dort auch etwa 1978 oder 1979 mehrere Männchen bemerkt, von denen eines in der Astgabel eines Baumes gesessen ist und die anderen am Boden herumgelaufen sind. Reinhart Lochmann (mündl. Mitt. 2008) wohnt seit 1971 in Adelsheim und war davor an anderen Orten, und kann sich in den über 65 Jahren seines Lebens nicht mehr daran erinnern, wann und wo er möglicherweise schon früher Exemplare des Hirschkäfers (*Lucanus cervus*) in der Natur angetroffen hat.

Am alten Kirchbuckel am westlichen Ende der Unteren Eckenbergstraße am nördlichen Ortsrand von Adelsheim hat Stefan Blaha (mündl. Mitt. 2008) von 2004 bis 2008 in jedem Jahr insgesamt etwa 5 - 6 Männchen des Hirschkäfers (*Lucanus cervus*) pro Jahr an warmen Abenden im Juni und Juli am Waldrand und im Wald beobachtet, welche um viele alte Eichen herumgeflogen sind, wobei an manchen Abenden bis zu 3 Männchen erschienen sind, wohingegen nur gelegentlich auch einzelne Weibchen aufgetreten sind. Stefan Blaha (mündl. Mitt. 2008) hat auch etwa im April 2005 im Garten des Hauses in der Unteren Eckenbergstraße ein Männchen des Hirschkäfers (*Lucanus cervus*) entdeckt, welches unter der Abdeckblechhaube auf dem Komposthaufen gesessen ist. Stefan Blaha (mündl. Mitt. 2008) wohnt schon immer in Adelsheim und hat in den 40 Jahren seines Lebens schon seit etwa 1975 immer wieder einzelne Männchen des Hirschkäfers (*Lucanus cervus*) in und um Adelsheim gesehen, kann sich aber nicht mehr daran erinnern, wann und wo dies gewesen ist.

In der Unteren Eckenbergstraße am nördlichen Ortsrand von Adelsheim hat Wolfgang Rittler (mündl. Mitt. 2008) im Garten des Hauses in 2002 und 2003 in einem Komposthaufen, den er einige Jahre vorher mit Eichenrindenmulch und Eichensägemehl bestückt hat, insgesamt etwa 50 Larven (Engerlinge) des Nashornkäfers (*Oryctes nasicornis*) pro Jahr gesehen, welche die Vorstadien von Männchen und Weibchen waren, und hat in 2004 etwa 50 Männchen und Weibchen des Nashornkäfers (*Oryctes nasicornis*) am und um den Komposthaufen meist am Boden und gelegentlich auch fliegend beobachtet, wohingegen er von 2005 bis 2008 dort weder Larven (Engerlinge) noch Imagines festgestellt hat. Wolfgang Rittler (mündl. Mitt. 2008) hat auch etwa im April 2005 im Garten des Hauses seines Nachbarn Stefan Blaha (mündl. Mitt. 2008) in der Unteren Eckenbergstraße ein Männchen des Hirschkäfers (*Lucanus cervus*) entdeckt, welches unter der Abdeckblechhaube auf dem Komposthaufen gesessen ist. Wolfgang Rittler (mündl. Mitt. 2008) hat bis 1990 in Bietigheim nordnordöstlich Rastatt gewohnt und lebt seit 1990 in Adelsheim, und hat in den fast 50 Jahren seines Lebens außer dem vorgenannten Männchen nur noch etwa 1975 zweimal ein Männchen des Hirschkäfers (*Lucanus cervus*) entweder im Schwarzwald oder im Bayerischen Wald gesehen, weiß aber nicht mehr, wo dies gewesen ist, wohingegen er ansonsten keinen Exemplaren in der Natur begegnet ist.

In der Mittleren Eckenbergstraße am nördlichen Ortsrand von Adelsheim, wo er seit 1970 wohnt, hat Helmut Haber (mündl. Mitt. 2008) von 1975 bis 1985 und von 1990 bis 2008 in jedem Jahr insgesamt etwa 2 - 3 Männchen und Weibchen des Hirschkäfers (*Lucanus cervus*) pro Jahr um den Tennisplatz oberhalb der Straße gesehen, welche dort am Boden gelaufen sind und auch geflogen sind, wohingegen er zwischen 1985 und 1990 dort keine Individuen bemerkt hat, und hat in 2008 auch ein Männchen im Garten des Hauses entdeckt, welches das erste Exemplar ist, das er seit 1970 dort registriert hat. Helmut Haber (mündl. Mitt. 2008) konnte damit über einen Zeitraum von über 30 Jahren das zwar unregelmäßige und unterbrochene, aber stets wiederkehrende Auftreten von Individuen des Hirschkäfers (*Lucanus cervus*) konstatieren. Helmut Haber (mündl. Mitt. 2008) hat sich in den über 60 Jahren seines Lebens zwischen 1974 und 1985 wiederholt in St. Moritz, Gstaad und Lausanne in der Schweiz aufgehalten, hat jedoch dort nirgends Individuen des Hirschkäfers (*Lucanus cervus*) festgestellt, und war vorübergehend auch in Heilbronn tätig, wo er ebenfalls keinen Exemplaren des Hirschkäfers (*Lucanus cervus*) in der Natur begegnet ist.

In der Mittleren Eckenbergstraße am nördlichen Ortsrand von Adelsheim hat Hilde Kimmig (mündl. Mitt. 2008) im Garten am Hang in etwa 200 m Entfernung vom Wald in 2008 ein Männchen des Hirschkäfers (*Lucanus cervus*) am Boden gesehen, und hat dort vor etwa 3 Jahren am Komposthaufen im Garten mindestens 5 Männchen gleichzeitig an einem Tag bemerkt. Hilde Kimmig (mündl. Mitt. 2008) wohnt schon seit 1950 in Adelsheim und kann sich nicht daran erinnern, in den 70 Jahren ihres Lebens vorher schon einmal irgendwann und irgendwo einen Hirschkäfer in der Natur beobachtet zu haben. Im Komposthaufen im Garten hat sie in etlichen Jahren Larven (Engerlinge) des Hirschkäfers (*Lucanus cervus*) gefunden.

In der Mittleren Eckenbergstraße am nördlichen Ortsrand und in anderen Teilen von Adelsheim hat Heinrich Schneider (mündl. Mitt. 2008) in den letzten 50 Jahren immer wieder einzelne Exemplare des Hirschkäfers (*Lucanus cervus*) gesehen, wobei er in den letzten 10 Jahren eine Zunahme der Anzahl der Beobachtungen registriert hat, und hat auch am 19.06.1954 ein Weibchen und am 28.07.2008 ein Männchen am Waldrand um Adelsheim verzeichnet. Heinrich Schneider (mündl. Mitt. 2008) hat auch in 2008 ein totes Männchen des Hirschkäfers (*Lucanus cervus*) unter einer Eiche auf einer Streuobstwiese am Ortsrand von Sennfeld entdeckt, und hat auch am 12.01.1952 ein Männchen am Fuß einer alten Eiche in Sennfeld festgestellt. Weitere Funde von Individuen des Hirschkäfers (*Lucanus cervus*) von Heinrich Schneider (schriftl. Mitt. 2008) beinhalten ein Männchen am 19.07.1936 an einer blutenden Eiche im Garten des Forstamtes in der Schützenhausstraße am südwestlichen Ortsrand von Neckargemünd, und ein Männchen am 05.08.1961 auf einem Bahnsteig am Hauptbahnhof am Westrand von Heidelberg-Weststadt. Heinrich Schneider (mündl. Mitt. 2008) war in den fast 90 Jahren seines Lebens an etlichen verschiedenen Orten und hat in den vielen Jahren immer wieder einzelne Exemplare des Hirschkäfers (*Lucanus cervus*) überwiegend am Waldrand und im Wald gesehen.

In der Oberen Eckenbergstraße am nördlichen Ortsrand von Adelsheim haben Mike und Tanja Olbrich (mündl. Mitt. 2008) etwa Ende Juni/Anfang Juli 2008 ein Männchen des Hirschkäfers (*Lucanus cervus*) gesehen, welches ihr siebenjähriger Sohn Benjamin drei Häuser weiter in der Straße gefunden hat. Mike Olbrich (mündl. Mitt. 2008) hat bis 2000 in Sennfeld gewohnt und lebt seit 2000 in Adelsheim, und hat in den über 35 Jahren seines Lebens schon in 1986 und/oder 1987 am Wasserhäuschen am Waldrand von Sennfeld wiederholt Männchen und Weibchen des Hirschkäfers (*Lucanus cervus*) entdeckt, wohingegen er sich nicht daran erinnern kann, in der Zwischenzeit weiteren Exemplaren in der Natur begegnet zu sein.

In der Oberen Eckenbergstraße am nördlichen Ortsrand von Adelsheim hat Maritta Belz (mündl. Mitt. 2008) im Garten des Hauses, in dem sie zwei Monate vorher den Komposthaufen abgetragen hat und die Komposterde verteilt hat, etwa Mitte Juni 2008 ein Männchen des Hirschkäfers (*Lucanus cervus*) unter einer Hecke am Boden gesehen. Maritta Belz (mündl. Mitt. 2008) wohnt schon immer in Adelsheim und hat in den 45 Jahren ihres Lebens schon von etwa 1970 bis 1980 im Garten des Hauses und im Wald um Adelsheim in den meisten Jahren, aber nicht in jedem Jahr, insgesamt etwa 1 - 2 Männchen und Weibchen des Hirschkäfers (*Lucanus cervus*) pro Jahr beobachtet, wohingegen ihr in den anderen Jahren dort keine Exemplare aufgefallen sind. Maritta Belz (mündl. Mitt. 2008) hat auch berichtet, daß etwa Ende Juni/Anfang Juli 2008 ihre Schwiegermutter ihr erzählt hat, daß sie im Garten des Hauses in der Kilian-Nuß-Straße am südlichen Ortsrand von Berlichingen nordöstlich Jagsthausen im Jagsttal ein Exemplar des Hirschkäfers (*Lucanus cervus*) entdeckt hat. Georg Belz (mündl. Mitt. 2009) hat bis 1979 in Berlichingen gewohnt, war dann an verschiedenen anderen Orten, und lebt seit 2001 ebenfalls in Adelsheim, und hat in den über 50 Jahren seines Lebens von etwa 1965 bis etwa 1975 in etlichen Jahren, aber nicht in jedem Jahr, insgesamt etwa 10 - 20 Individuen des Hirschkäfers (*Lucanus cervus*) pro Jahr im Garten des Hauses in der Kilian-Nuß-Straße am südlichen Ortsrand von Berlichingen sowie am umgebenden Waldrand und im Wald am Boden und an Stämmen gesehen, wohingegen er ansonsten keinen weiteren Individuen in der Natur begegnet ist.

In der Oberen Eckenbergstraße am nördlichen Ortsrand von Adelsheim hat Karl-Friedrich Raqué (mündl. Mitt. 2008) im Wald um das Eckenberg-Gymnasium seit etwa 1990 in jedem Jahr etwa 3 - 5 Männchen und Weibchen des Hirschkäfers (*Lucanus cervus*) pro Jahr registriert, und hat in dieser Zeit auch in jedem Jahr auf dem Parkgelände der Schule am Waldrand mehrere Individuen gesehen, welche von Schülern im Wald und im Parkgelände gefunden wurden. Karl-Friedrich Raqué (mündl. Mitt. 2008) hat auch am Landesschulzentrum für Umwelterziehung, einer Abteilung des Eckenberg-Gymnasiums, von etwa 1990 bis etwa 2000 wiederholt mit Schülergruppen im Wald Hirschkäferwiegen konstruiert, indem um Eichenstämme herum im Wurzelbereich Eichenrinde angehäuft wurde und darauf Stücke entrindeten Eichenholzes in Haufen aufgeschichtet wurde, und hat bei einer Kontrollöffnung einer Hirschkäferwiege darin auch einmal ein Männchen des Hirschkäfers (*Lucanus cervus*) angetroffen. Karl-Friedrich Raqué (mündl. Mitt. 2008) hat auch am Steinberg nordöstlich Heidelberg-Handschuhsheim von etwa 1985 bis 2008 in jedem Jahr insgesamt etwa 3 - 5 Individuen des Hirschkäfers (*Lucanus cervus*), welche überwiegend Männchen und untergeordnet Weibchen waren, pro Jahr im Wald oberhalb des Friedhofs entdeckt, und hat auch seit etwa 1985 in etlichen Jahren in den

Rheinauen um den Rheinpark Rappenwörth westlich Karlsruhe-Daxlanden gelegentlich einzelne Exemplare beobachtet. Karl-Friedrich Raqué (mündl. Mitt. 2008) hat bis 1998 unter anderem in Heidelberg-Handschuhsheim gewohnt und lebt seit 1998 in Heidelberg-Schlierbach, und ist in den fast 55 Jahren seines Lebens außer den vorgenannten Funden keinen weiteren Exemplaren des Hirschkäfers (*Lucanus cervus*) in der Natur begegnet. Karl-Friedrich Raqué (mündl. Mitt. 2008) konnte damit über einen Zeitraum von über 25 Jahren in Adelsheim und von über 20 Jahren in Heidelberg-Handschuhsheim das regelmäßige Auftreten von Individuen des Hirschkäfers (*Lucanus cervus*) konstatieren.

Im Zaunäcker am südöstlichen Ortsrand von Adelsheim hat Ursula Werner (mündl. Mitt. 2008) etwa Mitte bis Ende Juli/Anfang bis Mitte August 2007 ein Männchen des Hirschkäfers (*Lucanus cervus*) beobachtet, welches um das Haus herumgelaufen ist und auf die Terrasse gekommen ist, und das über einige Wochen fast täglich auf der Terrasse erschienen ist, so daß sie den Eindruck gewonnen hat, es würde bei ihr quasi wie ein Haustier vorübergehend leben, wohingegen sie in 2006 und 2008 dort kein Exemplar angetroffen hat. Ursula Werner (mündl. Mitt. 2008) hat bis 1969 in Mannheim-Wallstadt, bis 1972 in Heidelberg-Neuenheim, bis 1974 in Buchen und bis 2003 in Seckach gewohnt und lebt seit 2003 in Adelsheim, und hat in den fast 60 Jahren ihres Lebens auch in den letzten 10 Jahren gelegentlich einzelne Männchen des Hirschkäfers (*Lucanus cervus*) im Wald um Seckach und Adelsheim gesehen, wohingegen sie sich nicht mehr daran erinnern kann, ob sie auch an anderen Orten Individuen in der Natur begegnet ist.

Im Richard-Wagner-Ring am südöstlichen Ortsrand von Adelsheim hat Konrad Pauler (mündl. Mitt. 2008) am 04.06.2007 gegen Mittag ein Männchen des Hirschkäfers (*Lucanus cervus*) im Garten des Hauses am Boden entdeckt (Bergsträßer Anzeiger 2007), und hat auch etwa zwei bis drei Wochen später in der Nähe eines Brennholzstapels aus Eichenholz vor dem Haus ein Weibchen bemerkt, welches über die Straße gelaufen ist, wohingegen ihm in 2008 und von 1979 bis 2006 dort keine Exemplare aufgefallen sind. Konrad Pauler (mündl. Mitt. 2008) hat auch im Wald um Rinschheim ostsüdöstlich Buchen von etwa 1945 bis 1959 in jedem Jahr insgesamt etwa 5 - 10 Individuen des Hirschkäfers (*Lucanus cervus*), welche überwiegend Männchen und untergeordnet Weibchen waren, pro Jahr an Eichenstämmen beobachtet, und konnte damit über einen Zeitraum von fast 15 Jahren das regelmäßige Auftreten von Exemplaren konstatieren. Konrad Pauler (mündl. Mitt. 2008) hat möglicherweise auch von 1965 bis 1979 im Wald um Ravenstein-Merchingen ostsüdöstlich Osterburken gelegentlich einzelne Individuen des Hirschkäfers (*Lucanus cervus*) am Boden und an Eichenstämmen gesehen. Konrad Pauler (mündl. Mitt. 2008) hat bis 1959 in Rinschheim gewohnt; war dann bis 1965 in Walldürn, Regensburg und Heidelberg-Neuenheim; hat dann bis 1979 in Ravenstein-Merchingen gewohnt und lebt seit 1979 in Adelsheim, und hat in den 70 Jahren seines Lebens außer den vorgenannten Funden keine weiteren Exemplare des Hirschkäfers (*Lucanus cervus*) in der Natur angetroffen.

30.2 Osterburken

In den Weinbergen am südwestlichen Ortsrand von Osterburken-Schlierstadt nordwestlich Osterburken hat Christa Stengle (mündl. Mitt. 2008) im Garten des Hauses in einem Feriengebiet mit Wald in 2007 und 2008 je ein Weibchen des Hirschkäfers (*Lucanus cervus*) am Boden gesehen. Christa Stengle (mündl. Mitt. 2008) hat bis 1985 in Assamstadt südwestlich Bad Mergentheim und bis 1990 in Adelsheim gewohnt und lebt seit 1990 in Osterburken-Schlierstadt, und hat in den 45 Jahren ihres Lebens außer den vorgenannten beiden Weibchen keine weiteren Exemplare des Hirschkäfers (*Lucanus cervus*) in der Natur beobachtet. Der Fundort des Hirschkäfers (*Lucanus cervus*) in Osterburken-Schlierstadt (TK 25, Blatt 6522 Adelsheim) liegt im Krummebachtal, einem Seitental des Seckachtales, welches in Möckmühl in das Jagsttal einmündet, am Nordrand des Kraichgaues nahe dem Übergang in den Odenwald in ca. 280 - 330 m Höhe über NN.

30.3 Seckach

Im Wald um Seckach und Adelsheim hat Ursula Werner (mündl. Mitt. 2008) in den letzten 10 Jahren gelegentlich einzelne Männchen des Hirschkäfers (*Lucanus cervus*) gesehen. Ursula Werner (mündl. Mitt. 2008) hat auch etwa Mitte bis Ende Juli/Anfang bis Mitte August 2007 im Zaunäcker am südöstlichen Ortsrand von Adelsheim ein Männchen des Hirschkäfers (*Lucanus cervus*) beobachtet, welches um das Haus herumgelaufen ist und auf die Terrasse gekommen ist, und das über einige Wochen fast täglich auf der Terrasse erschienen ist, so daß sie den Eindruck gewonnen hat, es würde bei ihr quasi wie ein Haustier vorübergehend leben, wohingegen sie in 2006 und 2008 dort kein Exemplar angetroffen hat. Ursula Werner (mündl. Mitt. 2008) hat bis 1969 in Mannheim-Wallstadt, bis 1972 in Heidelberg-Neuenheim, bis 1974 in Buchen und bis 2003 in Seckach gewohnt und lebt seit 2003 in Adelsheim, und kann sich in den fast 60 Jahren ihres Lebens nicht mehr daran erinnern, ob sie auch an anderen Orten Individuen in der Natur begegnet ist. Der Fundort des Hirschkäfers (*Lucanus cervus*) in der Umgebung von Seckach (TK 25, Blatt 6521 Limbach und Blatt 6522 Adelsheim) liegt im Seckachtal, einem Seitental des Jagsttales, am Ostrand des Odenwaldes in ca. 280 - 330 m Höhe über NN.

30.4 Sennfeld

Die Nachweise von Individuen des Hirschkäfers (*Lucanus cervus*) in Adelsheim-Sennfeld, welche mir von Naturfreunden aufgrund meiner Aufrufe zur Mitteilung von Beobachtungen in regionalen Tageszeitungen (Rhein-Neckar-Zeitung 2008 a, 2008 b, 2008 c, 2008 d; Schwetzinger Zeitung 2008, Bruchsaler Rundschau 2008) gemeldet wurden, stammen aus der Merchinger Steige und der Kirchgasse am östlichen Ortsrand von Sennfeld, aus der Kelterstraße am nördlichen Ortsrand von Sennfeld, vom Wasserhäuschen am Waldrand von Sennfeld, von einer Streuobstwiese am Ortsrand von Sennfeld und vom Weg von Sennfeld zum Roßbrunnerhof südlich Sennfeld. Die Fundorte des Hirschkäfers (*Lucanus cervus*) in Adelsheim-Sennfeld (TK 25, Blatt 6622 Möckmühl) liegen im Seckachtal, einem Seitental des Jagsttales, am Nordrand des Kraichgaues nahe dem Übergang in den Odenwald in ca. 210 - 280 m Höhe über NN.

In der Merchinger Steige am östlichen Ortsrand von Adelsheim-Sennfeld südsüdwestlich Adelsheim hat Roland Matter (mündl. Mitt. 2008) unter einer Eiche im Garten hinter dem Haus in 2000 ein totes Männchen des Hirschkäfers (*Lucanus cervus*) am Boden gefunden, und hat im Juni 2007 am Waldrand von Sennfeld in Richtung Korb und Hagenbach südlich Sennfeld ein Männchen im Anflug beobachtet. Roland Matter (mündl. Mitt. 2008) hat bis 1968 in Adelsheim-Leibenstadt gewohnt und lebt seit 1968 in Adelsheim-Sennfeld, und hat in den 60 Jahren seines Lebens ansonsten nur etwa zwischen 1985 und 1990 im Wald von Sennfeld in Richtung Korb und Hagenbach südlich Sennfeld insgesamt 5 Männchen des Hirschkäfers (*Lucanus cervus*) über 2 - 3 Jahre verteilt entdeckt, wohingegen er ansonsten keinen Exemplaren in der Natur begegnet ist, obwohl er als Jäger sehr viel Zeit im Wald verbringt.

In der Kirchgasse am östlichen Ortsrand von Adelsheim-Sennfeld südsüdwestlich Adelsheim haben Elisabeth und Gerhard Krämer (mündl. Mitt. 2008) im Garten hinter dem Haus von 2005 bis 2007 je ein laufendes und sitzendes Männchen des Hirschkäfers (*Lucanus cervus*) sowie in 2006 auch noch ein totes Männchen gesehen, wohingegen ihnen in 2008 dort kein Exemplar aufgefallen ist, und haben auch seit einigen Jahren in einem Holzhäckselhaufen im Garten etwa fingergroße Larven (Engerlinge) gefunden. Elisabeth und Gerhard Krämer (mündl. Mitt. 2008) haben auch seit etwa 1990 in jedem Jahr etwa 2 - 3 Individuen des Nashornkäfers (*Oryctes nasicornis*) pro Jahr am Haus und im Garten hinter dem Haus festgestellt, und haben in 1994 dort besonders zahlreiche Exemplare registriert. Elisabeth Krämer (mündl. Mitt. 2008) hat bis 1973 in Waldhausen westsüdwestlich Buchen gewohnt und lebt seit 1973 in Sennfeld, und kann sich in den über 50 Jahren ihres Lebens nicht daran erinnern, wo und wann sie außer den vorgenannten Funden eventuell weitere Individuen des Hirschkäfers (*Lucanus cervus*) und des Nashornkäfers (*Oryctes nasicornis*) in der Natur angetroffen hat. Gerhard Krämer (mündl. Mitt. 2008) wohnt schon immer in Sennfeld und hat in den über 55 Jahren seines Lebens schon seit etwa 1960 bis 2008 in etlichen Jahren, aber nicht in jedem Jahr, immer wieder einzelne Individuen des Hirschkäfers (*Lucanus cervus*) und des Nashornkäfers (*Oryctes nasicornis*) in und um Sennfeld beobachtet. Gerhard Krämer (mündl. Mitt. 2008) konnte damit über einen Zeitraum von fast 50 Jahren das mehr oder weniger regelmäßige Auftreten von Individuen des Hirschkäfers (*Lucanus cervus*) und des Nashornkäfers (*Oryctes nasicornis*) in und um Sennfeld konstatieren. Gerhard Krämer (mündl. Mitt. 2008) hat in 1994 im Bauhof der Stadt Adelsheim in Sennfeld in einem Komposthaufen, welcher drei Jahre vorher aus geschreddertem Häcksel aus der Grüngut- und Baumreisigentsorgung aufgeschichtet wurde, zahlreiche Larven (Engerlinge), Puppen und Imagines des Nashornkäfers (*Oryctes nasicornis*) gefunden (Rhein-Neckar-Zeitung 1994).

In der Kelterstraße am nördlichen Ortsrand von Adelsheim-Sennfeld südsüdwestlich Adelsheim hat Daniel Modersohn (mündl. Mitt. 2008) im Garten des Hauses in der Nähe des Waldes und der Seckach von 2002 bis 2007 in jedem Jahr insgesamt etwa 2 Männchen des Hirschkäfers (*Lucanus cervus*) pro Jahr gesehen, wohingegen er dort in 2008 und von 1996 bis 2001 keine Exemplare bemerkt hat. Daniel Modersohn (mündl. Mitt. 2008) hat bis 1980 in Karlsruhe-Waldstadt, bis 1992 in Wöschbach östlich Karlsruhe und bis 1996 in Rosenberg nordöstlich Adelsheim gewohnt und lebt seit 1996 in Sennfeld, und hat in den fast 50 Jahren seines Lebens erst in 2002 in Sennfeld erstmals Individuen des Hirschkäfers (*Lucanus cervus*) in der Natur angetroffen, wohingegen er vorher an den anderen Orten keinen Exemplaren in der Natur begegnet ist.

Am Wasserhäuschen am Waldrand von Adelsheim-Sennfeld südsüdwestlich Adelsheim hat Mike Olbrich (mündl. Mitt. 2008) schon in 1986 und/oder 1987 wiederholt Männchen und Weibchen des Hirschkäfers (*Lucanus cervus*) entdeckt. Mike Olbrich (mündl. Mitt. 2008) hat bis 2000 in Sennfeld gewohnt und lebt seit 2000 in der Oberen Eckenbergstraße am nördlichen Ortsrand von Adelsheim, wo er zusammen mit seiner Frau Tanja Olbrich etwa Ende Juni/Anfang Juli 2008 ein Männchen des Hirschkäfers (*Lucanus cervus*) gesehen hat, welches ihr siebenjähriger Sohn Benjamin drei Häuser weiter in der Straße gefunden hat. Mike Olbrich (mündl. Mitt. 2008) kann sich in den über 35 Jahren seines Lebens nicht daran erinnern, in der Zwischenzeit weiteren Exemplaren des Hirschkäfers (*ucanus cervus*) in der Natur begegnet zu sein.

Auf einer Streuobstwiese am Ortsrand von Sennfeld hat Heinrich Schneider (mündl. Mitt. 2008) in 2008 ein totes Männchen des Hirschkäfers (*Lucanus cervus*) unter einer Eiche entdeckt, und hat auch am 12.01.1952 ein Männchen am Fuß einer alten Eiche in Sennfeld festgestellt. In der Mittleren Eckenbergstraße am nördlichen Ortsrand und in anderen Teilen von Adelsheim hat Heinrich Schneider (mündl. Mitt. 2008) in den letzten 50 Jahren immer wieder einzelne Exemplare des Hirschkäfers (*Lucanus cervus*) gesehen, wobei er in den letzten 10 Jahren eine Zunahme der Anzahl der Beobachtungen registriert hat, und hat auch am 19.06.1954 ein Weibchen und am 28.07.2008 ein Männchen am Waldrand um Adelsheim verzeichnet. Weitere Funde von Individuen des Hirschkäfers (*Lucanus cervus*) von Heinrich Schneider (schriftl. Mitt. 2008) beinhalten ein Männchen am 19.07.1936 an einer blutenden Eiche im Garten des Forstamtes in der Schützenhausstraße am südwestlichen Ortsrand von Neckargemünd, und ein Männchen am 05.08.1961 auf einem Bahnsteig am Hauptbahnhof am Westrand von Heidelberg-Weststadt. Heinrich Schneider (mündl. Mitt. 2008) war in den fast 90 Jahren seines Lebens an etlichen verschiedenen Orten und hat in den vielen Jahren immer wieder einzelne Exemplare des Hirschkäfers (*Lucanus cervus*) überwiegend am Waldrand und im Wald gesehen.

Am Weg von Sennfeld zum Roßbrunnerhof südlich Sennfeld hat Bertram-Ernst Bernhardt (mündl. Mitt. 2008) in 2008 an einem neugebauten Stall im Gestrüpp zwei Weibchen des Hirschkäfers (*Lucanus cervus*) am Boden beobachtet. Bertram-Ernst Bernhardt (mündl. Mitt. 2008) hat auch im Kreisehäldeweg am westlichen Ortsrand von Adelsheim am Waldrand und im Wald hinter dem Haus von 1989 bis 2008 in fast jedem Jahr im Juni und Juli insgesamt etwa 2 - 3 Exemplare des Hirschkäfers (*Lucanus cervus*), welche meist Weibchen und gelegentlich auch Männchen waren, pro Jahr am Boden gesehen, und hat manchmal auch einzelne Individuen im Treppenhaus des Wohngebäudes entdeckt. Bertram-Ernst Bernhardt (mündl. Mitt. 2008) konnte damit über einen Zeitraum von fast 20 Jahren das mehr oder weniger regelmäßige Auftreten von Individuen des Hirschkäfers (*Lucanus cervus*) konstatieren. Bertram-Ernst Bernhardt (mündl. Mitt. 2008) hat dort auch in 2008 im Komposthaufen im Garten des Hauses etwa 10 Larven (Engerlinge) des Hirschkäfers (*Lucanus cervus*) bemerkt. Bertram-Ernst Bernhardt (mündl. Mitt. 2008) hat bis 1962 in Oberurbach östlich Schorndorf und bis 1974 in Schwäbisch Hall gewohnt, war dann bis 1986 unter anderem in Kiel und Stuttgart, hat dann bis 1989 in Möckmühl gewohnt und lebt seit 1989 in Adelsheim, und hat in den 55 Jahren seines Lebens schon etwa 1958 in Oberurbach ein Männchen des Hirschkäfers (*Lucanus cervus*) im Garten des Hauses am Boden gesehen, wohingegen er ansonsten außer den vorgenannten Funden keine weiteren Individuen in der Natur angetroffen hat.

30.5 Roigheim

Die Nachweise von Individuen des Hirschkäfers (*Lucanus cervus*) in der Umgebung von Roigheim, welche mir von Naturfreunden aufgrund meiner Aufrufe zur Mitteilung von Beobachtungen in regionalen Tageszeitungen (Rhein-Neckar-Zeitung 2008 a, 2008 b, 2008 c, 2008 d; Schwetzinger Zeitung 2008, Bruchsaler Rundschau 2008) gemeldet wurden, stammen aus der Waldabteilung Alter Grund südlich Roigheim, aus der Waldabteilung Wolfshaus im Gewann Eldengrund nordwestlich Roigheim, und vom Waldrand um Roigheim. Die Fundorte des Hirschkäfers (*Lucanus cervus*) in der Umgebung von Roigheim (TK 25, Blatt 6622 Möckmühl) liegen im Seckachtal, einem Seitental des Jagsttales, am Nordrand des Kraichgaues nahe dem Übergang in den Odenwald in ca. 190 - 320 m Höhe über NN.

Am Waldrand um Roigheim im Seckachtal nördlich Möckmühl im Jagsttal hat Hans Huber (mündl. Mitt. 2008) etwa im Juni 2007 morgens gegen 6 Uhr auf seinem Hochsitz, welcher etwa 10 m vom Waldrand entfernt an der Grenze zu Ackerflächen steht, ein Männchen des Hirschkäfers (*Lucanus cervus*) entdeckt, und hat im Frühjahr 2008 auf einem Waldweg um Katzental nördlich Billigheim ein Weibchen gesehen, welches auf weggeworfenen Apfelresten gesessen ist. Hans Huber (mündl. Mitt. 2008) hat bis 1966 in Robern südwestlich Limbach gewohnt und lebt seit 1966 in Billigheim, und hat in den über 65 Jahren seines Lebens außer den vorgenannten Funden nur noch von etwa 1950 bis 1960 im Wald und am Waldrand um Robern in fast jedem Jahr insgesamt etwa 2 - 3 Männchen und Weibchen des Hirschkäfers (*Lucanus cervus*) pro Jahr beobachtet, und ist ansonsten keinen weiteren Individuen in der Natur begegnet, obwohl er als Jäger sehr viel Zeit im Wald verbringt.

Im Wald um Roigheim im Seckachtal nördlich Möckmühl im Jagsttal hat Axel Feil (mündl. Mitt. 2008) in der Waldabteilung Alter Grund südlich Roigheim in Richtung Möckmühl in 2008 ein totes Männchen des Hirschkäfers (*Lucanus cervus*) am Boden gefunden und mit nach Hause gebracht, und dieses Männchen ist das einzige Exemplar, welches Bettina Feil (mündl. Mitt. 2008), die schon immer in Roigheim wohnt, in den 45 Jahren ihres Lebens bisher in der Natur gesehen hat. Axel Feil (mündl. Mitt. 2008) hat bis 1980 in Schefflenz gewohnt und lebt seit 1980 ebenfalls in Roigheim, und hat in den 45 Jahren seines Lebens ansonsten nur noch einmal in 2004 oder 2005 in der Waldabteilung Wolfshaus im Gewann Eldengrund nordwestlich Roigheim in Richtung Schefflenz ein Männchen und ein Weibchen des Hirschkäfers (*Lucanus cervus*) unter der abgelösten Rinde von gestapeltem Eichenholz angetroffen, wohingegen er ansonsten keinen Individuen in der Natur begegnet ist, obwohl er als Jäger sehr viel Zeit im Wald verbringt.

30.6 Ravenstein

Die Nachweise von Individuen des Hirschkäfers (*Lucanus cervus*) in und um Ravenstein-Merchingen, welche mir von Naturfreunden aufgrund meiner Aufrufe zur Mitteilung von Beobachtungen in regionalen Tageszeitungen (Rhein-Neckar-Zeitung 2008 a, 2008 b, 2008 c, 2008 d; Schwetzinger Zeitung 2008, Bruchsaler Rundschau 2008) gemeldet wurden, stammen aus der Kessacher Straße am südlichen Ortsrand von Merchingen und aus dem Wald um Merchingen. Die Fundorte des Hirschkäfers (*Lucanus cervus*) in und um Ravenstein-Merchingen (TK 25, Blatt 6523 Boxberg und Blatt 6623 Ingelfingen) liegen im Kessachtal, einem Seitental des Jagsttales, am Nordrand des Kraichgaues nahe dem Übergang in den Odenwald in ca. 270 - 320 m Höhe über NN.

In der Kessacher Straße am südlichen Ortsrand von Ravenstein-Merchingen östlich Adelsheim hat Helga Brauch (mündl. Mitt. 2008) etwa 1957 ein Männchen im Schweinestall des Anwesens entdeckt. Helga Brauch (mündl. Mitt. 2008) wohnt schon immer in Ravenstein-Merchingen und hat in den über 60 Jahren ihres Lebens danach nur etwa 2000 in Ailringen südöstlich Dörzbach im Jagsttal ein laufendes Männchen des Hirschkäfers (*Lucanus cervus*) auf einem Weg gefunden, und hat am 27.05.2008 am Kloster Schöntal im Jagsttal südöstlich Adelsheim ein laufendes Männchen auf moosbedeckten Sandsteinblöcken an der Mauer am Parkplatz direkt an der Jagst beobachtet, als sie mit einer Wandergruppe aus Osterburken dort vorbeigekommen ist, wobei etliche der etwa 35 Teilnehmer an der Wanderung dort zum ersten Mal in ihrem Leben ein Exemplar in der Natur gesehen haben. Außer den vorgenannten Funden ist Helga Brauch (mündl. Mitt. 2008) bisher keinen weiteren Individuen des Hirschkäfers (*Lucanus cervus*) in der Natur begegnet.

Im Wald um Ravenstein-Merchingen ostsüdöstlich Osterburken hat Konrad Pauler (mündl. Mitt. 2008) möglicherweise von 1965 bis 1979 gelegentlich einzelne Exemplare des Hirschkäfers (*Lucanus cervus*) am Boden und an Eichenstämmen gesehen. Konrad Pauler (mündl. Mitt. 2008) hat auch im

Wald um Rinschheim ostsüdöstlich Buchen von etwa 1945 bis 1959 in jedem Jahr insgesamt etwa 5 - 10 Individuen des Hirschkäfers (*Lucanus cervus*), welche überwiegend Männchen und untergeordnet Weibchen waren, pro Jahr an Eichenstämmen beobachtet, und konnte damit über einen Zeitraum von fast 15 Jahren das regelmäßige Auftreten von Exemplaren konstatieren. Konrad Pauler (mündl. Mitt. 2008) hat auch im Richard-Wagner-Ring am südöstlichen Ortsrand von Adelsheim am 04.06.2007 gegen Mittag ein Männchen des Hirschkäfers (*Lucanus cervus*) im Garten des Hauses am Boden entdeckt (Bergsträßer Anzeiger 2007), und hat auch etwa zwei bis drei Wochen später in der Nähe eines Brennholzstapels aus Eichenholz vor dem Haus ein Weibchen bemerkt, welches über die Straße gelaufen ist, wohingegen ihm in 2008 und von 1979 bis 2006 dort keine Individuen aufgefallen sind. Konrad Pauler (mündl. Mitt. 2008) hat bis 1959 in Rinschheim gewohnt; war dann bis 1965 in Walldürn, Regensburg und Heidelberg-Neuenheim; hat dann bis 1979 in Ravenstein-Merchingen gewohnt und lebt seit 1979 in Adelsheim, und hat in den 70 Jahren seines Lebens außer den vorgenannten Funden keine weiteren Exemplare des Hirschkäfers (*Lucanus cervus*) in der Natur angetroffen.

30.7 Schöntal und Ailringen

Am Kloster Schöntal im Jagsttal südöstlich Adelsheim hat Helga Brauch (mündl. Mitt. 2008) am 27.05.2008 ein laufendes Männchen des Hirschkäfers (*Lucanus cervus*) auf moosbedeckten Sandsteinblöcken an der Mauer am Parkplatz direkt an der Jagst beobachtet, als sie mit einer Wandergruppe aus Osterburken dort vorbeigekommen ist, wobei etliche der etwa 35 Teilnehmer an der Wanderung dort zum ersten Mal in ihrem Leben ein Exemplar in der Natur gesehen haben. Helga Brauch (mündl. Mitt. 2008) wohnt schon immer in Ravenstein-Merchingen östlich Adelsheim und hat in den über 60 Jahren ihres Lebens vorher nur etwa 2000 in Ailringen südöstlich Dörzbach im Jagsttal ein laufendes Männchen des Hirschkäfers (*Lucanus cervus*) auf einem Weg gefunden, und hat etwa 1957 in der Kessacher Straße am südlichen Ortsrand von Ravenstein-Merchingen ein Männchen im Schweinestall des Anwesens entdeckt, wohingegen sie ansonsten keinen Individuen in der Natur begegnet ist. Der Fundort des Hirschkäfers (*Lucanus cervus*) am Kloster Schöntal (TK 25, Blatt 6623 Ingelfingen) liegt im Jagsttal am Nordrand des Kraichgaues nahe dem Übergang in den Odenwald in ca. 200 - 250 m Höhe über NN. Der Fundort des Hirschkäfers (*Lucanus cervus*) in Ailringen (TK 25, Blatt 6624 Mulfingen) liegt im Jagsttal am Nordrand des Kraichgaues nahe dem Übergang in den Odenwald in ca. 230 - 300 m Höhe über NN.

30.8 Rossach und Möckmühl

In Schöntal-Rossach nordwestlich Schöntal im Jagsttal hat Elfriede Flach (mündl. Mitt. 2008) von etwa 1954 bis 1963 im Garten des Hauses, in den Wiesen und Feldern, und am Waldrand in jedem Jahr insgesamt etwa 2 - 3 Männchen und Weibchen des Hirschkäfers (*Lucanus cervus*) pro Jahr am Boden registriert. Elfriede Flach (mündl. Mitt. 2008) hat bis 1963 in Schöntal-Rossach gewohnt und war von 1963 bis 1969 in Veinau bei Schwäbisch Hall, Möckmühl, Kupferzell und Bad Rappenau, wo sie lediglich in und um Kupferzell und Möckmühl gelegentlich einzelne Exemplare des Hirschkäfers (*Lucanus cervus*) entdeckt hat. Elfriede Flach (mündl. Mitt. 2008) lebt seit 1969 in Sinsheim-Immelhäuser Hof und hat dort seit 1969 im Garten des Hauses, am Waldrand, im Wald und in den Feldern und Wiesen um den Ort in jedem Jahr insgesamt etwa 2 - 3 Männchen und Weibchen des Hirschkäfers (*Lucanus cervus*) pro Jahr meist am Boden gesehen, und konnte damit in den über 60 Jahren ihres Lebens über einen Zeitraum von fast 40 Jahren das regelmäßige Auftreten von Individuen beobachten. In 2008 hat Elfriede Flach (mündl. Mitt. 2008) insgesamt vier Männchen und ein Weibchen des Hirschkäfers (*Lucanus cervus*) im Garten des Hauses, auf dem Weg vor dem Haus und am Waldrand entdeckt. Der Fundort des Hirschkäfers (*Lucanus cervus*) in Schöntal-Rossach nordwestlich Schöntal (TK 25, Blatt 6622 Möckmühl) liegt am Nordrand des Kraichgaues nahe dem Übergang in den Odenwald in ca. 320 - 350 m Höhe über NN. Die Fundorte des Hirschkäfers (*Lucanus cervus*) in und um Möckmühl (TK 25, Blatt 6622 Möckmühl) liegen im Jagsttal am Nordrand des Kraichgaues nahe dem Übergang in den Odenwald in ca. 170 - 320 m Höhe über NN.

30.9 Berlichingen

In der Kilian-Nuß-Straße am südlichen Ortsrand von Berlichingen nordöstlich Jagsthausen im Jagsttal hat die Schwiegermutter von Maritta Belz (mündl. Mitt. 2008) etwa Ende Juni/Anfang Juli 2008 im Garten des Hauses ein Exemplar des Hirschkäfers (*Lucanus cervus*) entdeckt. Georg Belz (mündl. Mitt. 2009) hat bis 1979 in Berlichingen gewohnt, war dann an verschiedenen anderen Orten, und lebt seit 2001 in Adelsheim, und hat in den über 50 Jahren seines Lebens von etwa 1965 bis etwa 1975 in etlichen Jahren, aber nicht in jedem Jahr, insgesamt etwa 10 - 20 Individuen des Hirschkäfers (*Lucanus cervus*) pro Jahr im Garten des Hauses in der Kilian-Nuß-Straße am südlichen Ortsrand von Berlichingen sowie am umgebenden Waldrand und im Wald am Boden und an Stämmen gesehen, wohingegen er ansonsten keinen weiteren Individuen in der Natur begegnet ist. Maritta Belz (mündl. Mitt. 2008) hat in der Oberen Eckenbergstraße am nördlichen Ortsrand von Adelsheim im Garten des Hauses, in dem sie zwei Monate vorher den Komposthaufen abgetragen hat und die Komposterde verteilt hat, etwa Mitte Juni 2008 ein Männchen des Hirschkäfers (*Lucanus cervus*) unter einer Hecke am Boden gesehen. Maritta Belz (mündl. Mitt. 2008) wohnt schon immer in Adelsheim und hat in den 45 Jahren ihres Lebens schon von etwa 1970 bis 1980 im Garten des Hauses und im Wald um Adelsheim in den meisten Jahren, aber nicht in jedem Jahr, insgesamt etwa 1 - 2 Männchen und Weibchen des Hirschkäfers (*Lucanus cervus*) pro Jahr beobachtet, wohingegen ihr in den anderen Jahren dort keine Exemplare aufgefallen sind. Der Fundort des Hirschkäfers (*Lucanus cervus*) in Berlichingen (TK 25, Blatt 6622 Möckmühl) liegt im Jagsttal am Nordrand des Kraichgaues nahe dem Übergang in den Odenwald in ca. 200 - 270 m Höhe über NN.

31 Fundmeldungen von Naturfreunden in Bruchsal und Umgebung

Die Funde von Exemplaren des Hirschkäfers (*Lucanus cervus*) in Bruchsal und Umgebung, welche mir von Naturfreunden aufgrund meiner Aufrufe zur Mitteilung von Beobachtungen in regionalen Tageszeitungen (Rhein-Neckar-Zeitung 2008 a, 2008 b, 2008 c, 2008 d; Schwetzinger Zeitung 2008, Bruchsaler Rundschau 2008) berichtet wurden, umfassen Bruchsal sowie die Orte und Lokalitäten Untergrombach, Obergrombach, Büchenau, Karlsdorf-Neuthard, Forst, Hambrücken, Graben, Neudorf, Dettenheim, Insel Elisabethenwörth nordwestlich Dettenheim-Rußheim, Linkenheim-Hochstetten, Eggenstein-Leopoldshafen, Ubstadt, Weiher, Zeutern, Stettfeld, Heidelsheim, Bretten, Ötisheim, Horrheim, Blankenloch und Schloß Stutensee südöstlich Friedrichstal.

31.1 Bruchsal

Die Nachweise von Individuen des Hirschkäfers (*Lucanus cervus*) in Bruchsal, welche mir von Naturfreunden aufgrund meiner Aufrufe zur Mitteilung von Beobachtungen in regionalen Tageszeitungen (Rhein-Neckar-Zeitung 2008 a, 2008 b, 2008 c, 2008 d; Schwetzinger Zeitung 2008, Bruchsaler Rundschau 2008) gemeldet wurden, stammen aus dem Mozartweg, der Richard-Wagner-Straße und der Augartenstraße am östlichen Ortsrand von Bruchsal; aus der Kaiserstraße im zentralen Teil von Bruchsal; aus der Karlsruher Straße, dem Näherweg, der Waldstraße, dem Eschenweg, dem Waldgebiet Büchenauer Hardt und der Vichystraße am südwestlichen Ortsrand von Bruchsal; vom Geiersberg am südlichen Ortsrand von Bruchsal, vom Eichelberg südlich Bruchsal und aus dem Rohrbachtal östlich Bruchsal. Die Fundorte des Hirschkäfers (*Lucanus cervus*) in Bruchsal (TK 25, Blatt 6817 Bruchsal) liegen in der Ebene des Rheintales in ca. 100 - 110 m Höhe über NN und am Westhang des Kraichgaues am Osthang des Rheintales in ca. 120 - 180 m Höhe über NN.

Im Mozartweg am östlichen Ortsrand von Bruchsal haben Kristin Tröndle-Stork und Martin Stork (mündl. Mitt. 2008) im Garten und auf der Terrasse des Hauses, welches mit dem Grundstück direkt an ein Landschaftsschutzgebiet grenzt, seit 2003 in jedem Jahr insgesamt etwa 3 - 5 Männchen und Weibchen des Hirschkäfers (*Lucanus cervus*) pro Jahr am Boden und fliegend gesehen, wobei sie meist insgesamt 2 - 3 Männchen und 1 - 2 Weibchen pro Jahr registriert haben. An einem Abend in 2008 haben Kristin Tröndle-Stork und Martin Stork (mündl. Mitt. 2008) insgesamt 5 Exemplare des Hirschkäfers (*Lucanus cervus*) zusammen beobachtet, wovon 3 Männchen und 2 Weibchen waren, wohingegen sie ansonsten nur etwa 1 - 3 Individuen an einem Tag gemeinsam notiert haben. Kristin Tröndle-Stork (mündl. Mitt. 2008) wohnt schon immer in Bruchsal und hat in den 40 Jahren ihres Lebens außer den vorgenannten Funden keine weiteren Individuen des Hirschkäfers (*Lucanus cervus*) in der Natur angetroffen. Martin Stork (mündl. Mitt. 2008) wohnt auch schon immer in Bruchsal und hat in den über 45 Jahren seines Lebens vorher nur einmal etwa zwischen 1970 und 1975 ein Männchen des Hirschkäfers (*Lucanus cervus*) im Wald am Eichelberg zwischen Bruchsal und Untergrombach entdeckt, und ist ansonsten keinen weiteren Exemplaren in der Natur begegnet.

Im Mozartweg am östlichen Ortsrand von Bruchsal hat Günther Wiedemann (mündl. Mitt. 2008) etwa Mitte Juli 2008 in einem Grundstück mit Wiesen und Obstbäumen hinter der Baumschule Klotz ein fliegendes Männchen des Hirschkäfers (*Lucanus cervus*) gesehen. Günther Wiedemann (mündl. Mitt. 2008) hat schon immer seinen ersten Wohnsitz in Forst und kann sich nicht daran erinnern, in den über 60 Jahren seines Lebens noch weitere Exemplare des Hirschkäfers (*Lucanus cervus*) in der Naturangetroffen zu haben.

In der Richard-Wagner-Straße am östlichen Ortsrand von Bruchsal hat Alexandra Schindler (mündl. Mitt. 2008) im Garten des Hauses im Juli 2008 ein Männchen des Hirschkäfers (*Lucanus cervus*) vor der Küchentür am Boden entdeckt, von wo aus es an der Hauswand entlang zur Terrasse gelaufen ist, und kurz davor oder kurz danach hat ihr unmittelbarer Nachbar in seinem angrenzenden Garten ebenfalls ein Männchen an der Terrasse gesehen. Alexandra Schindler (mündl. Mitt. 2008) hat auch etwa 1980 am Tennisplatz westlich der Waldseehalle am westlichen Ortsausgang von Forst ein Männchen des Hirschkäfers (*Lucanus cervus*) beobachtet, welches an einem Baum entlanggeflogen ist und anschließend auf dem Boden gesessen ist. Alexandra Schindler (mündl. Mitt. 2008) hat bis 1988 in Forst gewohnt und lebt seit 1988 in Bruchsal, und kann sich in den fast 40 Jahren ihres Lebens nicht daran erinnern, außer den vorgenannten Funden weiteren Exemplaren des Hirschkäfers (*Lucanus cervus*) in der Natur begegnet zu sein.

In der Augartenstraße am östlichen Ortsausgang von Bruchsal hat Manfred Schmitt (mündl. Mitt. 2008) von 1946 bis 1950 in jedem Jahr insgesamt etwa 3 - 5 Männchen und Weibchen des Hirschkäfers (*Lucanus cervus*) pro Jahr am Boden, an Bäumen und fliegend in Streuobstwiesen und Steinbrüchen am angrenzenden Feldrand registriert, und hat auch von 1950 bis 1965 im Waldgebiet Orles südlich Daisbach in Richtung Sinsheim in jedem Jahr insgesamt etwa 3 - 5 Männchen und Weibchen pro Jahr am Boden, an Bäumen und fliegend beobachtet. Manfred Schmitt (mündl. Mitt. 2008) hat auch in der Dr. Michael-Fischer-Straße im südwestlichen Ortsbereich von Sinsheim am Haus und im Garten sowie im Waldgebiet Förstel südwestlich Sinsheim in Richtung Dühren von etwa 1965 bis etwa 1996 in jedem Jahr insgesamt etwa 15 - 20 Männchen und Weibchen des Hirschkäfers (*Lucanus cervus*) pro Jahr am Boden, an Bäumen und fliegend gesehen, wohingegen er von etwa 1996 bis 2003 in jedem Jahr nur noch insgesamt etwa 3 - 4 Exemplare, welche überwiegend Männchen und untergeordnet Weibchen waren, pro Jahr und von 2004 bis 2008 in jedem Jahr sogar nur noch etwa 1 - 2 Individuen pro Jahr festgestellt hat, wobei lediglich in 2006 mit etwa 4 - 5 Männchen noch einmal etwas mehr Exemplare erschienen sind. Manfred Schmitt (mündl. Mitt. 2008) konnte damit über einen Zeitraum von über 40 Jahren das regelmäßige Auftreten von Individuen des Hirschkäfers (*Lucanus cervus*) in Sinsheim konstatieren, und vermutet einen Zusammenhang des vorgenannten rapiden Rückgangs der Anzahl der Individuen des Hirschkäfers (*Lucanus cervus*) pro Jahr mit der radikalen Fällung der großen alten Eichen in Sinsheim um 1996. Manfred Schmitt (mündl. Mitt. 2008) hat auch etwa 1970 bei Naturns im Etschtal westlich Meran in Südtirol einmal abends ein am Licht fliegendes Männchen und einmal morgens ein im Garten sitzendes Männchen des Hirschkäfers (*Lucanus cervus*) bemerkt, wohingegen ihm dort in den anderen Jahren von 1968 bis 1976 keine Individuen aufgefallen sind. Manfred Schmitt (mündl. Mitt. 2008) hat bis 1946 in Pforzheim und bis 1950 in Bruchsal gewohnt und lebt seit 1950 in Sinsheim, und erinnert sich in den fast 70 Jahren seines Lebens daran, daß ihm sein Vater etwa 1946 in Pforzheim erzählt hat, daß er im Hohwald am Hohberg nördlich Pforzheim Exemplare des Hirschkäfers (*Lucanus cervus*) angetroffen hat.

In der Kaiserstraße im zentralen Teil von Bruchsal hat Sabine Wagner-Borner (mündl. Mitt. 2008) in 2005 oder 2006 ein Männchen des Hirschkäfers (*Lucanus cervus*) auf dem Gehweg vor dem Gebäude der Volksbank entdeckt, und hat auch etwa 1989 am Waldrand ostsüdöstlich Bruchsal in Richtung Heidelsheim ein Männchen am Boden gesehen. Sabine Wagner-Borner (mündl. Mitt. 2008) hat auch in 2008 im Hauptsmoorwald um Memmelsdorf und Litzendorf ostnordöstlich Bamberg ein Männchen des

Hirschkäfers (*Lucanus cervus*) bemerkt, welches über eine Lichtung im Wald geflogen ist, und hat auch zwischen etwa 1978 und 1980 auf der Tromm westlich Tromm nordnordwestlich Wald-Michelbach im Odenwald ein Weibchen am Boden registriert. Sabine Wagner-Borner (mündl. Mitt. 2008) hat auch etwa 1975 bei Eichstätt im Altmühltal ein totes Weibchen des Hirschkäfers (*Lucanus cervus*) am Boden angetroffen. Sabine Wagner-Borner (mündl. Mitt. 2008) hat bis 1968 in Lichteneiche zwischen Bamberg und Memmelsdorf, bis 1971 in Bamberg, bis 1976 in Dudweiler nördlich Saarbrücken, bis 1983 in Eppelheim und bis 1985 in Hemsbach gewohnt und lebt seit 1985 in Bruchsal, und hat in den über 55 Jahren ihres Lebens schon von etwa 1956 bis 1966 auf dem Kreuzberg nordwestlich Hallstadt nordnordwestlich Bamberg insgesamt etwa 5 - 6 Männchen und Weibchen des Hirschkäfers (*Lucanus cervus*) am Boden und fliegend beobachtet, wohingegen sie sich nicht daran erinnern kann, außer den vorgenannten Funden weiteren Exemplaren in der Natur begegnet zu sein.

In einem Garten in der Karlsruher Straße am südwestlichen Ortsrand von Bruchsal in Richtung Untergrombach hat Albert Frank (mündl. Mitt. 2008), der schon immer in Bruchsal wohnt und den Garten schon immer im Familienbesitz hat, in 2008 etwa 3 - 4 laufende und tote Männchen des Hirschkäfers (*Lucanus cervus*) am Boden gesehen, wohingegen er dort vorher keine Exemplare beobachtet hat. Albert Frank (mündl. Mitt. 2008) hat in den fast 90 Jahren seines Lebens ansonsten nur in Erinnerung, daß er von etwa 1926 bis 1935 auf den Straßen in Bruchsal in jedem Jahr insgesamt etwa 5 - 10 Individuen des Hirschkäfers (*Lucanus cervus*) pro Jahr laufend und sitzend am Boden gefunden hat, und kann sich nicht daran erinnern, daß er zwischen 1935 und 2008 weiteren Individuen in der Natur begegnet ist.

An der Odenwaldhütte im Näherweg oberhalb der Feuerwehrschule am südwestlichen Ortsrand von Bruchsal am Hang im Wald in Richtung Untergrombach hat Günther Schindler (mündl. Mitt. 2008) im Juni 2008 mindestens 3 - 5 Weibchen des Hirschkäfers (*Lucanus cervus*) beobachtet, welche am Boden gelaufen oder gesessen sind, und hat auch im Bannwald am Altrhein westlich Dettenheim (bestehend aus den Ortsteilen Liedolsheim und Rußheim) westlich Graben-Neudorf an einem Stamm im Juni 2008 zwei Männchen gesehen, welche nicht weit voneinander entfernt gesessen sind, ohne miteinander zu kämpfen. Günther Schindler (mündl. Mitt. 2008) hat bis 1960 in Neustadt am Kulm in der Oberpfalz gewohnt, war dann an vielen Orten, und lebt seit 1972 in Graben-Neudorf, und hat in den über 65 Jahren seines Lebens außer den vorgenannten Funden nur noch einmal etwa 2004 oder 2005 auf der Terrasse des Hauses in der Kraichgaustraße im südlichen Bereich des Ortsteils Graben in Graben-Neudorf einen isolierten Caput-Thorax-Torso eines Männchens des Hirschkäfers (*Lucanus cervus*) entdeckt, wohingegen er sich nicht daran erinnern kann, ansonsten weiteren Individuen in der Natur begegnet zu sein.

An der Odenwaldhütte im Näherweg oberhalb der Feuerwehrschule am südwestlichen Ortsrand von Bruchsal am Hang im Wald in Richtung Untergrombach hat Gerhard Schenk (mündl. Mitt. 2008), welcher das Lokal seit Anfang 2007 bewirtschaftet, in Juni und Juli 2008 insgesamt ca. 30 Männchen und Weibchen des Hirschkäfers (*Lucanus cervus*) um das Haus herum und auf der Terrasse fliegend und am Boden gesehen, und einige Exemplare sind sogar in das Haus hereingeflogen oder hereingelaufen, wohingegen er in 2007 dort keine Individuen angetroffen hat. Gerhard Schenk (mündl. Mitt. 2008) hat in den fast 60 Jahren seines Lebens vorher schon an etlichen Orten Männchen und Weibchen des Hirschkäfers (*Lucanus cervus*) beobachtet, und hat erstmals um 1962 in Venningen östlich Edenkoben in der Pfalz, wo er bis 1967 gewohnt hat, in einigen Jahren hintereinander, aber nicht in jedem Jahr, mehrere Männchen pro Jahr im Garten hinter dem Haus am Boden bemerkt. Gerhard Schenk (mündl. Mitt. 2008) hat weiterhin in Schwegenheim nordnordwestlich Germersheim in der Pfalz, wo er von 1982 bis 1986 war, in einigen Jahren hintereinander, aber nicht in jedem Jahr, mehrere Männchen des Hirschkäfers (*Lucanus cervus*) pro Jahr im Wald am Boden festgestellt, und hat in 2003 in Weidenthal westsüdwestlich Bad Dürkheim, wo er heute noch wohnt, ein Männchen im Garten hinter dem Haus am Hang entdeckt, wohingegen er nach 2003 dort keinen Exemplaren mehr in der Natur begegnet ist. Gerhard Schenk (mündl. Mitt. 2008) hat auch in 2005 in Ramberg westsüdwestlich Edenkoben ein Männchen des Hirschkäfers (*Lucanus cervus*) im Wald am Boden gesehen, und hat in 2006 in Burrweiler südwestlich Edenkoben ein Weibchen auf der Terrasse und in Gleisweiler südwestlich Edenkoben ein Männchen im Park beobachtet, wohingegen er von 1967 bis 1978 in Karlsruhe, von 1978 bis 1982 in Grötzingen östlich Karlsruhe, von 1986 bis 2001 in Hamburg und von 2001 bis 2003 in Weingarten westnordwestlich Germersheim keine Individuen in der Natur angetroffen hat.

Im Näherweg auf dem Weiherberg am südwestlichen Ortsrand von Bruchsal hat Pia Steck (mündl. Mitt. 2008) im Garten des Hauses am 29.05.2008 abends gegen 18 Uhr ein Weibchen des Hirschkäfers (*Lucanus cervus*) gesehen, welches brummend über die Hecke in den Garten geflogen ist und dabei von einem Gartenrotschwanz mit Schnabelpicken im Flug attackiert wurde, so daß es auf die Terrasse gefallen ist, und hat es anschließend auf einen Blumenkübel gesetzt, wo es sich dann in der Erde eingegraben hat. In diesem Blumenkübel hat Pia Steck (mündl. Mitt. 2008) am 16.05.2008 nachmittags beim Umtopfen 10 etwa daumengroße Larven (Engerlinge) entdeckt, welche möglicherweise dem Hirschkäfer (*Lucanus cervus*) oder dem Nashornkäfer (*Oryctes nasicornis*) zugeordnet werden können. Pia Steck (mündl. Mitt. 2008) hat auch am 30.06.2006 abends gegen 21 Uhr ein Weibchen des Hirschkäfers (*Lucanus cervus*) registriert, welches auf dem straßenseitigen Balkon des Hauses gelandet ist, und hat es anschließend in den Garten gesetzt, von wo aus es dann über die Hecke in die angrenzenden Streuobstwiesen weitergeflogen ist. Pia Steck (mündl. Mitt. 2008) hat auch in den letzten 5 - 10 Jahren über drei Jahre hintereinander in jedem Jahr ein Männchen des Hirschkäfers (*Lucanus cervus*) im Garten des Hauses beobachtet, welches über einige Zeit hinweg dort immer wieder abends erschienen ist und auf dem Boden, an der Hauswand und auf dem Gartentisch gesessen ist. Pia Steck (mündl. Mitt. 2008) hat bis 1980 in Waldbrunn-Waldkatzenbach gewohnt und lebt seit 1980 in Bruchsal, und hat in den über 45 Jahren ihres Lebens außer den vorgenannten Funden keine weiteren Exemplare des Hirschkäfers (*Lucanus cervus*) in der Natur angetroffen.

In der Waldstraße am südwestlichen Ortsrand von Bruchsal hat Sabine Bacher (mündl. Mitt. 2008) im Garten des Hauses in der Nähe des Waldrandes am 02.06.2006 ein Männchen des Hirschkäfers (*Lucanus cervus*), bei dem eine der beiden geweihartig vergrößerten Mandibeln abgebrochen war, am Boden in der Nähe eines alten abgestorbenen Sauerkirschbaumes beobachtet, und hat in 2006 beim Ausgraben des brüchigen vermorschten Sauerkirschbaumes an den Wurzeln etwa fünf große dicke Larven (Engerlinge) bemerkt, welche vermutlich dem Hirschkäfer (*Lucanus cervus*) zuzuordnen sind. Sabine Bacher (mündl. Mitt. 2008) hat auch in 2008 im Hof des Hauses in der Nähe des Parkplatzes ein Männchen des Hirschkäfers (*Lucanus cervus*) an der Seite eines Plastikblumentopfes gesehen. Ihre Tochter, Pia Bacher (mündl. Mitt. 2008), hat im Eschenweg am südwestlichen Ortsrand von Bruchsal in 2007 ein Weibchen des Hirschkäfers (*Lucanus cervus*) im Garten des Hauses am Waldrand entdeckt, welches an einer Treppe auf dem Rücken gelegen ist, und die dort wohnenden Freunde der Familie haben Sabine Bacher (mündl. Mitt. 2008) berichtet, daß sie in 2007 ein Männchen registriert haben, welches an der Hauswand unterhalb des angeschraubten Briefkastens gesessen ist. Sabine Bacher (mündl. Mitt. 2008) hat bis 1990 in Forst und bis 1997 in Karlsruhe gewohnt und lebt seit 1997 in Bruchsal, und ist sich sicher, daß sie in den 45 Jahren ihres Lebens außer den vorgenannten Funden noch mehrmals Exemplaren des Hirschkäfers (*Lucanus cervus*) in der Natur begegnet ist, weiß aber nicht mehr, wann und wo dies gewesen ist.

Im Waldgebiet Büchenauer Hardt am südwestlichen Ortsrand von Bruchsal hat Dagmar Kropp (mündl. Mitt. 2008) nordwestlich der Straße L 558 sowohl etwa Ende Mai 2008 als auch etwa Ende Mai/Anfang Juni 2007 auf einer Strecke von jeweils etwa 10 m Länge insgesamt jeweils etwa 40 Caput-Thorax-Torsi von Männchen des Hirschkäfers (*Lucanus cervus*) am Boden auf dem Weg angetroffen, von denen einige noch gelebt haben, wobei die Lokalitäten in 2007 und 2008 auf dem gleichen Weg nur etwa 20 m auseinandergelegen sind, wohingegen ihr dort von etwa 1998 bis 2006 keine Caput-Thorax-Torsi von Männchen aufgefallen sind. Dagmar Kropp (mündl. Mitt. 2008) hat in 2008 insgesamt 38 Caput-Thorax-Torsi von Männchen des Hirschkäfers (*Lucanus cervus*) gezählt, und daneben lagen noch insgesamt 115 isolierte Deckflügel, wobei an einigen Caput-Thorax-Torsi von Männchen noch ein oder zwei Deckflügel angehangen sind. Dagmar Kropp (mündl. Mitt. 2008) wohnt schon fast immer in Bruchsal und hat in den 60 Jahren ihres Lebens bereits von etwa 1955 bis 1960 im Waldgebiet Büchenauer Hardt am Südwestrand von Bruchsal in fast jedem Jahr etliche Exemplare des Hirschkäfers (*Lucanus cervus*) am Boden beobachtet, wohingegen sie sich nicht daran erinnern kann, zwischen 1960 und 2007 weiteren Individuen in der Natur begegnet zu sein. Ihr Mann, Peter Kropp, wohnt auch schon fast immer in Bruchsal und hat in den über 60 Jahren seines Lebens bereits vor etwa 40 - 50 Jahren in und um Bruchsal wiederholt einzelne Exemplare des Hirschkäfers (*Lucanus cervus*) am Boden registriert, wohingegen er seit damals bis heute keine weiteren Individuen in der Natur angetroffen hat (Dagmar Kropp, mündl. Mitt. 2008).

In der Vichystraße im Industriegebiet am südwestlichen Ortsrand von Bruchsal hat Roman Friedel (mündl. Mitt. 2008) an einem Firmengebäude in 2007 ein Männchen des Hirschkäfers (*Lucanus cer-

vus) an der Eingangstüre in etwa 1 m Höhe über dem Boden unter dem Türdrückerblech entdeckt. Roman Friedel (mündl. Mitt. 2008) hat bis 1988 in Mosbach, bis 1991 in Karlsruhe und bis 1996 in Neckarelz gewohnt und lebt seit 1996 in Wiesloch-Baiertal, und hat in den über 40 Jahren seines Lebens schon von etwa 1972 bis 1980 im Wald in und um Mosbach immer wieder einzelne Männchen des Hirschkäfers (*Lucanus cervus*) meist am Boden und gelegentlich auch fliegend gesehen, wohingegen er ansonsten keinen weiteren Exemplaren in der Natur begegnet ist.

In der Nähe des Campingplatzes am Eichelberg südlich Bruchsal hat Norbert Ihle (mündl. Mitt. 2008) Ende Juni/Anfang Juli 2008 abends gegen 20 Uhr ein Männchen des Hirschkäfers (*Lucanus cervus*) gesehen, welches über den Weg im Wald geflogen ist. Norbert Ihle (mündl. Mitt. 2008) wohnt schon immer in Bruchsal und hat in den fast 60 Jahren seines Lebens vorher nur von etwa 1958 bis 1965 am Geiersberg am südlichen Ortsrand von Bruchsal in fast jedem Jahr mehrere Männchen des Hirschkäfers (*Lucanus cervus*) am Waldrand und im Wald beobachtet, wohingegen er ansonsten keinen Exemplaren in der Natur begegnet ist.

Am Nordwesthang des Eichelberges südlich Bruchsal hat Ralf Gröger (mündl. Mitt. 2008) etwa Anfang Juli 2008 an einem Abend gegen 21 Uhr vor Eintritt der Dämmerung bei schwülwarmem Wetter auf dem Rundweg zwischen der Auffahrt zur Eichelbergkaserne und dem Talweg in Richtung Michaelsberg ein Männchen des Hirschkäfers (*Lucanus cervus*) am Boden sowie an zwei verschiedenen Stellen des Weges einmal zwei und einmal drei fliegende Männchen beobachtet, wohingegen ihm an den Abenden davor und danach dort keine Exemplare aufgefallen sind. Ralf Gröger (mündl. Mitt. 2008) hat auch vor etwa 8 - 10 Jahren im Waldgebiet Obere Lusshardt südöstlich Hambrücken in Richtung Forst im Abstand von einem Jahr je ein totes Männchen des Hirschkäfers (*Lucanus cervus*) am Boden am Waldrand entdeckt. Ralf Gröger (mündl. Mitt. 2008) hat bis 1965 in Tuttlingen im Donautal gewohnt und lebt seit 1965 in Bruchsal, und hat in den fast 60 Jahren seines Lebens außer den vorgenannten Funden keine weiteren Individuen des Hirschkäfers (*Lucanus cervus*) in der Natur angetroffen.

Im Rohrbachtal östlich Bruchsal in Richtung Heidelsheim, auf dem Eichelberg südlich Bruchsal in Richtung Untergrombach und auf dem Michaelsberg östlich Untergrombach südsüdwestlich Bruchsal hat Waldemar Zimmermann (mündl. Mitt. 2008) seit etwa 1978 in den meisten Jahren, aber nicht in jedem Jahr, immer wieder einzelne Männchen und Weibchen des Hirschkäfers (*Lucanus cervus*) meist am Boden gesehen. Waldemar Zimmermann (mündl. Mitt. 2008) hat bis 1987 in Bruchsal und bis 2007 in Heidelsheim gewohnt und lebt seit 2007 wieder in Bruchsal, und hat in den fast 65 Jahren seines Lebens schon von etwa 1955 bis 1960 auf dem Eichelberg und auf dem Michaelsberg immer wieder einzelne Exemplare des Hirschkäfers (*Lucanus cervus*) überwiegend am Boden beobachtet, und hat auch im Wald um Heidelsheim von 1987 bis 2000 wiederholt einzelne Männchen und Weibchen vorrangig am Boden bemerkt. Waldemar Zimmermann (mündl. Mitt. 2008) konnte damit über einen Zeitraum von 30 Jahren das zwar unregelmäßige, aber stets wiederkehrende Auftreten von Individuen des Hirschkäfers (*Lucanus cervus*) an verschiedenen Lokalitäten in der Umgebung von Bruchsal konstatieren. Waldemar Zimmermann (mündl. Mitt. 2008) hat auch von 1969 bis 1972 im Ampertal um Fürstenfeldbruck und von 1975 bis 1977 in alten Wäldern um Neuburg an der Donau gelegentlich einzelne Männchen und Weibchen des Hirschkäfers (*Lucanus cervus*) meist am Boden registriert, wohingegen er an anderen Orten keinen Individuen in der Natur begegnet ist.

31.2 Untergrombach

Die Nachweise von Individuen des Hirschkäfers (*Lucanus cervus*) in und um Untergrombach, welche mir von Naturfreunden aufgrund meiner Aufrufe zur Mitteilung von Beobachtungen in regionalen Tageszeitungen (Rhein-Neckar-Zeitung 2008 a, 2008 b, 2008 c, 2008 d; Schwetzinger Zeitung 2008, Bruchsaler Rundschau 2008) gemeldet wurden, stammen aus der Hochstatt am südöstlichen Ortsausgang von Untergrombach, aus dem Frühmeßweinberg am südwestlichen Ortsausgang von Untergrombach, aus der Umgebung der Grundschule in Untergrombach, vom Baggersee nordwestlich Untergrombach, von dem Weg von Untergrombach nach Stutensee-Blankenloch, aus einem Hohlweg von Untergrombach zum Michaelsberg östlich Untergrombach, vom Michaelsberg östlich Untergrombach, und aus der Pommernstraße und dem Wald am Südrand der Büchenauer Hardt am nordwestlichen Ortsrand von Untergrombach. Die Fundorte des Hirschkäfers (*Lucanus cervus*) in und um

Untergrombach (TK 25, Blatt 6917 Weingarten) liegen in der Ebene des Rheintales in ca. 105 - 115 m Höhe über NN und am Westhang des Kraichgaues am Osthang des Rheintales in ca. 120 - 270 m Höhe über NN.

In und um Untergrombach, wo er schon immer wohnt, hat Karl Schäfer (mündl. Mitt. 2008) seit etwa 1940 bis 2008 in jedem Jahr mehrere Männchen und Weibchen des Hirschkäfers (*Lucanus cervus*) im Feld, am Waldrand und im Wald in der Ebene und auf dem Michaelsberg östlich Untergrombach gesehen, und konnte damit in den fast 75 Jahren seines Lebens über einen Zeitraum von fast 70 Jahren das regelmäßige Auftreten von Individuen beobachten, wobei die Zahl der Exemplare im Laufe der Zeit abgenommen hat. Karl Schäfer (mündl. Mitt. 2008) hat von etwa 1940 bis etwa 1960 pro Jahr insgesamt etwa 10 - 15 Männchen und Weibchen des Hirschkäfers (*Lucanus cervus*) registriert, wohingegen er seit etwa 1960 bis 2008 pro Jahr insgesamt nur noch etwa 2 - 5 Männchen und Weibchen festgestellt hat und in einigen Jahren sogar keine Exemplare gefunden hat. In 2007 hat er auf dem Michaelsberg auf einem Weg am Waldrand oberhalb der Weinberge auf einer Strecke von etwa 20 m insgesamt 23 Caput-Thorax-Torsi von Männchen des Hirschkäfers (*Lucanus cervus*) angetroffen, und hat dort auch zwei Männchen und ein Weibchen gesehen, welche auf dem Weg gelaufen sind, und hat dort ebenso in 2008 auf einem Weg im Wald 5 Caput-Thorax-Torsi von Männchen sowie 4 laufende Weibchen und ein laufendes Männchen registriert.

In der Hochstatt am südöstlichen Ortsausgang von Untergrombach, wo er seit 1970 wohnt, hat Gerhard Werstein (mündl. Mitt. 2008) im Garten des Hauses seit 1970 in jedem Jahr insgesamt etwa 2 - 3 Männchen und Weibchen des Hirschkäfers (*Lucanus cervus*) pro Jahr am Boden und fliegend beobachtet, und auch sein Nachbar, Helmut Schneider, der ebenfalls seit 1970 dort wohnt, hat dort immer wieder Individuen gesehen. Gerhard Werstein (mündl. Mitt. 2008) hat damit in den über 70 Jahren seines Lebens seit fast 40 Jahren das regelmäßige Auftreten von Männchen und Weibchen des Hirschkäfers (*Lucanus cervus*) im Garten des Hauses in Untergrombach festgestellt. Gerhard Werstein (mündl. Mitt. 2008) hat bis 1960 in Bretten gewohnt und hat dort von etwa 1945 bis 1960 in den meisten Jahren, aber nicht in jedem Jahr, einzelne Männchen und Weibchen des Hirschkäfers (*Lucanus cervus*) entdeckt, und hat in diesem Zeitraum auch in Östringen und Rettigheim, wo er häufig seine Ferien verbracht hat, einzelne Männchen und Weibchen registriert, wohingegen er sich nicht daran erinnern kann, auch in Mannheim-Seckenheim, wo er von 1960 bis 1970 gewohnt hat, Exemplare des Hirschkäfers (*Lucanus cervus*) in der Natur angetroffen zu haben. Insgesamt ist damit Gerhard Werstein (mündl. Mitt. 2008) über einen Zeitraum von über 60 Jahren immer wieder in unterschiedlicher Verteilung in Raum und Zeit Individuen des Hirschkäfers (*Lucanus cervus*) in der Natur begegnet.

Im Frühmeßweinberg am südwestlichen Ortsausgang von Untergrombach, in der Umgebung der Grundschule in Untergrombach, am Baggersee nordwestlich Untergrombach und auf dem Weg von Untergrombach nach Stutensee-Blankenloch hat Maria Kotter (mündl. Mitt. 2008) seit 1980 bis 2008 in den meisten Jahren, aber nicht in jedem Jahr, an allen vier Lokalitäten zusammen insgesamt etwa 10 Exemplare des Hirschkäfers (*Lucanus cervus*) pro Jahr meist am Boden und im Frühmeßweinberg gelegentlich auch fliegend gesehen. Maria Kotter (mündl. Mitt. 2008) konnte damit über einen Zeitraum von fast 30 Jahren das mehr oder weniger regelmäßige Auftreten von Individuen des Hirschkäfers (*Lucanus cervus*) an verschiedenen Lokalitäten in und um Untergrombach konstatieren. In 2008 hat Maria Kotter (mündl. Mitt. 2008) besonders zahlreiche Individuen des Hirschkäfers (*Lucanus cervus*) registriert, und von den etwa 20 Exemplaren sind etliche abends in der Dämmerung über den Garten des Hauses im Frühmeßweinberg und von dort in Richtung des nahegelegenen Waldes geflogen, und hat auch öfters tote Tiere gefunden. Auf dem Weg von Untergrombach nach Stutensee-Blankenloch hat Maria Kotter (mündl. Mitt. 2008) besonders häufig Individuen des Hirschkäfers (*Lucanus cervus*) im Wald zwischen Weingarten-Waldbrücke und dem Vogelpark von Blankenloch beobachtet, und am Baggersee nordwestlich Untergrombach hat sie vor allem an den vielen alten Eichen um den Teich immer wieder Exemplare festgestellt. Maria Kotter (mündl. Mitt. 2008) hat bis 1959 in Maulbronn, bis 1969 in Ludwigsburg, bis 1971 in Staufen im Breisgau, bis 1973 in Tübingen, bis 1976 in Karlsruhe und bis 1980 in Stutensee-Büchig gewohnt und lebt seit 1980 in Bruchsal-Untergrombach, und kann sich in den 60 Jahren ihres Lebens nicht mehr daran erinnern, ob sie schon vor 1980 Individuen des Hirschkäfers (*Lucanus cervus*) in der Natur begegnet ist.

In einem Hohlweg von Untergrombach zum Michaelsberg östlich Untergrombach hat Stefan Materna (mündl. Mitt. 2008) zwischen 1989 und 1991 einmal etwa 3 - 4 Männchen und Weibchen des Hirschkäfers (*Lucanus cervus*) an der Lößlehmwand des Hohlweges gesehen. Stefan Materna (mündl.

Mitt. 2008) hat auch am 24.05.2008 im Wald am Südrand der Büchenauer Hardt nordwestlich des Neubaugebietes Im Sand am nordwestlichen Ortsrand von Untergrombach im Bereich der ehemaligen Mülldeponie um die Flur Metzgerallmend auf einer Strecke von etwa 10 m auf dem Weg etwa 20 - 30 Caput-Thorax-Torsi von Männchen des Hirschkäfers (*Lucanus cervus*) beobachtet, von denen einige noch gelebt haben. Stefan Materna (mündl. Mitt. 2008) hat bis 1991 in Untergrombach gewohnt und lebt seit 1991 in Waghäusel-Wiesental, und hat in den über 40 Jahren seines Lebens außer den vorgenannten Funden keine weiteren Exemplare des Hirschkäfers (*Lucanus cervus*) in der Natur angetroffen. Im Garten des Hauses in der Robert-Koch-Straße nahe des nordwestlichen Ortsrandes von Wiesental hat Stefan Materna (mündl. Mitt. 2008) in 2006 und 2007 im Komposthaufen etwa 3 - 4 große Larven (Engerlinge) bemerkt, welche die Länge eines Fingers erreichen und entweder dem Nashornkäfer (*Oryctes nasicornis*) oder dem Hirschkäfer (*Lucanus cervus*) zugeordnet werden können, und hat in 2008 dort erstmals auch zwei Imagines des Nashornkäfers (*Oryctes nasicornis*) festgestellt, welche an der Ventralseite von etlichen Milben befallen waren. Zahlreiche Exemplare von Milben auf Individuen des Nashornkäfers (*Oryctes nasicornis*) haben auch Lengerken (1928 b), Auersch (1954), Henschel (1962) und Turek (1965) beobachtet, und einzelne Exemplare von Milben auf Individuen des Nashornkäfers (*Oryctes nasicornis*) haben auch Evans & Till (1966), Hyatt (1990) und Haitlinger (1991) registriert. Im Komposthaufen im Garten hat Stefan Materna (mündl. Mitt. 2008) in 2008 auch mehrere große Kokons mit Puppen entdeckt, welche die Größe eines kleinen Hühnereis erreichen, und hat 6 große Larven (Engerlinge) angetroffen, welche beide entweder dem Nashornkäfer (*Oryctes nasicornis*) oder dem Hirschkäfer (*Lucanus cervus*) zugeordnet werden können.

Am Baggersee in der Flur Metzgerallmend am Südrand des Waldgebietes Büchenauer Hardt am nordwestlichen Ortsrand von Untergrombach hat Peter Zimmermann (mündl. Mitt. 2008) in 2004 oder 2005 etwa 30 - 40 Caput-Thorax-Torsi von überwiegend Männchen und vereinzelt auch Weibchen des Hirschkäfers (*Lucanus cervus*) sowie etwa 2 - 3 Caput-Thorax-Torsi von Exemplaren des Heldbocks (*Cerambyx cerdo*) gefunden, und hat auch von 2004 bis 2008 am Schloß Stutensee südöstlich Stutensee-Friedrichstal in jedem Jahr insgesamt etwa 2 - 5 Männchen und Weibchen des Hirschkäfers (*Lucanus cervus*) pro Jahr an Stämmen von alten Eichen bemerkt. Peter Zimmermann (mündl. Mitt. 2008) hat auch in 2005 im Waldgebiet Aulach östlich der Saalbachniederung südlich Hambrücken in Richtung Karlsdorf und im Waldgebiet Kammerforst zwischen Karlsdorf und Neudorf westlich der Saalbachniederung insgesamt etwa 10 - 15 Männchen des Hirschkäfers (*Lucanus cervus*) am Boden, an Stämmen von Bäumen und fliegend beobachtet. Peter Zimmermann (mündl. Mitt. 2008) hat auch in einer Streuobstwiese südlich des Pfinztales südlich Pfinztal-Berghausen in 2007 ein fliegendes Männchen des Hirschkäfers (*Lucanus cervus*) am Waldrand sowie in 2004 ein Weibchen des Nashornkäfers (*Oryctes nasicornis*) auf einem Komposthaufen aus Eichenrindenmulch sitzend gesehen, und hat auch etwa 2000 im Hardtwald zwischen Karlsruhe-Waldstadt und dem Wildparkstadion am Nordrand von Karlsruhe etwa 2 - 5 Männchen des Hirschkäfers (*Lucanus cervus*) am Boden registriert. Peter Zimmermann (mündl. Mitt. 2008) hat bis 1985 in Stuttgart-Sonnenberg und bis 1988 in Karlsruhe-Waldstadt und Karlsruhe-Rüppurr gewohnt und lebt seit 1988 in Pfinztal-Berghausen, und kann sich in den fast 50 Jahren seines Lebens außer den vorgenannten Funden an keine weiteren Begegnungen mit Exemplaren des Hirschkäfers (*Lucanus cervus*) in der Natur erinnern.

Im Rohrbachtal östlich Bruchsal in Richtung Heidelsheim, auf dem Eichelberg südlich Bruchsal in Richtung Untergrombach und auf dem Michaelsberg östlich Untergrombach südsüdwestlich Bruchsal hat Waldemar Zimmermann (mündl. Mitt. 2008) seit etwa 1978 in den meisten Jahren, aber nicht in jedem Jahr, immer wieder einzelne Männchen und Weibchen des Hirschkäfers (*Lucanus cervus*) meist am Boden gesehen. Waldemar Zimmermann (mündl. Mitt. 2008) hat bis 1987 in Bruchsal und bis 2007 in Heidelsheim gewohnt und lebt seit 2007 wieder in Bruchsal, und hat in den fast 65 Jahren seines Lebens schon etwa 1955 bis 1960 auf dem Eichelberg und auf dem Michaelsberg immer wieder einzelne Exemplare des Hirschkäfers (*Lucanus cervus*) überwiegend am Boden beobachtet, und hat auch im Wald um Heidelsheim von 1987 bis 2000 wiederholt einzelne Männchen und Weibchen vorrangig am Boden bemerkt. Waldemar Zimmermann (mündl. Mitt. 2008) konnte damit über einen Zeitraum von 30 Jahren das zwar unregelmäßige, aber stets wiederkehrende Auftreten von Individuen des Hirschkäfers (*Lucanus cervus*) an verschiedenen Lokalitäten in der Umgebung von Bruchsal konstatieren. Waldemar Zimmermann (mündl. Mitt. 2008) hat auch von 1969 bis 1972 im Ampertal um Fürstenfeldbruck und von 1975 bis 1977 in alten Wäldern um Neuburg an der Donau gelegentlich einzelne Männchen und Weibchen des Hirschkäfers (*Lucanus cervus*) meist am Boden registriert, wohingegen er an anderen Orten keinen Individuen in der Natur begegnet ist.

Auf dem Michaelsberg östlich Untergrombach und im Waldgebiet Kammerforst zwischen Karlsdorf und Neudorf hat Hannelore Pöltl (mündl. Mitt. 2008) zwischen etwa 1970 und 1975 je ein Männchen des Hirschkäfers (*Lucanus cervus*) am Boden bemerkt. Hannelore Pöltl (mündl. Mitt. 2008) hat auch in 2006 im Waldgebiet Kammerforst zwischen Karlsdorf und Neudorf westlich der Saalbachniederung insgesamt etwa 10 tote vollständige Exemplare und Caput-Thorax-Torsi von Individuen des Hirschkäfers (*Lucanus cervus*), welche ausschließlich Männchen waren, am Boden beobachtet. Hannelore Pöltl (mündl. Mitt. 2008) hat auch in 2007 in der Saalbachstraße im Zentrum des Ortsteils Karlsdorf von Karlsdorf-Neuthard ein Männchen und zwei Weibchen des Hirschkäfers (*Lucanus cervus*) jeweils zu unterschiedlichen Zeiten an der Wand des Hauses gesehen, und hat auch in 2006 in der Neutharder Straße im südlichen Ortsbereich von Karlsdorf ein Männchen auf dem Rasen im Garten des Hauses entdeckt. Hannelore Pöltl (mündl. Mitt. 2008) hat auch in 2008 im Waldgebiet Aulach östlich der Saalbachniederung südlich Hambrücken in Richtung Karlsdorf innerhalb von etwa 3 - 4 Wochen insgesamt etwa 30 - 40 tote vollständige Exemplare und insgesamt etwa 60 - 70 Caput-Thorax-Torsi von Individuen des Hirschkäfers (*Lucanus cervus*), welche überwiegend Männchen und gelegentlich auch Weibchen waren, auf dem befestigten Weg zwischen dem Saalbach und dem Ortsrand von Hambrücken aufgesammelt, wobei einige Caput-Thorax-Torsi noch gelebt haben und noch bis zu 3 Tage nach dem Fund mit den Mandibeln gezwickt haben. Hannelore Pöltl (mündl. Mitt. 2008) wohnt schon immer in Karlsdorf und hat in den 45 Jahren ihres Lebens außer den vorgenannten Funden keine weiteren Exemplare des Hirschkäfers (*Lucanus cervus*) in der Natur angetroffen.

In der Pommernstraße am nordwestlichen Ortsrand von Untergrombach hat Franz Lechner (mündl. Mitt. 2009) von etwa 1965 bis etwa 1970 in jedem Jahr während der Flugzeit insgesamt etwa 5 - 10 Exemplare des Hirschkäfers (*Lucanus cervus*) pro Tag beobachtet, welche abends um den Balkon des Hauses herumgeflogen sind, und hat in diesem Zeitraum auch im angrenzenden Wald im Bereich der Flur Metzgerallmend am Südrand des Waldgebietes Büchenauer Hardt in jedem Jahr insgesamt etwa 10 - 20 Individuen pro Jahr im Wald am Boden und an Stämmen sowie fliegend gesehen. Franz Lechner (mündl. Mitt. 2008) hat auch auf dem Michaelsberg östlich Untergrombach einen toten Caput-Thorax-Torso eines Männchens des Hirschkäfers (*Lucanus cervus*) auf einem Halbtrockenrasen während einer Exkursion in 2008 entdeckt, bei der ein Teilnehmer von dem Fund eines Männchens am Südrand des Waldgebietes Büchenauer Hardt nordwestlich Untergrombach in 2008 berichtet hat. Franz Lechner (mündl. Mitt. 2008) hat auch im Pfannenwaldsee am Kleinen Kraichbach zwischen dem Pfannenwald nordnordöstlich Kraichtal-Oberöwisheim, in dem reichlich Totholz vorhanden ist, und dem Streitwald südwestlich Östringen-Odenheim in 2008 ein totes Männchen des Hirschkäfers (*Lucanus cervus*) im Wasser treibend gefunden. Franz Lechner (mündl. Mitt. 2008) hat auch im Wald südöstlich Langenbrücken in Richtung Zeutern, in dem auch zahlreiche alte Eichen vorkommen, in 2006 oder 2007 ein laufendes Weibchen des Hirschkäfers (*Lucanus cervus*) an einem Waldrand beobachtet. Franz Lechner (mündl. Mitt. 2008) hat auch im Lochenwald nordöstlich Stutensee-Blankenloch etwa Mitte Juli 2008 ein Weibchen des Hirschkäfers (*Lucanus cervus*) am Rand von gelagertem Holz gesehen, welches dort etwa 1 Stunde an der gleichen Stelle gesessen ist. Franz Lechner (mündl. Mitt. 2009) hat bis 1975 in Untergrombach gewohnt; war dann in Heidelberg, Mannheim und Karlsruhe; und lebt seit 2004 in Kraichtal-Unteröwisheim, und ist in den über 50 Jahren seines Lebens vor allem von 2003 bis 2007 in Döbrököz östlich Dombóvár am Rand des Mecsek-Gebirges zwischen Balaton und Pécs in Ungarn zahlreichen Exemplaren des Hirschkäfers (*Lucanus cervus*) begegnet, wohingegen er sich nicht daran erinnern kann, auch zwischen 1970 und 2003 Individuen in der Natur angetroffen zu haben. In Döbrököz hat Franz Lechner (mündl. Mitt. 2008) von 2003 bis 2007 in jedem Jahr während der Flugzeit insgesamt etwa 10 - 20 Männchen und Weibchen des Hirschkäfers (*Lucanus cervus*) pro Tag an etlichen Abenden in der Dämmerung an alten Holzlaternen am Straßenrand gesehen, wohingegen an anderen Abenden dort nur etwa 5 - 10 oder noch weniger Individuen erschienen sind. Die Exemplare des Hirschkäfers (*Lucanus cervus*) flogen dabei an die brennenden Lampen und saßen und liefen auch auf den Pfählen der Holzlaternen und auf dem Boden um die Holzlaternen herum. Nach dem Austausch der Holzpfosten der Straßenlaternen gegen Betonpfähle in 2008 waren deutlich weniger Individuen des Hirschkäfers (*Lucanus cervus*) dort vorhanden.

31.3 Obergrombach

Im Gewann Kehrberg im Walddistrikt 5 nordöstlich Obergrombach in Richtung Helmsheim hat Klaus Müller (mündl. Mitt. 2008) in 2006 etwa 50 Caput-Thorax-Torsi von überwiegend Weibchen und untergeordnet auch Männchen des Hirschkäfers (*Lucanus cervus*) auf einer Strecke von etwa 400 m Länge auf einem Weg im Wald am Boden gesehen, und hat dort am Waldrand, im Wald und im angrenzenden Weinberg in 2006 auch etwa 10 vollständige Männchen meist fliegend und gelegentlich auch sitzend am Boden und an Bäumen beobachtet. Klaus Müller (mündl. Mitt. 2008) wohnt mit Ausnahme eines Aufenthaltes in Jöhlingen von 1971 bis 1975 schon immer in Obergrombach und hat in den über 65 Jahren seines Lebens schon seit etwa 1950 bis 2008 in den meisten Jahren, aber nicht in jedem Jahr, etliche Exemplare des Hirschkäfers (*Lucanus cervus*) pro Jahr am Waldrand, im Wald, im Weinberg und in den Feldern um Obergrombach registriert, deren Anzahl im Laufe der Jahre abgenommen hat. Klaus Müller (mündl. Mitt. 2008) hat am Waldrand, im Wald, im Weinberg und in den Feldern um Obergrombach von etwa 1950 bis etwa 1985 insgesamt etwa 10 - 15 Individuen des Hirschkäfers (*Lucanus cervus*) pro Jahr notiert, wohingegen ihm von etwa 1985 bis etwa 1995 nur noch insgesamt etwa 5 - 10 Exemplare pro Jahr aufgefallen sind und er von etwa 1995 bis 2008 nur noch insgesamt etwa 3 - 5 Individuen pro Jahr verzeichnet hat, wobei er nur in 2006 außergewöhnliche viele Exemplare angetroffen hat. Klaus Müller (mündl. Mitt. 2008) konnte damit über einen Zeitraum von fast 60 Jahren das regelmäßige Auftreten von Individuen des Hirschkäfers (*Lucanus cervus*) konstatieren. Die Fundorte des Hirschkäfers (*Lucanus cervus*) um Obergrombach (TK 25, Blatt 6917 Weingarten) liegen am Westhang des Kraichgaues am Osthang des Rheintales in ca. 140 - 200 m Höhe über NN.

31.4 Büchenau

Die Nachweise von Individuen des Hirschkäfers (*Lucanus cervus*) in Bruchsal-Büchenau, welche mir von Naturfreunden aufgrund meiner Aufrufe zur Mitteilung von Beobachtungen in regionalen Tageszeitungen (Rhein-Neckar-Zeitung 2008 a, 2008 b, 2008 c, 2008 d; Schwetzinger Zeitung 2008, Bruchsaler Rundschau 2008) gemeldet wurden, stammen aus der Theodor-Storm-Straße und der Hubertusstraße im zentralen Teil von Büchenau, aus der Albert-Einstein-Straße am östlichen Ortsrand von Büchenau, und aus dem Waldgebiet Büchenauer Hardt nordöstlich Büchenau. Die Fundorte des Hirschkäfers (*Lucanus cervus*) in Bruchsal-Büchenau (TK 25, Blatt 6817 Bruchsal und Blatt 6917 Weingarten) liegen in der Ebene des Rheintales in ca. 105 - 115 m Höhe über NN.

In der Theodor-Storm-Straße im zentralen Teil von Bruchsal-Büchenau, wo er schon immer wohnt, hat Joachim Schäffner (mündl. Mitt. 2008) seit 1962 bis 2008 in den meisten Jahren, aber nicht in jedem Jahr, immer wieder einzelne Exemplare des Hirschkäfers (*Lucanus cervus*) im Garten hinter dem Haus am Boden gesehen, und konnte damit in den fast 55 Jahren seines Lebens über einen Zeitraum von über 45 Jahren das regelmäßige Auftreten von Individuen beobachten. Gesine und Joachim Schäffner (mündl. Mitt. 2008) haben am 28.05.2008 nachmittags ein Männchen des Hirschkäfers (*Lucanus cervus*) in der Hofeinfahrt des Anwesens hinter dem Hoftor gefunden. Gesine Schäffner (mündl. Mitt. 2008) hat bis 1986 in Bruchsal gewohnt und lebt seit 1986 in Büchenau, und kann sich in den fast 45 Jahren ihres Lebens nicht mehr daran erinnern, wann und wo sie bereits früher Exemplaren des Hirschkäfers (*Lucanus cervus*) in der Natur begegnet ist.

In der Nordostecke des Waldgebietes Büchenauer Hardt nordöstlich Büchenau südwestlich Bruchsal hat Jürgen Werner (mündl. Mitt. 2008) am 21.05.2008 nachmittags gegen 14 Uhr auf einer Strecke von etwa 200 m auf dem Weg im Wald etwa 30 - 40 tote Exemplare des Hirschkäfers (*Lucanus cervus*) am Boden entdeckt, welche teilweise bereits von räuberischen Vögeln zerteilt waren. Wenige Tage vor der Beobachtung der verendeten Individuen des Hirschkäfers (*Lucanus cervus*) durch Jürgen Werner (mündl. Mitt. 2008) wurde im Raum um Bruchsal eine Maikäferbekämpfungsaktion von Hubschraubern aus durchgeführt, und das beobachtete Massensterben von Exemplaren des Hirschkäfers (*Lucanus cervus*) ist möglicherweise auf die Ausbringung des chemischen Vernichtungsmittels zurückzuführen. Jürgen Werner (mündl. Mitt. 2008) wohnt schon immer in Büchenau und hat in den 50 Jahren seines Lebens schon seit etwa 1965 in etlichen Jahren, aber nicht in jedem Jahr, insgesamt etwa 1 - 3 Exemplare des Hirschkäfers (*Lucanus cervus*) pro Jahr im Garten hinter dem Haus in der Hubertusstraße im zentralen Teil von Büchenau, wo er bis 1983 gewohnt hat, und in der Albert-Einstein-Straße am östlichen Ortsrand von Büchenau, wo er seit 1983 wohnt, sowie im Waldgebiet Büchenauer Hardt in und um Büchenau am Boden und fliegend bemerkt, hat jedoch noch nie vorher so viele Individuen auf einmal gesehen wie in 2008. Jürgen Werner (mündl. Mitt. 2008) konnte damit über einen Zeitraum von über 40 Jahren das mehr oder weniger regelmäßige Auftreten von Individuen des Hirschkäfers (*Lucanus cervus*) an verschiedenen Lokalitäten in und um Büchenau konstatieren.

31.5 Karlsdorf-Neuthard

Die Nachweise von Individuen des Hirschkäfers (*Lucanus cervus*) in und um Karlsdorf-Neuthard, welche mir von Naturfreunden aufgrund meiner Aufrufe zur Mitteilung von Beobachtungen in regionalen Tageszeitungen (Rhein-Neckar-Zeitung 2008 a, 2008 b, 2008 c, 2008 d; Schwetzinger Zeitung 2008, Bruchsaler Rundschau 2008) gemeldet wurden, stammen aus dem Waldgebiet Kammerforst zwischen dem Ortsteil Karlsdorf von Karlsdorf-Neuthard und den Ortsteilen Graben und Neudorf von Graben-Neudorf, aus der Saalbachstraße im Zentrum von Karlsdorf und aus der Neutharder Straße im südlichen Ortsbereich von Karlsdorf. Die Fundorte des Hirschkäfers (*Lucanus cervus*) in und um Karlsdorf-Neuthard (TK 25, Blatt 6817 Bruchsal) liegen in der Ebene des Rheintales in ca. 105 - 115 m Höhe über NN.

Im Waldgebiet Kammerforst zwischen dem Ortsteil Karlsdorf von Karlsdorf-Neuthard und dem Pferdekoppelgebiet am Ostrand des Ortsteils Neudorf von Graben-Neudorf hat Thomas Maier (mündl. Mitt. 2008) etwa Ende August/Anfang September 2007 auf dem Radweg ein überfahrenes Männchen des Hirschkäfers (*Lucanus cervus*) am Boden gesehen, und hat auch im Mai 2008 auf dem Schönborn-Radweg nordnordöstlich der Schönborner Mühle (Neudorfer Mühle) nordöstlich des Ortsteils Neudorf von Graben-Neudorf an der Brücke über die Bahnlinie ein Weibchen beobachtet, welches den Weg entlanggeflogen ist, in einen größeren Busch am Wegrand hineingeflogen ist, von dort in das darunterliegende Gras gefallen ist, und dann in den danebenliegenden Wald gelaufen ist. Thomas Maier (mündl. Mitt. 2008) hat auch im Waldgebiet Kammerforst zwischen dem Ortsteil Karlsdorf von Karlsdorf-Neuthard und dem Ortsteil Graben von Graben-Neudorf von 1987 bis 2008 einmal einen Caput-Thorax-Torso eines Männchens sowie insgesamt etwa 6 Männchen und Weibchen des Hirschkäfers (*Lucanus cervus*) auf dem Radweg entdeckt, von denen einige überfahren waren, und hat auch einmal in 1987 am östlichen Ortsausgang des Ortsteils Graben von Graben-Neudorf ein Männchen auf der weißen Wand eines Hauses bemerkt. Thomas Maier (mündl. Mitt. 2008) hat bis 1988 in Karlsdorf gewohnt; war dann bis 2007 in Immendingen, Ostrach, Breisach und Oberkirch; und lebt seit 2007 in Philippsburg, und hat in den 45 Jahren seines Lebens außer den vorgenannten Funden keine weiteren Exemplare des Hirschkäfers (*Lucanus cervus*) in der Natur angetroffen.

Im Waldgebiet Kammerforst zwischen Karlsdorf und Neudorf westlich der Saalbachniederung und im Waldgebiet Aulach östlich der Saalbachniederung südlich Hambrücken in Richtung Karlsdorf hat Peter Zimmermann (mündl. Mitt. 2008) in 2005 insgesamt etwa 10 - 15 Männchen des Hirschkäfers (*Lucanus cervus*) am Boden, an Stämmen von Bäumen und fliegend beobachtet. Peter Zimmermann (mündl. Mitt. 2008) hat auch in einer Streuobstwiese südlich des Pfinztales südlich Pfinztal-Berghausen in 2007 ein fliegendes Männchen des Hirschkäfers (*Lucanus cervus*) am Waldrand sowie in 2004 ein Weibchen des Nashornkäfers (*Oryctes nasicornis*) auf einem Komposthaufen aus Eichenrindenmulch sitzend gesehen, und hat auch etwa 2000 im Hardtwald zwischen Karlsruhe-Waldstadt und dem Wildparkstadion am Nordrand von Karlsruhe etwa 2 - 5 Männchen des Hirschkäfers (*Lucanus cervus*) am Boden registriert. Peter Zimmermann (mündl. Mitt. 2008) hat auch von 2004 bis 2008 am Schloß Stutensee südöstlich Stutensee-Friedrichstal in jedem Jahr insgesamt etwa 2 - 5 Männchen und Weibchen des Hirschkäfers (*Lucanus cervus*) pro Jahr an Stämmen von alten Eichen bemerkt, und hat auch in 2004 oder 2005 am Baggersee in der Flur Metzgerallmend am Südrand des Waldgebietes Büchenauer Hardt am nordwestlichen Ortsrand von Untergrombach etwa 30 - 40 Caput-Thorax-Torsi von überwiegend Männchen und vereinzelt auch Weibchen des Hirschkäfers (*Lucanus cervus*) sowie etwa 2 - 3 Caput-Thorax-Torsi von Exemplaren des Heldbocks (*Cerambyx cerdo*) gefunden. Peter Zimmermann (mündl. Mitt. 2008) hat bis 1985 in Stuttgart-Sonnenberg und bis 1988 in Karlsruhe-Waldstadt und Karlsruhe-Rüppurr gewohnt und lebt seit 1988 in Pfinztal-Berghausen, und kann sich in den fast 50 Jahren seines Lebens außer den vorgenannten Funden an keine weiteren Begegnungen mit Exemplaren des Hirschkäfers (*Lucanus cervus*) in der Natur erinnern.

Im Waldgebiet Kammerforst zwischen Karlsdorf und Neudorf westlich der Saalbachniederung hat Hannelore Pöltl (mündl. Mitt. 2008) in 2006 insgesamt etwa 10 tote vollständige Exemplare und Caput-Thorax-Torsi von Individuen des Hirschkäfers (*Lucanus cervus*), welche ausschließlich Männchen waren, am Boden beobachtet. Hannelore Pöltl (mündl. Mitt. 2008) hat auch in 2007 in der Saalbachstraße im Zentrum des Ortsteils Karlsdorf von Karlsdorf-Neuthard ein Männchen und zwei Weibchen des Hirschkäfers (*Lucanus cervus*) jeweils zu unterschiedlichen Zeiten an der Wand des Hauses gesehen, und hat auch in 2006 in der Neutharder Straße im südlichen Ortsbereich von Karlsdorf ein

Männchen auf dem Rasen im Garten des Hauses entdeckt. Hannelore Pöltl (mündl. Mitt. 2008) hat auch in 2008 im Waldgebiet Aulach östlich der Saalbachniederung südlich Hambrücken in Richtung Karlsdorf innerhalb von etwa 3 - 4 Wochen insgesamt etwa 30 - 40 tote vollständige Exemplare und insgesamt etwa 60 - 70 Caput-Thorax-Torsi von Individuen des Hirschkäfers (*Lucanus cervus*), welche überwiegend Männchen und gelegentlich auch Weibchen waren, auf dem befestigten Weg zwischen dem Saalbach und dem Ortsrand von Hambrücken aufgesammelt, wobei einige Caput-Thorax-Torsi noch gelebt haben und noch bis zu 3 Tage nach dem Fund mit den Mandibeln gezwickt haben. Hannelore Pöltl (mündl. Mitt. 2008) wohnt schon immer in Karlsdorf und hat in den 45 Jahren ihres Lebens schon zwischen etwa 1970 und 1975 je ein Männchen des Hirschkäfers (*Lucanus cervus*) im Waldgebiet Kammerforst zwischen Karlsdorf und Neudorf und auf dem Michaelsberg östlich Untergrombach am Boden bemerkt, wohingegen sie ansonsten keine weiteren Exemplare in der Natur angetroffen hat.

31.6 Forst

Die Nachweise von Individuen des Hirschkäfers (*Lucanus cervus*) in der Umgebung von Forst, welche mir von Naturfreunden aufgrund meiner Aufrufe zur Mitteilung von Beobachtungen in regionalen Tageszeitungen (Rhein-Neckar-Zeitung 2008 a, 2008 b, 2008 c, 2008 d; Schwetzinger Zeitung 2008, Bruchsaler Rundschau 2008) gemeldet wurden, stammen aus dem Waldgebiet Obere Lusshardt westlich, nordwestlich und nördlich Forst; und vom Tennisplatz westlich der Waldseehalle am westlichen Ortsausgang von Forst. Die Fundorte des Hirschkäfers (*Lucanus cervus*) in der Umgebung von Forst (TK 25, Blatt 6817 Bruchsal) liegen in der Ebene des Rheintales in ca. 105 - 115 m Höhe über NN.

Im Waldgebiet Obere Lusshardt in der Umgebung von Forst in Richtung Kirrlach und Kronau hat Werner Eiseler (mündl. Mitt. 2008) etwa Anfang Juni 2008 an einer großen Eiche ein Männchen und ein Weibchen des Hirschkäfers (*Lucanus cervus*) am Stamm sitzend gesehen. Werner Eiseler (mündl. Mitt. 2008) wohnt schon immer in Forst und hat in den 65 Jahren seines Lebens schon von etwa 1950 bis 1960 im Wald westlich Forst in jedem Jahr insgesamt etwa 10 - 20 Individuen des Hirschkäfers (*Lucanus cervus*) am Boden, an Stämmen und fliegend beobachtet, und hat auch seit 1960 immer wieder einzelne Exemplare im Wald um Forst entdeckt, wobei er in den meisten Jahren, aber nicht in jedem Jahr, bis zu 2 - 3 Individuen pro Jahr registriert hat. Werner Eiseler (mündl. Mitt. 2008) konnte damit über einen Zeitraum von fast 60 Jahren das zwar unregelmäßige, aber stets wiederkehrende Auftreten von Individuen des Hirschkäfers (*Lucanus cervus*) konstatieren.

Im Waldgebiet Obere Lusshardt in der Umgebung von Forst hat Friedrich Koenemann (mündl. Mitt. 2008) zwischen 1960 und 1970 immer wieder einzelne Männchen des Hirschkäfers (*Lucanus cervus*) am Boden und an Stämmen gesehen, und hat daneben auch einige Exemplare an Bäumen im Renngarten, welcher schon von Linnaeus angelegt wurde und etliche sehr alte Eichen enthält, in Magdeburg-Herrenkrug in 2004 oder 2005 gesehen. Friedrich Koenemann (mündl. Mitt. 2008) wohnt schon seit fast 75 Jahren in Heidelberg und ist mit fast 95 Jahren der älteste Teilnehmer an meiner Studie, und ist im Laufe seines langen Lebens wiederholt Individuen des Hirschkäfers (*Lucanus cervus*) in der Natur begegnet.

Am Tennisplatz westlich der Waldseehalle am westlichen Ortsausgang von Forst hat Alexandra Schindler (mündl. Mitt. 2008) etwa 1980 ein Männchen des Hirschkäfers (*Lucanus cervus*) beobachtet, welches an einem Baum entlanggeflogen ist und anschließend auf dem Boden gesessen ist. Alexandra Schindler (mündl. Mitt. 2008) hat auch im Juli 2008 in der Richard-Wagner-Straße am östlichen Ortsrand von Bruchsal im Garten des Hauses ein Männchen des Hirschkäfers (*Lucanus cervus*) vor der Küchentür am Boden entdeckt, von wo aus es an der Hauswand entlang zur Terrasse gelaufen ist, und kurz davor oder kurz danach hat ihr unmittelbarer Nachbar in seinem angrenzenden Garten ebenfalls ein Männchen an der Terrasse gesehen. Alexandra Schindler (mündl. Mitt. 2008) hat bis 1988 in Forst gewohnt und lebt seit 1988 in Bruchsal, und kann sich in den fast 40 Jahren ihres Lebens nicht daran erinnern, außer den vorgenannten Funden weiteren Exemplaren des Hirschkäfers (*Lucanus cervus*) in der Natur begegnet zu sein.

31.7 Hambrücken

Die Nachweise von Individuen des Hirschkäfers (*Lucanus cervus*) in und um Hambrücken, welche mir von Naturfreunden aufgrund meiner Aufrufe zur Mitteilung von Beobachtungen in regionalen Tageszeitungen (Rhein-Neckar-Zeitung 2008 a, 2008 b, 2008 c, 2008 d; Schwetzinger Zeitung 2008, Bruchsaler Rundschau 2008) gemeldet wurden, stammen aus dem Waldgebiet Obere Lusshardt südlich, südöstlich und nordöstlich Hambrücken; aus dem Waldgebiet Aulach östlich der Saalbachniederung südlich Hambrücken, aus dem Jungwald westlich Hambrücken, aus der Kandelstraße am westlichen Ortsrand von Hambrücken, aus dem Bannwald nordwestlich Hambrücken, aus dem Bereich zwischen den Fluren Bastwäldchen und Gabel nördlich Hambrücken, und vom Waldrand nördlich Hambrücken. Die Fundorte des Hirschkäfers (*Lucanus cervus*) in und um Hambrücken (TK 25, Blatt 6817 Bruchsal) liegen in der Ebene des Rheintales in ca. 100 - 110 m Höhe über NN.

An der Brücke über die Bahnlinie im Waldgebiet Obere Lusshardt südlich Hambrücken hat Franz Köhler (mündl. Mitt. 2008) etwa Ende Juni/Anfang Juli 2008 an mehreren Tagen hintereinander insgesamt etwa 10 Caput-Thorax-Torsi von Männchen des Hirschkäfers (*Lucanus cervus*) vor und auf der Brücke am Boden gesehen, von denen einige noch gelebt haben und mit den Mandibeln gezwickt haben, und hat dabei einmal eine Rabenkrähe auf der Brücke beobachtet. An einem Tag ist auch ein Männchen des Hirschkäfers (*Lucanus cervus*) angeflogen und ist auf der Brücke gelandet, und ein Weibchen ist weiter weg von der Brücke am Waldrand geflogen und ist auf der Straße gelandet. Im Waldgebiet Obere Lusshardt südlich Hambrücken ist Franz Köhler (mündl. Mitt. 2008) schon seit mindestens 20 Jahren regelmäßig unterwegs und hat dort vorher nur einmal etwa in 2003 an einem Maschendrahtzaun um eine Hütte in der Nähe des Sandlochs ein Männchen des Hirschkäfers (*Lucanus cervus*) entdeckt, welches sich in dem Draht verfangen hatte, und hat in der Nähe auch ein fliegendes Männchen bemerkt. Franz Köhler (mündl. Mitt. 2008) wohnt schon immer in Hambrücken und hat in den über 70 Jahren seines Lebens dort ansonsten nur von etwa 1945 bis 1950 im Wald westlich Hambrücken in Richtung Neudorf insgesamt etwa 5 Männchen des Hirschkäfers (*Lucanus cervus*) pro Jahr fliegend und laufend registriert, wohingegen er sich nicht daran erinnern kann, nach 1950 außer den vorgenannten Funden weiteren Individuen in Hambrücken und Umgebung in der Natur begegnet zu sein.

Im Jungwald westlich Hambrücken haben Christa und Robert Erbrecht (mündl. Mitt. 2008) im Juni 2008 etwa 20 tote Caput-Thorax-Torsi von Männchen des Hirschkäfers (*Lucanus cervus*) am Boden gesehen, welche nicht auf einem Haufen konzentriert waren, sondern den Weg entlang verstreut waren, und haben in 2008 auch 2 Männchen unter einem Birnbaum im Garten des Hauses in der Kandelstraße am westlichen Ortsrand von Hambrücken beobachtet. Christa und Robert Erbrecht (mündl. Mitt. 2008) wohnen schon immer in Hambrücken und haben dort in den 70 Jahren ihres Lebens noch nie so viele Individuen des Hirschkäfers (*Lucanus cervus*) registriert wie in 2008. Christa und Robert Erbrecht (mündl. Mitt. 2008) haben seit etwa 1945 bis etwa 1998 in fast jedem Jahr insgesamt etwa 2 - 3 Exemplare des Hirschkäfers (*Lucanus cervus*) pro Jahr im Wald um Hambrücken festgestellt, wohingegen sie von etwa 1999 bis 2007 lediglich in 2003 einmal 2 Männchen auf dem kastaniengesäumten Weg von Hambrücken zum Vogelpark entdeckt haben und in den anderen Jahren in diesem Intervall keinen Individuen in der Natur begegnet sind, sondern dann erst wieder in 2008 Exemplare in der Natur angetroffen haben. Christa und Robert Erbrecht (mündl. Mitt. 2008) konnten damit über einen Zeitraum von über 50 Jahren das mehr oder weniger regelmäßige Auftreten von Individuen des Hirschkäfers (*Lucanus cervus*) konstatieren.

Im Bannwald nordwestlich Hambrücken westlich der Straße L 556 nach Wiesental hat Dieter Notheis (mündl. Mitt. 2008) etwa Mitte bis Ende Mai 2008 auf einem Weg am Waldrand und auf einem Weg in den Wiesen entlang einer Pferdekoppel in der Nähe des Waldrandes innerhalb von zwei Wochen insgesamt mindestens 10 Männchen und mindestens 5 Weibchen des Hirschkäfers (*Lucanus cervus*) am Boden gesehen, welche fast alle auf dem Rücken gelegen sind und wenige Stunden später bei einer erneuten Beobachtung bereits tot waren oder auch schon beim ersten Antreffen tot waren. Wenige Tage vor der ersten Registrierung von verendeten Individuen des Hirschkäfers (*Lucanus cervus*) durch Dieter Notheis (mündl. Mitt. 2008) wurde auch am Ortsrand von Hambrücken eine Maikäferbekämpfungsaktion von Hubschraubern aus durchgeführt, und das beobachtete Massensterben von Exemplaren des Hirschkäfers (*Lucanus cervus*) ist möglicherweise auf die Ausbringung des chemischen Vernichtungsmittels zurückzuführen. Dieter Notheis (mündl. Mitt. 2008) hat bis 1983 im

Ortsteil Neudorf von Graben-Neudorf gewohnt und lebt seit 1983 in Hambrücken, und hat in den über 50 Jahren seines Lebens schon seit etwa 1965 in etlichen Jahren, aber nicht in jedem Jahr, in und um Neudorf und Hambrücken immer wieder einzelne Individuen des Hirschkäfers (*Lucanus cervus*) meist im Wald am Boden gesehen, welche überwiegend Männchen und gelegentlich auch Weibchen waren. Dieter Notheis (mündl. Mitt. 2008) konnte damit über einen Zeitraum von über 40 Jahren das zwar unregelmäßige, aber stets wiederkehrende Auftreten von Individuen des Hirschkäfers (*Lucanus cervus*) in und um Neudorf und Hambrücken konstatieren.

Auf einem Weg am Waldrand nördlich Hambrücken hat Hermann Weber (mündl. Mitt. 2008) in 2007 ein Männchen des Hirschkäfers (*Lucanus cervus*) auf dem Rücken liegend am Boden gesehen. Hermann Weber (mündl. Mitt. 2008) hat bis 1966 in Hockenheim gewohnt und lebt seit 1966 in Walldorf, und hat in den über 65 Jahren seines Lebens ansonsten nur noch einmal in 1957 im Wald um Hockenheim ein Männchen des Hirschkäfers (*Lucanus cervus*) am Boden entdeckt, und ist darüber hinaus keinen Exemplaren in der Natur begegnet.

Östlich der Straße L 556 nördlich Hambrücken zwischen den Fluren Bastwäldchen und Gabel hat Sascha Koslowski (mündl. Mitt. 2008) in einem Garten mit etlichen Obstbäumen und mehreren Stapeln von überwiegend Hainbuchenholz in 2007 und 2008 je ein Weibchen des Hirschkäfers (*Lucanus cervus*) am Boden gesehen. Sascha Koslowski (mündl. Mitt. 2008) hat auch im Waldgebiet Aulach südlich Hambrücken von 2006 bis 2008 insgesamt etwa 2 - 5 Männchen des Hirschkäfers (*Lucanus cervus*) pro Jahr südlich der Brücke über die Bahnlinie auf dem Weg in Richtung der Flur Strengel im Ostteil der Saalbachniederung am Boden beobachtet, welche über den Weg gelaufen sind. Sascha Koslowski (mündl. Mitt. 2008) hat bis 2000 in Finsterwalde südwestlich Cottbus und bis 2005 in Potsdam gewohnt und lebt seit 2005 in Hambrücken, und kann sich in den 30 Jahren seines Lebens nicht daran erinnern, außer den vorgenannten Funden weitere Exemplare des Hirschkäfers (*Lucanus cervus*) in der Natur angetroffen zu haben.

Im Waldgebiet Aulach östlich der Saalbachniederung südlich Hambrücken in Richtung Karlsdorf hat Hannelore Pöltl (mündl. Mitt. 2008) in 2008 innerhalb von etwa 3 - 4 Wochen insgesamt etwa 30 - 40 tote vollständige Exemplare und insgesamt etwa 60 - 70 Caput-Thorax-Torsi von Individuen des Hirschkäfers (*Lucanus cervus*), welche überwiegend Männchen und gelegentlich auch Weibchen waren, auf dem befestigten Weg zwischen dem Saalbach und dem Ortsrand von Hambrücken aufgesammelt, wobei einige Caput-Thorax-Torsi noch gelebt haben und noch bis zu 3 Tage nach dem Fund mit den Mandibeln gezwickt haben. Hannelore Pöltl (mündl. Mitt. 2008) hat auch in 2006 im Waldgebiet Kammerforst zwischen Karlsdorf und Neudorf westlich der Saalbachniederung insgesamt etwa 10 tote vollständige Exemplare und Caput-Thorax-Torsi von Individuen des Hirschkäfers (*Lucanus cervus*), welche ausschließlich Männchen waren, am Boden beobachtet. Hannelore Pöltl (mündl. Mitt. 2008) hat auch in 2007 in der Saalbachstraße im Zentrum des Ortsteils Karlsdorf von Karlsdorf-Neuthard ein Männchen und zwei Weibchen des Hirschkäfers (*Lucanus cervus*) jeweils zu unterschiedlichen Zeiten an der Wand des Hauses gesehen, und hat auch in 2006 in der Neutharder Straße im südlichen Ortsbereich von Karlsdorf ein Männchen auf dem Rasen im Garten des Hauses entdeckt. Hannelore Pöltl (mündl. Mitt. 2008) wohnt schon immer in Karlsdorf und hat in den 45 Jahren ihres Lebens schon zwischen etwa 1970 und 1975 je ein Männchen des Hirschkäfers (*Lucanus cervus*) im Waldgebiet Kammerforst zwischen Karlsdorf und Neudorf und auf dem Michaelsberg östlich Untergrombach am Boden bemerkt, wohingegen sie ansonsten keine weiteren Exemplare in der Natur angetroffen hat.

Im Waldgebiet Aulach östlich der Saalbachniederung südlich Hambrücken in Richtung Karlsdorf hat Franz Debatin (mündl. Mitt. 2008) von etwa 2002 bis 2008 in jedem Jahr insgesamt etwa 30 - 50 Caput-Thorax-Torsi von Männchen des Hirschkäfers (*Lucanus cervus*) pro Jahr auf einer Strecke von etwa 300 - 400 m jeweils auf dem gleichen Weg im Wald am Boden beobachtet. Franz Debatin (mündl. Mitt. 2008) hat auch im Waldgebiet Obere Lusshardt nordöstlich Hambrücken in Richtung Kronau von etwa 2002 bis 2008 in jedem Jahr insgesamt etwa 5 - 8 Männchen des Hirschkäfers (*Lucanus cervus*) pro Jahr jeweils auf dem gleichen Weg im Wald am Boden festgestellt, und hat dort auch etwa 2000 einzelne Männchen gesehen. Franz Debatin (mündl. Mitt. 2008) wohnt schon immer in Hambrücken und hat in den über 55 Jahren seines Lebens schon von etwa 1960 bis 1965 im Waldgebiet Obere Lusshardt nordöstlich Hambrücken in Richtung Kronau gelegentlich einzelne Männchen des Hirschkäfers (*Lucanus cervus*) am Boden entdeckt, wohingegen er ansonsten außer den vorgenannten Funden keine weiteren Exemplare in der Natur angetroffen hat.

Im Waldgebiet Aulach östlich der Saalbachniederung südlich Hambrücken in Richtung Karlsdorf und im Waldgebiet Kammerforst zwischen Karlsdorf und Neudorf westlich der Saalbachniederung hat Peter Zimmermann (mündl. Mitt. 2008) in 2005 insgesamt etwa 10 - 15 Männchen des Hirschkäfers (*Lucanus cervus*) am Boden, an Stämmen von Bäumen und fliegend beobachtet. Peter Zimmermann (mündl. Mitt. 2008) hat auch in einer Streuobstwiese südlich des Pfinztales südlich Pfinztal-Berghausen in 2007 ein fliegendes Männchen des Hirschkäfers (*Lucanus cervus*) am Waldrand sowie in 2004 ein Weibchen des Nashornkäfers (*Oryctes nasicornis*) auf einem Komposthaufen aus Eichenrindenmulch sitzend gesehen, und hat auch etwa 2000 im Hardtwald zwischen Karlsruhe-Waldstadt und dem Wildparkstadion am Nordrand von Karlsruhe etwa 2 - 5 Männchen des Hirschkäfers (*Lucanus cervus*) am Boden registriert. Peter Zimmermann (mündl. Mitt. 2008) hat auch von 2004 bis 2008 am Schloß Stutensee südöstlich Stutensee-Friedrichstal in jedem Jahr insgesamt etwa 2 - 5 Männchen und Weibchen des Hirschkäfers (*Lucanus cervus*) pro Jahr an Stämmen von alten Eichen bemerkt, und hat auch in 2004 oder 2005 am Baggersee in der Flur Metzgerallmend am Südrand des Waldgebietes Büchenauer Hardt am nordwestlichen Ortsrand von Untergrombach etwa 30 - 40 Caput-Thorax-Torsi von überwiegend Männchen und vereinzelt auch Weibchen des Hirschkäfers (*Lucanus cervus*) sowie etwa 2 - 3 Caput-Thorax-Torsi von Exemplaren des Heldbocks (*Cerambyx cerdo*) gefunden. Peter Zimmermann (mündl. Mitt. 2008) hat bis 1985 in Stuttgart-Sonnenberg und bis 1988 in Karlsruhe-Waldstadt und Karlsruhe-Rüppurr gewohnt und lebt seit 1988 in Pfinztal-Berghausen, und kann sich in den fast 50 Jahren seines Lebens außer den vorgenannten Funden an keine weiteren Begegnungen mit Exemplaren des Hirschkäfers (*Lucanus cervus*) in der Natur erinnern.

Im Waldgebiet Obere Lusshardt südöstlich Hambrücken in Richtung Forst hat Ralf Gröger (mündl. Mitt. 2008) vor etwa 8 - 10 Jahren im Abstand von einem Jahr je ein totes Männchen des Hirschkäfers (*Lucanus cervus*) am Boden am Waldrand entdeckt. Ralf Gröger (mündl. Mitt. 2008) hat auch etwa Anfang Juli 2008 an einem Abend gegen 21 Uhr vor Eintritt der Dämmerung bei schwülwarmem Wetter am Nordwesthang des Eichelberges südlich Bruchsal auf dem Rundweg zwischen der Auffahrt zur Eichelbergkaserne und dem Talweg in Richtung Michaelsberg ein Männchen des Hirschkäfers (*Lucanus cervus*) am Boden sowie an zwei verschiedenen Stellen des Weges einmal zwei und einmal drei fliegende Männchen beobachtet, wohingegen ihm an den Abenden davor und danach dort keine Exemplare aufgefallen sind. Ralf Gröger (mündl. Mitt. 2008) hat bis 1965 in Tuttlingen im Donautal gewohnt und lebt seit 1965 in Bruchsal, und hat in den fast 60 Jahren seines Lebens außer den vorgenannten Funden keine weiteren Individuen des Hirschkäfers (*Lucanus cervus*) in der Natur angetroffen.

31.8 Graben

Die Nachweise von Individuen des Hirschkäfers (*Lucanus cervus*) in und um Graben, welche mir von Naturfreunden aufgrund meiner Aufrufe zur Mitteilung von Beobachtungen in regionalen Tageszeitungen (Rhein-Neckar-Zeitung 2008 a, 2008 b, 2008 c, 2008 d; Schwetzinger Zeitung 2008, Bruchsaler Rundschau 2008) gemeldet wurden, stammen aus der Kraichgaustraße im südlichen Ortsbereich von Graben, aus dem Waldgebiet Kammerforst zwischen Karlsdorf und Graben, vom östlichen Ortsrand von Graben und aus dem Hardtwald südlich Graben. Die Fundorte des Hirschkäfers (*Lucanus cervus*) in und um Graben (TK 25, Blatt 6816 Graben-Neudorf) liegen in der Ebene des Rheintales in ca. 100 - 110 m Höhe über NN.

In der Kraichgaustraße im südlichen Bereich des Ortsteils Graben in Graben-Neudorf hat Günther Schindler (mündl. Mitt. 2008) etwa 2004 oder 2005 auf der Terrasse des Hauses einen isolierten Caput-Thorax-Torso eines Männchens des Hirschkäfers (*Lucanus cervus*) entdeckt. Günther Schindler (mündl. Mitt. 2008) hat bis 1960 in Neustadt am Kulm in der Oberpfalz gewohnt, war dann an vielen Orten, und lebt seit 1972 in Graben-Neudorf, und hat in den über 65 Jahren seines Lebens ansonsten nur noch im Juni 2008 an der Odenwaldhütte im Näherweg oberhalb der Feuerwehrschule am südwestlichen Ortsrand von Bruchsal am Hang im Wald in Richtung Untergrombach mindestens 3 - 5 Weibchen des Hirschkäfers (*Lucanus cervus*) beobachtet, welche am Boden gelaufen oder gesessen sind, und hat auch im Bannwald am Altrhein westlich Dettenheim (bestehend aus den Ortsteilen Liedolsheim und Rußheim) westlich Graben-Neudorf an einem Stamm im Juni 2008 zwei Männchen gesehen, welche nicht weit voneinander entfernt gesessen sind, ohne miteinander zu kämpfen. Außer den vorgenannten Funden kann Günther Schindler (mündl. Mitt. 2008) sich nicht daran erinnern, weiteren Individuen des Hirschkäfers (*Lucanus cervus*) in der Natur begegnet zu sein.

Im Waldgebiet Kammerforst zwischen dem Ortsteil Karlsdorf von Karlsdorf-Neuthard und dem Ortsteil Graben von Graben-Neudorf hat Thomas Maier (mündl. Mitt. 2008) von 1987 bis 2008 einmal einen Caput-Thorax-Torso eines Männchens sowie insgesamt etwa 6 Männchen und Weibchen des Hirschkäfers (*Lucanus cervus*) auf dem Radweg entdeckt, von denen einige überfahren waren, und hat auch einmal in 1987 am östlichen Ortsausgang des Ortsteils Graben von Graben-Neudorf ein Männchen auf der weißen Wand eines Hauses bemerkt. Thomas Maier (mündl. Mitt. 2008) hat auch im Waldgebiet Kammerforst zwischen dem Ortsteil Karlsdorf von Karlsdorf-Neuthard und dem Pferdekoppelgebiet am Ostrand des Ortsteils Neudorf von Graben-Neudorf etwa Ende August/Anfang September 2007 auf dem Radweg ein überfahrenes Männchen des Hirschkäfers (*Lucanus cervus*) am Boden gesehen, und hat auch im Mai 2008 auf dem Schönborn-Radweg nordnordöstlich der Schönborner Mühle (Neudorfer Mühle) nordöstlich des Ortsteils Neudorf von Graben-Neudorf an der Brücke über die Bahnlinie ein Weibchen beobachtet, welches den Weg entlanggeflogen ist, in einen größeren Busch am Wegrand hineingeflogen ist, von dort in das darunterliegende Gras gefallen ist, und dann in den danebenliegenden Wald gelaufen ist. Thomas Maier (mündl. Mitt. 2008) hat bis 1988 in Karlsdorf gewohnt; war dann bis 2007 in Immendingen, Ostrach, Breisach und Oberkirch; und lebt seit 2007 in Philippsburg, und hat in den 45 Jahren seines Lebens außer den vorgenannten Funden keine weiteren Exemplare des Hirschkäfers (*Lucanus cervus*) in der Natur angetroffen.

Im Hardtwald südlich des Ortsteils Graben von Graben-Neudorf in Richtung Stutensee-Friedrichstal hat Patrick Schwarz (mündl. Mitt. 2008) von etwa 1990 bis 1998 gelegentlich einzelne Männchen des Hirschkäfers (*Lucanus cervus*) am Boden und an Bäumen entdeckt. Patrick Schwarz (mündl. Mitt. 2008) hat auch im Mai 2008 in der Falltorstraße am nordwestlichen Ortsrand von Zeutern im Garten des Hauses ein Weibchen des Hirschkäfers (*Lucanus cervus*) am Boden an aufgeschichtetem Buchenholz gesehen. Patrick Schwarz (mündl. Mitt. 2008) hat auch im Juni 2008 an der Rietburg westnordwestlich Rhodt südwestlich Edenkoben im Pfälzer Wald ein Männchen des Hirschkäfers (*Lucanus cervus*) im Wald am Boden unter einem Baum bemerkt. Patrick Schwarz (mündl. Mitt. 2008) hat bis 1998 im Ortsteil Graben von Graben-Neudorf gewohnt und lebt seit 1998 in Zeutern, und kann sich in den über 35 Jahren seines Lebens nicht daran erinnern, außer den vorgenannten Funden weiteren Individuen des Hirschkäfers (*Lucanus cervus*) in der Natur begegnet zu sein.

Sowohl im Hardtwald zwischen Graben-Neudorf und Karlsruhe als auch im Oberwald zwischen Karlsruhe-Rüppurr und Karlsruhe-Durlach hat Michael Waitzmann (mündl. Mitt. 2008) von 2000 bis 2008 in jedem Jahr insgesamt jeweils etwa 2 - 3 Männchen und Weibchen des Hirschkäfers (*Lucanus cervus*) pro Jahr an Stämmen von alten Eichen, am Boden und fliegend gesehen. Michael Waitzmann (mündl. Mitt. 2008) hat auch von 2000 bis 2008 am Schloß Stutensee südöstlich Stutensee-Friedrichstal in jedem Jahr insgesamt etwa 10 - 15 Männchen und Weibchen des Hirschkäfers (*Lucanus cervus*) pro Jahr an Stämmen von alten Eichen, am Boden und fliegend beobachtet, und hat dort in guten Jahren sogar bis 20 - 30 Männchen und Weibchen pro Jahr festgestellt. Michael Waitzmann (mündl. Mitt. 2008) hat auch in 1984 oder 1985 am Philosophenweg am Nordhang des Neckartales am Ostrand von Heidelberg-Neuenheim ein Männchen des Hirschkäfers (*Lucanus cervus*) westlich des Schlangenweges am Boden entdeckt. Michael Waitzmann (mündl. Mitt. 2008) hat bis 1990 an verschiedenen Orten gewohnt und lebt seit 1990 in Karlsruhe, und kann sich in den über 50 Jahren seines Lebens außer den vorgenannten Funden an keine weiteren Begegnungen mit Exemplaren des Hirschkäfers (*Lucanus cervus*) in der Natur erinnern.

31.9 Neudorf

Die Nachweise von Individuen des Hirschkäfers (*Lucanus cervus*) in und um Neudorf, welche mir von Naturfreunden aufgrund meiner Aufrufe zur Mitteilung von Beobachtungen in regionalen Tageszeitungen (Rhein-Neckar-Zeitung 2008 a, 2008 b, 2008 c, 2008 d; Schwetzinger Zeitung 2008, Bruchsaler Rundschau 2008) gemeldet wurden, stammen aus der Friedenstraße im nördlichen Ortsbereich von Neudorf, aus der Brettener Straße im südlichen Ortsbereich von Neudorf, aus dem Wald östlich der Kanalstraße am Ostrand von Neudorf, aus dem Wald um Neudorf in Richtung Karlsdorf-Neuthard und Hambrücken, und aus dem Waldgebiet Kammerforst zwischen dem Ortsteil Karlsdorf von Karlsdorf-Neuthard und dem Ortsteil Neudorf von Graben-Neudorf. Die Fundorte des Hirschkäfers (*Lucanus cervus*) in und um Neudorf (TK 25, Blatt 6816 Graben-Neudorf und Blatt 6817 Bruchsal) liegen in der Ebene des Rheintales in ca. 100 - 110 m Höhe über NN.

In der Friedenstraße im nördlichen Bereich des Ortsteils Neudorf in Graben-Neudorf hat Peter Wintruff (mündl. Mitt. 2008) auf dem Balkon und im Garten des Hauses etwa Mitte Mai 2008 ein laufendes Männchen des Hirschkäfers (*Lucanus cervus*) gesehen. Peter Wintruff (mündl. Mitt. 2008) hat bis 1958 in Saalfeld in Thüringen und bis 1965 in Karlsruhe gewohnt und lebt seit 1965 in Meudorf, und kann sich nicht daran erinnern, in den fast 70 Jahren seines Lebens vorher schon einmal einem Exemplar des Hirschkäfers (*Lucanus cervus*) in der Natur begegnet zu sein.

In der Brettener Straße im südlichen Bereich des Ortsteils Neudorf in Graben-Neudorf, wo sie seit 1984 direkt am Waldrand wohnen, haben Renate und Fritz Schaser (mündl. Mitt. 2008) seit 1984 in den meisten Jahren, aber nicht in jedem Jahr, insgesamt bis zu 10 Individuen des Hirschkäfers (*Lucanus cervus*) pro Jahr um das Haus herum und im Garten fliegend sowie am Boden gesehen, wobei in den meisten Jahren überwiegend Weibchen und nur untergeordnet auch Männchen erschienen sind. Renate und Fritz Schaser (mündl. Mitt. 2008) konnten damit über einen Zeitraum von fast 25 Jahren das mehr oder weniger regelmäßige Auftreten von Individuen des Hirschkäfers (*Lucanus cervus*) konstatieren. In 2007 hat Renate Schaser (mündl. Mitt. 2008) am Waldrand einmal 10 Caput-Thorax-Torsi von hauptsächlich Weibchen des Hirschkäfers (*Lucanus cervus*) am Boden entdeckt, wohingegen sie in 2008 nur ein Männchen und ein Weibchen bei der Paarung an einem alten Eichenstamm im Garten des Hauses entdeckt hat. Renate Schaser (mündl. Mitt. 2008) hat bis 1984 in Fulda gewohnt und kann sich in den über 55 Jahren ihres Lebens zwar daran erinnern, daß sie den Hirschkäfer (*Lucanus cervus*) schon aus dem Biologieunterricht in der Schule kennt, aber nicht mehr, wo und wann sie in Fulda und Umgebung Exemplare in der Natur angetroffen hat. Fritz Schaser (mündl. Mitt. 2008) hat bis 1964 in Hontheim westlich Bad Bertrich in der Südeifel, bis 1975 in Traben-Trarbach an der Mosel und bis 1984 in Trier gewohnt, und hat in den fast 60 Jahren seines Lebens schon von 1956 bis 1958 in Hontheim in jedem Jahr insgesamt etwa 5 - 8 Individuen des Hirschkäfers (*Lucanus cervus*), welche meist Männchen waren, pro Jahr um das Haus herum und in den Feldern und Wiesen um den Ort herum am Boden registriert, und hat auch von 1964 bis 1975 in Traben-Trarbach in jedem Jahr insgesamt etwa 3 - 5 Individuen des Hirschkäfers (*Lucanus cervus*), welche meist Männchen waren, pro Jahr um das Haus herum am Waldrand am Boden und an Bäumen festgestellt, wohingegen er in Trier keinen Exemplaren in der Natur begegnet ist.

Im Wald östlich der Kanalstraße am Ostrand des Ortsteils Neudorf von Graben-Neudorf hat Andreas Weiß (mündl. Mitt. 2008) von etwa 1975 bis 1996 in den meisten Jahren insgesamt etwa 2 - 5 Exemplare des Hirschkäfers (*Lucanus cervus*) pro Jahr am Boden und an Bäumen registriert. Andreas Weiß (mündl. Mitt. 2008) hat auch von 1996 bis 2008 im Waldgebiet Molzau nordöstlich Philippsburg-Huttenheim in dem Bereich nördlich und nordöstlich der Sportplätze am Nordrand der Siedlung Molzau in jedem Jahr im Mai und im Juni insgesamt etwa 20 - 30 und in einzelnen Jahren sogar bis etwa 50 Männchen und Weibchen des Hirschkäfers (*Lucanus cervus*) pro Jahr im Wald und am Waldrand am Boden und an Bäumen gesehen. Andreas Weiß (mündl. Mitt. 2008) hat dort auch in 2008 etwa 20 Caput-Thorax-Torsi von Männchen des Hirschkäfers (*Lucanus cervus*) auf einem Weg im Wald verstreut beobachtet, wohingegen ihm in früheren Jahren nur einzelne Caput-Thorax-Torsi von Männchen aufgefallen sind. Andreas Weiß (mündl. Mitt. 2008) konnte damit über einen Zeitraum von über 30 Jahren das mehr oder weniger regelmäßige Auftreten von Individuen des Hirschkäfers (*Lucanus cervus*) von etwa 1975 bis 1996 in Neudorf und von 1996 bis 2008 in Huttenheim konstatieren. Andreas Weiß (mündl. Mitt. 2008) hat bis 1996 im Ortsteil Neudorf von Graben-Neudorf gewohnt und lebt seit 1996 in Philippsburg-Huttenheim, und hat in den fast 45 Jahren seines Lebens außer den vorgenannten Funden keine weiteren Individuen des Hirschkäfers (*Lucanus cervus*) in der Natur angetroffen.

Im Wald um Neudorf in Richtung Karlsdorf-Neuthard und Hambrücken hat Franziska Stau (mündl. Mitt. 2008) von 1994 bis 2001 in jedem Jahr insgesamt etwa 1 - 2 Männchen des Hirschkäfers (*Lucanus cervus*) pro Jahr am Boden registriert, und hat auch zwischen 1998 und 2005 möglicherweise im Wald um Graben in Richtung Dettenheim-Liedolsheim gelegentlich einzelne Individuen am Boden bemerkt. Franziska Stau (mündl. Mitt. 2008) hat auch von 2005 bis 2007 im Wald und in den Feldern um Wiesental in jedem Jahr insgesamt etwa 1 - 2 Männchen des Hirschkäfers (*Lucanus cervus*) pro Jahr festgestellt. Am Allmendhof in der Triebstraße am südlichen Ortsrand von Wiesental hat Franziska Stau (mündl. Mitt. 2008) etwa Ende Mai/Anfang Juni 2008 auf einem Strohrundballen in der Gasse eines Pferdestalls ein laufendes Männchen des Hirschkäfers (*Lucanus cervus*) gesehen, und hat auch etwa Ende Mai/Anfang Juni 2008 im Oberen Hagweg am südlichen Ortsrand von Wiesental in einem Tonübertopf in einem offenen Unterstand in einer Pferdekoppel ein Männchen entdeckt. Franziska Stau (mündl. Mitt. 2008) hat bis 1995 in Eggenstein-Leopoldshafen gewohnt und hat in den 30 Jahren ihres

Lebens schon von etwa 1985 bis 1995 in jedem Jahr insgesamt etwa 1 - 2 Männchen des Hirschkäfers (*Lucanus cervus*) pro Jahr im Hardtwald östlich Eggenstein-Leopoldshafen am Boden beobachtet, wohingegen ihr in Stutensee-Friedrichstal, wo sie bis 1998 gewohnt hat, keine Exemplare aufgefallen sind. Franziska Stau (mündl. Mitt. 2008) hat dann bis 2005 im Ortsteil Graben von Graben-Neudorf gewohnt und lebt seit 2005 in Wiesental. Franziska Stau (mündl. Mitt. 2008) konnte damit über einen Zeitraum von fast 25 Jahren das mehr oder weniger regelmäßige Auftreten von Individuen des Hirschkäfers (*Lucanus cervus*) an verschiedenen Lokalitäten in und um Eggenstein-Leopoldshafen, Graben-Neudorf und Wiesental konstatieren.

Im Waldgebiet Kammerforst zwischen dem Ortsteil Karlsdorf von Karlsdorf-Neuthard und dem Pferdekoppelgebiet am Ostrand des Ortsteils Neudorf von Graben-Neudorf hat Thomas Maier (mündl. Mitt. 2008) etwa Ende August/Anfang September 2007 auf dem Radweg ein überfahrenes Männchen des Hirschkäfers (*Lucanus cervus*) am Boden gesehen, und hat auch im Mai 2008 auf dem Schönborn-Radweg nordnordöstlich der Schönborner Mühle (Neudorfer Mühle) nordöstlich des Ortsteils Neudorf von Graben-Neudorf an der Brücke über die Bahnlinie ein Weibchen beobachtet, welches den Weg entlanggeflogen ist, in einen größeren Busch am Wegrand hineingeflogen ist, von dort in das darunterliegende Gras gefallen ist, und dann in den danebenliegenden Wald gelaufen ist. Thomas Maier (mündl. Mitt. 2008) hat auch im Waldgebiet Kammerforst zwischen dem Ortsteil Karlsdorf von Karlsdorf-Neuthard und dem Ortsteil Graben von Graben-Neudorf von 1987 bis 2008 einmal einen Caput-Thorax-Torso eines Männchens sowie insgesamt etwa 6 Männchen und Weibchen des Hirschkäfers (*Lucanus cervus*) auf dem Radweg entdeckt, von denen einige überfahren waren, und hat auch einmal in 1987 am östlichen Ortsausgang des Ortsteils Graben von Graben-Neudorf ein Männchen auf der weißen Wand eines Hauses bemerkt. Thomas Maier (mündl. Mitt. 2008) hat bis 1988 in Karlsdorf gewohnt; war dann bis 2007 in Immendingen, Ostrach, Breisach und Oberkirch; und lebt seit 2007 in Philippsburg, und hat in den 45 Jahren seines Lebens außer den vorgenannten Funden keine weiteren Exemplare des Hirschkäfers (*Lucanus cervus*) in der Natur angetroffen.

Im Waldgebiet Kammerforst zwischen Karlsdorf und Neudorf westlich der Saalbachniederung und im Waldgebiet Aulach östlich der Saalbachniederung südlich Hambrücken in Richtung Karlsdorf hat Peter Zimmermann (mündl. Mitt. 2008) in 2005 insgesamt etwa 10 - 15 Männchen des Hirschkäfers (*Lucanus cervus*) am Boden, an Stämmen von Bäumen und fliegend beobachtet. Peter Zimmermann (mündl. Mitt. 2008) hat auch in einer Streuobstwiese südlich des Pfinztales südlich Pfinztal-Berghausen in 2007 ein fliegendes Männchen des Hirschkäfers (*Lucanus cervus*) am Waldrand sowie in 2004 ein Weibchen des Nashornkäfers (*Oryctes nasicornis*) auf einem Komposthaufen aus Eichenrindenmulch sitzend gesehen, und hat auch etwa 2000 im Hardtwald zwischen Karlsruhe-Waldstadt und dem Wildparkstadion am Nordrand von Karlsruhe etwa 2 - 5 Männchen des Hirschkäfers (*Lucanus cervus*) am Boden registriert. Peter Zimmermann (mündl. Mitt. 2008) hat auch von 2004 bis 2008 am Schloß Stutensee südöstlich Stutensee-Friedrichstal in jedem Jahr insgesamt etwa 2 - 5 Männchen und Weibchen des Hirschkäfers (*Lucanus cervus*) pro Jahr an Stämmen von alten Eichen bemerkt, und hat auch in 2004 oder 2005 am Baggersee in der Flur Metzgerallmend am Südrand des Waldgebietes Büchenauer Hardt am nordwestlichen Ortsrand von Untergrombach etwa 30 - 40 Caput-Thorax-Torsi von überwiegend Männchen und vereinzelt auch Weibchen des Hirschkäfers (*Lucanus cervus*) sowie etwa 2 - 3 Caput-Thorax-Torsi von Exemplaren des Heldbocks (*Cerambyx cerdo*) gefunden. Peter Zimmermann (mündl. Mitt. 2008) hat bis 1985 in Stuttgart-Sonnenberg und bis 1988 in Karlsruhe-Waldstadt und Karlsruhe-Rüppurr gewohnt und lebt seit 1988 in Pfinztal-Berghausen, und kann sich in den fast 50 Jahren seines Lebens außer den vorgenannten Funden an keine weiteren Begegnungen mit Exemplaren des Hirschkäfers (*Lucanus cervus*) in der Natur erinnern.

Im Waldgebiet Kammerforst zwischen Karlsdorf und Neudorf westlich der Saalbachniederung hat Hannelore Pöltl (mündl. Mitt. 2008) in 2006 insgesamt etwa 10 tote vollständige Exemplare und Caput-Thorax-Torsi von Individuen des Hirschkäfers (*Lucanus cervus*), welche ausschließlich Männchen waren, am Boden beobachtet. Hannelore Pöltl (mündl. Mitt. 2008) hat auch in 2007 in der Saalbachstraße im Zentrum des Ortsteils Karlsdorf von Karlsdorf-Neuthard ein Männchen und zwei Weibchen des Hirschkäfers (*Lucanus cervus*) jeweils zu unterschiedlichen Zeiten an der Wand des Hauses gesehen, und hat auch in 2006 in der Neutharder Straße im südlichen Ortsbereich von Karlsdorf ein Männchen auf dem Rasen im Garten des Hauses entdeckt. Hannelore Pöltl (mündl. Mitt. 2008) hat auch in 2008 im Waldgebiet Aulach östlich der Saalbachniederung südlich Hambrücken in Richtung Karlsdorf innerhalb von etwa 3 - 4 Wochen insgesamt etwa 30 - 40 tote vollständige Exemplare und insgesamt etwa 60 - 70 Caput-Thorax-Torsi von Individuen des Hirschkäfers (*Lucanus cervus*), welche überwiegend Männchen und gelegentlich auch Weibchen waren, auf dem befestigten Weg zwischen dem Saalbach und dem Ortsrand von Hambrücken aufgesammelt, wobei einige Caput-Thorax-Torsi noch gelebt haben und noch bis zu 3 Tage nach dem Fund mit den Mandibeln gezwickt haben. Hannelore Pöltl (mündl. Mitt. 2008) wohnt schon immer in Karlsdorf und hat in den 45 Jahren ihres Lebens schon zwischen etwa 1970 und 1975 je ein Männchen des Hirschkäfers (*Lucanus cervus*) im Waldgebiet Kammerforst zwischen Karlsdorf und Neudorf und auf dem Michaelsberg östlich Untergrombach am Boden bemerkt, wohingegen sie ansonsten keine weiteren Exemplare in der Natur angetroffen hat.

In und um Neudorf und Hambrücken hat Dieter Notheis (mündl. Mitt. 2008), der bis 1983 im Ortsteil Neudorf von Graben-Neudorf gewohnt hat und seit 1983 in Hambrücken lebt, seit etwa 1965 in etlichen Jahren, aber nicht in jedem Jahr, immer wieder einzelne Individuen des Hirschkäfers (*Lucanus cervus*) meist im Wald am Boden gesehen, welche überwiegend Männchen und gelegentlich auch Weibchen waren. Dieter Notheis (mündl. Mitt. 2008) konnte damit in den über 50 Jahren seines Lebens über einen Zeitraum von über 40 Jahren das zwar unregelmäßige, aber stets wiederkehrende Auftreten von Individuen des Hirschkäfers (*Lucanus cervus*) in und um Neudorf und Hambrücken konstatieren. Im Bannwald nordwestlich Hambrücken westlich der Straße L 556 nach Wiesental hat Dieter Notheis (mündl. Mitt. 2008) etwa Mitte bis Ende Mai 2008 auf einem Weg am Waldrand und auf einem Weg in den Wiesen entlang einer Pferdekoppel in der Nähe des Waldrandes innerhalb von zwei Wochen insgesamt mindestens 10 Männchen und mindestens 5 Weibchen des Hirschkäfers (*Lucanus cervus*) am Boden gesehen, welche fast alle auf dem Rücken gelegen sind und wenige Stunden später bei einer erneuten Beobachtung bereits tot waren oder auch schon beim ersten Antreffen tot waren. Wenige Tage vor der ersten Registrierung von verendeten Individuen des Hirschkäfers (*Lucanus cervus*) durch Dieter Notheis (mündl. Mitt. 2008) wurde auch am Ortsrand von Hambrücken eine Maikäferbekämpfungsaktion von Hubschraubern aus durchgeführt, und das beobachtete Massensterben von Exemplaren des Hirschkäfers (*Lucanus cervus*) ist möglicherweise auf die Ausbringung des chemischen Vernichtungsmittels zurückzuführen.

31.10 Dettenheim

Im Bannwald am Altrhein westlich Dettenheim (bestehend aus den Ortsteilen Liedolsheim und Rußheim) westlich Graben-Neudorf hat Günther Schindler (mündl. Mitt. 2008) an einem Stamm im Juni 2008 zwei Männchen des Hirschkäfers (*Lucanus cervus*) gesehen, welche nicht weit voneinander entfernt gesessen sind, ohne miteinander zu kämpfen, und hat im Juni 2008 auch an der Odenwaldhütte im Näherweg oberhalb der Feuerwehrschule am südwestlichen Ortsrand von Bruchsal am Hang im Wald in Richtung Untergrombach mindestens 3 - 5 Weibchen beobachtet, welche am Boden gelaufen oder gesessen sind. Günther Schindler (mündl. Mitt. 2008) hat bis 1960 in Neustadt am Kulm in der Oberpfalz gewohnt, war dann an vielen Orten, und lebt seit 1972 in Graben-Neudorf, und hat in den über 65 Jahren seines Lebens außer den vorgenannten Funden nur noch einmal etwa 2004 oder 2005 auf der Terrasse des Hauses in der Kraichgaustraße im südlichen Bereich des Ortsteils Graben in Graben-Neudorf einen isolierten Caput-Thorax-Torso eines Männchens des Hirschkäfers (*Lucanus cervus*) entdeckt, wohingegen er sich nicht daran erinnern kann, ansonsten weiteren Individuen in der Natur begegnet zu sein. Der Fundort des Hirschkäfers (*Lucanus cervus*) in der Umgebung von Dettenheim (TK 25, Blatt 6816 Graben-Neudorf) liegt in der Ebene des Rheintales in ca. 95 - 105 m Höhe über NN.

31.11 Insel Elisabethenwörth nordwestlich Dettenheim-Rußheim

Auf der Insel Elisabethenwörth nordwestlich Dettenheim-Rußheim hat Werner Dietrich (mündl. Mitt. 2008) in 2008 ein Männchen des Hirschkäfers (*Lucanus cervus*) an einem Baum entdeckt, wohingegen ihm dort in früheren Jahren keine Exemplare aufgefallen sind. Werner Dietrich (mündl. Mitt. 2008) wohnt schon immer in Philippsburg-Huttenheim und hat in den über 70 Jahren seines Lebens dort in der Bahnhofstraße und in der Neuen Straße am südöstlichen Ortsrand von Philippsburg-Huttenheim von etwa 1945 bis etwa 1970 in jedem Jahr insgesamt etwa 3 - 5 Exemplare des Hirschkäfers (*Lucanus cervus*), welche meist Männchen waren, pro Jahr am Haus, im Garten und im Wald überwiegend am Boden und an Bäumen sowie gelegentlich auch fliegend gesehen, wohingegen er von etwa 1971 bis 2008 in der Waldstraße am östlichen Ortsrand von Philippsburg-Huttenheim nur noch in fast jedem Jahr insgesamt etwa 1 - 2 Individuen, unter denen mehr Weibchen als Männchen waren, pro Jahr bemerkt hat. Werner Dietrich (mündl. Mitt. 2008) konnte damit über einen Zeitraum von über 60 Jahren das mehr oder weniger regelmäßige Auftreten von Individuen des Hirschkäfers (*Lucanus cervus*) konstatieren. In den letzten Jahren hat Werner Dietrich (mündl. Mitt. 2008) besonders das Auftreten von einem Weibchen des Hirschkäfers (*Lucanus cervus*) im Garten in 2008; vier Weibchen am Haus, im Hof und unter einer Birke im Garten in 2007; und zwei Männchen im Garten in 2004 registriert.

Auf der Insel Elisabethenwörth nordwestlich Dettenheim-Rußheim hat Volker Müller (mündl. Mitt. 2008) im nordöstlichen Teil des Gebietes etwa Mitte Mai 2008 beim Wegräumen von Holzstämmen am Rand des Weges im Wald ein Männchen des Hirschkäfers (*Lucanus cervus*) entdeckt, welches unter den Holzstämmen gesessen ist. Volker Müller (mündl. Mitt. 2008) hat bis 1988 in Mehlingen nordöstlich Kaiserslautern, bis 1992 in Leverkusen und bis 1998 in Oftersheim gewohnt und lebt seit 1998 in Philippsburg, und hat in den über 45 Jahren seines Lebens schon von etwa 1970 bis 1975 in Wald um Mehlingen in den meisten Jahren mehrmals einzelne Männchen des Hirschkäfers (*Lucanus cervus*) beobachtet, und hat auch von 1975 bis 1988 dort in manchen Jahren gelegentlich ein Männchen gesehen, und hat auch nach 1998 in und um Philippsburg in einigen Jahren zuweilen ein Männchen bemerkt, wohingegen ihm an anderen Orten keine Exemplare aufgefallen sind.

Die Fundorte des Hirschkäfers (*Lucanus cervus*) auf der Insel Elisabethenwörth nordwestlich Dettenheim-Rußheim (TK 25, Blatt 6716 Germersheim und Blatt 6816 Graben-Neudorf) liegen in der Ebene des Rheintales in ca. 95 - 105 m Höhe über NN. Gladitsch (1978) hat über einen Fund der Einzelteile eines schon lange Zeit toten Exemplares des Hirschkäfers (*Lucanus cervus*) im Feld unter der losen Rinde eines Obstbaumstumpfes auf der Insel Elisabethenwörth im Rußheimer Altrheingebiet nordwestlich Dettenheim-Rußheim am 26.02.1971 sowie über einen Fang eines Exemplars des Nashornkäfers (*Oryctes nasicornis*) im dortigen Auwald am Licht am 11.05.1966 berichtet. Der Nachweis von Exemplaren des Hirschkäfers (*Lucanus cervus*) und des Nashornkäfers (*Oryctes nasicornis*) auf der Insel Elisabethenwörth im Rußheimer Altrheingebiet nordwestlich Dettenheim-Rußheim wurde auch von Gladitsch (1976) gemeldet.

31.12 Linkenheim-Hochstetten

Im Wald, am Waldrand und in den Feldern in und um den Ortsteil Linkenheim in Linkenheim-Hochstetten südwestlich Graben-Neudorf hat Hans Welter (mündl. Mitt. 2008) von etwa 1945 bis 1956 immer wieder einzelne Männchen des Hirschkäfers (*Lucanus cervus*) gesehen. Hans Welter (mündl. Mitt. 2008) hat bis 1956 in Linkenheim und bis 1965 in Fulda gewohnt; war bis 1969 an etlichen anderen Orten zwischen Schwetzingen, Pforzheim und Wertheim; hat bis 1971 in Rosenberg nordöstlich Osterburken gewohnt und lebt seit 1971 in Schriesheim. Im Wald am Branich am Nordostrand von Schriesheim und an der Strahlenburg am Ostrand von Schriesheim hat Hans Welter (mündl. Mitt. 2008) von etwa 1991 bis etwa 1998 in jedem Jahr insgesamt etwa 1 - 3 Männchen des Hirschkäfers (*Lucanus cervus*) pro Jahr am Boden, an Baumstämmen und fliegend gesehen, wohingegen er von 1971 bis etwa 1990 nur gelegentlich einzelne Exemplare in unregelmäßigen Abständen und von etwa 1999 bis 2007 gar keine Individuen bemerkt hat, sondern erst in 2008 wieder einzelne Männchen entdeckt hat. Hans Welter (mündl. Mitt. 2008) konnte damit über einen Zeitraum von über 25 Jahren das zwar unregelmäßige, aber stets wiederkehrende Auftreten von Individuen des Hirschkäfers (*Lucanus cervus*) konstatieren. Hans Welter (mündl. Mitt. 2008) kann sich in den über 70 Jahren seines Lebens lediglich daran erinnern, außer den vorgenannten Funden nur gelegentlich im Raum zwischen Schwetzingen, Pforzheim und Wertheim zwischen 1965 und 1969 einzelnen Männchen des Hirschkäfers (*Lucanus cervus*) in der Natur begegnet zu sein, obwohl er während seiner beruflichen Tätigkeit als Förster sehr viel Zeit im Wald verbracht hat. Die Fundorte des Hirschkäfers (*Lucanus cervus*) in der Umgebung von Linkenheim (TK 25, Blatt 6816 Graben-Neudorf) liegen in der Ebene des Rheintales in ca. 95 - 110 m Höhe über NN.

31.13 Eggenstein-Leopoldshafen

Im Hardtwald östlich Eggenstein-Leopoldshafen hat Franziska Stau (mündl. Mitt. 2008) von etwa

1985 bis 1995 in jedem Jahr insgesamt etwa 1 - 2 Männchen des Hirschkäfers (*Lucanus cervus*) pro Jahr am Boden beobachtet, und hat auch zwischen 1998 und 2005 möglicherweise im Wald um Graben in Richtung Dettenheim-Liedolsheim gelegentlich einzelne Individuen am Boden bemerkt. Franziska Stau (mündl. Mitt. 2008) hat auch im Wald um Neudorf in Richtung Karlsdorf-Neuthard und Hambrücken von 1994 bis 2001 in jedem Jahr insgesamt etwa 1 - 2 Männchen des Hirschkäfers (*Lucanus cervus*) pro Jahr am Boden registriert, und hat auch von 2005 bis 2007 im Wald und in den Feldern um Wiesental in jedem Jahr insgesamt etwa 1 - 2 Männchen pro Jahr festgestellt. Am Allmendhof in der Triebstraße am südlichen Ortsrand von Wiesental hat Franziska Stau (mündl. Mitt. 2008) etwa Ende Mai/Anfang Juni 2008 auf einem Strohrundballen in der Gasse eines Pferdestalls ein laufendes Männchen des Hirschkäfers (*Lucanus cervus*) gesehen, und hat auch etwa Ende Mai/Anfang Juni 2008 im Oberen Hagweg am südlichen Ortsrand von Wiesental in einem Tonübertopf in einem offenen Unterstand in einer Pferdekoppel ein Männchen entdeckt. Franziska Stau (mündl. Mitt. 2008) konnte damit über einen Zeitraum von fast 25 Jahren das mehr oder weniger regelmäßige Auftreten von Individuen des Hirschkäfers (*Lucanus cervus*) an verschiedenen Lokalitäten in und um Eggenstein-Leopoldshafen, Graben-Neudorf und Wiesental konstatieren. Franziska Stau (mündl. Mitt. 2008) hat bis 1995 in Eggenstein-Leopoldshafen, bis 1998 in Stutensee-Friedrichstal und bis 2005 im Ortsteil Graben von Graben-Neudorf gewohnt und lebt seit 2005 in Wiesental, und hat in den 30 Jahren ihres Lebens außer den vorgenannten Funden keine weiteren Exemplare des Hirschkäfers (*Lucanus cervus*) in der Natur angetroffen.

Ein Nachbar von Heinrich und Cecilia Bierlein (mündl. Mitt. 2008) hat in 2008 in Leopoldshafen ein totes Männchen des Hirschkäfers (*Lucanus cervus*) gefunden. Die Fundorte des Hirschkäfers (*Lucanus cervus*) in der Umgebung von Eggenstein-Leopoldshafen (TK 25, Blatt 6816 Graben-Neudorf und Blatt 6916 Karlsruhe-Nord) liegen in der Ebene des Rheintales in ca. 95 - 110 m Höhe über NN.

31.14 Ubstadt

Die Nachweise von Individuen des Hirschkäfers (*Lucanus cervus*) in und um Ubstadt, die mir von Naturfreunden aufgrund meiner Aufrufe zur Mitteilung von Beobachtungen in regionalen Tageszeitungen (Rhein-Neckar-Zeitung 2008 a, 2008 b, 2008 c, 2008 d; Schwetzinger Zeitung 2008, Bruchsaler Rundschau 2008) gemeldet wurden, stammen aus einem Garten an der Hinterwiese an der Bahnlinie am westlichen Ortsrand von Ubstadt, vom Friedhof am östlichen Ortsrand von Ubstadt, aus der Hebelstraße nahe dem nördlichen Ortsrand von Ubstadt, und aus der Nähe von Marienkapelle und Waldfestplatz am Waldrand östlich Ubstadt. Die Fundorte des Hirschkäfers (*Lucanus cervus*) in und um Ubstadt (TK 25, Blatt 6817 Bruchsal) liegen in der Ebene des Rheintales in ca. 105 - 115 m Höhe über NN und am Westhang des Kraichgaues am Osthang des Rheintales in ca. 120 - 180 m Höhe über NN.

In einem Garten an der Hinterwiese nahe der Bahnlinie am westlichen Ortsrand von Ubstadt hat Herbert Rubey (mündl. Mitt. 2008) etwa Mitte bis Ende Juli 2008 ein Männchen des Hirschkäfers (*Lucanus cervus*) am Boden auf dem Weg gesehen, und hat davor nur etwa zwischen 1955 und 1965 in Kraichtal-Oberöwisheim über mehrere Jahre hinweg insgesamt etwa 3 - 4 Exemplare pro Jahr am Boden auf Wegen in den Feldern beobachtet. Herbert Rubey (mündl. Mitt. 2008) hat bis 1965 in Kraichtal-Oberöwisheim und bis 1985 in Östringen-Odenheim gewohnt und lebt seit 1985 in Ubstadt-Weiher, und ist in den über 65 Jahren seines Lebens ansonsten keinen weiteren Individuen des Hirschkäfers (*Lucanus cervus*) in der Natur begegnet.

Östlich des Friedhofes am östlichen Ortsrand von Ubstadt hat Renate Mietling (mündl. Mitt. 2008) etwa Mitte Juli 2008 an zwei aufeinanderfolgenden Tagen jeweils ein laufendes Männchen des Hirschkäfers (*Lucanus cervus*) am Boden auf dem Weg gesehen, und hat am nächsten Tag etwa 500 m weiter östlich ein laufendes Weibchen am Boden auf dem Weg entdeckt. Renate Mietling (mündl. Mitt. 2008) hat auch vor etwa 10 Jahren auf dem Weg von Ubstadt nach Zeutern im Wald ein Männchen des Hirschkäfers (*Lucanus cervus*) am Boden auf dem Weg beobachtet, und hat davor nur von etwa 1955 bis 1960 am Weiher in Weingarten nordnordöstlich Ravensburg in jedem Jahr insgesamt bis zu 10 Männchen und Weibchen pro Jahr registriert. Renate Mietling (mündl. Mitt. 2008) hat bis 1954 in Weingarten nordnordöstlich Ravensburg gewohnt, war dann in Wasserburg und Lindau am Bodensee, und lebt seit 1974 in Ubstadt, und kann sich nicht daran erinnern, in den 70 Jahren ihres Lebens außer den vorgenannten Funden weiteren Individuen des Hirschkäfers (*Lucanus cervus*) in der Natur begegnet zu sein.

In der Hebelstraße nahe dem nördlichen Ortsrand von Ubstadt, wo er seit 1982 wohnt, hat Axel Wermke (mündl. Mitt. 2008) im Garten des Hauses am 15.07.2008 ein Männchen des Hirschkäfers (*Lucanus cervus*) in einem kleinen Holzgartenhäuschen an einer Wand sitzend gesehen, und hat es wenige Tage später noch einmal im Gras im Garten bemerkt, wohingegen ihm in früheren Jahren dort keine Exemplare aufgefallen sind. Axel Wermke (mündl. Mitt. 2008) hat bis 1975 in Mannheim-Schwetzingervorstadt und Mannheim-Almenhof gewohnt und lebt seit 1975 in Ubstadt, und hat in den 60 Jahren seines Lebens schon früher etwa zwei bis drei Männchen des Hirschkäfers (*Lucanus cervus*) beobachtet, kann sich aber nicht mehr daran erinnern, wann und wo dies gewesen ist.

In der Nähe der Marienkapelle und des Waldfestplatzes am Waldrand östlich Ubstadt auf dem Weg in Richtung Zeutern hat Ulrike Schubach (mündl. Mitt. 2008) etwa Mitte bis Ende Juli 2008 einzelne Exemplare des Hirschkäfers (*Lucanus cervus*) am Boden und fliegend am Waldrand beobachtet. Ulrike Schubach (mündl. Mitt. 2008) hat dort in 2003 oder 2004 zusammen mit Lisa Bender einen Schwärmabend erlebt hat, als mindestens 30 Individuen des Hirschkäfers (*Lucanus cervus*) abends den Waldrand entlang und den Weg auf und ab geflogen sind, was für beide ein sehr eindrückliches Erlebnis gewesen ist. Ulrike Schubach (mündl. Mitt. 2008) hat bis 1981 in Bad Schönborn-Langenbrücken gewohnt; war dann in Berlin, Bammental, Hoffenheim und Mannheim-Seckenheim; und lebt seit 1993 in Ubstadt mit einer Unterbrechung von 2003 bis 2007, als sie in Bruchsal gewohnt hat, und hat in den über 45 Jahren ihres Lebens nur noch in Erinnerung, daß sie eventuell auch etwa zwischen 1970 und 1981 in Bad Schönborn-Langenbrücken einzelne Exemplare des Hirschkäfers (*Lucanus cervus*) gesehen hat, wohingegen sie sich ansonsten nicht daran erinnern kann, weiteren Individuen in der Natur begegnet zu sein.

31.15 Weiher

Die Nachweise von Individuen des Hirschkäfers (*Lucanus cervus*) in und um Weiher, welche mir von Naturfreunden aufgrund meiner Aufrufe zur Mitteilung von Beobachtungen in regionalen Tageszeitungen (Rhein-Neckar-Zeitung 2008 a, 2008 b, 2008 c, 2008 d; Schwetzinger Zeitung 2008, Bruchsaler Rundschau 2008) gemeldet wurden, stammen vom Kirchplatz nahe dem südöstlichen Ortsrand von Weiher und aus der Nähe der Grillhütte am Ostrand des Waldgebietes Obere Lusshardt nordwestlich Weiher. Die Fundorte des Hirschkäfers (*Lucanus cervus*) in und um Weiher (TK 25, Blatt 6817 Bruchsal) liegen in der Ebene des Rheintales in ca. 105 - 115 m Höhe über NN.

Auf dem Kirchplatz nahe dem südöstlichen Ortsrand von Weiher hat Martina Albrecht (mündl. Mitt. 2008) in 2008 ein totes Männchen des Hirschkäfers (*Lucanus cervus*) in etwa 5 m Entfernung von der Kirche am Boden entdeckt. Martina Albrecht (mündl. Mitt. 2008) wohnt schon immer in Weiher und kann sich in den über 45 Jahren ihres Lebens nicht mehr daran erinnern, ob sie schon früher einmal Exemplaren des Hirschkäfers (*Lucanus cervus*) in der Natur begegnet ist.

Am Ostrand des Waldgebietes Obere Lusshardt nordwestlich Weiher hat Simone Kochanek (mündl. Mitt. 2008) in der Nähe der Grillhütte in 2006 ein laufendes Männchen des Hirschkäfers (*Lucanus cervus*) am Boden auf der Straße beobachtet, und hat in 2006 auf dem Weg am Waldrand auch tote Caput-Thorax-Torsi von 4 Männchen und 2 Weibchen entdeckt. Simone Kochanek (mündl. Mitt. 2008) hat bis 2004 in Gelsenkirchen gewohnt und lebt seit 2004 in Weiher, und hat in den fast 35 Jahren ihres Lebens davor nur von etwa 1980 bis 1985 in Ferien und Urlaub in Hilst südwestlich Pirmasens im Pfälzer Wald etwa 2 - 3 Männchen und Weibchen des Hirschkäfers (*Lucanus cervus*) pro Jahr am Haus ihrer Oma am Waldrand gesehen, und ist ansonsten keinen Exemplaren in der Natur begegnet. Simone Kochanek (mündl. Mitt. 2008) wurde bei den Funden am Waldrand westlich Weiher in 2006 von ihrem Freund, Jochen Blum, begleitet, der schon immer in Weiher wohnt und in den 40 Jahren seines Lebens dort erstmals Individuen des Hirschkäfers (*Lucanus cervus*) in der Natur angetroffen hat.

31.16 Zeutern

Die Nachweise von Individuen des Hirschkäfers (*Lucanus cervus*) in und um Zeutern, welche mir von Naturfreunden aufgrund meiner Aufrufe zur Mitteilung von Beobachtungen in regionalen Tageszeitungen (Rhein-Neckar-Zeitung 2008 a, 2008 b, 2008 c, 2008 d; Schwetzinger Zeitung 2008, Bruchsaler Rundschau 2008) gemeldet wurden, stammen aus dem Bössinger Wald und dem Schelmenwald nordwestlich, nördlich und nordöstlich Zeutern; aus der Oberdorfstraße im Zentrum von Zeutern und aus der Falltorstraße am nordwestlichen Ortsrand von Zeutern. Die Fundorte des Hirschkäfers (*Lucanus cervus*) in und um Zeutern (TK 25, Blatt 6818 Kraichtal) liegen an der Einmündung des Katzbachtales in das Rheintal am Westhang des Kraichgaues in ca. 120 - 200 m Höhe über NN.

Im zentralen und nordöstlichen Teil des Bössinger Waldes nördlich und nordöstlich Zeutern in Richtung Östringen, im westlichen Teil des Bössinger Waldes nordwestlich Zeutern in Richtung Stettfeld, im Schelmenwald nordwestlich des Bössinger Waldes nordnordwestlich Zeutern in Richtung Langenbrücken, und im Gewann Insel südlich des Bössinger Waldes im Bereich der Flur Eselsbrand nördlich Zeutern hat Wilhelm Michenfelder (mündl. Mitt. 2008) seit etwa 1960 bis 2008 in jedem Jahr in jedem der vier vorgenannten Geländeabschnitte insgesamt etwa 1 - 2 Exemplare des Hirschkäfers (*Lucanus cervus*) pro Jahr fliegend gesehen. Wilhelm Michenfelder (mündl. Mitt. 2008) wohnt schon immer in Zeutern und bewirtschaftet die vier vorgenannten Geländeabschnitte seit 10 Jahren selbst aktiv als Jäger, und vorher war dort sein Vater in gleicher Funktion tätig, so daß er schon seit langem sehr oft in diesen Waldgebieten gewesen ist. Wilhelm Michenfelder (mündl. Mitt. 2008) hat daher in den fast 60 Jahren seines Lebens die Beobachtungen des Hirschkäfers (*Lucanus cervus*) besonders in den letzten 10 Jahren überwiegend während seiner Tätigkeit als Jäger vom Ansitz aus gemacht. In 2006 hat Wilhelm Michenfelder im Bössinger Wald zwischen Zeutern, Langenbrücken und Östringen an einer Stelle etwa 15 - 20 Caput-Thorax-Torsi von Männchen des Hirschkäfers (*Lucanus cervus*) gefunden. Wilhelm Michenfelder (mündl. Mitt. 2008) konnte damit über einen Zeitraum von fast 50 Jahren das regelmäßige Auftreten von Individuen des Hirschkäfers (*Lucanus cervus*) an verschiedenen Lokalitäten in der Umgebung von Zeutern konstatieren.

In der Oberdorfstraße im Zentrum von Zeutern hat John Göttling (mündl. Mitt. 2008), der schon immer in Zeutern wohnt, seit 2001 in jedem Jahr 1 - 2 Männchen des Hirschkäfers (*Lucanus cervus*) pro Jahr im Garten des Hauses und an Holzstapeln im Garten am Boden und fliegend gesehen. John Göttling (mündl. Mitt. 2008) hat in den fast 45 Jahren seines Lebens seit etwa 1972 im Wald und im Feld um Zeutern herum in jedem Jahr 1 - 2 Männchen und in manchen Jahren sogar 3 - 5 Männchen und Weibchen des Hirschkäfers (*Lucanus cervus*) pro Jahr am Boden und fliegend beobachtet. John Göttling (mündl. Mitt. 2008) konnte damit über einen Zeitraum von über 35 Jahren das regelmäßige Auftreten von Individuen des Hirschkäfers (*Lucanus cervus*) konstatieren. In 2008 hat John Göttling (mündl. Mitt. 2008) im Garten des Hauses und an Holzstapeln im Garten 1 Männchen und 2 - 3 Weibchen des Hirschkäfers (*Lucanus cervus*) am Boden und fliegend registriert, und hat dort erstmals auch ein Exemplar des Nashornkäfers (*Oryctes nasicornis*) gefunden.

In der Falltorstraße am nordwestlichen Ortsrand von Zeutern hat Patrick Schwarz (mündl. Mitt. 2008) im Garten des Hauses im Mai 2008 ein Weibchen des Hirschkäfers (*Lucanus cervus*) am Boden an aufgeschichtetem Buchenholz gesehen. Patrick Schwarz (mündl. Mitt. 2008) hat auch von etwa 1990 bis 1998 im Hardtwald südlich des Ortsteils Graben von Graben-Neudorf in Richtung Stutensee-Friedrichstal gelegentlich einzelne Männchen des Hirschkäfers (*Lucanus cervus*) am Boden und an Bäumen entdeckt. Patrick Schwarz (mündl. Mitt. 2008) hat auch im Juni 2008 an der Rietburg westnordwestlich Rhodt südwestlich Edenkoben im Pfälzer Wald ein Männchen des Hirschkäfers (*Lucanus cervus*) im Wald am Boden unter einem Baum bemerkt. Patrick Schwarz (mündl. Mitt. 2008) hat bis 1998 im Ortsteil Graben von Graben-Neudorf gewohnt und lebt seit 1998 in Zeutern, und kann sich in den über 35 Jahren seines Lebens nicht daran erinnern, außer den vorgenannten Funden weiteren Individuen des Hirschkäfers (*Lucanus cervus*) in der Natur begegnet zu sein.

In und um Zeutern hat Wilhelm Hendel (mündl. Mitt. 2008) von 1955 bis 1960 immer wieder einzelne Männchen des Hirschkäfers (*Lucanus cervus*) beobachtet. Wilhelm Hendel (mündl. Mitt. 2008) hat bis 1969 in Zeutern gewohnt und lebt seit 1969 in Rettigheim, und hat in den 60 Jahren seines Lebens auch von 2003 bis 2007 in der Malscher Straße am nordwestlichen Ortsrand von Rettigheim an der Außenkellertreppe des Hauses in jedem Jahr ein Männchen des Hirschkäfers (*Lucanus cervus*) am Boden gesehen, wohingegen er in 2008 dort kein Exemplar entdeckt hat und sich nicht mehr daran erinnern kann, ob dort auch in den Jahren vor 2003 Individuen aufgetaucht sind und ob er auch zwischen 1960 und 2003 weitere Begegnungen mit Exemplaren in der Natur hatte.

31.17 Stettfeld

Die Nachweise von Individuen des Hirschkäfers (*Lucanus cervus*) in der Umgebung von Stettfeld, welche mir von Naturfreunden aufgrund meiner Aufrufe zur Mitteilung von Beobachtungen in regionalen Tageszeitungen (Rhein-Neckar-Zeitung 2008 a, 2008 b, 2008 c, 2008 d; Schwetzinger Zeitung 2008, Bruchsaler Rundschau 2008) gemeldet wurden, stammen von dem Weg im Wald zwischen dem Wasserwerk östlich Stettfeld und dem Grillplatz am Zeuterner Himmelreich, und aus dem Wald, vom Waldrand und aus den Feldern um Stettfeld. Die Fundorte des Hirschkäfers (*Lucanus cervus*) in der Umgebung von Stettfeld (TK 25, Blatt 6817 Bruchsal) liegen in der Ebene des Rheintales und am Westhang des Kraichgaues am Osthang des Rheintales in ca. 120 - 180 m Höhe über NN.

Auf einer Wanderung von der Schule in Stettfeld zum Zeuterner Himmelreich hat Heribert Renninger (mündl. Mitt. 2008) am 20.06.2008 auf dem Weg im Wald zwischen dem Wasserwerk östlich Stettfeld und dem Grillplatz am Zeuterner Himmelreich auf einer Strecke von etwa 100 m mindestens 5 Caput-Thorax-Torsi von Männchen des Hirschkäfers (*Lucanus cervus*), 2 vollständige tote Männchen, 3 oder 4 tote Weibchen, und 3 oder 4 lebende Weibchen, welche über den Weg gelaufen sind, registriert. Heribert Renninger (mündl. Mitt. 2008) hat auch im Fischweiher am südwestlichen Ortsrand von Malsch von 2005 bis 2008 und eventuell auch von 2000 bis 2004 insgesamt etwa 2 - 5 Exemplare des Hirschkäfers (*Lucanus cervus*) pro Jahr, welche wahrscheinlich überwiegend Männchen und untergeordnet auch Weibchen waren, an der Terrasse und im Garten des Hauses meist abends fliegend und daneben auch am Boden gesehen. Heribert Renninger (mündl. Mitt. 2008) wohnt schon immer in Malsch und hat in den fast 60 Jahren seines Lebens dort schon von etwa 1956 bis 1965 am alten Sportplatz im Oberen Mühlweg gegenüber dem Weingut Hummel in fast jedem Jahr insgesamt etwa 2 - 5 Exemplare des Hirschkäfers (*Lucanus cervus*) pro Jahr meist abends fliegend und daneben auch am Boden beobachtet, wohingegen er von 1965 bis etwa 2000 wahrscheinlich auch immer wieder einzelne Individuen im Malsch bemerkt hat, aber sich nicht mehr genauer daran erinnern kann.

Im Wald, am Waldrand und in den Feldern um Stettfeld hat Werner Kröll (mündl. Mitt. 2008) zwischen 1950 und 1960 in etlichen Jahren immer wieder einzelne Männchen des Hirschkäfers (*Lucanus cervus*) registriert. Werner Kröll (mündl. Mitt. 2008) hat bis 1962 in Stettfeld gewohnt und lebt seit 1962 in Kronau, und hat in den 70 Jahren seines Lebens auch in der Schillerstraße am nordöstlichen Ortsrand von Kronau im Garten des Hauses, welcher nach Osten an einen Bannwaldstreifen grenzt, hinter dem Felder und Wiesen folgen, seit etwa 1995 bis 2008 in jedem Jahr insgesamt etwa 1 - 2 Weibchen des Hirschkäfers (*Lucanus cervus*) pro Jahr am Boden gesehen, und hat auch zwischen etwa 2000 und 2002 dort einmal oder zweimal ein Männchen am Boden entdeckt, wohingegen er sich nicht mehr an eventuelle Beobachtungen von Exemplaren zwischen 1966 und etwa 1994 erinnern kann. Werner Kröll (mündl. Mitt. 2008) konnte damit über einen Zeitraum von fast 15 Jahren das regelmäßige Auftreten von Individuen des Hirschkäfers (*Lucanus cervus*) konstatieren.

31.18 Heidelsheim

Die Nachweise von Individuen des Hirschkäfers (*Lucanus cervus*) in und um Heidelsheim, welche mir von Naturfreunden aufgrund meiner Aufrufe zur Mitteilung von Beobachtungen in regionalen Tageszeitungen (Rhein-Neckar-Zeitung 2008 a, 2008 b, 2008 c, 2008 d; Schwetzinger Zeitung 2008, Bruchsaler Rundschau 2008) gemeldet wurden, stammen aus der Ziegelhütte am östlichen Ortsrand von Heidelsheim, aus dem Rohrbachtal östlich Bruchsal in Richtung Heidelsheim, von dem Zufahrtsweg zur Odenwaldhütte östlich Heidelsheim, und aus dem Großen Wald von Heidelsheim in Richtung Neibsheim. Die Fundorte des Hirschkäfers (*Lucanus cervus*) in und um Heidelsheim (TK 25, Blatt 6817 Bruchsal und Blatt 6917 Weingarten) liegen an der Einmündung des Saalbachtales in das Rheintal am Westhang des Kraichgaues in ca. 130 - 180 m Höhe über NN.

In der Ziegelhütte am östlichen Ortsrand von Heidelsheim südöstlich Bruchsal hat Gerd Helbig (mündl. Mitt. 2008) etwa 2005 ein Weibchen des Hirschkäfers (*Lucanus cervus*) im Garten des Hauses am Boden gesehen, und hat auch am 17.08.2008 im Großen Wald von Heidelsheim in Richtung Neibsheim im Gewann Aschberg ein Weibchen entdeckt, welches auf dem Weg gelaufen ist. Gerd Helbig (mündl. Mitt. 2008) hat bis 1978 in Karlsruhe gewohnt und lebt seit 1978 in Heidelsheim, und hat in den über 60 Jahren seines Lebens außer den beiden vorgenannten Weibchen keine weiteren Individuen des Hirschkäfers (*Lucanus cervus*) in der Natur angetroffen.

Im Rohrbachtal östlich Bruchsal in Richtung Heidelsheim, auf dem Eichelberg südlich Bruchsal in Richtung Untergrombach und auf dem Michaelsberg östlich Untergrombach südsüdwestlich Bruchsal hat Waldemar Zimmermann (mündl. Mitt. 2008) seit etwa 1978 in den meisten Jahren, aber nicht in jedem Jahr, immer wieder einzelne Männchen und Weibchen des Hirschkäfers (*Lucanus cervus*) meist am Boden gesehen. Waldemar Zimmermann (mündl. Mitt. 2008) hat bis 1987 in Bruchsal und bis 2007 in Heidelsheim gewohnt und lebt seit 2007 wieder in Bruchsal, und hat in den fast 65 Jahren seines Lebens schon von etwa 1955 bis 1960 auf dem Eichelberg und auf dem Michaelsberg immer wieder einzelne Exemplare des Hirschkäfers (*Lucanus cervus*) überwiegend am Boden beobachtet, und hat auch im Wald um Heidelsheim von 1987 bis 2000 wiederholt einzelne Männchen und Weibchen vorrangig am Boden bemerkt. Waldemar Zimmermann (mündl. Mitt. 2008) konnte damit über einen Zeitraum von 30 Jahren das zwar unregelmäßige, aber stets wiederkehrende Auftreten von Individuen des Hirschkäfers (*Lucanus cervus*) an verschiedenen Lokalitäten in der Umgebung von Bruchsal konstatieren. Waldemar Zimmermann (mündl. Mitt. 2008) hat auch von 1969 bis 1972 im Ampertal um Fürstenfeldbruck und von 1975 bis 1977 in alten Wäldern um Neuburg an der Donau gelegentlich einzelne Männchen und Weibchen des Hirschkäfers (*Lucanus cervus*) meist am Boden registriert, wohingegen er an anderen Orten keinen Individuen in der Natur begegnet ist.

Auf dem Zufahrtsweg zur Odenwaldhütte östlich Heidelsheim hat S. Wagner (schriftl. Mitt.) etwa Mai/Juni 2007 ein Männchen des Hirschkäfers (*Lucanus cervus*) am Boden auf der Straße gesehen, welches vom Waldrand über den Weg in Richtung Wiese gelaufen ist.

31.19 Bretten

In Bretten, wo er bis 1960 gewohnt hat, ist Gerhard Werstein (mündl. Mitt. 2008) von etwa 1945 bis 1960 in den meisten Jahren, aber nicht in jedem Jahr, einzelnen Männchen und Weibchen des Hirschkäfers (*Lucanus cervus*) in der Natur begegnet, und hat in diesem Zeitraum auch in Östringen und Rettigheim, wo er häufig seine Ferien verbracht hat, einzelne Männchen und Weibchen registriert, wohingegen er sich nicht daran erinnern kann, auch in Mannheim-Seckenheim, wo er von 1960 bis 1970 gewohnt hat, Exemplare des Hirschkäfers (*Lucanus cervus*) in der Natur angetroffen zu haben. In der Hochstatt am südöstlichen Ortsausgang von Untergrombach, wo er seit 1970 wohnt, hat Gerhard Werstein (mündl. Mitt. 2008) im Garten des Hauses seit 1970 in jedem Jahr insgesamt etwa 2 - 3 Männchen und Weibchen des Hirschkäfers (*Lucanus cervus*) pro Jahr am Boden und fliegend beobachtet, und auch sein Nachbar, Helmut Schneider, der ebenfalls seit 1970 dort wohnt, hat dort immer wieder Individuen gesehen. Gerhard Werstein (mündl. Mitt. 2008) hat damit in den über 70 Jahren seines Lebens seit fast 40 Jahren das regelmäßige Auftreten von Männchen und Weibchen des Hirschkäfers (*Lucanus cervus*) im Garten des Hauses in Untergrombach festgestellt. Insgesamt ist damit Gerhard Werstein (mündl. Mitt. 2008) über einen Zeitraum von über 60 Jahren immer wieder in unterschiedlicher Verteilung in Raum und Zeit Individuen des Hirschkäfers (*Lucanus cervus*) in der Natur begegnet. Die Fundorte des Hirschkäfers (*Lucanus cervus*) in Bretten (TK 25, Blatt 6918 Bretten) liegen im Saalbachtal, einem Seitental des Rheintales, im Westteil des Kraichgaues in ca. 160 - 220 m Höhe über NN.

31.20 Ötisheim

Auf dem Sportplatz des Barfußpfades bei Ötisheim südöstlich Bretten hat Annette Höhr (mündl. Mitt. 2008) in 2005 ein Männchen des Hirschkäfers (*Lucanus cervus*) entdeckt. Darüber hinaus hat Annette Höhr (mündl. Mitt. 2008) im Rauchäckerring am südwestlichen Ortsrand von Sinsheim-Waldangelloch in 2003 ein Männchen des Hirschkäfers (*Lucanus cervus*) zuerst im Vorgarten des Hauses lebend am Boden gesehen und dann wenige Tage später in einer leeren Gießkanne verendet angetroffen, und hat in 2007 etwa 200 m südlich des Hauses auf einem Feldweg einen toten Caput-Thorax-Torso eines Männchens gefunden. Annette Höhr (mündl. Mitt. 2008) hat bis 1999 in Schwetzingen, Ketsch und Eppelheim gewohnt und lebt seit 1999 in Waldangelloch, und kann sich in den 40 Jahren ihres Lebens außer den vorgenannten Funden an keine weiteren Begegnungen mit Exemplaren des Hirschkäfers (*Lucanus cervus*) in der Natur erinnern. Der Fundort des Hirschkäfers (*Lucanus cervus*) in der Umgebung von Ötisheim (TK 25, Blatt 7018 Pforzheim-Nord) liegt im Erlenbachtal, einem Seitental des Enztales, welches in Besigheim südlich Heilbronn in das Neckartal einmündet, im Westteil des Kraichgaues in ca. 220 - 280 m Höhe über NN.

31.21 Horrheim

Im Schneckenhäldenweg am nördlichen Ortsausgang von Vaihingen-Horrheim in Richtung Gündelbach hat Janine Specht (mündl. Mitt. 2008) im Juli 2008 abends ein Männchen des Hirschkäfers (*Lucanus cervus*) am Boden gesehen, welches über die Straße gelaufen ist. Janine Specht (mündl. Mitt. 2008) hat bisher überwiegend in Wolfsburg gewohnt und hat in den über 25 Jahren ihres Lebens außer dem vorgenannten Männchen keine weiteren Exemplare des Hirschkäfers (*Lucanus cervus*) in der Natur angetroffen. Der Fundort des Hirschkäfers (*Lucanus cervus*) in Vaihingen-Horrheim (TK 25, Blatt 7019 Mühlacker) liegt im Enztal, welches in Besigheim südlich Heilbronn in das Neckartal einmündet, im Westteil des Kraichgaues in ca. 220 - 280 m Höhe über NN.

31.22 Blankenloch

Die Nachweise von Individuen des Hirschkäfers (*Lucanus cervus*) in der Umgebung von Stutensee-Blankenloch, welche mir von Naturfreunden aufgrund meiner Aufrufe zur Mitteilung von Beobachtungen in regionalen Tageszeitungen (Rhein-Neckar-Zeitung 2008 a, 2008 b, 2008 c, 2008 d; Schwetzinger Zeitung 2008, Bruchsaler Rundschau 2008) gemeldet wurden, stammen von dem Weg von Untergrombach nach Blankenloch und aus dem Lochenwald nordöstlich Blankenloch. Die Fundorte des Hirschkäfers (*Lucanus cervus*) in der Umgebung von Stutensee-Blankenloch (TK 25, Blatt 6916 Karlsruhe-Nord) liegen in der Ebene des Rheintales in ca. 105 - 115 m Höhe über NN.

Auf dem Weg von Untergrombach nach Stutensee-Blankenloch, im Frühmeßweinberg am südwestlichen Ortsausgang von Untergrombach, in der Umgebung der Grundschule in Untergrombach und am Baggersee nordwestlich Untergrombach hat Maria Kotter (mündl. Mitt. 2008) seit 1980 bis 2008 in den meisten Jahren, aber nicht in jedem Jahr, an allen vier Lokalitäten zusammen insgesamt etwa 10 Exemplare des Hirschkäfers (*Lucanus cervus*) pro Jahr meist am Boden und im Frühmeßweinberg gelegentlich auch fliegend gesehen. Maria Kotter (mündl. Mitt. 2008) konnte damit über einen Zeitraum von fast 30 Jahren das mehr oder weniger regelmäßige Auftreten von Individuen des Hirschkäfers (*Lucanus cervus*) an verschiedenen Lokalitäten in und um Untergrombach konstatieren. In 2008 hat Maria Kotter (mündl. Mitt. 2008) besonders zahlreiche Individuen des Hirschkäfers (*Lucanus cervus*) registriert, und von den etwa 20 Exemplaren sind etliche abends in der Dämmerung über den Garten des Hauses im Frühmeßweinberg und von dort in Richtung des nahegelegenen Waldes geflogen, und hat auch öfters tote Tiere gefunden. Auf dem Weg von Untergrombach nach Stutensee-Blankenloch hat Maria Kotter (mündl. Mitt. 2008) besonders häufig Individuen des Hirschkäfers (*Lucanus cervus*) im Wald zwischen Weingarten-Waldbrücke und dem Vogelpark von Blankenloch beobachtet, und am Baggersee nordwestlich Untergrombach hat sie vor allem an den vielen alten Eichen um den Teich immer wieder Exemplare festgestellt. Maria Kotter (mündl. Mitt. 2008) hat bis 1959 in Maulbronn, bis 1969 in Ludwigsburg, bis 1971 in Staufen im Breisgau, bis 1973 in Tübingen, bis 1976 in Karlsruhe und bis 1980 in Stutensee-Büchig gewohnt und lebt seit 1980 in Bruchsal-Untergrombach, und kann sich in den 60 Jahren ihres Lebens nicht mehr daran erinnern, ob sie schon vor 1980 Individuen des Hirschkäfers (*Lucanus cervus*) in der Natur begegnet ist.

Im Lochenwald nordöstlich Stutensee-Blankenloch hat Franz Lechner (mündl. Mitt. 2008) etwa Mitte Juli 2008 ein Weibchen des Hirschkäfers (*Lucanus cervus*) am Rand von gelagertem Holz gesehen, welches dort etwa 1 Stunde an der gleichen Stelle gesessen ist. Franz Lechner (mündl. Mitt. 2009) hat auch in der Pommernstraße am nordwestlichen Ortsrand von Untergrombach von etwa 1965 bis etwa 1970 in jedem Jahr während der Flugzeit insgesamt etwa 5 - 10 Exemplare des Hirschkäfers (*Lucanus cervus*) pro Tag beobachtet, welche abends um den Balkon des Hauses herumgeflogen sind, und hat in diesem Zeitraum auch im angrenzenden Wald im Bereich der Flur Metzgerallmend am Südrand des Waldgebietes Büchenauer Hardt in jedem Jahr insgesamt etwa 10 - 20 Individuen pro Jahr im Wald am Boden und an Stämmen sowie fliegend gesehen. Franz Lechner (mündl. Mitt. 2008) hat auch auf dem Michaelsberg östlich Untergrombach einen toten Caput-Thorax-Torso eines Männchens des

Hirschkäfers (*Lucanus cervus*) auf einem Halbtrockenrasen während einer Exkursion in 2008 entdeckt, bei der ein Teilnehmer von dem Fund eines Männchens am Südrand des Waldgebietes Büchenauer Hardt nordwestlich Untergrombach in 2008 berichtet hat. Franz Lechner (mündl. Mitt. 2008) hat auch im Pfannenwaldsee am Kleinen Kraichbach zwischen dem Pfannenwald nordnordöstlich Kraichtal-Oberöwisheim, in dem reichlich Totholz vorhanden ist, und dem Streitwald südwestlich Östringen-Odenheim in 2008 ein totes Männchen des Hirschkäfers (*Lucanus cervus*) im Wasser treibend gefunden. Franz Lechner (mündl. Mitt. 2008) hat auch im Wald südöstlich Langenbrücken in Richtung Zeutern, in dem auch zahlreiche alte Eichen vorkommen, in 2006 oder 2007 ein laufendes Weibchen des Hirschkäfers (*Lucanus cervus*) an einem Waldrand beobachtet. Franz Lechner (mündl. Mitt. 2009) hat bis 1975 in Untergrombach gewohnt; war dann in Heidelberg, Mannheim und Karlsruhe; und lebt seit 2004 in Kraichtal-Unteröwisheim, und ist in den über 50 Jahren seines Lebens vor allem von 2003 bis 2007 in Döbrököz östlich Dombóvár am Rand des Mecsek-Gebirges zwischen Balaton und Pécs in Ungarn zahlreichen Exemplaren des Hirschkäfers (*Lucanus cervus*) begegnet, wohingegen er sich nicht daran erinnern kann, auch zwischen 1970 und 2003 Individuen in der Natur angetroffen zu haben. In Döbrököz hat Franz Lechner (mündl. Mitt. 2008) von 2003 bis 2007 in jedem Jahr während der Flugzeit insgesamt etwa 10 - 20 Männchen und Weibchen des Hirschkäfers (*Lucanus cervus*) pro Tag an etlichen Abenden in der Dämmerung an alten Holzlaternen am Straßenrand gesehen, wohingegen an anderen Abenden dort nur etwa 5 - 10 oder noch weniger Individuen erschienen sind. Die Exemplare des Hirschkäfers (*Lucanus cervus*) flogen dabei an die brennenden Lampen und saßen und liefen auch auf den Pfählen der Holzlaternen und auf dem Boden um die Holzlaternen herum. Nach dem Austausch der Holzpfosten der Straßenlaternen gegen Betonpfähle in 2008 waren deutlich weniger Individuen des Hirschkäfers (*Lucanus cervus*) dort vorhanden.

31.23 Schloß Stutensee südöstlich Friedrichstal

Am Schloß Stutensee südöstlich Stutensee-Friedrichstal hat Peter Zimmermann (mündl. Mitt. 2008) von 2004 bis 2008 in jedem Jahr insgesamt etwa 2 - 5 Männchen und Weibchen des Hirschkäfers (*Lucanus cervus*) pro Jahr an Stämmen von alten Eichen bemerkt, und hat auch in 2004 oder 2005 am Baggersee in der Flur Metzgerallmend am Südrand des Waldgebietes Büchenauer Hardt am nordwestlichen Ortsrand von Untergrombach etwa 30 - 40 Caput-Thorax-Torsi von überwiegend Männchen und vereinzelt auch Weibchen des Hirschkäfers (*Lucanus cervus*) sowie etwa 2 - 3 Caput-Thorax-Torsi von Exemplaren des Heldbocks (*Cerambyx cerdo*) gefunden. Peter Zimmermann (mündl. Mitt. 2008) hat auch in 2005 im Waldgebiet Aulach östlich der Saalbachniederung südlich Hambrücken in Richtung Karlsdorf und im Waldgebiet Kammerforst zwischen Karlsdorf und Neudorf westlich der Saalbachniederung insgesamt etwa 10 - 15 Männchen des Hirschkäfers (*Lucanus cervus*) am Boden, an Stämmen von Bäumen und fliegend beobachtet. Peter Zimmermann (mündl. Mitt. 2008) hat auch in einer Streuobstwiese südlich des Pfinztales südlich Pfinztal-Berghausen in 2007 ein fliegendes Männchen des Hirschkäfers (*Lucanus cervus*) am Waldrand sowie in 2004 ein Weibchen des Nashornkäfers (*Oryctes nasicornis*) auf einem Komposthaufen aus Eichenrindenmulch sitzend gesehen, und hat auch etwa 2000 im Hardtwald zwischen Karlsruhe-Waldstadt und dem Wildparkstadion am Nordrand von Karlsruhe etwa 2 - 5 Männchen des Hirschkäfers (*Lucanus cervus*) am Boden registriert. Peter Zimmermann (mündl. Mitt. 2008) hat bis 1985 in Stuttgart-Sonnenberg und bis 1988 in Karlsruhe-Waldstadt und Karlsruhe-Rüppurr gewohnt und lebt seit 1988 in Pfinztal-Berghausen, und kann sich in den fast 50 Jahren seines Lebens außer den vorgenannten Funden an keine weiteren Begegnungen mit Exemplaren des Hirschkäfers (*Lucanus cervus*) in der Natur erinnern.

Am Schloß Stutensee südöstlich Stutensee-Friedrichstal hat Michael Waitzmann (mündl. Mitt. 2008) von 2000 bis 2008 in jedem Jahr insgesamt etwa 10 - 15 Männchen und Weibchen des Hirschkäfers (*Lucanus cervus*) pro Jahr an Stämmen von alten Eichen, am Boden und fliegend beobachtet, und hat dort in guten Jahren sogar bis 20 - 30 Männchen und Weibchen pro Jahr festgestellt. Michael Waitzmann (mündl. Mitt. 2008) hat auch von 2000 bis 2008 sowohl im Hardtwald zwischen Graben-Neudorf und Karlsruhe als auch im Oberwald zwischen Karlsruhe-Rüppurr und Karlsruhe-Durlach in jedem Jahr insgesamt jeweils etwa 2 - 3 Männchen und Weibchen des Hirschkäfers (*Lucanus cervus*) pro Jahr an Stämmen von alten Eichen, am Boden und fliegend gesehen. Michael Waitzmann (mündl. Mitt. 2008) hat auch in 1984 oder 1985 am Philosophenweg am Nordhang des Neckartales am Ostrand von Heidelberg-Neuenheim ein Männchen des Hirschkäfers (*Lucanus cervus*) westlich des Schlangenweges am Boden entdeckt. Michael Waitzmann (mündl. Mitt. 2008) hat bis 1990 an verschiedenen

Orten gewohnt und lebt seit 1990 in Karlsruhe, und kann sich in den über 50 Jahren seines Lebens außer den vorgenannten Funden an keine weiteren Begegnungen mit Exemplaren des Hirschkäfers (*Lucanus cervus*) in der Natur erinnern.

Die Fundorte des Hirschkäfers (*Lucanus cervus*) am Schloß Stutensee südöstlich Stutensee-Friedrichstal (TK 25, Blatt 6916 Karlsruhe-Nord) liegen in der Ebene des Rheintales in ca. 105 - 115 m Höhe über NN. Über das Vorkommen des Hirschkäfers (*Lucanus cervus*) an den alten Eichen am Schloß Stutensee südöstlich Stutensee-Friedrichstal hat bereits Nowotny (1949, 1951) berichtet.

32 Fundmeldungen von Naturfreunden in Kraichtal und Umgebung

Die Funde von Exemplaren des Hirschkäfers (*Lucanus cervus*) in Kraichtal und Umgebung, welche mir von Naturfreunden aufgrund meiner Aufrufe zur Mitteilung von Beobachtungen in regionalen Tageszeitungen (Rhein-Neckar-Zeitung 2008 a, 2008 b, 2008 c, 2008 d; Schwetzinger Zeitung 2008, Bruchsaler Rundschau 2008) berichtet wurden, umfassen die Kraichtaler Ortsteile Oberöwisheim, Oberacker, Gochsheim und Bahnbrücken sowie die Orte Odenheim, Eichelberg, Tiefenbach, Flehingen, Sulzfeld und Mühlbach.

32.1 Oberöwisheim

Die Nachweise von Individuen des Hirschkäfers (*Lucanus cervus*) in der Umgebung von Kraichtal-Oberöwisheim, welche mir von Naturfreunden aufgrund meiner Aufrufe zur Mitteilung von Beobachtungen in regionalen Tageszeitungen (Rhein-Neckar-Zeitung 2008 a, 2008 b, 2008 c, 2008 d; Schwetzinger Zeitung 2008, Bruchsaler Rundschau 2008) gemeldet wurden, stammen vom Pfannenwaldsee am Kleinen Kraichbach zwischen dem Pfannenwald nordnordöstlich Oberöwisheim und dem Streitwald südwestlich Östringen-Odenheim, aus dem Bruchsaler Weg im Pfannenwald nordnordöstlich Oberöwisheim, aus dem Pfannenwald und dem Streitwald rund um den Pfannenwaldsee nordnordöstlich Oberöwisheim, von Wegen in den Feldern um Oberöwisheim, und aus den Weinbergen im Gewann Kohlplatte westlich Oberöwisheim. Die Fundorte des Hirschkäfers (*Lucanus cervus*) in der Umgebung von Kraichtal-Oberöwisheim (TK 25, Blatt 6818 Kraichtal) liegen im Kraichbachtal, welches bei Unteröwisheim in das Rheintal einmündet, am Westhang des Kraichgaues in ca. 130 - 200 m Höhe über NN.

Im Pfannenwaldsee am Kleinen Kraichbach zwischen dem Pfannenwald nordnordöstlich Kraichtal-Oberöwisheim, in dem reichlich Totholz vorhanden ist, und dem Streitwald südwestlich Östringen-Odenheim hat Franz Lechner (mündl. Mitt. 2008) in 2008 ein totes Männchen des Hirschkäfers (*Lucanus cervus*) im Wasser treibend gefunden. Franz Lechner (mündl. Mitt. 2009) hat auch in der Pommernstraße am nordwestlichen Ortsrand von Untergrombach von etwa 1965 bis etwa 1970 in jedem Jahr während der Flugzeit insgesamt etwa 5 - 10 Exemplare des Hirschkäfers (*Lucanus cervus*) pro Tag beobachtet, welche abends um den Balkon des Hauses herumgeflogen sind, und hat in diesem Zeitraum auch im angrenzenden Wald im Bereich der Flur Metzgerallmend am Südrand des Waldgebietes Büchenauer Hardt in jedem Jahr insgesamt etwa 10 - 20 Individuen pro Jahr im Wald am Boden und an Stämmen sowie fliegend gesehen. Franz Lechner (mündl. Mitt. 2008) hat auch auf dem Michaelsberg östlich Untergrombach einen toten Caput-Thorax-Torso eines Männchens des Hirschkäfers (*Lucanus cervus*) auf einem Halbtrockenrasen während einer Exkursion in 2008 entdeckt, bei der ein Teilnehmer von dem Fund eines Männchens am Südrand des Waldgebietes Büchenauer Hardt nordwestlich Untergrombach in 2008 berichtet hat. Franz Lechner (mündl. Mitt. 2008) hat auch im Wald südöstlich Langenbrücken in Richtung Zeutern, in dem auch zahlreiche alte Eichen vorkommen, in 2006 oder 2007 ein laufendes Weibchen des Hirschkäfers (*Lucanus cervus*) an einem Waldrand beobachtet. Franz Lechner (mündl. Mitt. 2008) hat auch im Lochenwald nordöstlich Stutensee-Blankenloch etwa Mitte Juli 2008 ein Weibchen des Hirschkäfers (*Lucanus cervus*) am Rand von gelagertem Holz gesehen, welches dort etwa 1 Stunde an der gleichen Stelle gesessen ist. Franz Lechner (mündl. Mitt. 2009) hat bis 1975 in Untergrombach gewohnt; war dann in Heidelberg, Mannheim und Karlsruhe; und lebt seit 2004 in Kraichtal-Unteröwisheim, und ist in den über 50 Jahren seines Lebens vor allem von 2003 bis 2007 in Döbrököz östlich Dombóvár am Rand des Mecsek-Gebirges zwischen Balaton und Pécs in Ungarn zahlreichen Exemplaren des Hirschkäfers (*Lucanus cervus*) begegnet, wohingegen er sich nicht daran erinnern kann, auch zwischen 1970 und 2003 Individuen in der Natur angetroffen zu haben. In Döbrököz hat Franz Lechner (mündl. Mitt. 2008) von 2003 bis 2007 in jedem Jahr während der Flugzeit insgesamt etwa 10 - 20 Männchen und Weibchen des Hirschkäfers (*Lucanus cervus*) pro Tag an etlichen Abenden in der Dämmerung an alten Holzlaternen am Straßenrand gesehen, wohingegen an anderen Abenden dort nur etwa 5 - 10 oder noch weniger Individuen erschienen sind. Die Exemplare des Hirschkäfers (*Lucanus cervus*) flogen dabei an die brennenden Lampen und saßen und liefen auch auf den Pfählen der Holzlaternen und auf dem Boden um die Holzlaternen herum. Nach dem Austausch der Holzpfosten der Straßenlaternen gegen Betonpfähle in 2008 waren deutlich weniger Individuen des Hirschkäfers (*Lucanus cervus*) dort vorhanden.

Auf Wegen in den Feldern um Kraichtal-Oberöwisheim hat Herbert Rubey (mündl. Mitt. 2008) etwa zwischen 1955 und 1965 über mehrere Jahre hinweg insgesamt etwa 3 - 4 Exemplare des Hirschkäfers (*Lucanus cervus*) pro Jahr am Boden beobachtet, und hat danach erst wieder etwa Mitte bis Ende Juli 2008 in einem Garten an der Hinterwiese nahe der Bahnlinie am westlichen Ortsrand von Ubstadt ein Männchen am Boden auf dem Weg gesehen. Herbert Rubey (mündl. Mitt. 2008) hat bis 1965 in Kraichtal-Oberöwisheim und bis 1985 in Östringen-Odenheim gewohnt und lebt seit 1985 in Ubstadt-Weiher, und ist in den über 65 Jahren seines Lebens ansonsten keinen weiteren Individuen des Hirschkäfers (*Lucanus cervus*) in der Natur begegnet.

An der Sternwarte am Waldrand im Gewann Kohlplatte in den Weinbergen westlich Kraichtal-Oberöwisheim hat Ulrich Weiss (mündl. Mitt. 2009) etwa Anfang bis Mitte Juni 2006 abends in der Dämmerung ein Männchen des Hirschkäfers (*Lucanus cervus*) beobachtet, welches aus dem Wald herausgeflogen ist und um die Sternwarte herumgeflogen ist. Ulrich Weiss (mündl. Mitt. 2009) hat auch in 2000 an einer großen alten Eiche am Bruchsaler Weg im Pfannenwald nordnordöstlich Oberöwisheim morgens zwei miteinander kämpfende Männchen des Hirschkäfers (*Lucanus cervus*) an dem moosüberzogenen Stamm entdeckt, und hat auch von etwa 1970 bis etwa 1975 im Pfannenwald und im Streitwald rund um den Pfannenwaldsee in jedem Jahr insgesamt etwa 5 - 10 Exemplare, welche meist Männchen waren, pro Jahr am Boden und an Stämmen registriert. Ulrich Weiss (mündl. Mitt. 2009) wohnt schon immer in Kraichtal-Oberöwisheim und kann sich in den über 45 Jahren seines Lebens nicht daran erinnern, außer den vorgenannten Funden weiterer Individuen des Hirschkäfers (*Lucanus cervus*) in der Natur begegnet zu sein.

An der Sternwarte am Waldrand im Gewann Kohlplatte in den Weinbergen westlich Kraichtal-Oberöwisheim hat Roland Zimmermann (mündl. Mitt. 2009) in 2006 abends in der Dämmerung ein fliegendes Weibchen des Hirschkäfers (*Lucanus cervus*) gesehen (vgl. auch Artikel des Redakteurs Franz Lechner in der Bruchsaler Rundschau vom 14.08.2008) und in 2008 abends in der Dämmerung ein laufendes Weibchen auf dem Weg entdeckt. Roland Zimmermann (mündl. Mitt. 2009) hat dort auch von etwa 2000 bis 2008 in jedem Jahr insgesamt etwa 5 - 10 Männchen und Weibchen des Hirschkäfers (*Lucanus cervus*) pro Jahr beobachtet, welche von Süden her aus den Weinbergen in Richtung Waldrand geflogen sind und dann entweder im Wald oder in einer Hecke am Waldrand verschwunden sind. Roland Zimmermann (mündl. Mitt. 2009) wohnt schon immer in Kraichtal-Oberöwisheim und hat in den fast 55 Jahren seines Lebens schon von etwa 1963 bis etwa 1970 in den Weinbergen im Bereich der heutigen Sternwarte am Waldrand im Gewann Kohlplatte, welche dort seit 1997 steht, und in den Feldern um Oberöwisheim gelegentlich einzelne fliegende und laufende Männchen und Weibchen des Hirschkäfers (*Lucanus cervus*) bemerkt, wohingegen er sich nicht mehr daran erinnern kann, ob er auch zwischen etwa 1970 und etwa 2000 weiteren Exemplaren in der Natur begegnet ist.

32.2 Oberacker

In der Sternackerstraße am nordwestlichen Ortsrand von Kraichtal-Oberacker haben Martina und Karl Häusler (mündl. Mitt. 2008) etwa Mitte Juli 2008 abends nach 22 Uhr, als es schon dunkel war, ein Männchen des Hirschkäfers (*Lucanus cervus*) gesehen, welches zuerst die Treppe und dann die Wand des Hauses hinaufgelaufen ist, und haben vor etwa 8 - 10 Jahren an einem alten abgestorbenen Nußbaum im Garten des Hauses, dessen Rinde abgefallen war, ca. 10 - 15 Männchen und Weibchen bemerkt, welche teilweise unter der Rinde hervorgekommen sind. Martina Häusler (mündl. Mitt. 2008) hat bis 1987 in Karlsruhe gewohnt und lebt seit 1987 in Kraichtal-Oberacker, und hat in den 50 Jahren ihres Lebens ansonsten nur noch in Erinnerung, daß sie etwa zwischen 1965 und 1970 im Schwarzwald ein Männchen des Hirschkäfers (*Lucanus cervus*) beobachtet hat, wohingegen sie sich darüber hinaus nicht erinnern kann, weiteren Individuen in der Natur begegnet zu sein. Karl Häusler (mündl. Mitt. 2008) hat bis 1969 in Susice (früher Schüttenhofen) südsüdwestlich Plzen (früher Pilsen) im Böhmerwald in Tschechien und dann ebenfalls bis 1987 in Karlsruhe gewohnt, und hat in den über 50 Jahren seines Lebens vorher nur zwischen etwa 1965 und 1969 einzelne Männchen des Hirschkäfers (*Lucanus cervus*) im Wald um Susice (früher Schüttenhofen) entdeckt, wohingegen er außer den vorgenannten Funden keine weiteren Exemplare in der Natur angetroffen hat. Der Fundort des Hirschkäfers (*Lucanus cervus*) in Kraichtal-Oberacker (TK 25, Blatt 6818 Kraichtal) liegt am Westhang des Kraichgaues am Osthang des Rheintales in ca. 160 - 220 m Höhe über NN.

32.3 Odenheim

Die Nachweise von Individuen des Hirschkäfers (*Lucanus cervus*) in und um Östringen-Odenheim, welche mir von Naturfreunden aufgrund meiner Aufrufe zur Mitteilung von Beobachtungen in regionalen Tageszeitungen (Rhein-Neckar-Zeitung 2008 a, 2008 b, 2008 c, 2008 d; Schwetzinger Zeitung 2008, Bruchsaler Rundschau 2008) gemeldet wurden, stammen vom Freibad nahe dem westlichen Ortsrand von Odenheim und aus dem Wald um Odenheim. Die Fundorte des Hirschkäfers (*Lucanus cervus*) in und um Östringen-Odenheim (TK 25, Blatt 6818 Kraichtal) liegen im Katzbachtal, welches in Zeutern in das Rheintal einmündet, im Westteil des Kraichgaues in ca. 140 - 190 m Höhe über NN.

In Östringen-Odenheim hat Friedemann Schreiner (mündl. Mitt. 2008) etwa Mitte bis Ende Juni 2008 ein überfahrenes Männchen des Hirschkäfers (*Lucanus cervus*) am Freibad nahe dem westlichen Ortsrand entdeckt, und hat einige Tage früher auch am Kreuzbergsee westnordwestlich Tiefenbach ein laufendes Männchen auf dem Verbindungsweg zwischen der Straße L 552 und dem Hotel am Kreuzbergsee beobachtet. In der Hermannstraße im zentralen Teil von Östringen-Tiefenbach hat Friedemann Schreiner (mündl. Mitt. 2008) im Garten des Hauses etwa Mitte bis Ende Juli 2008 ein laufendes Männchen und vor etwa 5 Jahren ein Weibchen des Hirschkäfers (*Lucanus cervus*) am Boden bemerkt. Friedemann Schreiner (mündl. Mitt. 2008) hat bis 1966 in Pforzheim und bis 1988 in Karlsruhe gewohnt und lebt seit 1988 in Östringen-Tiefenbach, und hat in den über 60 Jahren seines Lebens außer den vorgenannten Funden nur einmal zwischen etwa 1955 und 1960 in einem Garten außerhalb von Pforzheim in Richtung Calw ein Männchen des Hirschkäfers (*Lucanus cervus*) gesehen, und ist ansonsten keinen weiteren Exemplaren in der Natur begegnet.

Im Wald um Östringen-Odenheim in Richtung Östringen hat Hans Isinger (mündl. Mitt. 2008) zwischen 1972 und 1975 einmal ein Männchen des Hirschkäfers (*Lucanus cervus*) in Augenhöhe an einem Baumstamm entdeckt, und dieses Männchen war damals das erste Exemplar, welchem er in den inzwischen fast 45 Jahren seines Lebens in der Natur begegnet ist. Hans Isinger (mündl. Mitt. 2008) hat bis 1996 in Wiesloch gewohnt und lebt seit 1996 in Angelbachtal-Michelfeld, und angelt schon seit 30 Jahren am Neckar, hat dort jedoch erst in 2007 und 2008 Individuen des Hirschkäfers (*Lucanus cervus*) bemerkt. Am Nordostufer des Neckars in der Nähe der ehemaligen Schokoladenfabrik etwa 200 m nordwestlich der Schleuse südöstlich Heidelberg-Ziegelhausen hat Hans Isinger (mündl. Mitt. 2008) am 15.06.2008 und am 22.06.2008 sowie auch einmal im Juni 2007 beim Angeln abends in der Dämmerung zwischen 19 und 21 Uhr jeweils etwa 3 - 5 Männchen des Hirschkäfers (*Lucanus cervus*) pro Abend gesehen, welche das Flußufer entlanggeflogen sind, und hat im Mai oder Juni 2008 abends in der Dämmerung zwischen 19 und 21 Uhr auch einmal etwa 2 - 3 fliegende Exemplare am Südwestufer des Neckars etwa 200 m südöstlich der Schleuse am südöstlichen Ortsausgang von Heidelberg-Schlierbach beobachtet. Hans Isinger (mündl. Mitt. 2008) hat auch am 27.07.2008 auf einer Wanderung von Elztal-Auerbach nach Elztal-Rittersbach etwa 1 km nordöstlich Auerbach im Wald ein Männchen des Hirschkäfers (*Lucanus cervus*) registriert, welches in etwa 3 m Höhe geflogen ist und auf einem Baum gelandet ist. Seine Frau, Christine Isinger (mündl. Mitt. 2008), hat bis 1996 in Walldorf gewohnt und lebt seit 1996 ebenfalls in Angelbachtal-Michelfeld, und hat in den fast 45 Jahren ihres Lebens einmal in 2006 einen toten Caput-Thorax-Torso eines Männchens des Hirschkäfers (*Lucanus cervus*) auf dem Weg entlang des Rückhaltebeckens am Nordwesthang des Sternenberges östlich Mühlhausen etwa 150 m südwestlich der kleinen Brücke angetroffen. Christine und Hans Isinger (mündl. Mitt. 2008) haben auch in 2006 auf einer Wanderung von Wissembourg im Elsaß entlang der Grenze zwischen Frankreich und Deutschland in westnordwestlicher Richtung einen toten Caput-Thorax-Torso eines Männchens des Hirschkäfers (*Lucanus cervus*) auf dem Weg im Wald in der Nähe von Wissembourg bemerkt.

32.4 Eichelberg

Die Nachweise von Individuen des Hirschkäfers (*Lucanus cervus*) in und um Eichelberg, welche mir von Naturfreunden aufgrund meiner Aufrufe zur Mitteilung von Beobachtungen in regionalen Tageszeitungen (Rhein-Neckar-Zeitung 2008 a, 2008 b, 2008 c, 2008 d; Schwetzinger Zeitung 2008, Bruchsaler Rundschau 2008) gemeldet wurden, stammen aus dem Hardweg am östlichen Ortsrand von Eichelberg sowie aus den Feldern, den Weinbergen und dem Waldrand um Eichelberg. Die Fundorte des Hirschkäfers (*Lucanus cervus*) in und um Eichelberg (TK 25, Blatt 6818 Kraichtal) liegen im Katzbachtal, welches in Zeutern in das Rheintal einmündet, im Westteil des Kraichgaues in ca. 190 - 250 m Höhe über NN.

Im Hardweg am östlichen Ortsrand von Eichelberg südöstlich Östringen hat Gudrun Pottiez (mündl. Mitt. 2008) im Garten des Hauses in Juni und Juli 2008 insgesamt ca. 5 Männchen und ca. 10 Weibchen des Hirschkäfers (*Lucanus cervus*) laufend und fliegend gesehen, wobei sie pro Tag bis zu 2 Männchen und bis zu 4 Weibchen bemerkt hat, und sie hat noch nie so viele Exemplare festgestellt wie in 2008. Von 2004 bis 2007 hat Gudrun Pottiez (mündl. Mitt. 2008) dort deutlich weniger Individuen des Hirschkäfers (*Lucanus cervus*) registriert, denn sie hat in diesem Intervall in jedem Jahr jeweils nur insgesamt ca. 2 Männchen und ca. 2 Weibchen pro Jahr beobachtet. Gudrun Pottiez (mündl. Mitt. 2008) wohnt seit 2000 in Östringen-Eichelberg und hat davor in Eppingen-Adelshofen gelebt, wo sie in den 50 Jahren ihres Lebens nur zwischen ca. 1965 und 1975 gelegentlich einzelne Exemplare des Hirschkäfers (*Lucanus cervus*) gesehen hat.

In Eichelberg südöstlich Östringen hat Margitta Kreuzwieser (mündl. Mitt. 2008) von 1954 bis 1958 in den Feldern und Weinbergen sowie am Waldrand hinter dem Haus zahlreiche Individuen des Hirschkäfers (*Lucanus cervus*) am Boden und fliegend gesehen, wobei sie dort pro Jahr insgesamt etwa 10 - 20 Männchen und Weibchen registriert hat. Danach hat Margitta Kreuzwieser (mündl. Mitt. 2008), die bis 1958 in Eichelberg südöstlich Östringen und bis 1964 in Karlsruhe gewohnt hat und seit 1967 in Hoffenheim lebt, in den über 60 Jahren ihres Lebens nur noch in der Neuen Straße am nördlichen Ortsrand von Hoffenheim an der Außenkellertreppe des Hauses nahe dem Garten am 18.07.2008 ein Weibchen des Hirschkäfers (*Lucanus cervus*) am Boden gefunden, und hat dort auch in 2006 ein Männchen sowie in 2002 und 2003 mehrere Männchen und Weibchen entdeckt, wohingegen sie zwischen 1958 und 2002 keinen weiteren Exemplaren in der Natur begegnet ist.

32.5 Tiefenbach

Die Nachweise von Individuen des Hirschkäfers (*Lucanus cervus*) in und um Östringen-Tiefenbach, welche mir von Naturfreunden aufgrund meiner Aufrufe zur Mitteilung von Beobachtungen in regionalen Tageszeitungen (Rhein-Neckar-Zeitung 2008 a, 2008 b, 2008 c, 2008 d; Schwetzinger Zeitung 2008, Bruchsaler Rundschau 2008) gemeldet wurden, stammen aus der Hermannstraße im zentralen Teil von Tiefenbach und vom Kreuzbergsee westnordwestlich Tiefenbach. Die Fundorte des Hirschkäfers (*Lucanus cervus*) in und um Östringen-Tiefenbach (TK 25, Blatt 6818 Kraichtal) liegen im Katzbachtal, welches in Zeutern in das Rheintal einmündet, im Westteil des Kraichgaues in ca. 180 - 270 m Höhe über NN.

In der Hermannstraße im zentralen Teil von Östringen-Tiefenbach hat Friedemann Schreiner (mündl. Mitt. 2008) im Garten des Hauses etwa Mitte bis Ende Juli 2008 ein laufendes Männchen und vor etwa 5 Jahren ein Weibchen des Hirschkäfers (*Lucanus cervus*) am Boden bemerkt. Friedemann Schreiner (mündl. Mitt. 2008) hat auch etwa Mitte bis Ende Juni 2008 am Kreuzbergsee westnordwestlich Tiefenbach ein laufendes Männchen Hirschkäfers (*Lucanus cervus*) auf dem Verbindungsweg zwischen der Straße L 552 und dem Hotel am Kreuzbergsee beobachtet, und hat einige Tage später ein überfahrenes Männchen am Freibad nahe dem westlichen Ortsrand von Östringen-Odenheim entdeckt. Friedemann Schreiner (mündl. Mitt. 2008) hat bis 1966 in Pforzheim und bis 1988 in Karlsruhe gewohnt und lebt seit 1988 in Östringen-Tiefenbach, und hat in den über 60 Jahren seines Lebens außer den vorgenannten Funden nur einmal zwischen etwa 1955 und 1960 in einem Garten außerhalb von Pforzheim in Richtung Calw ein Männchen des Hirschkäfers (*Lucanus cervus*) gesehen, und ist ansonsten keinen weiteren Exemplaren in der Natur begegnet.

An der Kapelle am Waldrand oberhalb des Kreuzbergsees westnordwestlich Tiefenbach hat Kerstin Schmitt (mündl. Mitt. 2008) in 2003 oder 2004 ein laufendes Weibchen des Hirschkäfers (*Lucanus cervus*) am Boden am Waldrand gesehen, und hat davor nur noch einmal etwa 1978 im Kammerforst bei Burgwenden in Richtung Großmonra nordöstlich Kölleda in Thüringen ein Männchen am Boden im Wald entdeckt. Kerstin Schmitt (mündl. Mitt. 2008) hat bis 1990 in Kölleda gewohnt, war dann an verschiedenen Orten und lebt seit 1998 in Eppingen-Elsenz, und hat in den über 40 Jahren ihres Lebens außer den vorgenannten Funden keine weiteren Exemplare des Hirschkäfers (*Lucanus cervus*) in der Natur angetroffen.

An der Hütte nahe dem Kinderspielplatz des Hotels am Kreuzbergsee westnordwestlich Tiefenbach hat Josef Schäfer (mündl. Mitt. 2008) am 10.07.2008 ein Männchen des Hirschkäfers (*Lucanus cervus*) am Boden gesehen, welches den Weg überquert hat, und hat es dann an eine Eiche gesetzt, wo es den Stamm hinaufgelaufen ist. Am Kreuzbergsee stehen 12 große Eichen, welche bis zu 150 Jahre alt sind. Josef Schäfer (mündl. Mitt. 2008) hat bis 1993 in Walldorf gewohnt und lebt seit 1993 in Sinsheim, und hat in den über 70 Jahren seines Lebens schon seit etwa 1945 bis 1958 in jedem Jahr insgesamt etwa 3 - 5 Exemplare des Hirschkäfers (*Lucanus cervus*) pro Jahr im Hochholz und im Dörnicht südlich Walldorf sowie auch im südlich anschließenden Wald bis zum Bahnhof Rot-Malsch und im östlich anschließenden Wald bis zum Grenzgraben zwischen Walldorf und Frauenweiler am Boden und fliegend beobachtet. Josef Schäfer (mündl. Mitt. 2008) hat auch von 1958 bis 1963 zwischen Bellheim, Westheim und Germersheim in der Pfalz in jedem Jahr insgesamt etwa 4 - 7 Exemplare des Hirschkäfers (*Lucanus cervus*) pro Jahr registriert, welche er dort besonders häufig um alte Mühlen im Überschwemmungsgebiet der Queich in Wäldern mit Eichen und Pappeln festgestellt hat. Josef Schäfer (mündl. Mitt. 2008) hat auch von 1967 bis 1993 in der Siemensstraße am Südwestrand des Industriegebietes südlich Walldorf in jedem Jahr insgesamt etwa 3 - 5 Exemplare des Hirschkäfers (*Lucanus cervus*) pro Jahr im Garten des Hauses mit ausgedehntem Baumbestand am Waldrand und im angrenzenden Hochholz am Boden und fliegend gesehen, und hat dort auch in 2005 an mehreren aufeinanderfolgenden Tagen insgesamt 5 Männchen bemerkt, welche abends an der Terrasse des Hauses geflogen sind. Josef Schäfer (mündl. Mitt. 2008) konnte damit über einen Zeitraum von über 25 Jahren das regelmäßige Auftreten von Individuen des Hirschkäfers (*Lucanus cervus*) in Walldorf konstatieren. In Sinsheim und Umgebung ist Josef Schäfer (mündl. Mitt. 2008) jedoch seit 1993 bis 2008 keinen Exemplaren des Hirschkäfers (*Lucanus cervus*) in der Natur begegnet.

32.6 Flehingen

Am Zimmerplatz am nordöstlichen Ortsrand von Flehingen hat Monika Bretl-Kempf (mündl. Mitt. 2008) auf der Terrasse des Hauses etwa zwischen 1975 und 1980 ein Männchen des Hirschkäfers (*Lucanus cervus*) gesehen, und dies ist die einzige Begegnung mit einem Exemplar in der Natur, an die sie sich in den über 40 Jahren ihres Lebens erinnert, obwohl sie bis etwa 1996 in Flehingen gewohnt hat. Der Fundort des Hirschkäfers (*Lucanus cervus*) in Flehingen (TK 25, Blatt 6918 Bretten) liegt im Kraichbachtal, welches bei Unteröwisheim in das Rheintal einmündet, im Westteil des Kraichgaues in ca. 160 - 200 m Höhe über NN.

32.7 Sulzfeld

In Sulzfeld südwestlich Eppingen hat Karlheinz Engelhardt (mündl. Mitt. 2008) zwischen 1968 und 1971 zuweilen einzelne Männchen des Hirschkäfers (*Lucanus cervus*) gesehen, welche Schüler mitgebracht haben und ihm berichtet haben, daß sie in und um Sulzfeld öfters Männchen gefunden haben, und hat auch zwischen 1971 und 1976 im Wald um Neckarbischofsheim nordöstlich Sinsheim manchmal einzelne Männchen im Wald am Boden bemerkt. Karlheinz Engelhardt (mündl. Mitt. 2008) hat auch vor etwa 15 Jahren in der Sternallee im Wald südlich der Sportplätze am südwestlichen Ortsrand von Schwetzingen gelegentlich einzelne Männchen des Hirschkäfers (*Lucanus cervus*) am Boden registriert, und hat auch vor etwa 10 - 12 Jahren im Ortsteil Neckarhausen von Edingen-Neckarhausen ein Männchen gesehen, welches ein Schüler mitgebracht hat. Karlheinz Engelhardt (mündl. Mitt. 2008) hat auch etwa 1980 in der Jahnstraße nahe dem nördlichen Ortsrand von Plankstadt im Garten des Hauses ein Männchen des Hirschkäfers (*Lucanus cervus*) am Boden entdeckt, und hat auch von etwa 1956 bis 1963 im Ortsbereich von Plankstadt sowie im Wald zwischen Plankstadt und Mannheim-Friedrichsfeld in den meisten Jahren, aber nicht in jedem Jahr, mehrere Männchen des Hirschkäfers (*Lucanus cervus*) pro Jahr am Boden und abends in der Dämmerung auch fliegend beobachtet. Karlheinz Engelhardt (mündl. Mitt. 2008) hat auch in 2006 und 2008 im Meisental am südwestlichen Ortsrand von Haardt nördlich Neustadt an der Weinstraße im Garten des Wochenendhauses unterhalb des Sportplatzes mit zahlreichen Kastanienbäumen etliche Männchen und Weibchen des Hirschkäfers (*Lucanus cervus*) am Boden und fliegend beobachtet, und hat dort Ende Juni 2006 an einem Wochenende von Freitag bis Sonntag an allen drei Tagen das Schwärmen von etwa 5 - 10 Exemplaren pro Abend erlebt, welche abends in der Dämmerung geflogen sind. Karlheinz Engelhardt (mündl. Mitt. 2008) hat bis 1968 in Plankstadt, bis 1971 in Sulzfeld und bis 1976 in Neckarbischofsheim gewohnt und lebt seit 1976 wieder in Plankstadt, und hat in den fast 65 Jahren seines Lebens außer den vorgenannten Funden möglicherweise noch mehrmals weitere Individuen des Hirschkäfers (*Lucanus cervus*) in der Natur angetroffen, kann sich aber nicht mehr daran erinnern, wann und wo dies gewesen ist. Die Fundorte des Hirschkäfers (*Lucanus cervus*) in und um Sulzfeld (TK 25, Blatt 6819 Eppingen und Blatt 6919 Güglingen) liegen im Kohlbachtal, einem Seitental des Kraichbachtales, welches bei Unteröwisheim in das Rheintal einmündet, im Westteil des Kraichgaues in ca. 180 - 240 m Höhe über NN.

32.8 Mühlbach

Die Nachweise von Individuen des Hirschkäfers (*Lucanus cervus*) in Eppingen-Mühlbach, welche mir von Naturfreunden aufgrund meiner Aufrufe zur Mitteilung von Beobachtungen in regionalen Tageszeitungen (Rhein-Neckar-Zeitung 2008 a, 2008 b, 2008 c, 2008 d; Schwetzinger Zeitung 2008, Bruchsaler Rundschau 2008) gemeldet wurden, stammen aus dem Binsbachweg und der Kronenstraße am nordöstlichen Ortsrand von Mühlbach, und vom See südöstlich der Ochsenburger Straße am südlichen Ortsausgang von Mühlbach. Die Fundorte des Hirschkäfers (*Lucanus cervus*) in Eppingen-Mühlbach (TK 25, Blatt 6819 Eppingen und Blatt 6919 Güglingen) liegen im Himmelreichbachtal, einem Seitental des Elsenztales, welches in Neckargemünd in das Neckartal einmündet, im Westteil des Kraichgaues in ca. 220 - 300 m Höhe über NN.

Im Binsbachweg am nordöstlichen Ortsrand von Eppingen-Mühlbach haben Ute und Peter Knopp (mündl. Mitt. 2008) am Waldrand etwa Mai/Juni 2008 ein Männchen des Hirschkäfers (*Lucanus cervus*) am Boden entdeckt. Ute Knopp (mündl. Mitt. 2008) hat bis 2000 in Eppingen gewohnt und lebt seit 2000 in Mühlbach, und kann sich in den über 40 Jahren ihres Lebens nur daran erinnern, daß sie zwischen etwa 1975 und 2000 mehrmals einzelne Exemplare des Hirschkäfers (*Lucanus cervus*) in und um Eppingen gesehen hat, weiß aber nicht mehr, wann und wo dies gewesen ist. Peter Knopp (mündl. Mitt. 2008) wohnt schon immer in Mühlbach und hat in den über 45 Jahren seines Lebens schon seit etwa 1970 bis etwa 1995 in jedem Jahr insgesamt etwa 5 - 10 Individuen des Hirschkäfers (*Lucanus cervus*) pro Jahr am Waldrand im Binsbachweg und im Wald hinter dem Binsbachweg meist am Boden beobachtet, wohingegen er dort von etwa 1995 bis 2008 in jedem Jahr nur noch insgesamt etwa 1 - 5 Exemplare pro Jahr bemerkt hat. Peter Knopp (mündl. Mitt. 2008) konnte damit über einen Zeitraum von fast 40 Jahren das regelmäßige Auftreten von Individuen des Hirschkäfers (*Lucanus cervus*) konstatieren. Peter Knopp (mündl. Mitt. 2008) erinnert sich auch daran, daß er auch an anderen Orten gelegentlich einzelne Individuen des Hirschkäfers (*Lucanus cervus*) angetroffen hat, weiß aber nicht mehr, wann und wo dies gewesen ist.

Am See südöstlich der Ochsenburger Straße am südlichen Ortsausgang von Eppingen-Mühlbach hat Angela Freitag (mündl. Mitt. 2008) am Käsbrünnle in 2008 zwei Männchen des Hirschkäfers (*Lucanus cervus*) am Boden entdeckt, und hat auch in 2003 in der Kronenstraße nahe dem nordöstlichen Ortsrand von Mühlbach ein totes Männchen gesehen. Angela Freitag (mündl. Mitt. 2008) hat von 1988 bis 1994 in Schwaigern gewohnt und lebt ansonsten schon immer in Mühlbach, und kann sich in den über 40 Jahren ihres Lebens nur daran erinnern, daß sie schon früher gelegentlich einzelne Exemplare des Hirschkäfers (*Lucanus cervus*) in der Natur beobachtet hat, weiß aber nicht mehr, wann und wo dies gewesen ist.

32.9 Gochsheim und Bahnbrücken

Die Nachweise von Individuen des Hirschkäfers (*Lucanus cervus*) in und um Kraichtal-Bahnbrücken und Kraichtal-Gochsheim, welche mir von Naturfreunden aufgrund meiner Aufrufe zur Mitteilung von Beobachtungen in regionalen Tageszeitungen (Rhein-Neckar-Zeitung 2008 a, 2008 b, 2008 c, 2008 d; Schwetzinger Zeitung 2008, Bruchsaler Rundschau 2008) gemeldet wurden, stammen aus dem Waldgebiet Eselschinder zwischen Bahnbrücken und Gochsheim, aus der Berthold-Bott-Straße im zentralen Teil von Gochsheim, aus der Alten Münzesheimer Straße am nördlichen Ortsrand von Gochsheim, und aus dem Herrenwald südwestlich Gochsheim. Die Fundorte des Hirschkäfers (*Lucanus cervus*) in und um Kraichtal-Gochsheim und Kraichtal-Bahnbrücken (TK 25, Blatt 6818 Kraichtal und Blatt 6918 Bretten) liegen im Kraichbachtal, welches bei Unteröwisheim in das Rheintal einmündet, im Westteil des Kraichgaues in ca. 150 - 250 m Höhe über NN.

Am Waldgebiet Eselschinder zwischen Kraichtal-Bahnbrücken und Kraichtal-Gochsheim hat Thomas Bratzel (mündl. Mitt. 2009) etwa 1993 - 1995 in einer Streuobstwiese tagsüber ein großes Männchen des Hirschkäfers (*Lucanus cervus*) gesehen, welches um einen Baum herumgeflogen ist und anschließend darin gelandet ist. Thomas Bratzel (mündl. Mitt. 2009) hat auch in 2002 in der Berthold-Bott-Straße im zentralen Teil von Gochsheim tagsüber ein mittelgroßes Männchen des Hirschkäfers (*Lucanus cervus*) entdeckt, welches am Dach eines Hauses um die Dachrinne herumgeflogen ist, und hat auch im Juli 2008 in der Alten Münzesheimer Straße am nördlichen Ortsrand von Gochsheim ein totes kleines Männchen am Boden gefunden. Thomas Bratzel (mündl. Mitt. 2009) hat auch in 2005 oder 2006 im Herrenwald südwestlich Gochsheim ein fliegendes Männchen des Hirschkäfers (*Lucanus cervus*) am Waldrand bemerkt und hat von dort auch einen Caput-Thorax-Torso eines Männchens erhalten. Thomas Bratzel (mündl. Mitt. 2009) hat auch in 2006 im Großen Wald südwestlich Oberacker ein totes Weibchen des Hirschkäfers (*Lucanus cervus*) auf dem Weg am Boden registriert. Thomas Bratzel (mündl. Mitt. 2009) wohnt schon immer in Gochsheim und kann sich in den über 35 Jahren seines Lebens nicht daran erinnern, außer den vorgenannten Funden (vgl. auch Artikel des Redakteurs Franz Lechner in der Bruchsaler Rundschau vom 14.08.2008) weiteren Exemplaren des Hirschkäfers (*Lucanus cervus*) in der Natur begegnet zu sein.

Am Waldgebiet Eselschinder zwischen Kraichtal-Bahnbrücken und Kraichtal-Gochsheim hat Rainer Petri (mündl. Mitt. 2009) in 2008 abends in der Dämmerung ein großes Männchen des Hirschkäfers (*Lucanus cervus*) beobachtet, welches in etwa 2 m Höhe geradlinig über den Weinberg am Hang in Richtung Waldrand geflogen ist. Rainer Petri (mündl. Mitt. 2009) hat auch in 2003 oder 2004 im Herrenwald südwestlich Gochsheim ein Männchen des Hirschkäfers (*Lucanus cervus*) gesehen, welches am Boden gelaufen ist, und hat dort auch schon zwischen 1968 und 1970 gelegentlich einzelne Männchen am Boden entdeckt. Rainer Petri (mündl. Mitt. 2009) wohnt schon immer in Gochsheim und kann sich in den über 45 Jahren seines Lebens nicht daran erinnern, außer den vorgenannten Funden weitere Individuen des Hirschkäfers (*Lucanus cervus*) in der Natur angetroffen zu haben.

33 Fundmeldungen von Naturfreunden in Speyer und Umgebung

Im Rahmen der Auswertung der Fundmeldungen von Exemplaren des Hirschkäfers (*Lucanus cervus*), welche mir von Naturfreunden aufgrund meiner Aufrufe zur Mitteilung von Beobachtungen in regionalen Tageszeitungen (Rhein-Neckar-Zeitung 2008 a, 2008 b, 2008 c, 2008 d; Schwetzinger Zeitung 2008, Bruchsaler Rundschau 2008) berichtet wurden, bin ich durch Notizen in Tageszeitungen und Fachzeitschriften auf mehrere Nachweise in Speyer und Umgebung in der Pfalz gestoßen. Ich habe daraufhin die Beobachter telefonisch kontaktiert und von ihnen Einzelheiten ihrer Begegnungen mit Individuen des Hirschkäfers (*Lucanus cervus*) in Speyer und Umgebung erhalten. Die Funde des Hirschkäfers (*Lucanus cervus*) in Speyer und Umgebung umfassen Speyer sowie die Orte Dudenhofen und Otterstadt (Bettag 1988), Römerberg-Mechtersheim (Sefrin 1993; Bosselmann 1994, 1995, 1996, 1998, 1999, 2000, 2001, 2002, 2003); Neuhofen, Waldsee (Bosselmann 2006, 2008), Frankenthal und Bobenheim-Roxheim; Zeiskam und Bellheim (Bosselmann 1994, 2001, 2004), Neustadt an der Weinstraße (Mannheimer Morgen 2008), Edenkoben und Ludwigshafen-Oppau. Weitere Nachweise des

Hirschkäfers (*Lucanus cervus*) in der Pfalz, welche durch Notizen in regionalen Tageszeitungen gemeldet wurden, sind in einem separaten Abschnitt zusammengestellt.

33.1 Speyer, Dudenhofen und Otterstadt

An der Herrenwiese am Rheindamm östlich der Erdölraffinerie südöstlich Speyer hat Erich Bettag (mündl. Mitt. 2009) von 1949 bis 2008 in den meisten Jahren von etwa Mitte Mai bis etwa Mitte Juni über einen Zeitraum von jeweils mehreren Wochen an den meisten Abenden jeweils bis zu 10 Männchen und Weibchen des Hirschkäfers (*Lucanus cervus*) pro Tag beobachtet, welche über die Herrenwiese geflogen sind, wobei etliche Individuen von Fledermäusen gejagt und erbeutet wurden (Bettag 1988). Erich Bettag (mündl. Mitt. 2009) hat auch an der Kehlwiese am Rheindamm östlich der Erdölraffinerie südöstlich Speyer von 1949 bis 1980 in den meisten Jahren von etwa Mitte Mai bis etwa Mitte Juni über einen Zeitraum von jeweils mehreren Wochen an den meisten Tagen jeweils einzelne Männchen und Weibchen des Hirschkäfers (*Lucanus cervus*) gesehen, welche abends über die Kehlwiese geflogen sind und tagsüber an Baumstämmen des Auwaldes gesessen sind, wobei auch hier etliche Exemplare von Fledermäusen gejagt und erbeutet wurden (Bettag 1988). Erich Bettag (mündl. Mitt. 2009) hat auch im Speyerer Angelwald südöstlich Otterstadt nordöstlich Speyer von 1949 bis 2008 in den meisten Jahren von etwa Mitte Mai bis etwa Mitte Juni an etlichen Abenden einzelne Männchen und Weibchen des Hirschkäfers (*Lucanus cervus*) an Köderfallen an Baumstämmen registriert, welche er durch einen Anstrich der Rinde mit einer Mischung aus vergorenem Bier, Honig und Bananenbrei zwecks Anlockung von Nachtfaltern hergestellt hat. Erich Bettag (mündl. Mitt. 2009) hat auch in der Kilianstraße und in benachbarten Straßen im südlichen Ortsbereich von Dudenhofen westlich Speyer von 1949 bis 2008 in jedem Jahr von etwa Mitte Mai bis etwa Mitte Juni über einen Zeitraum von jeweils mehreren Wochen an den meisten Abenden bis zu 5 Männchen des Hirschkäfers (*Lucanus cervus*) pro Tag festgestellt, welche das Licht der Straßenlaternen angeflogen haben. Erich Bettag (mündl. Mitt. 2009) konnte damit über einen Zeitraum von fast 60 Jahren das regelmäßige Auftreten von Individuen des Hirschkäfers (*Lucanus cervus*) in und um Speyer und Dudenhofen konstatieren. Erich Bettag (mündl. Mitt. 2009) hat auch Ende Februar 1986 in der Kilianstraße im südlichen Ortsbereich von Dudenhofen ein Männchen des Hirschkäfers (*Lucanus cervus*) in dem morschen Wurzelstock eines Pfirsichbaumes (*Prunus persica*) gefunden (Bettag 1988), welches fertig entwickelt war, aber noch nicht braun ausgefärbt war. Erich Bettag (mündl. Mitt. 2009) wohnt schon immer in Dudenhofen und hat in den über 70 Jahren seines Lebens an keinen weiteren als den vorgenannten Orten und Lokalitäten Exemplare des Hirschkäfers (*Lucanus cervus*) in der Natur angetroffen. Die Fundorte des Hirschkäfers (*Lucanus cervus*) in und um Speyer, Dudenhofen und Otterstadt (TK 25, Blatt 6616 Speyer und 6716 Germersheim) liegen in der Ebene des Rheintales in ca. 95 - 105 m Höhe über NN.

33.2 Römerberg-Mechtersheim

In der sogenannten Natostraße südlich der Sportplätze am südlichen Ortsrand von Römerberg-Mechtersheim, welche von der Schwegenheimer Straße am westlichen Ortsausgang zum Rhein gegenüber dem Kernkraftwerk Philippsburg führt, sowie in der Jahnstraße am südlichen Ortsrand von Römerberg-Mechtersheim und an verschiedenen Stellen innerhalb der südlichen und zentralen Bereiche des Ortes hat Erwin Sefrin (mündl. Mitt. 2009) von 1982 bis 2008 in jedem Jahr insgesamt bis zu etwa 10 Exemplare des Hirschkäfers (*Lucanus cervus*) pro Jahr am Boden, an Stämmen und fliegend gesehen, und hat auf den Straßen auch immer wieder überfahrene Individuen gefunden. Erwin Sefrin (mündl. Mitt. 2009) konnte damit über einen Zeitraum von über 25 Jahren das regelmäßige Auftreten von Individuen des Hirschkäfers (*Lucanus cervus*) konstatieren. Erwin Sefrin (mündl. Mitt. 2009) hat in der Natostraße von Mitte Mai bis Mitte Juni 1992 insgesamt 28 Caput-Thorax-Torsi von Männchen (Sefrin 1993) und von Mitte Mai bis Mitte Juni 1995 insgesamt 24 Caput-Thorax-Torsi von Männchen und 23 Caput-Thorax-Torsi von Weibchen (Bosselmann 1996) des Hirschkäfers (*Lucanus cervus*) entdeckt, welche immer frühmorgens dort gelegen sind, wohingegen sie abends vorher nicht vorhanden waren, und die deshalb in Analogie zu Bettag (1988) vermutlich die Beute von Fledermäusen geworden sind (Sefrin 1993, Bosselmann 1996). Erwin Sefrin (mündl. Mitt. 2009) hat bis 1982 in Römerberg-Heiligenstein gewohnt, wo ihm keine Exemplare des Hirschkäfers (*Lucanus cervus*) aufgefallen sind oder in Erinnerung geblieben sind, und lebt seit 1982 in Römerberg-Mechtersheim, und hat in den 55 Jahren seines Lebens bisher an keinen anderen als den vorgenannten Orten Individuen des Hirschkäfers (*Lucanus cervus*) in der Natur beobachtet. In den letzten etwa 10 Jahren hat Erwin Sefrin (mündl. Mitt. 2009) im Komposthaufen im Garten regelmäßig etwa 10 - 30 Larven des Nashornkäfers (*Oryctes nasicornis*) pro Jahr sowie von 2003 bis 2006 im Garten, am Haus und innerhalb der südlichen und zentralen Bereiche des Ortes auch bis zu 5 Imagines des Nashornkäfers (*Oryctes nasicornis*) pro Jahr angetroffen. Einige Funde des Hirschkäfers (*Lucanus cervus*) und des Nashornkäfers (*Oryctes nasicornis*) von Erwin Sefrin in Römerberg-Mechtersheim sind in Bosselmann (1994, 1995, 1996, 1998, 1999, 2000, 2001, 2002, 2003) veröffentlicht.

Funde von Männchen und Weibchen des Hirschkäfers (*Lucanus cervus*) in Römerberg-Mechtersheim wurden auch in einer Notiz in einer regionalen Tageszeitung gemeldet (Rheinpfalz 2007 l). Die Fundorte des Hirschkäfers (*Lucanus cervus*) in und um Römerberg-Mechtersheim (TK 25, 6716 Germersheim) liegen in der Ebene des Rheintales in ca. 95 - 120 m Höhe üer NN.

33.3 Neuhofen, Waldsee, Frankenthal und Bobenheim-Roxheim

Westlich des Schlichtweihers südöstlich Neuhofen südlich Ludwigshafen hat Hermann Deichfuß (mündl. Mitt. 2008, 2009; Bosselmann 2006, 2008) an einer großen dicken Eiche am Waldrand zwischen Neuhofen und Waldsee am 28.06.2005 und am 12.06.2007 je ein Weibchen des Hirschkäfers (*Lucanus cervus*) beobachtet, welche an einer blutenden Stelle austretenden Saft geleckt haben. Hermann Deichfuß (mündl. Mitt. 2008) hat auch in den letzten 5 Jahren im Heylschen Wald oder Nonnenbusch südlich des Flugplatzes Worms nordnordöstlich Bobenheim-Roxheim immer wieder einzelne Männchen und Weibchen des Hirschkäfers (*Lucanus cervus*) am Boden, an Stämmen und fliegend gesehen, und hat auch einmal vor etwa 15 - 20 Jahren in der August-Bebel-Straße im Zentrum von Frankenthal ein Weibchen an der Wand des Hauses im Bereich der Einfahrt entdeckt. Hermann Deichfuß (mündl. Mitt. 2008) wohnt schon seit 1954 in Frankenthal und hat in den über 70 Jahren seines Lebens außer den vorgenannten Funden wiederholt einzelne Exemplare des Hirschkäfers (*Lucanus cervus*) unter anderem in und um Halberstadt im nördlichen Harzvorland, im Harz, in und um Dahn im Pfälzer Wald, und an anderen Lokalitäten im Pfälzer Wald in der Natur angetroffen.

Mehrere Funde des Hirschkäfers (*Lucanus cervus*) in und um Waldsee, Neuhofen und Altrip wurden auch durch Notizen in regionalen Tageszeitungen gemeldet (unter anderen Rheinpfalz 2002 a, 2007 a, 2007 b, 2007 c, 2007 d, 2007 e, 2007 f). Die Fundorte des Hirschkäfers (*Lucanus cervus*) in und um Neuhofen (TK 25, Blatt 6516 Mannheim-Südwest), Waldsee (TK 25, Blatt 6616 Speyer), Altrip (TK 25, Blatt 6516 Mannheim-Südwest und Blatt 6517 Mannheim-Südost), Frankenthal und Bobenheim-Roxheim (TK 25, 6416 Mannheim-Nordwest) liegen in der Ebene des Rheintales in ca. 90 - 100 m Höhe über NN.

33.4 Zeiskam und Bellheim

Die Nachweise von Individuen des Hirschkäfers (*Lucanus cervus*) in und um Zeiskam und Bellheim und deren Umgebung stammen aus dem Wald, vom Waldrand und aus den Orten im Bereich von Zeiskam, Bellheim, Knittelsheim und Ottersheim. Die Fundorte des Hirschkäfers (*Lucanus cervus*) in und um Zeiskam und Bellheim (TK 25, Blatt 6715 Zeiskam und Blatt 6815 Herxheim bei Landau) liegen in der Ebene des Rheintales in ca. 110 - 130 m Höhe über NN.

In und um Zeiskam westnordwestlich Germersheim hat Joachim Zürker (mündl. Mitt. 2009) im Wald, am Waldrand und im Ort von etwa 1973 bis 2008 in jedem Jahr insgesamt bis zu etwa 10 Exemplare des Hirschkäfers (*Lucanus cervus*), von denen etwa 2/3 Männchen und etwa 1/3 Weibchen waren, pro Jahr am Boden, an Stämmen und fliegend gesehen, und hat auch von etwa 1983 bis 2008 in jedem Jahr im Wald, am Waldrand und in den Orten im Bereich von Zeiskam, Bellheim, Knittelsheim und Ottersheim bis zu etwa 10 Individuen pro Jahr am Boden, an Stämmen und fliegend beobachtet. Joachim Zürker (mündl. Mitt. 2009) konnte damit über einen Zeitraum von etwa 25 Jahren das regelmäßige Auftreten von Individuen des Hirschkäfers (*Lucanus cervus*) im Bereich von Zeiskam, Bellheim, Knittelsheim und Ottersheim konstatieren. Joachim Zürker (mündl. Mitt. 2009) hat bis 2007 in Zeiskam gewohnt und lebt seit 2007 in Bellheim, und hat auch in 2008 in Bellheim etwa 10 Exemplare des Hirschkäfers (*Lucanus cervus*) bemerkt. Joachim Zürker (mündl. Mitt. 2009) hat auch in 1994 und 2004 in Zeiskam im Komposthaufen im Garten jeweils etwa 10 - 15 Larven des Nashornkäfers (*Oryctes nasicornis*) entdeckt, und hat in 2008 eine Imago am Haus in Bellheim registriert. Joachim Zürker (mündl. Mitt. 2009) hat in den 45 Jahren seines Lebens bisher an keinen anderen als den vorgenannten Orten Individuen des Hirschkäfers (*Lucanus cervus*) und des Nashornkäfers (*Oryctes nasicornis*) in der Natur angetroffen. Einige Funde des Hirschkäfers (*Lucanus cervus*) und des Nashornkäfers (*Oryctes nasicornis*) von Joachim Zürker in Bellheim und Zeiskam sind in Bosselmann (1994, 1995, 2002, 2004) veröffentlicht.

Im Heimbachring am östlichen Ortsrand von Zeiskam hat Klaus Weiß (mündl. Mitt. 2009) am 21.07.2001 zwei Larven des Hirschkäfers (*Lucanus cervus*) im Garten des Hauses gefunden, und hat auch etwa von 1980 bis 1990 im Wald um Zeiskam gelegentlich einzelne Männchen beobachtet. Klaus Weiß (mündl. Mitt. 2009) hat auch etwa zwischen 1998 und 2000 in der Hördter Rheinaue auf einem Waldweg etwa 30 - 40 Caput-Thorax-Torsi von Männchen des Hirschkäfers (*Lucanus cervus*) auf einer Strecke von etwa 1,5 km am Boden registriert, von denen einige noch gelebt haben und mit den Mandibeln geschnappt haben. Klaus Weiß (mündl. Mitt. 2009) hat auch am 30.05.2003 im Heimbachring am östlichen Ortsrand von Zeiskam ein Exemplar des Nashornkäfers (*Oryctes nasicornis*) entdeckt, und hat auch etwa zwischen 1972 und 1974 in der Jahnstraße am nördlichen Ortsrand von Zeiskam ein Individuum bemerkt. Klaus Weiß (mündl. Mitt. 2009) wohnt schon immer in Zeiskam und kann sich in den über 45 Jahren seines Lebens nicht daran erinnern, außer den vorgenannten Funden weiteren Exemplaren des Hirschkäfers (*Lucanus cervus*) und des Nashornkäfers (*Oryctes nasicornis*) in der Natur begegnet zu sein. Einige Funde des Hirschkäfers (*Lucanus cervus*) und des Nashornkäfers (*Oryctes nasicornis*) von Klaus Weiß in Zeiskam sind in Bosselmann (2002, 2004) veröffentlicht.

33.5 Neustadt an der Weinstraße

Die Nachweise von Individuen des Hirschkäfers (*Lucanus cervus*) in der Umgebung von Neustadt an der Weinstraße stammen von der Hellerhütte im Neustädter Stadtwald westsüdwestlich Neustadt an der Weinstraße und aus dem Meisental am südwestlichen Ortsrand von Haardt nördlich Neustadt an der Weinstraße. Die Fundorte des Hirschkäfers (*Lucanus cervus*) in der Umgebung von Neustadt an der Weinstraße (TK 25, Blatt 6614 Neustadt an der Weinstraße und Blatt 6713 Annweiler am Trifels) liegen am Osthang des Pfälzer Waldes am Westhang des Rheintales in ca. 150 - 500 m Höhe über NN.

An der Hellerhütte im Neustädter Stadtwald westsüdwestlich Neustadt an der Weinstraße hat Willy Dirnsteiner auf dem Spielplatz am 17.05.2008 ein Männchen des Hirschkäfers (*Lucanus cervus*) auf einer ausgedehnten Sandfläche auf dem Rücken liegend am Boden gefunden, und das war das einzige Exemplar, welches er in den gerade 10 Jahren seines Lebens bisher in der Natur entdeckt hat und welches sein Vater, Reiner Dirnsteiner, in den über 55 Jahren seines Lebens bisher in der Natur angetroffen hat (Ditta Büscher, mündl. Mitt. 2008; Mannheimer Morgen 2008). Seine Mutter, Ditta Büscher (mündl. Mitt. 2008) hat in den über 50 Jahren ihres Lebens vorher nur einmal in 1965 oder 1966 im Stadtwald von Bad Godesberg südlich Bonn ein Männchen des Hirschkäfers (*Lucanus cervus*) am Boden gesehen, und ist ansonsten erst wieder mit dem vorgenannten Männchen an der Hellerhütte einem Exemplar in der Natur begegnet.

Im Meisental am südwestlichen Ortsrand von Haardt nördlich Neustadt an der Weinstraße hat Karlheinz Engelhardt (mündl. Mitt. 2008) in 2006 und 2008 im Garten des Wochenendhauses unterhalb des Sportplatzes mit zahlreichen Kastanienbäumen etliche Männchen und Weibchen des Hirschkäfers (*Lucanus cervus*) am Boden und fliegend beobachtet, und hat dort Ende Juni 2006 an einem Wochenende von Freitag bis Sonntag an allen drei Tagen das Schwärmen von etwa 5 - 10 Exemplaren pro Abend erlebt, welche abends in der Dämmerung geflogen sind. Karlheinz Engelhardt (mündl. Mitt. 2008) hat auch in Sulzfeld südwestlich Eppingen zwischen 1968 und 1971 zuweilen einzelne Männchen des Hirschkäfers (*Lucanus cervus*) gesehen, welche Schüler mitgebracht haben und ihm berichtet haben, daß sie in und um Sulzfeld öfters Männchen gefunden haben, und hat auch zwischen 1971 und 1976 im Wald um Neckarbischofsheim nordöstlich Sinsheim manchmal einzelne Männchen im Wald am Boden bemerkt. Karlheinz Engelhardt (mündl. Mitt. 2008) hat auch vor etwa 15 Jahren in der Sternallee im Wald südlich der Sportplätze am südwestlichen Ortsrand von Schwetzingen gelegentlich einzelne Männchen des Hirschkäfers (*Lucanus cervus*) am Boden registriert, und hat auch vor etwa

10 - 12 Jahren im Ortsteil Neckarhausen von Edingen-Neckarhausen ein Männchen gesehen, welches ein Schüler mitgebracht hat. Karlheinz Engelhardt (mündl. Mitt. 2008) hat auch etwa 1980 in der Jahnstraße nahe dem nördlichen Ortsrand von Plankstadt im Garten des Hauses ein Männchen des Hirschkäfers (*Lucanus cervus*) am Boden entdeckt, und hat auch von etwa 1956 bis 1963 im Ortsbereich von Plankstadt sowie im Wald zwischen Plankstadt und Mannheim-Friedrichsfeld in den meisten Jahren, aber nicht in jedem Jahr, mehrere Männchen des Hirschkäfers (*Lucanus cervus*) pro Jahr am Boden und abends in der Dämmerung auch fliegend beobachtet. Karlheinz Engelhardt (mündl. Mitt. 2008) hat bis 1968 in Plankstadt, bis 1971 in Sulzfeld und bis 1976 in Neckarbischofsheim gewohnt und lebt seit 1976 wieder in Plankstadt, und hat in den fast 65 Jahren seines Lebens außer den vorgenannten Funden möglicherweise noch mehrmals weitere Individuen des Hirschkäfers (*Lucanus cervus*) in der Natur angetroffen, kann sich aber nicht mehr daran erinnern, wann und wo dies gewesen ist.

Funde je eines Männchens des Hirschkäfers (*Lucanus cervus*) in Neustadt an der Weinstraße (Rheinpfalz 2000 d) und in Haardt nördlich Neustadt an der Weinstraße (Rheinpfalz 2002 b) wurden auch durch Notizen in regionalen Tageszeitungen gemeldet.

33.6 Edenkoben

Die Nachweise von Individuen des Hirschkäfers (*Lucanus cervus*) in der Umgebung von Edenkoben stammen aus Venningen östlich Edenkoben, aus Ramberg westsüdwestlich Edenkoben, aus Burrweiler und Gleisweiler südwestlich Edenkoben, und von der Rietburg westnordwestlich Rhodt südwestlich Edenkoben. Die Fundorte des Hirschkäfers (*Lucanus cervus*) in der Umgebung von Edenkoben (TK 25, Blatt 6714 Edenkoben und 6814 Landau) liegen in der Ebene des Rheintales und im flachwelligen Hügelland in ca. 150 - 220 m Höhe über NN sowie am Osthang des Pfälzer Waldes am Westhang des Rheintales in ca. 150 - 500 m Höhe über NN.

In Venningen östlich Edenkoben, wo er bis 1967 gewohnt hat, hat Gerhard Schenk (mündl. Mitt. 2008) um 1962 in einigen Jahren hintereinander, aber nicht in jedem Jahr, mehrere Männchen des Hirschkäfers (*Lucanus cervus*) pro Jahr im Garten hinter dem Haus am Boden bemerkt. Gerhard Schenk (mündl. Mitt. 2008) hat weiterhin in Schwegenheim nordnordwestlich Germersheim in der Pfalz, wo er von 1982 bis 1986 war, in einigen Jahren hintereinander, aber nicht in jedem Jahr, mehrere Männchen des Hirschkäfers (*Lucanus cervus*) pro Jahr im Wald am Boden festgestellt, und hat in 2003 in Weidenthal westsüdwestlich Bad Dürkheim, wo er heute noch wohnt, ein Männchen im Garten hinter dem Haus am Hang entdeckt, wohingegen er nach 2003 dort keinen Exemplaren mehr in der Natur begegnet ist. Gerhard Schenk (mündl. Mitt. 2008) hat auch in 2005 in Ramberg westsüdwestlich Edenkoben ein Männchen des Hirschkäfers (*Lucanus cervus*) im Wald am Boden gesehen, und hat in 2006 in Burrweiler südwestlich Edenkoben ein Weibchen auf der Terrasse und in Gleisweiler südwestlich Edenkoben ein Männchen im Park beobachtet, wohingegen er von 1967 bis 1978 in Karlsruhe, von 1978 bis 1982 in Grötzingen östlich Karlsruhe, von 1986 bis 2001 in Hamburg und von 2001 bis 2003 in Weingarten westnordwestlich Germersheim in den fast 60 Jahren seines Lebens keine Individuen in der Natur angetroffen hat. An der Odenwaldhütte im Näherweg oberhalb der Feuerwehrschule am südwestlichen Ortsrand von Bruchsal am Hang im Wald in Richtung Untergrombach hat Gerhard Schenk (mündl. Mitt. 2008), welcher das Lokal seit Anfang 2007 bewirtschaftet, in Juni und Juli 2008 insgesamt ca. 30 Männchen und Weibchen des Hirschkäfers (*Lucanus cervus*) um das Haus herum und auf der Terrasse fliegend und am Boden gesehen, und einige Exemplare sind sogar in das Haus hereingeflogen oder hereingelaufen, wohingegen er in 2007 dort keinen Individuen begegnet ist.

An der Rietburg westnordwestlich Rhodt südwestlich Edenkoben im Pfälzer Wald hat Patrick Schwarz (mündl. Mitt. 2008) im Juni 2008 ein Männchen des Hirschkäfers (*Lucanus cervus*) im Wald am Boden unter einem Baum bemerkt. Patrick Schwarz (mündl. Mitt. 2008) hat auch im Hardtwald südlich des Ortsteils Graben von Graben-Neudorf in Richtung Stutensee-Friedrichstal von etwa 1990 bis 1998 gelegentlich einzelne Männchen des Hirschkäfers (*Lucanus cervus*) am Boden und an Bäumen entdeckt. Patrick Schwarz (mündl. Mitt. 2008) hat auch im Mai 2008 in der Falltorstraße am nordwestlichen Ortsrand von Zeutern im Garten des Hauses ein Weibchen des Hirschkäfers (*Lucanus cervus*) am Boden an aufgeschichtetem Buchenholz gesehen. Patrick Schwarz (mündl. Mitt. 2008) hat bis 1998 im Ortsteil Graben von Graben-Neudorf gewohnt und lebt seit 1998 in Zeutern, und kann sich in den über 35 Jahren seines Lebens nicht daran erinnern, außer den vorgenannten Funden weiteren Individuen des Hirschkäfers (*Lucanus cervus*) in der Natur begegnet zu sein.

33.7 Ludwigshafen-Oppau

In der Georg-Ludwig-Krebs-Straße am südlichen Ortsrand von Ludwigshafen-Oppau haben Ralf und Eric Schlund (mündl. Mitt. 2008) im Hof des Hauses in 1998, 2005 und 2006 je ein Weibchen des Hirschkäfers (*Lucanus cervus*) am Boden gesehen, wohingegen ihnen Männchen dort nicht aufgefallen sind. Ralf und Eric Schlund (mündl. Mitt. 2008) wohnen schon immer in Ludwigshafen und haben in den über 45 Jahren ihres Lebens ansonsten keine Exemplare des Hirschkäfers (*Lucanus cervus*) in der Natur angetroffen. Der Fundort des Hirschkäfers (*Lucanus cervus*) in Ludwigshafen-Oppau (TK 25, Blatt 6416 Mannheim-Nordwest) liegt in der Ebene des Rheintales in ca. 90 - 100 m Höhe über NN.

33.8 Weitere Fundmeldungen aus der Pfalz

Funde des Hirschkäfers (*Lucanus cervus*) in der Pfalz wurden auch durch Notizen in regionalen Tageszeitungen gemeldet, wobei die Lokalitäten unter anderen Bad Dürkheim (Rheinpfalz 2008 b), Berg südsüdwestlich Wörth (Rheinpfalz 2004 a), Bienwald südlich Kandel (Rheinpfalz 2005 b, 2005 c, 2007 g), Blaubach nördlich Kusel (Rheinpfalz 2006 b), Deutschhof (Rheinpfalz 2002 c), Fischbach südsüdwestlich Dahn (Rheinpfalz 2000 b), Geinsheim westsüdwestlich Speyer (Rheinpfalz 2004 c), Hambach südlich Neustadt an der Weinstraße (Rheinpfalz 2007 m), Haßloch (Rheinpfalz 2003 c), Kaiserslautern (Rheinpfalz 2005 a), Lachen-Speyerdorf südöstlich Neustadt an der Weinstraße (Rheinpfalz 2005 e, 2005 f), Ludwigshafen (Rheinpfalz 2002 a), Reifenberg ostnordöstlich Zweibrücken (Rheinpfalz 2008 a), Rodenbach westnordwestlich Kaiserslautern (Rheinpfalz 2007 k), Schifferstadt (Rheinpfalz 2000 a, 2000 c, 2005 d, 2006 a), Sickinger Höhe (Rheinpfalz 2003 a) und Wörth westnordwestlich Karlsruhe (Rheinpfalz 2008 c) umfassen, und darüber hinaus wurden noch weitere Beobachtungen des Hirschkäfers (*Lucanus cervus*) in der Pfalz in Vermerken in regionalen Tageszeitungen publiziert (unter anderen Rheinpfalz 2003 b, 2004 b, 2007 i, 2008 d). Zur Erfassung von Nachweisen des Hirschkäfers (*Lucanus cervus*) in der Pfalz wurden auch Aufrufe zur Meldung von Beobachtungen in regionalen Tageszeitungen veröffentlicht (unter anderen Rheinpfalz 2007 h). Vorkommen des Hirschkäfers (*Lucanus cervus*) in Karlsruhe wurden unter anderen von Nestler (1982), Schwerdtfeger (1983) und Nückel (1999) bekanntgemacht.

34 Beispiele in der neueren Literatur dokumentierter Vorkommen in anderen Gebieten

Zur Ergänzung und Abrundung meiner Übersicht der Populationsdynamik und Ökologie des Hirschkäfers (*Lucanus cervus*) im Raum um Heidelberg und Mannheim habe ich nachfolgend einige Beispiele der Untersuchung von Vorkommen des Hirschkäfers (*Lucanus cervus*) in anderen Gebieten zusammengestellt, welche in der neueren Literatur dokumentiert sind. Die nachstehende Auswahl der Beispiele von Studien der Verbreitung des Hirschkäfers (*Lucanus cervus*) in anderen Gebieten, von denen Ergebnisse und Berichte im neueren Schrifttum veröffentlicht sind, umfassen den Landkreis Elbe-Elster und andere Vorkommen in Brandenburg, den Kelsterbacher Wald und andere Wälder um den Flughafen Frankfurt/Main (Hessen), das Moseltal zwischen Alf und Bullay sowie weitere Vorkommen in Rheinland-Pfalz, das Rheintal in Bonn und Umgebung (Nordrhein-Westfalen), das Vogelsangbachtal bei Heiligenhaus und den Diersfordter Forst bei Wesel (Nordrhein-Westfalen), die Umgebung des Starnberger Sees und des Ammersees südwestlich München (Bayern); das Elbetal, das Saaletal und andere Gebiete (Thüringen und Umgebung); die Umgebung von Basel (Nordrhein-Westschweiz), Winnweiler und Umgebung im Pfälzer Bergland (Rheinland-Pfalz); und die landesweite Erfassung in Hessen, England, Belgien, Niederlande, Spanien, Portugal und Slowenien. Einige Notizen in der Literatur über Vorkommen des Hirschkäfers (*Lucanus cervus*) in Polen werden ebenfalls zitiert. Die Beziehung zwischen der Geologie der Landschaft und der Verbreitung des Hirschkäfers (*Lucanus cervus*) in England wird auch kurz erläutert. Zusammenstellungen von neueren Forschungsprojekten über den

Hirschkäfer (*Lucanus cervus*) und laufenden Erfassungsaktionen der Populationen in verschiedenen Regionen finden sich im Internet unter den Adressen http://www.agnu-haan.de/hirschkaefer und http://maria.fremlin.de/stagbeetles.

34.1 Landkreis Elbe-Elster und andere Vorkommen in Brandenburg

Im Landkreis Elbe-Elster in Südbrandenburg hat Ralf Bekker von der Oberförsterei Elsterwerda südwestlich Cottbus unter Mithilfe der Bevölkerung eine Volkszählung des Hirschkäfers (*Lucanus cervus*) durchgeführt (Noack 2006, Rösler 2006, Bär 2008, Blankennagel 2008, Elbe-Elster-Rundschau 2008, Hartfelder 2008, Witscherkowsky 2008). Ralf Bekker hat seit 1974 insgesamt etwa 900 Funde des Hirschkäfers (*Lucanus cervus*) erfaßt (Elbe-Elster-Rundschau 2008) und hat aus dem Rücklauf der insgesamt etwa 10.000 verteilten Zähl- und Fragebögen sowie aus mündlichen und schriftlichen Meldungen in 2008 noch einmal insgesamt etwa 400 Funde des Hirschkäfers von etwa 100 Lokalitäten im Landkreis Elbe-Elster registriert (Blankennagel 2008, Hartfelder 2008). Ralf Bekker (schriftl. Mitt. 2008) konnte damit über einen Zeitraum von fast 35 Jahren das mehr oder weniger regelmäßige Auftreten von Individuen des Hirschkäfers (*Lucanus cervus*) an verschiedenen Lokalitäten im Landkreis Elbe-Elster konstatieren. Bei den in früheren Jahren durchgeführten Volkszählungen des Hirschkäfers (*Lucanus cervus*) wurden 126 Funde in 2003 (Rösler 2006) sowie 310 Funde in 2006 und 255 Funde in 2007 von insgesamt über 200 Lokalitäten gemeldet (Ralf Bekker, schriftl. Mitt. 2008; Bär 2008). Eine besonders reiche Population mit über 100 Exemplaren des Hirschkäfers (*Lucanus cervus*) pro Jahr wurde seit etwa 15 Jahren im Naturpark Niederlausitzer Heidelandschaft in Hohenleipisch nordnordöstlich Elsterwerda beobachtet, und dort wurden auch in 2008 über 100 Individuen gefunden (Rösler 2008 a, 2008 b, 2008 c, 2008 d). Besonders zahlreiche Exemplare des Hirschkäfers (*Lucanus cervus*) wurden außer im Naturpark Niederlausitzer Heidelandschaft in Hohenleipisch (Schulz 2003) auch in Elsterwerda-Biehla und im Parkgebiet Bad Liebenwerda gesichtet (Noack 2006). Die Volkszählung des Hirschkäfers (*Lucanus cervus*) wurde in 2008 auch auf den Landkreis Oberspree-Lausitz ausgedehnt (Witscherkowsky 2008).

Weitere Vorkommen des Hirschkäfers (*Lucanus cervus*) in Brandenburg sind um Gräbendorf südöstlich Königs Wusterhausen südöstlich Berlin (Togotzes 1998; Berliner Morgenpost 2001 a, 2006; Stephan 2003, 2006, 2008; Märkische Allgemeine 2005, 2008 c; Rümmler 2008, Voigt 2008), im Grunewald und im Spandauer Forst um Berlin (Berliner Morgenpost 2001 b), im Forst Dubrow bei Königs Wusterhausen südöstlich Berlin (Hesse 1920, Horion 1949 a, Schulze 1959, Schnurre 1961), um Guben nordöstlich Cottbus (Rusch 1974), in und um Hohenlobbese westlich Belzig südwestlich Potsdam (Gierke 2006), in und um Wiesenburg westsüdwestlich Belzig südwestlich Potsdam (Märkische Allgemeine 2008 a), in und um Holbeck ostsüdöstlich Luckenwalde (Franzke 2003; Ingo Richter, schriftl. Mitt. 2008), in und um Paaren im Glien nordöstlich Nauen westlich Berlin (Märkische Allgemeine 2006), im Havelland um Rathenow nordnordwestlich Brandenburg und um Falkensee am westlichen Stadtrand von Berlin (Geske 2005; Detlef Eichstädt, mündl. Mitt. 2008), in der Schorfheide zwischen Templin und Eberswalde nördlich und nordöstlich Berlin (Hartfelder 2008), im Spreewald zwischen Berlin und Cottbus (Schulz 2003, Elbe-Elster Rundschau 2006), in der Rochauer Heide südwestlich Luckau und im Görlsdorfer Wald südöstlich Luckau westnordwestlich Cottbus (Nadolski 1976, Kalz 1987, Hartfelder 2005), in und um Lübben westnordwestlich Cottbus (Märkische Allgemeine 2008 b) und bei Bremsdorf und Müllrose westlich und nordwestlich Eisenhüttenstadt (Hartfelder 2008) bekanntgeworden. Eine Verbreitungskarte des Hirschkäfers (*Lucanus cervus*) in Brandenburg ist in Beutler (2002) enthalten.

Im Haus des Waldes in Gräbendorf südöstlich Königs Wusterhausen wurde ein Hirschkäferpfad als Pflasterweg aus Eichenholzscheiben angelegt (Stephan 2003, Märkische Allgemeine 2005, Rümmler 2008), ist die Einrichtung eines Käfermuseums geplant (Rümmler 2008), und werden seit 1991 regelmäßig Hirschkäferfeste gefeiert (Radestock 1993 a, 1993 b; Berliner Morgenpost 2001 a, Stephan 2003) sowie Führungen durch die Hirschkäfer-Erlebniswelt mit Hirschkäferquiz durchgeführt (Berliner Morgenpost 2003, Märkische Allgemeine 2005), und ein Hirschkäferpfad als Pflasterweg aus Eichenholzscheiben wurde auch in der Revierförsterei in Holbeck ostsüdöstlich Luckenwalde installiert (Franzke 2003). Mit dem Projekt Methusalem wird die Erhaltung alter und abgestorbener Bäume als Lebensraum für den Hirschkäfer (*Lucanus cervus*) und andere holzbewohnende Insekten gefördert (Behrendt 2008).

34.2 Kelsterbacher Wald und andere Wälder um den Flughafen Frankfurt/Main (Hessen)

Im Kelsterbacher Wald um den Flughafen Frankfurt/Main ist im Mark- und Gundwald zwischen Rüsselsheim und Walldorf eine besonders umfangreiche Population des Hirschkäfers (*Lucanus cervus*) vorhanden, und deshalb wurden dort in 2005 mit Larven besetzte Baumwurzeln im Rahmen von Baumaßnahmen zur Erweiterung des Flughafens aus dem Boden entnommen und an Ersatzstandorten in anderen benachbarten Waldgebieten in Entfernungen von etwa 300 m bis etwa 1 km von den ursprünglichen Standorten umgesetzt (Ebert & Müller-Pfannenstiel 2008). Die etwa 50 Baumstubben, welche als Ergebnis einer Kartierung und Überprüfung mit hoher Wahrscheinlichkeit Larven des Hirschkäfers (*Lucanus cervus*) enthalten, wurden an den ursprünglichen Standorten mit einem selbstfahrenden Großbaumverpflanzungsgerät als Ballen von etwa 3 m Durchmesser und etwa 1,5 m Tiefe aus dem Boden ausgestochen und an den Ersatzstandorten in zuvor mit derselben Großbaumtransplantationsmaschine ausgestochene Löcher wieder in den Boden eingesetzt, bevor der Wald an den ursprünglichen Standorten für die Baumaßnahmen zur Erweiterung des Flughafens gerodet wurde. Die verpflanzten Baumstümpfe, in denen sich mit hoher Wahrscheinlichkeit Larven des Hirschkäfers (*Lucanus cervus*) befinden, wurden mit Holz abgedeckt oder eingezäunt, um ein mögliches Aufwühlen durch Wildschweine zu verhindern. Das Schlüpfen von zahlreichen Imagines des Hirschkäfers (*Lucanus cervus*) in 2006 und 2007 hat den Erfolg der Transplantation der mit Larven besetzten Baumwurzeln belegt.

Über die Umsetzung der etwa 50 Baumstubben, welche mit hoher Wahrscheinlichkeit Larven des Hirschkäfers (*Lucanus cervus*) enthalten, mit der Ballenstechmaschine im Kelsterbacher Wald um den Flughafen Frankfurt/Main wurde auch wiederholt in regionalen Tageszeitungen berichtet (unter anderen Lachmann 2004; Allgemeine Zeitung 2005, 2007; Berliner Morgenpost 2005 a; Frankfurter Allgemeine Zeitung 2005 a, 2007 a; Kapp 2005, Kölnische Rundschau 2005, Schubert 2005, Südhessen Morgen 2005 b, Frankfurter Rundschau 2006, Klein 2007, Mainzer Rhein-Zeitung 2007 a, Tinnappel 2007, Nassauische Neue Presse 2008). Zur Erfassung der Verbreitung der Population des Hirschkäfers (*Lucanus cervus*) im Kelsterbacher Wald um den Flughafen Frankfurt/Main, wo auf etwa 500 Hektar Fläche in jedem Jahr etwa 2.000 Exemplare leben, und in anderen Gebieten rund um den Flughafen Frankfurt/Main wurden umfangreiche Kartierungen und Aufnahmen durchgeführt (unter anderen Alvarez 2003, Baczyk 2004, Rippegather 2004, Frankfurter Allgemeine Zeitung 2005 b, Berliner Morgenpost 2005 b, Frankfurter Neue Presse 2005, Malten 2005; Ränsch 2005 a, 2005 b; Strecker 2005, Rost 2006), und es wurde auch eine Zusammenfassung der Lebensweise des Hirschkäfers (*Lucanus cervus*) in der regionalen Tagespresse veröffentlicht (Levermann 2002). Über analoge Umsetzungen von Baumstümpfen mit zahlreichen Larven des Hirschkäfers (*Lucanus cervus*) haben Day (1994) und Hawes (2000 b) berichtet.

In einer weiteren Ausbaustufe des Flughafens Frankfurt/Main ist die Umsetzung von etwa 250 Baumstümpfen, in denen sich mit hoher Wahrscheinlichkeit Larven des Hirschkäfers (*Lucanus cervus*) befinden, geplant (Schwan 2008). Im Schwanheimer Wald nördlich des Flughafens Frankfurt/Main wurden etliche Hirschkäfermeiler als zusätzliche Substrate für den Hirschkäfer (*Lucanus cervus*) angelegt (Allgemeine Zeitung 2007, Klein 2007, Mainzer Rhein-Zeitung 2007, Tinnappel 2007), und auch in anderen Wäldern in der Umgebung von Frankfurt/Main wurden Hirschkäferwiegen als alternative Substrate installiert (Frankfurter Allgemeine Zeitung 1995; Wiesbadener Kurier 2000, 2004). Über die Population des Hirschkäfers (*Lucanus cervus*) im Schwanheimer Wald wurde auch wiederholt in regionalen Tageszeitungen berichtet (unter anderen Baczyk 2004, Schmidt 2005, Frankfurter Neue Presse 2008, Venn 2008). In analoger Weise wurde im Himbacher Wald um Nidda nordöstlich Frankfurt eine Hirschkäferburg errichtet (Frankfurter Rundschau 2004). Weitere Vorkommen des Hirschkäfers (*Lucanus cervus*) im Großraum Frankfurt/Main sind im Frankfurter Stadtwald (Frankfurter Allgemeine Zeitung 1959, Baczyk 2004, Divisch 2004, Malten 2005, Allgemeine Zeitung 2007), im Dammbachtal und in Wiesbaden westlich Frankfurt/Main (Wiesbadener Kurier 2007, Heide 2008) und in und um Eppstein westnordwestlich Frankfurt/Main (Schmidt 2005, Weiner 2007) bekanntgeworden. Über die Verbreitung des Hirschkäfers (*Lucanus cervus*) im Gebiet um den Flughafen Frankfurt/Main haben auch Berger (1976) und Karner (1994) berichtet, und das Vorkommen des Hirschkäfers im Frankfurter Wald wurde bereits von Heyden (1904 a, 1904 b, 1908) gemeldet. Das Auftreten des Hirschkäfers (*Lucanus cervus*) im Schwanheimer Wald wurde auch von Cürten (1936, 1971), Hepp (1936), Tippmann (1954) und Weinreich (1963) beschrieben. Der Flughafen Frankfurt/Main ist allseits von Waldgebieten umgeben (Schwan 2008).

Weitere Meldungen von Vorkommen des Hirschkäfers (*Lucanus cervus*) in Hessen in der neueren Literatur betreffen den Eberstädter Wald südlich Darmstadt (Bergsträßer Anzeiger 2005), den Burgwald zwischen Frankenberg und Marburg (Weiss 1979; Melzer 2008 a, 2008 b), die Wälder um Kassel (Ochse 1993; Schaffrath 1994, 1997; Bernhardt 2008) und Eschwege (Schaffrath 1994, 1997), und den Raum um Oberweimar südlich Marburg (Zucchi & Zucchi 1982) und um Marburg (Bernhardt 2008). Eine ähnliche Umsetzaktion wie für die vom Hirschkäfer (*Lucanus cervus*) im Kelsterbacher Wald um den Flughafen Frankfurt/Main besiedelten Baumstubben wurde in der Großen Allee in Arolsen mit Brutbäumen des Eremiten oder Juchtenkäfers (*Osmoderma eremita*) durchgeführt, in dem gefällte Baumstämme im Wald in Gruppen zusammengestellt wurden (Schaffrath 1997). Ein Vorkommen des Nashornkäfers (*Oryctes nasicornis*) wurde aus Schwalbach nordwestlich Frankfurt/Main gemeldet (Behr 1996).

34.3 Moseltal zwischen Alf und Bullay sowie weitere Vorkommen in Rheinland-Pfalz

Im Moseltal zwischen Alf und Bullay wurde das Vorkommen des Hirschkäfers (*Lucanus cervus*) durch eine lokale Kartierung untersucht, und in Abschnitten der Täler von Mosel, Rhein und Lahn wurde eine regionale Kartierung seiner Verbreitung durchgeführt (Rink 2007). Einzelne Aspekte der Ergebnisse dieser Kartierung sind in Rink (2002) und Rink & Sinsch (2006, 2007 a, 2007 b, 2008 a, 2008 b, 2009) veröffentlicht, und über die Resultate dieser Studie wurde auch in der regionalen Tagespresse berichtet (Rhein-Zeitung 2007 a, 2007 b; Rhein-Nahe-Zeitung 2007). Im Rahmen der Erhebung der Verbreitung des Hirschkäfers (*Lucanus cervus*) im Moseltal wurden etliche Aufrufe zur Meldung von Beobachtungen in regionalen Tageszeitungen veröffentlicht (unter anderen Rhein-Zeitung 2003 a, 2003 b, 2004 a, 2004 b, 2004 c, 2005 a, 2005 b, 2006 a; Trierischer Volksfreund 2005), und es wurde auch eine Reportage im Fernsehen gesendet (Rhein-Zeitung 2006 a). Die Erfassung der Daten und die Auswertung der Nachweise des Hirschkäfers (*Lucanus cervus*) im Moseltal wurde unterstützt durch mehrere Stellen für ein freiwilliges ökologisches Jahr (Rhein-Zeitung 2004 a). Mehrere Funde des Hirschkäfers (*Lucanus cervus*) im Moseltal wurden auch durch Notizen in regionalen Tageszeitungen gemeldet (unter anderen Rhein-Zeitung 2004 d, 2006 b, 2008 a, 2008 b; Trierischer Volksfreund 2004). Über das Vorkommen des Hirschkäfers (*Lucanus cervus*) im Raum Koblenz am Rhein hat auch Roer (1980) berichtet, und das Auftreten des Hirschkäfers im Raum Cochem an der Mosel hat auch Müller (1937) erwähnt. Weitzel (1984, 2005) hat den Hirschkäfer (*Lucanus cervus*) wiederholt im Raum Trier an der Mosel nachgewiesen.

Die Verbreitung des Hirschkäfers (*Lucanus cervus*) in Teilen von Rheintal und Lahntal wurde auch von Lambert & Braun (2005) untersucht, und über diese Studie wurde auch in der regionalen Tagespresse berichtet (Rhein-Lahn-Zeitung 2005 a). Im Rahmen der Erhebung der Verbreitung des Hirschkäfers (*Lucanus cervus*) im Lahntal wurden mehrere Aufrufe zur Meldung von Beobachtungen in regionalen Tageszeitungen veröffentlicht (unter anderen Rhein-Lahn-Zeitung 2005 a, Steinhäuser 2006). Mehrere Funde des Hirschkäfers (*Lucanus cervus*) in Rheintal (unter anderen Rhein-Zeitung 2005 c, 2005 d, 2006 c, 2008 c) und Lahntal (unter anderen Rhein-Lahn-Zeitung 2004 a, 2004 b; Steinhäuser 2006) wurden auch durch Notizen in regionalen Tageszeitungen gemeldet. Etliche Nachweise von Exemplaren des Hirschkäfers (*Lucanus cervus*) in Moseltal, Rheintal und Lahntal wurden auch in faunistischen Jahresberichten veröffentlicht (Bosselmann 1995, 1996, 1998, 1999, 2003, 2008). Weitere Artikel in regionalen Tageszeitungen über das Erscheinen des Hirschkäfers (*Lucanus cervus*) und des Nashornkäfers (*Oryctes nasicornis*) in Moseltal, Rheintal, Lahntal und Umgebung betreffen die Entdeckung von Imagines und/oder Larven (Engerlingen) des Hirschkäfers (*Lucanus cervus*) in Holzlagerplätzen (Rhein-Zeitung 2008 a) und die Sichtung von Imagines und/oder Larven (Engerlingen) des Nashornkäfers (*Oryctes nasicornis*) im Freien in Gärten (Rhein-Zeitung 2005 g, Nahe-Zeitung 2006), im Freien im Wald (Öffentlicher Anzeiger 2005), in Komposthaufen in Gärten (Rhein-Zeitung 2004 e, 2004 f, 2005 e, 2007 c; Rhein-Nahe-Zeitung 2008), in Mulchhaufen in Gärten (Knur 2006), in Grünschnitthaufen in Recyclingbetrieben (Rhein-Zeitung 2008 d) und in Tresterhaufen in Weinbergen (Rhein-Zeitung 2005 f, 2007 c). Zur Unterstützung der Ansiedlung und Verbreitung des Hirschkäfers (*Lucanus cervus*) wurden in Wäldern auch Hirschkäfermeiler (Rhein-Lahn-Zeitung 2005 a) und Totholzdeponien (Rhein-Lahn-Zeitung 2005 b, Debusmann 2006, Mainzer Rhein-Zeitung 2007 b) angelegt.

34.4 Rheintal in Bonn und Umgebung (Nordrhein-Westfalen)

Im Rheintal in Bonn und Umgebung hat eine lokale Kartierung die Vorkommen des Hirschkäfers (*Lucanus cervus*) erfaßt (Hachtel, Schmidt & Chmela 2006; Hachtel, Schmidt, Chmela & Böhme 2007), und eine frühere Bearbeitung ist bereits durch Roer (1980) erfolgt. Im Rahmen der Erhebung der Verbreitung des Hirschkäfers (*Lucanus cervus*) in Bonn und Umgebung wurden mehrere Aufrufe zur Meldung von Beobachtungen in regionalen Tageszeitungen veröffentlicht (unter anderen Bonner General-Anzeiger 1978, 1979 a, 1979 b, 1980, 1982; Rhein-Zeitung 1978, 1979; Kölnische Rundschau 1990, 2006; Trierischer Volksfreund 1990, Steiner 1991), und es wurden auch Reportagen im Rundfunk gesendet sowie Vorträge mit Filmvorführungen veranstaltet (Bonner General-Anzeiger 2008 a). In mehreren Waldgebieten in der Umgebung von Bonn wurden etliche Hirschkäfermeiler als zusätzliche Substrate für den Hirschkäfer (*Lucanus cervus*) angelegt (welche in Pressemitteilungen als Käfer-Hotels bezeichnet wurden; Gombert 2007, Kölner Stadtanzeiger 2007, Schumacher 2007, Bonner General-Anzeiger 2008 b), und es wurden auch einige Waldgebiete in der Umgebung von Bonn als Naturschutzgebiete ausgewiesen (Manhold 2002, Pfaff 2008). Die Ansiedlung des Hirschkäfers (*Lucanus cervus*) durch Errichtung von Hirschkäfermeilern ist auch in anderen Waldgebieten in der Umgebung von Bonn geplant (Roßmöller 2007).

Über das Vorkommen des Hirschkäfers (*Lucanus cervus*) im Raum Bonn haben auch Müller (1937), Koch (1968), Roer (1980) und Otzen (2007) berichtet. Meldungen von Funden des Nashornkäfers (*Oryctes nasicornis*) im Raum Köln wurden ebenfalls wiederholt in regionalen Tageszeitungen veröffentlicht (unter anderen Kinzler 2005, Himstedt 2007; Kölnische Rundschau 2007, 2008). Informationen über den aktuellen Stand der Erhebung der Verbreitung des Hirschkäfers (*Lucanus cervus*) im Raum um Bonn können im Internet unter der Adresse http://www.BioStation-Bonn.de eingesehen werden, und Informationen über Aktionen zur Erfassung der Bestände des Hirschkäfers (*Lucanus cervus*) im Raum Düsseldorf/Mettmann und Umgebung finden sich im Internet unter der Adresse http://www.agnu-haan.de/hirschkaefer. Übersichten über Verbreitung und Lebensweise des Hirschkäfers (*Lucanus cervus*) in Nordrhein-Westfalen sind auch im Internet unter den Adressen http://www.bskw.de, http://www.bs-uk.de und http://www.natura2000.munlv.nrw.de enthalten.

34.5 Vogelsangbachtal bei Heiligenhaus und Diersfordter Forst bei Wesel (Nordrhein-Westfalen)

In zwei Seitentälern des Vogelsangbachtales, dem Fuchslochbachtal und dem Siepener Bachtal, bei Heiligenhaus nordöstlich Düsseldorf wurden größere Bestände des Hirschkäfers (*Lucanus cervus*) nachgewiesen (Wenzel 2001 a, Hilpüsch 2004, Westdeutsche Allgemeine Zeitung 2004). Weitere bedeutende Vorkommen des Hirschkäfers (*Lucanus cervus*) in Nordrhein-Westfalen befinden sich im Diersfordter Forst bei Wesel (Wenzel 2001 a, Gerten 2006, Kretschmer 2007 a, http://www.bskw.de), im Raum um Dorsten und Haltern (Erfmann 2007, Westdeutsche Allgemeine Zeitung 2007) und im Raum um Solingen und Leichlingen (Leichlinger Nachrichten 1977). Aufrufe zur Meldung von Nachweisen des Hirschkäfers (*Lucanus cervus*) in Teilen von Nordrhein-Westfalen haben unter anderen Kretschmer (1998, 2007 b), Kölner Stadtanzeiger (2002, 2008), Kölnische Rundschau (2002), Gerten (2006), Erfmann (2007) und Westdeutsche Allgemeine Zeitung (2007) veröffentlicht.

34.6 Umgebung des Starnberger Sees und des Ammersees südwestlich München (Bayern)

In der Umgebung des Starnberger Sees und des Ammersees südwestlich München sind Populationen des Hirschkäfers (*Lucanus cervus*) unter anderen in den Ammerleiten zwischen Erling, Herrsching und Pähl südwestlich bis westsüdwestlich Starnberg (Geiser in Kuhn 2003, Werner 2005), in der Region zwischen den Ammerleiten bei Fischen südwestlich Starnberg und den Amperleiten bei Schöngeising nordwestlich Starnberg (Werner 2005, Guckelsberger 2007), in den Ramseeleiten zwischen Herrsching und Aidenried südwestlich bis westsüdwestlich Starnberg (Geiser in Kuhn 2003, Werner 2008) und im Dellinger Buchet um Gut Delling nordwestlich Starnberg (Werner 2005) vorhanden. Im Zuge von geplanten Baumaßnahmen wurden in der Umgebung von Starnberg unter anderen

Vorkommen des Hirschkäfers (*Lucanus cervus*) in der Eichenallee in Seefeld westnordwestlich Starnberg (unter anderen Kuhn 2003; Prochaska 2004, 2008; Werner 2005, Deussing 2008, Warkocz 2008), in Wörthsee nordwestlich Starnberg (unter anderen Kuhn 2003, Sarring 2003, Werner 2005, Süddeutsche Zeitung 2006, Setzwein 2007 a), in Steinebach nordwestlich Starnberg (Geiser in Kuhn 2003), in Weßling nordwestlich Starnberg (unter anderen Kuhn 2003, Kerschbaum 2004, Werner 2005, Prochaska 2005, Setzwein 2007 b), und zwischen Murnau am Staffelsee und Bad Kohlgrub südsüdwestlich Starnberg (Ringler & Siess 1995, Geiser in Kuhn 2003) berichtet. Weitere Vorkommen des Hirschkäfers (*Lucanus cervus*) in Bayern wurden aus Passau (Werner 2005), Donauleiten zwischen Passau und Engelhartszell (Thym 2005; Peter Sandmaier, mündl. Mitt. 2008), Bergheim nordöstlich Neuburg an der Donau westsüdwestlich Ingolstadt (Weichselbaumer 2003), Gerolfing westlich Ingolstadt (Süddeutsche Zeitung 2007) und Bad Windsheim westnordwestlich Nürnberg (Bußler 1990) sowie aus dem Bayerischen Wald (Apfelbacher & Geiß 2006) gemeldet. Zur Unterstützung der Verbreitung und Erhaltung der Bestände wurden auch etliche Hirschkäfermeiler als zusätzliche Substrate für den Hirschkäfer (*Lucanus cervus*) angelegt (unter anderen Werner 2005, Guckelsberger 2007).

34.7 Elbetal, Saaletal und andere Gebiete (Thüringen und Umgebung)

Beobachtungen und Funde von Exemplaren des Hirschkäfers (*Lucanus cervus*) in Elbetal, Saaletal und anderen Gebieten in Thüringen und Umgebung wurden wiederholt in Artikeln in regionalen Tageszeitungen veröffentlicht, wobei die Lokalitäten (in alphabetischer Reihenfolge) Bad Kösen südwestlich Naumburg im Saaletal (Mitteldeutsche Zeitung 2008 d), Bennungen westlich Sangerhausen (Mitteldeutsche Zeitung 2008 c), Breitungen westnordwestlich Sangerhausen (Mitteldeutsche Zeitung 2006 c, 2006 d), Dessau im Elbetal (Mitteldeutsche Zeitung 2006 b, 2008 a), Köthen (Bartl 2008 a, 2008 b), Leißling südwestlich Weißenfels (Stolper-Heinike 2004, 2006), Petersroda südlich Bitterfeld (Mitteldeutsche Zeitung 2007), Raguhn nördlich Bitterfeld im Muldetal (Mitteldeutsche Zeitung 2004), Roßbach nordwestlich Weißenfels im Saaletal (Mitteldeutsche Zeitung 2008 b), Roßlau im Elbetal (Mitteldeutsche Zeitung 1999), Sangerhausen (Mitteldeutsche Zeitung 1996 a) und Wangen südwestlich Nebra im Unstruttal (Stöckel 2008 a, 2008 b) umfassen. Weitere Meldungen über Nachweise von Individuen des Hirschkäfers (*Lucanus cervus*) in Thüringen wurden ohne Angabe von Lokalitäten publiziert (Mitteldeutsche Zeitung 1996 b, 2006 a). Zur Unterstützung der Erhaltung der Bestände wurden in manchen Orten auch Hirschkäfermeiler als zusätzliche Substrate für den Hirschkäfer (*Lucanus cervus*) angelegt (Stolper-Heinike 2006). Vorkommen des Hirschkäfers (*Lucanus cervus*) in der Umgebung von Dessau und Raguhn wurden bereits von Kühnel & Neumann (1981) erwähnt.

34.8 Umgebung von Basel (Nordwestschweiz)

In der Umgebung von Basel wurden fünf Standorte des Hirschkäfers (*Lucanus cervus*) während eines Zeitraums von zehn Jahren regelmäßig untersucht, und die Ergebnisse der Studie an den Lokalitäten Basel sowie Muttenz, Münchenstein und Arlesheim im Bereich des Birstales südlich Basel wurden monographisch zusammengestellt (Sprecher-Uebersax 2001). Weitere Vorkommen des Hirschkäfers (*Lucanus cervus*) im Raum um Basel wurden durch Auswertung von Sammlungsmaterial und Meldungen nach Aufrufen in regionalen Tageszeitungen (unter anderen Hofmann 1996; Basler Zeitung 1997, 2004; Müller 2000, Amrhein 2001, Hicklin 2004) und in mehreren Zeitschriften (unter anderen Sprecher-Uebersax 2002 b, Salamandre 2005, Tierwelt 2005) ermittelt. Einzelne Resultate der Forschungen über den Hirschkäfer (*Lucanus cervus*) in der Region Basel sind in Sprecher-Uebersax (1995, 2002 a, 2002 b) und Sprecher-Uebersax & Durrer (1998 a, 1998 b, 2001 a, 2001 b) publiziert, und weitere Daten über die Verbreitung von Käfern im Raum um Basel wurden in Hartmann & Sprecher (1990) veröffentlicht. Eine Folgeuntersuchung zur Verbreitung des Hirschkäfers (*Lucanus cervus*) wurde auch im Tessin südlich der Alpen durchgeführt und mit den Ergebnissen aus dem Gebiet um Basel nördlich der Alpen verglichen (Moretti & Sprecher-Uebersax 2004 a, 2004 b). Maßnahmen zur Förderung der Verbreitung des Hirschkäfers (*Lucanus cervus*) wurden auch im Fricktal ostsüdöstlich Basel eingeleitet (Schmid 1990). Notizen über Vorkommen im Raum um Basel und Projekte zur Unterstützung der Verbreitung des Hirschkäfers (*Lucanus cervus*) wurden ebenfalls wiederholt in der regionalen Tagespresse abgedruckt (unter anderen Basler Zeitung 2002 a, 2002 b; Eigenberger 2006, Ugolini 2006, Wittwer 2006, Petrin 2007).

34.9 Winnweiler und Umgebung im Pfälzer Bergland (Rheinland-Pfalz)

In Winnweiler und Umgebung im Pfälzer Bergland (Rheinland-Pfalz) hat Adolf Stauffer (schriftl. Mitt. 2008) in etlichen Jahren zahlreiche Beobachtungen und Funde von Exemplaren des Hirschkäfers (*Lucanus cervus*) notiert, welche in faunistischen Jahresberichten veröffentlicht wurden (Bosselmann 1994, 1996, 1998, 2005, 2006, 2007). Die Nachweise von Individuen des Hirschkäfers (*Lucanus cervus*) durch Adolf Stauffer (schriftl. Mitt. 2008) in Winnweiler und Umgebung umfassen ein totes Männchen am 08.07.1993 und ein Männchen am 25.05.2006 in Winnweiler; ein Männchen am 28.06.1993, ein totes Weibchen am 29.06.1993, ein Weibchen am 08.07.1993, zwei Männchen am 04.05.1995 und ein Männchen am 29.05.1997 in Gonbach südöstlich Winnweiler; ein Weibchen am 30.06.1993 und ein Weibchen in der Zeit vom 28.05.1995 bis 12.08.1995 in Münchweiler südöstlich Winnweiler, ein Männchen am 03.07.1993 in Wartenberg südlich Winnweiler, ein Männchen in der Zeit vom 28.05.1995 bis 12.08.1995 in Sembach südlich Winnweiler, ein Weibchen in der Zeit vom 28.05.1995 bis 12.08.1995 in Enkenbach südsüdöstlich Winnweiler, zwei Männchen in 2008 in Steinbach ostnordöstlich Winnweiler, ein Männchen in der Zeit vom 28.05.1995 bis 12.08.1995 in Falkenstein nordnordöstlich Winnweiler, ein Weibchen am 15.07.1997 und zwei Männchen in 2008 in Imsbach nordöstlich Winnweiler, ein Männchen in der Zeit vom 28.05.1995 bis 12.08.1995 in Kirchheimbolanden nordöstlich Winnweiler; ein Männchen am 15.07.2004, ein Männchen am 26.05.2005 und ein totes Männchen in 2008 in Bolanden nordöstlich Winnweiler; und ein totes Männchen am 18.08.1997 in Orbis nordöstlich Winnweiler.

In den vorgenannten faunistischen Jahresberichten wurden auch weitere Beobachtungen und Funde des Hirschkäfers (*Lucanus cervus*) in Rheinland-Pfalz publiziert, welche unter anderen die Orte (in alphabetischer Reihenfolge) Andernach im Rheintal nordwestlich Koblenz (Bosselmann 1995), Bad Ems im Lahntal östlich Koblenz (Bosselmann 2008), Baybachtal bei Leiningen im Hunsrück südlich Koblenz (Bosselmann 1999), Bell in der Osteifel westnordwestlich Koblenz (Bosselmann 2001), Dahn im Pfälzer Wald ostsüdöstlich Pirmasens (Bosselmann 1995, 2009), Dieblich im Moseltal südwestlich Koblenz (Bosselmann 1995), Erfweiler im Pfälzer Wald ostsüdöstlich Pirmasens (Bosselmann 1995), Friedrichsthal im Saarland westnordwestlich Homburg (Bosselmann 1996), Gaulsheim im Rheintal östlich Bingen (Bosselmann 1995), Hetzhof im Moseltal ostnordöstlich Wittlich (Bosselmann 1999), Horterhof im Pfälzer Bergland westlich Worms (Bosselmann 1998), Kamp-Bornhofen im Rheintal südlich Koblenz (Bosselmann 2003), Kobern-Gondorf im Moseltal südwestlich Koblenz (Bosselmann 1998, 2001), Kottenheim in der Osteifel westlich Koblenz (Bosselmann 1995), Lahnstein im Rheintal südsüdöstlich Koblenz (Bosselmann 1995), Miehlen im Rheingau südöstlich Koblenz (Bosselmann 1995), Monreal in der Osteifel westlich Koblenz (Bosselmann 1996), Niederbreitbach im Westerwald nordnordwestlich Koblenz (Bosselmann 1995, 1999, 2000), Rodenbach im Pfälzer Wald nordwestlich Kaiserslautern (Bosselmann 1995, 1999), Schifferstadt im Rheintal nördlich Speyer (Bosselmann 1996), Waldmohr im Pfälzer Wald westnordwestlich Kaiserslautern (Bosselmann 1998), Wengelsburg Schönau im Pfälzer Wald südöstlich Pirmasens (Bosselmann 1995) und Winningen im Moseltal südwestlich Koblenz (Bosselmann 1996) beinhalten.

In den vorgenannten faunistischen Jahresberichten wurden auch mehrere Nachweise des Nashornkäfers (*Oryctes nasicornis*) in Rheinland-Pfalz veröffentlicht, welche unter anderen die Orte (in alphabetischer Reihenfolge) Kindenheim im Pfälzer Bergland westsüdwestlich Worms (Bosselmann 1998), Laacher See in der Osteifel westnordwestlich Koblenz (Bosselmann 1995), Laubenheim im Rheintal südlich Mainz (Bosselmann 2000), Mayen in der Osteifel westlich Koblenz (Bosselmann 1995) und Welling in der Osteifel westlich Koblenz (Bosselmann 1996, 2004) einschließen.

34.10 Landesweite Erfassung in Hessen

In 2005 wurde von Hessen-Forst eine landesweite Erfassung der Bestände des Hirschkäfers (*Lucanus cervus*) in Hessen gestartet (Geske 2007, Hessen-Forst 2007), welche sich an den bereits in 1998 und 2002 in England erfolgreich durchgeführten Aktionen (national stag beetle survey; Percy, Bassford & Keeble 2000; Smith 2003; great stag hunt; http://www.ptes.org, http://maria.fremlin.de/stagbeetles) orientiert hat. In Hessen wurden dazu in 2005 zahlreiche Aufrufe zur Meldung von Beobachtungen des Hirschkäfers (*Lucanus cervus*) in regionalen und lokalen Tageszeitungen veröffentlicht sowie Berichte in Rundfunk und Fernsehen gesendet, und die eingegangenen über 1.500 Nachweise von zahlreichen Beobachtern in ganz Hessen wurden durch telefonische und persönliche Rückfragen überprüft, vervollständigt und ausgewertet (Geske 2007, Hessen-Forst 2007).

Von den über 1.500 Meldungen von Beobachtungen des Hirschkäfers (*Lucanus cervus*) im Rahmen der landesweiten Erfassung in Hessen entfallen etwa 1.200 Funde auf Südhessen (Bock 2005, Bürstadter Zeitung 2005; Südhessen Morgen 2005 b, 2005 c), welche hauptsächlich aufgrund von Aufrufen in regionalen Tageszeitungen (unter anderen Wiesbadener Kurier 2005, Wiesbadener Tagblatt 2005, Allgemeine Zeitung 2006) zugetragen wurden, und die anderen etwa 300 Funde verteilen sich auf Westhessen, Osthessen und Nordhessen (Verbreitungskarten in Geske 2007, Hessen-Forst 2007). Basierend auf den Ergebnissen der landesweiten Erfassung der Bestände des Hirschkäfers (*Lucanus cervus*) in Hessen in 2005 wurde in 2007 mit dem Aufbau eines Beobachternetzes für den Hirschkäfer in Hessen begonnen (Geske 2007, Hessen-Forst 2007, http://www.hessen-forst.de).

34.11 Landesweite Erfassung in England

In England wurden in 1998 und 2002 Aktionen zur landesweiten Erfassung der Bestände des Hirschkäfers (*Lucanus cervus*) durchgeführt (national stag beetle survey; Percy, Bassford & Keeble 2000; Smith 2003; great stag hunt; http://www.ptes.org, http://maria.fremlin.de/stagbeetles). Im Rahmen der Erhebung der Verbreitung des Hirschkäfers (*Lucanus cervus*) in England wurden etliche Aufrufe zur Meldung von Beobachtungen in regionalen Tageszeitungen und Fachzeitschriften (Lewis 1998, 1999; Pratt 2002) veröffentlicht, und es wurden auch Reportagen in Fernsehen und Rundfunk gesendet (Napier 1999). Als Ergebnis der Auswertung der während der Bestandsaufnahme gesammelten Funde wurden in 1998 insgesamt 9.381 und in 2002 insgesamt 2.830 bestätigte Nachweise des Hirschkäfers (*Lucanus cervus*) gemeldet, welche sich überwiegend in Südengland konzentrieren (Verbreitungskarten in Hawes 1999 a, Napier 1999, Pratt 2003, Smith 2003). Die Meldungen mit Geschlechtsbestimmung der Exemplare des Hirschkäfers (*Lucanus cervus*) umfassen 8.334 Individuen in 1998 (davon 54,3 % Männchen und 45,7 % Weibchen) und 3.189 Individuen in 2002 (davon 51,9 % Männchen und 48,1 % Weibchen; Smith 2003, Hawes 2005 b). Neben den beiden hauptsächlichen Kampagnen in 1998 und 2002 wurden weitere Erhebungen in 1999, 2000 und 2001 (Smith 2003) sowie von 2005 bis 2008 durchgeführt, wobei in 2006 insgesamt 2.412 Exemplare des Hirschkäfers (*Lucanus cervus*) und in 2007 insgesamt über 6.000 Individuen gezählt wurden (http://maria.fremlin.de/stagbeetles). In einer weiteren Untersuchung wurden in 2004 insgesamt 293 Nachweise des Hirschkäfers (*Lucanus cervus*) und in 2005 insgesamt 235 Meldungen beigesteuert (http://www.richenvironmentnet.org.uk).

Ergebnisse dieser Studien der Verbreitung des Hirschkäfers (*Lucanus cervus*) in England wurden unter anderen in Bowdrey (1997), Hawes (1998 a, 1998 b, 1998 c, 1999 a, 1999 b, 1999 c, 2000 a, 2000 b, 2002 a, 2002 b, 2003 a, 2003 b, 2005 a, 2005 b, 2006 a, 2006 b, 2007 a, 2008 b, 2008 e), Frith (1998 a, 1999), Napier (1999); Percy, Bassford & Keeble (2000); Robb (2001), Harvey & Gange (2003, 2006), Smith (2003), Margot (2005), Harvey (2007) und Fremlin (2008, 2009) veröffentlicht. Weitere neuere Publikationen über das Vorkommen des Hirschkäfers (*Lucanus cervus*) in England wurden unter anderen von Key (1996), Pratt (2000, 2003), Sutton (2002, 2003), Fremlin (2005, 2007, 2009) und Whitehead (2007) vorgelegt, und darüber hinaus sind eine zusammenfassende Studie in Vorbereitung (Hawes 2010) und ein Fortschrittsband in Herausgabe (Harvey & Gange 2009). Zur Unterstützung der Verbreitung und Erhaltung der Bestände wurden auch etliche Hirschkäfermeiler als zusätzliche Substrate für den Hirschkäfer (*Lucanus cervus*) angelegt (unter anderen Hawes 2000 b, 2003 b; Battell 2003, Rose 2005).

34.12 Beziehung zwischen Geologie der Landschaft und Verbreitung des Hirschkäfers

In England ist auch eine Beziehung zwischen dem geologischen Aufbau der Landschaft und der Verbreitung des Hirschkäfers (*Lucanus cervus*) vor allem aus den Ergebnissen der landesweiten Erfassung der Bestände ersichtlich (Whitehead 1993; Hawes 1998 a, 1999 a, 2000 a, 2005 a; Frith 1999, Napier 1999; Pratt 2000, 2003). Die Verbreitung des Hirschkäfers (*Lucanus cervus*) in England umfaßt vor allem Gebiete, in denen die Oberfläche der Landschaft aus sandigen und kiesigen Sedimenten aufgebaut ist, wohingegen Gebiete mit tonigen Ablagerungen und Kreide an der Oberfläche offensichtlich gemieden werden. Im Raum Suffolk ist die Verbreitung des Hirschkäfers (*Lucanus cervus*) besonders mit mächtigen gutentwässerten und gutdurchlüfteten, sandigen und lehmigen Böden auf fluviatilen und aeolischen sandigen und kiesigen Sedimenten assoziiert (Hawes 1999 a, 2000 a, 2005 a).

Die Beziehung zwischen dem geologischen Aufbau der Landschaft und der Verbreitung des Hirschkäfers (*Lucanus cervus*) ist vermutlich besonders darin begründet, daß leichte sandige und kiesige Böden das Graben der Imagines bei Eiablage, Ausschlüpfen, Sonnenschutz und Ruhezeiten sowie die Wanderung der Larven bei Wachstum und Verpuppung im Substrat erleichtern, wohingegen schwere tonige und kreidige Böden die Fortbewegung der Imagines und Larven im Substrat erschweren (Napier 1999; Hawes 2000 a, 2005 a). Mächtige gutentwässerte und gutdurchlüftete, sandige und lehmige Böden auf fluviatilen und aeolischen sandigen und kiesigen Sedimenten bieten die besten edaphischen Bedingungen für die Entwicklung des Hirschkäfers (*Lucanus cervus*) wegen ihrer weicheren Konsistenz in trockenem und feuchtem Zustand, ihres geringeren Wassergehaltes, ihrer leichteren Erwärmung, ihrer schnelleren Drainage bei Überflutung durch Regen und Hochwasser und ihrer besseren Durchlüftung als schwere tonige und kreidige Böden (Hawes 2005 a). Zusammenhänge zwischen der Verbreitung des Hirschkäfers (*Lucanus cervus*) und den meteorologischen Einflußfaktoren von Temperatur und Niederschlägen hat Pratt (2000, 2003) zusammengefaßt. Bemerkungen über eine Beziehung zwischen dem geologischen Aufbau der Landschaft und der Verbreitung des Hirschkäfers (*Lucanus cervus*) in Belgien sind in Thomaes, Beck, Crevecoeur, Engelbeen, Cammaerts & Maes (2007) enthalten.

34.13 Landesweite Erfassung in Belgien, Niederlande, Spanien, Portugal und Slowenien

Ähnliche Aktionen zur landesweiten Erfassung der Bestände des Hirschkäfers (*Lucanus cervus*) wie in England, in deren Zusammenhang auch etliche Beiträge zur Verbreitung und Lebensweise in der Literatur veröffentlicht wurden, wurden auch in Belgien (Thomaes & Vandekerkhove 2004; Thomaes, Beck, Crevecoeur, Engelbeen, Cammaerts & Maes 2007; Thomaes, Kervyn, Beck & Cammaerts 2008; Thomaes, Kervyn & Maes 2008; Thomaes 2009), Niederlande (Krikken & Pijpers 1982, Cuppen 1992, Hermans 1994, Jansen 2000, Huijbregts 2003; Smit 2004, 2005, 2008; Smit & Hendriks 2005; Smit, Krekels & Verheggen 2005; Smit & Krekels 2006), Spanien (Rodriguez 1989; Proyecto Ciervo Volante 1995, 1996, 2000; Melic 1997, López-Colón 2000, Méndez 2003; Méndez Iglesias 2004, 2005, 2008; Méndez Iglesias & Quirós Menéndez 2005, Ruiz Manzanos 2005, Blanco Villero & Sáez Bolaño 2007; Remedios, Méndez & Lobo 2009), Portugal (Grosso-Silva 1999) und Slowenien (Vrezec & Kapla 2007 a, 2007 b; Vrezec 2008) durchgeführt. Zur Unterstützung der Verbreitung und Erhaltung der Bestände wurden auch etliche Hirschkäfermeiler als zusätzliche Substrate für den Hirschkäfer (*Lucanus cervus*) angelegt (Huijbregts 2003, Smit 2005, Smit & Hendriks 2005, Smit & Krekels 2006).

34.14 Verschiedene Vorkommen in Polen

Die Verbreitung des Hirschkäfers (*Lucanus cervus*) in Polen wurde von Strojny (1970) zusammengefaßt. Meldungen über Vorkommen des Hirschkäfers (*Lucanus cervus*) in Polen wurden unter anderen von Pawłowski (1961), Kaźmierczak (1968), Olszewski (1973), Bereszyński & Czerwińska (1978), Konca (1979), Duda & Radkiewicz (1982) und Karczewski (1983) veröffentlicht, und einen Beitrag über das Auftreten des Nashornkäfers (*Oryctes nasicornis*) in Polen hat Kordylas (1986) publiziert.

35 Beurteilung des Hirschkäfer-Jahres 2008

Die Fülle der Beobachtungen des Hirschkäfers (*Lucanus cervus*) an den von mir untersuchten Standorten, insbesondere an dem herausragenden Vorkommen in Tairnbach, und an zahlreichen Lokalitäten von über 600 Naturfreunden, welche sich aufgrund meiner Aufrufe zur Mitteilung von Beobachtungen des Hirschkäfers (*Lucanus cervus*) in regionalen Tageszeitungen (Rhein-Neckar-Zeitung 2008 a, 2008 b, 2008 c, 2008 d; Schwetzinger Zeitung 2008, Bruchsaler Rundschau 2008) bei mir gemeldet haben und mir über ihre Beobachtungen des Hirschkäfers (*Lucanus cervus*) im Raum um Heidelberg und Mannheim berichtet haben, ermöglichen eine Beurteilung des Jahres 2008 als ein sehr gutes Hirschkäfer-Jahr. Dieser exzellenten Einstufung liegt die Erkenntnis zugrunde, daß im Jahr 2008 mehrere unterstützende Faktoren in günstiger Konstellation einen sehr positiven Gesamteffekt bewirkt haben. Diese Faktoren sind vor allem der Entwicklungszyklus der Populationen und die Erholung der Bestände des Hirschkäfers (*Lucanus cervus*). Meine wichtigste Schlußfolgerung aus der vorliegenden Studie ist deshalb, daß nach meiner Einschätzung aktuell keine akute Gefährdung des Hirschkäfers (*Lucanus cervus*) im Raum um Heidelberg und Mannheim vorliegt.

Langfristig wird die Stabilisierung und Erweiterung der Populationen des Hirschkäfers (*Lucanus cervus*) möglicherweise durch den fortschreitenden Klimawandel begünstigt, welcher im Falle des Eintreffens der heutigen Prognosen in einigen Jahrzehnten sogar eine Expansion des Hirschkäfers (*Luanus cervus*) über die bestehenden stabilen Populationen in den aktuell besiedelten Gebieten hinaus in benachbarte Areale stimulieren könnte, in denen bisher lediglich instabile oder gar keine Populationen ausgebildet waren, und auch eine Migration in höher gelegene Regionen auslösen könnte, in denen ebenfalls bisher nur sporadische lokale oder isolierte endemische Populationen entwickelt waren oder welche bisher gar keine Standorte des Hirschkäfers (*Lucanus cervus*) beherbergt haben. Das außergewöhnlich zahlreiche Auftreten von Exemplaren des Hirschkäfers (*Lucanus cervus*) in 2008 kann jedoch nicht mit langfristigen klimatischen Veränderungen in Zusammenhang gebracht werden, sondern wurde vermutlich teilweise durch den besonders heißen und trockenen Sommer 2003 begünstigt. Die besonders heißen und trockenen Sommer 1994 und 2003 werden als Modell für die Entwicklung der Populationen des Hirschkäfers (*Lucanus cervus*) in der Zukunft skizziert.

Als Resonanz auf meine Aufrufe zur Mitteilung von Beobachtungen des Hirschkäfers (*Lucanus cervus*) in regionalen Tageszeitungen (Rhein-Neckar-Zeitung 2008 a, 2008 b, 2008 c, 2008 d; Schwetzinger Zeitung 2008, Bruchsaler Rundschau 2008) haben mir viele Naturfreunde mitgeteilt, daß sie in den letzten 10 - 20 Jahren oder sogar in den letzten 30 - 50 Jahren noch nie so viele Exemplare des Hirschkäfers (*Lucanus cervus*) in einem Jahr gesehen haben wie in 2008. Etliche Naturfreunde haben in 2008 besonders häufig Individuen des Hirschkäfers (*Lucanus cervus*) beobachtet, wohingegen ihnen in den zurückliegenden 5 - 10 Jahren oder sogar in den vorhergehenden 10 - 20 Jahren nur gelegentlich einzelne Exemplare aufgefallen sind. Zahlreiche Naturfreunde sind in 2008 sogar erstmals in den 20 - 90 Jahren ihres Lebens Individuen des Hirschkäfers (*Lucanus cervus*) in der Natur begegnet, oder haben erst in 2008 nach langer Zeit wieder einmal Exemplare in der Natur angetroffen, nachdem sie vorher letztmals vor 10 - 70 Jahren Individuen in der Natur entdeckt hatten. Die verschiedenen unterstützenden Faktoren, welche in 2008 in günstiger Konstellation einen sehr positiven Gesamteffekt bewirkt haben und zu der außergewöhnlich reichhaltigen Populationsstärke des Hirschkäfers (*Lucanus cervus*) wesentlich beigetragen haben, werden nachstehend erläutert.

35.1 Entwicklungszyklus der Populationen

Das sehr gute Hirschkäfer-Jahr 2008 wurde offensichtlich besonders durch einen günstigen Entwicklungsstand zahlreicher Populationen des Hirschkäfers (*Lucanus cervus*) an außerordentlich vielen Lokalitäten ermöglicht. Der mehrjährige Entwicklungszyklus des Hirschkäfers (*Lucanus cervus*) hat augenscheinlich in 2008 an ungewöhnlich zahlreichen Stellen sein Endstadium mit dem Schlüpfen und Ausfliegen der Imagines erreicht. Die Flugzeit des Hirschkäfers (*Lucanus cervus*) von etwa Anfang bis Mitte Mai bis etwa Mitte bis Ende Juli oder Anfang August fiel im Jahr 2008 in eine Abfolge mehrerer länger anhaltender Perioden sommerlich warmen und sonnigen Wetters, welche lediglich durch einige kürzere Phasen wechselhaften Wetters mit reduzierten Temperaturen, verstärkter Bewölkung, vermehrten Niederschlägen und phasenweise stärkerem Wind unterbrochen wurden. Die Flugzeit des Hirschkäfers (*Lucanus cervus*) umfaßte in ihrer gesamten Spanne in 2008 die erste Schönwetterperiode vor den Eisheiligen, die zweite Schönwetterperiode zwischen Eisheiligen und Schafskälte, die dritte Schönwetterperiode zwischen Schafskälte und Julikälte, und die vierte Schönwetterperiode zwischen Julikälte und Augustkälte, wobei die meisten Populationen die Höhepunkte ihrer Aktivität in der zweiten Schönwetterperiode vom 19.05.2008 bis 12.06.2008 und in der dritten Schönwetterperiode vom 18.06.2008 bis 05.07.2008 erreicht haben. Die günstige Häufung der Endpunkte der Metamorphose in zahlreichen Populationen des Hirschkäfers (*Lucanus cervus*) an überdurchschnittlich vielen Lokalitäten in einem optimalen meteorologischen Umfeld hat sicher auch die Fortpflanzung und Eiablage unterstützt und dadurch mit dazu beigetragen, daß die Existenz der nächsten Generation des größten mitteleuropäischen Käfers an einer Fülle von Orten begründet und gesichert werden konnte.

Die Unterschiede in der Zahl der Beobachtungen des Hirschkäfers (*Lucanus cervus*) zwischen dem sehr guten Hirschkäfer-Jahr 2008 und den vorhergehenden Jahren mit wesentlich weniger Registrierungen des Auftretens des größten mitteleuropäischen Käfers sind in ähnlicher Weise im Ablauf des mehrjährigen Entwicklungszyklus in zahlreichen Populationen an vielen Lokalitäten begründet wie beim Maikäfer (*Melolontha*). Der Feldmaikäfer (*Melolontha melolontha*) war in 2007 an den Standorten Tairnbach und Nußloch in zahlreichen Individuen vertreten, wohingegen ich dort in 2008 nur wenige Exemplare gesehen habe. Auf der anderen Seite konnte ich beim Waldmaikäfer (*Melolontha hippocastani*) am Standort St. Leon in 2008 durch den Nachweis von massenhaft Individuen mehrere aufeinanderfolgende Schwärmabende belegen, wohingegen in 2007 dort nur wenige Exemplare erschienen sind. Der Waldmistkäfer (*Geotrupes stercorosus*) war in 2007 am Standort Walldorf häufig in zahlreichen Individuen vorhanden, wohingegen ich in 2008 dort nur gelegentlich einzelne Exemplare angetroffen habe, und ebenso habe ich den Goldlaufkäfer (*Carabus auratus*) an den Standorten Walldorf und Nußloch in 2007 wesentlich häufiger entdeckt als in 2008. Bei den Schmetterlingen habe ich beim Schwalbenschwanz (*Papilio machaon*) an den Standorten Walldorf und St. Leon und bei den Libellen habe ich bei der Gebänderten Prachtlibelle (*Calopteryx splendens*) am Standort Walldorf in 2007 häufig zahlreiche Individuen bemerkt, wohingegen ich in 2008 dort nur gelegentlich einzelne Exemplare gesehen habe.

Deshalb ist es nicht zwangsläufig, daß 2009 ein ähnlich positives Hirschkäfer-Jahr wird wie 2008, und eventuell sich ergebende markante Unterschiede in der Verteilung der Häufigkeit des Auftretens des Hirschkäfers (*Lucanus cervus*) beruhen dann nicht vorrangig auf schlechteren Umweltbedingungen, sondern sind in erster Linie in dem Stand der Metamorphose der Populationen begründet. Ähnlich wie beim Maikäfer (*Melolontha*) Jahre mit stärkerem und schwächerem Erscheinen wechseln, muß daher auch beim Hirschkäfer (*Lucanus cervus*) durchaus damit gerechnet werden, daß auf das sehr gute Hirschkäfer-Jahr 2008 auch wieder Jahre mit geringerer Verbreitung der Individuen in Raum und Zeit folgen können. Auf den Wechsel von Jahren mit stärkerem und schwächerem Erscheinen beim Hirschkäfer (*Lucanus cervus*) haben auch Müller (2001) und Klausnitzer & Wurst (2003) hingewiesen. Clark (1965) hat bei seiner Zählung in 1964 nur etwa die halbe Anzahl der in 1963 registrierten Exemplare des Hirschkäfers (*Lucanus cervus*) festgestellt. Markante Unterschiede in der Anzahl der erfaßten Individuen des Hirschkäfers (*Lucanus cervus*) in mehreren aufeinanderfolgenden Jahren haben unter anderen auch Cornelius (1867), Hall (1961, 1964), Balazuc & Demaux (1974), Radnai (1995), Sprecher-Uebersax & Durrer (1998 a), Sprecher-Uebersax (2001) und Hawes (2002 b, 2005 b) bemerkt. Deutliche Unterschiede in der Menge der registrierten Exemplare des Hirschkäfers (*Lucanus cervus*) in mehreren aufeinanderfolgenden Jahren sind auch in den Dokumentationen und Berichten der Erfassungsaktionen der Bestände des Hirschkäfers (*Lucanus cervus*) in verschiedenen Gebieten enthalten, welche im Internet unter den Adressen http://www.agnu-haan.de/hirschkaefer und http://maria.fremlin.de/ stagbeetles eingesehen werden können.

35.2 Einfluß langfristiger klimatischer Veränderungen

Ein Zusammenhang zwischen der Häufung der Endstadien des mehrjährigen Entwicklungszyklus in zahlreichen Populationen des Hirschkäfers (*Lucanus cervus*) an vielen Lokalitäten in 2008 einerseits und langfristigen klimatischen Veränderungen andererseits ist nicht erkennbar. Die meisten der letzten 10 - 15 Jahre sind im Mittel wärmer ausgefallen als der Durchschnitt der letzten Jahrzehnte, wobei die Sommer in 1994 und 2003 besonders heiß und trocken waren (vgl. auch Armborst 2008), und daher waren die klimatischen Bedingungen auch in den Jahren vor 2008 ähnlich positiv für wärmeliebende Insekten ausgeprägt, ohne daß jedoch in den vorhergehenden Jahren eine vergleichbare Kumulation der Nachweise des Hirschkäfers (*Lucanus cervus*) wie in 2008 verzeichnet werden konnte. Gerade aus 2008 liegen besonders viele Beobachtungen des Hirschkäfers (*Lucanus cervus*) an überdurchschnittlich zahlreichen Lokalitäten durch über 600 Naturfreunde vor, welche aufgrund meiner Aufrufe zur Mitteilung von Beobachtungen des Hirschkäfers (*Lucanus cervus*) in regionalen Tageszeitungen (Rhein-Neckar-Zeitung 2008 a, 2008 b, 2008 c, 2008 d; Schwetzinger Zeitung 2008, Bruchsaler Rundschau 2008) mich kontaktiert haben und mir eine Fülle von Fundmeldungen geliefert haben, wohingegen sie mir aus den zurückliegenden Jahren deutlich weniger Nachweise des Hirschkäfers (*Lucanus cervus*) berichtet haben. Zahlreiche Naturfreunde haben in 2008 sogar erstmals in den 20 - 90 Jahren ihres Lebens Exemplare des Hirschkäfers (*Lucanus cervus*) in der Natur entdeckt, oder haben erst in 2008 nach langer Zeit wieder einmal Individuen in der Natur angetroffen, nachdem sie vorher letztmals vor 10 - 70 Jahren Individuen in der Natur begegnet sind.

Langfristig könnte der Hirschkäfer (*Lucanus cervus*) jedoch durchaus von der Klimaerwärmung profitieren (Blankennagel 2008, Hartfelder 2008), wenn die Prognosen eintreffen, daß die durchschnittliche Temperatur in etwa 50 Jahren signifikant höher sein wird als heute und die Sommer wärmer und trockener werden, welche zum vermehrten und beschleunigten Absterben von alten und kranken Bäumen sowie zur schnelleren Vermorschung und Zersetzung von stehendem und liegendem Totholz führen und damit durch die Verbreiterung des natürlichen Substratangebots für die Entwicklung seiner Larven die Sicherung und Ausdehnung der Populationen des Hirschkäfers (*Lucanus cervus*) begünstigen. In diesem Zusammenhang ist es durchaus möglich, daß der besonders heiße und trockene Sommer 2003 die Entwicklung der Larven aus den abgelegten Eiern durch ein verbessertes natürliches Substratangebot und damit verbunden eine geringere vorzeitige Mortalität begünstigt hat, und dadurch dazu beigetragen hat, daß am Ende des in der Regel fünfjährigen Entwicklungszyklus in 2008 überdurchschnittlich viele Imagines des Hirschkäfers (*Lucanus cervus*) geschlüpft und ausgeflogen sind. Ein sehr heißer und trockener Sommer war auch in 1994 ausgeprägt und hat möglicherweise eine ähnliche Auswirkung auf die Entwicklung der Populationen des Hirschkäfers (*Lucanus cervus*) gehabt, und hat vermutlich besonders aufgrund der anhaltenden Trockenheit bei sehr hohen Temperaturen in Juli und August durch Akzeleration des Absterbens von alten und kranken Bäumen sowie durch Beschleunigung von Vermoderung und Zerfall von stehendem und liegendem Totholz nicht nur das horizontale Substratspektrum innerhalb des laufenden Jahres, sondern auch die vertikale Substratpalette in der Abfolge der Jahre wesentlich verbreitert und damit die Grundlagen für die Entwicklung der Populationen des Hirschkäfers (*Lucanus cervus*) auch in den Folgejahren erheblich verbessert. Radnai (1995) hat im heißen Sommer 1994 in der Region von Paris eine außergewöhnliche Häufigkeit des Auftretens von Exemplaren des Hirschkäfers (*Lucanus cervus*) gegenüber anderen Jahren festgestellt. Volker Klock (in Nückel 1999) hat Anfang bis Mitte Mai 1999 in Karlsruhe-Rüppurr über mehrere Wochen hinweg fast täglich etwa 5 - 10 Caput-Thorax-Torsi von Männchen des Hirschkäfers (*Lucanus cervus*) aufgesammelt, die ein ausgeprägtes nahezu allabendliches Schwärmen von zahlreichen Exemplaren widerspiegeln, welches fünf Jahre nach dem besonders heißen Sommer 1994 stattgefunden hat.

Weil der Klimawandel jedoch lediglich langfristig erfolgt und signifikante Effekte in den gemäßigten Breitenzonen erst ab etwa 2050 zu erwarten sind, kann die Prognose von Blankennagel (2008) und Hartfelder (2008), daß der Hirschkäfer (*Lucanus cervus*) einer der Gewinner des Klimawandels ist oder daß der Klimawandel den Hirschkäfer rettet, erst in mehreren Jahrzehnten auf ihre Richtigkeit überprüft werden und das Eintreffen der Vorhersage durch die Erfassung der Populationsdynamik bestätigt werden, wobei nicht übersehen werden darf, daß neben dem klimatischen Umfeld auch eine Reihe anderer Faktoren die Entwicklung der Populationen des Hirschkäfers (*Lucanus cervus*) kontrollieren und sowohl positiv als auch negativ beeinflussen können. In einigen Jahrzehnten ist es jedoch durchaus möglich, daß im Falle des Eintreffens der heutigen Prognosen bei entsprechend signifikant höheren durchschnittlichen Temperaturen und Niederschlagsmengen gegenüber heute der fortschreitende Klimawandel sogar eine Expansion des Hirschkäfers (*Lucanus cervus*) über die bestehenden stabilen Populationen in den aktuell besiedelten Gebieten hinaus in benachbarte Areale stimulieren könnte, in denen bisher lediglich instabile oder gar keine Populationen ausgebildet waren, und auch eine Migration in höher gelegene Regionen auslösen könnte, in denen ebenfalls bisher nur sporadische lokale oder isolierte endemische Populationen entwickelt waren oder welche bisher gar keine Standorte des Hirschkäfers (*Lucanus cervus*) beherbergt haben.

Hawes (2002 a, 2005 a) hat vermutet, daß die Verbreitung des Hirschkäfers (*Lucanus cervus*) mit zunehmender langfristiger Erwärmung des Klimas sukzessive nach Norden fortschreiten könnte, wohingegen Pratt (2000, 2002, 2003) bereits eine erhebliche Ausdehnung der Verbreitungsgebiete in England in den letzten Jahrzehnten festgestellt hat und diesen Trend der Expansion des Hirschkäfers (*Lucanus cervus*) auf die langfristigen klimatischen Veränderungen zurückgeführt hat (vgl. auch Sutton 2003). Auf der anderen Seite geben Rink & Sinsch (2009) aufgrund der Auswertung der Populationsdynamik in dem besonders heißen Sommer 2003 zu bedenken, daß die zunehmende Erwärmung im Laufe der langfristigen klimatischen Veränderungen eine erhöhte Empfindlichkeit lokaler Populationen des Hirschkäfers (*Lucanus cervus*) infolge einer Verkürzung der Aktivitätsperiode und einer Zunahme des metabolischen Aufwandes für die Thermoregulation bewirken könnte, wodurch ein schnellerer Verlust von Körpergewicht und Leistungsfähigkeit der Individuen hervorgerufen würde.

35.3 Die besonders heißen und trockenen Sommer 1994 und 2003 als Modell für die Zukunft

In vorgenanntem Zusammenhang ist jedoch zu berücksichtigen, daß die besonders heißen und trockenen Perioden in den Sommern 1994 und 2003 erst im Juli eingesetzt haben und sich über etwa fünf bis sechs Wochen bis in den August hinein erstreckt haben, und damit erst zu einer Zeit begonnen haben, als die Flugzeit der meisten Populationen des Hirschkäfers (*Lucanus cervus*) bereits in ihrer Endphase war oder sogar schon abgeschlossen war. Die besonders heißen und trockenen Sommer 1994 und 2003 haben deshalb sicher jeweils einen beträchtlichen Beitrag zum vermehrten und beschleunigten Absterben von alten und kranken Bäumen sowie zur schnelleren Vermorschung und Zersetzung von stehendem und liegendem Totholz geleistet und haben damit durch die Verbreiterung des natürlichen Substratangebots die Entwicklungsbedingungen der Populationen des Hirschkäfers (*Lucanus cervus*) wesentlich verbessert, wohingegen sie sich infolge des bezogen auf die Flugzeit relativ späten Einsetzens nach meiner Einschätzung nicht negativ auf den Ablauf des Lebenszyklus der in 1994 und 2003 als Imagines aktiven Generationen des Hirschkäfers (*Lucanus cervus*) ausgewirkt haben können.

Weil im Vergleich zu den besonders heißen und trockenen Sommern 1994 und 2003 zu erwarten ist, daß auch die im Zuge des langfristigen Klimawandels wärmer und niederschlagsärmer werdenden Sommer ihre besonders heißen und trockenen Perioden ebenso in Juli und August haben werden, wohingegen der Höhepunkt des Lebenszyklus der in den jeweiligen Jahren als Imagines aktiven Generationen des Hirschkäfers (*Lucanus cervus*) in den meisten Populationen bereits im Juni erreicht wird und im Juli schon auf dem absteigenden Ast ist, kann davon ausgegangen werden, daß ebenso wie in 1994 und 2003 auch in Zukunft die besonders heißen und trockenen Perioden im Sommer sich positiv auf das Substratangebot und damit auf die Entwicklungsbedingungen der Populationen des Hirschkäfers (*Lucanus cervus*) auswirken werden, wohingegen sie den Ablauf des Lebenszyklus der in den jeweiligen Jahren als Imagines aktiven Generationen aufgrund der vorgenannten temporalen Sukzession der Ereignisse nur marginal tangieren und mit hoher Wahrscheinlichkeit nicht negativ beeinflussen werden. Es ist sogar zu erwarten, daß der Hirschkäfer (*Lucanus cervus*) mit zunehmender Erwärmung im Laufe der langfristigen klimatischen Veränderungen den Höhepunkt seines Lebenszyklus als Imago an die gestiegenen Temperaturen dahingehend anpassen wird, daß er seine Flugzeit im Durchschnitt vorverlegen wird und deshalb die Kulmination der Aktivität als Imago in den meisten Populationen nicht mehr erst Anfang bis Mitte Juni stattfinden wird, sondern bereits auf Ende Mai bis Anfang Juni oder sogar auf Mitte bis Ende Mai vorgezogen wird, und damit die zeitliche Trennung der Flugzeit des Hirschkäfers (*Lucanus cervus*) und der besonders heißen und trockenen Perioden im Sommer noch stärker akzentuiert wird.

35.4 Erholung der Bestände

Die gehäuften Beobachtungen in 2008 gegenüber den zurückliegenden Jahren durch die meisten der über 600 Naturfreunde, welche meinen Aufrufen zur Mitteilung von Beobachtungen des Hirschkäfers (*Lucanus cervus*) in regionalen Tageszeitungen (Rhein-Neckar-Zeitung 2008 a, 2008 b, 2008 c, 2008 d; Schwetzinger Zeitung 2008, Bruchsaler Rundschau 2008) gefolgt sind und mir ihre Funde des Hirschkäfers (*Lucanus cervus*) gemeldet haben, deutet eine Erholung der Bestände des Hirschkäfers (*Lucanus cervus*) gegenüber den vorhergegangenen Jahren an. Diese Verbesserung der Populationsstärken beruht offenbar nicht nur auf dem günstigen Stadium des mehrjährigen Entwicklungszyklus des Hirschkäfers (*Lucanus cervus*), welcher in 2008 augenscheinlich an besonders zahlreichen Lokalitäten sein Endstadium mit dem Schlüpfen und Ausfliegen der Imagines erreicht hat, sondern ist wahrscheinlich auch darin begründet, daß das schon vor etlichen Jahren eingesetzte Umdenken im Umweltbewußtsein vielerorts jetzt markante Auswirkungen zeigt und veranschaulicht, daß die eingeleiteten Maßnahmen zum Erfolg führen und deshalb intensiviert fortgesetzt werden sowie durch zusätzliche Aktionen ergänzt werden müssen, an deren Durchführung sich möglichst viele Naturfreunde beteiligen sollten.

In diesem Zusammenhang ist es ganz besonders wichtig, daß durch Stehenlassen von abgestorbenen Baumstümpfen, Liegenlassen von Totholz und Grünschnitt, und Anlage von Komposthaufen und ähnlichen Bioabfalldeponien in Gärten, Streuobstwiesen und Wäldern das natürliche Substratangebot für die Entwicklung des Hirschkäfers (*Lucanus cervus*) verbreitert und durch die zusätzliche Bereitstellung von anthropogen angelegten Substraten ergänzt wird. Unter den über 600 Naturfreunden, welche mir als Antwort auf meine Aufrufe zur Mitteilung von Beobachtungen des Hirschkäfers (*Lucanus cervus*) in regionalen Tageszeitungen (Rhein-Neckar-Zeitung 2008 a, 2008 b, 2008 c, 2008 d; Schwetzinger Zeitung 2008, Bruchsaler Rundschau 2008) ihre Funde gemeldet haben, waren erfreulich viele, welche bereits ihre Gärten und Streuobstwiesen nach ökologischen Gesichtspunkten bewirtschaften und alte Baumstümpfe stehen lassen; abgeschnittene Stämme, Äste und Zweige liegen lassen; und Komposthaufen und ähnliche Bioabfalldeponien angelegt haben, und es ist zu hoffen, daß in den nächsten Jahren eine zunehmende Zahl von Naturfreunden sich dem Prinzip der ökologischen Bewirtschaftung von Gärten und Streuobstwiesen anschließt und damit nicht nur den Hirschkäfer (*Lucanus cervus*), sondern auch andere holzbewohnende Insekten durch die Verbesserung und Erweiterung des Substratangebotes in ihrer Entwicklung und Erhaltung unterstützt. Signifikante Ergänzungen des Substratangebotes für den Hirschkäfer (*Lucanus cervus*) sind auch das Aufstellen von künstlichen Baumstümpfen sowie die Installation von Hirschkäfermeilern und Hirschkäferpflastern, welche in Kombination mit den vorstehenden Maßnahmen erheblich dazu beitragen, daß nicht nur das horizontale Substratspektrum innerhalb des laufenden Jahres, sondern auch die vertikale Substratpalette in der Abfolge der Jahre wesentlich verbreitert wird.

35.5 Es besteht aktuell keine akute Gefährdung

Aus der Summe der Beobachtungen des Hirschkäfers (*Lucanus cervus*) an den von mir untersuchten Standorten, insbesondere an dem herausragenden Vorkommen in Tairnbach, und an zahlreichen Lokalitäten von über 600 Naturfreunden, welche meine Aufrufe zur Mitteilung von Beobachtungen des Hirschkäfers (*Lucanus cervus*) in regionalen Tageszeitungen (Rhein-Neckar-Zeitung 2008 a, 2008 b, 2008 c, 2008 d; Schwetzinger Zeitung 2008, Bruchsaler Rundschau 2008) durch Meldung ihrer Funde beantwortet haben, ergibt sich aufgrund der Fülle der Beobachtungen an vielen Orten die Erkenntnis, daß in 2008 ein gehäuftes Vorkommen des Hirschkäfers (*Lucanus cervus*) gegenüber den zurückliegenden Jahren festgestellt werden kann. Obwohl die weitere Entwicklung der Populationen sicher durch die konsequente Anwendung der bisher bereits bewährten Schutzmaßnahmen und darüber hinaus durch die gezielte Durchführung der zusätzlich vorgeschlagenen Schutzmaßnahmen unterstützt werden muß, kann aus der erfreulich umfangreichen Menge der Nachweise in 2008 geschlossen werden, daß nach meiner Einschätzung aktuell keine akute Gefährdung des Hirschkäfers (*Lucanus cervus*) im Raum um Heidelberg und Mannheim vorliegt. Diese Interpretation soll durch weitere Beobachtungen in den kommenden Jahren untermauert werden.

Danksagung

Ich danke allen Naturfreunden, welche sich aufgrund meiner Aufrufe zur Mitteilung von Beobachtungen des Hirschkäfers (*Lucanus cervus*) in regionalen Tageszeitungen (Rhein-Neckar-Zeitung 2008 a, 2008 b, 2008 c, 2008 d; Schwetzinger Zeitung 2008, Bruchsaler Rundschau 2008) bei mir gemeldet haben und mir über ihre Funde des Hirschkäfers (*Lucanus cervus*) berichtet haben, für ihre Unterstützung meiner Studie durch ihre wertvollen Beiträge, ohne die meine Auswertung bei weitem nicht so detailliert ausgefallen wäre.

An meiner Zusammenstellung haben sich durch Lieferung von Nachweisen und Beobachtungen des Hirschkäfers (*Lucanus cervus*) beteiligt (in alphabetischer Reihenfolge) Guido Abeln (Schriesheim), Armin Achilles (Dielheim-Balzfeld), Johanna Adler (Zuzenhausen), Jürgen Alberti (Bad Schönborn-Mingolsheim), Martina Albrecht und Dieter Weick (Ubstadt-Weiher), Katja Andres (Dielheim), Günter Arlt (Mühlhausen), Ingrid und Kurt Arras (Schriesheim), Franz Auer (Heidelberg-Rohrbach), Sabine Bacher (Bruchsal), Margot Back (St. Leon-Rot), Sigrid Bader und Peter Zimmermann (Nußloch), Michaela Bähne (St. Leon-Rot), Ludwina Baier (Mühlhausen), Anke und Thomas Balogh (Schriesheim), Renate und Vera Bangert (Adelsheim), Hartmut Bauer (Schriesheim), Peter Baumann (Schriesheim), Kurt und Erni Beck (Walldorf), Gerhard Becker (Schriesheim), Ingeborg Becker (Heidelberg-Rohrbach), Elke Beher (Ketsch), Regina Behr (Sandhausen), Bernd Behring (Sandhausen), Alwin Bellemann (St. Leon-Rot), Maritta und Georg Belz (Adelsheim), Annemarie Bender (Rettigheim), Gabriela Berberich (Dielheim-Unterhof), Hubert Berberich (Mannheim-Almenhof), Iris Berens (Haßmersheim), Axel von Bergen (Wiesloch), Barbara Berger (Mosbach), Petra Berger (Schönau), Kurt Berhalter (Ketsch), Trude Bernauer (Schönau-Altneudorf), Bertram-Ernst Bernhardt (Adelsheim), Paul Bethke (Heidelberg-Altstadt), Erich Bettag (Dudenhofen), Helga Beyaert (Schriesheim), Heinrich und Cecilia Bierlein (Philippsburg-Huttenheim), Ursula Birk-Meyer (Kronau), Antonie und Klaus Bitterich (Waibstadt), Stefan Blaha (Adelsheim), Andrea Blank (Mosbach), Uschi und Peter Block (Eberbach), Klaus Blume (Hockenheim), Astrid Bombosch (Leimen), Markus Bopp (Billigheim-Sulzbach), Sylvia de Bortoli (Billigheim-Sulzbach), Inge Bosselmann (Heidelberg), Gisela und Walter Brandmeier (St. Leon-Rot), Harry Brandner (Sandhausen), Thomas Bratzel (Kraichtal-Gochsheim), Helga Brauch (Ravenstein-Merchingen), Rosemarie Brauch (Mosbach), Peter und Holger Braun (Mosbach), Diethelm Brecht (Angelbachtal-Michelfeld), Matthias Brecht (Angelbachtal-Michelfeld), Dieter Brehm (Reilingen), Else und Manfred Brenner (Heidelberg-Neuenheim), Winfried Brenner (Elztal-Dallau), Monika Bretl-Kempf (Walldorf), Alwin Brockenauer (Weinheim), Manfred Broder (Binau), Hartmut und Ingrid Brücker (Weinheim), Hans und Karin Bühler (Walldorf), Karin Burkart (Malsch), Ditta Büscher und Willy Dirnsteiner (Mannheim-Schwetzingerstadt), Ursula Büßecker (Neckargemünd-Waldhilsbach), Michael Cafferty (Dossenheim), Ilse Cantarel (Eppelheim), Angelika und Andreas Danier (Schwetzingen-Hirschacker), Rolf-Thilo Danneberg (Heidelberg-Boxberg), Martina Daub (Sandhausen), Franz Debatin (Hambrücken), Angela und Roland Dederer (Sinsheim), Hermann Deichfuß (Frankenthal), Adolf Deissler (Mosbach), Gabriela Delvo-Frey (Mühlhausen), Elvira Dick (Walldorf), Ingrid Diehm (Oftersheim), Werner Dietrich (Philippsburg-Huttenheim), Pascal Dietzer (Mosbach), Waltraud Dollinger (Neckargerach), Susanne Donat (Plankstadt), Isabella Donderer (Ketsch), Ines Döring (Wiesloch), Dieter Dumont (Mannheim-Neckarstadt), Marina Dupont (Hockenheim), Karin Dürer (Sinsheim-Hilsbach), Joachim Dürr (Walldorf), Andreas Edinger (St. Leon-Rot), Michael van Eecke (Dossenheim), Edelgard und Hans Jörg Egner (Heidelberg-Neuenheim), Manfred Ehret (Waibstadt-Daisbach), Jörg Eiben (Oftersheim), Erika Eichhorn (Ketsch), Michaela und Jörg Eickenbusch (Hirschberg-Leutershausen), Fritz Eidenmüller (Weinheim), Werner Eiseler (Forst), Melitta und Manfred Emmerich (Malsch), Karlheinz Engelhardt (Plankstadt), Christa und Robert Erbrecht (Hambrücken), Ute Esser (Heidelberg-Ziegelhausen), Günter Ettrich (Sandhausen), Gabriele Falk (Heidelberg-Neuenheim), Kerstin Fanck (Angelbachtal-Michelfeld), Klaus Fechner (Schwetzingen), Selma Fecht (Sandhausen), Bettina und Axel Feil (Roigheim), Matthias Fenz (Dielheim), Ulrike und Adalbert Fettweiß (Schriesheim), Traudel und Walter Fetzer (Sandhausen), Wilhelm Filsinger (Zuzenhausen), Peter Findeisen (Schriesheim), Hans-Joachim Fischer (St. Leon-Rot), Ingeborg Fischer (Eschelbronn), Elfriede und Wilhelm Flach (Sinsheim-Immelhäuser Hof), Holger Fladry (Wiesloch-Frauenweiler), Brigitte Flemming (Heidelberg-Altstadt), Evelyn Flicker (Billigheim-Allfeld), Albert Frank (Bruchsal), Klaus-Peter Frank (Heidelberg-Neuenheim), Angela Freitag (Eppingen-Mühlbach), Rainer Freund (Sinsheim-Steinsfurt), Roman Friedel (Wiesloch-Baiertal), Johanna Fuchs (Tairnbach), Ludwig Fuhrmann (Mudau-Waldauerbach), Jutta und Rainer Funk (Sandhausen), Christiane und Alexander Funkert (Malsch), Simone und Martin Galm (Buchen-Einbach), Gerhard Gärtner (Heidelberg-Kirchheim), Karl Viktor Gärtner (Heidelberg-Handschuhsheim), Hans Gassmann (Wiesloch), Adolf Geider (St. Leon-Rot), Birgit Geiger (Adelsheim), Margot Gellert (Eppelheim), Gabriele und Wolfgang Giersdorf (Ketsch), Waltraud Glade (Heidelberg-Neuenheim), Gunter Glasbrenner (Walldorf), Christine Glatzer (Mosbach), Gunhild Glowitz (Heidelberg-Boxberg), Egon Göbel (Rettigheim), Helga Göck (Ketsch), Reinhard Goecke (Heidelberg-Neuenheim), Gerlinde Goder (Schriesheim), Wilhelm Goes (Eberbach-Gaimühle), John Göttling (Zeutern), Hansjörg Götz (Adelsheim), Linde Götze (Heidelberg-Neuenheim), Helma und Heinrich Götzmann (Reilingen), Bettina und Michal Goworek (Heidelberg-Ziegelhausen), Sindy Simone Grambow (Schriesheim), Annemarie Gramlich (Mosbach), Simone Gredel (Brühl), Hermann Greulich (Rauenberg), Willi Greulich (Rauenberg-Rotenberg), Liselore Grimm (Sinsheim), Ralf Gröger (Bruchsal), Horst Gruhlke (Oftersheim), Willi Gruhn (Hockenheim), Udo Grund (Sinsheim-Eschelbach), Gisela-Margot Gulba (Mosbach), Gerda Gund (Heidelberg-Neuenheim), Gerd Guntermann (Heidelberg-Altstadt), Anke Gunther-Theil (Dossenheim), Hartmut Gürtler (Schwetzingen), Hans Guse (Schriesheim), Michael Gußmann (Heidelberg-Neuenheim), Bernd Gutfleisch (Eppelheim), Franz Gutschek (St. Leon-Rot), Elke Haaf (Waibstadt), Doris-Annette Haas (Schönau), Siglinde Haas (Waldbrunn-Strümpfelbrunn), Helmut Haber (Adelsheim), Hildegard Hack (Heidelberg-Handschuhsheim), Gabriele und Manfred Hagmaier (Neckargemünd), Siegfried Hahold (Schriesheim), Monika Hallwachs (Dossenheim), Silke Hammer (Hirschberg-Leutershausen), Luzia und Udo Hanke (Heidelberg-Bergheim), Godula Hänlein (Heidelberg-Neuenheim), Sieglinde Hartmann (Hirschberg-Leutershausen), Joachim Haunerland (Heidelberg-Handschuhsheim), Manfred Häuselmann (Angelbachtal-Eichtersheim), Martina und Karl Häusler (Kraichtal-Oberacker), Ute und Wolfgang Heck (Buchen), Ingeborg Heger (St. Leon-Rot), Bernhard Heil (Nußloch), Gisela Heiler (Waghäusel-Wiesental), Leonore Heilig (Leimen), Edith und Gerhard Heiß (Elztal-Neckarburken), Margarete und Peter Heiß (Neckarelz), Susanne Heiß (Dossenheim), Verena Heitzmann (Krems), Gerd Helbig (Bruchsal-Heidelsheim), Michael Helffrich (Leimen), Christina Heling (Leimen), Theo Hemberger (Malsch), Wilhelm Hendel (Rettigheim), Michael Hermann (Hoffenheim), Andrea Herth (Walldorf), Rosemarie Hesse (Hoffenheim), Horst Hettenbach (Schriesheim), Irene Hiepe (Heidelberg-Neuenheim), Ursula Hilfrich (Schriesheim), Alexandra und Matthias Hils (Altlußheim), Antje und Jan Hinrichs (Walldorf), Susanne Hofer von Lobenstein (Dossenheim), Cornelia Hoffarth (Heidelberg-Neuenheim), Gerd Hoffmann (St. Leon-Rot), Werner Hoffmann (Reilingen), Manfred Hofmann (St. Leon-Rot), Annette Höhr (Waldangelloch), Karl-Heinz Holl (Heidelberg-Handschuhsheim), Werner Hollmann (Leimen), Armin Horst (Ketsch), Erika und Walter Hotel (Wiesental), Hans Huber (Billigheim), Klaus Huber (Wiesloch), Inga Hug-Papperitz (Leimen), Jürgen Hullmann (Heidelberg), Klaus Hummel (Sinsheim-Steinsfurt), Manfred Hummel (Sinsheim-Steinsfurt), Ursula und Klaus Hummel (Hockenheim), Norbert Ihle (Bruchsal), Christine und Hans Isinger (Angelbachtal-Michelfeld), Simone Janas (Wiesloch), Fritz Joecks (Schriesheim), Michael Josephy (Heidelberg-Emmertsgrund), Karin Jungmann (Walldorf), Gisela Kälberer-Eisend (Malsch), Hans-Dieter Kamm (Walldorf), Konrad Kamuf (St. Leon-Rot), Kornelia Kapinus (Sinsheim-Dühren), Barbara und Dieter Karsch (Weinheim-Hohensachsen), Dorit Kaufmann (Heidelberg-Neuenheim), Karl-Friedrich Kaufmann (Helmstadt-Bargen), Noemi Kaufmann (Kirchardt), Sabine Kegelmann (Selk), Sigrid Keil (Mosbach), Beate Kempe (Obrigheim), Jutta Kempf (Nußloch-Maisbach), Axel Kieselbach (Heidelberg-Boxberg), Lukas Kieslinger (Nußloch), Herbert Kimmel (Obrigheim-Asbach), Hilde Kimmig (Adelsheim), Christine Kirstetter (Schwetzingen), Eckard Klages (Heidelberg-Neuenheim), Hildegard Klose (Heidelberg-Ziegelhausen), Gudrun Kluge (Schriesheim), Brigitta und Werner Kneisel (Leimen-St. Ilgen), Ute und Peter Knopp (Eppingen-Mühlbach), Gabriele Kobus-Lichter (Oftersheim), Josef Koch (Malsch), Simone Kochanek (Ubstadt-Weiher), Jürgen Kocher (Rettigheim), Friedrich Koenemann (Heidelberg-Schlierbach), Alfred Kögel (Walldorf), Christiane Köhler (Walldorf), Franz Köhler (Hambrücken), Fred Köhler (Sandhausen), Hans Kohlmann (Neckarzimmern), Monika Koppenhöfer (Wiesloch-Frauenweiler), Nikolai Koppenhöfer (Wiesloch), Richard Körner (Dielheim), Sascha Koslowski (Hambrücken), Gisela Koester (Neckargemünd), Maria Kotter (Bruchsal-Untergrombach), Irene Kountz (Ketsch), Christina Kraft (Dossenheim), Elisabeth und Gerhard Krämer (Adelsheim-Sennfeld), Bernd Kraus (Ketsch), Ilse Kraus (Mosbach), Wolfgang Kraus (Ketsch), Lilo Krebs (Mosbach), Werner Kretschmer (Altlußheim), Margitta Kreuzwieser (Hoffenheim), Marianne Krieg und Manfred Glaser (Schriesheim), Werner Kröll (Kronau), Dietger Kronen (Walldorf), Dagmar Kropp (Bruchsal), Gabriele Kruckenberg (Heidelberg-Ziegelhausen), Ursula Krücker (Bad Schönborn-Langenbrücken), Hans-Michael Kühl (Hirschberg-Großsachsen), Sabine und Kurt Lackhoff (Walldorf), Monika Langlotz (Schwetzingen), Gertrud Lanzinger (Heidelberg-Handschuhsheim), Thorsten Lapsit (Ketsch), Gerhard Lauth (Mosbach), Elke Lawinger (St. Leon-Rot), Franz Lechner (Kraichtal-Unteröwisheim), Alph Lehmann (Dielheim-Horrenberg), Erich Lehn (Heidelberg-Ziegelhausen), Christoph Leinert (Heidelberg-Neuenheim), Ilonka und Edmund Leonberger (Altlußheim), Michael Leschikar (Dielheim-Horrenberg), Katrin Lesser (Sinsheim-Steinsfurt), Stefan Lichtblau (Waghäusel-Wiesental), Petra und Norbert Lochbühler (Schriesheim), Reinhart Lochmann (Adelsheim), Elisabeth Löffler (Schriesheim), Lydia Löhken (Walldorf), Reinhild Lohrmann (Heidelberg-Neuenheim), Ingrid Lottes (Mosbach), Monika Lucha (Oftersheim), Petra und Jürgen Ludreschl (Hüffenhardt), Gloria und Walter Luksch (St. Leon-Rot), Heiner Lutzmann (Heidelberg-Neuenheim), Nicola Lutzmann (Heidelberg-Neuenheim), Jürgen Maichle (Mosbach), Heidrun Maier (Sinsheim-Reihen), Heike und Klaus Maier (Neulußheim), Thomas Maier (Philippsburg), Horst Marthaler (Neckargemünd), Marita Marx (Binau), Ines Masterson (Münster), Stefan Materna (Waghäusel-Wiesental), Dietmar Matt (Weinheim), Roland Matter (Adelsheim-Sennfeld), Helga Mattern (Mosbach), Hans-Jürgen Mayan (Heidelberg-Handschuhsheim), Heide Maylandt (Mosbach), Tina und Uwe Meisel (Heidelberg-Pfaffengrund), Jürgen Merz (Sinsheim-Waldangelloch), Werner Messner (Mosbach), Wolfgang Messner (St. Leon-Rot), Barbara Meyer (Mosbach), Karsten Meyer (Angelbachtal-Michelfeld), Wilhelm Michenfelder (Zeutern), Renate Mietling (Ubstadt-Weiher), Gebhard Mildenberger (Hirschberg-Leutershausen), Dragan Mlakar (Wiesloch-Frauenweiler), Daniel Modersohn (Sennfeld), Gabi Mohr (Walldorf), Inge und Peter Mohr (Heidelberg-Ziegelhausen), Herbert Montag (Brühl), Waltraud Moos (Heidelberg-Neuenheim), Norbert Morast (Schriesheim), Dieter Müller (Ketsch), Klaus Müller (Obergrombach), Volker Müller (Philippsburg), Ludwig Münch (Eppelheim), Günter Nastansky-Warnecke (Dossenheim), Rebecca Netzel (Heidelberg-Neuenheim), Gertrud Neubert (Heidelberg-Emmertsgrund), Marina Neufang und Michael Pabst-Neufang (Dossenheim), Inge Neureither

(Kronau), Lothar Niens (Heidelberg-Bergheim), Gustel Niklaus (Schriesheim), Erich Noller (Mauer), Dieter Notheis (Hambrücken), Tanja und Mike Olbrich (Adelsheim), Michaela und Uwe Östringer (Rettigheim), Sigrid und Fritz Ott (Mosbach), Traude Pabst (Schriesheim), Katharina Pajonk (Heidelberg-Handschuhsheim), Willi Parstorfer (Waldangelloch), Gerd Pascher (Mosbach), Konrad Pauler (Adelsheim), Lena Petri (Oftersheim), Rainer Petri (Kraichtal-Gochsheim), Hanna Pfefferle (Heidelberg-Neuenheim), Bettina Pfister (Ketsch), Hans Pfisterer (Plankstadt), Daniela und Klaus Pflüger (Osterburken), Andreas Pietschmann (Halle), Serena Pilz (Rettigheim), Bernhard Pirch-Rieseberg (Heidelberg-Handschuhsheim), Sabine Pohl (Heidelberg-Neuenheim), Hannelore Pöltl (Karlsdorf-Neuthard), Brigitte und Franz de Ponte (Waghäusel), Norbert Porath (Mannheim-Gartenstadt), Gudrun Pottiez (Östringen-Eichelberg), Christel und Holm Raetzer (Wiesloch), Birgit Rapp (Heidelberg-Neuenheim), Claudia Rapp (Mosbach-Nüstenbach), Karl-Friedrich Raqué (Heidelberg-Schlierbach), Ernst-Ludwig Reinhard (Sandhausen), Hannelore und Heinrich Reinhard (Schriesheim), Erika und Otto Reisemann (Heidelberg-Neuenheim), Marianne und Eduard Reiss (Rettigheim), Heribert Renninger (Malsch), Gerda und Gerhard Reuscher (Schriesheim), Gerhard Rilling (Haßmersheim-Neckarmühlbach), Petra Rinderle (Mosbach-Diedesheim), Wolfgang Rittler (Adelsheim), Manfred Robens (Schönbrunn), Dieter Rösch (Reilingen), Erika Rothermel (Malsch), Margarethe Rottermann (Eberbach), Herbert Rubey (Ubstadt-Weiher), Hansjörg Rufer (Schriesheim), Matthias Rufer (Schriesheim), Nidal Saghir (Heidelberg-Wieblingen), Udo Samland (Walldorf), Jörn Sanden (Wiesloch), Peter Sandmaier (Oftersheim), Eduard Sauer (Eberbach), Hedwig und Kurt Sauter (Sinsheim-Dühren), Jutta und Fred Schaber (Wertheim-Sachsenhausen), Josef Schäfer (Sinsheim), Karl Schäfer (Untergrombach), Marion Schäfer (Sandhausen), Sibylle Schäfer (Walldorf), Gesine und Joachim Schäffner (Bruchsal-Büchenau), Norbert Schaier (Heidelberg-Wieblingen), Margot Schall-Czemmel und Andreas Czemmel (Neckarzimmern), Renate und Fritz Schaser (Graben-Neudorf), Birgid Scheffner (Walldorf), Gerhard Schenk (Bruchsal), Gabi und Wolfgang Scheuer (Reilingen), Klaus Scheuermann (Schloßau), Christa und Gerhard Schick (Hoffenheim), Ruth Schilling (Schriesheim-Altenbach), Alexandra Schindler (Bruchsal), Günther Schindler (Graben-Neudorf), Eric Schlund (Ludwigshafen-Süd), Ralf Schlund (Ludwigshafen-Oppau), Inge Schmalzried (Sinsheim-Waldangelloch), Horst Schmeidl (Reilingen), Angelika Schmidt (Walldorf), Heinrich Schmidt (Nußloch), Ute Schmieg (Hirschberg-Großsachsen), Gabriele und Wolfgang Schmitt (Schriesheim), Kerstin Schmitt (Eppingen-Elsenz), Manfred Schmitt (Sinsheim), Christa Schneider (Eberbach), Christa Schneider (Heidelberg-Schlierbach), Daniela Schneider (Mosbach), Heinrich Schneider (Adelsheim), Marita Schneider (Walldorf), Petra und Walter Schneider (Waldbrunn-Mülben), Ulrike Schofer (Leimen), Rolf Scholtysek (Ketsch), Hubert Scholz (Nußloch), Gabriele Schön-Engelhardt und Werner Engelhardt (Obrigheim-Asbach), Waltraud Schönhals (Neckargemünd), Birgit Schramm (Plankstadt), Erika und Karl Schramm (Sensbachtal), Helmut Schreiber (Waghäusel), Klaus Schreiber (Mosbach), Friedemann Schreiner (Östringen-Tiefenbach), Hubert Schröder (Wiesloch-Schatthausen), Ulrike Schubach (Ubstadt-Weiher), Helga Schulz (Wiesloch), Leo Schulz (Rot), Emmi Schuppe (St. Leon), Dietlinde Schurk (Walldorf), Helmut Schüßler (Oftersheim), Regine Schütt (Heidelberg-Handschuhsheim), Margret Schütz (Heidelberg-Kirchheim), Friedrich Schwartz (Hirschberg-Großsachsen), Hermann Schwarz (Hirschberg-Leutershausen), Patrick Schwarz (Zeutern), Gabi Schwebel (Schriesheim), Erich Schweikert (Waghäusel-Wiesental), Rita Schweizer (Hockenheim), Gerlinde Seeger (Ketsch), Erwin Sefrin (Römerberg-Mechtersheim), Christel Seitz (Schriesheim), Rolf Senk (Neckarelz), Ilona und Tobias Seyfried (Hardheim-Dornberg), Beate Sherboud (Waibstadt), Christian Simon (Ketsch), Karin Smita (Schriesheim-Altenbach), Stefanie und Ulrich Sohns (Nußloch), Käthe Sommer (Schriesheim), Margarete Sonnek (Heidelberg-Ziegelhausen), Birgit Spazier (Wiesloch-Frauenweiler), Friedlinde und Günter Specht (Hoffenheim), Janine Specht (Vaihingen-Horrheim), Walter Specht (Nußloch), Hilmar Sperber (Schriesheim), Linde Spranz (Walldorf), Franziska Stau (Waghäusel-Wiesental), Adolf Stauffer (Winnweiler), Pia Steck (Bruchsal), Bernd Steiner (Sandhausen), Joachim Stemmle (Bammental), Christa Stengle (Osterburken-Schlierstadt), Alfred Stephan (Hirschberg-Leutershausen), Rosemarie Stephan (Sandhausen), Gudrun Stephens (Heidelberg-Rohrbach), Rainer Stoll (Schönau-Altneudorf), Stefan Strugies (Brühl), Gabriele Stubenrauch (St. Leon-Rot), Ernst Sürmann (Walldorf), Frank Sürmann (Mörlenbach-Weiher), Kai Tackenberg (Haßmersheim), Christa und Christian Tamme (Mosbach), Klaus von Taschitzki (Heidelberg-Kirchheim), Hans Thomas (Brühl), Nina Tomič (Heidelberg), Dorothea Towae (Heidelberg-Kirchheim), Wolfgang Traber (Sinsheim-Dühren), Christa und Alfred Treiber (Schriesheim), Karin und Karl-Heinz Treu (Mühlhausen), Kristin Tröndle-Stork und Martin Stork (Bruchsal), Armin Ueltzhöffer (Schwetzingen), Marianne und Torsten Uhrich (Sandhausen), Andreas Ullmann (Heidelberg-Handschuhsheim), Birgit Ullrich (Heidelberg-Handschuhsheim), Helmut Unger (Leimen-St. Ilgen), Ingo Utermöhl (Hockenheim), Cordelia Veidt (Heidelberg-Rohrbach), Antje Verhoeven (Altlußheim), Marion Vesper (Eberbach), Claudia Vettel (Neckargemünd), Helmut Vetter (Wiesental), Volker Violet

(Heidelberg-Rohrbach), Stefanie Vollweiler (Eberbach), Elfentraud Wabro (Bad Schönborn-Mingolsheim), Ansbert Wagner (Meckesheim-Mönchzell), Georg Wagner (Schwetzingen), Regina und Wolfgang Wagner (Sinsheim-Eschelbach), S. Wagner (Bruchsal-Heidelsheim), Sabine Wagner-Borner (Bruchsal), Michael Waitzmann (Karlsruhe), Gerd Walda (Zuzenhausen), Ute und Horst Walter (Oftersheim), Augusta Wawrecka (Leimen-Gauangelloch), Hermann Weber (Walldorf), Erika Wedel-Horr (Walldorf), Roswitha und Rainer Wedler (Ketsch), Sabine Weick (St. Leon-Rot), Gerd Weigel (Angelbachtal-Michelfeld), Andreas Weiß (Philippsburg-Huttenheim), Klaus Weiß (Zeiskam), Ulrich Weiss (Kraichtal-Oberöwisheim), Walter Weisskapp (Heidelberg-Neuenheim), Adam Welker (Schriesheim), Ruth und Horst Welker (Nußloch), Hans Welter (Schriesheim), Christa Wendler (Waldbrunn-Strümpfelbrunn), Axel Wermke (Ubstadt-Weiher), Jürgen Werner (Bruchsal-Büchenau), Ursula Werner (Adelsheim), Gerhard Werstein (Untergrombach), Hermann Weschbach (Waibstadt), Günther Wiedemann (Forst), Johannes Wilhelm (Heidelberg-Neuenheim), Marina Wilhelm (Heidelberg-Rohrbach), Karl-Heinz Willer (Walldorf), Peter Wintruff (Graben-Neudorf), Walter Wiswesser (Adelsheim), Dorothea Wohlfahrt (Sandhausen), Erna und Dieter Wolf (Mosbach), Susanna Wolf-Winkler (Ketsch), Gerhard Zahn (Dielheim-Unterhof), Gertrud und Max Zenkner (Rettigheim), Adelheid Zimmermann (Dielheim), Angelika Zimmermann (Rettigheim), Dagmar Zimmermann (Schriesheim), Gertraud Zimmermann (Sandhausen), Hermann Zimmermann (Schwetzingen), Marianne und Horst Zimmermann (Nußloch), Peter Zimmermann (Pfinztal-Berghausen), Roland Zimmermann (Kraichtal-Oberöwisheim), Waldemar Zimmermann (Bruchsal), Ilona Zsolnai (Sandhausen), Joachim Zürker (Bellheim), Udo Zweigart (Sinsheim-Weiler) und Thomas Zwipf (Schriesheim).

Ich danke allen genannten Naturfreunden für ihre Mithilfe bei der Abfassung meiner Studie durch ihre selbstlose Mitteilung ihrer Funde des Hirschkäfers (*Lucanus cervus*) und ihre Genehmigung zur Publikation ihrer mir überlassenen Daten. Ich würde mich sehr freuen, wenn sie mir auch in 2009 wieder ihre Nachweise und Beobachtungen des Hirschkäfers (*Lucanus cervus*) melden und für die Veröffentlichung zur Verfügung stellen würden.

Literaturverzeichnis

Adlbauer, K. (1993): Holzbewohnender Käfer Liechtensteins - Fam. Lucanidae, Scarabaeidae und Buprestidae (Coleoptera). Ber. Botan.-Zool. Ges. Liechtenstein-Sargans-Werdenberg, **20**: 163 - 179; Vaduz.

Adriaens, A. (2005): Qui a vu le cerf-volant? Salamandre, **2005**/168: 8 - 9; Neuchâtel.

Albert, F. (1880): Les papillons et les insectes. Calavas, Paris.

Alexay, Z. (1988): *Lucanus cervus*. Búvár, **43**/6: 24 - 25; Budapest.

Allen, A.A. (2001): Unseasonable stag beetles. Entom. Rec. J. Variation, **113**: p. 180; Orpington/Kent.

Allenspach, V. (1970): Coleoptera: Scarabaeidae, Lucanidae. Insecta Helvetica Catalogus, **2**: 186 pp.; Concorde, Lausanne.

Allgemeine Zeitung (1998): Auch die Hirschkäfer stehen auf der Speisekarte. Allgemeine Zeitung, Ausgabe Kirn, **1998**/52 vom 03.03.1998: p. 13; Mainz.

Allgemeine Zeitung (2005): "Umsiedlung bringt nichts". Allgemeine Zeitung, Ausgabe Main-Spitze, **2005**/201 vom 30.08.2005: p. 5; Mainz.

Allgemeine Zeitung (2006): Gesucht: *Lucanus cervus*. Allgemeine Zeitung, Ausgabe Main-Spitze, **2006**/143 vom 23.06.2006: p. 5; Mainz.

Allgemeine Zeitung (2007): Hirschkäfer-Schutz - Fraport will Tiere in Frankfurter Stadtwald locken. Allgemeine Zeitung, **2007**/151 vom 12.05.2007: p. 5; Mainz.

Allmann, K. (1954): Spätes Erscheinen eines Admirals (*Pyrameis atalanta* L.). Entom. Z., **64**: p. 87; Stuttgart.

Altmüller, R. (2003): Artenschutzaspekte in historischen Gärten und Parkanlagen - Fauna. In: Niedersächsisches Landesamt für Denkmalpflege (Hrsg.), Gartendenkmalpflege und Naturschutz. Gartendenkmalpflege in Niedersachsen, **6**: 31 - 40; Hannover.

Altum, B. (1881/1882): Forstzoologie, **3**: Insekten, 1. Abt. Allgemeines und Käfer, 2. Aufl.: 380 pp. (1881); 2. Abt. Schmetterlinge, Haut-, Zwei-, Gerad-, Netz- und Halbflügler, 2. Aufl.: 382 pp. (1882); Springer, Berlin.

Alvarez, V. (2003): Landebahn vernichtet Hirschkäfer. Frankfurter Neue Presse, Südausgabe (Neu-Isenburger Neue Presse), **58**/290 vom 13.12.2003: p. 26; Frankfurt/Main.

Alvarez Lao, C.M. (1992) : Sobre la conservacion del ciervo volante (*Lucanus cervus*). In : Lopez Redondo, J. (Hrsg.), I jornadas para el estudio y prevencion de la mortalidad de vertebrados en carreteras, **3** : 316 - 321; Coordinadora de Organizacciones de Defensa Ambiental, Madrid.

Alvarez Lao, C.M. & Alvarez Lao, D.J. (1995) : Análisis de la mortalidad de ciervos volantes *Lucanus cervus* en carreteras asturianas. Bol. Cienc. Natur. Real Inst. Estud. Astur., **43** : 15 - 25; Oviedo.

Amann, G. (1971) : Kerfe des Waldes. 284 pp.; Neumann-Neudamm, Melsungen. ISBN 3-7888-0005-4.

Amann, G. (2003) : Kerfe des Waldes. 343 pp.; Neumann-Neudamm, Melsungen. ISBN 3-7888-0760-1.

Ammann, J. (1906) : Kämpfende Käfer (*Lucanus cervus*). Natur und Glaube, **9** : 139 - 140; Leutkirch.

Amrhein, V. (2001) : Der Hirsch unter den Käfern. Basler Zeitung, **159**/217 vom 18.09.2001 : p. 35; Basel.

Anderson, F. (1885) : The protective habits of insects. Trans. Chichester West Sussex Natur. Hist. Microscop. Soc., N.S., **4** : 47 - 51; Chichester.

Ansorge, J. (2003 a) : Massenvorkommen von Nashornkäfern *Oryctes nasicornis* (Linné, 1758) in Gerberlohe im mittelalterlichen Stralsunder Rathaus (Col., Scarabaeidae). Entom. Nachr. Ber., **47** : 153 - 156; Dresden.

Ansorge, J. (2003 b) : Nashornkäfer im Stralsunder Rathaus. Archäologie in Deutschland, **2003**/1 : p. 49; Stuttgart.

Ansorge, J., Stolze, S. & Wiethold, J. (2003) : Gerberlohe als Bau- und Dämmmaterial im mittelalterlichen Stralsunder Rathaus - eine interdisziplinäre Studie. Archäol. Ber. Mecklenburg-Vorpommern, **10** : 268 - 283; Waren.

Ant, H. (1973) : Beobachtungen zur Biologie des Hirschkäfers. Natur und Heimat, **33** : 87 - 92; Münster.

Apfelbacher, F. & Geiß, G. (2006) : Liste der Käfer des östlichen Bayerischen Waldes. Der Bayerische Wald, **20**/1-2 : 3 - 44; Passau.

Armborst, M. (2008) : Die Sonne strahlte 1603 Stunden vom Himmel. Rhein-Neckar-Zeitung, Gesamtausgabe, **64**/303 vom 30.12.2008 : p. 15; Heidelberg.

Arrow, G.J. (1910) : The fauna of British India, including Ceylon and Burma. Coleoptera Lamellicornia (Cetoniinae and Dynastinae). 322 pp.; Taylor & Francis, London.

Arrow, G.J. (1928) : Polymorphism in horned beetles. Trans. Entom. Soc. Lond., **76** : 73 - 77; London.

Arrow, G.J. (1935) : A contribution to the classification of the coleopterous family Lucanidae. Trans. Entom. Soc. Lond., **83** : 105 - 125; London.

Arrow, G.J. (1937) : Dimorphism in the males of stag-beetles (Coleoptera, Lucanidae). Trans. Entom. Soc. Lond., **86** : 239 - 245; London.

Arrow, G.J. (1939) : Dimorphism in the males of Coleoptera. Proc. Entom. Soc. Lond., (A) **14** : 113 - 114; London.

Arrow, G.J. (1950) : The fauna of India, including Pakistan, Ceylon, Burma and Malaya, **4** : Coleoptera Lamellicornia - Lucanidae and Passalidae. 274 pp.; Taylor & Francis, London.

Arrow, G. (1951) : Horned beetles : a study of the fantastic in nature. 183 pp.; Junk, Den Haag.

Ashe, G.H. (1955) : *Lucanus cervus* L. (Col., Lucanidae) in south-west Devon. Entom. Monthly Magaz., **91** : p. 118; London

Asmuss, H.M. (1835) : Monstrositates coleopterorum. Commentatio pathologico-entomologica. 86 pp.; Frantzen, Riga/Dorpat.

Auersch, O. (1965) : Biologische Beziehungen zwischen Milben und Insekten. Urania, **17** : 341 - 346; Jena.

Baade, H. (1984) : Die gegenwärtige Verbreitung des Nashornkäfers (*Oryctes nasicornis* L.) im Bezirk Leipzig. Entom. Nachr. Ber., **28** : 141 - 149; Leipzig.

Baczyk, D. (2004) : Kommt Fraport am Hirschkäfer vorbei? Darmstädter Echo, **60**/221 vom 22.09.2004 : p. 4; Darmstadt.

Baker, N. (1990) : Magpie feeding on stag beetles. Harrier, **88** : p. 12; Salcombe.

Balazuc, J. (1948) : La tératologie des Coléoptères et expériences de transplantation chez *Tenebrio molitor* L. Mém. Mus. National d'Hist. Natur., N.S., **25** : 1 - 293; Paris.

Balazuc, J. & Demaux, J. (1973-1976) : Captures intéressantes de Coléoptères dans le département de l'Ardèche. L'Entomologiste, **29** (1973) : 105 - 111; **30** (1974) : 15 - 24, 173 - 178; **31** (1975) : 30 - 38, **32** (1976) : 20 - 26; Paris.

Balthasar, V. (1956) : Lucanidae, Scarabaeidae. Part I. In : Fauna CSR, **8** : 7 - 43; Czechoslovakian Academy of Sciences, Prag.

Bär, K. (2008) : Volkszählung der Hirschkäfer gestartet. Elbe-Elster Rundschau, **19**/130 vom 05.06.2008 : p. 18; Bad Liebenwerda/Elsterwerda.

Baraud, J. (1977) : Coléoptères Scarabaeoidea. Faune de l'Europe occidentale : Belgique - France -

Grande-Bretagne - Italie - Péninsule Ibérique. Nouv. Rev. Entom., **7**/1, Suppl. : 1 - 352, **9** (1979) : 23 - 45; Toulouse.

Baraud, J. (1993) : Les Coléoptères Lucanoidea de l'Europe et du Nord de l'Afrique. Bull. Mens. Soc. Linn. Lyon, **62** : 42 - 64; Lyon.

Barclay, M. (1994) : Unseasonal stag beetle in Reading. Bull. Amateur Entom. Soc., **53**/395 : p. 191; Orpington, Kent.

Bardorff, W. (1952) : Brehms Tierleben. Volksausgabe in einem Band. 916 pp.; Safari, Berlin.

Bartl, M. (2008 a) : Gigant vom Urwaldboden. Mitteldeutsche Zeitung, Ausgabe Köthen, **19**/208 vom 04.09.2008 : p. 13, **19**/212 vom 09.09.2008 : p. 8; Halle.

Bartl, M. (2008 b) : Schützenswertes Köthener Kleinod. Mitteldeutsche Zeitung, Ausgabe Köthen, **19**/27 vom 28.11.2008 : p. 9; Halle.

Bartolozzi, L. (1986) : Note corologiche e morfologiche sui Lucanidae in Toscana. Atti Mus. Civ. Storia Natur. Grosseto, **7/8** : 11 - 26; Grosseto.

Bartolozzi, L. & Sprecher-Uebersax, E. (2006) : Catalogue of the palaearctic Lucanidae. In : Löbl, I. & Smetana, A. (Hrsg.), Catalogue of palaearctic Coleoptera, **3** : 63 - 77; Apollo, Stenstrup.

Bartolozzi, L. & Maggini, L. (2007) : Insecta Coleoptera Lucanidae. In : Ruffo, S. & Stoch, F. (Hrsg.), Checklist and distribution of the Italian fauna. Mem. Mus. Civ. Storia Natur. Verona, (2) **17** (2006) : 191 - 192; Verona.

Bartolozzi, L. & Werner, K. (2004) : Illustrated catalogue of the Lucanidae from Africa and Madagascar. 192 pp.; Taita, Hradec Králové. ISBN 80-902734-7-5.

Bartsch, A. (1980) : "Aktion Hirschkäfer" im Kreis Wernigerode. Schriftenr. Harzmus. Wernigerode, **3** : p. 17; Wernigerode.

Bartsch, A. (1981) : Zum zweiten Male : Aktion Hirschkäfer. Schriftenr. Harzmus. Wernigerode, **4** : 21 - 23; Wernigerode.

Basler Zeitung (1997) : Käfer des Monats : Trägt das Feuer in den Zangen - der Hirschkäfer. Basler Zeitung, **155**/150 vom 01.07.1997 : p. 25; Basel.

Basler Zeitung (2002 a) : 60 gefährdete Käferarten. Basler Zeitung, **160**/190 vom 17.08.2002 : p. 32; Basel.

Basler Zeitung (2002 b) : Überraschende Funde im Gebiet Wildenstein. Basler Zeitung, **160**/201 vom 30.08.2002 : p. 27; Basel.

Basler Zeitung (2004) : Weiter im Text : Hirschkäfer. Basler Zeitung, **162**/117 vom 21.05.2004 : p. 49; Basel.

Bateson, W. (1894) : Materials for the study of variation. 598 pp.; MacMillan, London.

Bateson, W. & Brindley, H.H. (1892) : On some cases of variation in secondary sexual characters, statistically examined. Proc. Zool. Soc. Lond., **1892** : 585 - 594; London.

Battell, G. (2003) : Kew create beetle mania! Can you? In Leaf, Newsl. Angl. Woodl. Proj., **2003**/3 : p. 10.

Baudrimont, A. (1932) : Le Lucane cerf-volant, rôle des mandibules chez le mâle. Proc. Verb. Soc. Linn. Bordeaux, **83** : 116 - 119; Bordeaux.

Baumgart, W., Simeonov, S.D., Zimmermann, M., Bünsche, H., Baumgart, P. & Kühnast, G. (1973) : An Horsten des Uhus (*Bubo bubo*) in Bulgarien. I. Der Uhu im Iskerdurchbruch (Westbalkan) (Aves, Strigidae). Zool. Abh. Staatl. Mus. Tierkde. Dresden, **32** : 203 - 247; Dresden.

Baumgart, W. (1975) : An Horsten des Uhus (*Bubo bubo*) in Bulgarien. II. Der Uhu in Nordostbulgarien (Aves, Strigidae). Zool. Abh. Staatl. Mus. Tierkde. Dresden, **33** : 251 - 275; Dresden.

Baumbusch, K. (2003) : Kröte und Molch sind wieder auf der Walz. Rhein-Neckar-Zeitung, Hauptausgabe Heidelberg, **59**/54 vom 06.03.2003 : p. 5; Heidelberg.

Baynes, E.S.A. (1946) : Abnormal growth of mandible of *Lucanus cervus* L. (Col., Lucanidae). Entom. Monthly Magaz., **82** : p. 196; London.

Beaujon, O. & Webbink, L. (1996) : Het vliegend hert. Tommy, **1**/5 : 64 - 66.

Bechtle, W. (1977) : Hirschkäfer sind große Süffel. Kosmos, **73**/9 : 647 - 654; Stuttgart.

Bechyne, J. (1965) : Welcher Käfer ist das? 133 pp.; Franckh, Stuttgart.

Behr, S. (1996) : In der Literatur fliegt er mit lautem Brummen. Frankfurter Rundschau, Ausgabe Main-Taunus-Kreis, **52**/229 vom 01.10.1996 : p. 1; Frankfurt/Main.

Behrendt, G. (2008) : Der Eremit, die alten Bäume und das Methusalem-Projekt. Märkische Allgemeine, Ausgabe Jüterboger Echo, **63**/112 vom 15.05.2008 : p. 17; Potsdam.

Bellier, A. (1846) : Les cocons de *Lucanus capreolus*. Bull. Soc. Entom. France, (2) **4** : 28 - 29; Paris.

Bellmann, A. (2002) : Die Trogidae, Geotrupidae, Scarabaeidae und Lucanidae (Coleoptera) des Weser-Ems-Gebietes. Drosera, **2002** : 109 - 128; Oldenburg.

Bellmann, H. (1999) : Der neue Kosmos-Insektenführer. 446 pp.; Franckh-Kosmos, Stuttgart. ISBN

3-440-07682-2.

Bellmann, H. & Honomichl, K. (2007): Biologie und Ökologie der Insekten : Ein Taschenlexikon. 4. Aufl. : 756 pp.; Elsevier, München. ISBN 3-8274-1769-5.

Benesh, B. (1960): Lucanidae. In : Junk, W. & Schenkling, S. (Hrsg.), Coleopterorum Catalogus, **8** : 2. Aufl., 178 pp.; Junk, Den Haag.

Bereszyński, A. & Czerwińska, H. (1978): Obserwacja jelonka rogacza Lucanus cervus w Wielopolskim parku narodowym. Chrońmy Przyrodę Ojczystą, **34**/4 : 71 - 72; Warszawa/Kraków.

Berge, K.v.d. (1994): Het vliegend hert, symbool voor ... Boskrant, **24** : 22 - 29.

Berger, H. (1976): Faunistik der hessischen Koleopteren. Vierter Beitrag. Familie Lucanidae. Mitt. Intern. Entom. Ver., **3** : 47 - 52; Frankfurt/Main.

Berger, T. (2004): Wald-Maikäfer bald im Anflug. Rhein-Neckar-Zeitung, Hauptausgabe Heidelberg, **60**/93 vom 22.04.2004 : p. 15; Heidelberg.

Bergsøe, V. (1881): Fra mark og skov : billeder af insekternes, **1** : 327 pp., **2** : 705 pp.; Gyldendal, København (2. Aufl. 1915 : **1** : 596 pp., **2** : 573 pp.).

Bergsträßer Anzeiger (2005): Mit verbundenen Augen Bäume erkannt. Bergsträßer Anzeiger, Ausgabe Zwingenberg, **172**/200 vom 30.08.2005 : p. 11; Bensheim.

Bergsträßer Anzeiger (2007): Hirschkäfer im Garten gesichtet. Bergsträßer Anzeiger, Ausgabe Heppenheim, **175**/128 vom 06.06.2007 : p. 19; Bensheim.

Bergsträßer Anzeiger (2008): Hirschkäfer entdeckt. Bergsträßer Anzeiger, Ausgabe Heppenheim, **176**/121 vom 27.05.2008 : p. 19; Bensheim.

Berliner Morgenpost (2001 a): "Hirschkäfer-Welt". Berliner Morgenpost, Bezirksausgabe Köpenick, **2001**/186 vom 11.07.2001 : p. 4; Berlin.

Berliner Morgenpost (2001 b): Naturschätze im Stadtgebiet. Berliner Morgenpost, **2001**/28 vom 29.01.2001 : p. 32; Berlin.

Berliner Morgenpost (2003): Käfer-Schau. Berliner Morgenpost, **2003**/296 vom 30.10.2003 : p. 29; Berlin.

Berliner Morgenpost (2005 a): Umzug von Hirschkäfer-Larven. Berliner Morgenpost, **2005**/231 vom 24.08.2005 : p. 10; Berlin.

Berliner Morgenpost (2005 b): Hirschkäfer-Zählung in Hessen. Berliner Morgenpost, **2005**/193 vom 17.07.2005 : p. 10; Berlin.

Berliner Morgenpost (2006): Förster zählen Tier- und Pflanzenarten. Berliner Morgenpost, **2006**/7 vom 07.01.2006 : p. 16; Berlin.

Bernau, G. (1929): Über eine interessante Aberration unseres Hirschkäfers. Wiener Entom. Z., **46** : p. 72; Wien.

Bertkau, P. (1889): Beschreibung eines Zwitters von Gastropacha quercus nebst allgemeinen Bemerkungen und einem Verzeichnis der beschriebenen Arthropodenzwitter. Arch. Naturgesch., **55**/1 : 75 - 116; Berlin.

Bertkau, P. (1891): Beschreibung eines Arthropodenzwitters. Arch. Naturgesch., **57**/1 : 229 - 238; Berlin.

Bernhardt, T.S. (2008): Artensterben in Gießen - Ein Sterben ohne Erben? Folge 4 : Der Hirschkäfer kann trotz seines mächtigen "Geweihs" prima fliegen. Gießener Zeitung, Gesamtausgabe, 1/16 vom 25.10.2008 : p. 7; Gießen.

Bessonnat, G. (1983): Observations sur les Lucanus cervus des environs de Riez (Alpes-de-Haute-Provence). L'Entomologiste, **39** : 77 - 80; Paris.

Bettag, E. (1988): Der Natur in der Pfalz auf der Spur. 114 pp.; Pfälzische Verlagsanstalt, Landau. ISBN 3-87629-128-3.

Beutler, D. (2002): Hirschkäfer - Lucanus cervus (Linnaeus). Naturschutz Landschaftspflege Brandenburg, **11** : 136 - 137; Potsdam.

Bevierre, X. (1984): Captures de Limenitis populi et de Lucanus cervus. Bull. Soc. Sci. Natur., **43** : p. 4; Venette/Compiègne.

Beyer, H. (1939 a): Wo kommt heute noch der Hirschkäfer (Lucanus cervus L.) in Westfalen vor? Natur und Heimat, **6** : p. 18; Münster.

Beyer, H. (1939 b): Zum Vorkommen des Hirschkäfers in Westfalen und Lippe. Natur und Heimat, **6** : 63 - 64; Münster.

Bezzel, E. (1985): Natur entdecken. 384 pp.; Kilda, Greven. ISBN 3-88949-111-1.

Biedermann, J. (1978): Hirschkäfer-Beobachtungen : Lucanus cervus L. in Liechtenstein (Insecta, Coleoptera, Lucanidae). Ber. Botan.-Zool. Ges. Liechtenstein-Sargans-Werdenberg, **78** : p. 70; Vaduz.

Bilý, S. & Cepická, A. (1990): Käfer. 224 pp.; Artia, Prag.

Binot, M., Bless, R., Boye, P., Gruttke, H. & Pretscher, P. (1998): Rote Liste gefährdeter Tiere

Deutschlands. Schriftenr. Landschaftspflege Naturschutz, **55** : 434 pp.; Bundesamt für Naturschutz, Bonn-Bad Godesberg. ISBN 3-89624-110-9.

Binot-Hafke, M., Gruttke, H., Ludwig, G. & Riecken, U. (2000) : Bundesweite Rote Listen - Bilanzen, Konsequenzen, Perspektiven. Schriftenr. Landschaftspflege Naturschutz, **65** : 255 pp.; Bundesamt für Naturschutz, Bonn-Bad Godesberg. ISBN 3-7843-3604-3.

Bizely, R. (1984) : A surfeit of stag beetles. Bull. Amateur Entom. Soc., **43**/345 : p. 196; Feltham/Middlesex.

Blab, J., Nowak, E., Trautmann, W. & Sukopp, H. (1984) : Rote Liste der gefährdeten Tiere und Pflanzen in der Bundesrepublik Deutschland. Naturschutz Aktuell, **1** : 4. Aufl., 270 pp.; Kilda, Greven.

Blair, K.G. (1939) : *Lucanus cervus* L. and *Clytus arietis* L. (Col.) in February. Entom. Monthly Magaz., **75** : p. 70; London.

Blanchard, E. (1868) : Métamorphoses, moeurs et instincts des insectes (insectes, myriapodes, arachnides, crustacés). 712 pp.; Baillière, Paris (2. Aufl. 1877 : 716 pp.).

Blanco Villero, J.M. & Sáez Bolaño, J.A. (2007) : Scarabaeoidea (Coleoptera) de la Sierra de Tudía (Badajoz, Extremadura, España) : I. Familia Lucanidae. Bol. Soc. Entom. Aragon., **40** : 351 - 358; Zaragoza.

Blankennagel, J. (2008) : Volkszählung der Hirschkäfer. Berliner Zeitung, **64**/194 vom 19.08.2008 : p. 22; Berlin.

Blaue, C. (2002) : Milliarden Maikäfer im Anflug. Rhein-Neckar-Zeitung, Hauptausgabe Heidelberg, **58**/76 vom 02.04.2002 : p. 9; Heidelberg.

Bleeckere, P.d. (1999) : Présence de *Lucanus cervus* Linné, 1935 dans le Pas de Calais (Coleoptera, Lucanoidea). Bull. Soc. Entom. Nord France, **291** : p. 8; Villeneuve d'Ascq.

Bleich, O.E. (1928) : Thanatose und Hypnose bei Coleopteren. Experimentelle Untersuchungen. Z. Morphol. Ökol. Tiere, **10** : 1 - 61; Berlin.

Bock, O. (2005) : Hirschkäfer mögen Südhessen. Frankfurter Allgemeine Zeitung, Ausgabe Rhein-Main Zeitung, **2005**/196 vom 24.08.2005 : p. 48; Frankfurt/Main.

Bodenheimer, F.S. (1928/1929) : Materialien zur Geschichte der Entomologie bis Linné, **1** (1928) : 498 pp., **2** (1929) : 486 pp.; Junk, Berlin.

Bonner General-Anzeiger (1978) : Nur noch wenige Hirschkäfer leben im Bonner Raum : Manchmal siegt David über Goliath. Bonner General-Anzeiger, Ausgabe Bonner Stadtanzeiger, **87**/26899 vom 01.07.1978 : p. 5; Bonn.

Bonner General-Anzeiger (1979 a) : Dem Hirschkäfer auf der Spur. Bonner General-Anzeiger, Ausgabe Bonner Stadtanzeiger, **88**/27177 vom 01.06.1979 : p. 7; Bonn.

Bonner General-Anzeiger (1979 b) : Hirschkäfer stehen unter Naturschutz : sie dürfen nicht getötet werden. Bonner General-Anzeiger, **88**/27192 vom 21.06.1979; Bonn.

Bonner General-Anzeiger (1980) : Ulmen-Stumpf bleibt für Hirschkäfer. Bonner General-Anzeiger, **89**/27422 vom 20.03.1980; Bonn.

Bonner General-Anzeiger (1982) : Hirschkäfer wurden bei uns zur Rarität. Bonner General-Anzeiger, Ausgabe Bonner Stadtanzeiger, **91**/28087 vom 02.06.1982 : p. 6; Bonn.

Bonner General-Anzeiger (2008 a) : Film über Hirschkäfer. Bonner General-Anzeiger, Ausgabe Honnefer Volkszeitung, **118**/35914 vom 14.03.2008 : p. 8; Bonn.

Bonner General-Anzeiger (2008 b) : Hirschkäfer. Bonner General-Anzeiger, Ausgabe Bonner Stadtanzeiger, **118**/35974 vom 29.05.2008 : p. 7; Bonn.

Borgersen, B., Halvorsen, D.E. & Zachariassen, K.E. (1982) : Eikehjorten - et dyr som forsvant fra den norske fauna. Insekt-Nytt, **7**/4 : 34 - 36; Trondheim.

Bosselmann, J. (1994) : Jahresbericht 1993 Säugetiere, Fische, Muscheln, Spinnen, Libellen, Wanzen, Käfer, Hautflügler. Pflanzen und Tiere in Rheinland-Pfalz, Jahresbericht 1993, **4** : 113 - 120; Mayen.

Bosselmann, J. (1995) : Jahresbericht 1994 Säugetiere, Amphibien, Reptilien, Fische, Käfer, Hautflügler, Spinnen. Pflanzen und Tiere in Rheinland-Pfalz, Jahresbericht 1994, **5**: 116 - 130; Mayen.

Bosselmann, J. (1996) : Jahresbericht 1995 Säugetiere, Amphibien, Reptilien, Fische, Spinnen, Käfer, Hautflügler. Pflanzen und Tiere in Rheinland-Pfalz, Jahresbericht 1995, **6**: 154 - 170; Mayen.

Bosselmann, J. (1998) : Jahresbericht 1997 Säugetiere, Amphibien, Reptilien u.a. Pflanzen und Tiere in Rheinland-Pfalz, Berichtsjahr 1997, **8**: 157 - 179; Mayen.

Bosselmann, J. (1999) : Jahresbericht 1999 Säugetiere, Amphibien, Reptilien u.a. Pflanzen und Tiere in Rheinland-Pfalz, Berichtsjahr 1998, **9**: 167 - 173; Mayen.

Bosselmann, J. (2000) : Jahresbericht 1999 Säugetiere, Amphibien, Reptilien u.a. Pflanzen und Tiere in Rheinland-Pfalz, Berichtsjahr 1999, **10** : 184 - 191; Mayen.

Bosselmann, J. (2001) : Jahresbericht 2000 Säugetiere, Amphibien, Reptilien u.a. Pflanzen und Tiere in Rheinland-Pfalz, Berichtsjahr 2000, **11** : 196 - 204; Mayen.

Bosselmann, J. (2002) : Jahresbericht 2001 Säugetiere, Amphibien, Reptilien u.a. Pflanzen und Tiere in Rheinland-Pfalz, Berichtsjahr 2001, **12** : 166 - 174; Mayen.

Bosselmann, J. (2003) : Jahresbericht 2002 Säugetiere, Amphibien, Reptilien u.a. Pflanzen und Tiere in Rheinland-Pfalz, Berichtsjahr 2002, **13** : 176 - 183, p. 185; Mayen.

Bosselmann, J. (2004) : Jahresbericht 2003 Säugetiere, Amphibien, Reptilien u.a. Pflanzen und Tiere in Rheinland-Pfalz, Berichtsjahr 2003, **14** : 169 - 174; Mayen.

Bosselmann, J. (2005) : Jahresbericht für Säugetiere, Spinnen, Schwebfliegen, Käfer, Hautflügler, Amphibien und Reptilien 2004. Pflanzen und Tiere in Rheinland-Pfalz, Berichtsjahr 2004, **15** : 191 - 194; Mayen.

Bosselmann, J. (2006) : Jahresbericht für Säugetiere, Amphibien, Reptilien u.a. 2005. Pflanzen und Tiere in Rheinland-Pfalz, Berichtsjahr 2005, **16** : 184 - 190; Mayen.

Bosselmann, J. (2007) : Jahresbericht für Säugetiere, Amphibien, Reptilien u.a. 2006. Pflanzen und Tiere in Rheinland-Pfalz, Berichtsjahr 2006, **17** : 183 - 189; Mayen.

Bosselmann, J. (2008) : Jahresbericht für Säugetiere, Amphibien, Reptilien u.a. 2007. Pflanzen und Tiere in Rheinland-Pfalz, Berichtsjahr 2007, **18** : 177 - 181; Mayen.

Bosselmann, J. (2009) : Jahresbericht für Säugetiere, Amphibien, Reptilien u.a. 2008. Pflanzn und Tiere in Rheinland-Pfalz, Berichtsjahr 2008, **19** : im Druck; Mayen.

Bourgin, P. (1949 a) : Les *Oryctes* de France et des pays voisins. L'Entomologiste, **5** : 152 - 156; Paris.

Bourgin, P. (1949 b) : Une nouvelle sous-espèce française d'*Oryctes nasicornis* (morphologie comparée des formes affines). Bull. Soc. Entom. France, **54** : 86 - 91; Paris.

Bowdrey, J. (1991) : Early stag beetles (*Lucanus cervus* L.) in Colchester. Entom. Record J. Variation, **103** : p. 300; Orpington/Kent.

Bowdrey, J. (1997) : The stag beetle *Lucanus cervus* L. (Coleoptera : Lucanidae) in north-east Essex : results of the 1996 Colchester "search for stag beetles" survey. Essex Natur., **14** : 79 - 88; Brentwood.

Braatz, J. (1914) : Tödliche Eifersuchtskämpfe der Hirschkäfer (*Lucanus cervus* L.). Entom. Z., **27**/46 : 267 - 268; Frankfurt/Main.

Brandt, H. & Daxwanger, I. (1960) : Käfer, Hautflügler, Zweiflügler und weitere Insektenordnungen. Winters Naturwiss. Taschenb., **29**, Insekten Deutschlands, **3** : 208 pp.; Winter, Heidelberg.

Brandt, K. (1937) : Hirschkäfer im Industriegebiet. Naturforscher, **13** : 420 - 421; Berlin.

Brechtel, F. (1992) : Alt- und Totholz - voller Leben. Naturschutz bei uns, **2** : 1 - 49; Oppenheim.

Brechtel, F. & Kostenbader, H. (2002) : Die Pracht- und Hirschkäfer Baden-Württembergs. 632 pp.; Ulmer, Stuttgart. ISBN 3-8001-3526-4.

Brehm, A.E. (1882) : Merveilles de la nature : Les insectes, les myriapodes, les arachnides. 800 pp.; Baillière, Paris.

Brehm, A.E. & Schmidtlein, R. (1902) : Kriechtiere, Lurche, Fische, Insekten, Niedere Tiere. In : Brehms Tierleben : Kleine Ausgabe für Volk und Schule, 2. Aufl., **3** : 963 pp.; Bibliographisches Institut, Leipzig/Wien.

Brockhaus (1954) : Der große Brockhaus in zwölf Bänden. 16. Aufl., **5** (Gp - Iz) : 794 pp.; Brockhaus, Wiesbaden.

Brockmann, E. (1995) : Massenvorkommen des Nashornkäfers *Oryctes nasicornis* (Linnaeus, 1758) in einer Kompostierungsanlage (Coleoptera, Scarabaeidae). Hess. Faunist. Briefe, **14** : 47 - 50; Darmstadt.

Brown, M. (1955) : *Lucanus cervus* L. (Col., Lucanidae) in East Cornwall. Entom. Monthly Magaz., **91** : p. 262; London.

Bruchsaler Rundschau (2008) : Ein Mann auf der Suche nach dem Donnergugi. Artikel des Redakteurs Franz Lechner in der Bruchsaler Rundschau, **63**/189 vom 14.08.2008 : p. 27; Bruchsal.

Brüggemann, F. (1873) : Systematisches Verzeichnis der bisher in der Gegend von Bremen gefundenen Käferarten. Abh. Naturwiss. Ver. Bremen, **3** : 441 - 524; Bremen.

Brüll, H. (1952) : Über die Bedeutung der Mundwerkzeuge des männlichen und des weiblichen Hirschkäfers. Natur und Volk, **82** : 289 - 294; Frankfurt/Main.

Buchwald, H. (2005) : Ein Herz für Kröten und Molche. Rhein-Neckar-Zeitung, Hauptausgabe Heidelberg, **61**/78 vom 06.04.2005 : p. 6; Heidelberg.

Buettner, I.G. (1857) : Das Wandern der Thiere. Bull. Soc. Impér. Natur. Moscou, **30**/1 : 273 - 289; Moskau.

Bunalski, M. (1999) : Die Blatthornkäfer Mitteleuropas (Coleoptera, Scarabaeoidea) : Bestimmung, Verbreitung. Ökologie. 80 pp.; Slamka, Bratislava.

Bundesamt für Naturschutz (1998) : Rote Liste gefährdeter Tiere Deutschlands. Schriftenr. Landschaftspflege Naturschutz, **55** : 434 pp.; Bundesamt für Naturschutz, Bonn-Bad Godesberg. ISBN 3-89624-110-9.

Bundesartenschutzverordnung (1980) : Verordnung über besonders geschützte Arten wildlebender Tiere und wildwachsender Pflanzen (Bundesartenschutzverordnung - BArtSchV) vom 25. August 1980. Veröff. Naturschutz Landschaftspflege Baden-Württ., **51/52** : 715 - 760; Karlsruhe. Bundesgesetzbl., (I) **1980**/54 : 1565 - 1601 (30.08.1980); Bonn.

Bundesartenschutzverordnung (1986) : Verordnung zum Schutz wildlebender Tier- und Pflanzenarten vom 19.12.1986. Bundesgesetzbl., (I) **1986**/70 : 2705 - 2761 (31.12.1986); Bonn.

Bundesartenschutzverordnung (1999) : Verordnung zum Erlass von Vorschriften auf dem Gebiet des Artenschutzes sowie zur Änderung der Psittakoseverordnung und der Bundeswildschutzverordnung vom 14.10.1999. Bundesgesetzbl., (I) **1999**/47 : 1955 - 2030 (14.10.1999); Bonn.

Bundesnaturschutzgesetz (1976) : Gesetz über Naturschutz und Landschaftspflege (Bundesnaturschutzgesetz - BNatSchG) vom 20.12.1976. Bundesgesetzbl., (I) **1976**/147 : 3574 - 3582 (23.12.1976); Bonn. Berichtigung vom 20.04.1977 : Bundesgesetzbl., (I) **1977**/25 : p. 650 (28.04.1977); Bonn. Änderung vom 01.06.1980 : Bundesgesetzbl., (I) **1980**/27 : 649 - 650 (07.06.1980); Bonn.

Bundesnaturschutzgesetz (1998) : Zweites Gesetz zur Änderung des Bundesnaturschutzgesetzes vom 30.04.1998. Bundesgesetzbl., (I) **1998**/25 : 823 - 832 (08.05.1998); Bonn.

Burgsdorf, F.A.L.v. (1783 - 1800) : Versuch einer vollständigen Geschichte vorzüglicher Holzarten in systematischen Abhandlungen : zur Erweiterung der Naturkunde und Forsthaushaltungs-Wissenschaft. 4 Bde.; Pauli, Berlin.

Burkill, H.J. (1941) : The distribution of *Lucanus cervus* L. (Col., Lucanidae) in Britain. Entom. Monthly Magaz., **77** : p. 279; London.

Burmeister, H.C.C. (1847) : Handbuch der Entomologie, 5 : Coleoptera Lamellicornia, Xylophila et Pectinicornia : 584 pp.; Reimer, Berlin; Blöss, Halle; Enslin, Berlin.

Bürstadter Zeitung (2005) : Größte Population im Bürstädter Wald. Bürstadter Zeitung, **2005**/196 vom 24.08.2005 : p. 11; Bürstadt.

Busch, T. (1937 a) : Ein Beitrag zur Lebensgeschichte und Zucht des Nashornkäfers. Entom. Rdsch., **54**/17 : 197 - 200, **54**/20 : 245 - 248; Stuttgart.

Busch, T. (1937 b) : *Oryctes nasicornis*. Entom. Rdsch., **54**/21 : 275 - 276; Stuttgart.

Bußler, H (1990) : Die xylobionte Käferfauna der Mittelwälder um Bad Windsheim (Mittelfranken). Acta Coleopterologica, **6**/2 : 69 - 76; Tutzing.

Bußler, H. & Binner, V. (2006) : Mit Likör und Marmelade auf Hirschkäferjagd. LWF aktuell, **13**/2 (53) : p. 26; Weihenstephan.

Bütler, R., Lachat, T. & Schlaepper, R. (2006) : Förderung von saproxylischen Arten : Massnahmen, Zielkonflikte und offene Fragen. Schweiz. Z. Forstwes., **157** : 217 - 226; Zürich.

Calwer, C.G. (1858) : Käferbuch : Allgemeine und specielle Naturgeschichte der Käfer Europa's. 788 pp.; Krais & Hoffmann, Stuttgart.

Cameron, H.D. (1980) : The etymology of the beetle name *Lucanus* Linnaeus (Coleoptera : Lucanidae). Great Lakes Entom., **13** : 31 - 32; East Lansing/Michigan.

Cappe de Baillon, P. (1927) : Recherches sur la tératologie des insectes. Encyclop. Entom., **8** : 291 pp.; Lechevalier, Paris.

Carganico, C. (2003) : Ein Ritter mit Panzer und Geweih. Welt am Sonntag, **56**/29 vom 20.07.2003 : p. 46; Berlin.

Carrière, J. (1979) : La recolte de larves d'*Oryctes nasicornis* sur le littoral méditerranéen. Bull. Soc. Sci. Natur., **21** : p. 5; Venette/Compiègne.

Carrière, J. (1989) : Un rassemblement de *Lucanus cervus* (L.) dans la garrigue minervoise (Coleoptera, Lucanoidea). Bull. Soc. Sci. Natur., **61** : 19 - 20; Venette/Compiègne.

Carrière, J. (1990) : Quelques notes étho-écologiques sur *Megascolia flavifrons* (Fabricius, 1775) en Languedoc (Hymenoptera, Scoliidae). Bull. Soc. Sci. Natur., **65** : 16 - 18; Venette/Compiègne.

Carrière, J. (1994) : Comment une Scolie paralyse la grosse larve d'*Oryctes* et dépose son oeuf entre les premiers segments thoraciques. Lambillionea, **94** : p. 399; Bruxelles.

Carter, D. (2006) : Schmetterlinge. 304 pp.; Dorling Kindersley, Starnberg. ISBN 3-8310-0840-X.

Cassola, F. & Lovari, S. (1979) : Food habits of rollers during the nesting season. Boll. Zool., **46** : 87 - 90; Padova.

Castelnau, F.L. (1840) : Histoire naturelle des insectes. Coléoptères. 525 pp.; Duménil, Paris.

Chalmers-Hunt, J.M. (1987) : Remarkable abundance of larvae of the stag beetle : *Lucanus cervus* L. (Col. : Lucanidae). Entom. Rec. J. Variation, **99** : p. 184; Orpington/Kent.

Chapman, G. (1979) : Some observations on the stag beetle *Lucanus cervus* L. Bull. Amateur Entom. Soc., **38**/323 : p. 95; Feltham/Middlesex.

Chatenet, G.d. (1986) : Guide des coléoptères d'Europe. 479 pp.; Delachaux, Niestlé & Perret, Neuchâtel/Paris.

Chenu, J.C. (1851) : Coléoptères. In : Encyclopédie d'histoire naturelle, **1** : 312 pp.; Marescq, Paris.

Chinery, M. (1977) : The natural history of the garden. 287 pp.; Collins, London.

Chinery, M. (2002) : Pareys Buch der Insekten : Ein Feldführer der europäischen Insekten. 328 pp.; Parey, Berlin/Wien. ISBN 3-8263-3420-5.

Chinery, M. (2008) : Insekten : Eindrucksvolle Nahaufnahmen faszinierender Lebewesen. 287 pp.; Gerstenberg, Hildesheim; Octopus, London. ISBN 3-8369-2977-6.

Chop, K. (1863) : Aus dem Insectenleben. Die Gartenlaube, Illustriertes Familienblatt, **1863**/33 : p. 528; Leipzig.

Clark, J.T. (1964) : The stag beetle in North-East Essex. Essex Natur., **31**/3 : 167 - 172; London.

Clark, J.T. (1965 a) : The stag beetle in North-East Essex - second report. Essex Natur., **31**/4 : 267 - 270; London.

Clark, J.T. (1965 b) : The stag beetle. Trans. Suffolk Natur. Soc., **13**/2 : 86 - 89; Ipswich.

Clark, J.T. (1966) : The distribution of *Lucanus cervus* (L.) (Col., Lucanidae) in Britain. Entom. Monthly Magaz., **102** : 199 - 204; London.

Clark, J.T. (1967) : Extremes of size in *Lucanus cervus* (L.) (Col., Lucanidae). Entom. Monthly Magaz., **103** : 24 - 25; London.

Clark, J.T. (1977) : Aspects of variation in the stag beetle *Lucanus cervus* (L.) (Coleoptera : Lucanidae). System. Entom., **2** : 9 - 16; Oxford.

Clemons, L. (1982) : An interesting observation on *Lucanus cervus* L. Bull. Amateur Entom. Soc., **41**/337 : p. 164; Feltham/Middlesex.

Cofais, M. (1972) : Un cas tératologique chez *Lucanus cervus*. L'Entomologiste, **28** : 32 - 33; Paris.

Colas, G. (1949) : Un *Lucanus* nouveau de France (Col. Scarab.). Rev. Franç. Entom., **16** : 128 - 131; Paris.

Colas, G. (1962) : Etude d'une population de *Lucanus cervus* Linné. Rev. Franç. Entom., **29** : 118 - 123; Paris.

Colas, G. (1964) : Le Lucane ou cerf-volant. Science et Nature, **61** : 41 - 43; Paris.

Companyo, L. (1863) : Histoire naturelle du département des Pyrénées-Orientales, **3** : Règne animal; Perpignan.

Conci, C. (1959) : 100 disegni di coleotteri. 118 pp.; Martello, Milano.

Conrad, R. (1992) : Zur Verbreitung und Gefährdung der Hirschkäferarten (Coleoptera, Lucanidae) Thüringens. Naturschutzreport, **4** : 123 - 132; Jena.

Conrad, R. (1993) : Rote Liste ausgewählter Hirsch- und Blatthornkäfer (Coleoptera : Lamellicornia partim) Thüringens : 1. Fassung, Stand 1992. Naturschutzreport, **5**: 92 - 95; Jena.

Conrad, R. (1994) : Zur Verbreitung und Gefährdung ausgewählter Blatthornkäferarten (Coleoptera : Scarabaeidae) Thüringens. Naturschutzreport, **7** : 247 - 262; Jena.

Cooter, J. (1968) : *Lucanus cervus* Linn. (male). Bull. Amateur Entom. Soc., **27**/279 : p. 104; Feltham/Middlesex.

Cooter, J. (1991) : A coleopterist's handbook. Amateur Entom., **11** : 3. Aufl. : 294 pp.; Feltham/Middlesex. ISBN 0-900054-53-0.

Cooter, J. & Barclay, M.V.L. (2006) : A coleopterist's handbook. Amateur Entom., **11** : 4. Aufl. : 439 pp.; Orpington/Kent. ISBN 0-900054-70-0.

Cornelius, C. (1867) : Zur Naturgeschichte des *Lucanus cervus* Linné. Entom. Z., **28** : 435 - 437; Stettin.

Cornelius, C. (1868) : Weiteres zur Naturgeschichte von *Lucanus cervus* Linné. Entom. Z., **29** : 24 - 25; Stettin.

Council of Europe (1982) : Übereinkommen über die Erhaltung der europäischen wildlebenden Pflanzen und Tiere und ihrer natürlichen Lebensräume, vom 19. September, 1979 (Berner Konvention). European Treaties (ETS), **104** : 91 pp.; Bern.

Creutz, G. (1987) : Haushühner erbeuten Hirschkäfer (*Lucanus cervus* L.). Beitr. Vogelkde., **33**/1 : 58 - 59; Jena.

Crome, W. (1957) : Zur Morphologie und Anatomie der Larve von *Oryctes nasicornis* L. (Col. Dynastidae). Dt. Entom. Z., N.F., **4** : 228 - 262; Berlin.

Cruysbergh, W.P. (1986) : Het paringsgedrag van het vliegend hert (*Lucanus cervus* (Linnaeus)). Entom. Ber., **46** : p. 103; Amsterdam.

Cuppen, J.G.M. (1992) : Het recente voorkomen van tien keversoorten in Nederland (Coleoptera). Entom. Ber., **52** : 177 - 184; Amsterdam.

Cürten, W. (1936) : Vom Hirschkäfer. Natur und Volk, **66** : 635 - 643; Frankfurt/Main.

Cürten, W. (1971) : Fünfzig Jahre Sammlerleben 1904 - 1954. 2. Teil : Käfer. Mitt. Intern. Entom. Ver., **1**/7 : 1 - 15; Frankfurt/Main.

Curtis, J. (1823-1840) : British entomology. 8 Bde., 770 Taf.; Curtis, London.

Danesch, O. (1965) : Schmetterlinge. Band I Tagfalter. Belser Bücher Reihe, **14** : 256 pp.; Belser, Stuttgart.

Darby, M. (2000) : The stag beetle (*Lucanus cervus*) in Wiltshire. Recording Wiltshire's Biodiversity, **5** : 12 - 14.

Day, D. (1994) : Operation stag beetle. Entom. Record J. Variation, **106**: p. 185; Orpington/Kent.

Debusmann, C. (2006) : Den Artenreichtum stärken und sichern. Rhein-Lahn-Zeitung, Ausgabe Diez, **61**/237 vom 12.10.2006 : p. 16; Koblenz.

Dechambre, R.P. & Lachaume, G. (2001) : *Oryctes*. Les Coléoptères du monde, **27** : 1 - 72; Paris.

Depuiset, A. (1877) : Les coléoptères : organisation - moeurs - chasse - collection - classification. In : Rothschild, J. (Hrsg.), Histoire naturelle iconographique des insectes, **2** : 326 pp.; Rothschild, Paris.

Derksen, W. (1941) : Die Sukzession der pterygoten Insekten im abgestorbenen Buchenholz. Z. Morphol. Ökol. Tiere, **37** : 683 - 734; Berlin.

Deussing, C. (2006) : Aufwändiges Aufräumen. Süddeutsche Zeitung, Ausgabe Starnberg, **62**/169 vom 25.07.2006 : p. R1; München.

Deventer, L.J.v. (1981) : Interessante waarneming aan *Lucanus cervus* (Linnaeus) (Col., Lucanidae). Entom. Ber., **41** : p. 53; Amsterdam.

Didier, R. (1933) : Les Lucanides. Terre et Vie, **3** : 24 - 29; Paris.

Didier, R. (1937) : Etudes sur les Coléoptères Lucanides du globe. 260 pp.; Lechevalier, Paris.

Didier, R. (1949) : Atlas des Coléoptères Lucanides du globe. Genre *Lucanus*. 20 Taf.; Lechevalier, Paris.

Didier, R. & Séguy, E. (1952/1953) : Catalogue illustré des Lucanides du globe. Texte. Encyclop. Entom., (A) **27** (1953) : 223 pp.; Atlas. Encyclop. Entom., (A) **28** (1952) : 112 Taf.; Lechevalier, Paris.

Dierl, W. (1981) : Insekten : Schmetterlinge, Käfer, Libellen und unsere anderen Insekten nach Farbfotos bestimmen. 2. Aufl. : 143 pp.; BLV, München/Wien/Zürich. ISBN 3-405-11894-8.

Dietze, R. (2004) : Käferbeobachtungen an einem Ulmenhochstubben in Zentralsachsen (Col. div.). Coleo, **5** : 10 - 17; Oberhausen.

Divisch, R. (2004) : Hinaus in den grünen Stadtwald! Frankfurter Rundschau, Ausgabe Stadt, **60**/123 vom 28.05.2004 : p. 36; Frankfurt/Main.

Doebner, A. (1864) : Zwitter und Mißbildungen. Entom. Z., **25** : 196 - 197; Stettin.

Döhring, E. (1955) : Zur Biologie des Großen Eichenbockkäfers (*Cerambyx cerdo* L.) unter besonderer Berücksichtigung der Populationsbewegungen im Areal. Z. Angew. Zool., **42** : 251 - 373; Berlin.

Donisthorpe, H. (1935) : Abundance of *Lucanus cervus*, L., in Windsor Forest. Entom. Rec. J. Variation, **47** : p. 104; Orpington/Kent.

Donisthorpe, H. (1941) : The distribution of *Lucanus cervus* L. (Col., Lucanidae) in Britain. Entom. Monthly Magaz., **77** : 198 - 199; London.

Donovan, E. (1792-1813) : The natural history of British insects. 16 Bde.; Rivington, London.

Dorn, K. (1958) : *Lucanus cervus* L. *armiger* Hbst. Entom. Bl. Biol. System. Käfer, **54** : 62 - 63; Krefeld.

Dorow, W., Flechtner, G. & Kopelke, J.P. (1992) : Naturwaldreservate in Hessen, 3 : Zoologische Untersuchungen, Konzept. Mitt. Hess. Landesforstverw., **26** : 159 pp.; Wiesbaden.

Douglas, J.W. (1890) : *Lucanus cervus*. Entom. Monthly Magaz., (2) **1** : 295 - 296; London.

Drane, A.B. (2001) : Stag beetle *Lucanus cervus* (Linnaeus) (Lucanidae) discovered at two Northamptonshire sites. Coleopterist, **10** : p. 92; Lewes.

Drane, A.B. (2004) : *Lucanus cervus* (Linnaeus) (Coleoptera : Lucanidae) established in Northamptonshire. Coleopterist, **13** : p. 147; Lewes.

Drees, M. (1995) : Zum Vorkommen des Rehschröters und des Kopfhornschröters im Raum Hagen (Coleoptera : Lucanidae). Natur und Heimat, **55** : 119 - 123; Münster.

Dröscher, V. (1999) : Hilfe für Hirschkäfer. Welt am Sonntag, **1999**/9 vom 28.02.1999 : p. 40; Berlin.

Drovenik, B. (1996) : Über die Verbreitung und Ökologie des Nashornkäfers (*Oryctes nasicornis* (Linnaeus, 1758)) in Slowenien (Coleoptera : Scarabaeidae). Acta Entom. Sloven., **4** : 91 - 95; Ljubljana.

Drovenik, B. & Matjasic, J. (1979) : Rogaci (Lucanidae - Coleoptera) Slovenije. Biol. Vestn., **27** : 109 - 113; Ljubljana.

Duda, S. & Radkiewicz, J. (1982) : Jelonek rogacz *Lucanus cervus* na środkowym Nadodrzu. Chrońmy Przyrodę Ojczystą, **38**/6 : 123 - 128; Warszawa/Kraków.

Dudich, E. (1920) : Über den Stridulationsapparat einiger Käfer. Entom. Bl., Z. Biol. System. Käfer, **16** : 146 - 161; Berlin.

Dudich, E. (1921) : Beiträge zur Kenntnis der Stridulationsorgane der Käfer I. Entom. Bl., Z. Biol. System. Käfer, **17** : 136 - 140, 145 - 155; Berlin.

Dudich, E. (1923) : Über einen somatischen Zwitter des Hirschkäfers. Entom. Bl., Z. Bion. System.

Käfer, **19** : 129 - 133; Berlin.

Dumée, P. (1904) : Abondance extrême d'*Oryctes nasicornis*. Feuille Jeunes Natur., (4) **34**/401 : p. 108; Paris.

Duncan, J. (1843) : The naturalist's library, Entomology, **2**; Lizars, Edinburgh; Curry, Dublin.

Dunk, K.v.d. (2002) : Ergänzungen zum Thema Hirschkäfer nach der Literatur. In : Dunk, K.v.d. (Hrsg.), Beiträge zu entomologischen Aspekten des Waldes, besonders des Nürnberger Reichswaldes und des Steigerwaldes in Nordbayern. Galathea, Ber. Nürnbg. Entom., Suppl., **11** : 49 - 64; Nürnberg.

Durin, B. (1980) : Käfer und andere Kerbtiere. 107 pp.; Schirmer-Mosel, München.

Dutreix, C. (1974) : Sur une population parisienne de *Lucanus cervus* Linné. Bull. Soc. Sci. Natur., **5** : p. 5; Paris.

Dutreix, C. (1976) : A propos de *Lucanus cervus* L. Bull. Soc. Sci. Natur., **12** : p. 2; Venette/Compiègne.

Eberhard, W.G. (1980) : Horned beetles. Scient. Amer., **242**/3 : 124 - 131; New York.

Ebert, J. & Müller-Pfannenstiel, K. (2008) : Umsetzung von mit Hirschkäfer-Larven besetzten Baumwurzeln : Eine Maßnahme zur Schadensbegrenzung für eine FFH-Art. Naturschutz und Landschaftsplanung, Z. Angew. Ökol., **40** : 106 - 112; Stuttgart.

Ecke, H. (1938) : Der Hirschkäfer. Aus der Heimat, **51** : 104 - 107; Stuttgart.

Edwards, J. (1893) : Norfolk Coleoptera. Trans. Norfolk Norwich Natur. Soc., **5** : 427 - 508.

Eggels, N. (2002) : Der Nashornkäfer kehrt zurück. Naturspiegel, **2002**/3 (47) : 28 - 29; Krefeld-Viersen.

Eigenberger. J. (2006) : Es werde Licht im Wald. Basler Zeitung, **164**/75 vom 29.03.2006 : p. 17; Basel.

Elbe-Elster Rundschau (2006) : Hirschkäfer fühlt sich zwischen Eichen wohl. Lausitzer Rundschau, Ausgabe Luckau- Dahme, Elbe-Elster Rundschau, **55**/141 vom 20.06.2006 : p. 18; Cottbus.

Elbe-Elster Rundschau (2008) : Auf den Käfer gekommen. Elbe-Elster Rundschau, **19**/167 vom 18.07.2008 : p. 5; Bad Liebenwerda/Elsterwerda.

Emden, F.v. (1941) : Larvae of British beetles. II. A key to the British Lamellicornia larvae. Entom. Monthly Magaz., **77** : 117 - 127, 181 - 192; London.

Emden, F.v. (1950) : Dipterous parasites of Coleoptera. Entom. Monthly Magaz., **86** : 182 - 206; London.

Emsley, M.G. & Sandved, K.B. (1978) : Zauberwelt der Insekten. 128 pp.; Belser, Stuttgart/Zürich; Viking, New York. ISBN 3-7630-1676-7.

Endrödi, S.v. (1938) : Die paläarktischen Rassenkreise des Genus *Oryctes* (Ill.). Arch. Naturgesch., N.F., **7** : 53 - 96; Leipzig.

Endrödi, S. (1973) : Monographie der Dynastinae. 5. Tribus : Oryctini (Coleoptera, Lamellicornia, Melolonthidae). Entom. Arb. Mus. Frey, **24** : 1 - 87; Tutzing.

Endrödi, S. (1976) : Monographie der Dynastinae (Coleoptera). 6. Tribus : Dynastini. Acta Zool. Acad. Scient. Hung., **22** : 217 - 269; Budapest.

Engel, H. (1961) : Insectes d'Europe & arachnides et myriapodes. Société Française du Livre, Paris.

Eppert, K. (2005) : Mit der Wärme kommt auch das große Krabbeln. Rhein-Neckar-Zeitung, Gesamtausgabe, **61**/64 vom 18.03.2005 : p. 10; Heidelberg.

Erfmann, M. (2007) : Ganz schön kräftig. Westdeutsche Allgemeine Zeitung, Ausgabe Dorsten, **2007**/189 vom 16.08.2007: p. WDN_2; Essen.

Erichson, F.W. (1848) : Naturgeschichte der Insecten Deutschlands, 1. Abt. Coleoptera, **3** : 968 pp.; Nicolai, Berlin.

Erlbeck, R., Haseder, I.E. & Stinglwagner, G.K.F. (1998) : Das Kosmos Wald- und Forstlexikon. 880 pp.; Franckh, Stuttgart. ISBN 3-440-07511-7.

Escherich, K. (1916) : Die Maikäferbekämpfung im Bienwald (Rheinpfalz) - ein Musterbeispiel technischer Schädlingsbekämpfung. Z. Angew. Entom., **3** : 134 - 156; Berlin.

Escherich, K. (1923) : Die Forstinsekten Mitteleuropas, **2** : Spezieller Teil. Erste Abteilung : 663 pp.; Parey, Berlin.

Español, F. (1973) : Entomofauna forestal española : Fam. Lucanidae (Col. Scarabaeoidea). Publ. Inst. Biol. Aplicada, **54** : 99 - 111; Barcelona.

Evans, G.O. & Till, W.M. (1965/1966) : Studies on the British Dermanyssidae (Acari : Mesostigmata). Part I External morphology. Part II Classification. Bull. Brit. Mus. Natur. Hist., Zool., **13** (1965) : 249 - 294, **14** (1966) : 107 - 370; London.

Fabre, J.H. (1886) : Souvenirs entomologiques. Etudes sur l'instinct et les moeurs des insectes. 433 pp.; Delagrave, Paris.

Fairmaire, L. (1900) : Coléoptères. In : Fairmaire, L., Histoire naturelle de la France, **8** : 336 pp.; Deyrolle, Paris.

Fairmaire, L. (1913) : Coléoptères. In : Fairmaire, L., Histoire naturelle de la France, **8** : 505 pp.; Deyrolle, Paris.

Fartmann, T., Gunnemann, H., Salm, P. & Schröder, E. (2001) : Berichtspflichten in Natura-2000-Gebieten. Empfehlungen zur Erfassung der Arten des Anhangs II und Charakterisierung der Lebensraumtypen des Anhangs I der FFH-Richtlinie. Angewandte Landschaftsökologie, **42** : 725 pp.; Bundesamt für Naturschutz, Bonn-Bad Godesberg. ISBN 3-7843-3715-5.

Fauna-Flora-Habitat-Richtlinie (1992) : Richtlinie 92/43/EWG des Rates vom 21. Mai 1992 zur Erhaltung der natürlichen Lebensräume sowie der wildlebenden Tiere und Pflanzen. Amtsbl. Europ. Gemeinschaft, (L) **206** : 7 - 50; Rat der Europäischen Gemeinschaft, Brüssel.

Fauna-Flora-Habitat-Richtlinie (1997) : Richtlinie 97/62/EG des Rates vom 27. Oktober 1997 zur Anpassung der Richtlinie 92/43/EWG zur Erhaltung der natürlichen Lebensräume sowie der wildlebenden Tiere und Pflanzen an den technischen und wissenschaftlichen Fortschritt. Amtsbl. Europ. Gemeinschaft, (L) **305** : 42 - 65; Rat der Europäischen Gemeinschaft, Brüssel.

Feige, A. (1920) : *Lucanus cervus* L. Entom. Bl., Z. Biol. System. Käfer, **16** : p. 54; Berlin.

Feldmann, R. (1969) : Zur Verbreitung des Hirschkäfers im nördlichen Sauerland. Heimatbl. Hohenlimburg, **30**/7 : 146 - 148; Hohenlimburg.

Feldmann, R. (1970) : Nachweise des Hirschkäfers und des Nashornkäfers aus dem südwestfälischen Raum. Der Märker, **18** : 19 - 20.

Feldmann, R. (1996) : Vorkommen des Hirschkäfers und seiner Verwandten (Coleoptera : Lucanidae) im Sauerland. Natur und Heimat, **56** : 33 - 37; Münster.

Fellenberg, W. (1985) : Zur Bestandsentwicklung des Hirschkäfers (*Lucanus cervus* L.) im Kreis Olpe. Dortmunder Beitr. Landeskde., Naturwiss. Mitt., **19** : 79 - 80; Dortmund.

Ferraris, T. (1934) : I parassiti animali delle piante coltivata od utili. A cura del Prof. G. della Beffa, **2** : 575 pp.; Hoepli, Milano.

Figuier, L. (1869) : Les insectes. 2. Aufl. : 580 pp.; Hachette, Paris.

Fink, R. (2006) : Kröten machen sich wieder auf Wanderschaft. Rhein-Neckar-Zeitung, Hauptausgabe Heidelberg, **62**/72 vom 27.03.2002 : p. 10; Heidelberg.

Fleischer, H. (1896) : Der Käferfreund : Praktische Anleitung zum Sammeln und Bestimmen der Käfer. 252 pp.; Nitzschke, Stuttgart.

Fleischer, H. (1924) : Schreibers kleiner Atlas der wichtigsten Käfer. 40 pp.; Schreiber, Esslingen/München.

Flint, J.H. (1945) : *Lucanus cervus* L. (Col., Lucanidae) in Essex. Entom. Monthly Magaz., **81** : p. 252; London.

Floericke, K. (1920) : Detektivstudien in der Vogelwelt. Franckh, Stuttgart.

Floericke, K. (1922) : Vogelbuch : Gemeinverständliche Naturgeschichte der mitteleuropäischen Vogelwelt. 2. Aufl. : 496 pp.; Franckh, Stuttgart; Pestalozzi, Wiesbaden.

Floericke, K. (1923) : Falterleben. 77 pp.; Franckh, Stuttgart.

Floericke, K. (1924) : Käfervolk. 76 pp.; Franckh, Stuttgart.

Folwaczny, B. (1959) : *Lucanus cervus* L. Entom. Bl. Biol. System. Käfer, **55** : p. 283; Krefeld.

Forster, W. & Wohlfahrt, T.A. (1955) : Tagfalter : Diurna (Rhopalocera und Hesperiidae). Die Schmetterlinge Mitteleuropas, **2** : 126 pp. + 28 Taf.; Franckh, Stuttgart.

Fowler, W.W. & Donisthorpe, H. (1913) : Coleoptera of the British Islands.

Franciscolo, M.E. (1997) : Coleoptera, Lucanidae. Fauna d'Italia, **35** : 228 pp.; Calderini, Bologna. ISBN 88-8219-017-X.

Frankenberg, G.v. (1942) : Eine Laune der Natur : Ein "Halbseiten-Zwitter" des Hirschkäfers (*Lucanus cervus* L.). Wissen und Fortschritt, **16** : 297 - 300; Frankfurt/Main.

Frankenberg, G.v. (1943) : Entdeckungen im Stadtwald. 211 pp.; Verlag für Biologie Dr. Franz Duberow, Berlin.

Frankfurter Allgemeine Zeitung (1959) : Hirschkäferformationen gelandet : Überraschung auf dem amerikanischen Militärflughafen. Frankfurter Allgemeine Zeitung, Ausgabe Stadt, **1959**/121 vom 29.05.1959 : p. 19; Frankfurt/Main.

Frankfurter Allgemeine Zeitung (1995) : Eine Wohnstatt für Hirschkäfer. Frankfurter Allgemeine Zeitung, Ausgabe Rhein-Main Zeitung, **1995**/242 vom 18.10.1995 : p. 53; Frankfurt/Main.

Frankfurter Allgemeine Zeitung (2005 a) : Der behutsame Umzug der Hirschkäfer. Frankfurter Allgemeine Zeitung, Ausgabe Stadt, **2005**/197 vom 25.08.2005 : p. 54; Frankfurt/Main.

Frankfurter Allgemeine Zeitung (2005 b) : Hirschkäfer gegen Flughafen-Ausbau. Frankfurter Allgemeine Sonntagszeitung, Ausgabe Rhein-Main Zeitung, **2005**/28 vom 17.07.2005 : p. R 2; Frankfurt/Main.

Frankfurter Neue Presse (2005) : Naturschützer gehen auf die Käfer-Pirsch. Frankfurter Neue Presse, **60**/164 vom 18.07.2005 : p. 16; Frankfurt/Main.

Frankfurter Neue Presse (2008) : Auf den Spuren der Käfer. Frankfurter Neue Presse, **63**/170 vom

23.07.2008 : p. 15; Frankfurt/Main.

Frankfurter Rundschau (2004) : Naturschutzbericht soll Kommunikation fördern. Frankfurter Rundschau, Ausgabe Region, **60**/203 vom 01.09.2004 : p. 39; Frankfurt/Main.

Frankfurter Rundschau (2006) : Umsiedlung ist geglückt : Hirschkäfer-Larven geschlüpft. Frankfurter Rundschau, Ausgabe Stadt, **62**/120 vom 24.05.2006 : p. 33; Ausgabe Region, **62**/121 vom 26.05.2006 : p. 28; Frankfurt/Main.

Fränkische Nachrichten (2008 a) : Hirschkäfer entdeckt. Fränkische Nachrichten, Ausgabe Buchen/ Walldürn, **2008**/121 vom 27.05.2008 : p. 19; Buchen/Walldürn.

Fränkische Nachrichten (2008 b) : Überraschender "Hirschkäfer-Besuch". Fränkische Nachrichten, Ausgabe Wertheim, **2008**/115 vom 19.05.2008 : p. 16; Wertheim.

Fränkische Nachrichten (2008 c) : Nashornkäfer zu Gast. Fränkische Nachrichten, Ausgabe Tauberbischofsheim, **2008**/106 vom 07.05.2008 : p. 29; Tauberbischofsheim. Fränkische Nachrichten, Ausgabe Bad Mergentheim, **2008**/111 vom 14.05.2008 : p. 23; Bad Mergentheim.

Franz, E. (1932) : Ein Weibchen von *Lucanus cervus* L. mit verlängerten Mandibeln (Ins. Col.). Senckenbergiana, **14** : 92 - 93; Frankfurt/Main.

Franz, E. (1956) : Der Nashornkäfer. Natur und Volk, **86** : 136 - 139; Frankfurt/Main.

Franz, E. (1959) : Käfer-Monstrositäten. Natur und Volk, **89** : 74 - 80; Frankfurt/Main.

Franzke, A. (2003) : Die Hirschkäfer brummen wieder. Märkische Allgemeine, Ausgabe Luckenwalder Rundschau, **58**/128 vom 04.06.2003 : p. 14; Potsdam.

Fremlin, M. (2005) : A stag night in Colchester. Amateur Entom. Soc. Bug Club Magaz., **13**/1 : 14 - 17; London.

Fremlin, M. (2007) : The flying stag beetle. Amateur Entom. Soc. Bug Club Magaz., **15**/6 : 26 - 28; London.

Fremlin, M. (2008) : A capture-mark-recapture study of stag beetles in Colchester. White Admiral, **70**; Ipswich.

Fremlin, M. (2009) : Stag beetle (*Lucanus cervus*, (L., 1758), Lucanidae) urban behaviour. Proc. 5th Conference on Saproxylic Beetles; im Druck.

Frenzel, G. (1975) : Die Nephelingesteinsparagenese des Katzenbuckels im Odenwald. In : Amstutz, G.C., Meisl, S. & Nickel, E. (Hrsg.), Mineralien und Gesteine im Odenwald. Aufschluß, Sonderbd., **27** : 213 - 228; Heidelberg.

Frenzel, T. (2002) : Frühlingsahnen bringt Kröten zum Wandern. Rhein-Neckar-Zeitung, Hauptausgabe Heidelberg, **58**/60 vom 12.03.2002 : p. 6; Heidelberg.

Freude, H. (1957) : Altes und Neues vom Hirschkäfer. Jb. Ver. Schutze Alpenpfl. -Tiere, **22** : 129 - 134; München.

Freude, H. (1968) : Über Mandibel-Anomalitäten bei *Lucanus cervus* L. Nachrichtenbl. Bayer. Entom., **17** : 59 - 64; München.

Freude, H. (1971) : Gedanken über Naturschutz und Forstnutzung (Eine Bitte an die zuständigen Forstbehörden um die Erhaltung anbrüchiger alter Bäume). Folia Entom. Hung., (S.N.), **24** : 281 - 287; Budapest.

Freude, H., Harde, K.W. & Lohse, G.A. (1965), Die Käfer Mitteleuropas, **1** : 214 pp.; Goecke & Evers, Krefeld.

Fricken, W.v. (1906) : Naturgeschichte der in Deutschland einheimischen Käfer nebst analytischen Tabellen zum Selbstbestimmen. 5. Aufl. : 515 pp.; Stein, Werl.

Friese, G. (1953) : Ein neuer Fund von *Oryctes nasicornis* L. ab. *progressiva* Prell (Col.). Entom. Z., **63** : 139 - 141; Stuttgart.

Friese, G. (1956) : Schützt unseren Hirschkäfer! Natur und Heimat, **5**/7 : 219 - 220; Dresden.

Friese, G. (1979) : Meyers Taschenlexikon : Insekten. Taschenlexikon der Entomologie unter besonderer Berücksichtigung der Fauna Mitteleuropas. 3. Aufl. : 368 pp.; Bibliographisches Institut, Leipzig.

Frings, C. (1897) : Lokales Vorkommen von *Lucanus cervus*. Soc. Entom., **11**/23 : 191 - 192; Zürich.

Frith, M. (1998 a) : The mighty stag. Wild London, **1998** : 7 - 9; London.

Frith, M. (1998 b) : Stags of the North Woods. Wood Warbler, **20** : 6 - 7; Friends of the Great North Wood.

Frith, M. (1999) : A survey of the stag beetle *Lucanus cervus* in south London during 1997. London Natur., **78** : 125 - 133; London.

Frivaldszky, J. (1886/1889) : Difformitates et monstrositates Coleopterorum. Természetrajzi Füzetek, **10** (1886) : 78 - 80, p. 105; **12** (1889) : 72 - 79, p. 113; Budapest.

Fuessly, J.C. (1775) : Verzeichniss der ihm bekannten Schweizerischen Insecten, mit 1 ausgemalten Kupfertafel nebst Ankündigung eines neuen Insecten-Werks. 62 pp.; Steiner, Zürich/Winterthur.

Gadeau de Kerville, H. (1886) : Cinq coléoptères monstrueux du genre Mélomèle. Bull. Séanc. Bull.

Bibl. Soc. Entom. France, **1886** : CLXXIX - CLXXX; Paris.

Gadeau de Kerville, H. (1930) : Description et figuration de deux Lucanides anomaux (Col.). Bull. Soc. Entom. France, **1930** : 63 - 64; Paris.

Ganglbauer, L. (1892-1899) : Die Käfer von Mitteleuropa, **1** (1892) : 557 pp., **2** (1895) : 880 pp., **3**/1 (1899) : 408 pp.; Gerold, Wien.

Gangloff, L. (1991) : Catalogue et atlas des Coleopteres d' Alsace, **4** : Lamellicornia (Scarabaeidae, Lucanidae). 106 pp.; Soc. Alsac. Entom., Strasbourg.

Garbowski, T.H. (1895) : Aberrations in the structure of appendages in the Coleoptera. Entomologist, **28** : 125 - 127; London.

Gardiner, B.O.C. (1984) : Editorial note. Bull Amateur Entom. Soc., **43** : p. 196; Feltham/Middlesex.

Gauss, R. (1962) : Über Anomalien und Monstrositäten bei Insekten verschiedener Ordnungen. Mitt. Bad. Landesver. Naturkde. Naturschutz, N.F., **8**/2 : 267 - 274; Freiburg.

Gauss, R. (1963) : Bemerkenswerte badische Käferfunde. Mitt. Bad. Landesver. Naturkde. Naturschutz, N.F., **8**/3 : 439 - 443; Freiburg.

George, A.M. (1989) : The stag beetle (*Lucanus cervus*). J. Ruislip Distr. Natur. Hist. Soc., **27** : p. 28.

Gerten, E. (2006) : Jetzt klopfen die Hirschkäfer wieder. Kölnische Rundschau, Hauptausgabe Köln vom 24.07.2006 : p. 32; Köln.

Geschwill, S. (2008 a) : Da gab es aber große Kinderaugen. Rhein-Neckar-Zeitung, Hauptausgabe Heidelberg, **64**/123 vom 29.05.2008 : p. 7; Heidelberg.

Geschwill, S. (2008 b) : Käfer bringt Kinder zum Staunen. Schwetzinger Zeitung, **115**/124 vom 30.05.2008 : p. 13; Schwetzingen.

Geske, B. (2005) : Hirsche, Nashörner und Böcke. Märkische Allgemeine, Ausgabe Ruppiner Tageblatt, **60**/151 vom 01.07.2005 : p. 21; Potsdam.

Geske, C. (2007) : Von den Germanen bis zur Europäischen Union - warum der Hirschkäfer für ein ehrenamtliches Beobachternetz besonders geeignet ist. Jb. Naturschutz Hessen, **11** : 89 - 91; Zierenberg.

Gfeller, W. (1975) : Geschützte Insekten in der Schweiz. Mitt. Schweiz. Entom. Ges., **48** : 218 - 223; Zürich.

Gibson, S. (1981) : Adventures with stag beetles. Bull. Amateur Entom. Soc., **40**/332 : 143 - 144; Feltham/Middlesex.

Gierke, Y.v. (2006) : Kröten, Kleiber, Sensationen. Märkische Allgemeine, Ausgabe Fläming Echo, **61**/28 vom 02.02.2006 : p. 14; Potsdam.

Girard, M. (1873) : Les insectes. Traité élémentaire d'entomologie. 840 pp.; Baillière, Paris.

Gjurasin, B. (1987) : Jelenjak ili rogac. Priroda, **76**/2 : 60 - 61; Zagreb.

Gladitsch, S. (1976) : Die Käfer-Fauna des Altrheingebietes Elisabethenwört bei Karlsruhe (Baden). Mitt. Entom. Ver. Stuttg., **10**/11 : 49 - 83; Stuttgart.

Gladitsch, S. (1978) : Zur Käferfauna des Rußheimer Altrheingebiets (Elisabethenwört). In : Der Rußheimer Altrhein, eine nordbadische Auenlandschaft. Natur- und Landschaftsschutzgebiete Baden-Württembergs, **10** : 451 - 522; Karlsruhe. ISBN 3-88251-028-5.

Gombert, S.L. (2007) : Zimmer frei im Käfer-Hotel. Bonner General-Anzeiger, Ausgabe Bonner Stadtanzeiger, **118**/35830 vom 04.12.2007 : p. 9; Bonn.

Gomboc, S. (1993) : The life of the stag beetles (Lucanidae) in northeastern Slovenia. Proteus, **55** : 307 - 309 (in Slovenian), p. 319 (in Slovenian); Ljubljana.

Gonon, R. (1975) : Abondance localisée du *Lucanus cervus* L. Bull. Soc. Sci. Natur., **8** : 6 - 7; Paris.

Goodden, R. (1973) : Schmetterlinge. 72 pp.; Vollmer, Wiesbaden; Octopus, London.

Goodden, R. (1977) : Die Wunderwelt der Schmetterlinge. 96 pp.; Albatros, Zollikon.

Gordon, H.D. (1877) : The history of Harting. Gordon & Weaver, Harting; Davy, London..

Goulliart, A. (2007) : *Oryctes nasicornis* (Linné, 1758) (Coleoptera Dynastidae) dans le nord de la France. Bull. Soc. Entom. Nord France, **322** : p. 20; Cambrai.

Gouranton, J., Folliot, R. & Thomas, D. (1991) : Tubular intranuclear inclusions in *Lucanus cervus* : 3-dimensional model of some crystalloid zones of the inclusions by tilting experiments. J. Struct. Biol., **106** : 102 - 109; New York.

Graf, D. (1987) : Erstnachweis des Nashornkäfers (*Oryctes nasicornis*) im westlausitzer Teil des Kreises Sebnitz. Veröff. Mus. Westlausitz Kamenz, **5** : 93 - 95; Kamenz.

Grandville, J.J. (1867) : Vie privée et publique des animaux. 636 pp.; Hetzel, Paris.

Graser, K. (1990) : *Dorcus parallelepipedus* (Linné) als "Schwimmkäfer"? Entom. Nachr. Ber., **34** : 231 - 232; Leipzig.

Green, M. (1981) : Abundance of stag beetles in Croydon area. Bull. Amateur Entom. Soc., **40**/330 : p. 18; Feltham/Middlesex.

Griep, E. (1937) : Noch einmal : *Oryctes nasicornis*. Entom. Rdsch., **54**/25 : 315 - 316; Stuttgart.

Gries, N. (1994) : Artenschutzprogramm des NABU : Der Nashornkäfer. Naturspiegel, **1994**/3 (15) : 22 - 23; Krefeld-Viersen.

Griffini, A. (1896) : Il libro dei coleotteri. 204 pp.; Hoepli, Milano.

Griffini, A. (1898) : Storia naturale. 720 pp.; Hoepli, Milano.

Grill, C. (1889) : *Oryctes nasicornis*, L. Entom. Tidskr., **10** : 149 - 151; Stockholm.

Grosso-Silva, J.M. (1999) : Contribuiçao para o conhecimento dos lucanideos (Coleoptera, Lucanidae) de Portugal. Bol. Soc. Entom. Aragon., **25** : 11 - 15; Zaragoza.

Grützner, H. (1924) : Zur Biologie des Hirschkäfers (*Lucanus cervus* L.). Entom. Jb., **33/34** : 130 - 133; Leipzig.

Grzimek, B. (1969) : Grzimeks Tierleben : Enzyklopädie des Tierreiches, **2** (Insekten) : 627 pp.; Kindler, Zürich.

Guckelsberger, H. (2007) : Eichen - Tot oder lebend? Tot und lebend! Rundbrief der Kreisgruppe Starnberg des Landesbundes für Vogelschutz in Bayern, **2007**/2 : p. 1; Starnberg.

Guérin-Méneville, F.E. (1833-1839) : Dictionnaire pittoresque d'histoire naturelle et des phénomènes de la nature, **1** : 640 pp., **2** : 640 pp., **3** : 640 pp., **4** : 640 pp., **5** : 640 pp., **6** : 640 pp., **7** : 640 pp., **8** : 640 pp., **9** : 676 pp., 3 Tafel-Bde.; Bureau de Souscription, Paris.

Guggisberg, C.A.W. (1960) : Coléoptères et autres insectes. 77 pp.; Payot, Lausanne.

Guye, M.G. (1996) : An orgy of male stag-beetles (*Lucanus cervus* L.). Bull. Amateur Entom. Soc., **55**/405 : p. 60; London.

Györfi, J. (1955) : Die in den Maikäfer- und anderen Blatthornkäferlarven schmarotzenden Wespen. Acta Zool. Acad. Sci. Hung., **1** : 235 - 243; Budapest.

Habert-Dys, J. (1886) : Fantaisies décoratives. Rouam, Paris; Gilbert Wood, London; Dumolard, Milano.

Hachtel, M., Schmidt, P. & Chmela, C. (2006) : Zur Erfassung und zum Vorkommen des Hirschkäfers *Lucanus cervus* (Linné, 1758) (Coleoptera, Lucanidae) im Stadtgebiet von Bonn. Mitt. Arbeitsgem. Rhein. Koleopterol., **16**/3-4 : 63 - 71; Bonn.

Hachtel, M., Schmidt, P., Chmela, C. & Böhme, W. (2007) : Verbreitung, Erfassbarkeit und Schutz des Hirschkäfers (*Lucanus cervus* Linnaeus, 1758) im Raum Bonn. Decheniana, **160** : 179 - 190; Bonn.

Hagen, H. (1861 a) : Insekten-Zwitter. Entom. Z., **22** : 259 - 286; Stettin.

Hagen, H. (1861 b) : Über Insektenzüge. Entom. Z., **22** : 73 - 82; Stettin.

Haitlinger, R. (1991) : List of mites occurring on insects in Poland. Wiadom. Parazytol., **37** : 85 - 90; Warszawa/Wrocław.

Hall, D.G. (1961) : The stag beetle survey - first report. London Natur., **40** : 80 - 82; London.

Hall, D.G. (1964) : Distribution of the stag beetle in Britain. London Natur., **43** : 67 - 72; London.

Hall, D.G. (1969) : *Lucanus cervus* (L.) (Col., Lucanidae) in Britain. Entom. Monthly Magaz., **105** : 183 - 184; London.

Halvorsen, D.E., Stenløkk, J.A. & Borgersen, B. (1983) : Vi kikker pa en gammel insektsamling. Insekt-Nytt, **8**/1 : 10 - 14; Trondheim.

Hamberger, J. (2006) : Spessartförster erfindet Totholz-Pyramiden. LWF aktuell, **13**/2 (53) : 24 - 25; Weihenstephan.

Handlirsch, A. (1925) : Familie Lucanidae Leach (Hirschkäfer). In : Schröder, C. (Hrsg.), Handbuch der Entomologie, **3** : 694 - 696; Fischer, Jena.

Hannemann, H.J. (1994) : Ordnung Lepidoptera - Schuppenflügler oder Schmetterlinge. In : Günther, K., Hannemann, H.J., Hieke, F., Königsmann, E., Koch, F. & Schumann, H., Urania Tierreich : Insekten : 608 - 720; Urania, Leipzig/Jena/Berlin. ISBN 3-332-00498-0.

Hannemann, H.J., Klausnitzer, B. & Senglaub, K. (1994 a) : Erwin Stresemann, Exkursionsfauna von Deutschland, **2**/1 : 504 pp.; Fischer, Jena. ISBN 3-334-60823-9.

Hannemann, H.J., Klausnitzer, B. & Senglaub, K. (1994 b) : Erwin Stresemann, Exkursionsfauna von Deutschland, **2**/2 : 424 pp.; Fischer, Jena. ISBN 3-334-60824-7.

Hansen, L.O. & Sagvolden, B.A. (2005) : Eikehjorten (*Lucanus cervus*). Insekt-Nytt, **30**/1-2 : 5 - 7; Oslo.

Harde, H. & Harde, K.W. (1987) : Bildatlas der Tierwelt. 380 pp.; Das Beste, Stuttgart/Zürich/Wien. ISBN 3-87070-293-1.

Harde, K.W. (1975) : Käfer - die erfolgreichste Tiergruppe der Welt. Stuttg. Beitr. Naturkde., (C) **3** : 1 - 18; Stuttgart.

Harde, K.W. & Pfletschinger, H. (1978) : Bunte Welt der Käfer. 71 pp.; Franckh, Stuttgart. ISBN 3-440-04639-7.

Harde, K.W. & Severa, F. (1984) : A field guide in colour to beetles. 334 pp.; Octopus, London. ISBN 0-7064-1937-5.

Harde, K.W. & Severa, F. (1998) : A field guide in colour to beetles. 334 pp.; Blitz, Leicester.

Harde, K.W. & Severa, F. (2006) : Der Kosmos Käferführer. Die Käfer Mitteleuropas. 5. Aufl., 352 pp.; Franckh-Kosmos, Stuttgart. ISBN 3-440-10617-9.

Harris, M. (1782) : Exposition of English insects. 2. Aufl. : 170 pp.; White & Robson, London.

Hartfelder, L. (2005) : Wildschweine gehen Hirschkäfern in der Rochauer Heide ans Geweih. Lausitzer Rundschau, Ausgabe Luckau - Dahme, Elbe-Elster Rundschau, **54**/88 vom 16.04.2005 : p. 15; Cottbus.

Hartfelder, L. (2008) : Volkszählung für Hirschkäfer. Die Welt, Gesamtausgabe, **2008**/177 vom 30.07.2008 : p. 27; Berlin. Berliner Morgenpost, **2008**/207 vom 30.07.2008 : p. 7; Berlin. Klimawandel rettet den Hirschkäferbestand. Welt Online vom 30.07.2008; Berlin. Berliner Morgenpost Online vom 30.07.2008; Berlin.

Hartmann, K. & Sprecher, E. (1990) : Ein Beitrag zur Insektenfauna des Arlesheimer Waldes, unter besonderer Berücksichtigung der holzbewohnenden Käfer. Tätigkeitsber. Naturforsch. Ges. Baselland, **36** : 75 - 124; Liestal.

Hartwich, I. (2003) : Ausschau nach den "goldigen Tieren". Rhein-Neckar-Zeitung, Hauptausgabe Heidelberg, **59**/64 vom 18.03.2003 : p. 25; Heidelberg.

Harvey, D. (2007) : Aspects of the biology and ecology of the stag beetle (*Lucanus cervus*). Ph.D. Thesis : 250 pp.; London.

Harvey, D. & Gange, A. (2003) : The private life of the stag beetle (*Lucanus cervus*). Bull. Amateur Entom. Soc., **62**/451 : 240 - 244; London.

Harvey, D.J. & Gange, A.C. (2006) : Size variation and mating success in the stag beetle, *Lucanus cervus*. Physiol. Entom., **31** : 218 - 226; London.

Harvey, D.J. & Gange, A.C. (2009) : Insect Conserv. Divers., **2** : in Herausgabe; Oxford.

Harz, K. (1957) : Über das Eingraben der Hirschkäfer, *Lucanus cervus* (L.) (Col., Lucanidae). Nachrichtenbl. Bayer. Entom., **6** : 22 - 23; München.

Harz, K. (1980) : Zur Variationsbreite des Nashornkäfers, *Oryctes nasicornis* (L.) in Unterfranken. Articulata, **1**/16 : 167 - 168; Würzburg.

Harz, K. & Zepf, W. (1973) : Schmetterlinge. 184 pp.; BLV, München. ISBN 3-405-10788-1.

Hasenfuss, V. (2004) : Hirschkäfer : *Lucanus cervus*. Kiebitz, **2004**/1-2 (69) : 18 - 19; Haan.

Hausmann, R. (2001) : Kampf der Giganten. Natur & Kosmos, **2001**/6 : 36 - 40; München.

Hawes, C.J. (1992) : Stag beetles and magpies. White Admiral, **22** : 3 - 4; Ipswich.

Hawes, C.J. (1993) : Stag beetle records and dead wood. White Admiral, **26** : 9 - 10; Ipswich.

Hawes, C.J. (1994) : Staggering response. White Admiral, **29** : p. 15; Ipswich.

Hawes, C.J. (1995) : Stag beetles 1995. White Admiral, **32** : p. 12; Ipswich.

Hawes, C.J. (1996) : Stag beetle update. White Admiral, **35** : p. 28; Ipswich.

Hawes, C.J. (1997) : Stag beetles 1997. White Admiral, **38** : p. 17; Ipswich.

Hawes, C.J. (1998 a) : The stag beetle, *Lucanus cervus* L. (Coleoptera : Lucanidae) in Suffolk - a first report. Trans. Suffolk Natur. Soc., **34** : 35 - 49; Ipswich.

Hawes, C.J. (1998 b) : Look out - stag beetles about. An Essex survey bonus. White Admiral, **39** : p. 10, p. 31; Ipswich.

Hawes, C.J. (1998 c) : National stag beetle survey 1998. White Admiral, **42** : p. 35; Ipswich.

Hawes, C.J. (1999 a) : The stag beetle, *Lucanus cervus* L. (Coleoptera : Lucanidae) : the 1998 national survey - an interim report. Trans. Suffolk Natur. Soc., **35** : 71 - 75; Ipswich.

Hawes, C.J. (1999 b) : National stag beetle survey 1998. White Admiral, **42** : p. 37; Ipswich.

Hawes, C.J. (1999 c) : 1998 national stag beetle survey - update. White Admiral, **43** : p. 24; Ipswich.

Hawes, C.J. (2000 a) : The stag beetle, *Lucanus cervus* L. (Coleoptera : Lucanidae) : a hypothesis for its distribution in Suffolk. Trans. Suffolk Natur. Soc., **36** : 65 - 70; Ipswich.

Hawes, C.J. (2000 b) : Stag beetle news and request for volunteers. White Admiral, **45** : p. 3; Ipswich.

Hawes, C.J. (2000 c) : Stag beetles 2000. White Admiral, **47** : p. 34; Ipswich.

Hawes, C.J. (2000 d) : Stag beetle pilot road kill and garden surveys 2000. 8 pp.; Hawes, Ipswich.

Hawes, C.J. (2000 e) : Surveying for stag beetles. White Admiral, **46** : p. 33; Ipswich.

Hawes, C.J. (2002 a) : Stag beetle news and request. White Admiral, **51** : 34 - 35; Ipswich.

Hawes, C.J. (2002 b) : Stag beetle research in Suffolk 2002. White Admiral, **53** : 27 - 28; Ipswich.

Hawes, C.J. (2003 a) : Stag beetles : road-kill survey 2003 - help needed. White Admiral, **54** : 30 - 31; Ipswich.

Hawes, C.J. (2003 b) : Stag beetle news : road-kill survey - monitoring populations. White Admiral, **55** : 28 - 29; Ipswich.

Hawes, C.J. (2003 c) : Stag beetle news : road-kill survey 2003 - monitoring abundance. White Admiral, **56** : 30 - 32; Ipswich.

Hawes, C.J. (2004 a) : The stag beetle road kill survey 2004 (revised 2004). 10 pp.; People's Trust for Endangered Species, London.

Hawes, C.J. (2004 b) : Stag beetle update and request. White Admiral, **57** : p. 23; Ipswich.

Hawes, C.J. (2005 a) : The stag beetle *Lucanus cervus* L. (Coleoptera : Lucanidae) in the county of Suffolk (England) : distribution and monitoring. In : Barclay, M.V.L. & Telnov, D. (Hrsg.), Proceedings of the 3rd symposium and workshop on the conservation of saproxylic beetles, Riga/Latvia, 07th - 11th July, 2004. Latv. Entom., Suppl., **6** : 51 - 67; Riga.

Hawes, C.J. (2005 b) : Stag beetle research 2004 and request for volunteers. White Admiral, **60** : 35 - 36; Ipswich.

Hawes, C.J. (2006 a) : Stag beetles 2005 and 2006. White Admiral, **63** : 28 - 32; Ipswich.

Hawes, C.J. (2006 b) : A capture-mark-recapture study of stag beetles. White Admiral, **65** : 35 - 36; Ipswich.

Hawes, C.J. (2007 a) : Stag beetle road casualty survey 2006. White Admiral, **66** : 10 - 12; Ipswich.

Hawes, C.J. (2007 b) : Beetle along to Bentley. White Admiral, **68** : 21 - 22; Ipswich.

Hawes, C.J. (2008 a) : The stag beetle *Lucanus cervus* (Linnaeus, 1758) (Coleoptera : Lucanidae) : a mark-release-recapture study undertaken in one United Kingdom residential garden. In : Vignon, V. & Asmodé, J.F. (Hrsg.), Proceedings of the 4th symposium and workshop on the conservation of saproxylic beetles, held in Vivoin, Sarthe department - France 27-29 June 2006. Rev. Ecol. (Terre Vie), Suppl., **10** : 139 - 146; Paris.

Hawes, C.J. (2008 b) : Stag beetle research update. White Admiral, **70** : 26 - 29; Ipswich.

Hawes, C.J. (2008 c) : Research on stag beetles. Suffolk Biodiversity Partnership Partners' News, **2008**/3 : 4 - 5; Ipswich.

Hawes, C.J. (2008 d) : Stag beetle dispersal. Suffolk Biodiversity Partnership Partners' News, **2008**/4 : 1 - 2; Ipswich.

Hawes, C.J. (2008 e) : The stag beetle road-casualty survey 2008. 10 pp.; People's Trust for Endangered Species, London.

Hawes, C.J. (2010) : Behaviour of the stag beetle *Lucanus cervus* (Linnaeus 1758) : keys to understanding its distribution in the United Kingdom. Ph.D.Thesis : in Vorbereitung; London.

Heck, J.G. (1849) : Bilder-Atlas zum Conversations-Lexikon. Erste Abteilung : Mathematische und Naturwissenschaften. 624 pp.; Brockhaus, Leipzig.

Hecker, B. (2008) : Klimawandel macht den Kröten zu schaffen. Rhein-Neckar-Zeitung, Ausgabe Wiesloch-Walldorf, **64**/66 vom 18.03.2008 : p. 3; Heidelberg.

Heide, B. (2008) : Wichtig ist der Blick nach unten. Wiesbadener Tagblatt, **2008**/134 vom 11.06.2008 : p. 16; Wiesbaden.

Heikertinger, F. (1920) : Lebenszähigkeit verstümmelter Käfer. Entom. Bl., Z. Biol. System. Käfer, **16** : 246 - 247; Berlin.

Hein, D. (1990) : *Lucanus cervus* L. (Col., Lucanidae). Mitt. Entom. Ver. Stuttg., **25** : p. 34; Stuttgart.

Heinig, U. (1985) : Ein Massenfund von *Oryctes nasicornis* L. Entom. Nachr. Ber., **29** : p. 124; Leipzig.

Heinzel, K., Klausnitzer, B. & Kummer, G. (1989) : Tiere der Heimat. 352 pp.; Volk und Wissen, Berlin. ISBN 3-06-011714-4.

Hempel, W. & Schiemenz, H. (1978) : Unsere geschützten Pflanzen und Tiere. 2. Aufl. : 320 pp.; Urania, Leipzig/Jena/Berlin.

Hendriks, P. (2007) : Ontwikkeling van de neushoornkever, *Oryctes nasicornis* (Coleoptera : Scarabaeidae), in verschillende soorten organisch materiaal. Entom. Ber., **67** : 53 - 57; Amsterdam.

Hendriks, P. & Ploeg, E.v.d. (2006) : Behoud van het vliegend hert. Vakblad Natuur, Bos en Landschap, **2006** : 9 - 12.

Hennig, D. & Hennig, I. (2008) : *Lucanus cervus* L. - Der Hirschkäfer. Rundbrief der Kreisgruppe Starnberg des Landesbundes für Vogelschutz in Bayern, **2008**/1 : p. 4; Starnberg.

Henry, E. (1892) : Atlas d'entomologie forestière. Berger-Levrault, Paris.

Henschel, H. (1962) : Der Nashornkäfer. Die Neue Brehm-Bücherei, **301** : 77 pp.; Ziemsen, Wittenberg Lutherstadt (2. Aufl. 2003 : 77 pp.; Westarp, Hohenwarsleben. ISBN 3-89432-239-X).

Hepp, A. (1932) : *Lucanus cervus* L. (*armiger* Herbst) Col. Scarab. Entom. Bl., Z. Bion. System. Käfer, **28** : 134 - 136; Berlin.

Hepp, A. (1933) : *Lucanus cervus* (*armiger*) Herbst. Entom. Bl., Z. Bion. System. Käfer, **29** : p. 44; Berlin.

Hepp, A. (1934) : *Lucanus cervus* ab. *ornatus* Bernau (Col. Scarabaeidae). Entom. Anz., **14** : p. 84; Wien.

Hepp, A. (1936) : *Lucanus cervus* L. Entom. Bl., Z. Biol. System. Käfer, **32** : p. 173; Krefeld.

Hepp, A. (1939) : *Lucanus cervus armiger* Herbst. Entom. Bl., Z. Biol. System. Käfer, **35** : p. 60; Krefeld.

Herbst, J.F.W. (1790) : Natursystem aller bekannten in- und ausländischen Insekten, als eine Fortsetzung der Buffonschen Naturgeschichte; nach dem System des Ritters Carl von Linné bearbeitet, Käfer, **3** : 325 pp.; Pauli, Berlin.

Herder, F.v., Medicus, W., Höpfner, A., Himmelstoss, M. & Ebitsch, A. (1896) : Zusammenstellung der phänologischen Beobachtungen, angestellt in der bayerischen Rheinpfalz im Jahre 1894. Mitt. Pollichia, **54**/11 : 22 - 42; Bad Dürkheim.

Hermans, J. (1994) : Recente waarnemingen van het vliegend hert in Limburg. Natuurhist. Maandbl., **83** : 86 - 88; Maastricht.

Hermans, J. (1995) : Waarnemingen van het vliegend hert in 1994. Natuurhist. Maandbl., **84** : p. 80; Maastricht.

Hess, F. (1959): Der Hirschkäfer. In : Schwickerath, M. (Hrsg.), 50 Jahre Naturschutz im Regierungsbezirk Aachen : 232 - 233; Georgi, Aachen.

Hesse, E. (1920) : Entomologische Miszellen. Z. Wiss. Insektenbiol., **16** : 24 - 35; Berlin.

Hessen-Forst (2007) : Artenschutzinfo 02/2007 : Der Hirschkäfer in Hessen. 6 pp.; Hessen-Forst FENA, Gießen.

Heyden, L.v. (1881) : Monströse Käfer aus meiner und der Sammlung des H. Prof. Doebner in Aschaffenburg. Dt. Entom. Z., **25** : 105 - 110; Berlin.

Heyden, L.v. (1897) : Über das Vorkommen des *Lucanus cervus* (kleine Form) am Rhein. Soc. Entom., **11**/24 : p. 199; Zürich.

Heyden, L.v. (1904 a) : Die Käfer von Nassau und Frankfurt. 2. Aufl. : 426 pp.; Knauer, Frankfurt/Main.

Heyden, L.v. (1904 b) : Drei koleopterologisch-biologische Mitteilungen. Zool. Garten, **45** : 87 - 88; Frankfurt/Main.

Heyden, L.v. (1908) : Drei koleopterologisch-biologische Mitteilungen. Entom. Bl., Intern. Monatsschr. Biol. Käfer Europas, **4** : 89 - 90; Schwabach.

Heyden, L.v. & Kraatz, G. (1889) : Zwitter und Monstrositäten aus den Sammlungen. Dt. Entom. Z., **1889** : 221 - 222; Berlin.

Heyden, L.v., Reitter, E. & Weise, J. (1906) : Catalogus Coleopterorum Europae, Caucasi et Armeniae Rossicae. 2. Aufl. : 774 pp.; Friedländer, Berlin.

Heymons, R. (1915) : Die Vielfüßler, Insekten und Spinnenkerfe. In : Strassen, O.z. (Hrsg.), Brehms Tierleben : Allgemeine Kunde des Tierreichs, 4. Aufl., **2** : 717 pp.; Bibliographisches Institut, Leipzig/Wien.

Heyne, A. & Taschenberg, O. (1908) : Die exotischen Käfer in Wort und Bild. 262 pp.; Reusche, Leipzig; Schreiber, Esslingen/München.

Hickin, N.E. (1947) : "Colorado" beetles (*Leptinotarsa decemlineata* Say) and other insects washed up on to beach at Grave d'Azette, Jersey. Entom. Monthly Magaz., **83** : p. 179; London.

Hicklin, M. (2004) : Hochzeit der Hirschkäfer : Wer hat was gesehen? Basler Zeitung, **162**/117 vom 21.05.2004 : 51 - 52; Basel.

Hieke, F. (1994) : Ordnung Coleoptera - Käfer. In : Günther, K., Hannemann, H.J., Hieke, F., Königsmann, E., Koch, F. & Schumann, H., Urania Tierreich : Insekten : 240 - 348; Urania, Leipzig/Jena/Berlin. ISBN 3-332-00498-0.

Higgins, L.G. & Riley, N.D. (1971) : Die Tagfalter Europas und Nordwestafrikas. 377 pp.; Parey, Hamburg/Berlin; Collins, London. ISBN 3-490-02418-4.

Hilpüsch, A. (2004) : Aktuelle Untersuchungen zum Hirschkäfervorkommen in Heiligenhaus-Isenbügel (Ins., Col. Lucanidae). Coleo, **5** : 36 - 46; Oberhausen.

Himmelstoss, M. (1898) : Phänologische Beobachtungen aus der Umgebung von Homburg in der Pfalz, angestellt in den Jahren 1896 und 1897. Mitt. Pollichia, **56**/12 : 69 - 86; Bad Dürkheim.

Himstedt, D. (2007) : Nashornkäfer wieder in Freiheit. Kölnische Rundschau, Ausgabe Köln-West vom 28.06.2007 : p. 49; Köln.

Hintermeier, H. (2007) : Bedrohte Art : Hirschkäfer in Not. Obst & Garten, **126**: p. 455; Stuttgart.

Hochgreve, W. (1934) : Hirschkäfer als Saftzapfer. Kosmos, **31** : p. 215; Stuttgart.

Hoekstra, B. (1996) : Een populatie vliegende herten in Twente. Natuur en Museum, **40** : 46 - 49; Enschede.

Hoekstra, B. (1997) : Een populatie van het vliegend hert, *Lucanus cervus* (Coleoptera : Lucanidae) in Twente. Entom. Ber., **57** : 93 - 95; Amsterdam.

Hofmann, B. (1996) : Das kurze Leben fliegender Hirsche. Basler Zeitung, **154**/179 vom 03.08.1996 : p. 2; Basel.

Hofmann, E. (1892) : Der Käfersammler. 5. Aufl. : 141 pp.; Hoffmann, Stuttgart.

Hofmann, P. (2008) : Kleine Geweihträger. Pirsch, Magazin für Jagd und Natur, **2008**/18 : p. 92; München.

Holl, D. (2006) : Durch diese hohle Gasse sollen sie hüpfen. Rhein-Neckar-Zeitung, Hauptausgabe Heidelberg, **62**/214 vom 15.09.2006 : p. 5; Heidelberg.

Holland, D. (1991) : Stag beetle in road accident. Bull. Amateur Entom. Soc., **50**/379 : p. 264; Feltham/Middlesex.

Holmberg, L. (1964) : An "antlered" grotesque. Natur. Hist., **73**/2 : 56 - 59; New York.

Höltzcke, I. (2000) : Das "große Fressen" im Lußhardter Wald. Rhein-Neckar-Zeitung, Hauptausgabe Heidelberg, **56**/89 vom 15.04.2000 : p. 8; Heidelberg.

Höltzcke, I. (2004 a) : Dem Hardtwald droht das große Krabbeln. Rhein-Neckar-Zeitung, Hauptausgabe Heidelberg, **60**/76 vom 31.03.2004 : p. 8; Heidelberg.

Höltzcke, I. (2004 b) : Bahn frei für die liebestollen Kröten. Rhein-Neckar-Zeitung, Gesamtausgabe, **60**/65 vom 18.03.2004 : p. 8; Heidelberg.

Honomichl, K. (1998) : Biologie und Ökologie der Insekten : Ein Taschenlexikon. 3. Aufl. : 678 pp.; Fischer, Stuttgart/Jena/Lübeck/Ulm. ISBN 3-437-25890-7.

Hoppe, D.H. (1796/1797) : Entomologisches Taschenbuch für die Anfänger und Liebhaber dieser Wissenschaft auf das Jahr 1796 und 1797, **1** (1796) : 240 pp., **2** (1797) : 252 pp.; Montag & Weiß, Regensburg.

Horak, W. (1975) : Entomologische Beobachtungen in Malinska (Insel Krk, Jugoslawien). Entom. Z., **85** : 212 - 215; Stuttgart.

Horion, A. (1949 a) : Käferkunde für Naturfreunde. 292 pp.; Klostermann, Frankfurt/Main.

Horion, A. (1949 b) : Übersicht über die in Deutschland noch vorhandenen Koleopteren-Sammler und Sammlungen. 1. Bericht. Koleopt. Z., **1** : 32 - 52; Frankfurt/Main.

Horion, A. (1949 c) : Adventivarten aus faulenden Pflanzenstoffen, besonders aus Komposthaufen. Koleopt. Z., **1** : 203 - 215; Frankfurt/Main.

Horion, A. (1958) : Faunistik der mitteleuropäischen Käfer, **6** : Lamellicornia (Scarabaeidae - Lucanidae). 343 pp.; Feyel, Überlingen.

Horn, H. & Kögel, F. (2008) : Käfer : Merkmale, Vorkommen, Lebensweise. 95 pp.; BLV, München. ISBN 978-3-8354-0355-0.

Horn, W. (2003) : Die Hirschkäferartigen (Lucanidae) des Odenwaldes. Z. Vogel- u. Naturschutz Südhessen, Collurio, **21** : 179 - 183; Darmstadt.

Huijbregts, H. (2003) : Beschermde kevers in Nederland (Coleoptera). Nederl. Faunist. Meded., **19** : 1 - 34; Amsterdam.

Hurpin, B. (1958) : Remarques écologiques sur *Oryctes nasicornis* (Coléop. Scarabaeidae). Rev. Soc. Savantes Haute-Normandie, Sciences, **9** : 25 - 39; Rouen.

Hurpin, B. & Fresneau, M. (1964 a) : Elevage de deux Dynastides, *Oryctes nasicornis* L., *Phyllognathus silenus* F. (Coleopt. Scarabaeidae). Rev. Pathol. Végét. Entom. Agric. France, **43** : 75 - 96; Paris.

Hurpin, B. & Fresneau, M. (1964 b) : Sur la biologie de *Microphthalma europaea* Egg., tachinaire parasite des larves de Scarabaeidae. Entomophaga, **9** : 187 - 205; Paris.

Huxley, J.S. (1931) : Relative growth of mandibles in stag-beetles (Lucanidae). J. Linn. Soc. Lond., Zool., **37** : 675 - 703; London. Proc. Linn. Soc. Lond., **144** (1932) : 91 - 93; London.

Huxley, J.S. (1932) : Problems of relative growth. 276 pp.; Dial, New York.

Hyatt, K.H. (1990) : Mites associated with terrestrial beetles in the British Isles. Entom. Monthly Magaz., **126** : 133 - 147; London.

Hyman, P.S. & Parsons, M.S. (1992) : A review of the scarce and threatened Coleoptera of Great Britain. Part 1. United Kingdom Nature Conservation, **3**; Joint Nature Conservation Committee, Peterborough.

Ihle, S . (1986) : Nachts bei den Eichen. Die Welt, **1986**/212 vom 12.09.1986 : p. 18; Berlin.

Imms, A.D. (1957) : A general textbook of entomology. 9. Aufl. : 886 pp.; Methuen, London.

Jäger, G. (1884) : Calwer, C.G., Käferbuch : Naturgeschichte der Käfer Europas. 4. Aufl. : 668 pp.; Hoffmann, Stuttgart.

Jakob, S. (2008) : Mampfende Maikäfer im Visier. Mannheimer Morgen, **63**/95 vom 23.04.2008 : p. 25; Mannheim.

Janas, S. (2008) : Hirschkäfer kämpfen um ihre Weibchen bis zum Umfallen. Rhein-Neckar-Zeitung, Ausgabe Wiesloch-Walldorf, **64**/172 vom 25.07.2008 : p.3; Heidelberg.

Jander, J. (1888) : Wahrnehmungen über die Lebensweise von *Lucanus cervus*. Entom. Z., **2**/8 : 45 - 46; Guben.

Jander, J. (1901) : *Lucanus cervus* L. Z. Entom., N.F., **26** : p. 28; Breslau.

Jänicke, M. (1985) : Zum Vorkommen von Hirschkäfer (*Lucanus cervus*), Spanischer Fliege (*Callimorpha quadripunctaria*), Blauflügel-Prachtlibelle und Gebänderter Prachtlibelle (*Calopteryx virgo, C. splendens*) im Bezirk Gera. Veröff. Mus. Stadt Gera, Naturwiss. R., **11** : 19 - 22; Gera.

Jansen, S. (2000) : Nieuwe waarnemingen van het vliegend hert in Limburg. Natuurhist. Maandbl., **89** : 87 - 90; Maastricht.

Jehn, H. (1896) : *Lucanus cervus*. Entom. Z., **9**/19 : 148 - 149; Guben.

Jessop, L. (1986) : Dung beetles and chafers (Coleoptera : Scarabaeoidea). Handbooks for the identification of British insects, **5**/11 : 1 - 53.

Jeuniaux, C. (1946) : Un cimetière de Lucanes. Natur. Amat., **2** : 1 - 2.

Johansen, H. (1927) : Zur Frage nach der Ostgrenze des Verbreitungsgebiets des Nashornkäfers (*Oryctes nasicornis* (Linn.)). Mitt. Münch. Entom. Ges., **17** : 73 - 75; München.

Johnson, M. (1965) : The stag beetle in Essex. Bull. Amateur Entom. Soc., **24**/267 : 54 - 55; Feltham/Middlesex.

Jones, R.A. (2001) : Grass-mowing machinery, an important cause of stag beetle mortality in a south London park. Brit. J. Entom. Natur. Hist., **14** : 221 - 223; Reading.

Joubin, L. & Robin, A. (1923) : Les animaux. 339 pp.; Larousse, Paris.

Jurc, M., Ogris, N., Pavlin, R. & Borkovic, D. (2008) : Forest as a habitat of saproxylic beetles on Natura 2000 sites in Slovenia. In : Vignon, V. & Asmodé, J.F. (Hrsg.), Proceedings of the 4th symposium and workshop on the conservation of saproxylic beetles, held in Vivoin, Sarthe department - France 27-29 June 2006. Rev. Ecol. (Terre Vie), Suppl., **10** : 61 - 74; Paris.

Kalz, H. (1987) : Zum Vorkommen der Hirschkäfer (Lucanidae) in der nordwestlichen Niederlausitz. Biol. Stud. Luckau, **16** : 33 - 34; Luckau.

Kamp, H.J. (1958) : *Lucanus cervus* L. Entom. Bl. Biol. System. Käfer, **54** : p. 63; Krefeld.

Kapp, M. (2005) : Hirschkäfer werden zu Medienstars. Allgemeine Zeitung, Ausgabe Main-Spitze, **2005**/197 vom 25.08.2005 : p. 6; Mainz.

Karczewski, J. (1983) : Zanikanie jelonka rogacza *Lucanus cervus* na ziemi Jędrzejowskiej. Chrońmy Przyrodę Ojczystą, **39**/3 : 70 - 72; Warszawa/Kraków.

Karner, M. (1994) : Ein individuenreiches Vorkommen des Hirschkäfers (*Lucanus cervus* L.) bei Frankfurt a.M. (Coleoptera : Lucanidae). Mitt. Intern. Entom. Ver., **19** : 71 - 72; Frankfurt/Main.

Katzenberger-Ruf, K. (2007) : Kleine Hände tragen Kröten über die Straße. Rhein-Neckar-Zeitung, Hauptausgabe Heidelberg, **63**/81 vom 07.04.2007 : p. 8; Heidelberg.

Kaupe, H. (2005) : Wie tollkühne Herren in fliegenden Kisten. Lampertheimer Zeitung, **2005**/151 vom 02.07.2005 : p. 7; Lampertheim.

Kaźmierczak, T. (1968) : Nowe stanowisko jelonka rogacza na Wyżynie Małopolskiej. Chrońmy Przyrodę Ojczystą, **24**/3 : 20 - 23; Warszawa/Kraków.

Keil, M. (1986) : Käferleben. Edition lebendiges Wissen, **1** : 112 pp.; Hirt-Reger, Stuttgart. ISBN 3-8192-0001-7.

Kerschbaum, A. (2004) : Kreisel statt Trasse. Süddeutsche Zeitung, Ausgabe Starnberg, **60**/239 vom 14.10.2004 : p. R5; München.

Kervyn, T. (2005) : Lucane, où te caches-tu? Natagora, **7** : 26 - 27.

Key, R.S. (1996) : Conservation news. Coleopterist, **5** : 59 - 62; Lewes.

Kiauta, B. & Kiauta, M. (1995) : Der Nashornkäfer, *Oryctes nasicornis* (L.), Erstmeldung für Kanton St. Gallen, Ostschweiz (Coleoptera, Scarabaeidae : Dynastinae). Opusc. Zool. Flumin., **137** : 7 - 8; Flums.

Kinzler, S. (2005) : Kein bisschen Angst vor dicken Larven. Kölnische Rundschau, Hauptausgabe Köln vom 10.08.2005; Köln.

Kirby, W.F. (1914) : Animali viventi : storia naturale. 1124 pp.; Libraria, Milano.

Kittel, G. (1873-1880) : Systematische Übersicht der Käfer, welche in Baiern und der nächsten Umgebung vorkommen. Correspondenzbl. Zool.-Miner. Ver. Regensburg, **27** (1873) : 131 - 144, 169 - 175, 189 - 192; **28** (1874) : 46 - 48, 53 - 63, 81 - 92, 131 - 144, 162 - 179; **29** (1875) : 61 - 64, 76 - 80, 122 - 128, 133 - 144, 167 - 172, 182 - 192; **30** (1876) : 45 - 48, 59 - 64, 78 - 80, 87 - 96, 105 - 112, 119 - 128, 142 - 144, 171 - 176, 186 - 192; **31** (1877) : 42 - 48, 53 - 62, 74 - 80, 85 - 96, 110 - 112, 143 - 144, 155 - 160, 189 - 192; **32** (1878) : 31 - 32, 85 - 96, 98 - 112, 135 - 144, 164 - 176, 188 - 192; **33** (1879) : 39 - 40, 47 - 64, 93 - 96, 110 - 112, 115 - 128, 183 - 192; **34** (1880) : 29 - 31, 35 - 48, 64 - 80, 89 - 96, 104 - 112, 127 - 128, 143 - 160, 181 - 192; Regensburg.

Klausnitzer, B. (1960) : Eine Untersuchung über die Nahrung der Blauracke (*Coracias garrulus garrulus* L.). Abh. Ber. Naturkundemus. Görlitz, **36**/2 : 103 - 109; Leipzig.

Klausnitzer, B. (1963) : Zur Zusammensetzung der Jungvogelnahrung der Blauracke (*Coracias garrulus garrulus* L.) in der Lausitz. Abh. Ber. Naturkundemus. Görlitz, **38**/16 : 1 - 4; Leipzig.

Klausnitzer, B. (1982) : Hirschkäfer oder Schröter : Lucanidae. Die Neue Brehm-Bücherei, **551** : 83 pp.; Ziemsen, Wittenberg Lutherstadt.

Klausnitzer, B. (1987) : Ökologie der Großstadtfauna. 225 pp.; Fischer, Jena.

Klausnitzer, B. (1988) : Verstädterung von Tieren. Die Neue Brehm-Bücherei, **579** : 315 pp.; Ziemsen, Wittenberg Lutherstadt. ISBN 3-7403-0019-1.

Klausnitzer, B. (1994) : Die Bedeutung von Totholz für die Erhaltung xylobionthischer Insekten speziell der Cerambycidae in der Oberlausitz. Ber. Naturforsch. Ges. Oberlaus., **3**: 51 - 56; Görlitz.

Klausnitzer, B. (1995) : Die Hirschkäfer : Lucanidae. Die Neue Brehm-Bücherei, **551** : 2. Aufl., 109 pp.; Spektrum, Heidelberg / Westarp Wissenschaften, Magdeburg. ISBN 3-89432-451-1.

Klausnitzer, B. (1996) : Gesunder Wald braucht totes Holz - Alt- und Totholz als Grundlage einer hohen Biodiversität. Insecta, **4** : 5 - 22; Berlin.

Klausnitzer, B. (1998) : Vom Wert alter Bäume als Lebensraum für Tiere. In : Kowarik, I., Schmidt, E. & Sigel, B. (Hrsg.), Naturschutz und Denkmalpflege : Wege zu einem Dialog im Garten. Veröff. Inst. Denkmalpflege ETH Zürich, **18** : 237 - 249; Zürich.

Klausnitzer, B. (2002) : Wunderwelt der Käfer. 2. Aufl. : 238 pp.; Spektrum, Heidelberg/Berlin. ISBN 3-8274-1104-1.

Klausnitzer, B. & Krell, F.T. (1996) : 30. Familie : Lucanidae. In : Klausnitzer, B. (Hrsg.), Die Larven der Käfer Mitteleuropas, **3** : 15 - 27; Goecke & Evers, Krefeld; Fischer, Jena/Stuttgart. ISBN 3-334-61102-7.

Klausnitzer, B. & Sander, F. (1981) : Die Bockkäfer Mitteleuropas : Cerambycidae. Die Neue Brehm-Bücherei, **499** : 2. Aufl. : 224 pp.; Ziemsen, Wittenberg Lutherstadt (1. Aufl. 1978 : 222 pp.; 3. Aufl. 2009 : 490 pp.; Westarp Wissenschaften, Hohenwarsleben, ISBN 3-89432-474-0).

Klausnitzer, B. & Sprecher-Uebersax, E. (2008) : Die Hirschkäfer oder Schröter : Lucanidae. Die Neue Brehm-Bücherei, **551** : 4. Aufl., 161 pp.; Westarp Wissenschaften, Hohenwarsleben. ISBN 3-89432-451-1.

Klausnitzer, B. & Wurst, C. (2003) : *Lucanus cervus* (Linnaeus, 1758). In : Petersen, B., Ellwanger, G., Biewald, G., Hauke, U., Ludwig, G., Pretscher, P., Schröder. E. & Ssymank, A. (Hrsg.), Das europäische Schutzgebietssystem Natura 2000 : Ökologie und Verbreitung von Arten der FFH-Richtlinie in Deutschland, **1** (Pflanzen und Wirbellose). Schriftenr. Landschaftspflege Naturschutz, **69**/1 : 403 - 414, p. 442; Bundesamt für Naturschutz, Bonn-Bad Godesberg. ISBN 3-7843-3617-5.

Klein, B. (2007) : Ein Reich für Hirschkäfer. Frankfurter Neue Presse, **62**/113 vom 16.05.2007 : p. 28; Frankfurt/Main.

Kletecka, Z. & Prisada, I.A. (1993) : Beetles in the food of the tawny owl, *Strix aluco* (L.) in the Kharkov region (Ukraine). Spixiana, **16** : 227 - 232; München.

Klots, A.B. & Klots, E.B. (1959) : Knaurs Tierreich in Farben : Insekten. 350 pp.; Droemer Knaur, München/Zürich.

Klug, A. (1829) : Bemerkungen bei Gelegenheit der Zergliederung eines Zwitters der *Melitaea didyma* O. (*Cinxia* und *Didyma* F. *Cinxia* Bk. Hü. Herbst), nebst Beschreibung der Zwitter in der Insektensammlung des Königlichen zoologischen Musei in Berlin. Verh. Ges. Naturforsch. Freunde Berlin, **1** : 363 - 369; Berlin.

Klug, A. (1834) : Zusammenstellung sämmtlicher Zwitter-Insecten der Sammlung. Jb. Insectenkde., **1** : 254 - 258; Berlin.

Knell, R.J., Pomfret, J.C. & Tomkins, J.L. (2004) : The limits of elaboration : curved allometries reveal the constraints on mandible size in stag beetles. Proc. R. Soc. Lond., (B) **271**: 523 - 528; London.

Knur, R. (2006) : Das Herz schlägt für Wildkräuter. Rhein-Zeitung, Ausgabe Region Altenkirchen, **61**/197 vom 25.08.2006 : p. 18; Koblenz.

Koch, K. (1968) : Käfer der Rheinprovinz. Decheniana, Beih., **13** : 382 pp.; Bonn.

Koch, K. (1989) : Die Käfer Mitteleuropas, Ökologie, **2** : 382 pp.; Goecke & Evers, Krefeld.

Koch, K. & Lucht, W. (1962) : Die Käferfauna des Siebengebirges und des Rodderbergs. Decheniana, Beih., **10** : 1 - 181; Bonn.

Koch, M. (1991) : Wir bestimmen Schmetterlinge. 3. Aufl. : 792 pp.; Neumann, Radebeul; Ulmer, Stuttgart.

Köhler, F. (1996) : Käferfauna in Naturwaldzellen und Wirtschaftswald. Schriftenr. Landesanst. Ökol. Bodenord. Forsten, **6** : 283 pp.; Landesamt für Agrarordnung Nordrhein-Westfalen, Recklinghausen.

Köhler, F. & Klausnitzer, B. (1998) : Entomofauna Germanica. Verzeichnis der Käfer Deutschlands. Entom. Nachr. Ber., Beih., **4** : 185 pp.; Dresden.

Kolbe, H.J. (1893) : Einführung in die Kenntnis der Insekten. 709 pp.; Dümmler, Berlin.

Kolbe, H. (1903) : Über den einseitigen Polymorphismus im männlichen Geschlecht der Lucaniden. Insektenbörse, **20** : 43 - 45; Leipzig.

Kölner Stadtanzeiger (2001) : Totes Holz hat viele Nutznießer. Kölner Stadtanzeiger, Ausgabe Köln-Land vom 07.04.2001 : p. R 17; Köln.

Kölner Stadtanzeiger (2002) : Bedrohte Hirschkäfer melden. Kölner Stadtanzeiger, Ausgabe Rhein-Sieg vom 12.06.2002 : p. R 3; Köln.

Kölner Stadtanzeiger (2007) : Eichentotholzstämme als Kinderstube. Kölner Stadtanzeiger, Ausgabe Bonn vom 05.12.2007 : p. R 6; Köln.

Kölner Stadtanzeiger (2008) : Hirschkäfer braucht neuen Lebensraum. Kölner Stadtanzeiger, Ausgabe Rhein-Sieg vom 06.08.2008 : p. R 8; Köln.

Kölnische Rundschau (1990) : Der Hirschkäfer auf der "Roten Liste". Kölnische Rundschau, Ausgabe Bonn vom 30.06.1990; Bonn.

Kölnische Rundschau (2002) : Der Hirschkäfer in Nöten. Kölnische Rundschau, Hauptausgabe Köln vom 06.06.2002; Köln.

Kölnische Rundschau (2003) : Bären und betrunkene Hirschkäfer. Kölnische Rundschau, Ausgabe Ahrweiler vom 29.11.2003 und Kölnische Rundschau, Ausgabe Euskirchen-Süd vom 04.12.2003; Köln.

Kölnische Rundschau (2005) : Rettung für Hirschkäfer. Kölnische Rundschau, Hauptausgabe Köln vom 25.08.2005; Köln.

Kölnische Rundschau (2006) : Hirschkäfer läßt sich selten blicken. Kölnische Rundschau, Ausgabe Rhein-Sieg vom 13.06.2006 : p. R 27; Köln.

Kölnische Rundschau (2007) : Zu früh unterwegs. Kölnische Rundschau, Hauptausgabe Köln vom 03.05.2007 : p. 36; Köln.

Kölnische Rundschau (2008) : Gehörnter Käfer. Kölnische Rundschau, Ausgabe Oberberg vom 06.08.2008 : p. R 1; Köln.

Konca, B. (1979) : Stanowisko jelonka *Lucanus cervus* na ziemi lubuskiej. Chrońmy Przyrodę Ojczystą, **35**/1 : p. 77; Warszawa/Kraków.

Korb, M. (1893) : Die Schmetterlinge Mittel-Europas. 232 pp.; Stroefer, Nürnberg.

Kordylas, A. (1986) : Rohatyniec garbarz *Oryctes nasicornis* na pobrzezu Bałtyku. Chrońmy Przyrodę Ojczysta, **42**/5 : 71 - 72; Warszawa/Kraków.

Kraatz, G. (1860) : Über die europäischen Hirschkäfer. Berliner Entom. Z., **4** : 68 - 75, 265 - 275; Berlin.

Kraatz, G. (1881) : Monströse Käfer. Dt. Entom. Z., **25** : 111 - 112; Berlin.

Kraatz, G. (1883) : Zwitter von *Lucanus cervus*. In : Brenske, E., Die 55ste Versammlung Deutscher Naturforscher und Aerzte. Dt. Entom. Z., **27** : 25 - 29; Berlin.

Krahmer, M.W. (1956) : *Lucanus cervus* L. Entom. Bl. Biol. System. Käfer, **52** : p. 101; Krefeld.

Krajcik, M. (2001/2003) : Lucanidae of the world catalogue, **1** (2001) : 108 pp., **2** (2003) : 206 pp.; Krajcik, Plzen.

Kranjcev, R. (1990) : Jelenak jos leti. Priroda, **80**/4-5 (767-768) : 18 - 19; Zagreb.

Krenn, H.W., Pernstich, A., Messner, T., Hannappel, U. & Paulus, H.F. (2002) : Kirschen als Nahrung des männlichen Hirschkäfers, *Lucanus cervus* (Linnaeus 1758) (Lucanidae : Coleoptera). Entom. Z., **112** : 165 - 170; Stuttgart.

Kretschmer, K. (1998) : Hirschkäfer gesucht! LÖBF-Mitt., **23**/1 : p. 6; Recklinghausen.

Kretschmer, K. (2007 a) : Untersuchungen zum Ausbreitungsverhalten des Hirschkäfers (*Lucanus cervus*) mittels Radio-Telemetrie. Sachbericht AZ : 51.2.6.02.25-3008/03; Biologische Station im Kreis Wesel. http://www.bskw.de.

Kretschmer, K. (2007 b) : Hirschkäfer gesucht! Naturspiegel, **2007**/1 (65) : p. 22; Krefeld-Viersen.

Krikken, J. & Pijpers, H.C. (1982) : Het vliegend hert *Lucanus cervus* (Linnaeus) in Nederland. Nieuwsbrief Europ. Invert. Surv. - Nederl., **12** : 35 - 43; Leiden.

Krüger, S. (1982) : Der Kernbeißer (*Coccothraustes coccothraustes*). Die Neue Brehm-Bücherei, **525** : 2. Aufl. : 108 pp.; Ziemsen, Wittenberg Lutherstadt (3. Aufl. 1995 : 108 pp.; Westarp, Magdeburg. ISBN 3-89432-371-X).

Kuhar, B., Kalan, G. & Janzekovic, F. (2006) : Prehrana lesne sove *Strix aluco* na Kozjanskem (V Slovenija). Acrocephalus, **27**/130/131 : 147 - 154; Ljubljana.

Kuhn, K. (2003) : Gefährdung des Hirschkäfers (*Lucanus cervus*) durch den Neubau der Umgehungsstraße von Weßling. Anlage 2 zur Stellungnahme des Bund Naturschutz in Bayern e.V. zum Planfeststellungsverfahren des Straßenbauamtes München : 6 pp.; Starnberg.

Kühnel, H. & Neumann, V. (1979) : Der Südrand des Ochsenbusches bei Diebzig - ein Flächennaturdenkmal zum Schutze seltener Käfer. Naturschutz Naturkdl. Heimatforsch. Bez. Halle Magdeburg, **16**/1 : 51 - 54; Halle/Magdeburg.

Kühnel, H. & Neumann, V. (1981) : Die Lebensweise des Hirschkäfers (*Lucanus cervus* L.). Naturschutzarb. Bez. Halle Magdeburg, **18**/2 : 7 - 14; Halle/Magdeburg.

Kuhnt, P. (1913) : Illustrierte Bestimmungs-Tabellen der Käfer Deutschlands. 1138 pp.; Schweizerbart, Stuttgart.

Küster, H.C., Kraatz, G. & Schilsky, J. (1901-1909) : Die Käfer Europas. 48 Hefte; Bauer & Raspe, Nürnberg.

Kuyten, P.J. (1964) : Allometrie und Variabilität bei *Lucanus mearesi* Hope (Coleopt., Lamellicornia). Z. Morphol. Ökol. Tiere, **54** : 141 - 201; Berlin.

Kvamme, T. (1984) : Eikehjorten - et drømmedyr i norsk natur? Insekt-Nytt, **9**/1 : 30 - 36; Trondheim.

Laar, V.v. (1987) : Waarnemingen van het vliegend hert *Lucanus cervus* (L.) op de Utrechtse Heuvelrug en in de Gelderse Vallei. Te Velde, **35** : 7 - 8; Maartensdijk.

Lachmann, M. (2004) : Hirschkäfer und Zwergfledermaus kontra Airbus. Allgemeine Zeitung, Ausgabe Mainz, **2004**/254 vom 30.10.2004 : p. 5; Mainz.

Lacordaire, T. (1856) : Genera des coléoptères. Pectinicornes. Histoire naturelle des Insectes, **3** : 594 pp.; Roret, Paris.

Lacroix, J.P. (1968) : Etude des populations de *Lucanus cervus* de la France méridionale. Ann. Soc. Entom. France, N.S., **4** : 233 - 243; Paris.

Lacroix, J.P. (1969) : Contribution à l'étude des Lucanides. A propos de *Lucanus cervus* récoltés au Bois de Boulogne. L'Entomologiste, **25** : 119 - 129; Paris.

Lacroix, J.P. (1984) : Odontolabini, **1** : *Chalcodes, Odontolabis, Heterochtes.* In : Les coléoptères du monde, **4** : 175 pp.; Sciences Naturelles, Venette.

Lagarde, F., Corbin, J., Goujon, C. & Poisbleau, M. (2005) : Polymorphisme et performances au combat chez les mâles de Lucane cerf-volant (*Lucanus cervus*). Rev. Ecol. (Terre Vie), **60** : 127 - 137; Paris.

Lagerspetz, K. (1950) : On the occurrence of *Oryctes nasicornis* L. (Col., Scarabaeidae) in Finland from 1938 to 1949. Ann. Entom. Fenn., **16** : 125 - 128 (in Finnish); Helsinki.

Laibach, E. (1950) : Der Nashornkäfer *Oryctes nasicornis* L. und seine Entwicklung. Höfchen-Briefe für Wissenschaft und Praxis. Veröff. Pflanzenschutz-Abt. Bayer Leverkusen, **3**/3 : 31 - 39; Leverkusen.

Lambert, D. & Braun, U. (2005) : Zum Vorkommen des Hirschkäfers (*Lucanus cervus*) im Naturpark Nassau. 20 pp.; Zweckverband Naturpark Nassau, Nassau.

Lampert, K. (1913) : Bilder-Atlas des Tierreichs. Schreiber, Esslingen/München.

Landois, H. (1868) : Das Gehörorgan des Hirschkäfers (*Lucanus cervus*). Arch. Mikroskop. Anatom., **4** : 88 - 95; Bonn.

Langton, P.H. (1967) : Further records of *Lucanus cervus* (L.) (Col., Lucanidae) in Sussex and one from Cambridgeshire, with a note on swarming in this species. Entom. Monthly Magaz., **103** : p. 204; London.

Leatherdale, D. (1959) : *Lucanus cervus* L. (Col., Lucanidae) in Oxfordshire. Entom. Monthly Magaz., **95** : p. 182; London.

Lechner, F. (2008) : Neugier auf die Natur und das Leben. Rhein-Neckar-Zeitung, Ausgabe Wiesloch-Walldorf, **64**/277 vom 27.11.2008 : p. 3; Heidelberg.

Leech, A.R. (1977) : *Lucanus cervus* (L.) (Col., Lucanidae) in Oxfordshire. Entom. Monthly Magaz., **113** : p. 69; Oxford.

Lefebvre, A. (1835) : Description d'un *Argus alexis* hermaphrodite. Ann. Soc. Entom. France, **4** : 145 - 151; Paris.

Leichlinger Nachrichten (1977) : Käferkoller : Saufen und Raufen um Minne und Met. Leichlinger Nachrichten vom 09.07.1977; Leichlingen.

Lengerken, H.v. (1928 a) : Über die Entstehung bilateral-symmetrischer Insektengynander aus verschmolzenen Eiern. Biol. Zbl., **48** : 475 - 509; Jena.

Lengerken, H.v. (1928 b) : Lebenserscheinungen der Käfer. Wissenschaft und Bildung, **245** : 147 pp.; Quelle & Meyer, Leipzig.

Lengerken, H.v. (1951) : Der Pillendreher (Skarabaeus). Die Neue Brehm-Bücherei, **38** : 52 pp.; Geest & Portig, Leipzig.

Lengerken, H.v. (1952) : Der Mondhornkäfer und seine Verwandten. Die Neue Brehm-Bücherei, **58** : 57 pp.; Geest & Portig, Leipzig.

Leoni, G. (1910) : Contributo allo studio dei Lamellicorni italiani. Riv. Coleott. Ital., **8** : 153 - 194; Parma.

Levermann, E.M. (2002) : Das Knacken der Geweihe in der Sommernacht. Frankfurter Rundschau, Ausgabe Region, **58**/148 vom 29.06.2002 : p. 34; Frankfurt/Main.

Leuthner, F. (1885) : A monograph of the Odontolabini, a subdivision of the Coleopterous family Lucanidae. Trans. Zool. Soc. Lond., **11** : 385 - 491; London.

Lewis, H.L. (1941/1942) : The distribution of *Lucanus cervus* L. (Col., Lucanidae) in Britain. Entom. Monthly Magaz., **77** (1941) : p. 180, **78** (1942) : p. 15; London.

Lewis, K.C. (1998) : The stag beetle *Lucanus cervus* Lucanidae in Welling, Kent (TQ4675). Bull. Amateur Entom. Soc., **57**/419 : p. 158; London.

Lewis, K.C. (1999) : Stag beetle (*Lucanus cervus*) survey 1999. Bull. Amateur Entom. Soc., **58**/425 : 141 - 142; London.

Liesche, R. (1909) : Atlas der Käfer in natürlicher Farbe mit Beschreibung, **1** : 16 pp., **2** : 16 pp.; Graser, Annaberg. Beschreibung der im Atlas abgebildeten Käfer und Larven, **1** : 16 pp., **2** : 16 pp.; Graser,

Annaberg/München.

Ligondes, J.d. (1959) : Observations sur *Lucanus cervus* (Coléopt. Scarab.). L'Entomologiste, **15** : 52 - 56; Paris.

Linnaeus, C. (1758) : Systema naturae per regna tria naturae, secundum classes, ordines, genera, species, cum characteribus, differentiis, synonymis, locis. 10. Aufl., **1** : 824 pp.; Salvius, Stockholm.

Linsenmaier, W. (1974) : Insetti del mondo. 392 pp.; Mondadori, Milano.

Linssen, E.F. (1959) : Beetles of the British Isles, **1** : 295 pp., **2** : 300 pp.; Warne, London.

Linssen, E.F. (1978) : The observer's book of insects of the British Isles. 191 pp.; Warne, London.

Lobenstein, U. (1979) : Ein Fund des Hirschkäfers, *Lucanus cervus* L., im Stadtgebiet von Hannover. Entom. Bl. Biol. System. Käfer, **74** : 159 - 160; Krefeld.

Löns, H. (1908) : Der Zaunigel. In : Meerwarth, H. & Soffel, K. (Hrsg.), Lebensbilder aus der Tierwelt : Säugetiere : 24 - 33; Voigtländer, Leipzig.

Löns, H. (1911) : Der Zaunigel. In : Löns, H., Mümmelmann : Ein Tierbuch : 99 - 121; Sponholtz, Hannover.

Löns, H. (1922) : Der letzte Hansbur : Ein Bauernroman aus der Lüneburger Heide. 288 pp.; Sponholtz, Hannover.

López-Colón, J.I. (2000) : Familia Lucanidae. In : Martin-Piera, F. & López-Colón, J.I., Coleoptera, Scarabaeoidea I. Fauna Ibérica, **14** : 43 - 64; Museo Natural de Ciencias Naturales, Madrid.

López-Colón, J.I. (2003) : Datos sobre la alimentación y distribución ibérica de *Oryctes nasicornis grypus* Illiger, 1803 (Coleoptera, Scarabaeidae, Dynasinae). Bol. Soc. Entom. Aragon., **33** : 183 - 188; Zaragoza.

Lottmann, E. (2000) : Fräulein Volkmann und der Hirschkäfer. Die Welt, Ausgabe West, **2000**/299 vom 22.12.2000 : p. 30; Berlin.

Luce, J.M. (1996) : *Lucanus cervus* (Linnaeus, 1758). In : Helsdingen, P.J.v., Willemse, L. & Speight, M.C.D. (Hrsg.), Background information on invertebrates of the habitat directive and the Bern convention. Part 1 Crustacea, Coleoptera and Lepidoptera. Nature and Environment Series, **79** : 53 - 58; Council of Europe, Strasbourg.

Lucht, W. (1987) : Philatelistische Koleopterologie. Mitt. Intern. Entom. Ver., **12** : 89 - 105; Frankfurt/Main.

Lucht, W. (1991) : Philatelistische Koleopterologie. 1. Fortsetzung : 1988 - 1990. Mitt. Intern. Entom. Ver., **16** : 153 - 158; Frankfurt/Main.

Lucht, W. (1994) : Philatelistische Koleopterologie. 2. Fortsetzung : 1991 - 1993. Mitt. Intern. Entom. Ver., **19** : 147 - 152; Frankfurt/Main.

Luederwaldt, H. (1935) : Monographia dos Lucanideos brasileiros. Rev. Mus. Paulista, **19** : 447 - 574; Sao Paulo.

Lüdicke, M. (1952) : Über die Aufnahme von radioaktivem, sekundärem Natriumphosphat bei *Lucanus cervus* L. Z. Vergl. Physiol., **34** : 508 - 524; Berlin.

Luigioni, P. (1924) : Anomalia riscontrata in un *Oryctes nasicornis* L. Atti Pontif. Accad. Romana Nuovi Lincei, **74** : 69 - 71; Rom.

Lüling, P. (1968) : Anmerkung dazu von der Redaktion : Nashornkäfer, Walker. Der Sauerländische Naturbeobachter, Veröff. Naturwiss. Ver. Lüdenscheid, **8**: 48 - 49; Lüdenscheid.

Lyneborg, L. (1977) : Beetles in colour. 187 pp.; Blandford, Poole/Dorset.

Mac Gillavry, D. (1950) : Nog iets over de faunistiek van het vliegend hert. Entom. Ber., **13**/303 : p. 136; Amsterdam.

Machatschke, J.W. (1969) : 86. Familie : Lucanidae, Hirschkäfer. In : Freude, H., Harde, K.W. & Lohse, G.A. (Hrsg.), Die Käfer Mitteleuropas, **8**: 367 - 371; Goecke & Evers, Krefeld.

Mader, D. (1985 a) : Beiträge zur Genese des germanischen Buntsandsteins. 630 pp.; Sedimo, Hannover. ISBN 3-9801149-0-2.

Mader, D. (1985 b) : Aspects of fluvial sedimentation in the Lower Triassic Buntsandstein of Europe. Lect. Notes Earth Sci., **4** : 626 pp.; Springer, Berlin/Heidelberg/New York. ISBN 3-540-13984-2.

Mader, D. (1985 c) : Aspekte der Stratigraphie und Ablagerungsgeschichte des Buntsandsteins in der Eifeler Nord-Süd-Zone (Deutschland und Luxemburg). Jber. Mitt. Oberrhein. Geol. Ver., N.F., **67** : 199 - 242; Stuttgart.

Mader, D. (1985 d) : Fluvial conglomerates in continental red beds of the Buntsandstein (Lower Triassic) in the Eifel (F.R. Germany) and their palaeoenvironmental, palaeogeographical and palaeotectonic significance. Sedim. Geol., **44** : 1 - 64; Amsterdam.

Mader, D. (1985 e) : Entstehung des germanischen Buntsandsteins. Carolinea, **43** : 5 - 60; Karlsruhe.

Mader, D. (1989 a) : Hydraulic proppant fracturing and gravel packing. Developm. Petrol. Science, **26** : 1239 pp.; Elsevier, Amsterdam/Oxford/New York/Tokyo. ISBN 0-444-87352-X.

Mader, D. (1989 b) : Hydraulic fracturing strategies in sandstones, carbonates, coal seams, shales and granites. Oil Gas Europ. Magaz., 15/3 : 28 - 32, 15/4 : 36 - 40; Hamburg.

Mader, D. (1990) : Palaeoecology of the flora in Buntsandstein and Keuper in the Triassic of Middle Europe. 1582 pp.; Fischer, Stuttgart/New York. ISBN 3-437-30650-2.

Mader, D. (1992 a) : Evolution of palaeoecology and palaeoenvironment of Permian and Triassic fluvial basins in Europe. 1340 pp.; Fischer, Stuttgart/New York. ISBN 3-437-30683-9.

Mader, D. (1992 b) : Beiträge zu Paläoökologie und Paläoenvironment des Buntsandsteins sowie ausgewählte Bibliographie von Buntsandstein und Keuper in Thüringen, Franken und Umgebung. 628 pp.; Fischer, Stuttgart/Jena/New York. ISBN 3-437-30694-4.

Mader, D. (1995 a) : Aeolian and adhesion morphodynamics and phytoecology in recent coastal and inland sand and snow flats and dunes from mainly North Sea and Baltic Sea to Mars and Venus. 2348 pp.; Lang, Frankfurt am Main/Bern/New York. ISBN 3-631-48258-2.

Mader, D. (1995 b) : Taphonomy, sedimentology and genesis of plant fossil deposit types in Lettenkohle (Lower Keuper) and Schilfsandstein (Middle Keuper) in Lower Franconia (Germany). 164 pp.; Lang, Frankfurt am Main/Bern/New York. ISBN 3-631-48371-6.

Mader, D. (1997) : Palaeoenvironmental evolution and bibliography of the Keuper (Upper Triassic) in Germany, Poland and other parts of Europe. 1058 pp.; Loga, Köln. ISBN 3-87361-260-7.

Mader, D. (1998) : Geologie, Substratformationen, Substratprovinzen und langfristige Populationsdynamik der Niststandorte der rezenten Seidenbiene *Colletes daviesanus* in der Eifel. Dendrocopos, 25 : 143 - 186; Trier.

Mader, D. (1999 a) : Geologische und biologische Entomoökologie der rezenten Seidenbiene *Colletes*. 807 pp.; Logabook, Köln. ISBN 3-87361-263-1.

Mader, D. (1999 b) : Nestbauten der Seidenbiene *Colletes daviesanus* und anderer solitärer Wildbienen und Wespen in quartären vulkanischen Tuffen der Eifel. Dendrocopos, 26 : 79 - 169; Trier.

Mader, D. (1999 c) : Einmietung der Mauerbiene *Osmia adunca* und anderer solitärer Wildbienen und Wespen in Nestbauten der Seidenbiene *Colletes daviesanus* in Eifel, Saarland und Pfalz. Dendrocopos, 26 : 170 - 215; Trier.

Mader, D. (1999 d) : Nestbauten der Schornstein-Lehmwespe *Odynerus spinipes* in Buntsandstein und Quartär in Eifel, Saarland und Pfalz. Dendrocopos, 26 : 216 - 234; Trier.

Mader, D. (2000 a) : Nistökologie, Biogeographie und Migration der synanthropen Delta-Lehmwespe *Delta unguiculatum* (Eumenidae) in Deutschland und Umgebung. 245 pp.; Logabook, Köln. ISBN 3-934346-04-9.

Mader, D. (2000 b) : Nistökologie, Biogeographie und Migration eines Freibautennisters : Wann wandert die Delta-Lehmwespe *Delta unguiculatum* in das Moseltal ein? Dendrocopos, 27 : 59 - 136; Trier.

Mader, D. (2000 c) : Erstnachweise von Niststandorten der Delta-Lehmwespe *Delta unguiculatum* (Hymenoptera : Eumenidae) in Bayern. Galathea, Ber. Nürnbg. Entom., 16/4 : 147 - 170; Nürnberg.

Mader, D. (2000 d) : Erstnachweise von Niststandorten der Delta-Lehmwespe *Delta unguiculatum* (Hymenoptera : Eumenidae) im Saarland. Abh. Delattinia, 26 : 23 - 36; Saarbrücken.

Mader, D. (2001 a) : Niststandorte der Mauerbiene *Osmia anthocopoides* und der Mörtelbiene *Megachile (Chalicodoma) parietina* (Hymenoptera : Megachilidae) im Nördlinger Ries. Galathea, Ber. Nürnbg. Entom., 17/1 : 27 - 55; Nürnberg.

Mader, D. (2001 b) : Potentielle Einwanderungswege der Mauerwespe *Sceliphron destillatorium* nach Deutschland. Galathea, Ber. Nürnbg. Entom., 17/2 : 99 - 111; Nürnberg.

Mader, D. (2001 c) : Populationsstärke und Nestverteilung der Mörtelbiene *Megachile (Chalicodoma) parietina* (Hymenoptera : Megachilidae) am Goldberg im Nördlinger Ries in 2001. Galathea, Ber. Nürnbg. Entom., 17/3 : 115 - 142; Nürnberg.

Mader, D. (2001 d) : Einwanderung der Delta-Lehmwespe *Delta unguiculatum* (Villers 1789) (Hymenoptera : Eumenidae) in das Alpenrheintal (Österreich und Schweiz). Linzer Biol. Beitr., 33 : 819 - 826; Linz.

Mader, D. (2001 e) : Niststandorte des Bienenwolfes *Philanthus triangulum* (Grabwespen, Sphecidae) in Eifel, Saarland und Pfalz. Dendrocopos, 28 : 87 - 113; Trier.

Mader, D. (2001 f) : Niststandorte von kleinen Furchenbienen (Halictidae) und/oder Grabwespen (Sphecidae) in Eifel, Saarland und Pfalz. Dendrocopos, 28 : 114 - 129; Trier.

Mader, D. (2002 a) : Zur früheren Verbreitung der Mörtelbiene *Megachile (Chalicodoma) parietina* (Hymenoptera : Megachilidae) in Deutschland und Umgebung. Galathea, Ber. Nürnbg. Entom., 18/1 : 20 - 43; Nürnberg.

Mader, D. (2002 b) : Verbreitung der Delta-Lehmwespe *Delta unguiculatum* (Hymenoptera : Eumenidae) im Rhônetal oberhalb des Genfer Sees (Schweiz). Galathea, Ber. Nürnbg. Entom., 18/2 : 55 - 66; Nürnberg.

Mader, D. (2002 c) : Isolierte Niststandorte mit endemischen Vorkommen der Delta-Lehmwespe *Delta unguiculatum* (Hymenoptera : Eumenidae) im Donautal. Galathea, Ber. Nürnbg. Entom., **18**/3 : 89 - 115; Nürnberg.

Mader, D (2003) : Nestbauten der Seidenbiene *Colletes daviesanus* (Hymenoptera : Colletidae) in Gebäudewänden und Aufschlüssen in der Fränkischen Alb in Bayern. Galathea, Ber. Nürnbg. Entom., **19**/1 : 3 - 30; Nürnberg.

Maes, J.M. (1992) : Lista de los Lucanidae (Coleoptera) del mundo. Rev. Nicarag. Entom., **22 A** : 1 - 60, **22 B** : 61 - 121; León.

Maes, J.M. & Pinratana, A. (2003) : Lucanidae of Thailand. 247 pp.; Brothers of St. Gabriel in Thailand. ISBN 974-90640-4-6.

Mainzer Rhein-Zeitung (2007 a) : Fraport lockt Hirschkäfer in Stadtwald. Mainzer Rhein-Zeitung, Ausgabe Z, **21**/114 vom 18.05.2007 : p. 3; Koblenz.

Mainzer Rhein-Zeitung (2007 b) : Rauchen im Wald verboten. Mainzer Rhein-Zeitung, Ausgabe Z, **21**/165 vom 19.07.2007 : p. 14; Koblenz.

Majunke, C. (1978) : Beitrag zur Lucaniden-Fauna der Weißeritzhänge im Raum Tharandt. Entom. Nachr., **22** : 25 - 27, p. 143; Dresden.

Mal, N. (1966) : Coléoptères de St-Pons (B.-du-Rh.). L'Entomologiste, **22** : 141 - 144; Paris.

Mal, N. (1972) : Sur le polymorphisme antennaire d'une population provençale de *Lucanus cervus*. L'Entomologiste, **28** : 161 - 166; Paris.

Malberg, H. (1993) : Bauernregeln. Aus meteorologischer Sicht. 200 pp.; Springer, Berlin/Heidelberg/New York. ISBN 3-540-56240-0.

Malfatti, G. (1888) : Dall' uomo all' infusorio. 104 pp.; Vallardi, Milano.

Malten, A. (2005) : Der Hirschkäfer : auffällig aber heimlich. Natur und Museum, **135** : 126 - 127; Frankfurt/Main.

Mamaiev, B.M. (1960) : Lucanid-larvae (Coleoptera) as destructors of decaying wood in the oak-groves of the European part of the USSR. Zool. Zhurn., **39** : 873 - 881 (in Russian); Moscow.

Mamonov, G. (1991) : The great European stag beetle - its past and its future. Bull. Amateur Entom. Soc., **50**/377 : 157 - 163; Feltham/Middlesex.

Manhold, J. (2002) : Weniger Stress für Hirschkäfer und Kammmolch. Bonner General-Anzeiger, Ausgabe Bonner Stadtanzeiger, **112**/34053 vom 25.01.2002 : p. 6; Bonn.

Mannheimer Morgen (2003) : Seltene Käfer im Bürstädter Wald. Mannheimer Morgen, **58**/122 vom 28.05.2003 : p. 18; Mannheim. Mannheimer Morgen, Ausgabe Bergstraße, **58**/123 vom 30.05.2003 : p. 7; Mannheim.

Mannheimer Morgen (2008) : Wofür braucht der Hirschkäfer sein großes Geweih? Mannheimer Morgen, **63**/167 vom 19.07.2008 : p. 9; Mannheim.

Marent, T. & Morgan, B. (2007) : Schmetterlinge. 280 pp.; Dorling Kindersley, München. ISBN 3-8310-1080-6.

Margot, M. (2005) : London 2005 stag beetle hunt. Report for the greater stag beetle (*Lucanus cervus*) survey of greater London. 16 pp.; London Wildlife Trust, London.

Marie, P. (1959) : Hivernage anormal d'un *Lucanus cervus* L. L'Entomologiste, **15** : 125 - 127; Paris.

Märkische Allgemeine (2005) : "Zangengeburt" eines Männchens. Märkische Allgemeine, Ausgabe Dahme Kurier, **60**/122 vom 28.05.2005 : p. 15; Potsdam.

Märkische Allgemeine (2006) : Eine Audienz beim Herrn der Käfer. Märkische Allgemeine, Ausgabe Der Havelländer, **61**/103 vom 04.05.2006 : p. 15; Potsdam.

Märkische Allgemeine (2008 a) : Stolzes Geweih. Märkische Allgemeine, Ausgabe Fläming Echo, **63**/137 vom 13.06.2008 : p. 17; Potsdam.

Märkische Allgemeine (2008 b) : Hirschkäfer in Lübben geschlüpft. Märkische Allgemeine, Ausgabe Potsdamer Tageszeitung, **63**/114 vom 17.05.2008 : p. 5; Potsdam.

Märkische Allgemeine (2008 c) : Staunen über Käfer mit Riesen-Geweih. Märkische Allgemeine, Ausgabe Dahme Kurier, **63**/123 vom 28.05.2008 : p. 17; Potsdam.

Marples, F. (1987) : Stag beetle sightings. Bull. Amateur Entom. Soc., **46**/356 : 149 - 150; Feltham/Middlesex.

Marti, T. (1988) : Die Lebenswelt der Käfer : Gestaltreichtum und Betrachtungsvielfalt. 288 pp.; Freies Geistesleben, Stuttgart.

Martin, O. (1993) : Fredede insekter i Danmark. Del 2 : Biller knyttet til skov. Eghjort, *Lucanus cervus* (L.); Eremit, *Osmoderma eremita* (Scop.). Entom. Medd., **61** : 63 - 76; Kopenhagen.

Martyn, T. (1792) : The English entomologist, exhibiting all the coleopterous insects found in England. His Academy for Illustrating and Painting Natural History, London.

Mathieu, J.M. (1969) : Mating behaviour of five species of Lucanidae (Coleoptera : Insecta). Canad. Entom., **101** : 1054 - 1062; Ottawa/Ontario.

Matt, D. (2008) : Die Beobachtung von Hirschkäfern *Lucanus cervus* im Stadtgebiet Weinheims. Naturkdl. Bl. Weinheim, **10**/2: 34 - 36; Weinheim.

Medicus, L.W. (1802) : Forsthandbuch, oder Anleitung zur deutschen Forstwissenschaft : zum Gebrauche seiner Vorlesungen herausgegeben. 659 pp.; Cotta, Tübingen.

Medicus, W. (1905) : Illustriertes Käferbuch : Anleitung zur Kenntnis der Käfer nebst Anweisungen zur Anlage von Sammlungen. 96 pp.; Amthor, Braunschweig.

Melic, A. (1997) : *Lucanus cervus* & *Pseudolucanus barbarossa*. Bol. Soc. Entom. Aragon., **17** : p. 32; Zaragoza.

Mélise, L. (1880) : Les Lucaniens de Belgique. Ann. Soc. Entom. Belgique, **24** : 41 - 54; Bruxelles.

Melzer, C. (2008 a) : Wald soll Kulturerbe werden. Bergsträßer Anzeiger, **176**/224 vm 24.09.2008 : p. 5; Mannheim.

Melzer, C. (2008 b) : Hessens Buchen auf dem Weg zum Welterbe. Frankfurter Neue Presse, **63**/224 vom 24.09.2008 : p. 3; Frankfurt/Main.

Memminger, J.D.G.v. (1820) : Beschreibung oder Geographie und Statistik nebst einer Übersicht der Geschichte von Württemberg. 541 pp.; Cotta, Stuttgart/Tübingen.

Memminger, J.D.G.v. (1823) : Beschreibung von Württemberg; nebst einer Übersicht seiner Geschichte. 2. Aufl. : 703 pp.; Cotta, Stuttgart/Tübingen.

Memminger, J.D.G.v. (1841) : Beschreibung von Württemberg. 3. Aufl. : 844 pp.; Cotta, Stuttgart/Tübingen.

Méndez, M. (2003) : Conservation of *Lucanus cervus* in Spain : an amateur's perspective. In : Bowen, C.P. (Hrsg.), Proceedings of the 2nd pan-European conference on saproxylic beetles : 3 - 5; People's Trust for Endangered Species, London.

Méndez Iglesias, M. (2004) : Declinan las poblaciones de ciervo volante? Quercus, **222** : p. 43; Madrid.

Méndez Iglesias, M. (2005) : Moderado optimismo sobre las poblaciones de ciervo volante. Quercus, **228** : p. 44; Madrid.

Méndez Iglesias, M. (2008) : El ciervo volante (*Lucanus cervus* L.) como ejemplo de los problemas en la conservación de los artrópodos ibéricos. In : Pérez Gordillo, J. & Sánchez García, A. (Hrsg.), I jornadas sobre la conservación de los artrópodos en Extremadura, Cuacos de Yuste, 16-18 junio 2007 : 79 - 83; Junta de Extremadura, Cáceres.

Méndez Iglesias, M. & Quirós Menéndez, A.R. (2005) : Vida en la madera muerta : los escarabajos lucánidos de Cantábria. Locustella, **3** : 9 - 18; Santander.

Mergenthaler, W. (1964) : Otto Schmeil, Tierkunde, Ausgabe in einem Band. 187. Aufl. : 360 pp.; Quelle & Meyer, Heidelberg.

Meunier, K. (1965) : Der gesetzmäßige Polymorphismus funktionell indifferenter Organe bei den Lucaniden (Coleopt. Lamellicorn.). Zool. Anz., **175** : 50 - 92; Leipzig.

Meyer, H. (1842) : Über den Bau der Hornschale der Käfer. Arch. Anat., Physiol., Wiss. Med. (Müller's Archiv), **1842** : 12 - 16; Berlin.

Meyer, H. (1897) : Meyer's Konversations Lexikon. 5. Aufl. : 17 Bde.; Bibliographisches Institut, Leipzig/Wien.

Michelet, J. (1876) : L'insecte. 463 pp.; Hachette, Paris.

Michels, H. (1880) : Beschreibung des Nervensystems von *Oryctes nasicornis* im Larven-, Puppen- und Käferzustande. Z. Wiss. Zool., **34** : 641 - 702; Leipzig.

Milne Edwards, H. (1834) : Elements de zoologie ou leçons sur l'anatomie, la physiologie, la classification et les moeurs des animaux, **1** : 486 pp., **2** : 1066 pp.; Chochard, Paris.

Milne Edwards, H. (1840) : Cours élémentaire d'histoire naturelle, Zoologie. 572 pp.; Masson, Paris.

Minck, P. (1914) : Neue Subspecies des *Oryctes nasicornis* L. Coleopterol. Rdsch., **3** : 8 - 11; Wien.

Minck, P. (1915) : Beitrag zur Kenntnis der Dynastiden (Col.). Dt. Entom. Z., **1915** : 3 - 18, 532 - 541; Berlin.

Minck, P. (1916) : Der Einfluß der Kultur auf die Daseinsbedingungen des Nashornkäfers (*Oryctes nasicornis* L.) in Deutschland. Arch. Naturgesch., (A) **82**/5 : 147 - 164; Berlin.

Mitteldeutsche Zeitung (1996 a) : Majestäten des Insektenreichs mit prachtvollem Geweih. Mitteldeutsche Zeitung, Ausgabe Sangerhausen, **10**/137 vom 16.08.1996; Halle.

Mitteldeutsche Zeitung (1996 b) : Käfer mit bärenstarken Kräften. Mitteldeutsche Zeitung, Ausgabe Halle, **7**/103/Beil. vom 03.05.1996 : p. 2; Halle.

Mitteldeutsche Zeitung (1999) : Exemplar wie aus dem Lehrbuch. Mitteldeutsche Zeitung, Ausgabe Roßlau, **7**/191 vom 16.06.1999; Halle.

Mitteldeutsche Zeitung (2001) : Unterwegs in den Wäldern. Mitteldeutsche Zeitung, Ausgabe Halle, **12**/88 vom 14.04.2001 : p. 34; Halle

Mitteldeutsche Zeitung (2004) : Kleiner Käfer kommt ganz groß raus. Mitteldeutsche Zeitung, Ausgabe Bitterfeld, **15**/173 vom 27.07.2004; Halle.

Mitteldeutsche Zeitung (2006 a) : Männer deutlich größer als Weibchen. Mitteldeutsche Zeitung, Ausgabe Weißenfels, **17**/256 vom 04.11.2006 : p. 15; Halle.

Mitteldeutsche Zeitung (2006 b) : Start zum Flug. Mitteldeutsche Zeitung, Ausgabe Roßlau, **17**/155 vom 07.07.2006 : p. 9; Halle.

Mitteldeutsche Zeitung (2006 c) : Hirschkäfer krabbelt Hobby-Fotografin vor die Linse. Mitteldeutsche Zeitung, Ausgabe Sangerhausen, **17**/129 vom 07.06.2006 : p. 12; Halle.

Mitteldeutsche Zeitung (2006 d) : Hirschkäfer in Breitungen. Mitteldeutsche Zeitung, Ausgabe Sangerhausen, **17**/116 vom 20.05.2006 : p. 11; Halle.

Mitteldeutsche Zeitung (2007) : Hirschkäfer macht Station in Petersroda. Mitteldeutsche Zeitung, Ausgabe Bitterfeld, **18**/135 vom 13.06.2007 : p. 14; Halle.

Mitteldeutsche Zeitung (2008 a) : Riesige Hirschkäfer in den Wäldern. Mitteldeutsche Zeitung, Ausgabe Dessau, **19**/158 vom 17.07.2008 : p. 7, Ausgabe Köthen, **19**/169 vom 21.07.2008 : p. 8; Halle.

Mitteldeutsche Zeitung (2008 b) : Hirschkäfer-Kämpfe auf dem Birnenbaum. Mitteldeutsche Zeitung, Ausgabe Nebra, **19**/139 vom 16.06.2008 : p. 12; Halle.

Mitteldeutsche Zeitung (2008 c) : Seltener Fund. Mitteldeutsche Zeitung, Ausgabe Sangerhausen, **19**/124 vom 29.05.2008 : p. 9; und Ausgabe Quedlinburg, **19**/132 vom 07.06.2008 : p. 8; Halle.

Mitteldeutsche Zeitung (2008 d) : Acht-Zentimeter-Hirschkäfer fühlt sich am Scheidbach wohl. Mitteldeutsche Zeitung, Ausgabe Naumburg, **19**/130 vom 05.06.2008 : p. 10; Halle.

Mizunuma, T. (2000) : Stag beetles II : Lucanidae. Endless Collection Series, **5** : 101 pp.; Endless Science Information, Tokyo. ISBN 4-901273-05-1.

Mizunuma, T. & Nagai, S. (1994) : The Lucanid beetles of the world. Mushi-sha Iconographic Series of Insects, **1** : 338 pp.; Fujita, Tokyo.

Model, R. (2007) : Ungetüm auf Brautschau. Allgemeine Zeitung, Ausgabe Kirn, **2007**/117 vom 22.05.2007 : p. 13; Mainz.

Möhres, F.P. (1963) : Käfer : Form und Farbe - Fülle und Pracht. Belser Bücher Reihe, **8** : 256 pp.; Belser, Stuttgart.

Molesworth, C. (1880) : The Cobham journals, abstracts and summaries of meteorological and phenological observations at Cobham, Surrey 1825 to 1850. Ormerod, E.A. (Hrsg.) : 178 pp.; Stanford, London.

Möllenkamp, W. (1910) : Ein monströses Weibchen von *Lucanus cervus*. Intern. Entom. Z., **3**/45 : p. 242; Guben.

Møller, A.P. (2002) : Developmental instability and sexual selection in stag beetles from Chernobyl and a control area. Ethology, **108** : 193 - 204; Berlin.

Möller, G. (1990) : Vergleichende Betrachtungen zur Saftflußfauna an Eichen aus faunistischer und ökologischer Sicht. Berliner Naturschutzbl., **34**/1 : 12 - 17; Berlin.

Möller, G. (1991) : Warum und wie sollen Holzbiotope geschützt werden? In : Auhagen, A., Platen, R. & Sukopp, H. (Hrsg.), Rote Listen der gefährdeten Pflanzen und Tiere in Berlin. Landschaftsentwicklung und Umweltforschung, Sonderh., **6** : 421 - 437; Berlin.

Möller, G. (1993) : Holzbewohnende Insekten und Pilze - Ökologie, Gefährdungssituation, Schutzmaßnahmen. Sitz.-Ber. Ges. Naturforsch. Freunde Berlin, N.F., **32** : 97 - 121; Berlin.

Moore, L.E. (1974) : The large stag beetle *Lucanus cervus* (L.) in captivity. Proc. Coventry Distr. Natur. Hist. Scient. Soc., **4**/7 : 197 - 198.

Moretti, M. & Sprecher-Uebersax, E. (2004 a) : Über das Vorkommen des Hirschkäfers *Lucanus cervus* L. (Coleoptera, Lucanidae) im Tessin : Eine Umfrage im Sommer 2003. Mitt. Entom. Ges. Basel, **54** : 75 - 82; Basel.

Moretti, M. & Sprecher-Uebersax, E. (2004 b) : Cervo volante : un anno eccezionale, risultati del censimento 2003 (*Lucanus cervus*). Agricoltore Ticinese, **2004**/16 : 10 - 11; Claro/Ticino.

Moritz, L. (1914) : Aus dem Leben des Hirschkäfers. Naturfreund, **5** : 138 - 148; Wien.

Morris, R.K.A. (1991) : An exceptionally early date for the stag beetle *Lucanus cervus* L. Entom. Record J. Variation, **103** : p. 106; Orpington/Kent.

Moucha, J. & Vancura, B. (1972) : Schmetterlinge. Tagfalter. 192 pp.; Mosaik, München; Artia, Prag. ISBN 3-570-06077-2.

Müller, A. & Reißmann, K. (2001) : Bericht über die Exkursion vom 15.06. bis 17.06.2001 in den Lampertheimer Wald bei Mannheim. Coleo, **2** : 51 - 53; Oberhausen.

Müller, F. (2000) : Jetzt sind auch die Hirschkäfer unterwegs. Basler Zeitung, **158**/125 vom 30.05.2000 : p. 50; Basel.

Müller, P. (1937) : Biologische und faunistische Beiträge zur rheinischen Fauna der Lucaniden und Scarabaeiden (Coprophaginae). Decheniana, (B) **95** : 37 - 63; Bonn.

Müller, P. (1938) : Der Hirschkäfer, der König der Kerfe. Rhein. Heimatpfl., **10** : 73 - 75; Pulheim.
Müller, T. (2001) : Hirschkäfer (*Lucanus cervus*). In : Fartmann, T., Gunnemann, H., Salm, P. & Schröder, E. (Hrsg.) : Berichtspflichten in Natura-2000-Gebieten. Empfehlungen zur Erfassung der Arten des Anhangs II und Charakterisierung der Lebensraumtypen des Anhangs I der FFH-Richtlinie. Angewandte Landschaftsökologie, **42** : 306 - 310; Bundesamt für Naturschutz, Bonn-Bad Godesberg. ISBN 3-7843-3715-5.
Mulsant, E. (1842) : Histoire naturelle des Coléoptères de France. Lamellicornes. 623 pp.; Maison, Paris.
Mulsant, E. & Godart, A. (1855) : Description d'une espèce nouvelle de Lucanide. Ann. Soc. Linn. Lyon, (N.S.), **2** : 250 - 254; Lyon.
Mulsant, E. & Rey, C. (1871) : Histoire naturelle des Coléoptères de France. Lamellicornes, Pectinicornes. 734 pp.; Deyrolle, Paris.
Muspratt, V.M. (1960) : Nourriture anormale d'un *Lucanus cervus* L. L'Entomologiste, **56** : p. 53; Paris.
Muzik, F. (1912) : Kann *Lucanus cervus* L. auch überwintern? Z. Wiss. Insektenbiol., **8** : p. 189; Berlin.
NABU-Gruppe Heidelberg (2009) : Aktion : Hirschkäferzählung. NABU-Gruppe Heidelberg, Programm, **2009** : p. 15; Heidelberg.
Nadolski, W. (1976) : Zur Verbreitung des Hirschkäfers (*Lucanus cervus* L.) im Luckauer Raum. Biol. Stud. Luckau, **5** : 13 - 16; Luckau.
Nagai, S. (1985) : Coleopterorum Catalogus. World Lucanidae. 224 pp.; Mokuyo sha, Tokyo.
Nagel, P. (1924) : Neues über Hirschkäferarten (Col. Lucan.). Dt. Entom. Z., **1924** : 396 - 404; Berlin.
Nagel, P. (1928) : Neues über Hirschkäfer (Col. Lucan.). Dt. Entom. Z., **1928** : 273 - 298; Berlin.
Nahe-Zeitung (2006) : Nashornkäfer im Garten gefunden. Nahe-Zeitung, **61**/214 : p. 11; Koblenz.
Napier, D. (1999) : The 1998 national stag beetle survey - preliminary findings. Antenna, Bull. R. Entom. Soc., **23** : 76 - 81; London.
Napier, D. (2003) : The great stag hunt : methods and findings of the 1998 national stag beetle survey. In : Bowen, C.P. (Hrsg.), Proceedings of the 2nd pan-European conference on saproxylic beetles : 32 - 35; People's Trust for Endangered Species, London.
Nassauische Neue Presse (2008) : Wenn Tiere die Menschen stoppen. Nassauische Neue Presse, **63**/95 vom 23.04.2008 : p. 3; Limburg.
Naturschutzverordnung (1936) : Verordnung zum Schutze der wildwachsenden Pflanzen und der nichtjagdbaren wildlebenden Tiere (Naturschutzverordnung) vom 18. März 1936. Reichsgesetzbl., (I) **1936**/25 : 181 - 190 (23.03.1936); Berlin.
Naumann, J.F. (1905) : Naturgeschichte der Vögel Mitteleuropas, **3** : 384 pp.; Köhler, Gera-Untermhaus.
Negodi, G. (1931) : Il dimorfismo sessuale e le correlazioni corporee esaminati con metodo biometrico sul *Lucanus cervus* L. con riguardo particolare alle variazioni di statura. Mem. Soc. Entom. Ital., **10** : 105 - 117; Genova.
Nestler, A. (1982) : Kurzes Leben des Hirschkäfers. Badische Neueste Nachrichten, Ausgabe Karlsruhe vom 07.10.1982; Karlsruhe.
Neumann, V. & Kühnel, H. (1980) : Zum gegenwärtigen Vorkommen des Heldbockes (*Cerambyx cerdo* L.) in der DDR. Arch. Naturschutz Landschaftsforsch., **20** : 235 - 241; Berlin.
Neumann, V. & Kühnel, H. (1985) : Der Heldbock : *Cerambyx cerdo*. Die Neue Brehm-Bücherei, **566** : 103 pp.; Ziemsen, Wittenberg Lutherstadt.
Niklas, O.F. (1974) : Familienreihe Lamellicornia, Blatthornkäfer. In : Schwenke, W. (Hrsg.), Die Forstschädlinge Europas, **2** : 85 - 129; Parey, Hamburg/Berlin. ISBN 3-490-11216-4.
Nitsche, L. (1996) : Der Hirschkäfer - eine Leitart für Altholzbestände der Eiche. Jb. Naturschutz Hessen, **1** : 218 - 220, p. 250; Zierenberg.
Noack, K. (2006) : Ein Prachtexemplar von Hirschkäfer. Elbe-Elster Rundschau, **17**/166 vom 19.07.2006 : p. 15; Bad Liebenwerda/Elsterwerda.
Nolte, O. (2000) : Xylobionte Käfer als Grundlage eines NSG-Antrages - ein Erfahrungsbericht. Verh. Westdt. Entom. Tag, **1998** : 119 - 125; Düsseldorf.
Nolte, O., Geginat, G. & Weihrauch, H. (1995) : Xylobionte Käferarten im Lampertheimer Wald (Nordbaden). Verh. Westdt. Entom. Tag, **1994** : 97 - 102; Düsseldorf.
Nolte, O., Geginat, G. & Weihrauch, H. (1997) : Erfassung xylobionter Käfer (Coleoptera) des Lampertheimer Waldes (Südhessen) - ein Zwischenstand. Hess. Faunist. Briefe, **16** : 33 - 48; Darmstadt.
Nolte, W. (1937) : Vom Hirschkäfer und Nashornkäfer. Aus der Heimat, Naturwiss. Monatsschr., **50** : 16 - 17; Stuttgart.
Nowotny, H. (1949) : Käferfunde an alten Eichen in Baden. Koleopt. Z., **1**: 228 - 232; Frankfurt/Main.
Nowotny, H. (1951) : Beobachtungen über die Insektenwelt des Naturdenkmals Stutensee. Beitr. Na-

turkdl. Forsch. Südwestdtl., **10** : 46 - 56; Karlsruhe.

Nückel, M. (1999) : Die Hirschkäfer vom Elfenweg. Badische Neueste Nachrichten, Ausgabe Karlsruhe, **1999**/112 vom 18.05.1999 : p. 15; Karlsruhe.

Nüssler, H. (1967) : Unser Hirschkäfer und seine Verbreitung in Sachsen. Naturschutzarb. Naturkdl. Heimatforsch. Sachsen, **9** : 76 - 83; Dresden.

Nüssler, H. (1998) : Die Blatthornkäfer- und Hirschkäferfauna des Plauenschen Grundes bei Dresden (Col., Trogidae, Geotrupidae, Scarabaeidae, Lucanidae). Entom. Nachr. Ber., **42** : 123 - 126; Dresden.

Oberthür, R. & Houlbert, C. (1913/1914) : Faune analytique illustrée des Lucanides de Java. Insecta, **3** (1913) : 209 - 220, 273 - 280, 325 - 331, 357 - 360, 381 - 386, 416 - 420, 449 - 454; **4** (1914) : 59 - 68, 77 - 84, 109 - 120, 155 - 163, 199 - 206, 218 - 230, 239 - 242; Rennes. 124 pp.; Oberthür, Rennes.

Ochse, M. (1993) : Angaben zum Hirschkäfer, *Lucanus cervus* L., bei Kassel (Coleoptera, Lucanidae). Hess. Faunist. Briefe, **13** : 47 - 52; Darmstadt.

Ødegaard, F. (1999) : Invasive beetle species (Coleoptera) associated with compost heaps in the Nordic countries. Norweg. J. Entom., **46** : 67 - 78; Oslo/Stavanger.

Ødegaard, F. & Tømmeras, B.A. (2000) : Compost heaps - refuges and stepping-stones for alien arthropod species in northern Europe. Diversity Distrib., **6** : 45 - 59; Oxford.

Öffentlicher Anzeiger (2005) : 25 tote Nashornkäfer gefunden. Öffentlicher Anzeiger, Ausgabe E, **158**/139 vom 18.06.2005 : p. 11; Koblenz.

Oken, L. (1836) : Allgemeine Naturgeschichte für alle Stände, **5**/3 : 1051 - 1845; Hoffmann, Stuttgart.

Olivier, A.G. (1789 - 1808) : Entomologie, ou histoire naturelle des insectes, avec leur caractères génériques et spécifiques, leur description, leur synonymie et leur figure enluminée. Coléoptères. 6 Text-Bde. und 2 Atlas-Bde.; Baudouin, Paris; Desroy, Paris.

Olszewski, K. (1973) : O występowaniu jelonka *Lucanus cervus* w Bieszczadach zachodnich. Chrońmy Przyrodę Ojczystą, **29**/3 : 62 - 66; Warszawa/Kraków.

Orbigny, C.d' (1849) : Dictionnaire universel d'histoire naturelle, **1** : 649 pp., **2** : 795 pp., **3** : 744 pp., **4** : 752 pp., **5** : 768 pp., **6** : 792 pp., **7** : 808 pp., **8** : 766 pp., **9** : 776 pp., **10** : 760 pp., **11** : 816 pp., **12** : 816 pp., **13** : 384 pp., 3 Atlas-Bde.; Renard, Martinet, Langlois, Leclercq, Masson, Paris.

Osborne, P.J. (1955) : *Lucanus cervus* (L.) (Col., Lucanidae) in North Berkshire. Entom. Monthly Magaz., **91** : p. 262; London.

Otzen, H. (2007) : Der Hirschkäfer. Bonner General-Anzeiger, Ausgabe Bonner Stadtanzeiger, **117**/35758 vom 08.09.2007 : p. 34; Bonn.

Owen, J.A. (1992) : Lucanids in the garden. Entom. Rec. J. Variation, **104** : p. 326; Orpington/Kent.

Paill, W. & Mairhuber, C. (2006) : Checkliste und Rote Liste der Blatthorn- und Hirschkäfer Kärntens mit besonderer Berücksichtigung der geschützten Arten (Coleoptera : Trogidae, Geotrupidae, Scarabaeidae, Lucanidae). Carinthia, (II) **116** : 611 - 626; Klagenfurt.

Palm, T. (1952) : Die Holz- und Rinden-Käfer der nordschwedischen Laubbäume. Meddel. Stat. Skogsforskningsinst., **40**/2 (1951) : 1 - 242; Stockholm.

Palm, T. (1959) : Die Holz- und Rinden-Käfer der süd- und mittelschwedischen Laubbäume. Opusc. Entom., Suppl., **16** : 374 pp.; Lund.

Panzer, G.W.F. (1793-1809) : Fauna Insectorum Germanicae initia oder Deutschlands Insecten. 109 Teile; Loose, Nürnberg; Felsecker, Nürnberg.

Parenti, U. (1970) : Schmetterlinge. 64 pp.; Südwest, München.

Parry, F.J.S. (1864) : A catalogue of Lucanoid Coleoptera; with illustrations and descriptions of various new and interesting species. Trans. Entom. Soc. Lond., (3) **2**/1 : 1 - 113; London.

Parry, F.J.S. (1870) : A revised catalogue of the Lucanoid Coleoptera; with remarks on the nomenclature, and descriptions of new species. Trans. Entom. Soc. Lond., (3) **7** : 53 - 118; London.

Parry, F.J.S. (1875) : Catalogus Coleopterorum Lucanoidum. 29 pp.; Janson, London.

Passerini, N. (1885) : Sulla morte degli insetti per inanizione. Bull. Soc. Entom. Ital., **17** : 217 - 228; Firenze.

Paulian, R. (1935) : Le polymorphisme des mâles de Coléoptères. 272 pp.; Hermann, Paris.

Paulian, R. (1936) : Sur la nature génétique de certains cas de polymorphisme chez les mâles de Lucanides. Proc. Zool. Soc. Lond., (A) **106**/9 : 751 - 759; London.

Paulian, R. (1959) : Coléoptères Scarabéides. Faune de France, **63** : 2. Aufl., 298 pp.; Lechevalier, Paris.

Paulian, R. (1988) : Biologie des Coléoptères. 719 pp.; Lechevalier, Paris.

Paulian, R. & Baraud, J. (1982) : Faune des Coléoptères de France II. Lucanoidea et Scarabaeoidea. Encyclop. Entom., **43** : 478 pp.; Lechevalier, Paris. ISBN 2-7205-0502-1.

Paulus, H.F. (1969) : Die Mutation *scapulodonta* des Hirschkäfers *Lucanus cervus* L. (Col., Lucanidae) jetzt auch bei Wien? Z. Arb.-Gem. Österr. Entom., **21** : 61 - 62; Wien.

Pawłowski, J. (1961) : Próchnojady blaszkorozne w biocenozie leśnej Polski. Ekol. Polska, (A) **9** :

355 - 437; Warszawa.

Peez, A.v. & Kahlen, M. (1977) : Die Käfer von Südtirol. Veröff. Mus. Ferdinandeum, **57**, Beil.-Bd., **2** : 525 pp.; Innsbruck.

Percy, S., Bassford, G. & Keeble, V. (2000) : Findings of the 1998 national stag beetle survey. 48 pp.; People's Trust for Endangered Species, London.

Peschel, R. (1983) : Gehäuftes Auftreten von *Oryctes nasicornis* Linnaeus in Görlitz (Col., Scarabaeidae). Entom. Nachr. Ber., **27** : 277 - 278; Leipzig.

Peschel, R. (1998) : Zur Biologie, Ökologie und Faunistik von *Oryctes nasicornis* L. in Ostdeutschland nebst einigen Empfehlungen zum praktischen Naturschutz (Coleoptera : Scarabaeidae : Dynastinae). Entom. Z., **108** : 449 - 455; Essen.

Peters, D.S. (1971) : Insekten auf Feld und Wiese in Farben. 192 pp.; Maier, Ravensburg. ISBN 3-473-46108-3.

Petersen, B., Hauke, U. & Ssymank, A. (2000) : Der Schutz von Tier- und Pflanzenarten bei der Umsetzung der FFH-Richtlinie. Schriftenr. Landschaftspflege Naturschutz, **68** : 186 pp.; Bundesamt für Naturschutz, Bonn-Bad Godesberg. ISBN 3-7843-3606-X.

Petrin, S. (2007) : Hirschkäfern und Hasen zuliebe. Basler Zeitung, **165**/171 vom 25.07.2007 : p. 21; Basel.

Pfaff, D. (2008) : Konferenz der Tiere. Bonner General-Anzeiger, Ausgabe Bonner Stadtanzeiger, Sonderseite Wandertag 2008, **118**/36057 vom 03.09.2008 : p. XIV; Bonn.

Pfaff, S. (1989) : Der Hirschkäfer im Komposthaufen (Coleoptera, Lucanidae). Nachr. Entom. Ver. Apollo, N.F., **10** : 31 - 32; Frankfurt/Main.

Pfletschinger, H. (1970) : Bunte Welt der Insekten. 72 pp.; Franckh, Stuttgart.

Piechulek, R. (1984) : Nashornkäfer (*Oryctes nasicornis*) in der Großstadt. Entom. Nachr. Ber., **28** : p. 223; Leipzig.

Pirnat, A. & Drovenik, B. (2004) : Natura 2000 - hrosci. Proteus, **67**/2-3 : 79 - 88.

Planet, L. (1895-1901) : Essai monographique sur les Coléoptères des genres Pseudolucane et Lucane. Naturaliste, **17** (1895) : 125 - 127, 144 - 147, 154 - 155, 180 - 182, 227 - 230, 252 - 253, 271 - 272; **18** (1896 a) : 11 - 12, 43 - 44, 99 - 100, 128 - 129, 179 - 180, 188 - 189, 237 - 239, p. 256, 278 - 280; **19** (1897 a) : 82 - 84, 98 - 100, p. 106, 171 - 172; **20** (1898) : 107 - 109, 165 - 166, 214 - 216, 251 - 253, 275 - 278; **21** (1899 a) : 34 - 36, 71 - 73, 174 - 175, 202 - 204, 276 - 278; **22** (1900) : 47 - 48, 96 - 97, 108 - 109, 164 - 165, 228 - 229, 285 - 286; **23** (1901) : 49 - 50, 57 - 59, 111 - 112, 133 - 134, 157 - 158, 179 - 180, 193 - 195; Paris.

Planet, L. (1896 b) : Note sur deux *Lucanus cervus* mâles anomaux (Col.). Bull. Soc. Entom. France, **1896** : 168 - 169; Paris.

Planet, L. (1897 b) : Sur une forme syrienne inédite du *Lucanus cervus* var. *turcicus* (Col.). Bull. Soc. Entom. France, **66** : 64 - 66; Paris.

Planet, L. (1899 b) : Essai monographique sur les Coléoptères des genres Pseudolucane et Lucane, **1** : 111 pp., **2** : 143 pp.; Deyrolle, Paris.

Pleisch, E. & Krebs, A. (1975) : Schmetterlinge. 160 pp.; Gloria, Spreitenbach.

Ponec, J. (1982) : Schmetterlinge unserer Heimat. 375 pp.; Gondrom, Bindlach; Obzor, Bratislava. ISBN 3-8112-0380-0.

Pourchier, D. (1933) : Observations sur la biologie larvaire et la métamorphose d'une tachinaire *Microphthalma disjuncta*. Trav. Stat. Biol. Roscoff, **11** : 29 - 50; Paris.

Pozzi, G. (1972) : Insetti d'Italia. 156 pp.; Martello, Milano.

Pozzi, G. (1977) : Guida agli insetti. 208 pp.; Fabbri, Milano.

Pratt, C.R. (2000) : An investigation into the status history of the stag beetle *Lucanus cervus* Linnaeus (Lucanidae) in Sussex. Coleopterist, **9** : 75 - 90; Lewes.

Pratt, C. (2002) : Have you seen the stag beetle? Butterfly Conservation News, **79** : p. 31; Wareham/Dorset.

Pratt, C. (2003) : A modern review of the history of the stag beetle in Great Britain. 45 pp.; Booth Museum of Natural History, Brighton. ISBN 0-948723-56-4.

Price, D.M.G. (1889) : A short account of some typical beetles found near Horsham. In : Hurst, D.E. (Hrsg.), The history and antiquity of Horsham : 251 - 253; Farncombe, Lewes.

Primot, C. (1930) : *Lucanus cervus* (L.). Bull. Soc. Entom. France, **15** : 236 - 237; Paris.

Prochaska, W. (2004) : FFH-Diskussion verärgert Weßling. Süddeutsche Zeitung, Ausgabe Starnberg, **60**/161 vom 15.07.2004 : p. R1; München.

Prochaska, W. (2005) : Balzen und Bauen. Süddeutsche Zeitung, Ausgabe Starnberg, **61**/182 vom 09.08.2005 : p. R1; München.

Prochaska, W. (2008) : Weßlinger Umgehung rückt in weite Ferne. Süddeutsche Zeitung, Ausgabe

Starnberg, **64**/110 vom 13.05.2008 : p. R1; München.

Proyecto Ciervo Volante (1995) : Proyecto Ciervo Volante. Bol. Soc. Entom. Aragon., **11** : 41 - 44; Zaragoza.

Proyecto Ciervo Volante (1996) : Biologia del ciervo volante : de lo poco conocido y lo mucho por conocer. Bol. Soc. Entom. Aragon., **15** : 19 - 23; Zaragoza.

Proyecto Ciervo Volante (2000) : *Lucanus cervus* In : Galante, E. & Verdú, J.R. (Hrsg.), Los artrópodos de la "Directiva Hábitat" en España : 50 - 54, 134 - 147, p. 189; Organismo Autónomo Parques Nacionales, Ministerio de Medio Ambiente, Madrid. ISBN 84-8014-294-4.

Przibram, H. (1932) : Die niedrigen Männchen des Nashornkäfers, *Oryctes nasicornis* L., als Hitzeformen. Anz. Akad. Wiss. Wien, Mathem.-Naturwiss. Kl., **69** : 128 - 129; Wien.

Przibram, H. (1935) : Die niedrigen Männchen des Hirschkäfers, *Lucanus cervus* L., als Wärmeformen. Anz. Akad. Wiss. Wien, Mathem.-Naturwiss. Kl., **72** : 45 - 46; Wien.

Pujoulx, J.B. (1810) : Instructions amusantes sur l'histoire naturelle. 264 pp.; Luquiens Cadet, Lausanne.

Radestock, K. (1993 a) : Feuerschröter. Waldbote, **28** : 2 pp.; Gräbendorf.

Radestock, K. (1993 b) : Hirschkäferschutz. Lebensraum Wald, **7** : 4 pp.; Gräbendorf.

Radnai, F. (1995) : Un élevage de "cerf-volant" *Lucanus cervus* Linné, 1758 (Coleoptera, Lucanidae). Insectes, **98** : 9 - 12; Guyancourt.

Ramme, A. (1912) : *Lucanus cervus* f. *capreolus* aus Klausen (Südtirol). Intern. Entom. Z., **5**/41 : p. 298; Guben.

Rammner, W. (1933) : Die Tierwelt der deutschen Landschaft. Das Leben der Tiere in ihrer Umwelt. 455 pp.; Bibliographisches Institut, Leipzig.

Ränsch, S. (2005 a) : Hirschkäfer-Zählung gegen Flughafen-Ausbau. Wiesbadener Kurier, Ausgabe Stadt, **2005**/165 vom 19.07.2005 : p. 2; Wiesbaden.

Ränsch, S. (2005 b) : Kurzes Leben am Waldboden. Südhessen Morgen, Ausgabe Lampertheim, **60**/164 vom 19.07.2005 : p. 5; Mannheim.

Ratzeburg, J.T.C. (1839) : Die Forst-Insekten oder Abbildung und Beschreibung der in den Wäldern Preussens und der Nachbarstaaten als schädlich oder nützlich bekannt gewordenen Insekten, **1** : Die Käfer, 2. Aufl. : 248 pp.; Nicolai, Berlin.

Ratzeburg, J.T.C. (1876) : Die Waldverderber und ihre Feinde. 7. Aufl. (bearb. von J.F. Judeich), 524 pp.; Nicolai, Berlin.

Rehage, H.O. (1972) : Beobachtungen zur Nahrungsaufnahme von Spitzmäusen. Dortmunder Beitr. Landeskde., Naturwiss. Mitt., **6** : 58 - 59; Dortmund.

Rehbein, M. (1968) : Vorkommen eines Hirschkäfers im Raum Werdohl. Der Sauerländische Naturbeobachter, Veröff. Naturwiss. Ver. Lüdenscheid, **8** : 47 - 48; Lüdenscheid.

Reiche, L. (1853) : Notes synonymiques sur les espèces de la famille des Pectinicornes décrites dans le cinquième volume de l'Handbuch der Entomologie, par M. H. Burmeister. Ann. Soc. Entom. France, (3) **1** : 67 - 86; Paris.

Reiche, L. (1856) : Nouvelle espèce du genre *Lucanus*. Rev. Mag. Zool. Pure Appl., (2) **8** : p. 47, 80 - 84; Paris.

Reichenau, W.v. (1879) : Welche Bedeutung haben die geweihartigen Kiefer und Hörner der Blatthornkäfer? Kosmos, **4** : 55 - 56; Stuttgart.

Reichholf, J.H. & Steinbach, G. (1994) : Die große Enzyklopädie der Insekten, **1** : 359 pp., **2** : 359 pp.; Mosaik, München. ISBN 3-576-10460-7.

Reichling, H.J. (1996) : Vorkommen des Hirschkäfers *Lucanus cervus* in Hagen und Iserlohn-Letmathe. Info-Heft NABU Hagen, **14**/2 : 43 - 47; Hagen.

Reichsnaturschutzgesetz (1935) : Reichsnaturschutzgesetz vom 26. Juni 1935. Reichsgesetzbl., (I) **1935**/68 : 821 - 826 (01.07.1935); Berlin. Verordnung zur Durchführung des Reichsnaturschutzgesetzes vom 31. Oktober 1935. Reichsgesetzbl., (I) **1935**/120 : 1275 - 1279 (05.11.1935); Berlin.

Rein, G. & Zech, J. (1967) : Wunderwelt der Schmetterlinge. 71 pp.; Franckh, Stuttgart.

Reitter, E. (1882) : Nashornkäfer im Februar. Entom. Nachr., **8** : p. 54; Stettin.

Reitter, E. (1892/1893) : Bestimmungs-Tabelle der Lucaniden und coprophagen Lamellicornen des palaearctischen Faunengebietes. Verh. Naturforsch. Ver. Brünn, Abh., **30** (1892) : 141 - 262, **31** (1893) : 3 - 109; Brünn.

Reitter, E. (1908) : Fauna germanica. Die Käfer des Deutschen Reiches, **1**. Schriften Dt. Lehrerver. Naturkde., **22** : 248 pp.; Lutz, Stuttgart.

Reitter, E. (1909) : Fauna germanica. Die Käfer des Deutschen Reiches, **2**. Schriften Dt. Lehrerver. Naturkde., **24** : 392 pp.; Lutz, Stuttgart.

Reitter, E. (1911) : Fauna germanica. Die Käfer des Deutschen Reiches, 3. Schriften Dt. Lehrerver. Naturkde., **26** : 436 pp.; Lutz, Stuttgart.

Reitter, E. (1912) : Fauna germanica. Die Käfer des Deutschen Reiches, 4. Schriften Dt. Lehrerver. Naturkde., **27** : 236 pp.; Lutz, Stuttgart.

Reitter, E. (1916) : Fauna germanica. Die Käfer des Deutschen Reiches, 5. Schriften Dt. Lehrerver. Naturkde., **33** : 343 pp.; Lutz, Stuttgart.

Remedios, E., Méndez, M. & Lobo, J. (2009) : A predictive distribution model for *Lucanus cervus* (L., 1758) in the Iberian peninsula. Proc. 5th Conference on Saproxylic Beetles; im Druck.

Rey, A. (1890) : Remarques en passant. L'Echange, Rev. Linn., **6**/69 : p. 164; Lyon.

Rhein-Lahn-Zeitung (2004 a) : Hirschkäfer zufällig gefunden. Rhein-Lahn-Zeitung, Ausgabe Bad Ems-Lahnstein, **59**/122 vom 27.05.2004 : p. 12; Koblenz.

Rhein-Lahn-Zeitung (2004 b) : Hirschkäfer machte in Kindergarten Station. Rhein-Lahn-Zeitung, Ausgabe Bad Ems-Lahnstein, **59**/137 vom 16.06.2004 : p. 24; Koblenz.

Rhein-Lahn-Zeitung (2005 a) : Der Hirschkäfer fliegt wieder. Rhein-Lahn-Zeitung, Ausgabe Diez, **60**/147 vom 28.06.2005 : p. 18; Koblenz.

Rhein-Lahn-Zeitung (2005 b) : Ein neuer Lebensraum entsteht. Rhein-Lahn-Zeitung, Ausgabe Diez, **60**/41 vom 18.02.2005 : p. 20; Koblenz.

Rhein-Nahe-Zeitung (2007) : Mehr Unterstützung für den Artenschutz. Rhein-Nahe-Zeitung, Öffentlicher Anzeiger, **160**/90 vom 18.04.2007 : p. 14; Koblenz.

Rhein-Nahe-Zeitung (2008) : Vortrag über Nashornkäfer. Rhein-Nahe-Zeitung, Öffentlicher Anzeiger, **161**/111 vom 14.05.2008 : p. 20; Koblenz.

Rhein-Neckar-Zeitung (1994) : Seltene Käferart entdeckt. Artikel des Redakteurs Wolfgang Weniger in der Rhein-Neckar-Zeitung, Ausgabe Nordbadische Nachrichten, **50**/217 vom 19.09.1994; Heidelberg.

Rhein-Neckar-Zeitung (2003) : Liebestolle Kröten sitzen schon in den Startlöchern. Rhein-Neckar-Zeitung, Gesamtausgabe, **59**/50 vom 01.03.2003 : p. 8; Heidelberg.

Rhein-Neckar-Zeitung (2004 a) : Sie fliegen nur einen Sommer. Artikel des Redakteurs Andreas Kloe in der Rhein-Neckar-Zeitung, Ausgabe Wiesloch-Walldorf, **60**/280 vom 02.12.2004 : p. 4; Heidelberg.

Rhein-Neckar-Zeitung (2004 b) : Die Wärme "weckt" die Kröten. Rhein-Neckar-Zeitung, Gesamtausgabe, **60**/29 vom 05.02.2004 : p. 7; Heidelberg.

Rhein-Neckar-Zeitung (2005 a) : Totes Holz ist eine Brutstätte des Lebens. Artikel des Redakteurs Andreas Kloe in der Rhein-Neckar-Zeitung, Ausgabe Wiesloch-Walldorf, **61**/81 vom 09.04.2005 : p. 3; Heidelberg.

Rhein-Neckar-Zeitung (2005 b) : Die Hirschkäfer lieben morsche Eichen-Stümpfe. Artikel des Redakteurs Andreas Kloe in der Rhein-Neckar-Zeitung, Hauptausgabe Heidelberg, **61**/81 vom 09.04.2005 : p. 10; Heidelberg.

Rhein-Neckar-Zeitung (2007) : Die Kröten-Hormone kommen in Schwung. Rhein-Neckar-Zeitung, Gesamtausgabe, **63**/44 vom 22.02.2007 : p. 10; Heidelberg.

Rhein-Neckar-Zeitung (2008 a) : Mithilfe gesucht : Wer hat in der Region Hirschkäfer beobachtet? Artikel der Redakteurin Kirsten Baumbusch in der Rhein-Neckar-Zeitung, Gesamtausgabe, **64**/162 vom 14.07.2008 : p. 11; Heidelberg, und im Wochen-Kurier, **28**/30 vom 23.07.2008 : p. 6; Heidelberg.

Rhein-Neckar-Zeitung (2008 b) : Aufruf : Wer hat Hirschkäfer gesehen? Artikel des Redakteurs Andreas Kloe in der Rhein-Neckar-Zeitung, Ausgabe Wiesloch-Walldorf, **64**/172 vom 25.07.2008 : p. 3; Heidelberg.

Rhein-Neckar-Zeitung (2008 c) : Dieser kapitale Käfer fasziniert die RNZ-Leser. Artikel der Redakteurin Kirsten Baumbusch in der Rhein-Neckar-Zeitung, Gesamtausgabe, **64**/176 vom 30.07.2008 : p. 11; Heidelberg, und im Wochen-Kurier, **28**/32 vom 06.08.2008 : p. 7; Heidelberg.

Rhein-Neckar-Zeitung (2008 d) : Und er krabbelt doch ... Artikel der Redakteurin Kirsten Baumbusch in der Rhein-Neckar-Zeitung, Gesamtausgabe, **64**/235 vom 08.10.2008 : p. 10; Heidelberg, und im Wochen-Kurier, **28**/43 vom 22.10.2008 : p. 14; Heidelberg.

Rhein-Neckar-Zeitung (2008 e) : Ab heute flattern die Schmetterlinge digital. Artikel der Redakteurin Kirsten Baumbusch in der Rhein-Neckar-Zeitung, Gesamtausgabe, **64**/151 vom 01.07.2008 : p. 9; Heidelberg.

Rhein-Neckar-Zeitung (2008 f) : Amphibien spüren den Frühling. Rhein-Neckar-Zeitung, Gesamtausgabe, **64**/51 vom 29.02.2008 : p. 12; Heidelberg.

Rhein-Neckar-Zeitung (2008 g) : Wärme lockt Kröten aus dem Bau. Rhein-Neckar-Zeitung, Hauptausgabe Heidelberg, **64**/46 vom 23.02.2008 : p. 5; Heidelberg.

Rhein-Neckar-Zeitung (2008 h) : Eine Kinderstube für Wildbienen. Artikel des Redakteurs Andreas Kloe in der Rhein-Neckar-Zeitung, Ausgabe Wiesloch-Walldorf, **64**/267 vom 15.11.2008 : p. 7; Heidelberg.

Rhein-Neckar-Zeitung (2009) : Hirschkäfer stehen bei uns unter Schutz. Rhein-Neckar-Zeitung, Gesamtausgabe, **65**/50 vom 02.03.2009 : p. 16; Heidelberg.

Rheinpfalz (2000 a) : Brave Männer, bissige Weibchen. Rheinpfalz, Ausgabe Ludwigshafener Rundschau - Schifferstadt, **56**/169 vom 24.07.2000; Ludwigshafen.

Rheinpfalz (2000 b) : Vom stolzen Hirschkäfer gezwickt und vom Admiral versetzt. Rheinpfalz, Ausgabe Pirmasenser Rundschau und Zweibrücker Rundschau, **56**/131 vom 07.06.2000; Ludwigshafen. Rheinpfalz, Ausgabe Westricher Rundschau, **56**/132 vom 08.06.2000; Ludwigshafen.

Rheinpfalz (2000 c) : Bild : Anfassen, aufheben oder doch lieber krabbeln lassen. Rheinpfalz, Ausgabe Ludwigshafener Rundschau - Schifferstadt, **56**/169 vom 24.07.2000; Ludwigshafen.

Rheinpfalz (2000 d) : Leser fotografieren : Rheinpfalz-Leserin Karin Haas aus Neustadt schreibt uns. Rheinpfalz, Ausgabe Mittelhaardter Rundschau, **56**/192 vom 19.08.2000; Ludwigshafen.

Rheinpfalz (2002 a) : Frischer Baumsaft für Hirschkäfer eine Delikatesse. Markenzeichen Geweih : es gibt dem Hirschkäfer seinen Namen. Rheinpfalz, Ausgabe Ludwigshafener Rundschau, **58**/116 vom 22.05.2002; Ludwigshafen.

Rheinpfalz (2002 b) : Hirschkäfer zeigt seine Zangen. Rheinpfalz, Ausgabe Mittelhaardter Rundschau, **58**/132 vom 11.06.2002; Ludwigshafen.

Rheinpfalz (2002 c) : Leserfoto : Dieses stattliche Exemplar eines Hirschkäfers krabbelte. Rheinpfalz, Ausgabe Pfälzer Tageblatt - Rheinschiene, **58**/145 vom 26.06.2002; Ludwigshafen.

Rheinpfalz (2003 a) : Seltener Fund : ein Hirschkäfer. Rheinpfalz, Ausgabe Zweibrücker Rundschau, **59**/169 vom 24.07.2003; Ludwigshafen.

Rheinpfalz (2003 b) : Eine imposante Erscheinung : der Hirschkäfer. Rheinpfalz, Ausgabe Ludwigshafener Rundschau, **59**/185 vom 12.08.2003; Ludwigshafen.

Rheinpfalz (2003 c) : Leser fotografieren : Diesen Hirschkäfer hat unser Leser Karlheinz Förster in seinem Garten. Rheinpfalz, Ausgabe Mittelhaardter Rundschau, **59**/223 vom 25.09.2003; Ludwigshafen.

Rheinpfalz (2004 a) : Seltene Käfer gesichtet. Mit dem Bestand an Eichenwäldern schrumpfte auch die Zahl der Hirschkäfer. Rheinpfalz, Ausgabe Pfälzer Tageblatt - Rheinschiene, **60**/137 vom 16.06.2004; Ludwigshafen.

Rheinpfalz (2004 b) : In der Rheinniederung gesichtet : der seltene Hirschkäfer. Rheinpfalz, Ausgabe Speyerer Rundschau, **60**/176 vom 31.07.2004; Ludwigshafen. Rheinpfalz, Ausgabe Frankenthaler Zeitung, **60**/182 vom 07.08.2004; Ludwigshafen.

Rheinpfalz (2004 c) : Ein Hirschkäfer macht Schule. Rheinpfalz, Ausgabe Mittelhaardter Rundschau, **60**/126 vom 02.06.2004; Ludwigshafen.

Rheinpfalz (2005 a) : Sie brummen wieder. Rheinpfalz, Ausgabe Sonntag Aktuell, **27**/25 vom 19.06.2005 : p. 4; Ludwigshafen.

Rheinpfalz (2005 b) : Auch im Bienwald anzutreffen. Rheinpfalz, Ausgabe Pfälzer Tageblatt - Rheinschiene, **61**/216 vom 16.09.2005 ; Ludwigshafen.

Rheinpfalz (2005 c) : Projekt Bienwald sammelt Ideen von Bürgern. Rheinpfalz, Ausgabe Pfälzer Tageblatt - Rheinschiene, **61**/260 vom 09.11.2005; Ludwigshafen.

Rheinpfalz (2005 d) : Attraktive Wohnung im Totholz an Käfer abzugeben. Rheinpfalz, Ausgabe Ludwigshafener Rundschau, **61**/73 vom 30.03.2005; Ludwigshafen.

Rheinpfalz (2005 e) : Leser fotografieren : Ein Hirschkäfer-Weibchen hat Rheinpfalz-Leser Marc Hofherr. Rheinpfalz, Ausgabe Mittelhaardter Rundschau, **61**/154 vom 06.07.2005; Ludwigshafen.

Rheinpfalz (2005 f) : Leser fotografieren : Familienzusammenführung. Rheinpfalz, Ausgabe Mittelhaardter Rundschau, **61**/157 vom 09.07.2005; Ludwigshafen.

Rheinpfalz (2006 a) : Käfer-Liebe. Rheinpfalz, Ausgabe Ludwigshafener Rundschau, **62**/130 vom 07.06.2006; Ludwigshafen.

Rheinpfalz (2006 b) : Bei der Namensfindung Anleihe bei der Sagenwelt. Rheinpfalz, Ausgabe Westricher Rundschau, **62**/205 vom 04.09.2006; Ludwigshafen.

Rheinpfalz (2007 a) : Wo gut Kirschen essen ist. Rheinpfalz, Ausgabe Ludwigshafener Rundschau, **63**/166 vom 20.07.2007; Ludwigshafen.

Rheinpfalz (2007 b) : Angeblich im Plangebiet zahlreich vorhanden : der Hirschkäfer. Rheinpfalz, Ausgabe Ludwigshafener Rundschau, **63**/267 vom 17.11.2007; Ludwigshafen.

Rheinpfalz (2007 c) : Der Hirschkäfer und Justitia. Rheinpfalz, Ausgabe Speyerer Rundschau, **63**/204 vom 03.09.2007; Ludwigshafen. Rheinpfalz, Ausgabe Pfälzer Tageblatt - Rheinschiene, **63**/205 vom 04.09.2007; Ludwigshafen.

Rheinpfalz (2007 d) : Hirschkäfer und Springfrosch. Rheinpfalz, Ausgabe Ludwigshafener Rundschau, **63**/107 vom 09.05.2007; Ludwigshafen. Rheinpfalz, Ausgabe Frankenthaler Zeitung, **63**/109 vom 11.05.2007; Ludwigshafen.

Rheinpfalz (2007 e) : Gegenstand der Erörterung : der Hirschkäfer. Gefährdet der bedrohte Hirschkäfer den Polder? Rheinpfalz, Ausgabe Pfälzer Tageblatt - Rheinschiene, **63**/205 vom 04.09.2007; Ludwigshafen. Rheinpfalz, Ausgabe Weinstraße, **63**/205 vom 04.09.2007; Ludwigshafen.

Rheinpfalz (2007 f) : Fliegende Geweihträger. Rheinpfalz, Ausgabe Ludwigshafener Rundschau, **63**/200 vom 29.08.2007; Ludwigshafen.

Rheinpfalz (2007 g) : Vom Hirschkäfer und fliegenden Ameisen. Rheinpfalz, Ausgabe Pfälzer Tageblatt - Rheinschiene, **63**/133 vom 12.06.2007; Ludwigshafen.

Rheinpfalz (2007 h) : Hirschkäfer gesucht. Gefährdet : der Hirschkäfer. Rheinpfalz, Ausgabe Speyerer Rundschau, **63**/117 vom 22.05.2007; Ludwigshafen.

Rheinpfalz (2007 i) : Der Hirschkäfer gehört zu den gefährdeten Arten. Rheinpfalz, Ausgabe Ludwigshafener Rundschau, **63**/117 vom 22.05.2007; Ludwigshafen.

Rheinpfalz (2007 k) : Wurde von dem sommerlichen Wetter hervorgelockt : ein Hirschkäfer. Prachtexemplar von Hirschkäfer viel zu früh. Rheinpfalz, Ausgabe Pfälzische Volkszeitung, **63**/102 vom 03.05.2007; Ludwigshafen.

Rheinpfalz (2007 l) : Fünf Tage Paarung. Rheinpfalz, Ausgabe Speyerer Rundschau, **63**/113 vom 16.05.2007; Ludwigshafen.

Rheinpfalz (2007 m) : Leser fotografieren : Im Garten seines Nachbarn in Hambach. Rheinpfalz, Ausgabe Mittelhaardter Rundschau, **63**/139 vom 19.06.2007; Ludwigshafen.

Rheinpfalz (2008 a) : Ein seltener Gast sorgt für Aufregung im Kindergarten. Rheinpfalz, Ausgabe Zweibrücker Rundschau, **64**/129 vom 05.06.2008; Ludwigshafen.

Rheinpfalz (2008 b) : Käfer-Stündchen. Rheinpfalz, Ausgabe Mittelhaardter Rundschau, **64**/128 vom 04.06.2008; Ludwigshafen.

Rheinpfalz (2008 c) : Auch einen Hirschkäfer fanden die Kinder. Rheinpfalz, Ausgabe Pfälzer Tageblatt - Rheinschiene, **64**/122 vom 28.05.2008; Ludwigshafen.

Rheinpfalz (2008 d) : Leser fotografieren : Einen Hirschkäfer in ihrem Garten. Rheinpfalz, Ausgabe Mittelhaardter Rundschau, **64**/136 vom 13.06.2008; Ludwigshafen.

Rhein-Zeitung (1978) : Hirschkäfer-David besiegt Goliath : Tiere stehen unter Naturschutz. Rhein-Zeitung, Ausgabe Ahrweiler, **33**/131 vom 09.06.1978 : p. 15; Koblenz.

Rhein-Zeitung (1979) : Käfer mit großen Greifern geriet selbst in die Zange. Rhein-Zeitung, Ausgabe Ahrweiler, **34**/144 vom 25.06.1979 : p. 15; Koblenz.

Rhein-Zeitung (2003 a) : Hirschkäfern auf der Spur. Rhein-Zeitung, Ausgabe Mittelmosel, **58**/127 vom 03.06.2003 : p. 16; Koblenz.

Rhein-Zeitung (2003 b) : Hirschkäfern nachspüren. Rhein-Zeitung, Ausgabe Mittelmosel, **58**/139 vom 18.06.2003 : p. 15; Koblenz.

Rhein-Zeitung (2004 a) : Den Hirschkäfer studieren. Rhein-Zeitung, Ausgabe Mittelmosel, **59**/78 vom 01.04.2004 : p. 13; Koblenz.

Rhein-Zeitung (2004 b) : Seltene Art soll erhalten bleiben : Hirschkäfer gesucht! Rhein-Zeitung, Ausgabe Mittelmosel, **59**/125 vom 01.06.2004 : p. 26; Koblenz.

Rhein-Zeitung (2004 c) : Geweihten auf der Spur. Rhein-Zeitung, Ausgabe Asbach/Linz/Unkel, **59**/118 vom 22.05.2004 : p. 59; Koblenz.

Rhein-Zeitung (2004 d) : Europas größter Käfer macht sich rar. Rhein-Zeitung, Ausgabe Mittelmosel, **59**/160 vom 13.07.2004 : p. 13; Koblenz.

Rhein-Zeitung (2004 e) : Maden im Komposthaufen. Rhein-Zeitung, Ausgabe Mittelmosel, **59**/248 vom 23.10.2004 : p. 9; Koblenz.

Rhein-Zeitung (2004 f) : Ein wirklich riesiger Brummer. Rhein-Zeitung, Ausgabe Mittelmosel, **59**/226 vom 28.09.2006 : p. 13; Koblenz.

Rhein-Zeitung (2005 a) : Hirschkäferprojekt im Finale. Rhein-Zeitung, Ausgabe Mittelmosel, **60**/113 vom 18.05.2005 : p. 13; Koblenz.

Rhein-Zeitung (2005 b) : Hirschkäfer sind jetzt wieder aktiv. Rhein-Zeitung, Ausgabe Mittelmosel, **60**/144 vom 24.06.2005 : p. 16; Koblenz.

Rhein-Zeitung (2005 c) : Käfer mit mächtigem Geweih. Rhein-Zeitung, Ausgabe Andernach, **60**/194 vom 22.08.2005 : p. 16; Koblenz.

Rhein-Zeitung (2005 d) : Dicke Hirschkäfer beobachtet. Rhein-Zeitung, Ausgabe Asbach/Linz/Unkel, **60**/108 vom 11.05.2005 : p. 22; Koblenz.

Rhein-Zeitung (2005 e) : Wer kann diese Käfer und Larven bestimmen? Rhein-Zeitung, Ausgabe Region Altenkirchen, **60**/78 vom 05.04.2005 : p. 22; Koblenz.

Rhein-Zeitung (2005 f) : Larve versteckte sich in Weinberg. Rhein-Zeitung, Ausgabe Mittelmosel, **60**/73 vom 30.03.2005 : p. 13; Koblenz.

Rhein-Zeitung (2005 g) : Nashornkäfer überraschte Familie. Rhein-Zeitung, Ausgabe Mittelmosel, **60**/126 vom 03.06.2005 : p. 13; Koblenz.

Rhein-Zeitung (2006 a) : Alfer Hirschkäfer im ZDF zu sehen. Rhein-Zeitung, Ausgabe Mittelmosel, **61**/159 vom 12.07.2006 : p. 15; Koblenz.

Rhein-Zeitung (2006 b) : Der Hirschkäfer trägt Geweih. Rhein-Zeitung, Ausgabe Mittelmosel, **61**/131 vom 08.06.2006 : p. 7; Koblenz.

Rhein-Zeitung (2006 c) : Hubschrauber im Wohnzimmer. Rhein-Zeitung, Ausgabe Andernach, **61**/141 vom 21.06.2006 : p. 19; Koblenz.

Rhein-Zeitung (2007 a) : Hirschkäfer verhalf zum Doktortitel. Rhein-Zeitung, Ausgabe Mittelmosel, **62**/44 vom 21.02.2007 : p. 11; Koblenz.

Rhein-Zeitung (2007 b) : Seltener Hirschkäfer verhalf zum Doktortitel. Rhein-Zeitung, Ausgabe Koblenz/Region Süd, **62**/61 vom 13.03.2007 : p. 22; Koblenz. Rhein-Zeitung, Ausgabe Andernach, **62**/62 vom 14.03.2007 : p. 19; Koblenz.

Rhein-Zeitung (2007 c) : Nashornkäfer liebt Komposthaufen. Rhein-Zeitung, Ausgabe Mittelmosel, **62**/151 vom 03.07.2007 : p. 15; Koblenz.

Rhein-Zeitung (2008 a) : Rentner rettete Hirschkäfer und hunderte Larven vor dem Tod. Rhein-Zeitung, Ausgabe Mittelmosel, **63**/214 vom 12.09.2008 : p. 17; Koblenz.

Rhein-Zeitung (2008 b) : Hirschkäfer mögen es morsch. Rhein-Zeitung, Ausgabe Mittelmosel, **63**/133 vom 10.06.2008 : p. 15; Koblenz.

Rhein-Zeitung (2008 c) : Diesen Hirschkäfer erspähte Udo Schaaf in seinem Garten in Vallendar. Rhein-Zeitung, Ausgabe Koblenz und Region, **63**/138 vom 16.06.2008 : p. 19; Koblenz.

Rhein-Zeitung (2008 d) : Die Nashornkäferlarven graben sich durch die Etzbacher Erde und entwickeln sich prächtig. Rhein-Zeitung, Ausgabe Region Altenkirchen, **63**/254 vom 30.10.2008 : p. 9; Koblenz.

Richards, O.W. & Davies, R.G. (1977) : Imms' general textbook of entomology. 10. Aufl., **1** : 418 pp., **2** : 1354 pp.; Chapman & Hall, London/New York.

Richter, G. (1936) : Im Nashornkäfer-Eldorado. Aus der Heimat, Naturwiss. Monatsschr., **49** : 245 - 247; Stuttgart.

Rink, M. (2002) : Käferfunde (Coleoptera) im Pündericher Sternenwald an der Mosel. Mitt. Arbeitsgem. Rhein. Koleopterol., **12**/2 : 39 - 44; Bonn.

Rink, M. (2007) : Der Hirschkäfer *Lucanus cervus* in der Kulturlandschaft : Ausbreitungsverhalten, Habitatnutzung und Reproduktionsbiologie im Flußtal. Diss., 151 pp.; Fachber. Mathem. Naturwiss., Univ. Koblenz-Landau.

Rink, M. & Sinsch, U. (2006) : Habitätpräferenzen des Hirschkäfers *Lucanus cervus* (Linnaeus, 1758) in der Kulturlandschaft - eine methodenkritische Analyse (Coleoptera : Lucanidae). Entom. Z., **116** : 228 - 234; Stuttgart.

Rink, M. & Sinsch, U. (2007 a) : Aktuelle Verbreitung des Hirschkäfers (*Lucanus cervus*) im nördlichen Rheinland-Pfalz mit Schwerpunkt Moseltal. Decheniana, **160** : 171 - 178; Bonn.

Rink, M. & Sinsch, U. (2007 b) : Radio-telemetric monitoring of dispersing stag beetles : implications for conservation. J. Zool., **272** : 235 - 243; London.

Rink, M. & Sinsch, U. (2008 a) : Bruthabitat und Larvalentwicklung des Hirschkäfers *Lucanus cervus* (Linnaeus, 1758) (Coleoptera : Lucanidae). Entom. Z., **118**: 229 - 236; Stuttgart.

Rink, M. & Sinsch, U. (2008 b) : Geschlechtsspezifisches Fortpflanzungsverhalten des Hirschkäfers (*Lucanus cervus*). Mainzer Naturwiss. Arch., **46** : 195 - 210; Mainz.

Rink, M. & Sinsch, U. (2009) : Warm summers negatively affect duration of activity period and condition of adult stag beetles (*Lucanus cervus*). Insect Conserv. Divers., **2** : im Druck; Oxford.

Ringler, A. & Siess, W. (1995) : Lebensraumtyp Einzelbäume und Baumgruppen. Landschaftspflegekonzept Bayern, **II. 14** : 188 pp.; Bayer. Akad. Naturschutz Landschaftspflege; München. ISBN 3-931175-07-3.

Rippegather, J. (2004) : Schröters Gespür für Umwelt. Frankfurter Rundschau, Ausgabe Stadt, **60**/126 vom 02.06.2004 : p. 43; Frankfurt/Main.

Robb, C. (2001) : Findings of the 1998 national stag beetle survey. People's Trust for Endangered Species, London.

Robert, P. (1988) : L'essentiel c'est la bouse ... Imago, **31** : 1 - 6; Guyancourt.

Robert, P. (1994) : Le rhinocéros : *Oryctes nasicornis*. Insectes, **95** : 15 - 16; Guyancourt.

Robert, P.A. (1946) : Les insectes, **1** (Coléoptères, Orthoptères, Archiptères, Neuroptères) : 209 pp.; Delachaux & Niestlé, Neuchâtel/Paris.

Rodriguez, J.L. (1989) : Ciervo volador. El escarabejo del César. Natura, **1989** : 42 - 45; Madrid.

Roer, H. (1980) : Zur Verbreitung und Bestandsdichte des Hirschkäfers (*Lucanus cervus* L.) im Rheinland, BRD. Acta Musei Reginaehradecensis, (A) Suppl., **1980** : 248 - 251; Hradec Králové.

Roger, E. & Ramp, D. (2009) : Incorporating habitat use in models of fauna fatalities on roads. Diversity

Distrib., **15** : 222 - 231; Oxford.

Roon, G.v. (1910) : Lucanidae. In : Junk, W. & Schenkling, S. (Hrsg.), Coleopterorum Catalogus, **8** : 70 pp.; Junk, Berlin.

Rørth, P.J. & Michelsen, A. (1962) : Eghjorten, *Lucanus cervus* L. i Danmark. Fauna og Flora, **68** : 97 - 102; Århus.

Roesel von Rosenhof, A.J. (1749) : Der monatlich-herausgegebenen Insecten-Belustigung zweyter Theil, welcher acht Classen verschiedener sowohl inländischer, als auch einiger ausländischer Insecten enthält : Alle nach ihrem Ursprung ... abgebildet und vorgestellt. Der Erd-Kefer 1. - 3. Classe. 1 - 24, 1 - 72, 1 - 28, 1 - 16; Kleemann, Nürnberg; Fleischmann, Nürnberg. Reprint (1975); Müller & Schindler, Stuttgart.

Rose, V. (2005) : Creation and management of stag beetle habitats. Brit. Wildlife, **16** : 249 - 250; Hants.

Rösler, V. (2006) : Wie viele Hirschkäfer gibt es hier? Elbe-Elster Rundschau, **17**/131 vom 08.06.2006 : p. 17; Bad Liebenwerda/Elsterwerda.

Rösler, V. (2008 a) : Hirschkäfer erobern Hohenleipisch. Elbe-Elster Rundschau, **19**/159 vom 09.07.2008 : p. 13; Bad Liebenwerda/Elsterwerda.

Rösler, V. (2008 b) : Eine Volkszählung für Hirschkäfer ... Elbe-Elster Rundschau, **19**/138 vom 14.05.2008 : p. 1; Bad Liebenwerda/Elsterwerda.

Rösler, V. (2008 c) : Tummelplatz für Hirschkäfer. Märkische Allgemeine, Ausgabe Potsdamer Tageszeitung, **63**/142 vom 19.06.2008 : p. 1; Potsdam.

Rösler, V. (2008 c) : Das große Krabbeln live. Märkische Allgemeine, Ausgabe Potsdamer Tageszeitung, **63**/145 vom 23.06.2008 : p. 1; Potsdam.

Rößler, A. (2008) : Maikäfer zurückdrängen, aber nicht ausrotten. Rhein-Neckar-Zeitung, Ausgabe Wiesloch-Walldorf, **64**/105 vom 06.05.2008 : p. 5; Heidelberg.

Rößler, A. (2009) : Die Straßentrasse nimmt zügig Gestalt an. Rhein-Neckar-Zeitung, Ausgabe Wiesloch-Walldorf, **65**/29 vom 05.02.2009 : p. 3; Heidelberg.

Rossi, G.d. (1882) : Die Käfer der Umgebung von Neviges. Verh. Naturhist. Ver. Preuß. Rheinld. Westf., **39** : 196 - 215; Bonn.

Rossi, G.d. (1900) : Coleopteren-Monstrositäten II. Illust. Z. Entom., **5** : 313 - 314; Neudamm.

Roßmöller, B. (2007) : Spechte als Indikatoren eines gesunden Waldes. Bonner General-Anzeiger, Ausgabe Rhein-Sieg-Zeitung, **118**/35835 vom 10.12.2007 : p. 7; Bonn.

Rössner, E. (2005) : Beweidete Streuobstwiesen im Grabfeld (Thüringen) als attraktiver Lebensraum für Blatthorn- und Hirschkäfer (Coleoptera : Scarabaeidae, Lucanidae). Thür. Faunist. Abhandl., **10** : 215 - 222; Erfurt.

Rössner, E. (2006) : Die "Aktion Hirschkäfer" im Harz 1979 und 1980 - ein Rückblick (Coleoptera, Lucanidae). Entom. Mitt. Sachsen-Anhalt, **14** : 51 - 54; Schönebeck.

Rost, A. (2006) : Flughafenausbau könnte seltene Käferarten bedrohen. Frankfurter Rundschau, Ausgabe Region, **62**/160 vom 13.07.2006 : p. 33; Frankfurt/Main.

Rostand, J. (1927) : Survie des divers segments du corps chez les insectes. Bull. Soc. Entom. France, **1927** : p. 311; Paris.

Rothenburg, A.v. (1900) : Eine neue Varietät des *Lucanus cervus* L. : *Lucanus* var. *longipennis* var. nova. Entom. Z., **14**/13 : 99 - 100; Guben.

Rothenburg, A.v. (1901) : Über einige bemerkenswerte Monstrositäten an Lucaniden. Entom. Z., **15**/8 : 30 - 31; Guben.

Rotzal, M. (2004) : Achtung : fette Brummer. Kiebitz, **2004**/1-2 (69) : p. 17; Haan.

Roubal, J. (1912) : *Lucanus cervus* L. kann auch in freier Natur überwintern. Z. Wiss. Insektenbiol., **8** : p. 386; Berlin.

Roubal, J. (1931) : Coleopterologische Notizen. Entom. Nachrichtenbl., **5** : 36 - 37; Troppau.

Rudolph, B.U. & Liegl, A. (2001) : Tierarten der FFH- und Vogelschutz-Richtlinie : Die Leitarten für den Waldnaturschutz? LWF aktuell, **30** : 15 - 20; Freising.

Rudolphi, D.K.A. (1825) : Beschreibung einer seltenen menschlichen Zwitterbildung, nebst vorangeschickten allgemeinen Bemerkungen über Zwitter-Tiere. Abh. Akad. Wiss. Berlin, **11** : 45 - 69; Berlin.

Ruediger, E. (1932) : Die Käfer in der Volksmedizin. Entom. Rdsch., **49**/10 : 89 - 91; Stuttgart.

Ruediger, E. (1936) : Insekten als Athleten. Entom. Rdsch., **54**/1 : 11 - 13; Stuttgart.

Ruiz Manzanos, E. (2005) : Nuevas localizaciones de *Lucanus cervus* Linnaeus (1758) para el Pais Vasco (España) (Coleoptera, Lucanidae). Bol. Soc. Entom. Aragon., **36** : 349 - 350; Zaragoza.

Rühle, T. (2008 a) : Baumsterben bereitet Forstamt große Sorgen. Südhessen Morgen, **63**/146 vom 25.06.2008 : p. 15; Mannheim.

Rühle, T. (2008 b) : Baumsterben bereitet Forstamt große Sorgen. Südhessen Morgen, **63**/152 vom 02.07.2008 : p. 15; Mannheim.

Rühle, T. (2008 c) : Baumsterben bereitet Forstamt große Sorgen. Südhessen Morgen, **63**/161 vom 12.07.2008 : p. 17; Mannheim.

Rühle, T. (2008 d) : Baumsterben bereitet große Sorgen. Bergsträßer Anzeiger, **176**/168 vom 21.07.2008 : p. 6; Mannheim.

Rummel, W. (2002) : Aus dem Leben der Hirschkäfer - ein Kampf ums Überleben. In : Dunk, K.v.d. (Hrsg.), Beiträge zu entomologischen Aspekten des Waldes, besonders des Nürnberger Reichswaldes und des Steigerwaldes in Nordbayern. Galathea, Ber. Nürnbg. Entom., Suppl., **11** : 35 - 48; Nürnberg.

Rümmler, J. (2008) : Nah dran an Fuchs und Dachs. Märkische Allgemeine, Ausgabe Dahme Kurier, **63**/95 vom 23.04.2008 : p. 17; Potsdam.

Rusch, J. (1974) : Beobachtungen am Hirschkäfer. Entom. Nachr., **18** : p. 61; Dresden.

Rüschkamp, F. (1934) : Der Wanderfalke auf Käferjagd. Ber. Natur. Ver. Bonn, **1932/1933** : D 64 - 65; Bonn.

Rye, E.C. (1866) : British beetles, an introduction to the study of our indigenous Coleoptera. 280 pp.; Reeve, London.

Saalas, U. (1939) : Über einige kulturbeeinträchtigte Käferarten sowie einige Neuankömmlinge in der Käferfauna Finnlands. Verh. VII. Intern. Kongreß Entom., **1** : 361 - 376; Berlin.

Samouelle, G. (1841) : The entomological cabinet being a natural history of British insects with plates illustrative of the principal families and genera. 310 pp.; Henderson, London.

Samsinák, K. (1957) : Über die an den Lamellicorniern lebenden Milben aus der Familie Tyroglyphidae (Acari). Acta Soc. Entom. Cechosloven., **54** : 180 - 188; Praha.

Sandhall, A. (1974) : Insekten + Weichtiere. 208 pp.; BLV, München/Bern/Wien. ISBN 3-405-11390-3.

Sarring, G. (2003) : Umgehungsstraßen gefährden Brunnen. Süddeutsche Zeitung, Ausgabe Starnberg, **59**/161 vom 16.07.2003 : p. R5; München.

Saulnier, C. (1945) : La biométrie appliquée à *Lucanus cervus* mâle (Col., Lucanidae). Miscell. Entom., **42** : 33 - 34; Paris.

Schacht, H. (1870) : Der Hirschschröter (*Lucanus cervus*) als Vogelmörder. Zool. Garten, **11** : 194 - 195; Frankfurt/Main.

Schader, A. (2004) : Hirschkäfer buddeln sich ans Tageslicht. Südhessen Morgen, Ausgabe Bürstadt/Biblis, **59**/161 vom 15.07.2004 : p. 16; Mannheim.

Schäfer, H. (1966) : Käfer. In : Schäfer, H. & Wittmann, O. (Hrsg.), Der Isteiner Klotz : Zur Naturgeschichte einer Landschaft am Oberrhein. Natur- und Landschaftsschutzgebiete Baden-Württembergs, **4** : 326 - 332; Freiburg.

Schaffrath, U. (1994) : Beitrag zur Kenntnis der Blatthorn- und Hirschkäfer (Col. : Trogidae, Geotrupidae, Scarabaeidae, Lucanidae) in Nordhessen. Philippia, **7**/1 : 1 - 60; Kassel.

Schaffrath, U. (1997) : Beitrag zur Kenntnis der Blatthorn- und Hirschkäfer (Col. : Trogidae, Geotrupidae, Scarabaeidae, Lucanidae) in Nordhessen. Nachtrag. Philippia, **8**/2 : 121 - 130; Kassel.

Schaffrath, U. (2002) : Rote Liste der Blatthorn- und Hirschkäfer Hessens (Coleoptera : Familienreihen Scarabaeoidea und Lucanoidea). 47 pp.; Wiesbaden.

Schaufuß, C. (1916) : Calwer's Käferbuch : Einführung in die Kenntnis der Käfer Europas. 6. Aufl., **1** : 1 - 709, **2** : 710 - 1390; Schweizerbart, Stuttgart.

Scheeser, E. (1910) : Ein monströser *Lucanus cervus* L. Entom. Bl., Intern. Monatsschr. Biol. Käfer Europas, **6** : p. 29; Berlin.

Schenkling, C. (1885) : Die deutsche Käferwelt : Allgemeine Naturgeschichte der Käfer Deutschlands, sowie ein praktischer Wegweiser, die deutschen Käfer leicht und sicher bestimmen zu lernen. 435 pp.; Leiner, Leipzig.

Schenkling, C. (1903) : Taschenbuch für Käfersammler. 5. Aufl. : 314 pp.; Leiner, Leipzig (6. Aufl. 1909 : 342 pp.).

Schenkling, S. (1917) : Erklärung der wissenschaftlichen Käfernamen aus Reitter's Fauna Germanica. Schriften Dt. Lehrerver. Naturkde., **34** : 80 pp.; Lutz, Stuttgart.

Schenkling, S. (1922) : Nomenclator coleopterologicus : eine etymologische Erklärung sämtlicher Gattungs- und Artnamen der Käfer der deutschen Fauna sowie der angrenzenden Gebiete. 2. Aufl. : 255 pp.; Fischer, Jena.

Scherf, H. (1954) : Beiträge zur Kenntnis des Cuticularpanzers der Käfer auf Grund von Untersuchungen im polarisierten Licht an Larve, Puppe und Imago von *Oryctes nasicornis* L. Z. Morphol. Ökol. Tiere, **43** : 213 - 261; Berlin.

Scherf, H. (1985) : Beitrag zur Kenntnis der Familie Lucanidae (Coleoptera) im Vogelsberg, ihrer Bionomie und Ökologie. Beitr. Naturkde. Osthessen, **21** : 175 - 188; Fulda.

Scherf, H. (1995) : Beitrag zur Kenntnis des Arteninventars und der Lebensweise der Blatthornkäfer aus den Familien Trogidae, Geotrupidae und Scarabaeidae im Vogelsberg. Oberhess. Naturwiss. Z.,

57 : 95 - 111; Gießen.

Scherzinger, W. & Jedicke, E. (1996) : Naturschutz im Wald. 448 pp.; Ulmer, Stuttgart. ISBN 3-8001-3356-7.

Scheuchzer, J.J. (1731) : Physica sacra. 4 Bde.; Wagner, Augsburg/Ulm.

Schimitschek, E. (1968) : Insekten als Nahrung, in Brauchtum, Kult und Kultur. In : Helmcke, J.G. et al. (Hrsg.), Handbuch der Zoologie, **4**, Anthropoda 2. Hälfte Insekten, **1**, Beitrag 10 : 1 - 56; Berlin.

Schimitschek, E. (1977) : Insekten in der bildenden Kunst. Veröff. Naturhist. Mus. Wien, N.F., **14** : 119 pp.; Wien.

Schleyer, A. & Neunzig, K. (1900) : Die Käfer Europas. 119 pp.; Oestergaard, Berlin; Löwensohn, Fürth.

Schmid, L. (1990) : Der letzte Hirschkäfer? Feld, Wald, Wasser - Schweiz. Jagdz., **1** : p. 22; Schaffhausen.

Schmidl, J. (2000) : Bewertung und Erfolgskontrolle von Streuobstbeständen mittels xylobionter Käfer am Beispiel Frankens - Methoden, Arten und Maßnahmen. Naturschutz und Landschaftsplanung, Z. Angew. Ökol., **32** : 357 - 372; Stuttgart.

Schmidt, H. (1993) : Nashornkäfer im Komposthaufen. Rhein-Neckar-Zeitung, Hauptausgabe Heidelberg, **49**/209 vom 10.09.1993 : p. 7; Heidelberg. Rathaus-Rundschau, Amtsblatt der Gemeinde Nußloch, **40**/37 vom 17.09.1993 : p. 10; Nußloch.

Schmidt, R. (1869) : Nenjamin Traugott Erbe's Beiträge zur Käferfauna der Umgebung von Gera. Jber. Ges. Freunde Naturwiss. Gera, **12** : 45 - 53; Gera.

Schmidt, R. (2005) : Ein Geweih, das gar keines ist. Höchster Kreisblatt, **157**/4 vom 06.01.2005 : p. 14; Frankfurt/Main.

Schmidt-Goebel, H.M. (1876) : Coleopterologische Kleinigkeiten. Entom. Z., **37** : 388 - 401; Stettin.

Schmiedeknecht, O. (1930) : Die Hymenopteren Nord- und Mitteleuropas. Mit Einschluß von England, Südschweiz, Südtirol und Ungarn. Nach ihren Gattungen und zum großen Teil auch nach ihren Arten analytisch bearbeitet. 2. Aufl. : 1062 pp.; Fischer, Jena (1. Aufl. 1907 : 804 pp.).

Schmitt, C. (1927/1928) : Wer war der Täter? Kosmos, **24** (1927) : p. 409, **25** (1928) : 196 - 197; Stuttgart.

Schnurre, O. (1934) : Ernährung und Jagdweise des Waldkauzes im Berliner Tiergarten. Beitr. Fortpflanzungsbiol. Vögel, **10** : 206 - 213; Berlin.

Schnurre, O. (1940) : Drei Jahre aus dem Leben eines Berlines Waldkauzes. Beitr. Fortpflanzungsbiol. Vögel, **16** : 79 - 87; Berlin.

Schnurre, O. (1961) : Lebensbilder märkischer Waldkäuze (*Strix aluco* L.). Milu, **1**/2 : 83 - 124; Berlin.

Schoop, A. (1936) : Die Käferwelt des Nahetales. Heimatbl. Ver. Mosel, Hochwald, Hunsrück, **1936**/3 : 31 - 34; Koblenz.

Schoop, A. (1937) : Koleopterologische Mitteilungen aus dem Nahetal. Decheniana, (B) **95** : 113 - 125; Bonn.

Schoop, A. (1950) : Besonderheiten über *Lucanus cervus* L. Westdt. Naturwart, **1**/4 : 17 - 18; Bonn.

Schreiber, J.F. (1900) : Schreibers kleiner Atlas der Käfer und anderer Insekten, **1** : 24 pp.; Schreiber, Esslingen.

Schrempp, H. (2007) : Der Hirschkäfer. Pirsch, Magazin für Jagd und Natur, **2007**/12 : p. 93; München.

Schröder, H. (1971) : Insekten des Waldes in Farben. 247 pp.; Maier, Ravensburg. ISBN 3-473-46109-1.

Schubert, G.H.v. (1851) : Lehrbuch der Naturgeschichte für Schulen und zum Selbstunterricht. 17. Aufl. : 503 pp.; Heyder & Zimmer, Erlangen.

Schubert, G.H.v. (1887) : Naturgeschichte der Reptilien, Amphibien, Fische, Insekten, Krebse, Würmer, Weichtiere, Stachelhäuter, Pflanzentiere und Urtiere. Naturgeschichte des Tierreichs für Schule und Haus, **3** : 76 pp.; Schreiber, Esslingen.

Schubert, W. (2005) : Neue Heimat für Hirschkäfer-Larven. Frankfurter Rundschau, Ausgabe Stadt, **61**/197 vom 25.08.2005 : p. 29; Frankfurt/Main.

Schulenburg, W.v. (1880) : Wendische Volkssagen und Gebräuche aus dem Spreewald. 312 pp.; Brockhaus, Leipzig.

Schulenburg, W.v. (1882) : Wendisches Volkstum in Sage, Brauch und Sitte. 208 pp.; Nicolai, Berlin.

Schulenburg, W.v. (1934) : Wendisches Volkstum in Sage, Brauch und Sitte. 2. Aufl. Veröff. Slav. Inst. Friedr.-Wilh.-Univ. Berlin, **11** : 313 pp.; Harrassowitz, Leipzig. Reprint (1985); Domowina, Bautzen.

Schuler, J.E. (1961) : Fliegende Kleinodien. 139 pp.; Schuler, Stuttgart; Bertelsmann, Gütersloh.

Schuller, L. (1930) : Kämpfende Hirschkäfermännchen (*Lucanus cervus* L.). Nachr. Neues Mus. Salzburg, **1930** : 35 - 36; Salzburg.

Schulz, O. (2003) : Goliaths Kampf ums Überleben. Lausitzer Rundschau, Ausgabe Cottbus, Elbe-Elster Rundschau, **52**/232 vom 06.10.2003 : p. 10; Cottbus.

Schulze, J. (1959) : *Gnorimus variabilis* L. und *nobilis* L. Entom. Bl. Biol. System. Käfer, **55** : 59 - 60;

Krefeld.

Schumacher, P. (2007) : Neue Unterkünfte für den bedrohten Hirschkäfer. Kölnische Rundschau, Ausgabe Bonn vom 06.12.2007 : p. R 2; Köln.

Schwan, H. (2008) : Streit um Flächen für Landebahn. Frankfurter Allgemeine Zeitung, Ausgabe Rhein-Main Zeitung, **2008**/101 vom 30.04.2008 : p. 53; Frankfurt/Main.

Schwerdtfeger, M. (1983) : Sieben prächtige "Saftlecker". Badische Neueste Nachrichten, Ausgabe Karlsruhe vom 29.06.1983; Karlsruhe.

Schwetzinger Zeitung (2008) : Hirschkäfer - dringend gesucht. Artikel der Redakteurin Caroline Wirth in der Schwetzinger Zeitung, **115**/163 vom 15.07.2008 : p. 10; Schwetzingen.

Scriba, W. (1863-1869) : Die Käfer im Großherzogtum Hessen und seiner nächsten Umgebung. Ber. Oberhess. Ges. Natur- und Heilkde., **10** (1863) : 1 - 61, **11** (1865) : 1 - 59, **12** (1867) : 1 - 51, **13** (1869) : 89 - 99; Gießen.

Sedlag, U. (1978) : Wunderbare Welt der Insekten. 216 pp.; Urania, Leipzig/Jena/Berlin.

Sedlag, U. (1981) : Die Tierwelt der Erde. 7. Aufl. : 199 pp.; Urania, Leipzig/Jena/Berlin.

Sedlag, U. (1986) : Insekten Mitteleuropas. 408 pp.; Neumann, Leipzig/Radebeul. ISBN 3-7402-0017-0.

Sefrin, E. (1993) : Größere Anzahl von Hirschkäfern (*Lucanus cervus*) als Beute von Fledermäusen (Mammalia : Chiroptera). Fauna Flora Rheinland-Pfalz, **7**/1 : 200 - 202; Landau.

Seidlitz, G. (1891 a) : Fauna Transsylvanica : Die Käfer (Coleoptera) Siebenbürgens. 914 pp.; Hartung, Königsberg.

Seidlitz, G. (1891 b) : Fauna Baltica : Die Käfer (Coleoptera) der deutschen Ostseeprovinzen Rußlands. 2. Aufl. : 818 pp.; Hartung, Königsberg.

Sellier, R. & Razet, P. (1947) : Une anomalie cephalo-thoracique inédite chez *Lucanus cervus* Linné. L'Entomologiste, **3** : 223 - 225; Paris.

Semmence, J.A. (1960) : Stag beetle. Trans. Suffolk Natur. Soc., **11**/4 : p. 360; Ipswich.

Settele, J., Feldmann, R. & Reinhardt, R. (1999) : Die Tagfalter Deutschlands - Ein Handbuch für Freilandökologen, Umweltplaner und Naturschützer. 452 pp.; Ulmer, Stuttgart. ISBN 3-8001-3519-1.

Settele, J., Steiner, R., Reinhardt, R. & Feldmann, R. (2005) : Schmetterlinge : Die Tagfalter Deutschlands. 256 pp.; Ulmer, Stuttgart. ISBN 3-8001-4167-1.

Setzwein, C. (2007 a) : Um jeden Baum gekämpft. Süddeutsche Zeitung, Ausgabe Starnberg, **63**/14 vom 18.01.2007 : p. R4; München.

Setzwein, C. (2007 b) : Hirschkäfer kann Umfahrungspläne stoppen. Süddeutsche Zeitung, Ausgabe Starnberg, **63**/170 vom 26.07.2007 : p. R1; München.

Sgries, S. (2008) : Ehrenamtliche retten 2000 Amphibien. Rhein-Neckar-Zeitung, Hauptausgabe Heidelberg, **64**/211 vom 09.09.2008 : p. 37; Heidelberg.

Shaw, G. (1806) : General zoology or systematic natural history, **6**/1 (insecta), **6**/2 (insecta); Kearsley, London.

Shepard, B. & Biggs, D. (1991) : The stag beetle, *Lucanus cervus* L. Proc. Isle Wight Natur. Hist. Archaeol. Soc., **10** (1990) : 7 - 8; Newport/Isle of Wight.

Siebold, C.T. (1854) : Über die Zwitterbildung der Insecten. Entom. Z., **15** : 98 - 101; Stettin.

Simeonov, S.D. (1963 a) : Nahrungsuntersuchungen des Waldkauzes (*Strix aluco* L.) im Losengebirge. Acta Mus. Macedon. Scient. Natur., **9** : 35 - 50; Skopje.

Simeonov, S.D. (1963 b) : Materialien über die Nahrung des Steinkauzes (*Athene noctua* Scopoli) in Bulgarien. Fragm. Balcan. Mus. Macedon. Scient. Natur., **6** : 157 - 165; Skopje.

Simeonov, S.D. (1980) : A new nesting site of the tengmalm's owl (*Aegolius funereus* (L.)) in Bulgaria. Ekologia, **6** : 70 - 73 (in Bulgarian); Sofia.

Simeonov, S.D. (1981) : Studies on the nesting and the diet of the scops owl (*Otus scops* (L.)) in Bulgaria. Ekologia, **9** : 51 - 58 (in Bulgarian); Sofia.

Simeonov, S.D. (1983) : New data on the diet of the little owl (*Athene noctua* (Scop.)) in Bulgaria. Ekologia, **11** : 53 - 60 (in Bulgarian); Sofia.

Simeonov, S.D. (1985) : A study on nest biology and food range of the tawny owl (*Strix aluco* L.) in Bulgaria. Ekologia, **17** : 42 - 48 (in Bulgarian); Sofia.

Simeonov, S.D. & Boev, Z. (1988) : A study of the nutritive spectrum of the eagle owl (*Bubo bubo* L.) in Bulgaria. Ekologia, **21** : 47 - 56 (in Bulgarian); Sofia.

Simeonov, S.D., Milchev, B. & Boev, Z.N. (1998) : Study of the eagle owl (*Bubo bubo* (L.)) (Aves : Strigiformes) in the Strandzha mountains (southeast Bulgaria). II. Food spectrum and trophic specialization. Acta Zool. Bulg., **50** : 87 - 100; Sofia.

Simpig, A. (1912) : Biologie des Hirschkäfers. Intern. Entom. Z., **6**/3 : 20 - 21; Guben.

Singer, K. (1955) : Die Käfer (Coleoptera) : Beiträge zur Fauna des unteren Maingebietes von Hanau bis Würzburg mit Einschluß des Spessarts. Mitt. Naturwiss. Mus. Aschaffenburg, N.F., **7** : 272 pp.;

Aschaffenburg.

Slater, F. (1994) : Wildlife road casualties. Brit. Wildlife, **5** : 214 - 221; Hants.

Slijper, E.J. (1967) : Riesen und Zwerge im Tierreich. 199 pp.; Parey, Hamburg.

Smeenk, C. (1972) : Ökologische Vergleiche zwischen Waldkauz *Strix aluco* und Waldohreule *Asio otus*. Ardea, Tijdschr. Nederl. Ornithol. Unie, **60** : 1 - 71; Amsterdam.

Smit, J.T. (2004) : Vliegend hert. http://www.naturalis.nl/vliegendhert.

Smit, J.T. (2005) : Het vliegend hert. Argus, **2005**/2 : 21 - 23; Deventer.

Smit, J.T. (2008) : Vliegend hert in de omgeving van Sint Odiliënberg. 23 pp.; Stichting European Invertebrate Survey, Leiden.

Smit, J.T. & Hendriks, P. (2005) : Broedstoven voor vliegende herten. Natura, **2005**/2 : 44 - 46; Utrecht.

Smit, J.T. & Krekels, R. (2006) : Vliegend hert in het Rijk van Nijmegen. Levende Natuur, **107** : 177 - 181; Amsterdam.

Smit, J.T., Krekels, R. & Verheggen, L.S.G.M. (2005) : Bescherming van het vliegend hert in Limburg. Natuurhist. Maandbl., **94** : 117 - 120; Maastricht.

Smith, G.J. (1959) : Observations on *Lucanus cervus* Linn. in S.E. Bucks. Bull. Amateur Entom. Soc., **18**/224-226 : p. 72; Feltham/Middlesex.

Smith, J.B. (1885) : An abnormal *Lucanus cervus*. Entom. Amer., **1** : p. 19, p. 27; Brooklyn/New York.

Smith, M.N. (2003) : National stag beetle survey 2002. 14 pp.; People's Trust for Endangered Species, London. ISBN 0-9540043-8-8.

Snellen van Vollenhoven, S.C. (1870) : Gedaantewisseling en levenswijze der insecten. 457 pp.; Kruseman, Haarlem.

Spooner, B.M. (1992) : Emergence dates of stag beetles (*Lucanus cervus* L.) in Surrey. Entom. Rec. J. Variation, **104** : 329 - 330; Orpington/Kent.

Sprecher, E. & Taroni, G. (2004) : *Lucanus cervus* depictus. 160 pp.; Taroni, Como. ISBN 88-88601-03-1.

Sprecher-Uebersax, E. (1995) : Die Hirschkäfer der Region Basel. Mitt. Schweiz. Entom. Ges., **68** : 235 - 236; Zürich.

Sprecher-Uebersax, E. (2001) : Studien zur Biologie und Phänologie des Hirschkäfers im Raum Basel mit Empfehlungen von Schutzmassnahmen zur Erhaltung und Förderung des Bestandes in der Region (Coleoptera : Lucanidae, *Lucanus cervus* L.). Diss.: 196 pp.; Univ. Basel.

Sprecher-Uebersax, E. (2002 a) : Untersuchungen am Hirschkäfer *Lucanus cervus* L. Nachr. Dt. Ges. Allg. Angew. Entom., **16**/2 : 56 - 57; Bayreuth.

Sprecher-Uebersax, E. (2002 b) : Hirschkäfer lieben es morsch. Wald und Holz, **2002**/2 : 30 - 31; Solothurn.

Sprecher-Uebersax, E. (2003) : The status of *Lucanus cervus* in Switzerland. In : Bowen, C.P. (Hrsg.), Proceedings of the 2nd pan-European conference on saproxylic beetles : 6 - 8; People's Trust for Endangered Species, London.

Sprecher-Uebersax, E. (2004) : Der Hirschkäfer *Lucanus cervus* L. in Kunst und Mythologie. Mitt. Schweiz. Entom. Ges., **77** : p. 149; Zürich.

Sprecher-Uebersax, E. (2008) : The stag beetle *Lucanus cervus* (Coleoptera, Lucanidae) in art and mythology. In : Vignon, V. & Asmodé, J.F. (Hrsg.), Proceedings of the 4th symposium and workshop on the conservation of saproxylic beetles, held in Vivoin, Sarthe department - France 27-29 June 2006. Rev. Ecol. (Terre Vie), Suppl., **10** : 153 - 159; Paris.

Sprecher-Uebersax, E. & Durrer, H. (1998 a) : Über das Vorkommen des Hirschkäfers (*Lucanus cervus* L.) in der Region Basel (Coleoptera). Mitt. Entom. Ges. Basel, **48** : 142 - 166; Basel.

Sprecher-Uebersax, E. & Durrer, H. (1998 b) : Untersuchungen zum Stridulationsverhalten der Hirschkäfer-Larven (*Lucanus cervus* L.) (Coleoptera : Lucanidae). Mitt. Schweiz. Entom. Ges., **71** : 471 - 479; Zürich.

Sprecher-Uebersax, E. & Durrer, H. (2001 a) : Beobachtungen zur Nahrungswahl des Hirschkäfers (*Lucanus cervus* L.). Mitt. Entom. Ges. Basel, **51** : 2 - 11; Basel.

Sprecher-Uebersax, E. & Durrer, H. (2001 b) : Verhaltensstudien beim Hirschkäfer mittels Telemetrie und Videoaufzeichnungen (Coleoptera, *Lucanus cervus* L.). Mitt. Naturforsch. Ges. Basel, **5** : 161 - 182; Basel.

Spuler, A. (1908/1910) : Die Schmetterlinge Europas, **1** (1908) : 385 pp., **2** (1910) : 523 pp., **3** (1910) : 95 Taf.; Schweizerbart, Stuttgart.

Ssymank, A., Hauke, U., Rückriem, C. & Schröder, E. (1998) : Das europäische Schutzgebietssystem Natura 2000. BfN-Handbuch zur Umsetzung der Fauna-Flora-Habitat-Richtlinie (92/43/EWG) und der Vogelschutzrichtlinie (79/409/EWG). Schriftenr. Landschaftspflege Naturschutz, **53** : 560 pp.;

Bundesamt für Naturschutz, Bonn-Bad Godesberg. 2. Aufl. 2000 : 565 pp. ISBN 3-89624-113-3.
Stanek, V.J. (1957) : Der geheimnisvolle Wald. 3. Aufl. : 336 pp.; Artia, Prag.
Stanek, V.J. (1959) : Tierwelt um uns. 320 pp.; Artia, Prag.
Stanek, V.J. (1962) : Das große Bilderlexikon der Tiere. 614 pp.; Bertelsmann, Gütersloh; Artia, Prag.
Stanek, V.J. (1968 a) : Das große Bilderlexikon der Insekten. 544 pp.; Bertelsmann, Gütersloh; Artia, Prag.
Stanek, V.J. (1968 b) : Seltsame Tiere sehen dich an. 141 pp.; Dausien, Hanau.
Stanek, V.J. (1984) : Das farbige Buch der Käfer. 352 pp.; Dausien, Hanau; Artia, Prag. ISBN 3-7684-2356-5.
Stanek, V.J. (1987) : Lucanidae. In : Encyclopédie des insectes, Coléoptères : 226 - 243; Gründ, Paris.
Stärcke, A. (1950) : Kan de larve van *Lucanus cervus* L. ook in tamme kastanjes leven? Entom. Ber., **13**/300 : p. 84; Amsterdam.
Steggall, M. (1996) : Stag beetles fight for a female. White Admiral, **35** : p. 28; Ipswich.
Steiner, J. (1991) : 1991 ist ein gutes Glühwürmchen-Jahr. Bonner General-Anzeiger, Ausgabe Bonner Stadtanzeiger, **101**/30853 vom 13.07.1991 : p. 12; Bonn.
Steinhäuser, A. (2006) : Hirschkäfer-Funde melden. Rhein-Lahn-Zeitung, Ausgabe Diez und Ausgabe Bad Ems-Lahnstein, **61**/145 vom 26.06.2006 : p. 12; Koblenz.
Stephan, L. (2003) : Nach sechs Jahren in der Erde nur sechs Wochen auf der Welt. Märkische Allgemeine, Ausgabe Dahme Kurier, **58**/118 vom 22.05.2003 : p. 19; Potsdam.
Stephan, L. (2006) : Mauswiesel und Bisamratte. Märkische Allgemeine, Ausgabe Dahme Kurier, **61**/9 vom 11.01.2006 : p. 15; Potsdam.
Stephan, L. (2008) : Mit Moos. Märkische Allgemeine, Ausgabe Dahme Kurier, **63**/95 vom 23.04.2008 : p. 13; Potsdam.
Stichel, W. (1923) : Abnorme Coleopteren. Z. Wiss. Insektenbiol., **18** : 72 - 73; Berlin.
Stichmann-Marny, U. (2000) : Der neue Kosmos Tier- und Pflanzenführer. 544 pp.; Franckh-Kosmos, Stuttgart. ISBN 3-440-08847-2.
Stierlin, G. (1900) : Fauna Coleopterorum Helvetica. Die Käfer-Fauna der Schweiz nach der analytischen Methode. 667 pp.; Bolli & Böcherer, Schaffhausen.
Stöckel, G. (2008 a) : Hirschkäfer enden unter Busrädern. Mitteldeutsche Zeitung, Ausgabe Naumburg, **19**/127 vom 02.06.2008 : p. 9; Halle.
Stöckel, G. (2008 b) : Fund der Himmelsscheibe hat Naturschützer überrollt. Mitteldeutsche Zeitung, Ausgabe Weißenfels, **17**/128 vom 03.06.2008 : p. 8; Halle.
Stolk, A. (1985) : *Lucanus cervus*. Aquarium, **55**/6 : p. 159; Den Haag.
Stolper-Heinike, A. (2004) : Ein Unterschlupf für Hirschkäfer und Co. Mitteldeutsche Zeitung, Ausgabe Weißenfels, **15**/230 vom 01.10.2004; Halle.
Stolper-Heinike, A. (2006) : Schröters in der Eichenwiege. Mitteldeutsche Zeitung, Ausgabe Weißenfels, **17**/256 vom 04.11.2006 : p. 15; Halle.
Stowe, S.J. (1977) : *Lucanus cervus* (L.) (Col., Lucanidae) in Shropshire. Entom. Monthly Magaz., **113** : p. 232; Oxford.
Straube, M. (1999) : Hirschkäfer und Nashornkäfer : Zwei imposante Insektenarten des Kreises Heinsberg. Heimatkalender des Kreises Heinsberg, **1999** : 152 - 155; Heinsberg.
Strecker, A. (2005) : Immer dem Geweih nach. Frankfurter Rundschau, Ausgabe Stadt, **61**/144 vom 24.06.2005 : p. 33; Frankfurt/Main.
Strojny, W. (1970) : Jelonek rogacz, *Lucanus cervus* L. (Coleoptera Lucanidae) na ziemiach Polski. Przegl. Zool., **14**/1 : 62 - 77; Wrocław.
Strübing, A. (1883) : Die Sammlungen des Forstrat Kellner auf dem Museum in Gotha. Dt. Entom. Z., **27** : 159 - 160; Berlin.
Süddeutsche Zeitung (2006) : Hirschkäfer landet in Wörthsee. Süddeutsche Zeitung, Ausgabe Starnberg, **62**/147 vom 29.06.2006 : p. R1; München.
Süddeutsche Zeitung (2007) : Hirschkäfer bekommt ein Zuhause. Süddeutsche Zeitung, Ausgabe München-Bayern, **63**/127 vom 05.06.2007 : p. 45; München.
Südhessen Morgen (2001) : EU will Lebensraum von Hirschkäfern schützen. Südhessen Morgen, Ausgabe Viernheim, **56**/9 vom 12.01.2001 : p. 17; Mannheim.
Südhessen Morgen (2005 a) : Ein Herz für den Hirschkäfer. Südhessen Morgen, **60**/81 vom 09.04.2005 : p. 27; Mannheim.
Südhessen Morgen (2005 b) : Seltene Hirschkäfer in Südhessen. Südhessen Morgen, Ausgabe Lampertheim, **60**/195 vom 24.08.2005 : p. 5; Mannheim.
Südhessen Morgen (2005 c) : Insektenkönig liebt seine Eichen. Südhessen Morgen, Ausgabe Lampertheim, **60**/219 vom 21.09.2005 : p. 15; Mannheim.

Südhessen Morgen (2008) : Der Wald macht große Sorgen. Südhessen Morgen, **63**/109 vom 10.05.2008 : p. 19; Mannheim

Sulzer, J.H. (1761) : Die Kennzeichen der Insecten, **1** : 203 pp., **2** : 67 pp.; Heidegger, Zürich.

Sulzer, J.H. (1776) : Abgekürzte Geschichte der Insecten nach dem Linnaeischen System, **1** : 274 pp., **2** : 71 pp.; Steiner, Winterthur.

Suster, P.M. (1931) : Regeneration des Fühlers samt Johnston'schem Organe beim Nashornkäfer (*Oryctes nasicornis* L.). Anz. Akad. Wiss. Wien, Mathem.-Naturwiss. Kl., **68** : 269 - 270; Wien.

Sutton, P.G. (2002) : 2nd Symposium and workshop on the conservation of saproxylic beetles in ancient trees (with special attention to stag beetle *Lucanus cervus*, violet click beetle *Limoniscus violaceus*, noble chafer *Gnorimus nobilis* and variable chafer *Gnorimus variabilis*. Bull. Amateur Entom. Soc., **61**/443 : 153 - 160; London.

Sutton, P.G. (2003) : The British stag beetle family (Coleoptera : Lucanidae). Bull. Amateur Entom. Soc., **62**/451 : 248 - 261; London.

Taroni, G. (1998) : Il cervo volante (Coleoptera Lucanidae). 182 pp.; Electa, Milano. ISBN 88-435-5540-5.

Taschenberg, E.L. (1892) : Insekten, Tausendfüßler und Spinnen. In : Brehm, A.E., Brehms Tierleben : Allgemeine Kunde des Tierreichs, 3. Aufl., **9** : 764 pp.; Bibliographisches Institut, Leipzig/Wien.

Taschenberg, E.L. (1929) : Die Insekten, Tausendfüßler und Spinnen, **1** (Käfer I), **2** (Käfer II). In : Meyer, A. (Hrsg.), Brehms Tierleben, **25** (und Ergänzungsband 1) : 1 - 156, **26** (und Ergänzungsband 2) : 157 - 306; Gutenberg, Wien/Hamburg/Zürich; Reclam, Leipzig.

Teissier, G. (1931) : Recherches morphologiques et physiologiques sur la croissance des insectes. Trav. Stat. Biol. Roscoff, **9** : 27 - 238; Paris.

Telnov, D. (2001) : Gefährdete und seltene Wirbellose Lettlands. Teil I. *Oryctes nasicornis* (L., 1758) (Insecta Coleoptera : Scarabaeidae). Latv. Entom., **38** : 70 - 75; Riga.

Tero, C.K. (1888) : *Lucanus cervus* in Lincolnshire. Entomologist, **21** : p. 213; London.

Teunissen, A.P.J.A. & Smit, A. (1996) : Veluwse waarnemingen van het vliegend hert, *Lucanus cervus* (Coleoptera : Lucanidae). Entom. Ber., **56** : 134 - 135; Amsterdam.

Théodoridès, J. (1955) : Contribution à l'étude des parasites et phorétiques des Coléoptères terrestres. Actualités Scientifiques et Industrielles, **1217**. Vie Milieu, Suppl., **4** : 310 pp.; Paris.

Thomaes, A. (2009) : A protection plan for stag beetle (*Lucanus cervus*, (L., 1958), Lucanidae) based on his macro and micro landscape requirements. Proc. 5th Conference on Saproxylic Beetles; im Druck.

Thomaes, A., Beck, O., Crevecoeur, L., Engelbeen, M., Cammaerts, R. & Maes, D. (2007) : Het vliegend hert in Vlaanderen en in het Brussels gewest. Natuur.focus, **6**/3 : 76 - 82; Mechelen.

Thomaes, A., Kervyn, T., Beck, O. & Cammaerts, R. (2008) : Distribution of *Lucanus cervus* (Coleoptera : Lucanidae) in Belgium : surviving in a changing landscape. In : Vignon, V. & Asmodé, J.F. (Hrsg.), Proceedings of the 4th symposium and workshop on the conservation of saproxylic beetles, held in Vivoin, Sarthe department - France 27-29 June 2006. Rev. Ecol. (Terre Vie), Suppl., **10** : 147 - 152; Paris.

Thomaes, A., Kervyn, T. & Maes, D. (2008) : Applying species distribution modelling for the conservation of the threatened saproxylic stag beetle (*Lucanus cervus*). Biol. Cons., **141** : 1400 - 1410; Amsterdam.

Thomaes, A. & Vandekerkhove, K. (2004) : Ecologie en verspreiding van het vliegend hert in Vlaanderen. Instituut voor Bosbouw en Wildbeheer, Geraardsbergen.

Thuesen, N.P. (1984) : Eikehjorten - fantes den i Bøkeskogen? Insekt-Nytt, **9**/1 : p. 29; Trondheim.

Thym, R. (2005) : Vereintes Europa der Tiere. Süddeutsche Zeitung, Ausgabe München-Bayern, **61**/120 vom 28.05.2005 : p. 55; München. Süddeutsche Zeitung, Ausgabe Deutschland, **61**/120 vom 28.05.2005 : p. 48; München.

Tierwelt (2005) : Wer sieht dieses Jahr einen Hirschkäfer? Tierwelt, **2005**/21 vom 27.05.2005 : p. 7; Zofingen.

Tinnappel, F. (2007) : Hirschkäfer fühlen sich rund um Rhein-Main-Flughafen wohl. Frankfurter Rundschau, Ausgabe Region, **63**/117 vom 22.05.2007 : p. 22; Frankfurt/Main.

Tippmann, F. (1954) : Neues aus dem Leben des Hirschkäfers. Ein Beitrag zur Bedeutung der geweihähnlichen Mandibeln des Männchens. Entom. Bl. Biol. System. Käfer, **50** : 175 - 183; Krefeld.

Tippmann, F. (1964) : Biologische Beobachtungen an Lamellicorniern. Entom. Bl. Biol. System. Käfer, **60** : 47 - 67; Krefeld.

Tochtermann, E. (1987) : Modell zur Artenerhaltung der Lucanidae. Allg. Forstzeitschr., **42**/8 : 183 - 184; München.

Tochtermann, E. (1992) : Neue biologische Fakten und Problematik der Hirschkäferförderung. Allg. Forstzeitschr., **47**/6 : 308 - 311; München.

Togotzes, S. (1998) : Wenn die Wildbeeren reifen. Welt am Sonntag, **1998**/31 vom 02.08.1998 : p. 71; Berlin.

Trautner, J., Geigenmüller, K. & Bense, U. (1989) : Käfer : beobachten, bestimmen, **1** : 417 pp.; Neumann-Neudamm, Melsungen. ISBN 3-7888-0529-3.

Trierischer Volksfreund (1990) : Wer hat noch Hirschkäfer entdeckt? Trierischer Volksfreund, **115**/142 vom 22.06.1990 : p. 4; Trier.

Trierischer Volksfreund (2004) : Stattliche acht Zentimeter misst dieser ausgewachsene Hirschkäfer. Trierischer Volksfreund, **129**/123 vom 27.05.2004; Trier.

Trierischer Volksfreund (2005) : Hirschkäfer-Gebrumm am warmen Juniabend. Trierischer Volksfreund, Ausgabe Mosel-Zeitung, **130**/144 vom 23.06.2005 : p. 10; Trier.

Tullett, A.G. (1998) : Conservation status and habitat requirements of the stag beetle *Lucanus cervus* (L.) in Britain. M.Sc. Thesis : 67 pp.; University of East Anglia, Norwich.

Turek, C.L. (1965) : Výskyt nosorozíka kapucínka (*Oryctes nasicornis*) v prazských sadech a zahradách. Ziva, Casop. Biol. Práci, **13**/2 : 64 - 65; Praha.

Tweedie, M. (1973) : Insekten. 72 pp.; Vollmer, Wiesbaden; Octopus, London.

Uexhüll, J.v. (1940) : Bedeutungslehre. Bios, **10** : 1 - 62; Leipzig.

Ugolini, E. (2006) : Sensibles Naturparadies. Basler Zeitung, **164**/163 vom 15.07.2006 : p. 17; Basel.

Uhmann, E. (1938) : Zum Namen "Feuerschröter", *Lucanus cervus* L. Entom. Bl., Z. Biol. System. Käfer, **34** : p. 90; Krefeld.

Uttendörfer, O. (1939) : Die Ernährung der deutschen Raubvögel und Eulen und ihre Bedeutung in der heimischen Natur. 412 pp.; Neumann-Neudamm, Melsungen. Reprint (1997); Aula, Wiesbaden. ISBN 3-89104-600-6.

Uttendörfer, O. (1952) : Neue Ergebnisse über die Ernährung der Greifvögel und Eulen. 230 pp.; Ulmer, Stuttgart.

Val, J.d. & Fairmaire, L. (1855-1863) : Genera des coléoptères d'Europe. 4 Bde.; Deyrolle, Paris.

Venn, L. (2008) : Netzwerk Natur. Frankfurter Rundschau, Ausgabe Stadt, **64**/39 vom 15.02.2008 : p. 3; Frankfurt/Main.

Verdcourt, B. (1988) : Late stag beetles (*Lucanus cervus* (L.), Col., Lucanidae). Entom. Monthly Magaz., **124** : p. 36; London.

Verdcourt, B. (1990) : A massacre of stag beetles, *Lucanus cervus* (L.) (Col., Lucanidae). Entom. Monthly Magaz., **126** : p. 196; London.

Verdcourt, B. (1995) : A list of beetles recorded from Kimbers, Maidenhead, Berkshire 1964 - 1994. Entom. Record J. Variation, **107** : 299 - 304; Orpington, Kent.

Vereecken, N. & Carrière, J. (2003) : Contribution à l'étude éthologique de la grande Scolie à front jaune *Megascolia maculata flavifrons* (F., 1775) (Hymenoptera, Scoliidae) en France méditerranéenne. Notes Faun. Gembloux, **53** : 71 - 80; Gembloux.

Viejo Montesinos, J.L. & Sánchez Cumplido, C. (1994) : Leyes y normas que protegen a los insectos en España. Quercus, **96** : 13 - 16; Madrid.

Viramo, J. (1964) : Über den Nashornkäfer, *Oryctes nasicornis* L. (Col., Scarabaeidae), und dessen Verbreitung in Finnland. Ann. Entom. Fenn., **30** : 177 - 187; Helsinki.

Voet, J.E. (1806) : Catalogus systematicus coleopterorum. Catalogue systématique de coléoptères. 2 Bde. und Atlas-Bde : 275 pp.; Bakhuysen, Den Haag.

Voigt, H. (2008) : Mit Hirschkäfer und "Spürnase". Märkische Allgemeine, Ausgabe Dahme Kurier, **63**/139 vom 16.06.2008 : p. 15; Potsdam.

Vrezec, A. (2008) : Fenoloska ocena pojavljanja imagov stirih vrst varstveno pomembnih saproksilnih hroscev v Sloveniji : *Lucanus cervus*, *Cerambyx cerdo*, *Rosalia alpina*, *Morinus funereus* (Coleoptera : Lucanidae, Cerambycidae). Acta Entom. Sloven., **16** : 117 - 126; Ljubljana.

Vrezec, A. & Kapla, A. (2007 a) : Naravovarstveno vrednotenje favne hroscev (Coleoptera) Krajinskega parka Boc-Donacka gora v obcini Rogaska Slatina : kvantitativna varstveno-favnisticna analiza. Varstvo Narave, **20** : 61 - 82; Ljubljana.

Vrezec, A. & Kapla, A. (2007 b) : Kvantitativno vzorcenje hroscev (Coleoptera) v Sloveniji : referencna studija. Acta Entom. Sloven., **15** : 131 - 160; Ljubljana.

Wacquant-Geozelles, S.v. (1890) : Feinde des Hirschkäfers. Ornithol. Monatsschr., **15** : 457 - 458; Merseburg/Gera/Leipzig/Halle.

Wakefield, P. (1816) : An introduction to the natural history and classification of insects. 192 pp.; Darton, London.

Wallner, M. (1954) : Ein weiteres spätes Erscheinen eines Admirals (*Pyrameis atalanta* L.). Entom. Z., **64** : p. 120; Stuttgart.

Wanka, T.v. (1908) : Coleopterologische Ergebnisse einer Reise in die Herzegowina. Entom. Bl., Intern.

Monatsschr. Biol. Käfer Europas, **4** : 167 - 171, 188 - 194, 209 - 214, 228 - 233; Schwabach.

Wanner, H. (1954) : Hirschkäfer-Vernichtung als Folge der Maikäferbekämpfung. Entom. Z., **64** : 150 - 151; Stuttgart.

Warkocz, M. (2008) : Naturschützer kämpfen um bedrohte Arten. Süddeutsche Zeitung, Ausgabe Starnberg, **64**/116 vom 20.05.2008 : p. R1; München.

Warnecke, G. (1967) : Welcher Schmetterling ist das? 3. Aufl. : 159 pp.; Franckh, Stuttgart.

Weaver, J. (1877) : Insects - beetles. In : Gordon, H.D. (Hrsg.), The history of Harting : 324 - 336; Gordon & Weaver, Harting; Davy, London.

Weber, L. (1895) : Über Missbildungen bei Käfern. Abh. Ber. Ver. Naturkde. Kassel, **40** : 68 - 75; Kassel.

Weber, L. (1902) : Beobachtungen bei der Copula der Hirschkäfer. Allg. Z. Entom., **7** : 335 - 337; Neudamm.

Weber, L. (1903) : Verzeichnis der bei Cassel in einem Umkreis von ungefähr 25 Kilometer aufgefundenen Coleopteren. Abh. Ber. Ver. Naturkde. Kassel, **48** : 97 - 212; Kassel.

Weber, L. (1905) : Sammelbericht über den Coleopterenfang in 1904 in der Umgebung Kassel. Abh. Ber. Ver. Naturkde. Kassel, **49** : 25 - 32; Kassel.

Weber, W. & Schoenichen, W. (1936) : Das Reichsnaturschutzgesetz vom 26. Juni 1935 (RGBl. I S. 821) und die Verordnung zur Durchführung des Reichsnaturschutzgesetzes vom 31. Oktober 1935 (RGBl. I S. 1275) nebst ergänzenden Bestimmungen und ausführlichen Erläuterungen. 151 pp.; Bermühler, Berlin.

Weckwerth, W. (1954) : Unsere bekanntesten Bockkäfer. Die Neue Brehm-Bücherei, **122** : 40 pp.; Ziemsen, Wittenberg Lutherstadt (2. Aufl. 2004 : 40 pp.; Westarp, Hohenwarsleben. ISBN 3-89432-587-9).

Wegman, F.W. (1959) : Vliegende herten op de Jansberg. Toeristen Kampioen, **20** : 442 - 443; Den Haag.

Wegman, F.W. (1980) : De eik zijn dood is het vliegend hert zijn brood. Grasduinen, **1980** : 52 - 56; Haarlem.

Weichselbaumer, E. (2003) : Käferfunde aus dem Landkreis Neuburg/Schrobenhausen und Umgebung Teil 2. Nachrichtenbl. Bayer. Entom., **52** : 79 - 89; München.

Weidemann, H.J. (1986/1988) : Tagfalter, **1** (1986) : 288 pp., **2** (1988) : 372 pp.; Neumann-Neudamm, Melsungen.

Weiner, F. (2007) : Für Hirschkäfer, Haselhenne und Ökopunkte. Höchster Kreisblatt, **159**/12 vom 15.01.2007 : p. 19; Frankfurt/Main.

Weinheimer Nachrichten (1984) : Einen seltenen Fund machte am Freitag... Weinheimer Nachrichten, **122**/162 vom 16.07.1984 : p. 6; Weinheim.

Weinheimer Nachrichten (1986) : Verirrt in die Draissstraße hatte sich ein Insekt... Weinheimer Nachrichten, **124**/117 vom 24.05.1986 : p. 6; Weinheim.

Weinheimer Nachrichten (2001) : Käfer fühlt sich in der Hauptstraße pudelwohl. Weinheimer Nachrichten, **139**/130 vom 08.06.2001 : p. 12; Weinheim.

Weinreich, E. (1959) : *Lucanus cervus* L. 1758 - Männchen mit Schaufelbildung. Entom. Bl. Biol. System. Käfer, **55** : 282 - 283; Krefeld.

Weinreich, E. (1963) : *Lucanus cervus* forma *scapulodonta*, eine auffallende Mutation unseres Hirschkäfers. Entom. Z., **73** : 29 - 33; Frankfurt/Main.

Weinreich, E. (1971/1972) : Beitrag zur Kenntnis der Lucanidae (Ins., Col.) von Nord-Sumatra. Entom. Z., **81** (1971) : 217 - 243, **82** (1972) : 161 - 168; Frankfurt/Main.

Weiss, J. (1979) : Zur Biologie des Burgwaldes. Die Schutzwürdigkeit einer Waldlandschaft des Hessischen Berglandes. Naturschutz in Nordhessen, **3** : 51 - 81; Grebenstein.

Weitzel, M. (1984) : Beiträge zur Käferfauna der Trierer Landes und angrenzender Gebiete. I. Teil. Dendrocopos, **11** : 107 - 108; Trier.

Weitzel, M. (2005) : Verzeichnis der in den Jahren 2003 und 2004 im NSG "Mattheiser Wald/Trier" nachgewiesenen Bockkäfer (Coleoptera, Cerambycidae) und Hirschkäfer (Coleoptera, Lucanidae). Dendrocopos, **32** : 69 - 73; Trier.

Welch, R.J.W. (1998) : Stag beetle *Lucanus cervus* (Linnaeus) (Lucanidae) flying by day. Coleopterist, **7** : p. 70; Lewes.

Welt (2008) : Seltener Leberpilz und Eichen-Zungenporling entdeckt. Die Welt, Regionalausgabe Hamburg, **2008**/213 vom 10.09.2008 : p. 40; Berlin.

Wendland, V. (1963) : Fünfjährige Beobachtungen an einer Population des Waldkauzes (*Strix aluco*) im Berliner Grunewald. J. Ornithol., **104** : 23 - 57; Berlin.

Wenzel, E. (2001 a) : Erfassung und Schutz eines Hirschkäferbestandes im Vogelsangbachtal bei Heiligenhaus (Insecta, Coleoptera, Lucanidae). Coleo, **2** : 16 - 24; Oberhausen.

Wenzel, E. (2001 b) : Der Schröter : Der Hirschkäfer - eine markante Seltenheit. Naturschutz in Nordrhein-Westfalen, **12**/1 : 2 - 3; Düsseldorf.

Wenzel, E. (2002) : Anmerkungen zur Koleopterenfauna des Lampertheimer Waldes in Südhessen (Ins., Col.). Coleo, **3** : 27 - 43; Oberhausen,

Werner, S. (2005) : Brutmeiler für den Hirschkäfer. Rundbrief der Kreisgruppe Starnberg des Landesbundes für Vogelschutz in Bayern, **2005**/1 : p. 3; Starnberg.

Werner, S. (2008) : Fahndungsaufruf : Hirschkäfer gesucht! Rundbrief der Kreisgruppe Starnberg des Landesbundes für Vogelschutz in Bayern, **2008**/1 : p. 1; Starnberg.

Westdeutsche Allgemeine Zeitung (2004) : Hirschkäfer sind vor allem in der Dämmerung unterwegs. Westdeutsche Allgemeine Zeitung, Lokalausgabe Heiligenhaus, **2004**/150 vom 30.06.2004 : p. WHS 01; Essen.

Westdeutsche Allgemeine Zeitung (2007) : Wuchtbrummen gesucht. Westdeutsche Allgemeine Zeitung, Ausgabe Dorsten, **2007**/123 vom 30.05.2007: p. WDN_3; Essen.

Westhoff, F. (1882) : Die Käfer Westfalens. II. Abteilung. Verh. Naturhist. Ver. Rheinl. Westf., Suppl., **38** : 141 - 323; Bonn.

Westwood, J.O. (1831) : Hermaphrodite insects. Magaz. Natur. Hist. J. Zool., Botan., Miner., Geol., Meteorol., (1) **4** : 434 - 435; London.

Westwood, J.O. (1843) : Description of a case of monstrosity occurring in a specimen of *Dytiscus marginalis*, in which a portion of the external marks of sexual distinction are abortive. Trans. Entom. Soc. Lond., **3** : 203 - 206; London.

Westwood, J.O. (1847) : On the sectional characters of the genus *Lucanus*, with descriptions of some new species of Lucanidae. Trans. Entom. Soc. Lond., **4**/4-5 : 271 - 277; London.

Westwood, J.O. (1874) : Illustrations of insect monstrosities. No. 1 - On a monstrous stag beetle (*Lucanus elaphus*). Entom. Monthly Magaz., **11** : 32 - 35; London.

Westwood, J.O. (1879) : On some unusual monstrous insects. Trans. Entom. Soc. Lond., **1879** : 219 - 228; London.

Whalley, P. (1979) : Schmetterlinge erkennen - leicht gemacht. 128 pp.; Franckh, Stuttgart. ISBN 3-440-04749-0.

Whicher, L.S. (1947) : Exceptionally large example of *Lucanus cervus* L. (Col. Lucanidae). Entom. Monthly Magaz., **129** : p. 247; London.

Whitehead, P.F. (1993) : *Lucanus cervus* (L.) (Col., Lucanidae) in Worcestershire with a hypothesis for its distribution. Entom. Monthly Magaz., **129** : p. 206; Wallingford.

Whitehead, P.F. (2007) : Observations on the larval ecology of the stag beetle *Lucanus cervus* (L., 1758) (Col., Lucanidae) in England. Entom. Monthly Magaz., **143**: 201 - 205; Wallingford.

Wiepken, C.F. (1883) : Systematisches Verzeichnis der bis jetzt im Herzogtum Oldenburg gefundenen Käferarten. Abh. Naturwiss. Ver. Bremen, **8**: 39 - 103; Bremen.

Wiesbadener Kurier (2000) : Wiegen für den Hirschkäfer wurden installiert. Wiesbadener Kurier, Ausgabe Main-Taunus, **2000**/59 vom 10.03.2000 : p. 5; Wiesbaden.

Wiesbadener Kurier (2004) : Bremthal soll Heimat der Hirschkäfer werden. Wiesbadener Kurier, Ausgabe Main-Taunus, **2004**/204 vom 02.09.2004 : p. 5; Wiesbaden.

Wiesbadener Kurier (2005) : Hessen-Forst sucht nach Hirschkäfern. Wiesbadener Kurier, Ausgabe Untertaunus, **2005**/160 vom 13.07.2005 : p. 7; Wiesbaden.

Wiesbadener Kurier (2007) : Ein Heim für den Hirschkäfer. Wiesbadener Kurier, Ausgabe Stadt, **2007**/151 vom 03.07.2007 : p. 8; Wiesbaden.

Wiesbadener Tagblatt (2005) : Schutz für gefährdetes Insekt. Wiesbadener Tagblatt, Ausgabe Stadt, **2005**/156 vom 08.07.2005 : p. 5; Wiesbaden.

Wigglesworth, V.B. (1934) : Insect physiology. 134 pp.; Methuen, London.

Wiktelius, S. (1981) : Mass-occurrence of the rhinoceros-beetle (*Oryctes nasicornis* L.) in glasshouses (Col., Scarabaeidae). Entom. Tidskr., **102**: 107 - 108 (in Swedish); Lund.

Wilken, T. (2008) : Schwarzwildbestand hat "besorgniserregende Höhe erreicht". Rhein-Neckar-Zeitung, Ausgabe Wiesloch-Walldorf, **64**/302 vom 29.12.2008 : p. 3; Heidelberg.

Willemse, A. (1912) : Noord-Limburg ten oosten van de Maas. Levende Natuur, **17** : 326 - 327; Amsterdam.

Willms, J. (2004) : Kröten auf dem Montmartre, Eulen an der Sorbonne. Süddeutsche Zeitung, Gesamtausgabe, **60**/112 vom 15.05.2004 : p. ROM6; München.

Wilmink, G.F. (1950) : Algemeen voorkommen van *Lucanus cervus* L. in Z. Limburg. Entom. Ber., **13**/297 : p. 36; Amsterdam.

Winkler, J.R. & Severa, F. (1969): Taschenatlas der Käfer. 239 pp.; Dausien, Hanau.

Wirth, M. (2008) : Schatzkiste von unschätzbarem Wert. Schwetzinger Zeitung, **115**/206 vom

03.09.2008 : p. 13; Schwetzingen.
Wisniewski, J. (1954) : Note sur l'*Oryctes nasicornis mariei* Bourgin. L'Entomologiste, **10** : 8 - 11; Paris.
Witscherkowsky, B. (2008) : Käfer Karl liebt Elbe-Elster. Wochenkurier des Landkreises Elbe-Elster, **19**/25 vom 18.06.2008 : p. 1; Bad Liebenwerda/Herzberg/Finsterwalde.
Wittwer, P. (2006) : Totholz im Wald ist nicht einfach Abfall. Basler Zeitung, **164**/117 vom 20.05.2006 : p. 20; Basel.
Wolf, E. (1963) : Beiträge zur Coleopteren-Fauna der Freiburger Bucht und des Kaiserstuhls. Mitt. Bad. Landesver. Naturkde. Naturschutz, N.F., **8**/3 : 431 - 438; Freiburg.
Wootton, A. (1975) : Beetles. 88 pp.; Priory, London. ISBN 0-85078-224-4.
Wootton, A. (1988) : Stag beetles (Lucanidae) in Buckinghamshire. Bull. Amateur Entom. Soc., **47**/359 : p. 113; Feltham/Middlesex.
Wüest, J. (1993) : Envol spectaculaire de Lucanes à Genève. Bull. Romand Entom., **11** : p. 132; Genf.
Zahradník, J. (1985) : Käfer Mittel- und Nordwesteuropas. 498 pp.; Parey, Hamburg/Berlin. ISBN 3-490-27118-1.
Zahradník, J. & Chvála, M. (1989) : Insects : a comprehensive guide to the insects of Britain and Europe. 508 pp.; Hamlyn, London.
Zahradník, J. & Chvála, M. (1997) : Insekten : Handbuch und Führer der Insekten Europas. 512 pp.; Bechtermünz, Augsburg; Aventinum, Prag. ISBN 3-86047-738-2.
Zahradník, J. & Hísek, K. (1976) : Käfer. 191 pp.; Mosaik, München; Artia, Prag. ISBN 3-570-06056-X.
Zahradník, J. & Hísek, K. (1987) : Käfer. 189 pp.; Lingen, Köln; Artia, Prag.
Zahradník, J. & Hísek, K. (1995) : Käfer aus aller Welt. 191 pp.; Gondrom, Bindlach; Aventinum, Prag. ISBN 3-8112-1286-9.
Zahradník, J. & Severa, F. (1976) : Der Kosmos-Insektenführer. 319 pp.; Franckh, Stuttgart. ISBN 3-440-04123-9.
Zahradník, J. & Severa, F. (1991) : Dausien's großes Buch der Insekten. 312 pp.; Dausien, Hanau. ISBN 3-7684-2028-0.
Zahradník, J. & Severa, F. (2000) : Das große Naturlexikon : Insekten. 256 pp.; Müller, Erlangen; Aventinum, Prag. ISBN 3-86070-873-2.
Zedtwitz, F. (1939) : Erlebte Natur : Unsere deutsche Tierwelt in Bildreihen. 192 pp.; Safari, Berlin.
Zimmermann, R. (1914) : Hirschkäferkämpfe. Entom. Z., **27**/51 : p. 298; Frankfurt/Main.
Zimmermann, W. (1920) : Tiernamen im badischen Volksmunde. II. Mitt. Bad. Landesver. Naturkde. Naturschutz, N.F., **1**/3 (1919) : 77 - 92; Freiburg.
Zucchi, G. & Zucchi, H. (1982) : Hirschkäfer : Eichenfachwerk als Kinderstube. Kosmos, **78**/6 : 18 - 19; Stuttgart.

Nachtrag zum Literaturverzeichnis

Fremlin, M. & Fremlin, D.H. (2009) : Stag beetle *Lucanus cervus* L. (Coleoptera : Lucanidae) phenology study in an urban area. Im Druck.
Harvey, D.J. & Gange, A.C. (2009) : Ultra structure and behaviour of the stag beetle *Lucanus cervus*. Antenna, Bull. R. Entom. Soc. : in Vorbereitung zur Veröffentlichung; London.
Harvey, D.J., Hawes, C.J., Gange, A.C., Finch, P., Chesmore, E.D. & Farr, I. (2009) : Development of non-invasive monitoring methods for larvae and adults of the stag beetle *Lucanus cervus*. Insect Conserv. Divers., **2** : in Vorbereitung zur Veröffentlichung; Oxford.
Harvey, D.J., Sutton, P. et al. (2009) : The European distribution of the stag beetle *Lucanus cervus*. Insect Conserv. Divers., **2** : in Vorbereitung zur Veröffentlichung; Oxford.
Hawes, C.J. (2009) : A novel method for marking stag beetles *Lucanus cervus* (Coleoptera : Lucanidae) in mark-release-recapture studies. In Vorbereitung zur Veröffentlichung.
Mader, D. (2009 a) : Analysis of the long-term population dynamics of the stag beetle *Lucanus cervus* Linnaeus 1758 (Coleoptera : Lucanidae) over 15 - 75 years in the region around Heidelberg and Mannheim (Germany). Entom. Z., **119** : im Druck; Stuttgart.
Mader, D. (2009 b) : Hirschkäfer-Schutzmaßnahmen in Garten, Wald und Straße für alle Naturfreunde. Naturschutz und Landschaftsplanung, Z. Angew. Ökol., **41** : im Druck; Stuttgart.
Rhein-Neckar-Zeitung (2009) : Hirschkäfer-Studie erscheint. Artikel der Redakteurin Kirsten Baumbusch in der Rhein-Neckar-Zeitung, Gesamtausgabe, **65**/66 vom 20.03.2009 : p. 10; Heidelberg.

Tab. 1

Beobachtungen des Hirschkäfers und des Sägebocks am Standort Tairnbach I

Datum	Hirschkäfer Männchen fliegend	Hirschkäfer Männchen laufend	Hirschkäfer Weibchen fliegend	Hirschkäfer Weibchen laufend	Hirschkäfer Weibchen überfahren
29.05.2008	-	-	-	-	1
30.05.2008	abends Gewitter, keine Beobachtungen				
31.05.2008	abends Gewitter, keine Beobachtungen				
01.06.2008	1	-	-	-	-
02.06.2008	abends Gewitter, keine Beobachtungen				
03.06.2008	-	-	-	-	-
04.06.2008	abends Regen, keine Beobachtungen				
05.06.2008	15 - 20	-	5 - 10	-	-
06.06.2008	-	-	-	-	-
07.06.2008	2 - 3	-	1 - 2	1	-
08.06.2008	2 - 3	1	1	1	-
09.06.2008	1 - 2	-	-	1	-
10.06.2008	1	-	-	2	-
11.06.2008	-	1 (tot)	-	-	-
12.06.2008	abends Regen, keine Beobachtungen				
13.06.2008	-	-	-	-	-
14.06.2008	-	-	-	-	1
15.06.2008	abends Regen, keine Beobachtungen				
16.06.2008	abends Regen, keine Beobachtungen				
17.06.2008	-	-	-	-	-
18.06.2008	-	-	1	1	-
19.06.2008	-	1	1	1	-
20.06.2008	-	-	1	-	-
21.06.2008	-	-	-	-	1
22.06.2008	-	1	1	2	-

Tab. 2

Beobachtungen des Hirschkäfers und des Sägebocks am Standort Tairnbach II

Datum	Sägebock fliegend	Sägebock laufend	Temperatur 21 - 22 Uhr (Grad Celsius)	Temperatur 4 - 5 Uhr (Grad Celsius)	Wind 21 - 22 Uhr
29.05.2008	-	-	22 - 24	19 - 20	windstill
30.05.2008	abends Gewitter, keine Beobachtungen				
31.05.2008	abends Gewitter, keine Beobachtungen				
01.06.2008	-	-	20 - 22	17 - 18	windstill
02.06.2008	abends Gewitter, keine Beobachtungen				
03.06.2008	-	-	20 - 22	17 - 18	windstill
04.06.2008	abends Regen, keine Beobachtungen				
05.06.2008	-	-	20 - 22	17 - 18	windstill
06.06.2008	-	-	18 - 19	16 - 17	windig
07.06.2008	-	-	19 - 21	17 - 18	windig
08.06.2008	-	-	20 - 22	17 - 18	windstill
09.06.2008	-	-	20 - 22	17 - 18	windstill
10.06.2008	-	-	21 - 23	18 - 19	windstill
11.06.2008	-	-	20 - 22	17 - 18	windig
12.06.2008	abends Regen, keine Beobachtungen				
13.06.2008	-	-	15 - 16	13 - 14	windstill
14.06.2008	-	-	16 - 17	14 - 15	windstill
15.06.2008	abends Regen, keine Beobachtungen				
16.06.2008	abends Regen, keine Beobachtungen				
17.06.2008	-	-	15 - 16	13 - 14	windstill
18.06.2008	-	-	19 - 21	15 - 16	windstill
19.06.2008	-	-	21 - 23	18 - 19	windig
20.06.2008	-	-	19 - 21	16 - 17	windstill
21.06.2008	-	-	22 - 24	19 - 20	windstill
22.06.2008	-	-	25 - 28	22 - 23	windstill

Datum	Hirschkäfer Männchen fliegend	Hirschkäfer Männchen laufend	Hirschkäfer Weibchen fliegend	Hirschkäfer Weibchen laufend	Hirschkäfer Weibchen überfahren
23.06.2008	-	-	-	-	-
24.06.2008	-	-	-	1	-
25.06.2008	abends Gewitter, keine Beobachtungen				
26.06.2008	-	-	-	-	-
27.06.2008	-	-	-	-	-
28.06.2008	-	-	-	1	-
29.06.2008	-	-	-	-	-
30.06.2008	-	1 (tot)	-	-	-
01.07.2008	-	-	-	-	-
02.07.2008	-	-	-	-	1
03.07.2008	abends Regen, keine Beobachtungen				
04.07.2008	-	-	-	-	-
05.07.2008	-	-	-	-	-
06.07.2008	-	-	-	-	-
07.07.2008	-	-	-	1	-
08.07.2008	-	-	-	-	-
09.07.2008	-	-	-	-	-
10.07.2008	-	-	-	-	1
11.07.2008	-	-	-	-	1
12.07.2008	-	-	-	-	-
13.07.2008	-	-	-	-	-
14.07.2008	-	-	-	-	-
15.07.2008	-	-	-	-	-
16.07.2008	-	-	-	-	-
17.07.2008	-	-	-	-	-
18.07.2008	-	-	-	-	-
19.07.2008	-	-	-	-	-

Datum	Sägebock fliegend	Sägebock laufend	Temperatur 21 - 22 Uhr (Grad Celsius)	Temperatur 4 - 5 Uhr (Grad Celsius)	Wind 21 - 22 Uhr
23.06.2008	-	-	23 - 26	18 - 19	windstill
24.06.2008	-	-	23 - 26	19 - 20	windstill
25.06.2008	abends Gewitter, keine Beobachtungen				
26.06.2008	-	-	22 - 24	18 - 19	windstill
27.06.2008	-	-	20 - 22	18 - 19	windig
28.06.2008	-	-	21 - 23	18 - 19	windstill
29.06.2008	-	-	23 - 25	20 - 21	windstill
30.06.2008	-	-	22 - 25	18 - 19	windstill
01.07.2008	-	-	25 - 28	22 - 23	windstill
02.07.2008	-	-	25 - 28	23 - 24	windstill
03.07.2008	abends Regen, keine Beobachtungen				
04.07.2008	-	-	19 - 21	15 - 16	windstill
05.07.2008	-	-	22 - 25	18 - 19	windstill
06.07.2008	-	-	19 - 21	15 - 16	windstill
07.07.2008	-	-	19 - 21	15 - 16	windig
08.07.2008	-	-	17 - 19	15 - 16	windig
09.07.2008	-	-	19 - 22	17 - 18	windstill
10.07.2008	-	-	24 - 26	21 - 22	windstill
11.07.2008	-	-	20 - 22	18 - 19	windstill
12.07.2008	2	-	20 - 22	18 - 19	windstill
13.07.2008	-	-	18 - 21	13 - 14	windig
14.07.2008	-	1	19 - 22	15 - 16	windstill
15.07.2008	1	-	21 - 24	17 - 18	windstill
16.07.2008	-	1	19 - 22	16 - 17	windig
17.07.2008	3	1	17 - 19	15 - 16	windstill
18.07.2008	4	-	19 - 20	16 - 17	windstill
19.07.2008	2	1	19 - 21	16 - 17	windig

Datum	Hirschkäfer Männchen fliegend	Hirschkäfer Männchen laufend	Hirschkäfer Weibchen fliegend	Hirschkäfer Weibchen laufend	Hirschkäfer Weibchen überfahren
20.07.2008	-	-	-	-	-
21.07.2008	abends Regen, keine Beobachtungen				
22.07.2008	-	-	-	-	-
23.07.2008	-	-	-	-	-
24.07.2008	-	-	-	-	-
25.07.2008	-	-	-	1	1
26.07.2008	-	-	-	-	1
27.07.2008	-	-	-	-	-
28.07.2008	-	-	-	-	-
29.07.2008	-	-	-	-	-
30.07.2008	-	-	-	-	-
31.07.2008	-	-	-	-	-
01.08.2008	-	-	-	-	-
02.08.2008	-	-	-	-	-
03.08.2008	-	-	-	-	-
04.08.2008	-	-	-	-	-
05.08.2008	-	-	-	-	-
06.08.2008	-	-	-	-	-
07.08.2008	-	-	-	-	-
08.08.2008	abends Regen, keine Beobachtungen				
09.08.2008	-	-	-	-	-
10.08.2008	-	-	-	-	-
11.08.2008	abends Regen, keine Beobachtungen				
12.08.2008	abends Regen, keine Beobachtungen				
13.08.2008	-	-	-	-	-
14.08.2008	-	-	-	-	-
15.08.2008	-	-	-	-	-

Datum	Sägebock fliegend	Sägebock laufend	Temperatur 21 - 22 Uhr (Grad Celsius)	Temperatur 4 - 5 Uhr (Grad Celsius)	Wind 21 - 22 Uhr
20.07.2008	-	-	18 - 20	14 - 15	windig
21.07.2008	abends Regen, keine Beobachtungen				
22.07.2008	2	2	15 - 17	12 - 13	windig
23.07.2008	1	-	19 - 22	15 - 16	windstill
24.07.2008	3	-	22 - 24	17 - 18	windstill
25.07.2008	1	-	24 - 26	20 - 21	windstill
26.07.2008	-	-	22 - 24	19 - 20	windstill
27.07.2008	2	2	22 - 24	19 - 20	windstill
28.07.2008	1	-	25 - 27	21 - 22	windstill
29.07.2008	-	-	25 - 27	21 - 22	windstill
30.07.2008	-	-	25 - 28	21 - 22	windstill
31.07.2008	1	-	27 - 29	23 - 24	windstill
01.08.2008	1	-	22 - 24	20 - 21	windstill
02.08.2008	-	1	23 - 25	21 - 22	windig
03.08.2008	-	-	22 - 24	19 - 20	windstill
04.08.2008	-	-	19 - 21	17 - 18	windig
05.08.2008	-	-	21 - 24	17 - 18	windstill
06.08.2008	-	1	24 - 27	21 - 22	windstill
07.08.2008	-	-	24 - 26	21 - 22	windstill
08.08.2008	abends Regen, keine Beobachtungen				
09.08.2008	-	-	19 - 22	16 - 17	windstill
10.08.2008	1	-	21 - 23	18 - 19	windstill
11.08.2008	abends Regen, keine Beobachtungen				
12.08.2008	abends Regen, keine Beobachtungen				
13.08.2008	-	-	19 - 21	16 - 17	windstill
14.08.2008	-	-	21 - 23	17 - 18	windstill
15.08.2008	-	-	16 - 18	13 - 14	windstill

Nachwort

Ich plane die Fortsetzung meiner Erforschung der Populationsdynamik und Ökologie des Hirschkäfers (*Lucanus cervus*) sowie die Promotion der Schutzmaßnahmen in den kommenden Jahren und würde mich sehr freuen, wenn alle Naturfreunde, welche mit ihren Mitteilungen über Funde und Beobachtungen des Hirschkäfers (*Lucanus cervus*) zum Gelingen der vorliegenden Studie beigetragen haben, mir auch in den kommenden Jahren ihre Ergebnisse zur zentralen Auswertung und Veröffentlichung zur Verfügung stellen würden. Ich würde es auch sehr begrüßen, wenn ich darüber hinaus möglichst viele weitere Naturfreunde für die Mitarbeit an meinem Projekt des Hirschkäfers (*Lucanus cervus*) in den folgenden Jahren gewinnen könnte. Es sind nicht nur aktuelle Funde des Hirschkäfers (*Lucanus cervus*) im laufenden Jahr, sondern auch frühere Nachweise aus vergangenen Jahren sehr wertvolle Beiträge für die Zusammensetzung des Gesamtbildes, selbst wenn diese Beobachtungen schon sehr lange zurückliegen. Jeder Naturfreund sollte bei seinen Beobachtungen des Hirschkäfers (*Lucanus cervus*) möglichst genau die Fundumstände notieren, wobei vor allem die Zahl der gesehenen Männchen und Weibchen, die Fortbewegungsart (fliegend, laufend oder sitzend), Datum und Uhrzeit, und eine kurze Charakteristik der Lokalitäten und Standorte sehr wichtige Informationen darstellen.

Ich möchte meine vorliegende Studie des Hirschkäfers (*Lucanus cervus*) dem Andenken an Ernst Tochtermann widmen, welcher seit 1969 am Forstamt Bischbrunn westnordwestlich Marktheidenfeld im Spessart als Revierleiter tätig war und in 1985 mit seiner Erfindung der Hirschkäfermeiler oder Hirschkäferwiegen (Tochtermann 1987, 1992, in Hamberger 2006) einen bahnbrechenden Fortschritt im Schutz des Hirschkäfers (*Lucanus cervus*) erzielt hat. Die von Ernst Tochtermann konzipierten und in mehreren Beiträgen in forstwissenschaftlichen Fachzeitschriften (Tochtermann 1987, 1992) publizierten Hirschkäfermeiler oder Hirschkäferwiegen sind inzwischen die am besten bekannteste Schutzmaßnahme für den Hirschkäfer (*Lucanus cervus*) geworden und werden in ganz Deutschland und im europäischen Ausland als Standardaktion immer wieder in Wäldern, Parks und Gärten installiert. Mit seiner überragenden Entwicklung und Anwendung der Hirschkäfermeiler oder Hirschkäferwiegen hat Ernst Tochtermann einen Meilenstein im Schutz des Hirschkäfers (*Lucanus cervus*) gesetzt.

Seit seiner Erfindung und Dokumentation der Hirschkäfermeiler oder Hirschkäferwiegen (Tochtermann 1987, 1992) hat Ernst Tochtermann umfangreiche Forschungen über den Hirschkäfer (*Lucanus cervus*) in Deutschland und Ungarn durchgeführt und hat auch sehr viel Literatur gesammelt, und hat immer geplant, die Ergebnisse seiner langjährigen Untersuchungen in einer Monographie über den Hirschkäfer (*Lucanus cervus*) zusammenzufassen (Tochtermann in Hamberger 2006). Leider ist Ernst Tochtermann seit 05.05.2008 (Sigrun Tochtermann, mündl. Mitt. 2008) nicht mehr unter uns und konnte deshalb sein angefangenes Lebenswerk über den Hirschkäfer (*Lucanus cervus*), an dem er bereits über zwei Jahrzehnte gearbeitet hatte, nicht mehr vollenden und veröffentlichen, und es ist bedauerlicherweise ungewiß, was mit seinen nachgelassenen Notizen und Manuskriptentwürfen geschehen wird. Ich möchte diesen tragischen Umstand als Mahnung an alle Naturfreunde richten, welche nach der Durchsicht meiner vorliegenden Studie des Hirschkäfers (*Lucanus cervus*) vielleicht zu der Auffassung gelangen sollten, daß ich darin zu viele Details berücksichtigt hätte, denn das unvollendete Lebenswerk von Ernst Tochtermann ist ein trauriges Beispiel dafür, daß am Ende niemand mehr einen Nutzen aus den zahlreichen Beobachtungen, Ergebnissen und Schlußfolgerungen haben kann, wenn sie nicht rechtzeitig durch Publikation dokumentiert werden und damit auch dann noch der Allgemeinheit und der Wissenschaft zur Verfügung stehen, wenn der Autor und Herausgeber selbst nicht mehr dazu befragt werden kann.

Alle Einzelheiten, welche ich in meiner vorliegenden Studie des Hirschkäfers (*Lucanus cervus*) dokumentiert habe, sind in ihrer Summe ausschließlich dazu bestimmt, möglichst zahlreiche Naturfreunde für den Schutzbedarf und die Schutzwürdigkeit des Hirschkäfers (*Lucanus cervus*) zu sensibilisieren und von der Notwendigkeit der konsequenten Durchführung der vorgeschlagenen Schutzmaßnahmen zu überzeugen. Das wichtigste Ziel meiner Naturschutzarbeit für den Hirschkäfer (*Lucanus cervus*) ist ein Beitrag dazu, daß der Hirschkäfer (*Lucanus cervus*) in möglichst zahlreichen Populationen ungefährdet über viele Generationen überleben kann und auch dann noch in ausreichender Verbreitung in gesicherten Beständen ohne konkrete Bedrohung in jedem Jahr aufs Neue erscheinen wird, wenn als Zeugnisse meines Engagements für seinen Schutz nur noch die Exemplare meines Buches in den Regalen der Bibliotheken vorhanden sein werden.